Baedekers
Allianz 🏛 Reiseführer

Städte in aller Welt

Amsterdam	Hamburg	München
Athen	Hongkong	New York
Bangkok	Istanbul	Paris
Barcelona	Jerusalem	Prag
Berlin	Köln	Rom
Brüssel	Kopenhagen	San Francisco
Budapest	Leningrad	Singapur
Dresden	Lissabon	Stuttgart
Düsseldorf	London	Tokio
Florenz	Madrid	Venedig
Frankfurt am Main	Moskau	Wien

Reiseländer · Großräume

Ägypten	Großbritannien	Mexiko
Asien	Irland	Mittelmeer
Belgien	Israel	Niederlande
Dänemark	Italien	Österreich
Deutschland	Japan	Portugal
(Ost und West)	Jugoslawien	Schweiz
Deutschland · Ost	Kanada	Skandinavien
Deutschland · West	Karibik	Spanien
Frankreich	Luxemburg	Tunesien
Griechenland	Marokko	USA

Regionen · Inseln · Flüsse

Bodensee	Loire	Seychellen
Costa Brava	Mallorca	Sizilien
Elbe	Provence/	Südtirol
Gran Canaria	Côte d'Azur	Teneriffa
Griechische Inseln	Rhein	Tessin
Ibiza	Ruhrgebiet	Toskana
Kalifornien	Schwäbische Alb	Türkische Küsten

Städte in Deutschland und der Schweiz

Augsburg	Freiburg	Mainz
Bamberg	Hannover	Mannheim
Basel	Heidelberg	Nürnberg
Berlin (gr. + kl.)	Kiel	Passau
Bonn	Konstanz	Regensburg
Bremen	Leipzig	Trier
Darmstadt	Lübeck	Wiesbaden

Baedekers

Allianz Reiseführer

Spanien

VERLAG KARL BAEDEKER

Hinweise zur Benutzung dieses Reiseführers

Sternchen (Asterisken) als typographisches Mittel zur Hervorhebung bedeutender Bau- und Kunstwerke, Naturschönheiten und Aussichten, aber auch guter Unterkunfts- und Gaststätten hat Karl Baedeker im Jahre 1844 eingeführt; sie werden auch in diesem Reiseführer verwendet: Besonders Beachtenswertes ist durch *einen vorangestellten 'Baedeker-Stern', einzigartige Sehenswürdigkeiten sind durch **zwei Sternchen gekennzeichnet.

Zur raschen Lokalisierung der Reiseziele von A bis Z auf der beigegebenen Reisekarte sind die entsprechenden Koordinaten der Kartennetzmaschen jeweils neben der Überschrift in Rotdruck hervorgehoben: Madrid **G 5**.

Wenn aus der Fülle von Unterkunfts-, Gast- und Einkaufsstätten nur eine wohlüberlegte Auswahl getroffen ist, so sei damit gegen andere Häuser kein Vorurteil erweckt.

Da die Angaben eines solchen Reiseführers in der heute so schnellebigen Zeit fast ständig Veränderungen unterworfen sind, kann für die Richtigkeit keine absolute Gewähr übernommen werden. Auch lehrt die Erfahrung, daß sich Irrtümer nie gänzlich vermeiden lassen. Für Berichtigungen und Verbesserungsvorschläge ist die Redaktion (Zeppelinstraße 44/1, D-7302 Ostfildern 4) stets dankbar.

Impressum

Ausstattung:
393 Abbildungen
25 Übersichtskarten, 5 Sonderpläne, 48 Stadtpläne, 15 graphische Darstellungen, 11 Grundrisse, 1 große Reisekarte

Textbeiträge: Rosemarie Arnold, Birgit Borowski, Rainer Eisenschmid, Prof. Dr. Hans-Dieter Haas, Prof. Dr. Wolfgang Hassenpflug, Peter M. Nahm, Christine Wessely und Vera Beck
Bearbeitung: Baedeker-Redaktion (Rainer Eisenschmid)
Gesamtleitung: Dr. Peter Baumgarten, Baedeker Stuttgart

Kartographie: Gert Oberländer, München; Christoph Gallus, Hohberg; Mairs Geographischer Verlag, Ostfildern-Kemnat (Reisekarte)

Bildnachweis: Bader (2), Baedeker-Archiv (20), Bavaria (2), Bohnacker (1), Borowski (7), Brödel (1), Cabos (2), dpa (1), Dieterich (5), Eisenschmid (116), FOAT (2), Historia-Photo (13), Klug (1), Kruska-Bludszat (19), Lade (1), Ludwig (1), Miguel-Peribáñez (12), Nahm (32), Pfaffinger (1), Rudolph (1), SEAT Deutschland (1), Seitz (2), Sindicat d'Initiativa Andorra la Vella (1), Spanisches Fremdenverkehrsamt (118), Sperber (8), Stetter (6), Szerelmy (5), Ullstein (5), Würth (2), ZEFA (6)

5. Auflage 1992
Gänzlich überarbeitete, erweiterte und neugestaltete Ausgabe

Urheberschaft:
Karl Baedeker GmbH, Ostfildern-Kemnat bei Stuttgart
Nutzungsrecht:
Mairs Geographischer Verlag GmbH & Co., Ostfildern-Kemnat bei Stuttgart

Satz (Typotext): Baedeker-Redaktion
Textfilme: Fotosatz J. Kranzbühler, Albstadt-Lautlingen
Reproduktionen: Gölz Repro-Service GmbH und Co. KG, Ludwigsburg
Umbruchlayout: Creativ GmbH Ulrich Kolb, Leutenbach; Baedeker-Redaktion
Herstellung: Wolfgang Stetter
Druck: Mairs Graphische Betriebe GmbH & Co., Ostfildern-Kemnat
Buchbinderarbeiten: Großbuchbinderei Georg Gebhardt, Ansbach

Printed in Germany
ISBN 3-87504-523-8

Inhalt

Liebe Leserin, lieber Leser,

Baedeker ist ständig bemüht, die Qualität seiner Reiseführer noch zu steigern und ihren Inhalt weiter zu vervollkommnen. Hierbei können ganz besonders die Erfahrungen und Urteile aus dem Benutzerkreis als wertvolle Hilfe gar nicht hoch genug eingeschätzt werden. Vor allem **Ihre Kritik, Berichtigungen und Verbesserungsvorschläge sind uns stets willkommen.** Sie helfen damit, die nächste Auflage noch aktueller zu gestalten.
Bitte schreiben Sie in jedem Falle an die

Baedeker-Redaktion
Karl Baedeker GmbH
Marco-Polo-Zentrum
Zeppelinstraße 44/1
Postfach 31 62
D-7302 Ostfildern 4 (Kemnat).

Der Verlag dankt Ihnen im voraus bestens für Ihre Mitteilungen. Jede Einsenderin und jeder Einsender nimmt an einer jeweils zum Jahresende unter Ausschluß des Rechtsweges stattfindenden Verlosung von drei JRO-LEUCHTGLOBEN teil. Falls Sie gewonnen haben, werden Sie benachrichtigt. Ihre Zuschrift sollte also neben der Angabe des Buchtitels und der Auflage, auf welche Sie sich beziehen, auch Ihren Namen und Ihre Anschrift enthalten. Die Informationen werden selbstredend vertraulich behandelt und die persönlichen Daten nicht gespeichert.

Vorwort

Dieser Reiseführer gehört zur neuen Baedeker-Generation.

In Zusammenarbeit mit der Allianz Versicherungs-AG erscheinen bei Baedeker durchgehend farbig illustrierte Reiseführer im handlichen Format. Die Gestaltung entspricht den Gewohnheiten modernen Reisens: Nützliche Hinweise werden in der Randspalte neben den Beschreibungen herausgestellt. Diese Anordnung gestattet eine einfache und rasche Handhabung.

Der vorliegende Band hat ganz Spanien einschließlich der Balearen und der Kanarischen Inseln zum Thema und bezieht darüber hinaus die afrikanischen Besitzungen Ceuta und Melilla sowie Andorra und Gibraltar ein.

Der Reiseführer gliedert sich in drei Hauptteile: Im ersten Teil wird über das Land im allgemeinen, Landesnatur, Klima, Pflanzen und Tiere, Bevölkerung, Bildung und Wissenschaft, Staat und Gesellschaft, Wirtschaft, Geschichte, berühmte Persönlichkeiten, Kunst und Kultur sowie über die 'Sephardim', die spanischen Juden, berichtet. Eine kleine Sammlung von Literaturzitaten und einige Routenvorschläge leiten über zum zweiten Teil, in dem die touristisch interessanten Reiseziele – Städte, Orte, Landschaften und Inseln – mit ihren Sehenswürdigkeiten beschrieben werden. Daran schließt ein dritter Teil mit reichhaltigen praktischen Informationen an. Sowohl die Reiseziele als auch die Informationen sind in sich alphabetisch geordnet.

Baedekers Allianz-Reiseführer zeichnen sich durch Konzentration auf das Wesentliche sowie Benutzerfreundlichkeit aus. Sie enthalten eine Vielzahl eigens entwickelter Pläne und zahlreiche farbige Abbildungen. Zu diesem Reiseführer gehört als integrierender Bestandteil eine ausführliche Reisekarte, auf der die im Text behandelten Orte anhand der jeweils angegebenen Kartenkoordinaten zu lokalisieren sind.

Wir wünschen Ihnen mit Baedekers Allianz-Reiseführer viel Freude und einen lohnenden Aufenthalt vor Ort!

Baedeker

Verlag Karl Baedeker

Zahlen und Fakten

Spanien ist aus gutem Grund eines der klassischen Reiseländer. Nicht nur Sonnenhungrige kommen an den endlosen Stränden auf ihre Kosten; im Landesinneren warten außer weltberühmten Sehenswürdigkeiten – wie die Alhambra von Granada, die Kathedrale von Sevilla und das Kloster Montserrat – auch vielfältige Landschaften, malerische Dörfer und Städte und immer wieder herrliche Kirchen und Burgen, die oft abseits der großen Touristenströme nach wie vor der Entdeckung harren. In diesem Reiseführer werden Reiseziele sowohl auf dem spanischen Festland als auch auf den zu Spanien gehörenden Inseln beschrieben, einschließlich Andorra und Gibraltar. Vorbemerkung

Allgemeines

Im äußersten Südwesten Europas, zwischen 36° nördlicher Breite sowie zwischen 9° westlicher und 5° östlicher Länge, liegt das Königreich Spanien ('Reino de España' bzw. 'Estado Español'). Es grenzt im Norden an Frankreich und den Zwergstaat Andorra, im Westen und Nordwesten an Portugal und im Süden an das britische Dominium Gibraltar, auf das es Anspruch erhebt. Der Atlantik umspült die spanischen Küsten im Norden (Golf von Biskaya), im Nordwesten und im Südwesten (Golf von Cádiz) westlich der nur 14 km breiten Meerenge von

Spanien

© Baedeker

Lage und Staatsgebiet

Gibraltar, die Europa von Afrika trennt; östlich der Meerenge wird der gesamte Osten und Südosten vom Mittelmeer begrenzt. Zu Spanien gehören die vor der Mittelmeerküste liegenden Balearen (Mallorca, Menorca, Ibiza, Formentera und Nebeninseln) und die Kanarischen Inseln vor der afrikanischen Nordwestküste mit den Hauptinseln Gran Canaria und Teneriffa. Die Städte Ceuta und Melilla auf dem nordafrikanischen Festland sowie die drei kleinen Inseln Peñón de Velez, Alhucemas und Chafarinas vor der marokkanischen Küste sind als 'Presidios' (auch 'Plazas de Soberanía') ebenfalls spanisches Hoheitsgebiet, werden aber von Marokko beansprucht.

Die Meerenge von Gibraltar verbindet Spanien eher mit Afrika, als es davon zu trennen; dagegen scheidet die fast ununterbrochene Bastion der Pyrenäen das Land sowohl in geographischer als auch in historischer Hinsicht deutlich von Mitteleuropa.

Das spanische Staatsgebiet umfaßt einschließlich der Balearen, der Kanarischen Inseln und der nordafrikanischen Exklaven 504 782 km^2. Davon entfallen 492 463 km^2 auf das spanische Festland, was rund vier Fünfteln der 595 000 km^2 großen Iberischen Halbinsel entspricht, 7242 km^2 auf die Kanarischen Inseln und 5014 km^2 auf die Balearen. Die spanische Atlantikküste ist 711 km lang, hinzu kommen 770 km Küstenlinie am Golf von Biscaya; die Mittelmeerküste erstreckt sich auf einer Länge von 1663 km, so daß Spanien insgesamt 3144 km Küsten aufweisen kann. Fläche

◀ *An der Costa Brava*

Landesnatur

Landschaftsräume

Geographische
Gliederung

Nach morphographischen Gesichtspunkten lassen sich drei Oberflächen-
formen auf dem spanischen Festland unterscheiden: das Innere Hochland
(Meseta), der das Hochland umgebende innere Gebirgsring und die
Gebirge und Becken der äußeren Randlandschaften.

Inneres
Hochland
(Meseta)

Die ausgedehnte Hochebene der Meseta erstreckt sich auf einer Fläche
von über 200 000 km^2 zwischen 600 und 1000 m Höhe. Das Kastilische
Scheidegebirge (Cordillera Central), bestehend aus der bis auf 2592 m
(Pico de Almanzor) aufsteigenden Sierra de Gredos südwestlich von Ma-
drid und der Sierra Guadarrama (höchster Punkt Pico Peñalara, 2430 m)
nordwestlich der Haupstadt, trennt die Meseta in eine nördliche (Meseta
Septentrional) und eine südliche Hälfte (Meseta Meridional). Die kleinere
Nordmeseta umfaßt die historischen Landschaften von Altkastilien und

Landschaftsräume
in Spanien

León und wird vom Duero durchflossen. Die Südmeseta entspricht den Landschaften Neukastilien und Estremadura, welche letztere nach Südosten hin auf 300 bis 150 m Höhe abflacht. Die Flüsse Tajo und Guadiana entwässern die südliche Hochebene, wobei die Gebirgskette der Montes de Toledo das Tajo-Becken vom Guadiana-Becken trennt.

Inneres Hochland (Fortsetzung)

Zu den Inneren Randgebirgen der Meseta zählen im Norden das Asturische Gebirge, dessen höchster Gipfel im Massiv der Picos de Europa der Torre de Cerredo mit 2648 m ist. Von Nordosten nach Osten zur Mittelmeerküste zieht sich, teils hochflächig, teils gebirgig (Sierra de Moncayo, 2313 m), das Iberische Randgebirge und schließt steil abfallend die Meseta zum Ebro-Becken hin ab. Die Südmeseta wird von der relativ niedrigen (bis 1300 m), kargen Sierra Morena vom Becken des Guadalquivir getrennt.

Innere Randgebirge

Im äußersten Nordwesten Spaniens liegt das Galicische Bergland, dessen Küste von zahlreichen Rías (sog. 'ertrunkene Flußmündungen') eingeschnitten ist und der Landschaft den Charakter norwegischer Fjorde verleihen. Das Kantabrische Gebirge, das auf 1700 m aufsteigt, verbindet im

Äußere Randlandschaften

Flüsse, Seen und Stauseen in Spanien

Norden das zum inneren Gebirgsring zählende Asturische Gebirge mit den Pyrenäen, die ihren höchsten Gipfel mit 3404 m im Pico d'Aneto erreichen. In südwestlicher Richtung schließt sich das bis zu 1700 m hohe Katalonische Gebirge an. Die beiden letztgenannten Gebirgszüge umschließen das Becken des Ebro, der das Katalonische Gebirge durchstößt und sich ins Mittelmeer ergießt.

Im Süden erstrecken sich von der Meerenge von Gibraltar bis zum Cabo de la Nao am Mittelmeer die Betischen Kordilleren (Cordillera Bética), die mit dem Cerro de Mulhacén (3481 m) und dem Pico de Veleta (3428 m) in der Sierra Nevada die höchsten Gipfel Spaniens besitzen. Der Gebirgszug fällt zum Mittelmeer hin ab, so daß zwischen der Südmeseta und der Küstenlandschaft von Valencia eine relativ niedrig gelegene Verbindung offen bleibt. Die Balearen sind die Fortsetzung der Betischen Kordilleren. Zwischen den Betischen Kordilleren und der Sierra Morena dehnt sich das Becken des Guadalquivir aus, der in einem großflächigen Delta in den Atlantik mündet. Die Küstenebenen am Mittelmeer um Barcelona, Valencia und Murcia werden oft auch als 'Levante' bezeichnet.

Gewässer

Die Hauptwasserscheide zwischen Atlantik und Mittelmeer verläuft vom nach Frankreich hinabfließenden Pyrenäenfluß Ariège den Pyrenäenhauptkamm und den Kamm des Kantabrischen Gebirges entlang bis zum Pico de los tres Mares am Ostende des Asturischen Gebirges. Dort knickt sie zunächst scharf nach Südosten ab und wendet sich dann vor dem Jalón nach Süden, wo sie in den Betischen Kordilleren wieder in westlicher Richtung verläuft. Das einzige große spanische Flußsystem, das ins Mittelmeer mündet, ist daher das des Ebro. Alle anderen großen Flüsse – Duero, Tajo, Guadiana und Guadalquivir – fließen in den Atlantik.

Größere Binnenseen gibt es Spanien nicht; dagegen stößt man auf eine Vielzahl künstlicher Stauseen.

Historische Landschaften

Neben diesen durch die geographischen Gegebenheiten definierten Landschaftsräumen gibt es historische Landschaften, deren Existenz auf naturgegebenen und politischen Faktoren beruht.

Katalonien
(katal. Catalunya;
span. Cataluña)
Katalonien ist die nördlichste der spanischen Mittelmeerlandschaften, die in Natur und geschichtlicher Entwicklung gegenüber dem kastilischen Binnenland ein eigenes Gepräge besitzen. Das Katalonische Gebirge läuft parallel zur Küste und verbindet die östlichen Pyrenäen mit dem nordöstlichen Randgebirge der Meseta. Ursprünglich ein Kettengebirge, ist es später durch tektonische Störungen in isolierte Bergstöcke aufgelöst worden, den Montseny (1745 m) im Norden sowie den berühmten Montserrat (1241 m) mit der Klosteranlage und den Montsant (1071 m) im Süden.

Katalonisches
Längstal
Zwischen dem Hauptzug des Gebirges und einer niedrigeren Küstenkette erstreckt sich in einer von jungtertiären Ablagerungen erfüllten Faltenmulde das Katalonische Längstal. Es ist das Herz des Landes, dicht besiedelt und mit Olivenhainen, Weinbergen, Gärten und Korkeichenwäldern (besonders bei Gerona) bedeckt. Die von den Pyrenäen herabkommenden Flüsse, vor allem der Llobregat, durchbrechen das Gebirge in engen Talschluchten; ihr Wasserreichtum, seit alters her zur Berieselung genutzt, dient auch der Gewinnung elektrischer Energie für die Industrie. Im Westen hat Katalonien darüber hinaus Anteil am Ebrobecken.

Pyrenäen
In den Pyrenäen zeigt sich auf katalanischem Gebiet ein Bild menschenarmer, wilder Gebirgslandschaft. Im Quellgebiet des Segre hat sich in eigenartiger Abgeschiedenheit seit dem 9. Jh. die Zwergrepublik Andorra erhalten. Im Osten senken sich die Pyrenäen in einzelnen Rücken zum Hügelland Ampurdán; Olivenhaine, Weingärten und Korkeichenwälder säumen hier den Fuß des Gebirges.

Felsenbucht an der Costa Brava

Katalonien war als 'Hispania Tarraconensis' der Kern der iberischen Besitzungen der Römer. Nach der Herrschaft der Westgoten und der Vertreibung der Mauren bildete das Land als Spanische Mark einen Teil des fränkischen Reiches, bis sich Wilfred 'der Behaarte' 874 von den Franken losriß und das Condado de Barcelona gründete. Um die Mitte des 12. Jh.s wurde es durch Heirat mit Aragonien vereinigt und kam mit diesem zusammen 1469 unter Verlust an politischer und wirtschaftlicher Bedeutung zu Kastilien, bewahrte sich aber eine freiheitliche Verfassung und viele Sonderrechte ('fueros'). Als Philipp IV. im Jahre 1640 Truppen gegen Frankreich ausheben ließ und drückende Steuern forderte, widersetzten sich die Katalanen und behaupteten sich mit französischer Hilfe eine Zeitlang gegen die spanischen Truppen. Die Kapitulation Barcelonas 1652 führte aber zur Wiederherstellung der spanischen Herrschaft unter Erneuerung der Sonderrechte. Erst der Unabhängigkeitskrieg gegen Napoleon hat das Land endgültig mit Spanien vereint. Mit dem Aufleben der katalanischen Sprache und Schrift wurde jedoch das politische und kulturelle Selbstverständnis Kataloniens demonstriert.

Das dichtbesiedelte Katalonien ist zum wirtschaftlichen Zentrum und zum fortschrittlichsten Teil Spaniens geworden. An erster Stelle steht die Textilindustrie, in Barcelona, Sabadell und Tarrasa; ein Teil der spanischen Automobilproduktion hat sich um Barcelona angesiedelt; bedeutend sind ferner Lederverarbeitung, Papierfabrikation, Seifenerzeugung aus Olivenöl, Herstellung von Eisenwaren und Korkverarbeitung.
Die vor allem im Hinterland nach wie vor reizvolle Costa Brava ist ein vom organisierten Massentourismus bevorzugtes Ferienziel.

Die früheren Königreiche Aragonien (Aragón) und Navarra umfassen im wesentlichen das Ebrobecken, eine zwischen den Pyrenäen im Norden und dem in Staffeln abbrechenden Außenrand der Meseta im Südwesten eingesunkene Tafel jungtertiärer Kalke, Tone und Mergel, das nach Nord-

Katalonien
(Fortsetzung)
Geschichte

Wirtschaft

Aragonien
(Aragón)
Navarra

Aragonien
und Navarra
(Fortsetzung)

westen einen spitzen Winkel bildet und gegen das Mittelmeer durch das Katalonische Gebirge abgeriegelt ist. Der Ebro tritt, aus dem Kantabrischen Gebirge kommend, durch die Conchas de Haro in das Becken ein, folgt dann einer sanften Abdachung und bahnt sich in einem engen Durchbruchstal durch das Katalonische Gebirge den Ausgang zum Meer. Im Gegensatz zu dem regsamen Katalonien und dem mitteleuropäisch anmutenden Baskenland zeigt das einförmige Hügelland Aragoniens einen mehr an Kastilien erinnernden ernsten Charakter der Abgeschlossenheit und Kargheit. Von Gebirgen rings umschlossen, hat es kontinentales Klima wie die Meseta, mit überaus trockenen Sommern, deren drückender Hitzedunst ('calina') über der weißgrauen Ebene lagert. Den wegen seines Salz- und Gipsgehaltes überdies unfruchtbaren Boden bedecken daher Halfagrassteppen und dürftige Schafweiden. Der Anbau von Getreide, Gemüse u.a. beschränkt sich auf die Uferstrecken der Flüsse, besonders des Ebro und des Segre. Der Bewässerung des Landes dient fast nur der Canal Imperial (Kaiserkanal), der dem rechten Ufer des Ebro auf einer Strecke von annähernd 90 km folgt. Die wenigen Siedlungen des menschenarmen Landes halten sich an diese langgestreckten Flußoasen (Huertas). Zara-

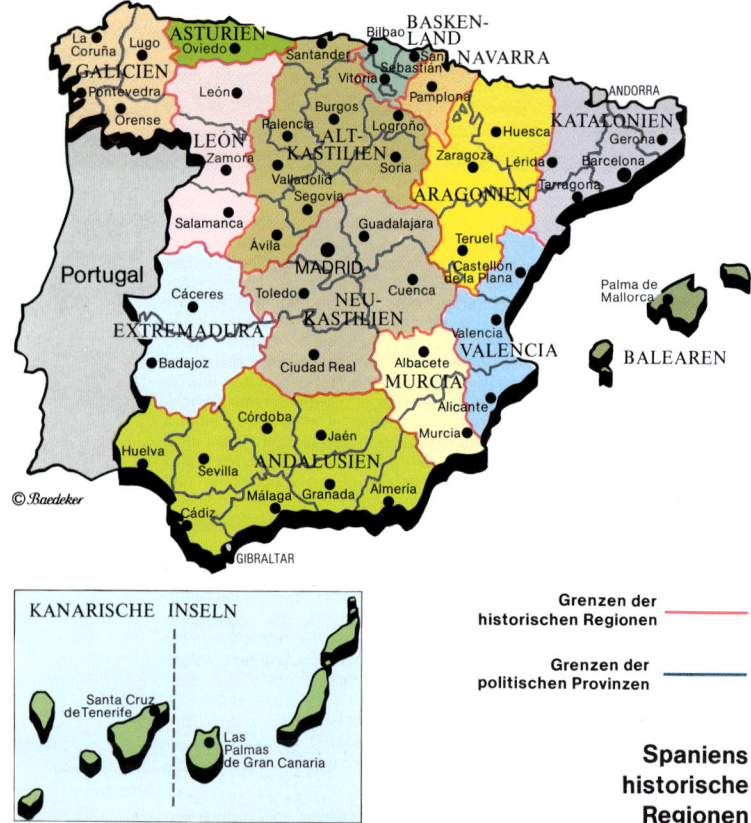

Grenzen der
historischen Regionen

Grenzen der
politischen Provinzen

**Spaniens
historische
Regionen**

Tal des Río Iratí in den Pyrenäen

goza, die Hauptstadt Aragoniens, liegt in einer solchen Huerta, in der Mandeln, Oliven, Feigen sowie Wein gedeihen.

Aragonien und
Navarra (Forts.)

Nördlich reichen Aragonien und Navarra bis zum Hauptkamm der Pyrenäen. Diese zeigen im Westen, wo sie an das Kantabrische Gebirge
anschließen, noch Mittelgebirgscharakter, steigen wenig über 1500 m an
und sind an vielen Stellen leicht zu überschreiten. Hier siedeln die Basken
zu beiden Seiten des Gebirges; hier konnte sich auch das kleine Königreich Navarra als Paßstaat entwickeln. Seine Hauptstadt Pamplona liegt in
einem baumlosen Becken zwischen dem Hauptkamm und der Sierrenzone. Östlich vom Somportpaß (1631 m) steigt der Pyrenäenkamm zu
einer gewaltigen, paßarmen Grenzmauer an, deren höchster Gipfel Pico
d'Aneto (3404 m) im Granitstock der Maladetagruppe auf spanischem
Boden liegt. Der aus metamorphen und Erstarrungsgesteinen aufgebaute
Zentralkamm trägt in kleinen Hochseen und Karen Spuren einer stärkeren
eiszeitlichen Vergletscherung. Die im Gegensatz zum schroffen französischen Abfall sanftere Südabdachung besteht hauptsächlich aus stark
gefalteten Kreide- und Tertiärgesteinen, die auch noch den Monte Perdido
(Mont Perdu; 3352 m) auf dem Hauptkamm aufbauen. Dem Südfuß des
Gebirges folgt als eine aus den gleichen Schichten bestehende Bergkette
die Sierrenzone, die von den durchbrechenden Flüssen in einzelne Rücken
zerrissen wird (Sierra de la Peña u.a.). Die spanische Seite der Pyrenäen ist
regenarm, und so fehlt ihr das grüne Waldkleid des Nordabfalles; nur
magere Weiden sowie Macchia bedecken die gewaltigen Hänge der Täler.

Pyrenäen

Die baskischen Provinzen Guipúzcoa, Vizcaya und Álava umfassen den
östlichen Teil vom Kantabrischen Gebirge zwischen dem bei Bilbao mün-
denden Nerviontal und den Pyrenäen. Die Landschaft hat Mittelgebirgscharakter; nur einige Gipfel ragen steiler empor, so die Peña de Gorbea
(1475 m). Durch Längstalfurchen, denen der Verkehr nach Westen folgt,
wird das Küstengebirge vom Hauptkamm des Kantabrischen Gebirges

Baskenland
(bask. Euskadi;
span. País Vasco)

Baskenland
(Fortsetzung)

getrennt. Unter dem Einfluß der feuchten Nord- und Nordwestwinde zeichnet sich dieses Küstenland durch reichen Pflanzenwuchs aus: auf den Höhen Eichen-, Buchen- und Kastanienwälder oder, wo diese vernichtet sind, üppiges Farngestrüpp oder Aufforstungen mit Kiefer und Eukalyptus. Die Hügel und Täler sind mit Wiesen, Maisfeldern, Walnuß- und Obstbäumen bedeckt. In günstigen Lagen gedeiht noch ein leichter Landwein ('chacolí'); doch ist das Volksgetränk der aus Äpfeln gekelterte Most (bask. 'sagardüa', span. 'sidra'). Das auch im Sommer angenehme Klima, das üppige Grün sowie die malerischen baskischen Einzelgehöfte ('caseríos') geben dem Nordabhang des Kantabrischen Gebirges einen freundlichen Charakter. Besonders anziehend ist die oft über 300 m hohe Steilküste mit ihren vielfach zu Badeorten gewordenen Fischersiedlungen.

Landesinneres

Landschaftlich und wirtschaftlich unterscheidet sich die Südabdachung des Kantabrischen Gebirges vom Küstengebiet. Breite und offene Täler wechseln mit Beckenlandschaften. Die Niederschläge sind wesentlich geringer, so daß anstelle des Maises der Weizen tritt. In diesen offenen Landschaften der Provinz Álava entstanden geschlossene Siedlungen im Gegensatz zu dem für das Küstengebiet typischen Einzelhof.

Wirtschaft

Das Wirtschaftsleben ist stark bodenständig. Neben der teilweise noch einfach betriebenen Landwirtschaft sind die Eisenerze von Bilbao die Grundlage für eine kräftig entwickelte Metallindustrie. Auf dem Holzreichtum fußt die in ganz Spanien bekannte Möbelindustrie. Gute Wasserverhältnisse begünstigen die Papierfabrikation, besonders in Guipúzcoa. An den Gebirgsflüssen sind Elektrizitätswerke entstanden.

Asturien
(Asturias)

Das ehemalige Fürstentum Asturien, jetzt autonome Region mit der Hauptstadt Oviedo, ist ein ausgesprochenes Gebirgsland, das sich westlich der Provinz Santander am Golf von Biskaya hinzieht und fast ganz vom Kantabrischen Gebirge erfüllt wird. Dieses erreicht hier alpine Höhen und erhebt sich in den Picos de Europa bis zu 2642 m. Im Westen sind die Bergzüge wild zerklüftet und von unerwarteter Romantik. Hohe Pässe führen nach Süden, doch nur der Pajarespaß (1364 m), den die Straße von Oviedo nach León benutzt, verbindet Asturien mit Innerspanien.

Becken von
Oviedo

Im Zentrum von Asturien, dem das ozeanische Klima ein grünes Pflanzenkleid verleiht, liegt das Becken von Oviedo, das sich als fruchtbares Hügelland bis an die Küste erstreckt. An Städten ist Asturien arm; an größeren hat es außer der Hauptstadt Oviedo nur die Hafenstadt Gijón. Zahlreich sind jedoch die kleinen Fischerorte an der durch die Steilabstürze der Kliffe sehr malerisch wirkenden Küste. Hier hat sich in letzter Zeit in den meisten Orten ein reges Badeleben entfaltet.

Wirtschaft

Die Grundlage für das Wirtschaftsleben von Asturien bilden Mais- und Obstbau sowie Viehzucht (besonders Schweine; asturischer Schinken). Die Bauern leben in kleinen Dörfern, Einzelhöfen und vor allem in locker gefügten Weilern. Besondere Bedeutung haben auch die asturischen Steinkohlenlager, die etwa die Hälfte der gesamten spanischen Kohleproduktion liefern. Ferner treten Flußspat, Zink- und Eisenerze auf, wodurch die industrielle Entwicklung belebt wurde. In den Niederungen werden Torf und Bernstein gewonnen.

Galicien
(gal. Galizia;
span. Galicia)

Galicien umfaßt die ganze Nordwestecke der Iberischen Halbinsel bis zur spanisch-portugiesischen Grenze. Hier fehlt die alles beherrschende hohe Gebirgskette. Durch die weite Verbreitung des Granites und anderer kristalliner Gesteine ist keine bestimmte Faltenrichtung wie im Kantabrischen Gebirge zur Geltung gekommen; die Flußsysteme sind daher hier bedeutender für die Gliederung des Landes. Waldige Tallandschaften (Kiefer, Eiche, Eukalyptus), von langgestreckter Beckenform wie am Miño, werden von Gebirgszügen eingerahmt; dazwischen liegen Hochflächen, die in vielen engen und steilen Tälern von Flüssen durchzogen sind.

Einen besonderen Charakter bekommt Galicien durch die tief ins Land eingeschnittenen Meeresbuchten der Rías (rías altas an der Nordküste, rías
bajas an der Westküste), in denen die einzelnen Talsysteme münden. Diese
Buchten, vielfach mit vorzüglichen Sandstränden, sind nicht nur Zuflucht-
stätten an der oft sturmgepeitschten Küste, sondern bergen auch wichtige
Atlantikhäfen, wie Vigo und La Coruña.

Galicien
(Fortsetzung)
Rías

Galicien ist im spanischen Vergleich eine wirtschaftlich unterentwickelte
Region. Industrieansiedlungen trifft man nur um die Großstädte La
Coruña und Vigo an. Im Wirtschaftsleben Galiciens spielt daher die Fische-
rei, besonders auf Sardinen, eine wichtige Rolle. Wälder und verschiedene
Kulturen bedecken die nicht allzu hohen Bergzüge längs der Buchten. Im
Innern des Landes wird auf kleinen, stark belasteten Pachtgütern beschei-
dener Ackerbau betrieben. Angebaut werden Mais, Getreide und im süd-
westlichen Teil noch Wein; das feuchte, milde Klima begünstigt auch die
Viehzucht. Bedeutend ist die Förderung von Zinn und Wolframerz.

Wirtschaft

Allerorten trifft man in Galicien auf die 'horreos' genannten Maisspeicher,
ein Wahrzeichen der Region. Auf Steinstützen hoch über dem Boden und
so vor Spritzwasser bei Regen geschützt, stehen tempelähnliche Kästen,
deren Seitenwände entweder aus geschlitzten Steinplatten oder aus eng
stehenden Holzlatten gebildet werden, die nur den Wind, nicht aber Vögel
oder große Insekten durchlassen sollen. Zwischen Stütze und Kasten sind
flache Steinscheiben geschoben, die als Mäusesperre fungieren. In den
Speichern werden ganze Maiskolben aufbewahrt, und nur bei Bedarf wird
ein Teil davon entnommen und frisch gedroschen. In Asturien sind die
Speicher größer und und von quadratischem Grundriß, aus Holz gebaut
und mit einem Strohdach gedeckt.

Horreos

Kastilien, die Kernlandschaft Spaniens, bildet ein durch die Randgebiete
abgeschlossenes, größtenteils meerfernes Binnenland, die sogenannte

Kastilien
(Castilla)

Zur Vorratshaltung: galicischer Horreo

Kastilien
(Fortsetzung)

Meseta (Große Tafel). Die ehemals durch zahlreiche Burgen und Kastelle gesicherte Hochfläche wird durch das Kastilische Scheidegebirge, eine Kette von Gebirgsgruppen (Sierra de Guadarrama, Sierra de Gredos, Sierra de Gata), in Altkastilien (Castilla la Vieja; im Norden) und Neukastilien (Castilla la Nueva; im Südosten) getrennt. Diesen beiden westwärts geneigten Hochflächen, deren felsigen Untergrund jüngere Ablagerungen verhüllen, folgen die großen, nicht schiffbaren Flüsse, wobei sie den Westrand in felsigen Schluchten queren. Die nördliche Abdachung, in der unter ozeanischem Klima liegenden Provinz Santander, bildet das Kantabrische Gebirge.

Meseta

Die bedeutende Höhenlage der Meseta (Altkastilien 900 m und darüber, Neukastilien 600-700 m) verleiht dem Klima einen kontinentalen Charakter mit heißen Sommern und strengen Wintern. Das früher wegen der geringen Niederschläge (400 mm), der Baumarmut und der dünnen Besiedlung größtenteils ungenutzte Land wurde, besonders nach dem Bau von Stauseen und durch Aufforstungen mit schnellwachsendem Eukalyptus, unter Kultur genommen (u.a. Weizen). Die Frühjahrs- und Herbstregen ermöglichen die allsommerliche Beweidung durch die aus Estremadura herüberziehenden Merinoschafe. Fruchtbare Kulturstrepe bilden die großen Getreideebenen von León bei Palencia, Valladolid und Zamora sowie die Mesa de Ocaña in Neukastilien, die z.T. künstlich bewässert wird; hier baut man neben Getreide auch die beliebten Kichererbsen ('garbanzos') an, die ein wesentlicher Bestandteil des Nationalgerichts 'Cocido' sind. Menschenleer sind die im Winter windgepeitschten Páramos oder Parameras, hochliegende trockene Kalktafeln am Ost- und Nordrand der Meseta, älter als die Beckenschichten, also auch älter als die staubigen Kalkflächen der durch Don Quijote bekannten Mancha.

So eintönig die innerspanische Hochfläche auch sein mag, so können doch reizvolle landschaftliche Bilder entstehen, wenn die Sonne im Westen verschwindet und das Rot der Erde übergeht in die verschiedensten Farbschattierungen des Himmels.

León

Die drei Provinzen León, Zamora und Salamanca der historischen Landschaft León werden heute geographisch und verwaltungsmäßig zu Kastilien-León gerechnet. Sie umfassen den Hauptteil der Nordmeseta, die im Norden vom Kantabrischen Gebirge und im Süden von der Sierra de Gredos begrenzt wird. Den mittleren Teil der Region nimmt das Duerobecken ein, das durch den Río Duero und seine Nebenflüsse mehr oder weniger stark zerschnitten wird.

In den Höhenlagen erlauben karge Böden und ungünstige Witterungsverhältnisse neben bescheidenem Feldbau nur Viehzucht (Rinder, auch Kampfstiere, und Schafe) auf den meist locker mit Korkeichen bestandenen Weiden ('dehesas'). In den Tälern der Flüsse, die durch Stauseen immer mehr für die Bewässerung und zur Gewinnung elektrischer Energie genutzt werden, gedeiht Weizen (Zamora) und Roggen (León). Die Bevölkerung ist entsprechend der kargen Natur der Landschaft geprägt. Die ältere Generation hält beharrlich am Althergebrachten fest, während die jungen Leute im Zuge der starken Landflucht in die Städte oder in andere Regionen abwandern.

Geschichte

Die ruhmreiche Geschichte Leóns geht auf die Westgoten zurück, von denen sich auch noch kunstgeschichtliche Spuren finden. Nach der Gründung des Königreichs Asturien durch Pelayo, den Besieger der Mauren, schiebt Alfons III. (866-919) die Grenze nach Süden bis an den Duero vor und verlegt die Hauptstadt von Oviedo nach León, dessen Namen das Königreich annimmt. Mit Aragón und Navarra vereint, erlebt das Reich eine Blütezeit, wird aber immer wieder durch Zwistigkeiten mit dem durch die Reconquista erstarkten Kastilien geschwächt. Unter Alfons VI. (1065–1109), dessen Vasall Rodrigo Díaz de Vivar im Heldenlied als 'El Cid' gefeiert wird, kann auch Kastilien der Krone von León unterworfen werden, und der König beansprucht den Titel eines Imperators. Die Unab-

Auf der Hochebene von León

Geschichte
(Fortsetzung)

hängigkeit Leóns geht schließlich im Jahre 1230 unter Ferdinand III., Sohn Alfons' IX. von León und einer Tochter Alfons' VIII. von Kastilien, endgültig verloren.

Valencia

Valencia erstreckt sich als schmale Küstenlandschaft vom Ebrodelta bis zur Mündung des Segura; doch gehört die Provinz Alicante südlich vom Cabo de la Nao landschaftlich schon zu Murcia. Die Meseta tritt hier mit ihren baumlosen rötlich-grauen Kalk- und Sandsteinhochflächen nahe an das Mittelmeer heran und bricht in einem von engen Talschluchten zerfurchten Steilhang zur Küste ab. Die aus dem Innern kommenden Flüsse wie der Guadalaviar und der Júcar, die bei Schneeschmelze oder nach Gewittergüssen in starken Flutwellen ('avenidas') zu Tal stürzen und an der Küste einen fruchtbaren Schwemmlandstreifen aufgeschüttet haben, spenden dem im Regenschatten des Hochlandes liegenden heißen Land das Wasser für die Berieselungsanlagen. Diese, schon von den Römern angelegt und später von den Mauren ausgebaut, machen Valencia zur fruchtbarsten Landschaft Spaniens. Eine uralte wohlausgebildete Wassergerichtsbarkeit sorgt für gerechte Verteilung des kostbaren Wassers, das in unzähligen Kanälen weithin durch das Land geleitet, im Winter auch in Staubecken ('pantanos') für die Trockenzeit gespeichert wird.

Huertas

Das bewässerte 'Campo de regadío' ist das Gebiet der Huertas, in denen rasches Blühen und Reifen mehrmaliges Ernten im Jahre ermöglichen. Neben Weizen-, Mais-, Luzernen- und Gemüsefeldern breiten sich besonders im Gebiet des sumpfigen Strandsees Albufera südlich von Valencia große Reisfelder aus, die wochenlang unter Wasser stehen müssen. Im Schatten der Orangen-, Aprikosen-, Mandel- und Feigenbäume wachsen Melonen, Tomaten und andere Gemüsepflanzen. Reizvoller als in den oft geometrisch angelegten Huertas ist das Bild dort, wo Obsthaine in Terrassen angepflanzt sind oder wo Gruppen schlanker Palmen und Zypressen aufragen. Auf dem unbewässerten Land ('Campo secano') gedeihen Oli-

Windmühle in Murcia

Valencia (Fortsetzung)

ven, Wein und Johannisbrotbäume. Die weißen Häuschen der Bauern ('hortulanos') liegen gleichmäßig verstreut im Grün der Huertas. Die knarrenden, von Eseln angetriebenen Schöpfräder ('norias') der Mauren sind nach und nach durch elektrisch betriebene Pumpen ersetzt worden und nur noch selten anzutreffen.

Wirtschaft

Neben Landwirtschaft und Tourismus ist im Gebiet von Valencia auch das Gewerbe gut entwickelt: Seiden- und Wollweberei, Papierfabrikation, Salzgewinnung aus den Strandseen, Fischerei sowie Verarbeitung, Konservierung und Versand der landwirtschaftlichen Erzeugnisse.
Die Hauptstadt Valencia ist eine der reizvollsten Städte Spaniens; ihr Hafen Grao führt die Erträge der Huerta aus.

Murcia

Südlich schließt sich an Valencia die Landschaft Murcia an. Wie die Meseta in Valencia tritt hier das Andalusische Kettengebirge bis an das Mittelmeer. Die nördlichen Bergketten laufen der Küste parallel und enden in dem Kalkvorgebirge des Cabo de la Nao; die südlichen Vorketten sind teilweise abgesunken und ragen nur noch in Resten (Sierra de Cartagena) aus der Küstenebene auf. Diese ist von den mit Ausnahme des Segura kurzen und wasserarmen Gebirgsflüssen aufgeschüttet worden.

Sommerhitze

Das Klima ist außerordentlich heiß und trocken. Von Ende Juli bis Ende September lagert der gefürchtete Hitzedunst ('calina') lähmend über der Landschaft; bleigrau erscheint der Himmel, Sonne und Mond leuchten bei ihrem Aufgang rot durch den bräunlichen Dunstschleier des Horizontes. Von Natur aus ist die bis auf die Oasen der Flußtäler überaus dünn besiedelte Landschaft demzufolge eine wüstenähnliche Salzsteppe, in der nur Espartogras und dürftiges Gestrüpp vorkommen. Ein wenig Anbau wird durch künstliche Bewässerung möglich, die aber infolge der geringen Wasserführung der Flüsse beschränkt ist. In den Huertas von Murcia, Totana und Lorca wachsen Orangen-, Zitronen- und Maulbeerbäume sowie Dattelpalmen, die bei Elche den berühmten, schon von den Arabern angelegten Palmenwald bilden.

Im Wirtschaftsleben von Murcia spielt der Bergbau auf Blei, Zink und Eisen eine Rolle, besonders in der Sierra de Cartagena.

Die Bewohner sowohl von Valencia als auch von Murcia haben durch den nivellierenden Einfluß des Tourismus an den Küsten viel von ihrer Eigenart eingebüßt, die auch in den folkloristischen Darbietungen für Touristen kaum weiterlebt.

Die Landschaft Estremadura ist die westliche Fortsetzung der Meseta, doch wird das Tafelland hier von den Talfurchen des Tajo und Guadiana sowie ihrer Nebenflüsse tiefer zerschnitten; es ist im Norden durch die Sierra de Gata (1735 m), das Hochland von Béjar und die Sierra de Gredos (2592 m) von León und Altkastilien getrennt, fällt in der sanft ansteigenden Sierra Morena nach Andalusien ab und wird durch die Sierra de Guadalupe (1736 m) in die Estremadura Alta (Gebiet des Tajo, Provinz Cáceres) und die Estremadura Baja (Gebiet des Guadiana, Provinz Badajoz) geschieden.

Das Land ist trocken und vielfach bedeckt mit steinigen Heiden ('jarales' oder 'tomillares'), besonders am Fuß der Sierra de Gata ('las Hurdes'; ausgedehnter Weizenanbau. Der Anbau von Getreide und Hülsenfrüchten beschränkt sich auf die Gegend von Cáceres und Estremadura Baja, oft freilich gefährdet durch die Überschwemmungen der Flüsse und durch Scharen von Wanderheuschrecken ('langostas'), die aus der Heide kommen. Außerdem gedeihen in den Tälern Wein, Ölbäume, Feigen und Mandeln; Maulbeerbäume nur um Plasencia, wo die Berghänge terrassenförmig angebaut sind. Einen guten Ruf hat die Schweinezucht in den Eichenwäldern von Estremadura; die Schinken ('jamones') gelten als die besten Spaniens.

Seit alters her wird Estremadura in den Wintermonaten von wandernden Herden feinwolliger Schafe ('merinos') durchzogen, die im Herbst von der Meseta herabsteigen und nach dem System der 'Mesta' die Weideplätze wechseln. Zur Vermeidung von Streitigkeiten zwischen den seßhaften Bauern und den Herdenbesitzern wurde 1526 ein besonderer Gerichtshof bestellt ('consejo de la mesta') und 1834 durch Gesetz bestimmt, daß den Herden auf beiden Seiten der Landstraßen ein 90 Ellen breiter Viehtriebweg ('cañada real') einzuräumen ist.

Andalusien, die südlichste Landschaft der Iberischen Halbinsel, ist in der Vorstellungswelt vieler immer noch das klassische Spanien. In reizvollem Gegensatz sind hier schneebedeckte Hochgebirge und Dünenwälle der Küstenniederung, sonnenverbrannte Hochsteppen und üppig-grüne Flußoasen, Palmenhaine und Cistushaine vereinigt. Dazu kommen die Denkmäler einer glänzenden Vergangenheit, die in dem Säulenwald der Moschee von Córdoba sowie in den rotleuchtenden Türmen und prächtigen Höfen der Alhambra von Granada gipfeln.

Den südlichen Teil Andalusiens beherrscht das Andalusische Kettengebirge (Cordillera Bética). Die von Süden gegen die iberische Masse gerichteten Faltengebirge bestehen aus einer inneren Zone von kristallinen Schiefern und einer äußeren Zone aus mesozoischen und tertiären Sedimenten, die mit dem Kalkfelsen von Gibraltar beginnt und sich auf der Nordseite des Gebirges bis zum Hochland von Jaén hinzieht. Spätere tektonische Störungen haben Senken wie die fruchtbare Vega von Granada entstehen lassen und einen schroffen Abfall zum Mittelmeer geschaffen. Das Gebirge trägt zwar in der vom ewigen Schnee bedeckten Sierra Nevada den höchsten Gipfel Spaniens (Cerro de Mulhacén; 3481 m), zeigt aber im wesentlichen gerundete Mittelgebirgsformen. Steppen und Zie-

**Andalusien
(Fortsetzung)**

genweiden, auch Macchiengestrüpp überziehen die schuttbedeckten Bergregionen. In tieferen Lagen finden sich Korkeichen- und Kastanienwälder. Die Besiedlung ist schwach; das Hochtal Aipujarras ist Rückzugsgebiet einer noch stark maurisch geprägten Bevölkerung.

Küste

Anders ist der südliche dichter besiedelte Küstenstreifen, der von den feuchten Ozeanwinden noch berührt wird und den internationalen Tourismus angelockt hat. In Terrassen ziehen sich Fruchtgärten mit Zuckerrohr und Bananen, Weinbergen und Baumwollfeldern hin. Das gewerbereiche Málaga ist Ausfuhrhafen, besonders für seinen berühmten Wein. Hier sowie in Algeciras und Cádiz hat sich eine rege Industrie angesiedelt.

**Andalusisches
Tiefland**

Zwischen dem Andalusischen Kettengebirge und der Sierra Morena ist das vom Guadalquivir durchströmte Andalusische Tiefland eingesenkt, eine mit tertiären und alluvialen Ablagerungen erfüllte ehemalige Meeresbucht. In den östlichen Teilen ist das Guadalquivirbecken ein zerschnittenes Hügelland, nur unterhalb von Sevilla ein echtes Tiefland. Hier breiten sich die Marismas aus, von Wasservögeln und Stierherden belebte weite Sumpfgebiete. Das heiße, trockene Hügelland ist weithin noch mit Steppen und Weideflächen für Kampfstiere und Andalusierpferde bedeckt. Nur dort, wo künstliche Bewässerung möglich ist, sind Weizen-und Gemüsefelder, Weingärten und Agrumenhaine angelegt. In einer solchen fruchtbaren Gartenlandschaft liegt Andalusiens Hauptstadt Sevilla. Die dem Meer zugewandte Provinz Cádiz ist das Land der Großgrundbesitzer mit krassen Gegensätzen in der Sozialstruktur.

Wirtschaft

In der Wirtschaft Andalusiens spielt neben Erträgen aus der Landwirtschaft und dem Tourismus der Bergbau eine wichtige Rolle. Die Sierra Morena liefert Kupfer (Río Tinto) und Zink (Linares), das Andalusische Gebirge Blei, Silber und Eisen (Almería). Bedeutend ist auch die Viehzucht (Pferde, Maultiere, Rinder, Kampfstiere).

Andalusische Landschaft bei Medina Azahara

Cala San Vicente auf Mallorca

Die spanische Inselgruppe der Balearen, der Südostküste Spaniens im westlichen Mittelmeer zwischen 1° und 4° östlicher Länge sowie 38° und 40° nördlicher Breite vorgelagert, besteht aus den eigentlichen Balearen (latein. 'balearii' = Schleuderschützen; vielleicht von griech. 'ballein = werfen oder semit. 'ba'al yarah' = geschickt im Schleudern) mit den beiden Hauptinseln Mallorca (3640 km²) und Menorca (700 km²) sowie den kleinen Pityusen (Islas Pityusas; von griech. 'nesoi pityusai' = mit Nadelbäumen bestandene Inseln) mit Ibiza (ibiz. Eivissa; 572 km²) und Formentera (100 km²), ferner rund 150 kleineren Inseln, darunter Cabrera (17 km²; südlich vor Mallorca), und Felseilanden, die teils militärischen, teils nautischen Zwecken dienen oder aber gänzlich ungenutzt sind.

Die Gesamtheit all dieser Inseln bildet Autonome Region der Balearen (Comunidad Autónoma de las Islas Baleares; 5014 km² Gesamtfläche), deren Hauptstadt Palma de Mallorca ist.

Die Autonome Region der Balearen zählt insgesamt rund 720 000 fast ausschließlich römisch-katholische Einwohner, von denen auf Mallorca 582 000, auf Menorca 62 000, auf Ibiza und auf Formentera 76 000 leben. Die größte Bevölkerungsdichte weist der Ballungsraum von Palma de Mallorca auf, am dünnsten besiedelt ist die Insel Formentera, deren Einwohner die höchste Lebenserwartung aller Spanier haben.

Die Balearen sind die abgesprengte Fortsetzung des sich von Gibraltar über die Sierra Nevada bis zum Cabo de la Nao hinziehenden Andalusischen Faltengebirges. Tektonische Bewegungen mit gewaltigen Landeinbrüchen und Überflutungen ließen im jüngeren Tertiär die Verbindung mit der Iberischen Halbinsel abreißen. Heute trennt ein bis zu 1500 m tiefer Meeresgraben den Archipel vom spanischen Festland. Balearen wie auch Pityusen besitzen je einen eigenen Festlandsockel.

Die Kanarischen Inseln oder Kanaren (Islas Canarias = 'Hundeinseln' oder Islas Afortunadas = 'glückliche Inseln'), sind eine Gruppe von sieben Inseln

Balearen
(katal. Illes Balears; span. Islas Baleares)

Entstehung

Kanarische Inseln
(Islas Canarias)

Pico de Teide auf Teneriffa

Kanarische Inseln (Fortsetzung)

und sechs kleineren Eilanden im Atlantik, ca. 100 bis 300 km vor der Nordwestküste Afrikas (Marokko/Westsahara) und etwa 1100 km vom spanischen Festland (Cádiz) entfernt. Sie erstrecken sich zwischen 13° und 18° westlicher Länge (von Greenwich) sowie 27° und 29° nördlicher Breite (wie Kairo und Florida). Der gesamte Archipel dehnt sich 500 km von Osten nach Westen und 200 km von Norden nach Süden aus.

Die westlichen Inseln Teneriffa (Tenerife; 2047 km²; 600 000 E.), La Palma (728 km²; 72 000 E.), Gomera (378 km²; 20 000 E.) und Hierro (Ferro; 277 km²; 6 000 E.) bilden die Provinz Santa Cruz de Tenerife (Hauptstadt Santa Cruz); die östlichen Inseln Gran Canaria (1532 km²; 660 000 E.), Fuerteventura (1731 km²; 30 000 E.), Lanzarote (795 km²; 54 000 E.) und fünf kleine Nebeninseln (Alegranza, Graciosa u.a.) die Provinz Las Palmas de Gran Canaria (Hauptstadt Las Palmas). Die beiden Provinzen sind seit 1982 als Autonome Region Kanarische Inseln (Comunidad Autónoma de Canarias) selbstverwaltet, wobei sich Las Palmas und Santa Cruz turnusmäßig als Hauptstadt der Region abwechseln.

Entstehung

Die Inselgruppe der Kanaren ist vulkanischen Ursprungs. Über der Diabasformation, die namentlich auf Fuerteventura noch vielfach zutage tritt, lagern die Schlacken- und Lavamassen zahlloser seit der Miozänzeit erfolgter Ausbrüche, die auf La Palma und Teneriffa, auch auf Hierro und Gran Canaria, großartige Kraterkessel ('calderas') bildeten. Spätere Lava- und Lockerausbrüche füllten dann auf Teneriffa den Riesenhohlraum der 'Cañadas' großenteils aus und schufen sich im Pico de Teide einen Vulkankegel von 3718 m über dem Meere. Durch größere Ausbrüche wurden 1677 Palma, 1730 bis 1736 und 1824 Lanzarote, 1705, 1706, 1796 und 1798 die Nordwestküste von Teneriffa verwüstet; der letzte Ausbruch auf den Kanaren ereignete sich 1971 auf La Palma. Die Wirkung der Erosion ist in den breiten humusreichen Tälern ('valles') und den tiefeingeschnittenen Schluchten ('barrancos') überall sichtbar, besonders auf den westlichen Inseln, die fast ohne Naturhäfen überaus steil aus dem Meere aufsteigen.

Klima

Spanien liegt überwiegend im Bereich des Mittelmeerklimas, das durch heiße, trockene Sommer sowie milde feuchte Winter gekennzeichnet ist. Dieser jahreszeitliche Wechsel ergibt sich daraus, daß im Sommer die subtropische Hochdruck- und Trockenzone und im Winter die außertropische Westwindzone der gemäßigten Breiten, die sich mit dem Sonnenstand im Jahresgang verschieben, wetterbestimmend sind.

Im einzelnen wird das Mittelmeerklima in Spanien bestimmt durch die Größe des Landes mit erheblichen Entfernungen zwischen zentralen und randlichen Räumen, die unter stärkerem Meereseinfluß stehen, sowie durch die unterschiedliche Höhenlage über dem Meeresspiegel (60% des Landes liegen 600 m über dem Meeresspiegel und höher), die zu den Höhenabstufungen des Klimas führt.

Klimastufen

In diesem Kapitel werden die Klimate einzelner Regionen anhand von Klimadiagrammen typischer Stationen beschrieben. Davon ausgehend läßt sich, unter Berücksichtigung der folgenden Richtlinien, das Klima der verschiedenen Räume abschätzen:
Von Norden nach Süden nehmen unter sonst gleichen Bedingungen die Temperaturen um ca. 0,53° C pro Breitengrad zu; die Niederschlagshöhe nimmt ab.
Vom Inneren der Halbinsel zu den Rändern verringern sich die Temperaturschwankungen (Übergang vom kontinentalen zum ozeanischen Klima); die Niederschläge nehmen insbesondere nach Westen und Norden hin zu.
Mit steigender Meereshöhe nehmen die Temperaturen um ca 0,7° C pro hundert Meter ab; die Niederschlagsmengen erreichen höhere Werte.
Im Lee von Gebirgszügen nehmen die Niederschläge ab; durch den Einfluß des Föhns verstärkt sich die Trockenheit der Becken, so daß die Temperatur ansteigt.

Durch das Zusammenspiel dieser Klimafaktoren ergeben sich die beiden Pole, zwischen denen die Klimate Spaniens variieren: ein immerfeuchter Nordwesten, mit relativ niedrigen Temperaturen und ausgeglichenem Temperaturgang, und ein fast immertrockener Südosten, mit relativ hohen Temperaturen und fast 'afrikanischem' Klimacharakter.

Die klimatischen Besonderheiten einzelner Regionen und Inseln werden auf der folgenden Seite anhand von Klimadiagrammen erläutert, in denen der Jahresgang der Temperatur und des Niederschlags dargestellt ist (von links nach rechts; J = Januar, D = Dezember). Die blauen Niederschlagssäulen zeigen die Niederschlagsmenge (in mm) pro Monat entsprechend der blauen Skala am Rand. Die Temperaturen sind als orangerotes Band dargestellt. Die obere Grenze entspricht der durchschnittlichen höchsten Tagestemperatur, die untere der durchschnittlichen niedrigsten Nachttemperatur. Die jeweiligen Temperaturwerte sind an den roten randlichen Skalen abzulesen.
In das Klimadiagramm von Madrid sind zusätzlich die Temperatur- und Niederschlagskurven für Kassel gestrichelt eingefügt. Im Vergleich mit den aus Mitteleuropa gewohnten Klimaverhältnissen werden so die Besonderheiten der einzelnen Klimaregionen Spaniens deutlich.

Klimastationen

Das innere Spanien, hoch gelegen, weit vom Meer entfernt und von diesem meist durch Gebirge getrennt, zeigt eine deutlich kontinentale Ausprägung des Mittelmeerklimas. Die Sommer sind heißer, die Winter kälter als an den Küsten. Die starke sommerliche Erhitzung, bedingt durch Azorenhoch, Wolkenlosigkeit und hohe Einstrahlung, erreicht im August mit mittleren Tageshöchsttemperaturen um 30° C ihren Höhepunkt. Die absoluten Temperaturmaxima liegen höher als in den Tropen und bedingen zusammen mit entsprechend niedrigen nächtlichen Temperaturminima

Zentralspanien
(Klimastation
Madrid)

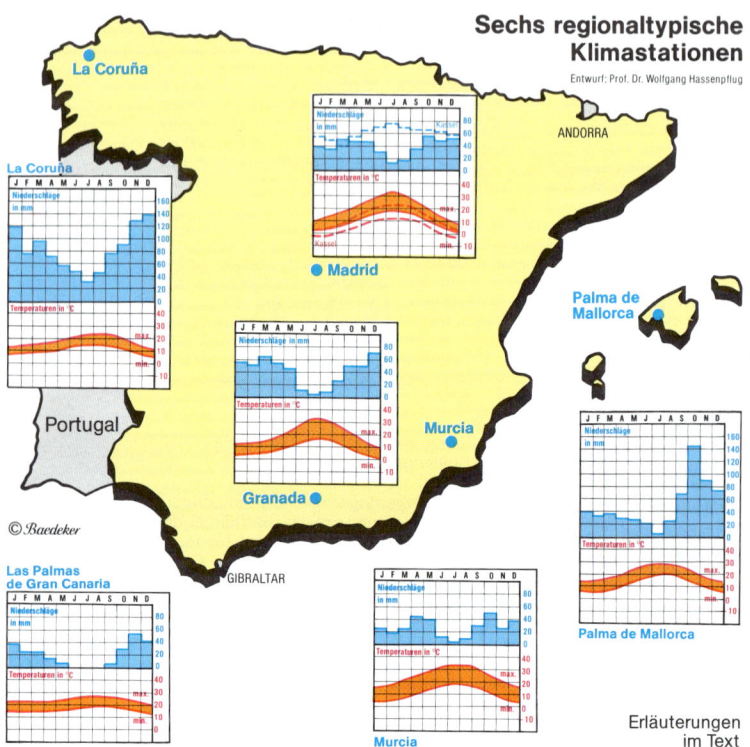

Sechs regionaltypische Klimastationen

Entwurf: Prof. Dr. Wolfgang Hassenpflug

Erläuterungen
im Text

© Baedeker

Zentralspanien (Fortsetzung)

beträchtliche Temperaturschwankungen. Die Temperaturabnahme mit der Höhe wird durch die sommerliche Erwärmung völlig überdeckt.

Während der Sommermonate lagert über den Zentrallandschaften, insbesondere im Süden die Calina, ein trockener Staubdunst, der aus Staubteilchen besteht, welche die erhitzte aufsteigende Luft vom trockenen Boden mitreißt. Niederschläge fallen hauptsächlich im Frühjahr und Herbst; im Juli und August gibt es nur je 2 bis 3 Tage mit Niederschlag. Die mittlere jährliche Niederschlagshöhe im Binnenland schwankt zwischen 400 und 700 mm; die von Jahr zu Jahr auftretenden Schwankungen sind jedoch beträchtlich.

In den das Hochland überragenden Gebirgen fällt der winterliche Niederschlag zu großen Teilen als Schnee, so daß dort Wintersport betrieben werden kann. Schneefallhäufigkeit und Schneedeckendauer nehmen mit der Höhe und von Süden nach Norden zu. Im Norden kann oberhalb 300 m mit jährlichem Schneefall gerechnet werden, bei Madrid oberhalb 600 m (die Sierra de Guadarrama hat in 1350 m 56 Schneefalltage).

Die nördlichen Randbereiche von den Pyrenäen bis Galicien (Klimastation La Coruña)

Diese zwischen Atlantik und Golf von Biskaya exponierte Region weicht – wie das Klimadiagramm im Vergleich zu dem von Madrid zeigt – klimatisch deutlich vom übrigen Spanien ab. Sie ist der ozeanischen, kühlgemäßigten Zone zuzurechnen. Die täglichen und jährlichen Temperaturschwankungen sind gering. Die Niederschläge sind hoch und fallen ganzjährig. Der regenreichste Ort Spaniens, Santiago de Compostela, mit mehr als

1600 mm Jahresniederschlag, liegt hier. Selbst im Juli und August ist an 8 bis 9 Tagen mit Niederschlag zu rechnen.

Norden
(Fortsetzung)

Das Klima der katalanisch-valencianischen Mittelmeerküste ist ausgeglichener als das des Binnenlandes. Im Vergleich zu der atlantischen Westküste der Iberischen Halbinsel liegen hier die sommerlichen Lufttemperaturen um 6 bis 7° und die Wassertemperaturen um 4 bis 6° höher. Land- und Seewind sind während der sommerlichen Schönwetterlagen überall an der Küste kräftig entwickelt. Der tagsüber wehende Seewind kann bis zu 50 km landeinwärts reichen und so weit die Hitze des Tages mildern.

Die östlichen Randbereiche der Balearen (Klimastation Palma de Mallorca)

Die Niederschläge nehmen an der Küste nach Süden hin spürbar ab. Barcelona hat 593, Valencia 422 mm Jahresniederschlag; das Niederschlagsmaximum liegt dabei im Oktober, ein zweites Maximum im Mai, die geringsten Niederschlagsmengen fallen im Juli und August.

Die Temperaturen nehmen dagegen nach Süden deutlich zu. So liegt die Tageshöchsttemperatur des Juli/August von Valencia mit 29° C 1,3° über der von Barcelona.

Der Norden wird im Winter durch den kalt-trockenen Nord-Nordwest-Wind, die Tramontana, beeinflußt.

Oberflächentemperaturen des Meerwassers an der Costa Brava/Costa Blanca: April 14/15° C, Mai 17° C, Juni 20° C, Juli 23/24° C, August 25° C, September 23/24° C, Oktober 21° C.

Auf den Balearen ist das Klima gegenüber der spanischen Festlandküste noch ausgeglichener. Das Niederschlagsmaximum im Oktober ist deutlicher ausgeprägt. Insgesamt nimmt die Niederschlagshöhe auf den Balearen von Norden nach Süden ab, allerdings stark beeinflußt von den Oberflächenformen. So hat die bis 1445 m hohe Cordillera Norte auf Mallorca bis 1400 mm Niederschlag, während die südlich in Leelage anschließende Senkenzone mit Föhneffekt wesentlich trockener ist; der Westteil der Sierra de Levante ist bereits so trocken, daß hier Salzgewinnung in Salinen möglich ist. Menorca hat 580, Mallorca 450, Ibiza 350 und Formentera weniger als 200 mm Jahresniederschlag.

Balearen

Nördliche Winde, die Tramontana, sind auf Menorca (165 Tage pro Jahr) und auch auf Mallorca häufiger, in Sturmstärke vor allem im Winter.

Frost und Schneefälle fehlen auf den Inseln infolge des maritimen Klimas fast vollständig.

Die Küste von Alicante bis Almería, vom Betischen Gebirge geschützt, ist neben kleineren Gebieten um Valladolid und Zaragoza das trockenste Gebiet Spaniens. Von Klima, Vegetation und Landschaft her hat es schon afrikanischen Charakter. Die Jahresniederschläge liegen fast überall unter 200 mm, zum Teil sogar deutlich darunter (Murcia 304 mm, Almería 232 mm), besonders auf den vorspringenden Kaps; Kap Gata ist mit 128 mm Jahresniederschlag die niederschlagsärmste Station Europas. Die Niederschläge fallen ganz unregelmäßig während des Winterhalbjahres, und zwar in Form von Wolkenbrüchen an durchschnittlich nicht mehr als 4 bis 6 Tagen pro Monat. Sonst ist der Himmel blau, und im Sommer weht oft ein glühendheißer, ausdorrender Südwind ('Leveche'). Westliche Winde überqueren die rückwärtigen Gebirge föhnartig und bringen keine Niederschläge. 6 bis 8 Monate eines Jahres sind arid, d. h. sie bringen weniger Niederschlag als verdunsten könnte. Das gute Gedeihen von Dattelpalmen in Elche ist Ausdruck dieser Klimagegebenheiten.

Der südöstliche Randbereich (Klimastation Murcia)

Die Costa del Sol ist ein klimatisch und landschaftlich besonders begünstigter Küstensaum. Die Jahresdurchschnittstemperatur von Málaga liegt mit 28,6° C noch 0,6° über der von Murcia und Almería, die Niederschläge liegen mit 470 mm zu 304 bzw. 232 mm deutlich darüber.

Die klimatischen Verhältnisse von Granada in 690 m über dem Meeresspiegel unterscheiden sich von denen der Küste im Sommer durch größere tägliche Temperaturunterschiede (17 zu 34° statt 21 zu 29° C) und im Winter durch niedrigere nächtliche Tiefstwerte bis 2-3° C.

Der südliche Randbereich (Klimastation Granada)

Der engere Küstensaum ist gänzlich schneefrei, Granada hat durchschnittlich 3 Schneefalltage pro Jahr.

Die Sierra Nevada (Name!) hat in 2000 m Höhe eine Schneedeckendauer von 110 Tagen auf der Nordseite und 77 Tagen auf der Südseite und von 200 Tagen auf der Kammhöhe. Reste eines kleinen Gletschers sind erst in den letzten Jahrzehnten abgeschmolzen.

An der Küste selbst sind dafür die wärmsten Wintertemperaturen des europäischen Festlandes zu erleben – mit hohen verschneiten Bergen als Kulisse. Nach Westen hin zum Atlantik nehmen die Temperaturen leicht ab und die Niederschläge zu; dies gilt für Gibraltar und die andalusische Atlantikküste. Im Inneren Andalusiens nehmen die Temperaturen wieder zu und die Niederschläge ab (Sevilla: Jahresmittel der Temperatur 18,8° C, Minimum/Maximumwerte für Juli/August: 19,0/36° C).

Die Kanarischen
Inseln
(Klimastation
Las Palmas de
Gran Canaria)

Das Klima der Kanarischen Inseln unterscheidet sich auf Grund ihrer Insellage in niederen Breiten deutlich von dem des spanischen Festlandes. Es ist im Meeresniveau wärmer und ozeanisch ausgeglichener.

Innerhalb der Kanarischen Inseln sind die beträchtlichen klimatischen Unterschiede einmal durch die Lage zum Nordost-Passat und zum anderen durch die Höhenlage bestimmt. Die nur in den Wintermonaten unterbrochene Herrschaft des Nordost-Passats führt zu einer scharfen Teilung in eine nach Norden und Osten gerichtete feuchte Luvseite und eine entgegengesetzte trockene, ja wüstenhafte Leeseite der gebirgigen Inseln. Niederschläge fallen nur in den Wintermonaten, bedingt durch Tiefdruckgebiete aus nördlicheren Breiten.

Die Luvseite ihrerseits ist deutlich in mehrere klimatische Höhenstufen gegliedert. Die trockenheiße Tiefenzone reicht bis ca. 500 bis 600 m. Die Durchschnittstemperatur beträgt hier 20 bis 21° C, im Januar 17 bis 18° C, im August 23 bis 24° C. Die Jahresniederschläge übersteigen nicht 500 mm, liegen vielfach deutlich darunter (Las Palmas 233 mm, Santa Cruz 290 mm). Die Wassertemperaturen schwanken im Laufe des Jahres zwischen etwa 18 und 24° C.

Die Mittelzone reicht von ca. 600 m bis 1500 m über dem Meeresspiegel; sie ist durch niedrigere Temperaturen (Jahresdurchschnittstemperatur 16° C), starke Nebel- und Wolkenbildung an den Hängen sowie höhere Niederschläge gekennzeichnet (ca. 600 bis 800 mm Niederschlag sowie die Kondensationsfeuchtigkeit des Nebels). Bei gelegentlichen sommerlichen Einbrüchen heißer Luft aus der Sahara (mit Wüstenstaub) können die Temperaturmaxima in beiden Zonen auf 40° C ansteigen. Umgekehrt kann bei winterlichen Kaltlufteinbrüchen in der Mittelzone durchaus Frost auftreten. Über der Mittelzone folgt nach einer trockeneren und wärmeren Inversionsschicht auf Teneriffa und Palma ein trocken-kaltes, in Luv und Lee gleich entwickeltes Hochgebirgsklima; die Niederschläge betragen ca. 300 mm. Die winterliche Schneegrenze reicht bis 2000 m herab; der Pico de Teide (3718 m) trägt im Winter also eine Schneehaube.

Pflanzen und Tiere

Flora

Wildpflanzen

Die Pflanzenwelt Spaniens hat ihre heutige Gestalt durch den Einfluß des Menschen erhalten. Einst waren weite Teile der Iberischen Halbinsel von Pinien- und Eichenwäldern bedeckt, die seit der Vorzeit durch Holzeinschlag für die Erzverhüttung und durch Rodung zur Schaffung von Ackerland und Weidegrund der römischen Besatzung bis ins Mittelalter weitgehend vernichtet wurden. Heute sind nur noch 5% der Gesamtfläche Spaniens von Wald bedeckt. Im kühleren und feuchteren Nordwesten überwiegen sommergrüne Laubbäume wie Eichen, Buchen und Kastanien; in den Pyrenäen gedeihen Koniferen. Nach Süden hin, im sommertrockenen Spanien, trifft man Stein- und Korkeichenwälder, spärliche

Palme und Platane in Asturien   *Ölbaum*

Strauchvegetation (Ginster, Thymian, Lavendel, Rosmarin) und immergrüne Hartlaubgewächse an. In Mittel- und Südostspanien hat sich aus dem Unterholz der einstigen Wälder die Macchia (span. 'monte bajo'), eine dichte, immergrüne Gebüschformation aus Baumheide, Johannisbrotstrauch, Erdbeerbäumen und wilden Olivenbäumen herausgebildet. In sehr trockenen und durch Beweidung beanspruchten Gebieten ist die Macchia zur Garigue geworden, auf der die Gebüsche niedriger bleiben und in größeren Abständen stehen. Dazwischen ist der Boden oft nackt oder mit Gräsern und Disteln bedeckt.

Der Ölbaum, die Leit- und Charakterpflanze der Mittelmeerflora, ist im Landesinneren bis zur Höhe von Madrid zu finden, während er an der Mittelmeerküste bis jenseits der Pyrenäen und nach Südfrankreich vordringt. Als Kultur- und Kulturfolgepflanzen sind neben dem Ölbaum die Korkeiche, die Edelkastanie, der Feigenbaum, der Weinstock sowie verschiedene Palmenarten und der weitverbreitete Feigenkaktus (Opuntia) zu nennen. In den bewässerten 'huertas' (lat. 'hortus' = Garten) an der Mittelmeerküste werden u.a. Zitrusfrüchte, Pfirsiche, Mandeln, Datteln und Feigen geerntet. In Andalusien sind der Reis- und Baumwollanbau verbreitet.
An der Mittelmeerküste findet man meist in Privatgärten und öffentlichen Parks die gesamte Mittelmeerflora: Bougainvillleen, Oleander, Hibiskus, Palmen und Agaven.

Seit der Franco-Zeit wird durch Aufforstungsprogramme versucht, der Erosion und der Austrocknung Einhalt zu gebieten; gleichzeitig sollen dadurch der Papierindustrie aber Rohstoffe geschaffen werden. Die durch die alljährlichen Waldbrände vernichteten Flächen sind oft so groß wie die neu bepflanzten.

Eine Sonderstellung nimmt die Flora der Kanarischen Inseln ein. Einerseits kommen dort auf engem Raum Pflanzen aus fast allen Vegetationszonen

Wildpflanzen
(Fortsetzung)

Kulturpflanzen

Aufforstung

Kanarische
Inseln

Rotwild

Pflanzenwelt der
Kanarischen Inseln
(Fortsetzung)

der Erde vor, andererseits fällt der hohe Prozentsatz endemischer Arten (nur hier wachsende Pflanzen) auf. Die auffallendste Pflanze ist der bis zu 20 m hohe Drachenbaum, ein naher Verwandter der Yukka-Arten. Die Kanarische Dattelpalme hat sich von den Inseln aus über den gesamten Mittelmeerraum verbreitet. Die in Höhen von 1000 bis 2000 m wachsenden Kanarischen Kiefern können Wasser aus den Passatwolken kondensieren. In den Wintermonaten beherrschen die roten Weihnachtssterne das Landschaftsbild. Seit Ende des 19. Jh.s wird auf den Kanaren die Banane als wichtigste Kulturpflanze angebaut. Sie sind etwas kleiner als die mittelamerikanischen Arten, weshalb der Absatz in den vergangenen Jahren zurückging.

Fauna

Der Arten- und Individuenreichtum der Tierwelt ist durch die Entwaldung stark zurückgegangen. So zeigt sich die Fauna heute ausgesprochen artenarm; sie entspricht derjenigen des übrigen Mittelmeerraums und Mitteleuropas. In den Hochgebirgsregionen leben noch Gemsen, der Spanische Steinbock (Capra pyrenaica oder hispanica) und ganz vereinzelt sogar Wölfe und Bären; man findet Füchse, Luchse und Wildkatzen, Wildschweine, den Spanischen Rothirsch (Cervus elaphus hispanicus), Greifvögel (darunter der Kaiseradler) und Eulen; in Feuchtgebieten sind Schwimm-, Stelz- und Watvögel (Reiher, Rohrdommeln, Flamingos, Haubentaucher, Enten- und Gänsevögel) anzutreffen; schließlich sind noch Schlangen und Echsen zu nennen. Ausgesprochene Besonderheiten der spanischen Tierwelt sind die Ginsterkatze und der Ägyptische Mungo; auf dem Felsen von Gibraltar lebt eine Makakenart, die einzigen wildlebenden Affen in Europa.
Der Artenreichtum der Meerestiere an der Mittelmeerküste ist im Rückgang; Begegnungen mit großen Zackenbarschen oder Kopffüßern, wie sie

Kampfstierzucht

zu Beginn der fünfziger Jahre nicht selten waren, gibt es kaum noch. Die Gründe sind zunehmende Gewässerbelastung durch Umweltgifte und hemmungslose Unterwasserjagd. Glücklicherweise ist heute die Unterwasserjagd mit Atemgeräten verboten. Die Küstengewässer des Atlantik sind noch reich an Fischen, Krustentieren und Muscheln, die auch von erheblicher wirtschaftlicher Bedeutung sind. `Fauna (Fortsetzung)`

Selten gewordene Tiere können mit etwas Glück in neun auf dem Festland und auf den Inseln eingerichteten Nationalparks und in den Naturparks der Autonomen Gemeinschaften beobachtet werden. In den Naturschutzgebieten gedeihen auch zahlreiche schützenswerte Pflanzen (→ Praktische Informationen, Nationalparks). `Naturschutzgebiete`

Bevölkerung

Spanien hat 39,2 Millionen Einwohner, das entspricht 77 Einwohnern pro km². Die Verteilung der Bevölkerung auf die Regionen ist äußerst ungleichmäßig. 77% aller Spanier leben in Orten mit mehr als 10 000 Einwohnern. Am dichtesten besiedelt sind die Provinz Barcelona mit 608 Einwohnern pro km² und die Hauptstadtregion Madrid mit 613 Einwohnern pro km². Weitere Ballungsräume sind die Provinzen Vizcaya (545 E./km²) und Guipúzcoa (353 E./km²) in der Autonomen Gemeinschaft Baskenland. Am wenigsten besiedelt sind die Provinzen Soria (10 E./km²), Teruel (11 E./km²) und Guadalajara (12 E./km²). Die einwohnerreichsten Städte sind Madrid (3,5 Mio.), Barcelona (1,75 Mio.), Valencia (765 000), Sevilla (674 000) und Zaragoza (593 000). `Bevölkerungsdichte`

Die Zahlen zeigen, daß die Ballungszentren Spaniens außer um die Hauptstadt Madrid vor allem an der Küste oder in Küstennähe liegen. In diese Gebiete floß hauptsächlich in den sechziger und siebziger Jahren der `Verstädterung`

Bevölkerung

Junge Andalusierinnen

Verstädterung (Fortsetzung)

Strom der Zuwanderer aus strukturschwachen ländlichen Gegenden besonders nach Madrid, Barcelona, in die Städte des Baskenlandes und weniger stark nach Valencia, wo Industrie, Handel und Tourismus Arbeitsmöglichkeiten boten und auch das Klima – zumindest an der Küste – angenehmer ist. Die wenig ansprechenden Wohnblocksiedlungen in der Peripherie der Großstädte zeugen von dieser Zuwanderung, die immer noch anhält, jedoch in den vergangenen Jahren abgenommen hat.

Mehr als 3 Mio. Spanier haben ihren Wohnsitz im Ausland, davon ca. 150 000 in der Bundesrepublik Deutschland.

Religion

Der überwiegende Teil der spanischen Bevölkerung bekennt sich formell zur römisch-katholischen Religion, die seit der Verfassung vom Dezember 1978 allerdings nicht mehr Staatsreligion ist. Weiterhin leben in Spanien ca. 32 000 Protestanten, 12 000 Juden und 1000 Moslems. In der Exklave Melilla in Nordafrika ist die Hälfte der 58 000 Einwohner moslemisch.

Beschäftigungsstruktur

Die Statistik weist für Spanien 13,6 Mio. Erwerbspersonen nach (35% der erwachsenen Bevölkerung). Tatsächlich selbständig oder abhängig beschäftigt sind ca. 10,6 Mio. Spanier. Davon sind 5,5 Mio. im Dienstleistungsbereich, 3,4 Mio. im produzierenden Gewerbe (davon 0,7 Mio. im Baugewerbe) und 1,8 Mio. in der Land-, Forst- und Fischereiwirtschaft tätig. Die Zahl der Beschäftigten im Dienstleistungssektor nimmt zu, während sie im Produktionsbereich fällt. Die Agrarbevölkerung ist durch Überalterung gekennzeichnet: 60% der in der Landwirtschaft Tätigen sind zwischen 40 und 65 Jahre alt, nur 35% sind jünger als 40 Jahre.

Arbeitslosigkeit

Von Arbeitslosigkeit sind derzeit rund 2,2 Mio. Spanier betroffen, das entspricht rund 16% der Erwerbspersonen. Der Wandel des bislang agrarorientierten Landes in eine Industrienation hat seit 1976 zu einer Verminderung der Arbeitsplatzzahl um ein Fünftel geführt. Neue Arbeitsplätze sind tatsächlich nur im Dienstleistungsbereich entstanden. Etwa ein Viertel aller

Arbeiter hat nur einen zeitlich beschränkten Arbeitsvertrag, der selten länger als sechs Monate währt. Besonders hart getroffen sind Jugendliche und junge Erwachsene: ca. 56% der 16- bis 19jährigen und 45% der 20- bis 24jährigen sind ohne Arbeit. Zwar ist die Mitgliedschaft in der staatlichen Sozialversicherung Pflicht, doch erfüllt nur etwa die Hälfte der Arbeitslosen die Voraussetzungen, um Arbeitslosenunterstützung zu erhalten. Manche Regionen sind dazu übergegangen, für die völlig ohne Unterstützung Lebenden einen 'sozialen Lohn' zu bezahlen. Folge der hohen Arbeitslosigkeit ist zum einen eine große Schattenwirtschaft, zum anderen die wachsende Zahl von Bettlern, fliegenden Händlern und Losverkäufern auf den Straßen und leider auch eine Zunahme der Diebstahlsdelikte – die Schattenseite der seit Jahren anhaltend boomenden Wirtschaft.

Volksgruppen und Sprachgebiete

Spanien ist ein ethnisch vielfältiges Land, dessen verschiedene Volksgruppen sich in ihren Bräuchen, Trachten und vor allem in der Sprache deutlich unterscheiden. Die Verfassung von 1978 garantiert den Volksgruppen ihre Eigenständigkeit und erklärt auch die katalanische, die baskische und die galicische Sprache zu offiziellen Sprachen, die in den Schulen der entsprechenden Provinzen neben dem kastilischen Spanisch als der Schriftsprache unterrichtet werden.

Im Zuge der politischen Neuordnung sind in Teilen des Landes vielfach Orts- und Straßennamen, aber auch Bezeichnungen von Gebäuden und Einrichtungen geändert worden. Dies gilt vor allem für die katalanischen, baskischen und galicischen Sprachgebiete. In diesem Reiseführer werden dennoch die bisher überall verwendeten spanischen Namen an erster Stelle angeführt und – soweit dies sinnvoll ist und aus den amtlichen

In Spanien promeniert man gern (Burgos)

Bevölkerung

Sprachen (Fortsetzung)

Unterlagen hervorgeht – ergänzend die Bezeichnungen in der jeweiligen Sprache der Region genannt.

Kastilisch (castellano)

Die größte Sprachfamilie mit einem Sprecheranteil von ca. 65% ist die kastilische, die das klassische Spanisch hervorgebracht hat. Spanisch ist offizielle Amtssprache in 19 Staaten der Erde und wird weltweit – dialektal abgewandelt – von ca. 250 Mio. Menschen gesprochen. In Spanien selbst gehören neben dem eigentlichen Kastilisch das Asturische, Leonesische, Aragonische, Andalusische, Murcianische und das Kanarische zur kastilischen Sprachfamilie. Die sprachlichen Unterschiede haben sich jedoch im Lauf der Zeit abgeschliffen, während die ethnischen Verschiedenheiten zwischen diesen Volksgruppen noch deutlich bewahrt sind.

Katalanisch (catalá; kastil. catalán)

Das Katalanische ist eine eigenständige romanische Sprache, die von ca. 6 Mio. Menschen in Nordostspanien, Andorra und in Teilen von Südfrankreich gesprochen wird. Seit dem Ende der Franco-Ära hat es immer mehr an Bedeutung gewonnen und das Kastilische im täglichen Gebrauch bereits weit überflügelt. Es weist wesentliche Unterschiede zum Kastilischen auf und zeigt hinsichtlich des Wortschatzes Einflüsse des Provenza-

Sprachgebiete in Spanien

lischen (z.B. 'Tisch' = katal. 'taula', kastil. 'mesa'; 'Getreide' = katal. 'blat', kastil. 'trigo'). Die katalanische Sprache hat die Diphthongierung der lateinischen Stammvokale im Kastilischen nicht vollzogen und unterschlägt Endvokale (lat. 'portus', kastil. 'puerto', katal. 'port'; lat. 'bonus', kast. 'bueno', katal. 'bo'). Zur katalanischen Sprachfamilie gehören noch das Valencianische und das Balearische.

Sprachen, Katalanisch (Fortsetzung)

Die galicische Sprache wird von ca. 2,5 Mio. Menschen gesprochen; sie ist so eng mit dem Portugiesischen verwandt, daß keine klaren Sprachgrenzen angegeben werden können. Die politische Grenze entspricht jedenfalls nicht der Sprachgrenze.

Galicisch (galego; kastil. gallego)

Ein völliger Sonderfall ist das Baskische. Annähernd 500 000 Menschen im spanischen und französischen Baskenland sprechen diese Sprache, die keinerlei Verwandtschaft zu anderen europäischen Sprachen zeigt. Baskisch ist eine sehr alte Sprache und der einzige Überrest aller vorindoeuropäischen Idiome. Mit der Anerkennung als offizielle Sprache besteht die Chance, daß auch das Baskische wiederbelebt wird.

Baskisch (euskarra; kastil. vasco)

Die Zigeuner (span. 'gitanos') stammen ursprünglich aus Nordwestindien, von wo sie schon im Mittelalter auswanderten und sich zunächst in Europa und im 19. Jh. auch in Nordamerika ausbreiteten. Die spanischen Zigeuner kamen über Nordafrika mit den Mauren nach Andalusien. Ihre Sprache ist das 'caló', eine Sondersprache, in der neben spanischen Elementen auch Teile anderer europäischer Sprachen und des Sanskrit enthalten sind.

Zigeuner

Heute leben in Spanien ca. 500 000 Zigeuner – sowohl sozial als auch räumlich am Rande der Gesellschaft. Hohe Arbeitslosigkeit, keine Berufsausbildung, weit verbreiteter Analphabetismus, geringe Lebenserwartung und hohe Säuglingssterblichkeit kennzeichnen die Situation des Volkes, dem Spanien einen bedeutenden Beitrag zu Kultur und Folklore zu verdanken hat. Etwa die Hälfte der spanischen Zigeuner fristet ein Dasein in armseligen Behausungen am Rande der Großstädte und versucht sich mit Schrotthandel, als fliegende Händler, mit Bettelei und auch Diebstählen über Wasser zu halten. Die Integration in die Gesellschaft stößt zum einen auf anhaltende Ressentiments in der spanischen Bevölkerung, zum anderen auf Widerstände seitens der Zigeuner, die an ihren Traditonen festhalten und ihr ausgeprägtes Zusammengehörigkeitsgefühl nicht von außen durchbrechen lassen wollen.

Bildung und Wissenschaft

Noch im Jahr 1970 belief sich der Anteil der Analphabeten bei den über 10jährigen auf 9% der Bevölkerung. Durch verstärkte Lehrereinstellung und Schaffung besserer Lernbedingungen konnte diese Zahl in der Zwischenzeit gesenkt werden. Die letztverfügbare Angabe stammt aus dem Jahr 1981: 6% der Gesamtbevölkerung, jedoch 9% der Frauen.

Analphabeten

In Spanien herrscht seit 1970 Grundschulpflicht vom 6. bis zum 14. Lebensjahr. In diesem Alter besuchen die Kinder die unentgeltlichen staatlichen Grund- und Hauptschulen (Educación General Básica, ECB) oder Privatschulen, von denen die Hälfte kirchlich geleitet wird. Etwa zwei Fünftel der Schüler sind an Privatschulen gemeldet. Nach der achtklassigen Grundausbildung folgen zwei weitere Pflichtjahre. Diese sind entweder an den höheren Schulen (Bachillerato Unificado y Polivalente, BUP / Abitur allerdings erst nach drei Jahren) oder an Berufsschulen zu absolvieren. Die Berufsschulen sind nicht mit bundesdeutschen Berufsschulen zu vergleichen: Zwar ist die Ausbildung praktisch orientiert, eine parallel laufende echte Lehrzeit in einem Betrieb wird jedoch nicht durchlaufen; diese schließt sich an die Schulzeit an.

Schulsystem

Bildung und
Wissenschaft
(Fortsetzung)
Universitäten

Zugang zu den Universitäten erhalten Abiturienten, die einen einjährigen Orientierungskurs (Curso de Orientación Universitaria, COU) und eine Aufnahmeprüfung erfolgreich bestanden haben.

In Spanien bestehen 33 Unversitäten, von denen 26 staatlich (22 allgemeine und 4 technische) sind. Die Autonomen Regionen Madrid und Katalonien (letztere in Barcelona) führen je eine Universität in eigener Regie. In Deusto-Bilbao, Pamplona, Salamanca und Madrid unterhält die katholische Kirche Universitäten; eine Fernuniversität vervollständigt das Hochschulangebot. Einige der spanischen Universitäten gehören zu den ältesten in Europa: Salamanca (1227/1243), Valladolid (1346), Barcelona (1450) und Valencia (1502). An den spanischen Hochschulen wird überwiegend gelehrt. Die Forschung wird vom 'Obersten Forschungsrat' (Consejo Superior de Investigaciónes Cientificas) in zahlreichen Fachinstituten geleitet und durchgeführt; diese Institute sind in der Mehrzahl in Madrid ansässig.

Staat und Gesellschaft

Flagge und
Wappen

Die Flagge des Königreiches Spanien zeigt die Farben Rot und Gelb, die seit dem Mittelalter als die spanischen Farben überliefert sind. Das Wappen besteht aus einem Schildgeviert, das (links oben beginnend) die Embleme von Kastilien, León, Aragonien, Navarra und Granada zeigt. Der Schild wird flankiert von den 'Säulen des Herkules', den aus der Antike überlieferten Endpunkten der Welt, mit denen meist die Meerenge von Gibraltar gemeint ist. Im spanischen Wappen symbolisieren sie zusammen mit dem lateinischen Spruchband 'Plus ultra' ('Immer weiter') die Geschichte Spaniens als Welt- und Seemacht.

Spanien nach
Francos Tod

Als Francisco Franco am 20. November 1975 starb, war mit König Juan Carlos I. zwar ein neues Staatsoberhaupt schon lange vorher benannt, doch der weitere Weg Spaniens blieb zunächst unklar. Ministerpräsident blieb weiterhin der schon unter Franco amtierende Arias Navarra, der wenig Anstalten machte, eine Änderung in Richtung Demokratie herbeizuführen. Die politischen Kräfte aller Richtungen, die eine Demokratisierung des Landes anstrebten, vereinigten sich daraufhin zur 'Platajunta' und übten, gestützt auf die öffentliche Meinung, einen solch starken Druck aus, daß der König Anfang 1976 Arias zum Rücktritt veranlaßte. Sein Nachfolger wurde Adolfo Suárez, Generalsekretär des 'Movimiento' (Bewegung), der unter Franco einzigen zugelassenen politischen Partei. Zum Erstaunen vieler gab er der Demokratisierung entscheidende Anstöße. Unter seiner Regierung wurden politische Parteien erlaubt, allerdings zunächst nicht die Kommunistische Partei, die dann kurz vor den für Juni 1977 angesetzten Wahlen doch noch zugelassen wurde. Die Wahlen reduzierten das Parteienspektrum im wesentlichen auf die bürgerliche Unión de Centro Democrática (UCD) von Suárez, die die meisten Stimmen erhielt, die rechtsgerichtete Alianza Popular, die Sozialisten (PSOE), die Kommunisten (KPE), die Parteien der baskischen und katalanischen Nationalisten und einige kleinere Parteien, darunter die Fuerza Nueva ('Neue Kraft'), die allerdings entgegen ihrem Namen die alten, hartgesottenen Franquisten versammelte. Vordringlichste Aufgabe des neuen, seit 1936 ersten frei gewählten Parlamentes, war die Ausarbeitung einer Verfassung, die sich an den westlichen Demokratien orientierte und nach einem Referendum im Dezember 1978 verkündet wurde.

In den folgenden Jahren änderten sich die politischen Machtverhältnisse grundlegend: Bei den Parlamentswahlen im Oktober 1982 errang die Sozialistische Partei die absolute Mehrheit in beiden Kammern der Cortes; diesen Erfolg wiederholte sie bei den Wahlen 1986 und stellt somit seit sieben Jahren mit Félipe González den Ministerpräsidenten, der bei den vorgezogenen Wahlen 1989 allerdings die absolute Mehrheit verlor.

Das Parlamentsgebäude ...　　　　　*... in Madrid*

Die alten Kräfte versuchten am 23. Februar 1981 das Rad noch einmal zurückzudrehen. Eine Kompanie der Guardia Civil unter dem Kommando des Oberstleutnants Tejero besetzte das Parlament. Die Fernsehbilder Tejeros mit gezogener Pistole auf der Rednertribüne gingen um die Welt. In dieser Nacht trat Juan Carlos I. vehement für die Erhaltung der Demokratie ein, als er in einer Fernsehansprache die Putischisten verurteilte und die Streitkräfte zum Verbleib in den Kasernen aufforderte, so daß die von Tejero erhoffte Unterstützung durch das Militär ausblieb.

Ein von Obristen der Armee für den 27. Oktober 1982 geplanter Putsch konnte noch rechtzeitig aufgedeckt und vereitelt werden.

Putschversuche

Die seit Dezember 1978 gültige Verfassung macht Spanien zu einer parlamentarischen Monarchie ('Reino de España'), die sich zu den Grundsätzen eines demokratischen und sozialen Rechtsstaates bekennt. Der König als Oberhaupt des Staates soll als 'Schiedsrichter und Lenker' über den Ablauf der Regierungsgeschäfte wachen und das Land nach außen hin repräsentieren. Er ist zudem Oberbefehlshaber der Streitkräfte. Für die Staatsbürger enthält die Verfassung gegenüber der Franco-Zeit wichtige Fortschritte: die Grundrechte, das Sozialstaatsgebot, die Rechtssicherheit, die Verankerung der Parteien als Träger der politischen Willensbildung, das Recht auf Wehrdienstverweigerung, die Abschaffung der Todesstrafe (mit Ausnahme der Militärgerichtsbarkeit) und das Ende der katholischen Religion als Staatsreligion.

Parlamentarische Monarchie – demokratischer und sozialer Rechtsstaat

Die Volksvertretung sind die 'Cortes Generales', die aus dem Abgeordnetenhaus ('Congreso de los Diputados') und dem Senat bestehen. Das Abgeordnetenhaus wird alle vier Jahre gewählt und hat mindestens 300, höchstens 400 Mitglieder. Die Wahl erfolgt nach einer Mischung aus Direkt- und Verhältniswahl. Die Abgeordneten wählen den Ministerpräsidenten, der vom König ernannt wird. Als wichtiges Element sieht die Verfassung nach Vorbild des Grundgesetzes der Bundesrepublik Deutsch-

Parlament

Parlament
(Fortsetzung)

land das konstruktive Mißtrauensvotum vor: Der Ministerpräsident kann vom Abgeordnetenhaus nur abgewählt werden, wenn gleichzeitig ein Nachfolger gewählt wird.

Der Senat ist die Vertretung der Autonomen Gemeinschaften, die wiederum aus einer oder mehreren Provinzen bestehen können. In jeder Provinz werden von den Wahlberechtigten vier Senatoren gewählt. Zusätzlich ernennen die Parlamente der Autonomen Gemeinschaften einen Senator und pro 1 Mio. Einwohner weitere Senatoren. Der Senat besitzt gegenüber der Regierung ein Vetorecht.

Parteien

Seit der Regierung Suárez hat sich die spanische Parteienlandschaft beträchtlich verändert. Von den alten Parteien ist im Grunde genommen nur die Partido Socialista Obrero Español (PSOE) übriggeblieben, die seit ihrer Wiederwahl 1986 vor allem auf kommunaler Ebene Rückschläge erlitt und von der ihr einst eng verbundenen Gewerkschaft UGT heftig angegangen wurde. Dieser Trend setzte sich bei den vorgezogenen Neuwahlen im Oktober 1989 fort, bei der die PSOE ihre absolute Mehrheit knapp verfehlte. Die UCD von Adolfo Suárez zerfiel vor der Wahl 1982. Ihr rechter Flügel wanderte zur rechtskonservativen Alianza Popular unter dem ehemaligen Franco-Minister Fraga Irribarne, die, 1977 noch mit 7% der Stimmen bedacht, seit 1986 als Coalición Popular (CP) und 1989 als Partido Popular (PP) stärkste Oppositionspartei. Adolfo Suárez gründete mit dem Centro Democrático y Social (CDS) eine bürgerlich-liberale Partei. Die kommunistische PCE hat seit 1977 (8% der Stimmen) einen kontinuierlichen Niedergang erlebt und ist in mehrere Gruppen zerfallen; bei den Wahlen 1986 trat sie erstmals innerhalb der Linkskoalition Izquierda Unida (Vereinigte Linke) an; 1989 verbesserte sich die IU von 7 auf 18 Mandate und war damit der eigentliche Gewinner der Wahl. Im kommunalen Geschehen sind die Kommunisten eine ernstzunehmende Kraft, und mit den gewerkschaftsähnlichen Arbeiterkommissionen (Comisiones Obreras) verfügen sie über eine starke Basis. Die katalanische Convergencio y Unió ('Übereinstimmung und Einigkeit') ist die stärkste der Regionalparteien; von den weiteren Regionalparteien sind die baskischen die wichtigsten: die gemäßigt bürgerliche Partido Nacionalista Vasco, die radikal linke Herri Batasuna ('Volksgemeinschaft') und die ebenfalls linke Euskadiko Ezquerra. Weitere regionale Parteien kommen aus Galicien, Aragonien, Valencia und von den Kanarischen Inseln.

Gewerkschaften

Die spanische Verfassung garantiert freie Gewerkschaften. Die größten des Landes sind die sozialistische UGT (Unión General de Trabajadores; ca. 1,6 Mio. Mitglieder) und die kommunistischen Arbeiterkommissionen (CC.OO.; Comisiones Obreras; ca. 1,4 Mio. Mitglieder). Beide stehen in scharfem Gegensatz zueinander. In jüngster Zeit macht die UGT auch Front gegen 'ihren' Ministerpräsidenten González, dessen einstiger Weggefährte Nicolás Redondo, der Vorsitzende der UGT, in der marktorientierten Wirtschaftspolitik eine Abkehr von sozialistischen Idealen sieht und die Beteiligung der Arbeitnehmer am wirtschaftlichen Aufschwung fordert. Neben diesen beiden großen gibt es noch weitere kleinere Gewerkschaften, die allesamt dem linken Spektrum zuzuordnen sind.

Regionalismus

Die Unabhängigkeitsbestrebungen einzelner Regionen hatten ihren Ursprung dort, wo Sprache und Kultur sich deutlich von den kastilischen Spaniern unterschieden: in Galicien, im Baskenland und in Katalonien. In der Zweiten Spanischen Republik (1931–1936) erlangten Katalonien und das Baskenland ein Autonomiestatut, das galicische war vorbereitet. Unter dem Franco-Regime wurden alle Autonomiebestrebungen unterdrückt, das Kastilische zur einzigen Staatssprache erklärt und traditionelle regionale Bräuche verboten. Die Verfassung von 1978 dagegen gewährleistet das Recht auf Selbstverwaltung der Nationalitäten und Regionen. Neben dem Kastilischen ('castellano') werden Katalanisch ('catalá'), Baskisch ('euskarra') und Galicisch ('galego') als offizielle Sprachen anerkannt und in den Schulen der entsprechenden Regionen gelehrt.

Die wichtigste Veränderung ist jedoch die Konstituierung der 17 Autonomen Gemeinschaften ('Comunidades Autónomas'; → Übersichtskarte S. 40/41) in den Jahren 1979 bis 1983, die aus einer oder mehreren Provinzen bestehen können. Jede der Gemeinschaften verfügt über ein eigenes Parlament und führt bestimmte Aufgaben in Selbstverwaltung durch (Öffentliche Arbeiten, Kultur, Sozialfürsorge, Polizei, Gesundheitswesen, Umweltschutz). In Größe, Bevölkerungsdichte und Wirtschaftskraft unterscheiden sich die Autonomen Regionen beträchtlich. Hochentwickelte Gebiete wie Katalonien heben sich scharf ab von wenig entwickelten wie Estremadura. Gegenüber den historischen Regionen Spaniens (→ Übersichtskarte S. 14) gab es stellenweise Verschiebungen der Gebietszugehörigkeit. Im Norden Altkastiliens hat sich die ehemalige Provinz Santander als Autonome Region Kantabrien ('Cantabria') verselbständigt. Im Nordosten wurde die frühere Provinz Logroño unter dem Namen La Rioja autonom. Durch den Zusammenschluß der übrigen Provinzen Altkastiliens mit den Provinzen des alten Königreiches León entstand die Autonome Region Kastilien-León. Dem südlich gelegenen Neukastilien wurde die zur historischen Region Murcia gehörende Provinz Albacete zugeschlagen und zur Autonomen Region Kastilien-La Mancha zusammengeschlossen. Die Landeshauptstadt Madrid bildet eine selbständige Autonome Region. Die nordafrikanischen Städte Ceuta und Melilla, die seit dem 15./16. Jh. zu Spanien gehören und von Marokko beansprucht werden, sind Teile der Provinzen Cádiz bzw. Málaga.

Autonome Gemeinschaften

Die ersten Regionen, die ein Autonomiestatut erhielten, waren das Baskenland (span. 'País Vasco'; bask. 'Euzkadi') und Katalonien ('Cataluña'). In diesen Regionen waren die Bestrebungen nach völliger Lösung vom spanischen Staat besonders groß. Während jedoch die separatistischen Bewegungen in Katalonien einigermaßen zufriedengestellt werden konnten, halten die Unabhängigkeitsbestrebungen im Baskenland und vor allem der Terrorismus der Untergrundbewegung ETA unvermindert an. Die 1959 gegründete ETA (bask. 'Euzkadi Ta Azkatasuna' = 'Das Baskenland und seine Freiheit') steuert einen linksradikal nationalistischen Kurs und versucht, ihre Ziele mit Gewalt und Terroranschlägen durchzusetzen. In den letzten Jahren des Franco-Regimes genoß die ETA in einem recht großen Teil der baskischen Bevölkerung Sympathie und Unterstützung, da unter Franco jegliche Äußerung von regionaler Kultur unterdrückt und die ETA aufs härteste bekämpft wurde, so daß ihre Mitglieder den Nimbus von Helden erhielten. 1974 spaltete sich die ETA in die ETA militar und die ETA politico militar; nach Francos Tod ermöglichte die zunehmende Demokratisierung den baskischen Separatisten auch die politische Organisation, die sich u.a. in der gemäßigten baskischen Nationalistischen Partei (Regierungspartei der Autonomen Region) und in der oft als politischer Arm der ETA militar bezeichneten Herri Batasuna fanden. Eine 1976 verkündete Generalamnestie hielt die ETA militar jedoch nicht davon ab, ihre Terroraktionen fortzusetzen, die immer sinnloser wurden und sich schließlich auch gegen 'Abweichler' und Kompromißbereite richteten. Die Sympathie für die ETA hat im Baskenland merklich nachgelassen, dennoch halten sich viele Basken deutlich zurück, wenn die Sprache auf die ETA kommt.

Regionale Unabhängigkeitsbewegungen und Terrorismus

Spanien ist seit 1955 Mitglied der UNO, seit 1982 der NATO und seit 1986 der EG. Der Beitritt zur Europäischen Gemeinschaft hatte sich immer wieder verzögert, da andere EG-Länder, die ebenfalls landwirtschaftliche Produkte anbieten, Spanien als unliebsamen Konkurrenten ansahen. Besonders die Weinbaugebiete Frankreich und Italien stellten sich dem Beitritt entgegen. Die NATO-Mitgliedschaft und das Vorhandensein US-amerikanischer Militärstützpunkte sind nach wie vor heftig umstritten, auch wenn sich in einem Referendum 1986 eine Mehrheit für den Verbleib im westlichen Verteidigungsbündnis aussprach, wobei sich die größte Zustimmung in ländlichen Regionen ergab. Dagegen einigten sich Spanien und die USA im Januar 1988 auf den Abzug amerikanischer Luftstreitkräfte vom Stützpunkt Torrejón.

Außenpolitik

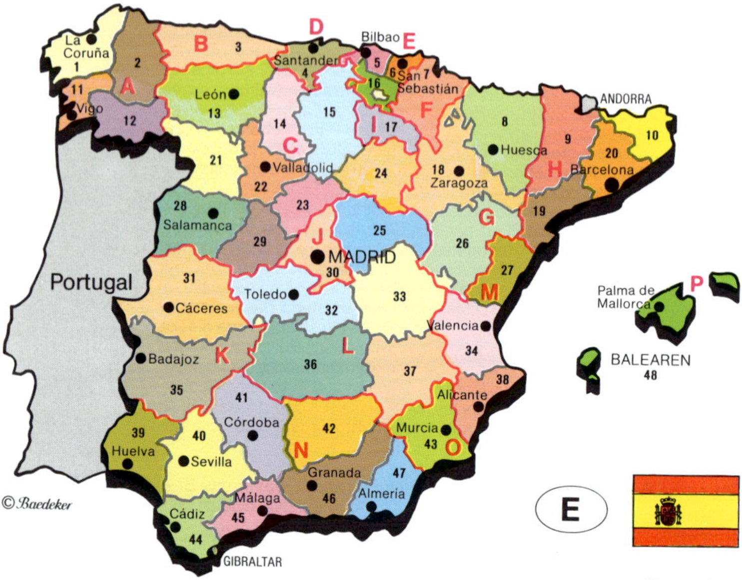

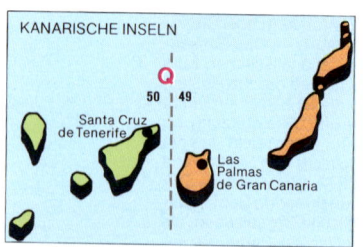

Spanien
Estado Español

Königreich Spanien
Reino de España

Grenzen der ————————
Autonomen Regionen

Grenzen der ————————
politischen Provinzen

Autonome Gemeinschaften (Comunidades Autónomas)		Fläche in km²	Bevölke- rungszahl	Einwohner pro km²
A	**Galicien** (Galicia)	29 434	2 871 000	97
B	**Asturien** (Asturias)	10 565	1 140 000	105
C	**Kastilien-León** (Castilla y León)	94 147	2 602 000	27
D	**Kantabrien** (Cantabria)	5 289	527 000	99
E	**Baskenland** (País Vasco, bask. Euskadi)	7 261	2 177 000	294
F	**Navarra** (Navarra)	10 421	522 000	50
G	**Aragonien** (Aragón)	47 669	1 216 000	25
H	**Katalonien** (Cataluña, katal. Catalunya)	31 930	6 057 000	187
I	**La Rioja** (La Rioja)	5 034	263 000	52
J	**Madrid** (Madrid)	7 995	4 907 000	613
K	**Estremadura** (Extremadura)	41 602	1 084 000	26
L	**Kastilien – La Mancha** (Castilla – La Mancha)	79 226	1 670 000	21
M	**Valencia** (Valencia)	23 305	3 790 000	180
N	**Andalusien** (Andalucia)	87 260	6 736 000	78
O	**Murcia** (Murcia)	11 317	1 007 000	89
P	**Balearen** (Islas Baleares)	5 014	720 000	136
Q	**Kanarische Inseln** (Canarias)	7 273	1 442 000	202

Provinzen (Provincias)	Fläche in km²	Bevölkerungszahl	Einwohner pro km²
1 La Coruña	7876	1115900	141
2 Lugo	9803	414000	42
3 Asturias	10565	1140000	108
4 Cantabria	5298	527000	99
5 Vizcaya	2217	1209000	545
6 Guipúzcoa	1997	706000	353
7 Navarra	10421	522000	50
8 Huesca	15613	218000	14
9 Lérida	12028	359000	30
10 Gerona	5886	476000	80
11 Pontevedra	4477	902000	201
12 Orense	7778	439000	60
13 León	15468	527000	34
14 Palencia	8035	190000	24
15 Burgos	14309	366000	26
16 Álava	3047	262000	90
17 La Rioja	5034	263000	52
18 Zaragoza	17252	842000	49
19 Tarragona	6283	522000	83
20 Barcelona	7733	4702000	608
21 Zamora	10559	230000	22
22 Valladolid	8202	485000	59
23 Segovia	6949	150000	21
24 Soria	10287	101000	10
25 Guadalajara	12190	145000	12
26 Teruel	14785	156000	11
27 Castellón	6679	449000	67
28 Salamanca	12336	367000	30
29 Ávila	8048	185000	23
30 Madrid	7995	4907000	613
31 Cáceres	19945	429000	22
32 Toledo	15368	481000	31
33 Cuenca	17061	219000	13
34 Valencia	10763	2147000	199
35 Badajoz	21657	655000	30
36 Ciudad Real	19749	481000	24
37 Albacete	14862	344000	23
38 Alicante	5863	1194000	203
39 Huelva	10085	438000	43
40 Sevilla	14001	1546000	110
41 Córdoba	13718	754000	55
42 Jaén	13498	669000	50
43 Murcia	11317	1007000	189
44 Cádiz	7385	1034000	140
45 Málaga	7276	1072000	147
46 Granada	12531	793000	63
47 Almería	8774	430000	49
48 Baleares	5014	720000	136
49 Las Palmas de Gran Canaria	4072	745500	183
50 Santa Cruz de Tenerife	3170	695000	219
SPANIEN	504751	38830000	77
Spanische Territorien in Afrika			
Ceuta	19	72000	3789
Melilla	12	58000	4833
Andorra	462	42000	91
Gibraltar	6,5	31000	4769

Staat und Gesellschaft, Außenpolitik (Fortsetzung)	Aufgrund seiner Geschichte als Kolonialmacht unterhält Spanien enge Beziehungen zu vielen lateinamerikanischen Staaten und ist ständig beobachtendes Mitglied der Organisation Amerikanischer Staaten (OAS).
Das Jahr 1992	Von den Ereignissen des Jahres 1992 erhofft sich Spanien weltweite Anerkennung als eine der führenden Kultur- und Wirtschaftsnationen. In diesem Jahr richtet Barcelona die XXV. Olympischen Sommerspiele aus; in Sevilla findet die letzte Weltausstellung vor dem Jahr 2000 statt; Madrid wird zur Kulturhauptstadt Europas erklärt; schließlich erwartet man vom EG-Binnenmarkt weitere wirtschaftliche Impulse.

Wirtschaft

Vom kolonialzeitlichen Mutterland zum europäischen Partnerstaat

Innerhalb von drei Jahrzehnten entwickelte sich Spanien von einem Land mit dominanter Agrarfunktion zu einem für Europa wichtigen Industrieland. Insbesondere nach dem Tod General Francos im Jahre 1975 hat sich dieser Wandel in einem veränderten Wirtschaftssystem niedergeschlagen. Durch den Beitritt Spaniens und Portugals in die Europäische Gemeinschaft am 1. Januar 1986 wurden auch die Länder der Iberischen Halbinsel vom europäischen Integrationsprozeß erfaßt.

Jahrhundertelang kehrte Spanien Europa nur den Rücken zu; sein Blick war nahezu ausschließlich auf die Kolonien gerichtet. Dies mußte sich im 20. Jahrhundert gezwungenermaßen ändern. Jedoch führte die besondere politische Entwicklung Spaniens bis Ende der fünfziger Jahre zu einer verstärkten Randstellung des Landes innerhalb Europas. Dies war letztlich durch Bürgerkrieg, Neutralität im Zweiten Weltkrieg, politische Isolation und Autarkiebestrebungen während der ersten beiden Jahrzehnte der Franco-Diktatur bedingt. Auf Grund der allmählichen wirtschaftlichen und politischen Liberalisierung des Landes setzte zu Beginn der sechziger Jahre auch ein sozialer Wandel ein, der nach der Franco-Zeit schließlich einen zunehmenden Demokratisierungsprozeß auslöste. Schon innerhalb weniger Jahre erlangte das Land den Weg zu einer modernen Industrie- und Konsumgesellschaft, was auch die politischen Strukturen maßgeblich veränderte.

Nach Franco	Spanien erlebte in den vergangenen vier Jahren einen ununterbrochenen wirtschaftlichen Aufschwung. Seit 1987 erzielt das Land unter den Mitgliedern der Europäischen Gemeinschaft das höchste Wirtschaftswachstum. 1988 wurden fast 500 000 neue Arbeitsplätze geschaffen. Die Arbeitslosenziffer konnte somit erstmals seit langer Zeit unter die 20 %-Grenze gedrückt werden. Die schwierigsten Jahre fielen mit dem Wandel nach Francos Tod zusammen. Nach der Ölkrise von 1973 wurde Spanien, wie viele andere Länder auch, Opfer der weltweiten Rezession. Der plötzliche Anstieg der Ausgaben traf eine Wirtschaft, die auf einer überkommenen, weitgehend rückständigen Agrarstruktur und auf einer veralteten Industrie in den städtischen Zentren basierte. Durch den geschützten Binnenmarkt wurden Modernisierungsbestrebungen nach außen abgeblockt. Der Staat hatte zum Schutz der heimischen Wirtschaft hohe Zollmauern errichtet, die aber letztlich Entwicklungsmaßnahmen behinderten. Auch der Übergang zur parlamentarischen Monarchie hatte zunächst die Inflation auf nahezu 30 % steigen lassen und die Kapitalflucht angeheizt. Unter dem Schlagwort 'Reconverción' sollte nun die Wirtschaft einer Gesundschrumpfung zugeführt werden. Seit 1978 fielen dieser staatlichen Initiative gut 1,5 Mio. Arbeitsplätze zum Opfer; ca. 200 000 Firmen verschwanden vom Markt. Dieser Prozeß ist bis heute noch nicht abgeschlossen und man rechnet, daß noch mindestens weitere 30 000 Arbeitsplätze diesen Rationalisierungsmaßnahmen geopfert werden.

Landwirtschaft und Fischerei

In Spanien ist der geographische Formenwandel besonders deutlich aus-geprägt. Gemäß seiner Breitenkreislage vereinigen sich in Spanien u.a. Landschaftstypen mit sommertrockenem und heißem Klima (Südosten) mit solchen, die nur kurze Trockenzeiten aufweisen (zentralgelegene Land-schaften), oder mit dem Typ des immerfeuchten Klimas (Norden und Nord-osten der Iberischen Halbinsel). Der höhenspezifische Landschaftswech-sel reicht demgegenüber von den wintermilden Küstenregionen am Mittel-meer über die Bergländer des randlichen Iberiens mit warmgemäßigtem Klima bis hin zu den winterkalten und schneereichen Hochebenen Kasti-liens. Klimatisch läßt sich generalisiert eine zentral-periphere Abfolge erkennen, die sich entsprechend in der agraren Nutzung widerspiegelt. So gilt die Levante als eine der fruchtbarsten Gebiete Spaniens. Hier sind die bewässerten 'Huertas' und 'Vegas' wichtige Anbaugebiete für Obst (Man-deln, Aprikosen, Orangen, Feigen) und Gemüse. Reis, Zuckerrohr oder auch Zuckerrüben sind demgegenüber wichtige Leitkulturen der bewäs-serten Küstenebenen des Mittelmeers. In Niederandalusien, im südlichen Spanien, ist auf der anderen Seite mehr als die Hälfte der spanischen Oli-venproduktion konzentriert. Neben Flächen für Baumwolle und Wein ent-fallen z.B. in der Provinz Granada ein Drittel der Anbaufläche auf Oliven-bäume. Ganz anders sieht wiederum die Agrarnutzung in der Estremadura, nordwestlich der Sierra Morena, aus: Dort dominiert heute im klassischen Gebiet des Großgrundbesitzes die Weidewirtschaft. In dem davon östlich gelegenen Neukastilien befindet sich die 800 Meter hohe winterkalte und sommertrockene Mancha-Ebene, die als Kornkammer Spaniens gilt.

Die ungleiche Besitzstruktur ist in Spanien nach wie vor eines der Haupt-probleme in der Agrarwirtschaft. Trotz mehrfacher Ansätze einer Boden-reform hat sich bis heute an der Situation nicht sehr viel geändert. Bäuer-licher Zwergbesitz herrscht insbesondere in Galicien, Navarra und im Bas-

Viehmarkt in Ávila

43

kenland vor, Großgrundbesitz in Andalusien und in der Estremadura. Bei der letzten Landwirtschaftszählung (1972) verfügten 2,5 % der Betriebe (mit mehr als 100 Hektar) über 59 % der Betriebsflächen. 77 % der Betriebe (mit weniger als 10 Hektar) besaßen nur knapp 12 % der Flächen. Über weniger als einen Hektar Betriebsfläche verfügten sogar fast 20 % aller Betriebe. Bisher hat man sich in Spanien hauptsächlich auf die Durchführung von Flurbereinigungsmaßnahmen beschränkt. 1949 wurde das Instituto Nacional de Colonización (INC) geschaffen, unter dessen Leitung zwischen 1954 und 1967 1,8 Mio. Hektar bereinigt wurden. Jedoch stehen noch immer ca. 8 Mio. Hektar zur Zusammenlegung an. Obwohl Agrarreformmaßnahmen auf Grund eines neuen Gesetzes von 1979, das die Enteignung von nichtgenutztem Großgrundbesitz zuläßt, heute möglich wären, ist die Agrarbesitzstruktur bisher kaum verändert worden. Hier wird jedoch der künftige Binnenmarkt der EG Druck ausüben und somit Anpassungen erzwingen.

Agrarprodukte

In der Erzeugung von Agrarprodukten nimmt Spanien nach wie vor innerhalb Europas eine führende Stellung ein. Dies gilt in erster Linie für die Zitrusfrüchteerzeugung und die Olivenproduktion. Von den Getreidearten haben Gerste, Weizen, Mais und Reis, von den Hackfrüchten Kartoffeln und Zuckerrüben Bedeutung. Bei der Weintraubenproduktion nimmt Spanien in Europa den vierten Platz, bei der Weinproduktion sogar den dritten Rang ein. Im Bereich von Grenzertragsböden hat die spanische Regierung verstärkt auch die Viehwirtschaft gefördert. Der Rinderbestand liegt heute bei ca. 5 Mio. Tieren. Diese Entwicklung ist problematisch, da stellenweise Überweidung zu verstärkten Erosionsschäden führt. Diese werden in Südspanien ohnehin durch die Grundwasserabsenkung – als Folge überstrapazierter Brunnen bei zunehmender Bewässerung – herausgefordert.

Forstwirtschaft

Der Bedarf am Rohstoff Holz kann bei weitem nicht mehr aus eigenen Waldbeständen gedeckt werden. Durch Raubbau ist bereits in der Vergangenheit der Wald auf der Iberischen Halbinsel weitgehend vernichtet worden. Die jährlich zu beklagenden Wald- und Buschbrände machten bisherige Aufforstungsversuche in der Flächenbilanz wirkungslos. Schnellwachsende Eukalyptus- und Pappelarten helfen den stark wachsenden Papierbedarf zu decken. Tradition hat die Harz- und Terpentingewinnung aus Kiefern sowie die Korkproduktion aus der Rinde der Korkeichen.

Fischerei

Letztlich ist die Fischerei Spaniens zu erwähnen, wenn auch ihre Bedeutung gerade in den letzten Jahren deutlich abgenommen hat. Gründe dafür waren u. a. die Beschränkung der Fischereirechte durch die EG und durch Marokko. Die meisten Anlandungen stammen aus dem Bereich des mittleren Atlantischen Ozeans. Die wichtigsten Fischereihäfen befinden sich an der Küste Galiciens, wo auch die Muschelzucht bedeutsam ist. Weitere in der Statistik herausragende Fanggründe liegen im Bereich der Kanarischen Inseln sowie im Südatlantik. Sardinen und Thunfisch werden nach der Verarbeitung bis zur Hälfte der Fangmengen exportiert. Zunehmende Bedeutung haben Krusten- und Weichtiere.

Bergbau und Energie

Bodenschätze

Spanien verfügt über zahlreiche, teilweise recht bedeutende Bodenschätze. Die allgemein niedrigen Weltmarktpreise für mineralische Rohstoffe sowie relativ hohe Produktionskosten im Lande haben allerdings die Förderung und den Ertrag negativ beeinflußt. Für eine Reihe von Mineralien wie Kupfer, Zinn, Blei oder auch Energierohstoffe wie Kohle ging folglich die Produktion zurück. Zahlreiche kleinere oder verkehrsmäßig ungünstig gelegene Lagerstätten können nicht mehr wirtschaftlich abgebaut werden. So ist z. B. die Förderung von Mangan, Wismut und Titan eingestellt worden. Bei einigen Mineralien hat Spanien Weltmarktbedeutung. Dies gilt für Pyrit (über 40 % der Weltmarktförderung), Quecksilber (ca.

Muschelzucht an der galicischen Küste

25% der Weltmarktförderung) und für Kalisalz. Nennenswerten Abbau gibt es ferner bei Kupfer, Zinn, Blei, Eisenerz, Zink, Wolfram und Flußspat. Wertmäßig betrug Spanien Bergbauproduktion 1988 5,5 Mrd. DM. Der Anteil des Bergbaus am Bruttoinlandsprodukt belief sich damit aber nur auf ca. ein Prozent.

Bodenschätze (Fortsetzung)

Bei der Energieversorgung kann Spanien lediglich bei Kohle auf hohe eigene Vorkommen zurückgreifen; hier liegt die Selbstversorgung bei 88 %. Die Kohle ist jedoch nicht von hoher Qualität, so daß vor allem für die Verhüttung Qualitätskohle importiert werden muß. Die Selbstversorgung bei Erdöl liegt bei unter 3 %; eine nennenswerte Erdgasförderung gibt es bisher nicht. Aus eigener Wasserkraft können immerhin 35 % der installierten Kraftwerksleistung gewonnen werden. Doch läßt sich diese bei den unregelmäßig fallenden Niederschlägen nicht immer voll nutzen. Spanien setzt daher u.a. auch auf den Ausbau der Atomkraft.

Energie

Industrie

Bis zum Beginn der fünfziger Jahre war Spanien hauptsächlich Agrarland. Lediglich im Baskenland und in Navarra kam es bereits früh zu einer Entwicklung des Schiffbaus und der Metallindustrie, v.a. des Schwermaschinenbaus. Grundlage dafür waren die maßgeblichen Eisenerz- und Kohlevorkommen Asturiens. In Katalonien, hauptsächlich in und um Barcelona etablierte sich ferner in einer frühen Phase die Textilindustrie.

Auch heute hat Spanien bei weitem noch eine sehr unausgewogene Industrialisierung seines Staatsgebiets. Besonders im Landesinneren gibt es bisher kaum Industriestandorte. Eine Ausnahme bildet hier lediglich der Wirtschaftsraum Madrid. Überdurchschnittlich sind die meisten Gebiete entlang der Mittelmeerküste entwickelt. Dies gilt insbesondere für die

Wirtschaftsräume

Automobilwerk in Barcelona

Industrielle
Wirtschaftsräume
(Fortsetzung)

Küstenzone von Tarragona bis Murcia. Auch der Abschnitt östlich und westlich von Gibraltar ist in diesem Zusammenhang erwähnenswert. Die jüngeren Industrialisierungsbestrebungen haben dort insbesondere die Zone Algeciras bis Cádiz und Huelva erfaßt, wo Stahlwerke und Werften sowie bedeutende chemische Industrie angesiedelt wurdne. Monozentrische Schwerpunkte im Süden sind ferner Sevilla, Córdoba und Granada.

Zunehmende
Warenproduktion

Seit Beginn der sechziger Jahre ist das warenprodzierende Gewerbe in Spanien im internationalen Vergleich überdurchschnittlich gewachsen. Sein Anteil am Bruttoinlandsprodukt hat heute 37 % erreicht. Man differenziert zwischen traditionellen Indstriezweigen wie Leder-, Schuh- und Textilindustrie oder der Nahrungsmittelverarbeitung, die weitgehend auf einheimische Rohstoffe zurückgreifen, und neuen, zukunftsorientierten Industriezweigen.

Auf dem Weltmarkt handelt Spanien längst nicht mehr allein mit Agrarprodukten. Die landwirtschaftlichen Erzeugnisse, deren Anteil am Gesamtexport trotz guter Ernten in den vergangenen Jahren sogar rückläufig war, stehen nur mehr auf Platz zwei der Güterliste. An erster Stelle dominieren inzwischen die Automobilbau und die Kraftfahrzeug-Zulieferindustrie; auf dem dritten Rang rangiert bereits der Maschinenbau. Abgesehen vom Tourismus sind Autos heute die größten Devisenbringer. Über 6 Mrd. DM steuerten sie 1988 zu den Exporteinnahmen von insgesamt 58 Mrd. DM bei. Bereits 1950 wurde der italienische Autobauer FIAT von der staatlichen Indstrieholding INI ins Land geholt. Von diesem Zeitpunkt an legte die Marke SEAT mit ihren Kleinwagen die Grundlage für die Motorisierung des Landes. 1980 erreichte SEAT schließlich Anschluß an die Liste der 200 größten Automobilfirmen der Welt. Ein Jahr später zerbrach aber unter dem Einfluß der zweiten Energiekrise die spanische Kooperation mit FIAT und bald darauf nahm VW den Platz von FIAT ein. Nicht zuletzt durch die Aktivitäten von VW gilt Spanien heute bereits mit jährlich 1,7 Mio. produzierten Pkw (1988) als der viertwichtigste Kraftfahrzeugproduzent Euro-

Hafen von La Coruña

pas. Das Land liegt damit im Automobilbau nahezu gleich mit Italien. Außer Automobilen stehen in der Ausfuhrbilanz Spaniens bei Industriegütern Maschinen und Anlagen auf Platz zwei. Die von der internationalen Flaute stark betroffenen Eisen- und Stahlerzeuger folgen auf dem dritten Rang.

Industrieprodukte (Fortsetzung)

Bedeutung der Auslandsinvestitionen

Tausende ausländischer Unternehmen investierten in den letzten Jahren in Spanien. Die Investitionssumme für 1989 belief sich auf über 10 Mrd. Dollar. Flossen früher mehr als zwei Drittel der Gelder in Übernahmen, so konzentriert sich heute die Mehrheit der Investoren auf Kapitalerhöhungen. Insgesamt machten 1988 die in der Banco de España registrierten Direktinvestitionen 44 % der gesamten ausländischen Investitionen aus, 33 % waren Portofolioinvestitionen und 23 % Immobilien. Seit dem EG-Beitritt haben sich bis heute 44 ausländische Banken in Spanien niedergelassen. Neu sind vor allem Investitionen aus den USA und den arabischen Ölländern. Auch die deutschen Unternehmen haben ihre Direktinvestitionen kräftig ausgeweitet (1989: 1,2 Mrd. DM). 1988 waren in Spanien ca. 700 deutsche Firmen vertreten, die fast 120 000 Mitarbeiter beschäftigten und rund 30 Mrd. DM umsetzten. Die Bundesrepublik ist damit als wichtigster Lieferant und größter ausländischer Investor zu Spaniens Wirtschaftspartner Nummer eins geworden. Seit 1986 betrugen die Investitionen japanischer Unternehmen in Spanien ca. 2 Mrd. Dollar. In Madrid gibt es bereits eigene Filialen oder Vertretungen von 11 japanischen Großbanken. Die spanische Hauptstadt gilt heute schon als zweitgrößte japanische Kolonie des europäischen Kontinents.

Trotz einer europäischen Randlage kommt also Spanien in Hinblick auf den geplanten gemeinsamen Markt eine wichtige Rolle zu. Durch die im Vergleich zu anderen europäischen Ländern noch immer niedrigen Löhne und das große Reservoir an Arbeitskräften mit teilweise bereits beachtlichen

47

Fachqualifikationen wird dieser Investitionsschub von außen erklärbar. Dazu kommen zum Teil umfangreiche staatliche Förderungsmittel, die insbesondere im Bereich der sogenannten Zonas de Urgente Reindustrialización (ZUR) vom spanischen Staat ausgegeben werden. Dies sind Gebiete, bei denen aufgrund des industriellen Anpassungsprozesses in der Vergangenheit zahlreiche Unternehmen ihre Pforten schlossen und die Arbeitslosigkeit entsprechend überdurchschnittlich anstieg.

Tourismus

Hauptwirt-
schaftszweig

Spanien gilt heute als das Land Europas, in dem der Anteil der Einnahmen aus dem ausländischen Tourismus an den gesamten Deviseneinnahmen den höchsten Prozentsatz erreicht. Mit über 18 % liegt es noch vor den Fremdenverkehrsländern Griechenland, Österreich, Portugal und Jugoslawien. In der Tat hat sich seit Beginn der fünfziger Jahre der Tourismus in Spanien zu einem Hauptwirtschaftszweig entwickelt. Betrugen 1975 die Deviseneinnahmen aus dem Ausländerreiseverkehr noch 3,4 Mrd. Dollar, so haben sich diese bis 1985 auf über 8 Mrd. Dollar erhöht. 1988 reisten über 54 Mio. Menschen nach Spanien, davon 35 Mio. Urlauber. Sie gaben im Lande 17. Mio. Dollar aus und sorgten somit für Beschäftigung von mindestens 7 % der spanischen Arbeitnehmer. Allein 6 Mio. deutsche Touristen lassen jährlich ca. 4,5 Mrd. DM im Land. Gut die Hälfte der Besucher kommt mit Pkw oder Bus nach Spanien. Doch trotz einer Erweiterung des Bettenangebotes stagnierte 1988 erstmals die Besucherzahl und ging 1989 sogar zurück. Als Grund werden die Inflation von ca. 7 % und die defacto-Aufwertung der Peseta angegeben – Spanien ist nicht mehr länger das billige Reiseland, zumindest nicht mehr in den Tourismuszentren.

Tourismuszentren

Der Fremdenverkehr konzentriert sich sehr stark auf die Balearen (vor allem Mallorca, Ibiza), die Kanarischen Inseln und auf die Küstengebiete des spanischen Festlandes am Mittelmeer sowie am Atlantischen Ozean in Nordspanien. Für 60 % aller Touristen sind jedes Jahr die spanischen Inseln Reiseziel. Das günstige Mittelmeerklima hat gerade im Bereich der Inseln zu einem ganzjährigen Fremdenverkehr geführt. Ältere Menschen aus den klimatisch weniger begünstigten Teilen Europas 'überwintern' dort. Insbesondere die Hauptstadt von Mallorca, Palma, ist im Winter Ziel von zahlreichen Pensionären und Rentnern, hauptsächlich aus Deutschland und Großbritannien. Mit über 7 Mio. Fluggästen wuchs Palma de Mallorca inzwischen zum zweitgrößten Flughafen Spaniens heran. Neben der nördlich von Barcelona gelegenen Costa Brava hat sich in Spanien die Costa del Sol um Málaga zu einem führenden Fremdenverkehrsgebiet entwickelt. Aber auch die 3000 Meter Höhe erreichende Sierra Nevada, in deren Nähe Granada liegt, wurde als neues Zentrum des Wintersports und des Sommertourismus erschlossen.

Tourismusboom
und Probleme

Auch im Tourismussektor wurde in den letzten Jahren weiter kräftig investiert. Allein 1987 und 1988 kamen durch den Hotelausbau nochmals 100 000 Betten hinzu. Mehr als 3500 Hotels mit 625 000 Betten gehören heute den ersten drei Kategorien an. Durch den Bauboom sind die Strände am Mittelmeer leider in einem sehr hohen Maße versiegelt worden. Die Fremdenverkehrsentwicklung bewirkte zudem einen starken Bevölkerungszuzug an die Küsten. In den 478 am Meer gelegenen spanischen Gemeinden (7 % der Gesamtfläche) lebten Anfang des Jahrhunderts 12 % der Bevölkerung. Inzwischen hat sich ihr Anteil auf 35 % erhöht. Eine starke Flächennutzungskonkurrenz ergibt sich auch daraus, daß über 60 % der industriellen Kapazität des Landes in Küstennähe ihren Standort hat. Auch die hohe Verkehrsbelastung in den Küstengebieten des Festlandes stellt eine zunehmende Belastung der Landschaft und der Umwelt dar. Über 80 % aller Urlauber auf der Iberischen Halbinsel haben den Strand als Urlaubsziel. Dies gilt sowohl für die Ausländer wie auch die einheimischen Erholungssuchenden. Inzwischen wurde von der spanischen

Regierung ein Programm zu Schutze der Badestrände verabschiedet. Probleme des
Tourismus
(Fortsetzung) Danach darf bis 100 Meter hinter dem Strand und bis zu einem Kilometer
von Flußmündungen entfernt nicht mehr gebaut werden. Dies gilt auch für
den Bau von aufwendigen Verkehrswegen.

Entwicklungsperspektiven in der Ära González

Nach fast sechs Jahren EG-Zugehörigkeit läßt sich feststellen, daß Spa- Handelsbilanz-
nien einen enormen wirtschaftlichen Auftrieb erfahren hat. Allerdings droht defizit
die Wirtschaft des Landes inzwischen schon überzukochen. Das stürmi-
sche Wachstum, das zur Anpassung an das EG-Niveau dringend geboten
ist, verschärft die Konjunkturprobleme wie Handelsdefizit und Inflation. Die
Inflationsrate konnte zwar leicht gesenkt werden, doch das Handelsdefizit
wächst weiterhin in einer nahezu beängstigenden Weise. Eines der
schwierigsten Probleme Spaniens war auch in früheren Jahren die chroni-
sche passive Handelsbilanz. Sie beeinträchtigte die Industrialisierung, da
in dieser Situation die Einfuhr von Investitionsgütern bisweilen beschränkt
ist. Bedingt durch die zweite Energiekrise und die enorm hohen Energie-
preise lagen schon 1981 die Einfuhren zu 57 % über dem Wert der Ausfuhren. Damals fielen allein ein Drittel der Importe auf Erdöl. 1989 stellte sich
die Situation etwas anders dar. Infolge der sehr bewerteten Peseta erhitzte
sich die Nachfrage nach Investitions- und Konsumgütern, die in Spanien
zuvor selten so günstig zu erwerben waren wie 1989/90. Gleichzeitig wurden jedoch die spanischen Ausfuhren verteuert. Diese nahmen folglich
1989 um nur 8 % zu, während sich die Importe um über 22 % erhöhten.
Das hohe Defizit fiel gleichzeitig mit einem Rückgang der Einnahmen aus
dem Tourismus zusammen. Die Urlauberzahl hatte sich 1989 gegenüber
1988 um 3 % vermindert und fiel weiter. Auf Grund der stagnierenden Einnahmen aus diesem Sektor erreichte der Fehlbetrag in der Leistungsbilanz
1990 eine Höhe von 15,7 Mrd. Dollar, was über 3 % des Bruttoinlandspro-
duktes ausmacht.
Daher ist es nach wie vor ein Hauptziel der Regierung González, die Bin-
nennachfrage zu dämpfen, was allmählich auch zu gelingen scheint.

Sehr positiv wirkte sich auf der anderen Seite die Hochkonjunkturphase Arbeitsmarkt
auf den Arbeitsmarkt aus. Immerhin konnte die überhohe Arbeitslosen-
quote bis heute auf weniger als 16 % gesenkt werden. Doch auch mit diesem Wert bildet Spanien immer noch das Schlußlicht in der EG. Dabei ist
zu sehen, daß es sich hierbei um einen Durchschnittswert handelt, der z. B.
in Teilen der von Armut besonders gekennzeichneten Region Andalusien
auf über 30 % ansteigt. 1989 gab es in Spanien eine Mio. Bürger ohne Ein-
künfte, 400 000 Rentner oder mir nur ganz geringen Altersrenten.
Dazu kommen über eine Mio. Personen, die fast ohne gesicherte Sozialversicherung leben. 57 % der 15 Mio. Erwerbstätigen verfügen über keine
anerkannte berufliche Ausbildung. Das Land verwendet bisher nur vier
Prozent des Bruttosozialprodukts für Bildungsaufgaben. Die Pro-Kopf-
Aufwendungen dafür rangieren an letzter Stelle der EG-Länder. Bis 1993
muß Spanien also nicht nur einen weiteren großen wirtschaftlichen Ent-
wicklungssprung machen, um sich in einem gemeinsamen europäischen
Binnenmarkt als vollwertiges Mitglied behaupten zu können, sondern hat
im sozialen Feld und im Bildungsbereich noch einen großen Nachhol-
bedarf auszugleichen.

Geschichte

Von der Vorgeschichte bis zur Eroberung durch die Mauren (ca. 10 000 v. Chr. bis 711 n. Chr.)

Das Gebiet des heutigen Spanien war schon in der Altsteinzeit besiedelt. Als die ältesten nachweisbaren Bewohner gelten die Ligurer an der Nordostküste sowie die wahrscheinlich aus Nordafrika eingewanderten Iberer im Osten und Süden des Landes. Die Basken im Norden der Iberischen Halbinsel gehören vermutlich der vorindogermanischen Bevölkerung an.

Um 10 000 v. Chr. — Jüngere Altsteinzeit: Bedeutende Höhlenmalereien, z. B. in Altamira, El Castillo u. a.

5000 – 2000 v. Chr. — Jungsteinzeit: Farbige Felsmalereien in Ostspanien stellen Kriegs- und Jagdszenen dar.

2000 – 1600 v. Chr. — Megalithkultur: Aus der Kupferzeit stammen monumentale Grab- und Kultbauten.

Um 1100 v. Chr. — Phönizier gründen an der Südküste Handelsstädte: Gadri (Cádiz), Malaka (Málaga), Tartessos u. a.

Nach 1000 v. Chr. — Kelten, die in den folgenden Jahrhunderten mit den Iberern zu den Keltiberern verschmelzen, dringen in das Innere des Landes ein.

Seit 700 v. Chr. — Einige Häfen (Emporion: Ampurias; Mainake: ca. 30 km östlich von Málaga bei Torre del Mar u. a.) werden von Griechen besiedelt, hauptsächlich von kleinasiatischen Ioniern aus der phokäischen Kolonie Massalia (Marseille).

Seit 600 v. Chr. — Die Karthager verdrängen die Griechen.

236 – 206 v. Chr. — Nach dem Ersten Punischen Krieg erweitern die Karthager unter Hamilkar Barkas, Hasdrubal und Hannibal ihre Kolonialherrschaft vom Tajo bis zum Ebro.

Um 225 v. Chr. — Gründung von Carthago Nova (Cartagena).

219 v. Chr. — Zu Beginn des Zweiten Punischen Krieges zerstört Hannibal das mit den Römern verbündete Sagunt.

201 v. Chr. — Im Friedensschluß mit Rom verzichtet Karthago auf den spanischen Besitz.

197 v. Chr. — Errichtung der römischen Provinzen 'Hispania citerior' im Nordosten und 'Hispania ulterior' im Südwesten. Mehrere Aufstände – u. a. der Lusitaner unter Viriathus (154 – 139), der Keltiberer (143 – 133) sowie der Asturer, Kantabrer und anderer Stämme (25 – 19) – erschweren die vollständige Unterwerfung der Halbinsel, nicht aber die rasche sprachliche und kulturelle Romanisierung des Landes (außer dem Baskenland).

81 – 72 v. Chr. — Der römische Prätor Sertorius, ein Anhänger des Marius, versucht, ein unabhängiges keltiberisches Reich zu gründen.

45 v. Chr. — Caesar besiegt im Römischen Bürgerkrieg bei Munda (südwestlich von Córdoba) die Söhne und Anhänger des Pompeius und wird dadurch Diktator im Römischen Reich. Ansiedlung von Veteranen Caesars auf dem Landbesitz der Besiegten.

Einteilung Spaniens in die Provinzen 'Hispania Tarraconensis' (im Norden und Osten), 'Lusitania' (im Westen zwischen Duero und Guadiana) und 'Baetica' (die ursprüngliche 'Hispania ulterior').

27 v. Chr.

Völlige Einverleibung der Pyrenäenhalbinsel in das Römische Imperium durch Kaiser Augustus.
Aus der romanisierten Bevölkerung stammen die lateinischen Dichter Seneca, Lucan und Martial sowie die römischen Kaiser Trajan, Hadrian und Theodosius (d. Gr.).

19 v. Chr.

Die wichtigsten Orte erhalten durch Kaiser Vespasian Stadtrechte nach der 'ius Latii'.

74 n. Chr.

Beginn der Christianisierung der Iberischen Halbinsel.

Seit 100

Während der Zeit der Völkerwanderung setzen sich Alanen (ein iranisches Steppenvolk) im heutigen Portugal, Vandalen (Ostgermanen) in Südspanien und Sueven (aus Süddeutschland) im Nordwesten fest.

Nach 400

Westgoten unter König Athaulf dringen in Katalonien (Gotalonien) ein.

414

Die Vandalen ziehen nach Afrika weiter.

429

König Eurich, der Herrscher des Tolosanischen Westgotenreiches, begründet durch seinen Sieg über die Sueven die westgotische Herrschaft in Spanien (mit Ausnahme des Nordwestens). Unter ihm wird das älteste germanische Gesetzgebungswerk in lateinischer Sprache verfaßt ('Codex Euricianus').

466 – 484

Nach dem Untergang des Tolosanischen Reiches bleibt das westgotische Reich in Spanien mit der Hauptstadt Toledo bestehen.

507 – 711

Im Auftrage des Kaisers Justinian erobern die Byzantiner die Südküste Spaniens, die sie bis 624 wieder verlieren.

551

Durch den Übertritt der arianischen Westgoten zum Katholizismus erfolgt die rasche Verschmelzung mit der romanischen Bevölkerung.

587

Der arabische Feldherr Tarik besiegt das Westgotenheer unter Roderich bei Jerez de la Frontera.

711

Spanien unter den Mauren (711 – 1492)

Während der Herrschaft der Araber erlebt die Pyrenäenhalbinsel eine wirtschaftliche und kulturelle Blütezeit. Orientalisches und hellenistisches Wissensgut beeinflußt über Spanien das christliche Abendland.

Spanien ist (mit Ausnahme der Berggebiete Asturiens, Galiciens und des Baskenlandes) eine Provinz des Kalifats der Omaijaden von Damaskus.

Seit 714

Karl Martell vertreibt durch seinen Sieg bei Tours und Poitiers die Araber aus Gallien.

732

Der nach Spanien geflüchtete Omaijade Abd ar-Rahman I. begründet das Emirat von Córdoba, das die ganze Pyrenäenhalbinsel umfaßt. Neue Kulturen (Reis, Zucker u. a.), künstliche Bewässerung sowie die wachsende Seiden- und Waffenproduktion ermöglichen eine hohe wirtschaftliche und kulturelle Blüte.
Gegenüber Christen und Juden bewahren die Araber im allgemeinen religiöse Duldsamkeit. Viele Christen treten zum Islam über und nehmen arabische Sprache wie auch Sitten an.

756

Die Mauern von Sevilla zur Zeit der Araber

778	Karl der Große verliert die spanischen Eroberungen durch eine Niederlage seiner Nachhut im Tal von Roncesvalles, bei der Graf Roland den Tod findet ("Rolandslied").
929–1031	Kalifat von Córdoba. Abd ar-Rahman III. nimmt 929 den Kalifentitel an. Höhepunkt der maurischen Kultur in Andalusien: Moscheen, Terrassenanlagen in der Vorstadt um den Palast, große Bibliothek, zweite Residenz u.a. Bauwerke.
930	Der Kalif erobert Toledo und ein Jahr später Nordwestafrika (bis nach Tahert), das aber 979 wieder verlorengeht.
985–997	Der Großwesir Almansur ('der Siegreiche') des Kalifen Hischam II. erobert Barcelona (985), León (987) und Santiago de Compostela (997). Höchste militärische Machtentfaltung der Mauren in Spanien.
1031	Sturz des letzten omaijadischen Kalifen Hischam III. Das Kalifat von Córdoba löst sich in mehr als 20 unabhängige Teilstaaten ('Taifas') auf, die aber durch die Almoraviden erneut zusammengeschlossen werden.
1085	Alfonso VI. von Kastilien erobert nach fünfjähriger Belagerung Toledo.
Seit 1086	Die von den maurischen Emiren zu Hilfe gerufenen Almoraviden (Berbersekte aus Nordafrika) schützen unter ihrem Führer Jûsuf Teschufin die islamischen Staaten vor der christlichen Eroberung und vereinen den islamischen Südteil Spaniens mit ihrem Reich in Nordafrika.
1146	Das nordafrikanische Almoravidenreich wird von der Berbersekte der Almohaden erobert, die sich von 1195 bis 1225 auch in Spanien halten können, aber fortwährend Kämpfe mit den christlichen Reichen führen müssen.

Schwere Niederlage des Kalifen Mohammed en-Nasir bei Navas de Tolosa 1212
gegen die verbündeten Heere von Kastilien, Aragón und Navarra. Es entstehen wieder kleinere islamische Teilstaaten, die den Zerfall des Almoha-
denreiches nicht aufhalten können. Die Mauren verlieren Córdoba (1236),
Sevilla (1248) und Cádiz (1263).

Das Emirat von Granada unter den Nasriden. 1238–1492

Mohammed ibn al-Ahmar aus dem Geschlecht der Beni Nasr gründet das 1238
Emirat von Granada mit Málaga und Almería. Granada wird die reichste
Stadt der Halbinsel und zugleich ihr kulturelles Zentrum.

Granada wird dem König von Kastilien tributpflichtig. 1246

Mohammed II. siegt mit Hilfe des Merinidensultans Abu Jusuf von 1275
Marokko über die Kastilier bei Écija und Martos.

Das Emirat verliert Tarifa, 1309 Gibraltar und 1344 Algeciras an Kastilien. 1292

Kulturelle Glanzzeit Granadas (Bau der Alhambra). 1300–1400

Rückgewinnung Gibraltars (bis 1462). 1333

Schwere Niederlage des mit dem marokkanischen Sultan verbündeten 1340
Jûsuf I. am Salado.

Beginn des Krieges zwischen Granada und Kastilien, das allmählich das 1481
Land erobert.

Nach dem Fall Málagas (1487) und Granadas (1492) zieht sich der Emir 1492
Abd'allah Mohammed XI. (span. Boabdil) nach Afrika zurück. Die anschließende Vertreibung der Mauren und Juden bedeutet einen schweren Rückschlag für die weitere wirtschaftliche Entwicklung und das kulturelle Leben
Spaniens.

Die Entstehung christlicher Staaten bis zur Vereinigung der beiden Hauptreiche Kastilien und Aragón (ca.718–1516)

Die Reconquista (christliche Rückeroberung) der Pyrenäenhalbinsel, die
von Norden ausgeht, führt zur Verdrängung der Mauren aus Spanien und
zur Bildung des spanischen Nationalstaates. Die mittelalterliche Kultur
Spaniens wird durch die Berührung mit dem Islam wie auch mit dem
christlichen Abendland geprägt.

Der Gote Pelayo schlägt die Mauren bei Covadonga und gründet in den 722
asturischen Bergen das Königreich Asturien.

Alfons I. vereinigt Asturien mit Kantabrien und erwirbt León, Altkastilien Um 750
sowie Galicien. Unter Alfonso III. (866–910) wird León zur Hauptstadt.

Aus der Spanischen Mark Karls des Großen entwickeln sich die Grafschaf- Nach 778
ten Katalonien (mit der Hauptstadt Barcelona) und Navarra.

Es entsteht die Grafschaft Kastilien, die ihren Namen von den gegen die Um 900
Mauren errichteten Kastellen hat.

Die Söhne von Alfons III. teilen das Reich in Galicien, Asturien und León. Nach 910

König Sancho III. von Navarra erbt die Grafschaft Kastilien. Durch die Tei- 1029
lung des Reiches zwischen seinen drei Söhnen entstehen die Königreiche
Kastilien, Navarra und Aragón.

1037	Ferdinand I. (d. Gr.) von Kastilien gewinnt León.
1072	Alfons VI. von Kastilien vereinigt das inzwischen geteilte Reich wieder, vergrößert es durch Teile von Navarra und erobert 1085 Neukastilien mit Toledo. Der später zum Nationalhelden gewordene Rodrigo Díaz, genannt 'El Cid' (von arab. 'sayyid' = Herr), tritt vorübergehend in maurische Dienste; 1094 erobert er Valencia.
Seit 1109	Portugal ist selbständige Grafschaft, ab 1139 Königreich.
1118	Alfons I. von Aragón erweitert sein Reich im Kampf mit den Mauren und erobert Zaragoza (seitdem Hauptstadt). Die angestrebte Verbindung Kastiliens mit Aragón scheitert.
1130	Alfons VII. von Kastilien erhält als Kaiser die Oberhoheit über alle christlichen Staaten Spaniens, doch zerfällt sein Reich durch Erbteilungen wieder in Kastilien und León.
1137	Vereinigung Aragóns mit Katalonien.
1212	In der Schlacht von Navas de Tolosa erringen die verbündeten Ritterheere von Kastilien, Aragón und Navarra den entscheidenden Sieg über den Almohadenkalifen.
1229–1238	Jaime I. von Aragón führt erfolgreiche Kriege gegen die Mauren. Eroberung der Balearen (1229–1235) und Valencias (1238).
1230	Ferdinand III. von Kastilien vereinigt endgültig Kastilien mit León. Er erobert 1236 Córdoba, 1243 Murcia, 1248 Sevilla.
1234–1441	Navarra wird von französischen Herrschern regiert.
1263	Alfons X. von Kastilien (nach 1257 auch deutscher König) erobert Cádiz und Cartagena.
1282	Pedro III. von Aragón bemächtigt sich Siziliens.
1295	Im Frieden zu Anagni verzichtet Jaime II. von Aragón auf Sizilien. Der Papst belehnt ihn dafür mit Sardinien und Korsika.
Seit 1307	Die 'Cortes' (Ständevertretung der Geistlichkeit, des weltlichen Adels und der Städte) von Aragón, Katalonien und Valencia versammeln sich gemeinsam.
1443	Aragón erwirbt das Königreich Neapel.
1458	Juan II., seit 1425 König von Navarra, übernimmt nach dem Tode seines Bruders Alfons' V. auch die Herrschaft in Aragón.
1469	Die Heirat von Ferdinand II. von Aragón (1479–1516) mit Isabella von Kastilien (1474–1504) führt zur Vereinigung der beiden bisher rivalisierenden Reiche. Unter der Herrschaft der 'Katholischen Könige' erfolgt der Übergang zur absoluten Monarchie.
1486/1488	Reorganisation der Inquisition in Aragón bzw. Kastilien durch Ximénez de Cisneros (seit 1495 Erzbischof von Toledo).
1492	Die Eroberung Granadas beendet die Reconquista. Danach setzt die fanatische Vertreibung der Mauren und Juden ein. Isabella unterstützt seit 1492 Christoph Kolumbus, dessen Forschungsreisen die Gründung des spanischen Kolonialreiches in Amerika ermöglichen.

El Cid (Darstellung aus dem 15. Jh.)

Im Vertrag von Tordesillas wird eine spanisch-portugiesische Demarkationslinie der beiderseitigen kolonialen Interessensphären in Lateinamerika festgesetzt. **1494**

Ferdinand II. gewinnt nach dem Sturz des aragonischen Königshauses (Seitenlinie) Neapel mit Sizilien zurück. **1504**

Navarra fällt bis zu den Pyrenäen an Spanien. **1515**

Spanien als Weltmacht bis zum Ende der französischen Fremdherrschaft (1516–1813)

Im 16. Jh. gewinnt Spanien durch die außergewöhnliche Ausdehnung seines Reiches in Europa und in den Kolonien wie auch als Zentrum der Gegenreformation weltpolitische Bedeutung. Nach dem Tode Phillips II. verliert es seine hegemoniale Stellung, da die vielen Kriege, die es zur Erhaltung des katholischen Glaubens führt, das Land wirtschaftlich und finanziell ruinieren.

Der Habsburger Karl I. wird König von Kastilien und Aragón. Nach dem Tode seines Großvaters Maximilian I. erbt er auch die habsburgischen Länder und ist seit 1519 als Karl V. römisch-deutscher Kaiser (Krönung 1530 in Rom). Er regiert über Spanien, die Niederlande, Sardinien, Neapel, Sizilien, Mailand, die Franche-Comté sowie über zahlreiche amerikanische Kolonien. Die deutschen habsburgischen Länder überläßt er 1521 seinem Bruder Ferdinand. **1516**

Ausbau der Kolonialherrschaft in Amerika. Die spanischen Konquistadoren Cortés und Pizarro erobern Mexiko (1519–1521), Peru (1531–1534) und Chile (nach 1535). Große Schätze werden nach Spanien gebracht. **1519–1535**

Geschichte

1520–1521	Der Aufstand der 'Comuneros' (der kastilischen Städte) wird niedergeschlagen und der Absolutismus endgültig durchgesetzt; die 'Cortes' verlieren ihre Bedeutung.
1521–1556	Karl V. führt fünf Kriege gegen Frankreich, um die Herrschaft in Italien und Burgund zu sichern.
1534	Ignatius von Loyola gründet den Jesuitenorden ('Societas Jesu').
1535/1541	Die Truppen Karls V. besetzen Tunis und Algier.
1556	Abdankung Karls V.; er zieht sich in das Kloster Yuste zurück.
1556–1598	Philipp II., Sohn Karls V., übernimmt die Führung der Gegenreformation in Europa. Die Inquisition bekämpft in seinem Land die Häretiker und läßt die christianisierten Mauren ('Moriscos') in Andalusien fast ganz ausrotten.
1559	Der Friede von Câteau-Cambrésis beendet den Krieg mit Frankreich um die Vorherrschaft in Italien und Burgund.
1563–1584	Bau des Escorial.
1565–1572	Eroberung der Philippinen.
1571	In der Seeschlacht bei Lepanto wird die türkische Flotte von spanischen Kriegsschiffen vernichtet.
1580	Spanien verbindet sich in Personalunion mit Portugal (bis 1640) und erreicht mit dem portugiesischen Kolonialbesitz die größte Ausdehnung seines Territoriums.
1581	Die fanatische Härte, mit der Philipp II. und sein Feldherr Herzog Alba die protestantisch-ständischen Revolten in den Niederlanden bekämpfen, führen zum Abfall der nördlichen Niederlande unter Wilhelm von Oranien.

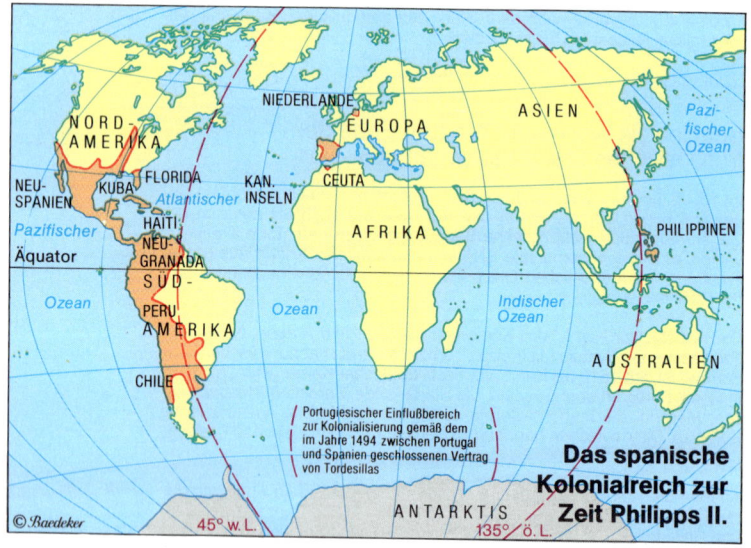

Das spanische Kolonialreich zur Zeit Philipps II.

Die Armada wird vernichtet

Durch den Untergang der 'Armada' im Ärmelkanal verliert Spanien im Kampf mit Großbritannien die Vorherrschaft zur See. | 1588

Vertreibung der letzten Morisken und Juden (ca. 600 000) aus Südspanien. | 1609–1610

Spanien nimmt am Dreißigjährigen Krieg auf der Seite der österreichischen Habsburger teil. | 1618–1648

Wiederaufnahme des Kampfes gegen die freien Niederlande, deren Unabhängigkeit Spanien im Westfälischen Frieden von 1648 anerkennen muß. | 1621

Portugal löst sich wieder von Spanien. | 1640

Der seit 1640 andauernde Aufstand der Katalanen wird unterdrückt. | 1652

Im Pyrenäenfrieden tritt Spanien das Roussillon, die Cerdagne sowie Teile Flanderns an Frankreich ab. | 1659

Spanien verizchtet auf die von Frankreich eroberte Franche-Comté. | 1678

Im Spanischen Erbfolgekrieg kämpft der bourbonische Thronprätendent Philipp von Anjou, ein Enkel Ludwigs XIV., um seine Anerkennung gegen die österreichischen Habsburger sowie Großbritannien und die Niederlande. | 1701–1713

Im Frieden von Utrecht tritt Philipp V. die spanischen Nebenländer (Niederlande, Mailand, Neapel) an Österreich ab, Sizilien an Savoyen, die Insel Menorca (bis 1783) und Gibraltar an Großbritannien, behält aber dafür Spanien mit seinen Kolonien. | 1713

Erfolglose Kämpfe gegen Österreich um Sardinien und Sizilien. | 1717–1730

"Die Erschießungen des 2. Mai 1808" (Gemälde von Francisco de Goya)

1735	Das Königreich Neapel mit Sizilien und 1748 das Herzogtum Parma-Piacenza fallen an eine Nebenlinie der spanischen Bourbonen.
1759–1788	Der Bourbone Karl III. (1731–1735 Herzog von Parma, 1723–1759 König von Neapel und Sizilien) regiert im Sinne des aufgeklärten Absolutismus.
1763	Am Ende des Siebenjährigen Krieges verliert Spanien Florida an Großbritannien, erhält aber von Frankreich Westlouisiana.
1767	Ausweisung der Jesuiten.
1783	Nach dem nordamerikanischen Unabhängigkeitskrieg gewinnt Spanien im Frieden von Versailles Menorca und Florida von Großbritannien zurück.
1788–1808	Unter Karl IV. führt dessen Günstling Manuel de Godoy Spanien in die völlige Abhängigkeit von Napoleon I.
1801	Rückgabe Louisianas an Frankreich.
1805	Eine britische Kriegsflotte unter Admiral Nelson vernichtet die französisch-spanische Flotte beim Kap Trafalgar.
1808	Ein Aufstand in Aranjuez stürzt den franzosenfreundlichen Godoy und zwingt Karl IV., zugunsten seines Sohnes Ferdinand abzudanken (März). Da Napoleon seine Interessen auf der Iberischen Halbinsel gefährdet sieht, läßt er Spanien besetzen und nötigt in Bayonne sowohl Karl IV. als auch Ferdinand VII. zur Abdankung. Napoleons Bruder Joseph wird König von Spanien, sein Schwager Murat König von Neapel.
	Mit dem Aufstand der Madrider Bevölkerung am 2. Mai gegen die Truppen des Marschalls Murat setzt bereits die nationale Erhebung in Spanien ein.

Es bilden sich Juntas (Volksregierungen), die den Guerillakrieg gegen die napoleonische Fremdherrschaft organisieren. Bei Bailén kapituliert ein französisches Heer (Juli); daraufhin flieht Joseph I. aus Madrid. Da ein britisches Heer unter General Wellesley (später Herzog von Wellington) den spanischen Befreiungskampf unterstützt, greift Napoleon persönlich ein. 1808 (Fortsetzung)

Im Spanienfeldzug besetzt Napoleon Madrid, erobert Zaragoza und ermöglicht die Rückkehr König Josephs. Spanien wird fast völlig okkupiert. 1808–1809

Abfall der südamerikanischen Kolonien. 1810–1825

Die in Cádiz versammelten 'Cortes' unterzeichnen die erste spanische Verfassung. 1812

Der Sieg Wellingtons in der Entscheidungsschlacht bei Vitoria befreit Spanien von der Fremdherrschaft. 1813

Von der Restauration bis zum Beginn der Zweiten Republik (1813–1931)

Im 19. Jh. ist die Geschichte Spaniens überwiegend geprägt durch Bürgerkriege, die durch die restaurative Politik des Königtums, wirtschaftliche Rückständigkeit und außenpolitische Mißerfolge verursacht werden. Obwohl das Land im Ersten Weltkrieg neutral bleibt und sich dadurch wirtschaftliche Erfolge abzeichnen, verschärfen sich die inneren Gegensätze, weil grundlegende wirtschafts- und sozialpolitische Reformen ausbleiben.

Ferdinand VII. kehrt auf den spanischen Thron zurück. Er verwirft die liberale Verfassung von 1812 und regiert im Sinne des Absolutismus. 1814

Revolution der Liberalen in Cádiz unter Führung von Oberst Rafael del Riego Nuñez. Der König anerkennt darauf hin die Verfassung von 1812. Die Liberalen zerfallen bald in zwei Strömungen, in die 'Moderados' (Gemäßigte) und die 'Exaltados' (Radikale), die sich fortwährend bekämpfen. 1820

Im Auftrag der Heiligen Allianz unterdrückt Frankreich die Revolution durch militärische Intervention. Der Absolutismus wird wiederhergestellt. 1823

Durch die 'Pragmatische Sanktion' sichert Ferdinand VII. seiner Tochter Isabella das Thronfolgerecht. 1830

Einführung einer gemäßigt liberalen Verfassung. 1834

Erster Karlistenkrieg. Karl, der Bruder Ferdinands VII., bekämpft als Gegenkönig (Karl V.) die Vormundschaftsregierung der Königinmutter María Cristina von Neapel für Isabella II. Er wird von den baskischen Provinzen, Aragón und Katalonien unterstützt, muß aber nach dem Scheitern seiner Unternehmungen nach Frankreich fliehen (1839). 1834–1839

Isabella II. wird für mündig erklärt. 1843

Reaktionäre Verfassungsreform. 1845

Der Zweite Karlistenkrieg und republikanische Aufstände verschärfen die inneren Gegensätze. 1847–1849

Das Konkordat mit dem Papst bestätigt die ausschließliche Geltung der katholischen Religion in Spanien. 1851

Im Krieg gegen Marokko gewinnt Spanien nur Tetuán. 1859–1860

Geschichte

| 1861–1862 | Erfolglose Teilnahme Spaniens an der französischen Expedition gegen Mexiko. |

1868   Eine Revolte unter General Prim und Marschall Serrano führt zur Absetzung Isabellas II. und ihrer Flucht nach Frankreich.

1869   Die 'Cortes' bestimmen Serrano zum Regenten bis zur Wahl des neuen Königs. Die Thronkandidatur des Prinzen Leopold von Hohenzollern scheitert am Widerstand Frankreichs.

1871–1873   Amadeo I., ein Sohn Viktor Emanuels II. von Italien, ist spanischer König.

1872–1876   Der Dritte Karlistenkrieg unter dem Enkel Don Karl' richtet sich gegen Amadeo I., der 1873 zurücktritt, wie auch gegen die im selben Jahr von den 'Cortes' ausgerufene Erste Republik; gleichzeitig sozialistische Massenaufstände.

1874   Serrano wird Diktator; Ende der Ersten Republik. Durch einen Militärputsch unter Führung des Generals Martínez de Campos wird die Bourbonenherrschaft wiederhergestellt.

1874–1885   Alfons XII., der Sohn Isabellas II., ermöglicht eine ruhigere innenpolitische Entwicklung.

1876   Eine neue Verfassung gewährt Vereins- und Pressefreiheit, schafft aber die Geschworenengerichte und die Zivilehe ab.
Beendigung des Karlistenkrieges.

1879/1888   Gründung der Spanischen Sozialistischen Arbeiterpartei und der Allgemeinen Arbeiterunion.

1885   Für den unmündigen Alfons XIII. übernimmt bis 1902 die Königinwitwe María Cristina von Österreich die Regentschaft.

1890   Einführung des allgemeinen Wahlrechtes.

Nach 1890   Autonomistische Bewegungen in Katalonien, im Baskenland und in Galicien.

1898   Spanisch-amerikanischer Krieg. Spanien verliert die letzten großen Kolonien (Kuba, Philippinen, Puerto Rico) und hat somit nur noch Besitzungen in Nordafrika.

1899   Spanien verkauft die Marianen, die Karolinen und die Palauinseln an das Deutsche Reich.

1904   Abkommen zwischen Spanien und Frankreich über Marokko.

1909   Beginn des Feldzuges in Marokko gegen den Aufstand der Rif-Kabylen, der erst 1926 unterdrückt werden kann.
Anarcho-syndikalistischer (von 'sindicato' = Gewerkschaft) Arbeiteraufstand in Barcelona.

1910–1912   Ministerpräsident Canalejas setzt sich für eine liberale Kulturpolitik ein, jedoch nicht für soziale oder wirtschaftliche Reformen.
Zunehmende Auswanderung nach Amerika als Folge der unzureichenden Lebensbedingungen.

1914–1918   Im Ersten Weltkrieg bleibt Spanien neutral.

1923   General Primo de Rivera übernimmt mit Billigung von Alfons XIII. die Leitung eines Militärdirektoriums. Auflösung des Parlamentes.

Primo de Rivera wandelt die Militärdiktatur in eine zivile Diktatur um. Neuordnung des Finanz- und Steuerwesens; Versuch einer Agrarreform. Wachsende Opposition im Lande.   1925

Austritt Spaniens aus dem Völkerbund (Wiederaufnahme 1928).   1926

Revolutionäre Unruhen und Forderungen nach einer Rückkehr zur Republik veranlassen den Rücktritt Primo de Riveras, der am 16.3. in Paris stirbt.   1930

Nach dem Sieg der Republikaner bei Kommunalwahlen verläßt Alfons XIII. das Land. Beginn der Zweiten Republik.   1931

Von der Zweiten Republik bis zum Tode Francos (1931–1975)

Da die Spanische Republik von den europäischen Demokratien im Stich gelassen wird und selbst die UdSSR trotz ihrer Unterstützung den Zeitpunkt für eine revolutionäre Umwälzung in Spanien für verfrüht hält, siegt die faschistische Diktatur des Generals Franco mit massiver Hilfe Hitlers und Mussolinis über die republikanischen Kräfte in Spanien. Nach dem Zweiten Weltkrieg, aus dem Spanien sich herauszuhalten versucht, vermag das Franco-Regime das Land nicht aus der politischen und wirtschaftlichen Isolierung herauszuführen.

Spanien erhält eine neue liberal-fortschrittliche Verfassung: Trennung von Staat und Kirche, Einheitsstaat, regionale Autonomie für Katalonien (1932) und das Baskenland (1936) sowie eine begrenzte Agrarreform.   1931

Gründung der 'Konföderation der Autonomen Rechten' (CEDA) und der 'Falange'.   1932/1933

Sprengung des Alcázars von Toledo im Bürgerkrieg

Geschichte

1933 Wahlsieg der CEDA, die mit den Republikanern eine Regierung bildet. Bis 1936 häufen sich die Regierungskrisen und schweren Unruhen, die zur Parlamentsauflösung führen.

1936 Nach dem Sieg der Volksfront (Republikaner, Sozialisten, 'Syndikalisten', Kommunisten) kommt es zu Unruhen (Aufteilung des Großgrundbesitzes; Fabrikbesetzungen).

1936–1939 Der Spanische Bürgerkrieg wird ausgelöst durch die Ermordung des monarchistischen Abgeordneten Calvo Sotelo (13. 7.) und die Militär-revolte (17. 7.) unter General Francisco Franco y Bahamonde (1892–1975) in Spanisch-Marokko. Mit anderen Generalen bildet Franco in Burgos eine Gegenregierung und wird von der 'Junta de Defensa Nacional' zu ihrem Chef ('Caudillo') sowie zum Oberbefehlshaber der aufständischen Truppen ernannt (30. 9.); als Führer der faschistischen 'Falange' stützt er sich auf Monarchisten und den konservativen Klerus.
Während die Truppen Francos von Deutschland, Italien und Portugal militärisch unterstützt werden, erhält die republikanische Regierung Hilfe von Mexiko und der Sowjetunion sowie von internationalen Freiwilligenbrigaden. Deutschland und Italien erkennen die Franco-Regierung an (18. 11. 1936).

1937 Vereinigung der 'Falange Española' und der Traditionalisten zur 'Falange Española Tradicionalista' unter Franco.

1939 Anerkennung der Regierung Francos durch Frankreich, Großbritannien (27. 2.) und die USA (1. 4.). Mit dem Einmarsch der faschistischen Truppen

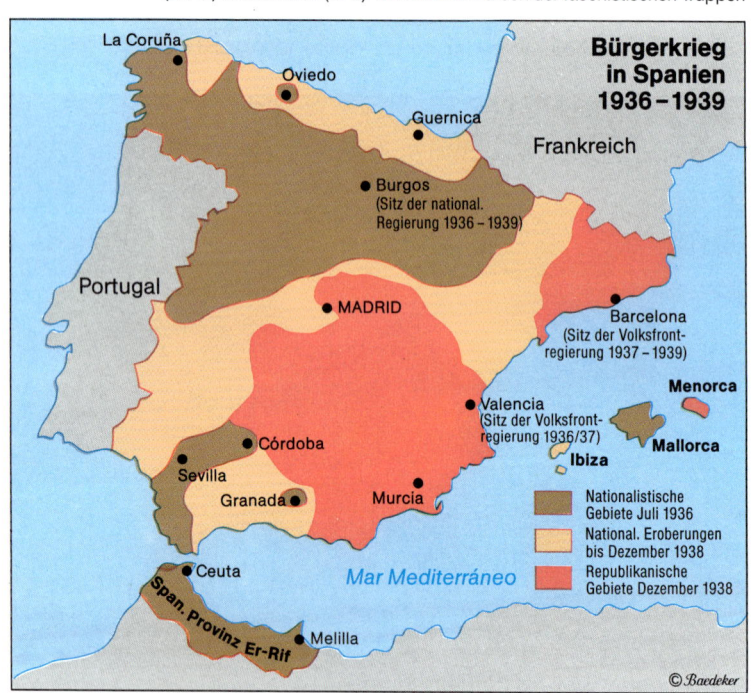

Bürgerkrieg in Spanien 1936–1939

La Coruña
Oviedo
Guernica
Frankreich
Burgos (Sitz der national. Regierung 1936–1939)
Portugal
MADRID
Barcelona (Sitz der Volksfront-regierung 1937–1939)
Menorca
Valencia (Sitz der Volksfront-regierung 1936/37)
Ibiza
Mallorca
Córdoba
Sevilla
Granada
Murcia
Ceuta
Mar Mediterráneo
Span. Provinz Er-Rif
Melilla

Nationalistische Gebiete Juli 1936
National. Eroberungen bis Dezember 1938
Republikanische Gebiete Dezember 1938

© Baedeker

in Madrid (28. 3.) ist der Bürgerkrieg beendet. Spanien tritt dem Anti-kominternpakt bei (7. 4.) und aus Völkerbund aus (8. 5.). 1939 (Fortsetzung)

Im Zweiten Weltkrieg bleibt Spanien trotz seiner Bindungen an die 'Achse Berlin–Rom' weitgehend neutral. Auf Drängen Hitlers entsendet Franco jedoch die 'Blaue Divison' (ca. 18 000 Freiwillige) an die Ostfront. 1939–1945

Die spanische Regierung läßt die internationale Zone von Tanger besetzen (3. 11.). Das sogenannte Syndikatsgesetz (6. 12.) verbietet Streiks und freie Gewerkschaften, die durch paternalistische Ständevertretungen ersetzt werden. Einfrieren der Löhne und dadurch Aufschwung der Wirtschaft. 1940

Spanien muß die internationale Zone von Tanger wiederherstellen (11. 10.). 1945

Spanien ist durch das autoritäre Regime Francos sowohl politisch als auch wirtschaftlich isoliert. Es ist nicht Gründungsmitglied der UNO und erhält keine Marshallplanhilfe. Nach 1945

Ein Volksentscheid stimmt dem Plan Francos zu, die Monarchie zu einem späteren Zeitpunkt wieder einzuführen. 1947

Aufhebung der 1946 verhängten wirtschaftlichen und diplomatischen Sanktionen der UNO gegen Spanien auf Veranlassung der USA, die dafür Militärbasen erhalten. 1950

Die Opposition gegen die Franco-Diktatur wächst. Größere Streiks, vor allem durch Separatistenbewegungen (Aragonien, Baskenland, Asturien) und Studentenrevolten, seit 1962 auch illegale Lohnkämpfe, richten sich gegen die politische Unfreiheit wie auch gegen die sozialen Mißstände. Nach 1951

Stützpunktabkommen mit den USA; Spanien erhält dafür Wirtschafts- und Militärhilfe von rund 1 Mrd. Dollar. 1953

Spanien wird Mitglied der UNO. 1955

Verlust der nordafrikanischen Besitzungen an Marokko (außer den Hafen-städten Ceuta und Melilla). 1956

Ifni, Spanisch-Guinea und Spanisch-Sahara werden zu spanischen Über-seeprovinzen erklärt. 1958

Spanien wird Mitglied der OEEC und der OECD. 1959/1960

Das Land erlebt einen bedeutenden wirtschaftlichen Aufschwung dank des Massentourismus, zahlreicher ausländischer Investitionen und der Überweisungen der spanischen Arbeiter in Westeuropa. Nach 1960

Spanien beantragt die Assoziierung an die EWG. 1962

Bergarbeiterstreiks in Asturien. 1962–1963

Das 'Staatsorgangesetz' wird als Ersatz für die immer noch fehlende Ver-fassung erlassen. 1966

Studenten und Priester demonstrieren für eine Liberalisierung. 1966–1968

Madrid sperrt die Grenze zwischen La Línea und Gibraltar, nachdem in Gibraltar (seit 1713 britisch) eine Verfassung in Kraft getreten ist. 1968

Die katholische Laienbruderschaft 'Opus Dei' erlangt wichtige Positionen in der Regierung und in der Wirtschaft und verhindert jegliche Liberalisie-rungsansätze. 1969–1973

| 1969 | Juan Carlos (geb. 1938 in Rom), der Enkel des letzten spanischen Königs Alfons XIII., wird zum Nachfolger (und seit 1971 Stellvertreter) Francos und zukünftigen König nominiert. Ifni wird an Marokko abgetreten. |

1970   Spanisch-französisches Militärabkommen; Erneuerung des Stützpunkt-abkommens mit den USA.
Die baskische Untergrundorganisation ETA verschärft ihren Kampf gegen die politische Unterdrückung.
Die 'Falange', deren Einfluß Franco seit den 50er Jahren immer stärker zurückdrängt, wird in 'Movimiento Nacional' umbenannt.

1972 – 1973   Streiks in Asturien und Katalonien.

1973   Carrero Blanco, seit Juni Ministerpräsident, wird im Dezember von der ETA ermordet.

1974   Sein Nachfolger Arias Navarro setzt kleinere politische Reformen durch. Spanien, das der NATO nicht angehört, unterzeichnet eine 'NATO-Paral-lel-Erklärung'.

Seit 1974   Die Auswirkungen der weltweiten Energiekrise und die wirtschaftliche Rezession verschärfen die innenpolitische Situation in Spanien: Ansteigen der Arbeitslosenzahl, hohe Inflationsrate, Staatshaushalts-, Zahlungs-bilanzdefizit. Zunehmender Terrorismus von links- und rechts-extremistischen Organisationen, scharfe Antiterrorgesetze und wilde Streiks spiegeln die politische und soziale Unsicherheit des Landes.

1975   Staatsbesuch des US-Präsidenten Ford (Juni) in Spanien; Erneuerung des Stützpunktabkommens mit den USA (Okt.).
Nach dem Tode Francos (20. 11.) wird Prinz Juan Carlos als Juan Carlos I. König von Spanien. Baskisch, Katalanisch und Galicisch werden als Lehr- und Amtssprachen anerkannt.

Das demokratische Spanien (ab 1975)

Nach dem Tode des Diktators Franco beginnt unter König Juan Carlos I. die Demokratisierung des Landes, die auch durch Putschversuche nicht aufgehalten werden kann. Spanien wird zum vollwertigen Mitglied der demokratischen Staatengemeinschaft.

1975   Arias Navarro, letzter Ministerpräsident unter Franco, bleibt zunächst im Amt. Unter dem Druck der Öffentlichkeit, die eine Rückkehr zur Demokra-tie fordert, und auf Drängen des Königs tritt er Anfang 1976 zurück.

1976   Arias' Nachfolger wird der Generalsekretär des 'Movimiento Nacional', Adolfo Suárez. Obwohl man es gerade von ihm nicht erwartete, setzt er die Demokratisierung entscheidend in Gang.
Der Rückzug der letzten Truppen aus der ehem. Provinz Spanisch-Sahara beendet die spanische Kolonialherrschaft (12.1.). Durch den Freund-schaftsvertrag mit den USA wird Spanien praktisch in das Verteidigungs-system der NATO integriert (Juni).
Durch ein Amnestiedekret (2.8.) erlangen zwei Drittel der politischen Gefangenen die Freiheit.

1977   Wiederaufnahme der diplomatischen Beziehungen zur Sowjetunion (9.2.). Auflösung der 'Nationalen Bewegung' und Zulassung der Kommunisti-schen Partei (PCE; April). Erste demokratische Wahlen seit 1936 am 15.6.1977. Suárez bildet das neue Kabinett, dem fast nur Mitglieder der UCD (Unión del Centro Democrático) angehören (4.7.).
Spanien stellt den förmlichen Beitrittsantrag an die EG (Juli). Um die Wirt-schaft zu sanieren und die Arbeitslosenzahl zu senken, wird die Peseta

gegenüber dem US-Dollar um 20% abgewertet; außerdem werden Maßnahmen zur Arbeitsbeschaffung eingeleitet (24.7.).

Aufnahme Spaniens in den Europarat (24.2.).
Vereinigung der sozialistischen Parteien (30.4.).
Eine Welle von Gewalttätigkeiten zwischen Separatisten und Polizei erschüttert aufs neue das Baskenland.
Nach einem Plebiszit (6./7. 12.) tritt eine neue demokratische Verfassung in Kraft: Konstitutionelle Monarchie, Zugeständnis der Autonomie der Regionen, Abschaffung der Todesstrafe, Wiedereinführung der Zivilehe (Scheidung möglich).

Bei den zweiten Parlamentswahlen (2.3.) seit der Liberalisierung kann die UCD des Ministerpräsidenten Suárez ihren Vorsprung halten. Das Baskenland entsendet den radikalen Separatisten nahestehende Abgeordnete in die 'Cortes', was hohe Militärs zu Drohungen veranlaßt.
Zum ersten Male seit dem Spanischen Bürgerkrieg werden wieder freie Kommunalwahlen abgehalten.
Basken und Katalanen entscheiden sich bei einer Volksabstimmung für weitgehende Selbstregierung ihrer Regionen (Oktober); im November nimmt das spanische Abgeordnetenhaus das Autonomiestatut von Guernica (Baskenland) und das von Sau (Katalonien) mehrheitlich an.

Im Baskenland und in Katalonien werden Regionalparlamente gewählt. Auch andere Regionen streben Autonomiestatute an.
Inkrafttreten eines Gesetzes über Religionsfreiheit; der Katholizismus ist nicht mehr die Staatsreligion.

Rücktritt von Ministerpräsident Suárez (29. 1.).
Bei der Abstimmung über die Wahl des UCD-Kandidaten Leopoldo Calvo-Sotelo zum Ministerpräsidenten dringen über 200 Soldaten der Guardia

Antonio Tejero bedroht das Parlament

Geschichte

Civil in das Parlament ein und halten die Abgeordneten zehn Stunden gefangen (23.2.). König Juan Carlos verurteilt in einer Fernsehansprache die Putschisten und entzieht ihrem Vorhaben damit die Basis. Am 25.2. wird Calvo-Sotelo zum Regierungschef gewählt.
Erneute Gewaltakte der ETA (militar), die die völlige Unabhängigkeit ihrer Region von Spanien anstrebt.
Die beiden größten spanischen Parteien, die bürgerliche UCD und die PSOE (Partido Socialista Obrero Español) einigen sich auf den 'Autonomiepakt' (Konzept für die Umwandlung Spaniens in einen weitgehend dezentralisierten Staat; 2. 8.).

1982
Spanien wird als 16. Land Mitglied der NATO (30. 5.).
Verabschiedung eines wiederum zwischen UCD und PSOE ausgehandelten 'Gesetzes zur Harmonisierung des Autonomieprozesses' (30. 6.).
Parlamentsauflösung (August); bei den Cortes-Wahlen am 28. 10. siegen die Sozialisten.
Im November besucht Papst Johannes Paul II. Spanien.
Am 1.12. wird der Sozialist González zum Ministerpräsidenten gewählt.

1983
Auflösung der UCD.
Ministerpräsident González fährt zu einem Staatsbesuch in die USA, um für Spanien Wirtschaftshilfe zu erbitten (Juni).
Mit den Regionalwahlen am 8. Mai, welche die Machtverschiebung zugunsten der Sozialisten bestätigen, erreicht der Autonomieprozeß der Regionen einen formellen Abschluß. Insgesamt 17 'Autonome Gemeinschaften' besitzen jetzt eine Regionalverfassung (Autonomiestatut) sowie gewählte Vertretungskörperschaften.

1984
Demonstration gegen die NATO-Mitgliedschaft Spaniens und die Existenz US-amerikanischer Militärbasen auf spanischem Boden (19.2.).
In Brüssel kommt es zwischen den EG-Staaten und Spanien zu Meinungsverschiedenheiten wegen des Beitritts Spaniens zur EG.
Forderung nach Zusammenschluß der baskischen Provinzen Spaniens, Südfrankreichs und der spanischen Region Navarra (Juni).

1985
Am 5. Februar wird der Grenzübergang zwischen Spanien und Gibraltar nach 16 Jahren wieder geöffnet.
Im Juli tritt ein Gesetz in Kraft, das die muslimischen Einwohner von Mellila und Ceuta, den spanischen Enklaven in Nordafrika, den Ausländern gleichsetzt, was zur Ausweisung nach Marokko führen kann. Daraufhin kommt es zu Demonstrationen.

1986
Am 1. Januar tritt Spanien der Europäischen Gemeinschaft (EG) bei.
Aufgrund eines Abkommens zwischen der spanischen Regierung und den Städten Melilla und Ceuta sollen die muslimischen Bewohner dieser Orte schneller als bisher die spanische Staatsbürgerschaft erhalten können (Februar).
Bei einem Referendum stimmen die Spanier mehrheitlich für den Verbleib in der NATO (12.3.). Bei den Parlamentswahlen am 22.6. erhält die Spanische Sozialistische Arbeiter-Partei (PSOE) erneut die Mehrheit der Stimmen; Felipe González wird für weitere vier Jahre zum spanischen Ministerpräsidenten gewählt.

1987
Die PSOE, die seit 1982 in den meisten Regionen mit absoluter Mehrheit regiert, erleidet bei den Wahlen für die Gemeinde- und Regionalparlamente spürbare Stimmenverluste (Juni).
Bei einem Bombenanschlag der ETA (militar) auf ein Kaufhaus in Barcelona kommen 18 Menschen ums Leben (19. 6.).
Spanien unterzeichnet den Atomwaffensperrvertrag (5.11.)
Ein weiterer Anschlag der ETA (militar) auf eine Kaserne der Guardia Civil in Zaragoza (11. 12.) fordert 11 Todesopfer. Alle Parteien im Parlament mit Ausnahme der radikalen baskischen Herri Batasuna und Eusko Alkarta-

suna unterzeichnen einen 'Staatspakt gegen Terrorismus und Gewalt', in dem u.a. die ETA als Gesprächspartner abgelehnt wird.

Der Abzug amerikanischer Kampfflugzeuge vom Luftwaffenstützpunkt Torrejón wird als Erfolg der spanischen Politik gewertet.

Mit Margaret Thatcher besucht zum ersten Mal in der Geschichte ein britischer Premierminister Spanien (September).
Zum Jahreswechsel verschärft sich der Konflikt zwischen der sozialistischen Regierung und der der PSOE seit über 100 Jahren eng verbundenen Gewerkschaft UGT. Diese wirft Ministerpräsident González die Abkehr von sozialistischen Idealen vor, fordert einen sozialen Ausgleich und die Bekämpfung der hohen Arbeitslosigkeit. Im Dezember rufen die UGT und die kommunistischen Arbeiterkommissionen zum Generalstreik auf.

Spanien übernimmt turnusgemäß den Vorsitz in der EG.

Im Februar stattfindende Gespräche zwischen Gewerkschaften und Regierung zur Beilegung des Konfliktes scheitern.
Seit Januar laufende Gespräche zwischen ETA-Führern und der spanischen Regierung in Algier, wohin die ETA-Leute von Frankreich abgeschoben wurden, enden ergebnislos. Die ETA kündigt den von ihr zugestandenen 'Waffenstillstand' auf; mehrere Bombenanschläge auf Bahnlinien folgen. Daraufhin erklärt die Regierung, von fast allen Parteien unterstützt, das Ende ihrer Gesprächsbereitschaft.
Im Oktober erhält Camilo José Cela den Literaturnobelpreis.
Bei vorgezogenen Parlamentswahlen im Oktober verliert die sozialistische Regierung von Felipe González ihre absolute Mehrheit; González bleibt jedoch Ministerpräsident. Eigentlicher Gewinner der Wahl ist die Izquierda Unida, die von 7 auf 18 Sitze zunimmt, während die Konservativen (PP) stagnieren bzw. Verluste hinnehmen müssen (CDS).

Das baskische Regionalparlament verabschiedet eine Entschließung, in der das Selbstbestimmungsrecht der Basken und die Gewaltfreiheit betont werden.

Bei landesweiten Gemeinde- und Regionalwahlen verzeichnet die PSOE leichte Gewinne, verliert aber einige Hochburgen. Die Konservativen erzielen größere Gewinne auf Kosten des Zentrums.

Die ETA verübt im Vorfeld der Olympischen Spiele und der Weltausstellung mehrere Anschläge. Bei einem Bombenattentat auf eine Guardia-Civil-Kaserne bei Barcelona werden im Mai neun Menschen getötet.

Spanien feiert den 500. Jahrestag der Entdeckungsfahrt des Kolumbus. Vom 20. April bis zum 12. Oktober findet in Sevilla mit der EXPO '92 die letzte Weltausstellung im 20. Jh. statt.

Am 25. Juli werden in Barcelona die XXV. Olympischen Sommerspiele der Neuzeit eröffnet.

Berühmte Persönlichkeiten

Hinweis

Die nachstehende, namensalphabetisch geordnete Liste vereinigt Persönlichkeiten, die durch Geburt, Aufenthalt, Wirken oder Tod mit Spanien im weitesten Sinne verbunden sind und überregionale, oft sogar weltweite Bedeutung erlangt haben.

Abd ar-Rahman
Abd ar-Rahman I.

Insgesamt fünf Omaijadenherrscher in Spanien führten diesen Namen. Die bedeutendsten unter ihnen waren Abd ar-Rahman I. (731 bis 30.9.788), der in Damaskus geboren wurde, im Jahre 750 von dort aber als einziger überlebender Omaijade nach der Ausrottung der Dynastie durch die Abbasiden fliehen mußte. Über Marokko gelangte er nach Spanien, wo er im Jahre 756 das vom Kalifen von Bagdad unabhängige Emirat und spätere Kalifat von Córdoba begründete. Seine Kämpfe gegen Truppen Karls des Großen 778 im Tal von Roncesvalles sind in das Rolandslied eingegangen. Als Emir von Córdoba veranlaßte er den Bau der großartigen Moschee.

Abd ar-Rahman III.

Unter Abd ar-Rahman III. (889 bis 15.10.961) erlebte 'al-Andalus', das maurische Spanien, seine größte politische und kulturelle Blüte. Seit 912 Emir und seit 929 Kalif von Córdoba, drängte er die christlichen Königreiche von León und Kastilien über den Ebro zurück, die 951 schließlich tributpflichtig wurden. In Nordafrika besiegte er die Fatimiden und beherrschte den nordwestlichen Maghreb.

Alfons X.
der Weise
(26.11.1221 bis
4.4.1284)

Der in Toledo geborene Herrscher von Kastilien und León (1252 bis 1284), Sohn Ferdinands III. und der Beatrix von Schwaben, tat sich sowohl in der Politik des europäischen Hochmittelalters als auch in den Künsten und Wissenschaften hervor. Sein politisches Augenmerk war über Spanien, wo er mit wechselnden Erfolgen gegen die Mauren kämpfte, hinausgerichtet. Nach dem Tode des deutschen Königs Konrad IV. erhob er als Enkel Philipps von Schwaben Anspruch auf den deutschen Thron und wurde 1257 auch gewählt, hatte jedoch mit Richard von Cornwall einen Gegenkönig. Das Deutsche Reich, das er nie betreten hat, war bis 1273 ohne Herrscher (Interregnum). Geleitet wurde er bei dieser Unternehmung vor allem von dem Wunsch, die staufischen Besitzungen in Italien zu beherrschen. Diese fielen jedoch an Karl I. von Anjou; die Enttäuschung darüber führte zu langjährigen innenpolitischen Streitigkeiten, verstärkt durch eine schon zu seinen Lebzeiten eintretende Auseinandersetzung um seine Nachfolge.

Als Förderer der Künste und der Wissenschaften umgab er sich mit Dichtern und Gelehrten auch jüdischer und arabischer Herkunft und gründete Schulen in Toledo, Sevilla und Murcia. Er ließ arabische, hebräische und lateinische Werke übersetzen; veranlaßte die Herausgabe einer umfangreichen Gesetzessammlung ("Siete Partidos") mit praktischen Beispielen auf der Grundlage des Römischen Rechts; er ließ eine spanische Nationalgeschichte beginnen, in der u.a. zahlreiche Heldenepen wie "El Cid" in Prosa festgehalten sind; schließlich unternahm er auch den Versuch, eine Universalgeschichte zu schreiben. Auf dem Gebiet der Astronomie gehen die 'Alfonsinischen Tafeln' auf ihn zurück, ein 1272 in Toledo erstelltes Tabellenwerk, mit dem auf der Grundlage des Ptolemäischen Systems die Standorte des Mondes, der Sonne und der damals bekannten Planeten errechnet werden konnten. Alfons X. trat auch als Dichter in Erscheinung; seine bekanntesten Dichtungen finden sich in den "Cantigas", 420 Dichtungen in galicischer Sprache, in denen vor allem seine tiefe Gläubigkeit zum Ausdruck kommt. Er starb in Sevilla.

Fernando Álvarez
de Toledo,
Herzog
von Alba
(29.10.1507 bis
11.12.1582)

Der Herzog von Alba, aus Piedrahita in der Provinz Ávila gebürtig, machte sich einen Namen als Feldherr und erlangte traurige Berühmtheit durch seine Grausamkeit als Statthalter in den Spanischen Niederlanden. Die Liste seiner Feldzüge und Posten ist beeindruckend: 1535 gegen Tunis, 1541 gegen Algier, 1547 Sieg in der Schlacht bei Mühlberg an der Elbe als

Feldherr Karls' V. im Schmalkaldischen Krieg, danach Generalgouverneur von Mailand und Vizekönig von Neapel. 1567 schickte ihn Carls V. an der Spitze eines Heeres in die Spanischen Niederlande zur Unterstützung der Statthalterin Margarete von Parma. Diese löste er jedoch bald ab und übte bis 1573 eine überaus blutige Herrschaft aus, während derer Tausende hingerichtet wurden und die schließlich zum Freiheitskampf der Niederländer führte. Nach seiner Abberufung wurde der Herzog 1580 Oberbefehlshaber des Heeres bei der Eroberung Portugals, Gouverneur von Portugal und Konnetabel des spanischen Reiches. Er starb in Lissabon.

Herzog von Alba (Fortsetzung)

Sein Filmdebut im Jahr 1928 in Frankreich sorgte für einen Skandal: Zusammen mit Salvador Dalí schuf Buñuel mit "Un chien andalou" ("Ein andalusischer Hund") wohl den Kultfilm des Surrealismus, dem er 1930 mit "L'âge d'or" ("Das goldene Zeitalter") ein weiteres Meisterwerk folgen ließ. Schon mit diesen beiden Filmen beschritt Buñuel den Weg, der ihn zu einem Meister seines Fachs werden ließ, der sein schonungslos sozialkritisches Anliegen zum einen in detailversessene, realistische Bilder, zum anderen in surrealistische, grausig alptraumartige Sequenzen umsetzte. Nach dem Sieg Francos 1939 emigrierte Buñuel, zunächst in die USA, dann nach Mexiko, wo mit "Los olvidados" ("Die Vergessenen", 1950), "La joven" ("Das junge Mädchen", 1960), "Viridiana" (1961) und "El ángel exterminador" ("Der Würgeengel", 1962) einige seiner bedeutendsten Filme entstanden. Anfang der sechziger Jahre kehrte er nach Europa zurück, wo er in Spanien, Frankreich und in Italien arbeitete und u.a. "Belle de jour" ("Schöne des Tages", 1963), "Le charme discret de la bourgeoisie" ("Der diskrete Charme der Bourgeoisie", 1972) und "Cet obscur objet de désir" ("Dieses obskure Objekt der Begierde", 1977) drehte. In vielen seiner Filme spielte der ebenfalls aus Spanien stammende Schauspieler Fernando Rey die Hauptrolle. Buñuel starb in Mexiko-Stadt.

Luis Buñuel (22.2.1900 bis 29.4.1983)

Calderón de la Barca, einer der bedeutendsten Dramatiker des 'Siglo de Oro', stammte aus einer adligen Familie. Er studierte Theologie an den Universitäten Alcalá und Salamanca, unterbrach aber die geistliche Laufbahn, um sich dem literarischen Schaffen, besonders dem Theater zu widmen. Er nahm am katalanischen Feldzug im Jahr 1640 teil und wurde zum beliebtesten Theaterautor am Hof Philipps IV. Nach dem Empfang der Priesterweihen wurde er zum Kaplan des Königs ernannt. Calderóns Theater entwickelte sich aus der Technik und den Themen Lope de Vegas, die er vertiefte und erweiterte. In seiner ersten Zeit bevorzugte er die Komödie ("Dame Kobold"). In seinen späten allegorischen Dramen setzte er sich mit theologischen und philiosophischen Problemen auseinander, so in "Das Leben, ein Traum" und "Der wundertätige Magus". Calderón übte großen Einfluß auf Lessing, die deutschen Romantiker und Grillparzer aus. Weltberühmt ist sein Sakramentsspiel "El gran Teatro del Mundo", das Hugo von Hofmannsthal in seinem "Großen Welttheater" neu gestaltete.

Pedro Calderón de la Barca (17.1.1600 bis 25.5.1681)

Don Carlos, ältester Sohn Philipps II., ist vor allem als literarische Figur bekannt geworden und hier wiederum durch Schillers Trauerspiel "Don Carlos – Infant von Spanien", in der der Thronfolger zum Freiheitshelden und Verfechter aufklärerischer Ideale gegen seinen despotischen Vater hochstilisiert wurde, angeleitet von der fiktiven Figur des Marquis Posa, der Philipp II. das berühmte "Geben Sie Gedankenfreiheit!" entgegenschleudert. Tatsächlich war Carlos ein kränkelnder und seelisch labiler junger Mann, wahrscheinlich erblich belastet durch seine Großmutter Johanna die Wahnsinige, dem sein Vater die Heirat verbot und ihn von der Thronfolge ausschloß. Die Vorbereitungen zur Flucht in die Spanischen Niederlande wurden entdeckt und Carlos 1568 im Madrider Schloß gefangengesetzt, wo er kurz darauf starb.

Don Carlos (8.7.1545 bis 24.7.1568)

Pablo (katal. Pau) Casals kam in Vendrell in der Provinz Tarragona zur Welt. Seit 1919 leitete er in Barcelona ein eigenes Orchester; mit dem französischen Pianisten Alfred Cortot und dem ebenfalls aus Frankreich stammen-

Pablo (Pau) Casals (29.12.1876 bis 22.10.1973)

Berühmte Persönlichkeiten

Pablo Casals
(Fortsetzung)

den Violinisten Jacques Thibaud formierte er zeitweise ein Trio. Nach dem Ausbruch des Bürgerkriegs im Jahr 1937 emigrierte er nach Frankreich, ohne indes seiner katalonischen Heimat ganz den Rücken zu kehren: Sein Exil war das Städtchen Prades 25 km nördlich der französisch-spanischen Grenze, wo er von 1950 bis 1956 auch ständig lebte. Er begründete die Festspiele, die auch heute noch alljährlich im nahen Kloster St-Michel-de-Cuxa stattfinden. 1956 zog es ihn auf die Antilleninsel Puerto Rico, wo er gleichfalls Festspiele ins Leben rief sowie ein Sinfonieorchester und das Konservatorium gründete.
Pablo Casals gilt als der bedeutendste Cellist seiner Zeit; Konzertreisen führten ihn in alle Teile der Erde. Er bemühte sich um eine Neubelebung der Solowerke von Johann Sebastian Bach; daneben trat er als Dirigent und Komponist vorwiegend geistlicher Werke hervor.

Miguel de Cervantes Saavedra
(29.9.1547 bis 23.4.1616)

Der Schöpfer des Romanes "Der sinnreiche Junker Don Quijote von der Mancha", eines der größten Werke der Weltliteratur, kam als viertes von sieben Kindern eines wenig erfolgreichen Arztes in Alcalá de Henares in der Provinz Madrid zur Welt. 1568 findet man ihn in Madrid, nur ein Jahr später hält er sich in Italien als Kammerdiener eines Kardinals auf, wohin er vermutlich fliehen mußte, da in Spanien ein Haftbefehl gegen ihn wegen eines Duells vorlag. Ein Jahr später ist er spanischer Soldat in Italien, und 1571 nimmt er an der Seeschlacht von Lepanto gegen die Türken teil, wo er schwer verwundet und seine linke Hand verstümmelt wird. Nach der Teilnahme an militärischen Aktionen gegen Tunis entschließt er sich 1575, zusammen mit seinem Bruder nach Spanien zurückzukehren. Ihr Schiff wird jedoch von den Türken gekapert und die Brüder nach Algier in die Sklaverei verkauft. Er unternimmt mehrere Fluchtversuche; schließlich erwirbt Hassan Pascha, der Bei von Tunis, den widerspenstigen Sklaven und läßt ihn fünf Monate in Ketten legen, doch auch dies und ständige Quälereien können Cervantes' Widerstand nicht brechen. 1580 endlich ist die Lösegeldsumme aufgebracht und Cervantes frei, jedoch völlig mittellos. Das Königshaus gewährt ihm eine einmalige Abfindung von 100 Dukaten. Von seiner Schriftstellerei kann er nicht leben; so schlägt er sich nach und nach als Soldat in portugiesischen Diensten und als Kaufmann durch. Seine 1584 geschlossene Ehe ist nicht sehr glücklich und auch seine Bewerbungen um Posten in den spanischen Kolonien in Südamerika bleiben ohne Resonanz. Schließlich wird er doch noch Proviantkommissar der Armada in Andalusien und 1594 Steuereintreiber in Granada. Als 1597 eine Bank, der er Staatsgelder anvertraut hatte, bankrott macht, wird er ins Gefängnis geworfen, ein Schicksal, das ihm 1602 noch einmal widerfährt. In diesen Jahren, und besonders in der Haft, arbeitet er an seinem großen Roman, dessen erster Teil 1605 erscheint. Trotz des Erfolges bleibt Cervantes, der seit 1604 in Valladolid wohnt, weiterhin arm; denn den Gewinn aus dem Druck des Buches teilen sich Verleger und Drucker. 1614 ist der zweite Teil vollendet; im selben Jahr erscheint jedoch ein Plagiat, in dem Cervantes heftig geschmäht wird. 1615 wird der zweite Teil gedruckt, doch auch dessen Erfolg kann der Dichter nicht genießen: Er stirbt in Madrid an der Wassersucht. Cervantes war zeit seines Lebens vom Schicksal geschlagen. Zu den verschiedenen Gefangenschaften kamen die ständige Armut und die Schulden aus seiner Beamtenzeit hinzu. Um so bewundernswerter ist die literarische Leistung, der Humor, die Ironie und vor allem die tiefe Humanität, die aus dem "Don Quijote" spricht. Mit diesem Roman, als Parodie auf die ausufernde Mode der Ritterromane gedacht, schuf er ein getreues Bild der spanischen Gesellschaft seiner Zeit, beklagte er den Verlust der Ideale und erkannte den sich schon abzeichnenden Untergang des großen Reiches. Cervantes, der vieles aus seiner eigenen Biographie in den Roman einfließen ließ, erweist sich als Genie der Erzählkunst; auch mit seinen "Noveles ejemplares", kleinen Sittenbildern und kräftigen Milieuschilderungen, setzt er Maßstäbe in der Gestaltung von Novellen, ohne daß ihm damit jedoch ein ähnlicher Wurf gelingt wie mit dem "Don Quijote", der auch erst im 18. Jh. seine Würdigung erfuhr.

Alfons X. der Weise

Miguel de Cervantes

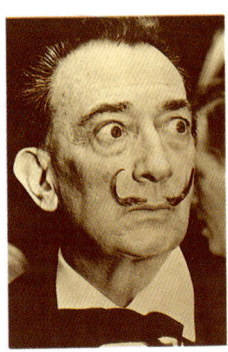

Salvador Dalí

El Cid (von arab. 'sayyid' = 'Herr') ist der spanische Nationalheld und die Leitfigur des Kampfes der Christen gegen die maurische Herrschaft. Der in Vivar bei Burgos geborene Ritter Rodrigo Díaz de Vivar kämpfte zunächst unter König Sancho II. von Kastilien gegen dessen Bruder Alfons VI. von León und erwarb sich durch seine Tapferkeit seinen ersten Beinamen 'El Campeador' ('Der Schlachtensieger'). Nach der Ermordung Sanchos 1072 schloß er sich Alfons VI. an, der nun Herrscher beider Königreiche war. Im Jahre 1081 kam es zum Bruch, und Rodrigo Díaz wurde verbannt. Er wurde Gefolgsmann des Emirs von Zaragoza, in dessen Auftrag er zahlreiche Schlachten gegen Christen und Moslems schlug, durch die er seinen Ehrennamen 'El Cid' gewann. Nach der Aussöhnung mit Alfons VI. eroberte er 1095 Valencia gegen die Almoraviden; er fiel fünf Jahre später bei der Verteidigung dieser Stadt.

Der Ruhm des 'Cid' ist nicht nur in seiner Tapferkeit begründet, sondern auch in seiner Auffasung von ritterlicher Ehre und Gefolgstreue, die ihn nie gegen Alfons VI. kämpfen ließ, obwohl dieser ihn verstoßen hatte. Seine Taten sind festgehalten in dem großen spanischen Nationalepos "El cantar de mío Cid", das ein unbekannter Dichter wahrscheinlich Mitte des 12. Jh.s aufgezeichnet hat. Durch die Dramatisierung von Pierre Corneille 1637 ("Le Cid") hielt der Stoff Einzug in die Weltliteratur.

El Cid
(Rodrigo Díaz
de Vivar;
um 1043 bis
10.7.1099)

Am 18. Februar 1519 stach Hernan Cortés, Sohn eines adligen Hauptmanns des Fußvolks aus Medellín und seit 1504 in Westindien, ohne Erlaubnis des Gouverneurs von Kuba, mit einer Flotte von elf Schiffen mit etwa 100 Mann Besatzung und 500 Soldaten von der Karibikinsel aus in See, um das mexikanische Festland zu erkunden. An der Golfküste gründete er die Stadt Villa Rica de la Vera Cruz (das heutige Veracruz). Nachdem Abgesandte des Aztekenherrschers Moctezuma II. reiche Geschenke überreicht hatten, wollte der größte Teil seiner Gefolgschaft wieder umkehren. Cortés ließ daraufhin alle Schiffe bis auf eines verbrennen und trat den Marsch ins Landesinnere an. Am 3. November 1519 betrat er die aztekische Hauptstadt Tenochtitlán, wo sich Moctezuma II. ihm unterwarf, da er den Spanier für den wiedergekehrten Gott Quetzalcóatl hielt. Im Mai 1520 sah Cortés sich gezwungen, Tenochtitlán vorübergehend zu verlassen, um sich den ihm vom Gouverneur wegen seiner Unbotmäßigkeit nachgeschickten Truppen zu stellen. Bei der Rückkehr in die Aztekenhauptstadt fand er die Bevölkerung nach einem Massaker der zurückgebliebenen Spanier in Aufruhr, der ihn zur Flucht aus Tenochtitlán zwang. Über ein Jahr später eroberten Cortés' Truppen und ihre indianischen Verbündeten am 13. August 1521 die Stadt zurück und machten sie dem Erdboden gleich. Kaiser Karl V. ernannte ihn 1522 zum Gouverneur und Generalkapitän der neuen Kolonie Neuspanien. In der folgenden Zeit unterwarfen seine Truppen fast alle indianischen Staaten. In den Jahren 1528 bis 1530 hielt er sich

Hernan Cortés
(1485 bis
2.12.1547)

Berühmte Persönlichkeiten

Hernan Cortés
(Fortsetzung)

wieder in Spanien auf, wo er zwar ehrenvoll empfangen wurde, aber wegen Anfeindungen seiner Gegner seinen Gouverneursposten verlor. Er blieb aber Oberbefehlshaber der Truppen und erhielt den Titel eines Marqués del Valle de Oaxaca. Nach seiner Rückkehr nach Mexiko unternahm er noch mehrere wenig erfolgreiche Expeditionen, die ihn u.a. nach Honduras und auf die kalifornische Halbinsel führten. Wiederum nach Spanien zurückgekehrt, nahm er noch am Feldzug gegen Algier teil. Er starb verbittert in Castilleja de la Cuesta bei Sevilla.

Salvador Dalí
(11.5.1904 bis
25.1.1989)

Der im katalanischen Figueres geborene Salvador Dalí gehörte zu den produktivsten, vielseitigsten und schillerndsten Künstlerpersönlichkeiten unserer Zeit. Schon im Alter von 17 Jahren war er Schüler der Kunstakademie von Madrid. Zwichen 1929 und 1935 gehörte er zur Gruppe der Surrealisten , die sich in Paris formierte und in der Literatur der Zeit ihr theoretisches Fundament gefunden hatte. Seit dem Ende der vierziger Jahre lebte Dalí fast ausschließlich in dem kleinen Port Lligat an der Costa Brava, doch seit dem Tode seiner Frau und Muse "Gala" (Helena Diakonoff) mied er diesen Ort und zog sich in ein Landgut bei dem Dorf Púbol in der Provinz Gerona zurück, wo Gala auch begraben wurde.

Das umfangreiche Werk Dalís berührt alle Sparten der Kunst und zeugt von seinem Einfallsreichtum. Es zeichnet sich aus durch eine virtuose Beherrschung der unterschiedlichsten Techniken und durch einen im positiven Sinne respektlosen Umgang mit Themen und Motiven. Die Gemälde, formal meist von einer minutiösen Akribie, zeigen Kompositonen, die einer oft beklemmenden Welt aus Träumen und Halluzinationen entstammen zu scheinen. Noch nach seinem Tod versetzte er Spanien und vor allem Katalonien in Erstaunen: Seinen gesamten künstlerischen Nachlaß vermachte er dem spanischen Staat und nicht der Region Katalonien.

Ferdinand II.
(10.4.1452 bis
23.1.1516) und
Isabella I.
(22.4.1451 bis
26.11.1504)

Durch die Heirat Ferdinands, König von Sizilien und Thronfolger in Aragón, mit Isabella, der Thronerbin in Kastilien und León, im Jahre 1469, zeichnete sich die Verschmelzung der beiden großen Reiche auf spanischem Boden ab. Nach dem Tode von Isabellalas Bruder Heinrich IV. 1474 erhob die neue Königin ihren Ehemann zum gleichberechtigten Mitregenten; im kastilischen Erbfolgekrieg gegen Alfons V. von Portugal behaupteten sie ihre Ansprüche. Als auch Ferdinands Vater Johann II. 1479 starb, war die Vereinigung der Königreiche praktisch vollzogen. Die beiden Herrscher konzentrierten sich auf Kastilien, wo sie eine Zentralverwaltung einrichteten und die königliche Gewalt mit Unterstützung der Städte gegen den Adel durchsetzten. Schon 1478 hatte Isabellala in Kastilien und León die Inquisition wieder eingeführt. Mit der Eroberung von Granada, des letzten maurischen Stützpunktes in Spanien im Jahre 1492, beendeten sie die Reconquista. Im selben Jahr landete Christoph Kolumbus, dessen Vorhaben Isabella bei Hofe durchsetzte, in Amerika und öffnete es den spanischen Eroberern. Damit sicherten sich Ferdinand und Isabellala endgültig ihren Platz in der Geschichte als Begründer des spanischen Weltreiches. 1496 verlieh Papst Alexander VI. den beiden Herrschern den Ehrentitel 'Katholische Könige' ('Reyes Católicos'). In den folgenden Jahren wurden noch Neapel und Navarra erobert. Als Isabellala 1504 starb, übernahm ihr Schwiegersohn Philipp I. der Schöne die Krone Kastiliens. Doch Philipp verstarb schon zwei Jahre später; Ferdinand übte nun bis zu seinem Tod die Regentschaft für seine Tochter Johanna die Wahnsinnige aus. Ihm folgte sein Enkel Carlos I. (als deutscher Kaiser Karl V.).

Francisco Franco
y Bahamonde
(4.12.1892 bis
20.11.1975)

Fast vierzig Jahre lang, von 1939 bis 1975, galt in Spanien nur der Wille eines Mannes, der des 'Caudillo' (span. 'Führer') Francisco Franco. Als Offizierssohn in El Ferrol geboren, war auch für ihn die militärische Karriere selbstverständlich, die er zielstrebig verfolgt: 1910 bis 1912 Freiwilliger in Nordafrika im Kampf gegen die Rif-Kabylen; 1920 stellvertrender und 1922 Kommandeur der spanischen Fremdenlegion; 1928 Kommandeur der Militärakademie in Zaragoza. Nach dem Ende der Diktatur Primo de Riveras wird er 1931 zunächst auf die Balearen versetzt; danach ist er Komman-

Ferdinand II.

Isabella I.

Hannibal

Francisco Franco
(Fortsetzung)

deur der spanischen Truppen in Marokko. 1934 schlagen seine Truppen einen Aufstand sozialistisch-syndikalistischer Bergarbeiter in Asturien nieder; 1935 schließlich wird er Chef des Generalstabs. Die 1936 an die Macht gelangte Volksfrontregierung ahnt die Gefährlichkeit des Generals und schiebt ihn auf einen Posten auf den Kanarischen Inseln ab.

Im Juli 1936 erhebt sich Franco nach Absprache mit anderen Militärs und gestützt auf die Fremdenlegion und die marokkanischen Truppen zunächst in Spanisch Marokko offen gegen die Republik. Seine Soldaten werden von italienischen und deutschen Flugzeugen auf das spanische Festland geflogen, wo sie bald mit Unterstützung regulärer italienischer Truppen und der deutschen 'Legion Condor' große Gebiete erobern. Im September 1936 ernennt ihn eine Junta der Aufständischen zum 'Generalissimo' und zum 'Haupt des Staates'. Er selbst reklamiert für sich den Titel 'Caudillo'. 1937 übernimmt er auch die Führung der faschistischen Falange, die bis zu seinem Tod die einzige politische Organisation bleibt. Nach dreijährigen Kämpfen, die von beiden Seiten mit äußerster Brutalität geführt werden, fällt im März 1939 Madrid in die Hände der Franco-Truppen: Der Spanische Bürgerkrieg ist beendet.

Entgegen möglicher Hoffnungen seines Helfers Hitler, den er 1940 im französischen Grenzort Hendaye trifft, gelingt es Franco, Spanien aus dem Zweiten Weltkrieg herauszuhalten. Allerdings unterstützt er den deutschen Überfall auf die Sowjetunion durch die Entsendung der 'Blauen Division' (ca. 18 000 Mann), die 1943 zurückgezogen und durch 2000 Mann der 'Spanischen Legion' ersetzt wird.

In Spanien errichtet Franco eine berufsständisch geordnete, diktatorische Herrschaft, die durch die Armee, die Falange und die Guardia Civil jegliche oppositionelle Regung im Keim erstickt. Es gibt weder Gewerkschaften noch politische Parteien; die Autonomiebestrebungen speziell in Katalonien und im Baskenland werden unterdrückt; der Katholizismus zur Staatsreligion erklärt. 1947 wird die Monarchie offiziell wiedererrichtet, allerdings behält sich Franco die Regentschaft auf Lebenszeit vor. Ab 1969 baut er Juan Carlos von Bourbon als seinen Nachfolger auf, jedoch sieht er mit Carrero Blanco einen franquistischen 'Aufpasser' für den zukünftigen König vor. Carrero Blanco wird jedoch 1973 von der baskischen ETA ermordet. Als Franco 1975 stirbt, beginnt unter Juan Carlos I. die Rückkehr Spaniens zur Demokratie.

Mit García Lorca und anderen Schriftstellern der 'Generation von 1927' strebte die moderne spanische Lyrik einem letzten Höhepunkt vor Ausbruch des Bürgerkrieges zu. In Fuentevaqueros (Granada) geboren, studierte er Philosophie, Literatur und Jura, hielt sich 1929/30 in New York und Kuba auf und übernahm 1931 die Leitung der Wanderbühne 'La Barraca', die in der Provinz die spanischen Klassiker auf die Bühne brachte. Ein

Federico
García Lorca
(15.6.1899 bis
19.8.1936)

Berühmte Persönlichkeiten

Federico García Lorca (Fortsetzung)

zentrales Thema seiner Lyrik ist seine andalusische Heimat, Landschaft und Kultur, ihre Mythen, die Leidenschaftlichkeit der Bewohner, insbesondere der Zigeuner, wie sie vor allem in "Romancero gitano" zum Ausdruck kommt. Auch seine Dramen spielen oft in andalusischer Umgebung. Federico García Lorca wurde kurz nach Ausbruch des Bürgerkriegs von Falangisten ermordet.

Antonio (Antoni) Gaudí (25.6.1852 bis 10.6.1926)

Antonio (katal. Antoni) Gaudí, in Reus (Provinz Tarragona) geboren, ist der mit Abstand berühmteste spanische Baumeister der jüngeren Vergangenheit. Seine fachliche Ausbildung erhielt er an der Hochschule für Architektur in Barcelona. Er fühlte sich stark zur Gotik hingezogen, wenngleich er manchen ihrer technischen Details (wie die Verwendung des Strebepfeilers, den er durch das Prinzip der 'schrägen Stütze' abgelöst sehen wollte) kritisch gegenüberstand. Sein Ideal war die Wiederbelebung einer lichten, farbigen mediterranen Gotik, und gotische Formelemente sind es auch, die in vielen seiner Bauwerke hervortreten. Seine eigentliche kreative Leistung jedoch war es, unter gleichzeitiger Verwendung von historischen Mustern und pflanzenhaft sich schlingenden Formen des Jugendstils eine neue Stilrichtung zu schaffen, die dem spanischen 'modernismo' zuzurechnen ist. Seine Hauptwerke finden sich in der katalonischen Hauptstadt Barcelona: Kirchenbauten, die Wohnhäuser Casa Milá, Casa Battló und den Palau Güell, den er für seinen großzügigen Förderer Graf Eusebi Güell errichtete. Gaudís bekanntestes Bauwerk jedoch ist der Templo de la Sagrada Familia in Barcelona. Ihm widmete er den weitaus größten Teil seines Arbeitslebens, doch noch heute ist diese gewaltige 'Kirche der Armen', wie ihr Erbauer sie nannte, unvollendet.

El Greco (Domenikos Theotokopulos; um 1541 bis 7.4.1614)

Der große Maler El Greco stammt von der Insel Kreta. 1560 ging er von dort nach Venedig, wo er Schüler Tizians wurde und Tintoretto und Bassano studierte. Ab 1577 weiß man ihn in Toledo. Hier schuf er seine bedeutendsten Werke in dem für ihn so typischen, visionären Stil: langgestreckte, abstrahierte Gestalten in kalten, grellen Farben von expressionistischer Kraft. Die meisten seiner Bilder haben religiöse Themen, nur selten malte er Porträts oder Landschaften.

Juan Gris (José Victoriano González; 23.3.1887 bis 11.5.1927)

Der Maler Juan Gris kam erst fern seiner Geburtsstadt Madrid zu Ruhm und Ansehen. Um der künstlerisch provinziellen Hauptstadt zu entgehen, zog er als Neunzehnjähriger nach Paris, wo er mit Pablo Picasso, Joan Miró, Julio González und Oscar Dominguez die 'spanische Avantgarde' bildete. Gris trug mit Picasso und Georges Braque wesentlich zum Kubismus bei, dem er zeit seines Lebens treu blieb. Sein früher Tod unterbrach ein Schaffen, das spätere Künstlergenerationen stark beeinflußte.

Francisco de Goya (30.3.1746 bis 16.4.1828)

Francisco de Goya kam in Fuentetodos in Aragón zur Welt. Er lernte zunächst bei Bayeu in Madrid und ging im Alter von 24 Jahren zu einem einjährigen Aufenthalt nach Italien. Ab 1775 arbeitete er Entwürfe für die Teppichmanufaktur in Madrid, in denen er zumeist ländliche Szenen im beschwingten Stil des Rokoko in heiteren Farben darstellte. Sein Ruf als Porträtist ließ ihn 1799 zum spanischen Hofmaler werden, obwohl gerade seine Porträts von schonungsloser, oftmals karikierender Offenheit waren, wie es besonders im Bild der Familie Königs Karl IV. deutlich wird. Einschneidend für sein Werk war der Spanische Befreiungskrieg, der ihn in seiner Weltsicht immer pessimistischer werden ließ. Die Werke seiner späten Schaffensphase sind düster und von einer erschreckenden, phantastischen Grauenhaftigkeit; besonders auch aus seinen Radierungen kann man erahnen, was in ihm vorgegangen sein mag. Goya emigrierte 1824 nach Frankreich, wo er vier Jahre später in Bordeaux starb. Der Prado in Madrid besitzt eine hervorragende Goya-Sammlung.

Hannibal (247/246 bis 183 v.Chr.)

Der offiziellen Geschichtsschreibung zufolge wurde Hannibal, Sohn des punischen Feldherrn Hamilkar Barkas, im nordafrikanischen Karthago geboren. Doch die örtliche Überlieferung besagt, seine Geburtsstätte sei auf der Isla Es Vedrá oder auf der Isla Conejera, beide nahe der Westküste Ibizas gelegen, zu suchen. Am Beginn seiner militärischen Karriere stand der Aufenthalt in Iberien bei seinem Schwager Hasdrubal, dem Befehlshaber der karthagischen Truppen. Nach dessen Tod übernahm er 221 v. Chr. das Kommando. Schon 219 legte er sich mit dem Römischen Imperium an: Er eroberte das durch einen Beistandspakt mit Rom verbundene Sagunt und überschritt im folgenden Jahr den Ebro, der die vertraglich festgelegte Grenze der römischen Interessensphäre war. Während die Römer sich anschickten, durch Entsendung eines Expeditionskorps nach Nordafrika und den gleichzeitigen Angriff auf Hannibal in Iberien die Karthager an zwei Fronten zu binden, brach dieser zu seinem legendären Zug über die Alpen mit 50 000 Mann Fußtruppen, 9 000 Reitern und 37 Kriegselefanten auf. In zwei entscheidenden Schlachten dieses Zweiten Punischen Krieges war Hannibal erfolgreich: am Trasimenischen See (217) und bei Cannae (216) besiegte er die Römer und bedrohte ihre Hauptstadt direkt. Doch später wandte sich das Kriegsglück und er erlitt 202 bei Zama die entscheidende Niederlage. Von nun an lebte er ständig auf der Flucht, zuletzt bei Antiochos III. von Syrien. Um seiner nach dem Frieden von Amapeia (188) von Rom geforderten Auslieferung zu entgehen, vergiftete er sich in der bithynischen Stadt Libyssa in der Nähe des heutigen Izmit in der Türkei.

Hannibal
(Fortsetzung)

'La Pasionaría', 'die Leidenschaftliche' (oder 'die Passionsblume'), nannte sich die in Gallarta im Baskenland geborene Kommunistin selbst in ihren Zeitungsartikeln, und voll Leidenschaft waren während des Spanischen Bürgerkriegs ihre flammenden Reden im Rundfunk und an der Front an die Soldaten der Republik. "¡No pasaran!" – "Sie werden nicht durchkommen!" waren wohl ihre berühmtesten Worte. Sie war 1920 Mitbegründerin der Spanischen Kommunistischen Partei und seit 1932 Politbüromitglied. Nach der Niederlage der Republik ging sie über Paris nach Moskau ins Exil, von wo sie von 1942 bis 1960 als Generalsekretärin und von 1960 bis 1967 als Vorsitzende der spanischen Exil-KP die Diktatur Francos bekämpfte und in dieser Zeit auch für Nichtkommunisten zu einer Galionsfigur des antifaschistischen Spanien wurde. Ihr Sohn Rubén fiel als sowjetischer Soldat in Stalingrad. 1977 konnte sie in ihre Heimat zurückkehren und wurde 1978 noch einmal Präsidentin der KPE. Hochverehrt starb sie in Madrid.

Dolores Ibárruri
(9.12.1895 –
12.11.1989)

Der in Córdoba geborene Sproß einer mohammedanischen Juristenfamilie war Richter in Sevilla und Leibarzt am Hof der Almohaden in Marokko. Neben juristischen Werken und einer Gesamtdarstellung der Medizin erlangte er größte Bedeutung als der Aristoteles-Kommentator des Mittelalters schlechthin und als der Begründer der nach ihm benannten averroistischen Lehre, die nachhaltigen Einfluß auf die lateinisch-christliche und jüdische Philosophie vom 13. Jh. an ausübte. Die aristotelische Lehre von der Existenz einer in allen Menschen waltenden Vernunft ('nous') und von der Ewigkeit der Welt interpretierte Ibn Rushd als 'denkenden Geist' unabhängig von der menschlichen Existenz. Diese Weltsicht war für ihn im Koran wirksam. Von diesen Gedanken ausgehend, versuchten in der Folge zahlreich christliche und jüdische Theoretiker die Vereinbarkeit von Philosophie auch mit ihrer Religion zu beweisen. Zu den Gegnern des Averroismus zählten Albertus Magnus und Thomas von Aquin. Ibn Rushd starb in Marrakesch.

Ibn Rushd
(Abū l-Walīd
Muhamad;
lat. Averroes;
1126 bis 1198)

Das Schloß Loyola im Baskenland ist die Heimat von Ignatius von Loyola, der zunächst als Offizier in den Diensten des Vizekönigs von Navarra stand. Nachdem er bei der Belagerung von Pamplona durch die Franzosen 1521 schwer verwundet wurde, führte ihn während der Genesungszeit die Bibellektüre zu dem Entschluß, das Soldatenleben aufzugeben und sich der Religion zu widmen. Er ließ seine Waffen auf Montserrat und schrieb dort und später in Manresa, wo er als Bettler lebte, sein Exerzitienbüchlein, die Grundlage der Verfassung des Jesuitenordens (Gesellschaft Jesu; lat. 'Societas Jesu', Abk. SJ), den er 1534 mit Gleichgesinnten in Paris grün-

Ignatius von
Loyola
(Iñigo López
de Loyola;
1491 bis
31.7.1556)

Ignatius v. Loyola (Fortsetzung)	dete und der 1540 von Papst Paul III. genehmigt wurde. Ignatius von Loyola war der erste General der Jesuiten, die in allen Ländern der Erde missionarisch tätig waren. Er selbst wurde 1622 heiliggesprochen.

Karl V.
(24.2.1500 bis
21.9.1558)

In die Zeit der Regenschaft des in Gent geborenen und dort aufgewachsenen Karls V. fallen zwei der wichtigsten Ereignisse der Geschichte: die Eroberung des spanischen Kolonialreiches und die Reformation in Deutschland mit den daraus resultierenden Kriegen.

Seit 1516 als Karl I. König von Kastilien und Aragón, festigte er die uneingeschränkte königliche Gewalt in Spanien. Durch die Eroberungszüge der Konquistadoren in Süd- und Mittelamerika wurde Spanien um riesige Ländereien vergrößert und stieg zur Weltmacht auf. Bei der Wahl des Deutschen Kaisers 1519 in Frankfurt stach Karl seinen Gegenkandidaten aus, den vom Papst unterstützten Franz I. von Frankreich, auch dank großzügiger 'Spenden' des Bankhauses Fugger an seine Gegner, und wurde als Karl V. Nachfolger Maximilians I.

Auf dem Wormser Reichstag 1521 mußte sich Luther vor ihm rechtfertigen; da dieser seine Lehren nicht zurücknahm, erließ Karl V. das Wormser Edikt, das die Luther-Anhänger unter Acht und Bann stellte. Zwölf Jahre später, angesichts der Bedrohung durch die Türken, erhielten die protestantischen Länder Aufschub in der Klärung der Religionsfrage. Im Schmalkaldischen Krieg 1546/47 suchte Karl V. die Entscheidung gegen die protestantischen Fürstentümer. Er besiegte diese zwar, doch neuerliche Konflikte mit dem Papst gaben der deutschen Fürstenopposition Zeit, sich wieder zu organisieren und mit Heinrich II. von Frankreich zu verbünden, der Karl zur Flucht zwang. Im Augsburger Religions- und Landfrieden von 1555 schließlich wurde die Religionsfreiheit gewährt.

Auch mit Frankreich rissen die Streitigkeiten nie ab. In insgesamt vier Kriegen gegen seinen Rivalen um den Kaiserthron Franz I. war Karl V. jedoch jedesmal erfolgreich und vergrößerte die spanischen Besitzungen. 1525 wurden die französischen Truppen in der Schlacht von Pavia, der größten im 16. Jh., geschlagen. Mailand, Genua, Burgund und Neapel fielen an Spanien. 1527 eroberten kaiserliche Truppen Rom ('Sacco di Roma'). Im Frieden von Cambrai verzichtete Franz auf seine Ansprüche in Italien; 1530 krönte der Papst Karl in Rom; es war dies die letzte Krönung eines deutschen Kaisers in der Ewigen Stadt.1536/38 und 1542/44 erlitt Franz I. ein drittes und ein viertes Mal Niederlagen. 1556 dankte Karl V. ab. Die deutsche Kaiserwürde ging an seinen Bruder Ferdinand I., sein Nachfolger in Spanien wurde Philipp II.

Christoph
Kolumbus
(Cristóbal Colón,
Cristoforo
Colombo;
1451 bis
20.5.1506)

Der aus der italienischen Seefahrerrepublik Genua stammende Entdecker Amerikas hatte schon früh mit Seefahrt und -handel zu tun und kam 1476 in die portugiesische Hauptstadt Lissabon. Dort untersuchte er die Möglichkeiten, den seit der Antike erwähnten Seeweg nach Indien zu finden, fand aber bei der Krone kein Interesse. So durchzog er in der Absicht, nach Frankreich zu gehen, spanisches Gebiet, wo er im Kloster La Rábida vom Beichtvater der spanischen Königin Isabella ein Empfehlungsschreiben an diese erhielt. Nach langem Zögern schloß sie mit ihm einen Vertrag, der die geplante Seereise zusicherte und ihm den Rang eines Großadmirals und Vizekönigs der zu entdeckenden Gebiete verlieh, zusätzlich 10 Prozent des Erlöses des Unternehmens.

Am 3. August 1492 verließen die drei Karavellen "Santa María", "Pinta" und "Niña" den Hafen von Palos de la Frontera an der südspanischen Atlantikküste. Nach drei Wochen Fahrt durch die offene See wurde die Mannschaft unruhig; doch nachdem Kolumbus den Kurs nach Südwest geändert hatte, kam eine Insel in Sicht, die er als erster betrat und San Salvador nannte. Aller Wahrscheinlichkeit nach war es das heutige Watling Island in der Bermudagruppe. Auf der gleichen Reise gelangte Kolumbus nach Kuba und Haïti, wo er 39 Freiwillige zurückließ. Er kehrte nach Spanien zurück, um den Erfolg seiner Fahrt persönlich zu überbringen. Drei weitere Reisen schlossen sich an, ohne daß dem Entdecker in Spanien großer moralischer oder materieller Nutzen zuteil geworden wäre. Dort zeigte man

Dolores Ibárruri   *Raimundus Llullus*   *Karl V.*

sich enttäuscht, daß nicht das sagenhaft reiche Indien am Ende des gefundenen Seeweges lag, sondern – wie man meinte – ein unkultiviertes, rauhes, nur von armseligen Wilden bewohntes Land, das keinerlei wirtschaftlichen Nutzen versprach. Auch hatten die unzufriedenen Teilnehmer der Entdeckungsfahrten es verstanden, ihren Kommandanten zu denunzieren und eine ihm mißgünstige Atmosphäre zu schaffen, so daß er sogar während seiner dritten Reise in Hispañola (Haïti) festgenommen und als Gefangener nachh Spanien zurückgebracht wurde, wo er sich jedoch vor dem Königspaar erfolgreich verteidigte. Trotzdem blieb ihm dauerhafter Erfolg versagt. Selbst die von ihm entdeckte Neue Welt erhielt nicht seinen Namen, sondern den eines weit weniger bedeutenden Konkurrenten: dem Italiener Amerigo Vespucci.

Christoph Kolumbus (Fortsetzung)

Ramón Llull kam in Palma de Mallorca zur Welt; das genaue Datum seiner Geburt ist nicht bekannt. Er entstammte einer vornehmnen Familie und kam schon mit 14 Jahren an den Hof des Königs von Aragón. Er war weltlichen Genüssen durchaus zugetan, doch im Alter von 30 Jahren lösten Christuserscheinungen einen völligen Wandel in seiner Persönlichkeit aus: Er widmete sich hinfort der Missionierung ferner Länder; ausgedehnte Reisen führten ihn nach Nordafrika, in den Vorderen Orient, nach Italien und Frankreich , wo er auch als Universitätslehrer tätig war. Es heißt, er sei bei der heutigen algerischen Stadt Bejala (Bougie) zu Tode gesteinigt worden. Sein Grab befindet sich in der Kirche San Francisco zu Palma.
Raimundus Llullus, wie er in der humanistischen Tradition genannt wird, verfaßte neben einer Vielzahl religiöser, philosophischer und naturwissenschaftlicher Werke Romane und Gedichte. Er bediente sich besonders der katalanischen Sprache, die er damit zu einem vollwertigen poetischen Ausdrucksmittel machte, und gilt als der Begründer der katalanischen Prosaliteratur überhaupt. Daneben schrieb er auch in lateinischer und arabischer Sprache.

Ramón Llull (Raimundus Llullus; 1235 bis 29.6.1316)

Lope de Vega gilt als der Schöpfer der spanischen 'Comedia' und als größter Dramatiker des 'Siglo de Oro'. Er wurde in Madrid als Sohn eines Stikkers in bescheidenen Verhältnissen geboren, studierte kurz in Salamanca und stellte bald in Gedichten und Dramen sein außerordentliches literarisches Talent unter Beweis. Er nahm an der unglücklichen Expedition der Armada gegen England im Jahr 1588 teil und ließ sich 1610 – nach zahlreichen Liebesabenteuern und einem unsteten Leben in Valencia, Toledo und Sevilla – in Madrid nieder. Dort empfing er nach dem Tod seines Sohnes und seiner Frau Juana die Priesterweihen, ohne jedoch auf weitere Liebesaffären zu verzichten. Schmerzliche Ereignisse beschleunigten seinen Tod. Die Madrider Bevölkerung nahm in einer eindrucksvollen Trauerkundgebung an seinem Begräbnis teil.

Félix Lope de Vega y Carpio (25.11.1562 bis 27.8.1635)

Berühmte Persönlichkeiten

Lope de Vega
(Fortsetzung)

Lope de Vega, der zu Lebzeiten als 'Ungeheuer der Natur' und 'Phönix des Geistes' bezeichnet wurde, schrieb über 1500 Komödien, von denen etwa 500 erhalten sind. Er verfaßte auch zahlreiche Kurzdramen, religiöse Stücke und unzählige Sonette, Romanzen und Lieder. In seiner theoretischen "Arte nuevo de hacer comedias" formulierte er die Grundsätze seiner Auffassung vom Theater. Zu seinen bekanntesten Stücken gehören "Fuente Ovejuna", "Der Alcalde von Zalames" und "Peribáñez".

Fernão de Magalhães
(Ferdinand Magallanes;
um 1480 bis 27.4.1521)

Der portugiesische Seefahrer stand zunächst in den Diensten seines Heimatlandes, mit dessen Indienflotte er die Gewässer Asiens befuhr. Als er 1516 am portugiesischen Hof in Ungnade fiel, trat er ein Jahr später in die Dienste des Rivalen Spanien. Mit Billigung Karls V. stach er am 20.9.1519 mit fünf Schiffen in See, um einen westlichen Seeweg zu den Molukken, Herkunftsland vieler Gewürze, hauptsächlich des Pfeffers, zu finden. Am 21.10.1520 fand er die Schiffspassage um Südamerika herum in den Pazifik, die nach ihm benannte Magellanstraße. Nach weiteren vier Monaten waren die Philippinen erreicht, wo er auf der Insel Mactan von Eingeborenen getötet wurde. Magalhães Begleiter Juan Sebastián Elcano setzte die Reise fort und erreichte um das Kap der Guten Hoffnung herum am 6.9.1522 mit einem Schiff wieder den Ausgangshafen Sanlúcar de Barrameda. Damit war die erste Umsegelung der Erde vollbracht.

Moses Maimonides
(Rabbi Mose ben Maimon, gen. Rambam; 30.3.1135 bis 13.12.1204)

Der in Córdoba geborene Moses Maimonides war das geistige und zeitweise auch das amtliche Oberhaupt der jüdischen Gemeinde in Ägypten. Er beschäftigte sich eingehend mit Astronomie, Mathematik, Philosophie und Medizin. 1148 mußte seine Familie vor den Verfolgungen der Almohaden aus Spanien fliehen; 1167 kam er nach Ägypten, wo er Leibarzt des Sohnes des Sultans Saladin und fünf Jahre später Vorsteher der jüdischen Gemeinde wurde. Maimonides verfaßte medizinische Abhandlungen; vor allem aber schrieb er einen Kommentar zur ersten Niederschrift der jüdischen Religionsgesetze, der "Mischna", die er in der Schrift "Mischne Tora" ("Wiederholung des Gesetzes") für Jahrhunderte verbindlich kodifizierte. Mit seinem Hauptwerk "More Nevuchim", in dem er auf den erst durch die Philosophie ergründbaren tieferen Sinn der Offenbarung verweist, wirkte er auch stark auf die christliche Scholastik, namentlich auf Albertus Magnus und Thomas von Aquin.

Martial
(Marcus Valerius; um 40 n.Chr. bis nach 101 n.Chr.)

Der in Bilbilis in der heutigen Provinz Zaragoza geborene Martial, seit 64 n.Chr. in Rom, von wo er 98 n.Chr. wieder in seine Heimat zurückkehrte, ist der klassische Epigrammatiker. Seine Vorbilder Catull und Domitius Marsus übertreffend, führte er das kurze Sinngedicht in Form und Inhalt zu höchster Vollendung. Seine Dichtkunst zeichnet sich durch Witz und Schärfe aus und nimmt ihre Themen vielfach aus Alltagsbeobachtungen. Martial wirkte stark auf die mittelalterliche und neulateinische Epigrammatik; Gryphius, Logau und Lessing waren von seiner Dichtung beeinflußt, Schiller und Goethe schließlich tauften ihre "Xenien" nach dem 13. Buch seiner Epigramme, den "Xenia".

Joan Miró
(20.4.1893 bis 25.12.1983)

Der in Montroig nahe Barcelona geborene Joan Miró erhielt seine ersten künstlerischen Anregungen von den französischen Realisten und vor allem vom neu aufkommenden Kubismus. Diesen hatte er in Paris kennengelernt, wohin er 1919 zum ersten Mal gekommen war. Er gehörte wenig später zu den Unterzeichnern des Surrealistischen Manifestes, wandte sich 1923 gänzlich von der übernommenen Malerei – auch vom Kubismus – ab, um seinen eigenen Stil zu entwickeln. In Mirós Bildern fügen sich kräftige, oft kalligraphisch anmutende und zeichenhafte Linien mit intensiven Farben zu Kompositionen, denen die gänzliche Abstraktion fehlt und die zu vielfältigen gegenständlichen Assoziationen anregen. Auch mit grafischen Techniken und Keramik und Plastik hat sich der Künstler eingehend beschäftigt. Vor den anrückenden deutschen Truppen floh er 1940 von Paris nach Spanien; nach der Befreiung der französischen Hauptstadt kehrte er 1944 wieder zurück. Er starb in Mallorca.

Philipp II.

Pablo Picasso

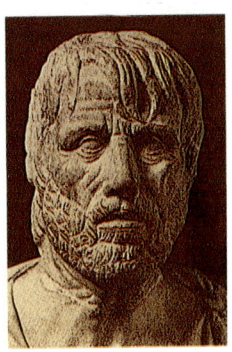

Seneca

Als Philosoph, Essayist, Polemiker, Kritiker, Abgeordneter und Professor übte der Madrider Ortega y Gasset einen nachhaltigen Einfluß auf das spanische Leben seiner Zeit aus. Er studierte in Madrid, Leipzig, Berlin und Marburg; von 1911 bis 1933 war er als Professor an der Madrider Universität tätig, wo er zum ideologischen und literarischen Mentor einer ganzen Generation wurde. Seine Essays "Die Enthumanisierung der Kunst" (1925) und "Der Aufstand der Massen" (1930) fanden ein internationales Echo. Als Herausgeber der "Revista de Occidente" und als Haupt der Intellektuellengruppe "Al servicio de la República" trug er zur Ausrufung der Republik im Jahre 1931 entscheidend bei. Als 1936 der Bürgerkrieg ausbrach, ging er nach Frankreich, später nach Argentinien. Nach 1945 kehrte er zeitweilig nach Spanien zurück. Er starb in Madrid.

José Ortega y Gasset (9.5.1883 bis 18.10.1955)

Während der Regentschaft des Sohnes Karls V. von 1556 bis 1598 war Spanien auf seinem Höhepunkt als Weltmacht und beherrschte weite Teile Italiens, die Niederlande, die Kolonien in Amerika, die Philippinen und Portugal: "Die Sonne geht in meinem Staat nicht unter", läßt ihn Schiller im ersten Akt des "Don Carlos" sagen. Im Zuge der Gegenreformation wurde das Land Vormacht der katholischen Länder. Durch die Ehe Philipps mit Maria der Katholischen von England 1554 bis 1558 war die Rivalität zwischen beiden Ländern für kurze Zeit beendet; in dritter Ehe heiratete er nach dem Krieg gegen Frankreich 1559 Isabella von Valois und erlangte dadurch großen Einfluß auf den nördlichen Nachbarn bis zum Herrschaftsantritt durch Heinrich IV. In der Seeschlacht von Lepanto schlug Juan d'Austria, Philipps Halbbruder, die türkische Flotte und sicherte Spaniens Vormachtstellung im Mittelmeer. Doch auch das Ende Spaniens als Weltmacht kündigte sich während Philipps Regentschaft an: Seit 1567 erhoben sich die Niederlande gegen die spanische Herrschaft und nach der Thronbesteigung Elisabeths I. in England brach der alte Gegensatz wieder auf. Mit dem Untergang der Armada 1588 vor der englischen Küste begann der Abstieg Spaniens als Seemacht.

Philipp II. (21.5.1527 bis 13.9.1598)

In Spanien selbst konnte er die Macht des Königshauses festigen und verlegte die Hauptstadt von Toledo nach Madrid, in dessen Nähe er den Escorial errichten ließ, augenfälliges Zeugnis seiner Herrschaft; Protestanten und Mauren wurden von der Inquisition unbarmherzig verfolgt, die spanischen Juden vertrieben. Dadurch und durch die Abwanderung in die Kolonien und die Kriege, die Philipp führte, wurde das Land wirtschaftlich jedoch so geschwächt, daß während seiner Regierungszeit dreimal der Staatsbankrott erklärt werden mußte.

Pablo Picasso, der in Málaga geborene spanische Maler, Bildhauer, Grafiker und Keramiker, gilt als der bedeutendste Künstler der Moderne und hat für mehr als acht Jahrzehnte die Kunst unseres Jahrhunderts bestimmt.

Pablo Picasso (25.10.1881 bis 8.4.1973)

Berühmte Persönlichkeiten

Pablo Picasso
(Fortsetzung)

Nach ersten Lehrjahren bei seinem Vater studiert er auf den Akademien von Barcelona und Madrid (ab 1896). Nach mehreren Parisaufenthalten übersiedelt er 1904 endgültig in seine Wahlheimat Frankreich. Zunächst bestimmen melancholisch-anmutige Bilder sein frühes Werk, welches entsprechend der von ihm hauptsächlich verwendeten Farben in Blaue und Rosa Periode eingeteilt wird.

Mit seinem epochemachenden Schlüsselwerk, den 1907 fertiggestellten "Demoiselles d'Avignon" hat Picasso eine Art "Flugapparat der Moderne konstruiert", nämlich die Voraussetzungen geschaffen, die es ihm und Georges Braques, später auch Juan Gris und Fernand Léger ermöglichen, den Kubismus zu entwickeln.

Während er noch mit kubistischen und geometrisierenden Formen beschäftigt ist, kehrt Picasso in den Jahren nach dem Ersten Weltkrieg zur figürlichen Darstellung zurück. Er nähert sich der Kunst der Surrealisten, war seine Formensprache bislang geometrisch, wird sie nun organisch, Bewegungsmotive, Figuren von praller Plastizität füllen seine Bilder. Überhaupt erhält Ende der zwanziger Jahre die Beschäftigung mit der Skulptur mehr Gewicht. Illustrationszyklen nach antiken Texten, Werke, die sich mit dem Spanischen Bürgerkrieg, mit kriegsbedingter Zerstörung und Verstümmelung auseinandersetzen – "Guernica", geschaffen nach dem Bombardement der baskischen Stadt durch deutsche Flieger, bedeutet einen weiteren Höhepunkt –, Stierkampfdarstellungen, Porträts und die Variationen zu "Künstler und Modell" sind nun die Hauptthemen.

Nach dem Zweiten Weltkrieg beschäftigt sich Picasso intensiv mit der Keramik und erstellt außerdem ein umfangreiches grafisches Werk. So entsteht bis zu seinem Tod im Jahr 1973 ein Gesamtwerk, das seine Souveränität im Umgang mit der Kunstgeschichte, mit der eigenen Geschichte und mit den verschiedensten künstlerischen Mitteln und Techniken zeigt, nicht zuletzt hierin liegt die Einzigartigkeit seines Werkes begründet. Er starb im französischen Mougins.

Francisco Pizarro
(1478 bis
26.6.1541)

Francisco Pizarro aus Trujillo in der Estremadura ist in einem Atemzug mit Hernan Cortés, dem Eroberer Mexikos, zu nennen. Pizarro kam schon 1502 nach Westindien und begleitete elf Jahre später Nuñez de Balboa bei der Überquerung der panamaischen Landenge. Danach richtete er sein Augenmerk auf Peru. Von Panama aus stach er zu Erkundungsfahrten in See, bis er sich 1529 zum Generalkapitän und Statthalter von Peru ernennen ließ. Damit war die eigentliche Eroberung des Inkareiches eingeleitet, die an Grausamkeit der Vernichtung der Azteken durch Cortés in nichts nachstand. Pizarro ließ 1533 den Inkakönig Atahualpa ermorden, eroberte die Hauptstadt Cuzco und setzte mit Manco Capac II. einen neuen König ein. 1535 gründete er Ciudad de los Reyes, das heutige Lima. Ein Aufstand Manco Capacs konnte mit Hilfe von Diego de Almagro, dem Eroberer Chiles, 1537 niedergeschlagen werden, indem dieser Cuzco entsetzte. Doch kurz darauf gerieten die beiden Konquistadoren wegen der Herrschaft über Cuzco aneinander und es kam zum offenen Krieg. Pizarros Halbbruder Hernando nahm Almagro 1538 in der Schlacht von Salinas gefangen und ließ ihn erdrosseln. Drei Jahre später wurde Pizarro im Auftrag von Almagros Sohn in Lima ermordet.

Charlie Rivel
(José Andreo
Rivel;
28.4.1896 bis
26.7.1983)

Als 'Akrobat schöön' hat er ein Leben lang die Zirkusbesucher begeistert: Charlie Rivel, der in Cubellas bei Barcelona geborene Sproß einer Artistenfamilie. Er gehörte zu den 'stillen' Clowns, deren Späße niemals derb sind und die im Zuschauer bei aller Heiterkeit ein leises Gefühl von Melancholie und Mit-Leiden wecken angesichts der zutiefst tragischen Tücke der Objekte, die dem Spaßmacher eine Fülle menschlich-allzumenschlicher Widrigkeiten bereitet. Charlie Rivel, dessen 'Markenzeichen' eine nahezu kubische rote Nase und ein überlanger, den ganzen Körper umhüllender gestreifter Pullover war, verstand es vortrefflich, sich auch ohne verbale Äußerungen seinem Publikum verständlich zu machen: Die lautmalerischen Töne, mit denen er seine Auftritte begleitete, waren ein Ausdrucksmittel, das er virtuos beherrschte.

Der aus Linares stammende Segovia ist einer der gefeiertsten Gitarren-virtuosen der Welt. Seit 1909 tritt der Autodidakt auf und begeistert mit sei-nen eigenen Kompositionen und Interpretationen klassischer und romanti-scher Werke sein Publikum.

Andrés Segovia
(geb. 21.2.1893)

Der Philosoph und Dichter wurde in Córdoba als Sohn des Rhetorikers Seneca d. Ä. geboren. Nach einer Rhetorik-Ausbildung und einem Aufent-halt in Ägypten wurde er Quästor unter Caligula. Kaiserin Messalina ließ ihn 41 n. Chr. nach Korsika verbannen, von wo er acht Jahre später von Kaise-rin Agrippina zurückgeholt wurde, um ihren Sohn Nero zu erziehen. In den Anfangsjahren dessen Regierungszeit war Seneca Neros engster Vertrau-er, wandte sich jedoch zunehmend von ihm ab, bis ihn der Kaiser schließ-lich der Teilnahme an der Pisonischen Verschwörung verdächtigte und zum Selbstmord zwang. Für Seneca war allein die Richtigkeit des mensch-lichen Handelns entscheidend, und nur das Herausfinden der Wahrheit konnte den Menschen ein sittliches Leben verschaffen. Der stoische Weise war für ihn die Idealform menschlicher Existenz. Seine philosophi-schen Hauptwerke sind die "Epistulae morales ad Lucilium" und die "Natu-rales quaestiones" mit naturwissenschaftlichen Erörterungen und morali-schen Reflexionen. Als Tragödiendichter kam es ihm darauf an, die fatalen Folgen menschlicher Leidenschaften zu zeigen; seine neun überlieferten Rezitationsdramen sind daher geprägt von Furcht und Grauen, ausgelöst durch menschlich-leidenschaftliches Handeln.

Seneca
(Lucius Annaeus;
um 4 v. Chr. bis
65 n. Chr.)

Die Nationalheilige Spaniens gilt als die größte christliche Mystikerin und hat mit ihren theologischen Werken auch die spanische Sprache nachhal-tig geprägt. Sie trat 1535 dem Bettelorden der Karmeliter im Kloster der Menschwerdung in Ávila bei. Nach einer schweren Krankheit, die sie meh-rere Jahre lähmte, erfuhr sie mystische Zustände und Visionen, die sie schließlich 1560 zu dem Gelübde veranlaßten, nach dem Vollkommenen zu streben und die Ordensregeln vollständig zu beachten. Sie wurde damit zu einer der Hauptverfechterinnen der Katholischen Reform, die sich gegen die Auswüchse der Kirche im 16. Jh. wandte. Unterstützt von Johannes vom Kreuz reformierte sie ihren Orden und gründete mehrere Klöster der 'Unbeschuhten Karmeliter' ('Barfüßer'). Vierzig Jahre nach ihrem Tod in Alba wurde sie 1622 heiliggesprochen. Ihr Festtag ist der 15. Oktober.

Theresa von Ávila
(Teresa de Jesús;
eigtl. Teresa
de Ahumáda;
28.3.1515 bis
4.10.1582)

Der Name des in Valladolid geborenen Torquemada steht für die grausame und unbarmherzige Verfolgung Andersgläubiger und 'Ketzer' durch die Inquisition in Spanien. Der Dominikanermönch war zunächst Beichtvater von Ferdinand und Isabella von Kastilien und Aragón, bis ihn diese 1483 zum Generalinquisitor von Kastilien und Aragón und 1484 schließlich von ganz Spanien machten. Er baute die Inquisition zu einem furchteinflößen-den Machtinstrument der Kirche und der Könige in Spanien aus.

Tomás de
Torquemada
(1420 bis
16.9.1498)

Trajan, in Italica in der Provinz Baetica (beim heutigen Sevilla) geboren, war der erste römische Kaiser, der aus einer Provinz stammte. Im Jahre 98 übernahm er die Herrschaft über das Römische Weltreich, das durch seine Feldzüge in Dakien (etwa das heutige Rumänien) und in Arabien im Jahre 106 und im Krieg gegen die Parther 114 bis 117 mit der Eroberung von Armenien, Assyrien und Mesopotamien seine größte Ausdehnung erreichte. Von der Eroberung von Dakien kündet noch heute die Trajans-säule in Rom auf dem Forum Traianum. Unter seiner Herrschaft erfuhren auch die Künste und die Wissenschaften einen neuen Aufschwung. Trajan starb in Selinus in der Provinz Anatolien. Sein Nachfolger war Hadrian, der ebenfalls aus Italica stammte.

Trajan
(Marcus Ulpius
Traianus; 18.9.53
bis 8.8.117)

Der in Bilbao geborene Essayist, Romancier und Lyriker war einer der füh-renden Köpfe der 'Generation von 1898', die einen neuen Aufbruch in der spanischen Literatur darstellte. In seinen Werken bemühte er sich um die geistige Erneuerung Spaniens und versuchte, auf das literarische und poli-

Miguel de
Unamuno y Jugo
(29.9.1864 bis
31.12.1936)

Berühmte Persönlichkeiten

Miguel de Unamuno (Fortsetzung)

tische Leben seines Landes Einfluß zu nehmen. Sein Engagement brachte ihm schließlich 1924, als er Rektor der Universität von Salamanca war, die Verbannung auf die Kanareninsel Fuerteventura durch die Militärdiktatur Primo de Riveras ein. Noch im selben Jahr konnte er von der Insel nach Frankreich fliehen, wo er bis 1930, obwohl amnestiert, blieb. Nach seiner Rückkehr lehrte er wieder in Salamanca, wo er auch starb.

Diego de Silva y Velázquez (getauft 6.6.1599; † 7.8.1660)

Velázquez, in Sevilla geborener Schüler von Pacheco de Río, war der bedeutendste spanische Maler des 17. Jahrhunderts. Seine künstlerische Entwicklung läßt sich in drei Perioden einteilen: In seiner sevillanischen Frühzeit malte er, beeinflußt von der Helldunkelmalerei Caravaggios, religiöse Themen und Typen des andalusischen Volkes, bevorzugt in Küchenszenen. 1623 wurde er nach Madrid berufen, wo er Philipp IV. porträtierte und bald zum Hofmaler aufstieg. Sein erster Italienaufenthalt von 1629 bis 1631 veränderte unter dem Eindruck der Kunst Tizians und Tintorettos seine Malerei, die nun in kräftigen Farben oft wenig schmeichelnde Porträts der königlichen Familie und eines seiner Hauptwerke, "Las Lanzas" ("Die Übergabe von Breda"; 1634/35) hervorbrachte. Seine zweite Italienreise 1649 bis 1651 veränderte wiederum seinen Stil. In dieser letzten Schaffensperiode, seiner wohl wichtigsten, entwickelte er sich zu einem Vorläufer des Impressionismus, der die flüchtigen Eindrücke von Licht und Farbe auf der Leinwand festhält. Doch auch die Porträtmalerei gab er nicht auf: 1656 entstand eines seiner bekanntesten Werke, "Las Meniñas" ("Die Infantin Margarita mit Hofstaat in der Werkstatt des Künstlers"), auf dem er Mitglieder des Königshauses beim Modellsitzen für Porträts und vor allem sich selbst, hinter der Leinwand hervorschauend, porträtierte. Der Prado in Madrid verfügt über eine bedeutende Velázquez-Sammlung.

Kunst und Kultur

Kunstgeschichte

Frühgeschichte und Altertum

Steinzeit

Die ersten Ausdrucksformen künstlerischer Gestaltung in Spanien stammen aus der jüngeren Altsteinzeit (40 000 – 10 000 v. Chr.). Es sind die Höhlenmalereien des franko-kantabrischen Raumes, die in mehr als 100 Höhlen in Frankreich und Nordwestspanien gefunden wurden. Die Felsbilder stellen in den meisten Fällen Tiere dar, die als Jagdbeute, Gottheit, Tierahne, Schutzgeist, Fruchtbarkeitssymbole und in anderen kultischen Funktionen eine zentrale Stellung im Leben der steinzeitlichen Jäger und Sammler einnahmen. Als Gravierung und Malerei, oft unter Einbeziehung der Höhlenoberfläche zur Erzielung eines reliefartigen Effektes, erreichen die Darstellungen hohe künstlerische Ausdruckskraft und erinnern in ihrer Stilisierung oft an gegenwärtige Kunst. Die Farben wurden direkt vom Farbträger (Mineralien und Mangan) abgerieben oder – pulverisiert und mit Wasser verdünnt – mit einem Stab oder einem Pinsel aufgetragen. Ihren Höhepunkt erreichte die Felsbildkunst im Magdalénien (16 000 – 10 000 v. Chr.). Auf diese Zeit werden die Malereien in der Höhle von Altamira bei Santillana del Mar datiert, die zu den bedeutendsten Funden dieser Art zählen. Neben zahlreichen weiteren Höhlen in Kantabrien wurden auch in der Nähe von Málaga in Andalusien steinzeitliche Höhlenmalereien entdeckt. Der Mittel- und Jungsteinzeit zuzurechnen sind Felsbilder, die vor allem an der Mittelmeerküste zwischen Barcelona und Valencia gefunden wurden. Diese Bilder stellen ebenfalls Menschen auf der Jagd dar und sind größtenteils im Freien in Schluchten oder an überhängenden Felswänden angebracht.

Zeugnisse jungsteinzeitlichen (6 000 – 4 000 v. Chr.) Kunstschaffens beschränken sich nicht nur auf Felsmalereien. Zahlreiche Relikte der sog. Impresso-Keramik (mit Muschelabdrücken verzierte Gefäße) fanden sich an der Mittelmeerküste von Gibraltar bis zu den Pyrenäen, so in El Pany in Katalonien und bei Valencia. Ab dem 4. Jt. v. Chr. treten Ritzmuster auf, die besonders gut erhalten in Alhama de Granada in Andalusien entdeckt wurden. An der Schwelle zu den Metallzeiten stand die Ackerbau treibende Almería-Kultur im Südosten Spaniens (El Garcel, Tres Cabezos), von der Rund- und Ovalhäuser und schmucklose Keramik ausgegraben wurden. Diese Kultur benutzte teilweise schon Metallwerkzeuge.

Kupfer- und Bronzezeit

Die Kupferzeit in Spanien (3000 – 1800 v. Chr.) weist schon stadtähnliche Siedlungsformen auf. Charakteristisch sind große Grabstätten, die mit Kraggewölben versehen (Südspanien) oder vor allem als Megalithgräber (Cueva de Menga in Andalusien; auf Mallorca) vorkommen. Die Ansiedlungen zeigen schon wehrhafte Formen. Auf dem Gebiet der Keramik verbreitete sich die Glockenbecherkultur über die gesamte iberische Halbinsel. Die Bronzezeit (ca. 2000 – 1600 v. Chr.) bringt fein gearbeitete Metallwerkzeuge, auch aus Gold und Silber, hervor. Typische Bauten sind Rundtürme ('talayots'), tischförmige Steinsetzungen ('taulas') und schiffsförmige Steingewölbe ('navetas') auf den Balearen.

Phönizier, Griechen, Karthager

Auch die Völker, die die Iberische Halbinsel im Altertum kolonisierten, hinterließen ihre Spuren. Von den Phöniziern, die ab 1100 v. Chr. Handelsposten an der Südküste gründeten, aus denen u.a. die Städte Cádiz (Gadri) und Málaga (Malaka) hervorgingen, sind vor allem Grabbeigaben erhalten. Ihnen folgten ab ca. 700 v. Chr. die Griechen, deren bedeutendste Niederlassung Emporion (Ampurias, katal. Empúries) war, dessen Ruinen heute besichtigt werden können. Die Karthager hinterließen vor allem

Iberische Sphinx

Dame von Elche

Karthager
(Fortsetzung)

auf der Baleareninsel Ibiza Zeugnisse ihres Könnens in Form von Terra-kotta-Figuren und anderen Keramiken.

Iberische Kunst

Von den spanischen Ureinwohnern traten die an der Mittelmeerküste lebenden Iberer künstlerisch am deutlichsten in Erscheinung. Neben Kera-miken sind es vor allem Skulpturen, die von ihren Fähigkeiten zeugen. Bedeutende Bildhauerarbeiten sind die 'Dame von Elche', eine 1897 bei der iberischen Siedlung Illici gefundene Büste aus dem 3. oder 4. vor-christlichen Jahrhundert, die 'Göttin von Baza' und eine Anzahl bei Cerro de los Santos gefundene Statuetten (alle im Museo Arqueológico in Madrid). Die iberische Bildhauerkunst zeigt eindeutig griechischen Einfluß. Anschauliches Beispiel für den Städtebau der Iberer ist die ausgedehnte Siedlung Ullastret in der Provinz Gerona.

Römische Kunst

Aus der römischen Kolonialzeit haben sich bedeutende Baureste in Mérida (Theater), Segovia (Aquädukt, Stadtmauern), La Coruña (Leuchtturm), Tar-ragona und an anderen Orten erhalten, daneben aber liegen auch viele kleinere Fundobjekte vor, so aus Mérida und Italica in der römischen Pro-vinz Baetica (bei Sevilla). Die Bedeutung der römischen Kultur in Spanien dokumentiert sich auch darin, daß die bereits gänzlich romanisierte Bevöl-kerung 74 n. Chr. das römische Bürgerrecht erhielt.

Westgotische und maurische Kunst

Westgotische
Kunst

Die Westgoten, die die Römer vertrieben, übernahmen in ihrer Kirchenbau-weise neben altrömischen auch Elemente der byzantinischen Architektur in Form der dreischiffigen Basilika mit Holzdach, geschmückt mit Weinran-ken- und Traubendekor. Germanische Schmuckelemente sind Taufries, Rosette und Kreis. Bemerkenswert ist die Verwendung von Hufeisenbögen schon vor dem Einfall der Mauren. Die bedeutendste noch erhaltene Kirche ist San Juan Bautista in Baños de Cerrato (bei Palencia) aus dem Jahr 661. Bei der einstigen Hauptstadt des Westgotenreiches Toledo wurden zahlreiche westgotische Schmuckstücke, darunter Kronen, gefunden.

Die vor den eindringenden Arabern zurückweichenden Westgoten hinterließen in Asturien eine Architekturform, die auch als 'präromanische Kunst' bezeichnet wird. Sie ist charakterisiert durch gestelzte Rundbögen, gedrechselt wirkende oder mit Fischgrätmuster dekorierte Rundsäulen und mit Doppelkordeln geschmückte Säulenkapitelle. Einige Kirchen weisen im Grundriß die Form eines griechischen Kreuzes auf. Im bei Oviedo liegenden Ort Narranco befinden sich als wichtigste Zeugnisse dieser Bauweise die um 845 zunächst als Königshalle von König Ramiro I. erbaute Kirche Santa María de Narranco und die aus derselben Zeit stammende Palastkapelle San Miguel de Lillo.

Nach der Schlacht von Jerez de la Frontera im Jahr 711 errichteten die Mauren in Spanien verschiedene Kalifate, die sich vor allem im Süden des Landes durch eine Hochblüte des geistigen Lebens und damit verbunden auch durch eine großartige Entfaltung der Architektur auszeichneten. Manche für die spätere spanische Kunstentwicklung typische Eigentümlichkeit ist auf die islamische Kunstausübung zurückzuführen.
Wesentliche Merkmale der islamischen Baukunst sind die oft reich verzierten Hufeisenbögen, das aus sieben Elementen (aus Rechteck, Parallelogrammen, gleichseitigen und rechtwinkligen Dreiecken kombiniert) bestehende Stalaktitengewölbe in Kuppeln, Wölbungen und Nischen, überkragende, geschnitzte Vordächer ('aleros'), Zwillingsfenster aus zwei Hufeisenbögen ('ajimez'), Kassettendecken ('artesonado') und glasierte Ziegel ('azulejos'). Da der Islam die figürliche und die Darstellung von Personen verbietet (jedoch nur in der religiösen Kunst streng beachtet), erfahren die Moscheen ihre Ausschmückung durch Mayolikakacheln mit floralen Ornamenten und kufischen Schriftfriesen mit Koranversen, in denen die

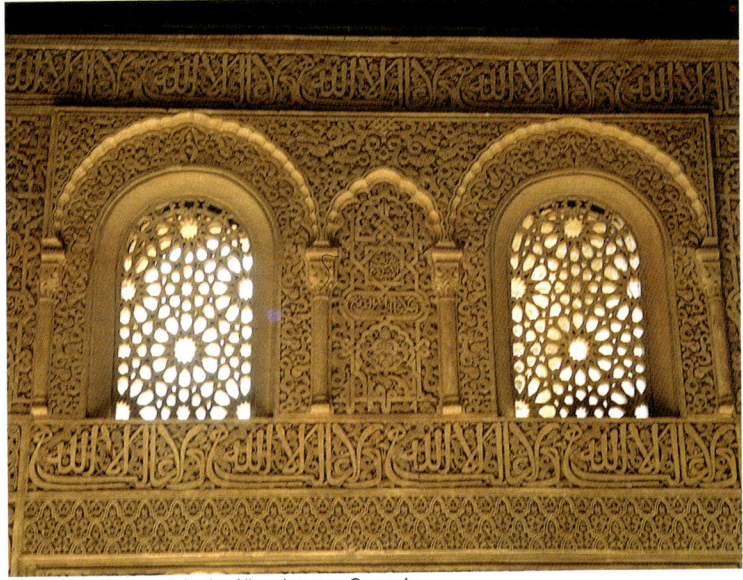

Maurischer Schmuck in der Alhambra von Granada

Bogenformen

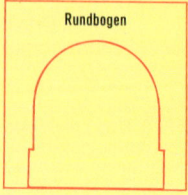
Rundbogen

Spitzbogen

Hufeisenbogen
(Maurischer Bogen)

Maurisch-arabische Kunst (Fortsetzung)

Künstler unübertroffene Phantasie und Farbenfreude beweisen. Die Bauweise der Moscheen orientiert sich in ihrer grundlegenden Einteilung in Hof und Betsaal am Haus des Propheten, das aus einem Hof und einem gedeckten Umgang auf Palmstämmen bestand, die in Form zahlreicher Säulen in den Moscheen erscheinen. Die spanischen Moscheen sind oft als vielschiffige Hallen mit Querschiff konzipiert. Häufig wurden auch Kirchen und Synagogen zu Moscheen umgebaut oder die Moslems mieteten sich dort ein und tolerierten im selben Gebäude auch die Andersgläubigen (z.B. in der Bib-Mardum-Moschee in Toledo, urspr. westgotische Kapelle, heute Kirche Cristo de la Luz). Neben Moscheen hinterließen die Mauren teils gewaltige Burgen und vor allem den vollendeten Palastbau der Alhambra in Granada.

Maurisch-arabische Fayencen zeugen von der Kunstfertigkeit der Handwerker. Weltberühmt waren die Damaszenerklingen aus Toledo und die Filigrandurchbrucharbeiten.

Mozarabischer und Mudéjar-Stil

In den maurisch besetzten Gebieten entwickelte sich unter den christlich gebliebenen 'Mozarabern' ein christlich-maurischer Mischstil, der Elemente wie die Hufeisenfenster übernahm. Besonders prächtig entfaltete sich der mozarabische Stil in der Buchmalerei im 10. Jahrhundert.

Kunstgeschichtlich bedeutender ist jedoch der Mudéjar-Stil, so benannt nach den Mauren, die in den im Zuge der Reconquista wieder christlich gewordenen Gebieten zurückblieben. Diese Baumeister erstellten vom 12. bis zum 16. Jh. im Auftrag von Christen sakrale und profane Gebäude, in denen sie zahlreiche maurische Stilelemente wie glasierte Ziegel, Kacheln, Hufeisenbögen, Sternrippengewölbe, Kasettendecken, sogar kufische Schriftzeichen mit romanischen, gotischen und Renaissancelementen kombinierten. Auch christliche Baumeister wurden beeinflußt. Seinen Höhepunkt erreichte der Stil im Kunst- und Dekorationshandwerk.

Bedeutende maurische Bauwerke in Andalusien

Córdoba

Die alte Kalifenstadt Córdoba verrät heute noch die maurische Anlage; die Häuser weisen oft orientalische Bauart auf. Das bedeutendste Denkmal maurischer Kunst in Córdoba ist aber die 785 bis 999 erbaute riesenhafte Hauptmoschee des westlichen Islam, 'La Mezquita', mit ihren endlos scheinenden Reihen im Dämmerlicht liegender doppelter, rot-weißer Hufeisenbögen, die, von 856 Säulen getragen, 19 Schiffe bilden. Nach der 'Reconquista' wurde sie zur Kathedrale umgestaltet.

Sevilla

Sevilla besitzt mit dem 'La Giralda' genannten, 93 m hohen Glockenturm der Kathedrale (um 1190), ursprünglich ein Minarett der maurischen Hauptmoschee, und dem der der Kathedrale vorgelagerten ehemaligen Moscheehof 'Patio de los Naranjos' (Orangenhof) zwei hervorragende Beispiele islamischer Baukunst. Der alte Alcázar von Sevilla, die maurische Burg, wurde nach der 'Reconquista' im Mudéjarstil umgebaut, die wunderbaren Gärten und Innenhöfe verraten die Gestaltungskraft maurischer Meister. In seiner heutigen Form stammt der Alcàzar aus der zweiten Hälfte des 14. Jahrhunderts.

Bogenformen

| Gekielter Hufeisenbogen | Vielpaßbogen | Lambrequinbogen |

© Baedeker

Das bedeutendste Profanbauwerk der Maurenzeit in Spanien ist die auf einem Felsen über Granada gelegene Alhambra (arab. = 'die Rote'), unter Jussuf I. Mitte des 14. Jh.s begonnen. Äußerlich unscheinbar wie alle maurischen Profanbauten, enthält sie märchenhaft schöne Innenhöfe (Myrtenhof, Löwenhof) mit reizvollen Wasserbecken und Brunnen. Die Dekoration der Räume ist vorwiegend aus Holz und Stuck gestaltet, mit farbigen 'Azulejos' und reichem Arabeskenschmuck. Alle Wandflächen sind mit arabischen Schriftbändern umrahmt, hauptsächlich Lobpreisungen Allahs. Bis zum 18. Jh. verfallen, wurde der gewaltige Komplex im 19. Jh. wiederhergestellt.

Granada

Romanik

Ungefähr um das Jahr 1000 beginnt im Norden Spaniens die schrittweise 'Reconquista', die fast 500 Jahre dauert und in der Architektur zu einer Umwandlung arabischer Bauwerke in christliche führt, die den maurischen Stil langsam verdrängen. Der Beginn einer eigenständigen spanischen Kunst läßt sich ungefähr mit dem 11. Jh. datieren. Unter französischem und lombardischem Einfluß setzt sich die Romanik in Spanien durch. Die Kathedrale von Santiago de Compostela, dem größten Wallfahrtsort des europäischen Mittelalters, stellt das bedeutendste Bauwerk des romanischen Stils dar. In den Jahren 1060 bis 1096 erbaut, ist sie von südfranzösischem Einfluß geprägt. Besonders schön ist das aus dem 12. und 13. Jh. stammende Südportal ('Puerta de las Platerías'), während die Westfassade ('El Obradoiro' = 'das goldene Geschmeide') im 18. Jh. in verschwenderischem Barockstil umgestaltet wurde. Unter dem Hauptaltar liegt die Krypta mit dem Grab des Apostels Jakob (span. 'Santiago'). In Katalonien wird durch die Benediktiner und ihre berühmte Klostergründung Santa María de Ripoll (874) lombardischer Einfluß in die Baukunst eingebracht. Im allgemeinen sind die Kirchen des Nordens aus jener Bauperiode eher bescheiden in Ausmaß und Ausstattung.

Kirchenbau

Die Bildhauerkunst der Romanik erreicht jedoch bereits einen bedeutenden Höhepunkt, vor allem in ihren Portalgestaltungen wie in Santa María de Ripoll, in den Portalfiguren von San Vicente in Ávila, der Pórtico de la Gloria der Kathedrale von Santiago de Compostela, 1168 von Meister Mateo begonnen und den Kreuzgangreliefs von Santo Domingo de Silos. In Orten abseits der großen Durchzugswege haben sich hervorragende Fresken, vornehmlich aus dem 12. Jh., erhalten.

Plastik

Die katalanische Malerei, von byzantinisch anmutender Strenge, wird tonangebend. Weniger starr und jenseitsorientiert sind die Fresken des Königspantheons von San Isidro in León. Die Buchmalerei der Zeit schafft eindrucksvolle Werke; zu den schönsten Beispielen zählen die Apokalypsehandschriften des 10. und 11. Jahrhunderts.

Malerei

Romanisches Portal der Kirche von Cervatos (Provinz Cantabria)

Gotik

Kirchenbau

Auch in Spanien setzt sich die Gotik nur langsam gegen den romanischen Baustil durch. Die Zisterzienser machen die burgundische Form der Gotik (Spitzbogen) in Spanien heimisch, beispielhaft zu sehen im Kloster Las Huelgas bei Burgos. Lange Zeit hindurch entstehen nun reizvolle Werke im romanisch-gotischen Mischstil, in dem sich auch zum erstenmal wie in der Alten Kathedrale von Salamanca typisch spanischer Geist deutlich manifestiert.

Die Bauten dieser Epoche verraten immer noch eine einfache, erdgebundene Schwere, verbunden mit feierlicher Raumwirkung; das gotische Streben nach Höhe und die zunehmende Auflösung des Mauerwerks mit daraus resultierender neuartiger Lichtführung wird aber immer deutlicher. Die drei Kathedralen von Burgos, Toledo und León verraten die vollkommene Übernahme des durch ausländische Meister ins Land gebrachten französischen Kathedralenstils. Der Kathedrale von Burgos (1221; normannisches Turmpaar) folgt 1227 jene in Toledo, als 'Protest gegen die maurische Architektur' verstanden. Die Kathedrale von León (um 1250) bildet den Höhepunkt dieses französisch ausgerichteten Stils, geschmückt mit überreichem Maßwerk und nach dem Vorbild von Burgos fünfschiffig gebaut.

Maurische Moscheen wurden nach der 'Reconquista' durch in Hallenform angelegte Kathedralen ersetzt, wie jene von Zaragoza (nach 1188) und Sevilla, die, nach 1402 entstanden, mit ihren fünf gewaltigen Schiffen eine der größten gotischen Kirchen überhaupt ist.

Hervorragende Beispiele gotischen Kathedralenbaues in Spanien im 14. und 15. Jh. sind die von einem reichen Kapellenkranz umgebene Kathedrale von Ávila, die Kirchen Santa María la Antigua und San Benito in Valladolid sowie die Kathedralen von Astorga, Segovia, Pamplona und Barcelona. In Katalonien entwickelt sich eine von Südfrankreich beeinflußte Son-

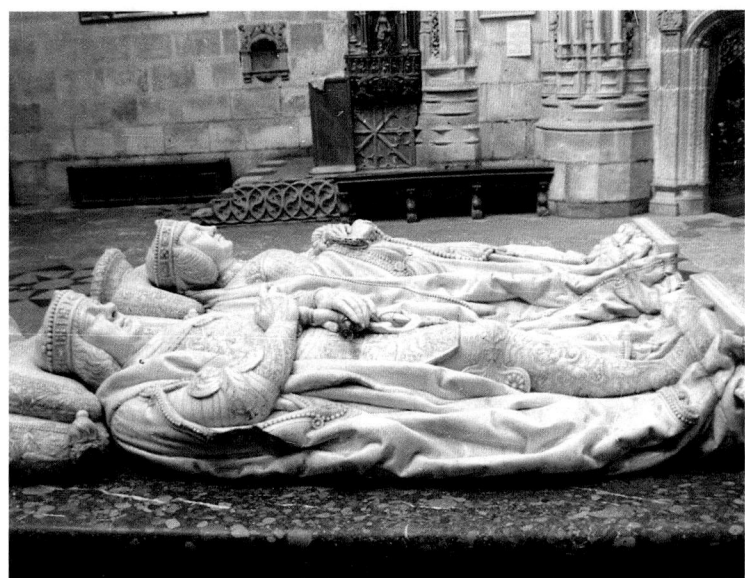

Gotisches Konnetabel-Grabmal in der Kathedrale von Burgos

derform weiter, nämlich der Typus der einschiffigen Hallenkirche (Kathedrale von Gerona).
Die Verlagerung des Chores ('coro') in das Mittelschiff ('trascoro') ist eine
in vielen spanischen Kirchen anzutreffende architektonische Eigenart, die
allerdings die Raumwirkung des Kircheninneren stark beeinträchtigt; ein
Nachteil, der auch durch den reichen bildnerischen Schmuck der Chor-
wände nicht ausgeglichen wird. Dazu kommt gelegentlich noch eine Ver-
mauerung der breiten Fenster, der durchbrochenen Wände, wodurch der
Lichteinfall stark gedämpft wird (Kathedrale von Ávila).

Gotischer
Kirchenbau
(Fortsetzung)

Der schon erwähnte Mudéjarstil entwickelt sich, durch spätgotische und
antike Formen bereichert, zum plateresken Stil weiter, der als fast über-
laden wirkende dekorative Spätform bei der Gestaltung von Fassaden die
zu schmückende Fläche mit vielfältigen und kleinformatigen Details übersät. Frühestes Beispiel ist das von dem Silberschmied ('platero') Pedro
Díez 1480 bis 1492 erbaute Colegio de Santa Cruz in Valladolid. Die von
den Brüdern Juan und Rodrigo Gil de Hontañón erbauten Kathedralen von
Salamanca (1513) und Segovia (1525), im prunkvollen Spätstil und mit
überreicher Dekoration ausgestaltet, stellen die letzten großen Manifesta-
tionen gotischer Baukunst in Spanien dar. Sie sind bereits Ausdruck des
mit erfolgreichem Abschluß der 'Reconquista' gestiegenen National-
gefühls sowie des beginnenden nationalen Wohlstandes als Resultat der
nun einsetzenden Gold- und Silbersendungen aus den neuentdeckten
Ländern des amerikanischen Kontinents.

Platteresker Stil

Wie die Baukunst steht auch die gotische Plastik Spaniens unter starkem
französischem Einfluß. Die Bauplastik zeigt sich am schönsten in den
Kathedralen von Vitoria, León, Burgos, am Aposteltor der Kathedrale von
Valencia und in Tarragona. Bedeutende Künstlerpersönlichkeiten der Epo-
che sind Meister Bartolomé (nachgewiesen 1278) und Castayls (1375).
Schöne gotische Madonnenstatuen verraten meist besonders starken

Plastik

Schönster plateresker Stil am...   *...Colegio de Santa Cruz in Valladolid*

Gotische Plastik (Fortsetzung)

französischen Einfluß, soweit es sich nicht überhaupt um aus Frankreich importierte Kunstwerke handelt (Sevilla, Toledo).

In Katalonien, wo auch weiterhin eine reiche Kunstentfaltung zu beobachten ist (auch hier im stärksten Zusammenhang mit dem französischen Raum), finden sich große, aus vielen einzelnen Reliefszenen zusammengesetzte 'Retablos' (schöne Beispiele in den Museen von Barcelona, Vich und Lérida; Hochaltar der Kathedrale von Tarragona, um 1430, von Johan de Valfogona) und bedeutende Grabmäler wie das Grab des Erzbischofs Lope Fernández de Luna in Zaragoza, nach 1382 entstanden.

Das 15. Jh. bringt wie in der Architektur auch in der Plastik eine Hinwendung zu einem Wuchern der Formen, eine Entwicklung, die durch die holländischen und deutschen Meister stark gefördert wird: Gil de Siloë (ein aus Nürnberg beglaubigter Baumeister und Plastiker), Anequin de Egas, Juan Alemán, Enrique und Juan Guas, Rodrigo Alemán. Im Jahre 1504 wird von 17 ausländischen Meistern der riesige Retablo der Kathedrale von Toledo angefertigt.

Malerei

Für die Malerei der Gotik ist gleichfalls französischer, später italienischer und im 15. Jh. auch niederländischer Einfluß maßgebend. Eine große Anzahl italienischer Maler, u.a. Gherardo Starnina und Nicolás Florentino, arbeitet im Lande; die Malschule von Siena erweist sich als besonders einflußreich. Die Malschule von Barcelona, die sich im 15. Jh. unter niederländischer Einwirkung entwickelt, läßt in den Werken von Luis Dalmau, Bartolomeo Vermejo und Jaime Huguet aber schon kräftige eigenständige Merkmale eines sehr ausgeprägten Realismus und großer Prächtigkeit erkennen. Eigene Malschulen entstehen im späteren 15. Jh. auch in Valencia und in dem sehr stark auf niederdeutschen Einfluß ausgerichteten Kastilien (Ferdinand Gallegos). Daneben arbeiten niederländische Meister

Isabellinische Fassade von Santa María la Real in Aranda de Duero ▶

Gotische Malerei
(Fortsetzung)

auch selbst im Lande, so Francisco de Amberes (= Antwerpen), Juan de Flandres, Juan de Holanda und Juan de Borgoña. In Sevilla wirken Juan Sánchez de Castro und der Deutsche Alejo Fernández; Pedro Berruguete gilt als Künstler, der bereits spanische Eigenart aufweist. Der aufkeimende nationale Zug in der Malerei soll jedoch durch die starken Impulse der italienischen Renaissance noch einen Rückschlag erhalten.

Renaissance

Baukunst

In der Baukunst werden die Formen der Renaissance anfänglich rein dekorativ verwendet, während gotisches Stilgefühl weiter vorherrscht. Es kommt zu erstaunlichen Stilmischungen zwischen plateresken (spätgotischen), maurischen und renaissancebestimmten Formen. Anschauliche Beispiele sind der Kreuzgang von Santiago de Compostela (1521–1586), der größte Spaniens, die Casa de Pilatos in Sevilla, der Hof der Universität und die Casa de las Conchas (1514) in Salamanca. Der von Pedro Machuca 1526 auf dem Alhambra-Hügel von Granada für Karl V. erbaute Sommerpalast ist das bedeutendste Beispiel spanischer Hochrenaissance; er strahlt bereits imperiale Größe aus. Burgos wird zu einem Zentrum des neuen Bauens unter Diego de Siloë, dem Sohn Gils. Dem spanischen Nationalcharakter entsprechender als die klaren Formen der römischen Renaissance sind allerdings die manieristisch-frühbarocken Groteskformen des 'Estilo monstruoso'. Erst unter dem Einfluß der Gegenreformation, die gegen den Überreichtum an Ornamenten auftritt, kann sich eine neue 'harte', imposante Strenge entwickeln, deren Hauptwerk, der Riesenbau des Escorial, von Juan de Herrera 1584 beendet wird. Kloster, Festung und Schloß in einem, weist er bereits frühbarocke Anklänge auf. Die 1580 ebenfalls von Herrera begonnene Kathedrale von Valladolid war in ihren Ausmaßen so riesenhaft geplant, daß sie nie vollendet werden konnte.

Juan de Juni: "Grablegung Christi"

Auch auf dem Gebiet der Plastik verdrängt die Renaissance nur sehr allmählich die nachwirkende Gotik. Die freistehende Tumba mit Liegefigur ist besonders eindrucksvoll gestaltet im Grabmal Ferdinands und Isabellalas, der 'Reyes Católicos', in der Capilla Real in Granada. In der Plastik des 16. Jh.s sind vor allem die Namen Alonso Berruguete, Felipe Vigarny (auch de Borgoña genannt) und Damián Forment zu nennen. Forment ringt sich wie Berruguete zu reinem italienisch geprägtem Renaissancestil durch, so z. B. am Altar der Pilar-Kathedrale in Zaragoza. Im Kreis Berruguetes arbeitet auch Juan de Juni, der vermutlich französischer Herkunft ist. Die durch die Strenge und Härte der Gegenreformation unter Philipp II. bedingte 'romanistische' (d.h. völlig auf Rom bezogene) Reaktion dämpft den Gefühlsüberschwang der Plastik wieder zugunsten hehrer Größe und Starrheit, die in den nordspanischen 'Retablos', die gelegentlich die gesamte Chorwand bis zur Wölbung hinauf bedecken, zum Ausdruck kommt, so im Retablo von Astorga (um 1560) von Gaspar Becerra. Die Bildhauerfamilie de Arfe schafft vor allem Kleinplastiken und Kirchengerätschaften.

Plastik der Renaissance

Ein große Anzahl von Malern, so Juan de Juanes, Juan Fernández Navarrete (genannt 'El Mudo' = der Stumme), Bartolomé González und Luis de Morales arbeitet nach dem überwältigenden Vorbild der großen italienischen Meister der Renaissance.

Malerei

Barock und Klassizismus

Das spanische Barock bringt in die von Borromini geprägte architektonische Formensprache den auf José de Churriguera zurückgehenden phantasievollen, oft unkontrolliert bewegten Stil des Churriguerismus ein, welcher der für Spanien so charakteristischen Neigung zu ungehemmtem Reichtum der Dekoration entspricht, oft bis zur übertriebenen Extravaganz. Schöne Beispiele für den Churriguerismus sind die Sakristei der Cartuja in Granada (1727 – 1764) und die Plaza Mayor in Salamanca.
Unter den Bourbonen setzt in der zweiten Hälfte des 18. Jh.s eine Gegenbewegung ein, die sich der gemäßigten Formen des Klassizismus bedient. Ein frühes Meisterwerk dieser Stilrichtung ist der Palacio Real in Madrid, von dem italiener Filippo Juvara entworfen und von Giovanni Battista Sacchetti ausgeführt. Der berühmteste Wegbereiter des Klassizismus in Spanien ist aber der Italiener Francisco Sabatini, der Hofbaumeister Karls III. Ventura Rodriguez führt die Pilar-Kathedrale in Zaragoza weiter, und Juan de Villanueva erbaut das wichtigste Beispiel klassizistischen Stils in Spanien, den Prado in Madrid (1785 bis 1819).

Baukunst

Die barocke Plastik beschränkt sich in Spanien fast ausnahmslos auf religiöse Themen, die äußerst realistisch, oft mit übersteigerter Wirklichkeitswiedergabe dramatische, häufig befremdlich wirkende Effekte zu erzielen versucht, indem man die Statuen mit Stoffgewändern und Perücken bekleidet, ihnen Augen einsetzt und durch künstliche Tränen und effektvoll gestaltete Wundmale Wirkung beim Betrachter erzielen will. Gregorio Hernández arbeitet in Kastilien, Martínez Montañéz in Sevilla. Berühmt sind die 'Pasos' (Passionsfiguren), die bei den großen Prozessionen mitgetragen werden, so z. B. der 'Cristo del Gran Poder' in San Lorenzo.
Alonso Cano und Pedro de Mena sind begabte Nachfolger des Martínez Montañéz.

Plastik

Die spanische Malerei der Barockzeit zählt zu den kunstgeschichtlich bedeutendsten Leistungen Europas. Der geniale Manierist Domenikos Theotokopoulos aus Kreta, genannt El Greco (der Grieche), verleiht in seinen visionären Bildern dem religiösen Erleben größte Intensität und einzigartigen persönlichen künstlerischen Ausdruck ("Begräbnis des Grafen Orgaz" in Santo Tomé, Toledo). Obwohl der spanischen Eigenart überaus entsprechend, wirkt er nicht schulbildend. Die Malerei des spanischen

Malerei

El Greco

El Greco: "Edelmann" ...   *... "Begräbnis des Grafen von Orgaz"*

El Greco (Fortsetzung)

Barock schließt vielmehr an Francisco Ribalta und Jusepe de Ribera, den Lehrmeister von Velázquez, Zurbarán und Murillo an. Francisco Zurbarán ist vor allem bekannt durch seine Mönchsdarstellungen und seine schroffen Hell-Dunkel-Effekte in der Manier Caravaggios.

Velázquez

Diego Velázquez (1599–1660) gilt als der hervorragendste spanische Barockmaler, ein genialer Realist, der als Hofmaler Philipps IV. nicht nur wenig schmeichelhafte Porträts der Hofgesellschaft mit unverkennbarer Charakterisierungskunst und höchstem menschlichem Aussagewert schafft, sondern auch zauberhafte Kinderbildnisse wie das Reiterbildnis des Prinzen Balthasar Karl und das Bildnis der kleinen Infantin Margarete Theresia, der aber fast keine religiösen Bildwerke hinterlassen hat.

Murillo

Der wohl volkstümlichste Maler Spaniens ist Bartolomé Esteban Murillo, dessen Arbeiten vor allem in Sevilla und im Prado von Madrid zu besichtigen sind. Er malt religiöse Visionen und Ekstasen, aber auch reizvolle Genrebilder, liebenswerte Gassenbuben und seelenvoll-wehmütige Jesusdarstellungen ("Purísima" im Madrider Prado, "San Antonio" in der Taufkapelle der Kathedrale von Sevilla).

Nach der barocken Hochblüte des 17. Jh.s bringt die Malerei des 18. Jh.s kaum bedeutende Meister hervor. Der deutsche Maler Anton Raphael Mengs versucht als Hofmaler die klassizistische Kunstentwicklung zu lenken, aber ohne allzu großen Erfolg. Auch der von 1761 bis 1770 in Madrid lebende Giovanni Battista Tiepolo bleibt weitgehend ohne Auswirkung auf die spanische Malerei.

Goya

Erst an der Wende des 18. zum 19. Jh. überwindet der einsam am Beginn einer neuen Entwicklung stehende Maler und Graphiker Francisco de Goya (1746–1828) die Stagnation des 18. Jh.s und gibt der Kunst Europas einen gewaltigen Neuanstoß. Voll tiefer Menschlichkeit und mit geschärf-

Diego Velázquez: "Infantin Margarita von Österreich"

tem Blick für die Nachtseiten und Grausamkeiten des Lebens (Radier-
folgen "Desastres de la Guerra", "Proverbios", "Caprichos") gestaltet er
erschütternde Szenen. Seine große Kunst als Porträtmaler findet am Hofe
Karls IV. ein reiches Betätigungsfeld (Bild der Familie Karls IV.); seine Meisterwerke (über 120 Gemälde) sind im Prado in Madrid ausgestellt (die beiden "Mayas", "Die Erschießung der Aufständischen des 2. Mai").

Goya
(Fortsetzung)

19. und 20. Jahrhundert

Die Architektur des 19. Jh.s ist wie im übrigen Europa gekennzeichnet
durch die Mischungen verschiedenster historischer Stile, wie der Historismus sie bevorzugte. Ein schönes Beispiel ist die Almudena-Kathedrale von
Madrid, nach dem Entwurf des Marqués de Cubas 1895 begonnen. Die
Katalanen Luis Doménech i Montaner und Antoni Gaudí gehen als Vertreter des sogenannten neukatalanischen Stils eigene Wege. Der Templo de
la Sagrada Familia in Barcelona, 1882 von Gaudí begonnen und noch im
Bau, ist eine monumentale Kathedrale mit phantastischen, teils gotisieren-
den, teils pflanzenhaften Formen von organisch anmutendem Charakter,
dem Jugendstil und der Art nouveau verpflichtet.
Erst mit dem wirtschaftlichen Aufschwung der letzten Jahrzehnte erscheinen reine Zweckbauten in Spanien, vor allem in den Großstädten Madrid
und Barcelona. In den in kürzester Zeit aus dem Boden gestampften Badeorten an der Mittelmeerküste hat ein Bauboom ungeheuren Ausmaßes zur
Verstädterung ganzer Landstriche geführt, die außerhalb der Saison zu
wahren Geisterstädten werden; mit ihren ästhetisch häufig äußerst frag-
würdigen Lösungen stellen sie einen Eingriff in die Landschaft dar, dessen
Auswirkungen wohl noch nicht abzusehen sind.

Architektur

Die Plastik des 19. Jh.s ist dem Denken des Historismus verbunden
(Monument "Dos de Mayo" in Madrid, 1840), die alte Bildhauertradition

Plastik

Pablo Picasso: "Stierkampf: der Tod des Toreros"

Salvador Dali: "Die Versuchung des hl. Antonius"

Kataloniens ist noch immer wirksam, so in den Gebrüdern Vallmitjana (Barcelona), Julio Antonio und José Llimona.
Die erste Hälfte des 20. Jh.s bringt die bemerkenswerten Metallarbeiten von Julio González und Eduardo Chillida hervor. Pablo Picasso leitet auf dem Gebiet der Plastik den radikalen Bruch mit der Tradition ein; die Abhängigkeit kubistischer Plastik von der Malerei ist sehr auffällig, bei den Montageverfahren werden Pappe, Sperrholz und Fundstücke aller Art gegenüber herkömmlichem Material bevorzugt.

Die Porträtkunst Goyas findet in Vicente López, Federico Madrazo, Leonardo Alenza und José de Madrazo bemerkenswerte Nachfolger. Daneben entwickelt sich eine beachtliche Historienmalerei.
In der ersten Hälfte des 20. Jh.s pflegt Ignacio Zuloaga einen persönlichen Stil. José María Sert erlangt internationale Bedeutung als Freskenmaler.

Pablo Picasso (1881 – 1973) wird in Paris zum führenden Exponenten einer neuen Kunstentwicklung. Nach den frühen Phasen seines langen künstlerischen Schaffens ('Blaue Periode', 'Rosa Periode') entwickelt er, zusammen mit Georges Braque, den Kubismus, bei dem die dargestellten Gegenstände und Personen auf die Grundformen Kubus, Kegel und Kugel reduziert sind und gleichzeitig die vielschichtigen Betrachtungsmöglichkeiten zum Ausdruck kommen sollen. Picasso wird zum bedeutendsten Künstler unseres Jh.s, zum großen Experimentator mit zutiefst menschlichem Anliegen, wie es in seinem berühmten Bild "Guernica" zum Ausdruck kommt, in dem er der Vernichtung dieser baskischen Stadt durch einen Bombenangriff der 'Legion Condor' während des Bürgerkrieges gedenkt (jetzt in dem zum Prado gehörenden Museum El Casón, Madrid).
Wie Picasso ist auch Juan Gris dem Kubismus verpflichtet, während Joan Miró sich dem im Paris der zwanziger Jahre entstehenden Surrealismus anschließt. Seine verspielt-heiteren, subtil-eleganten Bilder zählen zu den liebenswürdigsten Schöpfungen moderner Kunst. Salvador Dalí, durch die italienische 'Pittura metafisica' und die Freudsche Psychoanalyse beeinflußt, gilt als berühmtester Vertreter des Surrealismus ("Die brennende Giraffe") und belebte die Kunstszene immer wieder durch seinen Hang zur Exzentrik.

Der Spanische Bürgerkrieg und die daraus resultierende Verarmung des künstlerischen Lebens wird seit dem Ende des Franco-Regimes nach und nach überwunden. Die neue Kunst der jungen spanischen Avantgarde unter Führung von Antonio Tàpies (1948 Mitbegründer der Gruppe 'Dau al Set') entwickelt eine radikal moderne Malerei spezifisch spanischer Prägung. Die Freiheit verschiedener Individualstile beibehaltend, bemüht sie sich um vom Material her kommende dramatische Effekte. Sie formt in den Zentren Madrid und Barcelona eine der interessantesten Malerschulen der Gegenwart: M. Cuixart, J. J. Tharrats, Antonio Saura, Luis Feito, Rafael Canogar und die noch jüngere Generation – E. Alcoy, F. de Echevarría, G. Rueda, J. M. de Vidales, Eduardo Arroyo und andere.

Literatur

Spanien kann stolz auf eine fast 2000jährige Literaturgeschichte zurückblicken. Die ersten schriftlichen Zeugnisse literarischer Art sind die der Römer auf spanischem Boden, deren Latein sich durch besondere Stilreinheit auszeichnet. Hervorzuheben sind Seneca der Ältere, genannt der Rhetor (54 v. Chr. bis 39 n. Chr.), sein Sohn Seneca der Stoiker (4 v. Chr. bis 65 n.Chr.), der Epiker Lucan (39 bis 65 n. Chr.) und der Epigrammdichter Martial (42 bis 104 n. Chr.).

Die christliche lateinische Literatur, die im 4. Jh. entstand, wurde nach der maurischen Eroberung (711 Schlacht bei Jerez de la Frontera) vor ihrer eigentlichen Blütezeit jäh unterbrochen. Ihre Hauptvertreter sind Juvencus

Christlich-
lateinische
Dichtung
(Fortsetzung)

(um 330), Prudentius (348–410), St. Damasus (Papst von 367 bis 384), Paulus Orosius, ein Universalhistoriker und Schüler des hl. Augustinus, sowie St. Isidor von Sevilla (um 570–636), der in seinen "Etimologías" die erste Enzyklopädie schuf. Auch unter der recht toleranten maurischen Herrschaft gab es noch christliche Theologen, z.B. den Bibelkommentator Juan Hispalense (um 839) und Alvare de Córdoba ("Indiculus luminosus"), den gelehrtesten Mozaraber. Unter den nicht den Mauren unterworfenen Christen entstanden lediglich die "Cronicones", deren literarischer Wert recht gering eingeschätzt wird.

Arabische
Literatur

Wichtiger sind die Werke der in Spanien lebenden Araber, da es die maurischen Reiche auf der Pyrenäenhalbinsel zu höchster wissenschaftlicher und literarischer Blüte brachten. Die Gelehrten und Schriftsteller an den arabischen Universitäten pflegten und erweiterten das Erbe der Antike, das im frühen Mittelalter bei den christlichen Gelehrten verpönt war. Auf die frühen, mehr platonisch ausgerichteten Denker wie Aben Masarra (883–931) und Aben Hazam (994–1064) folgt eine aristotelische Schule, deren Hauptvertreter Ibn Rushd, lateinisch Averroes (1126–1198), in seinen Kommentaren zu Aristoteles viele naturwissenschaftliche Erkenntnisse überlieferte und erweiterte. Die wichtigsten Historiker waren Abdelmelic ben Habib (gestorben um 853) und Ahmed Arrazi (887–955). Als bedeutende Geographen sind erwähnenswert El Becri ("Die Straßen und die Provinz", eines der ersten geographischen Werke) und Idrisi (1100–1169), der arabische Strabo genannt.
Jüdische Schriftsteller, wie Abraham Ibn Ezra (1092–1167) und insbesondere Moses ben Maimon, genannt Maimonides (1135–1204), schrieben sowohl hebräisch als auch arabisch.

Galicische und
katalanische
Literatur

Schon vor der Entwicklung des Kastilischen zur Schriftsprache entwikkelte sich das Galicische zur Sprache der Dichtkunst (Alfons' des Weisen "Cantigas de Santa María"), die auch am kastilischem Hof die Sprache der Lyrik war.
Das Katalanische wurde zur Literatursprache, als der mallorquinische Philosoph, Dichter und Missionar Ramón Llull (Raimundus Lullus; 1234–1314) sein umfangreiches Werk nicht nur lateinisch und arabisch, sondern auch in der Volkssprache abfaßte. Vorher, im 12. und 13. Jh., hatten sich die katalanischen Troubadoure der verwandten provenzalischen Sprache bedient.

Spanische Nationalliteratur

Heldendichtung

Erst mit der epischen Dichtung erringt das Kastilische seine vorherrschende Stellung. Das älteste schriftlich überlieferte Werk dieser Gattung ist der um 1140 verfaßte "Cantar de Mio Cid", der Leben und Taten des Ruy Díaz de Vivar, genannt 'El Cid', behandelt und zum Prototypus des spanischen Heldenepos wurde. Weitere ebenfalls anonyme, aber unvollständig überlieferte Heldengedichte sind "Die sieben Infanten von Lara", "Die Taten Sanchos II. von Kastilien" und Bruchstücke des Roncesvalles-Epos, einer frühen Form des Rolandsliedes.

13. Jahrhundert

Auf die meist nur mündlich überlieferte Spielmannsdichtung des 'Mester de juglaría' folgt im 13. Jh. die von den Gelehrten gepflegte und schriftlich dokumentierte Gattung des 'Mester de clerecía'. Zunächst hat sie meist christliche Inhalte (Marienlegenden des Gonzalo de Berceo); es folgen antike Themen ("Libro de Alexandre") und spanische historische Motive ("Poema de Fernán González"). Die lehrhafte Dichtung gipfelt in dem schon durch seinen Umfang ungewöhnlich reichen Werke Alfons' X. von Kastilien, genannt der Weise (Regierungszeit 1252–1284). Es besteht aus Werken über spanische und Universalgeschichte, Gesetzessammlungen sowie umfangreichen Übersetzungen naturwissenschaftlicher und didaktischer Werke aus dem Arabischen und bildet die Grundlage für die weitere Entwicklung der spanischen Prosa. Eine der stilistisch vollendetsten Novellensammlungen ist der "Conde Lucanor" des Infanten Don Juan Manuel, eines Neffen Alfons' X. Sein Zeitgenosse Juan Ruiz, Erzpriester von Hita, mischt in dem Gedicht "El libro del Buen Amor" ("Buch von der rechten Liebe") weltliche Themen mit mystischen Vorstellungen. 13. Jahrhundert (Fortsetzung)

Das spanische Drama hatte sich aus Schauspielen religiösen Inhalts, den sogenannten 'Autos sacramentales', entwickelt. An der Schwelle vom Mittelalter zur Neuzeit erreicht es seinen ersten Höhepunkt in der "Tragikomödie von Calisto und Melibea", nach der kupplerischen Heldin meist "La Celestina" genannt, Ferdinand de Rojas (um 1500) zugeschrieben. Erste Dramen

Goldenes Zeitalter (Siglo de Oro)

Seine universelle Bedeutung erlangte das spanische Theater jedoch erst im Siglo de Oro, dem 'Goldenen Zeitalter', dessen Beginn man um die Mitte des 16. Jh.s ansetzen kann.
Nach einer italienisierenden Richtung, die spanische Edelleute aus den napolitanischen Feldzügen mitbrachten (Juan Boscán, um 1490 – 1542, und sein Freund Garcilaso de la Vega, 1503 – 1536), sind die ersten Hauptströmungen dieser erstaunlichen Blütezeit die Schule von Salamanca (Fray Luis de León, 1527 – 1591) und die Schule von Sevilla (Ferdinand de Herrera, 1534 – 1597), erstere von mystisch-pantheistischem Überschwang, letztere mehr von schöner Einfachheit gekennzeichnet. Zu seiner Zeit war umstritten Luis de Góngora (1561 – 1627), der typische Vertreter der Barockdichtung, der komplizierte Versmaße und gewählte latinisierende Formen verwendete und damit die Schule des Cultismo begründete.
Gleichzeitig breiteten sich volkstümlichere Kunstformen aus, insbesondere der Ritterroman ("Amadís de Gaula", 1508), die Schäferdichtung ("Diana", 1559?) und der realistischere Schelmenroman ('Novela picaresca'; "Lazarillo de Tormes", 1554); alle drei zogen zahlreiche Fortsetzungen, Nachahmungen und Übersetzungen nach sich.

Gegen die Auswüchse und Modetorheiten der Ritterromane richtete sich zunächst der weltberühmte Roman "Don Quijote de la Mancha"; dank des Genius und der Gestaltungskraft seines Verfassers, Miguel de Cervantes Saavedra (um 1547 – 1616), wurde daraus jedoch ein Werk von großer stilistischer Schönheit und tiefem menschlichen Sinngehalt, in dem Don Quijote den himmelstürmenden Idealismus und sein Knappe Sancho Pansa die nüchterne Realität verkörpern. Hinter diesem Meisterwerk der Weltliteratur treten andere Erzählungen ("Novelas Ejemplares", 1613) sowie die Dramen und Gedichte trotz ihrer Vortrefflichkeit etwas zurück. Cervantes

Den Höhepunkt in der Entwicklung des Dramas im Siglo de Oro erreicht Lope de Vega (1562 – 1635), mit über 1000 Bühnenstücken einer der fruchtbarsten Theaterautoren, der eigentliche Schöpfer des spanischen Nationaltheaters. Neben seinen 'Comedias', in denen Komisches und Tragisches in typischer Weise verquickt ist, schuf er auch ausgezeichnete Lyrik. Seine berühmtesten Schüler sind der Mexikaner Ruiz de Alarcón y Mendoza (um 1580 – 1639) und Tirso de Molina (um 1571 – 1648), auf dessen "Burlador de Sevilla" ("Der Spötter von Sevilla") alle späteren Bearbeitungen des Don-Juan-Motivs zurückgehen. Lope de Vega
Der größte Dramendichter nach dem Tode Lope de Vegas wurde aber Calderón de la Barca (1600 – 1681), ein typischer Vertreter des Barock. Am bekanntesten wurde sein tiefsinniges Stück "La vida un sueño" ("Das Leben, ein Traum"). Calderón

Die religiöse Literatur des Goldenen Zeitalters zeichnet sich durch schwärmerische Mystik aus. Neben dem Dominikaner Fray Luis de Granada Mystik

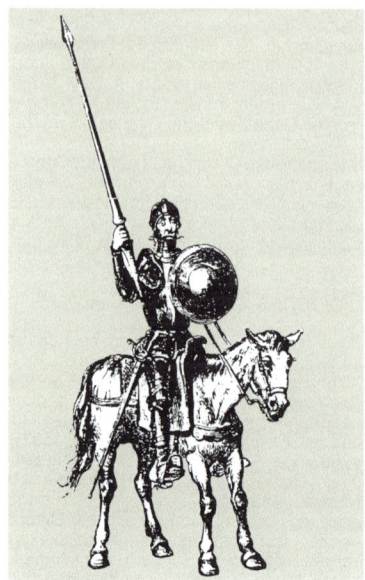

Denkmal für Miguel de Unamuno   *Don Quijote*

Mystik
(Fortsetzung)

(1504–1588) und dem zuvor erwähnten Augustiner Fray Luis de León gehören in diese Zeit die beiden größten Mystiker Spaniens, die hl. Therese von Ávila (1515–1582) und ihr Schüler San Juan de la Cruz (hl. Johannes vom Kreuz, 1542–1591), beide aus dem Karmeliterorden.

Satire

Der innigen Frömmigkeit der Mystiker steht die Weltklugheit und scharfsinnige Satire von Francisco de Quevedo (1580–1645; "La Vida del Buscón") und Baltasar de Gracián (1601–1658; "El Criticón") gegenüber, die in Inhalt und Stil ihrer Werke schon die Verfallserscheinungen in Gesellschaft und Literatur kritisieren.

18. und 19. Jahrhundert

18. Jahrhundert

Dieser Verfall bewirkt von der zweiten Hälfte des 17. Jh.s an, die als das Ende des Siglo de Oro betrachtet werden kann, einen starken Rückgang der kreativen Kräfte in Spanien. Das geistige Leben erschöpft sich in der Auseinandersetzung zwischen dem seit Beginn der Bourbonendynastie immer stärker werdenden französischen Einfluß (Nicolas Fernández de Moratín, 1737–1780) und der Rückbesinnung auf die spanische Tradition. Ein Verfechter dieser nationalen Bewegung war Gaspar Melchor de Jovellanos (1744–1811), ein entschiedener Gegner der französischen Unterdrückung, Dichter, Philanthrop, Nationalökonom und Minister, wegen seines Widerstands gegen die Franzosen vielen Verfolgungen ausgesetzt.

19. Jahrhundert

Realismus

Zu Beginn des 19. Jh.s erreicht die Romantik Spanien. Von bleibendem Wert ist die eher nachromantische Lyrik von Gustavo Adolfo Bécquer (1836–1870). Sein Leben fällt schon in die in der zweiten Hälfte des 19. Jh.s einsetzende Epoche des Realismus, die sich in Spanien durch charakteristische Beschreibungen der Landschaften und Gebräuche einzelner Regionen und häufige Verwendung von Dialekt und Jargon auszeichnet. Die hervorragendsten Realisten, die im allgemeinen Romanschriftsteller sind, waren Pedro de Alarcón (1833–1891 ; "Der Dreispitz"), Juan Valera (1824–1905; "Pepita Jiménez"), Benito Pérez Galdos (1843–1920; "Ángel Guerra"), Leopoldo Alas, genannt Clarín (1852–1901, "La Regenta") und der über die Grenzen Spaniens hinaus bekannte Vicente Blasco Ibáñez (1869–1928), der wegen seiner republikanischen Gesinnung ins Ausland fliehen mußte, später aber Abgeordneter der Ersten Spanischen Republik wurde. In seinen Werken beschreibt er das Leben der Landbevölkerung, insbesondere der seiner Heimatprovinz Valencia ("La Barraca", "Sangre y Arena").

Realismus
(Fortsetzung)

20. Jahrhundert

Zu Anfang des 19. Jh.s kommt die zunächst unter französischem Einfluß stehende Schule des Modernismo auf. Wie ihr eigentlicher Begründer, der aus Nicaragua stammende Dichter Rubén Darío (1867–1916; "Cantos de vida y esperanza"), bevorzugten seine geistigen Nachfolger die Lyrik. Durch Rückgriffe auf die Volkspoesie konnten sie die ausländischen Vorbilder bald überwinden und eine eigenständige Ausdrucksweise finden. Hervorragende Vertreter sind Juan Ramón Jiménez (1881–1958; Nobelpreis 1956), Manuel Machado (1874–1947), sein Bruder Antonio Machado (1875–1939), Rafael Alberti (geb. 1902) und Vicente Aleixandre (1898–1984; Nobelpreis 1977). In der Prosa verfolgte Ramón del Valle Inclán (1866–1936) eine ähnliche Richtung.

Modernismo

Gleichzeitig mit der Entstehung der modernistischen Dichtkunst ist eine Gruppe etwa gleichaltriger Schriftsteller bestrebt, das in Isolierung erstarrte geistige Leben Spaniens wieder in den Kreislauf des europäischen Denkens zu integrieren und die Minderwertigkeitskomplexe zu überwinden, die viele Spanier schon seit dem Ausgang des 17. Jh.s gegenüber dem Rest Europas empfinden. Nach dem heilsamen Schock der Niederlage im Spanisch-Amerikanischen Krieg von 1898 mit dem Verlust der letzten großen Kolonien besinnt man sich auf die wahren geistigen Werte Spaniens und versucht sie mit den Hauptströmungen des europäischen Denkens zu verknüpfen.

Generación de 98

Die sonst recht unterschiedlichen Schriftsteller dieser Gruppierung bevorzugen Essay und Roman und nennen sich Generación de 98 (Generation von 1898). Ihr geistiger Führer ist Miguel de Unamuno (1864–1936), ein eigenwilliger Baske, der an der Universität Salamanca lehrte, schon 1924 wegen seiner antidiktatorischen Haltung auf die Kanarischen Inseln verbannt wurde und später freiwillig im französischen Exil lebte. In seinen Werken (Essays, Interpretationen des "Don Quijote", Romane, Dramen) drückt er ein tragisches Weltgefühl aus, das ihn zu einem der Vorläufer des Existentialismus macht, und plädiert für eine Europäisierung Spaniens, aber auch eine Hispanisierung Europas. Weitere Vertreter dieser Generation sind José Martínez Ruiz, genannt Azorín (1873–1967), der neben Essays stimmungsvolle Szenen aus dem kastilischen Volksleben schuf und von 1936 bis 1939 ebenfalls freiwillig im Exil lebte; der zutiefst pessimistische Romancier Pío Baroja (1872–1956), der interessante Aspekte seines baskischen Heimatlandes beschreibt und Ramón Menéndez Pidal (1869–1968), der sich bis zu seiner vorzeitigen Emeritierung 1939 um die kritische Literaturgeschichte und die Entwicklung der modernen romanistischen Linguistik verdient machte.

de Unamuno

Unter den etwas jüngeren Prosaschriftstellern sind die hervorragendsten José Ortega y Gasset (1883–1955), der das Essay zu einer eigenen Kunstform entwickelte und mit seinen soziologischen und kulturkritischen Werken ("Der Aufstand der Massen", "Der Mensch und die Leute") das europäische Geistesleben nachhaltig beeinflußte; sowie der geistreiche Salvador de Madariaga (1886–1978), der 1973 den Karlspreis der Stadt Aachen

Ortega y Gasset

Literatur

20. Jahrhundert
(Fortsetzung)

erhielt; schließlich der katholische Essayist, Lyriker und Dramatiker José Bergamin (1897–1983), der viele Jahre im Exil lebte.

Lyrik

In der Lyrik vor dem Spanischen Bürgerkrieg war die von dem Chilenen Vicente Huidobro (1893–1948) eingeleitete Bewegung des Ultraísmo eine treibende und erneuernde Kraft, besonders in der Wahl einer neuen Metaphorik. Auf diese Richtung stützten sich Gerardo Diego (1896–1987) und der junge Federico García Lorca (1898–1936), der sich aber bald von allem Schulzwang befreite und neue unverwechselbare Töne anschlug. Seine überaus kunstvolle Lyrik hat ihre Wurzeln in der volkstümlichen Poesie Andalusiens ("Romancero Gitano" – "Zigeunerromanzen") und in den improvisierten Flamencotexten ("Poema del Cante jondo" – "Gedicht des tiefinneren Sanges"; 'Cante jondo' ist die schwermütigste Form des Flamenco), erreicht aber bei moderner Thematik auch äußerst kühne, surrealistische Ausdrucksweisen ("Poeta en Nueva York"). Er war Leiter des Studententheaters "La Barraca" und schuf in seinen Stücken psychologisch subtile und sozialkritische Szenen in poetisch überhöhter Sprache voller überraschender Metaphern, wobei er auch Musik, Gesang und Tanz sowie Marionetten verwandte. Die wichtigsten Dramen García Lorcas sind "Bodas de Sangre" ("Bluthochzeit"), "Yerma" ("Brachland") und "La Casa de Bernarda Alba" ("Bernarda Albas Haus"); sein Schaffen wurde – vielleicht noch vor dem Zenit der künstlerischen Entwicklung – durch die sinnlose Ermordung von der Hand fanatischer Francoanhänger jäh beendet.

García Lorca

Ein mehr der 'Poésie pure' zugeneigter Lyriker ist Jorge Guillén (1893–1984), der seit dem Spanischen Bürgerkrieg bis 1977 im US-amerikanischen Exil lebte. Luis Cernuda (1902–63), von der englischen Romantik beeinflußt, starb im mexikanischen Exil; der Neoklassizist Miguel Hernández (1910–42), ebenfalls Anhänger der Republik, starb im Gefängnis.

Prosa

Auch gute Prosaschriftsteller hat Spanien durch den Ausgang des Bürgerkriegs verloren, so Ramón Pérez de Ayala (1881–1962), bis 1936 Botschafter der spanischen Republik in London, bis 1954 Emigrant in Argentinien, dann nach Spanien zurückgekehrt. Ramón Gómez de la Serna (1888–1963), der neben seinem Romanwerk auch originelle Epigramme ('greguerías') schuf, verbrachte sein Exil in Buenos Aires. Ramón José Sender (1 902--82) starb nach Aufenthalt in Guatemala und Mexiko in den USA (San Diego, Kalifornien).

Drama

Ein von García Lorca beeinflußter Theaterdichter, dessen Werke ("Die Bäume sterben aufrecht", "Die Frau im Morgengrauen") auch in Deutschland aufgeführt wurden, ist Alejandro Casona (1903–1965), der auch lange Jahre seines Lebens im Ausland verbringen mußte.

Gegenwart

Nach dem Spanischen Bürgerkrieg wuchs eine neue Generation von Schriftstellern heran, die insbesondere lesenswerte Romane hervorbrachten. Juan Antonio de Zunzunegui (geb. 1901) hat eine Vorliebe für den 'Roman objectif'.

Cela

Camilo José Cela (geb. 1916) begründete die Schule des Tremendismo, deren krasse realistische Darstellung sich auf Grundgedanken des Existentialismus stützt. Für seine führende Rolle in der literarischen Erneuerung Spaniens nach dem Bürgerkrieg erhielt er 1989 den Nobelpreis für Literatur; sein wohl bekanntestes Werk ist "Der Bienenkorb". José María Gironella (geb. 1917) schuf eine Romantrilogie über den Bürgerkrieg. Mit zeitgenössischer Thematik beschäftigen sich die Romane von Carmen Laforet (geb. 1921) und Ana María Matute (geb. 1926). Eine moderne, dem Film entlehnte Montagetechnik kennzeichnet die Prosa von Rafael Sánchez Ferlosio (geb. 1927).

Goytisolo

Der Journalist und Erzähler Juan Goytisolo (geb. 1931) zeichnet in realistischer Darstellungsweise ein kritisches Bild der spanischen Gesellschaft. In Paris lebt der Dramatiker Ferdinand Arrabal (geb. 1932), dem es mit seinen surrealistischen Stücken darauf ankommt, bürgerliche Tabus zu zerstören.

Musik

Die ersten wirklichen Überlieferungen spanischer Musik finden sich in der Schrift "Etimologiae" des Isidor von Sevilla (559–636). In dieser Zeit bildete sich unter den Westgoten in Zaragoza, Segovia und Toledo eine eigene Tradition liturgischer Gesänge heraus, die sich auch unter der maurischen Herrschaft hielt und als 'mozarabischer Gesang' bezeichnet wird. Sein Repertoire wurde im Konzil von Toledo im Jahre 633 bestätigt; erst im 11. Jh. verdrängte die gregorianische Liturgie den mozarabischen Gesang. Die in Handschriften überlieferten Melodien konnten bis heute nicht entschlüsselt werden.

An den Höfen der maurischen Kalifate spielte die Musik eine bedeutende Rolle als improvisierte Begleitung zur gesungenen Gedichtrezitation. Von hier gingen wichtige Einflüsse auf die christliche Musik sowohl die Instrumentierung als auch die strophische Form betreffend an. Wichtige Quellen hierzu sind der "Codex Calixtinus" aus Santiago de Compostela (12. Jh.) und die Gesänge in den "Cantigas de Santa María" von Alfons dem Weisen. Im 13. Jh. wurde im Kloster Las Huelgas bei Burgos eine Handschrift mit mehrstimmigen Liedern angefertigt.

Die Renaissance führte die spanische Musik zu einem Höhepunkt. Komponisten wie Pedro de Escobar (1514–?) und Juan del Encina (1463–1529) schufen Lieder für Solostimmen; Meister des polyphonen Gesanges waren Cristóbal de Morales (1500–1553), Francisco Guerrero (1528–1599) und Tomás Luis de Victoria (1548–1611), deren Werke hohes Ansehen in ganz Europa genossen. Als Komponist von Instrumentalmusik traten der Orgel- und Klaviermeister Antonio de Cabezón (1510–1566) und die Gitarren- und Lautenmeister Luis Milán (1500–1561) und Juan Bermudo (1510–1565) hervor.

Im 17. und 18. Jh. stand die Musik in Spanien – wie überall in Europa – unter italienischem Einfluß. Mit der 'Zarzuela' entwickelte sich im 17. Jh. jedoch eine eigenständige spanische Form des Musiktheaters. Ihre Ursprünge hat sie in der 'Tonadilla', ein dem italienischen Intermezzo entsprechenden Zwischenspiel von meist komisch-satirischem Charakter. Die Zarzuela selbst ähnelt mit ihrer Mischung aus Gesang und Dialog der Operette; das erste überlieferte Werk ist "El jardín de Falerina" von Calderón de la Barca (1649 uraufgeführt). Spanische Tanzformen wie Sarabande und Folia fanden Einzug in die europäische Musik. Bedeutende Komponisten und Musiker des 17. Jh. waren Juan Pujol (1573–1626), Luis de Briceño, der 1627 die erste Gitarrenschule gründete, und Juan Hidalgo (1612–1685), der die erste spanische Oper komponierte. Im 18. Jh. orientierten sich Künstler wie Diego Pérez (1711–1778), Diego Terradellas (1713–1751) und Antonio Soler (1729–1783) noch stärker am italienischen Vorbild.

Die spanische Musik des 19. Jh.s zeichnet sich durch eine Wiederbelebung der im 18. Jh. zurückgedrängten Zarzuela durch Francisco Asenjo Barbieri (1823–1894) und dem damit eng verbundenen Aufkommen einer neuen Nationalmusik aus, zu deren Wortführer sich der Musikforscher und Wagneranhänger Felipe Pedrell (1841–1922) machte. Von Spanien aus gingen wiederum im Zuge der romantischen Musikbewegung Tänze wie Bolero, Fandango und Zapateado in die europäische Musik ein.

Wichtige Musiker des 20. Jh.s sind die Gebrüder Halffter und Federico Morena Torroba (1891–1982), der Gitarrenstücke für Andrés Segovia komponierte. Joaquín Rodrigo (geb. 1901) schuf mit "Concierto de Aranjuez" ein Stück, das im Jazz in Interpretationen von Miles Davis mit dem Orchester Gil Evans oder Jim Hall zum Klassiker wurde. Vertreter der zeitgenössischen spanischen Musik sind u.a. Ramon Barce (geb. 1928), Cristóbal Halffter Jiménez (geb. 1930) und Luis de Pablo (geb. 1930). Unter den jungen Musikern tun sich Salvador Brotons (geb. 1959) und Francisco Guerrero (geb. 1951) hervor.

Außer Komponisten hat Spanien Instrumentalvirtuosen hervorgebracht, die teilweise zu Weltruhm gelangten. Allen voran zu nennen sind der Cellist

Pablo (Pau) Casals und der Gitarrist Andrés Segovia (beide → Berühmte Persönlichkeiten), weitere bedeutende Gitarristen sind Paco de Lucia und Karl Montoya.
Der weltberühmte Tenor Plácido Domingo wurde in Madrid geboren. Schließlich soll auch der Sänger Julio Iglesias nicht unerwähnt bleiben, der es durch seine mit Samtstimme gesungenen zuckersüßen Lieder in Spanien und in den USA zum Superstar gebracht hat.

Film

Anfänge

Obwohl schon 1897 Eduardo Jimeno mit einer Lumièreschen Kamera die ersten Filme in Spanien drehte, konnte sich eine echte spanische Filmproduktion erst in den zwanziger Jahren des 20. Jh.s etablieren, die zumeist kommerzielle Filme hervorbrachte. Größere Anerkennung fand nur der Film "La aldrea maldita" ("Das verfluchte Dorf") von Florián Rey aus dem Jahr 1929. Nach der Erfindung des Tonfilms verpaßte die spanische Filmwirtschaft die Möglichkeit, die gesamte Spanisch sprechende Welt mit Filmen zu versorgen. Hollywood hatte sich schon auf dem lateinamerikanischen Markt festgesetzt, und die Regierung Primo de Riveras zeigte wenig Neigung, die Filmindustrie zu unterstützen. Der erste Filmkongreß lateinamerikanischer Länder kam erst 1931 in Madrid zustande, der erste spanische Tonfilm wurde erst 1932 in Barcelona von José Buchs gedreht. Der spanische Film hatte den Anschluß verpaßt.

Luis Buñuel

Dennoch sorgte gerade in dieser Zeit in Frankreich ein spanischer Regisseur mit seinen Filmen für Skandale. Luis Buñuel (→ Berühmte Persönlichkeiten) fertigte 1928 zusammen mit Salvador Dalí den Film "Un chien andalou" ("Ein andalusischer Hund"), der mit alptraumartigen und schokkierenden Bildern das Vertrauen des Zuschauers in die geordnete, rationale Welt brechen wollte. In seinem zweiten Film "L'âge d'or" ("Das goldene Zeitalter"), 1930 ebenfalls in Frankreich entstanden, führte Buñuel eine verlogene Gesellschaft vor und attackierte vor allem die katholische Kirche aufs heftigste, unter deren Herrschaft seiner Meinung nach jegliche Liebe und menschliche Selbstentfaltung erstickt würden. Der Film trug ihm den Vorwurf der Blasphemie ein und löste Krawalle in den Kinos aus. Im Dezember 1930 wurde er in Frankreich verboten. In Spanien kam er erst gar nicht auf die Leinwand.

Bürgerkrieg

In den Jahren vor dem Bürgerkrieg konnte sich die Filmindustrie einigermaßen festigen und produzierte in den Studios von Madrid und Barcelona Unterhaltungsfilme, vor allem Tanz- und Musikfilme.
Nach Francos Militärrevolte wurden im republikanischen Spanien nach wie vor kommerzielle, 'leichte' Filme produziert. Ausgesprochene Propagandafilme fehlen. Propagandistisch eingesetzt wurden dagegen die Wochenschauen "España de Día" und Dokumentarfilme von Regisseuren wie Rafael Gil ("Soldados Campesinos", 1938). Die Filmproduktion in den von den Nationalisten besetzten Gebieten fiel bedeutend geringer aus.
Erwähnenswert sind von ausländischen Regisseuren gedrehte Filme. So versuchten die Amerikaner Joris Ivens mit seinem Film "Spanish Earth" und Leo Hurwitz und Paul Strand mit "Heart of Spain" für die Sache der Republik zu werben; Teile des Romans "L'Espoir" von André Malraux wurden in Barcelona verfilmt und in Frankreich fertiggestellt, wo er erst 1945 uraufgeführt wurde. Die Sowjetrussen Roman Karmen und B. Makassejew schufen während ihres zweijährigen Spanienaufenthaltes eine 22teilige Filmserie und einen Dokumentarfilm über die Ereignisse des Krieges. Auf nationalistischer Seite entstanden zwei deutsche Propagandafilme.

Die Ära Franco

Bald nach dem Sieg Francos wurde eine Zensurbehörde eingerichtet, der alle Drehbücher vorgelegt werden mußten. Entsprechend war ein Teil der Produktion auf national-propagandistische Filme ausgerichtet. Bemerkenswert ist, daß das Szenario zum bekanntesten dieser Filme, "La Raza" ("Die Rasse", 1942), aus der Feder des Caudillo Franco höchstselbst stammte (allerdings nur unter Pseudonym). Der andere Teil der Produktion bestand aus Komödien, folkloristischen und Filmen religiösen Inhalts. Bis in die fünfziger Jahre waren die spanischen Kinoprogramme von einer außerordentlichen Prüderie gekennzeichnet, für die schon ein Filmkuß den Tatbestand des Unmoralischen erfüllte und daher nicht auf der Leinwand gezeigt werden durfte. Einer der bedeutenderen Regisseure dieser Zeit wurde Rafael Gil, der sich offenbar den neuen Verhältnissen anzupassen verstand. Ab Mitte der fünfziger Jahre regte sich eine filmische Opposition, die nach italienischen Vorbildern des Neorealismus wie "Rom – Offene Stadt" und "Fahrraddiebe" auch in Spanien die Abbildung der Wirklichkeit im Film forderte. Juan Antonio Bardem und Luis Berlanga sind besonders zu nennen. In der Folge entstanden Filme, deren Inhalte den Zensurbehörden oft abgerungen werden mußten und nicht selten verboten wurden, auch wenn sich das Franco-Regime nach außen hin einen toleranten Anstrich geben wollte. Diesem Umstand hatte es auch Luis Buñuel, der im Exil in New York, Frankreich und Mexiko lebte, zu verdanken, daß er 1960 in Spanien "Viridiana" drehen konnte, der prompt verboten wurde. Dennoch entwickelte sich in dieser Zeit mit Carlos Saura (geb. 1933) das größte Talent und der heute wohl bedeutendste Regisseur des spanischen Films. Er verkleidete seine Kritik am autoritären Regime und der von ihm profitierenden Kreise oft in allegorische Geschichten wie in "La caza" ("Die Jagd", 1966) oder in "Ana y los lobos" ("Anna und die Wölfe", 1973). In den siebziger Jahren wurde erstmals auch die Zeit des Bürgerkriegs kritisch, wenn auch verschleiert, thematisiert; so in Sauras "La prima Angelica" ("Cousine Angelica", 1973) und in dem Horrorfilm "El espiritu de la colmena" ("Der Geist des Bienenstocks", 1974) von Victor Erice.

Nach Francos Tod befreite sich auch der spanische Film von seinen Fesseln. Die einheimische Produktion zog erstmals mit den amerikanischen Importen gleich. Ein guter Teil der Regisseure versuchte, die Zeit der Diktatur filmisch aufzuarbeiten und die Demokratisierung des Landes mit ihrer Arbeit zu unterstützen. Mit "Carmen" schuf Carlos Saura geradezu einen Kultfilm für Flamenco-Enthusiasten. Neuester Stern am Zelluloidhimmel ist Pedro Almodóvar, der mit aberwitzigen Thrillern und Komödien sein Publikum begeistert und 1989 mit "Frauen am Rande des Nervenzusammenbruchs" für den Oscar nominiert wurde.

Film unter Franco (Fortsetzung)

Nach Franco

Folklore

Tanz und Volksmusik

Am bekanntesten wurde im Ausland der andalusische Flamenco. Was aber den Touristen, besonders außerhalb Andalusiens, geboten wird, ist oft nur eine bunte Tanzshow nach andalusischen Rhythmen. Beim echten Tablao (von 'tablado' = Bretterboden) sind eigentlich die virtuosen Gitarrenklänge der 'tocadores' (Gitarristen) und die improvisierten Texte und Melodien der 'cantaores' (Sänger) wichtiger als der Tanz der 'bailaores', der sich erst aus dem von anfeuernden Rufen der Teilnehmer und Zuschauer begleiteten, kunstvollen Rhythmus ergibt. Die älteste und ursprünglichste Form des Flamenco ist der Cante jondo, ('tiefer', d.h. inniger Gesang), der in seinen komplizierten Rhythmen und Melodien (pentatorische Anklänge) deutlich arabischen Einfluß zeigt. Leichter, tänzerischer und für mitteleuropäische Ohren vetrauter klingen die Lieder des Cante chico ('kleiner' Gesang). Besonders schwermütig sind die Soleá (von 'soledad' = Einsamkeit), deren Text meist unglückliche Liebe besingt, und die Saeta, früher von den Zuschauern der großen Prozessionen in der Karwoche zur Ehrung der Leiden Christi improvisiert.

Flamenco

'Sevillanas'-Tänzer bei der Fería de Abril (Sevilla)

Tanz und Musik in Katalonien

Der Nationaltanz in Katalonien ist die Sardana, ein ruhiger, gemessener Rundtanz höchstwahrscheinlich griechischen Ursprungs. Begleitet wird er von den etwas näselnden Gesängen der 'cobla', deren charakteristische Instrumente die oboenartige Tenora und die nur mit einer Hand gespielte Flöte Fluviol sind. Bei den Xiquets de Valls werden zu den Klängen der Gralla, einer spitzen Oboe, hohe Menschenpyramiden gebildet.

Baskenland

Das Baskenland bietet eine Volksmusik, die von der im übrigen Spanien völlig abweicht. Der Aurresku ist ein Kriegstanz der Männer. Er endet mit dem turbulenten Arin-Arin, bei dem die Tänzer gellende Schreie, die 'irrinchis', ausstoßen. Ruhig und gemessen ist dagegen der Zorzico. Sehr beliebt ist auch der Ezpata dantza genannte Schwertertanz. Alle Tänze werden von der großen Flöte Silbotia und der kleineren Chistuak begleitet, die nur mit einer Hand gespielt wird, während die andere die Tiun-tiunak, eine kleine, am Ärmel hängende Trommel spielt; hinzu kommt noch die helle Trommel Atabal.

Galicien

Auch im kulturell noch keltisch geprägten Galicien wird der Schwertertanz von den Männern getanzt; beliebter ist die Muneira, der Tanz der Müllerinnen. Charakteristisches Instrument ist neben den Schlaginstrumenten die Gaita, ein kleiner Dudelsack, der auch in Asturien gespielt wird.

Stierkampf

Auch wenn sich in der Vergangenheit mehr und mehr kritische Stimmen selbst in Spanien gegen das blutige Spektakel des Stierkampfes ('corrida de toros') erheben: Der Besuch einer Arena ist nach wie vor eines der großen Freizeitvergnügen für die Spanier. Die Zeitungen berichten in mehrseitigen Stierkampfteilen über die Kämpfe und beurteilen detailliert sowohl die Toreros als auch das Verhalten der Stiere. In der Stierkampfsaison werden

Auf der Romería del Rocío (Provinz Huelva)

Stierkampf
(Fortsetzung)

die Kampfnachmittage aus den wichtigen Arenen des Landes live im Fernsehen übertragen und von den Reportern leidenschaftlich kommentiert; die allerorts in den Bars aufgestellten Fernseher sind dabei oft mehr umlagert als bei der Übertragung eines Fußballspiels. Der Reisende mag selbst entscheiden, ob er eine Arena aufsuchen will – auf die eine oder andere Art begegnen wird ihm der Stierkampf mit Sicherheit.

Die Stierkämpfe wurden bis zum 16. Jh. sowohl zu Waffenübungen wie auch bei Festen in adligen Kreisen veranstaltet, wobei der berittene Caballero den Stier mit der Lanze zu erlegen hatte. Vom Beginn des 17. Jh.s an wurde der Reiter zunehmend vom Stierkämpfer zu Fuß verdrängt; die heute geltenden Regeln gehen im wesentlichen auf Francisco Romero (geb. um 1700 in Ronda) zurück. Der Bau der ersten großen Plaza de Toros 1749 in Madrid machte die Stierkämpfe endgültig zu einem öffentlichen Schauspiel, bei dem nur noch berufsmäßige Toreros auftreten.

In Mittel- und Südspanien sowie in Barcelona finden die Stierkämpfe von Ostern bis in den November an fast allen Sonn- und Festtagen, bisweilen auch werktags (besonders donnerstags) von 16.00 bis 18.00 bzw. 17.00 bis 19.00 Uhr bei gutem Wetter statt. Während der besonders heißen Zeit Ende Juli/Anfang August und von Mitte Oktober an veranstaltet man nur die 'novilladas', bei denen minder geübte Stierkämpfer ('novilleros') mit jungen Tieren ('novillos') auftreten. In Nordspanien und Katalonien sind die Stierkämpfe meist auf hohe Festtage und den Sommerjahrmarkt beschränkt.

In der kreisrunden Stierkampfarena unterscheidet man die teureren Plätze auf der Schattenseite ('sombra') und die billigeren auf der Sonnenseite ('sol'). Die schwarzen oder braunroten Stiere , die nicht älter als sechs Jahre sein dürfen und um die 500 kg wiegen, entstammen vorwiegend andalusischen Züchtereien.

Der Kampf ('lidia') besteht aus drei Hauptteilen ('suertes'). Nach einem kurzen Vorspiel, in dem die Capeadores den Stier mit ihrem grellfarbenen
Mantel ('capa') gereizt haben, lassen sich – Suerte de picar oder Suerte de
varas – die berittenen Picadores vom Stier angreifen, bohren dem erreg-
ten Tier ihre Pike ('garrocha') in den Nacken und suchen der Wucht seines
Ansturms zu widerstehen. Ist der Stier durch die Lanzenstiche ('varas')
'mürbe' gemacht ('castigado'), so beginnt der zweite Teil, die Suerte de
banderillas. Die Banderilleros gehen dem Stier mit mehreren Banderillas in
den Händen entgegen und stoßen sie ihm, im Augenblick seines Angriffs
ausweichend, in den Nacken. Die gewöhnlichen Banderillas sind 75 cm
lange, mit Widerhaken und Flitterschmuck versehene Stäbe; die Banderillas á cuarta sind nur etwa 15 cm lang. Allzu ruhige oder heimtückische
Stiere sucht man durch Mantelspiele ('floreos') umzustimmen. Wenn der
Stier drei Paare Banderillas im Nacken hat, beginnt die Suerte suprema
oder Suerte de matar. Der Espada oder Matador, mit dem Scharlachtuch
('muleta') und dem Degen ('estoque') ausgerüstet, reizt zunächst das Tier
mit dem Tuch. Schließlich sucht er es in die geeignete Stellung zu bringen,
um ihm den Todesstoß ('estocada') zu versetzen. Ein Punterillo gibt dem
Stier, der, wenn er mutig und angriffslustig war, lebhaft beklatscht wird, mit
einem Dolch den Gnadenstoß ins Genick. Ungeschickte Stierkämpfer werden laut kritisiert und ausgepfiffen.
Das blutige Schauspiel wiederholt sich bis zum Einbruch der Dunkelheit
sechs- bis achtmal.

Spiele

Was die Spiele anbelangt, so nimmt wiederum das Baskenland eine Sonderstellung ein. Nationalsport ist das Ballspiel Pelota (Frontón, Jai-alai),
bei dem ein kleiner, harter Ball mit Hilfe eines festen gekrümmten Korb-
schlägers, eines Neztes oder auch mit der bloßen Hand gegen eine hohe

Männertanz in der Provinz Burgos

Ein 'Aizkolari' bei der Arbeit

Wand ('frontón') geschlagen wird. Weitere charakteristische baskische Sportarten sind das Holzhacken, bei dem die 'Aizkolaris' möglichst schnell einen dicken Baumstamm durchhhacken müssen, das Steineheben, das Tauziehen (Soka-tira) und das Steineziehen durch Ochsen. Am Meer werden Ruderregatten veranstaltet, bei denen alte Fischerboote mit je dreizehn Ruderern und einem Steuermann auf offener See drei Seemeilen zurücklegen müssen.

Folklore, Spiele im Baskenland (Fortsetzung)

Jüdisches Leben in Spanien

Allenthalben stößt man in Spanien auf eindrucksvolle Zeugnisse der maurisch-islamischen und der abendländisch-christlichen Kultur. Doch auch das Judentum hat seine Spuren hinterlassen, wenn auch weniger augenscheinlich. Denn im Gegensatz zu den beiden anderen Religionen haben die Juden niemals Herrschaft über auch nur einen Teil der Iberischen Halbinsel erlangt; jahrhundertelang lebten sie unter der Herrschaft der Moslems und der Christen, wechselweise geduldet, geschätzt, verfolgt und schließlich vertrieben.

Das Alte Testament nennt im Buch Obadja das Land 'Sepharad' als Exil einer jüdischen Gemeinde. Wo es lag, ist umstritten geblieben; jedenfalls hat sich im Laufe der Zeit der Name 'Sephardim' zunächst für die Juden Spaniens und Portugals und heute allgemein für die Juden im Mittelmeerraum eingebürgert – zur Unterscheidung von den 'Aschkenasim', den Juden Nord- und Mitteleuropas.

Sepharad

Die Sephardim sprachen mit dem 'Ladino' oder 'Judenspanisch' eine Sprache, die heute noch teilweise von jüdisch-spanischen Gruppen auf dem Balkan, in Kleinasien, Israel, Nordafrika und gar in New York gespro-

'Ladino'

chen wird und im wesentlichen den Lautstand des Kastilischen vom Ende des 15. Jh.s wiedergibt, durchsetzt mit hebräischen Formen.

Schon vor der jüdischen Diaspora nach der Zerstörung des zweiten Tempels in Jerusalem 70 n.Chr. und der Niederschlagung des Bar Kochba-Aufstandes 135 n.Chr. ließen sich Juden in der römischen Provinz Hispanien nieder, wo sie Handel mit Gewürzen, Gold und Sklaven trieben. In Tarragona, Tortosa und Mérida gefundene jüdische Grabsteine stammen wahrscheinlich aus dem 1. Jh. v.Chr.; von den wohl vorher schon in den phönizischen und griechischen Handelskolonien lebenden Juden gibt es keine Spuren. Nach 135 n.Chr. setzte der Zustrom der aus Palästina flüchtenden Juden auch nach Spanien ein, dennoch wird ihre Zahl dort kaum einige Tausend überstiegen haben. Mit der Übernahme des Christentums als Staatsreligion im Römischen Reich änderte sich auch die Situation der bis dahin in relativer Ruhe lebenden Juden. Das Konzil von Iliberis (bei Granada) im Jahr 314 verbot den Christen den Umgang mit den Juden.
Unter den arianischen Westgoten, die seit 409 auf die Iberische Halbinsel vordrangen und 476 das weströmische Reich endgültig untergehen ließen, erlebten die Sephardim eine kurze Zeit des Wohlergehens. Als sich aber König Rekared I. zum christlichen Glauben bekannte, setzte die Diskriminierung der Juden erneut ein. Alljährlich in der Hauptstadt Toledo stattfindende Konzile schränkten das jüdische Leben mehr und mehr ein; unter Sisebut (612–621) kam es zu ersten Pogromen. Viele der antijüdischen Maßnahmen sind wohl auf den heiligen Isidor von Sevilla zurückzuführen. König Wamba und dessen Erzbischof Julian versuchten schließlich im Jahr 671, das Judentum im Westgotenreich auszutilgen, indem sie die Taufe vorschrieben und jüdische Kinder in Klöstern aufziehen ließen. Zur Mitte des 7. Jh.s konnten die Sephardim nur noch ein Leben im Verborgenen führen.

Die Juden in Al-Andalus

In dieser Situation bedeuteten die seit 710 von Nordafrika einfallenden Mauren, die innerhalb weniger Jahre die gesamte Halbinsel eroberten und sich ab dem 9. Jh. in der Südhälfte Spaniens festsetzten, eine gewisse Hoffnung. Die Juden spielten dabei nicht die ihnen oft zugeschriebene Rolle der Verräter, die den Eindringlingen die Städte öffneten – schon unter den Westgoten waren sie aus den Städten vertrieben worden. Die Mauren bedienten sich ihrer zum einen als Bewacher der eroberten Städte, zum anderen waren sie durch ihre Kenntnis der Sprache und der Sitten der Christen bald unentbehrlich und nahmen zahlreiche Schlüsselstellungen in der Verwaltung ein.
Der Islam gestattete Christen und Juden nach dem 'Omar-Pakt' als 'Dimmi' ('Schutzbefohlene' oder 'Bewahrer der Schrift') die freie Religionsausübung, solange sie die Moslems nicht behelligten und einige Einschränkungen hinnahmen. Dazu gehörten die Entrichtung einer Kopfsteuer, das Verbot des Neu- oder Wiederaufbaus von Synagogen und das Verbot, mohammedanische Sklaven zu besitzen. Alle Juden mußten außerdem einen gelben Turban, einen gelben Kreis auf der Brust und eine fransenbesetzte Leibbinde tragen. In der Ausübung von Berufen und den Besitz von Land betreffend waren den Juden keine Beschränkungen auferlegt.
Trotz dieser diskriminierenden Maßnahmen konnten sich die Juden, wenn sie dem Herrscher Ehrerbietung entgegenbrachten, auf dessen Schutz verlassen, so daß während des Kalifats von Córdoba im 10. und 11. Jh. in Lucena, Córdoba, Sevilla, Granada, Toledo und Zaragoza eine jüdisch-arabische Kultur erblühen konnte. Juden waren wichtige Ratgeber und betrieben oft die Geldgeschäfte der maurischen Herrscher; sie traten als Gelehrte auf dem Gebiet der Philosophie, der Medizin und der Astronomie hervor und waren geschätzt als Übersetzer lateinischer und griechischer Texte ins Arabische und umgekehrt. So lebte am Hofe Abd ar-Rahmans III.

Maimonides-Denkmal in Córdoba   *In der Judería von Tarragona*

(→ Berühmte Persönlichkeiten) Chasdai ibn Schaprut als Beamter der
Zollverwaltung, Ratgeber, Leibarzt, Philosoph und Dichter, wo er andere
jüdische Gelehrte und Dichter förderte. Auch nach dem Zerfall des Kalifats
in mehrere sogenannte 'Taifas' konnten sich die Juden zunächst weiter
entfalten. Im Emirat von Zaragoza bemühte sich der Dichter und Philosoph
Salomon ibn Gabirol (Shlomo el-Sephardi) um eine Wiederbelebung der
hebräischen Sprache. Von ihm sind zahlreiche Werke überliefert; Teile aus
seinem Gedicht "Königskrone" werden noch heute an jüdischen Feiertagen gesungen. Im Dienste des Emirs von Granada stand Samuel ibn
Nagrela, genannt Ha-Nagid ('der Fürst'), der es bis zum höchsten Beamten
und gar zum Oberbefehlshaber der Truppen des Emirs brachte und sich
auch als Dichter auszeichnete.

Mit dem Einfall der Almoraviden seit 1086, die später von den Almohaden
abgelöst wurden, ging auch diese Blütezeit zu Ende. Die Almoraviden führten den Heiligen Krieg gegen die Ungläubigen mit aller Härte. Die Schlacht
bei Sacrajas gegen das Heer Alfons' VI. von Kastilien ging als 'Schlacht der
gelben Turbane' in die Geschichte ein, da die Moslems den jüdischen Trup-
penteil des christlichen Königs an den gelben Turbanen deutlich erkannten
und niedermachten. In der Folgezeit flohen zahlreiche Sephardim nach
Norden in den christlichen Machtbereich. Der wohl bedeutendste Denker
des sephardischen Judentums, Moses ben Maimon (Maimonides;
→ Berühmte Persönlichkeiten) siedelte in dieser Zeit nach Marokko über.

Juden in
Al-Andalus
(Fortsetzung)

Die Juden in den christlichen Reichen

Die vor den Almoraviden und Almohaden in den Norden zu ihren Glau-
bensbrüdern flüchtenden Juden waren ihrer Kenntnisse und Fähigkeiten
wegen den christlichen Herren nicht unwillkommen, und auch die jüdischen Bewohner der von den Mauren im Zuge der Reconquista eroberten
Städte hatten zunächst wenig zu befürchten. Sie alle mußten sich – wie

Blütezeit im
13. und 14.
Jahrhundert

Jüdisches Leben in Spanien

Juden in den
christlichen
Reichen im
13./14. Jh.
(Fortsetzung)

auch die gebliebenen Moslems – dem 'fuero' unterwerfen, dem Unter-
tanenvertrag, der ihre speziellen Rechte und Pflichten festlegte. Die Juden
wurden darin praktisch zum Eigentum des Herrschers erklärt, der ihnen
dafür seinen Schutz versprach. Unter diesen Bedingungen konnte sich im
Mittelalter in Spanien erneut eine diesmal jüdisch-christliche Kultur entfalten, die charakterisiert war durch die Gunst der Herrscher für die Juden,
deren Fähigkeiten sie nutzten, solange es opportun erschien, und einer
Feindseligkeit der christlichen Bevölkerung, die sich u.a. aus den teilweise
hohen Positionen und dem Wohlstand mancher Juden ergab.
Die Fueros wurden seit dem 12. Jh. mit den jüdischen Gemeinden abgeschlossen, die in eigener Verantwortung in Ihrem Bereich Steuern eintrie-
ben und Recht sprachen. Im 13. und 14. Jh. kristallisierte sich der jeweilige
Gemeindevorstand (arab. 'muqqademin'; span. 'regidores' bzw. 'adelan-
tos') als Gesprächspartner der christlichen Herren heraus. Auf höchster
Ebene hielten die Oberrabbiner ('Rabi Mayor') die Verbindung. Manch
einer von ihnen stieg in höchste Ämter auf: Der Oberrabbiner der aragonischen Kronländer, Josef Ravaya, diente seinem Herrn als Bayle (königlicher Steuer- und Gerichtsverwalter) und wurde nach der Eroberung Sizi-
liens zum Statthalter der Insel ernannt. In Portugal bekleidete Juda ben
Menir den Posten des 'Rendeiro', dem die Staatsfinanzen, das Steuer-
wesen und die diplomatischen Angelegenheiten unterstanden. Als sogenannte 'Hofjuden' standen viele Sephardim als Gelehrte, Ärzte, Übersetzer, Ratgeber und Finanziers in den Diensten der Könige; besonders
Alfons X. von Kastilien umgab sich mit jüdischen und auch arabischen
Gelehrten. Nicht zuletzt ihrer Finanzkraft hatten es manche Juden zu danken, daß sie zu Einfluß kamen: Konnten die christlichen Regenten ihre
Schulden nicht bezahlen, vergaben sie einen attraktiven Posten.
Das geistige jüdische Leben entfaltete sich zu ähnlicher Größe wie in Al-
Andalus. Auch jenseits der maurischen Herrschaftszone brachten die jüdischen Gemeinden große Mediziner, Philosophen, Dichter und Naturwissenschaftler hervor. Übersetzer wie Abraham Ben David ('Avendeut')
übertrugen die griechischen Philosophen ins Hebräische und ins Lateinische und übten so nachhaltigen Einfluß auf die christlich-theologische Dis-
kussion des Mittelalters aus. Die jüdische Religion selbst blieb nicht frei
von Einflüssen und Veränderungen.Das traditionelle Studium des Talmud
sah sich konfrontiert mit einer rationalistischen Auslegung der Lehre nach
aristotelischem Vorbild, wie sie Moses ben Maimon (Maimonides) begründete. Im 12. und 13. Jh. verbreitete sich von der Provence ausgehend die
Kabbala (hebr. 'Überlieferung'), die jüdische Mystik, die vor allem in
Gerona und Toledo Anhänger fand. Das kabbalistische Hauptwerk "Séfer
ha Zohar" ("Buch des Glanzes") entstand zwischen 1275 und 1285 in
Kastilien.

Verfolgung und
Vertreibung

Das Bild des friedlichen Austauschs zwischen den Kulturen trügt. Dogma-
tiker auf beiden Seiten vertieften die Gräben zwischen den Religionen. Die
Anhänger der Kabbala bekämpften tolerante, rationalistische Strömungen; eine traditionalistische Bewegung verurteilte den Reichtum und den
Umgang jüdischer Beamter mit den Christen; diese wiederum wurden von
Dominikanern, Bettlerorden und der Inquisition gegen die Juden aufgesta-
chelt. Unausrottbar setzte sich auch in Spanien die Denunzierung der
Juden als 'Gottesmörder','Hostienschänder', überhaupt als 'Verräter' fest;
dahinter steckte oft nur der Neid auf die jüdischen Gemeinden, die ja unter
dem Schutz der Könige standen. Diese hüteten sich, allzu heftig gegen die
Verfolgungen der Juden vorzugehen, konnte die Stimmung sich doch auch
rasch gegen sie selbst richten. Andererseits zeigten die Herrscher auch
wenig Neigung, diskriminierende Maßnahmen gegen die Juden konse-
quent durchzusetzen – solange es ihnen nützlich erschien.
Immer wieder kam es zu Haßausbrüchen und Pogromen gegen die Juden:
Schon 1111 plünderte man in Sahagún das jüdische Viertel, 1146 geschah
dasselbe in Toledo, 1285 in Barcelona, 1321 und 1328 in Navarra, 1391
wiederum in Barcelona. Parallel dazu ergingen Erlasse, die die Juden aus
dem öffentlichen Leben ausschlossen, auch wenn sie nicht strikt umge-

In der El-Transito-Synagoge von Toledo

setzt wurden. Seit 1231 galt die päpstliche Anordnung, daß Juden auf ihrer Kleidung mit einem gelben Kreis, der 'jüdischen Devise', gekennzeichnet sein müßten. Im Königreich Aragón wurde ihnen der Zugang zu öffentlichen Ämtern verwehrt, auf dem Landtag von Valladolid verbot man ihnen den Haus- und Grundbesitz, ab dem 14. Jh. durften Juden nicht mehr als Finanzmakler und im Lebensmittelhandel tätig sein; es wurde ihnen das Tragen wertvoller Kleider und Schmucks verboten und sie sollten Predigten der Dominikaner anhören. In sogenannten 'Disputationen', die ab Mitte des 13. Jh.s abgehalten wurden, standen sich jüdische und christliche Theologen gegenüber, um die 'wahre' Religion auszudiskutieren – die Juden verloren immer, auch wenn sie besser argumentierten. Ihren Höhepunkt fanden die Pogrome nach den Pestepidemien der Jahre 1348, 1361, 1375 und 1383, die den Juden angelastet wurden. 1391 rief der Erzdiakon von Sevilla, Ferdinand Martínez, zum Mord an den Juden und zur Plünderung ihrer Häuser auf, und von Sevilla ausgehend wurden die Judenviertel von Segovia, Valencia, Burgos und vieler anderer Städte zerstört.

In dieser Situation suchten viele Sephardim den Ausweg in der Taufe. Unter den Konvertiten waren solche, die aus Überzeugung Christen wurden und sich oft als die antisemitischsten Eiferer und Denunzianten hervortaten. Zu ihnen gehörte der Oberrabbiner von Burgos, Samuel ha-Levi, der sich 1391 gleich mit der ganzen Familie taufen ließ und als Pablo de Santa María Bischof der Stadt wurde. Viele jedoch nahmen den christlichen Glauben nur zum Schein an und pflegten weiterhin heimlich die jüdischen Riten, so daß diese sogenannten 'Kryptojuden' (span. 'marrano') von der Inquisition besonders scharf verfolgt wurden. Die endgültige Vertreibung der Sephardim aus Spanien erfolgte unter Ferdinand und Isabella von Kastilien und Aragón: Nachdem sie mit jüdischen Krediten ihren Feldzug gegen die letzte Bastion der Mauren auf der Halbinsel, Granada, finanziert hatten, ordneten sie nach der Eroberung der Stadt am 31. März 1492 die Vertreibung aller Juden aus ihren Ländern an, es sei denn, sie ließen sich taufen. Geld, Gold und Schmuck durften sie nicht mitnehmen. Etwa

Verfolgung und Vertreibung (Fortsetzung)

Verfolgung und
Vertreibung
(Fortsetzung)

200 000 Juden verließen zwischen Mai und Juli 1492 Spanien, um im Mittelmeerraum eine Zuflucht zu finden; etwa 150 000 ließen sich zum Christentum bekehren.

Zeugnisse jüdischen Lebens

Aljama, Call
und Judería

In den Städten der Mauren und Christen lebten die Juden in eigenen Vierteln, die in Andalusien, Kastilien und Aragón mit dem arabischen Begriff 'aljama', im katalanischen Sprachgebiet als 'call' (von hebr. 'kahal' = Gemeinde) und in Nordspanien als 'judería' bezeichnet wurden. Eines der größten Judenviertel war in Toledo zu finden, dessen Einwohnerzahl man im 14. Jh. auf 8–10 000 schätzte. Mittelpunkt des Viertels war die Synagoge; um sie und um die anderen Gemeinschaftsbauten wie die Bäder und die Thoraschulen wurden die Wohnhäuser errichtet. Die Gedrängtheit der Häuser, die zahlreichen Vorbauten und die Enge der Gassen rühren daher, daß es den Juden untersagt war, ihr Viertel beliebig auszudehnen. Aus diesem Grund wird man auch selten einen freien Platz um die Synagoge finden. Unter den Mauren durften Synagogen weder neu gebaut noch renoviert werden. Unter den Christen galt die Anordnung, daß die Synagoge nicht über die übrigen Häuser hinausragen durfte, so daß man sie möglicherweise von den christlichen Vierteln aus sehen konnte; prunkvolle Häuser waren verboten, das Haus des Bankiers sollte äußerlich ebenso schmucklos sein wie das des Bäckers. Im Inneren jedoch, besonders in den religiösen Bauwerken, war Schmuck erlaubt. Bevorzugt wurden maurische ('mudejar') Elemente in den Synagogen und Bädern in Form von Hufeisenbögen, Ornamenten, Holztäfelungen und hölzernen Fenstergittern ('celosías'), so daß solche nach der Vertreibung zu Kirchen oder zu anderen Zwecken umfunktionierte Bauten heute als maurischen Ursprungs angesehen werden können, wenn man nicht eine hebräische Inschrift, das Symbol des Davidssterns oder des siebenarmigen Leuchters entdeckt.

Reiseziele mit
bedeutenden
Zeugnissen
jüdischer Kultur

Man erkennt heute die ehemaligen jüdischen Viertel an ihrer Lage dicht bei Verteidigungsanlagen, ihrer mittelalterlich gebliebenen Enge und an deutlich identifizierbaren Ein- und Ausgängen, die nachts verschlossen wurden. In Galicien wurden die Häuser häufig mit 'porches' versehen, von Holz- und Ziegelpfeilern abgestützte Portale mit einem Hof.
Der Reisende, der auch an jüdischer Kultur in Spanien interessiert ist, findet in → Segovia in Kastilien die Synagoge, heute die Kirche Corpus Christi, und die Judería bei der Altstadt. In Galicien sind in Ribadavía (Umgebung von → Orense) und in → Pontevedra zahlreiche Häuser jüdischen Ursprungs erhalten. → Tudela in der Provinz Navarra besaß einst eine der bedeutendsten 'Aljamas' Spaniens. Besonders sehenswert ist die in jüngster Zeit restaurierte Synagoge neben dem Kreuzgang der Kathedrale. Anziehungspunkt im Call von → Gerona ist ein jüdisches Wohnhaus aus dem Mittelalter, in dem heute das Zentrum Isaac el Cec untergebracht ist und das einen Ausstellungsraum über sephardisches Leben enthält. Ein Zentrum jüdischen Lebens war → Toledo, das zwei Judenviertel und zehn Synagogen besaß. Von diesen sind die ehemalige Hauptsynagoge (Kirche Santa María la Blanca) und die Synagoge El Tránsito geblieben, in der heute das Sephardische Museum eingerichtet ist. Ebenfalls in Toledo steht das Haus des Malers El Greco, einst Teil des Palastes des Bankiers Samuel Levi. Hervás (Umgebung von → Béjar) in Mittelspanien ist ein sehr anschauliches Beispiel einer mittelalterlichen 'Aljama'. In Andalusien ist an erster Stelle → Córdoba zu nennen, mit einem großen Judenviertel an der Stadtmauer, der Synagoge und dem Wohnhaus des Maimonides. In → Sevilla findet man vier Kirchen, die einst Synagogen waren.

Heute leben etwa 12 000 Menschen jüdischen Glaubens, auf elf Gemeinden verteilt, wieder in Spanien. Die größten Gemeinden sind in Madrid und Barcelona beheimatet.

Spanien in Zitaten

Nach Navarra, Aragón auch,
selbst bis nach Kastilien schickt er
Boten, um dort auszurufen:
"Wer von Not und Sorge frei sein
und zu Reichtum kommen möchte,
soll zum Cid Rodrigo gehen,
der zum Kampfe sich bereitet,
um Valencia zu belagern,
es den Christen zu gewinnen.

Wer zu mir will, guten Willens,
um Valencia zu belagern –
durch Gewalt soll keiner kommen –,
auf den warte ich drei Tage,
hier in Cella del Canal."

Dieses sprach der Cid, der Treue,
kehrt zurück nach Murviedro,
das er sich erobert hatte.
Was die Boten ausgerufen,
überall von Mund zu Munde
läuft es. Auf Gewinn die Aussicht,
keinen läßt sie ruhig schlafen.
Viele sich zusammenrotten
aus dem guten Christenvolke,
klingt es doch von allen Seiten
von den Taten des Ruy Díaz.
Mehr sind, die sich ihm gesellen,
als die ihn verlassen haben.
Immer größer wird sein Reichtum.
Als er soviel Volk beisammen
sah, wie sich der Cid da freute.
Wollte keine Zeit verlieren.
Geradenwegs hin nach Valencia
zieht mein Cid mit seinen Mannen,
um sich auf die Stadt zu werfen.
Fest und ohne Fehl umschließt er
nun die Stadt mit Eisenringen.
Jeden, der der Stadt sich nähert,
kann er schon von weitem sehen,
den, der kommt, und den, der gehn will.
Eine Frist noch stellt er ihnen,
sollten sie auf Hilfe hoffen.
Hat Valencia er belagert
schon neun Monde, kommt der zehnte,
übergeben soll Valencia
sich dem Cid dann unverzüglich.
Großer Jubel allenthalben
herrscht dort, als er endlich einzieht.
Die zu Fuß noch eben waren,
sitzen schon auf edlen Rossen,
um vom Golde und vom Silber,
von den Waffen nicht zu reden,
Zeit fehlt, um den Schatz zu zählen.
Alle sind sie reich geworden,
die in diese Stadt gekommen.
Und den fünften Teil der Beute
läßt der Cid beiseite schaffen,

Cantar de
Mio Cid
(13. / 14. Jh.)
Strophen 72 bis 74

Spanien in Zitaten

Cantar de Mio Cid
(Fortsetzung)

dreißigtausend Mark in Münzen
und noch andre reiche Schätze.
Wer vermag soviel zu zählen?
Oh, wie freute sich der Cid da,
alle auch, die bei ihm waren,
als auf des Alcázars Spitze
aufgepflanzt sie seine Fahne.

Miguel de
Cervantes
Saavedra
(22.9.1547 bis
23.4.1616)
"Don Quijote",
8. Kapitel

Indem bekamen sie dreißig oder vierzig Windmühlen zu Gesicht, wie sie in dieser Gegend sich finden; und sobald Don Quijote sie erblickte, sprach er zu seinem Knappen: "Jetzt leitet das Glück unsere Angelegenheiten besser, als wir es immer nur zu wünschen vermöchten; denn dort siehst du, Freund Pansa, wie dreißig Riesen oder noch etliche mehr zum Vorschein kommen; mit denen denke ich einen Kampf zu fechten und ihnen allen das Leben zu nehmen. Mit ihrer Beute machen wir den Anfang, uns zu bereichern; denn das ist ein redlicher Krieg, und es geschieht Gott ein großer Dienst damit, so böses Gezücht vom Angesicht der Erde wegzufegen."
"Was für Riesen?" versetzte Sancho Pansa.
"Jene, die du dort siehst", antwortete sein Herr, "die mit den langen Armen, die bei manchen wohl an die zwei Meilen lang sind."
"Bedenket doch, Herr Ritter", entgegnete Sancho, "die dort sich zeigen, sind keine Riesen, sondern Windmühlen, und was Euch bei ihnen wie Arme vorkommt, das sind die Flügel, die, vom Winde umgetrieben, den Mühlstein in Bewegung setzen."
"Wohl ist's ersichtlich", versetzte Don Quijote, "daß du in Sachen der Abenteuer nicht kundig bist; es sind Riesen, und wenn du Furcht hast, mach dich fort von hier und verrichte dein Gebet, während ich zu einem grimmen und ungleichen Kampf mit ihnen schreite."
Und dies sagend, gab er seinem Gaul Rosinante die Sporen, ohne auf die Worte zu achten, die ihm sein Knappe Sancho warnend zuschrie, es seien ohne allen Zweifel Windmühlen und nicht Riesen, die er angreifen wolle. Aber er war so fest davon überzeugt, es seien Riesen, daß er weder den Zuruf seines Knappen Sancho hörte noch selbst erkannte, was sie seien – obwohl er schon sehr nahe war –, vielmehr rief er mit lauter Stimme: "Fliehet nicht, feige niederträchtige Geschöpfe; denn ein Ritter allein ist es, der euch angreift."
Indem erhub sich ein leiser Wind, und die langen Flügel fingen an, sich zu bewegen. Sobald Don Quijote dies sah, sprach er: "Wohl, ob ihr auch mehr Arme als die des Riesen Briareus bewegtet, ihr sollt mir's doch bezahlen."
Und dies ausrufend und sich von ganzem Herzen seiner Herrin Dulcinea befehlend und sie bittend, ihm in so entscheidendem Augenblicke beizustehen, wohl gedeckt mit seinem Schilde, sprengte er an im vollsten Galopp Rosinantes und griff die erste Mühle vor ihm an; aber als er ihr einen Lanzenstoß auf den Flügel gab, drehte der Wind diesen mit solcher Gewalt herum, daß er den Speer in Stücke brach und Roß und Reiter mit sich fortriß, daß sie gar übel zugerichtet übers Feld hinkugelten.
Sancho Pansa eilte im raschesten Trott seines Esels seinem Herrn beizustehen, und als er herzukam, fand er, daß Don Quijote sich nicht regen konnte, so gewaltig war der Stoß, mit dem Rosinante ihn niedergeworfen.
"So helf mir Gott!" sprach Sancho, "hab ich's Euer Gnaden nicht gesagt, Ihr möchtet wohl bedenken, was Ihr tuet, es seien nur Windmühlen, und das könne nur der verkennen, der selbst Windmühlen im Kopf habe?"
"Schweig, Sancho", antwortete Don Quijote. "Denn die Dinge des Krieges, mehr als andere, sind fortwährendem Wechsel unterworfen; zumal ich meine, und gewiß verhält sich's so, daß jener weise Fristón, der mir das Zimmer und die Bücher entführte, diese Riesen in Windmühlen verwandelt hat, um mir den Ruhm ihrer Besiegung zu entziehen; solche Feindseligkeit hegt er gegen mich. Aber am Ende, am Ende werden seine bösen Künste wenig vermögen gegen die Macht meines Schwertes."
"Gott füge das so, er vermag's", entgegnete Sancho Pansa und half ihm, sich zu erheben; und der Ritter stieg wieder auf seinen Rosinante, der nahezu buglahm war.

Casanova hielt sich 1767 in Madrid auf und war eifriger Besucher von Maskenbällen:

Am meisten bezauberte mich der Anblick, als gegen Ende des Balls nach allgemeinem Händeklatschen zum Klang des Orchesters ein Paartanz begann, wie ich noch nie einen tolleren und interessanteren gesehen habe. Es war ein Fandango, von dem ich eine Vorstellung zu haben glaubte; doch ich täuschte mich sehr: Ich hatte ihn nur in Italien und Frankreich auf dem Theater gesehen, wo die Tänzer nicht im entferntesten die Bewegungen der Spanier nachahmen, die diesen Tanz wirklich verführerisch machten. Ich wüßte sie nicht zu beschreiben. Jeder tanzte seiner Partnerin zugewandt, machte nie mehr als drei Schritte, schüttelte die Kastagnetten, die man zwischen den Fingern hält, und begleitete die Musikklänge mit Gebärden, wie man sie sich kaum lasziver vorstellen kann. Die des Mannes deuteten sichtlich sein Tun als glücklicher Liebhaber, die der Frau Miterleben, Verzückung und Wonnerausch an. Mir schien, als könne eine Frau, wenn sie mit einem Mann den Fandango getanzt hatte, ihm nichts mehr verweigern. Bei dem Anblick empfand ich ein solches Vergnügen, daß ich laute Rufe ausstieß; der Maskierte, der mich dorthin geführt hatte, sagte mir, ich hätte keine richtige Vorstellung von diesem Tanz, bevor ich ihn nicht von einer Zigeunerin mit einem Mann, der ihn ebenfalls vollendet beherrsche, ausgeführt sähe.

Giacomo
Casanova
Italienischer
Schriftsteller
und Abenteurer
(2.4.1725 bis
4.6.1798)
"Geschichte
meines Lebens"

Der Graf von Olavidez hatte noch keine Ansiedlungen in der Sierra Morena begründet; dieser hohe Gebirgszug, der Andalusien von der Mancha trennt, war damals nur von Schmugglern, Räubern und einigen Zigeunern bewohnt, denen man nachsagte, daß sie die Leiber der von ihnen ermordeten Reisenden aufäßen, und daher rührt das spanische Sprichwort: "Las gitanas de Sierra Morena quieren carne de hombres." ("Die Zigeunerinnen der Sierra Morena lieben Menschenfleisch bzw. Männerfleisch"; durchaus zweideutig gemeint – d. Red.).

Das war noch nicht alles. Der Reisende, der sich in diese Gegend wagte, sah sich, wie man sagte, hier von tausend Schreckgestalten verfolgt, die selbst die Verwegensten erschauern ließen. Er vernahm klagende Stimmen, die sich mit dem Tosen der Wildbäche und dem Heulen des Sturms vereinten, Irrlichter täuschten ihn, und unsichtbare Hände stießen ihn in bodenlose Schluchten hinab.

Zwar befanden sich an dieser Unglücksstraße zerstreut einige ventas – einsame Herbergen –, doch Gespenster, teuflischer noch als die Schenkwirte, hatten die letzteren gezwungen, ihnen Platz zu machen und sich in Gegenden zu verziehen, in denen allein die eigenen Gewissensbisse ihre Ruhe störten, wobei freilich die Herbergswirte mit dieser Art Phantomen erträglich zusammen lebten. Der Wirt von Andújar beschwor beim heiligen Jakob von Compostela, daß diese Wundergeschichten wirklich wahr seien. Er fügte noch hinzu, daß die Häscher der Heiligen Hermandad es abgelehnt hätten, irgendeinen Streifzug in die Sierra Morena zu unternehmen, und daß die Reisenden den Weg über Jaén oder Estremadura wählten.

Jan Graf Potocki
Polnischer Dichter,
Gelehrter und
Reisender
(8.3.1761 bis
2.12.1815)
"Die Abenteuer in
der Sierra Morena
oder
Die Handschriften
von Saragossa"
(1803/1815)

Sie sind mäßig, nüchtern im Essen und Trinken, woran jedoch auch das Klima und ihre körperliche Beschaffenheit schuld sein mag, auch sind die Speisen, besonders die vegetabilischen Nahrungsmittel, nahrhafter als in andern Ländern, und der vom heißen Klima ausgetrocknete und verhärtete Körper des Spaniers verlangt weniger Nahrung, begnügt sich mit geringern Speisen und kann auch den Hunger leichter ertragen, er wird auch nicht so leicht von den geistigen starken Weinen seines Landes berauscht. Ein Trunkener wird von Jedermann verabscheut; das empfindlichste Schimpfwort, das ein Spanier dem andern sagen kann, ist *barracho* (ein Trunkenbold), daher sieht man auch selten einen Betrunkenen, außer unter Fuhrleuten und Mauleseltreibern. Nicht so nüchtern und mäßig sind jedoch die Bewohner der südlichen Provinzen, besonders die von Andalusien; [...] Ihre starke körperliche Beschaffenheit, ihr natürlicher Mut kommen ihnen im Kriege wohl zu statten; die Lebendigkeit ihrer Empfindungen, Folge der

Anton Wolf
"Neuestes
Gemälde aus Spanien und Portugal"
(1834)

Spanien in Zitaten

Anton Wolf
(Fortsetzung)

südlichen Natur und des Fanatismus, gibt ihrer Seele jene Energie, die gegen innere und äußere Feinde – die Gestalt des Patriotismus annehmend – sich so oft wirksam gezeigt hat; keine Schwierigkeit schreckt sie zurück, keine Gefahr scheuen sie, langsame Überlegung, schnelle Ausführung. Aber eben diese Eigenschaften sind durch entgegengesetzte Fehler bedingt; das Feuer ihrer Gefühle macht sie eifersüchtig, wollüstig, begünstigt zwar treue Freundesliebe, aber auch unversöhnliche Feindschaften, denen spanischer Mut und spanische Ausdauer oft blutige Katastrophen verleihen, besonders da die Entzweiten keine Art von Rache scheuen, wenn List und Gewalt zu ihrem Zwecke führen kann.

Théophile Gautier
Französischer
Schriftsteller
(30.8.1811 bis
23.10.1872)
"Reise in
Andalusien"
(1840)

Einen Anblick, von dem der Mensch aus dem Norden sich kaum eine Vorstellung machen können, bietet die Alameda von Granada bei Sonnenuntergang: die Sierra Nevada, deren gezackter Kamm die Stadt auf einer Seite abriegelt, nimmt unfaßbare Töne an. Alle vom Licht getroffenen Hänge und Gipfel werden rosa, aber von einem blendenden, vollkommenen, märchenhaften, silbrigen, mit Regenbogen- und Opalreflexionen durchsetzten Rosa, das die reinsten Farben der Palette schmutzig erscheinen lassen würde; es sind Perlmuttöne, Transparenzen von Rubinen, Achat- und Aventurinadern, welche den gesamten feenhaften Schmuck von Tausendundeine Nacht überbieten. Die Mulden, die Spalten, die Schattenlagen, eben alle von den Strahlen der untergehenden Sonne nicht erreichten Stellen sind von einem Blau, das sich mit dem Azur des Himmels und des Meeres, des Lapislazuli und des Saphirs messen kann. Dieser Farbkontrast zwischen Licht und Schatten hat eine wunderbare Wirkung: das Gebirge scheint ein unermeßliches Kleid aus gerippter, schillernder Seide mit silbernem Flitterbesatz angelegt zu haben. Nach und nach verblassen die prächtigen Farben und verschmelzen zu violetten Halbtönen; der Schatten kriecht die niederen Hänge hinan, das Licht zieht sich zurück auf die hohen Gipfel, und die ganze Ebene ist seit langem in Dunkelheit getaucht, während das silberne Diadem der Sierra noch immer im heiteren Himmel unter dem Abschiedskuß der Sonne funkelt.

Emanuel Geibel
Deutscher Dichter
(17.10.1815 bis
6.4.1884)
"Der Zigeunerbube
im Norden"

Fern im Süd das schöne Spanien,
Spanien ist mein Heimatland,
Wo die schattigen Kastanien
Rauschen an des Ebro Strand,
Wo die Mandeln rötlich blühen,
Wo die heiße Traube winkt
Und die Rosen schöner glühen
Und das Mondlicht goldner blinkt.
[...]
Ach, ich dachte bei dem Tanze
an des Vaterlandes Luft,
Wo im duft'gen Mondenglanze
Freier atmet jede Brust,
Wo sich bei der Zither Tönen
Jeder Fuß beflügelt schwingt
Und der Knabe mit der Schönen
Glühend den Fandango schlingt.

**Hans Christian
Andersen**
Dänischer Dichter
(2.4.1805 bis
4.8.1875)
"Reisebilder
aus Spanien"
(1866)

Über Barcelona:
In keinem anderen Land habe ich derart glänzende Cafés, eine solche Pracht und soviel Geschmack wie in Spanien gesehen, selbst Paris bleibt in dieser Hinsicht weit zurück. Eins der schönsten an der Rambla, das ich mit meinen Freunden täglich besuchte, wurde von mehreren hundert Gasflammen beleuchtet, die geschmackvoll bemalte Decke erhob sich auf schlanken Säulen, die Wände trugen gute Gemälde und Spiegel, jedes Stück wurde auf mehrere tausend Reichstaler geschätzt. Unter der Decke verliefen Galerien, die zu kleinen Gemächern und Billardzimmern führten; über dem Garten, der mit Springbrunnen und blühenden Sträuchern prangte, war ein großes Zeltdach ausgespannt, das am Abend aufgezogen

wurde, so daß man den blaugrünen Himmel sah. Oft war es nicht möglich, weder draußen noch drinnen, oben noch unten, einen freien Tisch zu finden, alle Plätze waren besetzt. Hier sah man Leute der unterschiedlichsten Klassen, elegante Herren und Damen, höhere und niedere Militärs, Bauern in Samt, die bunte Manta locker über den Arm geworfen. Ich sah, wie ein Mann der geringeren Klasse seine vier kleinen Mädchen hereinführte, die all diese Pracht neugierig, beinahe andächtig in Augenschein nahmen. Für sie bedeutete der Besuch des Cafés gewiß ebensoviel wie für viele Kinder der erste Theaterbesuch. Die lebhafte Unterhaltung des großen Menschengewimmels wurde jedoch niemals lärmend, man hörte nur ein seltsames Summen, das von einem Klavier begleitet wurde. In allen größeren spanischen Cafés sitzt den ganzen Abend ein Mann am Klavier und spielt ein Musikstück nach dem anderen, was aber niemand beachtet, es ist, als gehöre dieser Klang zur großen Maschinerie.

Hans Christian Andersen (Fortsetzung)

Der zwanglose heitere Ton, der in der gebildeten Gesellschaft vorwiegt, und die landesübliche freilich etwas phrasenhafte Höflichkeit haben für den Fremden zunächst etwas Bestechendes. Man hüte sich aber, das Gespräch auf ernstere Dinge zu lenken, und vermeide vor allem jegliche Erörterung kirchlicher oder politischer Fragen. Der empfindliche, neuerdings so tief verletzte Nationalstolz der Spanier, ihre völlige Unkenntnis fremder Verhältnisse läßt eine ruhige Auseinandersetzung nicht zu. Man beschränke sich dabei jedenfalls auf die Rolle eines wohlwollenden Gastes.
Das niedere Volk ist zwar ebenfalls nicht frei von nationaler Eitelkeit, aber es hat auch viel gesunden Menschenverstand. Im Verkehr mit ihm ist zweierlei festzuhalten: erstens, wo es gilt sein Recht zu wahren, Ruhe und Entschlossenheit, aber ohne Schroffheit, die nur die Leidenschaftlichkeit anregt; zweitens eine gewisse höfliche Rücksicht auch dem geringsten gegenüber, man muß noch beansprucht, als „Caballero" behandelt zu werden. Der Sinn für Gleichheit ist in Spanien in einer Weise entwickelt, die jede Unterwürfigkeit ausschließt und im Handel und Wandel, z.B. im Verhältnis des Verkäufers zum Käufer in Ungefälligkeit ausarten kann.

Aus der dritten Auflage von Baedekers "Spanien und Portugal. Handbuch für Reisende", Seiten XXV/XXVI.

Baedekers "Spanien und Portugal" (1906)

Wo leben hier nicht überall Menschen! Auf einem Berggipfel, inmitten von Winden und Schneestürmen, zittert eine armselige Hütte: ein wenig menschliche Wärme kämpft hier mit dem grausamen Winter Leóns. Gegenden wie Almería oder Lorca bleiben manchmal jahrelang ohne Regen, – ein von Rissen klaffendes, böses Land, roter Nebel, Sonnenbrand, Hunger. In den Rissen aber, niemand weiß wozu, drängen sich Menschen. Sie warten und warten auf Regen. In Guadix wohnen die Menschen nicht in Häusern, sondern in Höhlen, das scheint auf die Vorzeit hinzuweisen, ist aber nicht mehr und nicht weniger als eine Kreisstadt, still und elend, wo Höhlen als Häuser gelten und wo den Höhlenbesitzern monatlicher Zins entrichtet werden muß. In den Tälern von Las Hurdes trägt die Erde überhaupt nichts, es ist ein vollkommen verlorener Landstrich, jahrhundertelang war er von Spanien abgeschnitten. Unlängst hat man ihn durch eine Straße erschlossen, seine Bewohner können fortgehen, aber nein, sie gehen nicht fort. Zäh wurzelt der Mensch in Spanien, und schwer ist es, ihn auszuroden. Ja, gewiß, in Valencia schimmern golden die berühmten Orangen, in Alicante reifen Datteln, herrlich sind die sprichwörtlich gewordenen Gärten von Aranjuez und klassisch die ehrwürdigen Weinberge von Jerez. Doch dies alles sind nur Schreibfehler, nur reiche Vororte einer großen und bettelarmen Stadt.

Ilja Ehrenburg Sowjetischer Schriftsteller (27.1.1891 – 31.8.1967) "Spanien heute" (1932)

Auf kahlem Bergesrücken
ein Passionsweg.
Klares Wasser,
Oliven, hundertjährig.

Federico García Lorca Spanischer Dichter

Spanien in Zitaten

García Lorca
(15.6.1899 bis
19.8.1936)
"Dorf"
(Fortsetzung)

In schmalen Gäßchen
eingemummte Männer,
und auf den Türmen
drehn sich Wetterfahnen.
Drehen sich immer
und ewig.
O verlornes Dorf du
im klagevollen Andalusien!

George Orwell
Britischer
Schriftsteller
und Freiwilliger
der Internationalen
Brigaden
(25.1.1903 bis
21.1.1950)
"Mein Katalonien"
(1938)

Um die verschiedenen Auffassungen auf der Regierungsseite zu verstehen, muß man sich daran erinnern, wie der Krieg ausbrach. Als die Kämpfe am 18. Juli begannen, spürte wahrscheinlich jeder Antifaschist in Europa eine erregende Hoffnung, denn hier stand anscheinend endlich die Demokratie gegen den Faschismus auf. Während der letzten Jahre hatten sich die demokratischen Staaten Schritt für Schritt dem Faschismus unterworfen. Man hatte den Japanern erlaubt, in der Mandschurei zu tun, was sie wollten. Hitler war zur Macht gekommen und fuhr fort, die politischen Gegner aller Schattierungen zu massakrieren. Mussolini hatte die Abessinier bombardiert, während dreiundfünfzig Nationen (...) abseits standen und fromme Sprüche von sich gaben. Aber als Franco versuchte, eine gemäßigt links orientierte Regierung zu stürzen, lehnten sich entgegen allen Erwartungen die spanischen Menschen gegen ihn auf. Es schien – vielleicht war es sogar – die Wende der Flut.
Aber es gab gewisse Einzelheiten, die sich der Aufmerksamkeit entzogen. Zunächst einmal konnte man Franco strenggenommen nicht mit Hitler oder Mussolini vergleichen. Sein Aufstieg war eine militärische Meuterei, die von der Aristokratie und der Kirche unterstützt wurde, und vor allem war es besonders am Anfang weniger ein Versuch, den Faschismus durchzusetzen, als den Feudalismus wiederherzustellen. Das bedeutete, das sich nicht nur die Arbeiterklasse, sondern auch verschiedene Kreise der liberalen Bourgeoisie gegen Franco stellten – gerade jene Leute, die den Faschismus in seiner moderneren Form sonst unterstützten. Noch wichtiger war, daß die spanische Arbeiterklasse Franco nicht, wie es vielleicht denkbar gewesen wäre, im Namen der Demokratie und des Status quo widerstand. Ihr Widerstand wurde begleitet, oder man konnte fast sagen, er nährte sich eigentlich aus einem kompromißlosen revolutionären Aufbegehren.

Ernest Hemingway
Amerikanischer
Schriftsteller
(21.7.1899 bis
2.7.1961)
"Tod am
Nachmittag"

Über den Stierkämpfer El Gallo:
Er war ein großer Stierkämpfer und der erste, der seine Angst eingestand. Bis zu Gallos Zeiten hielt man es für eine absolute Schande, zuzugeben, daß man Angst hatte, aber wenn Gallo Angst hatte, ließ er 'muleta' und Degen fallen und sprang mit dem Kopf zuerst über die Brüstung. Ein Matador sollte niemals rennen, aber Gallo rannte leicht, wenn der Stier ihn auf eine besonders wissende Art ansah, und als man ihn ins Kittchen sperrte, meinte er, daß es besser so sei, denn "wir Künstler haben alle mal schlechte Tage. Man wird mir an meinem ersten guten Tag vergeben."

Routenvorschläge

Die folgenden Routenvorschläge sollen dem Autotouristen Anregungen zu Fahrten durch Spanien geben, ohne ihm die Freiheit zur Streckenplanung nach eigener Wahl zu nehmen. Vorbemerkung
Die Routenführung ist so gewählt, daß die Hauptsehenswürdigkeiten berührt werden. Dennoch lassen sich nicht alle in diesem Reiseführer beschriebenen Orte ohne weitere Abstecher erreichen. Ihre notwendige Ergänzung finden diese Routen in zahlreichen Vorschlägen und Empfehlungen für Abstecher, Umgebungs-, Ausflugs- und Rundfahrten bei den Einzelbeschreibungen des Hauptkapitels 'Reiseziele von A bis Z'.
Die vorgeschlagenen Streckenführungen lassen sich auf der zum Buch gehörenden Reisekarte verfolgen, welche die ins Detail gehende Reiseplanung erleichtert.

Orte, die im Abschnitt 'Reiseziele von A bis Z' mit einem Hauptstichwort genannt sind, erscheinen nachstehend **in halbfetter Schrift.** Alle Allgemeine Hinweise
beschriebenen sehenswerten Orte, Landschaften und archäologischen Stätten, ob Haupt- oder Nebenstelle, sind im Register zusammengefaßt. Die meisten der beschriebenen Strecken folgen den Nationalstraßen (N-...) bzw. den gößeren regionalen Verbindungsstraßen (C-...). Bei den in Klammern hinter den Routenüberschriften genannten Entfernungsangaben handelt es sich um gerundete Kilometerzahlen, die sich lediglich auf den direkten Routenverlauf beziehen; sofern bei den empfohlenen Abstechern und Varianten längere Strecken anfallen, sind die zu bedenkenden Entfernungen jeweils angemerkt.

1. Durch das Baskenland und die Pyrenäen an die Costa Brava (ca. 900 km)

Auf dieser Route reist man von der französischen Atlantikküste über den Grenzübergang Hendaye/Irún nach Spanien ein. Schon kurz vor der Grenze erreicht man auf der Autobahn A-1 **San Sebastián** (bask. Donostia), das mondäne Seebad an der baskischen Küste. Man bleibt nun entweder auf der Autobahn oder wählt die Küstenstraße; beide Strecken führen schließlich nach **Bilbao** (bask. Bilbo), Industriestadt und Hauptstadt der Provinz Viscaya (bask. Vizkaia). In Bilbao wendet man sich auf der A-68 nach Süden, verläßt diese aber bald Richtung Osten auf der C-6210 nach der Hauptstadt der Provinz Álava, **Vitoria-Gasteiz.** Von dort läuft die N-I nach Westen zurück auf die Autobahn, die dann nach Südosten über **Haro** schließlich nach **Logroño** inmitten der weinreichen Rioja gelangt. Man wendet sich nun auf der N-111 über **Estella** nach **Pamplona** (bask. Iruña), die Stadt, die für ihre Fiesta de San Fermín, bei der Kampfstiere durch die Straßen getrieben werden, berühmt geworden ist. Am Südfuß der Pyrenäen entlang geht es nun auf der N-240 in die Sierra de la Peña nach **Jaca**, das sich sehr gut als Ausgangspunkt für Fahrten hinauf in die Pyrenäen eignet. Man verfolgt weiterhin dieselbe Staße und erreicht über **Huesca** schließlich **Lérida** (katal. Lleida), von wo sich wiederum schöne Ausflüge ins Gebirge, etwa nach **Seo de Urgel** (katal. La Seu d'Urgell) und weiter nach **Andorra** (160 km) unternehmen lassen. Auf diese Art kann man seinen Spanienaufenthalt auch schon beenden, indem man über Andorra nach Frankreich ausreist. Wer in Spanien bleibt, kann von Lérida auf der N-II in die **Costa Brava** weiterfahren; dabei kommt man am rechts liegenden Kloster **Montserrat** vorbei schließlich in die katalanische Metropole **Barcelona.** Hier wendet man sich am besten auf der Küstenstraße nach Norden und lernt dabei die nach wie vor vorhandenen Schönheiten der Costa Brava kennen; bei Port Bou verläßt man Spanien wieder. Wer es

Route 1
(Fortsetzung) eilig hat, wählt in Barcelona die Autobahn A-7, die nach La Junquera
Frankreich erreicht.

2. Von Madrid nach Galicien und Asturien (ca. 2500 km)

Ausgangspunkt dieser großen Fahrt in den Nordwesten Spaniens, ins
'Grüne Spanien', bei der man auch einige der schönsten Städte der zentralen Hochebene streift, ist die Hauptstadt **Madrid**. Man verläßt diese auf der
Autobahn N-VI, die nahe an einer der größten Sehenswürdigkeiten des
Landes vorbeiführt, dem Klosterpalast **El Escorial**. Vom Escorial kann man
auf der C-505 entlang der Sierra de Guadarrama nach **Ávila** fahren, einer
der ältesten Städte Spaniens und vollständig von einer mittelalterlichen
Mauer umgeben. Weiter westlich liegt an der N-501 die alte Universitätsstadt **Salamanca**. Hier wendet man sich auf der N-630 nach Norden, um
über **Zamora** und **Benavente** nach **León** zu kommen, das eine der vollendetsten gotischen Kathedralen des Landes besitzt. Ab León bewegt
man sich nun auf den Spuren des uralten **Jakobsweges** (N-120, dann
N-VI) nach Westen. Über **Astorga** erreicht man das Bergwerksgebiet um
Ponferrada, hinter dem es hinauf in die Berge zum Puerta de Piedrafita
geht, wo man Galicien betritt. Die Nationalstraße führt weiter ins schöne,
ebenfalls vollständig von einer noch römischen Mauer umgürtete **Lugo**,
das man nach Süden wieder verläßt, um sich alsbald auf der C-547 nach
Westen zu wenden. Auf dem letzten Stück des Jakobsweges kommt man
schließlich in **Santiago de Compostela** an, dem Begräbnisort des Apostels Jakob und berühmtes Pilgerziel mit einer überwältigenden, innen
romanischen Kathedrale.

Abstecher

Von Santiago de Compostela kann man einen Abstecher in Form einer
Rundfahrt (ca. 290 km) nach Süden in die Rías Bajas machen. Man kommt
dabei über **Pontevedra** nach **Vigo**, von wo man ins Landesinnere nach
Orense (galic. Ourense) und von dort wieder zurück nach Santiago de
Compostela fährt.

Die Hauptstrecke verläuft in den Norden in die Hafenstadt **La Coruña**
(galic. A Coruña) an der äußersten Nordwestspitze der Iberischen Halbinsel und von dort wieder nach Osten auf der E-50 über **Betanzos** an die
galicische Nordküste. An dieser entlang auf der N-632 erreicht man **Avilés**
und anschließend **Oviedo**, in dessen Nähe man die westgotischen Kirchen
Santa María del Naranco und San Miguel de Lillo besuchen sollte. Nach
Oviedo bleibt man auf der E-50 (N-634), die nördlich der **Picos de Europa**
durch eine herrliche Landschaft an die malerische Küste Asturiens mit dem
sehenswerten **Santillana del Mar** führt. Nicht weit davon liegen die Höhlen
von **Altamira** und die Hafenstadt **Santander**, die Hauptstadt Asturiens.
Auf der nach Süden führenden N-623 überquert man das Kantabrische
Gebirge nach **Burgos** mit seiner einzigartigen Kathedrale. Dort wählt man
die N-620 nach Südwesten und gelangt über **Palencia** nach **Valladolid**,
wo das Nationale Museum für Skulpturen unbedingt einen Besuch wert ist.
Schließlich fährt man auf der N-403 und später der N-VI zurück nach **Madrid**, wobei man vorher noch einen Abstecher nach **Segovia** machen kann.

3. Von Madrid über Zaragoza nach Valencia (ca. 1200 km)

Die N-II verläßt **Madrid** in nordöstlicher Richtung und berührt nacheinander **Alcalá de Henares**, **Guadalajara**, **Sigüenza**, **Medinaceli** und **Calatayud**, um schließlich die Hauptstadt Aragóns zu erreichen, das schöne
Zaragoza. Von Zaragoza folgt man der N-232 Richtung Mittelmeerküste.
Dabei kommt man über **Alcañiz** und **Morella** mit seiner mächtigen Burg.
Hier wendet sich die Straße endgültig zum Meer, das an der Costa del Aza-

har erreicht wird. Die Autobahn A-7 führt nach Süden zu deren Hauptort **Castellón de la Plana.** An der Küste geht es weiter über die karthagische Gründung **Sagunto** nach **Valencia,** Spaniens drittgrößter Stadt. Nach Valencia wendet man sich über **Játiva** wieder ins Landesinnere in die Mancha und fährt über **Albacete** und das wildromantische **Cuenca** zurück nach **Madrid.**

Route 3
(Fortsetzung)

4. Um Madrid (ca. 370 km)

In der engeren Umgebung von **Madrid** lassen sich mit wenig Fahraufwand einige der bedeutendsten und schönsten Städte des Landes besuchen. Man verläßt die Hauptstadt auf der N-IV in das für seine Gärten berühmte **Aranjuez.** Dort wendet man sich am Río Tajo entlang zum einzigartig schönen **Toledo,** der alten Hauptstadt Spaniens. Von Toledo überquert die N-403 die **Sierra de Gredos** nach **Ávila,** von wo man einen Abstecher (hin u. zurück 198 km) nach **Salamanca** machen kann. Nur wenig mehr als 60 km nordöstlich von Ávila liegt das herrliche **Segovia,** das man wieder nach Süden verläßt, um über **El Escorial** nach **Madrid** zurückzukehren.

5. Von Madrid in die Estremadura (ca. 820 km)

In die karge Landschaft der Estremadura an der portugiesischen Grenze führt diese in **Madrid** beginnende Fahrt, auf der man zunächst das südlich auf der N-401 zu erreichende **Toledo** ansteuert. Dort wendet man sich auf der N-403 zunächst nach Nordwesten, um dann aber an der Kreuzung mit der E-90 (N-V) diese Route nach Südwesten zu wählen, auf der man nach **Talavera de la Reina** gelangt. Im weiteren Verlauf kommt man vorbei an **Béjar** nach **Trujillo,** der Geburtsstadt Pizarros, des Eroberers von Peru, und weiter nach **Mérida,** das die bedeutendsten römischen Ausgrabungsreste Spaniens besitzt. In **Badajoz** an der Grenze zu Portugal ist der äußerste Punkt der Route erreicht; hier schlägt man auf der N-523 wieder die nördliche Richtung ein, um das mittelalterliche **Cáceres** zu erreichen. Ab Cáceres wählt man die N-630 und später die N-110, auf der man über **Plasencia** und **Ávila** nach **Madrid** zurückkehrt.

6. Rundfahrt durch Andalusien (ca. 1000 km)

Auf dieser Rundfahrt, deren günstigster Ausgangspunkt das großartige **Córdoba** mit seiner berühmten Moschee ist, lernt man die prächtigsten kulturellen Hinterlassenschaften der Araber in Spanien kennen. Von Córdoba wendet man sich auf der N-IV nach Westen und gelangt über **Écija** in die andalusische Hauptstadt **Sevilla.** Von hier kann man einen Abstecher zum am Atlantik gelegenen **Huelva** (hin u. zurück 182 km) an der **Costa de la Luz** machen. Die Autobahn A-4 verläßt Sevilla nach Süden; auf ihr gelangt man in die Heimat des Sherry, nach **Jerez de la Frontera.** Nur wenig entfernt ist **Cádiz,** ab dem man am südlichen Teil der **Costa de la Luz** entlang über **Algeciras** zum Felsen von **Gibraltar** kommt, hinter dem die **Costa del Sol** mit ihren weltbekannten Badeorten beginnnt. Von **Marbella** sind es nur wenige Kilometer ins Landesinnere nach **Ronda.** Die weitere Fahrt geht an der Küste über **Málaga** nach **Nerja,** nach dem die N-323 nach Norden zum majestätischen **Granada** mit der weltberühmten Alhambra führt. Dieselbe Straße erreicht nach Überqueren der **Sierra Nevada** die Silberstadt **Jaén,** von wo man in die schönen Renaissancestädte **Baeza** und **Úbeda** weiterreisen kann. Hier wendet man sich wieder nach Westen zurück nach **Córdoba;** oder man fährt ab Bailén auf der N-IV nach **Madrid** (ca. 300 km).

Reiseziele von A bis Z

Hinweis

Im Zuge der politischen Neuordnung nach dem Ende des Franco-Regimes wurden in Teilen des Landes vielfach Orts- und Straßennamen, aber auch Bezeichnungen von Gebäuden und Einrichtungen geändert. Dies gilt vor allem für die katalanischen, baskischen und galicischen Sprachgebiete. In diesem Reiseführer werden dennoch die spanischen Namen an erster Stelle angeführt und – soweit dies sinnvoll ist und aus den amtlichen Unterlagen hervorgeht – ergänzend die Bezeichnungen in der jeweiligen Sprache der Region genannt.

Aguilar de Campoó   F 3

Provinz: Palencia (P)
Telefonvorwahl: 988
Hohe: 870 m ü.d.M.
Einwohnerzahl: 8000

Das am Río Pisuerga gelegene alte Städtchen Aguilar de Campóo war vermutlich das 'Vellica' der Römer. Der Ort stand vom 13. bis 15. Jh. in hoher Blüte und bildete mit seiner Umgebung eine Markgrafschaft.

Lage und Allgemeines

Sehenswertes

Von der einstigen Stadtbefestigung sind noch sechs Tore der Stadtmauer erhalten, darunter die Puerta de Reinosa aus dem 14. Jh. mit einer hebräischen Inschrift, einziger Überrest des jüdischen Viertels. Die im 12. Jh. hoch über der Stadt errichtete Burg liegt heute zerfallen.

Stadtmauer und Burg

In der Stadt finden sich noch einige Adels- und Patrizierhäuser aus dem Mittelalter bis in die Barockzeit.

Stadthäuser

In der frühgotischen Kirche San Miguel an der Plaza de España befinden sich zahlreiche Grabmäler aus dem 12. bis 16. Jh., darunter das des Grafen von Aguilar und seiner Frau sowie des Erzpriesters García González.
Weitere sehenswerte Kirchen sind die romanische Santa Cecilia und die gotische Santa Clara.

San Miguel

Umgebung von Aguilar de Campoó

Westlich abseits von Aguilar de Campoó (2 km), am Pantano de Aguilar, liegt das ehemalige Prämontratenserkloster Santa María la Real, das um 820 gegründet und im 11. Jh. und 13. Jh. ausgebaut wurde. Obwohl in schlechtem Zustand, wurde es dank seiner kunsthistorisch wertvollen Kapitelle, seines romanischen Kreuzganges und seines Kapitelsaales zum Nationalmonument erklärt. Diese und die dreischiffige Kirche können trotz laufender Restaurierungsarbeiten besichtigt werden.

*Santa María la Real

In den Dörfern im Umkreis von wenigen Kilometern von Aguilar de Campóo findet man weitere kleine romanische Kirchen.

Romanische Kirchen

Wer von Aguilar de Campóo nach → Burgos fahren will, sollte dies auf der die Stadt in südwestlicher Richtung verlassenden C-622 bzw. BU-622 tun.

Fahrt nach Burgos

◀ *Burg von Almansa in der Provinz Albacete*

Burg von Aguilar de Campóo

Umgebung von
Aguilar de
Campóo
(Fortsetzung)

Die ca. 80 km lange Strecke ist zwar nicht voll ausgebaut, jedoch durchaus passabel und führt, besonders im zweiten Drittel, durch eine äußerst schöne, von Kalksteinbergen und -cañons beherrschte Landschaft, vorbei an einsamen Dörfern und direkt ins Zentrum von Burgos, wo man am Río Arlanzon herauskommt.

Albacete   I 6/7

Provinz: Albacete (AB)
Telefonvorwahl: 967
Höhe: 686 m ü.d.M.
Einwohnerzahl: 125 000

Lage und
Allgemeines

Das mitten in La Mancha in einer fruchtbaren und weinreichen Gegend gelegene Albacete, das arabische 'al-Basîta' ('Ebene'), ist Provinzhauptstadt und Bischofssitz. Die heute weitgehend moderne Stadt kann auf eine lange Tradition der Messerschmiede zurückblicken; die hier immer noch gefertigten Messer (navajas) und Dolche (puñales) werden als Andenken gerne gekauft.

Sehenswertes

San Juan
Bautista

Bedeutendstes Bauwerk in der älteren Oberstadt (El Alto de la Villa) ist die Kathedralkirche San Juan Bautista (16. Jh.), eine gotische Kirche nach Plänen von Diego de Siloé, die im Renaissancestil weitergeführt wurde. Im Inneren ist ein churrigueresker Hochaltar von 1726 zu beachten. Die Wände der Sakristei sind mit fünf Grisaille-Malereien (1550) bemalt, die biblische Szenen darstellen.

In der jüngeren Unterstadt ist im modernen Landtagsgebäude (Diputación Provincial) im Parque de Abelardo Sánchez das Museo Arqueológico untergebracht, das aufgrund seiner bedeutenden Sammlungen zum Nationalmonument erklärt wurde. Es gliedert sich in zwei Abteilungen: In der archäologischen Abteilung sind außergewöhnliche Funde aus den Grabungsstätten der Provinz ausgestellt, darunter solche aus der Bronzezeit, iberische Skulpturen aus Cerro de los Santos (ca. 75 km südöstlich), römische Gliederpuppen aus Elfenbein und Bernstein aus Ontur (ca. 80 km südöstlich), römische Mosaiken aus Balazote und gotische sakrale Objekte. Die Abteilung für Moderne Kunst zeigt hauptsächlich Gemälde des Künstlers Benjamin Palencia und weitere Werke von Künstlern der Provinz.

*Museo Arqueológico

Weitere bemerkenswerte Gebäude in der Unterstadt sind die Festhalle 'La Sartén' ('Pfanne') aus dem 18. Jh. und die aus der Jahrhundertwende stammenden Geschäfte in der glasüberdachten Pasaje de Lodares.

Umgebung von Albacete

Nur etwa 13 km südöstlich von Albacete liegt die auf einem steilen Felsen angelegte ehemals maurische Siedlung Chinchilla de Monte Aragón (896 m ü.d.M.), die bis 1833 Provinzhauptstadt war. Sie wird überragt vom Castillo, das im 15. Jh. von Don Juan de Villena errichtet wurde und zeitweise Cesare Borgia als Wohnstatt diente. Die engen Gassen von der Plaza Mayor zum Burgberg sind von gotischen Häusern und auch einigen Palästen im Mudéjarstil gesäumt.

Chinchilla de Monte Aragón

An der Plaza Mayor erhebt sich die bedeutende gotische Kirche Santa María del Salvador (15./16. Jh.), an der vor allem die reich geschmückte platereske Apsis bemerkenswert ist. Im Innern besticht die Capilla Mayor mit ihrem prächtigem Retablo. Im Museo Parroquial sind sakrale Gegenstände ausgestellt.

Santa María del Salvador

Burg und Stadt Chinchilla de Monte Aragón

Chinchilla (Forts.) Rathaus	Gegenüber der Apsis steht das barocke Rathaus mit Renaissancefassade, an der eine Büste Karls III. angebracht ist.
Santo Domingo	Das Kloster Santo Domingo (14. Jh.) mit einem sehenswerten Kreuzgang befindet sich auf dem 200 m hohen Tuffberg.
Höhlenwohnungen	Dieser ist durchsetzt mit ehemaligen Höhlenwohnungen, in denen teilweise noch immer Töpferwerkstätten eingerichtet sind. Das Nationalmuseum für Keramik zeigt Erzeugnisse spanischer Töpferkunst.
Cuevas de la Vieja	Von der N-430 nach Almansa führt nach 64 km eine Abzweigung nach Alpera. Wenige Kilometer vom Ort liegen die Cuevas de la Vieja, in denen Menschen der Steinzeit Felsmalereien mit Jagd- und Kampfszenen hinterlassen haben. Zur Besichtigung wende man sich an das Bürgermeisteramt von Alpera.
*Alcalá de Jucar	Das turmgekrönte Dorf Alcalá de Jucar nördlich von Alpera zieht sich in äußerst reizvoller Weise entlang eines Felsabfalls, den der Río Jucar eingeschnitten hat.
Almansa	Weithin sichtbar thront über dem 74 km von Albacete entfernten Ort Almansa (712 m ü.d.M.) auf einem Kreidefelsen das mächtige arabische Castillo, das im 15. Jh. umgebaut wurde. In den Ebenen um die Burg fand am 25. April 1707 die letzte Schlacht des Spanischen Erbfolgekrieges zwischen den Truppen Philipps V. unter dem Kommando des Herzogs von Berwick und der Armee Erzherzogs Karl von Österreich statt.
La Asunción	Die Ortskirche La Asunción am Fuße der Burg stammt aus dem 15. Jh. und besitzt ein schönes Portal; ihr Inneres enthält Werke des kolumbianischen Malers Carlos Sosa und Kapellen mit Sterngewölben.
Casa Grande	Der Palacio de los Condes de Cirat (Casa Grande) wurde ebenfalls im 15. Jh. errichtet. Sehenswert sind das in der Barockzeit hinzugefügte Portal und der Patio mit einer doppelten Galerie.
Las Agustinas	Das Kloster Las Agustinas aus dem Jahr 1564 ist mit einer Barock-Renaissance-Fassade versehen.
Hellín	Die Straßen des Städtchens Hellín (566 m ü.d.M.), 61 km von Albacete auf der N-301, weisen vielfach typische Häuser mit Barockfassaden auf. Der prächtige Camarín der Iglesia de los Conventos Franciscanos stammt ebenfalls aus der Barockzeit. In der Umgebung liegen Schwefelminen, die schon von den Römern genutzt wurden.
Cuevas de Minateda	8 km östlich von Hellín befinden sich die Höhlen von Minateda mit steinzeitlichen Tier- und Menschendarstellungen. Zur Besichtigung wende man sich an das Bürgermeister amt von Hellín.
Alcaraz	Auf der N-322 in südwestlicher Richtung gelangt man über Balazote, wo 1898 die aus dem 5. Jh. v.Chr. stammende iberische Skulptur "La Bicha de Balazote" (bicha = Hirschkuh) gefunden wurde, durch einsame Gegend nach dem 79 km von Albacete entfernten Alcaraz (798 m ü.d.M.). Das malerische Städtchen mit mittelalterlichem Charakter wird überragt von einem maurischen Castillo auf einem nahen Hügel. In Alcaraz wurde 1509 der bedeutende Architekt Andrés de Vandelvira geboren.
Plaza Mayor	Der laubengesäumte Hauptplatz wurde seiner Schönheit wegen zum Nationalmonument erklärt. Um ihn versammeln sich die wichtigsten Gebäude des Ortes. Man betritt den Platz von der Calle Mayor durch die Puerta de la Aduana. Sehenswerteste Kirche ist La Trinidad (1486) mit ihrem beachtlichen Turm, einem schönen Portal und Holzstatuen von Salzillo und Roque López. In ihr ist ein Museum für sakrale Kunst eingerichtet. An die Kirche schließt der Lonja del Corregidor, die einstige Markthalle und Handelsbörse an (1518 erbaut, 1718 instandgesetzt), die von einem großen Uhrturm ('Torre de Tardón') aus dem Jahr 1568 überragt wird. Die klassizistische Fassade des Ayuntamiento (Rathaus) gegenüber wurde 1588 gefertigt.

Über Fábricas de Riopar südlich von Alcaraz gelangt man in die Sierra de Alcaraz Richtung Siles, wo bei der Cueva de Chorro auf eindrucksvolle Weise der Río Mundo aus einer Grotte entspringt.

In nordwestlicher Richtung überquert die N-301 zunächst den Canal de María Cristina und führt dann über La Gineta nach dem 36 km von Albacete entfernten La Roda (716 m ü.d. M.), einem in einer fruchtbaren Gegend gelegenen Handelsstädtchen.

Im Ort ragt die dunkelblaue Azulejos-Kirchenkuppel von El Salvador (16. Jh.) auf. Im Innern verdient ein Retablo in churriguereskem Stil von 1721 Beachtung. Das Museo de Antonio Martínez enthält eine stadtgeschichtliche Sammlung.

Alba de Tormes E 5

Provinz: Salamanca (SA)
Telefonvorwahl: 923
Höhe: 821 m ü.d.M.
Einwohnerzahl: 4200

Das an einem Hügel auf der rechten Seite des Río Tormes erbaute altertümliche Städtchen Alba de Tormes liegt 22 km südöstlich der Provinzhauptstadt Salamanca. Es ist einer der bedeutendsten Wallfahrtsorte Spaniens, in dem die hl. Teresa von Ávila verehrt wird, die 1582 hier starb. Im 16. Jh. besaß Alba de Tormes achtzehn Kirchen, von denen jedoch nur vier erhalten geblieben sind. Durch die Hofhaltung der Herzöge von Alba war die Stadt im 'Goldenen Zeitalter' ein geistiges und politisches Zentrum Spaniens, das in seiner Glanzzeit über 22 000 Einwohner zählte, jedoch

La Anunciación

Grab der hl. Teresa

Alba de Tormes
(Fortsetzung)

mit dem Wegzug des Adelgeschlechts nach Piedrahita im 18. Jh. seine
Bedeutung verlor.

Sehenswertes

*Grab der
hl. Teresa

Der Ort ist voller Erinnerungen an das Wirken der großen Mystikerin Santa
Teresa de Ávila. Ihr Grab befindet sich in der reich ausgestatteten Kirche
des 1570 von ihr gegründeten Karmeliterklosters La Anunciación, das ein
schönes Renaissanceportal besitzt. Das Kloster liegt unterhalb der sehr
hübschen Plaza Mayor; der Weg durch eine enge Gasse ist ausgeschildert.
Die Überreste der Heiligen – Herz und Arm – werden über dem Altar in
einem Schrein aufbewahrt, der ein Geschenk der Infantin Isabel Clara
Eugenia ist, der Tochter Philipps II.
Die Karmeliterpater unterhalten im Nebengebäude auch ein kleines
Museum, in dem weitere Reliquien der Heiligen und des hl. Juan de la Cruz
gezeigt werden.

Castillo de los
Duques de Alba

Vom Palast der Herzöge von Alba ist nur der mächtige Turm Torre de la
Armería erhalten, der sich düster über der Stadt erhebt.

San Juan

An der Plaza Mayor steht die Backsteinkirche San Juan, ein romanisch-
byzantinischer Bau aus dem 12. Jh., in dessen Innerem ein churrigueresker Retablo von 1771 und eine romanische Apostelgruppe in der Apsis
besonders auffallen.

Sakralbauten

Weitere Kirchen sind Santiago Apóstol, das älteste Gotteshaus des Ortes,
und San Miguel mit kunstvollen Grabmälern und liegenden Figuren aus
dem 13. bis 15. Jahrhundert.

Museo
Arqueológico
de San Jerónimo

Am Rande des Ortes befindet sich im Kloster San Jerónimo ein sehenswertes kleines archäologisches Museum mit überwiegend römischen Funden aus der Umgegend.

Alcalá de Henares   G 5

Provinz: Madrid (M)
Telefonvorwahl: 91
Höhe: 587 m ü.d.M.
Einwohnerzahl: 142 000

Lage und
Allgemeines

Die alte, im Bürgerkrieg stark zerstörte und danach wiederaufgebaute
Stadt Alcalá de Henares, das 'Complutum' der Römer und das 'al-Kal'a'
('die Festung') der Mauren, liegt rund 30 km östlich von Madrid am linken
Ufer des Río Henares.

Geschichte

Die Stadt, Geburtsort von Cervantes und Kaiser Ferdinand I., war ehemals
Sitz einer 1498 von Kardinal Ximénez de Cisneros gegründeten, damals
berühmten Universität, an der die erste mehrsprachige Bibel in Europa
("Biblia Complutensis") 1517 erschien. Die Universität wurde 1836 nach
Madrid verlegt, wodurch die Stadt viel von ihrer Bedeutung verlor. Im Bür-
gerkrieg erlitt Alcalá de Henares schwere Verwüstungen.

Sehenswertes

Colegio de
San Ildefonso
*Hauptfassade

Vom Colegio de San Ildefonso an der Plaza de San Diego, erbaut als Sitz
der Universität 1498 bis 1508, hat nur die Aula den Bürgerkrieg überstanden. Die platereske Hauptfassade an der Plaza de San Diego aus dem Jahr
1543 ist eine der schönsten Spaniens. Vom ersten Innenhof, dem von einer

Plaza de Cervantes in Alcalá de Henares

doppelten Galerie gesäumten Patio de Santo Tomás y Villanueva mit einem Brunnen mit Schwanenmotiven, dem Wappenvogel des Kardinals Cisneros, und einer Statue des Gründers aus dem Jahr 1670, gelangt man in das Museum zur Geschichte der Universität im ersten Stock. Durch den Patio de Filósofos erreicht man den Patio Trilingüe, so benannt nach den klassischen Gelehrtensprachen Griechisch, Hebräisch und Latein. Hier befindet sich auch der Festsaal Paraninfo, einer der wenigen aus der Gründungszeit uverändert erhalten gebliebenen Gebäudeteile.

Herausragendstes Kunstwerk in der der Universität benachbarten Iglesia de San Ildefonso ist das von den Bildhauern Domenico Fancelli und Bartolomé Ordóñez zu Beginn des 15. Jh.s geschaffene Grabmal des Kardinal Cisneros.

Im engeren Stadtgebiet sind weitere Kollegiengebäude der Universität verteilt, von denen das Colegio de Málaga unweit südlich in der Calle de los Colegios durch seine schönen Innenhöfe und das Backsteinmauerwerk herausragt.

Vom Colegio de San Ildefonso führt die Calle Mayor westlich zur Plaza de Palacio. Auf dem Weg dorthin liegt rechter Hand (Ecke C. Imagen) das Museo Casa de Cervantes. Dabei handelt es sich nicht um das tatsächliche Geburtshaus des Dichters, sondern um einen im 20. Jh. errichteten Nachbau eines Hauses im Stil des 16. Jh.s an der Stelle, an der Cervantes' Geburtshaus vermutet wird. Das Innere ist im Stil der Zeit eingerichtet und stellt Erinnerungsstücke an den Autor des "Don Quijote" aus.

Mit dem Bau des festungsähnlichen erzbischöflichen Palastes an der Plaza del Palacio wurde im 13. Jh. begonnen, die wesentlichen Umbauten fanden jedoch im 14. und 16. Jh. statt. Die Seitenfassaden sind gotisch, die Hauptfassade plateresk ausgeführt. Vom wuchtigen Torreón de Tenorio

Colegio de
San Ildefonso
(Fortsetzung)

*Grabmal des
Kardinal Cisneros

Colegios

Museo Casa
de Cervantes

Plaza del Palacio

131

Alcalá de Henares,
Plaza del Palacio
(Fortsetzung)

führt die Befestigungsmauer hin zum Stadttor Puerta de Madrid und weiter zur Puerta de Burgos.

Hier, an den Palast anschließend, liegt das 1617 gegründete Kloster Convento de San Bernardo. Bemerkenswert sind die Statue des hl. Bernhard über dem Portal, die oval angelegte Kirche mit sechs Kapellen und die mit Gemälden von Angelo Nardi ausgestattete Capilla Mayor.

Das Ensemble sakraler Gebäude um die Plaza wird vervollständigt durch den östlich liegenden Backsteinbau des Convento de la Madre de Dios und jenseits der Plaza durch das Oratorio de San Felipe Neri. Unweit südlich schließlich die Hauptkirche Iglesia Magistral mit ihrem hochaufragenden Glockenturm.

Umgebung von Alcalá de Henares

Nuevo Baztán

Ungefähr 15 km südöstlich liegt der Ort Nuevo Baztán, der in den Jahren 1709 bis 1713 als Keramik- und Glasindustrieort auf Veranlassung von Juan de Goyeneche nach Plänen des berühmten Architekten José de Churriguero mit Schloß, Exerzierplatz, Marktplatz und der Pfarrkirche San Francisco Javier erbaut wurde. Der Altaraufsatz in der Kirche stammt von Churriguero selbst.

Alcañiz K 4

Provinz: Teruel (TE)
Telefonvorwahl: 974
Höhe: 338 m ü.d.M.
Einwohnerzahl: 10 000

Lage und
Allgemeines

Das in einer Schleife des Río Guadalope gelegene alte Städtchen Alcañiz ist Mittelpunkt eines der charakteristischsten Landstriche und Zentrum der Olivenölproduktion im unteren Aragonien. Die Stadt erhebt sich auf einer steilen Anhöhe, die von Bergen und Hügeln umgeben ist. Sie ist auch bekannt für die hier hergestellten Süßigkeiten.

Im Jahre 212 v.Chr. wurde hier das römische Heer von den Karthagern vernichtet. Im 12. Jh. eroberte Alfonso I. dieses Gebiet und ließ in Pui Pinos ein Castillo errichten, das Hauptquartier des Calatrava-Ordens in Aragonien wurde. Jaime I. betrachtete den Ort als seinen Lieblingssitz.

Sehenswertes

Castillo de
los Calatravos

Auf dem Hügel Pui Pinos thront das Castillo de los Calatravos, dessen Ursprünge in das Jahr 1179 zurückreichen. Aus dieser Zeit ist neben dem Kreuzgang noch die einschiffige Burgkapelle erhalten, über der sich der Bergfried erhebt. In der Kapelle ist in einem Grabmal von Damián Forment aus dem Jahr 1537 Juan de Lanuza, der Vizekönig von Aragonien, beigesetzt. Das Erdgeschoß des Turmes, gleichzeitig Eingang zur Kapelle, und der Hauptsaal sind mit Wandmalereien aus dem 14. Jh., hauptsächlich ritterlichen Szenen, ausgeschmückt. Im 18. Jh. wurde die Burg in wesentlichen Teilen umgebaut. Ihren Südteil nimmt seither der von zwei Türmen flankierte Palacio de los Comendadores mit der typischen aragonischen Galerie ein. Im Palast ist heute ein Parador eingerichtet.

Ayuntamiento
und
Lonja

An der Plaza de España bilden das Ayuntamiento (Rathaus) in strenger Form und die reich verzierte Lonja aus dem 15. Jh. ein Ensemble. Das Rathaus stammt aus dem 16. Jh. und zeigt in der Mitte der Fassade das Stadtwappen. Im Inneren werden u.a. Fragmente des Grabmales von Juan de Lanuza aufbewahrt. Die italienisch anmutende Lonja mit ihren Spitzbögen war einst die Markthalle und dient heute als Kulturhaus.

Blick auf Alcañiz

Die Stiftskirche Santa María la Mayor von 1736, unweit des Rathauses, ist ein eindrucksvoller, wuchtiger Bau, dessen Ausmaße an die einer Kathedrale erinnern. Durch das reichgeschmückte Portal betritt man den großzügigen Innenraum, in dem der mächtige Hauptaltar und die kuppelgekrönten Kapellen den Blick auf sich ziehen.

Alcañiz (Forts.), Santa María la Mayor

Umgebung von Alcañiz

Die N-232 führt in südöstlicher Richtung nach → Morella. Südlich der Straßenteilung bei der Venta de Valdealgorfa (616 m ü.d.M.) liegt die Cueva del Charco mit prähistorischen Höhlenmalereien.

Cueva del Charco

Wenig außerhalb von Azaila (276 m ü.d.M.), einem Städtchen auf der Hochfläche der Meseta de Azaila 45 km nordwestlich von Alcañiz, wurden eine keltische Nekropole und iberorömische Ruinen entdeckt, die besichtigt werden können.

Azaila

Alcántara D 6

Provinz: Cáceres (CC)
Telefonvorwahl: 927
Höhe: 240 m ü.d.M.
Einwohnerzahl: 4100

Das altertümliche Grenzstädtchen Alcántara liegt über dem Südufer des hier aufgestauten Río Tajo (Kraftwerk mit 950 000 kW Leistung). Der Ort wurde etwa um 106 n.Chr. gegründet und ist die Wiege des Alcántara-Ordens sowie Heimat des heiligen Pedro de Alcántara.

Lage und Allgemeines

Sehenswertes

Alcántara
(Fortsetzung),
*Puente Romano

Bedeutendstes Monument der Stadt ist der Puente Romano, die 105 n.Chr. vollendete römische Brücke (arab. 'al-kántara') über den Río Tajo, die ganz aus Granit und ohne Mörtel erbaut ist; sie ist 194 m lang, 8 m breit und schwingt sich in sechs bis zu 58 m hohen Bogen über den Fluß. Mitten auf der Brücke steht ein Triumphbogen zu Ehren Trajans, an dem in späterer Zeit die Wappen der Habsburger und der Bourbonen angebracht wurden. Am linken Ufer befindet sich ein kleiner römischer Tempel, dem Erbauer der Brücke, Gaius Julius Lacer gewidmet.

Santa María
de la Amocóbar

Am Hauptplatz, gegenüber dem Rathaus, gelangt man über eine schöne Freitreppe zu der gotischen Kirche Santa María de la Amocóbar, die im 13. Jh. an der Stelle einer Moschee erbaut wurde. Im Innern befinden sich ein beachtenswertes Chorgestühl und mehrere Grabmäler der Ordensgroßmeister.

San Pedro de
Alcántara

Schräg gegenüber, am Zugang zum Platz, wurde über dem Geburtshaus des heiligen Pedro die ihm geweihte neoklassizistische Kirche San Pedro de Alcántara errichtet. Der schöne barocke Retablo wurde aus der Einsiedelei La Soledad hierhergeschafft, die in einem Gäßchen hinter Santa María de Amocóbar liegt. Sie war ursprünglich Synagoge.

San Benito

Das 1550 fertiggestellte Kloster San Benito am Ortsrand war Sitz des Alcántara-Ordens, der aus dem 1170 gegründeten portugiesischen Orden San Julián de Pereiro hervorging, als dieser 1218 seinen Sitz in Alcántara nahm. Von der alten Ordensburg sind nur noch Ruinen übrig. Von San Benito, ebenfalls z. T. in Ruinen, sind der gotische Turm und der zweistöckige gotische Kreuzgang noch gut erhalten. Ihm gegenüber wurde ein modernes Auditorium für 2000 Zuschauer angelegt, in dem klassische spanische Dramen aufgeführt werden. Das Innere der platteresken Kloster-

Puente Romano

kirche birgt wertvoll ausgestattete Kapellen für den Ordensgroßmeister Antonio Bravo de Jerez und für Nicolás de Ovando, Gouverneur der westindischen Kolonien.

Alcántara, San Benito (Fortsetzung)

Umgebung von Alcántara

Südöstlich (15 km) gelangt man auf der C-523 nach Brozas, dessen Kirche La Asunción wohl das schönste gotische Gotteshaus der Diözese ist.

Brozas

Alcoy   K 6

Provinz: Alicante (A)
Telefonvorwahl: 965
Höhe: 278 m ü.d.M.
Einwohnerzahl: 62 000

Die Stadt Alcoy liegt malerisch am Fuß der Sierra de Montcabrer, von terrassenförmig angelegten Olivenhainen und Weinfeldern umgeben. Für die Wirtschaft sind außer der Landwirtschaft Papier- und Textilindustrie von Bedeutung.

Lage und Allgemeines

Bekannt geworden ist das alljährlich Ende April stattfindende dreitägige Fest der Mauren und Christen 'Moros y Cristianos' mit 'Schlachtgetümmel' in den Straßen, Feuerwerk und Glockengeläute. Mit dieser Veranstaltung wird an die Errettung der Stadt von der maurischen Belagerung im Jahr 1276 erinnert.

*'Moros y Cristianos'

Sehenswertes

Das Museo Arqueológico zeigt eine reichhaltige Sammlung iberischer Keramik, ferner Bleiplatten mit griechisch-ionischen Inschriften, die in der Umgebung entdeckt wurden.

Museo Arqueológico

Die Kirche Santa María wurde 1767 erbaut; San Sepulcro aus derselben Zeit ist mit Kacheln verkleidet.

Kirchen

Umgebung von Alcoy

3 km östlich entdeckte man in La Serreta die Ruinen einer iberischen Siedlung aus dem 4. Jahrhundert. Die Fundstücke werden im Museo Arqueológico in Alcoy aufbewahrt.

La Serreta

Das nicht weit entfernte, nördlich gelegene Cocentaina (455 m ü.d.M.), ein altertümliches Städtchen, bewahrt noch Reste römischer Mauern und Tore, die in maurischer Zeit z.T. erneuert wurden. Der Palacio de Condes de Medinaceli wurde im Renaissancestil erbaut. Die Stadt wird überragt von einer turmgekrönten arabischen Burg.

Cocentaina

Vom 4 km südlich von Alcoy gelegenen Santuario de la Fuente Roja auf dem Carrascal (964 m ü.d.M.) hat man einen hübschen Ausblick auf die Gegend.

Santuario de la Fuente Roja

Weiter in südlicher Richtung auf der N-340 über den Paß Puerto da Carrasqueta (1020 m ü.d.M.), von dem man einen eindrucksvollen Blick auf die weite Küstenebene und das Meer hat, gelangt man nach Jijona (460 m ü.d.M.), das besonders wegen der Fabrikation von Mandelbrot ('turrón') bekannt ist.

Jijona

Algeciras   E 9

Provinz: Cádiz (CA)
Telefonvorwahl: 956
Meereshöhe
Einwohnerzahl: 100 000

Lage und
Allgemeines

Die Hafenstadt Algeciras liegt nahe der Südspitze der Iberischen Halbinsel an der Westseite der gleichnamigen Bucht gegenüber Gibraltar. Sie besitzt Bedeutung als Hafen für die Fähren nach Ceuta und Tanger in Nordafrika. Diesem Umstand ist es auch zuzuschreiben, daß die Rate der Drogendelikte in Algeciras die höchste in ganz Spanien ist.
Das römische Portus Albo wurde von den Mauren 713 als 'al-Gezîra al-Khadrâ' (= grünes Eiland) wiedergegründet, 1344 von Alfons XI. von Kastilien erobert und 1368 von Mohammed V. von Granada zerstört, so daß aus dieser Zeit nur spärliche Reste erhalten sind. Nach 1704, als Gibraltar an England fiel, besiedelten spanische Auswanderer aus Gibraltar die Stadt erneut.

Sehenswertes

Casa Consistorial

Einzig nennenswert ist das 1897 erbaute Casa Consistorial (Rathaus) in der C. Regio Martínez, in dem 1906 die internationale Konferenz von Algeciras stattfand. Sie war Folge der ersten Marokkokrise 1905/06, in deren Verlauf Kaiser Wilhelm II. Tanger einen demonstrativen Besuch abstattete. Das Deutsche Reich versuchte, die französische Nordafrikapolitik zu durchkreuzen und selbst in Marokko Einfluß zu nehmen. Auf der Konferenz sah sich Deutschland zusammen mit Österreich-Ungarn jedoch einhelliger Ablehnung gegenüber; Frankreich und Spanien wurde im Vertrag von Algeciras gemeinsam die Kontrolle über Marokko zugesprochen.

Umgebung von Algeciras

San Roque

San Roque (109 m ü.d.M.), seit 1704 von spanischen Einwohnern Gibraltars erbaut, liegt nordöstlich von Algeciras auf einer aussichtsreichen Anhöhe, allerdings eingeschränkt durch den Anblick einer Raffinerie. Von der einstigen römischen Kolonie Carteya an der Bucht sind noch Ruinen erhalten.

La Línea de
la Concepción

7 km weiter südlich liegt La Línea de la Concepción, Grenzort zum britischen Gibraltar. Die Grenze ist seit 1985 wieder geöffnet.

Etwa 2,5 km nördlich von La Línea können in einem Safaripark freilaufende Wildtiere beobachtet werden.

Alicante   K 7

Provinz: Alicante (A)
Telefonvorwahl: 965
Meereshöhe
Einwohnerzahl: 248 000

Lage und
Allgemeines

Die Provinzhauptstadt Alicante liegt in einer malerischen Bucht der spanischen Südostküste am Fuß des vom Castillo de Santa Bárbara gekrönten Berges Benacantil. Die Stadt, ihrer Helligkeit wegen schon von den Römern 'Lucentum' und von den Mauren 'Lecant' oder 'Al-Lucant' genannt, ist mit ihren Hotels und Hochhäusern modern geprägt.

Alicante ist als Seebad und Winterkurort zugleich der Mittelpunkt der Costa Blanca. In den letzten Jahren entstanden zahlreiche Parks und Grünanlagen, die Straßen und Boulevards wurden zum Teil erweitert. Die Stadt hat eine vielseitige Industrie (Chemie, Aluminium) und wirtschaftliche Bedeutung als Hafenplatz: Ausfuhr von Wein, Rosinen, Südfrüchten, Frühgemüse, Öl, Süßholz und Espartogras.

Lage und
Allgemeines
(Fortsetzung)

Sehenswertes

Vom Mittelpunkt der Stadt, der Plaza de Calvo Sotelo, führt die Avenida del Dr. Gadea hinab zu dem durch große Molen geschützten geräumigen Hafen. Hier beginnt die fast 600 m lange palmenbestandene Explanada de España, die mit einem bunten Marmormosaik belegt ist. Entlang der Mole, besonders aber vom Leuchtturm an ihrem östlichen Ende bieten sich immer wieder schöne Aussichten. Die bei der Plaza Puerta del Mar beginnende nordöstliche Fortsetzung der Explanada de España ist der Paseo de Gómiz, der entlang dem Badestrand Playa del Postiguet zu der Vorstadt Roig und dann weiter zur Playa de San Juan führt.

Hafen

*Explanada de
España

Von der Plaza Puerta del Mar gelangt man nach links über die parkartige Plaza del Teniente Luciañez in das alte Viertel Santa Cruz und zur Kirche Santa María, die von den Katholischen Königen errichtet wurde. Sie wurde im 18. Jh. umgestaltet und mit einem Rokokoportal versehen; das Innere ist reich im Barockstil ausgestattet.
Am Platz (Plaza Santa María 3) zeigt das Museum 'La Asegurada' eine Sammlung von Kunstwerken des 20. Jahrhunderts.

Santa María

Unweit südwestlich der Kirche liegt das beachtenswerte Ayuntamiento (Rathaus), zwischen 1696 und 1760 erbaut. Es wird von zwei 35 m hohen viereckigen Türmen flankiert und besitzt eine schöne churrigueereske Fassade. An der Treppenstufe des Rathauses wird der 'Nullpunkt' über Meereshöhe gemessen, auf den sich alle Höhenangaben in Spanien beziehen. Im Gebäudeinneren ist der Salón Azul sehenswert.

Ayuntamiento

Nordwestlich des Rathauses erhebt sich die Kirche San Nicolás de Bari, auch Concatedral genannt, im 17. Jh. erbaut und dem Schutzheiligen der

San Nicolás
de Bari

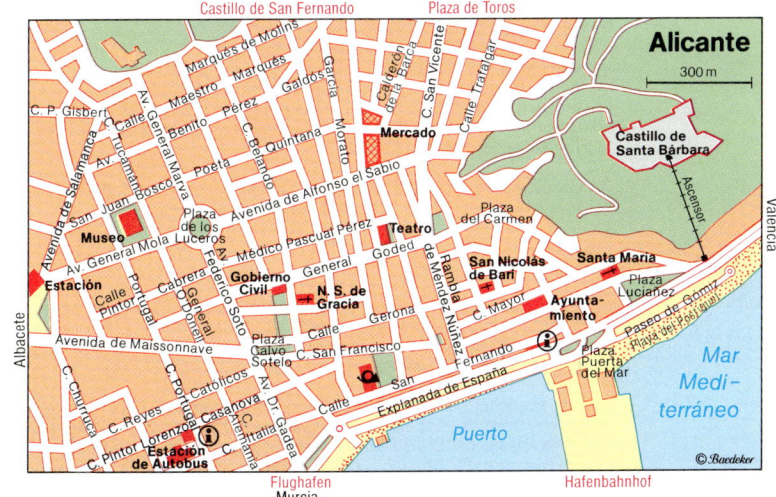

Hafen von Alicante

San Nicolás de Bari (Forts.)

Stadt geweiht. Das wirkungsvolle Innere weist einige bemerkenswerte Retablos und einen eindrucksvollen Kreuzgang auf.

＊Castillo de Santa Bárbara

Für den Aufstieg zum Benacantilberg mit dem Castillo de Santa Bárbara (209 m ü.d.M.) empfiehlt sich der vom Ostende des Paseo de Gómiz abgehende Fahrstuhl. Von der Burg genießt man eine prächtige Aussicht auf die Stadt, die Küste und die Huerta sowie auf das Gebirge im Norden. Das Castillo selbst geht auf eine von Hamilkar Barkas angelegte karthagische Befestigung zurück.

Museo Arqueológico

Im nordwestlichen Teil der Stadt befindet sich in der Av. General Mola im mächtigen Gebäude der Diputación Provincial das Museo Arqueológico, in dem eine interessante Sammlung griechischer, römischer und iberischer Funde, u.a. mit der 'Göttin Tanit', sowie eine Bildergalerie und eine Münzenkollektion ausgestellt sind.

Castillo de San Fernando

Als Gegenstück zum Castillo Santa Bárbara erhebt sich auf einem niedrigeren Hügel das im 19. Jh. errichtete Castillo de San Fernando.

Umgebung von Alicante

Santa Clara

Nur etwa 5 km nordöstlich von der Explanada de España liegt an der zu dem Vorort San Juan führenden N-332 das Kloster Santa Clara (Santa Faz), dessen Nonnen in ihrer aus dem 18. Jh. stammenden Kirche eine als 'Schweißtuch der hl. Veronika' geltende Reliquie besitzen.

Elda

Auf der zunächst nach Westen führenden N-330 erreicht man über den Puerto de Pedreras und vorbei an Novela mit seinem dreieckigen Bergfried das links abseits der Straße inmitten einer wohlbebauten Huerta liegende Elda (416 m ü.d.M.), überragt von einem hohen Tafelberg mit Burgruine.

1

Ein kleines Museum zeigt archäologische Funde aus der Umgebung. Im Ort ist eine bedeutende Schuhindustrie ansässig.

Umgebung von Alicante (Forts.)

Im 9 km südwestlich liegenden Ort Monóvar ist der geneigte Torre del Reloj (Uhrenturm) der Pfarrkirche von 1750 sehenswert. In Monóvar wurde der Schriftsteller José Martínez Ruiz, genannt 'Azorín', geboren.

Monóvar

Das nur wenige Kilometer entfernte Sax (526 m ü.d.M.) wird von einer Burg überragt, in der ein Museum für Festgewänder ('Vestido Festejo') untergebracht ist.

Sax

Über dem wenig nördlich liegenden Villena (504 m ü.d.M.), einem hübsch gelegenen Bergstädtchen, thront die stattliche Burg La Atalaya aus dem 15. Jh. mit mächtigem Bergfried und sechs kleinen Türmen.
Die spätgotische Kirche Santiago von 1492, mit viereckigem Turm, besitzt im Inneren einen reichgeschnitzten Retablo. Das Museo Arqueológico im Nebengebäude des Rathauses zeigt eine beachtenswerte Sammlung, unter der ein iberischer Gold- und Silberschatz herausragt.

Villena

Die Küstenstraße N-332 entlang der Costa Blanca führt südwärts nach Santa Pola, das die größte Fischereiflotte an der spanischen Mittelmeerküste beheimatet. Im Turm Torre Pep sind ein archäologisches und ein Fischereimuseum sowie ein Aquarium untergebracht.

Santa Pola

Weiter über das Seebad Guardamar de Segura erreicht man Torrevieja, eine Hafenstadt, die sich zu einem modernen Seebad entwickelt hat. Eine weitere wichtige Einnahmequelle ist die Salzgewinnung in den nahen Salinas de la Mata und den Salinas de Torrevieja.

Torrevieja

Almería

Provinz: Almería (AL)
Telefonvorwahl: 951
Meereshöhe
Einwohnerzahl: 150 000

Almería, die Hauptstadt der gleichnamigen südspanischen Provinz, war schon zur Römerzeit als 'Portus Magnus' ein bedeutender Hafenplatz am Mittelmeer. Die von subtropischer Landschaft geprägte Stadt wurde von den Arabern 'Al Mariyya' genannt, was soviel wie 'Spiegel des Meeres' bedeutet. Almería liegt am Golf von Almería, der im Westen von der Sierra de Gádor (1443 m ü.d.M.), im Nordosten der Sierra Alhamilla (1359 m ü.d.M.) und im Südosten von der nach dem weit vorspringenden Kap benannten Sierra de Gata (513 m) umschlossen wird. Zwei malerische Burgen überragen die Stadt. Die bedeutende Ausfuhr umfaßt frische Trauben, Südfrüchte und Espartogras, ferner Eisenerz und andere Mineralien aus den Gruben des Hinterlandes. Die saubere Stadt mit ihren kalkgeweißten Häusern gehört zu jenem vom Fremdenverkehr so geschätzten Küstenstrich, den man wegen seiner günstigen klimatischen Gegebenheiten (durchschnittlich 320 Sonnentage) die Costa del Sol, die Sonnenküste, nennt.

Lage und Allgemeines

Sehenswertes

Der Mittelpunkt der Altstadt, deren Häuser noch maurische Züge tragen und an eine orientalische Stadt erinnern, ist die Puerta de Purchena. Man gelangt südwestlich durch die Calle de las Tiendas zu der aus dem 16. Jh. stammenden Kirche Santiago el Viejo mit einem 55 m hohen romanischen Turm. Die im Bürgerkrieg zerstörte Kirche ist heute Nationalmonument.

Santiago el Viejo

Almería

Plaza Vieja

Durch die Calle Lope de Vega geht es zur Plaza Vieja, an dem das Ayuntamiento (Rathaus) steht. In ihm wird das Banner verwahrt, das der Stadt von den Katholischen Königen verliehen wurde.

Kathedrale

Südlich vom Rathaus erreicht man die Plaza de la Catedral mit dem Palacio Episcopal (Bischöflicher Palast) und dem Seminario.
An der Südseite des Platzes erhebt sich die Kathedrale, ein festungsartiger Bau mit vier mächtigen Ecktürmen, turmartiger Apsis und Zinnenkranz; er wurde nach einem Erdbeben in den Jahren 1524 bis 1543 von Diego de Siloë neu erbaut. Im Innern befinden sich ein sehenswertes, aus Nußbaumholz geschnitztes Chorgestühl von Juan de Orea (1558) und eine Statue des San Indalecio, des Schutzheiligen der Stadt, ein Werk von Salcillo. Der Stifter der Kirche, Bischof Villalán, ist in der Capilla del Cristo de la Escucha beigesetzt.

＊La Alcazaba

Auf der Höhe westlich über der Stadt dominiert die arabische Festung La Alcazaba das Stadtbild. Sie wurde unter dem Kalifen von Córdoba Abd ar-Rahman III. erbaut, von Almansur vergrößert und von Hairán beendet, schließlich unter Karl V. abermals erweitert. Besonders beeindruckend ist der gewaltige Torreón del Homenaje (Huldigungsturm) des 15. Jh.s mit gotischem Tor und Wappenschild der Katholischen Könige. Innerhalb des ersten Mauerrings wurde ein schöner Park angelegt. Die Burg ist Schauplatz von Konzerten und Festspielen anläßlich der im August stattfindenden Fiestas.

Castillo de San Cristóbal

Eine Festungsmauer verbindet die auf dem nördlich angrenzenden Hügel liegenden Ruinen des Castillo de San Cristóbal mit der Alcazaba.

Santuario Santo Domingo

Zwischen der Kathedrale und dem Paseo de Almería steht an der Plaza de la Virgen das aus dem 17. Jh. stammende, renovierte Gotteshaus Santuario Santo Domingo mit wertvollem barockem Altar und dem Bildnis der 'Virgen del Mar', der zweiten Schutzheiligen der Stadt, das 1502 angeblich am Strand von Torre García gefunden wurde.

San Pedro

Nördlich davon an der Glorieta de Sartorius die 1494 auf den Grundmauern einer Moschee gegründete Kirche San Pedro. Der heutige Bau stammt von 1795 und ist mit Kuppelfresken von Fray Juan García ausgestattet.

Museo Arqueológico

Jenseits des Paseo de Almería, in der Calle Javier Sanz, zeigt das Museo Arqueológico in vier Sälen prähistorische Funde aus den Höhlen der Umgebung und Zeugnisse der iberischen, griechischen, römischen und maurischen Kultur.

Route der Alpujarras

Gádor

Diese Strecke – auch 'Route der Trauben und Orangen' genannt – führt zunächst nach Norden über Benahadux an der N-340 und durch die reiche Vega von Almeria zum 17 km entfernten Städtchen Gádor (158 m ü.d.M.), an den Ausläufern der gleichnamigen Sierra mit seinen wappengeschmückten Häusern und von einer maurischen Burgruine überragt.

Abstecher

Hinter Gádor zweigt die N-324 in das schluchtenreiche Tal des Río Nacimiento ab und führt am Südabhang der Sierra de los Filabres entlang nach Guadix (Umgebung von → Granada).

Laujar de Andarax

Die Route der Alpujarras führt jedoch links ab durch das reizvolle Tal des Rio Andarax und über Canjáyar zum malerischen Laujar de Andarax, wo die Ruinen der arabischen Alcazaba und der Kirche La Encarnación aus dem 16. Jh. besichtigt werden können; weiter über Berja mit den Resten einer Stadtmauer nach Adra, einem langgestreckten, ehemals befestigten Hafenstädtchen mit Badebuchten.

Adra

Die Küstenstraße N-340 verläuft nun ostwärts am Fuß der Sierra de Gádor entlang; nach ca. 25 km führt eine Abzweigung nach rechts zum 11 km entfernten Fischerhafen und Seebad Roquetas del Mar an der Costa del Sol. Schließlich gelangt man nach Aguadulce, dem westlich von Almería gelegenen Touristenzentrum mit Schwimmbädern, Park- und Sportanlagen und ausgedehntem Badestrand.

Roquetas del Mar

Aguadulce

Route der Acantilados

Diese Route führt zu den Steilküsten (Acantilados) und Stränden der Costa Blanca östlich von Almería zunächst am Flugplatz vorbei zum Cabo de Gata mit seinen kleinen felsigen Stränden beiderseits des Leuchtturms und dann nach San José, einem kleinen Fischerhafen mit hübschen Stränden, die durch steile Felsen voneinander getrennt sind. Die anschließenden Buchten Los Genoveses und Los Escullos sind ein beliebtes Gebiet für Unterwassersport.

San José

Landeinwärts führt die Straße zu dem Städtchen Níjar, bekannt wegen seiner Keramikwerkstätten und alten Webereien; nördlich der Sierra de la Higuera geht es abermals hinunter zur Küste.

Níjar

Über Carboneras gelangt man, von hübschen Ausblicken begleitet, zu dem malerischen Dorf Mojácar (175 m ü.d.M.), dem arabischen 'Murgisakra'. Die maurischen Traditionen sind noch in Baukunst und Lebensweise der Bewohner lebendig. 5 km nördlich erheben sich das Castillo de Garrucha und ein Leuchtturm; in der weiten Umgebung sind mehrere alte Wachtürme zu sehen. Bei Mojacar am Playazo de Vera soll an einem der letzten noch unberührten Küstenstriche ab Mitte 1990 eine 70 ha große 'Freizeitstadt' mit vier Hotels, Apartmentsiedlung, Einkaufszentren und einem archäologischen Museum entstehen.

*Mojácar

Der maurischen Architektur nachempfunden: Mojácar

Altamira

Umgebung von
Almería
(Fortsetzung)
Vera

Von Garrucha führt eine Nebenstraße nordwestwärts zu dem Städtchen Vera (94 m ü.d.M.), dessen Kirche einen schönen Retablo enthält; einen Abstecher lohnen die 6 km nördlich liegenden Höhlenwohnungen der Cuevas de Almanzora.

Sorbas

Ab Vera fährt man auf der N-340 wieder Almería entgegen; etwas abseits der Hauptstraße und kurz nach Überqueren des Río de Aguas erreicht man das zauberhafte Städtchen Sorbas (441 m ü.d.M.) auf dem steilen Talrand des Flusses; auch hier findet man Höhlenwohnungen.

Plataforma
solar

Die Straße verläuft durch die Vega und in langen Geraden ziemlich eben zwischen der Sierra Alhamilla (links) und der Sierra de los Filabres (rechts). Etwa 10 km vor Tabernas dehnt sich rechts das Sonnenkraftwerk ('Plataforma solar') der Internationalen Energieagentur IEA aus. Hunderte von Spiegeln, die dem Lauf der Sonne folgen, bündeln das Licht und werfen es auf einen 80 m hohen Empfänger, wo das Licht in Energie umgewandelt wird.

Tabernas

Das langgestreckt an einem Fluß liegende Tabernas (350 m ü.d.M.) bestand schon zur Römerzeit. Überragt von der Ruine einer Maurenburg hat es noch einiges von seinem maurischen Charakter bewahrt.

Durch die Gebirgsregion von Rioja führt die N-340 hinein in eine grüne Huerta mit ausgedehnten Orangenhainen; in Benahadux mündet die von Guadix kommende N-324 und kehrt zurück nach Almería.

Altamira (Höhlen) **F 2**

Provinz: Cantabria (S)

Lage und
Allgemeines

Rund 35 km östlich von $\longrightarrow$ Santander und 2 km auf der C-6316 von $\longrightarrow$ Santillana del Mar liegen in einem Hügel die berühmten Höhlen von Altamira (Cuevas de Altamira), in denen 15 000 Jahre alte altsteinzeitliche Felsbilder entdeckt wurden, die in ihrer Art der Darstellung, ihrer Farbkraft und ihrer Erhaltung einzigartig sind.

Hinweis

Um der Gefahr der Zerstörung der Bilder durch die Atemluft zu vieler Besucher vorzubeugen, können die Höhlen nur nach vorhergehender schriftlicher Anfrage besucht werden. Diese sollte mindestens vier, für die Sommermonate mindestens sechs Monate vorher an das Centro de Investigaciones y Museo de Altamira, E-39330 Santillana del Mar, gerichtet werden. Es werden je nach Jahreszeit täglich nur noch 10 bis höchstens 40 Personen eingelassen.
Originalgetreue Nachbildungen der Malereien aus der 'Sala de Pinturas' befinden sich im Archäologischen Nationalmuseum von $\longrightarrow$ Madrid und im Deutschen Museum in München.

Museum

Ohne Anmeldung kann das Museum besucht werden, das in drei Pavillons bei den Höhlen untergebracht ist. Hier werden Steinzeitfunde gezeigt und auf Schautafeln das Leben der Menschen in der Steinzeit beschrieben. Besonders interessant ist der dritte Pavillon, in dem ein Videofilm über die Malereien vorgeführt wird; daneben werden die Begräbnistechniken der Steinzeit dargestellt, wobei besonders ein in einen Kunststoffblock eingegossener Körper eines Menschen aus dem Paläolithikum Beachtung verdient. Die Museen sind werktags außer montags von 10.00 bis 13.00 und von 16.00 bis 18.00 Uhr (Winter 17.00 Uhr), sonntags von 10.00 bis 13.00 Uhr geöffnet.

Tropfsteinhöhle

Verläßt man das Museum, führt links durch die Umzäunung ein schmaler Pfad zu einer vor wenigen Jahren entdeckten Tropfsteinhöhle, die teilweise

Beute der Steinzeitjäger: Bison ...

... und Hirschkuh

Altamira
(Fortsetzung)

sehr schöne Stalagmiten enthält. Diese kann unabhängig von einer Besichtigung der Malereien ständig besucht werden.

❋❋Höhlenmalereien

Geschichte

Die Höhlen selbst wurden schon im Jahr 1869 zufällig von einem Jäger entdeckt. 1875 forschte hier der Naturwissenschaftler Marcellino Sanz de Sautuola und fand vier Jahre später die unterirdischen Säle mit den Malereien. Seine Einschätzung, prähistorische Malereien gefunden zu haben, wurde jedoch von der Fachwelt nicht geteilt, und erst seit 1901/02, als man in Südfrankreich (Font-de-Gaume) ähnliche Bilder entdeckte, wird die Echtheit der Malereien von Altamira nicht mehr bestritten. Sie werden in der Mehrzahl auf die ausgehende Magdalenién-Zeit (ca. 15 000 – 10 000 v.Chr.) datiert, einige primitivere Zeichnungen sind jedoch noch ca. 10 000 Jahre älter.

❋❋Sala de
Pinturas

Dem Lauf des unterirdischen Flußbettes folgend, gelangt man in die 'Sala de Pinturas' (Saal der Malereien), die der Schönheit und Farbenkraft ihrer Bilder wegen auch als 'Sixtinische Kapelle der Felsmalerei' bezeichnet wird. Die Decke des 9 x 18 m großen Saales ist mit mehrfarbigen, teilweise plastischen Tierdarstellungen bemalt. Zu erkennen sind u.a. mehrere Wisente, einer davon über 2 m hoch, ein rotes Wildpferd, ein Wildschwein und eine Hirschkuh. Die steinzeitlichen Künstler nutzten die Struktur des Untergrundes und den Schattenwurf, um räumliche Eindrücke und Bewegungseffekte hervorzurufen. Vorherrschende Farben sind Rot, Ocker und Braun, die man als Mineralien vermischt mit Wasser gewann und mit dem Finger, einem Stäbchen oder direkt abgerieben auftrug. Die Umrisse der Tiere sind mit Holzkohle ausgeführt; einige der Bilder sind durch Ritzen und Abschaben des Felses in ihrer Wirkung verstärkt.

Ampurias / Empúries   **O 3**

Provinz: Gerona (GE)
Meereshöhe

Lage und
Allgemeines

Das Ausgrabungsgelände der antiken Stadt Emporion, heute Ampurias (katal. Empúries), liegt 35 km nordwestlich der Provinzhauptstadt → Gerona (katal. Girona) an der Costa Brava in unmittelbarer Meeresnähe mit weitem Blick zu den nördlich und südlich vorspringenden Landzungen. Die nahe gelegene neuzeitliche Siedlung führt den Namen San Martín de Ampurias (katal. Sant Martí de Empúries).

Geschichte

Im 6. Jh. v. Chr. gründeten die Griechen auf einer Insel bei der damaligen Mündung des Río Fluviá eine Siedlung, die vermutlich Kypsela hieß und von den Archäologen Palaiopolis genannt wird. Die ständige Zuwanderung neuer Kolonisatoren machte die Gründung einer neuen Siedlung auf dem Festland weiter südlich notwendig. Diese wurde Emporion (griech. Markt) genannt und macht heute als Neapolis (griech. neue Stadt) den größten Teil des Grabungsgeländes aus. Zwischen beiden Siedlungen lag der Hafen, der inzwischen verlandet ist. Die Römer bemächtigten sich im 3. Jh. der Kolonie; während des Zweiten Punischen Krieges gingen hier unter Führung von Scipio Africanus die ersten römischen Truppen an Land, um eine Entlastungsfront gegen Hannibal zu errichten. Im Jahr 195 v.Chr. war die Stadt Stützpunkt für den älteren Cato bei der Unterwerfung der Iberer. Schließlich ließ Caesar eine Veteranensiedlung anlegen, die im 1. und 2. Jh. n.Chr. ihre Blüte erreichte. Das Eindringen fränkisch-alemannischer Heere leitete den Niedergang der Stadt ein, die in frühchristlicher Zeit noch Bischofssitz war. Als im 17. Jh. nahebei die Stadt La Escala (→ Costa Brava) gegründet wurde, lieferten die Ruinen von Emporion will-

*Mosaikböden in einer
römischen Villa in Ampurias*

La Escala

kommenes Baumaterial. Der spanische Archäologe Emilio Gandía y Ortega führte die ersten Grabungen durch.

Geschichte
(Fortsetzung)

*Ruinenstätte

Man betritt die griechische Unterstadt durch die Reste eines einst mächtigen Stadttores, gelangt auf einen kleinen Platz und links davon zu den Resten eines dem Heilgott Asklepios (Äskulap) geweihten Tempels mit der Nachbildung einer hier gefundenen Statue. Daneben Fundamente eines wohl Hygeia, der Gemahlin Asklepios', gewidmeten Tempels. Jenseits des Platzes stand ein großer Tempel für Zeus Serapis (Wesenseinheit von Zeus und Asklepios). Von hier führt die breite Hauptstraße zur Agora (Marktplatz); nahebei eine frühchristliche Basilika. Der weitere Rundgang führt zu Resten einiger Mosaikfußböden mit geometrischer Ornamentik.

Neapolis
(Unterstadt)

Der Gang durch die Unterstadt endet beim Museum, das in der ehemaligen Kirche eines Servitenklosters eingerichtet ist. Neben dem Original der Statue aus dem Asklepios-Tempel wird hier das Leben in einer antiken griechischen und römischen Stadt durch Modelle und Fundstücke gezeigt.

Museum

Hinter dem Museum steigt das Gelände zur römischen Stadt hin an. Dort betritt man zunächst das großzügige Haus Nr. 1, dessen Modell nach Erkenntnissen des römischen Architekten und Bautheoretikers Vitruvius (1. Jh. v. Chr.) rekonstruiert wurde und im Museum zu sehen ist. In situ sind Reste von Fußbodenmosaiken zu bemerken. In der Ausstattung vergleichbar ist das etwas kleinere Haus Nr. 2. Von hier gelangt man zum Forum der Stadt, auf das von Süden die Hauptstraße, der Cardo Maximus, zuläuft. Dieser führt zum Stadttor, auf dessen steinerner Schwelle deutliche Wagenspuren zu erkennen sind.

Oberstadt

Andorra M 3

Staatsflagge

Staat: Fürstentum Andorra (katal. Principat d'Andorra; span. Principado de Andorra; franz. Principauté d'Andorre)
Hauptstadt: Andorra la Vella
Fläche: 464 km²
Höhe: 900–3000 m ü.d.M.
Einwohnerzahl: 47 000

Lage und
Allgemeines

Das Fürstentum Andorra liegt in den östlichen Pyrenäen zwischen Spanien und Frankreich. Die wichtigsten Ortschaften verteilen sich entlang der vom Valira-Fluß und dessen beiden Quellflüssen Valira d'Orient und Valira del Nord gebildeten Hochtäler. Andorra ist erst seit 1913 über eine Paßstraße von Spanien zu erreichen; seit 1931 besteht die Straße von Frankreich über den Port d'Envalira-Paß (2408 m ü.d.M.). Auf einer Hochfläche beim Dorf San Juliá wird der Bau eines Flughafens geprüft. Wie andere Kleinstaaten genießt auch Andorra einen Ruf als Steueroase. Auch der Tatsache, daß das Land durch eine Zollunion mit Frankreich zollfreies Gebiet ist, verdankt Andorra einen wachsenden Touristenstrom (1984: 13 Mio.). Die einstige Hauptwirtschaftsquelle, die Viehzucht, ist inzwischen vom Fremdenverkehr zurückgedrängt worden. Weitere Einnahmequellen sind die Gebühren der beiden Rundfunkstationen, der Stromexport nach Frankreich und das Geschäft mit Sammlerbriefmarken.
Rund 12 000 der Einwohner des Fürstentums sind katalanische Andorraner, ca. 27 000 kommen aus Spanien, 3000 aus Frankreich und wenige aus Portugal. In Andorra wird Katalanisch gesprochen; Spanisch und Französisch sind Verkehrssprachen. Das Land besitzt keine eigene Währung; es sind sowohl französische Francs als auch spanische Pesetas im Umlauf.

Internationales
Kfz-Kennzeichen

Sport

Andorra bietet hervorragende Möglichkeiten für Bergwanderungen. In den Gebirgsbächen und -seen finden Forellenangler einen großen Fischbestand. Beliebte Wintersportorte sind Pas da la Casa-Grau Roig, Soldeu-El Tarter, Arinsal, Pal und Arcalis.

Geschichte und Verfassung

Wappen des
Fürstentums

Funde lassen darauf schließen, daß die Hochtäler von Andorra schon in der Eisen- und Bronzezeit besiedelt waren. Der Sage nach soll Andorra von Karl dem Großen gegründet worden sein. Erstmals wird Andorra in der Weihungsurkunde der Kathedrale von Seo de Urgel (katal.: La Seu d'Urgell) aus dem Jahr 839 als zur Grafschaft Urgell gehörig erwähnt. 1133 fiel das Gebiet an den Bischof von Urgell, der es dem Hause der Caboet als Lehen zusprach. Als durch Heirat Andorra in den Besitz der französischen Grafen von Foix kam, entbrannte zwischen diesen und dem Bischof von Urgell Streit über die Souveränität über die Täler, der schließlich mit der Unterzeichnung eines Abkommens ('pareatge') am 8. September 1278 und eines weiteren zehn Jahre später beigelegt wurde. Die Abkommen stellen Andorra unter den gemeinsamen Schutz der Grafen von Foix und des Bischofs von Urgell als Vertreter des Papstes und haben bis heute ihre Gültigkeit behalten. Andorra ist somit im juristischen Sinne nach wie vor ein mittelalterlicher Lehensstaat, de facto jedoch souverän. 1419 erhielten die Andorraner das Recht, einen Landesrat ('Consell de la Terra') zur Beratung der eigenen Angelegenheiten einzurichten, der in Form des Generalrats ('Consell General') ebenfalls noch Bestand hat. Erst 1970 wurde das allgemeine Wahlrecht eingeführt.

Verfassung

Die ursprünglich sechs historischen Gemeinden (Täler), die das Fürstentum konstituieren, wurden 1978 auf sieben erweitert: Canillo, Encamp, Ordino, La Massana, Andorra la Vella, Sant Juliá de Lòria und Escaldes-

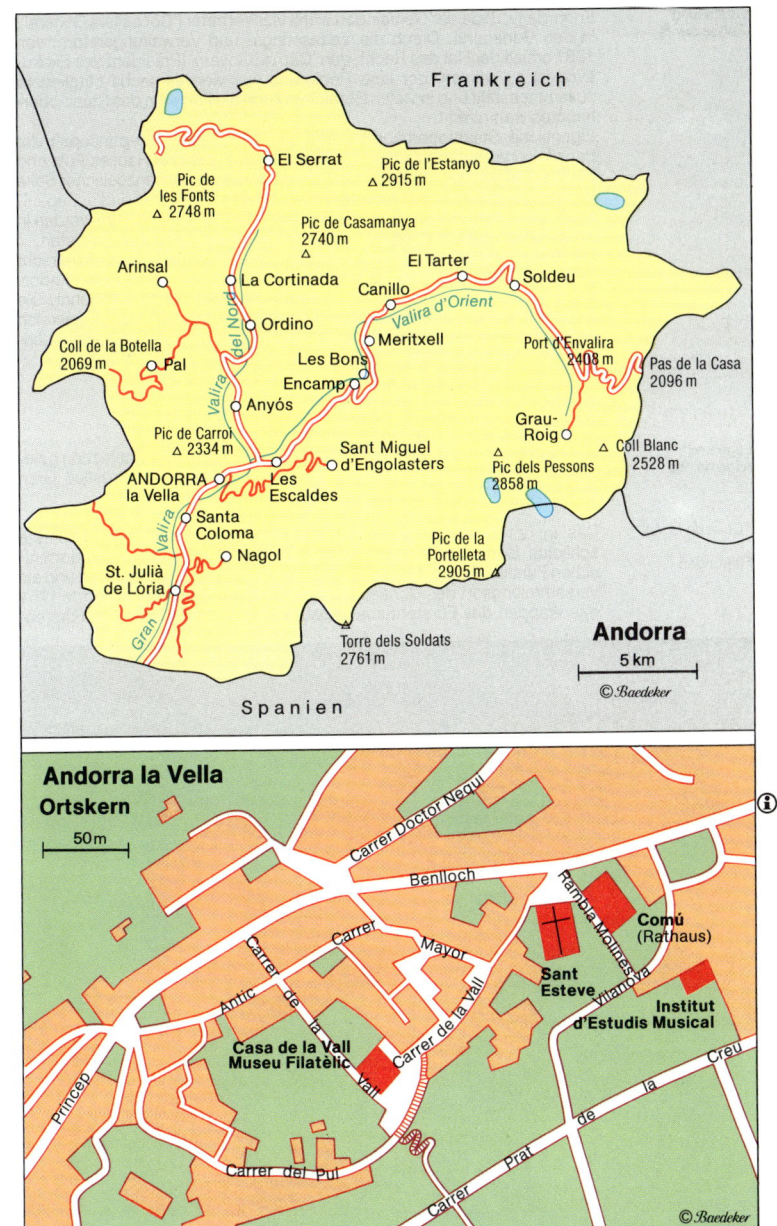

Frankreich

El Serrat
Pic de l'Estanyo △ 2915 m
Pic de les Fonts △ 2748 m
Pic de Casamanya 2740 m △
Arinsal
La Cortinada
El Tarter
Canillo
Soldeu
Ordino
Valira d'Orient
Coll de la Botella 2069 m
Pal
Meritxell
Port d'Envalira 2408 m
Les Bons
Pas de la Casa 2096 m
Encamp
Valira del Nord
Anyós
Pic de Carrol △ 2334 m
Sant Miguel d'Engolasters
Grau-Roig
Coll Blanc 2528 m
ANDORRA la Vella
Les Escaldes
Pic dels Pessons 2858 m △
Santa Coloma
Nagol
Pic de la Portelleta 2905 m △
St. Julià de Lòria
Valira
Gran

Torre dels Soldats 2761 m

Andorra

5 km

© Baedeker

Spanien

Andorra la Vella
Ortskern

50 m

Carrer Doctor Nequi

Benlloch

Comú (Rathaus)

Carrer

Mayor

Sant Esteve

Rambla Molinazca

Vilanova

Institut d'Estudis Musical

Carrer

Antic

de la

Vall

Carrer de la Vall

Casa de la Vall
Museu Filatèlic

Princep

Creu

Prat

de

la

Carrer del Pul

Carrer

© Baedeker

Verfassung
(Fortsetzung)

Engordany. Jede der Gemeinden wählt vier Vertreter ('Consellers General') in den Generalrat. Durch die Verfassungs- und Verwaltungsreform von 1981 erhielt der Rat das Recht, den 'Cap de Govern' (Präsident des Exekutivrates) zu wählen, der eine Regierung aus vier bis sechs Mitgliedern zusammenstellt und in vielen Bereichen auch die Funktion des Staatsoberhauptes wahrnimmt.

Eigentliche Staatsoberhäupter sind als Co-Fürsten ('Co-princeps') der französische Staatspräsident als Rechtsnachfolger des Hauses Foix und der Bischof von Seo de Urgel bzw. deren Vertreter: auf französischer Seite ist dies der Präfekt des Département Pyrenées Orientales und auf spanischer Seite der Generalvikar von Seo de Urgel. Diese wiederum werden in Andorra von je einem 'Veguer' (katal. = Vikar bzw. Landvogt) vertreten.

Die Andorraner zahlen keine Steuern und kennen keine Armee; es herrscht Selbstbewaffnungspflicht für Männer zwischen 16 und 60 Jahren. Andorras Souveränität wird von den Vereinten Nationen nicht anerkannt. Die außenpolitischen Interessen des Fürstentums werden von Frankreich wahrgenommen; mit Spanien besteht ein Postabkommen, mit beiden Ländern Handelsabkommen.

Andorra la Vella

Lage und
Allgemeines

Die Hauptstadt Andorra la Vella (1029 m ü.d.M.) erstreckt sich schön gelegen am Ostfuß des Pic d'Enclar (2317 m ü.d.M.) am Gebirgsfluß Gran Valira.

＊Casa de la Vall

Führungen

Das in der Ortsmitte gelegene, aus Natursteinen um 1580 errichtete schlichte Gebäude war ursprünglich im Besitz einer adligen andorranischen Familie. Es dient heute als Sitz der Regierung und der Justiz und als Versammlungsort des Consell General. Über der Eingangstür wurde 1761 das Wappen des Fürstentums angebracht, das den Status des Fürsten-

Les Escaldes

Casa de la Vall

tums durch Mitra und Hirtenstab des Bischofs von Urgell und die vier katalanischen Pfähle auf der einen Seite sowie die drei Pfähle der Grafen von Foix und die zwei Rinder der Grafen von Béarn auf der anderen Seite symbolisiert. Der Empfangssaal im ersten Stock ist mit Wandmalereien aus dem 16. Jh. ausgestattet. Im Sitzungssaal (Sala de Sessions) befindet sich der 'Schrank der sieben Schlüssel', für den jede der sieben Gemeinden einen Schlüssel hat. Er enthält das Archiv des Fürstentums, darunter angeblich Urkunden aus der Zeit Karls des Großen und Ludwigs des Frommen. Prächtig mit Holz getäfelt ist der Justizsaal. In der Capilla Sant Ermengol halten die Räte vor jeder Sitzung eine Andacht. Die mit alten Gerätschaften ausgrüstete große Küche gibt einen Einblick in das Alltagsleben des 16. Jahrhunderts.

Andorra la Vella, Casa de la Vall (Fortsetzung)

Im Casa de la Vall ist auch das Museum für Philatelie (Museu Filatèlic) untergebracht, das andorranische Briefmarken, eine wichtige Einnahmequelle des Fürstentums, zeigt.

Museum für Philatelie

Die Hauptkirche von Andorra la Vella stammt in ihren Ursprüngen aus dem 12. Jh. und wurde 1969 vergrößert. Sehenswert sind einige hübsche Holzschnitzereien.

Sant Esteve

Die Haupstraße von Andorra la Vella ist gesäumt von Hifi- und Fotogeschäften, Tabak- und Spirituosenhandlungen und Parfümerien, in denen sich vor allem Tagesbesucher mit zollfreien Waren eindecken.

Zollfreie Geschäfte

Tal der Valira d'Orient

Vom nördlich von Andorra la Vella an der Straße zur französischen Grenze gelegenen Ort Les Escaldes (1105 m ü.d.M.) führt ein kurvenreiches Sträßchen hinauf zu der wahrscheinlich aus dem 11. Jh. stammenden Capilla de Sant Miquel d'Engolasters, die ein typisches Beispiel für die romanisch-

Les Escaldes

Les Escaldes (Fortsetzung)	lombardischen Kirchen der Pyrenäen ist. Von hier kann man eine Wanderung zu einem Stausee (Estany d'Engolasters) unternehmen. – In Les Escaldes lebt der katalanische Bildhauer Josep Villadomat, von dem zahlreiche Werke im Salita Parc ausgestellt sind.

Weitere Sehenswürdigkeiten des Ortes sind die Ruine der Capilla Sant Romà und die alte Brücke Pont dels Escalls. Les Escaldes ist wegen seiner Schwefelbäder ein beliebter Kur- und Badeort.

Encamp	Das Pfarrdorf Encamp (1315 m ü.d.M.) besitzt mit der Pfarrkirche ebenfalls eine romanische Kirche.

Autofreunde sollten das Nationale Automobilmuseum (Museu Nacional de l'Automòbil) besuchen, in dem 150 alte Autos, Motor- und Fahrräder sowie eine Sammlung von Miniatur-Porzellanautos zu besichtigen sind.

Les Bons	Dicht bei Encamp liegt um eine Burgruine das Dorf Les Bons mit der 1163 geweihten Kapelle Sant Romà de Les Bons.
Wallfahrtskirche Meritxell	Nördlich von Encamp, rechter Hand auf der Höhe, befindet sich das Nationalheiligtum Andorras, die Kapelle der Heiligen Jungfrau von Meritxell. Die alte Wallfahrtskapelle brannte 1972 aus. Bei den Überresten errichtete der Architekt Ricard Bofill einen modernen Kirchenbau, der 1976 eingeweiht wurde. In der neuen Kapelle ist jede der sieben andorranischen Gemeinden mit einem Bildnis ihres Heiligen repräsentiert, hinzu kommt eine Reproduktion des Originalbildnisses der Jungfrau von Meritxell, die seit 1873 Schutzpatronin Andorras ist.
Sant Joan des Caselles	Unweit nördlich des altertümlichen Dörfchens Canillo, das den höchsten Kirchturm Andorras aufweist, steht oberhalb der Straße eine der bedeutendsten romanischen Kapellen des Fürstentums, Sant Joan des Caselles, die auf das 12. Jh. zurückgeht. Besonders beachtenswert sind im freskengeschmückten Inneren ein Retablo aus dem Jahr 1525 ("Apostel Johannes und die Apokalypse"), das prächtige Chorgitter und eine romanische Stuckfigur, Christus am Kreuz darstellend, umgeben von mehrfarbigen Malereien.

Tal der Valira del Nord

Durch das Tal der Valira del Nord führt eine Straße, die im Nordwesten des Fürstentums im Hochgebirge endet.

Anyòs	An der mittelalterlichen Brücke Pont de Sant Antoni vorbei gelangt man in das malerische Dorf Anyòs mit der Capilla de Sant Cristofor.
Ordino	Der Hauptort des Tales ist Ordino (1305 m ü.d.M.). Hier lohnt ein Besuch des Casa Plairal d'Areny de Plandolit. Es wurde 1633 erbaut und Mitte des 19. Jh.s vom damaligen Besitzer, dem Baron von Senaller, umgebaut und eingerichtet. Der Baron war der Initiator der 'Neuen Reform' von 1866, die erstmals den Hausvätern der Gemeinden ein begrenztes Wahlrecht für den Generalrat einräumte. Das Haus, mit einem prächtigen schmiedeeisernen Balkon aus dem Jahr 1843, kann heute besichtigt werden. Der Rundgang beginnt in der Empfangshalle, in der die Nachbildung des einstigen 'Schrankes der sechs Schlüssel' steht. Im Erdgeschoß sind Vorratsräume für Wein, Öl und Fleisch und eine Schmiede zu sehen. Im Obergeschoß befinden sich die einstige Rüstkammer, heute der Hauptraum mit einem großen Leierkasten, die Küche und das Speisezimmer, in dem die mit dem Wappen der Barone von Senaller geschmückten Speiseservice aus Limoges und Sèvres, letzteres ein Geschenk des österreichischen Kaiserhauses, ausgestellt sind. Weitere sehenswerte Räume sind die Bibliothek mit den Wappen der verwandten Familien, das Musikzimmer mit einer Kopie der Urfassung der andorranischen Nationalhymne, die Hauskapelle und eine Backstube. Im Garten sind steinerne Schmiedehämmer aufgestellt.

Im von Tabakfeldern umgebenen Dorf La Cortinada findet man die Kirche Sant Martí de La Cortinada mit romanischen Fresken, ein Beinhaus und ein schönes altes Taubenhaus.

Der am Ende der Route gelegene Höhenort El Serrat (1540 m ü.d.M.) besitzt keine baulichen Sehenswürdigkeiten, besticht jedoch durch seine prächtige Lage.

Tal der Gran Valira

Zwischen Andorra la Vella und Les Escaldes vereinigen sich Valira d'Orient und Valira del Nord zur Gran Valira, die nach Süden zur spanischen Grenze fließt.

Rechts der Hauptstraße nach Spanien steht in der kleinen Ortschaft Santa Coloma die bemerkenswerte romanische Kirche gleichen Namens, die sich durch ihren runden, dreistöckigen Turm von den übrigen des Fürstentums unterscheidet. In ihr wird die Statue der Jungfrau von Coloma aus dem 12. Jh. verehrt. Der Eingangsbogen ist mit mozarabischen Fresken bemalt; im Innenraum ist ein mittelalterlicher Taufstein beachtenswert.

Über dem Dorf erhebt sich die von Roger Bernat, Graf von Foix, im 12. Jh. erbaute Burg Sant Vicenç.

Die Straße führt weiter an der romanischen Brücke Pont de La Margineda vorbei nach Sant Julià de Lòria (939 m ü.d.M.). Von hier windet sich ein Sträßchen hoch zur Kirche Sant Cerní de Nagol mit ihren schönen romanischen Fresken.
Die Kirche von Sant Julià de Lòria besitzt einen romanischen Glockenturm, eine Plastik der Gottesmutter aus derselben Zeit und ein Kruzifix aus dem 17. Jahrhundert.

Aranda de Duero

G 4

Provinz: Burgos (BU)
Telefonvorwahl: 947
Höhe: 798 m ü.d.M.
Einwohnerzahl: 31 000

Aranda de Duero liegt zu beiden Seiten des Río Duero inmitten einer fruchtbaren Vega. Die Stadt ist ein wichtiger Verkehrsknotenpunkt.

Sehenswertes

Die spätgotische, um 1500 von Simon von Köln begonnene Kirche Santa María la Real besitzt eine besonders schöne Fassade (→ Abb. S. 91) mit einem isabellinischen Portal. Die platereske Kanzel ist aus Nußbaumholz.

Ebenfalls beachtenswert sind die Kirche San Juan Bautista aus dem 13. Jh. und die Wallfahrtskapelle Virgen de las Viñas.

Umgebung von Aranda de Duero

3 km nordöstlich, auf einer Nebenstraße zu erreichen, liegt der kleine Ort Sinovas, dessen Kirche San Nicolás de Bari eine kunstvolle polychrome Deckentäfelung im Mudéjarstil des 13./14.Jh. mit menschlichen Darstellungen besitzt. Die Kirche wurde zum Nationalmonument erklärt.

Umgebung von Aranda (Forts.) Peñaranda de Duero	In dem von einer Burg aus dem 15. Jh. überragten Peñaranda de Duero, 20 km östlich, lohnt eine Besichtigung des Palacio de Miranda an der Plaza Mayor. Das Portal ist mit farbigen Marmorskulpturen geschmückt, die Innenräume sind mit sehenswerten Friesen ausgekleidet.
Clunia	17 km nordöstlich von Peñaranda de Duero liegen die Überreste der einstigen römischen Kolonie Clunia, Residenz des römischen Generals Sertorius. Besichtigt werden können noch Teile des Theaters und Reste von Häusern.

Aranjuez G 5

Provinz: Madrid (M)
Telefonvorwahl: 91
Höhe: 492 ü.d.M.
Einwohnerzahl: 36 000

Lage und Allgemeines	Die ehemalige königliche Sommerresidenz Aranjuez liegt 47 km südlich von Madrid am Ufer des Río Tajo. Ihre regelmäßigen Häuserkarrees und sternförmig verlaufenden Straßen, ihre Gärten und Schlösser folgen dem Lauf des Flusses, der die Umgebung in eine üppige Gartenlandschaft und in den Obst- und Gemüsegarten Madrids verwandelt hat.

*Palacio Real

Öffnungszeiten Sommer: 10.00 – 13.00, 16.00 – 18.30	Der Königliche Palast (Palacio Real) wurde 1560 auf Geheiß Philipps II. nach Plänen des El Escorial-Erbauers Juan Bautista de Toledo begonnen. Juan de Herrera führte die Bauarbeiten fort und drückte ihnen sein unverwechselbares Siegel auf: klassische Strenge. Zwei Brände in den Jahren

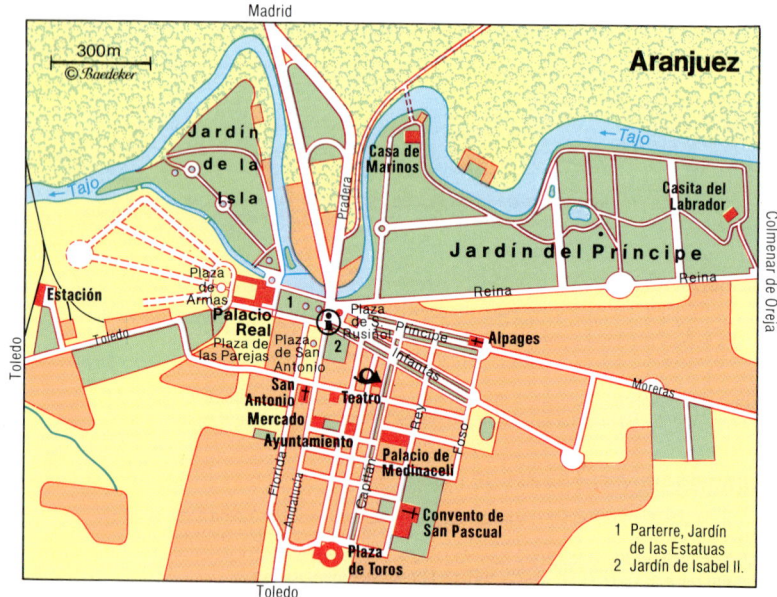

1 Parterre, Jardín de las Estatuas
2 Jardín de Isabel II.

Porzellansaal

Blick in die Gärten

1660 und 1665 zerstörten das Schloß, doch ließ es Philipp V. wieder aufbauen. Unter dem Bourbonenkönig Karl III., der die Residenz nach den rationalistischen Prinzipien der Aufklärung erweiterte und ordnete, fügte Sabatini dem Gebäude zwei Seitenflügel hinzu, die einen weiten Paradeplatz bilden. Die Hauptfassade des Palastes ist vom Renaissancestil Herreras bestimmt, doch ist der barocke Einfluß seiner Nachfolger deutlich zu spüren.

Die Innenräume sind mit wertvollen Teppichen, Möbeln, Porzellanen, Uhren, Gemälden und anderen Kunstgegenständen, wie sie dem Rang der einstigen Bewohner entsprachen, ausgestattet. Beachtenswert sind die großzügige, von Giacomo Bonavia angelegte Treppe, die Königliche Kapelle von Sabatini, der mit Samt ausgekleidete Thronsaal und als Höhepunkt der Porzellansaal (Sala de China), der üppig mit Porzellantafeln aus den Madrider Buen-Retiro-Werkstätten geschmückt ist, auf denen in feiner Malerei chinesische Szenen dargestellt sind. Weitere bemerkenswerte Räume sind der Arabische Salon, dem Saal der Zwei Schwestern in der Alhambra von → Granada nachempfunden, und der mit zarten Reispapiermalereien ausgestattete Salon der Infanten (Sala de Papeles Chinos). Die künstlerische Ausschmückung der Räume oblag den Malern Giordano, Mengs, Bayeu und Maella.

*Gärten

Die Gärten von Aranjuez, in denen Schiller seinen "Don Carlos" agieren läßt, sind zu Recht berühmt. Sie umgeben den Palast und säumen mit ihren uralten Bäumen das Tajo-Ufer.

Südlich der Plaza de San Rusiñol erstreckt sich der Jardín de Isabel II., die Lieblingspromenade der Bourbonenkönigin.

Winter:
10.00–13.00,
15.30–17.30

Führungen
Englisch,
Französisch,
Spanisch

Inneres

**Porzellansaal

Jardín de
Isabel II.

153

Aranjuez, Gärten (Fortsetzung) Parterre	An der Ostseite des Schlosses ließ Philipp V. mit dem Parterre 1726 eine Gartenanlage im französischen Stil anlegen. In ihr befindet sich auch der Jardín de las Estatuas aus der Zeit Philipps II., in dem neben Büsten römischer Kaiser Götter- und Heldenfiguren aufgestellt sind.
Jardín de la Isla	Der Jardín de la Isla auf einer künstlichen Insel im Tajo ist der älteste der Gärten von Aranjuez. Isabella die Katholische ließ hier eine Huerta in eine Gartenanlage umwandeln, die unter Philipp II. erweitert wurde. Am Tajo führt eine besonders schöne Platanenallee entlang.
Jardín del Príncipe *Casa del Labrador	Der größte und schönste der Gärten ist der Jardín del Príncipe nordöstlich vom Palast. Er wurde 1763 auf Veranlassung Karls III. von dem französischen Gartenbaumeister Boutelou gestaltet, der auch schon das Parterre schuf. Außer einigen Brunnen und den teilweise exotischen Pflanzen ist hier besonders die Casa del Labrador ('Haus des Landmanns') im östlichen Zipfel des Gartens am Ende der Calle de la Reina sehenswert. Dieses reizende, von einem Hauptkörper und zwei Seitenflügeln gebildete Schlößchen wurde 1803 von Isidro González Velázquez für Karl IV. erbaut. Die Fassade ist mit Statuen antiker Helden geschmückt. Im prachtvoll im Louis-Seize- und Empirestil ausgestatteten Inneren sind die Haupttreppe, der Billardsaal, die Statuengalerie, der Große Salon, der Saal der Königin María Luisa und das Platinkabinett hervorzuheben.
*Casa de Marinos	Das Casa de Marinos (Haus der Seeleute), in einer Schleife des Tajo im Jardín del Príncipe gelegen, beherbergt sechs königliche Barken, von denen die prächtigsten diejenigen von Karl IV. mit der Bemalung von Maella, das Mahagoniboot Alfons' XII. und die Feluke Philipps V. sind, letztere das Geschenk eines venezianischen Adligen.
Stadtanlage	Die streng geometrische Stadtanlage geht auf Ferdinand VI. zurück und weist einige interessante Barock- und Rokokopaläste auf. Der Tajo wird von dem 1761 erbauten, eleganten Puente Largo überspannt.

Arévalo   F 4

	Provinz: Ávila (AV) Telefonvorwahl: 918 Höhe: 826 m ü.d.M. Einwohnerzahl: 7000
Lage und Allgemeines	Das kleine Adelsstädtchen Arévalo liegt im Norden der Provinz Ávila an der Mündung des Río Arevalillo in den Río Adaja. An seine alte Bedeutung als einer der Schlüssel Kastiliens erinnern mehrere Kirchen und Klöster. Die Altstadt wurde zum Nationalmonument erklärt.

Sehenswertes

Plaza de la Villa	Weitläufig, mit hellen Steinen gepflastert und gesäumt von alten Häusern, deren oberes Stockwerk von Holz- oder Steinsäulen gestützt weit hervorspringt und so schattige Arkadengänge schafft, hinterläßt die Plaza de la Villa, besonders in der Morgenstille, einen bleibenden Eindruck von der Lebensweise der Menschen Kastiliens.
San Martín	An der Ostseite der schönen Plaza de la Villa ragen die beiden großen Mudéjar-Türme der Kirche San Martín empor. Sie stammt aus dem 13. bis 14. Jh. und enthält in der Vorhalle noch Reste romanischer Malereien.
Santa María	An der Westseite der Plaza steht die Kirche Santa María, im 12. Jh. in romanisch-mudejarem Stil erbaut. In der Apsis haben sich romanische Male-

Castillo de Arévalo

reien der katalanischen Schule erhalten. Unter dem mächtigen Glocken- | Santa María
turm führt durch einen Torbogen die Straße hindurch. | (Fortsetzung)

In der über dem Río Adaja am Nordwestrand der Stadt errichteten Burg | Castillo
aus dem 14. Jh. verbrachte Isabella die Katholische ihre Kindheit. Beeindruckend ist der Torre de Homenaje.

Die südlich der Plaza de la Villa gelegene Plaza del Real säumen mehrere | Plaza del Real
Adelshäuser. An der Südseite markiert der Arco de Alcocer das einstige
Haupttor der Stadtmauer.

2 km südlich außerhalb Arévalos erhebt sich auf einem Hügel die Kirche La | La Lugareja
Lugareja, eines der schönsten Mudéjar-Bauwerke, von dem jedoch nur die
Apsis und das Querschiff erhalten sind. Die Kirche geht auf ein westgoti-
sches Kloster zurück, das im 13. Jh. wieder aufgebaut wurde.

Im Westen der Stadt liegt die Kirche San Miguel, die ein schönes Retablo | Weitere Kirchen
vorweisen kann. Südlich davon, an der alten Stadtmauer, San Juan aus
dem 14. Jh.; an der Plaza de Arrabal schließlich Santo Domingo mit seiner
byzantinischen Apsis.

Umgebung von Arévalo

24 km westlich von Arévalo, auf der C-605 zu erreichen, liegt das von einer | Madrigal de las
Stadtmauer umgebene Madrigal de las Altas Torres, der Geburtsort Isabel- | Altas Torres
las der Katholischen. Sie wurde im heutigen Kloster Madres Agustinas de
Nuestra Señora de Gracia geboren, dem ehemaligen Palast der kastili-
schen Herrscher, wo sie bis zu ihrem vierten Lebensjahr wohnte und wo ihr
Heiratsvertrag mit Ferdinand von Aragonien geschlossen wurde. In der
Kirche San Nicolás aus dem 12. Jh. kann ihr Taufstein besichtigt werden.

Arévalo (Fortsetzung) Fontiveros	Das ca. 30 km südwestlich von Arévalo gelegene Fontiveros ist der Geburtsort des großen Mystikers Juan de la Cruz. Sehenswert im Ort sind die Pfarrkirche und die an der Stelle des Geburtshauses von Juan de la Cruz errichtete Kapelle.

Astorga   D 3

Provinz: León (LE)
Telefonvorwahl: 987
Höhe: 869 m ü.d.M.
Einwohnerzahl: 14 000

Lage und Allgemeines	Das teilweise noch von spätrömischen Mauern umgebene Astorga, das römische Asturica Augusta, ist eine altertümliche Bischofsstadt in schöner Lage auf einem Vorsprung der Manzanalkette. Schon von Plinius als 'urbs magnifica' ('prächtige Stadt') bezeichnet, die besonders im 9. Jh. Macht und Glanz besaß, war die Stadt bedeutende Pilgerstation des Jakobsweges. Die Mauern sind am besten im Westen der Stadt von der Durchgangsstraße N-VI zu sehen.

Sehenswertes

Kathedrale	Bedeutendstes Bauwerk der Stadt ist die zweitürmige Kathedrale aus dem 15./16. Jh., die an ihrer Hauptfassade drei platereske Portale mit Reliefs aus dem Leben Christi zeigt.
*Innenraum	Im Innern am Hochaltar ein Retablo von Gaspar de Hoyos und Gaspar de Palencia aus dem Jahr 1562 mit wertvollen Holzschnitzereien von Gaspar Becerra. Am überreich beschnitzten Chorgestühl von 1551 arbeitete u.a. Hans von Köln. Der gotische Kreuzgang wurde 1780 erneuert.
*Museo Diocesano	Im Diözesanmuseum wird ein wertvoller Kirchenschatz gezeigt, darunter ein von König Alfons III. (866–910) gestiftetes, mit vergoldetem Silber beschlagenes Kästchen, ein Reliquienschrein mit einem Splitter vom Kreuze Christi und ein Kelch des 11. Jahrhunderts.
Palacio Episcopal	Bei der Kathedrale erhebt sich der 1893 in gotisierendem Stil von Antoni Gaudí erbaute Palacio Episcopal (Bischöflicher Palast). Er beherbergt heute u. a. das Museo de los Caminos (Museum des Jakobsweges) zur Geschichte des Pilgerweges nach → Santiago de Compostela. Daneben werden aber auch römische Funde und Maragatos-Trachten gezeigt.
*Museo de los Caminos	
Casa Consistorial	An der arkadenumgebenen Plaza Mayor steht die Casa Consistorial (Rathaus), die im 17. Jh. erbaut wurde. Bemerkenswert ist die Uhr, deren Glockenspiel von zwei Figuren in Maragatos-Tracht geschlagen wird. Sie wird derzeit jedoch restauriert; die Figuren sind daher abgenommen.
Römisches Sklavengefängnis	Im Untergeschoß des links vom Rathaus stehenden Gebäudes ist ein 60 m langer, 10 m breiter und 8,5 m hoher Raum zu besichtigen, der vermutlich als Gefängnis für römische Sklaven diente.

Umgebung von Astorga

Maragatería	Nordwestlich von Astorga liegt das Gebiet der Maragatería, wo am Südosthang der Montes de León in etwa 30 Dörfern Nachfahren der einst als Fuhrleute tätigen Maragatos leben, deren Herkunft bis heute unbekannt geblieben ist (vielleicht Germanen). Vereinzelt legen sie noch an Festtagen ihre malerische Tracht aus Pluderhose, Schärpe und Weste an. Eines der schönsten Dörfer in der Maragatería ist Castillo de los Polvazares 6 km östlich von Astorga.

Portal der Kathedrale

Holzretablo

Antoni Gaudí entwarf den Erzbischöflichen Palast

Astorga (Fortsetzung) La Bañeza	Ab Astorga folgt man der Richtung Südosten führenden N-VI 23 km durch das Tal des Río Tuerto nach La Bañeza (771 m ü.d.M.), wo schon zur Römerzeit eine Siedlung bestand, von der noch Reste erhalten sind. Mit San Salvador, Santa María und der Capilla de la Piedad besitzt die Stadt drei sehenswerte sakrale Bauten.

Ávila F 5

Provinz: Ávila (AV)
Telefonvorwahl: 918
Höhe: 1130 m ü.d.M.
Einwohnerzahl: 43 000

Lage und Allgemeines	Die altkastilische Stadt Ávila, Hauptstadt der gleichnamigen Provinz und Sitz eines Bischofs, liegt auf einem nach drei Seiten steil abfallenden Hügelrücken inmitten einer vom Río Adaja durchströmten baumlosen Hochebene. Sie ist von hohen Gebirgen umschlossen und nur nach Norden offen, was sich in dem außerordentlich rauhen Klima bemerkbar macht. Ávila ist die höchstgelegene Provinzhauptstadt Spaniens.
**Stadtbild	Der Reichtum Ávilas an mittelalterlichen Bauten, namentlich an gut erhaltenen romanischen Kirchen und gotischen Adelspalästen, und seine uralten, den annähernd rechteckigen Kern der Stadt noch ganz umschließenden Mauern machen Ávila zu einer der sehenswertesten Städte Spaniens. Als Geburtsort der spanischen Nationalheiligen Teresa de Ávila ist die Stadt auch ein beliebtes Wallfahrtsziel.
Geschichte	Aus dem legendären römischen Avela hervorgegangen, war diese Stadt nach dem Einbruch der Mauren (714) über drei Jahrhunderte hindurch

Das mittelalterliche Ávila vom Cruz de los Cuatro Postes aus gesehen

abwechselnd unter arabischer und christlicher Herrschaft, bis sie 1085 von Alfons VI. endgültig für die Christen gewonnen wurde. Die nun hierher ziehenden Adligen brachten der Stadt den Namen 'Ávila de los Caballeros' ('Das Ávila der Edelleute') ein, wovon noch heute die zahlreichen Adelspaläste zeugen. Ávila erlebte seine Blütezeit im 16. Jh., als es ganz im Zeichen des Lebens und Wirkens der hl. Teresa de Jesús (1515 – 1582) stand. Mit der Vertreibung der Mauren (1607 – 1610) unter Philipp III. verarmte die Stadt; auch heute noch ist sie still und beschaulich geblieben und läßt viel vom mittelalterlichen Leben Kastiliens erahnen.

Geschichte
(Fortsetzung)

✳✳Stadtmauer

Nach der endgültigen Rückeroberung Ávilas wurde die Stadt zu einem wichtigen Teil einer Befestigungslinie gegen die Mauren ausgebaut. Im Auftrag seines Schwiegervaters Alfons VI. ließ Raimundo de Borgoña in den Jahren 1090 bis 1099 die gewaltige Stadtmauer bauen, die den Stadtkern heute noch vollständig umschließt und die besterhaltene Spaniens ist. Die durchgehend mit Zinnen bestückte Mauer, u.a. aus Resten römischer Bauten errichtet, ist 2557 m lang, durchschnittlich 12 m hoch und 3 m dick. 88 halbrunde Türme im Abstand von 20 m verleihen der Verteidigungsanlage einen imposanten Anblick, besonders vom westlich an der Straße nach → Salamanca liegenden Aussichtspunkt Cruz de los Cuatro Postes. Neun Tore gewähren Einlaß in den Stadtkern. Die mächtigsten sind die Puerta de San Vicente und die noch römische Quader aufweisende Puerta del Alcázar an der Ostseite der Stadtmauer; zwischen beiden fällt besonders die 'Ciborro' genannte Apsis der Kathedrale auf, die als größter Festungsturm Teil der Verteidigungsanlage ist. Neben der Puerta del Carmen an der nördlichen Mauer erhebt sich ein schlanker Turm, auf dessen Spitze die allerorten in Kastilien anzutreffenden Störche nisten. In der Nähe

✳Aussichtspunkt

1 Fuente del Sol	7 La Magdalena	12 Casa de Núñez Vela
2 Casa de Aguila	8 Puerta del Alcázar	13 Puerta de la
3 Casa de Verdugo	9 Las Nieves	Mala Dicha
4 Humilladero	10 Santo Tomé	14 Puerta del Puente
5 Casa de Velada	11 Torréon	15 Paneras del Rey
6 Santa Teresa	de los Guzmanes	16 Puerta del Carmen

Stadtmauer
(Fortsetzung)

dieses Tores kann man die Mauer auch ersteigen und auf dem Wehrgang
entlanggehen.

✳Kathedrale

Am Ostrand der Altstadt, innerhalb des Mauerrings, steht die mächtige
Catedral de San Salvador, 1091 begonnen, aber erst im 14. Jh. vollendet.
Der Chor ist Teil der Stadtbefestigung, wie auch die gesamte aus Granit
erbaute Kirche ihren Festungscharakter nicht verleugnen kann. Von den
beiden Türmen der Westfassade, wo sich der Haupteingang befindet, ist
nur der aus dem 14. Jh. stammende nördliche ausgebaut. Das Portal
gestaltete Juan Guas im 15. Jh., es wurde 1779 jedoch verändert. Der
Figurenschmuck des 'Apostelpforte' genannten Nordportals (um 1200)
stammt aus dem 15. Jh. und befand sich ursprünglich am Westportal; die
von der Luftverschmutzung stark in Mitleidenschaft gezogenen Skulpturen
werden derzeit einer gründlichen Restaurierung unterzogen.

Innenraum

Im dreischiffigen Kircheninneren fallen zunächst die weiß-rot gemusterten
Granitsteine der Wände aus der älteren Bauphase auf. Von der Vierung
bietet sich ein schöner Blick in die Kuppel und auf die Glasgemälde in den
Querschiffen. Das reiche Chorgestühl im Coro ist ein Werk von Cornelis de
Holanda und Isidro Villoldo aus dem Jahr 1544, die das Gestühl der Kirche
San Benito in → Valladolid von Diego de Siloë zum Vorbild nahmen. Die
Außenwände des Coro sind mit reichen Reliefs im plateresken Stil verse-
hen. Der Retablo in der Capilla Mayor wurde 1499 begonnen und in
wesentlichen Teilen 1508 vollendet, in seiner endgültigen Form war er
jedoch erst 1522 fertiggestellt. Namhafte Künstler wie Pedro Berruguete,
Juan de Borgoña und Santa Cruz arbeiteten an den Bildtafeln und Skulptu-

Die Stadtmauer wird nachts angestrahlt

Turm und ...

... Apsis der Kathedrale

Innenraum der Kathedrale (Fortsetzung)

ren. An der Rückseite des Hochaltars, dem Trassagrario, schuf Vasco de la Zarza das Alabastergrabmal des 1455 gestorbenen Bischofs Alfonso de Madrigal im Stil der italienischen Renaissance (1518). Alfonso de Madrigal war Bischof von Ávila und erhielt den Beinamen 'El Tostado' ('Der Verbrannte'), weil er sich beim vielen Lesen bei Kerzenlicht die Haut versengte. Er ist sitzend und in einem Buch lesend dargestellt. In den insgesamt neun Seitenkapellen befinden sich schöne Grabmäler; herausragend ist die Capilla de San Antolín im nördlichen Querschiff mit ihrem herrlichen Retablo und die Capilla de Nuestra Señora de Gracia im Chorumgang, wo der 1181 gestorbene Bischof Sancho als erster Bischof in der Kathedrale begraben wurde.

*Museo de la Catedral / *Sacristía

Vom rechten Querschiff gelangt man in das Museum (Museo de la Catedral), das aus insgesamt fünf Räumen besteht. Der schönste Raum ist die auf den Vorraum folgende Sakristei (Sacristía), die durch ein beachtenswertes Kreuzrippengewölbe und eine Alabaster-Gruppe von Isidoro Villoldo und Pedro de Salamanca besticht. Im anschließenden Raum, in dem vor allem liturgische Gerätschaften und Skulpturen ausgestellt sind, fallen ein sehr schönes isabellinisches Gitter und rechts hinten ein Porträt von El Greco auf. In den weiteren Räumen finden sich ebenfalls Silbergeräte, Gewänder, Gemälde, große Chorbücher und Skulpturen, u.a. von Berruguete und Juan de Frías. Der letzte Raum ist einem einzigen Ausstellungsstück vorbehalten: einer 1,70 m hohen silbernen Custodia (Hostienbehälter), ein Meisterwerk spanischer Gold- und Silberschmiedekunst, das Juan de Arfe 1571 schuf.

*Custodia

Kreuzgang

Südlich stößt der Kreuzgang aus dem 14. Jh. an, den man durch eine romanische Pforte erreicht.

Plaza de la Catedral

An der Nordwestecke des Kathedralplatzes steht der große Palast der Familie Velada, in dem sich heute ein Restaurant befindet. Gegenüber vom Nordportal liegt der ehemalige Bischofspalast (Palacio Episcopal), in dem nun das Postamt eingerichtet ist. Am sich vor der Westfassade öffnenden Teil der Plaza hat im einstigen Adelspalast Casa de Valderrábanos (15. Jh.) heute ein Hotel einen repräsentativen Rahmen gefunden.

Innerhalb der Stadtmauer

Jüdische Viertel

Die jüdische Gemeinde von Ávila bewohnte zwei Viertel innerhalb der Mauern: in der nordöstlichen Ecke bei der Puerta de San Vicente und in der südwestlichen Ecke zwischen der Puerta de la Mala Dicha und der Puerta del Puente.

Plaza Mayor

Der Mittelpunkt der Altstadt von Ávila ist die westlich der Kathedrale liegende Plaza de la Victoria oder Plaza Mayor, ein kleiner, abgeschlossener Platz, in dessen Arkadengängen Geschäfte und Bars untergekommen sind. An der Nordseite steht das hübsche Rathaus, an der Südseite schließt die Kirche San Juan den Platz ab, in der das Taufbecken der hl. Teresa aufbewahrt wird. Die Kirche ist mit Balkonen versehen, von denen die Adligen einst die Stierkämpfe auf der Plaza verfolgten. Die Straßen um die Plaza herum sind das Einkaufsviertel der Stadt, nordöstlich Richtung Kathedrale kommt man zur zweistöckigen Markthalle.

Convento de Santa Teresa

Am südlichen Teil der Stadtmauer, gegenüber der heute so genannten Puerta de la Santa, stand das Geburtshaus der hl. Teresa de Ávila (1515–1582). An dieser Stelle wurde 1638 die Kirche des sich dahinter anschließenden Klosters der Unbeschuhten Karmeliterinnen, der Convento de Santa Teresa de Jesús, erbaut. Die verhältnismäßig schlichte barocke Fassade zeigt über dem Portal eine Statue der Heiligen. Sehenswertester Raum im Inneren ist das durch das linke Querschiff zu erreichende Geburtszimmer der Teresa, das zu einer überschwenglich ausge-

Convento de Santa Teresa

statteten Barockkapelle umgestaltet wurde. Im Zentrum des Altars steht eine reich verzierte, mit Schmuck und kostbaren Stoffen behängte Statue der Mystikerin, die der Künstler Gregorio Fernández im Moment der Kreuzesvision darzustellen versuchte.

Convento de Santa Teresa (Fortsetzung)

Wenige Schritte östlich vom Konvent, jenseits der Plaza General Mola, findet man mit der großen Casa de los Dávila einen der zahlreichen Adelspaläste Ávilas. Er wurde vom 13. bis 15. Jh. an die Stadtmauer angebaut.

Casa de los Dávila

Erkennungszeichen des beim Konvent im 16. Jh. erbauten Palastes der Familien Guzmán und Oñate ist der massive, zinnenbewehrte Turm.

Torreón de los Guzmánes

Auch schräg gegenüber der Klosterkirche hatten in der Casa de Núñez Vela Adlige ihren Wohnsitz. Das Gebäude wurde 1540 für Blasco Núñez Vela, den ersten Vizekönig von Peru, errichtet. Es ist heute Sitz der Justizbehörde; der schlichte, aber schöne Innenhof ist zu den Bürozeiten geöffnet.

Casa de Núñez Vela

Ein weiterer Palast des 16. Jh.s ist die Casa de los Polentinos nordwestlich vom Konvent, in dem heute eine Militärbehörde untergebracht ist.

Casa de los Polentinos

Nördlich der Plaza Mayor, zwischen der Puerta del Carmen und der Puerta de San Vicente, ist die Altstadt etwas weniger eng bebaut. Hier ließ der aus Ávila gebürtige Adlige Mosén Rubí, ein zum Christentum konvertierter Jude, im Jahr 1516 eine Grabkapelle für seine Tante María Herrera und deren Mann errichten. Das Alabaster-Grabmal schuf Vázquez Dávila. Des weiteren bemerkenswert ist die im 17. Jh. gefertigte polychrome Christusfigur 'Cristo de las Batallas'. Die Kapelle gehört heute zu einem Dominikanerinnenkloster.

Capilla de Mosén Rubí de Bracamonte

Gegenüber der Kapelle befindet sich die Casa de los Águila, ein im 16. Jh. erbauter Adelspalast.

Casa de los Águila

Casa de los Verdugos	Dieser mit Ecktürmen versehene wehrhafte Palast steht in der zur Puerta de San Vicente laufenden Calle López Núñez. Am Portal erkennt man das Kordelmotiv des Franziskanerordens.

Außerhalb der Stadtmauer

*San Vicente	Die Basilika San Vicente ist zusammen mit der Kathedrale das bedeutendste Kirchenbauwerk Ávilas. Es wurde zu Beginn des 12. Jh.s unmittelbar gegenüber der Puerta de San Vicente an der Stelle errichtet, an der der hl. Vicente zusammen mit seinen Schwestern Sabina und Cristeta im Jahre 306 n.Chr. den Märtyrertod erlitten haben soll. Die Bauarbeiten zogen sich bis ins 14. Jh. hin, die Türme wurden nicht vollendet. Bereits 1109 sollen die Apsiden, das Querschiff und Teile des Langhauses fertiggestellt worden sein. An der südlichen Längsseite fällt der im 14. Jh. angefügte Säulengang auf, der als Gerichtsstätte gedient haben soll. Das hier befindliche Südportal stammt aus der ersten Bauphase und zeigt im Gewände eine sehr schöne romanische Verkündigungsgruppe. Eine der schönsten romanischen Skulpturengruppen findet man am mit einer Vorhalle versehenen
*Westportal	Westportal. Die Säulenstatuen stellen Apostelfiguren dar; die mittlere Säule zeigt Jesus mit zwei weiteren Aposteln.
Innenraum	Das dreischiffige Innere der Kirche wird beherrscht vom unter der Vierungskuppel stehenden prächtigen Grabschrein des Heiligen. Unter einem Baldachin aus dem 16. Jh. steht der eigentliche Schrein, der vom Ende des 12. Jh.s datiert und mit hervorragenden Reliefs geschmückt ist. Die beiden Seiten zeigen Christus als Pantokrator bzw. die Anbetung der Könige; auf der Frontseite wird in sieben Bildern die Geschichte des hl. Vicente und seiner Schwestern erzählt. Die Krypta umschließt einen Felsen, auf dem die Heiligen als Märtyrer gestorben sein sollen. In der Krypta sieht man mehrere Darstellungen der Muttergottes, unter denen die romanische Virgen de la Soterraña herausragt.
Casa de los Deanes / Museo Provincial	Die Dekane der Kathedrale wohnten im südlich von San Vicente an der Plaza Naivillos gelegenen Casa de los Deanes (16. Jh.). In diesem zweigeschossigen Gebäude ist heute das Museo Provincial eingerichtet. Es zeigt in drei Sälen sakrale Plastik von der Romanik bis zur Renaissance, Teppiche, ein Hans Memling zugeschriebenes Triptychon, Gemälde, Waffen und Keramik.
Santo Tomé	Unmittelbar neben dem Museum steht die kleine Kirche Santo Tomé aus dem 12. Jh., die heute als Lapidarium dient (z. Z. geschlossen).
San José	Weiter östlich liegt das Kloster San José oder Las Madres, die erste Klostergründung der hl. Teresa (1562). Im Inneren ist der Retablo von Alonso Cano sehenswert.
Plaza Santa Teresa	Gegenüber der Puerta del Alcázar öffnet sich die weite Plaza de Santa Teresa, ein weiterer Geschäfts- und Einkaufsmittelpunkt der Stadt. Cafés und Bars laden zum Verweilen ein, wobei man besonders am Café El Grande nicht vorbeigehen sollte, das an seiner langen Bar eine Vielzahl von 'tapas' und Getränken feilbietet.
*San Pedro	Die Ostseite der Plaza Santa Teresa dominiert die Kirche San Pedro mit ihrer großen Fensterrose. Die dreischiffige Kirche mit einem einfachen, aber eindrucksvollen Westportal wurde im 12. bis 13. Jh. erbaut. Von der Innenausstattung sind am beachtenswertesten ein Morán-Gemälde im linken Seitenschiff ("Petrus in Fesseln"; 1673) und der Hochaltar von Juan de Borgoña.
*Santo Tomás	Hinter der Kirche führt der Paseo de Santo Tomás in südöstlicher Richtung zum gleichnamigen Dominikanerinnenkloster, das 1483 von María Dávila und Tomás de Torquemada nach dessen Ernennung zum ersten Großinquisitor Spaniens gegründet wurde. Die Katholischen Könige nutzten es

Casa de los Deanes

auch als Sommerresidenz. Von außen wirkt die Klosterkirche streng, fast abweisend. Lediglich Kugelfriese und das Zeichen der Katholischen Könige, Joch und Pfeilbündel, schmücken die Fassade.

Im düsteren Inneren der Kirche fällt auf, daß sich Hauptaltar und Chorraum auf zwei Emporen gegenüberstehen, die nur von den Kreuzgängen, also nur für die Mönche, erreichbar waren, die vom erhöhten Hauptaltar auf den Chorraum mit seinem reichen Gestühl blickten. Im Chor tagten die Tribunale der Inquisition und von hier aus verfolgten die Katholischen Könige die Messe. Das Retablo des Hauptaltars stellt auf seinen Bildtafeln das Leben des Thomas von Aquin dar und ist das Hauptwerk von Pedro de Berruguete, das er um 1499 schuf. Unter der Vierungskuppel erkennt man das prächtige Grabmal des Infanten Don Juan, des einzigen, 1497 verstorbenen Sohnes des Königspaares Isabella und Ferdinand. Der Florentiner Künstler Domenico Fancelli schuf von 1510 bis 1513 Grablege und alabasterne Liegefigur des Infanten. In einer der Seitenkapellen ruhen der Schatzmeister der Könige Núñez Arnalte und seine Frau in von Vasco de la Zarza gefertigten Gräbern.

Im Klosterkomplex finden sich drei Kreuzgänge. Der einfachste ist der Claustro del Noviciado (Kreuzgang des Novizen), durch den man in den Claustro del Silencio (Kreuzgang des Schweigens) gelangt, von wo eine Treppe zum Chorgestühl führt. Der erste Stock hat einen Zugang zum Hauptaltar mit dem Retablo von Berruguete. Im zweistöckigen Claustro de los Reyes (Kreuzgang der Könige) schließlich kann man in einigen Räumen ein Museum für Orientalische Kunst besuchen.

In diesem unterhalb der Südostecke der Stadtmauer liegenden Kloster wurde die hl. Teresa erzogen.

Die kleine Kirche am Río Adaja unterhalb der Südmauer stammt aus dem 12. Jh. und birgt in ihrem Inneren das von Juan de Juní 1573 geschaffene Grabmal des hl. Secundus, des ersten Bischofs von Ávila.

Santo Tomás (Fortsetzung)

Innenraum

Kreuzgänge

Nuestra Señora de Gracia

San Segundo

Ávila
(Fortsetzung)
La Encarnación

Teresa de Ávila verbrachte 29 Jahre ihres Lebens im nordwestlich der Mauer gelegenen Kloster La Encarnación, dessen Priorin sie war. Über ihrer Zelle wurde 1630 eine Kapelle errichtet. In einem Museum werden einige Reliquien der Heiligen gezeigt.

Umgebung von Ávila

El Tiemblo

Auf der nach Süden führenden N-403 erreicht man nach rund 22 km Fahrt den Puerto de Paramera (1416 m ü.d.M.); von hier fährt man weiter über den Río Albeche und den Stausee Embalse de Burguillo nach El Tiemblo (980 m ü.d.M.), das eine gotische Kirche aus dem 15. Jh. besitzt.

Toros de
Guisando

Etwa 10 km nach El Tiemblo kommt man zu dem Kloster Guisando (14. Jh.), wo Isabella die Katholische 1468 zur Königin proklamiert wurde. Unweit vom Kloster stehen auf einer Wiesenfläche die berühmten 'Toros de Guisando', vier iberische Steinskulpturen aus Granit aus dem 3. und 4. vorchristlichen Jahrhundert.

Sierra de Gredos   ⟶ dort

Avilés   E 2

Provinz: Asturias (O)
Telefonvorwahl: 985
Höhe: 4 m ü.d.M.
Einwohnerzahl: 90 000

Lage und
Allgemeines

Die Hafen- und Stahlindustriestadt Avilés liegt an der gleichnamigen Ría, etwa 6 km landeinwärts von der Kantabrischen Küste. Sie ist römischen Ursprungs und erlangte im 11. Jh. weitgehende Freiheitsrechte, die sie zur zweitwichtigsten Stadt Asturiens machten. Der Eroberer von Florida, Pedro Menéndez, wurde 1519 in Avilés geboren. Mit der Ansiedlung des riesigen Stahlkomplexes ENSIDESA und weiterer Industrien seit den fünfziger Jahren unseres Jh.s hat sich die Stadt sehr zu ihrem Nachteil verändert und ist für Besucher wenig anziehend geworden; im Zentrum hat sie jedoch einiges aus ihrer mittelalterlichen Vergangenheit bewahrt.

Sehenswertes

Plaza de España

Mittelpunkt der Stadt ist die Plaza de España, an deren Längsseite sich das Ayuntamiento (Rathaus) aus dem 17.Jh. erstreckt. Hier wird die Urkunde mit den Sonderrechten aus dem 11. Jh. verwahrt. Vom Rathaus aus gesehen links der Palacio de Llano Ponte aus dem 18. Jh. (heute Kino); gegenüber vom Rathaus der graue, langgestreckte Palacio del Marqués de Ferrera.

San Nicolás
de Bari

Am Palacio Ferrera vorbei durch die Calle San Francisco gelangt man zur nahegelegenen Kirche San Nicolás de Bari aus dem 14. Jahrhundert. Linker Hand der beachtenswerte Brunnen Caños de San Francisco aus dem 16. Jh. mit Wappenschilden und wasserspeienden Köpfen. Das Portal der Kirche stammt noch aus dem 12. Jh.; im Inneren ist im Altarraum die Grabstätte des Konquistadors Pedro Menéndez de Avilés zu sehen. Drei kleine Kapellen sind noch an die Fassade angebaut.

San Francisco

Von der Plaza de España führt die arkadengesäumte Calle de la Ferrería zur Kirche San Francisco. Diese besitzt ein romanisches Portal aus dem 13./14. Jh. und in der Capilla de Jesús einen Fries des 9. Jh.s; im anschließenden Klosterhof sind einige Grabmale aus dem 15. Jh. erhalten.

Unweit westlich der Kirche San Francisco, zu erreichen über die Calle San Bernardino, kann man die Escuela-Museo de Cerámica (Schule und Museum für Keramik) besuchen, in der die lokale Töpferkunst gepflegt wird. Gegenüber erhebt sich der große, auf das 12. Jh. zurückgehende Palacio de Camposagrado.

Avilés
(Fortsetzung)
Escuela-Museo
de Cerámica

Das nördlich des Stadtzentrums gelegene einstige Seemannsviertel Sabugo birgt an der Plaza Carbayo ein Kirchlein aus romanischer Zeit, vor der an einem Steintisch und einer Steinbank die Messe für die Seeleute gelesen wurde.

Iglesia Vieja
de Sabugo

Umgebung von Avilés

Westlich von Avilés laden in der Gebietskörperschaft Castrillon schöne Strände zum Baden im Golf von Biskaya ein.

Castrillon

Santianes de Pravia, wenig nördlich der ca. 25 km westlich von Avilés gelegenen Stadt Pravia, war die Residenz der asturischen Könige. Sehenswert sind die aus dem 8. Jh. stammende Kirche Santes Juanes und die daneben im Jahr 1786 erbaute Sommerresidenz, von der man einen schönen Blick über die Gegend hat.

Santianes
de Pravia

Ein Ausflug zur nördlich von Avilés gelegenen Landspitze Cabo de Peñas (Pico Gorfoli) wird durch eine wildromantische Landschaft und einen schönen Blick auf das Meer belohnt.

Cabo de Peñas

Badajoz   D 7

Provinz: Badajoz (BA)
Telefonvorwahl: 924
Höhe: 183 m ü.d.M.
Einwohnerzahl: 114 000

Das nahe der portugiesischen Grenze am linken Ufer des Río Guadiana auf einem niedrigen Höhenrücken gelegene Badajoz, auch als 'Schlüssel Portugals' bezeichnet, ist Hauptstadt der gleichnamigen Provinz und Sitz eines Bischofs.

Lage und
Allgemeines

Unter den Römern hieß die Stadt 'Colonia Pacensis', bei den Mauren 'Badaljóz'. Nach dem Untergang des Kalifats von Córdoba gründeten die maurischen Aftassiden hier ein kleines Königreich. Im Jahre 1229 wurde die Stadt von Alfons IX. von León erobert. Bis ins 20. Jh. war Badajoz immer wieder Schauplatz kriegerischer Auseinandersetzungen und von verschiedenen Heeren besetzt: 1385, 1396, 1542 waren die Portugiesen in der Stadt, 1580 war das Hauptquartier Philipps II. bei der Eroberung Portugals, das den Ort 1660 wieder in Besitz nahm; 1701 zogen die Truppen der Alliierten im Spanischen Erbfolgekrieg durch, 1810 wurden die Franzosen von den Engländern vertrieben und auch im Bürgerkrieg 1936 war Badajoz schwer umkämpft.

Geschichte

Sehenswertes

Im Nordosten der Stadt erhebt sich auf einem Hügel die Alcazaba, einst Sitz der maurischen Herrscher mit den Überresten des im Mudéjar-Stil errichteten Palastes der Herzöge von Feria, heute als öffentlicher Park zugänglich. Bemerkenswert ist der achteckige Torre de Espantaperros (Torre del Apéndiz), ein unter den Almohaden erbauter zinnenbekränzter Festungsturm, von dem man einen weiten Ausblick auf den Guadiana und

*Alcazaba

Badajoz

Blick auf Badajoz

Alcazaba (Fortsetzung)	die Estremadura hat. In der ehemaligen Moschee ist das Museo Arqueoló-gico (Archäologisches Museum) eingerichtet.
San Juan	Den Mittelpunkt der Altstadt bildet die Plaza de España mit dem Palacio Municipal (Rathaus). Gegenüber erhebt sich die Kathedrale San Juan, ein in den Jahren 1232 bis 1284 errichteter festungsartiger Bau mit einem star-ken quadratischen Turm. Die neue Fassade wurde in der Renaissance voll-endet; das Portal stammt von 1619. Im Innern der dreischiffigen Basilika fällt ein großer Renaissancechor von Jerónimo de Valencia mit schönem Gestühl auf. Unter den insgesamt zwölf Kapellen stechen die Capilla de Santa Ana und die Capilla de los Duques hervor, in denen Gemälde des in Badajoz geborenen Malers Luis de Morales (1509–1586) hängen. Sechs flämische Tapisserien schmücken die Sakristei.
Museo Capitular	Auch im Diözesanmuseum im Kapitelsaal sind neben Werken anderer Künstler Bilder von Luis de Morales zu bewundern.
Museo Provincial de Bellas Artes	In nordwestlicher Richtung gelangt man von der Plaza de España durch die Calle Sarna zum Palacio de la Diputación Provincial mit dem Museo Provincial de Bellas Artes, das hauptsächlich Werke zeitgenössischer Künstler der Estremadura zeigt, aber auch Werke von Morales und Zurba-rán sein eigen nennt.
Puente de Palmas	Vom Museum führt die Calle M. Evora zu der am Ende des 16. Jh.s erbau-ten zinnenbekrönten Puerta de Palmas. Hier beginnt die 1596 vollendete, auf römische Fundamente gesetzte granitene Brücke Puente de Palmas, die den Río Guadiana auf 582 m Länge mit 32 Bogen überbrückt.
Sakralbauten	Weitere beachtenswerte religiöse Bauten sind die Kirchen La Concepción und San Agustín, beide mit künstlerisch wertvollen Grabmälern, sowie das Kloster Santa Ana.

Umgebung von Badajoz

Von Badajoz gelangt man in nördlicher Richtung auf der C-530 über den
Puerto de los Conejeros zum 44 km entfernten Alburquerque (750 m
ü.d.M.), einem auf einer Anhöhe gelegenen altertümlichen Städtchen, von
Resten einer Stadtmauer umgeben. Über dem Ort ragen die Ruinen eines
mächtigen Castillo auf, das 1276 durch Alonso Sánchez, einem unehe-
lichen Sohn des portugiesischen Königs, errichtet wurde. **Alburquerque**
Auch die gotische Kirche Santa María del Mercado zeigt mit ihrem befestigten Glockenturm die Geschichte Alburquerques als umkämpfte Grenzstadt.

Durch die südliche Estremadura

Auf der C-436 in Richtung Süden sind es 26 km bis Olivenza (160 m ü.d.M.). **Olivenza**
Das von einer Mauer mit schönen Toren umgebene Städtchen gehörte bis
1801 zu Portugal. In diesem Jahr fiel es als Folge des 'Orangenkrieges' endgültig an Spanien. Die lange Zugehörigkeit zu Portugal ist der Grund, daß in
Olivenza der sonst in Spanien kaum zu findende 'Emanuel'-Stil vorherrscht,
so benannt nach König Emanuel I. von Portugal (Regierungszeit 1495 bis
1521). Dieser Stil vereinigt maurisch-spätgotische Elemente mit Elementen
der frühen Renaissance, zu denen von den Eroberungen in Amerika und
Asien inspirierte Formen wie exotische Pflanzen, Korallen, Muscheln und
Seemannssymbole wie Knoten und Taue treten.
Ein schönes Beispiel für den Emanuel-Stil ist die Kirche Santa María Mag- **Santa María**
dalena aus dem 16. Jh., deren Kreuzrippengewölbe von schiffstauähn- **Magdalena**
lichen Säulen getragen wird. Der prächtige Hauptaltar ist barock.
Die dem Schloß benachbarte Kirche Santa María del Castillo bewahrt in **Santa María**
ihrer linken Seitenapsis einen gotischen Flügelaltar, den Stammbaum der **del Castillo**
Jungfrau Maria darstellend. Der rechte Seitenaltar ist im Emanuel-Stil aus-
geführt.
Dicht bei der Kirche strebt der wuchtige Turm (1488) des Schlosses in die **Castillo**
Höhe. Seine Anfänge gehen auf das Jahr 1306 zurück. In ihm ist das
Museo Municipal untergbracht, das einzige ethnograpische Museum der
Estremadura.
Dieses dicht außerhalb der Stadmauer beim Stadttor Puerta de los Ánge- **Santa Casa de**
les gelegene ehemalige Hospital überrascht mit einer verschwenderisch **Misericordia**
mit portugiesischen Azulejos (Kacheln) ausgestatteten Kapelle.
Das Portal der Stadtbibliothek ist ebenfalls ein schönes Beispiel für den **Stadtbibliothek**
Emanuel-Stil. Zwei aus Stein gehaune Armillarsphären symbolisieren die
Geltung Portugals als Seefahrernation und Weltmacht.

Von Olivenza führt die C-436 über Villanueva del Fresno mit den Ruinen **Oliva de**
eines Castillo und dem Convento de la Luz nach Oliva de la Frontera, wo **la Frontera**
der Palast der Herzöge von Gandía einen Halt wert ist.

Die Fahrt geht weiter nach Jerez de los Caballeros, das seinen Namen dem **Jerez de los**
Orden der Tempelritter verdankt, die die Stadt 1229 von den Mauren er- **Caballeros**
oberten. Als die päpstliche Bulle die Auflösung des Ordens verkündete,
leisteten die Ordensritter von Jerez den Truppen Ferdinands IV. erbitterten
Widerstand. Jerez de los Caballeros ist Geburtsort von Vasco Nuñez de
Balboa, der als erster Europäer die Landenge von Panama durchquerte
und den Pazifischen Ozean erreichte, und von Hernán de Soto, einem der
Konquistadoren Floridas und des Mississippi-Deltas.
Die Burg der Tempelritter erstreckt sich auf einem Hügel am südöstlichen **Castillo de**
Stadtrand. Das Gelände ist als Park gestaltet. Bemerkenswert ist der Torre **los Templarios**
Sangrienta ('Blutiger Turm'), in dem die überlebenden Templer nach der
Eroberung ihrer Burg hingerichtet wurden.
Die Kirche Santa María unterhalb der Burg ist die älteste Kirchengründung **Santa María**
in der Estremadura. Sie geht auf eine westgotische Kirche zurück, die am

Jerez
(Fortsetzung)

San Miguel

San Bartolomé

Heiligabend des Jahres 559 geweiht wurde. Im 17. Jh. wurde der zuvor schon veränderte Bau barock umgestaltet.

Weithin sichtbar ragt der Turm der Kirche San Miguel von 1749 aus dem Stadtzentrum hervor. Ein Ziegelsteinkörper ist die Basis für mehrere reich skulptierte Turmstockwerke.

Als Pendant zum Turm von San Miguel erhebt sich jener von San Bartolomé über die Oberstadt. Das im 16. Jh. begonnene Gotteshaus ist jedoch mit blauem und gelbem Glas und blauen Azulejos spielerischer geschmückt als San Miguel.

Zafra

*Alcázar

Colegiata de la Candelaría

Convento de Santa Clara

Plaza Grande
Plaza Chica

Über Burguillos de Cerro erreicht man von Jerez de los Caballeros das schon andalusisch anmutende Zafra (509 m ü.d.M.), einst das iberische Segida, das römische Julia Restituta und das maurische Zafar.

Beeindruckendstes Bauwerk Zafras ist der im Zentrum liegende gotische Alcázar der Herzöge von Fería aus dem 15./16. Jh., ein gutes Beispiel eines altspanischen Adelsschlosses arabischen Ursprungs. Die von einem zinnenbekränzten Rundturm dominierte Festung ist heute als Parador Nacional ein gepflegtes Hotel mit einem marmornen, Juan de Herrera zugeschriebenen Patio.

Die nördlich der Festung gelegene Kirche La Candelaría, 1546 begonnen, birgt im Innern ein Retablo, das 1644 von Francisco de Zurbarán bemalt wurde. In einem kleinen Museum werden sakrale Gegenstände gezeigt.

Im 1428 vom ersten Herzog von Fería gegründeten Kloster sind mehrere Grabmäler bemerkenswert, darunter die des Stifters und seiner Frau.

Zwei malerische Plätze laden zum Verweilen ein: die palmenbestandene, von Häusern aus dem 18. und 19. Jh. umgebene Plaza Grande, und die verträumte, arkadengesäumte Plaza Chica, auf dem früher Markt gehalten wurde.

Von Zafra kann man nun entweder direkt auf der N-432 (E-102) oder auf der N-630 über → Mérida nach Badajoz zurückfahren.

Plaza Chica in Zafra

Baeza

Provinz: Jaén (J)
Telefonvorwahl: 953
Höhe: 760 m ü.d.M.
Einwohnerzahl: 15 000

Die altertümliche Stadt Baeza, das 'Vivatia' der Römer, liegt an den Ausläufern der Loma de Úbeda, im Tal des oberen Río Guadalquivir, umgeben
von Oliven-, Getreide- und Weinfeldern. Schon zur Zeit der Westgoten war
sie Bischofssitz, wurde von den Mauren erobert und im 13. Jh. wieder
christlich. Im 16. Jh. erhielt die Stadt eine Universität. Als Grenz- und Handelsstadt zwischen der Mancha und Andalusien erreichte Baeza seine
höchste Blüte im 16. Jh., die in zahlreichen schönen Bürger- und Adelshäusern zum Ausdruck kommt.

*Lage und
Allgemeines*

* Stadtbild

Sehenswertes

Am großen, von schönen Häusern des 17. Jh.s umgebenen Paseo de la
Constitución im Zentrum der Stadt sind der am Ostende stehende, nach
einem Maurenstamm benannte Uhrturm Los Aliatares und die einstige
Getreidemarkthalle mit ihrer dreifachen Bogengalerie besonders sehenswert. In dem Sträßchen hinter der Markthalle befindet sich der alte Korn-
speicher, von dem direkt in die Halle geliefert wurde.

*Paseo de
la Constitución*

Die kleine Plaza de los Leones, am Westende des Paseo, verdankt ihren
Namen dem in ihrer Mitte stehenden Brunnen, der unter Verwendung von
vier Löwenfiguren aus den römischen Ruinen von Cástulo und einer ibe-
risch-römischen Frauengestalt erbaut wurde, die der Überlieferung nach

** Plaza de
los Leones*

Plaza de los Leones

Plaza
de los Leones
(Fortsetzung)

Imilce, die Gemahlin Hannibals, darstellen soll. Um den Platz gruppieren sich mehrere schöne Bauten: die aus dem 16. Jh. stammende Alte Fleischerei, trotz ihres profanen Verwendungszwecks mit einer Galerie und einem prächtigen Wappen Karls V. versehen; die Casa del Populo mit einer außerordentlichen platformesken Fassade; schließlich die Puerta de Jaén und der Triumphbogen Arco de Villalar, der 1521 anläßlich der Niederschlagung des Aufstandes der 'comuneros' errichtet wurde.

**Plaza
Santa María**

Beim Betreten der südöstlich vom Löwenbrunnen gelegenen Plaza Santa María fällt zunächst der in Form eines Triumphbogens erbaute Brunnen auf, der das Wappen Philipps II. trägt.

Kathedrale

Die Südseite des Platzes nimmt die gotische Kathedrale Santa María ein, erbaut auf den Grundmauern der einstigen Moschee und in den Jahren 1567 bis 1593 umgebaut. Maurischen Stil zeigt die Puerta de la Luna; die eine Gasse überspannende Puerta del Perdón ist gotisch. Im von Andrés de Vandelvira gestalteten Innern sind erwähnenswert die Capilla Mayor mit ihrem Sterngewölbe und die Capilla del Sagrario, die ein überaus reichhaltiges Chorgitter von Bartolomé de Jaén besitzt. Die sechseckige schmiedeeiserne Kanzel wurde 1580 gefertigt. Im Kreuzgang sind noch einige Bögen der einstigen Moschee erhalten.

Gegenüber sieht man das Portal des Konzilseminars San Felipe Neri.

*Palacio
Jabalquinto

Man verläßt die Plaza Santa María durch die Cuesta de San Felipe Neri und gelangt zur kleinen Plaza de Santa Cruz mit der gleichnamigen Kirche. Gegenüber beeindruckt der Palacio Jabalquinto, der Palast der Grafen von Benavente, dessen isabellinische Fassade mit Diamantspitzen und maurischen Strebepfeilern ein Werk Juan Guas' vom Ende des 15. Jh.s ist.

⚓ Barcelon

Balearen/Islas Baleares

⚓ Castellón

Mar Mediterráneo

⚓ Sagunto

⚓ Valencia

8 Std.

**Islas
Pityusas**

6 Std.

10 Std.

Ibiza

San Antonio
Abad ⚓

4 Std.

⚓ Ibiza

⚓ Gandía

⚓ Denía

San Francisc
Javier

Formentera

⚓ Benidorm

⚓ Alicante 11 Std.   ⚓ Málaga 21 Std.

Eine Gasse trennt den Palacio vom Gebäude der Alten Universität, die 1542 gegründet und 1875 in eine Schule umgewandelt wurde. An dieser Schule war Anfang unseres Jh.s der Dichter Antonio Machado Französischlehrer, woran eine Gedenktafel im Hof erinnert.

Verfolgt man die Gasse weiter, gelangt man wieder zurück zur Plaza de los Leones.

Baeza
(Fortsetzung)
Alte Universität

Von den bedeutsamen Bauwerken nördlich des Paseo de la Constitución ist vor allem das Rathaus (Ayuntamiento) am Paseo Cardinal Benavides zu nennen. Seine Fassade besticht durch außerordentlich schöne Balkons und prächtige Wappen, darunter dasjenige Philipps II.

In unmittelbarer Nähe die Ruinen des Klosters San Francisco und das ehemalige Hospital La Concepción mit seinem schönen Südportal.

Ayuntamiento

Balearen Nebenkarte 6

Autonome Gemeinschaft
Regierungsorgan: Consell General Interinsular de les Illes Balears
Provinz: Baleares
Telefonvorwahl: 971 (auf allen Inseln)
Gesamteinwohnerzahl: 720 000

Die Darstellung der Balearen in diesem Reiseführer ist bewußt knapp gehalten, da in der Reihe 'Baedekers Allianz Reiseführer' zwei ausführliche Inselführer "Mallorca / Menorca" und "Ibiza / Formentera" vorliegen.

Hinweis

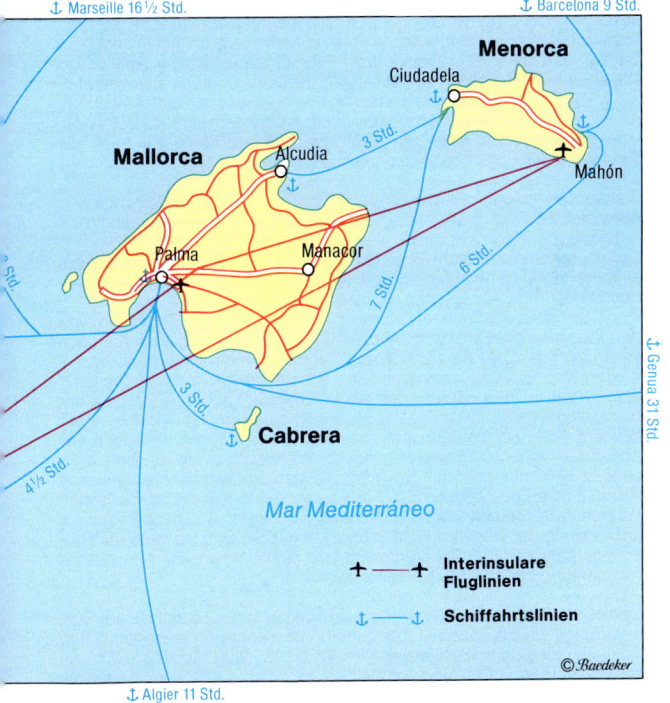

⚓ Marseille 16½ Std. ⚓ Barcelona 9 Std.

Menorca

Ciudadela ⚓

Mallorca

Alcudia ⚓

3 Std.

⚓ Mahón

Palma ✈ Manacor

7 Std. 6 Std.

3 Std.

⚓ **Cabrera**

4½ Std.

⚓ Genua 31 Std.

Mar Mediterráneo

✈—✈ **Interinsulare Fluglinien**

⚓—⚓ **Schiffahrtslinien**

© Baedeker

⚓ Algier 11 Std.

Balearen

Schiffsverkehr

Autofähren verkehren vom spanischen Festland aus von Barcelona, Tarragona, Valencia, Denia, Alicante und Málaga; von Frankreich aus von Marseille und Sète und von Italien aus Genua. Die Inseln sind untereinander ebenfalls durch Fähren verbunden (→ Praktische Informationen, Fähren).

Flugverkehr

Mallorca und Ibiza werden ganzjährig sowohl von Linien- als auch von Chartergesellschaften angeflogen. Menorca kann im Sommerhalbjahr per Linienflug von Madrid und Barcelona und per Charterflug auch von anderen europäischen Flughäfen erreicht werden; im Winterhalbjahr ist ein Flug auf diese Insel nicht ganz so leicht zu bekommen.

Lage und Allgemeines

Die der spanischen Südostküste vorgelagerte Inselgruppe der Balearen (Islas Baleares) im westlichen Mittelmeer besteht aus den eigentlichen balearischen Inseln Mallorca und Menorca sowie aus Ibiza und Formentera, die auch als Pityusen (Pinieninseln) bekannt sind; ferner rund 150 kleineren Inseln, darunter Cabrera südlich von Mallorca, die teils militärischen, teils nautischen Zwecken dienen oder völlig ungenutzt sind.

Die Herkunft der Bezeichnung 'Balearen' ist nicht zweifelsfrei geklärt. Man vermutet einen Zusammenhang mit dem griechischen 'ballein' (werfen, schleudern), womit auf die ob ihrer Treffsicherheit berühmten Steinschleuderer der Inseln angespielt wird.

Sprache

Umgangssprachen der Inselbewohner sind das Mallorquinische (Mallorquí), das Menorquinische (Menorquí) und das Ibizenkische (Ibicenco), alle Dialekte des Katalanischen. Verkehrssprache ist Spanisch.

Wirtschaft

Landwirtschaft

Bevor der Massentourismus die Inseln in Besitz nahm, war die Landwirtschaft die Haupterwerbsquelle ihrer Bewohner. Heute kann sie – insbesondere in der Sommersaison – den Eigenbedarf nicht mehr decken. Ein klassisches Produkt sind Mandeln, die auf Mallorca großflächig angebaut werden und deren Blüte im Januar / Februar ein prächtiger Anblick ist. Daneben werden Feigen, Aprikosen, Zitrusfrüchte und Gemüse geerntet; auf Menorca und Ibiza herrscht der Trockenfeldbau vor. Der Weinbau hat an Bedeutung verloren. Viehzucht wird nur in geringem Umfang betrieben; eine gewisse Rolle spielt die Milchwirtschaft auf Menorca. Auch die Fischerei mußte Einbußen hinnehmen und kann die Inseln nicht mehr versorgen.

Salz

Klassisches Ausfuhrprodukt von Ibiza und Formentera ist das in großen Meerwassersalinen gewonnene Salz, das als Speisesalz vorwiegend nach Skandinavien exportiert wird.

Handwerk

Der wichtigste nicht landwirtschaftliche Erwerbszweig ist die Lederindustrie von Mallorca und Menorca, die Schuhe, Taschen u.a. herstellt. Daneben werden Textilien gefertigt, vor allem auf Ibiza.

Tradition haben Töpferei und Keramik. Die zinnglasierten Tonwaren, von den Mauren eingeführt, wurden bereits im Mittelalter von Mallorca nach Italien exportiert, wo sie als 'maiolica' ('von Mallorca') berühmt waren. Weitere Produkte der Inseln sind Glas, Silberschmuck und Kunstperlen.

Tourismus

Wegen des milden Klimas, der landschaftlichen Schönheiten und der Badegelegenheiten werden die Balearen zu allen Jahreszeiten stark besucht. Mehr als die Hälfte des gesamten Steueraufkommens der Autonomen Gemeinschaft Baleares bringt der Wirtschaftszweig Tourismus auf, dessen Einrichtungen sich vor allem in den Küstenzonen angesiedelt haben. Infolge des wuchernden Fremdenverkehrs sind die gewachsenen Wirtschaftsstrukturen stark beeinträchtigt. So fragt man sich heute, ob die Entwicklung der letzten drei Jahrzehnte den Inselbewohnern wirklich nur Vorteile gebracht hat. Schon mehren sich die Stimmen, die eine weitere Ausdehnung des Fremdenverkehrs ablehnen.

Geschichte

Überaus zahlreich und teils sehr gut erhalten sind die Zeugnisse aus vorund frühgeschichtlicher Zeit. Sie gehören überwiegend der sogenannten Talayotkultur (von arab. 'atalaya' = Ausguck) an, einer Megalithkultur, die zwischen 1500 v. Chr. und der Eroberung durch die Römer die für die

Naveta d'es Tudóns auf Menorca

Geschichte
(Fortsetzung)

Balearen typischen Turmbauten aus mächtigen Steinquadern hervorbrachte. Aus der gleichen Epoche stammen die allein auf Menorca zu findenden Taulas (von katal. 'taula' = Tisch), tischförmige Steinsetzungen, bei denen auf einem senkrecht aufgestellten Monolithen waagrecht eine Steinplatte ruht. Auch Navetas ('Schiffchen'), steinerne Grabstätten in Form eines umgestülpten Schiffes, zeugen von den frühen Bewohnern der Inseln. Im 3. Jh. v. Chr. wurden sie von den Karthagern unterjocht. Auf Ibiza oder einem nahen Inselchen soll Hannibal geboren sein. 123 v. Chr. landeten die Römer unter Quintus Caecilius Metellus ('Balearicus'), die im 5. Jh. n. Chr. von den Vandalen abgelöst wurden. Diese wiederum wurden von den Byzantinern vertrieben, bis schließlich im Jahr 798 die Mauren die Inseln eroberten. In den Jahren nach dem Zerfall des Kalifats von Córdoba entwickelten sich die Inseln zu einem Piratennest, das die Schiffahrt an den Küsten Kataloniens, der Provence und Italiens bedrohte. Im Jahre 1229 unternahm der aragonische König Jaime I. ('el Conquistador') eine Strafexpedition gegen die Korsaren und eroberte Mallorca, aus dem sich später ein selbständiges Königreich entwickelte, das aber schon im 14. Jh. wieder als Provinz an Aragonien fiel und eine wichtige Stellung im Mittelmeerhandel einnahm. Nach der Entdeckung Amerikas und der Interessenverlagerung in den atlantischen Bereich verloren der Mittelmeerhandel und damit die Balearen an Bedeutung. Im Frieden von Utrecht zur Beendung des Spanischen Erbfolgekrieges fiel Menorca an Großbritannien, das die Insel schon 1708 besetzt hatte. Im Verlauf des 18. Jh.s wechselte die Insel mehrmals zwischen Großbritannien, Frankreich und Spanien und wurde 1808 endgültig spanisch. Im Spanischen Bürgerkrieg wurden Mallorca und Ibiza von den Nationalisten, Menorca von der Volksfront kontrolliert. Nach dem Zweiten Weltkrieg setzte in den fünfziger Jahren ein rapide zunehmender Massentourismus ein, der vor allem auf Mallorca eine ungezügelte Bautätigkeit entfachte und das Leben auf den Inseln einschneidend veränderte. Am 22. Februar 1983 erhielten die Balearen das Autonomiestatut.

**Naveta
d'es Tudóns**
(Grundriß)

Mallorca   N/O 6

Fläche: 3650 km²
Einwohnerzahl: 582 000

Landschaftliche
Gliederung

Die größte und meistbesuchte Baleareninsel ist Mallorca. Sie ist deutlich in
drei Landschaftsteile gegliedert. Parallel zur Nordwestküste erstreckt sich
die Sierra del Norte, ein Waldgebirge, das im Puig Mayor mit 1443 m Höhe
die höchste Erhebung der Inseln aufweist. In einer wild zerklüfteten Steilküste bricht es schroff zum Meer hin ab und bildet malerische Buchten, die
Calas. Im Südosten verläuft die wesentlich niedrigere Sierra de Levante
(San Salvador; 509 m ü.d.M.), in der sich einige Tropfsteinhöhlen gebildet
haben. Auch hier gibt es zahllose Calas. Zwischen beiden Gebirgen greifen
von Nordosten die Buchten von Alcudia und Pollensa sowie von Südwesten die Bucht von Palma tief in die Llanura del Centro ein, eine Ebene
mit intensiver landwirtschaftlicher Nutzung.

Palma de Mallorca/Ciutat   N 6

Meereshöhe
Einwohnerzahl: 315 000

Lage und
Allgemeines

Palma de Mallorca (mall. Ciutat), die Hauptstadt Mallorcas und der Autonomen Gemeinschaft Baleares, liegt malerisch an der etwa 20 km tief in die
Südwestküste eingreifenden Bahía de Palma. Die lebhafte Großstadt ist
ein bedeutender Mittelmeerhafen, wirtschaftliches und kulturelles Zentrum der Inselgruppe und Bischofssitz. In Palma wurde 1235 der berühmte
Mystiker, Philosoph und Schriftsteller Ramón Llull (Raimundus Lullus)
geboren.

Mit seiner geschäftigen Innenstadt, seiner Altstadt und den ausgedehnten
Stränden an der gesamten Bucht außerhalb der Stadt ist Palma eines der
meistbesuchten spanischen Ferienziele sowie aufgrund der zentralen Ver-
kehrslage idealer Ausgangspunkt für den Besuch der Insel Mallorca.

Sehenswertes

*Kathedrale

Oberhalb des Alten Hafens thront die Kathedrale La Seo, ein um 1230 früh-
gotisch begonnener, aber erst im 16./17. Jh. vollendeter Sandsteinbau mit
drei Portalen, schöner Südfassade (14. Jh.) und zwei im 19. Jh. erbauten
Haupttürmen sowie einem Glockenturm von 1270. Vom Vorplatz auf der
Südseite hat man einen herrlichen Ausblick auf die Bucht.

Museum

Durch einen Nebeneingang an der Nordseite gelangt man in das in drei
Räumen eingerichtete Kirchenmuseum, in dem handgeschriebene Lieder-
bücher, Altarbilder, eine spätgotische Monstranz, Skulpturen und zahlreiche andere sakrale Gegenstände ausgestellt sind.

Innenraum

Durch das Museum hindurch betritt man das Innere der dreischiffigen
Kathedrale, das im 20. Jh. von Antoni Gaudí umgestaltet wurde. Es umfaßt
eine Fläche von 6600 m² und erreicht eine Höhe von 44 m. Durch bunte
Glasfenster und insgesamt sieben Fensterrosen, von denen die größte im
Apsisbogen aus dem Jahr 1370 stammt, fällt das Licht herein. In der
Capilla Real steht der Hauptaltar, über dem ein riesiger Dornenkranzbal-
dachin von Gaudí aufgehängt ist. In den Seitenwänden die Grabmäler der
Bischöfe Berenguer Batle und Guillem de Villanova, die sich im 14. Jh. um
den Bau der Kathedrale besonders verdient gemacht haben. Hinter der
Capilla Real der Bischofsstuhl und in der Capilla de la Trinidad die Sarko-
phage der Könige Jaime II. und Jaime III.

Palma de Mallorca
Ciutat

1 Fuente del
   Sepulcro
2 Fuente de la
   Princesa

3 Casa Belloto
4 Consulado del Mar
5 Casa Oleo
6 Almudaina-Bogen

7 Casa Oleza
8 Casa del Marqués de Palmer
9 Baños Árabes
   (Casa Font y Roig)

Direkt gegenüber dem Chor der Kathedrale steht das Bischofspalais, in dem heute u.a. das Diözesanmuseum (Museo Diocesano) untergebracht ist, das liturgisches Gerät, Inkunabeln, Keramik u.a. zeigt.

Palma de Mallorca
(Fortsetzung)
Diözesanmuseum

Der Palacio de la Almudaina, einst Sitz der maurischen Wesire und ab 1230 Königsburg, erhebt sich gegenüber dem Westportal der Kathedrale. Er beherbergt heute Militärbehörden und das Museo Nacional (Nationalmuseum). Im Hof die gotische Capilla de Santa Ana.

Palacio de
la Almudaina

Vom unterhalb der Kathedrale gelegenen modernen Parque del Mar, dessen Begrenzungsmauer von Joan Miró bemalt wurde, gelangt man zum palmenbestandenen Paseo Sagrera, der am Hafen entlangführt. Rechts steht die im 15. Jh. im gotischen Stil von dem mallorquinischen Baumeister Guillem Sagrera erbaute Lonja (ehem. Handelsbörse).

Lonja

Daneben das einstige Seegericht, das Consulado del Mar, um dessen erstes Obergeschoß eine schöne Renaissancegalerie läuft. Das Gebäude ist Sitz der Regierung der Autonomen Gemeinschaft.

Consulado
del Mar

Kathedrale von Palma

**Palma de Mallorca
(Fortsetzung)
Mansión del Arte**

In der unweit nördlich verlaufenden Calle de los Apuntadores können im Mansión del Arte u.a. sämtliche Radierungen Goyas in Originalabzügen und Werke von Picasso begutachtet werden.

**Paseo del
Borne**

Vom Alten Hafen führt die Avenida Rey Jaime III über die Plaza de la Reina zum Paseo del Borne, der Hauptpromenade der Stadt. An seiner Westseite steht der große Palacio Morell (Palacio Sollerich; 1763), dessen wertvoll möblierte Innenräume besichtigt werden können.

Rambla

Vom Nordende des Paseo gelangt man östlich am Justizpalast (Palacio Berga) und am Theater (Teatro Principal) vorbei zur Rambla (Vía Roma), der zweiten Flanierstraße der Stadt, auf der unter Platanen der Blumenmarkt abgehalten wird. Vom Beginn der Straße führt eine große Freitreppe

Plaza Mayor

hinauf zur Plaza Mayor, dem Mittelpunkt der Innenstadt. Durch die Calle San Miguel erreicht man vom Platz in nördlicher Richtung die gleichnamige Kirche, die aus einer alten Moschee hervorgegangen ist.

*Altstadt

Zwischen Plaza Mayor und Kathedrale dehnt sich die enge Altstadt aus, die allenthalben malerische Anblicke bietet.
An der Plaza Cort steht das stattliche dreigeschossige Ayuntamiento (Rathaus). Unweit nordöstlich verdient das düstere Innere der hochgotischen Kirche Santa Eulalia Beachtung. In der Calle Almudaina mit dem maurischen Mauerbogen 'Arco de Almudaina' ist im Casa Oleo eine Kunstsammlung zu besichtigen; der nahebei in der Calle Morey gelegene Renaissancebau Casa Oleza besitzt eine beachtliche Sammlung von Wandteppichen. Beide Häuser haben sehr schöne Innenhöfe.

San Francisco

Östlich von Santa Eulalia steht die im Jahr 1281 begonnene und 1317 vollendete Kirche San Francisco am gleichnamigen Platz. Durch das plateresk-barocke Portal betritt man den Innenraum, wo sich in der zweiten Kapelle links das alabasterne Grabmal von Ramón Llull befindet. Der spätgotische Kreuzgang ist von schlanken Säulen gesäumt.

Bäckerladen in Palma   *Lonja*

Im Palacio Ayamans (Calle Portella 9) südlich vom Rathaus ist das Museo de Mallorca untergebracht, das maurische, mittelalterliche und Kunstwerke des 18./19. Jh.s zeigt. An der Ostseite des Museums wurden in der Casa Font y Roig (Calle Serra 7) Reste einer arabischen Badeanlage aus dem 10. Jh. gefunden.

Palma de Mallorca (Fortsetzung)
*Museo de Mallorca

Etwas erhöht westlich außerhalb der Innenstadt liegt das Pueblo Español, in dem Nachbildungen wichtiger und charakteristischer historischer Bauten aus allen Regionen Spaniens sorgfältig errichtet wurden. In den Häusern sind vielfach Kunsthandwerkstätten eingerichtet.

*Pueblo Español/ Poble Espanyol

Westlich über der Stadt erhebt sich 113 m ü.d.M. der gotische Rundbau des Castillo de Bellver, eine ehemalige Königsburg aus dem 13. Jahrhundert. Der kreisrunde Grundriß läßt auf orientalische Vorbilder schließen. Über eine Brücke gelangt man in den Burghof, der von romanischen und gotischen Arkaden umzogen ist. Der Ziehbrunnen in der Mitte schöpft aus der Zisterne, die praktisch den ganzen Raum unter dem Innenhof einnimmt. Im unteren Stockwerk ist das Museo Municipal mit prähistorischen und archäologischen Objekten zu finden. Im ersten Obergeschoß können einige Schauräume besichtigt werden.

*Castillo de Bellver

Umgebung von Palma de Mallorca

Die fruchtbare Huerta de Palma westlich der Stadt ist von zahlreichen Ortschaften, Landgütern und Landsitzen (mall. 'son') belebt; am bekanntesten sind Son Vida (5 km westlich), das einstige Schloß der Marqueses de la Torre, und Son Berga (6 km nördlich) aus dem Jahr 1776. Bei der Künstlerkolonie Genova (5 km westlich) gibt es eine sehenswerte kleine Tropfsteinhöhle. In der Huerta finden sich die für Mallorca so typischen Windmühlen noch in großer Zahl.

Huerta de Palma

Palma de Mallorca
(Fortsetzung)
Bahía de Palma

Verläßt man Palma de Mallorca auf der C-719 in westlicher Richtung, erreicht man bei Cala d'en Blanes das Marineland mit Delphinarium, Aquarium und Tropicarium. Über Magalluf, abschreckendes Beispiel für die Auswüchse des Tourismusbooms, gelangt man in das Dorf Portals Vells an der Südspitze der Halbinsel; in der Bucht eine ehemalige Höhlenkirche. Wählt man die Autobahn nach Westen, kommt man unmittelbar am Castillo de Bendinat aus dem 13. Jh. vorbei. Bei Palma erreicht die Autobahn den Coll de Sa Batalla (Paß der Schlacht), wo das Heer Jaimes I. die Mauren besiegte.

In östlicher Richtung führt die Autobahn zum 10 km entfernten Flughafen Son San Juan; die parallele Küstenstraße läuft durch ehemalige Fischerdörfer und entlang der ausgedehnten Sandstrände der Playas de Palma bis El Arenal, Hochburg des Massentourismus. Alle diese Küstenorte bilden heute eine fast geschlossene Touristensiedlung mit entsprechender Infrastruktur.

Inselfahrten

Nachstehend werden einige Routenvorschläge für Fahrten auf Mallorca gemacht, für die man in der Regel einen Tag benötigt; für die Bergfahrt nach Cabo Formentor sollte man zwei Tage veranschlagen. Ausgangspunkt ist jeweils die Inselhauptstadt Palma, von der die wichtigsten Überlandfahrten sternförmig ausgehen.

*Rundfahrt über Andraitx und Sóller

Santa Ponsa

Man verläßt Palma in westlicher Richtung auf der Autobahn oder der Küstenstraße C-719; beide vereinigen sich unmittelbar hinter Palma Nova und erreichen nach rund 20 km Fahrt die Abzweigung zum Ferienzentrum Santa Ponsa. 2 km westlich vom Zentrum erinnert auf dem Felssporn Sa Caleta ein Gedenkkreuz an die Landung der christlichen Truppen 1229.

Andraitx/
Andratx

Die Weiterfahrt erfolgt über den lebhaften Badeort Paguera nach Andraitx (mall. Andratx), einem schön gelegenen Landstädtchen in fruchtbarer Umgebung. Im Landgut Son Mas ist heute ein Heimatmuseum eingerichtet. Die wehrhafte Kirche Santa María stammt aus dem 13. Jahrhundert.

Puerto de
Andraitx/
Port d'Andratx

Auf der C-719 sind es 5 km in südwestlicher Richtung zum kleinen, teilweise noch altertümlichen Hafen Puerto de Andraitx (mall. Port d'Andratx), angenehm gelegen an der Mündung des Torrent de Saluet, der hier in eine schmale, einen vorzüglichen Naturhafen bildende Bucht mündet.

*Nordwestküste

Von Andraitx geht es nun weiter auf der C-710 zur eindrucksvollen Nordwestküste Mallorcas, an der sich zahlreiche Aussichtspunkte finden. Einer der schönsten ist der Mirador de Ricardo Roca 6 km südwestlich des malerischen Dorfes Estellencs (mall. Estallenchs), in dessen Umgebung – wie auch beim folgenden Dorf Bañalbufar (mall. Banyalbufar) – in den für Mallorca charakteristischen Terrassenkulturen Gemüse angebaut wird.

La Granja

Nach Bañalbufar biegt die Straße ins Landesinnere ab und gabelt sich nach wenigen Kilometern. Ein kurzer Abstecher (1 km) Richtung Esporlas (mall. Esporles) führt zum einstigen Herrensitz La Granja (= Gutshof), der schon zur Maurenzeit Landsitz war und später an die Zisterzienser fiel. Die derzeitige Besitzerfamilie hat den Komplex weitgehend unrestauriert gelassen, und so vermitteln die Räume wie Geräteschuppen, Wohnräume, Küche, Backstube, Hauskapelle, Vorratsräume und verschiedene Werkstätten mit ihren alten Gerätschaften und der Verkleidung mit Majolikafliesen einen Eindruck von Authenzität und Ursprünglichkeit.

Mallorca

1 : 1150000
10 km

★ Touristische
★★ Höhepunkte

✗ Windräder

© Baedeker

Nach diesem Abstecher zurück auf der kurvenreichen C-710 nach Norden erreicht man wiederum eine Abzweigung, die nach Valldemosa führt. Hier lohnt ein Besuch der 1399 an der Stelle eines Alcazar errichteten und im 17./18. Jh. umgebauten Kartause (Cartuja), in der Frédéric Chopin und George Sand den Winter 1838/39 verbrachten; ihre Wohnräume sind heute zugänglich. Hier entstanden u.a. Chopins "Regentropfenprélude", und George Sand sammelte ihre Eindrücke für ihr Buch "Ein Winter in Mallorca". Sowohl die Klosterkirche als auch die ehemaligen Mönchszellen können besichtigt werden. Besonders hervorzuheben sind die mit schönen Majolikagefäßen ausgestattete ehemalige Klosterapotheke aus dem 18. Jh. und die Bibliothek.

Im Kloster ist auch das Museo Municipal eingerichtet, das eine Sammlung zu Leben und Werk des Erzherzogs Ludwig Salvator besitzt.

An die Kartause stößt direkt die stimmungsvolle und prunkhafte Anlage des Palastes des Königs Sancho an.

*Cartuja de Valldemosa

Wieder auf der Küstenstraße, trifft man auf das Landgut Miramar mit dem gleichnamigen Palais, einst im Besitz des österreichischen Erzherzogs Ludwig Salvator (1847–1915). Dieser, zweiter Sohn des Großherzogs Leopold von Toskana, unternahm Forschungsreisen in den Vorderen Orient und im Mittelmeerraum. Er lebte von 1860 bis 1913 die meiste Zeit auf Mallorca im 2 km nordöstlich von Miramar liegenden Landsitz Son Morroig, der heute als Erinnerungsstätte an den Erzherzog eingerichtet ist. Hier schrieb er das noch heute als Standardwerk geltende siebenbändige Opus "Die Balearen in Wort und Bild geschildert".

Miramar/ Son Morroig

Über das reizvolle Künstlerdorf Deya (mall. Deiá) und das einstige maurische Landgut Lluch Alcari erreicht man Sóller, eingebettet in das fruchtbare, von Bergen eingefaßte Valle de los Naranjos, dessen Zitruskulturen sich fast bis in den Stadtkern erstrecken. Sehenswert sind die Pfarrkirche San Bartolomé und etliche schöne Patrizierhäuser aus dem 17. und dem

Sóller

181

Valldemosa

Sóller (Fortsetzung)	18. Jahrhundert. 5 km nördlich Puerto de Sóller, der wichtigste Hafen der Nordküste.
Hinweis	Sóller ist von Palma auch mit der fünf- bis sechsmal täglich verkehrenden Eisenbahn zu erreichen; die Fahrt ist ein Muß für alle Eisenbahnfreunde. Von Sóller nach Puerto de Sóller fährt eine nostalgische Straßenbahn.
✳ Gärten von Alfabia	Von Sóller geht es auf der C-711 nun wieder Richtung Palma. Die Straße steigt zur Paßhöhe des Coll de Sóller hinauf. An dessen Südrampe liegen die Gärten von Alfabia, einst Landsitz der maurischen Wesire, die mit ihrer einzigartigen Bewässerungstechnik eine überaus schöne Gartenanlage schufen, in der Dattelpalmen, Bambus, Zitronen- und Orangenkulturen gedeihen. Das spätbarocke Gutshaus ist mit wertvollem Mobiliar und Malereien ausgestattet.
Raixa / Raxa	An dem Marktflecken Buñola (mall. Bunyola) vorbei gelangt man 2 km südlich rechts abseits der Durchgangsstraße zu dem ehemaligen maurischen Herrensitz Raixa (mall. Raxa) mit herrlichen Terrassengärten in italienischem Stil und Wasserspielen. Die C-711 läuft nun schließlich zurück nach Palma.
Streckenvariante	Man kann in Buñola auch nach links abbiegen und auf einer landschaftlich sehr lohnenden Bergstrecke über den Coll de Hono und Orient zum Castillo de Alaró fahren, dessen Ursprünge wahrscheinlich schon in römische Zeit zurückreichen. Von dort gelangt man über Alaró in südlicher Richtung bei Consell auf die C-713, die zurück nach Palma führt.

Bergfahrt zum Cabo Formentor

Zunächst fährt man auf der C-711 nach Sóller. Nach dem Ort zweigt nach rechts die großartige Bergstrecke C-710 ab, die am malerischen alten

Cabo Formentor

Bergdorf Fornalutx vorbei und über den Aussichtspunkt Ses Barques kurvenreich schließlich zum Fuße des Puig Mayor führt, mit 1443 m Höhe der höchste Gipfel Mallorcas. Hier öffnet sich der Gorch Blau (= Blauer Kamm), eine 500 m lange, bis 100 m tiefe Felsschlucht. Der Wildbach, der sie geformt hat, ist oberhalb der Schlucht zum Barranco del Gorch Blau aufgestaut. Östlich über dem Stausee erhebt sich der Puig de Massanella (1348 m ü.d.M.), berühmt durch den hervorragenden Rundblick, den man vom Gipfel genießt (Besteigung vom Kloster Lluch in ca. 8 St.).

*Gorch Blau

Unweit östlich des Gorch Blau sollte man die Durchgangsstraße zu einer Fahrt auf der wildromantischen Serpentinenstrecke 'La Calobra' ('die Schlange') verlassen. Die gut ausgebaute, fahrerisch recht anspruchsvolle Straße, in deren ersten Teil man die 270°-Kehre 'Nus de la Corbeta' ('Krawattenknoten') durchfährt, führt durch Engstellen und an Felslabyrinthen und großen Monolithen vorbei zur steilwandigen Bucht Cala de Calobra. Von dort kann man in wenigen Minuten zu Fuß zur engen Felsschlucht des Torrent de Pareis gehen, der in einem weiten Felskessel ins Meer mündet.

*La Calobra / Torrent de Pareis

Die C-710 strebt weiter nach Nordosten. Beim Weiler Escorca zweigt nach links die Zufahrt zum Kloster Nuestra Señora de Lluch ab, dem bedeutendsten Wallfahrtsort Mallorcas. Hier soll der Legende nach ein Hirtenjunge eine hölzerne schwarze Madonna im Wald gefunden haben. Die Bausubstanz des heutigen Klosters stammt aus dem 17. und 18. Jh.; im ersten Stock des einstigen Konventsgebäudes ist ein Museum eingerichtet. In der barocken, dreischiffigen Basilika ist an der dem Hauptaltar zugewandten Wand das Gnadenbild der Madonna 'La Moreneta' ('die Schwärzliche') aufgestellt. Neben dem Konventsgebäude beginnt ein Stationenweg.

Monasterio de Lluch

Durch eine Karstlandschaft gelangt man hinab in die Ebene nach Pollensa (mall. Pollença), einem Hauptort der mallorquinischen Textil- und Schuhindustrie. Von der Pfarrkirche Nuestra Señora de Rosario steigt man links

Pollensa / Pollença

Pollensa
(Fortsetzung)

die zypressengesäumten 365 Stufen hinauf zum Kalvarienberg (Calvario) mit einer barocken Wallfahrtskapelle.

Cabo Formentor/
Cap Formentor

Beim einstigen Fischerort Puerto de Pollensa beginnt die äußerst lohnende Strecke (21 km) zum Cabo Formentor (mall. Cap Formentor). Zunächst geht es aufwärts zu einem Bergsattel, wo die Aussichtsterrassen des Mirador de Mal Pas zu einem Halt einladen. Serpentinen führen hinab zur Abzweigung zum Luxushotel Formentor, das schön über einer Meeresbucht liegt. Schließlich ist das von einem Leuchtturm gekrönte Cabo Formentor erreicht, der nördlichste Punkt Mallorcas, von dem man eine umfassende Aussicht genießt.

Von Palma nach Alcudia

Inca

Die C-713 führt von Palma in nordöstlicher Richtung durch die Huerta de Palma und über Santa María del Camí zu dem 29 km entfernten Inca, wo die weitaus meisten Lederfabriken von Mallorca zu finden sind.

Cuevas de
Campanet

Nach 8 km von Inca folgt links eine Abzweigung zum Dorf Campanet, in dessen Nähe 1945 ein Höhlensystem entdeckt wurde, das auf 1300 m Länge begangen werden kann und sehenswerte Sinterbildungen aufweist.

Alcudia

Hinter der Abzweigung nach Pollensa verbleibt man weiter auf der C-713 und erreicht Alcudia, eine phönizische Gründung und als 'Pollentia' (nicht zu verwechseln mit Pollensa, s.o.) Inselhauptstadt der Römer. Der Stadtkern ist von einem nahezu geschlossenen, vorzüglich erhaltenen Mauerring umgeben, der auf das 14. Jh. zurückgeht und dessen Südwestecke die Pfarrkirche Sant Jaume bildet. Unweit südlich der Kirche das Ruinenfeld des römischen Pollentia. In der Altstadt findet man etliche schöne Bürgerhäuser und beim Rathaus das Museo Arqueológico (Archäologisches Museum). Etwas außerhalb an der Staße nach Puerto de Alcudia liegen die Überreste eines kleinen römischen Amphitheaters.
Puerto de Alcudia selbst ist ein stark vom Tourismus geprägter Ort mit zahlreichen Hotels, Bars und Diskotheken.

Zu den Höhlen der Ostküste

Algaida

Die C-715 führt in östlicher Richtung nach Algaida. Wenige Kilometer vor dem Ort wurde bei Son Gual ein Prähistorischer Park angelegt, in dem lebensgroße Abbildungen von Urzeittieren bestaunt werden können.

Glashütte
Gordiola

Nur 2 km vor Algaida sollte man die Glashütte Gordiola besichtigen, wo man den Glasbläsern bei der Arbeit zusehen kann und ein kleines Glasmuseum interessante Objekte zeigt.

**Puig de Randa

Das weitaus lohnendste Ziel in der Umgebung von Algaida und eine der bedeutendsten Sehenswürdigkeiten der ganzen Insel ist der 8 km südöstlich gelegene Puig de Randa (542 m ü.d.M.), der drei als Wallfahrtsziele bekannte Klöster trägt. Man folgt der nach Lluchmayor führenden Straße bis Randa, von wo eine landschaftlich sehr reizvolle Straße durch Buschwald bergan führt.

Nuestra Señora
de Gracia

Etwa auf halber Strecke geht rechts durch eine Toreinfahrt ein Feldweg zum Kloster Nuestra Señora de Gracia ab (15. Jh.), das großartig am Fuß einer senkrechten Felswand liegt, in der zahlreiche Vögel nisten.

Sant Honorat

Nach kurzer Weiterfahrt auf der Hauptstrecke kennzeichnet eine Majolikatafel den Weg zum Kloster Sant Honorat aus dem 14. Jh., dessen Vorplatz mit Kiefern und Johannisbrotbäumen bestanden ist. Im inneren Klosterbereich vor der Kirche ein Majolikabild Marias mit dem Kinde, flankiert von Ramón Llull und Arnau Desbrull, dem Erbauer des Klosters.

Nuestra Señora
de la Cura

Auf dem Gipfel des Puig de Randa liegt die Ermita Nuestra Señora de la Cura. Durch die einige Zeit hier lebenden Ramón Llull (1235–1316) wurde

Puig de Randa

Cala Pí

die Ermita zu einem bedeutenden Zentrum des Geisteslebens. In der Loggia rechts neben der Kirche sind die großen Majolikabilder sehenswert; im Kircheninneren eine Bethlehemgrotte.

Nuestra Señora de la Cura (Fortsetzung)

Über das malerische, abseits des Touristenstroms gelegene Montuiri erreicht man kurz hinter Villafranca de Bonany die Abzweigung nach Petrá, Geburtsort von Juníperro Serra (1713 – 1784), der auf der mexikanischen Halbinsel Baja California und in den heutigen US-Bundesstaaten California und Texas missionierte. Der Franziskaner gründete mehrere Missionsstationen, die bekanntesten sind die heutigen Millionenstädte San Francisco und Los Angeles. An sein Wirken erinnern in Petrá zahlreiche Majolikabilder in einem Sträßchen bei der Kirche San Bernardino, das Museo Serra und wenige Schritte davon das Geburtshaus des Missionars.

Petrá

Manacor, die zweitgrößte Stadt der Insel, liegt 50 km von Palma entfernt an der C-715. Die Stadt ist weit über die Grenzen Spaniens hinaus bekannt geworden durch die Fabrikation künstlicher Perlen, die von Laien nicht von echten unterschieden werden können. Die älteste und bekannteste Fabrik ist die 1890 gegründete Firma Majorica. Sie unterhält am westlichen Stadtrand an der C-715 einen Verkaufspavillon, wo man sich vorstellig werden kann, wenn man die in der Innenstadt gelegene Fertigungsstätte besichtigen will.

Manacor

Kunstperlenfabrikation

Die C-715 führt weiter nach Artá, von dessen Burghügel man einen sehr guten Ausblick hat. Auf dem Burgberg auch das barocke Santuario de San Salvador. Südlich vom Ort befinden sich in einem schattigen Gelände die 'Ses Paises' genannten Reste einer Megalithsiedlung aus der Zeit um 1000 bis 800 v. Chr., umgeben von einem doppelten Mauerring.

Artá

Im weiteren Verlauf der Hauptstraße erreicht man Capdepera, ein altertümliches Städtchen mit weithin sichtbarer Festung aus dem 14. Jh., in der noch die Burgkapelle von 1323 erhalten ist.

Capdepera

Cabo Capdepera	Von Capdepera kann man einen Abstecher zum einstigen Fischerdorf und heutigen Touristenort Cala Ratjada unternehmen. Von hier führt ein 2 km langer Spaziergang zum Leuchtturm auf Cabo Capdepera, der Ostspitze Mallorcas.
*Cuevas de Artá	Von Artá in südöstlicher oder von Capdepera in südwestlicher Richtung gelangt man auf Nebenstraßen zu einer Straßenkreuzung, von der es an einem Wehrturm aus dem 13. Jh. vorbei südöstlich zu den am Meer gelegenen Höhlen von Artá (Cuevas de Artá) geht. Der Eingang zu diesem 450 m langen Höhlensystem liegt 40 m über dem Meer; im Inneren sind eindrucksvolle Tropfsteingebilde entstanden.
Reserva Africana	Man kehrt zur oben erwähnten Kreuzung zurück und wendet sich dort nach Südwesten. In Son Servera bleibt man auf der in Küstennähe verlaufenden Straße und erreicht die 'Reserva Africana' bei Calla Millor, ein 40 ha großes Freigehege zur Aufzucht von afrikanischen Großsäugetieren (keine Raubkatzen), das mit dem Auto durchquert werden kann.
**Cuevas del Drach	Die Straße führt weiter zum freundlichen Hafenstädtchen Porto Cristo. Rund 1,5 km südlich des Ortes liegen die Cuevas del Drach ('Drachenhöhlen'), eine der bedeutendsten Sehenswürdigkeiten der Insel. Die aus vier Hallen bestehende Höhle besitzt phantastische Tropfsteine und einen großen See, den 177 m langen, 29 m tiefen und 39 m unter der Erdoberfläche liegenden Lago Martel, so benannt nach dem Erforscher der Höhle, Edouard Martel.
*Cuevas dels Hams	Knapp 2 km westlich von Porto Cristo, an der Straße nach Manacor, befinden sich die Cuevas dels Hams ('Höhlen der Angelhaken'). Sie haben ihren Namen von den vor allem im 'Engelstraum' genannten Saal vorkommenden Tropfsteinen, die in alle erdenklichen Richtungen wachsen und an Angelhaken erinnern. Auch in dieser Höhle gibt es einen unterirdischen See, 'See von Venedig' genannt.

Zur Süd- und Südostküste

Lluchmayor/ Llucmajor	Man verläßt Palma auf der großzügig ausgebauten Ausfallstraße in Richtung Flughafen und und fährt dann durch die an der Playa de Palma gelegenen Seebäder. Bei El Arenal wendet sich die Straße ins Landesinnere und führt zum Marktzentrum Lluchmayor (mall. Llucmajor), das seinen Wohlstand der Schuhmacherei verdankt. Nordöstlich außerhalb der Stadt befindet sich das Schlachtfeld, auf dem im Jahr 1349 der mallorquinische König Jaime III. im Kampf gegen seinen Vetter Pedro IV. von Aragón fiel und Mallorca damit seine Unabhängigkeit einbüßte. Von Lluchmayor lohnt sich ein Abstecher zum Puig de Randa (s.S. 185).
Campos del Puerto	Man folgt nun der C-717 und gelangt nach Campos del Puerto, das teilweise noch mittelalterlich geprägt ist. In der Pfarrkirche Sant Julián an der Durchgangsstraße verdient ein Gemälde von Murillo Beachtung.
Ses Salines	Im weiteren Verlauf der C-717 ist Santañy (mall. Santanyi) erreicht. Ein Abstecher in südwestlicher Richtung führt nach Ses Salines, das seinen Namen von den großen Salinen hat, die etwas weiter westlich liegen. In der Umgebung des Dorfes reiche prähistorische Relikte.
Calas	Die Rundstrecke führt von Santañy nach Nordosten. Von dieser Straße gehen mehrere Nebenstraßen in malerische Calas an der Südostküste ab, die in unterschiedlicher Weise für den Tourismus erschlossen sind.
Felanitx	Kurz nach der Abzweigung zum Hafenstädtchen Porto Colóm biegt eine Straße wieder ins Landesinnere nach Felanitx ab. In der auf vier Hügeln gelegenen Stadt lohnt eine Besichtigung der stattlichen Pfarrkirche San

Miguel, die im 13. Jh. begonnen und im 16./17. Jh. umgebaut wurde. Felanitx ist auch bekannt für seine Wurstwaren.

Schon 2 km vor Felanitx biegt links eine besonders in ihrer zweiten Hälfte landschaftlich sehr lohnende Strecke zur Wallfahrtstätte Ermita de San Salvador ab. Unmittelbar beim Santuario eine 7 m hohe Christusstatue, von deren Sockel sich ein herrlicher Ausblick auf die Küste bietet. Die Kirche, stammt aus dem 18. Jh. und enthält u.a. eine der auf Mallorca so häufigen Bethlehemgrotten.

*Ermita de San Salvador

Rund 6 km südöstlich von Felanitx steht auf dem Hauptkamm der Serranía de Levante das Castillo de Santueri, eine der am besten erhaltenen mittelalterlichen Befestigungsanlagen der Insel.

*Castillo de Santueri

Statt in El Arenal sofort in Richtung Lluchmayor zu fahren, bleibt man auf der Küstenstraße. Beim Cabo Blanco biegt sie ins Landesinnere ab. Man erreicht Capicorp Vey (mall. Capocorp Vell), Rest einer Siedlung aus dem Prätalayotikum (1000 – 800 v. Chr.). Zu besichtigen sind u.a. fünf Talayots.

Streckenvariante

Capicorp Vey/ Capocorp Vell

Die Straße läuft nun wieder an die Küste zurück zur Cala Pí, eine fjordartig eingeschnittene Bucht mit kristallklarem Wasser. Von hier kann man nun weiter nach Ses Salines oder nach Lluchmayor fahren.

*Cala Pí

Cabrera

Vor der Südküste Mallorcas liegt die kleine und karge Insel Cabrera (Ziegeninsel). Sie ist zwar mit dem Fährschiff von Palma zu erreichen; ein Besuch ist jedoch nicht sonderlich lohnend, es sei denn, man verfügt über ein eigenes Boot, mit dem man schöne Ankerplätze zum Tauchen und Schwimmen ansteuern kann.

* Menorca

O / P 5 / 6

Fläche: 711 km^2
Einwohnerzahl: 62 000

Menorca ist ein eher ruhiges Ferienziel. Es bietet neben guten Stränden und Wassersportmöglichkeiten bemerkenswerte kulturhistorische Sehenswürdigkeiten, insbesondere megalithische Steinsetzungen, die oft jedoch nur auf abenteuerlichen Pfaden zu erreichen sind. Zwar hat in der jüngeren Vergangenheit auch der Fremdenverkehr erheblich an Bedeutung gewonnen, doch scheint das teilweise abschreckende Beispiel von Mallorca zur Besinnung beigetragen zu haben, so daß einige sehr groß angelegte Projekte nicht realisiert wurden. Angenehm fällt das weitgehende Fehlen von Hotelhochhäusern auf. Nach wie vor ist die Landwirtschaft Lebensgrundlage der Menorquiner.

Allgemeines

Den Nordwesten Menorcas bedeckt ein sanftes Hügelland, das im Monte Toro bis zu 357 m ansteigt und zur Nordwestküste hin von fjordartigen Einschnitten durchzogen ist. Den Südwesten nimmt ein weites Flachland ein, dessen Kliffküste kleine Felsbuchten ausbildet.

Landschaftliche Gliederung

Mahón / Maó

Meereshöhe
Einwohnerzahl: 23 000

Mahón (men. Maó), Hauptstadt und wichtigster Hafen von Menorca, liegt im äußersten Osten der Insel auf einer steil aufragenden Felstafel. Die

Lage und Allgemeines

Mahón
(Fortsetzung)

wind- und wettergeschützte, strategisch wichtige Lage macht Mahón wohl zum besten Naturhafen des Mittelmeeres. Schon die Karthager, die Römer und die Mauren wußten dies zu nutzen. 1287 begann unter Alfonso III. von Aragón die Rückeroberung der Insel. Im Spanischen Erbfolgekrieg wurde Menorca 1708 von den Engländern besetzt und 1713 Teil des Britischen Königreiches; der britische Einfluß auf Bauweise und Lebensart ist noch heute unverkennbar. Die französische Besetzung von 1756 bis 1763 hat keine Spuren hinterlassen. Auch heute wird Mahón noch militärisch genutzt.

Sehenswertes

*Hafeneinfahrt

Obwohl Menorca von Spanien und dem übrigen Europa bequem per Flugzeug zu erreichen ist, sollte man – falls man von einer anderen Baleareninsel kommt – eine Anreise zu Schiff einplanen, um den bleibenden Eindruck der Einfahrt in den 5 km langen, stark gegliederten Hafenfjord zu erleben, vorbei an mehreren ehemaligen Festungen, an Inseln und Calas.

Stadtbild

Plaza España

An sechs Plätzen spielt sich im wesentlichen das Leben in Mahón ab. Vom Hafen führt die Rampa de Abundancia zur Plaza de España mit der Iglesia del Carmen und den Marktständen unter den Arkaden des einstigen Karmeliterklosters.

Plaza Miranda

Auf einem links von der Rampa abgehenden schmalen Treppenweg gelangt man zur Plaza Miranda, von der man einen guten Überblick über die innere Hafenbucht hat.

Plaza de la
Constitución

Durch die Calle Cristo gelangt man von der Plaza España zur Fußgängerzone, die rechter Hand in die Plaza de la Constitución mündet. An dieser stehen das Rathaus (Ayuntamiento) und die 1287 gegründete Kirche Santa María, die im 18. Jh. im klassizistischen Stil erneuert wurde.

Plaza de la
Conquista

Beim Rathaus rechts gelangt man auf die Plaza de la Conquista mit dem Denkmal für Alfonso III. An der Westseite das Bibliotheksgebäude, in dem sich auch ein Museum befindet.

Plaza Bastión

Die Calle San Roque führt vom Rathaus zur Plaza Bastión, auf der sich mit dem turmbewehrten Stadttor Puerta San Roque noch ein Rest der einstigen Ummauerung erhalten hat.

Plaza Explanada

Die Plaza Explanada im Westen der Stadt ist der Verkehrsknotenpunkt, von dem auch die Busse ins Inselinnere abfahren. An seiner Nordostecke das Ateneo Científico mit vor- und frühgeschichtlichen sowie natur- und kulturhistorischen Sammlungen.

Umgebung von Mahón

Golden Farm

Auf Cap La Mola, der nördlichen Begrenzung der Hafenbucht, liegt ca. 4 km nordöstlich von Mahón an der Straße zur Landspitze Punto Espero der prächtige Herrensitz San Antonio (men. Sant Antoni), bekannt als 'Golden Farm'. In den Jahren 1799 und 1800 hielten sich hier Lord Nelson und Lady Hamilton auf. Das Gutsgelände ist nicht zugänglich.

Punto Espero

Punto Espero, die Ostspitze Menorcas, ist als Militärgelände nicht direkt zugänglich. Der Weg dorthin bietet jedoch immer wieder reizvolle Ausblicke auf die Hafenbucht.

Nordostküste

Faro de Favaritx

Eine landschaftlich sehr lohnende Strecke ist die Straße von Mahón entlang der Nordostküste nach Fornells. Von ihr zweigen mehrfach Nebenstraßen zu Ferien- und Badeorten an der Küste ab.
Einer der markantesten Punkte ist der Leuchtturm (Faro) von Favaritx. 10 km von Mahón führt eine Abzweigung nach rechts zur Landspitze, die zwar wiederum als Militärgelände nicht direkt betreten werden darf; die unwirtliche Felslandschaft ist jedoch ein für den Mittelmeerraum ungewohnter Anblick.

Von der Hauptstrecke geht nach weiteren 12 km eine Stichstraße nach rechts zur Urbanisation Son Parc ab. Sie ist eine Reißbrettgründung, die sich um einen Golfplatz entwickelt hat und unter Verzicht auf touristische Auswüchse eine gepflegte Feriensiedlung darstellt.

*Son Parc

Fornells, von Mahón auf der Küstenstraße oder über Mercadal auf der C-723 zu erreichen, ist ein langgestreckter weißer Straßenort mit gutem Hafen an der Bahía de Fornells. Viele der Einwohner leben noch vom Fischfang. Um die Bucht sind mehrere hübsche Feriensiedlungen angelegt. Von Fornells lohnt eine Bootsfahrt zu den Höhlen auf der östlich gelegenen Halbinsel, deren eindrucksvollste nur vom Wasser zugängliche Cova Na Polida mit ihren Tropfsteinen ist.

Fornells

Unweit südlich der C-721 von Mahón nach Alayor, 5 km westlich von Mahón, steht in landwirtschaftlich genutztem Gelände die megalithische Taula (Steintisch) Talati de d'Alt, die wohl am schönsten gelegene auf Menorca. Außer der Taula ist ein Hypostylon beachtenswert, ein von einer dicken Steinplatte überdachter Raum mit zentralem Monolithen.

*Talati de d'Alt

Man verläßt Mahón auf der zum Flughafen führenden Straße und gelangt durch San Clemente (men. Sant Climent) nach insgesamt 9,5 km zu einer Abzweigung nach links, die zur zauberhaften Bucht Cala Coves führt, wo sich in den Felsen noch zahlreiche vermutlich aus prähistorischer Zeit stammende Wohnhöhlen (Cuevas trogloditas) befinden.

*Cala Coves

Die Hauptstrecke führt zur Feriensiedlung Cala n'Porter an der Südküste. Direkt am Steilufer jenseits des Ortes liegt Cueva d'en Xoroi, eine phantastisch gelegene Höhle, in der eine Bar mit Diskothek eingerichtet ist.

Cueva d'en Xoroi

Von Mahón kommt man in südlicher Richtung durch San Luis (men. Sant Lluis), wendet sich hier nach Westen und gelangt über eine Nebenstraße zu

*Binibeca Vell

Nach altem Vorbild: Binibeca Vell

Torralba d'en Salort

Blick vom Monte Toro

Binibeca Vell (Fortsetzung)	dem Ferienort Binibeca Vell. Der höchst phantasievoll gestaltete Ort ist einer alten Fischersiedlung nachempfunden und bietet mit dem dunkel gebeizten Holz und den weißen Mauern und Dächern einen eindrucksvollen Anblick.
Villa Carlos	Über der Hafenbucht östlich von Mahón liegt Villa Carlos, das im 18. Jh. von den Briten als 'Georgetown' gegründet wurde. Noch heute zeigt es britisches Gepräge.
Trepucó	Unweit südwestlich von Villa Carlos, an der Straße nach San Luis, sollte man die Reste der prähistorischen Siedlung Trepucó besuchen, in der die größte und am besten erhaltene Taula der Balearen zu finden ist.
Alayor / Alaiort	In der Umgebung des ländlichen Ortes Alayor (men. Alaiort), 23 km nordwestlich von Mahón an der C-721, befinden sich mehrere prähistorische Stätten, die zum Archäologischen Freilichtmuseum der Stadt gehören.
*Torre d'en Gaumes	Herausragend ist die 5 km südwestlich gelegene Stätte Torre d'en Gaumes, die Reste dreier mächtiger Rundtürme, Taulas und einen einzigartigen Hypostylon umfaßt.
Son Bou	Die Hotel- und Ferienkolonie Son Bou, 8 km von Alayor an der Südküste gelegen, bietet einen der längsten Sandstrände von Menorca.
*Monte Toro	Von der Ortsmitte von Mercadal, 9 km nordwestlich von Alayor, führt eine Serpentinenstraße auf den 357 m hohen Monte Toro. Von den Aussichtsterrassen im Gipfelbereich hat man einen weiten Blick über die gesamte Insel; bei klarem Wetter erblickt man sogar die Ostküste Mallorcas. Auf dem Berg haben im 17. Jh. Augustiner die Wallfahrtsstätte Nuestra Señora de El Toro gegründet, ein malerischer, um einen Hof gruppierter Gebäudekomplex, der das ganze Jahr über das Ziel zahlreicher Wallfahrer ist.

Ciudadela de Menorca / Ciutadella

Meereshöhe
Einwohnerzahl: 19 500

Die einstige Inselhauptstadt Ciudadela de Menorca (men. Ciutadella) liegt im äußersten Westen Menorcas malerisch oberhalb der fjordartigen Hafenbucht. Im Jahr 1558 nahmen 15 000 türkische Korsaren die Stadt ein, zerstörten sie und metzelten die Einwohner nieder. Die Überlebenden wurden nach Istanbul in die Sklaverei verschleppt.

Lage und Allgemeines

Sehenswertes

Mittelpunkt der Stadt ist die Plaza del Borne, in deren Mitte ein Obelisk an die Ereignisse von 1558 erinnert. An der Westseite das Rathaus. Vom Platz hat man einen guten Blick auf die Hafenbucht.

Plaza del Borne

Die rechte Ostseite des Platzes wird von der Fassade des Palacio Salort beherrscht, ein frühklassizistisches Stadtpalais, dessen reich möblierte Innenräume besichtigt werden können.

Palacio Salort

Nur wenige Schritte sind es von der Plaza del Borne zur Plaza Pio XII., an deren linker Seite der querhauslose Hallenbau der Kathedrale steht, der in den Jahren 1287 bis 1362 errichtet wurde.

Kathedrale

Wiederum nur wenig rechts der Kathedrale an der Plazuela del Rosario verdient die churriguereske Fassade der Capilla del Rosario Beachtung.

Capilla del Rosario

Umgebung von Ciudadela

6 km östlich der Stadt, unweit südlich der Durchgangsstraße C-721, steht die Naveta d'es Tudóns, die bekannteste und am besten erhaltene Naveta der Insel und zugleich das älteste Bauwerk Spaniens (ca. 15. Jh. v. Chr.). Das aus kyklopischen Steinquadern errichtete Bauwerk steht in freiem Gelände in der Nähe der dort gut zu verfolgenden einstigen Römerstraße. Die Naveta diente als Grabstätte; begraben wurden u.a. mehrere Clanführer (⟶ Abb. S. 175).

*Naveta d'es Tudóns

Man verläßt Ciudadela auf der C-721. Im 24 km entfernten Ferrerías biegt man am westlichen Ortsrand rechts ab und erreicht nach 7 km Cala Santa Galdana. Der Urlaubsort liegt sehr malerisch an einer rings von nahezu senkrechten Felswänden umschlossenen Bucht, in die ein Flüßchen mündet und die sehr gute Bademöglichkeiten bietet.

*Cala Santa Galdana

* Ibiza   M 6 / 7

Fläche: 541 km²
Einwohnerzahl: 71 000

Zwei sanft gerundete und wenig zerklüftete Gebirgsrücken durchziehen den Norden und den Süden der größten Pityuseninsel Ibiza, die in ihrer längsten Ausdehnung 48 km erreicht und bis zu 24 km breit ist. Der südliche Bergzug, mit dem Atalaysa de San José (476 m ü.d.M.) als höchster Erhebung, erreicht größere Höhen als der von Senken durchfurchte nördliche. Beide Bergpartien trennt eine von Westen nach Nordosten quer durch die Insel verlaufende Niederung. Die Südspitze der Insel nimmt eine weite Schwemmlandebene ein.

Landschaftliche Gliederung

Ciudad de Ibiza / Eivissa

Höhe: 0 – 100 m ü.d.M.
Einwohnerzahl: 31 000

Lage und Allgemeines

Die Inselhauptstadt Ibiza (amtl. Ciudad de Ibiza; ibiz. Eivissa) liegt im Süden der Insel an der nach Südosten offenen, ausgezeichnet geschützten Hafenbucht. Vor allem im Sommer ist die Stadt von Touristen aus aller Welt bevölkert, die hier auf Zeit ein freizügiges, ungezwungenes Leben fern aller bürgerlichen Konvention genießen wollen – was auch immer man darunter verstehen mag.

Sehenswertes

*Stadtbild

Wer mit dem Schiff nach Ibiza kommt, genießt beim Einlaufen in den Hafen das Stadtbild mit den sich weithin sichtbar auftürmenden Häusern und den Festungsbastionen der Oberstadt mit der Kirche Santo Domingo und der Kathedrale.

Unterstadt
La Marina

Südlich vom Hafen erstreckt sich die Unterstadt, heute das betriebsame Geschäftsviertel von Ibiza. In ihrem 'La Marina' genannten westlichen Teil reihen sich Läden, Boutiquen, Bars und Restaurants aneinander. Beim Aufgang zur Oberstadt kommt man am Gemüse- und Obstmarkt sowie am Fleisch- und Fischmarkt vorbei.

Sa Penya

Der östliche Stadtteil Sa Penya ist der älteste außerhalb der Festungsmauern. Das einstige Fischerviertel mit seinen weißen Häusern und verträumten Winkeln hat noch einiges von der alten Atmosphäre bewahrt, auch wenn in den Gassen heute Boutiquen und Lokale eingerichtet sind.

Hafen von Ibiza

Über der Unterstadt erheben sich die mächtigen Mauern der Festung, die in den Jahren 1554 bis 1585 auf Geheiß Karls V. nach Plänen des aus Italien stammenden Baumeisters Calví auf den Resten der arabischen Ummauerung erbaut wurde. Die mit sieben Eckbastionen und drei Toren versehene Feste umschließt die verwinkelte Oberstadt (ibiz. D'Alt Vila) mit etlichen alten Herrenhäusern. Man betritt sie durch das Haupttor Puerta de las Tablas (mit einem Wappen Philipps II.), in dessen Torgebäude sich ein Museum für Zeitgenössische Kunst befindet.

*Oberstadt
Festung

Die Oberstadt wird bekrönt von der Kathedrale Nuestra Señora de las Nieves (Muttergottes vom Schnee), die im 13./14. Jh. errichtet wurde. Vom ursprünglichen gotischen Bau ist nur der Turm und das Portal der Sakristei erhalten. In dieser ist ein kleines Museum mit schönen Meßgewändern und liturgischem Gerät untergebracht.

Kathedrale

Nördlich der Kirche befindet sich in den Festungskasematten das Archäologische Museum (Museo Arqueológico), das phönizische, punische und römische Funde der Insel zeigt.

Museo Arqueológico

Nordöstlich und weit unterhalb der Kathedrale im Bereich der äußeren Ummauerung lohnt ein Blick in die auf das 16. Jh. zurückgehende Kirche Santo Domingo, die mit Fresken sowie Kachelwänden und -böden ausgestattet ist.

Santo Domingo

Vom westlichen Festungstor Portal Nou gelangt man zum Puig des Molins ('Mühlenhügel'). Hier fand man die größte bisher bekannte punische Nekropole mit rund 4000 Grabkammern.

Puig des Molins

Über die Funde unterrichtet das Museo Monográfico de Puig de Molins ('Neues Museum') unmittelbar an der Gräberstätte. Gezeigt werden u.a. zahlreiche Terrakotten und auch Sarkophage. Ein Teil der Grabkammern kann im Rahmen des Museumsbesuchs besichtigt werden.

Museo Monográfico

An der halbkreisförmigen Cala Talamanca im Nordosten der Stadt sind die Hotelsiedlungen Talamanca und Ses Figueres entstanden. Die Strände

Talamanca

Map labels: Talamanca · Puerto · Hafengebäude · Puerto · © Baedeker · E. Carlos V · Obelisk · Avenida Andenes · Plaza J. Pidal · Plaza M. Riquer · Avenida Andenes · Hafenmole · B. de Roselló · Eugenio Molina · Casino · Olozaga · Garijo · Ramón · Av. Ramón y Tur · Riambau · Montgrí · Pereyra · Obispo · San Salvador · Calle Mayor · La Virgen · B. Vicente Ramón · Juan Prim · Castelar · José Verdera · J. Cajal · Tamarit · Obispo Torres · Juan Torres · Pl. de la Constitución · Valencia · Retiro · LA MARINA · SA PENYA · Azára · Plaza Antonio Palau · Prasaneta · Alta · Vara de Rey · Vista Alegre · Denkmal Vara de Rey · Matutes · Conde Rosellón · Canalejas · Pedrera · Sóler · Avicena · Agrícola · Amadeo · El Ratrito · Fleisch- und Fisch- markt · Bastion Santa Lucía · Paseo · Gemüse- und Obst- markt · Bastion San Juan · Museo de Arte Contemporáneo · Cayetano · Jaime · Cuervo · Las Tablas · Santa Cruz · Santa Benito · San Rafael · San Carlos · Ignacio Riquer · Santo Domingo · Mar Mediterráneo · Bastion Puerta Nueva · Plaza del Sol · San Luis · Plaza R. Gotarredona · Pedro Tur · Poniente · Plaza de España · Portal Nou · D'ALT VILA · Roman · El Corsarín · Santa María · Ayuntamiento · Museo Arqueológico · Juan · San Ciriaco · Obispo Torres · Palacio Episcopal · Plaza de la Catedral · Catedral · Bastion Santa Tecla · Museo Monográfico de Puig des Molins · Juan Xico · Castillo · Ronda de San Bautista · Calvi · Bastion San Bernardo · Bastion Santiago · Bastion San Juan · **Ciudad de Ibiza** · **Eivissa** · **Altstadt** · 100 m

| Talamanca (Fortsetzung) | sind feinsandig, aber oft durch Unrat des Hafens von Ibiza (Stadt) verschmutzt. Auf der Isla Grossa der Leuchtturm Faro de Botafoch. |

Ausflüge von Ibiza (Stadt)

| Las Salinas/ Ses Salines | Die Südspitze der Insel, wenige Kilometer von Ibiza (Stadt) entfernt, nimmt das Las Salinas (ibiz. Ses Salines) genannte Gebiet ein, in dem in ausgedehnten Salzgärten Meersalz gewonnen wird. |

| San José/ Sant Josep | Auf landschaftlich schöner Strecke erreicht man 12 km westlich von Ibiza (Stadt) den Gemeindehauptort San José (ibiz. Sant Josep). Die im Gemeindebezirk liegenden steilfelsigen Küstenstriche im Westen und die feinsandigen Strände im Süden haben eine bedeutende touristische Infrastruktur hervorgebracht. Im Ort selbst zeigt die weißverputzte Kirche an der Durchgangsstraße an der rechten Vorhallenseite ein in vielen ibizenkischen Kirchen anzutreffendes Charakteristikum: eine stilisierte Golgathagruppe. |

| Cala Vedella | Südwestlich der Stadt der Ferienort Cala Vedella; südlich davon die Südwestspitze der Insel Cabo Jue mit dem alten Wachturm Torre del Pirata. |

Auf halber Strecke zwischen Ibiza (Stadt) und San Antonio Abad liegt San Rafael (ibiz. Sant Rafel), ein hübscher Ort, in dem man eine Reihe von Keramikwerkstätten findet.

Ibiza (Forts.)
San Rafael

Aus dem einstigen Fischerdorf San Antonio Abad (ibiz. Sant Antoni de Portmany), 15 km nordwestlich von Ibiza (Stadt), ist heute ein lebhaftgeräuschvoller Touristenplatz und der zweitgrößte Ort der Insel geworden. Die erhöht stehende weißgekalkte Pfarrkirche stammt aus dem 14. Jh.; sie war bis ins 19. Jh. mit Kanonen bestückt.

San Antonio Abad/
Sant Antoni
de Portmany

Im nahe der Nordwestküste liegenden Santa Inés (ibiz. Santa Agnes) ist die Cueva de Santa Inés einen Besuch wert. In dieser Höhle fand man Keramikreste, arabische Waffen und eine Kapelle, in der der Legende nach im 16. Jh. ein hölzernes Bildnis der hl. Agnes gefunden worden sein soll.

Santa Inés/
Santa Agnes

Das 20 km nördlich der Inselhauptstadt liegende San Miguel (ibiz. Sant Miquel) hat seinen Namen von der auf einem Hügel stehenden mittelalterlichen Wehrkirche. Der Ort ist bekannt für seine folkloristischen Veranstaltungen. Die nördlich gelegene Bucht bietet gute Bademöglichkeiten.

San Miguel/
Sant Miquel

Auf der nach Norden führenden Haupstraße C-733 kommt man zu dem befestigten Weiler Balafí, der sich sein altertümliches Ortsbild bewahren konnte. Die Häuser gruppieren sich um einen Wachturm, in den sich die Bewohner zum Schutz vor den Türken zurückzogen.

*Balafí

Am nördlichsten Punkt der Insel, 30 km von Ibiza (Stadt) auf der C-733, lockt die Bucht Cala Portinatx (ibiz. Portinaitx) mit Stränden, Segel- und Surfschulen zum Ferienaufenthalt. Gegen das offene Meer ist die Bucht von einem langgestreckten, stark erodierten Felsriegel abgeschirmt, an dessen Außenseite meist eine kräftige Brandung ansteht und der in der Punta Galera endet.

*Cala Portinatx/
Portinaitx

Um die Bucht Cala San Vicente (ibiz. Cala de Sant Vincent) an der äußersten Nordostspitze der Insel gruppiert sich die gleichnamige reizvolle Ferienkolonie. Rund 2 km nördlich fand man in der Höhle Es Cuyeram ein Heiligtum der karthagischen Fruchtbarkeitsgöttin Tanit, Keramikreste aus der Jungsteinzeit und eine Bronzetafel mit Inschriften aus dem 4. und 2. Jh. v. Chr., die heute im Neuen Museum von Ibiza (Stadt) zu sehen sind.

Cala San Vicente/
Cala de
Sant Vincent

Santa Eulalia del Río (ibiz. Santa Eulária del Ríu) liegt 15 km nordöstlich der Inselhauptstadt am einzigen Fluß der Insel, der mit einiger Regelmäßigkeit Wasser führt, in den letzten Jahren durch gestiegenen Wasserverbrauch allerdings immer häufiger ausgetrocknet ist. Die einfachen kubischen Häuser des alten Ortskernes gruppieren sich reizvoll um die Anhöhe mit der befestigten Kirche Santa Eulalia. An der südwestlichen Stadtausfahrt überspannt ein gut erhaltener römischer Viadukt den Río Santa Eulalia.

Santa Eulalia
del Río/
Santa Eulária
del Ríu

Die umliegenden Strände und Dörfer waren in den sechziger Jahren beliebtes Ziel der Hippie-Bewegung; heute trifft man hier in aller Regel auf eine touristisch durchorganisierte Infrastruktur.

Formentera　　　　　　　　　　　　　　　　　　**M 7**

Fläche: 82 km^2
Einwohnerzahl: 5000

Formentera, 23 km lang und 1,7 – 17 km breit, liegt südlich von Ibiza, durch den nur 4 km breiten Meeresarm Es Freus von der Pityusenhauptinsel getrennt. Die Inselbewohner siedeln in vier locker bebauten Gemeinden. Nach wie vor ist die Landwirtschaft Haupterwerbszweig, doch hat in den vergangenen Jahren der Tourismus stark an Bedeutung gewonnen.

Lage und
Allgemeines

Auf Formentera

Lage und Allgemeines (Fortsetzung)

Die Insel war im Mittelalter lange Zeit blutigen Piratenüberfällen aus Nordafrika ausgesetzt, die um 1400 zur völligen Entvölkerung führten. Erst im späten 17. Jh. begann eine Neubesiedlung.

Landschaftliche Gliederung

Zwei niedrige Bergstöcke, die Meseta de la Mola im Osten und der Puig Guillén im Westen, bilden die Hauptteile der Insel. Sie werden verbunden durch eine 5 km lange, schmale und dünenreiche Nehrung. Im Süden dehnt sich ein geschützter, prächtiger Sandstrand aus, die Nordküste dagegen ist reich an Klippen.

Inselbeschreibung

Formentera bietet nur wenig Abwechslung. Es ist ein idealer Ferienplatz für Urlauber, die ursprüngliche Natur, wenig besuchte Strände und noch reines Wasser schätzen, dafür aber auch mit einfacheren Unterkünften zufrieden sind, die sich vor allem an der Südküste anbieten.

La Sabina

La Sabina ist der einzige Hafen auf Formentera. Der Ort besteht aus wenig mehr denn Hafengebäuden, Fahrzeugverleihfirmen und Bars.

Estanque Pudent/ Estany Pudent

Östlich von La Sabina dehnt sich der Estanque Pudent (ibiz. Estany Pudent = 'stinkender Teich') aus, ein nur durch einen engen Kanal mit dem Meer verbundener Brackwassersee, der von einem Dünenrücken mit schönem Sandstrand vom Meer getrennt ist. Am Nordende des Sees liegen ausgedehnte Salinen.

San Francisco Javier/ Sant Francesc Xavier

San Francisco Javier (ibiz. San Francesc Xavier) ist der Hauptort der Insel und Sitz der Verwaltung. Im Zentrum steht die 1738 erbaute schlichte Pfarrkirche; etwas südlich außerhalb ein uralter, von zahlreichen Holzstangen gestützter Feigenbaum, der als der älteste der Balearen gilt.

Unweit östlich der Inselhauptstadt wurde bei San Fernando (ibiz. Sant Fernan) eine heute zugängliche Tropfsteinhöhle entdeckt.

An der Südküste der Insel liegt der weiträumige, mit allen touristischen Möglichkeiten ausgestattete Ferienort Maryland, der seinen Namen nicht etwa aus dem Englischen hat, sondern ein Kunstwort aus dem spanischen 'Mar y...' ('Meer und...') und dem deutschen bzw. englischen 'Land' hat, also 'Meer und Land' bedeutet.

Auf dem Ostzipfel Formenteras liegt Nuestra Señora del Pilar, ein kleiner Ort mit hübscher weißer Wehrkirche. Von hier gelangt man zur Punta de Sa Ruda, der Ostspitze der Insel. Beim Leuchtturm wurde 1978 eine Gedenktafel für Jules Verne enthüllt, in dessen Roman "Reise durch das Sonnensystem" auch die Insel Formentera vorkommt.

Barcelona

Provinz: Barcelona (B)
Telefonvorwahl: 93
Höhe: Meereshöhe bis 532 m ü.d.M (Tibidabo)
Einwohnerzahl: 1,8 Mio. (Großraum ca. 4 Mio.)

Die Beschreibung Barcelonas in diesem Reiseführer ist bewußt knapp gehalten, da in der Reihe "Baedekers Allianz-Reiseführer" ein ausführlicher Stadtführer "Barcelona" vorliegt.

Hinweis

Barcelona liegt an der Costa Dorada (katal. Costa Daurada), zwischen den Mündungen des Riu Besós und des Riu Llobregat.
Die alte und neue Hauptstadt Kataloniens, Sitz einer Universität und eines Bischofs, ist neben der Landeshauptstadt Madrid die bedeutendste Stadt Spaniens, der erste Industrie- und Handelsplatz des Landes, einer der größten Mittelmeerhäfen und ein wichtiger internationaler Flughafen.
Die Stadt liegt überaus bevorzugt in einer weiten Küstenebene, die vom Meer allmählich zum Bergzug des Tibidabo ansteigt und im Nordosten von der Montaña Pelada, im Südwesten vom Montjuïc (span. Montjuich) begrenzt wird. Jenseits der Montaña Pelada öffnet sich das Durchbruchstal des Besós; südlich vom Montjuïc mündet der Llobregat in einer breiten, fruchtbaren Talebene, dem Gemüse- und Fruchtgarten Barcelonas.
Die Altstadt ist vom Hafen begrenzt und von breiten Ringstraßen ('Rondas') anstelle der niedergelegten Stadtmauern umrahmt. Auf dem höchsten Punkt des Stadtkernes, dem 12 m hohen Monte Tabor, erhebt sich die Kathedrale, umgeben von mittelalterlichen Gassen. Hauptstraße ist die baumbepflanzte Rambla, welche die Altstadt in zwei Teile scheidet.
Die neuen Stadtteile (Ensanches) mit ihren Platanenalleen und stattlichen Häusern sind größtenteils auf Grund eines regelmäßigen Bebauungsplanes entstanden. Zahlreiche freundliche und moderne Wohnviertel ziehen sich vom Montjuïc bis zur Montaña Pelada rings um die Stadt; Industrie und Handel haben im Nordosten ihren Sitz.

Lage und
Allgemeines

Die wohlmeinende örtliche Fama schreibt die Gründung der Stadt im Jahre 218 v.Chr. dem karthagischen Feldherrn Hamilkar Barkas zu.
Barcelona erschien zuerst unter dem iberischen Namen 'Barcino' und wurde unter Augustus römische Kolonie mit dem Beinamen 'Julia Faventia', später 'Augusta' und 'Pia'. Die Westgoten erhoben 'Barcinona' 414 und 531 vorübergehend zu ihrer Hauptstadt. Die Mauren nahmen 'Bardschaluna' im Jahre 716 ein; Ludwig der Fromme eroberte die Stadt im Jahre 801 und machte sie zur Hauptstadt der schon 778 von Karl d.Gr. gegründeten Spanischen Mark.
Seit 874 waren die Grafen von Barcelona unabhängig; während dieser Zeit und der Vereinigung Kataloniens mit Aragón war Barcelona neben Genua

Geschichte

Barcelona

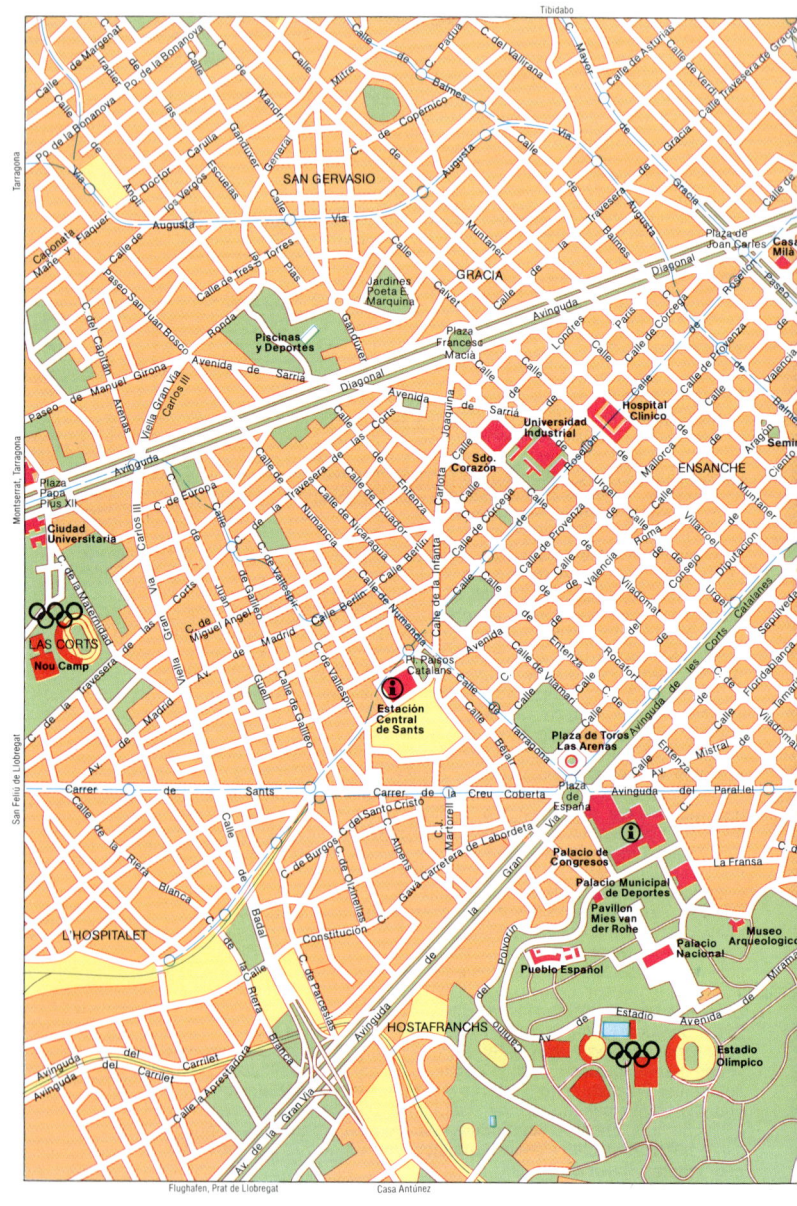

Barcelona

Geschichte
(Fortsetzung)

und Venedig die führende Handelsstadt am Mittelmeer. Die Vereinigung mit Kastilien im 15. Jh., mehr noch der Ausschluß Kataloniens vom Handel mit der Neuen Welt, erschütterten die Macht der Stadt. Im Spanischen Erbfolgekrieg (1701–1713) stellte sie sich auf die Seite des Erzherzogs Karl von Österreich, von dem sie sich größere Freiheiten erhoffte. Bei der Erstürmung durch die Franzosen im Herbst 1714 wurde ein großer Teil der Stadt zerstört.

Mit der Regierung Karls III., der 1778 den Handel mit Amerika freigab, begann dann der glänzende Wiederaufstieg der Stadt, die im Laufe des 19. Jh.s ihre alte Bedeutung im Mittelmeerraum wiedererlangte. 1888 und 1929 war Barcelona Veranstaltungsort von Weltausstellungen.
Nachdem 1931 in Spanien die Republik ausgerufen worden war, erhielt Katalonien 1932 ein Autonomiestatut (bis 1939), und Barcelona war Sitz der Regionsregierung. Während des spanischen Bürgerkrieges, in dem zahlreiche alte Kirchen in Brand gesteckt wurden, war Barcelona bis 1939 in der Hand der Republikaner. Von etwa 1880 an bis in die dreißiger Jahre unseres Jh.s war die Stadt eine Hochburg der spanischen Anarchisten.
Im Jahre 1975 wurde Katalanisch als Lehr- und Amtssprache anerkannt. Im Oktober 1979 entschieden sich die Katalanen bei einer Volksabstimmung für weitgehende Selbstregierung ihrer Region; wenig später nahm das spanische Abgeordnetenhaus das Autonomiestatut für Katalonien an. Im folgenden Jahr wurde das Regionalparlament gewählt.
Das Jahr 1992 wird für Barcelona von zweifacher Bedeutung sein: Zum einen werden hier die XXV. Olympischen Sommerspiele ausgetragen, was schon jetzt zu reger Bautätigkeit geführt hat; zum anderen feiert man den fünfhundertsten Jahrestag von Kolumbus' erster Entdeckungsfahrt.

Hinweis

Die Weltstadt Barcelona hat so viel an Sehenswertem zu bieten, daß man sie nicht in einem einzigen Rundgang besichtigen kann. Im nachfolgenden sind die interessantesten Plätze nach Stadtgebieten zusammengefaßt. Es

Blick auf Barcelona

sei jedoch speziell darauf aufmerksam gemacht, daß Barcelona das Zentrum des 'Modernismo' war, der spanischen Spielart des Jugendstils, wovon viele Bauten, insbesondere von Antoni Gaudí, in der Stadt zeugen. Wegen der großen Verkehrsdichte und des Mangels an Parkmöglichkeiten, namentlich in der Innenstadt (und auch wegen des nicht von der Hand zu weisenden Risikos von Fahrzeugeinbrüchen), ist es wenig sinnvoll, die Stadtbesichtigung mit dem Auto bewerkstelligen zu wollen. Das dichte Netz öffentlicher Verkehrslinien, in erster Linie der U-Bahn (Metro) mit ihrer ungemein raschen Zugfolge, macht alle Sehenswürdigkeiten der Stadt leicht zugänglich.

Hinweis
(Fortsetzung)

Zur besseren Orientierung werden in der folgenden Beschreibung die katalanischen Bezeichnungen zuerst verwendet.

Hafengebiet

Der Hafen (katal. port, span. puerto), mit dem Außenhafen etwa 300 ha groß, ist neben denen von Gijón und Bilbao der bedeutendste und modernste Spaniens; der jährliche Güterumschlag beträgt ungefähr 40 Mio. t. Haupteinfuhrprodukte sind Steinkohle, Getreide und Baumwolle, Ausfuhrprodukte sind Wein, Olivenöl und Kork. Passagierlinien verbinden Barcelona mit den Balearen (Mallorca, Menorca) und Pityusen (Ibiza).

Hafen

Metro-Station
Drassanes (Linie 3)

Kolumbus-Denkmal

An der Plaça del Portal de la Pau (span. Plaza Puerta de la Paz) erhebt sich das 1888 errichtete, 60 m hohe Kolumbus-Denkmal (Monumento a Cristóbal Colón). Die eiserne Säule ist über und über mit allegorischen Figuren bedeckt; ganz unten am Sockel eine Reihe von Reliefs mit wichtigen Sta-

Lage
Plaça del Portal de la Pau

Hafen vom Montjuïc aus

201

Kolumbus-
Denkmal
(Fortsetzung)

tionen aus Kolumbus' Leben und Entdeckungsfahrten. Sie trägt eine 8 m hohe Bronzestatue des Christoph Kolumbus; im Säuleninneren ein Aufzug (von oben begrenzte Aussicht); der Zugang liegt an der Hafenseite des Sockels, wo einige Stufen abwärts führen.

Wenige Schritte nördlich des Kolumbus-Denkmals lag am Kai der Nachbau (1951) der "Santa María", des Flaggschiffs von Kolumbus bei der ersten Fahrt nach Amerika. Das Schiff brannte 1990 ab, doch besteht Hoffnung, daß es wiederaufgebaut wird.

✳✳✳ Marinemuseum

Lage
Plaça del Portal
de la Pau

Öffnungszeiten
Di.–Sa.
10.00–14.00
und 16.00–19.00,
So. und Fei.
10.00–14.00

Hinweis
Die derzeitige
Umstrukturierung
des Museums
erlaubt keine
genaue Beschrei-
bung der Samm-
lungen.

Jenseits des Passeig de Colom (span. Paseo de Colón), der die Hafenanlagen von der Innenstadt trennt, liegt der weite Gebäudekomplex der mehrschiffigen Bogenhallen, die früher als königliches Schiffszeughaus (Reales Atarazanas) dienten und sich im Gebiet der einstigen Docks (katal. Drassanes, span. Darsenas) befinden. Hier ist das Marinemuseum (katal. Museu Marítim, span. Museo Marítimo) eingerichtet.

Die Werft ist schon in der Mitte des 13. Jh.s entstanden und wurde bis zum 18. Jh. auf zwölf Hallen erweitert. Hier wurden die Galeeren der Krone von Aragón gebaut, gewartet und instandgesetzt. Als jedoch nach der Entdeckung Amerikas das Hauptgebiet der Seefahrt der Atlantik wurde, sank die Bedeutung der Werftanlagen rasch, und man verwendete die Gebäude als Lagerhallen, Pulvermagazin und Truppenunterkunft. Im Jahre 1936 wurde amtlich beschlossen, hier ein Museum einzurichten. Seit 1976 steht der gesamte Komplex unter Denkmalschutz. An der Südseite ist ein Rest der alten Stadtmauer erhalten.

Das Museum, das laufend erweitert wird, zeigt alle Aspekte der See und der Seefahrt: Schiffe und Schiffsmodelle, nautisches Gerät, Werkzeug und Waffen, Diagramme und Schaubilder. Ein Rundgang ist ausgeschildert. Die große Halle wird beherrscht von dem exzellent gelungenen Nachbau (Maßstab 1:1) der Galeere "Real". Sie war das Flaggschiff der Flotte, die am 7. Oktober 1571 unter dem Oberkommando von Don Juan d'Austria bei Lepanto (griech. Naupaktos) die Türken besiegte, womit Spanien die Vorherrschaft im Mittelmeer errang. Die angebliche Galionsfigur des Originals, der 'Christus von Lepanto', befindet sich heute in der Kathedrale der Stadt (s.S. 210). Anlaß für den Nachbau (ab 1960) war der heranrückende vierhundertste Jahrestag des Sieges. In der genannten Halle zeigen etliche Schautafeln die untermeerische Topographie des Globus, die charakteristischen Mittelmeerwinde und ihre Bezeichnung in den mediterranen Sprachen, Wanderungswege der wichtigsten Meerestiere, die maritime Nahrungskette, seemännische Knoten und Takelwerk; hier ferner einige Fischerboote (darunter eines aus Málaga mit den Elementen und Varianten der ortstypischen Bemalung), Schiffsgeschütze, Torpedos und Seeminen. An der rechten Seite der großen Halle, in dem kleineren Saal, eine auf Segelschiffe spezialisierte Sammlung.

Beim Zugang zur Segelschiff-Abteilung durchquert man einen kleinen Lichthof. In dem nun folgenden Trakt sind Modelle verschiedener Boots- und Schiffstypen, Gemälde und Zeichnungen zum Thema, ferner Prägestempel und Prägungen von Gedenkmedaillen des Salón Náutico Internacional, Gerät und Ausrüstung (Kompasse), zwei große Dioramen, Schiffsantriebe u.a. zu sehen. Auf der Empore werden am Modell die verschiedenen Schiffsbauweisen und das zugehörige Werkzeug gezeigt. Im niveaugleichen großen Saal Kunstwerke mit Bezug zur Seefahrt, darunter Keramik mit Schiffsmotiven, ein kleines silbernes Modell der "Santa María", gläserne Schiffsmodelle aller Art (diese werden überall in der Stadt zum Kauf angeboten und sind ein beliebtes Souvenir), Flaschenschiffe und dergleichen.

Die Galeere "Real" im Marinemuseum ▶

Hafenseilbahn

Betriebszeiten
tgl. 11.30–20.00

Das gesamte Becken des Haupthafens wird von einer Seilbahn (katal. Transbordador Aeri, span. Funicular Aéreo) überspannt. Die hafenseitige Endstation ist die auf der 'Neuen Mole' stehende Torre de San Sebastián, ein 96 m hoher Stahlgittermast; die Zwischenstation bildet die 158 m hohe Torre de Jaime I. Die Schwebebahn endet an der Flanke des Montjuïc.

Passeig de Colom / Paseo de Colón

Vom Kolumbus-Denkmal zieht der Passeig de Colom (span. Paseo de Colón) als 42 m breite Palmenallee in nordöstlicher Richtung zur Haupt-post. An der Straße gibt es viele Geschäfte für Schiffsausrüstung, in denen auch hübsche kleine Messingartikel angeboten werden.

La Merced

Unweit nördlich der Straße steht an der Carrer de la Mercé (span. Calle de la Merced) die um die Mitte des 18. Jh.s errichtete stattliche Kuppelkirche La Merced; auf dem Hauptaltar die vielverehrte Statue der 'Virgen de la Merced' (13. Jh.), der Schutzpatronin Barcelonas.

Lonja

Die Straße endet bei der 1928 erbauten Hauptpost und der unweit nördlich stehenden Lonja (Börse), einer Gründung von 1382. Sehenswert ist der gotische Börsensaal (Sala de Contrataciones). Um den nördlich an die Börse angrenzenden Platz (katal. Plaça del Palau, span. Plaza del Palacio), den Mittelpunkt des Seehandels von Barcelona, gruppieren sich zahlrei-che Büro- und Handelshäuser sowie Verwaltungsbauten, darunter das Govern Civil (span. Gobierno Civil; Zivilverwaltung). Weiter nördlich und rechts abseits die Estació de França (span. Estación de Francia; der sog. Französische Bahnhof).

Unweit westlich befinden sich in der engen Altstadt die Kirche Santa María del Mar (s.S. 212) und das Picasso-Museum (s.S. 211).

Parc de la Ciutadella / Parque de la Ciudadela

Metro-Stationen
Jaume I.,
Barceloneta,
Ciutadella (Linie 4)

Der Stadtpark (katal. Parc de la Ciutadella, span. Parque de la Ciudadela) ist eine 30 ha große, weitläufige Grünanlage am nordöstlichen Rand der Altstadt. Er wurde an der Stelle der geschleiften Zitadelle angelegt; hier gibt es Alleen, Blumenterrassen, Wasserbecken und Denkmäler. Im Stadt-park befinden sich der Zoo, einige Museen und Verwaltungsdienststellen.

Museu de Zoologia / Museo de Zoología

Lage
Passeig
de Picasso/
Passeig dels
Til·lers

Öffnungszeiten
Di.–So.
9.00–14.00

Das Zoologische Museum steht an der westlichen Ecke des Stadtparkes. Das etwas eigenartige Gebäude in pseudo-maurischem Mischstil wurde für die Weltausstellung 1888 errichtet und heißt im Volksmund 'Castell dels tres dragons' ('Drei-Drachen-Schloß'). Im Erdgeschoß finden Wechselaus-stellungen statt; zudem gibt es hier eine recht umfangreiche Insekten-sammlung, ein Wal- und ein Mammutskelett; in weiteren Vitrinen Muscheln, Schnecken und präparierte Vögel. Eine Treppe führt ins Ober-geschoß, wo der Hauptteil der permanenten Ausstellung zu finden ist. Es handelt sich unter anderem um eine Vogeleiersammlung, um präparierte Säugetiere (z.T. daneben das Skelett der betreffenden Art), Alkoholpräpa-rate von Mollusken, Fischen, Reptilien und Amphibien. Am Ende des gro-ßen Hauptsaales hinter einer Glastüre eine konchyliologische Sammlung (Muschelschalen und Schneckengehäuse). Sämtliche Bestände dienen der Forschung und Lehre. Das Museum ist in seiner Ausstattung völlig antiquiert, aber tadellos gepflegt und geordnet und von großem nostalgi-schem Reiz.

Museu de Geologia / Museo de Geología

Das Geologische Museum (nach seinem Begründer auch Museu Martorell genannt) ist dem Naturwissenschaftlichen Institut angegliedert. Der Eingang in das neoklassizistische Gebäude befindet sich im giebelgekrönten Mittelteil der parkseitigen Fassade. In den links der Eingangshalle liegenden Räumen findet man Mineralien, vorwiegend Edel- und Schmucksteine (darunter die aus Bergkristall gefertigten Kopien der bekanntesten Großdiamanten) sowie Exponate zum technischen Einsatz von Edel- und Buntmetallen. Die Mineralien sind grundsätzlich nach ihrem chemischen Aufbau geordnet. Am Ende des Saales, kenntlich an den Achatscheiben im Durchlicht, ein abgedunkelter Raum mit Mineralien unter lang- bzw. kurzwelligem UV-Licht (interessante Leuchteffekte).
Im rechts des Vestibüls liegenden Raum sind insbesondere Fossilien zu finden.

Lage
Passeig
de Picasso /
Passeig dels
Til·lers

Öffnungszeiten
Di. – So.
9.00 – 14.00

Direkt neben dem Geologischen Museum steht das Palmenhaus mit seiner exotischen Flora.

Palmenhaus

Zoo

Der Zoo nimmt den östlichen Teil des Stadtparks ein. Es ist erstaunlich, mit wieviel Geschick und Phantasie hier auf kleinem Raum eine so vielseitige und artenreiche Anlage geschaffen worden ist. Besonders erwähnenswert ist bei den Menschenaffen ein großer Weißer Gorilla, eine sehr seltene helle Farbvariante dieser Spezies. Gut gestaltet sind das Reptilienhaus und vor allem das Delphinarium, in dem es auch einen Mörderwal (Orcinus orca) gibt. Das Becken ist ringförmig von dem zweistöckigen Aquarium umgeben (in der oberen Etage Seewasser, in der unteren Süßwasser); durch Panzerglasscheiben kann man in das Delphinarium blicken. Auch das Vogelhaus mit einer speziellen Abteilung für Nachtvögel ist gut gelungen.

Öffnungszeiten
tgl. 9.30 – 19.30

Museu d'Art Modern / Museo de Arte Moderno

Das Museum Moderner Kunst ist seit 1945 im äußersten linken Flügel des Palau de la Ciutadella (span. Palacio de la Ciudadela) zu finden, der auch das Parlament de Catalunya (Regionalparlament) beherbergt. Der Stadtpalast wurde im 18. Jh. als Arsenal errichtet, die Museumsflügel um die Wende vom 19. zum 20. Jh. angefügt.
Die Bezeichnung 'Museum Moderner Kunst' ist etwas irreführend, denn die Bestände reichen zeitlich über den Historismus bis zur Romantik zurück. Entsprechend ist in den älteren Abteilungen des im wesentlichen chronologisch geordneten Museums die Thematik noch konventionell (Porträts, Genreszenen, Landschaften, einige großformatige Historiengemälde). Beachtenswert ist die Jugendstilabteilung (Möbel, Bilder, Plastiken); weiterhin Expressionismus und frühe Moderne sowie Plastiken aus dem ersten Drittel des 20. Jahrhunderts.
Im Obergeschoß befindet sich die Grafiksammlung mit einer großen Zahl äußerst böser Karikaturen, die stilistisch denen der deutschen satirischen Zeitschrift "Simplizissimus" ähnlich sind.

Lage
Plaça d'Armes

Öffnungszeiten
Mo. 15.00 – 19.30,
Di. – Sa.
9.00 – 19.30,
So. und Fei.
9.00 – 14.00

Die Abteilung zeitgenössischer Kunst, die einen vergleichsweise geringen Raum einnimmt, zeigt auch einige Werke der katalanischen Künstler Miró und Dalí.

*Ramblas

Vom Kolumbus-Denkmal (s.S. 201) an der Plaça del Portal de la Pau ziehen die Ramblas, der mit Platanen bepflanzte Hauptstraßenzug der inne-

Ramblas
(Fortsetzung)

ren Stadt, nach Nordwesten. In einer Länge von insgesamt 1180 m verbinden sie den Hafenbereich mit der Plaça de Catalunya (span. Plaza de
Cataluña), dem größten und belebtesten Platz in Barcelona, und ziehen
weiter zur Avinguda de la Diagonal (span. Avenida de la Diagonal), der breiten Hauptverkehrsader der Neustadt, welche das rechtwinklige Straßen-
raster diagonal schneidet.
Östlich der Ramblas liegt der Barri Gotic (span. Barrio Gótico = Gotisches
Viertel; Beschreibung s.S. 209) genannte Altstadtkern.
Auf den Ramblas gibt es neben dem Blumen- und dem Vogelmarkt eine
beträchtliche Anzahl von Buch- und Zeitschriftenständen. Auch findet man
hier viele Restaurants und Cafés mit Tischen im Freien.

Ramblas de Santa Mónica

Beim Kolumbus-Denkmal beginnen die Ramblas de Santa Mónica. Gleich
an ihrem Anfang steht links die Marinekommandantur; wenige Schritte
weiter an der rechten Seite, etwas von der Straßenfront zurückversetzt,
das Museu Cera de Barcelona (Wachsfigurenkabinett; tgl. 11.00 – 13.30
und 16.30 – 19.30).

Rambla dels Caputxins / Rambla de los Capuchinos

Palau Güell /
Palacio Güell

Museu de les Arts
de l'Espectacle /
Museo de Arte
Escénico

Unweit westlich der Rambla dels Caputxins, in der sich die Rambla de
Santa Mónica fortsetzt, steht an der Carrer Nou de la Rambla der Palau
Güell (1885 – 1889), ein stattliches, eigenwillig gestaltetes Gebäude von
Antoni Gaudí. Hier befindet sich heute das Theatermuseum (offiziell Museu
de les Arts de l'Espectacle; Di. – Fr. 11.00 – 14.00 und 17.00 – 20.00) mit
Kostüm- und Bühnenentwürfen, Ballett-Abteilung, Bibliothek u.a.

Plaça Reial /
Plaza Real

Auf gleicher Höhe öffnet sich rechts an der Rambla der Durchgang zur
Plaça Reial, einer schönen und geschlossenen Platzanlage mit klassizistischen Häusern, in deren Erdgeschossen sich Arkadengänge öffnen.

Gran Teatre
del Liceo

Sant Pau
del Camp

Weiterhin steht links an der Rambla das Gran Teatre del Liceo (1848) mit
500 Plätzen. Die Carrer de Sant Pau führt hier zu der romanischen Kirche
Sant Pau del Camp (span. San Pablo del Campo), die 1117 außerhalb der
damaligen Stadt (daher die Bezeichnung 'del Camp' = 'im Feld') erbaut
wurde. Beachtenswert ist das schöne Hauptportal; südlich anstoßend ein
aus dem 13. Jh. stammender reizvoller kleiner Kreuzgang.

Rambla dels Flors / Rambla de las Flores

Mercat / Mercado

An die Plaça de la Borqueria schließt sich nordwestlich die Rambla de Sant
Josep (span. Rambla de San José) an. Hier findet vormittags der farben-
prächtige Blumenmarkt statt, weshalb sie auch 'Rambla dels Flors' (span.
Rambla de las Flores) genannt wird. Wiederum an der linken Seite folgt die
Markthalle (Mercat) mit ihrem überaus reichen Angebot. In ihrem Zentrum
der besonders lohnende Fischmarkt, wo Fisch, Muscheln, Krustentiere
und anderes in großer Vielfalt zu bekommen sind.

Palau de la
Virreina /
Palacio de la
Virreina

Nur wenige Schritte sind es von der Markthalle zum ehemaligen Palast der
Vizekönigin, kenntlich an den beiden bronzenen Reiterstandbildern zu beiden Seiten des Portals. Das Gebäude wurde 1772 bis 1777 als Wohnsitz
des ehemaligen Vizekönigs von Perú erbaut und der Vizekönigin
benannt, die nach seinem Tode noch bis 1791 hier wohnte. Die Gebäude-
fassade zeigt klassizistisches Gepräge, während die Innenausstattung
barock ist.

Museu d'Arts
Decoratives

Heute beherbergt der Palast das Kunstgewerbemuseum (wegen Umbau
des Virreina-Palastes bis auf weiteres geschlossen). Dieses zeigt Möbel,

Tor der Markthalle

Blumenmarkt

Kunstschmiedearbeiten, Glas, Uhren, Keramik und Porzellan seit der Zeit der Gotik.
Im gleichen Gebäude ist auch das Postmuseum (Museu Gabinet Postal) zu finden, das eine Briefmarkensammlung, postgeschichtliche Exponate und eine Fachbibliothek umfaßt (derzeit ebenfalls geschlossen).

Museo de Artes Decorativas

Museu Gabinet Postal

Rambla dels Estudies / Rambla de los Estudios
Rambla Canaletes / Rambla Canaletas

Es folgt die Rambla dels Estudies, die am Vormittag Schauplatz des Vogel- und Zierfischmarktes ist. Zusammen mit der Rambla Canaletes stellt sie die Verbindung zur Plaça de Catalunya (span. Plaza de Cataluña) her.

Plaça de Catalunya / Plaza de Cataluña

Den Abschluß der Ramblas und zugleich des alten Stadtkernes bildet die verkehrsreiche Plaça de Catalunya. An dem weiten, großzügig gestalteten Platz mit seinen Grünanlagen und Wasserbecken haben viele Großbanken ihren Sitz (dominierend an der Nordwestseite das Gebäude der Banco Español de Crédito); an der Ostseite das mächtige Gebäude der Telefon-verwaltung (Telefónica).
Unter dem Platzniveau liegt der wichtigste Metro-Knotenpunkt der Stadt.

Unweit östlich von der Plaça de Catalunya steht in der Carrer Sant Pere Més Alt (Calle Alta de San Pedro) der Palau de la Musica Catalana (Musik-palast). Der von dem Architekten Domenech i Muntaner entworfene große Bau ist ein Paradebeispiel des spanischen 'Modernismo'. Die überreiche und hervorragend erhaltene Dekoration vor allem des Konzertsaales gehört zu den glänzendsten Beispielen jener Epoche.

✳Palau de la Musica Catalana / Palacio de la Música Catalana

Universität

Von der südlichen Ecke der Plaça de Catalunya führt westlich die lädenrei-
che Carrer de Pelai (span. Calle de Pelayo) zur Plaça de la Universitat
(span. Plaza de la Universidad) mit dem 1863 bis 1873 errichteten
Gebäude der 1450 gestifteten Universität; im Inneren u.a. zwei schöne
Höfe und die Universitätsbibliothek.

Passeig de Grácia / Paseo de Gracia

*Quadrat d'Or

Der Passeig de Grácia, eine 61,50 m breite und 1200 m lange prächtige
Promenade ist Hauptachse des Quadrat d'Or, einem Viertel mit zahllosen
Beispielen für modernistische Baukunst.
In der rechts abzweigenden Carrer de Aragó links die 1869 aus der Altstadt
hierher übertragene Kirche Nuestra Señora de la Concepción mit einem
aus dem 14. Jh. stammenden Kreuzgang.

Casa Battló

Ein Werk Antoni Gaudís ist die phantastisch anmutende Casa Battló (Passeig de Grácia 43; 1905–1907), zu dem der Architekt sich von der
Legende des St. Georg anregen ließ.

Casa Milá

Weiter am Passeig de Grácia rechts (Nr. 92) die Casa Milá (im Volksmund
'La Pedrera' = Steinbruch), ebenfalls von Antoni Gaudí (1910). Die frei
schwingenden Formen und pflanzenhaften eisernen Balkongitter zeigen,
wie stark sich der Architekt vom Jugendstil beeinflussen ließ.

Fundació
Antoni Tàpies

An der Kreuzung mit der Carrer Aragó ist in einem ehemaligen Verlagshaus
die Fundació Antoni Tàpies eingerichtet, die neben Graphiken des Künstlers auch Wechselausstellungen zeigt (Di.–So. 11.00–20.00).

Avinguda de la Diagonal / Avenida de la Diagonal

Am Nordende des Passeig de Grácia öffnet sich die Plaça de Joan Carles I. (span. Plaza de Juan Carlos I.); hier kreuzt man die über 10 km lange
Avinguda de la Diagonal (span. Avenida de la Diagonal).

Museu de la
Música / Museo
de la Música

Unweit östlich der Plaça de Joan Carles I befindet sich im Gebäude Nr. 373
das Musikmuseum (Di.–So. 9.00–14.00), in dem vorwiegend Musikinstrumente gezeigt werden, darunter eine der größten Gitarrensammlun-
gen Europas.

Nou Camp

Nahe am Westende der Avinguda de la Diagonal befindet sich linker Hand
das Stadion Nou Camp mit 125 000 Plätzen. Hier bestreitet der F.C. Barcelona seine Heimspiele; in den Räumen des Stadions das Klubmuseum
(Di.–Fr. 10.00–13.00 und 16.00–18.00, Sa. und So. 10.00–13.00).

Pedralbes

Zona Universitaria

Im angrenzenden Stadtteil Pedralbes liegen die Gebäude der Universitätsstadt (Zona Universitaria).

Monestir de
Pedralbes

Das Klarissinnenkloster von Pedralbes wurde 1326 gegründet. Sehenswert sind die einschiffige Klosterkirche, der Kreuzgang und das Museum.

*Museu de
Ceràmica

Der Palau de Pedralbes ist nun Heimstatt des vom Palau Nacional her-
gezogenen Museu de Ceràmica, das eine hervorragende Sammlung historischer und zeitgenössischer Keramik besitzt, darunter arabische und
katalanische Stücke, Azulejos und zwei große Fliesenbilder von 1710
(Di.–So. 9.00–14.00).

Altstadt

✱Barri Gotic / Barrio Gótico

Nordöstlich der Ramblas erstreckt sich das Barri Gotic (span. Barrio Gótico = Gotisches Viertel), der bedeutendste Rest der mittelalterlichen Altstadt. Das enge Gassengewirr ist großenteils Fußgängerzone mit vielen Ladengeschäften (Schmuck, Textilien, Leder, Souvenirs) und kleinen Lokalen.

Metro-Stationen
Liceu (Linie 3)
Jaume I (Linie 4)

Folgt man von der Rambla dels Caputxins der Carrer Ferran Jaume I nach Nordosten, so kommt man bald zur Plaça de Sant Jaume (span. Plaza de San Jaime). Hier steht rechts (an der Südostseite) die ursprünglich aus dem 14. Jh. stammende stattliche Casa de la Ciutat (Rathaus) mit ihren z.T. noch gotischen Seitenfassaden (Hauptfassade von 1847); im Inneren der große Ratssaal (Salón de Ciento; 14. Jh.) und der von José María Sert ausgemalte Salón de las Crónicas.

Casa de la Ciutat

Gegenüber dem Rathaus erhebt sich die einstige Casa de la Diputación, der im 15. Jh. errichtete Sitz der Landstände. Hier hat jetzt die Generalitat de Catalunya (Provinzialverwaltung) ihre Diensträume. Beachtenswert ist der prächtige Patio (Innenhof) im gotischen Stil; im ersten Stock die gleichfalls gotische Georgskapelle. Im rückwärtigen Gebäudeteil befindet sich der reizvolle Orangenhof. Nördlich stößt die Audiencia, der ehemalige Gerichtshof, an; die hier zur Kathedrale führende Carrer del Bisbe Irrurita (span. Calle del Obispo Irrurita) wird von einem zierlichen gotischen Verbindungsbau überspannt.

Palau de la Generalitat

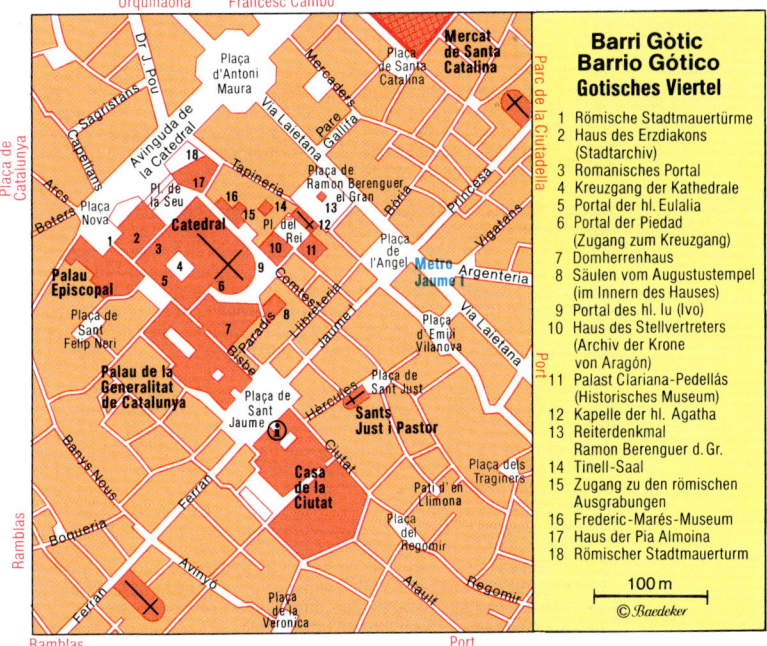

Barri Gòtic
Barrio Gótico
Gotisches Viertel

1 Römische Stadtmauertürme
2 Haus des Erzdiakons (Stadtarchiv)
3 Romanisches Portal
4 Kreuzgang der Kathedrale
5 Portal der hl. Eulalia
6 Portal der Piedad (Zugang zum Kreuzgang)
7 Domherrenhaus
8 Säulen vom Augustustempel (im Innern des Hauses)
9 Portal des hl. lu (Ivo)
10 Haus des Stellvertreters (Archiv der Krone von Aragón)
11 Palast Clariana-Pedellás (Historisches Museum)
12 Kapelle der hl. Agatha
13 Reiterdenkmal Ramon Berenguer d. Gr.
14 Tinell-Saal
15 Zugang zu den römischen Ausgrabungen
16 Frederic-Marés-Museum
17 Haus der Pia Almoina
18 Römischer Stadtmauerturm

100 m

© Baedeker

Portal und ...   *... Turm der Kathedrale*

☀Kathedrale

Öffnungszeiten
tgl. 7.30–13.30
und 16.00–19.30

Auf dem Monte Tabor, dem höchsten Punkt der Altstadt (12 m ü.d.M.), steht die Kathedrale (Santa Cruz oder Santa Eulalia). Sie wurde im Jahre 1298 an der Stelle eines alten romanischen Baues, von dem am nordöstlichen Seitenportal noch einige Steinreliefs erhalten sind, begonnen und 1448 bis auf die Hauptfassade und den Kuppelturm vollendet, die erst 1898 bzw. 1913 angefügt worden sind.

Kreuzgang

Kommt man von der Plaça de Sant Jaume, so gelangt man zunächst zu dem sehr schönen magnolien- und palmenbestandenen Kreuzgang (Claustro), den man durch das Portal de Santa Eulalia betritt. Er stammt aus den Jahren 1380 bis 1451 und ist von zahlreichen Kapellen mit den Altären verschiedener Heiliger gesäumt. In seiner Südwestecke die 1270 gestiftete Capilla de Santa Lucía; in dem daneben gelegenen Kapitelsaal (Sala Capitular) das Museum der Kathedrale (Museu de la Catedral) mit Gemälden spanischer Meister aus dem 14. und 15. Jahrhundert.

Inneres

Das hochgotische Innere (83,30 m lang, 37,20 m breit, 25,50 m hoch) ist in drei Schiffe gegliedert. Hauptschiff und Seitenschiffe der Kathedrale sind fast gleich hoch. Die stattlichste unter den Seitenkapellen ist die Capilla del Santísimo Sacramento (auch Capilla del Santo Cristo de Lepanto). Sie befindet sich links neben dem Hauptaltar und ist der einstige Kapitelsaal. In ihr das aus dem 15./16. Jh. stammende alabasterne Grabmal des heiligen Bischofs Olegarius (gest. 1136) sowie der sogenannte 'Christus von Lepanto', die angebliche Galionsfigur vom Flaggschiff des Don Juan d'Austria in der gegen die Türken gewonnenen Seeschlacht von 1571. In der letzten Seitenkapelle vor dem linken Querhausarm eine schwarze Madonna, die der berühmten Marienfigur vom → Montserrat gleicht.
Die farbenprächtigen Glasgemälde entstammen teilweise dem 15. Jh.; Beachtung verdienen das mitten im Hauptschiff stehende und an drei Sei-

ten ummauerte Chorgestühl (15. Jh.) sowie die schöne Kanzel von 1403. In der Capilla Mayor ein spätgotischer Retablo (16. Jh.).

Innenraum der Kathedrale (Fortsetzung)

Von der Capilla Mayor führt eine Treppe hinab zu der von zahlreichen Kerzen erhellten Krypta; dort steht der Alabastersarkophag der hl. Eulalia, eine um 1330 entstandene italienische Arbeit.

In der Sakristei lohnt der Kirchenschatz (katal. Tresor, span. Tesoro) eine Besichtigung.

Vom südwestlichen Turm der Kathedrale (210 Stufen; Zugang vom Kircheninneren) bietet sich eine sehr lohnende Aussicht.

Westlich von der Hauptfassade der Kathedrale steht die im 15. Jh. erbaute Casa del Arcediano mit ihrem prächtigen Innenhof; das Haus beherbergt das Stadtarchiv (katal. Arxiu Històric de la Ciutat, span. Archivo Histórico de la Ciudad).

Casa del Arcediano

Direkt gegenüber, jenseits der Carrer del Bisbe Irrurita, erhebt sich der Bischöfliche Palast (Palau Episcopal), der schon im Jahre 926 urkundlich erwähnt wird und mehrmals umgebaut worden ist.

Palau Episcopal

*Museu Frederic Marés / Museo Federico Marés

Unmittelbar östlich der Kathedrale, jenseits der Carrer dels Comtes de Barcelona (span. Calle de los Condes de Barcelona), steht an einem kleinen Platz das 1946 gegründete Museu Frederic Marés. Das Gebäude war in früheren Zeiten Wohnsitz der Grafen von Barcelona und der Könige von Katalonien und Aragón. Die reichhaltige Skulpturensammlung umfaßt Stücke aus klassischer, romanischer, gotischer und barocker Zeit sowie aus dem 19. Jahrhundert, überwiegend aus Spanien. Eine zweite Sammlung zeigt Accessoires, Luxusgegenstände und Schmuck. Ferner sind kleinere Spezialabteilungen zur Kulturgeschichte des Tabaks und zur Fotografie zu erwähnen.

Lage
Carrer dels Comtes de Barcelona 10

Öffnungszeiten
Mo. – Sa.
9.00 – 14.00 und
16.00 – 19.00,
So. und Fei.
9.00 – 14.00

Museu d'História / Museo de Historia

An der südöstlich gelegenen Plaça del Rei steht die im 15. Jh. erbaute und 1931 hier neu errichtete Casa Padellàs, ein typisches Stadtpalais des Spätmittelalters. Bei den Ausschachtungsarbeiten für die Fundamente am neuen Standort wurden bedeutende Reste der einstigen Römerstadt gefunden. Zum historischen Museum gehören auch die höhergelegene profanierte Iglesia Santa Agata und ein großer Saal des einstigen königlichen Palastes, der 1370 erbaute Salón de Tinell; hier wurde Kolumbus nach der Rückkehr von seiner ersten Amerikafahrt von den Reyes Católicos empfangen.

Lage
Plaça del Rei

Öffnungszeiten
Di – Sa.
9.00 – 20.30,
So. und Fei.
9.00 – 13.30

Die Casa Padellàs birgt den Hauptteil der Exponate. Zu sehen sind Funde aus vorrömischer und arabischer Zeit, aus dem Mittelalter, der Zeit der katalanischen Seemacht sowie zu volkskundlichen Themen.

In der Iglesia Santa Agata (bemerkenswert die bemalte Holzdecke) finden sich ein großer gotischer Bildaltar, zwei hochgelegene gotische Grabmäler und einige Priestergewänder; in der einstigen Sakristei das große eiserne Räderwerk einer Turmuhr aus dem Jahre 1576. Die alten Glasfenster im Chor und in den Obergaden zeigen allerlei Wappenschilde.

**Museu Picasso

Von der Plaça del Angel folgt man der Carrer de la Princesa und dann der rechts abzweigenden Carrer Montcada. An dieser steht (Nr. 15) der Palau Berenguer de Aguilar, ein stattliches spätgotisches Palais, in dem sich heute das Museu Picasso befindet. Die Sammlungen umfassen in chronologischer Reihung Gemälde sowie Zeichnungen und Druckgrafik (Litho-

Lage
Carrer Montcada
15 – 19
Öffnungszeiten
s. S. 212

Altstadt,
Museu Picasso
Öffnungszeiten
Di.–Sa.
9.00–14.00 und
16.00–20.30,
So. und Fei.
9.00–14.00

graphien, Radierungen) aus allen künstlerischen Epochen Pablo Picassos. Besondere Hervorhebung verdient die berühmte Stierkampf-Sequenz (Abzüge und Originalplatten), die nach der literarischen Vorlage "La Tauromaquía o Arte de Torear" von José Delgado (alias Pepe Hillo; 1754–1801), einem berühmten Torero, entstanden sind. Ferner sind zu nennen die Paraphrasen (1957; mit Vorstudien) zu "Las Meniñas" von Velázquez.

Museu Textil i
d' Indumentária

Auf der gegenüberliegenden Straßenseite (Nr. 12–14) findet man in einem Palais aus dem 13. Jh. das Textilmuseum (katal. Museu Textil i d'Indumentária, span. Museo de Indumentaria; Di.–Sa. 9.00–14.00 und 16.30–19.00), das Stoffe und Kleider seit dem 4. Jh. n.Chr. und aus dem koptischen, spanisch-maurischen und christlich-abendländischen Kulturbereich umfaßt.

Santa Maria del Mar

Lage
Plaça Santa Maria

Nur wenig südlich steht die Kirche Santa Maria del Mar (1329–1383), ein dreischiffiger gotischer Bau ohne Querhaus. Sie ist nach der Kathedrale das bedeutendste Gotteshaus der Stadt. Errichtet wurde sie über einer spätrömischen Nekropole, wo – so die Legende – die heilige Eulalia bestattet gewesen sein soll. Über dem reichgeschmückten Hauptportal öffnet sich eine große Fensterrose. Die farbigen Glasfenster stammen großenteils aus dem 15. bis 17. Jh.; in der Kapelle neben dem linken Seitenportal eine schwarze Madonna. Auf dem Hauptaltar eine gotische Madonnenstatue, davor das Modell eines alten Handelsschiffes.

*Montjuïc / Montjuich

An der Südseite der Stadt erhebt sich der 213 m hohe, zum Meer steil abfallende Berg Montjuïc (span. Montjuich, sprich 'Mondschúik'), der von einer Festung gekrönt wird. Der Name bedeutet 'Berg der Juden', da sich hier einst ein großer jüdischer Friedhof befand. Einige erhaltene Grabsteine sind im Museo Arqueológico ausgestellt.
Die Sportanlagen auf dem Montjuïc sind als 'Olympischer Ring' Hauptaustragungsstätte der XXV. Olympischen Sommerspiele 1992.

Zufahrt

Vom Hafen kann man mit der Schwebebahn (Transbordador Aeri/Funicular Aéreo) zum Parc de Miramar an der Nordostflanke des Berges fahren. Von der Avinguda del Parallel (Metro-Station Parallel, Linie 3) führt eine zunächst unterirdisch verlaufende Standseilbahn (Betriebszeiten: 12.00–14.50 und 16.30–21.15) hinauf zum Montjuïc; eine Gondelbahn bildet die Fortsetzung bis zum Kastell.

Castell de Montjuïc / Castillo de Montjuich

Auf der Höhe des Berges steht das Kastell, bei dem die Gondelbahn endet. Vor allem von den Eckbastionen bieten sich hervorragende Ausblicke auf die Millionenstadt. An der Westseite ein bombastisches Ehrenmal für Francisco Franco; im gesamten Festungsbereich stehen einige moderne großkalibrige Geschütze. Sehr zu empfehlen ist ein Rundgang auf dem flachen Dach der Zitadelle, von wo sich ein Rundblick über Meer, Hafen, Stadt und Gebirge bietet.

Militärmuseum

In dem normalerweise bis 21.00 Uhr geöffneten inneren Teil des Kastells ist das Museu Militar (Di.–Sa. 10.00–14.00 und 16.00–19.00, So. und Fei. 10.00–19.00) zu finden. Im Hof einige Geschütze aus dem 19. und frühen 20. Jahrhundert. Die 15 Ausstellungsräume sind in den einstigen Kasematten eingerichtet. Gezeigt werden ältere Blank- und Feuerwaffen sowie Ausrüstungsgegenstände aus aller Welt, dazu Modelle von Festungsanlagen, Dioramen mit Zinnsoldaten, moderne Hand- und Faustfeuerwaffen.

Palau Nacional

Parc de Atraccions / Parque de Atracciones

Der Montjuïc ist vor allem wegen des an seiner Nordostflanke gelegenen Vergnügungsparkes berühmt. Nahe bei den Eingängen stehen große Parkplätze zur Verfügung. Der Park ist im Grunde ein großer permanenter Rummelplatz mit Riesenrad, etlichen Fahrgeschäften, Varietébühne und Restaurants.

Öffnungszeiten
Mo.–Fr.
18.15–0.15,
Sa. bis 1.15,
So. und Fei.
12.00–0.15

Weiter unterhalb vom Parc de Atraccions erreicht man den Mirador del Alcalde mit Wasserspielen; sehr originell ist hier die Pflasterung im Fußgängerbereich, die aus Betonröhren, Flaschenhälsen und -böden, Transmissionsketten u.a. in ornamentaler Anordnung besteht.

Mirador del Alcalde

Am Nordwesthang erstreckt sich ein großer Park mit den Palästen und Pavillons der Weltausstellung von 1929, die in Museen umgewandelt worden sind.

Weltausstellungsgelände

Unweit unterhalb der Plaça de Neptu (span. Plaza de Neptuno) bemerkt man die originelle moderne Gebäudegruppe der Fundació Joan Miró. Die Stiftung (Di.–Sa. 11.00–20.00, So. u. Fei. 11.00–14.30) zeigt in wechselnden Ausstellungen Werke des berühmten katalanischen Malers, dessen Namen sie trägt, sowie Werke zeitgenössischer Kunst. Sie versteht sich in erster Linie nicht als Museum, sondern als Zentrum lebendiger Begegnung mit Kunst und Künstlern.

Fundació Joan Miró

✳✳Museu d'Art de Catalunya / Museo de Arte de Cataluña

In einiger Entfernung von der Plaça d'Espanya steht erhöht am oberen Ende der breiten Freitreppe der riesige, architektonisch ziemlich überladene, kuppelüberwölbte Palau Nacional (span. Palacio Nacional), in dem

Lage
Mirador del Palau

Romanische Fresken ...   *... im Museu d'Art*

Metro-Station
Plaça d'Espanya
(Linien 1, 3)

Öffnungszeiten
Di. – So.
9.00 – 14.00

seit 1934 das Museum katalanischer Kunst untergebracht ist. Mit seinen hervorragenden Sammlungen aus allen Epochen der katalanischen Kunstgeschichte gehört dieses zu den bedeutendsten Sehenswürdigkeiten von Barcelona.

Der Palast wird derzeit von der italienischen Architektin Gae Aulenti grundlegend umgestaltet. Im Zuge dieser Arbeiten wird auch das Museum neu organisiert, so daß eine genauere Beschreibung nicht möglich ist und der Besucher gewärtig sein muß, bestimmte Säle und Objekte nicht sehen zu können. Ein Ende der Umbauarbeiten und der Umstrukturierung des Museums ist noch nicht abzusehen.

Romanische Kunst

Besonders eindrucksvoll und von Weltrang ist die Abteilung romanischer Kunst (11. – 13. Jh.). Herausragend sind herrliche Fresken aus vielen Kirchen des katalanischen Pyrenäenraumes. Man hat zu diesem Zweck Gewölbe und Apsiden der Originalstandorte im Museum exakt nachgebaut und die Wandgemälde angebracht. Besondere Beachtung verdienen die Apsiden der Kirchen von Burgal und Santa Maria d'Aneu und die Fresken aus Tahull (komplett nachgebaut das Schiff der dortigen Kirche Santa María).
Die Sammlung umfaßt weiterhin liturgisches Gerät, Altarblätter, Kapitelle und vollplastische Figuren.

Gotische Kunst

Die Sammlungen der gotischen Kunst aus dem 14. und 15. Jh. beschränken sich nicht nur auf Katalonien, sondern beziehen auch Werke aus anderen spanischen Regionen ein. Zu sehen sind Holz- und Steinplastik, Tafelbilder, Altarblätter.

Renaissance,
Barock,
Neoklassizismus

Diese Abteilung (16. – 18. Jh.) ist die kleinste des Museums; sie umfaßt u.a. Gemälde von El Greco und Zurbarán und auch Stücke aus den spanischen Niederlanden.

Jardí Botànic / Jardín Botánico

Hinter dem Palau Nacional, schon zu den Parkanlagen des Montjuïc gehö-
rend, erstreckt sich der Botanische Garten (katal. Jardí Botànic, span.
Jardín Botánico) mit seiner schönen Pflanzenwelt. Er wurde unmittelbar
nach der Weltausstellung von 1929 in einem Gelände angelegt, das aufge-
lassene Steinbrüche umfaßt und wegen dieser Strukturierung über unterschiedliche Kleinklimazonen verfügt. Die Bestände sind vorwiegend nach
geographischen Gesichtspunkten geordnet.

Öffnungszeiten
Mo. – Sa.
9.00 – 14.00
und 16.00 – 18.00

Nahebei das Institut Botànic (Botanisches Institut; nur für Fachwissen-
schaftler zugänglich), dem der Garten angeschlossen ist. Am Institutsgebäude und an Sportplätzen vorbei gelangt man zum Poble Espanyol.

Museu Etnològic / Museo Etnológico

Das Museu Etnològic (Völkerkundemuseum), seit 1973 in einem Neubau
auf sechseckigem Grundriß eingerichtet, zeigt Kleidung, Hausgerät, Mobi-
liar und Kunstgewerbe vor allem aus Afrika, Amerika, Asien und Ozeanien
(Di. – Sa. 9.00 – 20.30, So. und Fei. 9.00 – 14.00).

Lage
Passeig de
Santa Madrona

Die spanische und katalanische Abteilung des Museums (Museu d'Arts,
Indústries i Tradicions Populars) befindet sich im Poble Espanyol.

Museu Arqueològic / Museo Arqueológico

Das Archäologische Museum ist in einem der einstigen Weltausstellungs-
pavillons von 1929 zu finden. Den Schwerpunkt der Sammlungen bilden
Exponate aus dem spanischen Raum. Sie sind in die Themengruppen Vorgeschichte, Balearenkultur, Funde aus der griechischen und römischen
Stadt → Ampurias (katal. Empúries) und klassische Archäologie unterteilt;
im Vestibül eine Sammlung etruskischer Altertümer. Besondere Erwähnung verdienen ein Modell der Griechenstadt Ampurias sowie attische
und etruskische Gefäße aus Magna Graecia (Di. – Sa. 9.30 – 13.00 und
16.00 – 19.00, So. und Fei. 9.30 – 14.00).

Lage
Passeig de
Santa Madrona

Unmittelbar jenseits der auf den Montjuïc führenden Straße ist in einem
aufgelassenen Steinbruch am Hang das Teatre Grec ('Griechisches Theater') eingerichtet, das nach dem Vorbild von Epidauros ebenfalls für die
Weltausstellung konzipiert wurde.

Teatre Grec

✻Poble Espanyol / Pueblo Español

Im Westteil des sich auf dem Montjuïc erstreckenden Parks ist das 'Spanische Dorf' (katalan. Poble Espanyol, span. Pueblo Español) zu finden, eine
für die Weltausstellung von 1929 angelegte Nachbildung von charakteristischen Bauwerken der spanischen Provinzen. An der Auswahl und Erfas-
sung der Vorlagen und an der Planung wirkten bekannte Künstler, unter
ihnen Maurice Utrillo, mit. Die Häuser gruppieren sich wie in den meisten
spanischen Landstädten um die Plaça Maior, den rechteckigen Hauptplatz, nahe beim massigen Eingangstor.
Am Hauptplatz befinden sich ein Restaurant sowie die spanische und
katalanische Abteilung des Volkskundemuseums.

Lage
Avinguda Marques
de Comillas

Öffnungszeiten
tgl. 9.00 – 19.00

Westlich vom Hauptplatz setzt sich das Poble Espanyol in mehreren malerischen Sträßchen und Gassen fort, wobei sich vielfach Blicke in schöne
kleine Innenhöfe bieten. Überraschend ist die Vielfalt der Handwerks-
betriebe, die sich in den Gebäuden angesiedelt haben und in denen Volkskunst und Kunstgewerbe hergestellt und verkauft werden.

Messegelände auf dem Montjuïc

Das Gebiet zwischen dem Palau Nacional und der Plaça de Espanya wird von den weitläufigen Hallenkomplexen und Freiflächen des Messegeländes ('Fira de Barcelona') eingenommen. Die zwischen dem Fuß der Freitreppe und der Plaça de Espanya verlaufende Avinguda de la Reina Maria Cristina ist ein von Wasserspielen gesäumter großzügiger Boulevard, der nachts häufig illuminiert wird.

Pavillon Mies van der Rohe

Kurz bevor die genannte Straße, vom Poble Espanyol kommend, das Messegelände erreicht, führt sie am Pavelló Mies van der Rohe vorbei. Der im Jahre 1886 in Aachen geborene Ludwig Mies van der Rohe, letzter Direktor des berühmten Bauhauses in Dessau, hatte den deutschen Pavillon für die Weltausstellung in Barcelona (1929) entworfen, und zur hundertsten Wiederkehr seines Geburtstages wurde diese getreue Nachbildung des Originals eingeweiht. Das Bauwerk beeindruckt durch die strenge und klare Linienführung und durch den ästhetischen Effekt der verwendeten Materialien (Glas, Stahl, polierter Naturstein). Angegliedert ist ein Dokumentationszentrum, welches eng mit dem Mies-van-der-Rohe-Archiv des Museum of Modern Art in New York zusammenarbeitet.

Plaça de Espanya/ Plaza de España

Das verkehrsreiche Rondell der Plaça de Espanya (span. Plaza de España) ist der wichtigste Verkehrsknotenpunkt im Westen der Stadt. In der Platzmitte erhebt sich das aufwendige Brunnendenkmal "España Ofrecida a Dios" ("Das gottgeweihte Spanien"); nördlich anstoßend die Arenas de Barcelona (Stierkampfarena).

Sehenswertes im Norden

*Templo de la Sagrada Familia

Lage
Carrer de Mallorca

Metro-Station
Sagrada Familia
(Linie 5)

Im nördlichen Teil der Stadt, jenseits der Avinguda de la Diagonal, erhebt sich die weithin sichtbare, auffallende Templo de la Sagrada Familia (Kirche der Heiligen Familie), ein unvollendeter monumentaler Kirchenbau im neukatalanischen Stil. Er gilt als Hauptwerk des katalanischen Architekten Antoni Gaudí (1852–1926), der das bereits 1882 begonnene Objekt im Jahre 1883 zur Weiterführung übernommen und dessen Entwurf nach sei-

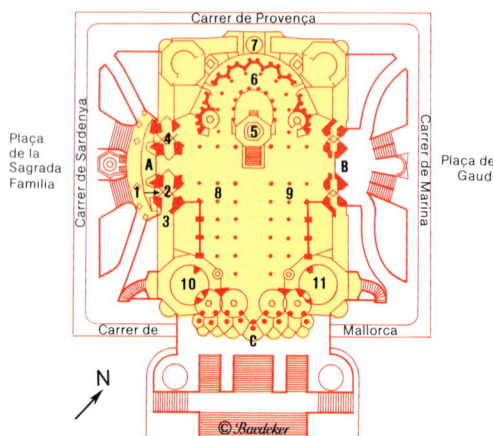

Templo de la Sagrada Familia

A Passionsportal
B Weihnachtsportal
   (über beiden Fassadentürme)
C Portal der Herrlichkeit

1 Eingang
2 Vorraum
3 Gaudi-Multivision
4 Verkaufskiosk
5 Altar (darunter Krypta)
6 Apsis
7 Marienkapelle
8 Gaudi-Museum
9 Modellwerkstatt
10 Baptisterium
11 Sakramentskapelle

Sagrada Familia

Parc Güell

nen eigenen Vorstellungen völlig umgestaltet hat. Die Baukosten zu dieser 'Kirche der Armen', wie Gaudí sie oft nannte, werden aus Almosen und Stiftungen zusammengetragen.

Die Kirche ist auf eine Gesamtlänge von 110 m und eine Höhe von 45 m geplant, wobei die Hauptkuppel 160 m und die zwölf die Apostel symbolisierenden Türme bis 115 m Höhe erreichen sollen. Noch immer stehen aber lediglich das viertürmige Ostportal ('Weihnachtstür'; die Türme stehen für die vier Evangelisten), die Außenmauern der Apsis, die Krypta, in der Antoni Gaudí 1926 begraben wurde, ferner Teile des Westportals mit nunmehr ebenfalls vier Türmen und der Langhauswände. Die Bauarbeiten schreiten nur sehr zögernd voran, und es ist nicht abzusehen, ob und wann dieses gigantische Werk vollendet sein wird.

Künstlerisch ist der Templo de la Sagrada Familia eine höchst eigenwillige Mischung von Stilzitaten und Neuschöpfungen. Der Grundriß, die Raumaufteilung und die große Linienführung sind in hohem Maße der Gotik und der Neogotik verpflichtet, verbinden diese Elemente aber mit pflanzenhafter, fließender Ornamentik, wie sie der Jugendstil hervorgebracht hat.

Hinter dem Eingang steht ein großes Gipsmodell der Kirche im Maßstab 1:25. Im Schnittpunkt von Querhaus und Apsis der von einem Baldachin geschützte Altar, unter dem sich die normalerweise verschlossene Hauptkrypta befindet. Im Untergeschoß ist das Museum der Kirche eingerichtet (Zugang in der linken Seitenkrypta beim Eingang). Zu sehen sind u.a. Skizzen über Gaudí-Bauten, Gipsstudien zum plastischen Schmuck, ein z.T. restauriertes Modell der Kirche, das 1910 in Paris ausgestellt war, weitere Schnittmodelle und eine Multivisionsschau.

Die Türme des rechten Seitenportals können erstiegen werden, was allerdings wegen des offenen Auges der Wendeltreppen für Schwindelanfällige nicht ganz angenehm ist (auch Aufzug). Von den Türmen bietet sich ein guter Blick in das Innere der Kirche und über das Stadtgebiet; von hier oben kann man auch den Mosaikschmuck der Turmhelme am besten betrachten.

Sagrada Familia (Fortsetzung)

Öffnungszeiten
tgl. 9.00–19.00

✴Parc Güell / Parque Güell

Lage
Carrer Olot

Metro-Stationen
Plaça de
Lesseps, Vallcarca
(Linie 3)

Im Nordwesten der Stadt, im bereits randlich gelegenen Stadtteil Vall-carca, breitet sich an einer Hügelflanke der Parc Güell (angelegt 1900–1914) aus, gleichfalls eine Schöpfung von Antoni Gaudí, der hier auch sein Wohnhaus hatte (heute Museum).

An der südöstlichen Parkmauer (Carrer Olot) finden sich bunte Majolika-medaillons, die den Namen des Parks zeigen. Direkt am Eingang ein Pfört-nerhaus in fließenden Formen, mit einem Turm geziert und großenteils mit farbiger Majolika bedeckt. Hier beginnt die doppelläufige symmetrische Freitreppe, die zu einer Säulenhalle hinanführt. Geteilt wird sie durch ein Wasserspiel, dessen Hauptakzent durch ein salamanderähnliches buntes Keramiktier gebildet wird. Zwischen den Kapitellen der düster-archai-schen Säulen findet sich reicher polychromer Schmuck aus keramischem und gläsernem Mosaik.

Auf dem Dach der Säulenhalle wurde ein weiter ebener Platz geschaffen, dessen Umfassungsmauer als wellenförmig verlaufende lange Sitzbank gestaltet ist. Besonders hier kann man den originellen Schmuck aus Kera-mikfragmenten in allen Farben bewundern, welcher die Bank lückenlos bedeckt. Von der Terrasse genießt man einen weiten Blick über die Stadt und auf das Meer.

Im Park gibt es noch weitere von Gaudí entworfene Details: Kolonnaden, Viadukte, Grotten und anderes.

✴Tibidabo

Nordwestlich vom Stadtzentrum erhebt sich der 532 m hohe Berg Tibi-dabo, eines der am meisten besuchten Ausflugsziele im Großraum von Barcelona. Seinen Namen hat er von der Stelle im Lukas-Evangelium "Tibi dabo montem" ("Ich werde dir geben").

Zufahrt

Von der Plaça de Catalunya fährt man mit der unterirdisch verlaufenden Eisenbahn (Ferrocarril de la Generalitat) bis zur Endstation Avinguda del Tibidabo. Ab hier fährt eine nostalgische Straßenbahn (wegen ihrer dun-kelblau lackierten Wagen auf katalanisch 'Tramvia Blau', auf spanisch 'Tranvía Azul' genannt; z.Zt. Restaurierung) bergan zur Standseilbahn (Funicular), welche die letzte Etappe zum Gipfel des Tibidabo bildet.

Museu de
la Ciència /
Museo de
la Ciencia

Nahe der Tramvia Blau befindet sich (Carrer Teodor Roviralta Nr. 55) das Wissenschaftsmuseum (Museu de la Ciència), eine Stiftung der kataloni-schen Sozialkasse (La Caixa). Es umfaßt permanente Ausstellungen zu den Sachgebieten Optik, Mechanik und Raumforschung; angegliedert sind eine meteorologische Station und ein Planetarium, ferner eine Stern-warte (Di.–So. 10.00–20.00).

Sagrado
Corazón
✴✴Rundblick

Oberhalb der Bergstation steht auf dem Gipfel des Tibidabo die mächtige Kirche Sagrado Corazón de Jesús (1961) mit einer großen Christus-Statue auf dem Dach. Vom Fuß der Statue hat man einen überragenden Rundblick auf das gesamte Stadtgebiet von Barcelona und bei guter Sicht bis zu den Balearen. Landeinwärts sieht man den Montserrat, den Montseny und im Norden die Pyrenäen.

Mirador

Direkt beim Eingang in den Vergnügungspark und bei der Bergstation der Standseilbahn ist ein kleiner Mirador (Aussichtsplattform) angelegt, von dem sich ebenfalls ein sehr schöner Blick auf die Stadt bietet.

Vergnügungspark
werktags
tgl. 10.30–21.15,
Sa., So., Fei.
bis 21.45

Der größte Publikumsmagnet des Tibidabo ist der Parc de Attraccions, ein in mehreren Ebenen an die steile Bergflanke gebauter Vergnügungspark mit unterschiedlichen Fahrgeschäften und anderen Unterhaltungsmög-lichkeiten, Geschicklichkeitsspielen, mehreren Restaurants und ähnlichen

Einrichtungen. Im Automatenmuseum im einstigen Theater werden mechanische Puppen, Spiel- und Fahrautomaten ausgestellt. Besonders für Familien mit Kindern ist der Besuch des Parks lohnend, am besten als Halbtagesausflug von Barcelona.

Vergnügungspark
im Norden
(Fortsetzung)

Neben dem normalen Eintrittsbillett, das relativ wenig kostet (bei dem aber praktisch alle Einzelattraktionen gesondert bezahlt werden müssen), gibt es ein Globalticket, welches die beliebige Benutzung aller Einrichtungen einschließt.

Olympische Stätten

Am 25. Juli 1992 werden im Olympiastadion von Barcelona die XXV. Olympischen Sommerspiele der Neuzeit eröffnet, die mit der Schlußfeier am 9. August wieder beendet sind. Zusammen mit der Weltausstellung in ⟶ Sevilla richtet Spanien damit im Jahr 1992 zwei überaus bedeutende Veranstaltungen aus und erwartet Millionen von Gästen.

Das Konzept des Organisationskomitees sieht vier große Sportstätten im erweiterten Stadtgebiet von Barcelona vor, die alle in einem Umkreis von fünf Kilometern liegen. Nur wenige Wettkämpfe werden nicht in der Stadt ausgetragen. So weit möglich, wird auf schon bestehende Stadien und Hallen zurückgegriffen, die modernisiert werden. Erstmals olympische Disziplin sind Badminton und Baseball, als Demonstrationswettbewerbe werden Rollhockey und Pelota (Frontón) gezeigt.

Die Sportstätten auf dem Montjuïc beim Stadtzentrum sind das Herz der Olympiade. Die Mehrzahl der hier stattfindenden Wettkämpfe wird im 'Olympischen Ring' ausgetragen. Dieser Bereich umfaßt das Olympiastadion (katal. Estadi Olímpic, span. Estadio Olímpico; das modernisierte Estadi Municipal), die Sant-Jordi-Halle, die Picornell-Schwimmanlage und die Sportuniversität. Hier finden u.a. sämtliche Leichtathletik-, Schwimm- und Turnwettkämpfe statt. Beim Olympischen Ring liegen auch das Internationale Pressezentrum und das Fernseh- und Rundfunkzentrum. Die Hallen des Messegeländes zur Plaça d'Espanya hin sind ebenfalls als Veranstaltungsorte in die Olympiade einbezogen.

Montjuïc

Zwischen der Avinguda de la Diagonal und der Carrer de Sants breitet sich das olympische Areal 'Diagonal' aus. In seinem Zentrum liegt das eindrucksvolle Stadion Nou Camp, Heimat des Fußballklubs F.C. Barcelona. Entsprechend wird hier und im danebenliegenden Stadion Sarrià olympischer Fußball gespielt. In der Blaugrana-Halle finden die Ringerwettkämpfe statt; das Gelände des Royal Polo Club sieht den Großteil der Reiterwettbewerbe. In den Gebäuden des Universitätsgeländes werden die parallel zur Olympiade laufenden Kongresse abgehalten.

Diagonal

In diesem am westlichen Stadtrand gelegenen Bereich finden fünf Wettkämpfe statt. Im Zentrum stehen die Bahnradwettbewerbe im Velodrom und Tennis im La Teixonera Tennis Club.

Vall d'Hebron

Auf einem ehemaligen Industriegelände nördlich des Hafens werden in dem völlig neu errichteten Yachthafen Nova Icària die Segelregatten abgehalten. Hier hat auch das Olympische Dorf für 15 000 Menschen seinen Platz.

Parc de Mar

Auch Orte in der näheren und weiteren Umgebung der katalanischen Hauptstadt sehen olympische Wettkämpfe: Basketball und Schießen in Badalona, Handball in Granollers, Baseball in Hospitalet und Viladecans, Straßenradrennen auf der Autobahn bei Bellaterra, Fußball in Sabadell, ⟶ Zaragoza und ⟶ Valencia, Hockey in ⟶ Tarrassa (katal. Terrassa), Wildwasserfahren in Castelldefels und ⟶ Seo de Urgel (katal. La Seu d'Urgell) und Rudern auf dem Banyoles-See bei ⟶ Gerona (katal. Girona).

Außerhalb
Barcelonas

Barcelona

Olympische Stätten

XXV. Olympische
Sommerspiele
Barcelona 1992

Wettkampfstätten

Badalona

Lago Banyoles

Terrassa

Sabadell

Autobahn A 17

Seu d'Urgell

Avinguda de la Meridiana

Vall d'Hebron

Passeig de Vall d'Hebron

Travessera de Dalt

Avinguda de la Diagonal

Plaça
de les
Glòries
Catalanes

Parc de Mar

Olympisches
Dorf

Via de les Corts Catalanes

Gran

Plaça
d'Espanya

Carrer de Sants

Diagonal

Montjuïc

Passeig de Colom

Mar Mediterrani

© Baedeker

Hospitalet

Castelldefels

Villadecans

Montjuïc

Diagonal

Vall d'Hebron

Parc de Mar

Barcelona '92

220

Kulturolympiade

Mit dem Eintreffen der Olympischen Flagge aus Seoul (Südkorea) am 9. Oktober 1988 wurde offiziell auch die Kulturolympiade eröffnet, während der bis ins Jahr 1992 Ausstellungen, Konzerte, Theateraufführungen und viele andere Veranstaltungen den Grundgedanken der olympischen Bewegung, die Vereinigung von Kultur und Sport, verwirklichen sollen. Jedes Jahr steht unter einem anderen Motto: 1990 war das 'Jahr der Künste', 1991 das 'Jahr der Zukunft' und 1992 wird das 'Jahr der Spiele', in dem auch die kulturellen Veranstaltungen ihren Höhepunkt erreichen.

Umgebung von Barcelona

Man folgt der Autobahn A 18 oder der N-150 nach Nordwesten zur 21 km entfernten Industriestadt Sabadell (190 m ü.d.M.) am Río Ripoll, einem Zentrum der spanischen Textilindustrie. In der Stadt ein beachtenswertes Museum mit vor-, früh- und stadtgeschichtlichen Sammlungen.
Von Sabadell führt die N-150 nach → Tarrassa (katal. Terrassa) weiter.

Sabadell

Auf einer Nebenstraße via Tibidabo gelangt man zu dem im Nordwesten Barcelonas liegenden, etwa 12 km entfernten San Cugat de Vallés (180 m ü.d.M.; katal. Sant Cugat del Vallès) einem Villenort in waldreicher Umgebung. Das einstige Benediktinerkloster wurde im Jahr 897 erstmals urkundlich erwähnt; die heutige romanisch-gotische Bausubstanz stammt aus dem 12. bis 17. Jh. und ist daher nicht einheitlich. Im Inneren der dreischiffigen Klosterkirche befinden sich ein schöner Allerheiligenaltar (1375)

San Cugat de Vallés / Sant Cugat del Vallès

Kreuzgang von San Cugat ...

... und Figurenkapitell

San Cugat de Vallés
(Fortsetzung)
und das Grab des Abtes Odo aus dem 14. Jahrhundert. Links neben der Kirchenfassade öffnet sich die Pforte zum Kreuzgang mit seinen 150 figurengeschmückten Kapitellen.

Entlang der Costa Dorada zur Costa Brava

Badalona

Die Ausfahrt aus Barcelona erfolgt von der Plaça de les Glòries auf der Autobahn A 19 über den Río Besós (katal. Riu Besos) in nordöstlicher Richtung nach Badalona, einer langgestreckten Industriestadt mit einer Erdölraffinerie und Stahlwerken, die fast gänzlich mit Barcelona zusammengewachsen ist.

Costa Dorada /
Costa Daurada

Von Badalona geht es weiter auf der N II auf schöner Strecke unweit vom Strand der Costa Dorada (katal. Costa Daurada; 'Goldene Küste'), von dem man nur durch die Eisenbahn getrennt ist. Die Küste ist gesäumt von Seebädern, Hotels und Campingplätzen, wo sich alljährlich die Sonnenhungrigen ein Stelldichein geben.

Mataró

Über das kleine Seebad Vilasar de Mar (katal. Vilassar de Mar) erreicht man Mataró (26 m ü.d.M.). Von dieser heute eher nüchternen Handels-, Gewerbe- und Industriestadt fuhr im Jahr 1848 die erste spanische Eisenbahn nach Barcelona.

Arenys de Mar

Nach weiteren 10 km auf der N-II ist Arenys de Mar (Meereshöhe) erreicht. Hier lohnt ein Besuch des Museu Marés de la Punta (Spitzenmuseum), das auf mehreren Stockwerken zahlreiche Stücke des Klöppelhandwerks zeigt. In der aus dem 16./17. Jh. stammenden Pfarrkirche steht einer der wohl bedeutendsten Barockaltäre Kataloniens.

Calella

Weiter in Windungen auf der hier durch die Vorgebirge La Serp und Las Rosas gebildeten Steilküste über Canet de Mar und den von einem zinnengekrönten Schloßturm überragten San Pol de Mar (katal. Sant Pol de Mar) die felsige Küste entlang nach Calella. Der einst beschauliche Ort ist längst eine ausgesprochene Urlaubersiedlung mit sehr viel Betrieb geworden. Den weitaus größten Anteil an der Gesamtzahl der Touristen haben die Gäste aus der Bundesrepublik Deutschland, weshalb böse Zungen den Ort 'Calella de los Alemanes' nennen.

Malgrat de Mar

Hinter Pineda gabelt sich die Straße; auf der Küstenstrecke gelangt man nach Malgrat de Mar, dessen größte Attraktion das außerhalb des Ortes Richtung Palafolls (Anfahrt über Küstenstraße Richtung → Blanes) gelegene Marineland ist. Beeindruckend sind vor allem die Delphin- und Seehundvorführungen.

Die Küstenstrecke führt nach Malgrat de Mar weiter zur → Costa Brava; auf der ins Landesinnere abzweigenden N-II gelangt man nach → Gerona.

Zum Puigcerdá in den Pyrenäen

Granollers

Von der Plaça de les Glòries folgt man zunächst der nach Norden strebenden Autobahn A 17 Richtung → Gerona (katal. Girona), von der später die N-152 (E 09) abzweigt. Über diese und eine nach rechts abgehende Nebenstraße erreicht man Granollers (145 m ü.d.M.), eine betriebsame Stadt mit bekanntem Viehmarkt. Sie wurde während der Karlistenkriege weitgehend zerstört, so daß außer der gotischen Kirche San Esteban aus dem 14. Jh. nur noch wenig alte Bausubstanz erhalten geblieben ist. Einen Besuch wert ist das archäologische Museum.

*Sierra de
Montseny

Von Granollers lohnt ein Abstecher in nordöstlicher Richtung über San Celoni (katal. Sant Celoni) zu dem waldbedeckten Massiv der Sierra del

Montseny, das im Turó del Home 1712 m Höhe erreicht und damit die höchste Erhebung des Katalonischen Küstengebirges darstellt. Von San Celoni führt eine sehr windungsreiche, aber landschaftlich außergewöhnliche Straße mit schönen Ausblicken nach Santa Fe del Montseny (1100 m ü.d.M.) am gleichnamigem See. Das Dorf hat sich um eine einstige Abtei entwickelt und ist ein gutes Standquartier für Bergwanderungen.

Sierra de Montseny (Fortsetzung)

Nach Granollers verläuft die N-152 über La Garriga (260 m ü.d.M.) in einem felsigen Tal und in Windungen aufwärts nach Ayguafreda (katal. Aiguafreda) und Tona, das linker Hand von einer großen Burgruine überragt wird, und dann durch die Ebene von Vich nach der alten Bischofsstadt ⟶ Vich (katal. Vic). Auf der Weiterfahrt passiert man Montesquíu mit dem Castillo de Besora, und durch das Tal des Río Ter erreicht die Straße die Grenze zwischen den Provinzen Barcelona und Gerona. Jenseits der Grenze das Städtchen ⟶ Ripoll.

Durch einen malerischen Streckenabschnitt (Wasserfall) geht es über das Thermalbad Aguas de Ribas weiter nach Ribas de Freser (926 m ü.d.M.; katal. Ribes de Freser), einem Thermalbad in waldiger Lage am Río Freser und vielbesuchte Sommerfrische. 8 km nördlich der auch mit einer Bergbahn zu erreichende Wintersportort Nuna (2000 m ü.d.M.). Zwischen den rechts aufstrebenden Höhen des Puigmal (2912 m ü.d.M.) und der Sierra del Cadi (links) klettert die N-152 hinauf zum Puerto de Tosas (1800 m ü.d.M.), dann von der Paßhöhe in vielen Windungen hoch am Berghang entlang und schließlich zum Dörfchen Urtg (1190 m ü.d.M.), von wo eine Abzweigung in das großartige Wintersportgebiet La Molina (1600–2500 m ü.d.M.) führt. Weiter nördlich eine Abzweigung der C-1313 nach ⟶ Seo de Urgel (katal. La Seu d'Urgell).

Kurz hinter der Abzweigung erreicht die N-152 das alte befestigte Grenzstädtchen Puigcerdá (1147 m ü.d.M.), reizvoll gelegen am Zusammenfluß von Río Segre und Río Carol auf einem Hügel, wegen seiner schönen Lage inmitten der Pyrenäen auch als Sommerfrische und Wintersportplatz viel besucht. Im Ort die Kirche Santa María aus dem 14. Jh. (1938 zerstört) und das im 12. Jh. gegründete Kloster.

Puigcerdá

5 km nordöstlich liegt auf französischem Boden die seit 1659 spanische Enklave Llivia, ein mittelalterliches Städtchen, das unter Denkmalschutz steht. Im Museo Municipal kann man die älteste Apothekeneinrichtung (15. Jh.) in Europa besichtigen.

Llivia

Der Grenzübergang Ur nach Frankreich ist nach 5 km über die nach Norden führende N-152 erreicht.

Entlang der Costas de Garraf

Die von Barcelona nach Südwesten führende Autobahn, die später in die C-245 übergeht, ist die aussichtsreiche Küstenroute nach ⟶ Tarragona.

Durch den industriereichen Vorort Hospitalet verläßt man die Stadt und erreicht schließlich das in der Nähe des Zusammenschlusses von Autobahn und C-245 liegende Castelldefels ('Burg der Gläubigen'), wegen seines schönen Strandes und Pinienwaldes sehr viel besucht. Das Castillo geht auf das 10. Jh. zurück; innerhalb der Burganlage findet sich die kleine romanische Kirche Santa María. Mehrere Wachttürme zeugen vom einstigen Wehrcharakter des Ortes.

Castelldefels

Am Dorf Garraf vorbei zieht die Straße nun auf großartiger Strecke in Windungen auf die felsigen Steilküste der Costas de Garraf, dem schönsten Teil der Costa Dorada, hin nach ⟶ Sitges, einem eleganten Seebad und internationalen Ferienort.

Costas de Garraf

Über den Puerto Cruz de Ordal

Man verläßt Barcelona durch die westlichen Industrievororte und erreicht nach 17 km von der Stadtmitte die Industrievorstadt Molins de Rey, kurz dahinter Cuatro Caminos, wo die N-340 nach links abzweigt. Talaufwärts geht es über Vallirana (205 m ü.d.M.) und durch eine hübsche Waldlandschaft zum Viaducto del Lladoner, der mit zwei Bogenreihen eine 22 m tiefe Schlucht überbrückt, und hinauf zum Paß Cruz de Ordal (505 m ü.d.M.), der seinen Namen von dem hier aufgestellten Kruzifix hat und eine schöne Aussicht bietet.

Villafranca del Panadés / Vilafranca del Penedés

Man erreicht schließlich zwischen Feldern und jenseits der Autobahnauffahrt nach Villafranca del Panadés (224 m ü.d.M.; katal. Vilafranca del Penedés). Die Stadt liegt inmitten der weinreichen Landschaft Panadés. In der Umgebung können Weinkellereien besichtigt und auch Weinproben durchgeführt werden.

An der Plaça Jaume I erhebt sich der alte Palast der Könige von Aragonien, in dem heute mehrere Museen untergebracht sind. Im Erdgeschoß erläutert das Weinmuseum anhand alter Gerätschaften, Dioramen und Tafeln Geschichte und Herstellungsweise der Weine von Panadés. Im ersten Stock breitet sich das städtische Museum mit Abteilungen für Stadtgeschichte, Archäologie, Kunst, Geologie und Ornithologie aus. Weiterhin sehenswert sind die gotische Kirche Santa María aus dem 13. Jh. und das aus derselben Zeit stammende Kloster San Francisco, in denen jeweils schöne Grabmäler und Gemälde besichtigt werden können.

Arbós

Die N-340 passiert erneut die Autobahn und erreicht Arbós (katal. L'Arboç); an dessen Ortseingang steht die dreitürmige Kirche San Julián mit stattlicher statuengeschmückter Fassade und einem schönen Retablo im Innern. Im Ort befindet sich ein Palacio, dessen Turm an die Giralda von → Sevilla erinnert.

Martorell

Von Molins de Rey läßt sich auch ein Abstecher zum 11 km entfernten Martorell unternehmen. Hierzu verbleibt man bei Cuatro Caminos auf der in nordwestlicher Richtung ziehenden N-II. Über San Andrés de la Barca und am rechten Ufer des Río Llobregat entlang erreicht man das alte Martorell (160 m ü.d.M.) – das römische Tolobi – an der Mündung des Río Noya in den Río Llobregat. Dieser wird von der dem punischen Feldherrn Hannibal (218 v.Chr.) zugeschriebenen Brücke Puente del Diablo (Teufelsbrücke) überspannt. Dicht dabei steht ein Triumphbogen für den Feldherrn Hamilkar Barkas, den Vater Hannibals. Das städtische Museum im ehemaligen Kapuzinerkloster stellt Keramiken und archäologische Funde aus der Umgebung aus.

Nach Andorra

Igualada

Man folgt der nach Westen führenden N-II bis zur Industriestadt Igualada (315 m ü.d.M.), in der vor allem Spinnereien und Gerbereien ansässig sind; die Geschichte der Lederindustrie zeigt das Ledermuseum im Museo Municipal.

Hinter Jorba zweigt die C-1412 nach rechts ab, und über Prats del Rey gelangt man nach Calaf (470 m ü.d.M.), einem am Fuß der gleichnamigen Sierra gelegenen Städtchen mit hochgelegener Burgruine. Weiter geht es in Windungen bergab nach Castellfullit (410 m ü.d.M.; katal. Castellfollit), überragt von den Türmen einer alten Burg.

Pons / Ponts

Die Straße passiert die Provinzgrenze nach → Lérida (katal. Lleida) und erreicht schließlich Pons (360 m ü.d.M.; katal. Ponts), ein Städtchen am linken Ufer des Río Segre mit der romanischen Kirche des ehemaligen Augustinerstifts Sant Pere de Ponts. In Pons mündet die C-1412 in die von

Lérida kommende C-1313, auf der man in nördlicher Richtung die Fahrt in dem reizvollen Segretal aufwärts fortsetzt.

Umgebung von Barcelona (Forts.)

Mit der Kette der Pyrenäen im Hintergrund, denen man sich allmählich nähert, erreicht man das Dorf Basella; von hier führt nach rechts ein Abstecher auf der C-1410 zur 25 km entfernten alten Bischofsstadt Solsona (665 m ü.d.M.). Die Kathedrale Santa María, Episkopalkirche seit 1593, geht auf eine 1163 geweihte romanische Kirche zurück. Von dieser sind noch drei Apsiden und der Glockenturm erhalten; die übrigen Teile der Kirche sind gotisch und barock verändert worden. Ebenfalls im romanischen Stil ist die im Inneren verwahrte Marienskulptur aus schwarzem Stein 'Virgen del Claustro' (katal. 'Mare de Déu del Claustre'). Das Diözesanmuseum im nahebei gelegenen Bischofspalast aus dem 18. Jh. verfügt über eine beachtliche Sammlung religiöser Gegenstände. Im selben Gebäude ist auch das Salzmuseum untergebracht.

Solsona

Weitere 18 km von Solsona entfernt liegt Cardona, von einer mächtigen Burg überragt, in der heute ein Parador Nacional eingerichtet ist. Bemerkenswertester Teil der Festungsanlagen ist der im 11. Jh. errichtete zylinderförmige Torre de la Minyona.

Cardona

Innerhalb der Burganlage stellt die Stiftskirche Sant Vicenç de Cardona eines der schönsten Beispiele für den lombardischen Stil in Katalonien dar. Das dreischiffige, 1040 vom Bischof von Urgel geweihte Gotteshaus vom Basilikatyp besitzt mit der achteckigen Kuppel eine der ältesten dieser Art in Spanien. Unter dem Presbyterium die dreischiffige Krypta, deren Kreuzgewölbe von schlichten Säulen getragen wird.

Nach diesem Abstecher geht es weiter auf der C-1313 über Oliana durch die von hohen Felswänden umrahmte Schlucht Grau de la Granta zu dem über 10 km langen Stausee Embalse de Oliana (katal. Panta d'Oliana); an dessen Nordende liegt das Dorf Coll de Nargó in malerischer Lage mit der aus dem 11. Jh. stammenden ehemaligen Pfarrkirche Sant Climent. Hinter Organá (katal. Organya) geht es talaufwärts durch die Schlucht Garganta de Organá und schließlich entlang einiger Dörfchen nach → Seo de Urgel. Über die von Seo de Urgel in nördlicher Richtung verlaufende C-145 erreicht man nach 10 km hinter dem spanischen Dorf Farga de Moles das Gebiet von → Andorra.

*Grau de la Granta

Weitere Reiseziele

- → Costa Brava
- → Gerona
- → Montserrat
- → Ripoll
- → Vich
- → Villanueva y Geltrú

Béjar   E 5

Provinz: Salamanca (SA)
Telefonvorwahl: 923
Höhe: 950 m ü.d.M.
Einwohnerzahl: 17 500

Die durch ihre Tuchfabrikation bedeutende Stadt Béjar liegt in reizvoller Lage auf einer Anhöhe über einem bergumrandeten Tal, an den westlichen Ausläufern der Sierra de Gredos. Wegen ihres angenehmen Klimas ist die Stadt auch als Sommerfrische geschätzt.

Lage und Allgemeines

Festungspalast der Herzöge von Béjar

Sehenswertes

Palacio Ducal

Bedeutendstes Baudenkmal ist der festungsartige Palacio Ducal (Palast der Herzöge von Béjar; 16. Jh.) in der mauerbewehrten Altstadt; besonders schön sind der Renaissancehof und die prächtige Treppe.

Santa María

Das kunstgeschichtlich bedeutendste Stück der aus Backsteinen im 13. Jh. errichteten und im 16. Jh. umgebauten Kirche Santa María ist die Skulptur der 'Nuestra Señora de las Angustias' von Luis Salvador Carmona.

Museo Mateo Hernández

Im Hauptraum der Kirche San Gil befindet sich heute das Museo Mateo Hernández. Ausgestellt werden u.a Skulpturen und Gemälde der flämischen und spanischen Schule, Emailarbeiten, Porzellane, Elfenbeingegenstände und Miniaturen.

Santuario del Castañar

Vom oberhalb des Ortes gelegenen Santuario El Castañar (1050 m ü.d.M.) genießt man eine schöne Aussicht. An dieser Stelle soll im Jahr 1447 einigen Mönchen die hl. Jungfrau erschienen sein, die seither Schutzpatronin der Stadt ist.
Das Bildnis der Virgen del Castañar aus dem 15. Jh. wird im barocken Inneren des im 17./18. Jh. erbauten Heiligtums verehrt.

Umgebung von Béjar

Baños de Montemayor

Man verläßt Béjar auf der N-630 in südlicher Richtung und erreicht über das malerische Bergdorf Candelario (1200 m ü.d.M.) an der Flanke der → Sierra de Gredos das Heilbad Baños de Montemayor (750 m ü.d.M.) mit Schwefelthermalquelle (48° C) im Talschluß des Río Ambroz.

Über Hervás, in dem ein Gang durch das mittelalterliche Judenviertel lohnt, strebt die N-630 nach ⟶ Plasencia.

Gebirgsroute

Dieser Ausflug führt in die Bergwelt der Sierra de Peña de Francia und zugleich durch eine reizvolle Landschaft, die ihren Namen wohl von hier im 11. Jh. heimisch gewordenen Franzosen hat. Durch die abgeschlossene Lage haben sich in den Dörfern noch einige Traditionen erhalten, die in Kleidung und Festen zum Ausdruck kommen.

Auf der nach Nordwesten führenden C-515 erreicht man die Abzweigung nach dem malerischen Miranda del Castañar, einem kunsthistorisch interessanten Städtchen mit Wehrmauern, Burgen, wappengeschmückten Häusern und einer der ältesten Stierkampfarenen Spaniens (16. Jh.). Ein bedeutendes Fest ist die Fiesta de las Aguedas im Februar, die des Nachts mit typischen Tänzen begangen wird.
Im in der Nähe liegenden San Martín de Castañar fndet man ebenfalls eine schöne Burg aus dem 15. Jahrhundert.

Miranda del Castañar

Auf der C-525 erreicht man El Cabac, von wo eine Nebenstraße hinauf nach La Alberca führt. Das Dorf steht unter Denkmalschutz und zählt zu den reizvollsten Spaniens. Hier scheint die Zeit stehen geblieben zu sein; unverkennbar drückt sich die arabische Vergangenheit in den engen Gassen, in den Häusern mit vorspringenden Stockwerken und in der von hölzernen Arkaden gesäumten Plaza Pública aus. Typisches Fest ist Ofertorio y Loa im August, wenn zu Ehren der 'Nuestra Señora de la Asunción' ein biblisches Drama im Vorhof der Kirche aufgeführt wird und die Bewohner ihre Tracht anlegen.

*La Alberca

Auf der 7 km langen Bergstraße SA-202 Richtung Nordwesten erreicht man die alte Wallfahrtskapelle Nuestra Señora de la Peña de Francia in 1725 m Höhe, wo ein französischer Pilger eine Statue der hl. Jungfrau gefunden haben soll. Von hier oben genießt man eine überwältigende Aussicht auf die Berge und die Dörfer.

Wallfahrtskapelle

Belmonte   H 6

Provinz: Cuenca (CU)
Telefonvorwahl: 967
Höhe: 79 m ü.d.M.
Einwohnerzahl: 3 000

Das alte befestigte Städtchen Belmonte, 158 km südöstlich von Madrid gelegen, wurde in seiner Gesamtheit zu einem Denkmal von touristischem Interesse erklärt. Es ist der Geburtsort des Dichters Fray Luis de León (1527 – 1591).

Lage und Allgemeines

Sehenswertes

Inmitten der kargen Ebene der Mancha erhebt sich auf einem sanft ansteigenden Hügel über dem Ort die aus der Mitte des 15. Jh.s stammende Burg, heute Nationaldenkmal. Die sternförmige Festungsanlage besitzt sechs Rundtürme und einen zinnengekrönten doppelten Mauerring. Ins Innere der Burg gelangt man durch drei Tore, am bemerkenswertesten ist das Pilgertor, an dem Kreuz und Jakobsmuschel, die Symbole der Jakobspilger, eingemeißelt sind. Den dreieckigen Burghof säumt eine doppelte Galerie mit schönen Reliefs. Die Innenräume sind weitgehend leer;

*Castillo

Castillo de Belmonte

Castillo von Belmonte (Fortsetzung)	sehenswert sind die wertvollen Kassettendecken, die Kamine und die Fenster. Von den Wehrgängen hat man einen weiten Blick in die ringsum sich ausdehnende Mancha.
Stiftskirche	In der alten Stiftskirche (ebenfalls Nationaldenkmal) sollte man das herrliche Chorgestühl aus dem Dom von ⟶ Cuenca, die gotischen Retablos und das Taufbecken, an dem Luis de León getauft wurde, besichtigen.

Umgebung von Belmonte

Villaescusa de Haro	Nördlich des Ortes (6 km) an der N-420 liegt Villaescusa de Haro, wo die gotische Kapelle Nuestra Señora de la Asunción (16. Jh.) mit einem prächtigen gotischen Zierwerk und einem wertvollen Retablo aufwartet.
Mota del Cuervo	An die berühmte Windmühlenszene aus dem "Don Quijote" erinnert bei dem 16 km südwestlich liegenden Städtchen Mota del Cuervo die Sierra de los Molinos, ein mit typischen Windmühlen bedeckter Hügel in der Mancha.

Benavente   E 4

Provinz: Zamora (ZA)
Telefonvorwahl: 988
Höhe: 724 m ü.d.M.
Einwohnerzahl: 12500

Lage und Allgemeines	Das zwischen dem Río Esla und dem Río Orbigo gelegene Städtchen Benavente ist heute ein wichtiger Straßenknotenpunkt und auch als 'Stadt

der drei Grafen' bekannt. Der mittelalterlich anmutende Ort besitzt interessante romanische Baudenkmäler.

Benavente
(Fortsetzung)

Sehenswertes

Die Kirche San Juan del Mercado, 1182 als Kloster begonnen, weist am figurengeschmückten Südportal aus dem 12. Jh. ein schönes Tympanon auf; im Inneren über dem Presbyterium eines der ältesten gotischen Gewölbe Spaniens und ein Kruzifix aus dem 13. Jahrhundert.

San Juan
del Mercado

Ferdinand II. veranlaßte um 1180 den Bau der Kirche Santa María del Azogue (von arab. 'souk' = Markt), die bis zum 16. Jh. mehrmals verändert wurde. Beachtenswert sind die fünf Apsiden, die Portalskulpturen und der Barockretablo.

Santa María
del Azogue

Der Burgpalast Castillo de los Pimentel wurde von napoleonischen Truppen niedergebrannt; nur noch der Torre del Caracol ('Schneckenturm') aus dem 16. Jh. ist geblieben, der heute Teil eines Parador Nacional ist.

Castillo de
los Pimentel

Weitere beachtenswerte Bauten sind u.a. das Ayuntamiento (Casa Consistorial) und das Hospital de la Piedad, letzteres mit einer Fassade aus dem 15. Jh. und hübschem Innenhof.

Umgebung von Benavente

Auf der Richtung Südosten führenden N-VI gelangt man zum 27 km entfernten Villalpando (690 m ü.d.M.), einem Festungsstädtchen mit mittelalterlichen Mauern, dem schönen Stadttor Puerta de San Andrés (12. Jh., im 16. Jh. umgebaut), der romanischen Backsteinkirche Santa María la Antigua (12. Jh.) sowie zwei weiteren Gotteshäusern aus der Maurenzeit.

Villalpando

Benidorm K 7

Provinz: Alicante (A)
Telefonvorwahl: 965
Höhe: 4 m ü.d.M.
Einwohnerzahl: 28 000

Aus dem einst kleinen Fischerort Benidorm nordöstlich von Alicante ist inzwischen ein international bekannter Badeort geworden, der zu den meistbesuchten Urlaubszentren der Costa Blanca, der 'Weißen Küste', zählt.

Lage und
Allgemeines

Seebad

Die kilometerlangen feinsandigen Strände der nach Süden geöffneten Bucht und das warme Klima (345 Sonnentage im Jahr) locken jährlich drei Mio. Urlauber nach Benidorm. Insgesamt 250 000 Betten bietet die Stadt, die ihr Antlitz in den letzten Jahrzehnten völlig verändert hat. Hotel- und Apartmenthochhäuser säumen die Uferpromenade; Vergnügungsmöglichkeiten aller Art sollen bei Tag und Nacht für Zerstreuung sorgen. Ein ins Meer vorspringender Kastellfelsen teilt den Strand in einen östlichen (Playa de Levante) und einen westlichen Teil (Playa Poniente). Auf dem Felsen dehnt sich das alte Fischerdorf aus. Hier gibt es noch idyllische Gassen; im Parque Castillo auf dem Gelände der alten Burg hat man von einer Terrasse eine schöne Aussicht auf die Bucht.
Nördlich der Stadt lockt mit 'Aqualand' einer der größten Wasserparks Europas, wo man sich auf allerlei Art im Wasser tummeln kann.

In die Sierra de Aitana

*Guadalest

Die C-3318 führt in nördlicher Richtung durch ein landwirtschaftlich genutztes Gebiet, in dem Zitrusfrüchte und Mispeln angebaut werden. In Callosa de Ensarría zweigt die C-3313 nach ⟶ Alcoy und in die Bergwelt der Sierra de Aitana ab. Auf dieser Straße erreicht man 18 km von Benidorm entfernt das faszinierende Guadalest. Das in den Fels gebaute Dorf ist nur über einen durch den Berg getriebenen Tunnel zu erreichen. Der Ort war im Jahr 1609 die letzte Zuflucht der islamischen Morisken, bevor sie endgültig vertrieben wurden. Von der Felsenfestung aus der Maurenzeit ließ ein Erdbeben im Jahr 1744 nur wenig übrig, dennoch wird der Aufstieg durch die einmalige Lage und die herrlichen Ausblicke belohnt.

Tarbena

Bleibt man in Callosa de Ensarría auf der C-3318, folgt kurz danach Tarbena, das im 17. Jh. von Mallorquinern neu gegründet wurde und wo sich noch Reste des mallorquinischen Dialektes erhalten haben.

Küstenfahrt in nördlicher Richtung

Altea

Die Küstenstraße führt zum Fremdenverkehrsort Altea, links am Berghang mit unter Philipp II. erbauten Befestigungsanlagen. Die hübsche Kirche erfreut durch blaue Kuppeln, rosa Dachziegel und weißes Mauerwerk.

Calpe

Von der über der felsigen Steilküste entlangführenden Straße hat man einen prächtigen Blick auf den Peñón de Ifach und das Meer. Durch zwei Tunnel und danach rechts ab erreicht man das schon in phönizischen Zeiten besiedelte Fischerstädtchen Calpe (20 m ü.d.M.) mit alten Festungsmauern und kleiner Kirche im Mudéjarstil. In einigen Salzgärten wird noch Meersalz gewonnen. Wahrzeichen der Stadt und der Costa Blanca ist der 383 m aus dem Meer emporragende und an den Felsen von ⟶ Gibraltar

Peñon de Ifach

erinnernde Felsklotz Peñón de Ifach. Es empfiehlt sich die ca. 1¹/₂ Stunden beanspruchende Besteigung auf gutem Pfad auf die Spitze des Felsens, von wo man herrliche Aussichten auf die Küste bis zum Cabo de la Nao (Umgebung von → Denia) und das Küstengebirge hat. Unterhalb des Peñón links der Strand Playa de la Fosa.

Küstenfahrt
von Benidorm
(Fortsetzung)
Peñón de Ifach

Küstenfahrt in südlicher Richtung

Die Küstenstraße verläuft zunächst abseits des Meeres, um nach 10 km Villajoyosa zu erreichen, dem schön über dem Meer gelegenen Hafenstädtchen. Es besitzt noch ein intaktes Fischerviertel, dessen Bewohner ihre Häuser kunterbunt angestrichen haben. Von der Festung sind stattliche Mauerreste und Türme sowie die burgartige, in die Stadtmauer integrierte gotische Kirche mit einem Renaissanceportal erhalten. In der Casa de Cultura ist das Museo Etnográfico untergebracht. Im Hafen wird täglich die Fischerbörse abgehalten, auf der die Tagesfänge verkauft werden. Die Küstenstraße führt nun weiter nach → Alicante.

Villajoyosa

Betanzos   B 2

Provinz: La Coruña (C)
Telefonvorwahl: 981
Höhe: 25 m ü.d.M.
Einwohnerzahl: 11 500

Die einstige römische Hafenstadt Brigantum Flavium, das heutige Betanzos, liegt an der tief ins Land einschneidenden Ría de Betanzos. Heute ist Betanzos ein von Weinbergen und Feldern umgebenes freundliches Städtchen mit mittelalterlichen Mauerresten, Stadttoren, Adelshäusern, Gassen und Winkeln.

Lage und
Allgemeines

Sehenswertes

Die Kirche des Klosters San Francisco, das im ausgehenden 14. Jh. auf Geheiß des Grafen Fernán Pérez de Andrade errichtet wurde, ist mit ihren großen Fenstern an den drei Apsiden und dem reichen Figurenschmuck der Portale einer der gelungensten gotischen Kirchenbauten in Galicien. Im Inneren beeindrucken ebenfalls fein gearbeitete Skulpturen und Grabmäler, unter denen dasjenige des Grafen Pérez de Andrade aus dem Jahr 1387 hervorsticht: Ein Eber und ein Bär tragen den mit Jagdreliefs versehenen Sarkophag, auf dem die Gestalt des Adligen mit seinen Jagdhunden zu Füßen ruht.

*San Francisco

Das bemerkenswerteste an der dreischiffigen Kirche Santa María del Azogue (14./15. Jh.) ist die Fassade mit großer gotischer Fensterrose. Zu beiden Seiten des Portals stehen in Nischen Skulpturen der Jungfrau Maria bzw. des Erzengels Gabriel. Auch in dieser Kirche finden sich Adelsgrabmäler, daneben ein mittelalterlicher Retablo flämischer Herkunft.

Santa María
del Azogue

Die Kirche Santiago (15. Jh.) ist die Mutterkirche der Stadt. Sie stammt ursprünglich aus dem 11. Jh.; im 15. Jh. ließ sie die Schneiderzunft der Stadt renovieren. Im Tympanon ein Reiterbild des hl. Jakobus, Namensgeber der Kirche. In der Capilla San Pedro y San Pablo im Innenraum steht ein plateresker Altar von Cornelis von Holland.

Pfarrkirche
Santiago

'Pasatiempo' bedeutet Zeitvertreib. Genau zu diesem Zweck ließ Juan Carcá Naveira Ende des vorigen Jh.s am Ufer des Río Mandeo einen phantastischen Garten mit Springbrunnen, Grotten und allerlei exotischen

El Pasatiempo

Typisch galicisch: Hauptplatz von Betanzos

Betanzos,
El Pasatiempo
(Fortsetzung)

Pflanzen anlegen, der vor allem in den zwanziger Jahren unseres Jh.s zahlreiche Besucher in seinen Bann schlug. Die Gärten sind heute verwildert und die Gebäude zerfallen, doch will die Stadtverwaltung von Betanzos sie bis zum für Spanien so wichtigen Jahr 1992 wieder zu einer großen Attraktion herrichten.

Umgebung von Betanzos

Monasterio
San Felix

In der Nähe des 20 km nordöstlich liegenden Ortes Monfero, inmitten der Sierra de Moscoso, stößt man auf die ausgedehnte Klosteranlage San Felix, die auf das 12. Jh. zurückgeht und im 17. Jh. umgestaltet wurde. Ein guter Teil des Klosters liegt in Ruinen. Erhalten hat sich die Fassade der Kirche, schachbrettartig aus Granit und Schiefer zusammengesetzt und mit drei mächtigen Säulen versehen. Im Kreuzgang, im 16. Jh. begonnen und im 18. Jh. vollendet, findet sich ein schöner Brunnen.

Bilbao / Bilbo   H 2

Provinz: Vizcaya (BI)
Telefonvorwahl: 94
Höhe: 19 m ü.d.M.
Einwohnerzahl: 433 000

Lage und
Allgemeines

Die etwa 14 km vom Meer entfernt gelegene Stadt Bilbao (bask. Bilbo) am Río Nervión (bask. Nerbioi) ist Hauptstadt der baskischen Provinz Vizcaya (bask. Bizkaia) und Sitz eines Bischofs. Bilbao ist – gemessen am Güteraufkommen – der bedeutendste Hafen Spaniens und das Zentrum eines riesigen industriellen Ballungsgebietes.

Seit ihrer Gründung im Jahre 1300 durch den Feudalherren von Vizcaya, Don Diego López de Haro, nahm die Stadt eine wichtige Stellung im Seehandel an der spanischen Nordküste ein; sie exportierte Erze nach England, Schiffbau und eine vorindustrielle Eisen- und Stahlindustrie sorgten für Wohlstand. Der Aufstieg zu einem der bedeutendsten Industrieplätze Spaniens begann Mitte des 19. Jh.s mit dem Aufkommen der industriellen Verhüttung des Eisenerzes aus den Gruben des Hinterlandes. Besonders in den sechziger und siebziger Jahren wanderten viele Menschen aus den kargen ländlichen Regionen Spaniens in den Großraum Bilbao, um dort Arbeit zu finden. Heftige Regenfälle führten 1983 zu einer Überschwemmung, die große Schäden in den Industriebetrieben zur Folge hatte.

Der Wirtschaftsraum um Bilbao erstreckt sich heute auf einer Länge von 18 km von Galdácano (bask. Galdakao) östlich der Stadt zu beiden Seiten des Río Nervión bis zur Mündung des Flusses ins Kantabrische Meer. Innerhalb dieser Region gibt es noch 28 selbständige Gemeinden wie Barracaldo (bask. Barakaldo), Portugalete, Sestao oder Las Arenas (bask. Areeta), die sich selbst zu Industriestädten entwickelt haben und zu einem einzigen Ballungsgebiet zusammengewachsen sind, dessen Einwohnerzahl sich der Millionengrenze nähert. Das linke Flußufer wird traditionell von Fabriken der Eisenhütten-, Werft- und Maschinenindustrie beherrscht, zu der in jüngerer Zeit die chemische Industrie und eine Raffinerie gekommen sind; dazwischen dehnen sich oft in unmittelbarer Nähe der Industrieanlagen die Mietskasernen der Arbeiterwohnviertel aus. Das rechte Ufer ist weniger stark industrialisiert; hier finden sich noch kleinere Seebäder, kleine und mittlere Betriebe und Wohngebiete. Bilbao selbst ist zum Verwaltungs- und Bankenzentrum geworden.

Altstadt und Río Nervión

Hafen

Keimzelle der industriellen Entwicklung Bilbaos war der Hafen, den heute Seeschiffe bis zu 4000 BRT auf dem tief ins Land reichenden Río Nervión anlaufen können. Schon Ende des letzten Jh.s wurde der tiefere Außenhafen El Abra in der Flußmündung angelegt. In den vergangenen Jahren baute man bei Punta Lucero und Punta la Galea weit draußen in der Mündung riesige Hafenanlagen für Schiffe bis zu 500 000 BRT.

Umweltverschmutzung

Das ausufernde industrielle Wachstum hat dazu geführt, daß die Luftverschmutzung im Großraum Bilbao die stärkste in Spanien und eine der höchsten in Europa ist. Der Río Nervión ist extrem hoch mit Schadstoffen belastet; auch andere Flüsse an der baskischen Küste weisen einen teilweise hohen Verschmutzungsgrad auf.

Altstadt

Am rechten Ufer des Río Nervión erstreckt sich zwischen dem Puente de San Antón und der Kirche San Nicolás die enge Altstadt, die durch fünf Brücken mit der Neustadt Ensanche verbunden ist. Der Kern der Altstadt liegt um die 'Siete Calles' ('Sieben Straßen') Somera, Artecalle, Tendería, Belosticalle, Carnicería Vieja, Barrencalle und Barrencalle Barena, die zum Bummel zwischen Geschäften, Cafés und Bars einladen.

Teatro Arriaga

Betritt man die Altstadt von Norden her über den Puente de Ángel, stößt man auf den Paseo del Arenal, die Hauptverkehrsader dieses Stadtteils. Rechts erblickt man an der Plaza de Arriaga das renovierte, 1890 erbaute Teatro Arriaga, das der kulturelle Mittelpunkt der Stadt ist.

San Nicolás de Bari

Links nach der Brücke gelangt man auf dem Paseo zur Kirche San Nicolás de Bari. Dieses oktagonal angelegte Gotteshaus stammt ursprünglich aus dem 14. Jh. und wurde 1756 vollständig erneuert. Juan de Mena schnitzte

den meisterlichen Altar; einige der Gemälde im Innenraum stammen ebenfalls von diesem Künstler.

Der hochgelegene Stadtteil Begoña gehört nicht mehr zur Altstadt. Seine
Kirche erreicht man am besten mit einem Aufzug, der hinter der Kirche San
Nicolás auffährt. Es führt auch ein Fußweg von ca. 20 Min. hinauf zur Höhe,
von der man die Stadt gut überblicken kann. In der aus dem 16. Jh. stam-
menden Wallfahrtskirche wird ein Bildnis der Virgen de Begoña, der
Schutzheiligen der Stadt, verehrt. Im Inneren verdient das Gemälde "Der
Pilgerzug von Begoña" besondere Beachtung.

Die Plaza Nueva, südlich der Kirche San Nicolás, ist ein von dreistöckigen
Häusern mit Arkadengängen umschlossener Platz, auf dem Feste und
bunte Märkte mit allerlei Landesprodukten abgehalten werden.

In den Gebäuden des einstigen Jesuitenkollegs Santos Juanes ist heute
das Museo Arqueológico, Etnográfico e Histórico Vasco (bask. Euskal
Arkeoloja, Etnografia Eta Kondaira Museoa; Museum für baskische
Archäologie, Volkskunde und Geschichte) eingerichtet. In drei Abteilungen
wird die Geschichte und die Lebensweise der Basken dokumentiert.
Die archäologische Abteilung im Erdgeschoß zeigt vorgeschichtliche
Funde aus Grabungsstätten im Baskenland. Im Kreuzgang sind Grabmäler, Gedenksteine und Skulpturen aufgestellt; in dessen Mitte hat das
mysteriöse Götzenbild von Mikeldi seinen Platz gefunden.
In der ethnographischen Abteilung wird der Besucher anhand ausge-
suchter Objekte über Fischerei, Landwirtschaft, Volkskunst und Gewerbe
im Baskenland unterrichtet. In einem Sondersaal ist ein großes Relief-
modell der baskischen Provinzen zu sehen.
Neben Holzschnitzereien und Waffen zeigt die historische Abteilung vor
allem die Geschichte des 'Konsulats von Bilbao', das von 1511 bis 1829
Seefahrt und Handel in Bilbao reglementierte.

Südwestlich vom Museum, im Zentrum der Altstadt an der Plaza de Santiago, erhebt sich die Kathedrale, zu Beginn des 14. Jh.s am → Jakobsweg
der Pilger nach → Santiago de Compostela errichtet. Der ursprüngliche
Bau erlitt bei einem Brand im Jahr 1571 große Schäden; in den Jahren
danach wurde die Kirche in ihrer heutigen Gestalt mit Renaissancepfeiler-
halle an der Rückseite und gotischem Kreuzgang wieder aufgebaut. Fassade und Glockenturm sind im neugotischen Stil des 19. Jh.s errichtet.

Über eine der 'Sieben Straßen' gelangt man zum Flußufer, wo man sich
nach links wendet und vorbei an der bemerkenswerten Markthalle die Kirche San Antón am Puente de San Antón erreicht. Guillot de Beaugrant
erbaute sie im 15. Jh. an der Stelle des einstigen Schlosses. Der Glockenturm wurde in seiner heutigen Form im 18. Jh. gestaltet. Im Innern der Kirche schuf de Beaugrant den prächtigen Retablo in der Schmerzens-
kapelle.

Neustadt

Die Neustadt 'El Ensanche' nimmt das linke Ufer des Río Nervión ein.
Hauptachse ist die 1½ km lange Gran Vía de Don Diego López de Haro,
dessen Denkmal am Beginn des Boulevards auf der Plaza de España
unweit des Flusses steht. Wenig entfernt der 1897 von Luis Aladrén
erbaute Palacio de la Diputación Provincial, der Sitz der Provinzregierung.
In ihrem weiteren Verlauf überquert die Gran Vía die große Plaza Federico
Moyúa und endet beim dem hochragenden Denkmal Sagrado Corazón de
Jesús aus dem Jahr 1927.

Parallel zur westlichen Gran Vía, durch eine Straße getrennt, verläuft der
Parque Doña Casilda de Iturizza, nach einer Wohltäterin der Stadt

benannt. An seinem Nordostende befindet sich in zwei Gebäuden das Museo de Bellas Artes (Museum der schönen Künste), das über eine hervorragende Gemäldesammlung verfügt.

Die Säle des älteren Gebäudes widmen sich u.a. der niederländischen Malerei des 15.–17. Jh.s, darunter "Die Geldwechsler" von Quentin Massys, "Maria mit dem Kinde" von Dirk Bouts aus der altniederländischen Schule und Werke von van Dyck und Vos aus der flämischen Schule des 17. Jahrhunderts. Die spanische Malerei des 14./15. Jh.s ist vertreten mit Gemälden von Jaime Huguet, Bartolomé Bermejo und Pedro Serra; aus dem 16. und 17. Jh. sind u.a. Werke von El Greco ("Verkündigung"), Zurbarán ("Jungfrau mit dem Kind und Johannes"; sein letztes datiertes Werk), Velázquez und Jusepe de Ribera zu bewundern. Von Goya stammen drei außergewöhnliche Porträts, von denen das des Dichters Fernández de Moratín besonders zu erwähnen ist. Weitere Säle sind der italienischen Malerei des 16. und 17. Jh.s, der französischen Malerei des 19. Jh.s (Gauguin: "Wäscherinnen von Arles") und der Plastik der Romanik und Gotik vorbehalten. Werke baskischer Künstler sind in den Sälen des ersten Stockwerks zu sehen, darunter insgesamt 22 Gemälde des Landschaftsmalers Darió de Regoyos, die vollständigste Sammlung dieses Künstlers in einem Museum.

Im modernen Gebäude liegt der Schwerpunkt der ausgestellten Kunstwerke bei zeitgenössischen spanischen Künstlern.

Umgebung von Bilbao

Entlang der Mündung des Río Nervión

Rechtes Ufer

Auf die flußabwärts gelegenen Fabrikvororte Deusto und Erandio folgen die über der Küste liegenden Villenvororte Las Arenas (bask. Areeta), Neguri und Algorta, an deren Stränden die Bewohner des Raumes Bilbao Erholung suchen.

Guecho/
Getxo

Von Guecho (bask. Getxo), in dem sich noch einige großbürgerliche Villen aus dem 19. Jh. finden, hat man einen guten Überblick über die Ría von Bilbao und die Industrieanlagen. Nördlich liegt Punta Galea, wo neue Hafenanlagen für gigantische Hochseeschiffe entstanden sind.

Plencia/
Plentzia

Über Sopelana (bask. Sopela) führt die C-6320 zu dem einstigen Fischerort Plencia (bask. Plentzia), der wie das benachbarte Gorliz (bask. Gorlitz) über schöne Strände verfügt.
Fährt man auf der Küstenstraße weiter, erreicht man Bermeo (s.u.).

Linkes Ufer

Die Küstenstraße links der Flußmündung führt ebenfalls durch Industrievororte mit Werksanlagen der Eisen- und Stahlindustrie, von denen das Stahlwalzwerk 'Altos Hornos de Vizcaya' in Baracaldo (bask. Barakaldo) das zweitgrößte in Spanien ist.

Portugalete

Auch das sich anschließende Portugalete ist vom beschaulichen Fischerdorf zum Industriezentrum geworden, doch sind in seiner Altstadt durchaus noch reizvolle Ecken zu entdecken. Eine technische Sehenswürdigkeit

*Puente Colgante

besonderer Art ist der Puente Colgante, der Portugalete mit dem gegenüberliegenden Las Arenas verbindet. Die 1893 erbaute Stahlgitterkonstruktion besteht aus zwei je 63 m hohen Masten, die in großer Höhe durch ein Gitterwerk über den Fluß hinweg miteinander verbunden sind. An diesem hängt an Stahlseilen die Fahrgastkabine einer Schwebebahn ('transbordador'), die hinüber ans andere Ufer fährt.
Am Ende des Hafenkais erstreckt sich eine 1 km lange Mole mit einem Leuchtturm an ihrer Spitze, von dem man eine gute Aussicht auf die Flußmündung hat.

Kirche und Castillo von Castro Urdiales

Kulinarische Spezialität des folgenden Santurce (bask. Santurtzi) sind
gebratene Sardinen, die an die Vergangenheit des Ortes als Fischerhafen
erinnern, der jedoch zunehmend von der industriellen Entwicklung über-
rollt wird.

Santurce/
Santurtzi

Von Santurce führt eine aussichtsreiche Küstenstraße durch Hafen und Ort
Ciérvana (bask. Zierbena), danach am rechten Ufer des Río Barbadún
nach San Juan de Somorrostro an der Grenze zur Provinz Kantabrien. Von
dort erreicht man auf der N-634 das schon in Kantabrien liegende Castro
Urdiales, das römische Flaviobriga. Das malerisch gelegene Hafenstädtchen, heute als Seebad viel besucht, ist wohl die älteste Siedlung an der
kantabrischen Küste. Beachtenswert ist die gotische Kirche Nuestra
Señora de la Asunción aus dem 14./15. Jh. mit der Puerta del Perdón und
wertvollem Kirchenschatz. Das Castillo de Santa Ana, über dem Hafen auf
einem aussichtsreichen Felsvorsprung gelegen, war einst im Besitz der
Templer und dient nun als Leuchtturm. Das alljährlich am ersten Freitag im
Juli stattfindende Fest Coso Blanco wird mit Feuerwerk und einer 'Blu-
menschlacht' begangen.

*Castro
Urdiales

Küstenfahrt nach Ondárroa

Von der Altstadt Bilbaos wählt man die nach Norden strebende C-6313,
die durch Begoña zunächst nach Munguía führt. Von hier in Windungen
zum Rücken des Monte Acherre, von wo sich schon ein malerischer Blick
auf Bermeo bietet; rechts ragt der Sollube (684 m ü.d.M.) mit einem Fern-
sehsender auf dem Gipfel auf. Die Bergstraße mündet schließlich in Bermeo, einem überaus reizvoll amphitheatralisch ansteigenden Städtchen
mit zahlreichen bunten Fischerbooten im Hafen. Das von den Römern
gegründete Bermeo ist der bedeutendste Fischereihafen an der kantabrischen Küste. Diesem Umstand wird im Fischermuseum (Museo del Pesca-

*Bermeo

Im Hafen von Bermeo

Bermeo (Fortsetzung)

dor) Rechnung getragen, das Modelle, Werkzeuge, Schiffseinrichtungen u.a. ausstellt. Das Museum, das von der Bevölkerung von Bermeo unterhalten wird, ist im denkmalgeschützten Torre Ercilla untergebracht, einst Wohnsitz des Abenteurers und Dichters Alonso de Ercilla (1533–1594). Die nahebei liegende Kirche Santa Eufemia stammt aus dem 13. Jahrhundert.

Von Bermeo führt eine schmale Straße zur aussichtsreichen Landspitze Cabo Machichaco (bask. Matxitxako); westlich davon die die romantische Felsenhalbinsel San Juan de Gaztelugache (bask. Gaztelugatxe) und der Badestrand von Baquino (bask. Bakino).

Man folgt nun der C-6315 in südöstlicher Richtung nach Mundaca (bask. Mundaka) an der breiten Mündung der Ría de Guernica und gelangt nach ⟶ Guernica y Luno (bask. Gernika-Luno); hier verläßt man die C-6315 und folgt der zunächst nach Norden strebenden C-6212.

Lequeitio/ Lekeitio

Über Ereño führt diese Lokalstraße nach Lequeitio (bask. Lekeitio), einem Seebad und Hafenstädtchen mit bedeutendem Thunfischfang, in hübscher Lage an einer von der bewaldeten Felsinsel San Nicolás geschützten Bucht. Am Hafen verdient die Basilika (14./15. Jh.) Santa María de la Asunción Beachtung, insbesondere die filigranen gotischen Strebepfeiler und das skulptierte Portal. Im Inneren beeindrucken der außerordentliche Hauptaltar und der gotische Retablo in der dritten Kapelle auf der rechten Seite. Die aus dem 12. Jh. stammende schlichte Holzfigur der Nuestra Señora de la Antigua, Schutzpatronin der Stadt, wird in einer barocken Seitenkapelle verehrt.

Ondárroa

Die Straße folgt der Küste und erreicht den reizvoll in einer Bucht gelegenen kleinen Fischerhafen Ondárroa an der Grenze zur Provinz Guipúzcoa. Die festungsartige Kirche Santa María wurde 1492 im gotischen Stil erbaut; außerdem ist eine Brücke römischen Ursprungs sehenswert.

Nach Elorrio

Parallel zur Autobahn verläuft die N-634, die Bilbao und ⟶ San Sebastián (bask. Donostia) miteinander verbindet. Man verläßt Bilbao in östlicher Richtung durch das Barrio de Achuri und den Industrievorort Galdácano (bask. Galdakao); dahinter zweigt die N-240 nach ⟶ Vitoria-Gasteiz ab.

Durch das fruchtbare Tal des Río Durango (bask. Ibaizabal) kommt man über Amorebieta (bask. Zornotza) nach Durango (120 m ü.d.M.). Das industriereiche Städtchen, dank seiner verkehrsgünstigen Lage schon im Mittelalter wohlhabende Handelsstadt, liegt in einem weit ausladenden Hochtal. Vom einstigen Wohlstand zeugen Adelshäuser, darunter dasjenige des Gründers von Montevideo (Uruguay), Bruno Mauricio de Zabála, und der barocke Arco de Santa Ana, einst Teil der Stadtbefestigung. Von den Kirchen sind erwähnenswert die geräumige Santa María de Uribarri, die im 15. bis 17. Jahrhundert erbaut wurde, und die südwestlich der Stadt gelegene San Pedro de Tavira (13. Jahrhundert), eines der ältesten baskischen Gotteshäuser.

Durango

Ein landschaftlich sehr lohnender Abstecher von Durango führt auf der C-6211 südlich in Richtung Vitoria auf den Paß von Urquiola (bask. Urkiola), wo sich, umgeben von Eichen- und Buchenwäldern, die Wallfahrtsstätte (Santuario) von Urquiola befindet, die als Besonderheit den vom mächtigen Kirchenbau getrennt stehenden Glockenturm aufweist.

Santuario de Urquiola

Auf der C-6322 erreicht man nach 10 km das südöstlich von Durango liegende Elorrio, dessen Blütezeit im 17. und 18. Jh. lag. Aufgrund der zahlreichen gut erhaltenen Baudenkmäler wurde die Altstadt von Elorrio zum Nationalmonument erklärt. Besonders hervorzuheben sind die wappenverzierten Adelshäuser und die im Baskenland einmaligen Betsäulen aus dem 15. und 16. Jh., auf die man in der Stadt immer wieder stößt.

Elorrio

Durch das Tal des Río Nervión

Auch die N-625 verläßt Bilbao durch das Barrio de Achuri und führt dann nach Süden über den Río Nervión zur Industrievorstadt Besauri. Weiter in dem industriereichen Tal des Nervión flußaufwärts, vorbei an Miravalles und durch Areta in die Provinz Álava (bask. Araba).

In der Stadt Llodio (102 m ü.d.M.) sind der Torre de Ugarte, ein sehr schöner mittelalterlicher Wohnturm am Lanuza-Bach, und der römische Puente Vitorica beachtenswert.

Llodio

Wenig außerhalb vom 11 km südlich folgenden Amurrio (184 m ü.d.M.), links der C-6210 nach Valmedesa, bemerkt man ein von einer Steinmauer umschlossenes Feld mit einem aus Stein gehauenen Tisch und zwei ebensolchen Bänken. Hier versammelten sich im Mittelalter die Bewohner der umliegenden Gegenden, um Rat zu halten.

Campo de Zaraobe

Auf der Weiterfahrt in südlicher Richtung sieht man links die aufwendigen Konstruktionen der Bahnlinie, die hier auf 35 km Länge einen Höhenunterschied von 440 m zu überwinden hat. Unweit des Ursprungs des Río Nervión liegt in einem von der Peña de Orduña überragten Talkessel die Stadt Orduña (bask. Urduña; 293 m ü.d.M.), eine Enklave der Provinz Vizcaya. Sie war einst wichtige Zollstation am Handelsweg zwischen Kastilien und den nördlichen Provinzen. Die mit sechs Toren versehene Stadtmauer ist noch gut erhalten. Auf ihrem östlichen Teil wurde im 15. Jh. die dreischiffige Kirche Santa María errichtet, die im Inneren in der dem hl. Petrus geweihten Kapelle einen schönen gotischen Altar birgt. An der Plaza de los Fueros stehen das mit dem spanischen Wappen geschmückte Zollgebäude (1782) und das einstige Jesuitenkolleg San Juan el Viejo.

Orduña/ Urduña

Blanes

Umgebung
von Bilbao
(Fortsetzung)
*Paßstraße

Hinter Orduña beginnt die großartige, jedoch kehrenreiche und bis zu 13% steile Paßstraße, die in neun aussichtsreichen Kehren hinauf zum Puerto de Orduña (900 m ü.d.M.) auf der Höhe des Kantabrischen Gebirges führt, wo die Wasserscheide zwischen dem Atlantischen Ozean und dem Mittelmeer verläuft; von der Paßhöhe genießt man eine weite Aussicht.

Blanes   N 4

Provinz: Gerona (GE)
Telefonvorwahl: 972
Meereshöhe
Einwohnerzahl: 19 000

Lage und
Allgemeines

Blanes, das südlichste Seebad der Provinz Gerona (katal. Girona) und der Costa Brava, liegt an der Grenze der Provinzen Gerona und Barcelona. Das heute bekannte und vielbesuchte Seebad ist aus einem Fischerhafen hervorgegangen, der auch gegenwärtig noch von erheblicher wirtschaftlicher Bedeutung ist. Die Stadt ist auch bekannt für die Erzeugnisse ihrer Spitzenmanufaktur.

Sehenswertes

Altstadt
und Hafen

Die Strandpromenade Paseo Maritimo trennt den Hafen von der Altstadt. Beim Hafenbecken befinden sich die Fischbörse, an der die Fänge versteigert werden, und das Aquarium, das zugleich meeresbiologische Forschungsstation ist. In der Altstadt an der Carrer Ample ein bemerkenswerter gotischer Brunnen; erhöht über dem Häusergewirr steht die überwiegend gotische Pfarrkirche Santa María l'Antigua.

Blanes

Auf der Landspitze nordöstlich jenseits des Hafenbeckens legte der deutsche Kaufmann und Botaniker Karl Faust (1874–1952) den Botanischen Garten Marimurtra an, in dem mehr als 3000 Arten der Mittelmeerflora gedeihen. Von einem kleinen Rundtempel unten an der Bucht führt eine Treppe aufwärts zu einem Seerosenbecken, bei dem auf Keramiktafeln Goethes berühmtes Gedicht "Lied der Mignon" ("Kennst du das Land, wo die Zitronen blühn?") in Deutsch, Katalanisch und Spanisch zu lesen ist.

Blanes
(Fortsetzung)
*Marimurtra
(Botanischer
Garten)

Nördlich des Botanischen Gartens liegen auf einem 166 m hohen Berg die spärlichen Reste des Castillo San Juan aus dem 11. Jh.; außerhalb der Mauerreste eine kleine gotische Kapelle.

Castillo de
San Juan

El Burgo de Osma   G 4

Provinz: Soria (SO)
Telefonvorwahl: 975
Höhe: 850 m ü.d.M.
Einwohnerzahl: 5000

Das alte Bischofsstädtchen El Burgo de Osma liegt südwestlich der Provinzhauptstadt Soria am Río Ucero im Tal des Río Duero. Es geht auf eine Gründung der Westgoten zurück und erlebte seine Blütezeit im 16. Jahrhundert.

Lage und
Allgemeines

*Kathedrale

Das schönste und bedeutendste Bauwerk der Stadt ist die gotische Kathedrale. Das dreischiffige Kirchenbauwerk wurde im 12. Jh. im romanischen Stil begonnen und ab 1232 gotisch fortgeführt; der 72 m hohe barocke Glockenturm, Wahrzeichen der Stadt, ist im 18. Jh. vollendet worden. Zum Kirchenplatz hin wendet sich das Südportal, das reichen, aus dem 13. Jh. stammenden Figurenschmuck trägt. Der Kreuzgang stammt aus dem Jahr 1512.

Mittelpunkt der Capilla Mayor ist ein schöner Retablo (1552–1556) von Juan de Juní und dessen Schüler Picardo; die schmiedeeisernen Chorgitter (16.Jh.) stammen von Juan Francés. Im linken Querschiff befindet sich das Grabmal für San Pedro de Osma (13. Jh.) aus bemaltem Kalkstein. Von den Kapellen verdient die von Juan de Villanueva geschaffene barocke Capilla de Palafox Erwähnung. Derselbe Künstler zeichnet auch für die Pläne der im 18. Jh. ausgeführten Neuen Sakristei verantwortlich; in der Alten Sakristei sind noch Reste romanischer Bemalung zu entdecken.

Innenraum

Das Kathedralmuseum verfügt über eine ansehnliche Sammlung von Gewändern und liturgischem Gerät; übertroffen wird es jedoch von der wertvollen Sammlung von Miniaturen in der Bibliothek, deren Glanzstück eine 1086 angefertigte Kopie des Apokalypsekommentars des Mönches Beatus ist.

Museum

Das Gebäude der von Bischof Acosta 1551 gegründeten Universität Santa Catalina trägt eine Fassade im platteresken Stil.

Universidad de
Santa Catalina

Die Plaza Mayor umgeben einige sehenswerte stattliche Bauten, darunter das Bischöfliche Palais (Palacio Episcopal) aus dem 17. Jh. mit einem eigenwilligen Portal.

Palacio Episcopal

Bedeutendstes Gebäude an der Plaza Mayor ist jedoch das Hospital San Agustin (17. Jh.), dessen Erkennungszeichen zwei wappengeschmückte Barocktürme sind.

Hospital
San Agustin

Universität Santa Catalina

Umgebung von Burgo de Osma

Osma

Südlich von Burgo liegt das alte Osma, das 'Uxama Argalae' der Römer, wo noch Mosaiken und wertvolle Reste der alten Bauwerke zu sehen sind.

Ucero

Im 16 km nördlich gelegenen Ort Ucero kann man die gut erhaltene Tempelritterburg San Juan de Otero besichtigen.

Wanderweg

Außerhalb des Ortes führt nach der Brücke über den Río Ucero ein Wanderweg am Río Lobos entlang, der hier einen bis zu 200 m tiefen Abgrund gegraben hat. Man erreicht auf dem durch eine überwältigende Landschaft führenden Weg die romanische Kirche San Bartolomé, die im 13. Jh. von den Templern errichtet wurde.

*Berlanga de Duero

Über Gormaz, wo sich die Reste einer einst gewaltigen arabischen Burg aus dem 10. Jh. erheben, gelangt man in das 24 km östlich von Burgo de Osma liegende Städtchen Berlanga de Duero, das eine großartige Burg (15. Jh.) mit mächtigem Bergfried und zwei Mauerringen besitzt. Auch der Ort selbst ist noch von Mauern umschlossen. In der schönen Stiftskirche La Colegiata (1530) ist der prächtige Retablo. Der Palacio de los Marqueses de Berlanga ist im plateresken Stil gebaut.

San Baudelio

Neun Kilometer südlich stößt man bei Casillas auf die mozarabische Ermita San Baudelio, die ihres eigenartigen, von einer einzigen Säule ausgehenden Gewölbes wegen sehenswert ist.

San Esteban de Gormaz

Etwa 12 km südwestlich liegt an der N-122 das alte befestigte Städtchen San Esteban de Gormaz, der 'Schlüssel Kastiliens' (span. 'Llave de Castilla') genannt. Von der romanischen Kirche San Miguel verdient besonders die Außengalerie mit ihren Kapitellen Beachtung; Reste einer arabischen Burg thronen auf dem Hügel über dem Ort.

Von San Esteban de Gormaz führt eine Nebenstraße über Morcuera, Liceras und Montejo de Tiermes zum Ausgrabungs- und Ruinenfeld Tiermes, dem römischen Termes, wo neben bedeutenden Resten römischer Bauten (Amphitheater, Akropolis, Kastell) auch zu römischer Zeit bewohnte keltiberische Häuser aus der ursprünglichen Siedlung gefunden wurden. Ein kleines Museum informiert über die Ausgrabungen.

Umgebung von Burgo de Osma (Fortsetzung) Tiermes

Burgos G 3

Provinz: Burgos (BU)
Telefonvorwahl: 947
Höhe: 860 m ü.d.M.
Einwohnerzahl: 156 000

Das durch seine Kathedrale berühmte Burgos war im 10. und 11. Jh. Hauptstadt von Altkastilien und ist heute Hauptstadt der gleichnamigen Provinz und Sitz eines Erzbischofs. Die Stadt liegt inmitten der fruchtbaren nordkastilischen Hochebene zu beiden Seiten des Río Arlanzón am Fuß eines etwa 100 m hohen Burghügels. Obwohl Burgos lebhaft und industriereich ist, fühlt man sich am Ufer des Río Arlanzón, wo im dichten Schilf die Frösche quaken, als wäre man auf dem flachen Land und nicht im Zentrum einer Großstadt. Die Flanierpromenaden zu beiden Seiten des Flusses und die Cafés sind beschauliche Plätze für den Besucher der an Kunstschätzen reichen Stadt, unter denen die meisterhafte Kathedrale der Höhepunkt ist.

Lage und Allgemeines

**Stadtbild

Da die Winter in Burgos sehr lang und die Sommer meist recht heiß sind, entstand hier die auch in Madrid angewandte Redensart: "Neun Monate Winter, drei Monate Hölle."

Idylle in der Großstadt: Río Arlanzón

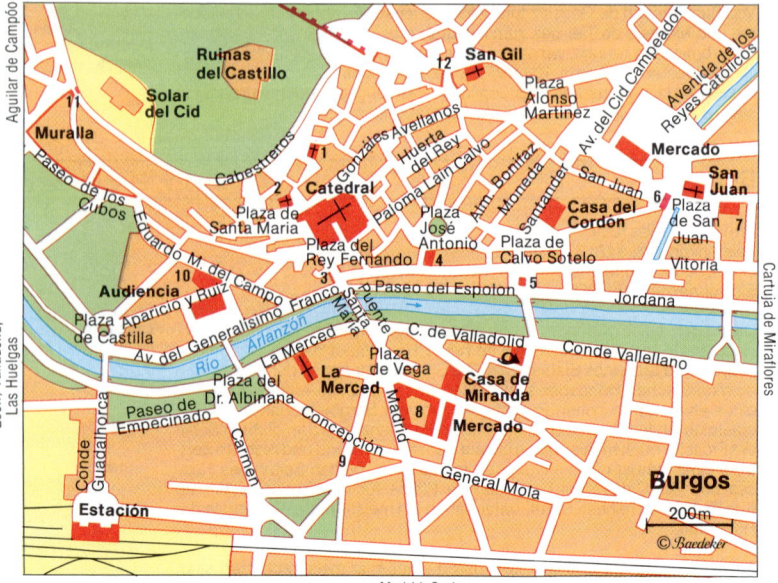

1 San Esteban
2 San Nicolás
3 Arco de Santa María
4 Ayuntamiento

5 Monumento del Cid
6 Arco de San Juan
7 Museo Marceliano Santa María
8 Estación de Autobuses

9 San Cosme y San Damián
10 Palacio Arzobispol
11 Arco de San Martín
12 Arco de San Gil

Geschichte

Die Stadt geht auf eine im Jahre 884 erbaute Burg des Grafen Diego Porcelos zurück. Schon 951 wurde Burgos Hauptstadt der Grafschaft Kastilien und 1037 Hauptstadt der vereinigten Königreiche Kastilien und León, die es bis zum Abschluß der Reconquista im Jahre 1492 blieb. Auch danach war Burgos eine Stadt der Künste und des Handels und spielte als Zentrum des kastilischen Wollhandels eine wichtige Rolle, die erst Ende des 16. Jh.s zu Ende ging. 1808 besetzten napoleonische Truppen Burgos, die 1813 durch die Armee des Herzogs von Wellington wieder vertrieben wurden. Während des Bürgerkriegs war die Stadt von 1936 bis 1939 Sitz der nationalistischen Regierung Francos.

Der Name von Burgos ist eng verbunden mit dem Schicksal von Rodrigo Díaz de Vivar (1026–1099), genannt 'El Cid', der im 9 km nördlich gelegenen Vivar geboren wurde und dessen Gebeine seit 1921 in der Kathedrale ruhen (→ Berühmte Persönlichkeiten).

**Kathedrale

Unübersehbar erhebt sich auf einer Terrasse am Fuß des Burghügels die Kathedrale (Catedral de Santa María), in ihrer Gesamtanlage und durch die Fülle plastischer Kunstwerke eine der eindrucksvollsten gotischen Kirchen. Der aus marmorartigem weißem Kalkstein errichtete Bau wurde 1221 mit der Grundsteinlegung durch Fernando II. begonnen; die drei Schiffe und die Portale waren bis zur Mitte des 13. Jh.s fertiggestellt. Die Türme entstanden im 15. Jh., die letzten Arbeiten dauerten jedoch bis ins 16. Jh. an. Der Gründer Bischof Mauricio ließ zunächst spanische Architekten arbeiten, sein Nachfolger im 15. Jh., Alonso de Cartagena, holte

Catedral de Burgos

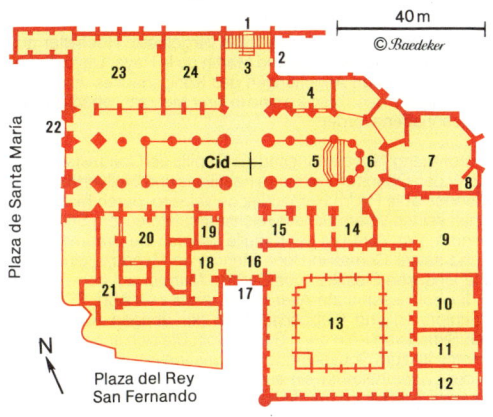

40 m

© Baedeker

1 Puerta de la Coronería
2 Puerta de la Pellejería
3 Escalera Dorada
4 Capilla de la Natividad
5 Capilla Mayor
6 Trassagrario
7 Capilla del Condestable
8 Sacristía (Souvenirladen)
9 Capilla de Santiago
10 Capilla de Santa Catalina
11 Capila del Corpus Christi
12 Sala Capitular
13 Claustro
14 Sacristía Nueva
15 Capilla de San Enrique
16 Puerta del Claustro
17 Puerta del Sarmental
18 Capilla de la Visitación
19 Relicario
20 Capilla de la Presentación
21 Capilla del Santísimi Cristo
22 Puerta Principal
23 Capilla de Santa Tecla
24 Capilla de Santa Ana

jedoch mit Felipe Vigarny (Felipe de Borgoña) aus Burgund, Gil de Siloë aus Flandern und Hans von Köln (Juan de Colonia) nordeuropäische Baumeister nach Burgos.

Kathedrale (Fortsetzung)

Die nach Westen gerichtete, einst weiße, heute jedoch von der Luftverschmutzung in Mitleidenschaft gezogene Hauptfassade wird dominiert von den prachtvollen durchbrochenen Helmen der beiden 84 m hohen Haupttürme, die 1458 von Hans von Köln ausgeführt wurden. Über der Puerta Principal, die im 18. Jh. verändert wurde und dabei viel von ihrem Figurenschmuck verlor, erblickt man die prächtige Fensterrose ('estrellón') und darüber acht Königsstatuen.

*Hauptfassade

Besonders beachtenswert sind auch die anderen Portale: am nördlichen Querschiff an der Nordseite die reich verzierte Puerta de la Coronería, um 1250 entstanden, wegen der prächtigen Apostelstatuen auch Puerta de los Apóstoles genannt; ebenfalls an der Nordseite, doch mit der Front nach Osten, befindet sich die Puerta de la Pellejería, 1516 von Franz von Köln (Francisco de Colonia, ein Enkel des Hans von Köln) in lebhaftem platereskem Stil erbaut; am südlichen Querschiff die ebenfalls reich mit Bildwerken geschmückte Puerta del Sarmental (um 1230), die Christus als Lehrer der Apostel zeigt.

Portale

Das Innere der Kathedrale ist ohne die Condestable-Kapelle 84 m lang und von lichter Höhe. Im Mittelschiff erhebt sich auf vier gewaltigen Pfeilern das 59 m hohe, reich mit Skulpturen und Wappen geschmückte Kuppelgewölbe (Cimborio), ein Meisterwerk platereker Dekorationskunst, das Juan de Vallejo 1568 schuf, nachdem die vorausgegangene Konstruktion von Simon von Köln (Simón de Colonia, Sohn des Hans von Köln) eingestürzt war. Unter der Kuppel ruhen seit 1921 unter einer sehr einfachen Kupferplatte die Gebeine des Cid und seiner Gattin Jimena. An der Nordseite führt die doppelläufige 'Escalera Dorada' zur 8 m höher gelegenen Puerta de la Coronería; die mit vergoldeten Geländern und einzigartigen Reliefs versehene Treppe ist ein platereskes Meisterwerk von Diego de Siloë, Sohn von Gil de Siloë.

Innenraum

*Cimborio

Chor und Capilla Mayor sind durch hohe Schmiedegitter vom übrigen Kirchenraum getrennt. Das doppelreihige, reichgeschnitzte Gestühl aus Nußbaum im 1521 geschaffenen Chor ist überwiegend ein Werk von Felipe Vigarny. In der Mitte des Chores wurde der 1240 gestorbene Bischof Mau-

Chor

Burgos

Kathedrale, Chor
(Fortsetzung)

ricio zur letzten Ruhe gebettet. Seine Liegefigur ist mit emailliertem Kupferblech überzogen.

Capilla Mayor

Im Zentrum der Capilla Mayor steht ein reich vergoldeter Hochaltar aus dem Jahr 1580, ein Werk von Rodrigo und Martín de la Haya. Davor befinden sich mehrere Gräber von Angehörigen des Königshauses von Kastilien und León. Die Reliefs des Trascoro sind in ihrer Mehrzahl ebenfalls von Felipe Vigarny geschaffen worden.

**Capilla del
Condestable

Hinter dem Chorumgang liegt der Eingang zur Capilla del Condestable. Sie wurde ab 1482 für den Obersten Feldherrn Kastiliens und Stellvertreter des Königs, den Condestable Pedro Hernández de Velasco, durch Simon von Köln nach Plänen seines Vaters Hans in reichstem platereskem Stil erbaut und 1494 vollendet. Das Zentrum der Kapelle nehmen die Grabmäler des Condestable und seiner Gemahlin Doña Mencia de Mendoza ein, deren Gestalten als lebensnahe Plastiken aus Carrara-Marmor auf den Gräbern ruhen; rechts der holzgeschnitzte Altar der hl. Anna (→ Abb. S. 89). An den Reliefs, Skulpturen und Wappenschilden der übrigen Ausstattung arbeitete neben Simon von Köln auch Gil de Siloë. Die sich anschließende Sakristei (Sacristía) ist zum Souvenirladen umfunktioniert; in einem Wandschrank über der Ladentheke ist ein gutes Gemälde ("Magdalena") von Gian Petrino, einem Schüler Leonardo da Vincis, aufgehängt.

Besonders
sehenswerte
Seitenkapellen

Die erste Kapelle im rechten Seitenschiff ist die Capilla del Santísimo Cristo, in der die Christusfigur 'El Cristo de Burgos' verehrt wird, die mit Büffelhaut überzogen ist. Im Relicario, der dritten Kapelle rechts, wird die vielverehrte, wahrscheinlich aus dem 16. Jh. stammende 'Virgen de Oca' aufbewahrt.

Im linken Seitenschiff fällt zuerst die 1736 von Churriguera erbaute Capilla de Santa Tecla mit ihrer überreichen farbigen Rokokodekoration und dem

Nordportal und ...

... Cimborio

großen Hauptaltar auf; außerdem steht in ihr noch ein romanisches Taufbecken. Bei dieser Kapelle erblickt man oben die 'Papamoscas-Uhr' ('Flie-
genfänger'), deren Figur zu jeder vollen Stunde den Mund öffnet. Das vergoldete gotische Retablo in der sich anschließenden Capilla de Santa Ana
schufen Gil de Siloë und Diego de la Cruz.

Seitenkapellen
(Fortsetzung)

Auch die übrigen Kapellen bieten allesamt hervorragende Beispiele der
kirchlichen Kunst des 13. bis 16. Jh.s; in einigen finden sich z.T. sehr kostbare Grabdenkmäler.

Vom Vorraum der in reichem Barockstil gestalteten Sacristía Nueva
gelangt man durch ein sehr schönes Portal in den zweigeschossigen
Kreuzgang (Claustro) aus dem 13. Jh., der bedeutende Grabmäler enthält,
darunter eine Gruppe mit Ferdinand III. und seiner Gemahlin Beatrix von
Schwaben. In der Capilla del Corpus Cristi wird die eisenbeschlagene
'Truhe des Cid' aufbewahrt, die der Campeador jüdischen Kaufleuten als
Pfand für ein Darlehen von 600 Silbermark zurückließ. Allerdings soll sie
statt wie versprochen mit seinem Silbergeschirr nur mit Sand und Steinen
gefüllt gewesen sein. Von seiner ehrlichen Seite zeigte sich der Held bei
der Unterschrift unter seinen Ehevertrag, der zusammen mit anderen alten
Dokumenten in der Capilla de Santa Catalina eingesehen werden kann.
Die Capilla de Santiago bewahrt den wertvollen Kirchenschatz. Im Obergeschoß des Kreuzgangs im Kapitelsaal werden im Diözesanmuseum
(Museo Diocesano) wertvolle Wandteppiche des 16. und 17. Jh.s, Gold-
und Silberschmiedearbeiten gezeigt.

*Kreuzgang

Um die Kathedrale

Vor der Westfassade der Kathedrale öffnet sich die kleine, brunnenge-
schmückte Plaza de Santa María. Nach Überqueren des Platzes gelangt
man in die Calle Santa Agueda, wo man die gleichnamige frühgotische Kirche findet. Sie verdankt ihre Bedeutung der historischen Tatsache, daß in
ihr Alfons VI. von León gegenüber dem Cid beschwor, seinen Bruder Sancho II. nicht ermordet zu haben.

Santa Agueda

Über Treppen erreicht man von der Plaza de Santa María die gegenüber
der Westecke der Kathedrale liegende Kirche San Nicolás aus dem 15. Jh.,
die 1911 gänzlich erneuert wurde. Im Inneren birgt sie einen 1505 durch
Franz von Köln vollendeten prächtigen Hauptaltar, auf dem 465 Figuren
aus mehrfarbigem Alabaster Szenen des Alten und des Neuen Testamentes darstellen. Schöne Gewölbe und bedeutende Grabmäler vervollständi-
gen den Innenraum der Kirche.

San Nicolás

Unweit nordöstlich von San Nicolás wurde in den Jahren 1280 bis 1350 die
Kirche San Esteban in gotischem Stil erbaut, die über ein figurenreiches
Westportal mit schöner Fensterrose und einen frühgotischen Kreuzgang
verfügt.

San Esteban

Reste der Stadtbefestigung

Weiter nördlich der Kirche San Esteban geht man unter dem im Mudéjarstil
errichteten Arco de San Esteban hindurch und links an der alten, 1276
begonnenen Stadtmauer entlang zu dem 1736 durch Feuer zerstörten
Castillo, dessen Wälle eine schöne Aussicht bieten.

Castillo

Am Südfuß der Burgruine bezeichnen am Westende der Calle de Fernán
González drei Steindenkmäler die Stätte des Solar del Cid, des Stamm-
hauses seines Geschlechts. Daneben der Arco de San Martin (14. Jh.), der
einen Teil der vom Kastell ausgehenden alten Mauer bildet. An ihr geht man
südlich abwärts und links zum Paseo de los Cubos, benannt nach den

Solar del Cid

halbrunden Mauertürmen ('cubos'), die ein vortreffliches Muster altkastilischer Befestigungskunst sind.

In der dem Paseo gegenüberliegenden Parkanlage findet man den Palacio de la Isla, den Sitz der nationalistischen Regierung während des Bürgerkrieges.

*Paseo del Espolón

Zwischen dem Puente de Santa María und dem Puente de San Pablo zieht sich längs des Río Arlanzón der Paseo del Espolón hin, die Flaniermeile der Stadt. Zahlreiche Cafés und Geschäfte laden zum Bummeln und Ausruhen unter flachgeschnittenen Platanen ein; etwas ruhiger geht es in der parallel laufenden, parkähnlichen Anlage direkt an der Uferböschung zu. Der Fluß selbst bietet ein in einer Großstadt nicht erwartetes Bild: Ungeregelt fließt er zwischen Schilf und Wiesen dahin, Frösche veranstalten ein lautes Konzert und mit etwas Glück sieht man auch einen Schäfer, der seine Herde durch die Uferwiesen treibt.

Den Beginn des Paseo del Espolón markiert am Puente de Santa María der aus dem 14. Jh. stammende und 1552 umgebaute Arco de Santa María, ein von zwei halbrunden Türmen flankiertes mächtiges Stadttor. Seine Schönheit erschließt sich durch einen Blick von der den Río Arlanzón überspannenden Brücke: Statuen kastilischer Helden und Könige bewachen den Eingang zur Stadt. In der unteren Reihe erkennt man in der Mitte den Stadtgründer Diego Porcelos, flankiert von Nuño Rasura und Lain Calvo, den beiden ersten Richtern Kastiliens; in der Reihe darüber sind von rechts nach links El Cid, Karl V. und Graf Fernán González dargestellt. Nach Durchschreiten des Tores befindet man sich auf der Plaza del Rey San Fernando an der Südseite der Kathedrale.

Die Promenade endet bei der Brücke Puente de San Pablo, die mit Denkmälern kastilischer Helden geschmückt ist. Nördlich an die Brücke schließt sich die Plaza Primo de Rivera an, die von einem heroischen Denkmal des Cid dominiert wird.

Um die Plaza Mayor

Wenige Schritte östlich der Kathedrale und vom Paseo del Espolón durch Passagen zu erreichen, öffnet sich die arkadengesäumte Plaza José Antonio oder Plaza Mayor, neben der Kathedrale der Mittelpunkt der Stadt. An ihrer Südseite ist im 1791 erbauten Rathaus (Ayuntamiento) u.a. das Archiv der Stadt untergebracht.

Nördlich des Hauptplatzes erreicht man durch Nebengassen die Kirche San Gil aus dem 14. Jahrhundert, in deren von einem Sterngewölbe überspannten Inneren sich die Capilla de la Natividad mit einem platéresken Retablo von Felipe Vigarny, eine Pietà aus dem 15. Jh. und mehrere Grabmäler finden.

Die Casa del Cordón an der Plaza Calvo Sotelo östlich der Plaza Mayor verdankt ihren Namen dem 'cordon', der Kordel um die Kutte der Franziskaner, die das Portal des zwischen 1482 und 1492 für den Obersten Heerführer von Kastilien errichteten Hauses schmückt. In ihm empfingen die Katholischen Könige im Jahre 1497 Christoph Kolumbus nach seiner Rückkehr von seiner zweiten Reise in die Neue Welt; hier starb 1506 Philipp der Schöne. Nach der Schlacht von Pavia im Jahre 1525 ließ Karl V. den französischen König Franz I. in diesem Gebäude gefangensetzen.

◀ *Hauptfassade der Kathedrale*

Portal der Casa del Cordón   *Arco de Santa María*

San Lesmes	Die Kirche San Lesmes an der Plaza San Juan im Osten des Zentrums wurde im 14./15. Jh. errichtet. Zu besichtigen sind mehrere spätgotische Grabmäler und Altäre.
Museo Marceliano Santa María	Die Werke des aus Burgos stammenden impressionistischen Malers Marceliano Santa María (1866–1952) werden in dem ehemaligen Benediktinerkloster gegenüber der Kirche San Lesmes ausgestellt, darunter ein Porträt Alfons' XIII.

*Monasterio de las Huelgas

Lage 1,5 km südwestlich der Innenstadt	Wenig außerhalb des Stadtzentrums liegt die Klosteranlage Monasterio de las Huelgas, ursprünglich ein Lustschloß der kastilischen Könige (huelga = Erholung), das 1187 auf Geheiß von Alfons VIII., der damit einem Wunsch seiner Gemahlin Eleonore folgte, in ein Zisterzienserinnenstift umgewandelt wurde, in das nur Novizinnen aus vornehmsten Häusern aufgenommen wurden. Gleichzeitig bestimmte man es als Grablege für die kastilischen Könige.
Kirche	In der 1248 im schlichten Stil der Zisterzienser erbauten gotischen Kirche findet man mehrere Grabdenkmäler, darunter im Coro de los Capillanos im Mittelschiff das Doppelgrab mit den knienden Statuen von Alfons VIII. und seiner Gemahlin Eleonore von England, der Schwester Heinrichs II.,und das Grab des erstgeborenen Sohnes von Alfons X., Fernando de la Cerda im rechten Querschiff, das die Gräber der Infanten aufnahm. Die vergoldete Kanzel war drehbar, damit je nach Anlaß gewöhnliche Gläubige oder die Nonnen, die durch den Lettner getrennt waren, die Messe hören konnten. Im Querschiff sind Tapisserien aus Beauvais aus dem 17. Jh. beachtenswert.

Im an einen romanischen Kreuzgang anschließenden Kapitelsaal werden neben Teppichen und sakralen Gegenständen auch ein in der Schlacht von Navas de Tolosa im Jahr 1212 von den Mauren erbeutetes Banner und vier türkische Standarten aus der Schlacht von Lepanto (1571) aufbewahrt.

Las Huelgas (Fortsetzung) Sala Capitular

Dieses Textilmuseum zeigt eine einzigartige Sammlung mittelalterlicher Gewänder und Stoffe, die in den Sarkophagen der Klosterkirche gefunden wurden.

*Museo de Ricas Telas

Durch einen weiteren romanischen Kreuzgang mit Pflanzenkapitellen gelangt man in die Räume des ehemaligen Palastes von Alfons VIII. In der Capilla de Santiago ist eine Figur des Apostels Jakob mit beweglichen Armen zu beachten, mit der die kastilischen Prinzen zu Rittern geschlagen worden sein sollen.

Capilla de Santiago

Ungefähr 4 km nordwestlich vom Kloster liegt das Hospital del Rey, eine ebenfalls von Alfons VIII. gegründete Pilgerherberge am nach → León weiterführenden → Jakobsweg. Sehenswert ist das platereske Portal aus dem Jahr 1526.

Hospital del Rey

*Cartuja de Miraflores

Auf einer bewaldeten Kuppe im Osten der Stadt gründete König Juan II. ein Kartäuserkloster und bestimmte es zu seiner und seiner Gemahlin Isabella von Portugal Grabstätte. Dieses Kloster, die Cartuja de Miraflores, brannte im Jahr 1452 aus und wurde von Hans und dessen Sohn Simon von Köln neu aufgebaut. In der äußerlich schlichten gotischen Kirche überrascht die Pracht der Innenausstattung, namentlich der große vergoldete Hochaltar von Gil de Siloë und Diego de la Cruz und das ebenfalls von Siloë stam-

Lage 4 km östlich der Innenstadt

Cartuja de Miraflores

Cartuja de Miraflores (Fortsetzung)	mende Alabastergrabmal des Königspaares, eines der reichsten seiner Art in Spanien. An der Nordwand der Kirche in einer Nische das von Gil de Siloë in Alabaster ausgeführte, mit üppigem Rankenwerk verzierte Grabmal des 1468 gestorbenen Infanten Alfonso. Für die Kapelle des hl. Bruno schuf Manuel Pereira die Statue des aus Köln stammenden Heiligen.

Umgebung von Burgos

Richtung Madrid

Covarrubias	Über die N-I und die nach → Soria abgehende N-234 erreicht man über Cuevas de San Clemente das 40 km südöstlich von Burgos liegende Covarrubias, einst Mittelpunkt des kastilischen Fürstentums, das unter Fernán González zum Königreich Kastilien aufstieg und die entscheidende Rolle bei der Reconquista spielte. In der beachtenswerten Stiftskirche (etwa 12. Jh.) findet man ein Triptychon der Heiligen Drei Könige, wahrscheinlich von Gil de Siloë, und zahlreiche Grabmäler der Infanten und Äbte, darunter diejenigen von Fernán González und seiner Gemahlin sowie das Grab der Prinzessin Christine von Norwegen, der Tochter Haakons IV., die 1258 den Infanten Felipe heiratete. In der Sakristei sollte man das Pfarrmuseum besuchen, das wertvolle Skulpturen, Goldschmiedearbeiten und Gemälde u.a. von Metsys, Jan van Eyck, Berruguete, El Greco und Zurbarán enthält. Von den Überresten der alten Befestigung beeindruckt besonders der Torreón de Doña Urraca aus dem 10. Jahrhundert.
*Santo Domingo de Silos	Von Covarrubias führt die BU-902 auf die BU-903, auf der man zum Benediktinerkloster Santo Domingo de Silos gelangt. Das Kloster wurde vermutlich schon im Jahre 593 von dem Westgotenkönig Reccared gegründet, von den Mauren zerstört und in den Jahren 1047 bis 1073, als der hl. Dominikus von Silos Abt war, wieder mit Leben erfüllt. Der zweigeschossige Kreuzgang ist von verschiedenen Künstlern mit herrlichen Kapitellen ausgestattet worden, die Fabelwesen, Löwen, Hirsche, Adler, andere Vögel und reiches Rankenwerk zeigen. In den vier Ecken des Kreuzganges findet man je zwei Reliefs mit Motiven aus dem Neuen Testament. Die mudéjare Decke des unteren Kreuzgangs ist mit Szenen mittelalterlichen Lebens bemalt, besonders auffallend ist eine Vielzahl von Musikinstrumenten. In der Nordgalerie das Grab des hl. Dominikus.
Museum	Im Museum sind u.a. eine romanische Skulpturengruppe, Manuskripte, mozarabische Codices mit Notenschrift, Filigranarbeiten, darunter ein Kelch aus dem 12. Jh., und Elfenbeinarbeiten ausgestellt. Die Apotheke wurde im 18. Jh. eingerichtet und zeigt heute eine Sammlung von Apothekengefäßen aus Talavera-Fayence und die 387 Bände umfassende Apothekenbibliothek. Die Klosterbibliothek selbst besitzt 40 000 Bücher.
Quintanilla de las Viñas	In Quintanilla de las Viñas, 36 km südöstlich von Burgos abseits der N-234, steht die westgotische Einsiedlerkirche Santa María de Lara (7./8. Jh.), berühmt wegen eines ungewöhnlichen dreifachen Frieses von Flachreliefs an den Außenwänden.
Lerma	An der direkt nach → Madrid führenden N-I liegt 35 km von Burgos entfernt das stolze Städtchen Lerma (752 m ü.d.M.) oberhalb des Río Arlanza, das im 8. Jh. gegründet wurde. Schon von weitem erblickt man die auf einem Hügel thronende Altstadt mit ihren Befestigungsmauern und der Stiftskirche. Lerma verdankte seinen Wohlstand dem Günstling Philipps III., dem Herzog von Lerma, der die Stadt im 17. Jh. planmäßig verschönerte. Man betritt die Altstadt durch ein von zwei Rundtürmen flankiertes mächtiges Tor. Der steile Aufstieg wird belohnt durch den Eindruck des riesigen Platzes, an dessen Stirnseite der große Palast des Herzogs von Lerma steht, 1614 von Fray Alberto de la Madre de Dios errichtet. Linker

Palast des Herzogs von Lerma

Hand gelangt man am Rathaus vorbei auf den Wehrgang, von wo man einen weiten Blick auf die vom Río Arlanza durchflossene kastilische Landschaft hat. An der Westspitze der Altstadt erhebt sich die 1616 erbaute dreischiffige Stiftskirche , in der sich das Bronzegrabmal des Erzbischofs Cristóbal de Rojas von Sevilla befindet.

Lerma
(Fortsetzung)

Richtung Palencia

Die N-620 folgt dem Flußlauf des Río Arlanzón. Bei Villaquirán de los Infantes zweigt die BU-102 nach Santa María del Campo (829 m ü.d.M.) ab , dessen Pfarrkirche La Asunción aus dem 15. Jh. einen stattlichen plateresken Turm von Diego de Siloë (1527) besitzt sowie Chorgestühl und Kanzel im Mudéjarstil enthält.

Santa María
del Campo

Biegt man in Villaquirán nach rechts auf die BU-401 ab, erreicht man nach 16 km Castrojeriz (808 m ü.d.M.). In dem von den Goten gegründeten Städtchen finden sich noch Reste des unter Caesar angelegten römischen Lagers 'Castrum Sigerici'. Das Stadtbild wird beherrscht von der Burg; beachtenswerte Kirchen sind die Stiftskirche Santa María aus dem 13. Jh. und die Renaissancekirche Santo Domingo mit einer wertvollen Teppichsammlung.

Castrojeriz

Richtung León

Sasamón (828 m ü.d.M.), 33 km westlich von Burgos auf der N-120, war das 'Segisamon' der Römer. Die Kirche Santa María (13./14. Jh.) besitzt ein Portal nach dem Vorbild der Puerta del Sarmental der Kathedrale von Burgos; im Inneren der Kirche ein schöner Chor, wertvolle Teppiche und anschließend ein Kreuzgang.

Sasamón

Burgos (Forts.),
Olmillos de
Sasamón

Nur 2 km von Sasamón entfernt liegt Olmillos de Sasamón, das mit dem Castillo de los Cartagena eine stattliche Burg aus dem 15./16. Jh. besitzt. Die dreischiffige Pfarrkirche stammt aus dem Jahr 1504.

Richtung Vitoria

Briviesca

Man verläßt Burgos auf der N-I Richtung Nordosten und erreicht über die Paßhöhe Puerto de la Brújula, wo eine Brunnenanlage von 1845 an die Königin Isabella erinnert, das Städtchen Briviesca, das römische 'Virovesca'. Hier erklärte im Jahr 1388 Juan I. seinen Sohn Enrique zum Prinzen von Asturien und schuf damit diesen Titel für die spanischen Thronfolger. In der Capilla de Sopraga der Kollegiatskirche sowie in der ehemaligen Klosterkirche Santa Clara finden sich vorzügliche Schnitzaltäre aus dem 16. Jh., beide von Pedro López de Gámiz unter Mitwirkung von Juan de Anchieta geschaffen.

Vileña

9 km nördlich des Ortes liegt das Dörfchen Vileña, dessen 1223 gegründetes Zisterzienserkloster beachtenswerte Grabdenkmäler aufweist; das auffallendste ist dasjenige der Gründerin Doña Urraca.

Pancorbo

Durch das hügelige Getreideland von Altkastilien geht es weiter zu dem malerisch in einem felsigen Engtal gelegenen Pancorbo (635 m ü.d.M.), das von den Ruinen der Schlösser Santa Marta und Santa Engracia überragt wird; nach dem Dorf beginnt der Felsenengpaß ('Desfiladero')

*Garganta de
Pancorbo

Garganta de Pancorbo, in dem der Río Oroncillo die Montes Obarenes (Sierra de Pancorbo) durchbricht.

Miranda
de Ebro

Über Orón, wo noch eine kleine Burg steht, erreicht man Miranda de Ebro (453 m ü.d.M.), ein zu beiden Seiten des Río Ebro gelegener Straßen- und Eisenbahnknotenpunkt. Die aus dem 12. Jh. stammende Kirche San Nicolás, eine ehemalige Moschee, besitzt ein hübsches Portal.

Richtung Logroño

San Juan
de Ortega

Die N-120 folgt in östlicher Richtung dem Río Arlanzón; hinter Zalduendo zweigt eine Nebenstraße zu dem kleinen Ort San Juan de Ortega ab, eine Station auf dem Jakobsweg. Die Pfarrkirche ist auf romanischen Fundamenten erbaut und bewahrt in ihrem Inneren unter einem isabellinischen Alabasterbaldachin das gotische Grabmal des hl. Juan de Ortega.

Belorado

Die N-120 klettert nun über den Puerto de La Pedraja (1130 m ü.d.M.) nach Villafranca Montes de Oca, ebenfalls Pilgerstation am alten Jakobsweg und führt weiter nach Belorado (722 m ü.d.M.), wo noch Reste eines alten Castillo aus dem 9. Jh. erhalten sind. In der Ermita Virgen de Belén kann man einen schönen barocken Retablo besichtigen.

Cáceres   D 6

Provinz: Cáceres (CC)
Telefonvorwahl: 927
Höhe: 493 m ü.d.M.
Einwohnerzahl: 68 000

Lage und
Allgemeines

Der lebhafte Handelsplatz Cáceres, Hauptstadt der gleichnamigen westspanischen Provinz und Bischofssitz, liegt unweit der Grenze zu Portugal inmitten eines landwirtschaftlich genutzten Gebietes. Ein Gang durch die ummauerte Altstadt versetzt den Besucher zurück ins Mittelalter.

Vermutlich an der Stelle einer iberischen Siedlung gründete der römische Konsul Caecilius Metellus im 1. Jh. n.Chr. mit 'Norba Caesarina' (auch 'Castra Caecilii') eine der fünf wichtigsten Kolonien der Provinz Lusitanien. Unter den Westgoten verlassen, wurde der Ort von den Mauren, die ihn 'Quazri' nannten, neu aufgebaut. 1227 fiel Cáceres an León.

Geschichte

✳✳Altstadt

Die Altstadt (Ciudad oder Barrio Monumental) erhebt sich auf einem Hügel und ist durch eine mittelalterliche, aus maurischer Zeit stammende Ringmauer mit zwölf Türmen und fünf Toren vom modernen Stadtteil getrennt. Die Gassen führen an zahlreichen Adelspalästen aus dem 16. Jh. vorbei, die einst mit hohen Türmen versehen waren, jedoch 1477 auf Geheiß von Isabella der Katholischen abgetragen werden mußten.

Ausgangspunkt des Stadtrundgangs ist die außerhalb der Mauern liegende Plaza Mayor (Plaza del General Mola). Von den von hier zu sehenden Türmen ist der links nahe der Nordostecke stehende Torre del Bujaco, auch Torre del Reloj (Uhrturm) genannt, der bemerkenswerteste. Er ist ein Überrest der römischen Stadtmauer und wird von einer Statue der

Rundgang

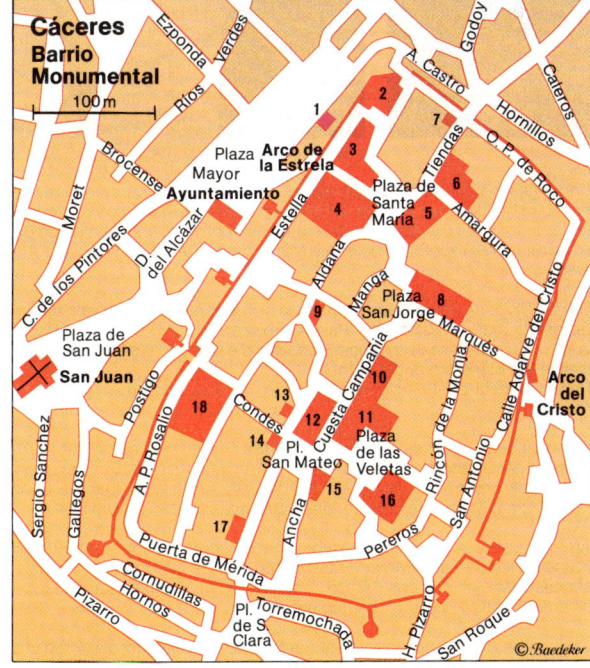

1 Torre de Bujaco	8 Palacio de los
2 Palacio de Toledo Moctezuma	Golfines de Abajo
3 Palacio de Mayoralgo	9 Casa del Mono
4 Palacio Episcopal	10 San Francisco Javier
5 Santa María la Mayor	11 Casa de las Cigüeñas
6 Palacio de Carvajal	12 San Mateo
7 Torre de los Espaderos	13 Torre de la Plata

14 Casa del Sol
15 San Pablo
16 Casa de las Veletas
17 Casa del Comendador
de Alcuéscar
18 Casa de los Golfines
de Arriba

Plaza San Jorge

Palacio de los Golfines Abajo

Rundgang (Fortsetzung)	Ceres geschmückt. Man betritt die malerische Altstadt durch den rechts daneben befindlichen Arco de la Estrella (1723 nach Plänen von Churriguera errichtet), der von einer Marienstatue gekrönt wird, und geht durch die Avenida Estrella zur Plaza de Santa María, dem eigentlichen Kern der Altstadt.
*Plaza de Santa María	Um die Plaza de Santa María gruppieren sich mehrere Adelshäuser, darunter gegenüber der Kirche der Palacio Episcopal, der Bischöfliche Palast von 1567, über dessen schönem Portal ein die Alte und die Neue Welt darstellendes Medaillon angebracht ist. Daneben steht der Palacio de Mayoralgo mit einer Fassade in gotischem Stil (16. Jh.).
Palacio de Toledo Moctezuma	Etwas abseits, zu erreichen durch die Calle Canilleros, liegt in der Nordostecke der Stadtmauer der Palacio de Toledo Moctezuma. Der von einem kuppelgekrönten Turm gezierte Palast war Wohnsitz von Juan de Cano Moctezuma, Sohn einer Tochter des Aztekenkönigs Moctezuma II.
Santa María la Mayor	An der Ostseite der Plaza erhebt sich die dreischiffige spätgotische Kathedralkirche Santa María la Mayor (16. Jh.). Die Sakristeitür im Renaissancestil ist ein Werk von Alonso Torralba (1527); im Innern ist am Hochaltar ein Retablo von 1551 bemerkenswert.
Palacio Carvajal	Gegenüber der Kirchenapsis steht der Palacio Carvajal, dessen Patio und die mit Mobiliar und Gemälden des 16. bis 19. Jh.s eingerichteten Räume für Besucher zugänglich sind; wenig entfernt in der Calle de las Tiendas beeindruckt der Torre de los Espadero mit seiner großen Pechnase.
*Palacio de los Golfines Abajo	Unweit der Kathedrale stößt man auf den Palacio de los Golfines Abajo (spätes 15. Jh.) an der Plaza San Jorge. In diesem Palast waren die Katholischen Könige des öfteren zu Gast. Die Fassade vereinigt gotische, mudé-

Maurische Zisterne

jare und platereske Stilelemente; herausragend sind das Familienwappen und ein Greifenfries als Abschluß.

Palacio Golfines (Fortsetzung)

Wenig südlich des Palastes erreicht man die Kirche San Francisco Javier (18. Jh.), einen umfangreichen Barockbau im Jesuitenstil, und kommt schließlich zu der auf dem höchsten Punkt der Stadt an Stelle einer Moschee im 15. Jh. erbauten Kirche San Mateo an der gleichnamigen Plaza. Die Portada Principal (Hauptportal) ist im platereskem Stil (16. Jh.) gestaltet; im Inneren sieht man einen eindrucksvollen barocken Retablo und Grabmäler.

San Mateo

Hinter der Kirche führt die Calle de la Monja zur Casa del Mono aus dem 15. Jh., in der das Museo de Bellas Artes Gemälde, Trachten und Waffen zeigt.

Casa del Mono (Museo de Bellas Artes)

An die Plaza San Mateo schließt südöstlich die Plaza de las Veletas an, deren Nordecke die Casa de las Cigüeñas, das 'Haus der Störche', einnimmt. Man erkennt es an seinem schlanken, zinnenbewehrten Turm im Stil der Florentiner Renaissance, der einzige Turm der Stadt, der der Anordnung Isabellas der Katholischen zum Abriß der Wehrtürme nicht zum Opfer fiel.

Casa de las Cigüeñas

Gegenüber in der südlichen Platzecke findet man in der Casa de las Veletas ('Haus der Wetterfahnen') das Museo Provincial. Das Gebäude wurde auf den Grundmauern des ehemaligen maurischen Alcázar errichtet. Von diesem ist noch die 'Aljibe', eine Zisterne aus dem 11. Jh., erhalten. Das Museum enthält Funde aus prähistorischer und römischer Zeit, eine Münzsammlung, kunsthandwerkliche Gegenstände und volkstümliche Trachten. Besondere Beachtung verdienen verzierte Stelen, u.a. aus der iberischen und römischen Zeit. Außerdem werden Gemälde u.a. von Luca Giordano, Ribera und Esquivel ausgestellt.

Casa de las Veletas (Museo Provincial)

Altstadt (Fortsetzung)	Wieder zurück bei der Kirche San Mateo, führt die Calle Ancha links zur Casa del Comendador de Alcuéscar mit gut erhaltenem Festungsturm; von der Kirche geradeaus durch die Calle Condes gelangt man zum Palacio de los Golfines de Arriba an der Stadtmauer. Zuvor lohnt an der Nordseite von San Mateo ein Blick auf die hohen Wohntürme Torre de la Plata und Casa del Sol.

Außerhalb der Stadtmauern

Kirchen	Außerhalb der Mauern, welche die Altstadt umgeben, sind noch zwei Kirchen beachtenswert: San Juan (13. Jh.), südlich der Plaza del General Mola, und Santiago (16. Jh.) von Rodrigo Gil de Hontañón, nördlich des Platzes gelegen; letztere mit einem Retablo, den A. Berruguete im Jahre 1558 geschaffen hat.
Neustadt	Den südwestlichen Teil von Cáceres nimmt die Neustadt mit großen Plätzen und breiten Alleen ein. Am Südwestrand die Plaza de América, wo die Straßen von → Plasencia, Valencia de Alcántara und → Mérida münden. Nordöstlich anschließend die breite Avenida de España, deren Fortsetzung zur Plaza Mayor führt.
San Francisco	Südlich der Stadt liegt das Kloster San Francisco, das im 15. Jh. gegründet wurde; es besitzt einen schönen Kreuzgang. Der dreischiffigen, in gotischem Stil erbauten Klosterkirche ist eine Barockfassade vorgeblendet; im Inneren findet man kunstvoll gestaltete Kapellen und zahlreiche gotische Grabmäler.

Umgebung von Cáceres

Ermita Nuestra Señora de la Montaña	2 km südöstlich von Cáceres liegt auf einer Höhe die Ermita Nuestra Señora de la Montaña aus dem 17. Jh.; die Kapelle mit einer Kopie der Schwarzen Madonna von Montserrat ist alljährlich im Mai Ziel einer Wallfahrt. Von der Ermita genießt man eine weite Aussicht über die Hochebene von Estremadura und die Altstadt von Cáceres.
Cáceres el Viejo	3 km nördlich von Cáceres findet man das römische Lager Cáceres el Viejo, das 79 v. Chr. von dem Konsul Caecilius Metellus im Krieg gegen Sertorius angelegt wurde. Auf der von Wällen umgebenen Ausgrabungsstätte sind bisher das Prätorium, das prätorianische Tor und ein Tempel freigelegt.
Coria	Der Bischofssitz Coria, das keltische Caura, liegt 70 km nördlich von Cáceres inmitten eines Tabakanbaugebietes über dem Río Alagón. Die die Stadt umziehenden, 8 m dicken Wehrmauern stammen teilweise noch aus römischer Zeit. Sehenswert sind die Burg aus dem 15. Jh. sowie die im 12. Jh. begründete und im 16. Jh. vollendete Kathedrale; der Turm wurde im 18. Jh. angefügt. Im Inneren findet man neben Grabmälern einen churrigueresken Hochaltar und ein prächtig geschnitztes Chorgestühl.

Richtung Portugal

Arroyo de la Luz	Die N-521 verläßt in westlicher Richtung Cáceres; bei Malpartida de Cáceres biegt die nach → Alcántara führende C-523 ab, auf der man nach 7 km das stattliche Dorf Arroyo de la Luz erreicht. In der Kirche Nuestra Señora de la Asunción sollte man im Inneren den von Luis de Morales ('El Divino') geschaffenen Flügelaltar mit 16 Gemälden und vier Medaillons besichtigen, in denen der Künstler verschiedene Szenen aus dem Leben Jesu dargestellt hat.

Auf der N-521 kommt man entlang der nördlichen Ausläufer der Sierra de San Pedro zu dem alten Grenzstädtchen Valencia de Alcántara (462 m ü.d.M.) am Grenzübergang nach Portugal. Der reizvolle Ort besitzt ein maurisches Kastell (13. Jh.) und die zwei beachtenswerten Kirchen La Encarnación (13. Jh.) und Roqueamador (auch Rocamador) aus dem 16. Jh.; im Archäologischen Museum können Funde aus der Umgegend besichtigt werden.

Umgebung von Cáceres (Fortsetzung)
Valencia de Alcántara

Cádiz   **D 9**

Provinz: Cádiz (CA)
Telefonvorwahl: 956
Höhe: 5 m ü.d.M.
Einwohnerzahl: 158 000

Die andalusische Hafenstadt Cádiz, Provinzhauptstadt und Bischofssitz, ist berühmt wegen ihrer beeindruckenden Lage auf einem aus dem Meer emporragenden Muschelkalkfelsen am Ende einer 9 km langen Landzunge, die sich in den Golf von Cádiz, die Bahía de Cádiz, am Atlantischen Ozean erstreckt und durch eine Brücke mit dem Festland verbunden ist. Starke Mauern bis zu 15 m Höhe schützen die Stadt gegen die Wogen des Meeres, deren Unterschied zwischen Ebbe und Flut hier fast 2 m (bei Springflut sogar 3 m ü.d.M.) beträgt. Die hohen weißen Flachdachhäuser mit ihren Balkonen und charakteristischen Aussichtstürmchen ('Miradores') sowie die palmenreichen Parkanlagen mit weitem Blick auf den Ozean verleihen Cádiz einen gewissen Reiz und verschafften ihm den Beinamen 'una taza de plata' ('eine silberne Schale'), was jedoch nicht darüber hinwegtäuschen kann, daß die Stadt insgesamt einen wenig anziehenden Eindruck macht, zumal die kriegerischen Auseinandersetzungen nur wenige Gebäude aus der großen Vergangenheit von Cádiz übrig gelassen haben. Heute ist Cádiz einer der wichtigsten Häfen Spaniens mit einer ausgedehnten Werftindustrie und Raffinerien in der Umgebung; auch die Fischerei und die Fischkonservenfabriken sind ein bedeutender Wirtschaftsfaktor. Rota, im Norden der Bucht, ist US-Luftwaffenstützpunkt und Basis für Atom-U-Boote.

*Lage und Allgemeines

Cádiz ist wohl die älteste Stadt der Iberischen Halbinsel. Unter dem Namen Gadir ('die Festung') um 1100 v.Chr. von den Phöniziern als Stapelplatz für Zinn und Silber gegründet, wurde sie um 500 v.Chr. von den Karthagern besetzt, die von hier gegen den Süden Spaniens vordrangen. Im Zweiten Punischen Krieg fiel die nun Gades genannte Stadt in die Hand der Römer, unter denen die Stadt unter dem Namen Julia Augusta Gaditana als Silber-, Kupfer- und Salzhafen zu hoher Blüte gelangte. Griechische Gelehrte studierten hier die für sie unbekannten Meeresgezeiten, und auch die Küche war zu dieser Zeit weltberühmt.

Geschichte

Im Mittelalter sank die von den Arabern Dschezîrat Kádis genannte Stadt zur Bedeutungslosigkeit herab, bis nach der Eroberung durch Alfons den Weisen (1262) die Wiederbesiedlung begann und mit der Entdeckung Amerikas hier die Silberflotte ankerte. Die späteren Kriege, Piratenüberfälle (u.a. durch Sir Francis Drake) und besonders der Abfall der Kolonien brachten einen erneuten Rückgang.

Während des spanischen Unabhängigkeitskrieges konnte Cádiz von den französischen Truppen nicht eingenommen werden. 1810 traten die Cortes in der Stadt zusammen und verkündeten 1812 eine Verfassung, die allerdings zwei Jahre später unter Ferdinand VII. wieder abgeschafft wurde. Dieser wurde acht Jahre später von Patrioten in Cádiz gefangengesetzt und konnte erst durch im Auftrag der Heiligen Allianz intervenierende französische Truppen in der 'Schlacht von Trocadero' befreit werden.

Sehenswertes

Hafengebiet

Vom Festland kommt man entweder via Puerto Real über die weit geschwungene Brücke über die Bahía de Cádiz oder auf der in San Fernando beginnenden Schnellstraße in den alten Teil der Stadt. Beide Straßen münden in die zur Plaza de la Constitución führende Magistrale. Durch die Puerta de Tierra (1755) erreicht man die Stadt und gelangt nordwestlich über die Plaza de Santa Élena und durch die Calle Calesas, nahe am Bahnhof vorbei, hinab zum Hafen. Gleich links die Plaza San Juan de Dios, ein

Ayuntamiento

hübscher Platz mit dem 1816 erbauten stattlichen Ayuntamiento (Rathaus). Weiterhin erstreckt sich am Hafen die mit Palmen geschmückte hübsche Avenida Ramón de Carranza bis zu dem 1773 errichteten Gebäude der Diputación Provincial, der Provinzialverwaltung.

Plaza de España

Dahinter erhebt sich inmitten der weiten Plaza de España ein mächtiges Denkmal zur Erinnerung an die erstmals 1810 bis 1812 in Cádiz tagende allgemeine Volksvertretung der Cortes, die hier die Verfassung von 1812 beschlossen.

Uferpromenaden

Nördlich der Plaza de España beginnen mit der Alameda de Apodaca und der sich nach links anschließenden Alameda Marqués de Comillas die Uferpromenaden an der Atlantikküste. Von diesen beiden Straßen hat man eine prächtige Aussicht auf die Nordseite der Bucht. Am Ende der Alameda steht links die zweitürmige Barockkirche Nuestra Señora del Carmen (1737 – 1764), die einen schönen Innenhof und im Inneren ein Altarbild von El Greco besitzt. An der Nordwestseite des Stadtfelsens erstreckt sich

Nuestra Señora del Carmen

Parque Genovés

dicht am Meer der ausgedehnte Parque Genovés mit einem im Sommer benutzten Theater und hübschem Palmengarten; von der Plattform einer Grotte genießt man eine umfassende Aussicht. Weiter südlich erstreckt

1 Museo Provincial de Cádiz
2 Diputación Provincial (Provinzverwaltung)
3 Santa Cueva
4 Nuestra Señora del Carmen
5 San Felipe Neri
6 Museo Histórico
7 Torre del Vigía
8 Hospital de Mora
9 Santa Catalina
10 Neue Kathedrale
11 El Sagrario
12 Ayuntamiento (Rathaus)

sich jenseits der vorgelagerten Balustrade des Castillo de Santa Catalina die Bucht La Caleta mit der Playa de la Palma. Links das Provinzialkrankenhaus Hospital de Mora (1904) sowie das Waisen- und Armenhaus Hospicio Provincial. An der Südseite der Caleta stehen auf einer weit in den Ozean vorspringenden Felszunge das Castillo de San Sebastián und ein Leuchtturm.

Uferpromenaden (Fortsetzung)

Auf der südlichen Kaimauer der Stadt zieht sich die lange Straße Campo del Sur hin. Unweit ihres Beginns liegt links ein ehemaliges Kapuzinerkloster, jetzt psychiatrische Anstalt. Für den Hauptaltar seiner 1639 begonnenen Kirche Santa Catalina (Eingang durch den Hof) schuf Bartolomé Esteban Murillo mit dem Gemälde "Verlobung der hl. Katharina" sein letztes Werk. Bei dessen Ausführung stürzte er vom Gerüst und starb an den Folgen des Sturzes am 3. April 1682 in Sevilla. Vom selben Meister ist in der Kirche auch ein Frühwerk zu sehen.

Südliches Ufer

Mit Blick auf die hochragende Silhouette der Stadt gelangt man zur Chorseite der Neuen Kathedrale (Catedral Nueva), deren Hauptfassade sich an der Südseite der Plaza de Pio XII erhebt. Das Gotteshaus wurde 1722 von Vicente de Acero begonnen, aber schließlich erst 1838 vollendet. Im Inneren der dreischiffigen Kirche (85 m lang, 60 m breit) beeindrucken gewaltige Pfeiler und die prächtige Vierungskuppel (52 m hoch). Im Chor schuf Pedro Duque Comejo im 18. Jh. ein schönes Gestühl; die Krypta enthält Bischofsgräber und das Grabmal des aus Càdiz stammenden Komponisten Manuel de Falla (1876–1946). Besondere Beachtung verdient das Museum, das den Kirchenschatz zeigt, unter dem wiederum im wahrsten Sinne des Wortes die 'custodia del milión' herausragt, eine annähernd 4 m hohe, angeblich mit einer Million Edelsteinen besetzte Silbermonstranz. Weitere wertvolle Stücke sind Gemälde, u.a. von Alonso Cano und Murillo.

Neue Kathedrale

An die Neue Kathedrale schließt sich die Kirche El Sagrario an, die 'Alte Kathedrale', die ursprünglich aus dem 13. Jh. stammte und nach ihrer Zerstörung im Jahre 1596 dann bis 1602 im Renaissancestil erneuert wurde; das Innere ist mit Malereien und einem figurenreichen Hochaltar von Saavedra (um 1650) ausgestattet.

El Sagrario

In der größtenteils engen Innenstadt finden sich einige schöne Plätze, darunter nördlich der Neuen Kathedrale die mit Palmen bestandene Plaza de Candelaría. Die Calle del Sacramento durchzieht diagonal die Altstadt, an ihr strebt auf der höchsten Erhebung der Stadt der Torre del Vígia 34 m in die Höhe.

Innenstadt

Unweit südlich kann man in der Kapelle des Hospital del Carmen de Mujeres das Gemälde "Ekstase des hl. Franziskus" von El Greco bewundern.

Nordwestlich vom Torre del Vigía liegt in der Calle Santa Inés die Kapelle San Felipe Neri, ein 1671 errichteter Ovalbau, in dem 1812 die Cortes tagten; eine Gedenktafel an der Westseite erinnert an dieses Ereignis. Auf dem Hochaltar das Gemälde "Unbefleckte Empfängnis" von Murillo.

San Felipe Neri

Südlich stößt das Museo Histórico Municipal (Stadtgeschichtliches Museum) an die Kapelle an. Neben zahlreichen Dokumenten aus der Zeit des Unabhängigkeitskrieges zeigt es interessante Modelle, darunter eines von Cádiz im 18. Jh. aus Elfenbein und Mahagoni.

Museo Histórico

Die Calle San José führt in nördlicher Richtung weiter an der links liegenden Plaza de San Antonio vorbei zur Plaza de Mina. Deren Ostseite nimmt das Gebäude des Museo de Cádiz ein, das in drei Abteilungen gegliedert ist. Im Erdgeschoß befindet sich die archäologische Abteilung, in der Grabfunde aus der phönizischen Nekropole von Cádiz gezeigt werden, darunter zwei einzigartige anthropomorphe Marmorsarkophage aus dem 5.Jh. v.Chr., daneben zahlreiche griechische, römische, westgotische

Museo de Cádiz

An der südlichen Kaimauer

Museo Provincial de Bellas Artes (Fortsetzung)	und maurische Stücke. Die Gemäldeabteilung darüber besitzt 21 Werke von Zurbarán, darunter "Ekstase des hl. Bruno", "Vision des hl. Franz von Assisi" und "Pfingstfest"; einige der Bilder stammen aus der Kartause von Jerez. Weitere bedeutende Künstler sind Murillo ("Verzückung des hl. Franziskus", "Ecce Homo"), Ribera, Rubens ("Heilige Familie"), Alonso Cano, van Eyck und Rogier van der Weyden. Im obersten Geschoß schließlich wurde ein Museum für das in Cádiz besonders gepflegte andalusische Puppentheater eingerichtet, wo zahlreiche Marionetten in Szenenbildern ausgestellt sind.
Santa Cueva	Von der Südostecke der Plaza de Mina gelangt man zur Calle Rosario, in der die oval angelegte Kirche Santa Cueva (1783) steht. Den Innenraum gestaltete Francisco de Goya 1795 mit Wandgemälden aus.
Strände	Badestrände im Stadtgebiet finden sich in der Bucht La Caleta und südöstlich davon mit den Stränden Playa de Santa María, Playa la Victoria und Playa de Cortadura, die jedoch durch die industrielle Entwicklung und zunehmenden Hochhausbau beeinträchtigt sind.

Umgebung von Cádiz

Der Norden der Provinz

El Puerto de Santa María	An der Mündung des Río Guadalete, 18 km nördlich von Cádiz, liegt El Puerto de Santa María (8 m ü.d.M.), eine griechische Gründung und als Portus Menesthei römische Hafenstadt, die ihre Bedeutung bis ins 15. und 16. Jh. behielt, als in ihren Mauern Christoph Kolumbus, Juan de la Costa, einer der Steuermänner Kolumbus', und Amerigo Vespucci lebten. Heute

lebt die Stadt vom Fischfang und der Wein- und Cognacproduktion der Umgebung.

El Puerto
de Santa María
(Fortsetzung)

Die Kirche Nuestra Señora de los Milagros hat noch ihre Fassade aus dem 13. Jh. erhalten; außerordentlich schön ist das platereske Portal. Ihren Namen erhielt die Kirche von der im Inneren verwahrten Marienfigur aus dem 13. Jh., der Schutzpatronin der Stadt. Auf der palmenbestandenen Av. de Micaela Aramburu de Mora kann man zum Castillo San Marcos spazieren, das im 13. Jh. von den Mauren errichtet wurde und Sitz der Herzöge von Medinaceli war. Einige der berühmten Weinkeller der Stadt können besichtigt werden.

Jenseits vom Handelshafen ist in den vergangenen Jahren der Sporthafen 'Puerto Sherry' entstanden, mit 1800 Liegeplätzen der zweitgrößte seiner Art in Spanien, supermodern ausgestattet, darunter zahlreiche Werftplätze.

Westlich von El Puerto de Santa María liegen an der ⟶ Costa de la Luz mehrere Badeorte mit schönen, oft von Pinienwäldern gesäumten Stränden, darunter Fuentebravia, das sich anschließende, von einer Stadtmauer umgebene Rota (größter US-Militärstützpunkt in Spanien und Hafen für Atom-U-Boote), und Chipiona an der Punta Camerón, wo in der mit Kacheln verzierten Kapelle Virgen de la Regla am Ende des Playa de la Regla ein von den Seeleuten verehrtes Gnadenbild bewahrt wird. Dieser Badeort wird hauptsächlich von Einheimischen besucht und besitzt noch eine schöne Plaza, an der sich die hübsche Kirche Nuestra Señora de la O erhebt.

Badeorte an der
Costa de la Luz

In Chipiona beginnt die C-441, die zum nordwestlich gelegenen Sanlúcar de Barrameda (30 m ü.d.M.) führt. Von dieser Stadt, hübsch gelegen am Río Guadalquivir, trat Christoph Kolumbus 1498 seine dritte Fahrt in die Neue Welt an, und Magalhães begann 1519 von ihrem Hafen aus seine erste Weltumsegelung. Heute ist Sanlúcar de Barrameda Fischereihafen; vor allem ist es aber berühmt für seinen trockenen Manzanilla-Wein, der in den Bodegas der Oberstadt ('Barrio Alto') reift. In der Unterstadt ('Barrio bajo') landen die Fischer ihre Fänge an.

**Sanlúcar de
Barrameda**

Die aus dem 16. Jh. stammende Pfarrkirche Nuestra Señora de la O besitzt ein reich verziertes mudéjares Portal und im Inneren neben einem beachtenswerten barocken Retablo am Hauptaltar eine prächtige Deckentäfelung im Stil der Renaissance.

Nuestra Señora
de la O

Auf dem höchstgelegenen Teil der Stadt erhebt sich das Castillo Santiago, von wo man eine umfassende Rundsicht genießt.

Castillo Santiago

Von den Adelspalästen der Stadt ist an erster Stelle derjenige der Herzöge von Medina Sidonia zu nennen, in dem das Archiv dieses Adelsgeschlechts untergebracht ist und der Gemälde von El Greco, Dürer, Murillo und Goya birgt. In der Casa de la Cilla ist ein kleines Weinmuseum eingerichtet.

Adelspaläste

Auf der C-440 gelangt man von Sanlúcar ins 24 km entfernte ⟶ Jerez de la Frontera, von wo die N-342 ins 25 km weiter entfernt liegende Arcos de la Frontera (187 m ü.d.M.) führt. Ihrer Schönheit wegen wurde die halbkreisförmig hoch über dem Guadalete angelegte Altstadt zum historischen Nationaldenkmal erklärt. Neben verschiedenen befestigten Adelspalästen sind besonders die Kirche Santa María an der Plaza de España und die über dem Abgrund stehende Kirche San Pedro beachtenswert, an der zwei arabische Banner an die Vergangenheit der Stadt als Grenzort zu den maurisch gebliebenen Gebieten erinnern.

＊Arcos de
la Frontera

36 km südlich von Arcos de la Frontera liegt auf einer Anhöhe Medina Sidonia (300 m ü.d.M.), eine phönizische Gründung und einst Sitz der Herzöge von Medina Sidonia. Sehenswert sind die gotische Kirche Santa María la Coronada mit einem plateresken Retablo, das Rathaus mit seiner fliesengeschmückten Treppe, der Torre de Doña Blanca in den Ruinen der Burg und die Reste der Stadtbefestigung.

Medina Sidonia

Arcos de la Frontera

Alcalá de los
Gazules

In der Umgebung von Alcalá de los Gazules, 25 km östlich von Medina Sidonia, finden sich einige Höhlen mit prähistorischen Zeichnungen und Malereien.

An der Costa de la Luz nach Tarifa

San Fernando

Die langgestreckte Hafenstadt San Fernando (20 m ü.d.M.), 18 km südlich von Cádiz und Mittelpunkt der Isla de León, wurde im 18. Jh. auf einer Art Felsinsel in den Salzsümpfen erbaut, aus denen schon in römischer Zeit Salz gewonnen wurde. Während des spanischen Befreiungskrieges war die Stadt letzte Zuflucht der Cortes. Heute hat eine bedeutende Werftindustrie hier ihren Sitz. Im Panteón de los Marinos Ilustres sind 52 Denkmäler berühmter Seefahrer aufgestellt.

Chiclana de
la Frontera

Der Puente Zuazo, wohl römischen Ursprungs, überquert die Salinen des Caño de la Carraca und verbindet San Fernando mit Chiclana de la Frontera (17 m ü.d.M.) mit seinen hellen Häusern und der moscheeartigen Kirche San Juan Bautista. Der Ort ist bekannt für seinen Sherry und seine Puppenmanufakturen. Am Canal de Sancti Petri der vielbesuchte Strand La Barrosa.

Sancti Petri

Der Stadt vorgelagert ist die Insel Sancti Petri, auf der sich Reste eines im Altertum berühmten griechischen Herkulestempels befinden, der wiederum auf einen phönizischen Melkarttempel zurückgehen soll.

Conil de
la Frontera

Wenig südlich liegt Conil de la Frontera, dessen schöner Strand zum Baden einlädt. Eine Besichtigung wert ist die arabische Burgruine mit dem Torre de Guzmán, der auf römischen Grundmauern steht.

*Vejer de
la Frontera

Hoch über dem Río Barbates liegt malerisch der alte Festungsort Vejer de la Frontera (218 m ü.d.M.), eines der schönsten 'weißen Dörfer' Andalusiens. Sechs Jahrhunderte arabischer Herrschaft haben das Stadtbild nachhaltig geprägt, dessen besonderer Reiz durch die zahlreichen hier nistenden Störche noch gemehrt wird.

Vejer de
la Frontera
(Fortsetzung)

Von Vejer de la Frontera führt ein Abstecher zum 14 km entfernten Cabo de Trafalgar, dem 'Promontorium Iunosis' der Römer und 'Tarafal-ghâr' (= Höhlenkap) der Mauren, bei dem am 21. Oktober 1805 in der berühmten Seeschlacht die französisch-spanische Flotte unter den Admiralen Villeneuve und Gravina von den Engländern unter Nelson geschlagen wurde. Nelson fand in der Schlacht den Tod, auch Gravina wurde tödlich verwundet, und Villeneuve wurde gefangengenommen.

Cabo Trafalgar

Etwa 2 km östlich vom Leuchtturm liegt das Dorf Los Caños, das einen langen Sandstrand besitzt.

Los Caños

Nach Überqueren des Río Barbate führt der Weg durch die Sierra del Niño schließlich nach Tarifa (8 m ü.d.M.), der südlichsten Stadt Spaniens, die auf Grund ihrer strategischen Lage an der Meerenge von Gibraltar in ihrer Geschichte immer wieder umkämpft war. Schon von den Iberern und Phöniziern besiedelt, benannten es die Römer 'Iulia Traducta'. Die Westgoten schifften sich 429 n. Chr. hier ein, um die römische Provinz Africa zu erobern. Für die Araber war der Besitz der Stadt besonders wichtig, die sie durch Tarif Ben Malik befestigten. Tarifa ist heute ein Fischereihafen mit bedeutender Nahrungsmittelindustrie.

Tarifa

Die Burg geht auf die arabische Besetzung im 10. Jh. zurück; sie wurde im 13. Jh. umgebaut. Ihr Name erinnert an die Geschichte von Alonso Pérez de Guzmán, Kommandant der Festung nach ihrer Eroberung durch die Christen im Jahr 1292. Die Mauren belagerten die Burg sofort wieder und nahmen den neunjährigen Sohn des Kommandanten als Geisel, den sie zu ermorden drohten, falls Guzmán nicht aufgeben wolle. Der Legende nach soll dieser den Mauren seinen Dolch mit der Aufforderung zugeworfen haben, sie sollten diesen nehmen, falls sie keine eigene Waffe hätten, seinen Sohn umzubringen. Die Mauernische, an der sich dies alles abgespielt haben soll, ist heute noch zu besichtigen. Von der Burg hat man einen schönen Blick auf die Meerenge.

Castillo de
Guzmán el Bueno

Wegen der überaus günstigen Windverhältnisse am Ort des Zusammentreffens von Mittelmeer und Atlantik ist das Meer vor Tarifa eines der besten Windsurfreviere Europas.

Surfparadies

Vor der Stadt erreicht man den südlichsten Punkt des europäischen Festlandes, die Punta Marroquí oder Punta de Tarifa. Hier, an der schmalsten Stelle der Meerenge von Gibraltar, erblickt man bei klarem Wetter die 13,4 km entfernte afrikanische Küste mit dem marokkanischen Küstengebirge.

*Punta Marroquí

Ca. 15 km westlich von Tarifa (Abzweigung von der N-340 nach 5 km Richtung Playa de Bolonia) erreicht man Bolonia, das römische Belonia Claudia. Die Reste der 171 v. Chr. gegründeten Siedlung wurden 1917 bis 1922 von französischen Archäologen entdeckt und ausgegraben. Die 700 Jahre lang bewohnte, von einer 4 m hohen Mauer umgebene Stadt lebte vom Fischfang. Freigelegt wurden das Forum mit einem halbkreisförmigen Brunnen und drei Tempeln aus dem 1. Jh. n. Chr. sowie Reste der Thermen und des Theaters aus derselben Zeit.

Bolonia

Die N-340 führt von Tarifa östlich bergauf (12% Steigung) zu dem auf der felsigen Höhe der Sierra del Algarrobo gelegenen Puerto del Cabrito (340 m ü.d.M.), von wo sich ein großartiger Blick über die Meerenge von Gibraltar hinweg auf Afrika bietet.

Puerto del Cabrito

**Blick nach
Afrika

Über den Puerto del Bujeo (340 m ü.d.M.) gelangt man auf der aussichtsreichen Straße schließlich nach → Algeciras.

Calatayud   I 4

Provinz: Zaragoza (Z)
Telefonvorwahl: 976
Höhe: 522 m ü.d.M.
Einwohnerzahl: 18 000

Lage und Allgemeines

Das im Talgrund des Río Jalón knapp 90 km südwestlich von → Zaragoza gelegene Calatayud ist eine alte aragonische Grenzstadt. Unweit der Ruinen des römischen Bilbilis errichteten die Mauren im 8. Jh. die 'Burg des Ayub' ('Kalat-Ayub'), von der die Stadt ihren Namen hat.
Der Infant Ferdinand, der spätere Katholische König, wurde hier 1461 zum Thronfolger erklärt.

Sehenswertes

Maurisches Viertel

Das winklige und enge maurische Viertel hat noch etwas von seinem Charakter aus der Zeit der arabischen Herrschaft bewahrt. Es wird überragt von den Ruinen der Burg, die Ayub, der maurische Gründer der Stadt, errichten ließ.

Santa María la Mayor

Weithin sichtbar erhebt sich der achteckige, mudéjare Turm der Kirche Santa María la Mayor über den Dächern der Altstadt. Er ist der Turm einer Moschee, die im Jahr 1120 nach der Eroberung der Stadt durch Alfonso I. in eine Kirche umgewandelt wurde. Das platereske Alabasterportal wurde von Juan de Talavera und Esteban de Obray im Jahr 1526 geschaffen. Die ältesten Teile der Kirche sind der Kapitelsaal und ein aus Backsteinen erbauter, noch aus maurischer Zeit stammender Klostergang. Der gotische Kreuzgang ist mit Malereien aus dem 15. Jh. verziert.

'Kalat-Ayub' gab der Stadt den Namen

Auch die unweit stehende Kirche San Andrés besitzt einen eleganten Glockenturm im Mudéjar-Stil. San Andrés

Die Tempelritter errichteten im 12. Jh. in der heutigen Calle Sancho Gil die 'Kirche vom Heiligen Grab', einst Hauptkirche des Ordens in Spanien. Sie wurde im 17. Jh. erneuert; von der Vorgängerin ist noch der gotische Kreuzgang geblieben. San Sepulcro

Umgebung von Calatayud

3 km nordöstlich der Stadt, am linken Ufer des Rio Jalón, liegen die Ruinen von Bilbilis, einer keltiberischen Gründung, die von den Römern übernommen wurde. Bilbilis war Geburtsort des Satirikers und Epigrammatikers Martial (40–100 n. Chr.). Von der einstigen Stadt sind nur wenige sehenswerte Reste gefunden worden. Bilbilis

Auf der Nebenstraße C-202 erreicht man 27 km südlich von Calatayud beim Dorf Nuévalos das Zisterzienserkloster Monasterio de Piedra, das im 12. Jh. gegründet und im wesentlichen im 13. Jh. erbaut wurde, wobei man darauf achtete, die Gebäude aus rötlichem Kalksteinmauerwerk der Umgebung anzupassen. Aus dieser Zeit stammen noch der Bergfried, der Kapitelsaal, das Refektorium und die Apsis der alten Kirche. Heute ist das Kloster zum Teil in ein Hotel umgewandelt worden. **Monasterio de Piedra**

Die größte Überraschung bietet aber der das Kloster umgebende Naturpark. Inmitten einer sonst kargen Landschaft entfaltet sich üppiges Grün, durchsetzt mit Grotten, Seen und Wasserfällen, die vom Río Pedra gespeist werden. Der Park wurde im 19. Jh. von Juan Federico Muntadas als erster dieser Art in Spanien angelegt. Malerisch ist der über 50 m hohe 'Pferdeschwanzfall' ('Cola de Caballo'), hinter dessen Wasserschleier sich die Iris-Grotte verbirgt. *Naturpark

Im Park von Piedra

Cartagena

<table>
<tr><td>

Umgebung von
Calatayud
(Fortsetzung)
Alhama de Aragón

</td><td>

Die nach → Medinaceli führende N-II erreicht nach 29 km das am Ufer des Río Jalón liegende Alhama de Aragón (648 m ü.d.M.), ein schon den Römern als Aquae Bilbilitanae bekanntes Thermalbad (24 – 33° C), dessen heutiger Name von dem arabischen 'al-Hamma' ('Die heiße Quelle') stammt. Beim Kurgarten beeindruckt die gewaltige Felsklamm des Río Jalón.

</td></tr>
<tr><td>

*Santa María
de Huerta

</td><td>

Nach weiteren 30 km gelangt man zur ausgedehnten Klosteranlage von Santa María de Huerta. Sie wurde 1167 gegründet und in Zisterzienserbauweise errichtet. Herausragend ist das Refektorium aus dem Jahr 1215. In der im 18. Jh. erbauten Kirche sind das aus dem 16. Jh. stammende Chorgestühl aus Nußholz und das Grabmal des Rodrigo Jiménez de Rada, Erzbischof von Toledo, der am Bau des Klosters maßgeblich beteiligt war, besonders zu erwähnen. Im gotischen Kreuzgang findet sich eine Marienstatue aus dem 13. Jahrhundert.

</td></tr>
<tr><td>

Daroca

</td><td>

→ dort

</td></tr>
</table>

Cartagena I 8

Provinz: Murcia (MU)
Telefonvorwahl: 968
Meereshöhe
Einwohnerzahl: 174 000

<table>
<tr><td>

Lage und
Allgemeines

</td><td>

Cartagena, einer der bedeutendsten Handels- und der Hauptkriegshafen Spaniens, liegt im Inneren einer tief einspringenden Bucht am Mittelmeer, die von den zwei auf schroffen Felshöhen gelegenen Forts Las Galeras und San Julián bewacht wird.
Schon in punischer Zeit wurde in den Minen des Hinterlandes nach Erzen gegraben. Die Eisen-, Zinn- und Bleiverhüttung ist noch heute ein sehr wichtiger Wirtschaftszweig der Stadt; die großen Werften bauen vor allem Kriegsschiffe. Bei Escombreras südlich von Cartagena wurde eine riesige Raffinerie mit angeschlossenem Wärmekraftwerk erbaut.

</td></tr>
<tr><td>

Geschichte

</td><td>

Die von den Iberern angelegte Siedlung Mastia wurde 223 v. Chr. von dem Punier Hasdrubal erobert, der die eigentliche Stadt gründete. Als Nova Carthago war die Stadt lange Zeit die bedeutendste Niederlassung der Römer auf der Iberischen Halbinsel. Während der maurischen Herrschaft bildete sie das selbständige Emirat 'Cartadjanah', bis sie 1242 von Ferdinand III. von Kastilien erobert wurde. Die Araber begründeten Cartagenas Ruf als Werft für Kriegsschiffe und verbesserten die Landwirtschaft entscheidend. 1588 floh der Rest der vor England gesunkenen Armada nach Cartagena, wohin sie von englischen Schiffen unter Sir Francis Drake verfolgt wurden, der die Stadt plündern ließ. Die spanische Kriegsflotte, die sich 1936 auf die Seite der Volksfrontregierung stellte, konnte die Landung von aus Afrika kommenden Truppen Francos in Cartagena nicht verhindern; die Stadt erlitt schwere Zerstörungen.

</td></tr>
</table>

Sehenswertes

<table>
<tr><td>

Hafen

</td><td>

Am westlichen Ende des promenadengesäumten Hafens erhebt sich das Monument de los Heroes de Cavite, mit dem der Toten des Spanisch-Amerikanischen Krieges 1898 gedacht wird. Südlich davon kann man an einem Kai eines der ältesten U-Boote der Welt besichtigen, das 1888 von Isaac Peral aus Cartagena konstruiert wurde und dessen Namen trägt. Nördlich des Denkmals weitet sich die Plaza del Ayuntamiento, an der das 1907 erbaute Rathaus steht. Östlich davon die Ruinen der im Bürgerkrieg zerstörten Kathedrale Santa María de la Vieja.

</td></tr>
</table>

Von der Kathedrale führt ein Treppenweg zum 70 m hoch gelegenen Castillo de la Concepción aus dem 11. Jh., heute als Parque Torres ein öffentlicher Park. Von hier kann man den Hafen weit überblicken und auch die Raffinerie von Escombreras im Süden ist nicht zu übersehen.

Castillo de la Concepción

Die interessanten Museen der Stadt liegen allesamt etwas außerhalb des Stadtkerns. Das Museo Naval (Schiffsmuseum) befindet sich an der von der Plaza del Ayuntamiento wegführenden Calle Real in der Nähe der Plaza de España. Jenseits des Hafenbeckens, beim Faro (Leuchtturm) de Navidad kann man im Museo Nacional de Arqueología Submarina aus dem Meer geborgene antike Funde besichtigen.
Das wichtigste Museum ist das Museo Arqueológico Municipal in der Calle Ramón y Cajal im Nordosten der Stadt. Es ist in einer alten Markthalle aus dem 19. Jh. untergebracht und zeigt in mehreren Sälen karthagische, römische, westgotische und arabische Funde, darunter die römische Kopie einer griechischen Hermes-Statue.

Museen

Umgebung von Cartagena

La Unión, 12 km östlich von Cartagena, ist das Zentrum des größten Erzreviers Spaniens, mit dessen zunehmender Ausbeutung seit ca. 100 Jahren auch die Stadt wuchs, wovon einige repräsentative Jugendstilgebäude zeugen.

La Unión

*Costa Cálida

Die 250 km lange Costa Cálida ('heiße Küste'), die Küste südwestlich und nordöstlich von Cartagena, ist im Sommer Tummelplatz zahlloser Touristen, die hier meist ruhige und weite Strände finden, unterbrochen von felsigen Abschnitten. Entlang des Küstenstreifens liegen Ferienanlagen, Hotels, Wassersportmöglichkeiten und andere Einrichtungen der touristischen Infrastruktur, die im Winter jedoch weitgehend menschenleer sind.

Zentrum der touristischen Aktivitäten ist das nordöstlich von Cartagena sich erstreckende Mar Menor ('kleines Meer'). Dieser salz- und jodhaltige Binnensee bedeckt eine Fläche von 180 km^2 und wird durch einen 22 km langen und 50 bis 150 m breiten, 'La Manga' genannten Landstreifen vom Meer getrennt, mit dem er durch zahlreiche Kanäle verbunden ist. Das durchschnittlich 7 m tiefe Wasser ist so warm, daß beinahe das ganze Jahr über in ihm gebadet werden kann. Die Manga und der ihr gegenüberliegende Festlandstreifen sind gesäumt von Strandbädern, Hotelbauten und Touristenzentren, von denen auf dem Festland die wichtigsten San Pedro de Pinatar, San Javier (Militärflughafen!), Los Alcázares, Los Urrutias und Los Belones sind; bei letzterem liegt mit Campo de Golf la Manga einer der schönsten und größten 18-Loch-Golfplätze Spaniens. Wichtigster Touristenort auf der Manga ist La Manga del Mar Menor mit seinen auf Pfählen ins Wasser gestellten Pavillons. Am Südufer der Manga fällt das Cabo de Palos steil ins Meer ab (Abb. s. nächste Seite).

Mar Menor

Die Küste des südwestlich von Cartagena gelegenen Golfo de Mazarrón ist etwas geruhsamer. Die N-332 verläuft hier im Landesinneren, nur ab und an erreicht sie das Ufer, ansonsten stoßen kleine Stichstraßen in die Küstenorte vor. Über den Badeort Puerto de Mazarrón erreicht die Straße nach 37 km die Kleinstadt Mazarrón (99 m ü.d.M.), ein altes Bergarbeiterdorf mit Ruinen der Burg der Velez, um entlang der Sierra de Almenara nach Águilas zu streben, südlichster Ort der Costa Cálida, überragt vom Castillo de San Juan de las Águilas. Zum Meer hin schließt eine mittelalterliche Wehrmauer den Ort ab, die in einen 12 m hohen, 1414 erbauten Turm übergeht.

Golfo de Mazarrón

Hotelanlagen auf La Manga an der Costa Cálida

Castellón de la Plana / Castelló de la Plana   K 5

Provinz: Castellón (CS)
Telefonvorwahl: 964
Höhe: 28 m ü.d.M.
Einwohnerzahl: 125 000

Lage und Allgemeines

Die freundliche Provinzhauptstadt Castellón de la Plana (katal. Castelló de la Plana) liegt inmitten der fruchtbaren Ebene der Huerte de la Plana und ist Mittelpunkt des Handels mit Orangen, die in großer Menge von dem 5 km östlich gelegenen Hafen El Grao de Castellón ausgeführt werden. Die Stadt ist ein Hauptort der bekannten Costa del Azahar ('Apfelsinenblüten-Küste'). Als eine der letzten Bastionen der republikanischen Truppen wurde Castellón am Ende des Spanischen Bürgerkrieges weitgehend zerstört, so daß nur sehr wenige historische Bauwerke erhalten geblieben sind und die Stadt einen überwiegend modernen Eindruck macht.

Sehenswertes

Santa María Mayor

Die ursprünglich gotische Kirche Santa María Mayor wurde nach der Zerstörung von 1936 wiederaufgebaut. Wahrzeichen der Stadt ist der freistehende, achteckige und 46 m hohe Glockenturm 'El Fadri' von 1604. In der Kirche sind einige Gemälde des in Castellón geborenen Malers Francisco Ribalta (1551 – 1628) aufgehängt, dessen Denkmal auf dem Paseo de Ribalta steht.

Ayuntamiento / Museo Provincial de Bellas Artes

Das gegenüberliegende Rathaus (Ayuntamiento) wurde um 1700 erbaut. Im Gebäude der Provinzverwaltung (Diputación Provincial) in der Calle Caballeros ist das beachtenswerte Museo Provincial de Bellas Artes (Provinzmuseum der Schönen Künste) untergebracht, das u.a. Bilder von Ribalta, de Ribera und de Osona zeigt.

Museo Provincial
(Fortsetzung)

Umgebung von Castellón de la Plana

Zum Puerto del Remolcador

Alcora, 24 km westlich von Castellón auf der C-232, ist heute noch bekannt für seine Fayencen, die überwiegend mit Rokokomustern bemalt sind. Die Manufaktur war bei ihrer Gründung im Jahre 1727 die erste ihrer Art in Spanien; 1750 begann man auch mit der Herstellung von Büsten und Figuren aus Porzellan.

Alcora

Nach weiteren 7 km auf der C-232 erreicht man Lucena del Cid, malerisch auf einer Anhöhe über dem Tal des Río Lucena gelegen und als Sommer-frische bekannt. Sehenswert sind das Castillo del Duque de Hijar und ein Retablo aus dem 16. Jh. in der Pfarrkirche.

Lucena del Cid

Von Lucena del Cid klettert die C-232 zur Paßhöhe des Puerto del Remol-cador (1018 m ü.d.M.) hinauf. Von hier läßt sich die Fahrt nach → Teruel mit seinen Mudéjar-Türmen fortsetzen.

Puerto
del Remolcador

Nach Morella

Man verläßt Castellón auf der C-238 und biegt bei Puebla Tornesa links zu dem hübschen, von einer Burg gekrönten Dorf Villafamés ab, das ein für einen solch kleinen Ort beachtenswertes Kunstmuseum beherbergt. Das Museo Popular de Arte Contemporáneo im Casa del Bayle besitzt u.a. Werke von Miró, Genovés und Serrano.

Villafamés

Zurück auf der C-238 erreicht man nach 25 km von Castellón Cabanes. Hier verlief in römischer Zeit die Via Augusta; zu sehen sind noch einige Ruinen und vor allem der Arco del Pla, ein römischer Bogen aus dem 2. Jh. n.Chr., unter dem die Straße hindurchführte.

Cabanes

Von Cabanes führt die C-238 und später die N-232 durch die wenig berührte und überaus schöne Bergwelt des Maestrazgo weiter nach → Morella.

*Costa del Azahar

Die südliche Fortsetzung der → Costa Dorada bildet das großartige Küstengebiet der Provinz Castellón und der Provinz Valencia, das einen weiten offenen Golf bildet, den man die Costa del Azahar ('Apfelsinen-blüten-Küste') nennt. Es ist dies die ausgedehnteste und flachste Küste der spanischen Halbinsel; sie erhielt ihren Namen wegen der unzähligen Zitronen- und Orangenbäume, die den Reisenden auf seiner Fahrt die Küste entlang begleiten. Die zarten Apfelsinenblüten erfüllen das ganze Land mit ihrem Duft, und das milde Klima läßt aus diesem Küstenstrich einen idealen Platz für Sommer- und Winterurlaub werden.

Richtung Tarragona

Nach Norden führen sowohl die Autobahn A 7, die hier beschriebene N-340 als auch eine in El Grao de Castellón beginnende Nebenstraße, die sich mit der N-340 trifft.

Bettenburgen am Strand von Benicasim

Benicasim

Durch Orangengärten und Felder mit Ölbäumen, vorbei am zerklüfteten Kalksteinfelsen Peña Golosa (1831 m ü.d.M.) gelangt man ins 21 km von Castellón entfernte Benicasim (15 m ü.d.M.), einem zwischen Palmen-pflanzungen gelegenen Touristenort mit sehr sauberem Strand. Von der oberhalb gelegenen Desierto de las Palmas kann man weit über die Küste blicken.

Oropesa del Mar

8 km weiter in Oropesa del Mar (33 m ü.d.M.) beeindruckt die malerisch an einem Felsen sich hinziehende verwinkelte Altstadt, die von einer auf die Mauren zurückgehenden Burgruine gekrönt wird. El Cid eroberte sie 1090, mußte jedoch bald darauf die Festung wieder räumen. Heute lebt der noch ruhige Ort von der Landwirtschaft und vom Fremdenverkehr. Nahebei steht auf einem Felsen am Meer der Torre del Rey, ein aus dem 15. Jh. stammender Wachturm mit einem kleinen Meeresmuseum, das Küsten-funde und Meerestiere zeigt.

Alcalá de Chivert

Die N-340 führt nun durch Felder nach Torreblanca mit dem Badeort Torre-nostra, um danach das zumeist trockene Flußbett Rambla de las Cuevas zu überqueren und erreicht schließlich Alcalá de Chivert. Schon vor dem Ort begegnen rechter Hand auf der Sierra de Irta die Ruinen des Castillo de Chivert. An der barocken Pfarrkirche der Stadt fällt der sich nach oben ver-jüngende Glockenturm auf.

*Peñíscola

Castillo

Im weiteren Verlauf der N-340 biegt 12 km nach Alcalá de Chivert eine Nebenstraße nach rechts nach Peñíscola (73 km von Castellón) ab. Auf einer vom Meer umspülten Felsenhalbinsel duckt sich die von einer star-ken Wehrmauer eingeschlossene enge Altstadt unter das Castillo. Schon die Phönizier und Griechen, danach die Karthager nutzten den Felsvor-sprung als Festung, ebenso die Mauren, denen sie 1223 König Jaime I. entriß. Er übergab die Burg den Tempelrittern, die sie im wesentlichen in der heutigen Form ausbauten. 1319 fiel die Feste an den Montesa-Orden.

In den päpstlichen Gemächern auf Peñiscola

Die weitere Geschichte der Burg ist eng mit dem Schicksal des aragonesischen Kardinals Pedro de Luna verbunden, der als Gegenpapst Benedikt XIII. den römischen Päpsten Urban VI. und Bonifatius VII. den Anspruch auf den Heiligen Stuhl streitig machte. Als er von niemandem mehr unterstützt wurde, zog er sich 1415 von Avignon nach Peñiscola zurück, wo er starrsinnig daran festhielt, der rechtmäßige Papst zu sein und einen bescheidenen Hof einrichtete. Aus dieser Zeit kann man noch die Kapelle, die Bibliothek und weitere Gemächer des Papstes und das Versammlungskabinett des Konklaves besichtigen. Benedikt XIII. starb 1424 in der Burg. Erinnerungsstücke an ihn werden in der Schatzkammer der barokken Pfarrkirche in der Altstadt aufbewahrt.

Castillo (Fortsetzung)

Dicht beim Castillo steht die Kirche Virgen de la Ermitana, das im September Schauplatz einer Tanzaufführung von 'Moros y Cristianos' ist, die ihren Ursprung in den Kämpfen gegen die Mauren hat. In der Kirche wird ein angeblich vom Apostel Jakob stammendes Bild aufbewahrt.
Die Altstadt ist im Sommer von allerlei Touristen recht überlaufen; der moderne Teil Peñiscolas ist geprägt von Hotelbauten und Appartementhäusern in der Nähe der Strände.

Virgen de la Ermitana

Nur wenige Kilometer sind es von Peñiscola nach Benicarló (11 m ü.d.M.), inmitten von Orangenhainen und Weinfeldern gelegen. Die Pfarrkirche von 1743 hat einen achteckigen Glockenturm mit Azulejoskuppel und ein prächtiges Hauptportal. Im Casa del Marqués de Benicarló, ebenfalls aus dem 18. Jh., ist ein kleines Küchenmuseum mit vielerlei alten Gerätschaften eingerichtet.

Benicarló

Durch rebenreiches Gebiet erreicht man schließlich nach insgesamt 75 km von Castellón den Fischerhafen Vinaroz (6 m ü.d.M.), letzter Ort an der Costa del Azahar, der bekannt ist für die hier gefangenen und lecker zubereiteten Garnelen.

Vinaroz

Von Castellón de la Plana Richtung Valencia

Autobahn und N-340 stellen die Straßenverbindung entlang der Costa del Azahar her. Südlich von Castellón überquert die N-340 auf dem 1794 erbauten steinernen Puente de Ribelles den Río Mijares.

Villareal de los Infantes

Kurz darauf erreicht man Villarreal de los Infantes (42 m ü.d.M.), eine 1272 gegründete Stadt auf rechteckigem Grundriß. Die große Hauptkirche San Pascual aus dem 18. Jh. mit ihrer Azulejoskuppel birgt in ihrem Inneren die Grabstätte des hl. Paschalis und in der Sakristei Gemälde des Italieners Paolo di San Locadio.

Onda

Ein 13 km langer Abstecher führt auf der C-223 nach Onda, von einer Ruine überragt und wichtige Stätte der Keramikfabrikation. Im Ort das naturwissenschaftliche Museum El Carmen mit zahlreichen Ausstellungsobjekten aus der heimischen Tierwelt.

*Grutas de San José

Nach Villarreal erreicht die C-340 das Städtchen Nules, wo die C-225 rechts Richtung Vall de Uxó abbiegt. Kurz vor dem Ort weisen Schilder ('grutas') auf den Weg zu den Höhlen von San José hin. Diese prächtige Tropfsteinhöhle kann mit einem Führer per Kahn befahren werden.

Segorbe

Von Vall de Uxó kann man auf der C-225 über den Collado de Marianet (400 m ü.d.M.) nach Segorbe (Umgebung von ⟶ Teruel) weiterfahren.

Almenara

13 km von Nules entfernt liegt an der Küstenstraße Almenara (23 m ü.d.M.), ebenfalls überragt von einem felsigen Burgberg mit der Ruine eines Castillo. König Jaime I. von Aragón schlug hier 1238 die Mauren und eroberte damit Valencia. In der Umgebung finden sich zahlreiche Reste römischer Bauten, u.a. die eines Lagers aus dem Jahre 217 v.Chr., 'Monte del Cid' genannt.

Von Almenara sind es nun nur noch 10 km bis ⟶ Sagunto.

Ceuta E 10

Provinz: Cádiz (CA)
Status: Plaza de Soberanía
Telefonvorwahl: 956
Meereshöhe
Einwohnerzahl: 71 000

Fährverkehr

Die Fähren der Trasmediterranea fahren täglich bis zu sechsmal von Algeciras nach Ceuta (Fahrzeit ca. ³/₄ St.). Von Ceuta gibt es außerdem täglich mehrere Fährverbindungen nach Tanger und Melilla, weitere regelmäßige Verbindungen bestehen nach Cádiz, Barcelona und zu den Kanarischen Inseln. Die Anlegestelle befindet sich im Hafen an der Muelle España.

Lage und Allgemeines

Ceuta, die arabisch Sebta genannte, Europa am nächsten gelegene afrikanische Hafenstadt an der östlichen Einfahrt der Straße von Gibraltar ist eine 19,4 km² große spanische Enklave (Plaza de Soberanía) im marokkanischen Küstenbereich des Mittelmeeres, die 75 km östlich von Tanger und 38 km nördlich von Tetouan liegt. Ebenfalls unter spanischer Hoheit steht die 8 km nach Nordosten in das Mittelmeer vorstoßende Halbinsel El Hacho mit ihren langen Badestränden und dem Leuchtturm von Kap Punta Almina, auf deren nur 350 m breiten Isthmus sich die Altstadt von Ceuta erstreckt. Stadt und Halbinsel besitzen eine Zoll- und Paßgrenze zu Marokko und werden von der spanischen Provinz Cádiz verwaltet. Etwa 85% der Bewohner sind spanische Staatsbürger; nur 8% der Bevölkerung sind Mohammedaner.

Ceuta besitzt den Charakter einer andalusischen Stadt mit nur sehr geringem nordafrikanischem Einfluß. Sie teilt sich in ein ummauertes Altstadtviertel mit Zitadelle (17./18. Jh.) und in eine Neustadt mit schachbrettartig verlaufenden Straßen und höheren Gebäuden, deren Entwicklung erst 1912 begann, als der Norden Marokkos spanisches Protektorat wurde und Ceuta ein bis dahin nicht vorhanden gewesenes Hinterland erhielt und einen enormen wirtschaftlichen Aufschwung erlebte. Nach der Entlassung Marokkos in die Unabhängigkeit (1956) setzte jedoch ein deutlicher Niedergang ein. Die Einwohnerzahl ging von 120000 auf 65000 zurück, ehe sie in jüngster Zeit durch den wachsenden Tourismus und Ausflugsverkehr von Spanien wieder etwas anstieg.

Der Hafen besitzt nach wie vor Bedeutung als Fischereizentrum mit fischverarbeitenden Industrien, kleineren Werften sowie als Fährhafen. Trotz Steuerbegünstigungen und ihrer Rolle als Freihafen hat die Stadt viele Industrien verloren und ist in ihrer Bedeutung längst von Tanger in den Schatten gestellt worden. Wegen der strategischen Lage ist Ceuta immer noch eine wichtige Militärstadt.

Ceuta ist jedoch auch großer Umschlagplatz für im Rif-Gebirge angebautes Haschisch, das an vielen Plätzen der Stadt angeboten wird. Vor dem Kauf sei jedoch eindringlich gewarnt, da der Besitz von Haschisch sowohl in Marokko als auch in Spanien streng geahndet wird.

Ceuta war vermutlich schon eine wichtige Phöniziersiedlung, doch nachweisbar sind erst die Spuren der Römer, die der Stadt den Namen 'Septem Fratres' verliehen, woraus sich sowohl der arabische Name Sebta wie auch der spanische Name Ceuta ableitet. Die Siedlung erhielt den Namen nach den sieben Hügeln des Djebel Moussa, an deren Hängen die Stadt angelegt wurde. Der Monte Hacho wird als Mont Abila als eine der 'Säulen des Hercules' bereits in der griechischen und römischen Mythologie genannt. Im Jahr 429 n. Chr. wurde die Stadt von den Vandalen eingenommen und erst 534 gelang dem oströmischen Kaiser Justinian I. (527–565) die Rückeroberung. 618 überfielen die Westgoten die Stadt, konnten sie jedoch nicht halten. Erst 711 bemächtigten sich die Araber nach harten Kämpfen Ceutas und verteidigten die Stadt, die besonders zur Zeit der arabischen Invasion der Iberischen Halbinsel große militärische Bedeutung erlangte, wiederholt gegen die Spanier. Bis zum Jahr 1415 gehörte Ceuta zu verschiedenen arabischen Reichen in Marokko oder auf dem spanischen Festland. Ab dem 12. Jh. stieg Ceuta zu einer bedeutenden Hafenstadt auf, die lebhafte Handelsbeziehungen nach Italien, Frankreich und Spanien besaß. Im 13. und 14. Jh. erlebte Ceuta seine Blütezeit als Zollstätte, größter Stapelplatz und bedeutendste Hafenstadt Marokkos. 1415 gelang es Johann I. (Joao I.) von Portugal, mit 50000 Soldaten und 200 Schiffen die Stadt zu erobern. Durch die Vereinigung Portugals mit Spanien wurde Ceuta 1580 unter Philipp II. spanisch. Sie blieb seither ohne Unterbrechung in spanischem Besitz, obwohl sie immer wieder arabischen Angriffen ausgesetzt war, darunter einer von 1674 bis 1701 dauernden Belagerung durch die Truppen von Moulay Ismail. Das letzte Mal wurde sie 1860 von den Arabern vergeblich angegriffen. Sie war im 19. Jh. bis zum Beginn des 20. Jh.s spanische Sträflingskolonie und daher sehr verrufen. Ab 1912 wurde sie zum Haupthafen der spanischen nordmarokkanischen Protektoratszone ausgebaut und erlebte einen enormen Aufschwung. Der Krieg der Spanier gegen die Rifkabylen wurde hauptsächlich von Ceuta aus gesteuert, und Franco bereitete hier 1936 seine Machtübernahme in Spanien vor.

Sehenswertes

Das palmenbestandene Zentrum Ceutas ist die weite Plaza de Africa. Sie wird von den wichtigsten und gleichzeitig sehenswertesten Gebäuden der Stadt beherrscht, die im 18. Jh. an die Stelle ehemaliger maurischer Gebäude getreten sind.

Ceuta

Plaza de Africa

Nuestra Señora de Africa

Die der Stadtpatronin geweihte Kirche Nuestra Señora de Africa mit ihrem schmalen Glockenturm wurde 1704–1726 an der Stelle einer Moschee errichtet. Die Innenausstattung ist im spanischen Barockstil ausgeführt. Sehenswert sind der Hauptaltar mit der vermutlich portugiesischen Statue der Muttergottes (16. Jh.) sowie der in einem Nebenraum ausgestellte Kirchenschatz.

Kathedrale

Am südlichen Ende des Platzes erhebt sich die zweitürmige Kathedrale. Sie wurde 1729 mit einer neoklassizistischen Fassade und einem schwarzen Marmorportal erbaut. Auch die Kathedrale steht über den Resten der ehemaligen Großen Moschee, die bereits seit 1432 als christliches Gotteshaus diente. Im Inneren sind die Seitenwände mit Szenen des Neuen Testaments geschmückt. Im Hauptschiff liegen unter schönen Grabplatten einige Bischöfe von Ceuta begraben

Palacio Municipal

An der Plaza de Africa liegt außerdem noch das von 1929 stammende Rathaus (Palacio Municipal), in dessen Räumen Mariano Bertuchi, bedeutender Maler der Kolonialzeit, einige Wandgemälde angebracht hat.

El Canderlo

Unweit westlich von der Plaza de Africa erinnern die Überreste der Festung El Canderlo, 1530 von den Portugiesen errichtet und im 17. und 18. Jh. verstärkt, an die Vergangenheit Ceutas als heftig umkämpfte Garnison. Erhalten geblieben sind eine mächtige Befestigungsmauer, sowie zwei Bastionen. Auch der westlich vor dieser Mauer liegende, tiefe Wassergraben San Felipe, der die Stadt an der schmalsten Stelle der Halbinsel zum Festland hin abschloß, stammt aus dieser Zeit.

Fährhafen

Die von der Festung rechts abbiegende Straße führt zur Muelle España und von dort nach links zur Muelle Cañonero Dato, den beiden Anlegekais der Fähren.

Museo Municipal de Arqueología

Etwas links oberhalb des Hafenbeckens befindet sich in den Jardínes de la República Argentina das kleine Archäologische Museum. Dieses enthält

Keramik, Waffen, und andere Objekte aus neolithischer, karthagischer und römischer Zeit. Andere Vitrinen zeigen mittelalterliche und neuzeitliche Objekte europäischer und arabisch-berberischer Herkunft. Unter dem Museum beginnen 2,5 km lange unterirdische Gänge ('Galerías subterráneas) aus dem 16. und 17. Jh., die das Vorfeld der Stadt und die Wasserversorgung militärisch sichern sollten.

Ceuta, Museo
Municipal
(Fortsetzung)

Ein weiteres kleines Museum, das Museo de la Legión (Museum der Legion), das 1920 von General Millan Astray gegründet wurde, findet sich südöstlich von der Plaza de Africa im Paseo de Colón. Es widmet sich der Geschichte der spanischen Fremdenlegion, die in Ceuta eine Garnison unterhält.

Museo de
La Legión

Sehr lohnend ist eine Fahrt zum 4 km entfernten, 194 m hohen Monte Hacho, dessen von der Ermita de San Antonio (1593) und von einer Festung gekrönter Gipfel eine weite Aussicht auf die Stadt mit dem Hafen, die marokkanische Küste und bei klarem Wetter nach → Gibraltar bietet. Der Monte Hacho ist wahrscheinlich der sagenhafte Berg Abila, der in der Antike als eine der Säulen des Herkules galt, die die damals bekannte Welt im Westen begrenzten. Sein Pendant auf dem europäischen Kontinent ist der Felsen von Gibraltar.

Man erreicht den Monte Hacho, indem man auf der südlichen Küstenstraße Recinto Sur nach Osten fährt. Schließlich erreicht man den Leuchtturm am Kap Almina, von wo man einen herrlichen Blick sowohl nach Norden auf Gibraltar wie nach Südosten auf das Rifgebirge hat.

Monte Hacho

Kurz danach zweigt eine Straße nach rechts ab, die auf den Gipfel des Monte Hacho führt, gekrönt von der Festung El Desnarigado, in der ein Militärmuseum eingerichtet ist. In fünf Sälen werden Gegenstände zur Geschichte des spanischen Militärs von Ceuta gezeigt.

El Desnarigado

Ein wenig weiter liegt die Ermita de San Antonio. Zu Ehren des Heiligen wird am 13. Juni ein Fest mit südländischer Begeisterung, Tanz und Folklore ausgelassen gefeiert.

Ermita de
San Antonio

Ciudad Real   G 7

Provinz: Ciudad Real (CR)
Telefonvorwahl: 926
Höhe: 632 m ü.d.M.
Einwohnerzahl: 51 000

Ciudad Real, die 'Königliche Stadt', liegt zwischen den Flüssen Río Guadiana und Río Jabalón inmitten einer fruchtbaren Landschaft, in der u.a. die Weine von Valdepeñas angebaut werden. Von ihrer ruhmreichen und kriegerischen Vergangenheit zeugen heute nur noch wenige Reste. Die Provinzhauptstadt ist der Mittelpunkt der Mancha, wo Don Quijote, der 'Ritter von der traurigen Gestalt', zu Hause war.

Lage und
Allgemeines

Im Jahre 1252 ließ Alfons X. der Weise an der Stelle der von Mauren zerstörten Stadt Alarcos eine Festung anlegen, um gegenüber den hier im Grenzland zu den maurischen Gebieten übermächtigen Orden der Calatrava- und Tempelritter Flagge zu zeigen. Die Festung wurde Villareal genannt, 1420 unter Juan II. zur Stadt erhoben und trägt seitdem den heutigen Namen.

Geschichte

Sehenswertes

Die Puerta de Toledo aus dem 14 Jh. ist das einzige Überbleibsel der einst mächtigen Mauern. Das Stadttor im Mudéjar-Stil, von zwei quadratischen Türmen flankiert, ist heute Nationaldenkmal.

Puerta de Toledo

Ciudad Real

Santa María
del Prado

Die mächtige gotische Kathedrale, 1531 erbaut, ist der 'Virgen del Prado' geweiht, deren Bildnis auf einem Silberthron steht. Beachtenswert sind das alte Westportal (12. Jh.) und der Retablo von Giraldo de Merlo (1616); in der Sakristei das Gemälde "Die Enthauptung Johannes des Täufers" von Eugenio Caxès. Vom Turm (17. Jh.) der Kathedrale bietet sich ein weiter Blick.

San Pedro

Von besonderem künstlerischen Wert ist die Kirche San Pedro (14./15. Jh.) mit ihren Portalen in gotischem und mudéjarem Stil. Die Capilla de Sagrario im rechten Seitenschiff enthält das bemerkenswerte Alabastergrabmal der Familie Coca.

Umgebung von Ciudad Real

Ermita de
Alarcos

Die alte Ermita de Alarcos, 8 km westlich der Stadt,swurde zur Erinnerung an die wohl hier ausgetragene Schlacht von Alarcos erbaut, in der im Jahr 1195 das Heer Alfons' VIII. von maurischen Reitern geschlagen wurde.

Auf den Spuren von Don Quijote und Sancho Pansa

Die Umgebung von Ciudad Real ist die Landschaft, in der Miguel de Cervantes seinen traurigen Ritter Don Quijote die weltberühmt gewordenen, merkwürdigen und tragikomischen 'Abenteuer' bestehen ließ. Einige der Schauplätze seien hier auf einer Rundfahrt beschrieben.

Daimiel

Man verläßt Ciudad Real in nordöstlicher Richtung auf der N-420 und erreicht Daimiel, in dessen Nähe Don Ouijote den Yanguesen begegnete. Im Ort gibt es eine schöne Plaza Mayor und die Reste einer arabischen Burg. Nördlich von Daimiel beginnt das Gebiet des Nationalparks von Tablas de Daimiel (→ Praktische Informationen, Nationalparks).

Alcázar de
San Juan

Über Puerto Lápice, wo der Wirt eines der Gasthöfe den durch die Lektüre allerlei Ritterromane verblendeten Don Quijote zum Ritter schlug, gelangt man nach Alcázar de San Juan (643 m ü.d.M.), einem kleinen, an der Bahnlinie von Madrid liegenden Ort mit einer bedeutenden Sammlung römischer Mosaiken im Museo Arqueológico Fray Juan Cobo, der Kirche Santa Maria aus dem 13. Jh., einem Eisenbahnmuseum und den für die Mancha typischen Windmühlen.

Campo de
Criptana/Sierra
de Molinos

Nach weiteren 8 km Fahrt ist Campo de Criptana erreicht, ein freundliches Dorf, wo Don Ouijotes Kampf mit den Windmühlen stattgefunden haben könnte (→ Spanien in Zitaten, S. 116); in der Umgebung, der Sierra de Molinos, stehen auf den Hügeln über 30 Windmühlen, von denen mehrere noch in Betrieb sind und einige kleine Museen beherbergen, so z. B. die Mühlen El Quimera und El Pilón.

El Toboso

Von Campo de Criptana führt ein Abstecher zum 15 km nordöstlich liegenden, zauberhaften Dorf El Toboso, wo Don Quijote seine Herzensdame Dulcinea, eine Bauerstochter, fand. Ihr angebliches Geburtshaus wird am Ortseingang gezeigt; im Rathaus sind schöne Ausgaben des Romans in vielerlei Sprachen zu bewundern

Mota del
Cuervo

Von El Toboso führt eine Nebentraße zur N-301, auf der man östlich nach Mota del Cuervo gelangt, einem typischen Dorf der Mancha, in dem Sancho Pansas Kumpan Ricote el Monisco lebte.

Tomelloso

In Mota del Cuervo wählt man die N-420 in südlicher Richtung und fährt über Pedro Muñoz nach Tomelloso, einem wichtigen Weinbauzentrum der Mancha; in der Pfarrkirche (16. Jh.) ein Retablo der 'Virgen de la Paz'.

Corral de Comedias in Almagro

Argamasilla de Alba, wo der Dichter Cervantes in der Cueva de Medrano im Gefängnis saß und seinen berühmten Roman begann, ist der fiktive Geburts- und Sterbeort des 'Ritters von der traurigen Gestalt'; sehenswert sind die Windmühle Molino Dulcinea und das Castillo de Peñarroya, ein maurisches Schloß 12 km südöstlich des Ortes, das 1198 von Alonso Pérez de Sanabria erobert wurde.

Argamasilla de Alba

Über Manzanares (645 m ü.d.M.), einem freundlichen Städtchen am Río Azuer, das um die nach der Schlacht bei Navas de Tolosa im Jahre 1212 errichtete Burg Peñas Borras erbaut wurde, gelangt man wieder zurück nach Ciudad Real.

Manzanares

Zu den Lagunas de Ruidera

Der Ort Almagro liegt 24 km östlich von Ciudad Real inmitten des Campo de Calatrava. Almagro war Hauptsitz des Calatrava-Ordens.

Almagro

Die schöne, langgestreckte Plaza Mayor ist gesäumt von Arkadengängen und Balkonreihen an den Häusern.

Plaza Mayor

Das interessanteste Gebäude am Hauptplatz ist der Corral de Comedias (16. Jh.), der malerische Komödienhof, wo zwischen roten Holzgalerien die ersten Komödien Spaniens aufgeführt wurden.
Zu den weiteren Sehenswürdigkeiten Almagros zählen die einstige Universität Santo Domingo und das Dominikanerkloster La Asunción.

*Corral de Comedias

Ein Abstecher führt über Calzada de Calatrava zur 30 km südlich gelegenen Ordensburg der Calatrava-Ritter Calatrava la Nueva, eine von Alfonso VII. eroberte maurische Festung, die von Abt Raimundo, dem Gründer des Calatrava-Ordens, ab der Mitte des 12. Jh.s zum mächtigen Stammsitz seiner Bruderschaft ausgebaut wurde. Große Teile der Festung zerfallen heute; auffallend ist die Fensterrosette über der Puerta de la Estrella.

Calatrava la Nueva

Umgebung von Ciudad Real (Fortsetzung) Valdepeñas	Von Almagro erreicht man auf der N-415 über den Ort Moral de Calatrava (mit der künstlerisch wertvollen Kirche La Soledad) Valdepeñas, einer durch ihren Rotwein und die großen Weinkellereien ('bodegas') bekannte Stadt, die eine schöne Plaza Mayor aus dem 18. Jh. besitzt. Die Kirche La Asunción (15./16. Jh.) hat ein beachtenswertes spätgotisches Portal; das Museo Gregorio Prieto, in einer großen Windmühle untergebracht, zeigt Werke des in Valdepeñas geborenen Malers.
Abstecher in die Sierra Morena	Südlich von Valdepeñas geht die N-IV nach dem von spanischen Kreuzfahrern um 1200 gegründeten Ort Santa Cruz de Mudela mäßig bergan zur wildromantischen Sierra Morena und beim Puerto de Despeñaperros (1009 m ü.d.M.), dem 'Hundefelsabsturz' über die Grenze nach Andalusien und weiter nach → Jaén.
Villanueva de los Infantes	Die C-415 verläuft von Valdepeñas weiter nach Villanueva de los Infantes, einem vornehmen Städtchen mit wappengeschmückten Haustoren, darunter jenes der Casa del Caballero del Verde Gabán, ebenfalls bekannt aus dem "Don Quijote"; im Dominikanerkloster findet man das Grabmal für den spanischen Schriftsteller Francisco de Quevedo (1580 – 1645).
Castillo de Montiel	Weiter auf der C-415 nach Villahermosa; von hier läßt sich ein Abstecher zum Castillo de Montiel machen, dem Mittelpunkt des 'Campo de Montiel', dem einst dem Orden der Santiagoritter gehörenden Gebiet.
Lagunas de Ruidera	Von Villahermosa schließlich gelangt man in nordöstlicher Richtung zu den Lagunas de Ruidera, einer malerischen, fischreichen Seenlandschaft, deren Hauptorte Ruidera und Ossa de Montiel sind. Bei Ruidera kann man in den Cuevas de Montesinos in die Unterwelt hinabsteigen.

Zur Sierra de Almadén

Almodóvar del Campo	Man verläßt Ciudad Real auf der nach Süden führenden N-420 und erreicht Puertollano. 7 km rechts abseits liegt Almodóvar del Campo, Geburtsort von Juan Bautista de la Concepción, des Erneuerers des Karmeliterordens. Im Ort gibt es eine Pfarrkirche aus dem 13. Jh. mit beachtenswertem Retablo (14. Jh.) am Hochaltar; der Palacio Juan de Ávila mit der Kapelle La Trinidad stammt aus dem 16. Jahrhundert.
Almadén	Auf der ab Almodóvar del Campo nach Nordwesten führenden C-424 kann man über Abenójar den Ort Almadén erreichen, das arabische 'al-ma'den' (= Bergwerk), Mittelpunkt reicher Quecksilberminen, die schon von den Griechen, Römern und Mauren ausgebeutet wurden sowie 1525 bis 1645 an die Fugger aus Augsburg verpachtet waren. Die Minen sind seit 1921 in Staatsbesitz; der Abbau wird bis zu einer Tiefe von 300 m betrieben.

Ciudad Rodrigo   D 5

Provinz: Salamanca (SA)
Telefonvorwahl: 923
Höhe: 623 m ü.d.M.
Einwohnerzahl: 15 000

Lage und Allgemeines	In hübscher Lage hoch über dem Río Agueda, der von einer auf römischen Fundamenten liegenden Brücke überspannt wird, südwestlich von → Salamanca gelegen, ist Ciudad Rodrigo eine der interessantesten Städte der Provinz Salamanca mit reizvollen spätmittelalterlichen Bauten. Sie steht in ihrer Gesamtheit unter Denkmalschutz. Die im 12. Jh. von dem Grafen Rodrigo Gonzáles Girón am Ort der römischen Siedlung Mirobriga Vettorum wiedergegründete Stadt war eine Grenzfestung gegen Portugal

und oftmals umkämpft; 1812 rang der Herzog von Wellington die Stadt den Franzosen ab, wofür er den Titel eines Herzogs von Ciudad Rodrigo erhielt. In der Umgebung werden heute Schweine und Kampfstiere gezüchtet.

Lage und
Allgemeines
(Fortsetzung)

Sehenswertes

Die die Stadt umgürtende Mauer (Muralla) ist über 2 km lang und bis zu 13 m hoch; sie stammt aus dem 12. Jh., doch wurde bis ins 18. Jh. an ihr weitergearbeitet.

Stadtmauer

An der langgestreckten Plaza Mayor stehen das stattliche, von wappengeschmückten Rundtürmen flankierte Rathaus (Ayuntamiento) aus dem 16. Jh. mit Arkadengang und entsprechender Bogengalerie sowie schöne Häuser, darunter an der Nordseite der Palacio de los Cueto mit einem Relieffries.

Plaza Mayor

Von der Nordwestecke der Plaza Mayor gelangt man zur ruhigen, lauschigen Plazuela del Buen Alcalde, in deren Mitte ein Brunnen plätschert. An ihrer Westseite steht die Capilla de Cerralbo, im 16. und 17. Jh. im Stile Herreras erbaut.

Capilla de
Cerralbo

Der Bau der romanischen Kathedrale Santa María wurde in der Mitte des 12. Jh.s begonnen; im 16. Jh. erfolgten Umbauten. Man betritt die Kathedrale durch zwei reich geschmückte Portale und erblickt im Innenraum das prachtvolle Chorgestühl von Rodrigo Alemán (1498). Der Hauptaltar in der Capilla Mayor von Gil de Hontañón trägt ein Gemälde von Fernando Gallego; der Altar des linken Querschiffs ist mit einer alabasternen Kreuzabnahmegruppe ausgestattet. Im Kreuzgang aus dem 13./14. Jh. befinden sich interessante Grabmäler. Die romanischen Säulenkapitelle des Ganges illustrieren den Sündenfall.

Santa María

Kreuzgang der Kathedrale Santa María

Coca

Ciudad Rodrigo
(Fortsetzung)
Palacio de
los Castro

Östlich der Kathedrale kommt man zum Palacio de los Castro mit seiner plateresken Fassade; schräg gegenüber der Palacio de Moctezuma. Durch ein Gäßchen gelangt man zurück zur Plazuela del Buen Alcalde.

Alcázar

Im Süden des Mauerrings erhebt sich über dem Fluß der Alcázar von Ciudad Rodrigo, das Castillo de Enrique II. de Trastamara aus dem 14./15. Jh., in dem sich heute ein Parador Nacional befindet. Von der Burg blickt man hinunter auf die alte Brücke über die Río Agueda.

Coca   F 4

Provinz: Segovia (SG)
Telefonvorwahl: 911
Höhe: 790 m ü.d.M.
Einwohnerzahl: 2000

Lage und
Allgemeines

Das Städtchen Coca liegt, umgeben von weiten Pinienwäldern, am Zusammenfluß von Río Eresma und Río Voltoya in der Provinz Segovia. Im antiken 'Cauca' der iberischen Vakkäer wurde 347 n.Chr. Theodosius I. geboren, der seit 379 oströmischer Kaiser war, 394 noch einmal das Römische Reich vereinte und das Christentum als Staatsreligion einführte. Coca besitzt mit dem großartigen Castillo de Fonseca ein einzigartiges Beispiel des Burgenbaus im mudéjaren Stil.

Castillo de Fonseca

Die Burg wurde im 15. Jh. auf Geheiß des Bischofs Alfonso Fonseca von maurischen Handwerkern auf quadratischem Grundriß erbaut. Baumate-

Nur aus Ziegeln gebaut: Castillo de Fonseca

Kernbau

Wehrgang

rial waren einzig die für den mudéjaren Stil charakteristischen Backsteine, die in geometrischen Mustern angeordnet wurden. Eine Brücke über den Burggraben führt durch das stattliche Haupttor Arco de la Villa hinter den ersten Verteidigungswall. An den Ecken dieses Walles, den man auf dem inneren Wehrgang umwandern kann, erheben sich mächtige polygonale Türme, die wiederum mit kleinen Wehrtürmchen versehen sind. Durch die Zinnen und die zahllosen Schießscharten in Kreuzform hindurch kann man immer wieder in den tiefen Graben blicken. Der Kernbau, ebenfalls mit hohen polygonalen Ecktürmen und runden Flankentürmen, wird dominiert vom rechts vom Haupttor sich erhebenden Lehnsturm, einem mächtigen quadratischen Turm mit zinnenbewehrten Rundtürmen in den Ecken und je zwei kleinen Türmen an den Seiten. Rechts von diesem Turm liegt der Eingang in den Hof. In der Burg ist heute eine landwirtschaftliche Schule untergebracht.

Coca, Castillo (Fortsetzung)

Die Hauptkirche des wenig entfernt liegenden Ortes, der ansonsten nichts Sehenswertes zu bieten hat, enthält vier schöne gotische Grabmäler der Familie Fonseca.

Santa María

Córdoba **F 8**

Provinz: Córdoba (CO)
Telefonvorwahl: 957
Höhe: 119 m ü.d.M.
Einwohnerzahl: 283 000

Die Provinzhauptstadt Córdoba, nach → Sevilla die bedeutendste Stadt Andalusiens, liegt am Fuße der Sierra de Córdoba, eines Ausläufers der Sierra Morena, auf einer zum Río Guadalquivir sanft abfallenden Ebene.

Lage und Allgemeines

Córdoba

Lage und
Allgemeines
(Fortsetzung)

Córdoba besitzt einen der größten Altstadtkerne aller spanischen Provinz-
städte. Enge gewundene Gassen, kleine Plätze, niedrige weißgetünchte
Häuser, zumeist mit hübschen Patios, in die man von der Straße hinein-
sieht, geben dieser Stadt ihren bis heute gebliebenen maurischen Charakter. Vor allem aber die berühmte ehemalige Moschee, die heutige Kathedrale, die trotz ihrer Umbauten neben der Alhambra von → Granada das
großartigste Denkmal islamischer Baukunst auf westeuropäischem Boden
ist, macht Córdoba auch heute noch zu einem 'abendländischen Mekka'.
Córdoba ist berühmt für seine Silber- und Lederarbeiten; um die alte Stadt
herum ist ein moderner Teil gewachsen, der metallverarbeitende Betriebe,
Elektro- und Lebensmittelindustrie aufgenommen hat.

Geschichte

Schon in altiberischer Zeit war Corduba eine bedeutende Stadt, die
152 v.Chr. zur Hauptstadt der römischen Provinz Hispania Ulterior wurde.
In der Kaiserzeit war sie abwechselnd mit Hispalis (Sevilla) und Italica
(nördlich von Sevilla) Hauptstadt der Provinz Baetica. Unter den Westgoten wurde sie Bischofssitz, blieb jedoch ohne größere Bedeutung. Erst
nach der entscheidenden Niederlage der Westgoten gegen die Mauren im
Jahre 711 begann unter der Araberherrschaft eine neue Glanzzeit, besonders seit 756 mit dem aus Damaskus vertriebenen Emir Abd ar-Rahman I.
(→ Berühmte Persönlichkeiten) vom Geschlecht der Omaijaden. Als
Hauptstadt des spanischen Kalifats entwickelte sich Córdoba unter den
Kalifen Abd ar-Rahman II., Abd ar-Rahman III. (→ Berühmte Persönlichkeiten) und Al Hakam II. sowie unter Almansur, dem Wesir Hishams II., zu
einer der glanzvollsten Städte Europas und zu einem Zentrum der Wissenschaft, zu dem Studierende des ganzen Abendlandes zogen und wo ein
reger Austausch zwischen christlichen, mohammedanischen und jüdischen Gelehrten stattfand.
Mit dem Ende des Kalifats im Jahre 1031 begann auch der Niedergang der
Stadt. Sie geriet nacheinander unter die Herrschaft Sevillas (1078), der

Córdoba: Guadalquivir mit Mezquita, Puente Romano ...

Almoraviden (1091) und der Almohaden (1148). Seit der Eroberung Córdobas durch die Christen im Jahre 1236 geriet diese blühende Stadt in Vergessenheit. Die großartigen Bauten, namentlich die Bewässerungsanlagen, verfielen, und die einst so gepriesene fruchtbare Campiña wurde zu einer fast öden Steppe. Auch Handel und Industrie kamen zum Erliegen, und erst drei Jahrhunderte nach der Rückkehr der Christen belebte sich mit der Wiederaufnahme der Produktion von Ledertapeten der Handel wieder.

Córdoba ist der Geburtsort zahlreicher berühmter Männer, darunter der Rhetoriker Marcus Annaeus Seneca (54 v.Chr. – 39 n.Chr.), dessen Sohn, der Stoiker Lucius Annaeus Seneca (4 v.Chr. – 65 n.Chr.; → Berühmte Persönlichkeiten) und wiederum dessen Sohn, der Dichter Marcus Annaeus Lucanus (39 n.Chr. – 65 n.Chr.); ferner kamen in Córdoba zur Welt der Araber Averroës (Ibn-Rushd, 1126 – 1198; → Berühmte Persönlichkeiten), Übersetzer und Erklärer des Aristoteles, Rabbi Moses Maimónides (1135 – 1204; → Berühmte Persönlichkeiten), der Maler Bartolomé Bermejo (um 1430 – nach 1496) und der Dichter Luis de Góngora (1561 – 1627).

****La Mezquita-Catedral**

Bedeutendstes Denkmal der Stadt ist die ehemalige Hauptmoschee des westlichen Islams und heutige Kathedrale (La Mezquita-Catedral), eine der größten Moscheen der Erde und die bedeutendste Schöpfung maurischer religiöser Baukunst in Spanien, die an Schönheit und Größe mit den großen Moscheen von Mekka und Damaskus, mit der El-Ashar-Moschee in Kairo und der Blauen Moschee in Istanbul ohne weiteres konkurrieren kann.

Öffnungszeiten
tgl. 10.30 – 13.30
u. 16.00 – 19.00
bzw. 15.30 – 17.30
im Winter

... und Torre de la Calahorra

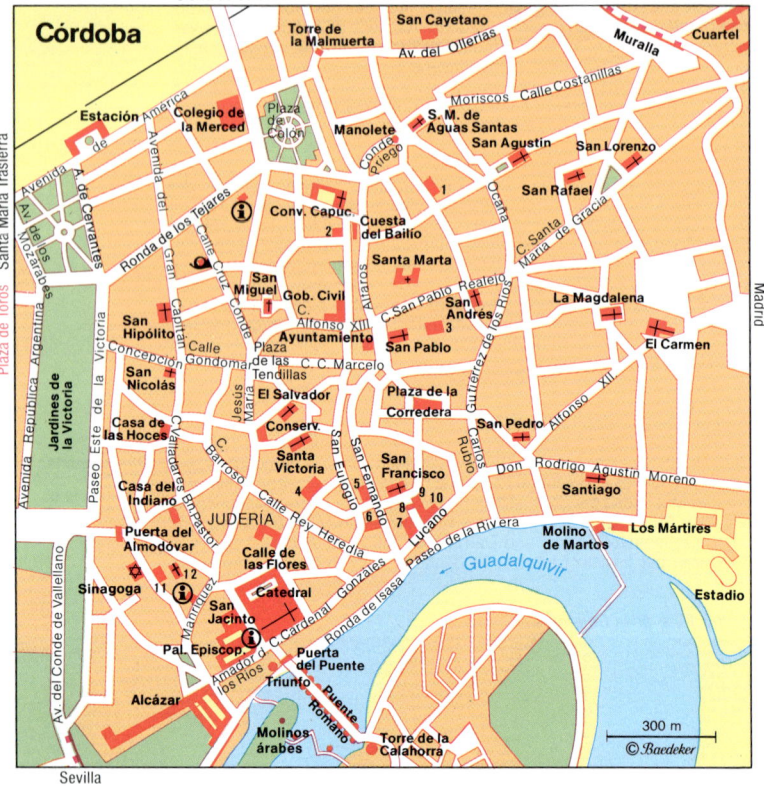

1 Palacio de los Marqueses
de Viana
2 Casa de Fernández de Córdoba
3 Casa de los Villalones
4 Museo Provincial Arqueológico

5 Arco del Portillo
6 Casa de los Marqueses
del Carpio
7 Posada del Potro
8 Fuente del Potro

9 Museo Provincial
de Bellas Artes
10 Museo Julio Romero de Torres
11 Museo Taurino
12 San Bartolomé

Baugeschichte

An der Stelle der heutigen Moschee stand eine westgotische Kirche, die die Mauren nach der Eroberung als Moschee benutzten, einen Teil jedoch weiterhin den Christen überließen. Diesen Teil erwarb Abd ar-Rahman I., und im Jahre 785 begann der Bau der Moschee mit elf, zum heutigen Orangenhof hin offenen Schiffen und der nach Mekka gerichteten Gebetsnische (arab. 'mihrâb') am Ende des etwas größeren Mittelschiffes. Römische und westgotische Baumaterialien fanden hierbei Verwendung. Unter Abd ar-Rahman II. wurden um 830 bis 850 die Schiffe verlängert, Abd ar-Rahman III. ließ 951 das heute in veränderter Form sich zeigende Minarett erbauen, und Al Hakam II. vergrößerte die Moschee noch einmal auf ihre heutige Länge von 179 m. Bei dieser Erweiterung entstanden auch der einzigartige 'Dritte Mihrâb' und die Maksûra. Schließlich wurde auf Veranlassung von Almansur die Moschee auf ihre heutigen Dimensionen ausgebaut, indem den schon bestehenden Schiffen acht weitere auf der gesamten Länge des Bauwerks angefügt wurden, so daß sich der Gebetsraum heute mit 19 Schiffen präsentiert.

286

Nach der Rückkehr der Christen blieb die Moschee lange Zeit wenig angetastet; lediglich Alfons X. ließ am Ort des Mihrâb des zweiten Bauabschnitts die Capilla Villaviciosa als christliche Hauptkapelle erbauen. Doch während der Regentschaft Karls V. erfolgte eine der einschneidensten Veränderungen der Moschee: 1523 wurde die Errichtung einer großen Kathedrale inmitten des islamischen Gebetsraumes beschlossen. Der Stadtrat von Córdoba erkannte die Gefahr und bedrohte jeden mit dem Tode, der die maurischen Bauten zerstören wollte, doch auf Anordnung Karls V. begann der Neubau unter dem Architekten Hernán Ruiz. Als der Herrscher wenige Jahre später die Bauarbeiten besichtigte, soll er zu den Domherren gesagt haben: "Wenn ich gewußt hätte, meine Herren, was Sie vorhatten, hätte ich es nicht gestattet, denn was sie hier gebaut haben, findet man überall, aber was Sie zerstört haben, gibt es nirgends auf der Welt." Der Kathedralbau wurde im wesentlichen 1599 abgeschlossen, um diese Zeit begann auch der Umbau des Minaretts.

Baugeschichte
(Fortsetzung)

Das gesamte Bauwerk wird von einer zinnengekrönten Außenmauer (9–20 m hoch) umgeben, aus der zahllose Strebepfeiler turmartig heraustreten. Der Haupteingang an der Nordseite ist die Puerta del Perdón ('Tor der Gnade'; z.Zt. Restauration), die 1377 im Mudéjarstil erbaut wurde; daneben erhebt sich auf dem ersten Stockwerk des Minaretts der 60 m hohe Campanario (Torre de Alminar), der seine heutige, an den Herrera-Stil angelehnte Gestalt 1593 erhielt. Er wird gekrönt von einem Standbild des Erzengels Raphael, des Schutzheiligen der Stadt.

Besichtigung

Außenansicht

Mezquita – Catedral de Córdoba

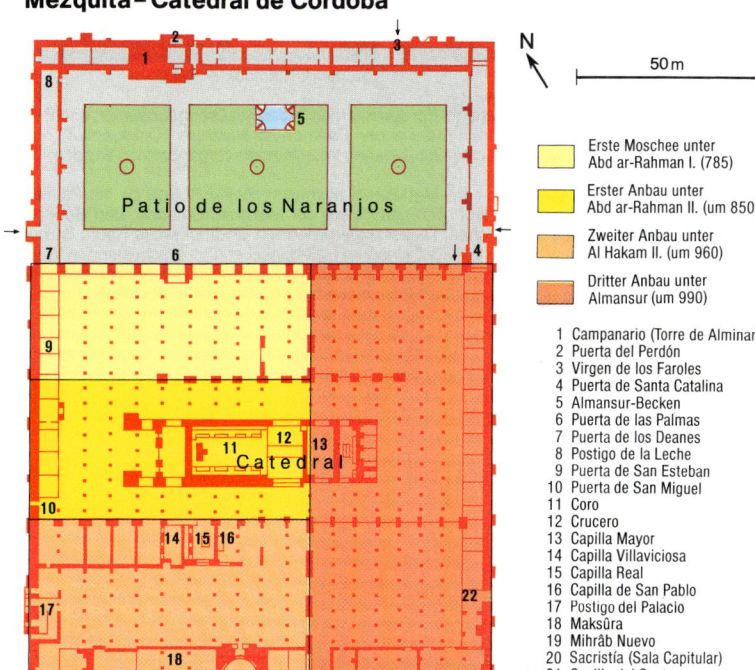

50 m

☐ Erste Moschee unter
   Abd ar-Rahman I. (785)

☐ Erster Anbau unter
   Abd ar-Rahman II. (um 850)

☐ Zweiter Anbau unter
   Al Hakam II. (um 960)

☐ Dritter Anbau unter
   Almansur (um 990)

1 Campanario (Torre de Alminar)
2 Puerta del Perdón
3 Virgen de los Faroles
4 Puerta de Santa Catalina
5 Almansur-Becken
6 Puerta de las Palmas
7 Puerta de los Deanes
8 Postigo de la Leche
9 Puerta de San Esteban
10 Puerta de San Miguel
11 Coro
12 Crucero
13 Capilla Mayor
14 Capilla Villaviciosa
15 Capilla Real
16 Capilla de San Pablo
17 Postigo del Palacio
18 Maksûra
19 Mihrâb Nuevo
20 Sacristía (Sala Capitular)
21 Capilla del Santo
   Cristo del Punto
22 Postigo del Sagrario

Campanario

Blumengeschmückter Patio

*Patio de los Naranjos

Durch die Puerta del Perdón tritt man in den mit Orangenbäumen und Palmen bestandenen malerischen Patio de los Naranjos ('Orangenhof'), wo die vom Islam vorgeschriebenen Waschungen vorgenommen wurden.

**Gebetsraum

Durch die 1531 im Mudéjarstil ausgeschmückte Puerta de las Palmas betritt man gewöhnlich das Innere der Mezquita-Catedral, den Gebetsraum der Moschee. Dieser außerordentlich eindrucksvolle Raum ist nur 11,5 m hoch und bildet einen im Halbdunkel endlos erscheinenden Wald von Säulen, deren Perspektive sich bei jedem Schritt verschiebt. Der Raumeindruck ist überraschend und einzigartig. Ein Teil der insgesamt 856 freistehenden Säulen, die in der Längsrichtung durch weiß-rote Hufeisenbogen verbunden sind, stammt aus antiken Gebäuden und christlichen Kirchen. Das Material ist Marmor, Jaspis und Porphyr. Bei der Puerta de las Palmas und zwischen den nach Mekka gerichteten Mihrâbs (Gebetsnischen) hat man das farbenschöne, reichgeschnitzte Balkenwerk der alten Moschee wieder freigelegt.

**Mihrâb Nuevo

Ein unvergleichliches Meisterwerk islamischer Baukunst und Ornamentik ist der Mihrâb Nuevo ('Dritter Mihrâb') an der Südostwand der Moschee. Der von einer hohen, aus einem einzigen Marmorblock gehauenen Kuppel gekrönte Raum, in dem der Koran auflag, strömt über von einer Vielzahl von floralen und geometrischen Mustern und Koranversen in arabischen Schriftzeichen.

Maksûra

Vor dem Mihrâb teilt ein Gitter den Vorraum zum Mihrâb und den Gebetsraum des Kalifen, die Maksûra, vom übrigen Innenraum ab. Auch hier findet man wieder reichste Ausschmückungen; insbesondere eine Vielzahl von Bogenformen zeigt die Meisterschaft der Handwerker. Die kostbaren Mosaiken sind ein Geschenk des Kaisers von Byzanz.

Der berühmte Säulenwald ▶

Córdoba

Mezquita-Catedral (Fortsetzung)
Sala Capitular

Links neben dem Mihrâb befindet sich die Sala Capitular (Sakristei), in der der christliche Kirchenschatz aufbewahrt wird, darunter eine silberne Custodia von Enrique de Arfe (1517) und neun schöne Heiligenstatuen von Alonso Cano.

Capilla Villaviciosa

Die Capilla Villaviciosa gegenüber dem Mihrâb ist die erste christliche Kapelle in der maurischen Moschee. Sie besticht durch ihren Säulenschmuck und das Gewölbe.

Capilla Real

Daneben liegt die in meisterhaftem mudéjarem Stil gearbeitete Capilla Real, die einstige Grabkapelle der kastilischen Könige Ferdinand IV. und Alfons XI.

Catedral

Im Herzen der Moschee befindet sich das als Chor dienende gotische Kreuzschiff mit der Capilla Mayor, eine Kirche für sich bildend, 1563–1599 nach dem Abbruch von 63 Säulen erbaut. Das reichgeschnitzte barocke Gestühl (18. Jh.) im Chor ist ein Werk von Pedro Cornejo; am Hochaltar aus rotem Marmor (1618) sieht man ein Gemälde von Palomino. Beachtung verdienen auch die beiden Kanzeln aus Mahagoni und Marmor.

Um die Kathedrale

Calleja de las Flores

Schräg rechts gegenüber der Puerta de las Palmas geht ein Sträßchen ab, durch das man wiederum nach rechts in die malerische Calleja de las Flores, das 'Blumengäßchen', kommt.

Museo Arqueológico

Etwas weiter nordwestlich der Kathedrale befindet sich an der Plaza Don Jerónimo Paez das Museo Arqueológico. Es zeigt iberische Gegenstände, römische und frühchristliche Funde sowie eine umfassende Sammlung maurischer Kunstobjekte.

Palacio Episcopal

Gegenüber der Südwestecke der Kathedrale steht der Palacio Episcopal (Bischöflicher Palast), der im 15. Jh. auf den Ruinen des alten Kalifenpalastes errichtet und 1745 erneuert wurde. Ein Teil des Palastes beherbergt heute das Museo Diocesano.

Triunfo de San Rafael

Südlich vom Bischofspalast erhebt sich der Triunfo de San Rafael, eine 1765 errichtete hohe Säule mit dem Standbild des Erzengels.

*Puente Romano

Von der Säule sind es nur wenige Schritte bis zur Puerta del Puente, ein im 16. Jh. erbauter dorischer Triumphbogen, der als Brückentor fungierte. Hier beginnt der sechzehnbogige Puente Romano über den Río Guadalquivir, nach dem Sieg Caesars im Römischen Bürgerkrieg über Pompejus erbaut. Später wurde auf diesen Fundamenten eine 223 m lange maurische Brücke errichtet.

*Torre de la Calahorra

Das Südende der Brücke markiert der mächtige Brückenkopf Torre de la Calahorra aus dem Jahr 1369. In dem Festungsturm ist heute das moderne Museo vivo de Al-Andalus eingerichtet, das die Geschichte des maurischen Andalusien mit der damaligen Koexistenz zwischen Orient und Okzident lebendig werden läßt.
Von dieser Seite der Brücke bietet sich ein prächtiger Blick flußaufwärts auf die am rechten Ufer des Río Guadalquivir aufsteigende Stadt, flußabwärts auf verfallene maurische Wassermühlen.

*Alcázar

Über die Brücke zurück wendet man sich am Fluß nach links und kommt zum Alcazár de los Reyes Cristianos. Die mächtigen Mauern und Türme stammen teilweise noch aus maurischer Zeit, den größten Teil ließ jedoch Alfonso XI. der Gerechte zu einer militärischen Anlage ausbauen. Im Inneren findet man u.a. sehr schöne römische Mosaiken. An das Hauptgebäude schließen sich innerhalb der Mauern prächtige Gärten mit Wasser-

In den Gärten des Alcázar

spielen an. Vor dem Hauptgebäude des Alcázar erstreckt sich der Platz Camposanto de los Mártires, angeblich die Hinrichtungsstätte für christliche Märtyrer.

Alcázar
(Fortsetzung)

*Judería

Nördlich von diesem Platz betritt man die Judería, das einstige jüdische Viertel. Enge Gassen, weißgetünchte Häuser, mit Pflanzen vollgestellte Innenhöfe und lauschige Plätze verleihen ihm eine eigene Atmosphäre.

An der Plaza Maimonides ist in der Casa Zoco aus dem 16. Jh. das Museo Municipal Taurino eingerichtet, das sich in drei Abteilungen der Kunst des Lederhandwerks, des Silberschmiedens und dem Stierkampf widmet, wobei im Mittelpunkt der Stierkampfabteilung außer Ausrüstungsgegenständen berühmte Toreros aus Córdoba wie Lagartijo, Machaco, Guerrita, Manolete und El Córdobes stehen.

Museo Taurino

Unweit nördlich des Museums steht die Sinagoga von 1315, eine der ältesten erhaltenen Synagogen in Spanien.

Sinagoga

Weiter nördlich kennzeichnet die Puerta de Almodóvar, ein gut erhaltenes Maurentor, den Eingang zum einstigen Getto.

Puerta de
Almodóvar

Um die Plaza de las Tendillas

Mittelpunkt der Stadt ist die Plaza de las Tendillas, auf der ein Reiterdenkmal für den in Montilla bei Córdoba geborenen 'Gran Capitán' Gonzalo Fernández de Córdoba (1453 – 1515) steht, der für die Könige von Aragón das Königreich Neapel eroberte.

Avenida del Gran Capitán	Von der Westseite des Platzes führt die Calle Conde de Gondómar zur Avenida del Gran Capitán, eine besonders an Sommerabenden belebte Promenade mit dem Gran Teatro aus dem 19. Jh. und zahlreichen Cafés.
San Nicolás	Gegenüber der Straßeneinmündung steht die Kirche San Nicolás (15. Jh.) mit elegantem achteckigen Turm und stattlicher Schatzkammer.
San Hipólito	Etwas weiter nördlich kommt man zur Kollegiatskirche San Hipólito, von Alfons XI. im Jahre 1340 erbaut und 1729 erneuert. Zu beiden Seiten des Hauptaltars sieht man die modernen Grabmäler der Könige Ferdinand IV. und Alfons XI., die ursprünglich in der Kathedrale begraben waren.

Um die Plaza del Potro

Plaza del Potro	Nordöstlich der Kathedrale liegt unweit des Flußufers die Plaza del Potro, die ihren Namen von einer kleinen Brunnenskulptur in Gestalt eines Fohlens hat. An der Plaza steht die alte Herberge 'Mesón del Potro', in dem schon Cervantes abgestiegen ist. Heute ist sie als Sitz des Kulturamtes Ort von Kunstausstellungen und Konzerten.
Museo Provincial de Bellas Artes	Der Herberge gegenüber befindet sich der Eingang zum Museo Provincial de Bellas Artes (Museum der schönen Künste) im alten Gebäude des Hospital de la Caridad. Es besitzt Gemälde spanischer Meister, darunter von Ribera, Murillo und Goya, sowie zahlreiche Werke des in Córdoba geborenen Antonio del Castillo y Saavedra (1616–1668).
Museo Julio Romero de Torres	Dem Kunstmuseum angeschlossen ist das Museo Julio Romero de Torres. Julio Romero de Torres (1874–1930) war der Sohn des Direktors des Kunstmuseums; in der ihm gewidmeten Galerie wird eine umfangreiche Sammlung seiner hauptsächlich Frauen darstellenden Gemälde gezeigt.
San Pedro / Santiago	Östlich der Plaza del Potro befinden sich die beiden Kirchen San Pedro (13. Jh.), von der noch die maurischen Apsiden und zwei Portale erhalten sind, und Santiago, aus der Zeit der Reconquista, deren Turm einst das Minarett einer Moschee war.

Im Nordosten

Plaza de la Corredera	Auf dem Gang von der Plaza del Potro in den Nordosten Córdobas kommt man an der Plaza de la Corredera vorbei, einem von Arkadenhäusern umstandenen Platz, auf dem früher Stierkämpfe stattfanden. Hier wird nun jeden Morgen ein farbenprächtiger Markt abgehalten.
Templo Romano	Nördlich davon legte man links vom Rathaus die Reste eines sehr großen römischen Tempels aus dem ersten nachchristlichen Jahrhundert frei.
San Pablo	An der Calle San Pablo erhebt sich die 1241 erbaute Kirche gleichen Namens, deren Inneres schöne mudéjare und arabische Schmuckelemente sowie sehenswerte Skulpturen birgt.
Palacio de los Marqueses de Viana	Auf der Calle San Pablo nach Nordosten kommt man am schönen Renaissancepalast Casa de los Villalones vorbei zur Plaza San Andrés, von der man in nördlicher Richtung zum Palacio de los Marqueses de Viana gehen kann, einem königlichen Besitz mit vierzehn herrlichen Höfen, in dem heute eine Sammlung von Lederarbeiten, Möbel und eine Ausstellung über die Falknerei zu sehen sind.
San Lorenzo	Von der Plaza San Andrés in nordöstlicher Richtung erreicht man die gotisch-romanische Kirche San Lorenzo, die sich durch ihre großartige Rosette und den Turm aus dem Jahr 1555 auszeichnet.

In Medina Azahara

Umgebung von Córdoba

✳Medina Azahara

Auf der N-431 und nach ca. 8 km nach rechts auf einer Nebenstraße gelangt man südwestlich durch das Tal des Rio Guadalquivir zum knapp 10 km entfernten Medina Azahara (auch Madinat az-Zahrá). Diese seit 936 von Abd ar-Rahman III. erbaute und nach seiner Favoritin benannte Palaststadt hatte angeblich Raum für 30 000 Bewohner. Sie wurde schon 1010 beim Zerfall des Kalifats von Córdoba von den Almoraviden wieder zerstört und danach als Steinbruch benutzt, so daß die Stadt heute weitgehend in Ruinen liegt.

Der auf dem Hügel liegende Palast war umgeben von Terrassengärten; einen Eindruck von der Pracht der Stadt vermittelt der teilweise wieder aufgebaute Palast Abd ar-Rahmans mit seinen Bogensäulen und Reliefwänden sowie das Córdoba zugewandte Stadttor. Fundstücke aus Medina Azahara werden im Archäologischen Museum von Córdoba und im kleinen Museum in der Ruinenstätte gezeigt.

Palast
Abd ar-Rahmans

Wenig entfernt liegen oberhalb der maurischen Palaststadt die Ruinen des Klosters San Jerónimo, ebenfalls am Fuße der Sierra de Córdoba. Die Anlage wurde im Jahre 1408 erbaut und hatte oft Isabella die Katholische zu Gast, die hier die bei der Vertreibung der Mauren aus ⟶ Granada im Jahre 1492 erbeuteten Banner aufbewahren ließ.

San Jerónimo

Nach weiteren 15 km auf der C-431 erreicht man Almodóvar del Río im Tal des Guadalquivir, das von einer eindrucksvollen Burg überragt wird. Man erreicht die Burg nach Umfahrung des Ortes auf einem steilen Fußweg (Abb. s. nächste Seite).

Almodóvar
del Río

Almodóvar del Río

Las Ermitas

Von der am Nordostende der Ronda de los Tejares gelegenen Plaza de Colón führt nördlich die Carretera del Brillante zum Hang der Sierra de Córdoba (7 km) und nach Las Ermitas. Es handelt sich um mehrere Einsiedeleien, die unter dem Patronat der Kongregation der Brüder Unserer Lieben Frau von Bethlehem stehen. Vom Mirador unterhalb der Kirche aus dem 18. Jh. genießt man eine schöne Aussicht.

Santa María de Trasierra

Die Kirche Santa María de Trasierra aus der Zeit der Reconquista am Nordwesthang der Sierra wurde auf einer ehemaligen Moschee auf dem Gelände der Schloßruine erbaut.

Ruta del Vino

Die 'Ruta del Vino' ('Weinroute') führt durch ein Gebiet überaus reizvoller Dörfer und Städte, die zum Besuch der Weinkeller, Bodegas und Probierstuben einladen. Über den Puente San Rafael folgt man zunächst der nach Sevilla strebenden N-IV. Sie durchzieht das hügelige Getreideland der Campiña zur Anhöhe Cuesta del Espino.

Montemayor

Von hier folgt man der N-331 nach Montemayor, dessen Castillo ein interessantes Beispiel der Festungsbaukunst des 14. Jh.s ist; in der Kirche Nuestra Señora de la Asunción ist ein kleines archäologisches Museum eingerichtet.

Montilla

Weiter südlich, etwas abseits der N-331, liegt der Ort Montilla (379 m ü.d.M.), das antike 'Munda Baetica'. Das Städtchen ist Heimat des als 'Gran Capitán' bekannten Gonzalo Fernández de Córdoba; es besitzt einige hübsche Kirchen, darunter Santa Clara mit prächtigen Basreliefs

und Gemälden von Murillo. Alljährlich im September zur Weinlese wird die
bedeutende Fiesta de la Vendímia gefeiert.

An der N-331 folgt Aguilar de la Frontera (372 m ü.d.M.), das schon zu phö-
nizischer Zeit besiedelt war. Hier verlief die Grenze zum maurischen Königreich Granada. Im Ort findet man mehrere Kirchen, darunter Santa María
de Soterraño mit einem schönen Retablo und Nuestra Señora del Carmen
mit dem Gemälde "Jesús Caído", vermutlich von Montañés. Sehr reizvoll
ist die polygonale Plaza San José.

Über Monturque, das antike 'Hispalis' mit den Resten der alten Stadtmauer, erreicht man das Städtchen Lucena (485 m ü.d.M.), das auf eine
lange Tradition als Zentrum des andalusischen Weinhandels zurückblicken
kann. Im Torre del Moral wurde 1483 Boabdil, der letzte König von Granada, gefangen gesetzt. Von den Kirchen im Ort sind interessant die Pfarrkirche San Mateo mit der Kapelle El Sagrario im Churriguera-Stil, Santo
Domingo mit einem barocken Retablo und San Francisco, die schöne
Gemälde besitzt.

Von Lucena kann man auf der C-338 einen Abstecher zum westlich liegenden Industriestädtchen Puente Genil (171 m ü.d.M.) machen, das für seine
ausgezeichneten Weine und seine Ölmühlen bekannt ist.

Interessanter ist die Fahrt auf der nach Nordosten führenden C-327 nach
Cabra (350 m ü.d.M.), dem antiken 'Egabro'; in der Ortschaft sehenswert
sind die Ruinen des Castillo de los Condes und die Kirche San Juan Bau-
tista (7. Jh.), eine der ältesten Kirchen Andalusiens. Auf dem Picacho de la
Virgen im Naturschutzpark Fuente del Río liegt die Einsiedelei Virgen de
Araceli.

Auf landschaftlich schöner Strecke geht es nach Baena (407 m ü.d.M.),
malerisch am Hang eines Hügels gelegen. Einziger nennenswerter Rest
der Stadtbefestigung ist der Torre del Sol; beachtenswert ist auch die dreischiffige gotische Kirche Santa María, die einen interessanten Kirchenschatz besitzt, und das Kloster Madre de Dios im Mudéjarstil mit einem
geschnitzten Retablo.

Von Baena wendet man sich auf der N-432 zurück nach Córdoba und
erreicht Castro del Río. Im Palast der Herzöge von Medinaceli, dem heutigen Rathaus, war Miguel de Cervantes eingekerkert.

Im Tal des Río Guadalquivir

In nordöstlicher Richtung verläßt man Córdoba auf der N-IV, die dem Guadalquivir folgt.

Auf dem im 18. Jh. aus schwarzem Marmor erbauten Puente de Alcolea
wird der Río Guadalquivir überquert, und durch Baumwollfelder und ausgedehnte Ölbaumkulturen geht es zu dem etwas abseits am linken Flußufer liegenden Ort Montoro (195 m ü.d.M.), dem römischen 'Epora'. Es war
in der Maurenzeit eine wichtige Festung und ist mit seinen Kirchen, Herrenhäusern und Straßenzügen typisch für eine andalusische Stadt. Im April
findet eine bekannte Wallfahrt zu Ehren der 'Nuestra Señora de la Fuensanta' statt.

Die Straße führt östlich weiter zu dem ebenfalls am linken Ufer des Río
Guadalquivir gelegenen Ort Villa del Río (163 m ü.d.M.), dessen Kirche aus
einem maurischen Alcázar entstanden ist.

Von Villa del Río läßt sich die Fahrt fortsetzen nach Andújar, Bailén (beide
in der Umgebung von → Jaén) und → Úbeda.

La Coruña / A Coruña   **B 2**

Provinz: La Coruña (C)
Meereshöhe
Telefonvorwahl: 981
Einwohnerzahl: 240 000

✳ Lage und
Allgemeines

Im äußersten Nordwesten Spaniens liegt auf einer Landzunge in der von den Rías von El Ferrol, Ares, Betanzos und La Coruña gebildeten Bucht die Hafenstadt La Coruña (galic. A Coruña). Sie ist die größte Stadt Galiciens, wichtiger Überseehafen, Garnisonstadt, Provinzhauptstadt und Fischereihafen, der die bedeutende Konservenindustrie versorgt. Die zahlreichen verglasten Galerien der Häuserfronten ('Miradores') verhalfen La Coruña zu dem Beinamen 'Ciudad de Cristal' (Kristallstadt). Auf den Besucher macht La Coruña zunächst den Eindruck einer wenig ansehnlichen Hafen- und Industriestadt, doch findet man in der hügeligen Altstadt noch manch romantisches Plätzchen.

Geschichte

La Coruña geht auf eine Siedlung der Iberer zurück und wurde schon von den Römern als Hafen genutzt, die in ihrem 'Ardobirum Coronium' mit der Torre de Hercules einen imposanten Leuchtturm hinterließen. Nach der maurischen Besetzung entrissen die Spanier die Stadt den Portugiesen, die es von den Mauren erobert hatten. Im Jahr 1588 brach die berühmte Armada mit 130 Schiffen und 29 000 Mann Besatzung von La Coruña zur Invasion Englands auf, wo sie durch schwere Stürme und die Gegenangriffe der Engländer die Hälfte der Schiffe und der Seeleute verlor und schließlich geschlagen nach La Coruña zurückkehrte. 1589 tauchte eine englische Flotte unter Sir Francis Drake in der Bucht von La Coruña auf und griff die Stadt an. Durch den mutigen Einsatz von María Pita konnte die Stadt vor der Eroberung bewahrt werden, doch erlitt sie dabei weitgehende Zerstörungen.
Im Krieg gegen napoleonische Truppen unterlagen 1809 die Spanier und Engländer unter dem Kommando von John Moore in der Schlacht bei Elviña vor den Toren der Stadt. Während der Auseinandersetzungen um eine freiheitliche Verfassung zu Beginn des 19. Jh.s war La Coruña immer bei den liberalen Kräften zu finden.

Neustadt (La Pescadería)

Avenida de
la Marina

Die ins Zentrum führende mehrspurige Autostraße führt zunächst durch unansehnliche Industrieansiedlungen und Vororte und mündet in den Paseo de los Cantones bzw. in die Avenida de la Marina, die belebtesten Straßen der Neustadt, die aus einer Fischersiedlung ('La Pescadería') auf der Landzunge entstanden ist. Die 'Miradores' der Häuser an der Avenida de la Marina sind mit die schönsten der Stadt. Die Straßen werden durch die denkmalgeschmückten Grünanlagen der Jardínes de Mendez Nuñez vom Hafenbecken getrennt.

Palacio
Municipal

Hinter der Häuserzeile öffnet sich die großzügige Plaza de María Pita (Plaza Mayor), an dessen Nordseite der große Palacio Municipal (Rathaus) steht. Außer der Stadtverwaltung haben in diesem Gebäude auch eine Galerie zeitgenössischer Maler, ein Uhrenmuseum und das Archiv der Real Academia Gállega Unterkunft gefunden.

Museo de
Bellas Artes

Vorbei an der westlich vom Rathaus gelegenen Kirche San Nicolás mit dem Gnadenbild der 'Virgen de las Coruñenses' gelangt man zum Museo de Bellas Artes an der Plaza del Pintor Sotomayor, das Keramiken, Münzen und Gegenstände zur Geschichte der Stadt zeigt. Die sehenswerte Gemäldesammlung umfaßt Werke u.a. von Goya, Velázquez, Ribera, Murillo, Morales, Brueghel und Rubens.

La Coruña
A Coruña

500 m

© Baedeker

Oceano Atlántico

Torre de Hercules

Avda. de Navarra

Calle de la Torre

1 Museo de Bellas Artes
2 Plaza de María Pita
3 Santa Maria del Campo
4 Santiago
5 Jardín de San Carlos

Ciudad Vieja

Calle de San Andrés

Los Cantones · Avda. de la Marina

Finisterre

Calle de Juan Flórez

Calle de Linares Rivas

Cabo Finisterre

Casa de Ciencia

Puerto

Castillo de San Antón

Ría de La Coruña

Avda. del Ejército

Estación

Santiago   El Ferrol, Lugo

In einem Pavillon im Parque de Santa Margarita südöstlich vom Stadtzentrum wurde 1985 die Casa de las Ciencias ('Haus der Wissenschaften') eingerichtet, ein Museum, in dem dem Besucher auf populäre Weise physikalische Gesetzmäßigkeiten und wissenschaftliche Erkenntnisse nähergebracht werden. So dominieren im Erdgeschoß Personalcomputer, an denen man spielen oder sich aber in die Geheimnisse der Programmierkunst einweihen lassen kann. Im ersten Stock dreht sich alles um die Physik: Schwerkraft, Zentrifugalkraft und andere Naturgesetze können am eigenen Körper spürbar erfahren werden. Der zweite Stock ist Wechselausstellungen vorbehalten, während im dritten Stock außer allerlei ausgestopften Tieren Stereomikroskope zur Verfügung stehen.

Casa de
las Ciencias

Glasfronten in der Avenida de la Marina

Altstadt (Ciudad Vieja)

Auf einem Felsen östlich der Plaza de María Pita dehnt sich über dem Hafenbecken die verwinkelte Altstadt aus. Ihr Mittelpunkt ist die Plaza de Azcárraga (Plaza de la Harina). Südlich von diesem Platz liegt an der Plaza del General Franco die Capitanía General aus dem Jahr 1748.

Santiago

An der Westseite der Plaza de Azcárraga erblickt man schon die Apsiden der Kirche Santiago, des ältesten Gotteshauses der Stadt (12./13. Jh.), an der besonders die Portale Beachtung verdienen. Im Inneren findet man eine Figur des Apostels Jakob als Maurentöter aus dem 14. Jh. und eine steinerne Kanzel.

Santa María del Campo

Nördlich der Plaza, im höchstgelegenen Teil der Altstadt, trifft man auf die im 13. bis 15. Jh. entstandene Kirche Santa María del Campo, deren Glokkenturm aus dem 14. Jh. stammt. Sehenswert sind die skulpturengeschmückten Portale, von denen das Hauptportal mit der Anbetung der Hl. Drei Könige das schönste ist, und die große Rosette. Auf dem Platz vor der Kirche eine gotische Betsäule.

Santo Domingo

Über die romantisch-beschauliche Plazuela de Santa Bárbara mit dem gleichnamigen Konvent gelangt man zur barocken Kirche Santo Domingo mit sehenswerten Kapellen und einem churriguceresken Altar im Inneren. Nahebei weist in der Calle de Herrerías eine Gedenktafel auf das Haus der Stadtheldin María Pita hin.

Jardín de San Carlos

Leicht bergab führt der Weg zum kleinen, 1834 hinter der heutigen Casa de Cultura angelegten Jardín de San Carlos, einst Festungsanlage, von wo man einen sehr guten Überblick über den Hafen hat. In der Mitte des Parks steht der steinerne Sarkophag des englischen Generals John Moore, der in der Schlacht von Elviña im Kampf gegen die Franzosen fiel.

Auf der äußersten Spitze der Hafenmole liegt das Castillo San Antón, eine mächtige Hafenfestung aus dem 16. Jh., in dem heute das Museo Arqueológico (Archäologisches Museum) untergebracht ist. Es besitzt vorwiegend Funde aus der Umgebung.

Castillo
San Antón

*Torre de Hercules

Auf einer um die Altstadt herumführenden, gut ausgeschilderten Straße (auch Buslinie 'Torre de Hercules') gelangt man zum auf einem Felsen 2 km nördlich der Stadt sich erhebenden Torre de Hercules, dem heute ältesten noch in Betrieb befindlichen Leuchtturm. Er wurde im 2. Jh. n. Chr. von den Römern erbaut, woran eine Gedenktafel am Fuße des Turms erinnert. Auf die Turmspitze führte eine einst außen angebrachte Wendeltreppe; unter Carlos III. wurde sie im 18. Jh. umbaut, wodurch der Turm sein heutiges Aussehen erhielt.

Sowohl vom Turm als auch von der Landspitze genießt der Besucher einen ausgezeichneten Rundblick auf das Meer, die Stadt, die Ría von La Coruña und auf die im Westen der Stadt liegenden Badestrände Playa Riazor und Playa del Orzán.

Umgebung von La Coruña

*Rías Altas

Die tief ins Landesinnere einschneidenden Fjorde nördlich und nordöstlich von La Coruña werden die Rías Altas, die Oberen Rías, genannt, und umfassen im wesentlichen die Rías von La Coruña, → Betanzos, Ares, El Ferrol, Cedeira und Ortigueira. Strenggenommen gehört auch der

Lauschiger Platz

Torre de Hercules

Rías Altas (Fortsetzung)	Küstenabschnitt zwischen Viveiro und Ribadeo in der Provinz Lugo zu den Rías Altas; dieser wird in der Umgebung von → Lugo beschrieben.
Puentedeume / Pontedeume	Man verläßt La Coruña auf der N-VI Richtung Betanzos und biegt nach ca. 17 km nach links Richtung El Ferrol ab. Erste Station auf der Strecke ist Puentedeume (galic. Pontedeume), ein Hafen- und Fischerort an der Ría de Ares, einst Sitz des mächtigen Fürstengeschlechts der Andrade, von deren Burg aus dem 14. Jh. nur noch ein Wehrturm erhalten ist. Der Name der Stadt stammt von der erstmals im 14. Jh. gespannten Brücke über den Eume. Die Kirche Santiago (16. Jh.) enthält das Grabmal des Grafen Fernando de Andrade.
Convento de Caaveiro	Auf einer Nebenstraße entlang des Río Eume führt ein Abstecher von Puentedeume zu den überwucherten Ruinen des im 10. Jh. gegründeten Klosters von Caaveiro.
Monasterio de Monfero	Ein weiterer Abstecher läßt sich auf der LC-152 zum 22 km südöstlich gelegenen mächtigen Klosterkomplex von Monfero unternehmen, der ursprünglich aus dem 12. Jh. stammt und im 17. Jh. neu errichtet wurde. Die Fassade der beeindruckend großen Kirche ist mit einem Schachbrettmuster verkleidet. Im Inneren Grabmäler der Andrade und Moscoso. Der Kreuzgang wurde im 16. Jh. angelegt.
El Ferrol	Vorbei am Puentedeume gegenüberliegenden Ferienort Cabañas geht es nach El Ferrol, einer vor allem ihrer Werften wegen bedeutenden Industriestadt und größter spanischer Kriegshafen an der Atlantikküste. Am Handelshafen kann man durch die verwinkelten Gassen der Altstadt spazieren; die Neustadt mit ihren rechtwinklig verlaufenden Anlagen ist ein typisches Beispiel für die Stadtplanung des 18. Jh.s, als Fernando VI. und Carlos III. die Stadt zum Kriegshafen ausbauen und mit mächtigen Befestigungsanlagen und dem Arsenal an der Seeseite versehen ließen. El Ferrol ist

Der äußerste Nordwesten Spaniens: Ría von La Coruña

Geburtsort von Francisco Franco, weshalb die Stadt bis vor wenigen Jahren den Zusatz 'del Caudillo' im Namen führte. Die Einfahrt in den Hafen wird schon einige Kilometer außerhalb der Stadt zu beiden Seiten der Ría von Forts bewacht.

La Coruña, El Ferrol (Fortsetzung)

Auf der landschaftlich sehr schönen C-646 gelangt man nach Cedeira, an dessen Ría schöne Sandstrände zum Baden einladen.

Cedeira

Eine nicht einfache Fahrt, die aber durch eine wunderschöne Steilküstenlandschaft belohnt wird, führt um die nordöstlich von Cedeira gelegene Halbinsel der Sierra de la Capelada herum, wobei man durch den Wallfahrtsort San Andrés de Teixido kommt und in Ortigueira anlangt.

Sierra de la Capelada

Die einfachere Strecke schneidet die Halbinsel ab und führt direkt nach Ortigueira. Der Ort ist ein Fischerhafen in prächtiger Lage an der gleichnamigen Ría und bietet dem Erholungsuchenden schöne Strände. Alljährlich Ende Juli treffen sich hier Abordnungen und Musiker aus der Bretagne, Schottland, Irland und Wales mit ihren galicischen Freunden, um ein keltisches Musikfest zu feiern, bei dem auch der galicische Dudelsack, die Gaita, zu hören ist.

Ortigueira

Von Ortigueira sind es noch 25 km bis zur Punta de la Estaca de Bares, dem von einem Leuchtturm gekrönten nördlichsten Punkt Spaniens.

Punta de la Estaca de Bares

*Costa de la Muerte/Costa da Morte

Der Küstenabschnitt südlich von La Coruña bis zum Cabo Finisterre wird Costa de la Muerte (galic. Costa da Morte = Todesküste) genannt, da an den zerklüfteten Küsten schon viele Schiffe zerschellt sind. Die regenreiche Gegend bietet dem Besucher grandiose, herbe Landschaften, weite einsame Strände und verschlafene Fischerdörfer.

Man verläßt La Coruña in südwestlicher Richtung auf der C-522 und erreicht die Stadt Carballo, von wo man einen Abstecher zum sehr schön gelegenen Hafenstädtchen Malpica de Bergantiños machen und an einem langen Sandstrand baden kann.

Malpica de Bergantiños

Von Malpica de Bergantiños auf einer landschaftlich sehr schönen Küstenstraße oder vom Carballo über Baio gelangt man in das an einer geschützten Bucht liegende Camariñas, wo die Herstellung feiner Klöppelspitzen ('enjaces') eine lange Tradition hat.

Camariñas

Weiter südlich liegt die Hafenstadt Corcubión, Ausgangspunkt für die Fahrt zum 12 km südwestlich liegenden Cabo Finisterre (galic. Cabo Fisterra), dem westlichsten Punkt Spaniens. Von dem von einem Leuchtturm gekrönten mächtigen Granitfelsen bietet sich ein grandioser Blick auf den offenen Atlantik.

*Cabo Finisterre / Cabo Fisterra

Costa Blanca K / I 7 / 8

Provinzen: Valencia (V), Alicante (A), Murcia (MU), Almería (AL)

An die bei Setla auf der Landzunge La Almadraba endende Costa del Azahar schließt sich nach Süden die Costa Blanca ('Weiße Küste') an. Sie führt bis zum Cabo de Gata und umschließt somit die Küstenzonen der Provinzen Valencia, Alicante und Murcia sowie einen Teil der Küste Almerías. Die Costa Blanca ist vorwiegend flach und sandig und wird von zahlreichen Badestränden gesäumt. Wegen des ausgezeichneten Klimas wird die Küste sowohl im Sommer als auch im Winter als Feriengebiet geschätzt.

Reiseziele und Routen an der Costa Blanca

⟶ Alicante
⟶ Benidorm
⟶ Cartagena
⟶ Dénia
⟶ Gandía

Costa Brava

Provinz: Gerona (GE)

Hinweis

Die Darstellung der Costa Brava in diesem Reiseführer ist bewußt knapp gehalten, da in der Reihe "Baedekers Allianz-Reiseführer" ein ausführlicher Regionalführer "Costa Brava / Costa Daurada / Barcelona" vorliegt.

**'Wilde Küste'

Der nördlichste spanische Küstenstreifen am Mittelmeer hat den Namen Costa Brava ('Wilde Küste') und gehört zu den besonders von Mitteleuropa aus wegen der verhältnismäßig geringen Entfernung am meisten besuchten Gebieten Spaniens. Der Ruf der Costa Brava hat in den letzten Jahren stark gelitten. Hemmungslose Investitionstätigkeit in Hotelneubauten und Ferienanlagen haben ganze Küstenstriche wahrlich zerstört und die Costa Brava zum Inbegriff des Massentourismus werden lassen.
Doch abseits der touristischen Zentren bieten die Costa Brava und ihr Hinterland immer noch großartige Landschaften, herausragende Kunstschätze und gute Bademöglichkeiten. Die außerordentlich stark zerklüftete Küste ist größtenteils felsig und an den steilen Vorgebirgen meist nicht mit dem Kraftfahrzeug, zum Teil sogar nur mit dem Boot zugänglich. Dazwischen liegen jedoch malerische Fischerorte und kleine Städte mit Sandstränden. Wer die lange und wegen der vielen Kurven etwas mühsame Fahrt an der Küste entlang scheut, kann die schönsten Orte der Costa Brava auch auf den meist guten Abzweigungen von der N-II und der Autobahn A-7 (E 15) erreichen.

Küstenfahrt an der Costa Brava

Col de Balitres

Wer von Frankreich anreist, wählt ab Perpignan die nach Südosten führende N-114 über Argelès-sur-Mer zum französischen Grenzort Cerbère (49 km ab Perpignan). Von hier geht es in Kurven aufwärts zum Col de Balitres (173 m ü.d.M.), über den die französisch-spanische Grenze verläuft und von wo sich eine schöne Aussicht auf die Küste bietet.

Port-Bou / Portbou

Jenseits der Grenze windet sich die nunmehr spanische C-252 bergab nach Port-Bou (katal. Portbou; 15 m ü.d.M.), ein spanischer Grenz- und Fischereihafen. Er hat Bedeutung als Bahnstation; wegen der größeren Spurweite der spanischen Eisenbahnen werden hier die Züge meist gewechselt bzw. umgestellt.

Colera

Die Weiterfahrt führt hoch über der klippen- und inselreichen Küste hin mit prachtvollen Ausblicken nach Colera, das sich links unterhalb der Straße am Strand befindet und einen steinigen Strand besitzt.

Llansá / Llançà

Es folgt Llansá (katal. Llançà), ein rechts etwas abseits liegender ummauerter Ort mit der Barockkirche San Vicente (katal. Sant Vincenç) und einem Wehrturm aus dem 15. Jh.; beim Hafen ein kleiner Badestrand.

*San Pedro de Roda / Sant Pere de Rodes

Von Llansá folgt man weiter der Küstenstraße auf der aussichtsreichen Steilküste nach Puerto de la Selva (katal. El Port de la Selva), das reizvoll am Fuß der Sierra de Roda liegt. Auf dieser steht das alte Benediktiner-

Cadaqués

kloster San Pedro de Roda (katal. Sant Pere de Rodes), dessen Kirche auf das 8. Jh. zurückgeht. Das romanische Tonnengewölbe wird als das früheste dieser Art angesehen. Beachtenswerte Tierköpfe und Bandornamente zieren die Säulenkapitelle. Über dem Kloster erhebt sich das Castillo de San Salvador, von dem man eine prächtige Aussicht genießt. Beim Ort Puerto de la Selva befinden sich ein Strandbad und ein Sporthafen. San Pedro
de Roda
(Fortsetzung)

Bei der nun folgenden Straßengabelung hält man sich zunächst links und erreicht Cadaqués (20 m ü.d.M.). Das malerische Ortsbild zog zu Beginn unseres Jh.s zahlreiche Künstler an, darunter Max Ernst, Paul Eluard, André Breton und auch Salvador Dalí, der beim nahen Port Lligat ein Haus bewohnte. In der im 17. Jh. umgebauten Pfarrkirche sieht man einen beachtlichen Barockaltar von 1727. Das Museo Perrot-Moore zeigt Gemälde des 15. bis 17. Jh.s und Bilder der klassischen Moderne. *Cadaqués

Die muschelförmige Bucht mit ihrer außerordentlich zerrissenen Steilküste bietet nur beschränkte Bademöglichkeiten.

Nördlich des Vorgebirges Port Lligat (Zugang nur mit dem Boot oder Fußmarsch) reicht das 80 m hohe Cabo de Creus (katal. Cap de Creus), das Kap Aphrodision der Griechen, ins Meer hinaus. Es ist der östlichste Punkt der Pyrenäenhalbinsel. Cabo de Creus /
Cap de Creus

Von Cadaqués fährt man zurück zur Straßengabelung und wendet sich hier nach links bis zum Zubringer des links abseits liegenden Rosas (katal. Roses). Der Ort wurde von den Griechen unter dem Namen 'Rhode' gegründet. Am westlichen Ortsrand liegt das ummauerte Gelände der Zitadelle mit den Resten einer Kirche, die zu einem frühchristlichen Begräbnisplatz gehört. Nordwestlich außerhalb der Stadt findet man den Wasserpark 'Aqua Brava', der außer verschiedenen Schwimmbecken und Restaurants vor allem sieben Wasserrutschbahnen vorzuweisen hat. Rosas /
Roses

Castelló de Ampurias / Castelló d'Empúries

Von Rosas führt die hier beginnende C-260 um die Bahia de Rosas und erreicht Castelló de Ampurias (katal. Castelló d'Empúries), einen alten Marktflecken mit der aus dem 13. bis 15. Jh. stammenden Kirche Santa Maria, die ein sehenswertes Portal und im Inneren ein gotisches Altarbild aus Alabaster besitzt.

Ampuriabravas / Empúria Brava

Am zu Castelló de Ampurias gehörenden Küstenabschnitt liegt die Retortensiedlung Ampuriabravas (katal. Empúria Brava), eine architektonisch durchaus gelungene Anhäufung von Ferienhäusern, die sich um ein künstlich angelegtes Kanalnetz gruppiert.

La Escala / L'Escala

In südlicher Richtung setzt man die Fahrt auf einer Nebenstraße fort und erreicht über San Pedro Pescador (katal. Sant Pere Pescador), vorbei an der archäologischen Stätte ⟶ Ampurias (katal. Empúries) den traditionsreichen Fischerhafen La Escala (katal. L'Escala), der hübsch über dem Meer auf einem kleinen Vorgebirge im Golfo de Rosas liegt und heute ein Zentrum des Familientourismus mit Sand- und Geröllstrand ist.

Toroella de Montgrí

Von La Escala folgt man weiter der nach Süden landeinwärts strebenden Straße, die schließlich in eine von ⟶ Gerona kommende Nebenstraße einmündet. Auf dieser wendet man sich nach links und gelangt via Ullá nach Torroella de Montgrí (30 m ü.d.M.) am wasserreichen Río Ter in einer wildromantischen Küstenlandschaft. Sehenswert sind eine stattliche gotische Kirche aus dem 15. Jh. und der im Renaissancestil erbaute Palacio Solterra (katal. Palau Solterra), in dem sich heute eine Kunstgalerie befindet. Nordöstlich über der Stadt erhebt sich auf dem Montgri das Castillo de Torroella (14. Jh.).

Estartit / L'Estartit

An der Küste liegt der zur Gemeinde Toroella gehörende, nicht sonderlich schöne Badeort Estartit (katal. L'Estartit; von hier läßt sich eine Bootsfahrt zu den Islas Medas (katal. Islas Medes) unternehmen, ein Tauchrevier, das unter Naturschutz steht.

Bagur / Begur

Von Torroella geht es durch ein ebenes Gebiet mit Reisfeldern über Pals, einem altertümlichen Ort in malerischer Lage an einem Hügel, und Regencós nach Bagur (katal. Begur; 220 m ü.d.M.). Der Ort gruppiert sich um das frei auf einem kegelförmigen Felsen stehende Castillo, von dem man einen weiten Panoramablick hat. 2 km südöstlich von Bagur liegen die Strände Playa de Fornells und Aiguablava, letzterer hat einen kleinen Sandstrand und hübsche Buchten mit klarem Wasser.

Palafrugell

Südwestlich von Bagur erreicht man direkt oder über Regencós das Städtchen Palafrugell (65 m ü.d.M.), das mit den umliegenden Seebädern Llafranch, Tamariu und Calella de Palafrugell ein bedeutendes Fremdenverkehrszentrum der Costa Brava mit schönen Stränden bildet. In Palafrugell sind die gotische Kirche San Martín mit einem Retablo aus dem 17. Jh. und Reste der alten Stadtmauer beachtenswert. Südöstlich führen je zwei Straßen einerseits (3 km) zum Strand von Calella mit einem prächtigen botanischen Garten am Cabo Roig, und zum Strand von Llafranch (auch kurze Autobahn); andererseits (4 bzw. 5 km) zu dem malerischen Cabo de San Sebastián mit der sehr schön gelegenen Ermita de San Sebastián und weiter zum Strand von Tamariu, von wo aus man mit dem Boot in die Meeresgrotten Cova del Bisbe und Cova d'en Gisbert fahren kann.

Palamós

Hinter Palafrugell mündet die Küstenroute in die von Gerona kommende C-255, auf der man in südlicher Richtung die Fahrt fortsetzt, bis man Palamós erreicht, ein hübsch an einem Vorgebirge der Sierra de las Gabarras gelegener, als Seebad besuchter alter Fischerort, in dem noch Fischauktionen stattfinden. Die stattliche Kirche Santa Maria stammt aus dem 14. Jh. und birgt ein flämisches Altarbild; ein Kuriosum besonderer Art ist das kleine, völlig verstaubte Museum an der Plaça del Forn, das vor allem 5000 Arten von Muscheln und Schnecken aus aller Welt zeigt.

In geringer Entfernung von der Küste geht es über San Antonio de Calonge (rechts abseits der hübsch gelegene Erholungsort Calonge) nach Playa de Aro (katal. La Platja d'Aro). Es handelt sich um einen völlig vom Tourismus vereinnahmten, stark frequentierten Badeort mit Hotelhochhäusern entlang der Strandpromenade.

Playa de Aro / La Platja d'Aro

Südlich von Playa de Aro liegt S'Agaró, eine erst 1923 angelegte Villensiedlung mit einer felsigen, durch kleine Buchten gegliederten Küste, an der sich schöne Villengrundstücke mit herrlich blühenden Gärten hinziehen. S'Agaro ist für ortsfremde Kfz gesperrt.

*S'Agaró

San Feliú de Guixols (katal. Sant Feliu de Guíxols) ist eine hübsch an einer Badebucht gelegene Hafenstadt, die als Hauptausfuhrplatz der in dieser Gegend ansässigen spanischen Korkindustrie von Schiffen aller Nationen angelaufen wird, zugleich aber als Seebad sehr besucht ist. Man findet in der Stadt noch die Reste eines im 13. Jh. errichteten Klosters mit der eisernen Eingangspforte Porta Ferrada aus dem 11. Jh. und einem danebenstehenden Wehrturm; auf dem Platz ein isoliert stehendes Barockportal. In der Casa Berruguer ist ein kleines Museum mit griechischen, iberischen und römischen Funden eingerichtet.

San Feliú de Guixols / Sant Feliu de Guíxols

Am nicht sehr langen Strand führt ein Fahrweg zum Aussichtspunkt Mirador de Sant Elm, auf dem sich auch eine Einsiedelei befindet.

San Elm

Von San Feliú de Guixols führt die Küstenstraße hoch am Hang des Puig de Cadiretas (519 m ü.d.M.) und weiter auf aussichtsreicher Strecke in unzähligen Windungen nach Tossa de Mar, einem vielbesuchten Seebad in reizvoller Lage mit gutem Strand und aussichtsreicher Uferpromenade.

*Tossa de Mar

Die Oberstadt von Tossa de Mar steht unter Denkmalschutz. Sie wird von einer mittelalterlichen Mauer mit Wehrtürmen umzogen. In einem restaurierten mittelalterlichen Haus ist das Stadtmuseum eingerichtet, das

Oberstadt

Oberstadt von Tossa de Mar

Tossa
de Mar

© *Baedeker*

Tossa de Mar (Fortsetzung)	moderne Kunst (u.a. Marc Chagall), römische Mosaiken und Werkzeuge aus der Steinzeit ausstellt.
Unterstadt	Am Westrand der engen Unterstadt entdeckte man die spärlichen Reste einer römischen Siedlung.
Lloret de Mar	Lloret de Mar ist eines der bekanntesten Seebäder an der spanischen Mittelmeerküste. Aus dem einstigen Fischerort ist längst eine Hotel- und Touristensiedlung großen Stils mit allerlei Amüsiermöglichkeiten geworden, zu denen auch das etwas außerhalb westlich liegende Freizeitzentrum 'Waterworld' gehört.

Die Fahrt entlang der Costa Brava endet in → Blanes, dem letzten Seebad dieses Küstenstriches. Im Hinterland sind außer → Gerona noch → Figueras und → Vich lohnende Reiseziele.

Costa Cálida

→ Cartagena

Costa de la Luz

Provinzen: Huelva (H), Cádiz (CA)

Die südspanische Atlantikküste, die sich zwischen der Mündung des Río Guadiana an der portugiesischen Grenze und der Landzunge von Tarifa an der Meerenge von Gibraltar erstreckt, trägt den Namen Costa de la Luz ('Küste des Lichtes'). Es ist dies eine Küstenlandschaft, die fast immer in das warme Licht der Sonne getaucht ist; die ausgedehnten Sandflächen der zahlreichen Badestrände, die abseits der Hauptreiserouten liegen, lösen einander ab. Besonders die Küste der Provinz Huelva mit ihrer ausgedehnten Playa de Castilla bildet ein einzigartiges Badeparadies, landeinwärts von Eukalyptusbäumen begrenzt. Das Hinterland der Küste von Cádiz nehmen Weinberge und Olivenhaine ein. In fast allen Dörfern der Costa de la Luz leben die Bewohner noch vom Fischfang, doch auch der Tourismus wird zunehmend zu einer wichtigen Erwerbsquelle.

✳'Küste des Lichtes'

Reiseziele und Routen

⟶ Cádiz
⟶ Huelva

Costa del Azahar

⟶ Castellón de la Plana
⟶ Valencia

Costa del Sol

Provinzen: Almería (AL), Granada (GR), Málaga (MA), Cádiz (CA)

Die Costa del Sol ('Sonnenküste') umfaßt praktisch die gesamte andalusische Mittelmeerküste und reicht vom Cabo de Gata, wo die Costa Blanca endet, bis zur Südspitze Spaniens bei Tarifa, wo sie in die Costa de la Luz übergeht. Wegen des hier herrschenden überaus milden Klimas (mittlere Jahrestemperatur mehr als 18° C) hat sich auf einer Länge von fast 300 km ein dicht besiedeltes Erholungs- und Touristengebiet mit internationalem Publikum entwickelt. Starke Farbkontraste der Landschaft und eine überwältigende Vielfalt der Flora geben der Costa del Sol ihr charakteristisches Gepräge. Mit ihren weiß getünchten Häusern, ihren Agaven und Kakteen, ihren Bauerngütern und heiteren Dörfern ist sie ein echtes Spiegelbild Andalusiens.

✳'Sonnenküste'

Reiseziele und Routen

⟶ Almería
⟶ Algeciras
⟶ Estepona
⟶ Fuengirola
⟶ Gibraltar
⟶ Granada
⟶ Málaga
⟶ Nerja
⟶ San Pedro de Alcántara
⟶ Torremolinos

Benalmadena an der Costa del Sol

Costa Dorada/Costa Daurada L – N 4 / 5

Provinzen: Barcelona (B), Tarragona (T)

Hinweis

Im Rahmen des "Baedekers Allianz-Reiseführers Costa Brava /Costa Daurada/Barcelona" werden die Sehenswürdigkeiten der Costa Dorada ausführlicher behandelt als im vorliegenden Band.

*'Goldene Küste'

Der sich südlich an die Costa Brava anschließende Küstenstreifen am Mittelmeer wird als Costa Dorada (katal. Costa Daurada; 'Goldene Küste') bezeichnet; er umfaßt praktisch die gesamte Küstenlandschaft der beiden spanischen Provinzen Barcelona und Tarragona. Dieses Gebiet, das sich rund 260 km an der Mittelmeerküste entlangzieht, ist wegen seiner sanft abfallenden Strände und des feinen, goldenen Sandes bekannt; darüber hinaus wird diese Region besonders wegen ihres milden Klimas geschätzt.

Reiseziele und Routen

→ Barcelona
→ Reus
→ Sitges
→ Tarragona
→ Villanueva y Geltrú

Costa Verde

→ Gijón

Cuenca

Provinz: Cuenca (CU)
Telefonvorwahl: 966
Höhe: 998 m ü.d.M.
Einwohnerzahl: 42 000

Die Provinzhauptstadt Cuenca, zugleich Bischofssitz, liegt überaus schön auf den steilen Felsen der Serranía de Cuenca über den tiefen Tälern des Río Júcar und des Río Huécar. Sie ist eine der malerischsten spanischen Städte mit mittelalterlichem Gepräge und berühmt durch ihre Casas Colgadas, die 'hängenden Häuser'. *Lage und Allgemeines

Schon unter den Römern als 'Conca' bekannt, kam die Stadt später an die Westgoten, dann an die Mauren und konnte von diesen erst 1177 durch Alfons VIII. befreit werden. Als Grenzstadt genoß sie später besondere Privilegien und wurde Sitz des Ritterordens von Santiago. Geschichte

Sehenswertes

Die Altstadt, mit Fassaden alter Stammhäuser, an denen die Wappen der Adelsfamilien prangen, hat sich viel Mittelalterliches bewahrt. Im Südosten der Stadt drängen sich die bedeutendsten Sehenswürdigkeiten um die Plaza Mayor mit dem Ayuntamiento (Rathaus) an seiner Westseite. *Altstadt

Ciudad Encantada

Cuenca
100 m
© Baedeker

Toledo, Guadalajara, Madrid

Castillo
Las Angustias
Júcar
Calle de San Pedro
Huertas
San Miguel
Catedral
Plaza Mayor
1
2
Ayuntamiento
Casas Colgadas
del
Hoz
Río Júcar
Calle Palafox
C. Andres de Cabrera
Torre de Mangana
Alfonso VIII
Río Hucar
El Salvador
Pl. Salvador
Calle de los Tintes

1 Palacio Episcopal, Museo Diocesano
2 Museo Arqueológico

Cuenca

*Kathedrale

An der Plaza Mayor steht die gotisch-normannische Kathedrale (12./ 13. Jh.). Ihre Fassade wurde nach einem Einsturz im Jahre 1902 neu aufgebaut. Das reichdekorierte Innere jedoch blieb unversehrt. Es birgt einen Hochaltar (18. Jh.) von Ventura Rodríguez, der durch herrliche Gitter aus dem Jahr 1557 vom Kirchenraum getrennt ist. Das Triforium im Chorumgang ist das einzige seiner Art in Spanien; im linken Seitenschiff gilt es den überaus schönen Renaissancebogen Arco de Jamete zu beachten. Von besonderem Wert sind in der Sakristei eine Mater Dolorosa von Pedro de Mena (13. Jh.) und in der Capilla de los Caballeros eine Kreuzigungsszene von Yañéz de la Almedina.

Kirchenschatz

Durch zwei von Alonso de Berruguete beschnitzte Nußbaumholztüren gelangt man in den Kapitelsaal, wo der wertvolle Kirchenschatz aufbewahrt wird. Einige der herausragendsten Stücke befinden sich allerdings im Museo Diocesano.

Museo Diocesano

Direkt an die Kathedrale angebaut wurde der Palacio Episcopal (Bischofspalast), in dessen drei unteren Stockwerken das Museo Diocesano (Diözesanmuseum) seine Schätze ausstellt. Zu ihnen gehören zwei Gemälde von El Greco ("Christus am Kreuz"; "Gebet im Olivengarten"), ein byzantinisches Diptychon vom Berg Athos aus dem 13. Jh., Goldschmiedearbeiten und wertvolle Wandteppiche.

**Casas Colgadas

Vom Diözesanmuseum gelangt man in südlicher Richtung durch die Calle Obispo Valero zu den berühmten, über dem von acht Brücken überspannten Tal des Río Huécar hängenden Casas Colgadas, deren Balkone direkt über dem Abgrund schweben.

*Museo de Arte Abstracto Español

In einigen der Häuser ist das Museo de Arte Abstracto Español (Museum der abstrakten spanischen Kunst) untergebracht. In ansprechenden Räumen werden über 700 Werke der bekanntesten spanischen Künstler von

Casas Colgadas

Im Museo Abstracto

den fünfziger Jahren an präsentiert. Es ist, abgesehen vom Museo de Arte Contemporáneo bzw. dem neu geschaffenen Museo Centro de Arte Reina Sofia in → Madrid, die umfassendste Sammlung moderner spanischer Kunst im Lande.

Unweit der 'Hängenden Häuser' befindet sich das Museo de Cuenca (Museo Arqueológico), das Funde aus der geschichtsträchtigen Umgebung der Stadt zeigt. Bemerkenswerteste Stücke sind der Marmorkopf des Lucius Caesar aus dem 1. Jh. n.Chr., eine rekonstruierte römische Küche, iberische Püppchen sowie weitere römische und westgotische Funde.

Nordwestlich der Plaza Mayor erhebt sich die Kirche San Miguel hoch über der Schlucht des Río Júcar; im Inneren des Gotteshauses eine Decke im Mudéjarstil.

Umgebung von Cuenca

In die nördliche Serranía de Cuenca

Man verläßt Cuenca Richtung Norden durch das wildromantische Júcartal aufwärts, immer wieder mit schönen Rückblicken auf Stadt und Flußtal, und erreicht nach 36 km die Ciudad Encantada, die 'Verzauberte Stadt'. Es handelt sich dabei nicht um eine Stadt, sondern um ein faszinierendes geologisches Phänomen:
Im Laufe der Jahrtausende haben Erosionskräfte aus dem Sedimentgestein ein Felslabyrinth mit Blöcken, Höhlen, Seen und Wasserfällen gebildet, und mit etwas Phantasie erkennt man Häuser, Plätze und Straßen und glaubt sich in einer Ruinenstadt.

In Ciudad Encantada

Mirador de Uña

Von der 'Verzauberten Stadt' kann man zum Bergdorf Uña weiterfahren, wo ein Aussichtspunkt ('mirador') schöne Blicke auf den Río Júcar und den Stausee La Toba bietet.

*Nacimiento del Cuervo

Ein etwas mühevoller Ausflug führt von Uña weiter zum 35 km entfernten Tragacete, von wo es noch einmal 12 km bis zum Nacimiento del Cuervo sind, dem Ursprung des Río Cuervo. Die Mühe wird jedoch belohnt durch die wunderschöne Quelle, deren Wasser aus moosbewachsenen Höhlen und über Vorsprünge in einen Teich fließt.

In die östliche Serranía de Cuenca

Las Torcas

Verläßt man Cuenca in südöstlicher Richtung auf der N-420, erreicht man nach 11 km eine nach links abzweigende Nebenstraße, die nach Las Torcas (22 km) führt. Hier findet man über 20 trichterförmige tiefe Felsauswaschungen mit einem Durchmesser bis zu 700 m, die durch unterirdische Erosion entstanden sind.

Cañete

Zurück auf der N-420 führt die Strecke durch die Wälder der südlichen Serranía de Cuenca zum alten befestigten Städtchen Cañete (1074 m ü.d.M.), wo das im 15. Jh. erbaute Schloß des Alvaro Luna besichtigt werden kann.

Rincón de Ademuz

Es geht weiter zum Rincón de Ademuz, einer geographisch-historischen Enklave der Provinz Valencia zwischen den Gebieten von Cuenca und Teruel, deren höchste Erhebung der Pico Calderón (1834 m ü.d.M.) ist. Die Bezirkshauptstadt Ademuz findet man in pittoresker Lage; in der Nähe des Río Turia liegt die alte Ermita Nuestra Señora de la Huerta (13. Jh.), von Jaime I. erbaut.

Um den Embalse de Alarcón

Valeria

Auf der nach Südosten strebenden N-320 verläßt man Cuenca; es geht kurvenreich über den Puerto de Tordiga (1200 m ü.d.M.) zu einer Abzweigung (36 km von Cuenca), auf der man rechts nach 12 km bei Valera de Arriba die Ruinen der Römerstadt Valeria erreicht, die dann bis ins 7. Jh. westgotischer Bischofssitz war.

Embalse de Alarcón

Der Stausee Embalse de Alarcón ist von Valeria noch 12 km entfernt. Der 25 km lange See entstand durch Aufstauung des Río Júcar.

Alarcón

Am Seeufer entlang führt eine Straße zum Straßenkreuz von Motilla del Palancar, wo man sich auf der N-III nach Westen wendet. Wenig südlich der Nationalstraße liegt malerisch über einer Júcar-Schleife der Ort Alarcón, der eine beachtenswerte Kirche und ein Schloß (heute Parador Nacional) besitzt.

Castillo de Garcimuñoz

Über Honrubia und das im 15. Jh. umgebaute, ursprünglich maurische Castillo de Garcimuñoz erreicht man die Kreuzung der N-III mit der N-420, die auf landschaftlich ansprechender Strecke wieder zurück nach Cuenca führt.

Über den Puerto de Cabrejas

Carrascosa del Campo

Die nach Westen führende N-400 überschreitet das Tal des Río Júcar und klettert in vielen Windungen hinauf zum Puerto de Cabrejas (1150 m ü.d.M.). Durch ein menschenleeres Gebiet mit zahlreichen Kirchen- und Burgruinen erreicht man Carrascosa del Campo (898 m ü.d.M.) mit den Resten einer Burg und einer sehenswerten gotischen Kirche mit Barockportal.

Am Santuario de Riánsares vorbei gelangt man nach Tarancón (700 m ü.d.M.), eine Industriestadt mit gotischer Kirche und einem Schloß der Königin María Cristina.

Von Tarancón fährt man weiter auf der N-III nach Osten. Nach ca. 8 km biegt nach rechts eine Nebenstaße ab, die zum Monasterio de Uclés führt. Es ist zwischen dem 16. und 18. Jh. erbaut worden und war Sitz des Ordens der Santiagoritter. Es besitzt einen besonders schönen Patio. In der Kirche (1529) findet man in der Krypta das Grab des Poeten Jorge Manrique (1440–1479). Herausragend ist das Täfelwerk der Refektoriumsdecke, in die Schnitzmedaillons mit den Porträts der Großmeister des Ordens sowie das Porträt Karls V. eingelassen sind.

*Monasterio de Uclés

Zurück auf der N-III , kommt man in Saelices zu den Resten eines römischen Aquäduktes, der zu der 3 km südwestlich gelegenen, im 2. Jh. v.Chr. gegründeten römischen Stadt Segóbriga führte. Die Ausgrabungen förderten Reste eines Amphiteaters zutage; ein Teil der Funde ist im kleinen Museum ausgestellt. Segóbriga war vom 5. bis 8. Jh. westgotischer Bischofssitz, der dann von den Mauren zerstört wurde; Reste einer westgotischen Basilika sind noch zu sehen.

Segóbriga

Daroca $\quad$ I 4

Provinz: Zaragoza (Z)
Telefonvorwahl: 976
Höhe: 769 m ü.d.M.
Einwohnerzahl: 2600

Das aus einer iberischen Siedlung hervorgegangene verwinkelte Städtchen liegt malerisch in einer tiefen Schlucht des Río Jiloca am Abhang des 1421 m hohen Pico de Almenara. Seinen Namen erhielt es von den Mauren, die hier das Felsenkastell 'Kalat Daruka' errichteten. Daroca ist der Ort des 'Wunders der Meßtücher', bei dem der Überlieferung nach im Jahr 1239 während einer Messe unweit der Stadt sechs Hostien blutige Spuren auf den Meßtüchern hinterließen. Da auch Teruel und Calatayud Anspruch auf die Reliquien erhoben, lud man die Tücher auf einen Esel und ließ ihn laufen. Das Tier rannte stracks nach Daroca, wo seither die Tücher aufbewahrt werden.

Lage und Allgemeines

Sehenswertes

Daroca war einst sehr weiträumig von einer ca. 4 km langen, mit über 100 Türmen befestigten Mauer umgeben, an der im 13. und 14. Jh. gebaut wurde. Heute ist die Mauer zerfallen; erhalten sind noch die Stadttore Puerta Alta und Puerta Baja sowie einige Türme.

Stadtmauer

Die romanische Stiftskirche Santa María wurde im 15. und 16. Jh. baulich verändert. Gleich nach Betreten der Kirche sollte man sich rechts vom Hauptportal einen fein gearbeiteten alabasternen Altaraufsatz aus dem 15. Jh. ansehen. Über dem Hauptaltar erhebt sich ein von gedrehten Säulen getragener barocker Baldachin. In der Capilla de los Sagrados Corporales in der romanischen Apsis werden in einem Schrein die Reliquien des Meßtuchwunders aufbewahrt, deren Geschichte Reliefs an den Wänden illustrieren.

Santa María

Neben der Kirche zeigt das Museo Parroquial (Pfarrmuseum) sakrale Gewänder und Goldschmiedearbeiten, unter denen eine Silbermonstranz von Pedro Moragues aus dem Jahr 1384 und ein Reliquiar, in dem man die Meßgewänder verwahrte, herausragen. Weiterhin beachtenswert ist eine

Museo Parroquial

San Miguel in Daroca

Daroca, Museo (Fortsetzung)	Sammlung von Malereien auf Holz, von denen einige Bartolomé Bermejo zugeschrieben werden.
San Miguel	Die Kirche San Miguel westlich von der Kathedrale besitzt einen schön restaurierten mudéjaren Glockenturm und im Inneren Reste von Wandmalereien aus dem 13. Jahrhundert.
La Mina	Durch das 'la Mina' genannte Tonnengewölbe, das im 16. Jh. in den Berg gehauen wurde, konnte man die reißenden Wasserläufe aus dem Gebirge regulieren.
Casa de las Lunas	Im ehemaligen Stadthaus der Familie Luna kann man noch einen schönen Patio im Mudéjar-Stil bewundern.

Denia   L 7

Provinz: Alicante (A)
Telefonvorwahl: 965
Höhe: 12 m ü.d.M.
Einwohnerzahl: 22 000

Lage und Allgemeines	Das am Mittelmeer gelegene Seebad Denia, umgeben von Orangenplantagen, war schon in griechisch-römischer Zeit bekannt. Es wurde von den Griechen im 8. Jh. v.Chr. 'Hemeroskopeion', von den Römern 'Dianium' genannt. Besonders in der Maurenzeit zwischen 715 und 1253 war Denia eine blühende Hafenstadt, die zeitweilig sogar Mallorca beherrschte. Heute lebt die Stadt hauptsächlich vom Tourismus und von der Fischerei. Von Denia besteht eine regelmäßige Fährverbindung nach San Antonio Abad auf Ibiza.

Sehenswertes

Denia liegt am Fuß eines von einem Castillo gekrönten Hügels; von oben bietet sich eine umfassende Aussicht auf den Golf von Valencia. In der Burg ist ein Archäologisches Museum eingerichtet; am Fuße des Hügels wurde ein Freilichttheater angelegt.
Castillo

Die Kirche Santa María aus dem Jahre 1734, ein barockes Gotteshaus, ist mit Kacheln ausgeschmückt.
Santa María

Die beiden Strände von Denia, der flache Playa de las Marinas und der felsige Playa de las Rotas (Tauchrevier), wurden mit der blauen Europaflagge für besonders gepflegte Strände ausgezeichnet.
Strände

Umgebung von Denia

Lohnenswert ist eine Wanderung zum Gipfel des Montgó mit den Ruinen der Casa de Biot, einer iberischen Siedlung aus dem 8. Jh. v.Chr.; vom Berg großartige Aussicht auf Küste und Meer (Hinweg etwa 4 St.).
*Montgó

Weiter südlich liegt an der Mündung des Río Jalón das Seebad und Hafenstädtchen Jávea am Fuße des Montgó. Sehenswert sind das Castillo de San Juan und die befestigte gotische Kirche (14. Jh.) in der Altstadt.
Jávea

In der Nähe von Jávea liegen die beiden Tropfsteinhöhlen Cueva del Organo und Cueva del Oro.

Von Jávea kann man zum 2 km östlich gelegenen Leuchtturm auf dem Cabo de San Antonio (174 m ü.d.M.) hinauffahren, von wo man eine großartige Aussicht genießt.
Cabo de San Antonio

Las Rotas in Denia

Denia (Fortsetzung) *Cabo de la Nao	Nur 4 km südlich von Jávea springt das Cabo de la Nao ins Meer vor. Es ist der östlichste Punkt der Betischen Kordilleren. Um das Kap herum laden schöne Strände zum Bad im Mittelmeer. Von der Landspitze erblickt man südlich den aus dem Meer aufragenden Felsklotz Peñón de Ifach (383 m) bei der Punta de Ifach (→ Benidorm).

Écija   E 8

	Provinz: Sevilla (SE) Telefonvorwahl: 954 Höhe: 101 m ü.d.M. Einwohnerzahl: 35 000
Lage und Allgemeines	Das am linken Ufer des ab hier schiffbaren Río Genil gelegene Écija ist ein gewerbereiches altes Städtchen inmitten des wegen seiner Sommerhitze auch 'Bratpfanne Andalusiens' genannten Landstrichs. Das einstige 'Asti-gi' der Römer mit seinen engen malerischen Straßen ist vor allem bekannt wegen der vielen, mit Azulejos gekachelten Kirchtürme.

Sehenswertes

Ayuntamiento	Im Rathaus (Ayuntamiento) an der Südseite der Plaza de España (Plaza Mayor) ist ein römisches Mosaik aus dem 3. Jh. n.Chr. ausgestellt.
Santa María	Die im 18. Jh. erbaute Kirche Santa María in der Südostecke des Platzes beherbergt eine Skulpturensammlung, deren Stücke von der römischen Zeit bis ins Mittelalter reichen.
Santa Cruz	In der westlich von der Plaza de España liegenden Kirche Santa Cruz (17. Jh.), von deren arabischem Turm noch Reste vorhanden sind, verdie-nen vor allem das Bildnis der Nuestra Señora del Valle (14. Jh.) und ein als Altar benutzter westgotischer, mit Reliefs verzierter Steinsarkophag aus dem 5./6. Jh. Beachtung.
San Juan	Die heute teilweise zerfallene neoklassizistische Kirche San Juan (19. Jh.), unweit nördlich des Hauptplatzes, besitzt einen an die Giralda von → Sevilla erinnernden Turm und im Innern eine Christusfigur von Mon-tañés.
Santiago el Mayor	An der Plaza de Santiago östlich des Hauptplatzes erhebt sich die im 15. Jh. begonnene und im 17./18. Jh. nach einem Erdbeben wesentlich veränderte Kirche Santiago el Mayor, wobei einige der Mudéjar-Elemente wieder restauriert wurden Im Inneren findet man neben einem gotischen Retablo Gemälde u.a. von Alejo Fernández und Pedro de Campaña.
Palcacio de Peñaflor	Unter den verschiedenen Adelspalästen Écijas ragt der Palacio de Peña-flor nordöstlich vom Hauptplatz hervor, der mit einer prächtigen, fresken-geschmückten Fassade aus rotem Marmor und einem herrlichen Portal mit gedrehten Säulen versehen ist. Entlang der Hausfront zieht sich im Obergeschoß ein sehr schöner schmiedeeiserner Balkon. Der barocke Glanz setzt sich im Inneren im Schmuck des großen Treppenhauses fort.
Palacio de Benameji	Östlich der Plaza de España liegt der Palacio de Benameji aus dem 18. Jh., in dessen ehemaligem Stall eine Kutschensammlung untergekommen ist.

El Burgo de Osma

→ S. 241

Elche / Elx

Provinz: Alicante (A)
Telefonvorwahl: 965
Höhe: 88 m ü.d.M.
Einwohnerzahl: 180 000

Die durch ihren in Europa einzigartigen Palmenwald bekannte Stadt Elche (katal. Elx) liegt in einer der heißesten Gegenden Spaniens zu beiden Seiten des Río Vinalopó. Schon die Phönizier, Griechen und die Iberer siedelten an diesem Ort; die Römer gründeten hier ihre Kolonie 'Julia Ilici'. Der Stadtkern mutet mit den am Rande der Palmenoase gelegenen flachgedeckten weißen Häusern und den Kirchenkuppeln orientalisch an. Elche ist heute das Zentrum der spanischen Schuhindustrie.

Lage und Allgemeines

Sehenswertes

Die Kirche Santa María (17. Jh.), der Virgen de la Asunción geweiht, erkennt man an ihrer großen, blaugekachelten Kuppel und dem festungsartigen 37 m hohen Turm, von dem man eine hervorragende Aussicht auf die Stadt und den Palmengarten hat. Das reiche Hauptportal und die Barockfassade sind ein Werk von Nicolás de Bari. Die Kirche ist am 14. und 15. August eines jeden Jahres der Schauplatz des Misterio de Elche (katal. Misteri d'Elx), ein herrliches Schauspiel aus dem 13. Jh., das mit Musik und ergreifender Darstellung (nur männliche Schauspieler) Tod, Himmelfahrt und Krönung Mariens zum Thema hat.

Santa María

*Misterio de Elche

Östlich der Kirche sieht man noch die Reste der aus dem 14. Jh. stammenden maurischen Festung La Calahorra.

La Calahorra

Im Palmengarten von Elche

Museo Arqueológico	Nördlich der Kirche ist im Palacio de Altamira (15. Jh.) das Museo Arqueológico (Archäologisches Museum) eingerichtet, das eine stattliche Sammlung vorgeschichtlicher, iberischer, griechisch-römischer und islamischer Altertümer vorweisen kann. Die berühmte, 1897 bei Elche aufgefundene 'Dame von Elche', eine iberische Frauenbüste aus dem 4. oder 3. vorchristlichen Jahrhundert (Abb. S. 84), ist nur eine Kopie. Das Original befindet sich im Museo Arqueológico in ⟶ Madrid.
Puente de Santa Teresa	Eine besonders schöne Silhouette bietet die Stadt von der südwestlich der Plaza Baix den Río Vinalopó überschreitenden Puente de Santa Teresa, die 1705 in gotischem Stil erbaut wurde.
Museo de Arte Contemporáneo	Weiter südwärts stellt das Museo de Arte Contemporáneo Gemälde, Graphiken, Skulpturen und Keramik überwiegend katalanischer und valenzianischer Künstler aus.

*El Palmeral de Europa

Unmittelbar östlich vor der Stadt liegt El Palmeral de Europa, ein Palmenwald mit dem größten Palmenbestand in Europa, dessen Besuch etwa zwei Stunden erfordert (im Sommer am besten frühmorgens; Führer empfehlenswert). Die wahrscheinlich schon von den Phöniziern, in ihrer heutigen Ausdehnung jedoch von den Mauren angelegten Pflanzungen sind von Mauern oder Hecken umgeben. Das Wasser für die künstliche Bewässerung kommt 5 km weit aus einem Stausee des Vinalopó-Tales.

Die Dattelpalme (phoenix dactylifera; span. palmera) erfordert eine sorgfältige Pflege. Die Früchte, die an Güte hinter den Datteln der Sahara zurückstehen, werden von November bis Frühjahr geerntet, wobei der einzelne Baum nur alle zwei Jahre etwa 35 kg Früchte trägt. Von April an wird ein Teil der männlichen Palmen zum Bleichen eingebunden. Die gebleichten Zweige (span. ramilletes) werden zum Palmsonntag in ganz Spanien verkauft und an den Balkonen befestigt.

*Huerta del Cura	Die zahlreichen Palmen, meist 20–25 m und vereinzelt auch über 35 m hoch, stehen "den Fuß im Wasser, den Kopf im Feuer des Himmels", wie ein arabisches Sprichwort sagt. Unter ihnen wachsen Granatbäume und in deren Schatten Futterkräuter und Gemüse. Besonders hervorzuheben sind in der Huerta del Cura ('Pfarrgarten') die Palmera Imperial, eine angeblich 200 Jahre alte männliche Palme, aus deren Hauptstamm sieben Seitenstämme herauswachsen, ferner die Palmeras Romeo y Julieta und die Villa Carmen mit einem Belvedere, das eine hübsche Aussicht bietet.

Umgebung von Elche

La Alcudia	Nur 2 1/2 km südlich von Elche, an der Nebenstraße nach Dolores, kommt man zur Ausgrabungsstätte La Alcudia de Elche, Kern der Besiedlung dieser Gegend im Altertum. Hier wurde die berühmte 'Dame von Elche' (s.o.) gefunden. Im Museo La Alcudia werden in sechs Räumen Fundstücke aus iberischer und römischer Zeit aus der Umgebung gezeigt.
Río Safari	Wenige Kilometer südöstlich außerhalb, auf halber Strecke nach Santa Pola, kann man im Safaripark Río Safari per Boot auf künstlichen Kanälen durch die Tiergehege fahren.
Albufera de Elche	14 km südöstlich von Elche, an der Küstenstraße N-332, wird in der Lagune Albufera de Elche Meersalz gewonnen.
Santa Pola	Unweit der Lagune bietet der Fischerhafen Santa Pola Möglichkeiten zum Baden an schönen Stränden und zu einer Bootsfahrt zu der 7 km vor der Küste gelegenen Leuchtturminsel Tabarca.

El Escorial (San Lorenzo de El Escorial)   **F 5**

Provinz: Madrid (M)
Höhe: 1028 m ü.d.M.
Telefonvorwahl: 91
Einwohnerzahl: 9000

Der kleine Ort San Lorenzo de El Escorial, kurz El Escorial, am Südhang der Sierra Guadarrama rund 50 km nordwestlich von Madrid gelegen, war einst als königliche Residenz während der Sommermonate Mittelpunkt des spanischen Imperiums und ist heute durch das riesige Klosterschloß mit seinen unermeßlichen Kunstschätzen einer der meistbesuchten Orte des Landes.

Lage und Allgemeines

✳✳Monasterio de San Lorenzo de El Escorial

Nach der Schlacht von Saint-Quentin am 10. August 1557, bei der das spanische Heer die Truppen des französischen Königs Heinrich II. besiegte, gelobte Philipp II., ein Kloster zu Ehren des hl. Laurentius, dem Heiligen des Siegestages, zu errichten. Nach sorgfältigen Vorbereitungen, auch unter Hinzuziehung von Astrologen, wurde der kleine Ort San Lorenzo als Standort des riesigen Komplexes ausgewählt, der zugleich Kloster, Kirche, Palast, Grabstätte, Bibliothek und Museum sein sollte und mit dem Philipp II. sich und seiner Herrschaft ein monumentales Denkmal setzte. Die Bauarbeiten begannen am 23. April 1563 und wurden in Gegenwart Philipps II., der die gesamte Bautätigkeit überwachte, am 13. September 1584 beendet. Die Pläne lieferten die Baumeister Juan de Bautista de Toledo, der 1567 starb, und Juan de Herrera. Die Ausschmückung besorgten neben zahlreichen einheimischen Malern besonders italieni-

Öffnungszeiten
15. April –
15. Oktober:
10.00 – 13.30,
15.30 – 18.30;
16. Oktober –
14. April:
10.00 – 13.30,
15.00 – 18.00
Kassenschluß
1 St. vorher

Geschlossen
Mo.

So blickte auch Philipp II. auf den Escorial

sche Meister, u.a. Pellegrino Tibaldi und Luca Giordano sowie die Bildhauer Pompeo und Leone Leoni.

Führungen
Spanisch,
Englisch,
Französisch

Von außen erinnert die Anlage eher an eine Festung oder eine Kaserne denn an ein Kloster. Entstanden unter Anlehnung an den italienischen Klassizismus des 16. Jh.s, ist sie zugleich Auftakt der spanischen Barockbaukunst. Der Grundriß des gewaltigen Baues aus weißgrauem Granit ist ein Rechteck von 161 × 204 m. Den Kern des Baukomplexes bildet die mit ihren beiden Türmen und der 90 m hohen Kuppel hochaufragende Kirche. Daran schließen sich westlich der Patio de los Reyes, südlich der Kreuzgang mit der Sakristei und den Kapitelsälen, östlich und nördlich der Königliche Palast an. Man zählt 16 Höfe, 2673 Fenster, 1250 Türen, 86 Treppen und 88 Brunnen; die Gänge sind zusammen 16 km lang.

Puerta
Principal

Vom an der Westseite sich erstreckenden Hauptplatz, der Lonja, öffnet sich der Haupteingang, die Puerta Principal. Über dem Tor prangen das Motiv des Laurentius-Rostes, das Wappen der Habsburger und ein Standbild des hl. Laurentius von Juan Bautista Monegro.

Patio de
los Reyes

Durch das Haupttor betritt man den Patio de los Reyes, den Hof der Könige. Er wird beherrscht von der Kirchenfassade mit ihren Standbildern biblischer Könige, die ihm den Namen gaben, und den zwei massiven Glockentürmen.

Kirche

Die mit Fresken von Luca Giordano ausgemalte Kirche ist charakterisiert durch Strenge und Monumentalität. Durch die Vierungskuppel fällt kaltes Licht ins Kircheninnere und läßt die kostbaren Materialien des 30 m hohen Retablos erglänzen. 17 Stufen führen zu dem von Herrera entworfenen vierstöckigen Altaraufbau aus Jaspis und rotem Marmor, geschmückt mit Gemälden der Italiener Zucaro und Tibaldi sowie Statuen von Kirchenvätern und Evangelisten von Pompeo und Leone Leoni.
Diese Künstler schufen auch die bronzenen Grabdenkmäler der beiden bedeutendsten Herrscher Spaniens in den Nischen des Presbyteriums. Auf der Evangelienseite blickt die vergoldete Bronzestatue Karls V., hinter dem seine Gemahlin Isabella, seine Tochter María und seine Schwestern Eleonora und María knien, auf den Hochaltar. Auf der Epistelseite kniet Philipp II. mit seinen drei Frauen – Anna von Österreich, Isabella von Valois und María von Portugal – und seinem Sohn Don Carlos.

Panteón de
los Reyes

Unmittelbar unter der Kirche liegt das Panteón de los Reyes, die Grabstätte der spanischen Könige. Der achteckige Kuppelbau von Herrera wurde von Juan Gomez de Mora erweitert und 1654 vollendet. Der barocke Geschmack der Zeit setzte sich in der Ausstattung mit schwarzem Marmor und vergoldeter Bronze durch, ein Entwurf des Italieners Giovanni Batista Crescenti. Mit wenigen Ausnahmen ruhen hier auf der linken Seite alle spanischen Könige seit Karl V. sowie Isabella II. in identischen Granitsarkophagen. Auf der rechten Seite liegen die Königsmütter und der Gemahl Isabellas II., Francisco de Assís.

Panteón de
los Infantes

Unter der Sakristei und den Kapitelsälen erstreckt sich die Grablege der spanischen Prinzen und Prinzessinnen und der Königinnen, deren Kinder nicht Herrscher wurden.

Sakristei

Vom rechten Seitenschiff der Kirche gelangt man durch die Antesacristía mit einem Deckengemälde von Nicola Granelo in die Sakristei (Sacristía), in der über 40 wertvolle Gemälde zu bewundern sind, darunter Claudio Coellos "Fest der heiligen Hostie" (1684). Das Gemälde bedeckt eine Altarnische, in der die 'Sagrada Forma', eine angeblich 1572 von holländischen Calvinisten geschändete Hostie, aufbewahrt wird.

Patio de los
Evangelistas

Südlich an die Kirche stößt der Untere Kreuzgang (Fresken von Tibaldi) an, der den Patio de los Evangelistas (Hof der Evangelisten) umschließt. Der

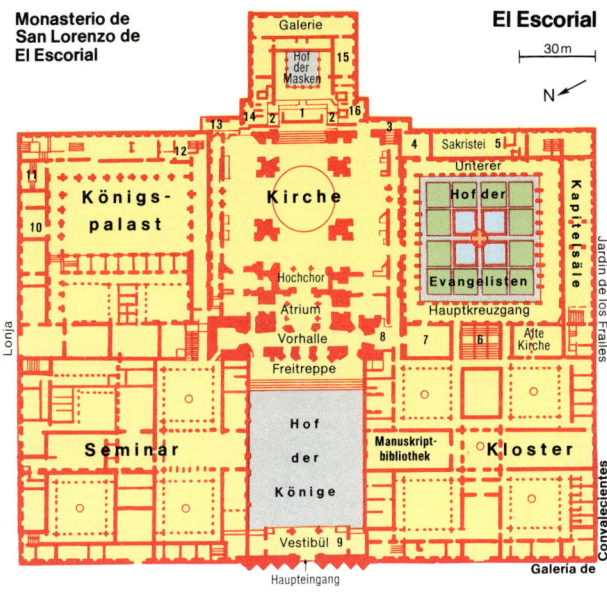

Monasterio de San Lorenzo de El Escorial

El Escorial

30 m

N

Galerie
Hof der Masken 15
13 14 Z 1 Z 16
3
4 Sakristei 5
Unterer
Königs-palast
Kirche
Hof der
Hochchor
Evangelisten
Atrium
Hauptkreuzgang
Vorhalle 8 7 6 Alte Kirche
Freitreppe
Hof der Könige
Manuskript-bibliothek
Kloster
Seminar
Vestibül 9
Haupteingang
Galeria de
Lonja
Jardin de los Frailes
Kapitelsäle
Convalecientes

1 Hochaltar im Presbyterium
2 Königliche Oratorien
3 Treppe zum Chor, Zugang zum Pantheon
4 Antesacristía
5 Altar de la Sagrada Forma
6 Haupttreppe
7 Saal der Dreieinigkeit
8 Saal der Geheimnisse
9 Aufgang zur Bibliothek
10 Eingang zum Palast
11 Palasttreppe (zum Bourbonentrakt)
12 Aufgang zu den Räumen des 16. Jhs., Museumseingang
13 Saal der Schlachten
14 Gemächer der Infantin Isabel Clara Eugenia
15 Thronsaal
16 Gemach, Alkoven und Oratorium Philipps II.

Hof verdankt seinen Namen dem in der Mitte stehenden Brunnen von Herrera mit einem Brunnenhaus mit den vier Evangelisten.

Die Räume längs der Südseite des Unteren Kreuzgangs enthalten die mit schönen Deckenfresken versehenen Salas Capitulares (Kapitelsäle), in denen zahlreiche Gemälde, u.a. von Navarrete, Ribera und Luca Giordano sowie Meßgewänder und liturgisches Gerät ausgestellt sind.

Salas Capitulares

Die Iglesia Antigua (Alte Kirche) im Anschluß an die Kapitelsäle wurde während der Bauzeit des Escorial zum Gottesdienst benutzt. Hier verdient das Gemälde "Marter des hl. Laurentius" besondere Beachtung (Besichtigung nur mit Sondergenehmigung).

Iglesia Antigua

Die imperiale Haupttreppe (Escalera Principal) steigt zweiläufig symmetrisch in das obere Stockwerk hinauf. Sie ist ein Entwurf Herreras. Im Gewölbe des Treppenhauses eine Darstellung der Schlacht von Saint-Quentin von Luca Giordano, an den Wänden Porträts, u.a. Juan Bautista de Toledo und Juan de Herrera darstellend.

Escalera Principal

In den Räumen an der Südseite des Patio de los Reyes wurde im zweiten Stock die Bibliothek eingerichtet. Der mit herrlichen "Die Fundamente des Wissens" darstellenden Fresken von Tibaldi ausgeschmückte Saal enthält

Bibliothek

Wandgemälde im 'Saal der Schlachten'

Bibliothek (Fortsetzung)	über 40 000 Bände. In Vitrinen werden einige der wertvollsten Inkunabeln ausgestellt, so der dem deutschen Kaiser Konrad II. zugeschriebene Codex Aureus (1093), eine Handschrift der Marienlieder Alfons' des Weisen, Handschriften der hl. Teresa de Ávila, hebräische und arabische Schriften.
Palacio Real	Der Palacio Real (Königspalast) erstreckt sich über zwei Flügel des Gebäudekomplexes. An die Nordseite der Kirche stößt der Verwaltungspalast an.
Bourbonentrakt	Besonders beeindruckend in diesem Teil ist der Bourbonentrakt. Über eine im 18. Jh. von Villanueva umgebaute Treppe gelangt man in die Repräsentationsräume von Karl IV. und María Luisa von Parma im dritten Stock. Die Räume sind mit kostbaren Möbeln und Porzellanen des 18. Jh.s bestückt. Überaus eindrucksvoll sind jedoch die 338 Wandteppiche, die teils aus der Madrider Santa-Bárbara-Manufaktur, teils aus flämischen Teppichknüpfereien stammen. Dargestellt sind volkstümliche Szenen, u.a. nach Kartons von Goya, Allegorien und Jagdszenen, zu denen Teniers, Wouwerman, Bayeu und Maella die Entwürfe lieferten.
Schlachtensaal	In der Nordostecke des Verwaltungspalastes liegt der 55 m lange und 7 m hohe Schlachtensaal. Hier ließ Philipp II. die bedeutendsten Schlachten der Reconquista den unter seiner Herrschaft errungenen Siegen gegenüberstellen.
Privatgemächer Philipps II.	Der Schlachtensaal bildet den Übergang zu den Privaträumen Philipps II., die an das Chorhaupt der Kirche anschließen und den Patio de los Mascarones (Hof der Masken) umgeben. Die interessantesten Räume sind der Alkoven Philipps II., von dem der König einen direkten Zugang zur Kirche hatte und in dem er am 13. September 1598 starb, die 'Zelle Philipps II.' mit dem "Heuwagen" (möglicherweise Kopie) von Hieronymus Bosch und elf Albrecht Dürer zugeschriebenen Aquarellen sowie der Thronsaal und die Räume der Infantin Isabel Clara Eugenia.
Nuevos Museos	In verschiedenen Räumen des Palastes sind die Nuevos Museos (Neue Museen) eingerichtet, in denen Kunstgegenstände und Gemälde aus allen

Teilen des Klosterpalastes zusammengestellt sind. Die Museen teilen sich in ein Architekturmuseum und die Pinakothek.

Nuevos Museos (Fortsetzung)

Das Architekturmuseum befindet sich in den östlichen Kellerräumen des Verwaltungspalastes und zeigt anhand von Stichen, Modellen, Geräten und Originalplänen die Baugeschichte des Escorial auf.

In der Pinakothek im Untergeschoß der Privatgemächer Philipps II., dem sog. Sommerpalast, findet der Besucher eine Fülle bedeutender Gemälde. Von den hier vertretenen Künstlern seien erwähnt: in den ersten beiden Sälen Hieronymus Bosch ("Dornenkrönung"), Gerard David, Quentin Metsys, Marinus van Reymerswaele ("Geldwechsler") und Albrecht Dürer; in den beiden folgenden Sälen Tizian ("Abendmahl", "Hl. Hieronymus im Gebet"), Reni, Tintoretto und Veronese; in den anschließenden Sälen u.a. José de Riberas und Diego Velázquez ("Der Rock Josephs"). Wichtige Werke El Grecos beherbergen zwei Säle des Verwaltungspalastes, darunter "Das Martyrium des hl. Mauritius", das Philipp II. wegen der ihm nicht genehmen Darstellung des Martyriums mißfiel.

Umgebung von El Escorial

Südöstlich von der Klosteranlage erstrecken sich die mit hübschen Alleen und uralten Mammutbäumen bewachsenen Jardines del Príncipe (Prinzengärten), in deren unterem Teil der Prinz von Asturien und spätere König Karl IV. 1773 ein Schloß, die Casita del Príncipe, errichten ließ. Die im Stil der Zeit eingerichteten Innenräume können besichtigt werden.

Jardines del Príncipe

Ein kleineres Pendant zur Casita del Príncipe ist die Casita del Infante südwestlich vom Escorial, das dem Bruder Karls IV., dem Infanten Gabriel, als Ort der Zurückgezogenheit diente.

Casita del Infante

Auf einer Anhöhe 3 km südlich der Klosteranlage befinden sich mehrere sesselähnliche Felsblöcke, von denen Philipp II. die Bauarbeiten beobachtet haben soll und die daher den Namen Silla de Felipe II. (Sessel Philipps II.) erhalten haben. Man genießt einen ausgezeichneten Blick auf den mächtigen Gebäudekomplex des Escorial vor dem Panorama der Sierra de Guadarrama. Zu erreichen ist die Anhöhe am besten vorbei am westlich außerhalb des Ortes liegenden Golfplatz, nach dessen Passieren man eine Straßenkreuzung erreicht, wo ein Schild den weiteren Weg weist.

Silla de Felipe II.

Valle de los Caídos

In den Jahren 1940 bis 1958 ließ der Generalíssimo Francisco Franco in den Bergen ca. 13 km nördlich von El Escorial ein Totenmal für die auf nationalistischer Seite Gefallenen des Spanischen Bürgerkriegs erbauen, das Monumento Nacional de Santa Cruz del Valle de los Caídos, kurz Valle de los Caídos, Tal der Gefallenen, genannt. Das Eingangstor zum Gelände liegt mehrere Kilometer unterhalb der eigentlichen Gedenkstätte, die man mit dem Auto über eine Bergstraße erreicht. Schon auf halber Strecke erblickt man von einer Brücke aus den von einem 150 m hohen Kreuz überragten Eingangsbereich der Basilika, ein Paradebeispiel für die architektonische Gigantomanie des Faschismus.

Von dem riesigen Vorplatz der Basilika hat man einen weiten Blick über die schöne Berglandschaft. Über dem Eingang zur in den Fels gesprengten Basilika sieht man eine riesige Pietà von Juan de Ávalos. Danach betritt man eine kleinere, aber immer noch beeindruckend große Halle, deren Tonnengewölbe das geflüsterte Wort als Echo zurückwirft und den Besucher zum Verstummen bringt. Es schließt sich das immense, 262 m lange Hauptschiff an, an dessen Wänden Kopien Brüsseler Wandteppiche hängen. Herz der Felsenkirche ist der Altar unter der 42 m hohen Vierungskuppel, die mit Mosaiken geschmückt ist. Unter einer vor dem Altar einge-

lassenen Grabplatte ruht Primo de Rivera, der Gründer der Falange, hinter
dem Altar liegen unter einer gleichen Platte die sterblichen Überreste Francos. Rechts vom Altar sind in Gewölben unter der Capilla de los Caídos
40 000 Särge mit den Gefallenen des Bürgerkrieges aufgestellt (keine
Besichtigung). Nach Verlassen der Basilika gelangt man rechts zu einer
Standseilbahn, mit der man zum Fuß des Kreuzes hinauffahren kann.

Estepona   E 9

Provinz: Málaga
Telefonvorwahl: 952
Höhe: 21 m ü.d.M.
Einwohnerzahl: 34 000

Touristenort

Der einstige Fischerhafen an der Küstenstraße N-340 am Fuß der Sierra
Bermeja ist der westlichste Ferienort an der Costa del Sol. Er ist römischen
Ursprungs. In der Nähe liegen die Ruinen des tausend Jahre alten Aquädukts von Salduba. Im Ort sind noch Reste der arabischen Festung und
der mittelalterlichen Wachtürme erhalten; die Altstadt strahlt noch etwas
von ihrem andalusischen Charakter aus. Ansonsten zeigt Estepona das
typische Gesicht eines modernen Touristen- und Erholungszentrums mit
internationalem Publikum: Jachthafen, Hotelhochhäuser, Restaurants und
Bars umschließen den Ortskern.

Sport und
Freizeit

Vielfältige Möglichkeiten zum Wassersport bieten sich an den 21 km Stränden, die zum Gebiet von Estepona gehören; sie sind teilweise mit der
blauen Flagge der EG ausgezeichnet. Der moderne Sporthafen hat 900
Liegeplätze; daneben gibt es einen Segelclub, Sportfischereimöglichkei-
ten, Regatten, Wasserski, drei Golfplätze und mehrere Tennisanlagen.

Sierra
Bermeja

Abseits vom Rummel in Estepona bietet das Hinterland der Sierra Bermeja
ruhige Plätze in schöner Berglandschaft.

Estella   H 3

Provinz: Navarra (NA)
Telefonvorwahl: 948
Höhe: 426 m ü.d.M.
Einwohnerzahl: 13 000

Lage und
Allgemeines

Das abseits der Durchgangsstraße am Río Ega gelegene alte Städtchen
Estella wurde von König Sancho Ramírez im Jahre 1090 am Ort einer römi-
schen Siedlung gegründet. Es war im Mittelalter zeitweise Residenz der
Könige von Navarra und Pilgerstation am ⟶ Jakobsweg, die schon von
Aimerico Picaud in seinem 'Reiseführer' für den Pilgerweg als gastfreund-

*Stadtbild

liche Stadt gelobt wurde. Die auf Veranlassung der Könige von Navarra in
die Stadt gekommenen Juden und Franken bewohnten eigene Viertel und
mehrten den Reichtum der stolzen Stadt, von dem heute noch zahlreiche
Türme und Paläste zeugen.

Sehenswertes

**San Pedro
de la Rúa**

Über dem Río Ega erhebt sich unübersehbar der Turm der Kirche San
Pedro de la Rúa (12. Jh.), zu dem man auf einer Treppe hinaufsteigt, die vor

Estella aus der Vogelschau

dem Portal endet. Dieses zeigt in der Kombination von Spitz- und Zackenbögen deutlichen maurischen Einfluß. Im Inneren der dreischiffigen Kirche
mit drei Apsiden fällt eine aus drei ineinander verflochtenen Schlangen
bestehende Säule in der zentralen Apsis auf. In der barocken Capilla de
San Andrés im linken Seitenschiff wird in einem silbernen Schrein eine
Reliquie des hl. Andreas aufbewahrt, die im 13. Jh. der Bischof von Patras
der Stadt zum Geschenk machte.

San Pedro
(Fortsetzung)

Der leider bei der Zerstörung des naheliegenden Castillo im Jahr 1572
stark in Mitleidenschaft gezogene Kreuzgang ist wegen seiner Säulenkapitelle von besonderem Interesse. Nur der Nord- und der Westflügel sind
noch erhalten; die Kapitelle zeigen u.a. die Ermordung der Knaben durch
Herodes, Leben und Leidensgeschichte Christi, die Geschichte des hl.
Laurentius, die Geschichte des hl. Andreas, die Gefangennahme des hl.
Petrus sowie Tier- und Pflanzenornamente.

*Kreuzgang

Unterhalb der Kirche liegt die Plaza de San Martín. An ihrer Ostseite läuft
die Calle San Nicolás zur Puerta de Castilla, durch die die Jakobspilger die
Stadt wieder verließen. Entlang der Straße erstreckt sich der Palacio de los
Reyes de Navarra, der Palast der Könige von Navarra, dessen Grundstruk-
tur aus dem 12. Jh. stammt. Die Türme und die Galerie wurden im 16. Jh.
hinzugefügt. Auffallend sind die beiden Säulen an der Hauptfassade: Die
linke zeigt den Kampf Rolands mit dem Mauren Ferragut; die rechte Teufel,
die die Geizhälse traktieren und musizierende Tiere. Im Palast ist ein
Museum für Gemälde des Künstlers Gustavo de Maeztu (1887–1947) eingerichtet.

*Palacio de los
Reyes de Navarra

An der Einmündung der Pilgerstraße in die Plaza de San Martín versammelten sich seit dem 11. Jh. die Bürger von Estella. An der Stelle des alten
Gebäudes wurde im 16. Jh. ein neues errichtet, das heutige Rathaus, das
zwei sehr schöne Wappen der Stadt trägt.

Ayuntamiento

Estella (Fortsetzung) Calle de la Rúa	Vom Rathaus führt ostwärts die Calle de la Rúa weg, in der schöne Bürgerhäuser und Adelspaläste sich aneinanderreihen, darunter die Casa de Fray Diego de Estella (16. Jh.) und der Palacio del Gobernador (17. Jh.), jeweils auf der linken Straßenseite.
Santo Sepulcro	Im weiteren Verlauf der Calle de la Rúa kommt man auf der rechten Seite zur Kirche Santo Sepulcro, Ende des 12. Jh.s begonnen. Im Tympanon des gotischen Portals erkennt man Kreuzigung, Begräbnis und Wiederauferstehung Christi; rechts und links vom Portal schöne Apostelstatuen.
San Miguel Arcángel ✳Nordportal	Am linken Ufer des Río Ega führt eine Treppe hinauf zum Mercado Viejo, an der sich die auf den ersten Blick schlichte, im Übergangsstil von der Romanik zur Gotik erbaute Kirche San Miguel Arcángel erhebt. Ihr Nordportal ist jedoch eine der schönsten romanischen Bildhauerarbeiten in Navarra. Die Kirchentür wird zu beiden Seiten von fünf Säulen flankiert, deren Kapitelle Geburt und Kindheit Jesu bis zur Ermordung der Knaben durch Herodes darstellen; die beiden letzten Kapitelle zeigen Jagdszenen und Pflanzenornamente. Der Figurenschmuck setzt sich in den Archivolten fort; im Tympanon thront Jesus, von den Symbolen der Evangelisten umgeben. Wahre Meisterwerke sind die beiden Reliefs rechts und links vom Portal: links der Kampf des Erzengels Michael mit dem Drachen sowie der Erzengel und Abraham im Kampf mit dem Teufel um die Seelen; rechts die Auferstehung Christi. Im Inneren ist im linken Kirchenschiff der Retablo de Santa Elena aus dem Jahr 1406 sehenswert.

Umgebung von Estella

Monasterio de Irache	Auf der N-111 erreicht man nach 3 km in südwestlicher Richtung das Monasterio de Irache, das aus einer der ersten Pilgerstationen am Jakobsweg im 11. Jh. hervorging. Im 15. und 16. Jh. hatte eine weit angesehene Universität ihren Sitz im Kloster. Der Baubeginn der Kirche fällt ins 12. Jh., die Apsis ist noch romanisch, während die Fassade dem 17./18. Jh. entstammt. Der Kreuzgang ist im Stil der Renaissance gehalten.

Figueras / Figueres   N 3

Provinz: Gerona (GE)
Telefonvorwahl: 972
Höhe: 30 m ü.d.M.
Einwohnerzahl: 28 000

Lage	Figueras (katal. Figueres) liegt ungefähr 35 km nördlich der Provinzhauptstadt Gerona (katal. Girona) bzw. 15 km nordwestlich vom Golfo de Rosas.

✳✳Museo / Museu Salvador Dalí

Öffnungszeiten Okt. – Juni 11.30 – 17.30; Juli – Sept. 9.00 – 20.30	Schon von weitem ist das Museo Salvador Dalí an der aus wabenförmigen Elementen zusammengesetzten Plexiglaskuppel zu erkennen, welche den klassizistischen Bau des einstigen Theaters (1850) krönt, in dem heute das Museum eingerichtet ist.
Fotografieren nicht gestattet	Das Dalí-Museum ist nicht nur die Hauptattraktion von Figueras, sondern eine der bedeutendsten Sehenswürdigkeiten in ganz Katalonien sowie nächst dem Prado in Madrid das meistbesuchte Museum Spaniens. Nirgends sonst tritt einem das Werk des in Figueras geborenen großen Surrealisten in so konzentrierter Form entgegen wie hier. Die Ausstellungsräume gruppieren sich in mehreren Stockwerken, welche den einstigen

Im Museo Salvador Dalí   *Dalí: "Raffaelskopf, zerborsten"*

Rängen entsprechen, um den seines Daches entledigten ehemaligen Zuschauerraum. In den Fenstern und auf den Dachgesimsen bemerkt man eine Unzahl von Figurinen aus Kunststoff in allen erdenklichen Posen.

Dalí-Museum (Fortsetzung)

Wohl niemand wird sich der Faszination entziehen können, die von den dichtgedrängten Exponaten ausgeht. Es gibt keine Kunstrichtung, die nicht verfremdet und parodiert, keine Technik, die nicht virtuos gehandhabt, kein Material, das nicht in unerwarteter Weise verwendet ist. Hier seien nur wenige Einzelheiten herausgegriffen, die besonders ins Auge fallen. So befindet sich im ersten Stock ein großes, an barocken Mustern orientiertes Deckengemälde, das die perspektivische Wirkung seiner Vorbilder ins Groteske steigert: Von zwei schwebenden Gestalten, die von unten betrachtet werden, sieht man fast nur die übergroßen Fußsohlen, während sich die Körper in der Tiefe des Raumes verlieren. Die einstige Bühne ist durch eine raumhohe Glaswand abgeschlossen, hinter dem sich in einem geradezu kultisch anmutenden Raum ein monumentales Gemälde befindet; ihm gegenüber, einem Altar gleichend, ein zweites unter einem roten Baldachin. Auch die Fassaden und das Monument vor dem Eingang sind von Dalí verfremdet worden.

Der am 25. Januar 1989 verstorbene Künstler hat seine letzte Ruhe unter der Kuppel des Museums gefunden; auch sein Grab ist standesgemäß mit einem von ihm selbst chauffierten Cadillac und einer "Esther"-Statue des Wieners Ernst Fuchs ausgestattet.

An den Ramblas, dem breiten, von Platanen beschatteten Hauptstraßenzug der Innenstadt, befindet sich im Haus Nr. 2 das Museo del Ampurdán (katal. Museu del Empordà) mit Sammlungen zur Geschichte der katalanischen Landschaft Empordà (span. Ampurdán), die sich südlich der Stadt ausbreitet. Gezeigt werden im Erdgeschoß Werke von zeitgenössischen Malern der Region. Im ersten Stock antike Gläser, Bronzeschmuck und -gerät, schwarzfigurige Amphoren, Terrakotten u.a. Die frühen Funde

Museo del Ampurdán / Museu del Empordà

Figueras
(Fortsetzung)
Museo del
Ampurdán

stammen zu einem großen Teil von den Ausgrabungen der Iberersiedlung in Ullastret (Umgebung von → Gerona) und aus → Ampurias; ferner romanische und gotische Kunst, Barockgewänder, Schiffsmodelle.

Museo de
Juguetes

Näher an der platzartigen Erweiterung der Ramblas (Haus Nr. 10) ist im Hotel Paris das Museo de Juguetes (Spielzeugmuseum) zu finden.

Fuengirola   F 9

Provinz: Málaga (MA)
Telefonvorwahl: 952
Meereshöhe
Einwohnerzahl: 30 000

Lage und
Allgemeines

Das Seebad Fuengirola an der Küstenstraße N-340 an der Costa del Sol ist 29 km von → Málaga und 25 km vom Flughafen von → Torremolinos entfernt und war schon den Römern als 'Suel' bekannt.
Im Norden durch die Sierra de Mijas geschützt, bewahrt es noch die Ruinen der maurischen Burg Sohall, die Kalif Abd ar-Rahman III. im 10. Jh. errichten ließ.

Ferienort

Fuengirola ist heute ein internationaler Ferienort in verkehrsgünstiger Lage. Strände von einer Gesamtlänge von 7 km, Restaurants und Hotels für alle Ansprüche und Freizeitangebote vom Golfplatz über einen Zoo bis hin zu Kursen in allerlei Fächern und Disziplinen offerieren dem Touristen ein breites Angebot.

*Mijas

9 km nördlich von Fuengirola liegt das touristisch herausgeputzte kleine Dorf Mijas, dessen weißgekalkte Häuser vielfach Bars, Restaurants und

Am Strand von Fuengirola

Kunsthandwerksläden beherbergen. Eine Fahrt hierher wird vor allem durch die schönen Ausblicke vom Südhang der Sierra de Mijas auf das Mittelmeer belohnt. In der Nähe des Dorfes wird derzeit allerdings von japanischen Investoren ein Luxusdorf für pensionierte japanische Manager gebaut.

Fuengirola, Mijas
(Fortsetzung)

Gandía   K 7

Provinz: Valencia (V)
Telefonvorwahl: 96
Höhe: 22 m ü.d.M.
Einwohnerzahl: 53 000

Inmitten der reichsten und meistbevölkerten Huerta des ehemaligen Königreichs Valencia liegt Gandía, einst Hauptstadt eines Herzogtums und Sitz des Geschlechtes der Borja (Borgia), aus dem auch der Bischof von Valencia, Rodrigo, hervorging, der als der berüchtigte Papst Alexander VI. in die Weltgeschichte einging. Sein Urenkel Francisco, 1510 in Gandía geboren, wurde der dritte General des Jesuitenordens und später heiliggesprochen.

Lage und
Allgemeines

Gandía teilt sich in die eigentliche Stadt und den 4 km entfernt an der Küste liegenden Hafen El Grao (katal. El Grau), dessen kilometerlange Sandstrände Gandía zu einem der Zentren des Massentourismus an der valencianischen Mittelmeerküste machten.

Sehenswertes

Am Ostende des die Kernstadt durchquerenden Paseo de las Germanías (katal. Passeig de les Germanies) liegt am höchsten Punkt der Altstadt der Herzogspalast Palacio del Santo Duque (katal. Palau Sant Duc), das Geburtshaus von Francisco de Borja. Seine heutige Gestalt erhielt das Gebäude im 16. und 18. Jh.; besonders sehenswert sind der Patio de las Armas mit seiner prächtigen Treppe (16. Jh.) und mehrere barocke Prunkräume im Inneren, insbesondere die 38 m lange 'Goldene Galerie', die einen sehr schönen Mosaikfußboden besitzt.
Ein kleines Museum erinnert an Leben und Wirken des hl. Francisco de Borja.

Palacio del
Santo Duque /
Palau Sant Duc

An der Plaza de la Constitución (katal. Plaça Constitució) ragt der Turm der Kollegiatskirche (La Colegiata) empor, die ein anschauliches Beispiel für die katalanische Gotik ist. Sie wurde im 13. und 14. Jh. über einer maurischen Moschee errichtet und im 15. und 16. Jh. renoviert bzw. ausgebaut. Die einschiffige Kirche besitzt mit dem Südportal und dem Apostelportal zwei interessante Zeugnisse gotischer Bildhauerkunst.

La Colegiata

Über die Calle Mayor (katal. Carrer Maior) gelangt man zum nördlich liegenden Gebäude der von Francisco de Borja gegründeten Antigua Universidad (katal. Antica Universitat = Alte Universität). Der im 16. Jh. errichtete Bau, heute mit einer Barockfassade versehen, wurde nach dem Verbot des Jesuitenordens dem Orden der Barmherzigen Brüder und Schwestern übergeben.

Antigua
Universidad /
Antica Universitat

El Grao (katal. El Grau), der Hafen von Gandía, hat als Handels- und Fischerhafen seine beste Zeit hinter sich, während der die Zitrusfruchternte der Huerta hier verschifft und reger Fischfang betrieben wurde. Heute lebt der Hafen von den kilometerlangen weißen Stränden, hinter denen sich die Hochhäuser mit Hotels, Appartements, Restaurants und Bars türmen.

El Grao / El Grau

Gerona / Girona   N 4

Provinz: Gerona (GE)
Telefonvorwahl: 972
Höhe: 68 m ü.d.M.
Einwohnerzahl: 88 000

Lage

Gerona (katal. Girona), die Hauptstadt der gleichnamigen katalonischen Provinz, liegt etwa 35 km landeinwärts von der Costa Brava am Río (katal. Riu) Ter, der hier den Onyar, den Güell und den Galligans aufnimmt.

Geschichte

Gerona wurde von den Iberern gegründet, und zwar vermutlich zur Zeit der ersten griechischen Kolonisation. Noch heute sind Reste der iberischen Ummauerung erhalten. Zur Römerzeit hieß die Stadt 'Gerunda', unter der Herrschaft der Araber, von denen sie Karl der Große im Jahre 785 vorübergehend zurückeroberte, 'Djerunda'. Die strategisch günstige Lage an der wichtigsten die Pyrenäen überquerenden Fernstraße brachte es mit sich, daß Gerona oft umkämpft war und sich als 'Stadt der tausend Belagerungen' bezeichnete. Seit dem späten 10. Jh. war Gerona unabhängige Grafschaft, unterstand dann einige Zeit den Grafen von Barcelona. In der Erhebung gegen Napoleon widerstand die Stadt im Jahre 1809 sieben Monate lang einer französischen Übermacht, ehe sie kapitulieren und die Truppen einrücken lassen mußte. Die französische Besetzung dauerte bis 1814.

Sehenswertes

Neustadt

Auf dem linken Ufer des Río Onyar liegt die Neustadt. Auf der von Arkaden umzogenen Plaza de la Independencia (katal. Plaça de Independència), unweit vom Fluß, steht ein Denkmal zur Erinnerung an den heroischen Widerstand der Bevölkerung gegen die Truppen Napoleons. Weiter nördlich erstreckt sich der Parque de la Dehesa (katal. Parc de la Devesa).

Altstadt

Die Altstadt steigt am rechten Ufer des Onyar an. Zwischen der Eisenbahnbrücke im Norden und der das Flußbett überbrückenden Plaza Catalonia (katal. Plaça Catalunya) erstreckt sich entlang dem Fluß eine bunte Front alter Häuser, überragt von der Kirche San Feliú und der Kathedrale. Parallel zum Ufer verläuft die Rambla de la Libertat (Fußgängerzone), der Hauptstraßenzug der Altstadt, mit Arkadengängen, Läden und Straßencafés.

**San Feliú /
Sant Fèlix**

Nahe dem Nordende der Altstadt steht die einstige Kollegiatskirche San Feliú (11.–18. Jh.). Es handelt sich um einen dreischiffigen gotischen Bau mit sehr niederen Seitenschiffen, welche spätromanische Galerien mit Skulpturenkapitellen besitzen. Der Chor wurde im Jahre 1318 vollendet, die Westfassade stammt aus dem 17. Jh.; der hohe Glockenturm, ursprünglich gotisch, wurde 1581 durch Blitzschlag erheblich beschädigt und besitzt wegen der anschließenden Erneuerung nicht mehr seine ursprüngliche Form.

Innenraum

Man betritt das Innere der Kirche durch das Portal der rechten Langhauswand. Sie besitzt kein Querhaus, jedoch ist an der linken Langhauswand eine überwölbte barocke Kapelle angefügt (Capilla de San Narciso, dem hl. Narcissus geweiht, Bischof von Gerona in der Zeit des Diocletian). Im Chor befindet sich ein gotischer Schnitzaltar, daneben mehrere Sarkophage aus dem 2. bis 6. nachchristlichen Jahrhundert.

Geht man an der rechten Langhauswand der Kirche Feliú hin, so gelangt man zum sogenannten Portal de Sobreportes, einem von zwei Türmen

flankierten wuchtigen Stadttor, neben dem die klassizistische Kirche San Lucas (katal. Sant Lluc) steht. Hinter dem Tor liegt die kleine Plaza de la Catedral, die zum größten Teil von der mächtigen barocken Freitreppe (1690) eingenommen wird, welche mit 90 Stufen zur Kathedrale hinaufführt.

Das Palais der Familie Pastors, gegenüber dem Fuß der Freitreppe, erhielt sein heutiges Aussehen im 18. Jh.; heute dient es als Justizpalast.

Casa Pastors

An der vom Kathedralenplatz nach Süden ziehenden Carrer de la Força befindet sich im Gebäude eines einstigen Kapuzinerklosters das Museo de História (Stadtgeschichtliches Museum). Hauptthemen sind die Vorgeschichte der Region und die Zeit der Industrialisierung (19./20. Jh.).

Museo de História / Museu de / História

Der von hier sich nach Süden erstreckende Teil der Altstadt war bis ins 15. Jh. das Judenviertel von Gerona.

✳Kathedrale

Die das Stadtbild beherrschende gotische Kathedrale wurde im Jahre 1312 begonnen und gegen Ende des 16. Jh.s vollendet. Das wuchtige barocke Hauptportal (18. Jh.) wendet sich der Freitreppe zu; sein Figurenschmuck ist neuzeitlich. Vor der rechten Langhauswand mit ihrem gotischen Portal (ohne den ursprünglichen Figurenschmuck) breitet sich ein kleiner Platz aus.

Altstadt am Río Ter

Innenraum der
Kathedrale

Das Innere der Kathedrale ist einschiffig; das Langhaus gehört mit 50 m Länge, 23 m Breite und 34 m Höhe zu den größten überwölbten Räumen der Gotik überhaupt. Die Apsis ist demgegenüber wesentlich niedriger und zeigt mit Chorumgang und Kapellenkranz den klassischen Formenkanon. Unter einem Baldachin steht hier der Hauptaltar, dessen vergoldeter Aufsatz eine bemerkenswerte Silberschmiedearbeit aus dem 14. Jh. darstellt. Dahinter der mit Rankenfriesen gezierte steinerne Bischofssitz, gemeinhin als Thronsessel Karls des Großen angesehen.

**Museum

In der linken Langhauswand öffnet sich der Zugang zum Museum der Kathedrale. Bemerkenswerte Stücke sind u.a. im ersten Raum eine romanische Madonna (11. / 12. Jh.), die sehr stark dem Gnadenbild vom → Montserrat ähnelt; sowie eine illuminierte Handschrift der Apokalypse (975). Im zweiten Saal ein spätgotisches Kreuz (1503–1507) mit Perlen und Emaileinlagen sowie ein zweites aus dem 14. Jh. mit Grubenschmelzarbeit. In Raum 3 in einer Vitrine an der Wand Buchdeckel aus Silber (14. Jh.), in der zentralen Vitrine eine bemerkenswerte Sammlung von Skulpturen aus dem 15. Jh.; ferner die Bibel Kaiser Karls V. (italienische Arbeit, 14. Jh.). Hier verdienen auch zwei Altarfronttücher (Nr. 41 und 42) Beachtung, das eine (14. Jh.) mit Gold- und Seidenstickerei, das andere (13. Jh.) mit 21 Szenen aus dem Leben Jesu.

**Schöpfungs-
teppich

Der Raum 4 ist dem weitaus schönsten Stück des Museums vorbehalten: dem großartigen farbigen Bildteppich, der die Schöpfungsgeschichte zeigt. Die Seidenstickerei wurde im 11. Jh. angefertigt und lehnt sich an frühchristliche Vorbilder an (hierfür spricht u.a. die Darstellung des bartlosen Christus als Weltschöpfer in der Mitte des Zyklus, umgeben von den lateinischen Bibelworten "Und Gott sprach 'Es werde Licht', und es ward Licht").

*Kreuzgang

Der romanische Kreuzgang auf trapezförmigem Grundriß ist ein Werk aus dem 12. Jh.; man erreicht ihn vom Museum über einige abwärts führende

Stufen. Die Figurenkapitelle der Säulenarkaden sind leider teilweise ziemlich beschädigt, beeindrucken aber noch immer durch die Vielfalt der Darstellungen, die biblische Szenen ebenso umfassen wie Details aus dem Volksleben. Unter den Gewölben befinden sich zahlreiche Grabsteine. Über dem Kreuzgang ragt ein romanischer Turmstumpf auf, der durch ein- und zweibogige Fensteröffnungen seine Gliederung erhält.

Im Oberstock des Kreuzganges findet man eine stattliche Sammlung reichbestickter Meßgewänder; von einer Empore bietet sich ein hübscher Blick nach Norden auf die Gartenanlagen, auf die kleine romanische Kirche San Pedro de Galligans und einen Rest der alten Stadtmauer.

(Randspalte:) Kreuzgang der Kathedrale (Fortsetzung)

An das Langhaus der Kathedrale stößt rechts das Museo de Arte (Kunstmuseum) an; es enthält Exponate von der Vorromanik bis zum Beginn des 20. Jahrhunderts.

(Randspalte:) Museo de Arte / Museu d'Art

Paseo Arqueológico / Passeig Arqueològic

Von der Kathedrale führt ein ausgeschilderter archäologischer Rundgang zu den wichtigen Sehenswürdigkeiten der Altstadt. Nachdem man das Portal de Sobreportes in umgekehrter Richtung passiert hat, gelangt man zu den links gelegenen Arabischen Bädern (Baños Árabes), die wohl aus einer jüdischen Mikwe (rituelles Tauchbad) entstanden und deren spätromanische Gewölbe in jüngerer Zeit wiederhergestellt worden sind.

(Randspalte:) Baños Árabes / Banys Arabs

Die romanische Kirche San Pedro de Galligans liegt um etliches tiefer und jenseits des gleichnamigen Flüßchens. Der wehrhafte Bau aus dem 12. Jh. war einst Teil eines Benediktinerklosters, ist heute profaniert und beherbergt im Kreuzgang das Museo Arqueológico. Bemerkenswert sind die Schmuckrosetten und das Bänderwerk im Rundbogenportal; in dem dreischiffigen Innenraum finden wechselnde Kunstausstellungen statt.

(Randspalte:) San Pedro de Galligans / Sant Pere de Galligans

Dicht neben San Pedro steht die wesentlich kleinere, gleichfalls romanische Kirche San Nicolás (12. Jh.); auch sie ist heute profaniert und dient als Ausstellungsraum.

(Randspalte:) San Nicolás / Sant Nicolau

Umgebung von Gerona

Ullastret

Beim kleinen Ort Ullastret 30 km nordöstlich von Gerona in der Mündungsebene des Riu Ter liegt das parkähnlich gestaltete Gelände des Poblado Ibérico (katal. Poblat Ibèric), einer ausgegrabenen Iberersiedlung.

(Randspalte:) ✱ **Poblado Ibérico / Poblat Ibèric**

Die Iberersiedlung bei Ullastret gehört zu den größten ihrer Art in Nordostspanien. Der Puig de Sant Andreu und die Illa d'en Reixac, durch einen schmalen Isthmus miteinander verbunden, waren schon in der Altsteinzeit bewohnt, und auf ihnen entstand vermutlich im 7. Jh. die befestigte Stadt. Die Iberer, die Ureinwohner des Landes, unterhielten hier schon im 6. vorchristlichen Jahrhundert rege Handelsbeziehungen mit Phönikern, Etruskern und Griechen. Auf vorwiegend griechischen Einfluß ist es auch zurückzuführen, daß die Iberer in Stein zu bauen begannen und den Gebrauch der Töpferscheibe übernahmen. An der Wende vom 5. zum 4. vorchristlichen Jahrhundert stand die inzwischen wehrhaft ummauerte Ibererstadt auf der Höhe ihrer Entwicklung und ihres wirtschaftlichen Wohlstandes. Doch die übermächtig gewordene Konkurrenz der nahen griechischen Gründung Emporion (→ Ampurias) brachte im 3. Jh. v. Chr. ihren Niedergang, und im 2. Jh. v. Chr. wurde die Stadt aufgegeben. Sie blieb vergessen bis in die dreißiger Jahre unseres Jahrhunderts; die systematischen Grabungen begannen im Jahre 1947 und dauern noch an.

(Randspalte:) Geschichte

Besichtigung der Ruinenstätte von Ullastret

Vom Tor in der Umzäunung des archäologischen Bereiches gelangt man zur westlichen Stadtmauer. Sie ist hier durch sechs große Rundtürme verstärkt, die in ziemlich regelmäßigen Abständen von jeweils knapp 30 m errichtet wurden; insgesamt führen in diesem Bereich sechs Tore durch die Ummauerung.

Mit der Besichtigung des Freigeländes beginnt man zweckmäßigerweise am Tor 1, das sich in der mächtigen Schutzmauer öffnet. Von hier zieht die breite Straße 1 zur Oberstadt (Akropolis), auf deren höchstem Punkt der Bau des Museums steht. Am weitesten sind die Ausgrabungsarbeiten in dem Siedlungsteil fortgeschritten, der hier an die Stadtmauer grenzt. An einigen Stellen sind große Schächte senkrecht in den Boden getrieben, die als Vorratskammern und Zisternen dienten. Links der Straße 1 liegt der 'Predis subirana' genannte Siedlungsbezirk, gleichfalls mit Fundamentresten und einer Zisterne. Im Bereich der Oberstadt wurden die Reste zweier Tempel freigelegt.

Die Geländeteile weiter im Norden sind noch nicht für die Besichtigung freigegeben. Auf dem Camp Triangular wurden Gegenstände aus dem 5. und 4. Jh. v. Chr., also aus der Hochblüte der Stadt, gefunden.

Museum

Auf der höchsten Stelle des Akropolishügels steht das Museum. Gezeigt werden Ackergerät, Waffen u.a. aus iberischer Zeit, etliche menschliche Schädel, teils von Exekutierten, teils mit Trepanationsspuren, fossile Fauna, Spinnwirtel und Webgewichte, Gußformen für Bronzefibeln, bemalte Keramik (großenteils griechische Importware aus Attika). Im Hauptraum ein Modell des Grabungsgeländes; an den Wänden große Kartenskizzen mit den Herkunftsorten der ausgestellten Münz- und Keramikfunde sowie eine archäologische Karte der Provinz Gerona.

La Bisbal

An der Durchgangsstraße C-255, 8 km südwestlich von Ullastret, liegt das Städtchen La Bisbal (39 m ü.d.M.), ein Zentrum der Keramikindustrie mit einer Produktpalette von schlichter, ästhetischer Ware bis zum Kitsch. Im Ort eine romanische Burg, einst Sitz der Bischöfe von La Bisbal.

Bañolas / Banyoles

Die Kleinstadt Bañolas (katal. Banyoles) besitzt unweit östlich vom Marktplatz (Plaça Major) ein archäologisches Museum mit Funden aus der Umgebung. Östlich außerhalb des Stadtkerns steht die im 9. Jh. erbaute, durch französische Truppen 1655 zerstörte und danach im Stil des Klassizismus wiederaufgebaute Kirche San Esteban (katal. Sant Esteve). Im Inneren findet sich ein Retaule de la Mare de Deu de l'Escala genanntes sehr schönes gotisches Altarblatt, geschaffen 1437 bis 1439 von Meister Joan Antigo.

Lago de Bañolas / Llac de Banyoles

Westlich der Stadt breitet sich der Lago de Bañoles (katal. Llac de Banyoles) aus, der größte natürliche Binnensee Kataloniens und beliebtes Naherholungsgebiet, auf dem 1992 die olympischen Ruderwettkämpfe abgehalten werden. An seinem südwestlichen Ende der kleine Ort Porqueras (katal. Porqueres) mit einem hübschen romanischen Kirchlein.

*Besalú

Auf der C-150 gelangt man nach 16 km von Bañolas nach Besalú (151 m ü.d.M.) am Río Fluvia (katal. Riu Fluvià), ein kleines Städtchen, dessen Ortskern noch heute seinen mittelalterlichen Charakter bewahrt hat. Mittelpunkt der Altstadt ist die arkadengesäumte Plaza Mayor (katal. Plaça Major).

San Vicente / Sant Vincenç

Die spätromanische Pfarrkirche San Vicente (katal. Sant Vincenç) mit ihrem Turm aus dem 16. Jh. befindet sich nur unweit nordwestlich des

Ullastret: Iberische Stadtmauer

Mittelalterliche Brücke in Besalú

Hauptplatzes. An der südöstlichen Langhausseite das bemerkenswerte Portal Porta de San Rafael mit Rundbogen und figurengeschmückten Kapitellen.

Besalú,
San Vicente
(Fortsetzung)

Der wuchtige dreischiffige Bau der Kirche San Pedro (Sant Pere) südlich vom Hauptplatz gilt als eine der bedeutendsten romanischen Kirchenbauten Kataloniens. Die Säulen des Mittelfensters der ansonsten schmucklosen Hauptfassade tragen figurenreiche Kapitelle und werden von zwei Löwenskulpturen flankiert.
Gegenüber der Kirche das stattliche Palais Casa Cornellà.

San Pedro /
Sant Pere

An der Straße zur den Fluvià überspannenden mittelalterlichen Brücke liegt rechts das jüdische Bad ('miqwe'). Die Brücke, 1315 neu errichtet, ist das Wahrzeichen der Stadt. In ihrer Mitte trägt sie einen Wehrturm; zur Stadtseite sichert ein Tor mit Fallgitter den Zugang.

Mittelalterliche
Brücke

Castellfullit (katal. Castellfollit), 16 km auf der C-150 von Besalú entfernt, liegt in phantastischer Lage auf einem Basaltsporn, der fast senkrecht zum Río Fluvia abfällt. Nahe der äußersten Felsspitze steht hoch über der Schlucht die alte Kirche.

✳Castellfullit /
Castellfollit

Weitere Reiseziele

⟶ Ampurias
⟶ Barcelona
⟶ Costa Brava
⟶ Figueras
⟶ Ripoll
⟶ Seo de Urgel
⟶ Vich

Gibraltar E 9

Status: Britische Kronkolonie (Dominion)
Fläche: 6,5 km²
Telefonvorwahl: 00 350
Höhe: 0 – 425 m ü.d.M.
Einwohnerzahl: 30 000

Einreise

Von Spanien aus gelangt man über den Grenzübergang La Línea (→ Algeciras) nach Gibraltar. Zur Einreise genügt der Personalausweis.

**Lage und Allgemeines

Die als 'Schlüssel des Mittelmeeres' berühmte Felsenhalbinsel Gibraltar, seit 1704 britisches Hoheitsgebiet, liegt nahe der Südspitze der Iberischen Halbinsel. Sie besteht aus einem aus dem Meer aufsteigenden, die Bucht von Algeciras an der Ostseite abschließenden und mit dem spanischen Festland durch eine Landenge verbundenen Felsklotz (arab. 'Djebel al-Tarik', engl. 'The Rock'), an dessen terrassenförmig ansteigendem Westhang die Stadt Gibraltar liegt. Da Gibraltar kaum eigene Wasserquellen besitzt, wurden im hochgelegenen Ostteil des Felsens große Zisternen (Water Catchments) angelegt. Auf Gibraltar kommt die einzige in Europa wild lebende Affenart ('Magots' = Berberaffen) vor.

Internationales Kfz-Kennzeichen

Gibraltars Bevölkerung ist ein Gemisch von Menschen aus allen Teilen der Britischen Inseln, Spaniern, Portugiesen, Marokkanern und aus verschiedenen mediterrranen Ländern Zugewanderten, auch Inder trifft man an. Entsprechend bunt ist das Sprachgewirr: neben Englisch in allen Variationen und Spanisch wird eine spanische, mit englischen Brocken durchsetzte Mundart gesprochen.
Wichtigster Arbeitgeber der Kolonie ist das britische Militär, das eine große Marine- und Luftwaffenbasis an der strategisch wichtigen Straße von Gibraltar unterhält; der Fremdenverkehr und der Briefmarkenverkauf sind weitere Einnahmequellen von Bedeutung, daneben gibt es eine bescheidene Industrie (Erdöl, Genußmittel). Im Handelshafen wurden im Jahr 1986 19 Mio. t Güter umgeschlagen. Es gilt das britische Pfund, 1-Pfund-Noten werden in Gibraltar selbst ausgegeben.

Verkehr

Vom Zivilflughafen, dessen Landebahn in die Bucht von Algeciras hineingebaut ist und die von der zur spanischen Grenze führenden Straße gekreuzt wird (Ampelverkehr!), bestehen Verbindungen nach London und ins marokkanische Tanger. Fährschiffe verkehren ebenfalls nach Tanger. Im Gegensatz zu Großbritannien herrscht in Gibraltar Rechtsverkehr!

Geschichte und Verfassung

*Straße von Gibraltar

Die Straße von Gibraltar, im Altertum 'Fretum Gaditanum' oder 'Fretum Herculeum' genannt, ist die verkehrsgeographisch wie strategisch außerordentlich wichtige Verbindung zwischen dem Atlantik und dem Mittelmeer. Für die antike Welt waren der 'Calpe' genannte Felsen zusammen mit dem auf der afrikanischen Seite liegenden Gebirge Abyla ('Djebel Musa') bei → Ceuta als die 'Säulen des Herkules' das Tor zum großen Ozean, das der Legende nach von der urgewaltigen Kraft des Herkules geschaffen wurde. Im Jahre 711 n.Chr. landeten die Mauren unter ihrem Feldherrn Tarik, der den Felsen 'Djebel al-Tarik' ('Felsen des Tarik') nannte, aus dem im Laufe der Zeit 'Gibraltar' wurde. Erst 1462 konnten die Spanier Gibraltar den Arabern wieder entreißen. Im Zuge des Spanischen Erbfolgekrieges überrumpelten britische Truppen unter dem Befehl des Landgrafen Georg von Hessen-Darmstadt im Jahre 1704 die Besatzung der Festung; im Frieden von Utrecht 1713 wurde Gibraltar den Engländern rechtmäßig zugesprochen. Sämtliche Versuche der Spanier, den Felsen zurückzuerobern, sind seither erfolglos geblieben. Das Franco-Regime bemühte sich ebenfalls um die Rückgabe, doch sprachen sich in einem

Wappen von Gibraltar

Gibraltar

500 m

Málaga, Algeciras

La Línea

Neutral Ground

Road

Spain

The British Lines

Airfield

Runway

North Mole

Eastern Beach

Old Mole

Market Casemates
Square Moorish
Castle

Devil's Tower

Road

UPPER GALLERIES

City Hall
(Exchange)

Roman
Catholic
Cathedral

Theatre
Royal

Catalan
Bay

Willis's Road

Protestant
Cathedral

Queen's Road

Meer

Government

Southport Gates

Signal
Station

395 m

Water

Catchments

Detached Mole

Hafen

Apes' Rock

Sandy
Bay

Theatre

Alameda
Gardens

• 425 m
Highest
Point

South Mole

Europa Road

St. Michael's
Cave

Mittelländisches

Bucht

ROSIA

Rosia Bay

von

Algeciras

Windmill
Hill Flats

Europa Road

Little
Bay

Europa
Flats

Straße von Gibraltar

Europa Point

©Baedeker

Referendum 1967 über 95% der Felsenbewohner für den Verbleib im Britischen Königreich aus. 1969 trat die neue Verfassung in Kraft, die Gibraltar zur britischen Kronkolonie (Dominion) erklärte. Daraufhin schlossen die Spanier 1970 den Grenzübergang. Im Vertrag von Lissabon 1980 einigten

Der 'Felsen des Tarik'

Geschichte (Fortsetzung)	sich Großbritannien und Spanien auf die Wiedereröffnung, die jedoch erst 1985 erfolgte. 1987 wurde eine zukünftige 'gemeinsame Nutzung' vereinbart, was sich vor allem im Ausbau der Tourismusmöglichkeiten und der Nutzung des Flughafens niederschlagen soll.
Verfassung	Als britische Kronkolonie ist Gibraltar in der Entscheidung über innere Angelegenheiten autonom. Vertretung in äußeren Angelegenheiten, Verteidigung und innere Sicherheit fallen in die Obliegenheit der britischen Krone. An der Spitze der Kolonie steht als Vertreter der Königin der Gouverneur, gleichzeitig Oberbefehlshaber, unterstützt vom neun Mitglieder zählenden 'Gibraltar Council'. Der vier- bis zwölfköpfige 'Council of Ministers' unter dem Vorsitz des Chefministers wird vom 15 Mitglieder zählenden Parlament gewählt.

North Town (Altstadt)

Moorish Castle	Die Altstadt (North Town) beginnt jenseits des auf der flachen Landenge gelegenen Flugplatzes mit dem Casemates Square (Kasemattenplatz), östlich überragt vom Moorish Castle (Maurisches Kastell), im 8. Jh. erbaut und im 14. Jh. von den Almohaden neu errichtet, von dem heute noch der Turm und Gebäudereste erhalten sind.
Hafen	Nur wenige Schritte nordwestlich vom Kastell liegt der Markt, von dem es nur noch wenige Schritte zur 1309 errichteten Old Mole (Alte Mole) sind, die zusammen mit der North Mole das Nordende des bedeutenden Hafens markiert.
Main Street	Vom Kasemattenplatz führt die Main Street, an der die meisten Hotels, Geschäfte und öffentlichen Gebäude liegen, an Post und Börse mit dem rückwärts anschließenden Rathaus vorbei zur Roman Catholic Cathedral

(Katholische Kathedrale), einer ehemaligen Moschee, die 1502 gotisch erneuert wurde. Südwestlich davon liegt eine Synagoge und in der Bomb House Lane das Gibraltar Museum, wo es u.a. ein 30 m großes Modell der Felsenhalbinsel zu betrachten gibt. Am Cathedral Square findet man die 1821 im maurischen Stil errichtete Church of England (Protestantische Kathedrale). Am Südende der Main Street steht rechts der Gouverneurspalast (The Convent), hervorgegangen aus einem 1531 erbauten ehemaligen Franziskanerkloster.

Main Street (Fortsetzung)

Am Ende der Main Street erreicht man durch die Southport Gates die Alameda-Gardens, die sich durch ihren subtropischen Pflanzenwuchs auszeichnen und über ein Freilichttheater verfügen; am Nordende des Parks liegt die Talstation der Schwebebahn zur Signal Station (395 m ü.d.M.) bei den Wasserreservoirs.

Alameda

South Town

An der Ostseite der Alameda beginnt die Europa Road, eine 5 km lange aussichtsreiche Höhenstraße, die am Westhang des Felsens zwischen Landhäusern und Gärten der South Town stark ansteigt und sich dann zwischen den zerklüfteten Felsen des Europa Pass wieder senkt.

Europa Road

Man erreicht an der Südspitze der Halbinsel den Europa Point (Punta de Europa) mit Restaurant, Leuchtturm und alter Kapelle Nuestra Señora de Europa. Von hier genießt man prächtige Ausblicke auf die Bucht von Algeciras, die afrikanische Küste und den Affenfelsen.

**Europa Point

An der Ostseite des Felsens zieht sich von Norden nach Süden ein Weg über Eastern Beach und das Touristenzentrum Catalan Bay Village unterhalb der Water Catchments bis zur Sandy Bay hin.

Flugzeuge haben Vorfahrt in Gibraltar

Um den Affenfelsen von Gibraltar

Upper Galleries

Von der Main Street erreicht man durch Willis's Road nahe am Maurischen Kastell vorbei die aussichtsreich auf halber Höhe entlangziehende schmale Queen's Road. Gleich am Anfang links liegen die Upper Galleries, die während der spanisch-französischen Belagerung Gibraltars in den Jahren 1779 bis 1783 in den Fels gegraben wurden. Noch heute kann man die Kanonen in diesen unterirdischen Festungsgalerien bestaunen.

Apes' Rock

Etwa 1 1/2 km südlich von den Upper Galleries folgt an der Queen's Road der Affenfelsen (Apes' Rock), auf dem die in Europa einmalige Magot-Affen leben. Für die Fütterung dieses lebendigen Wahrzeichens von Gibraltar ist ein Korporal der britischen Armee abkommandiert; Besucher sollten sich im Umgang mit den Tieren etwas in acht nehmen, da die Affen gerne beißen.

*Highest Point

Links hinter dem Affenfelsen führt ein Treppenweg zum Highest Point, dem mit 425 m höchsten Punkt des Felsens.

St. Michael's Cave

Südlich davon an der Queen's Road liegt der Zugangsweg zur St. Michaels Cave, der größten Höhle im Felsen von Gibraltar, wo es noch schöne Stalagmiten und Stalaktiten gibt. Im Sommer wird die Höhle auch als Konzertsaal genutzt.

Die Queen's Road mündet in einer Kehre rechts hinab zur Europa Road.

Gijón   E 2

Provinz: Asturias (O)
Telefonvorwahl: 985
Meereshöhe
Einwohnerzahl: 262 000

Lage und Allgemeines

Die lebhafte Hafen- und Industriestadt Gijón ist die größte Stadt Asturiens und einer der besten Häfen der spanischen Nordküste. Sie liegt am Südfuß und auf dem Schwemmland der ehemaligen Felseninsel Santa Catalina zwischen zwei geschützten Buchten. Gijón ist das wirtschaftliche Zentrum Asturiens; über seinen Hafen El Musel wird ein großer Teil der asturischen Kohle verschifft. Es überwiegt die Schwerindustrie mit Hüttenwerken, Werften und Maschinenbau; daneben werden aber auch Glas und Keramik produziert.

Geschichte

Aus dem römischen 'Gegio' entwickelte sich im 8. Jh. die Residenz der asturischen Könige. Im Jahre 1588 flüchteten die Reste der 'unüberwindlichen Armada' in den Hafen der Stadt. 1744 wurde Gaspar Melchor de Jovellanos in Gijón geboren (gest. 1811), der als Dichter, liberaler Reformer und einer der Führer des Widerstandes gegen Napoleon in Erscheinung trat. Die im Spanischen Bürgerkrieg größtenteils zerstörte Stadt wurde seitdem nach modernen Plänen wiederaufgebaut, so daß von den wenigen alten Bauten fast nichts erhalten ist.

Altstadt (Cimadevilla)

Der alte Kern Gijóns ist das steile und verwinkelte Fischerviertel Cimadevilla auf der Landzunge zwischen dem alten Fischereihafen im Westen und dem Strand von San Lorenzo im Osten. Über den Häusern erhebt sich der Monte Santa Catalina, der eine weite Aussicht westlich bis zum Cabo de Peñas, östlich bis zum Cabo de San Lorenzo und südöstlich bis zu den Picos de Europa gewährt.

Die Plaza Mayor liegt genau zwischen dem Altstadtviertel und den neu erbauten Gebieten. Sie ist gesäumt von Cafés und Bars; an ihrer Ostseite erhebt sich das Ayuntamiento (Rathaus).

Plaza Mayor

Nördlich des Rathauses an der Plaza Jovellanos befindet sich der 1590 erbaute Palacio de los Valdés, in dessen Kellern man Reste römischer Thermen aus dem ersten nachchristlichen Jahrhundert fand.

Römische Thermen

Auf der gegenüberliegenden Platzseite kommt man zum Geburtshaus von Gaspar Melchor de Jovellanos, ein stattliches Gebäude mit einem langen Eisengitterbalkon, in dem Jovellanos 1794 das Instituto Jovellanos gründete. Es dient heute als Museum, in dem Bilder zeitgenössischer asturischer Maler und Dokumente zur Industriegeschichte Gijóns ausgestellt sind.

Museo Casa Natal Jovellanos

Westlich der Plaza Mayor erkennt man an der Plaza del Marques den mit zwei großen Türmen errichteten Palacio de Revillagigedo (15./16. Jh.).

Palacio de Revillagigedo

Neue Stadtviertel

Von der Plaza del Marques führt die belebte Corrída, Hauptstraße der Stadt, zur Plaza del 6 de Agosto, dem Mittelpunkt der Neustadt. In ihrer Mitte steht ein Denkmal für Gaspar Melchor de Jovellanos. Unweit nordöstlich sieht man das heutige Instituto Jovellanos, als Schule für praktische Naturwissenschaften gegründet, jetzt Provinzialschule für Industrie und Nautik.

Plaza del 6 de Agosto

Östlich der Landzunge von Santa Catalina zieht sich der von Hochhäusern eingerahmte Badestrand Playa de San Lorenzo über 1 km südöstlich zum Río Piles hin.

Playa de San Lorenzo

Asturische Landschaft

341

Pueblo de Asturias	Auf der anderen Seite des Río Piles, dem Parque Isabel La Católica gegenüberliegend, kann man im ethnographischen Freilichtmuseum Pueblo de Asturias asturianische Horréos (Maisspeicher), Bauernhäuser und auch eine Gaita-Werkstatt (asturischer Dudelsack) besichtigen.
Universidad Laboral	Am Südostrand der Stadt (5 km von der Stadtmitte Richtung → Santander) liegen auf einer Anhöhe die umfangreichen Gebäude der unter Franco gegründeten Universidad Laboral (Arbeiter-Universität), deren Zentralbau mit dem 120 m hohen Turm eher an eine barocke Kirche denn an eine Universität denken läßt. Die ca. 4000 Studenten studieren naturwissenschaftlich-technische und agrartechnische Fächer.

✳✳Costa Verde

Der asturische Küstenstrich östlich von Gijón bis San Vicente de la Barquera und westlich der Stadt bis Ribadeo wird die Costa Verde ('Grüne Küste') genannt und ist eine der schönsten Küstenlandschaften Nordspaniens. Ein nur wenige Kilometer breiter Küstenstreifen dehnt sich zwischen dem Meer auf der einen und den grünen Hängen des hoch aufsteigenden Kantabrischen Gebirges (span. Cordilleras Cantábricas) auf der anderen Seite aus. Im Küstengebiet wird Fischfang, Viehzucht und Getreideanbau betrieben. Für den Reisenden ist die Costa Verde eines der abwechslungsreichsten Gebiete in Spanien: Malerische Buchten und kleinere Sandstrände an der ansonsten eher felsigen Küste laden zum Baden ein; das Gebirge eignet sich hervorragend für ausgedehnte Wanderungen, auf denen man mit etwas Glück auch die Tierwelt der Berge zu Gesicht bekommt.

✳Cabo de Peñas

Candás	Die Landspitze Cabo de Peñas unweit nordwestlich von Gijón teilt die Costa Verde deutlich in eine östliche und eine westliche Hälfte. Von Gijón folgt man zunächst der Richtung Westen führenden N-632, von der man nach etwa 6 km Fahrt auf eine Nebenstraße nach Norden abzweigt. Entlang der Küste erreicht man das Fischerdorf Candás, in dessen Kirche ein berühmtes, aus Irland stammendes Christusbild von den Seeleuten verehrt wird.
Luanco	Die Weiterfahrt führt nach Luanco, wo das kleine Museo del Mar (Schiffahrtsmuseum) besucht werden kann.
✳Mirador	Nach Luanca geht es hinter Bañagues schließlich nach rechts zum aussichtsreichen Cabo de Peñas.

Küstenfahrt nach Westen

Von Gijón kann man entweder zunächst auf der oben beschriebenen Strecke zum Cabo de Peñas und von dort nach → Avilés oder direkt auf der Autobahn A 8 bzw. der N-632 in diese Industriestadt fahren.

Salinas	Man folgt von Avilés der Küstenstraße N-632 nach Westen. Nach kurzer Fahrt passiert man Salinas, einen Badeort mit einem der weitesten Strände Asturiens.
Cudillero	Über Barco de Soto (Abstecher zu den Cuevas de Candamo in der Umgebung von → Oviedo) erreicht man den Fischerort Cudillero, dessen Häuser sich malerisch an den Küstenhängen entlangziehen. Besonders hübsch sind die kleine Plaza und der Hafen.

Fischerhafen von Luarca

Hinter dem 9 km weiter liegenden Soto de Luiña geht eine Nebenstraße zum Cabo Vidio ab, von wo man eine herrliche Aussicht auf das Meer und das Cabo de Peñas hat.   *Cabo Vidio*

Die Fahrt geht weiter über Canero, wo die N-632 in die N-634 bzw. E 50 übergeht. Die Stadt Luarca, durch die der von mehreren Brücken überspannte Río Negro fließt, bietet ein bezauberndes Bild – allerdings getrübt durch den Schwerverkehr, der auf der hier engen Europastraße mitten durch die Stadt donnert.   *Luarca*
Das Stadtzentrum, bebaut mit Häusern aus dem 18. und 19. Jh., wird durch eine Bergflanke vom Meer getrennt. Folgt man dem Río Negro, erreicht man das Hafenviertel mit dem großzügigen Becken des Fischerhafens. Eine lange Mole führt darum herum zur Hafeneinfahrt, von wo man den schönsten Blick auf die Boote und die Häuser hat. Oberhalb erhebt sich ein Felsvorsprung, auf dem sich heute anstelle der alten Festung eine Kirche und der Friedhof befinden.

Auch Navia, 20 km westlich von Luarca gelegen, ist ein reizvoller kleiner Fischerort an der Mündung des Río Navia.   Navia

Ein Abstecher geht von Navia aus nach Süden auf landschaftlich sehr schöner Strecke nach Coaña, wo ein hervorragend erhaltenes keltisches Dorf mit Rundhäusern, Befestigungsanlagen und Zisternen besichtigt werden kann.   Coaña

Hinter Navia überquert man den Fluß und fährt bergauf über Valdepares zu dem kleinen Hafenort Tapia unweit der felsumrahmten Bucht neben dem Cabo Cebes.   Castropol
Es folgt links abseits am hohen Ostufer der Ría de Ribadeo, der Mündung des Río Eo, das Hafenstädtchen Castropol, in dem neben Fischfang auch Holzhandel betrieben wird.

Westliche Küste (Fortsetzung) Ribadeo	Von Castropol erblickt man auf der anderen Seite der Ría den schon zu Galicien gehörenden Ort Ribadeo, den man am besten auf der hohen Brücke 'Puente de los Santos' erreicht (N-634).

Küstenfahrt nach Osten

Villaviciosa	Man verläßt Gijón auf der N-632, der man Richtung Santander nach Osten folgt. Über den Alto del Infanzón geht es auf bergiger und windungsreicher Strecke nach Villaviciosa, einem an der gleichnamigen Ría gelegenen altertümlichen Hafen- und Fischerstädtchen und Zentrum der Verarbeitung von Äpfeln zu Sidra. Villaviciosa bekam im September 1517 unverhofft prominenten Besuch, denn hier legte aus Versehen das Schiff mit Kaiser Karl V. an, als Carlos I. spanischer König, als es auf dem Weg von Flandern zu seinem ersten Besuch in Spanien eigentlich Santander ansteuerte. Sehenswert sind an der hübschen Plaza Mayor die gotische Kirche Santa María de la Oliva aus dem 13. Jh. mit ihrem figurengeschmückten Portal; unweit davon ein lauschiger Platz.
	Von Villaviciosa läßt sich ein Abstecher zu dem 10 km südwestlich gelegenen alten Zisterzienserkloster Santa María de Valdediós machen (Umgebung von —→ Oviedo).
*Mirador del Fito	Die Küstenstraße klettert nun über den Alto de Buenos Aires und erreicht den auf einer Anhöhe gelegenen Ort Colunga. Das Meer kommt in Sicht; kurz hinter dem an einer schönen Bucht liegenden Badeort La Isla zweigt eine Nebenstraße nach rechts zum 12 km entfernten Aussichtspunkt Mirador del Fito ab, der einen herrlichen Blick auf die —→ Picos de Europa bietet.
*Ribadesella	Die N-632 führt weiter nach Ribadesella, ein schöner Fischer- und Badeort, an der Mündung des fischreichen Río Sella gelegen. Der Fluß, von einer breiten Brücke überspannt, teilt die Stadt in zwei Hälften: links der neuere Stadtteil mit Hotels, Ferienvillen und einem sehr schönen Strand (keine Hochhäuser!), rechts der Hafen und der alte Ortskern aus dem 17. und 18. Jh. mit der kleinen Plaza Vieja und gemütlichen 'Sidrerías', wo auf landestypische Art der Apfelmost ausgeschenkt wird. Auf dem Fluß findet alljährlich Anfang August ein vielbesuchtes Kajakrennen statt.
*Cuevas de Tito Bustillo	Nur wenige hundert Meter von Ribadesella entfernt (über die Brücke zum neueren Stadtteil und gleich links) befinden sich die Cuevas de Tito Bustillo, ein weitverzweigtes Höhlensystem mit 15 000 bis 20 000 Jahre alten Tiermalereien. Die Höhlen wurden erst 1968 von einer Forschergruppe entdeckt und nach einem früh verstorbenen Mitglied der Gruppe benannt. Auf einer Führung (auf Spanisch) durch die Gänge durchwandelt man zunächst großartige Hallen mit bizarren Tropfsteinformationen, bis man den Saal mit den Malereien und Gravuren erreicht, wo man schwarz umrandete, farbig ausgeführte Pferde und Hirsche erkennt.
Cuevas del Mar	9 km nach Ribadesella vereinigt sich die N-632 mit der N-634 bzw. E 50. Kurz hinter der Einmündung zweigt ein Weg zum Meer ab, wo bei Flut unter Wasser stehende Höhlen, die Cuevas del Mar, zu finden sind.
San Antolín de Bedón	Kurz darauf liegen links der Europastraße die Reste des aus dem 11. Jh. stammenden Benediktinerklosters San Antolín de Bendón.
*Llanes	Llanes, etwas abseits der Hauptstraße, ist ein außerordentlich schöner Ort mit einem mitten im Stadtkern liegenden Hafen, der über einen Kanal mit dem Meer verbunden ist. Nördlich vom Hafen kommt man auf die hübsche Plaza del Cristo Rey, wo sich die aus dem 13. Jh. stammende Kirche Santa María befindet, die ein schönes Portal mit Kreuzbogenvorbau und im Inne-

In Llanes

ren ein flämisches Altarbild aus dem 16. Jh. besitzt. Hinter der Kirche dehnen sich die Ruinen der Stadtbefestigung aus, von denen man zu einer
schönen Badebucht gelangt.
Auch der neuere Stadtteil im Nordwesten ist ansprechend gestaltet.

Llanes
(Fortsetzung)

Ohne Blick auf das Meer führt die Straße durch bewaldetes Hügelland, in
dem man mehrere frühgeschichtliche Steingräber (Dolmen) fand, über La
Franca zu einer Abzweigung zur am Meer liegenden Cueva del Pindal, wo
ebenfalls steinzeitliche Ritzzeichnungen und Malereien entdeckt wurden.
Eine Besonderheit sind die Darstellung eines Mammuts, bei dem das Herz
eingezeichnet wurde, und mehrere Bilder, die wahrscheinlich verletzte
Tiere zeigen.

*Cueva del Pindal

Es folgt der Ort Colombres, wo man einen Besuch im Archivo de Indianos
nicht versäumen sollte. Es ist in einer stattlichen, blaugestrichenen Villa
eingerichtet und Asturiens wichtigster Beitrag zur 500-Jahr-Feier der Entdeckung Amerikas, die 1992 begangen wird. Aufgabe des Institutes ist die
Dokumentation der Auswanderung aus Spanien nach Amerika und der
Beziehungen zwischen den Emigranten und den Indianern; es versteht
sich daher als Ergänzung zum Museo de America in → Madrid, das die
Völker Amerikas erforscht, und zum Archivo de Indias in → Sevilla, das
sich der Kolonialgeschichte widmet.

Colombres

*Archivo de
Indianos

Für den Besucher von Interesse ist der erste Stock, wo in mehreren Sälen
wechselnde Ausstellungen zu verschiedenen Themen stattfinden.

Bei San Vicente de la Barquera endet die Costa Verde. Das Städtchen, mit
schönen alten Häusern um die Plaza Mayor, ist ein gern besuchter Ferienort mit Sandstand. Sehenswert sind die festungsartige Wehrkirche
Nuestra Señora de los Ángeles (13./16. Jh.), in deren Innerem man gut
gearbeitete Grabmäler findet.

San Vicente
de la Barquera

Granada

Provinz: Granada (GR)
Telefonvorwahl: 958
Höhe: 662 – 780 m ü.d.M.
Einwohnerzahl: 262 000

**Lage und Allgemeines

Die berühmte maurische Residenz Granada, jetzt eine Provinzhauptstadt, Sitz eines Erzbischofs und einer Universität, liegt höchst malerisch am Fuße der Sierra Nevada zwischen zwei Bergvorsprüngen, die zu der überaus fruchtbaren Vega des im Sommer oft ausgetrockneten Río Genil steil abfallen.

Geschichte

Granada ist vermutlich eine iberische Gründung. 711 n.Chr. fiel die Stadt nach der Niederlage der Westgoten in die Hände der Araber, die sie 'Gharnátha' nannten und auf dem Alhambrahügel eine Burg erbauten. Nach dem Untergang des Kalifats von Córdoba erklärte 1031 der Statthalter von Granada die Stadt und ihre Umgebung für unabhängig. Es regierten die Almoraviden und die Almohaden, bis 1241 Ibn al-Ahmed vom Stamme der Beni Nasr als Mohammed I. die Dynastie der Nasriden gründete und Granada zur reichsten Stadt der Iberischen Halbinsel machte. Die Stadt erlebte eine 250 Jahre während Blütezeit und kam 1491 im Frieden von Santa Fe an die Katholischen Könige, die am 2. Januar 1492 in Granada einzogen, während Boabdil, der letzte maurische Herrscher, sein Reich verließ. Granada blieb seitdem in christlicher Hand und erlebte in der Renaissancezeit eine neue Blüte. Der blutigen Niederwerfung des Maurenaufstandes von 1569 folgte erneut ein Verfall. Der Wiederaufstieg begann mit der Erneuerung der Bewässerungsanlagen in der Vega und der Einführung neuer Anbaugewächse zu Beginn des 20. Jahrhunderts.

Granada und die Alhambra

✳✳Stadtbild

Der nördliche der beiden Hügelrücken ist der Albaicín, zugleich der ältere Teil von Granada; die südlich gelegene Alhambrahöhe wird vom Albaicín durch die tiefe Schlucht des zumeist wasserarmen Río Darro getrennt, der in der inneren Stadt unterirdisch verläuft und in den Río Genil mündet. Gekrönt von dem einzigartigen Alhambrapalast, ist Granada wegen seiner zahlreichen gut erhaltenen Überreste einer reichen fremdartigen Kultur und Kunst, aber auch als Schauplatz einer wechselvollen Geschichte, zum Nationalmonument erklärt worden.

Innenstadt und Albaicín

✳Kathedrale

Wenig nordwestlich der Plaza de Isabel la Católica, dem Verkehrsmittelpunkt der Stadt, erhebt sich die Kathedrale Santa María de la Encarnación, das Siegesdenkmal des christlichen Spaniens in Granada und der schönste kirchliche Renaissancebau des Landes. Er wurde von Enrique Egas 1523 gotisch begonnen, 1525 von Diego de Siloë in platereskem Stil weitergeführt und 1561 unvollendet geweiht. Die gewaltige Westfassade (1667) stammt von Alonso Cano und seinem Nachfolger; über der Puerta Principal (Hauptportal) sieht man ein großes Relief von José Risueño (1717). An der Nordwestseite findet man die Portale Puerta de San Jerónimo mit Bildwerken von Siloë, Maeda u.a. sowie die reich dekorierte, 1537 vollendete Puerta del Perdón.

Innenraum

Man betritt die Kathedrale durch den zur Gran Vía de Colón hin liegenden Eingang, der auch zur Capilla Real führt. Das Innere der Kathedrale kam

Kathedrale
(Fortsetzung)

erst nach 1703 zum Abschluß; es besteht aus fünf Langschiffen und einem Querschiff und ist mit Bildwerken und Gemälden, zumeist von Alonso Cano und Juan de Sevilla, reich ausgestattet. Großartig ist die 47 m hohe, von einer Kuppel überwölbte Capilla Mayor mit ihren schönen Glasgemälden aus dem 16. Jh. und sieben großen Gemälden von Alonso Cano darunter; an den Pfeilern des Eingangsbogens die Statuen der Katholischen Könige von Pedro de Mena und darüber von Alonso Cano die Köpfe von Adam und Eva. Die Bronzestatuen der Apostel stammen von 1614. Den Chor nehmen zwei große Barockorgeln ein. Der kostbare Kirchenschatz, dessen Hauptstücke eine große silberne Custodia und flämische Wandtepiche sind, kann in der äußersten Nordwestecke der Kathedrale im ehemaligen Kapitelsaal besichtigt werden. Vom rechten Seitenschiff führt ein heute zumeist geschlossenes gotisches Portal in die Capilla Real.

*Capilla Mayor

Sagrario

An die Südostseite der Kathedrale stößt das Sagrario an, an der Stelle der ehemaligen Hauptmoschee 1705–1759 im Barockstil erbaut.

**Capilla Real

Vom gemeinsamen Eingang mit der Kathedrale kommt man links in die Capilla Real, die Grabkapelle der Katholischen Könige, die 1506–1521 in

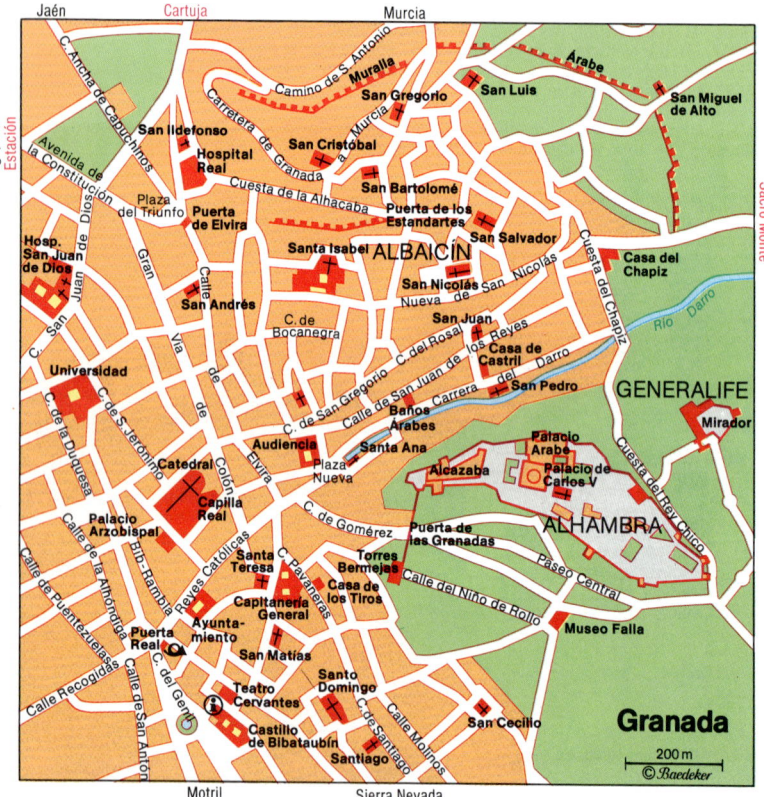

Blick von der Alhambra auf den Albaicín

spätgotischem Stil an die Südseite der Kathedrale angebaut wurde. Ein   Capilla Real
überaus kunstfertiges Gitter von Bartolomé de Jaén schließt die reich ver-   (Fortsetzung)
zierten Grabmäler ab: rechts Ferdinand (gest. 1516) und Isabella (gest.
1504) von dem Florentiner Künstler Domenico Fancelli 1522 in Carrara-
Marmor gearbeitet; links Philipp der Schöne (gest. 1506) und Johanna die
Wahnsinnige (gest. 1555) von Bartolomeo Ordóñez.
Hinter den Grabmälern erhebt sich der große, schön geschnitzte Flügelaltar von Felipe Vigarny, der rechts bzw. links die Statuen der Katholischen
Könige von Diego de Siloë trägt. In den beiden Querschiffen haben reich
verzierte, geschnitzte Reliquienaltäre von Alonso de Mena (1623) ihren
Platz gefunden; im linken Querschiff auch das berühmte "Passions-
triptychon" von Dierik Bouts. Auf einigen Stufen geht man abwärts zur
Krypta, wo in einfachen Bleisärgen die sterblichen Überreste der Herrscher und Prinzen ruhen.

Die Sakristei der Capilla Real bewahrt hervorragende Kunstschätze, dar-   Sacristía
unter Gemälde von Botticelli ("Christus am Ölberg"), Rogier van der Wey-
den ("Pietà"), Hans Memling ("Kreuzabnahme") u.a., die polychromen
Holzskulpturen der betenden Katholischen Könige von Felipe Vigarny, das
Schwert Ferdinands, Krone und Szepter Isabellas sowie das Meßbuch des
Herrscherpaares.

Zwischen Capilla Real und Sagrario hineingebaut ist die Lonja, die ehema-   Lonja
lige Börse, die mit ihrer schönen Loggia von 1518 bis 1522 erbaut wurde.

Um die Kathedrale

Vor der Westfassade der Kathedrale liegt die kleine Plaza de las Pasiegas   Palacio
mit dem Palacio Arzobispal (Erzbischöflicher Palast), der größtenteils aus   Arzobispal
dem 18. Jh. stammt.

Plaza Santa Ana

Plaza de Bib-Rambla	Hinter dem Erzbischöflichen Palast erstreckt sich die Plaza de Bib-Rambla, vom Fuente de los Gigantones geschmückt. Der Platz hat seinen Namen vom maurischen Stadttor Bâb ar-Ramla.
Alcaicería	Östlich dahinter kommt man in die Alcaicería, das 1843 abgebrannte Markt- und Ladenviertel der Araber, das heute ein überwiegend von Souvenirläden und Boutiquen beherrschter Stadtteil im Stil eines arabischen Souk ist.
Audiencia	Unweit nordöstlich der Kathedrale liegt an der verkehrsreichen Plaza Nueva die 1531–1587 erbaute Audiencia (Gerichtshof), einst Real Cancillería, die einen hübschen zweistöckigen Arkadenhof und eine prächtige Treppe mit schöner Holzdecke besitzt. Vom Platz führt die Cuesta de Gomérez zu der im Osten aufragenden Alhambra.

Am Río Darro

Santa Ana	Am Nordostende der Plaza Nueva fließt der Río Darro in den Untergrund. Hier steht die Kirche Santa Ana, ein 1541–1548 errichteter Renaissancebau mit platereskem Portal und einem minarettartigen Turm von 1563.
Bañuelo	Am nördlichen Darro-Ufer beginnt die Carrera del Darro, eine der ältesten Straßen Granadas, von der man schöne Ausblicke auf die Alhambra hat. Man kommt am Bañuelo (Haus 31) vorbei, einem maurischen Bad aus dem 11. Jh., von dem noch der Umkleideraum und drei von maurischen Bögen getragene Badesäle erhalten geblieben sind.
Casa de Castril / Museo Arqueológico	Der weitere Weg führt zur rechts liegenden Kirche San Pedro y San Pablo. Links gegenüber steht die Casa de Castril, ein Renaissancebau, deren platereskes Portal wohl ein Entwurf von Diego de Siloë ist. Im Gebäude ist das

Museo Arqueológico untergebracht, das außer prähistorischen, iberischen und maurischen Stücken auch einige hervorragende ägyptische Vasen zeigt.

Museo Arqueológico (Fortsetzung)

Sacromonte

Von der Carrera del Darro zweigt nach links die die Cuesta del Chapiz ab. Die Casa del Chapiz, ein schönes Beispiel für ein Wohnhaus einer wohlhabenden Moriskenfamilie im 16. Jh., markiert die Abzweigung des aussichtsreichen Camino del Sacromonte. Dieser Weg führt an der Berglehne hinauf und vorbei an zahllosen ehemaligen Höhlenwohnungen, in denen seit 1532 in Granada nachweisbar Zigeuner ('Gitanos') wohnen, zum einstigen Benediktinerkloster Sacromonte aus dem 12. Jh., das besonders bei den Zigeunern beliebt ist. Weitere Fußwege, z.T. steil durch tiefeingeschnittene geröllreiche Schluchten, steigen zur hochgelegenen Ermita San Miguel de Alto auf, von der man eine großartige Aussicht bis zur Sierra Nevada hat.

*Albaicín

Von der Cuesta del Chapiz führt die Calle del Salvador zu den malerischen Gassen der Vorstadt Albaicín, die teilweise noch maurisch geprägt ist. Man gelangt zunächst zu der auf dem Grund der alten Moschee des Albaicín errichteten mudéjaren Kirche San Salvador.

San Salvador

An San Salvador vorbei erreicht man die 1525 erbaute Kirche San Nicolás, das Herz des Albaicíns. Von hier genießt man eine grandiose, oft gemalte Aussicht auf die Alhambra und die Sierra Nevada.

**Aussicht von San Nicolás

Von der nahen Puerta Nueva (Puerta de los Estandartes) zieht sich nach Westen ein gut erhaltener Teil der arabischen Stadtmauer ('Muralla árabe') hin zur Puerta Monaitia. Den besten Blick auf die Mauer hat man von der Cuesta de la Alhacaba, die zur Plaza de Triunfo führt. Hier steht das einstige Haupttor Granadas, die Puerta de Elvira, die auf das 9. Jh. zurückgeht.

Muralla árabe

Um die Universität

Von der Plaza del Triunfo geht man in nördlicher Richtung zur Cartuja. Zunächst kommt man am Hospital Real vorbei, einem 1504–1522 nach Plänen von Enrique Egas errichteten Renaissancegebäude, dessen Räume heute von der Universität belegt sind.

Hospital Real

Von der Plaza del Triunfo erreicht man nach 1 km in nördlicher Richtung La Cartuja, ein 1516 gegründetes Karthäuserkloster, dessen Kirche der sehenswerteste Teil ist. Deren Innenraum wurde im 17. Jh. in überschwenglichem barockem Stil gestaltet. Die Deckengemälde im Kirchenschiff schuf Pedro Anastasio Bocanegra; Höhepunkt der Besichtigung ist jedoch die Sakristei, ein Werk von Luis de Arévalo, der hier seiner Phantasie in überreichen Stuckornamenten freien Lauf ließ.

*La Cartuja

Von der Plaza del Triunfo kommt man südwestlich zum Hospital San Juan de Dios. In der dicht dabei stehenden, in reichem Barock ausgeschmückten Kirche ist hinter dem überdimensionalen Retablo der hl. Juan de Dios begraben, der 1552 das Hospital gründete.

Hospital San Juan de Dios

Unweit südwestlich liegt der Convento de San Jerónimo, 1492 gegründet. Die ganz mit Wandmalereien des 18. Jh.s bedeckte Kirche birgt unter der prachtvollen Capilla Mayor das Grab des Gran Capitán Gonzalo Fernán-

Convento de San Jerónimo

Albaicín
San Jerónimo
(Fortsetzung)

dez de Córdoba (gest. 1515); beiderseits des Hauptaltares (nach 1570) die knienden Statuen Gonzalos und seiner Gemahlin.

Universität

Durch die südöstlich von San Jerónimo liegende Calle de la Duquesa gelangt man zum 18. Jh. erbauten ehemaligen Jesuitenkollegium, das eine schöne Barockfassade besitzt. Schon 1759 wurde in dieses Gebäude die Universität verlegt.

Alhambrahöhe

Zugang

Zu Fuß gelangt man zur Alhambra durch die Cuesta de Gomérez und die anschließende kurze, aber steile Cuesta Empedrada. Die Buslinie Nr. 2 fährt ab der Plaza Isabel la Católica. Mit dem Kraftfahrzeug kann man ebenfalls über die Cuesta de Gomérez auf dem Paseo de la Alhambra zu den ausgeschilderten Parkplätzen auffahren.

*Alameda de la Alhambra

Puerta de
las Granadas

Auf die Alhambrahöhe gelangt man von der Plaza Nueva zunächst durch die ansteigende Cuesta de Gomérez, die nach 250 m die Puerta de las Granadas, den Haupteingang zum Alhambrapark (Alameda), erreicht. Das Tor wurde 1536 an der Stelle eines alten maurischen Tors errichtet.

Torres Bermejas

Rechts oberhalb erblickt man auf dem Monte Mauror das älteste Festungswerk Granadas, die Torres Bermejas, die ihre heutige Gestalt im 13. Jh. erhielten, aber auf einer alten Festung erbaut sind.

Puerta de
la Justicia

Von der Puerta de las Granadas geht es weiter auf der Cuesta Empedrada durch den Alhambrapark, der sich in einer Schlucht zwischen der Alhambrahöhe und dem Monte Mauror weit an den Abhängen hinaufzieht, zur Puerta de la Justicia. Dieses mächtige Eingangstor zur eigentlichen Alhambra wurde 1348 unter Jûsuf I. erbaut.

Plaza de
los Aljibes

Nach diesem Tor tritt man durch die Puerta del Vino auf die Plaza de los Aljibes (Zisternenplatz), von deren Flanken man einen lohnenden Blick in die Tiefe des Darrotales sowie auf den Albaicín und den Sacromonte hat.

Alcazaba

An der Westseite des Platzes erhebt sich die Alcazaba, die unter Mohammed I. im 13. Jh. begonnene ältere Königsburg, von deren ursprünglichem Bau nur die Umfassungsmauern mit den gewaltigen Türmen übrig sind. Die Puerta de la Alcazaba führt in die Wehrgänge Jardín de los Adarves an der Südflanke der Burg; von dort hat man eine schöne Aussicht auf die Stadt. Einen noch umfassenderen Blick bietet der sich am Westende der Terrasse erhebende 26 m hohe Torre de la Vela.

*Blick vom
Torre de la Vela

*Palacio de Carlos V

An der Ostseite des Zisternenplatzes ließ sich Karl V. von 1526 an von Pedro Machuca einen Palast erbauen, der jedoch nie fertiggestellt wurde. Finanziert wurde der Bau von einer den in Granada verbliebenen Mauren auferlegten Sondersteuer. Der Palacio de Carlos V hat ein mächtiges Quadrat von 63 m Seitenlänge zum Grundriß und ist 17 m hoch. Wenn auch unvollendet, ist er mit seiner nüchternen Fassade das bedeutendste Beispiel der Hochrenaissance auf spanischem Boden. Vollendet ist außer

Im Alhambrapalast ▶

Palacio de Carlos V. (Fortsetzung)

den Fassaden der innere Säulenhof, ein zweistöckiger Rundbau mit dorischen Säulen in der ersten und ionischen in der zweiten Galerie.

Museo Provincial de Bellas Artes

Im oberen Stockwerk des Palastes ist das Museo Provincial de Bellas Artes eingerichtet, das sich vor allem Künstlern der Schule von Granada widmet. Es zeigt zum einen Skulpturen, darunter "Christi Begräbnis" von Jacobo Florentino, "San Juan de Dios" von Alonso Cano sowie Figuren von Pedro de Mena und Diego de Siloë. Auch bei den Gemälden ist Alonso Cano zahlreich vertreten, hinzu kommen Werke von Fray Juan Sanchez Cotán, der in der Cartuja lebte, Pedro de Raxis, Pedro Anastasio Bocanegra, Juan Ramírez, Juan de Sevilla u.a.

Museo Nacional de Arte Hispano-Musulmán

Im Erdgeschoß stellt das Museo Nacional de Arte Hispano-Musulmán (Nationalmuseum der Spanisch-moslemischen Kunst) zahlreiche dekorative Gegenstände aus der Zeit der maurischen Herrschaft in Spanien aus. Ein guter Teil der Stücke gehörte zur Einrichtung der Alhambra. Man sieht u.a. Glas, Keramik, Schmuckfriese und als Glanzstück die mit Emailmalerei versehene, 1,30 m hohe Alhambra-Vase ('Jarro de la Alhambra') aus dem Jahr 1320.

Santa María

Östlich neben dem Palast Karls V. erbaute man 1581 – 1618 an Stelle der Alhambra-Moschee die Kirche Santa María. In der Moschee wurde nach der Übergabe Granadas die erste Heilige Messe gelesen. Rechts neben dem Hauptportal der Kirche sieht man eine Steinsäule, die vom Tod zweier christlicher Märtyrer des Jahres 1397 berichtet.

✳✳ Alhambrapalast

Öffnungszeiten
Sommer:
9.30 – 19.45
Winter:
9.30 – 17.15

Nächtliche
Besichtigung:
22.00 – 24.00
(nachfragen)

Von der Plaza de los Aljibes gelangt man am Palast Karls V. vorbei in den Alhambrapalast (Casa Real, Alcázar), den Wohnsitz der maurischen Herrscher des Nasridengeschlechtes. Die Bauarbeiten begannen unter Jûsuf I. (1333 – 1354) und wurden unter Mohammed V. (1354 – 1391) größtenteils vollendet. Wie alle maurischen Profanbauten sind auch die Palastanlagen äußerlich unscheinbar. Die künstlerische Bedeutung der Alhambra liegt in der Grundrißbildung und in der überaus reichen Dekoration, die einen Höhepunkt maurischer Kunst darstellt. Die Araber nannten die von turmreichen Mauern umschlossene Burg nach der Farbe des Gesteins 'Medinat al-hambrá', die 'Rote Stadt'.

Besichtigung

Das Innere der Alhambra zeigt in seiner Gliederung ein treffliches Beispiel für den islamischen Palastbau, der sich in drei Hauptabschnitte gliedert: den für öffentliche Rechtsprechung und Versammlungen bestimmten Mexuar, den eigentlichen Königlichen Palast (Diwán oder El Serrallo) und schließlich die Frauengemächer (Harim oder Harem), in denen sich das private und familiäre Leben der Monarchen abspielte. Alle Räume der Abschnitte münden, wie es schon im alten griechisch-römischen Haus üblich war, auf einen Hof als Mittelpunkt, der im Diwán mit einem größeren Wasserbecken (Myrtenhof), im Harim mit einem Springbrunnen (Löwenbrunnen) versehen ist.

Mexuar

Durch einen Vorraum gelangt man in den mit Azulejos ausgekleideten Mexuar, den ehemaligen Audienz- und Gerichtssaal, der nach der christlichen Eroberung als Kapelle genutzt wurde. An diesen Raum schließt der Patio de Mexuar an, der links vom Cuarto Dorado begrenzt wird; rechts sieht man eine der schönsten Fassaden der Alhambra

✳Patio de los Arrayanes (Myrtenhof)

Über den Patio del Mexuar gelangt man in den Patio de los Arrayanes (Patio de los Mirtos; Myrtenhof) der seinen Namen von dem durch Myrten (arrayanes bzw. mirtos) eingefaßten Teich hat. Am Nordende des von grazilen Arkaden umfaßten Hofes (37 m lang, 23 m breit) erhebt sich jenseits der Sala de la Barca (Segenshalle) der 45 m hohe Torre de Comares.

Alhambra und Generalife

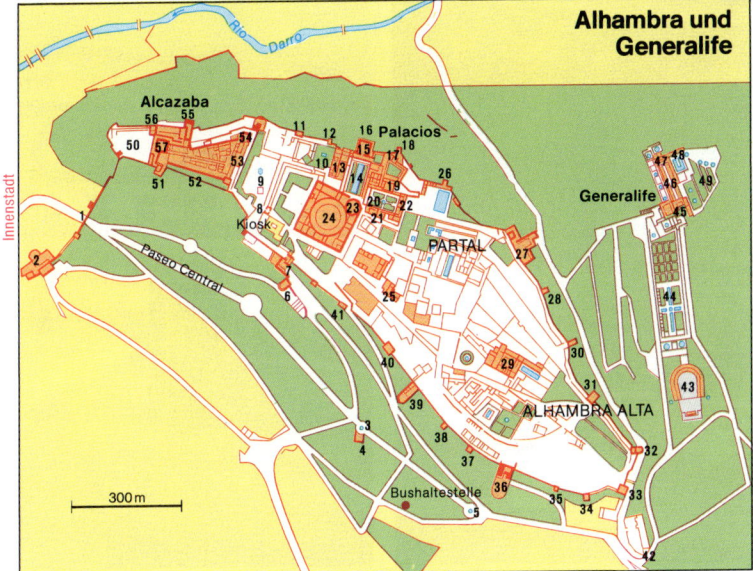

1 Puerta de las Granadas
(Granatapfeltor)
2 Torres Bermejas
(Rote Türme)
3 Fuente del Tomate
(Tomatenbrunnen)
4 Monumento a Ganivet
(Denkmal für den Granadiner
Schriftsteller)
5 Fuente del Pimiento
(Paprikabrunnen)
6 Pilar de Carlos V
(Säule Karls V.)
7 Puerta de la Justicia
(Tor der Gerechtigkeit)
8 Puerto del Vino
(Weintor)
9 Plaza de los Aljibes
(Platz der Zisternen)
10 Patio de Machuca
11 Torre de las Gallinas
(Hühnerturm)
12 Torre de los Puñales
(Turm der Dolche)
13 Mexuar (ehem. Audienz-
saal)
14 Patio de los Arrayanes
(Myrtenhof)
15 Salón de Embajadores
(Saal der Botschafter)
16 Torre de Comares
17 Habitacions de Carlos V
(Gemächer Karls V.)
18 Tocador de la Reina
(Putzzimmer der Königin)

19 Sala de las Dos Hermanas
(Saal der beiden Schwestern)
20 Patio de los Leones
(Löwenhof)
21 Sala de los Abencerrajes
(Saal der Abencerrajen)
22 Sala de los Reyes
(Saal der Könige)
23 Krypta
24 Palacio de Carlos V
(Palast Karls V.)
25 Baños (Bäder)
26 Torre de las Damas
27 Torre de los Picos
(Turm der Zinnen)
28 Torre del Cadí
29 Parador de San Francisco
30 Torre de la Cautiva
(Turm der Gefangenen)
31 Torre de las Infantas
(Turm der Infantinnen)
32 Torre del Cabo de la
Carrera (Turm am Ende der
Rennbahn)
33 Torre del Agua
(Wasserturm)
34 Torre de Juan de Arce
35 Torre de Baltasar de la Cruz
36 Torre de Siete Suelos
(Turm der sieben
Stockwerke)
37 Torre del Capitán
(Hauptmannsturm)
38 Torre de las Brujas
(Hexenturm)

39 Torre de las Cabezas
(Turm der Köpfe)
40 Torre de Abencerrajes
(Turm der Abencerrajen)
41 Puerta de los Carros
(Tor der Fuhrwerke)
42 Eingang zum Generalife
43 Theater
44 Jardines nuevos
(Neue Gärten)
45 Pabellón Sur
(Südpavillon)
46 Patio de la Acequia
(Wasserbeckenhof)
47 Pabellón Norte
(Nordpavillon)
48 Patio de la Sultana
(Hof der Sultanin)
49 Jardines altos
(Obere Gärten)
50 Baluarte (Vorwerk)
51 Torre de la Pólvora
(Pulverturm)
52 Jardines de los Adarves
(Wehrganggärten)
53 Torre Quebrada
(Zerbrochener Turm)
54 Torre del Homenaje
(Turm der Huldigung)
55 Torre de las Armas
(Waffenturm)
56 Torre de los Hidalgos
(Turm der Edelleute)
57 Torre de la Vela
(Wachturm)

Sala de las Dos Hermanas

Myrtenhof

Alhambrapalast
(Fortsetzung)
****Sala de
los Embajadores**

Im Torre de Comares befindet sich die Sala de los Embajadores (Gesandtensaal). In diesem als Thronsaal benutzten Raum (11 m im Quadrat, 18 m hoch) empfing der Herrscher von Granada die ausländischen Gesandten. Dank seiner prächtigen Kuppel aus Lärchenholz, den zahlreichen hohen Fenstern und seiner Ornamentik mit ihren über 150 verschiedenen Mustern – Koranverse, florale und geometrische Muster – gehört der Raum zu den reichsten und schönsten der Alhambra.

****Patio de
los Leones
(Löwenhof)**

Von der Südostecke des Myrtenhofes geht es durch die Sala de los Mozàrabes in den Patio de los Leones (Löwenhof), den Mittelpunkt der unter Mohammed V. erbauten königlichen Winterwohnung mit dem angegliederten Harem. In der Mitte des von 124 Säulen umgebenen Hofes (28 m lang, 16 m breit) steht der Löwenbrunnen, von zwölf marmornen Löwen getragen. Einzigartig ist die Leichtigkeit und Kunstfertigkeit der Arkadenbögen. Hier im Löwenhof verspürt man vielleicht am deutlichsten den über der Alhambra schwebenden orientalischen Zauber.

***Sala de las
Dos Hermanas**

An der Nordseite des Löwenhofes tritt man in die Sala de las Dos Hermanas (Saal der zwei Schwestern), die zusammen mit den folgenden Räumen wahrscheinlich die Winterwohnung der Frauen war. Die Ausstattung des Raumes bildet mit seiner Kachel- und Stuckdekoration wohl den künstlerischen Höhepunkt der Alhambra. Das Gewölbe, die größte aller arabischen Stalaktitenwölbungen, hat etwa 5000 Hohlkehlen. Der Saal verdankt seinen Namen den beiden großen, in den Boden eingelassenen identischen Marmorplatten.

Sala de
los Ajimeces

An den Saal der zwei Schwestern schließt sich die Sala de los Ajimeces an; zwischen den beiden Bogenfenstern (ajimeces) öffnet sich der Mirador de Lindaraja (oder de Daraxa), ein reizvoller Erkerbau mit drei fast bis zum Boden reichenden Fenstern zum Patio de Lindaraja. Dieser Saal ist allerdings meistens abgesperrt.

Löwenhof

An der Ostseite des Löwenhofes liegt die Sala de los Reyes (Saal der Könige; auch Sala de la Justicia), auch sie von hohen Stalaktitenkuppeln überwölbt. Die alkovenartigen Nebenräume der siebenteiligen Halle sind mit gut erhaltenen Deckenbildern aus dem 15. Jh. geschmückt. Eine große Seltenheit sind drei auf Leder gemalte Darstellungen höfischer Szenen, denn der Islam verbietet normalerweise bildliche Darstellungen. Zu sehen sind eine Ratsbesprechung zwischen zehn prächtig gekleideten Männern, eine Jagdszene sowie die Befreiung eines Mädchens aus der Gewalt eines Wilden.

*Sala de los Reyes

An der Südseite des Löwenhofes schließlich betritt man die Sala de los Abencerrajes, benannt nach dem mächtigen Adelsgeschlecht der Abencerragen, in dem die Herrscher ihre Winterfeste gefeiert haben sollen. Die Mitte des Saales nimmt ein zwölfeckiger Marmorbrunnen ein. Darüber wölbt sich eine mächtige Stalaktitenkuppel.

**Sala de los Abencerrajes

Man verläßt die Palastgebäude und wendet sich treppab nach links und nochmals links, wo man in den stimmungsvollen, mit Zypressen und Orangen bestandenen Patio de Lindaraja, den früheren inneren Schloßgarten, gelangt. Der Garten wurde erst nach der Eroberung durch die christlichen Könige angelegt; der Brunnen stand zuvor im Hof des Mexuar.

Patio de Lindaraja

An den Garten schließt sich der kleine Zypressenhof an, von dem eine Galerie zu den Gemächern Karls V. und zum Tocador de la Reina ('Putzzimmer der Königin') im Obergeschoß des Torre del Peinador führt, ein anmutiger, von den Gemahlinnen Karls V. und Philipps II. benutzter Raum.

Tocador de la Reina

An der Südseite des Zypressenhofes befinden sich die Bäder (Baños), eine ausgedehnte unterirdische Anlage aus der Zeit Jûsufs I.; zunächst die Sala de las Camas mit Sängerinnengalerie, dann ein kleines Becken, ein Dampfbad und zwei Frauenbäder.

Baños

Vollendete Steinmetzkunst ...   *... in der Alhambra*

*Türme

Lohnend ist auch ein Besuch der Türme. Östlich vom Alhambrapalast erhebt sich der Torre de las Damas, ein Festungsturm mit anschließender Bogenhalle, einem Wasserbecken und einer kleinen Moschee. Weiter östlich, neben der Puerta de Hierro oder del Arrabal (Abstieg zum Paseo de los Tristes), der Torre de los Picos ('Zinnenturm'). Danach geht man zum Torre del Candil, rechts erblickt man den ehemaligen Convento de San Francisco, das 1495 aus einem arabischen Palast umgebaute älteste Kloster Granadas, heute Parador Nacional. Es folgt der Torre de la Cautiva ('Turm des Gefangenen'), der einen kleinen Patio und einen prächtig dekorierten Hauptraum besitzt. Weiter zum Torre de las Infantas mit einer reich ausgestatteten Halle im Inneren; von der oberen Plattform genießt man eine weite Aussicht. Am Ostende des Alhambrahügels liegt der Torre del Agua mit dem Sammelbecken für die Wasserleitung der Alhambra. An der Südseite des Hügels folgen die beiden kleineren Türme Torre de Juan de Arce und Torre de Baltasar de la Cruz; dann der Turm der Puerta de los Siete Suelos ('Sieben Stockwerke'). Nach zwei weiteren kleineren Türmen kommt der Torre de las Cabezas; schließlich folgt der Torre de los Carros, in dessen Nähe der Ausgang ist.

*Palacio del Generalife

Der Alhambra östlich gegenüber liegt am Abhang des Cerro del Sol der Palacio del Generalife (arab. 'djennat al-Arif' = 'Garten des Architekten'), der 1319 unter Ismail I. vollendete Sommersitz der maurischen Könige. Vom Außentor am Ostende der Alhambrabauten geht man auf einer schönen Zypressenallee (Paseo de los Cipreses) zum Eingangsgebäude (16. Jh.) und dahinter in den mit Myrten- und Lorbeerhecken und Orangenbäumen bepflanzten Hof, der von der Acequia del Generalife durchflossen wird. Von der Nordseite des Hofes tritt man in die Sala de los Reyes, von deren Nebenraum ein Balkonfenster einen prachtvollem Blick auf die Alhambra und das Darrotal bietet; eine weite Rundsicht ist vom Mirador über dem Saal möglich.

Östlich oberhalb des Hauptgebäudes erstreckt sich am Berghang ein schöner Park, der mit seinen Terrassen, Grotten, Blumenbeeten, Wasserspielen und gepflegten Hecken an die Gärten italienischer Renaissancevillen erinnert.

Am Südhang der Alhambrahöhe, wenig unterhalb des Paseo Central, verläuft das Sträßchen Antequeruela Alta, wo im Wohnhaus von Manuel de Falla ein Museum für diesen spanischen Komponisten (1876–1946), der viele Jahre in Granada lebte, eingerichtet wurde.

Palacio del Generalife (Fortsetzung)

*Park

Casa Museo Falla

Umgebung von Granada

Zur Costa del Sol

Auf der N-323 fährt man in südlicher Richtung zum Vorort Armilla und durch fruchtbares Land (prächtiger Rückblick auf Granada) zu der Anhöhe Puerto del Suspiro del Moro (865 m ü.d.M.), dem 'Seufzer des Mauren', wo sich der Maurenkönig Boabdil 1492 beim Abzug aus Granada tränenden Auges nach der Stadt zurückgewandt haben soll.

Puerta del Sospiro del Moro

Die N-323 führt über Beznar, wo eine landschaftlich sehr schöne Straße in die wilde Landschaft der Alpujarras abzweigt (Umgebung von → Almería), schließlich nach Motril (→ Abb. S. 686), einer Stadt mit Sport- und Fischerhafen in reizvoller Lage am Fuß des Küstengebirges. Sie besitzt

Motril

Castell de Ferro

zwei stattliche Kirchen, deren eine auf einer Anhöhe an der Stelle eines ehemaligen maurischen Schlosses steht, in dem die Mutter Boabdils lebte.

Castell de Ferro

Die Küstenstraße N-340 führt in östlicher Richtung über das Fischerdorf Calahonda nach Castell de Ferro, einem von einem arabischen Burgturm überragten Dorf, das von Fischfang, Gemüsezucht und im Sommer dank seines langen Strandes zunehmend auch vom Tourismus lebt.

Almuñécar

Folgt man der N-340 Richtung Westen, kreuzt man den Río Guadalfeo, passiert das reizvoll gelegene Städtchen Salobreña mit seinen weißen Häusern und erreicht Almuñécar. Das malerische Städtchen ist eine phönizische Gründung; heute wird es als Seebad besucht. Sehenswert sind die maurische Burgruine, die Reste eines römischen Aquäduktes und die von Juan de Herrera erbaute Hauptkirche.

Um die Vega de Granada

Alhama de Granada

Im Vorort Armilla verläßt man die N-323 und folgt der C-340 über Gabia la Grande mit dem arabischen Turm El Fuerte zum 54 km entfernten Alhama de Granada (960 m ü.d.M.) Die hoch über dem Flüßchen Alhama gelegene alte maurische Feste ist heute mit ihren Schwefelthermen (42–45° C) ein bedeutender Kurort. Diego de Siloë schuf den Turm der Stiftskirche.

Loja

Von Alhama de Granada führt die C-335 in nördlicher Richtung auf die N-321, wo man sich nach Westen der alten Stadt Loja (465 m ü.d.M.) zuwendet. Vom 'Lôscha' der Mauren ist noch die hochragende Ruine der Burg erhalten; bemerkenswertestes Zeugnis aus der Zeit nach der christlichen Eroberung 1224 ist die Kirche San Gabriel aus dem 16. Jh., die ein Portal und eine Kuppel von Diego de Siloë aufweist.

Santa Fe

Die N-321 läuft nun östlich am Hang des breiten fruchtbaren Tales des Río Genil entlang zurück nach Granada. Wenige Kilometer vor Granada kommt man durch Santa Fe (580 m ü.d.M.), das auf Befehl von Königin Isabella 1491 bei der Belagerung Granadas als Hauptquartier in Form eines römischen Lagers erbaut wurde; von den einst vier Toren in der Mauer sind drei noch erhalten.

In Santa Fe wurde 1491 die Kapitulation von Granada unterzeichnet; hier schloß man am 17. April 1492 mit Kolumbus den Vertrag für seine Entdeckungsreisen.

Fuente Vaqueros

Wenig nordwestlich von Santa Fe wurde in Fuente Vaqueros der Dichter Federico Garcia Lorca (→ Berühmte Persönlichkeiten) geboren, dessen Geburtshaus heute Museum ist.

Durch die Sierra Harana

Purullena

In nordöstlicher Richtung gelangt man auf der nach Murcia führenden N–342 über den Puerto de la Mora (1360 m ü.d.M.), den höchsten Punkt dieser Strecke, nach Purullena, einer interessanten Höhlensiedlung in einer hügeligen Tuffsteinlandschaft.

Guadix

Wenig weiter kommt man in das 55 km von Granada entfernte Guadix (949 m ü.d.M.), einer am gleichnamigen Fluß gelegenen Bischofsstadt, die von einem maurischen Schloß überragt wird. Herausragend ist die Kathedrale (16.–18. Jh.), auf den Unterbauten einer Moschee errichtet. Auffallend sind der mächtige Turm und die eigenwillige Barockfassade. Im dreischiffigen Inneren findet man ein schönes Chorgestühl und ein Museum für religiöse Kunst. Im Stadtteil Barrio de Santiago (Barriada de las Cuevas) leben noch viele Menschen in bemerkenswerten, in den Tuffstein gegrabenen Höhlenwohnungen.

Südlich von Guadix (17 km) erreicht man abseits der N-324 nach → Almería das am Fuß der Sierra Nevada gelegene Städtchen La Calahorra (1257 m ü.d.M.), in dem eine Burgfestung aus dem 16. Jh. mit vier gewaltigen Rundtürmen beeindruckt. Im Gegensatz zum schroffen Äußeren steht der elegante Renaissancepatio der Burg.

Umgebung von Granada (Fortsetzung) La Calahorra

Von Guadix führt die N-342 über Venta del Baul und durch die Llanos de Cuquillo nach Baza (870 m ü.d.M.), einem von den Iberern gegründeten Städtchen, wo die 'Dame von Baza', eine iberische Frauenbüste, ausgegraben wurde. In der Stadt kann man die Kollegiatskirche (16./18. Jh.) mit ihrem achteckigen Turm und arabische Bäder besichtigen.

Baza

Weitere Reiseziele

- → Baeza
- → Córdoba
- → Jaén
- → Málaga
- → Nerja
- → Sevilla
- → Sierra Nevada
- → Úbeda

Guadalajara

G 5

Provinz: Guadalajara (GU)
Telefonvorwahl: 911
Höhe: 641 m ü.d.M.
Einwohnerzahl: 57 000

Die Provinzhauptstadt Guadalajara über dem linken Ufer des Río Henares steht heute unter dem Einfluß des nahe gelegenen Madrid. Der Name der Stadt geht auf das maurische 'Quad al-Hadschara' zurück, was soviel wie 'Fluß der Steine' oder 'Geröllbett' heißt. Das mächtige Geschlecht der Mendoza, in deren Besitz die Stadt im 14. Jh. gelangte, beeinflußte die Entwicklung Guadalajaras nachhaltig. In der Umgebung bei Brihuega tobte im März 1937 die 'Schlacht von Guadalajara' zwischen republikanischen und italienischen Truppen.

Lage und Allgemeines

Sehenswertes

Die Familie Mendoza ließ sich von 1461 bis 1480 durch Juan Guas einen Palast errichten, der in seiner Verschmelzung spätgotischer und mudéjarer Stilelemente der Meisterwerke dieses aus Frankreich stammenden Architekten ist. Nach seiner Gefangennahme in der Schlacht von Pavia wurde der französische König Franz I. in diesem Palast prunkvoll empfangen; Philipp II. heiratete hier Isabella von Valois. Während des Bürgerkrieges wurde der Palast 1936 weitgehend zerstört, jedoch wieder aufgebaut. Die Fassade des Palacio del Duque del Infantado ist mit Diamantquadern übersät, den Abschluß bildet eine Erkergalerie mit fein gearbeitetem Säulenschmuck. Das Gebäude umschließt einen herrlichen zweistöckigen Patio im isabellinischen Stil. In die prächtig ausgestatteten Innenräume hat heute das Museo de Bellas Artes Einzug gehalten, das v.a. Gemälde aus dem 15. bis 17. Jh. zeigt.

*Palacio del Duque del Infantado

In der 1557 begonnenen Kirche San Ginés findet man Grabmäler der Familien Infantado und Tendilla und am Hauptaltar Basreliefs, die im 16. Jh. gefertigt wurden.

San Ginés

Santa María de la Fuente	Die Kirche Santa María de la Fuente (13. Jh.) wurde an der Stelle einer Moschee erbaut. Sie besitzt einen minarettartigen Turm im Mudéjarstil; im Inneren wiederum Grabmäler (15. Jh.).
Convento de la Piedad	Doña Brianda de Mendoza gründete um 1530 das Nonnenkloster La Piedad (heute Institut), dessen Kreuzgang mit platteresken Portalen und Doppelarkaden der schönste Bauteil ist. Die Klostergründerin fand in einem Alabastergrabmal ihre letzte Ruhe.

Umgebung von Guadalajara

Durch die Montes de Encinas

Torija	Diese Route verläuft auf der N-II, die in nordöstlicher Richtung Guadalajara verläßt und über die kastilische Hochebene weiter nach → Zaragoza führt. Nach etwa 18 km erreicht die Straße den Ort Torija (964 m ü.d.M.), dessen Templerburg aus dem 13. Jh. Juan Martín el Empecinado 1811 zerstören ließ; sie wurde in jüngerer Zeit wieder aufgebaut. In der Pfarrkirche sind wertvolle Goldschmiedearbeiten zu besichtigen.
Sigüenza	In einer langen Geraden durchzieht die N-II nun das Gebiet der Montes de Encinas und erreicht schließlich die Abzweigung der Nebenstraße C-204 nach → Sigüenza.
Medinaceli	Die N-II führt von der obigen Abzweigung hinauf über Algora (1116 m ü.d.M.) zur Höhe der Sierra Ministra, wo sich ein herrlicher Blick auf Sigüenza bietet; dann weiter über Saúca (1200 m ü.d.M.) nach Alcolea del Pinar (1250 m ü.d.M.), wo die N-II ihre Route in nördlicher Richtung fortsetzt und → Medinaceli erreicht.
Molina de Aragón	In Alcolea del Pinar zweigt nach rechts die N-211 ab; sie klettert hinauf zum Puerto de Maranchón (1250 m ü.d.M.) und führt weiter nach Molina de Aragón. Der auf eine vorarabische Siedlung zurückgehende Ort besitzt eine eindrucksvolle Festungsanlage und einen türmebestückten Mauerring auf einem Hügel oberhalb des Ortskerns, aus dem der Torre de Aragón (11. Jh.) herausragt.
	Im malerischen Ort sollte man durch das ehemalige Judenviertel gehen und auch die alte Kirche San Gil (12. Jh.) besuchen, in der das Grabmal der Herzogin Doña Blanca (gest. 1283) steht, der Herrscherin des kleinen Herzogtums Molina.

Zum Mar de Castilla

Brihuega	Ausgangspunkt dieser Fahrt ist das oben beschriebene Torija, das man auf der nach rechts abzweigenden C-201 verläßt und zu dem alten Festungsstädtchen Brihuega (886 m ü.d.M.) über dem Tal des Río Tajuña gelangt. Bei dem unweit gelegenen Villaviciosa wurde 1710 eine Schlacht geschlagen, die den Ausgang des Spanischen Erbfolgekrieges entschied und Philipp V. auf den Thron brachte. Über Brihuega sieht man die Reste des alten Castillo de Piedra Bermeja aus dem 12. Jh.; im verwinkelten Ort selbst sind von Interesse die Pfarrkirche Santa Maria de la Peña mit einem hübschen Retablo, die arkadenumgebene Plaza Mayor und die Gärten um die alte königliche Tuchfabrik Real Fábrica de Paños.
Cifuentes	Weiter auf der C-201 erreicht man das am Fuß der Sierra de Megorrón liegende Cifuentes, das seinen Namen von den zahlreichen hier entspringenden Quellen ableitet. Auf einem Hügel über dem Ort errichtete Juan Manuel 1324 das Castillo; im Ort begegnen wiederum schöne Herrenhäu-

Molino de Aragón

ser und eine stattliche Plaza Mayor sowie die Pfarrkirche (12./13. Jh.) mit ihrem spätromanischen Portal.

Cifuentes
(Fortsetzung)

In südlicher Richtung setzt man auf der C-204 die Fahrt in das Mar de Castilla ('Kastilisches Meer') fort, ein landschaftlich schönes Seengebiet, das von den zwei großen Stauseen Embalse de Entrepeñas und Embalse de Buendía sowie dem kleinen Embalse de Bolarque gebildet wird. Die Wassermassen dienen der Bewässerung des Ackerlandes und der Energiegewinnung; am Embalse de Zorita im Süden des Seengebietes wurde auch ein Atomkraftwerk erstellt. Die weiten Wasserflächen und die sie umgebende Landschaft sind ein beliebtes Naherholungsgebiet für die Einwohner Madrids geworden.

Mar de Castilla

Man überquert den Embalse de Entrepeñas etwa in seiner Mitte. Die Straße mündet bei Sacedón in die N-320, der man in westlicher Richtung folgt. Von der N-320 führt eine Nebenstraße südwärts nach Pastrana, dessen bedeutendste Sehenswürdigkeit die gotische Stiftskirche aus dem 14. Jh. ist. Der Retablo ist ein Werk von Juan de Vigarny (16. Jh.); in der Kirche findet man auch das Grabmal der Prinzessin von Eboli, die nach Pastrana verbannt wurde. Größter Schatz der Kirche sind jedoch die im Kirchenmuseum ausgestellten vier Tournaier Wandteppiche aus dem 15. Jh. mit Szenen aus den Kriegszügen des portugiesischen Königs Alfonso V. in Marokko.

Pastrana

*Wandteppiche

In das Tal des Río Henares

Von der N-II zweigt schon 5 km hinter Guadalajara die nach Norden strebende C-101 ab; sie führt über Torre del Burgo zu dem mittelalterlichen Städtchen Hita, von dessen Befestigungen noch Reste der Stadtmauer und des Castillos erhalten sind.

Hita

Umgebung von Guadalajara (Fortsetzung) Cogolludo

Von Hita führt eine Nebenstraße nördlich nach Cogolludo. Hier ließen sich die Grafen von Medinaceli im 15. Jh. ein Schloß im Renaissancestil erbauen, dessen Fassade plateresk geschmückt ist. In der Pfarrkirche Santa María (16. Jh.) findet man ein Gemälde von Ribera.

Jadraque

Auf der C-101 gelangt man über Miralrío in den Ort Jadraque, der von der Ruine des Castillo de Osuna überragt wird. Auch hier verfügt die Pfarrkirche (16. Jh.) über ein wertvolles Gemälde: "Christus nach der Geißelung, seine Kleider aufhebend" von Zurbarán.

Atienza

Die C-101 führt weiter Richtung Norden. Zur Linken geht eine Zufahrtsstraße zum Stausee Embalse de Palmaces. Man erreicht schließlich auf der nach links abgehenden C-114 die abseits der Straße liegende Ortschaft Atienza (1169 m ü.d.M.), ebenfalls ein mittelalterliches Festungsstädtchen, das eine schöne Plaza Mayor besitzt, an der die Pfarrkirche mit einem Barockaltar steht. Über dem Ort erheben sich die Ruinen eines Castillos.

Guadalupe E 6

Provinz: Cáceres (CC)
Telefonvorwahl: 927
Höhe: 640 m ü.d.M.
Einwohnerzahl: 3000

Lage und Allgemeines

Das Dorf Guadalupe ist bekannt durch sein 1340 gegründetes burgartiges Kloster, das in den Jahren 1359 bis 1832 von den Hieronymiten bewohnt und dann aufgelöst wurde. Seit 1928 leben wieder Franziskanermönche im Kloster. Es steht an einem Platz, an dem im frühen 14. Jh. ein Hirte ein angeblich vom hl. Lukas geschaffenes schwarzes Madonnenbild gefunden haben will. Alfons XI. stiftete 1340 nach der Schlacht von Salado das Kloster, in dem u.a. eine berühmte medizinische Fakultät ihren Sitz nahm. Die Verehrung der Madonnenfigur erreichte im 15. und 16. Jh. ihren Höhepunkt, als die spanischen Entdecker vor ihrer Abfahrt das Kloster aufsuchten und die Madonna zur Patronin der 'Hispanidad', der in Amerika von den Spaniern eroberten Gebiete, wurde. Kolumbus nannte eine von ihm entdeckte Insel Guadalupe; die Nationalheilige Mexikos ist ebenfalls die Jungfrau von Guadalupe, die 1531 einem zum Christentum bekehrten Azteken erschienen sein soll. Guadalupe ist noch heute eines der religiösen Zentren Spaniens. Große Feste mit Prozessionen finden am 8. und 30. September sowie am 12. Oktober statt.

*Monasterio de Guadalupe

An den Klosteranlagen wurde vom 14. bis 18. Jh. gebaut, so daß kein einheitlicher Stil zu erkennen ist. Die von den beiden viereckigen Türmen Torre de Santa Ana und Torre de la Portería flankierte Fassade stammt aus dem 15. Jh.; zwei Bronzetüren mit Szenen aus dem Leben Jesu und der Jungfrau öffnen sich in die Klosterkirche.

*Klosterkirche

Die Klosterkirche stammt aus dem 14. Jh. und wurde im 17./18. Jh. umgebaut. Der Skulpturenschmuck des barocken Retablos wurde von Giraldo de Merló ausgeführt, die Gemälde stammen von Vicente Carducho und Eugenio Cáxes. Die Seitenschiffe sind durch prächtige Gitter abgetrennt; das reiche Chorgestühl (1744) und die beiden Orgeln von Churriguera sind barock. Unter den zahlreichen Grabmälern findet man u.a. diejenigen von Heinrich IV. von Kastilien und seiner Mutter María von Aragón.

**Sacristía

Rechts an der Capilla Mayor vorbei gelangt man in die Sakristei, ein mit prächtigem barockem Dekor ausgestatteter Raum, der außer Deckenge-

Klosterkirche von Guadalupe

mälden acht Bilder von Francisco de Zurbarán (entstanden 1638–1647) enthält, die bedeutende Angehörige des Hieronymitenordens darstellen. Der Altar der sich anschließenden Capilla de San Jerónimo trägt mit dem Gemälde "Apotheose des hl. Hieronymus" eines der bedeutendsten Werke Zurbaráns; eine Tophäe besonderer Art ist die 1571 in der Seeschlacht von Lepanto erbeutete Lampe des türkischen Flaggschiffes.

Hinter der Capilla Mayor befindet sich der Camarín, der der Madonna von Guadalupe vorbehalten ist. Eine rote Jaspistreppe führt in den Rokokoraum, den neun Gemälde von Luca Giordano und Statuen biblischer Frauengestalten schmücken. An der der Capilla Mayor zugewandten Wand steht der neuzeitliche, mit Emailbildern versehene Thron (1953) der schwarzen Jungfrau. Er ist drehbar, so daß das Marienbild auch in die Kirche hineingeschwenkt werden kann. Die Statue selbst ist aus Eichenholz und trägt einen prächtigen Brokatmantel. Zu Festtagen wird ihr eine über und über mit Edelsteinen besetzte Krone aufgesetzt, die zusammen mit anderen wertvollen Kleidungsstücken, liturgischen Gegenständen und Reliquien im sich an den Camarín anschließenden achteckigen Reliquienraum aufbewahrt wird. Weitere wertvolle Stücke sind in der Schatzkammer ('joyel') ausgestellt.

Jenseits der Kirche öffnet sich der zweistöckige Claustro Mudéjar (14. Jh.) mit schönen Hufeisenbögen. In seiner Mitte steht ein 1405 von Juan de Sevilla errichteter Brunnentempel.

Sacristía
(Fortsetzung)

Capilla de
San Jerónimo

Camarín

Claustro
Mudéjar

Guadelupe
(Fortsetzung)
Museo de
Bordados

An der Westseite des Kreuzgangs erstreckt sich das ehemalige Refektorium, in dem heute das Museo de Bordados (Stickereimuseum) prachtvolle
bestickte Gewänder und Altartücher aus dem 14. bis 18. Jh. zeigt, die
größtenteils in Klöstern hergestellt wurden.

Claustro
Gótico

An den Claustro Mudéjar schließt sich der Claustro Gótico an, der vom 14.
bis zum 16. Jh. mit drei Galerien erbaut wurde.

Museo de
Libros
Miniados

Im alten Kapitelsaal im Gebäudetrakt links von der Klosterfassade ist das
Museo de Libros Miniados (Museum für Miniaturen) eingerichtet. Ausgestellt sind 86 im Kloster mit Buchmalereien versehene Stunden- und Meß-
bücher, ein flämisches Triptychon mit der Darstellung der Hl. Drei Könige,
ein Gemälde von Juan de Flandes und mehrere kleine Bilder von Zurbarán.

Ortschaft
Guadalupe

Auch ein Spaziergang durch die engen Sträßchen von Guadalupe und
über die Plaza Mayor mit ihrem gotischen Brunnen lohnt sich.

Guernica y Luno / Gernika-Luno   H 2

Provinz: Vizcaya (BI)
Telefonvorwahl: 94
Höhe: 4 m ü.d.M.
Einwohnerzahl: 18 000

Lage und
Allgemeines

Die Stadt Guernica (bask. Gernika) liegt im Tal des Río Mundaca (auch Río
de Guernica genannt) und gilt als die 'heilige Stadt der Basken'. An einem
'Gernikazarra' genannten Platz versammelte sich seit dem frühen Mittelalter unter einer Eiche alle zwei Jahre der Rat der Ältesten (bask. batzarra)
der Vizcaya (bask. Bizkaia), eine Art Landtag, um allgemeine Angelegenheiten zu beraten und exekutive Rechte zur Ausführung zu bringen. Vor
diesen Rat mußten auch die jeweiligen Landesherren treten, um den Basken ihre Sonderrechte ('fueros') zu garantieren. Um 'Gernikazarra' entstand die Stadt Gernika.

Der Name 'Guernica' ist heute Synonym für den ersten massiven Luftangriff der Geschichte auf eine bewohnte Stadt. Am 16. April 1937 tauch-
ten in mehreren Wellen Bombenflugzeuge der deutschen 'Legion Condor',
die die Franco-Truppen im Bürgerkrieg unterstützte, über Guernica auf und
legten innerhalb von zwei Stunden die Stadt in Schutt und Asche. 1645
Menschen starben. Guernica wurde bewußt von der deutschen Luftwaf-
fenführung als Experimentierfeld für großflächige Bombenangriffe ausgewählt. Unter dem Eindruck dieses Gemetzels schuf Pablo Picasso sein
berühmtes, nicht unumstrittenes Monumentalgemälde "Guernica", das
während der Franco-Zeit im New Yorker Museum of Modern Art und heute
im zum Prado gehörenden Museum El Casón in Madrid ausgestellt ist. Es
soll von dort ins Madrider Museo Nacional Centro de Arte Reina Sofia ver-
bracht werden (→ Madrid). Guernica ist 1989 eine Städtepartnerschaft
mit Pforzheim eingegangen, das im Februar 1945 bei einem Luftangriff
ebenfalls schwerste Zerstörungen erlitt. Zum Zeichen der Verbundenheit
pflanzte der Alcalde von Guernica in Pforzheim einen Eichenschößling, der
aus einem Sämling der 1000jährigen Eiche der Basken gezogen wurde.

Sehenswertes

Casa de Juntas

In der Casa de Juntas, 1824 bis 1833 um die Schwureiche erbaut, tritt
heutzutage der Landtag von Vizcaya zusammen. An den Sitzungssaal
schließt sich die mit farbigen Porträts der Herren und Stände von Vizcaya
gekachelte Kapelle an. Seitlich vom Haupteingang steht unter einem der
Antike nachempfundenen Tempelchen der Stumpf der Schwureiche. Aus

Pablo Picasso: "Guernica"

einem ihrer Sämlinge wurde 1860 hinter dem Gebäude ein neuer, seither zu großer Höhe herangewachsener Baum gezogen. Eine Skulptur von Eduardo Chillida wurde zum Gedenken an den Angriff von 1937 aufgestellt. In der Casa de Juntas sind überdies eine Bibliothek und das bedeutendste Archiv von Vizcaya untergebracht.

Guernica y Luno (Fortsetzung) Casa de Juntas

Die Kirche Santa María, 1418 begonnen und 1715 beendet, fällt vor allem durch ihre Ausstattung mit Werken zeitgenössischer Bildhauer wie Inurria, José Capuz und Moisés Huerta auf.

Santa María

Guernica ist ein Zentrum des Frontón-Spiels (Jai-Alai), das man samstags, sonntags und montags in der 'Guernica-Jai-Alai'-Halle an der Artekale Carlos verfolgen kann; auch im 'Frontón Santanape' kann man den Spielen zusehen.

Frontón

Umgebung von Guernica

In den Höhlen von Santimamiñe, 6 km nordöstlich gelegen, entdeckte man 1917 Malereien aus der Magdalénien-Zeit (15 000 – 10 000 v.Chr.), auf denen man Bisons, Hirsche, Pferde und Bären erkennt.

Cuevas de Santimamiñe

Haro   H 3

Provinz: La Rioja (LO)
Telefonvorwahl: 941
Höhe: 470 m ü.d.M.
Einwohnerzahl: 9000

Das Städtchen Haro, an der Mündung des Río Tirón in den Río Ebro gelegen, ist mit seinen zahlreichen Bodegas Hauptort der weinreichen Landschaft La Rioja Alta; alljährlich Ende Juni wird anläßlich einer Wallfahrt zur Ermita San Felices de Bilibio die 'Batalla del Vino' (Weinschlacht) begangen, bei der man sich aus ledernen Beuteln mit Wein bespritzt und auch heftig getrunken wird.

Lage und Allgemeines

Sehenswertes in Haro

Paläste

Haro hat ein malerisches Stadtbild mit engen Gassen, Brunnen und hübschen Bürgerhäusern. Von besonderem Interesse sind der Palacio de Paternina im Stil der Renaissance, der Palacio Conde de Haro aus dem 17./18. Jh. und das von Juan de Villanueva im 18. Jh. erbaute Ayuntamiento (Rathaus) mit schönen Arkaden und Galerien an der Plaza de la Paz, dem Hauptplatz der Stadt.

Nuestra Señora de la Vega

Die Basilika Nuestra Señora de la Vega (17. Jh.) birgt im Inneren ein beachtenswertes Retablo und ein Bildnis der Schutzpatronin der Stadt.

Santo Tomás

In der mit einem plateresken Südportal von Felipe Vigarny ausgestatteten Kirche Santo Tomás findet man ein schönes Sterngewölbe und hinter dem Hauptaltar ein Tabernakel von 1757 mit bemerkenswerten Statuetten.

Umgebung von Haro

Wein

In und um Haro laden zahlreiche bekannte Bodegas zu Proben des hier angebauten Weines ein.

Casalarreina

In Casalarreina, 6,5 km südwestlich, findet man mehrere Adelspaläste des 16. Jh.s und den Convento de la Piedad mit einem sehenswerten plateresken Portal.

Tirgo

Tirgo ist ein malerisches Dörfchen mit schönen alten Häusern, ca. 9,5 km südwestlich von Haro über Casalarreina zu erreichen.

Huelva D 8

Provinz: Huelva (H)
Telefonvorwahl: 955
Höhe: 56 m ü.d.M.
Einwohnerzahl: 140 000

Lage und Allgemeines

Die zur Römerzeit 'Onuba' genannte Provinzhauptstadt Huelva, liegt nahe der atlantischen Küste von Andalusien ('Costa de la Luz') am linken Ufer des hier 4 km breiten Río Odiel, der für Seeschiffe befahrbar ist. Manche Forscher vermuten hier das legendäre Tartessos (Tarsis) der Antike.
Der Handelshafen von Huelva ist, gemessen am Warenumschlag, einer der größten Spaniens, hauptsächlich durch die Verladung der Erze von Río Tinto und Tharsis. Bedeutend ist auch der Thunfischfang, die Sardinenfischerei und die angeschlossene Fischkonservenindustrie. Mit der Ansiedlung von Raffinerien und anderer petrochemischer Industrien, die auch eine unkontrollierte Bautätigkeit zur Folge hatte, hat sich die Umweltsituation um den Hafen von Huelva dramatisch verschlechtert.

Sehenswertes

Kirchen

Das Erdbeben von Lissabon am 1. November 1755 war auch bis Huelva zu spüren und zerstörte große Teile der Stadt, so daß sie wenig an beeindruckenden Sehenswürdigkeiten zu bieten hat.
Von den älteren Bauten, die das Erdbeben überstanden haben, sind nur ein paar Kirchen erwähnenswert, so San Pedro (16. Jh.), auf den Ruinen einer Moschee erbaut und nach dem Erdbeben restauriert; die Kirche La Concepción (16. Jh.) mit zwei kleinen Gemälden von Zurbarán und die Kirche Nuestra Señora de la Cinta mit einem Dach im Mudéjarstil und der Figur der Schutzpatronin der Stadt.

Am Südende der Stadt bewacht ein martialisches, 34 m hohes Kolumbus-
denkmal (1929) die Brücke über den Río Tinto.

Umgebung von Huelva

Huelva ist der beste Ausgangspunkt für einen Besuch des einzigartigen
Naturschutzgebietes Coto de Doñana (→ Praktische Informationen von A
bis Z, Nationalparks).

**Coto de Doñana

Am Nordrand des Nationalparks liegt das unscheinbare Dorf El Rocío. Zu
Pfingsten jedoch findet hier die berühmteste Wallfahrt Andalusiens statt,
die Romería del Rocío (→ Abb. S. 107).

El Rocío

Rundfahrt nach La Rábida

Man folgt der nordöstlich nach Sevilla strebenden N-431 bis zum 14 km
entfernten San Juan del Puerto, biegt kurz dahinter rechts ab, überquert
den Río Tinto und erreicht wenig später den 21 km von Huelva entfernten
Ort Moguer (51 m ü.d.M.), auf einem Hügel gelegen und im 16. Jh. Ausgangspunkt für viele Fahrten nach Amerika. In der Kirche des einst bedeutenden Klosters Santa Clara (1348 gegründet) sind in sehr schönen Alaba-
stergrabmälern die Mitglieder der Stifterfamilie Portocarrero begraben.
Das Geburtshaus des in Moguer 1881 geborenen Dichters und Nobel-
preisträgers Juan Ramón Jiménez ist in ein Museum umgewandelt.

Moguer

Unweit des Río Tinto führt die Straße südlich zu dem jetzt versandeten und
unbedeutend gewordenen Hafen Palos de la Frontera, dessen erfahrene
Seeleute im Zeitalter der Entdeckungen viele Schiffe in die Neue Welt
brachten. Von hier lief Kolumbus mit seinen drei Schiffen am 3. August
1492 aus, um am 15. März 1493 aus der Neuen Welt wieder hierher zurückzukehren. Auch Hernán Cortés landete nach seinem Eroberungszug durch
Mexiko wieder in Palos de la Frontera.

Palos de
la Frontera

Weiter stromabwärts erreicht man das schön auf einem Hügel gelegene
Franziskanerkloster La Rábida an der Mündung des Río Tinto in den Atlantik. Ein 1892 am Eingang aufgestelltes Kreuz erinnert an den Aufenthalt
von Christoph Kolumbus. Nachdem Kolumbus 1485 vergeblich versucht
hatte, Juan II. von Portugal für seine Pläne zu gewinnen, fanden er und sein
Sohn im Kloster La Rábida freundliche Aufnahme und in dem Prior Pérez
de Marchena, dem Beichtvater der Königin Isabella, einen Fürsprecher.
Nach langen Verhandlungen ließ sich Isabella zum Abschluß eines Vertra-
ges bewegen, der Kolumbus zum Vizekönig der zu entdeckenden Länder
machte und in Santa Fé besiegelt wurde. In der Klosterkirche (14. Jh.) findet man einen Kreuzgang im Mudéjarstil sowie ein kleines Museum mit
Erinnerungen an die Konquistadoren. Unterhalb des Klosters ist die
moderne Freilichtbühne 'Foro Ibero-americano' errichtet worden.

La Rábida

Zur portugiesischen Grenze

Diese Route auf der N-431 zum äußersten Südwesten Spaniens bietet
mehrere Zufahrtsmöglichkeiten zu den Stränden der Costa de la Luz, zum
Seebad Punta Umbría, den Badestränden El Rompido, La Antilla und der
Isla Cristina.

Strände

Über Gibraleón am linken Ufer des Río Odiel und an Lepe vorbei, der römischen Garnison 'Leptis', erreicht man nach 60 km das spanische Grenzstädtchen Ayamonte, einen Fischerhafen phönizischen Ursprungs an der
Mündung des Río Guadiana. Neben einigen Herrenhäusern besitzt er

Ayamonte

Aracena

**Ayamonte
(Fortsetzung)**

sehenswerte Kirchen, darunter Nuestra Señora de las Angustias mit einer schönen Fassade und einer Capilla Mayor mit Mudéjardecke. Über die breite Mündung des Río Guadiana besteht alle 20 Minuten eine Fährschiffverbindung mit Autoverladung nach Portugal.

Tharsis

Von Gibraleón führt ein Abstecher auf der nach Nordwesten strebenden C-433 über San Bartolomé de la Torre nach Alosno, wo das Minengebiet Tharsis beginnt, in dessen Namen das schon in der Bibel erwähnte Tarschisch auflebt; es ist das Tartessos der Griechen. Tharsis ist der Mittelpunkt eines Bergwerkgebietes, in dem bereits von Iberern und Römern Bergbau nach Pyrit und Schwerspat betrieben wurde.

Zu den Kupfergruben von Río Tinto

Trigueros

Zunächst fährt man auf der N-431 zum 14 km entfernten San Juan del Puerto und wendet sich hier nach Norden auf der N-435 der Sierra Aracena entgegen. Links abseits der Durchgangsstraße liegt Trigueros, wo man an der 'La Lobita' genannten Stelle den interessanten 'Dolmen de Soto' fand, der vermutlich aus dem 2. Jahrtausend v.Chr. stammt.

**Río Tinto-
Gebiet**

Über Valverde del Camino (270 m ü.d.M.), wo das Minengebiet von Río Tinto beginnt, in dem fast aller Pflanzenwuchs abgestorben ist, geht es nach Zalamea la Real (387 m ü.d.M.) und von hier nach Osten auf der C-421 in das Río-Tinto-Gebiet. Dessen Hauptorte sind Minas de Río Tinto und Nerva im Herzen des Kupfergrubengebiets, das zu den reichsten der Erde gehört und schon in iberischer und römischer Zeit ausgebeutet wurde. Der dicht unter der Oberfläche zu findende Pyrit besteht zu 85% aus Schwefel und enthält 0,5 bis 2% Kupfer. Die Gruben waren früher in englischem Besitz, so daß die Städte etwas vom Charakter englischer Bergarbeitersiedlungen haben.

Von Minas de Río Tinto fährt man auf einer Lokalstraße durch die schöne Berglandschaft der Sierra de Aracena nach Norden in das Bergstädtchen Aracena (682 m ü.d.M.), als Luftkurort bekannt wegen des vorzüglichen Klimas, inmitten von Ölbaum-, Feigen- und Mandelgärten gelegen. Das Kloster Santa Catalina besitzt ein sehenswertes Portal. Auf dem Cerro del Castillo stehen noch die Reste einer maurischen Burg, die von den Templern übernommen wurde. In den Ruinen trifft man auf die Schloßkirche (13. Jh.), die aus einer Moschee entstanden ist, deren mudéjares Minarett (12. Jh.) heute der Glockenturm ist. Im Inneren des Berges kann man die 1200 m langen Cuevas de las Maravillas mit prächtigen Tropfsteinen und einem unterirdischen See besichtigen.

Umgebung von Huelva (Fortsetzung)
*Aracena

Huesca   K 3

Provinz: Huesca (HU)
Telefonvorwahl: 974
Höhe: 488 m ü.d. M.
Einwohnerzahl: 44 000

Das an den Abhängen eines Hügels über dem Río Isuela gelegene Huesca ist die Hauptstadt der gleichnamigen Provinz. Die typische Pyrenäenstadt hat als zentraler Marktort große Bedeutung für die umliegende Landwirtschaft; darüber hinaus ist sie auch Bischofssitz.

Lage und Allgemeines

Die Römer machten aus dem iberischen 'Osca' ihr 'Urbs Victrix Osca', das im 1. vorchristlichen Jahrhundert während des römischen Bürgerkrieges die Residenz des Rebellen Quintus Sertorius war. Der Anhänger des Marius konnte seinen abtrünnigen Kleinstaat fast zehn Jahre lang gegen die römische Oberherrschaft verteidigen. Nach der Vertreibung der Mauren durch Pedro I. war Huesca von 1096 bis 1118 Hauptstadt von Aragonien. Zur Zeit Napoleons wurde die Stadt von französischen Truppen besetzt; im Bürgerkrieg war sie zwei Jahre lang heftig umkämpft.

Geschichte

Sehenswertes

Auf dem höchsten Punkt der Stadt erhebt sich an der Stelle einer Moschee die gotische Kathedrale (13./16. Jh.); sie besitzt ein schönes figurenreiches Hauptportal (14. Jh.) mit einer Rosette in der Bogenspitze. Im sehenswerten dreischiffigen Inneren besticht die Kunstfertigkeit des alabasternen Hochaltars von Damián Forment, der von 1520 bis 1533 an seinem Meisterwerk arbeitete. Die prächtigen mittleren Reliefs zeigen in drei Szenen die Leidensgeschichte Christi; in Medaillons an beiden Enden der untersten Figurenreihe hat der Künstler sich und seine Tochter verewigt. Ebenfalls sehenswert sind das Renaissance-Chorgestühl (um 1590), der Kirchenschatz in der Sakristei und von den Seitenkapellen vor allem die Capilla Santa Ana mit einem Alonso de Berruguete zugeschriebenen Retablo.

Kathedrale

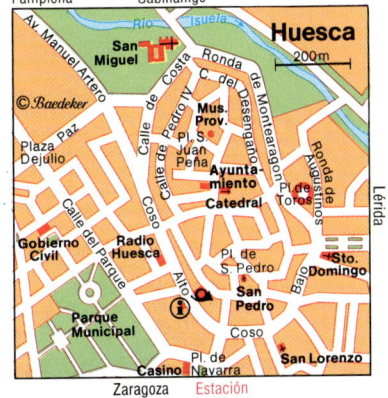

Im Kapitelsaal zeigt das Museo Episcopal (Bischöfliches Museum) romanisch-gotische Wandgemälde, Reliquienschreine, Buchmalereien und die "Anbetung der Hl. Drei Könige", eine alabasterne Skulpturengruppe von Damián Forment.

Säulenkapitell in San Pedro

Parroquia

Vom Kreuzgang gelangt man in die Pfarrkirche, in der der berühmte Retablo de Monte Aragón von Gil Morlanes (1495) steht, ein alabasternes Meisterwerk aus der Klosterfestung Monte Aragón.

Casa Consistorial

Gegenüber der Kathedrale erhebt sich die Casa Consistorial (Rathaus) aus dem 16. Jh., das eine Renaissancefassade und im ersten Stock eine schaurige Darstellung der Geschichte der 'Glocke von Huesca' besitzt.

Museo Provincial

Nördlich von Kathedrale und Rathaus befindet sich im barocken Gebäude der ehemaligen Literarischen Universität das Museo Provincial. Es zeigt in acht Sälen prähistorische und römische Sammlungen, gotische Fresken (u.a. Passionsszenen aus San Fructuoso de Bierge aus dem 13. Jh.) und Gemälde vom 15. bis zum 19. Jh.; unter diesen findet man vier Marienbilder (15./16. Jh.) eines unbekannten italienischen Meisters, Werke von Francisco Camilo, Guido Reni, Claudio Coello u.a. sowie vier Blätter von Goya.

Das Universitätsgebäude wurde über dem alten aragonischen Königspalast aus dem 12. Jh. errichtet. Einer der erhaltenen Säle war Schauplatz eines grausigen Ereignisses, das heute als 'Glocke von Huesca' bekannt ist: König Ramiro II. ließ im Jahre 1136 die aufständischen Adeligen um sich versammeln und 16 von ihnen enthaupten; daraufhin legte man 15 Köpfe in Form eines Glockenrandes auf den Boden und hängte den letzten Kopf als Klöppel darüber.

San Pedro el Viejo

Beim Mercado Nuevo südlich der Kathedrale steht die Kirche San Pedro el Viejo, eines der ältesten romanischen Bauwerke des Landes. Sie wurde im 12. Jh. auf den Resten einer Benediktinerabtei errichtet. Ihr Wahrzeichen ist der sechsseitige Glockenturm; das Tympanon am Hauptportal zeigt die Hl. Drei Könige. In der Capilla de San Bartolomé sind die aragonischen Könige Ramiro II. und Alfons I. begraben. Der romanische Kreuzgang ist wegen seiner schön gearbeiteten Säulenkapitelle sehenswert.

In der Kirche San Lorenzo (17. Jh.) südlich von San Pedro kann man einen vergoldeten Schnitzaltar besichtigen.

Umgebung von Huesca

Auf der in südwestlicher Richtung nach Zaragoza führenden N-123 erreicht man nach etwa 2 km rechts oberhalb der Straße das Santuarío de San Jorge. Es wurde 1554 auf älteren Mauern auf dem Schlachtfeld von Alcoraz errichtet; von hier bietet sich ein schöner Blick auf die Stadt.

*Pyrenäenfahrt

Die größtenteils gute, aber bergige und kurvenreiche C-136 führt nördlich im Tal des Río Isuela den Pyrenäen entgegen; rechts die Síerra de Guarra (2076 m ü.d.M.). Hinter Nueno folgen einige kurze Tunnels, und an den grünen Wassern des Stausees Embalse de Arguis vorbei erreicht man Arguis (1200 m ü.d.M.), einen vielbesuchten Ausflugsort, von dem man eine prächtige Aussicht zurück in die Ebene hat.

In einer aussichtsreichen Windung geht es bergauf und durch einen Tunnel zum Puerto de Monrepós (1262 m ü.d.M.); danach wieder hinab in das Tal des Río Gallego und schließlich zur Industriestadt Sabiñánigo. 2 km hinter dem Ort folgt eine Straßenkreuzung, wo die C-134 links nach → Jaca abbiegt.

Im Tal des Río Gallego fährt man in nördlicher Richtung auf der C-136 weiter aufwärts nach Biescas (865 m ü.d.M.), einem zu beiden Seiten des Gallego gelegenen Markt mit schönen alten Häusern

Pyrenäendorf Torla

*Parque Nacional de Ordesa y Monte Perdido	Von Biescas kann man in östlicher Richtung einen Abstecher auf der C-140 über den Puerto de Cotefablo (1423 m ü.d.M.) nach Torla und weiter zu dem einzigartig schönen Parque Nacional de Ordesa (1320 m ü.d.M.) machen, der sich mit reicher Pflanzenwelt, zahllosen Schluchten, Wasserfällen u.a. im Tal des Río de Ordesa am Fuß des Monte Perdido (3352 m ü.d.M.) hinzieht; dort sind großartige Touren möglich (→ Praktische Informationen, Nationalparks).
Monasterio de Santa Elena	Bleibt man ab Biescas auf der nach Norden ziehenden C-136, fährt man flußaufwärts durch eine schöne Gebirgslandschaft; rechts auf der Höhe befindet sich das Wallfahrtskloster Santa Elena.
*Balneario de Panticosa *Gargantas de Escalar	Kurz danach geht abermals eine Abzweigung nach rechts zu dem nordöstlich gelegenen Thermalbad Balneario de Panticosa (1659 m ü.d.M.). Die Fahrt führt durch die engen Gargantas de Escalar in den Ort, der prachtvoll an einem See in einem Felsenkessel liegt. Heilungsuchende kommen wegen der radioaktiven Schwefelquellen hierher; doch auch Skiläufer finden im 8 km entfernten Panticosa elf alpine und zwei Langlaufpisten für ihren Sport.
Sallent del Gallego	Die C-136 folgt bei der Abzweigung weiter dem Río Gallego aufwärts nach Sallent del Gallego (1310 m ü.d.M.), inmitten eines Berg- und Wintersportgebietes gelegen; in Sallent spanische Grenzkontrolle.
El Formigal	Von Sallent geht es nun mäßig bergauf zum Wintersportort El Formigal (1500 m ü.d.M.), der 22 Pisten aller Schwierigkeitsgrade und mehrere Lifte bietet.
Puerto de Portalet	Am Puerto de Portalet (1792 m ü.d.M.) verläuft die spanisch-französische Grenze. Der Übergang ist von November bis Mai geschlossen.

Richtung Pamplona

Ayerbe	Die N-240 führt zunächst in nordwestlicher Richtung durch die fruchtbare Ebene La Hoya und dann, mit schönem Blick nach rechts auf die Pyrenäen, in Windungen bergauf zur Meseta. Sie erreicht das Städtchen Ayerbe (560 m. ü.d.M.), wo der Palacio des Marqués von Ayerbe aus dem 15. Jh. sehenswert ist.
*Castillo de Loarre	8 km nordöstlich liegt am Fuß der gleichnamigen Sierra der Ort Loarre. Er wird überragt von einer der schönsten romanischen Burgen Spaniens, dem Castillo de Loarre. König Sancho I. Ramírez ließ es am Ort des römischen Kastells Calagurris Fibularia ab 1076 erbauen; bis ins 12. Jh. war es auch Residenz. Ein doppelter Mauerring mit Rundtürmen umgibt die Anlage, aus der der rechteckige Bergfried und die Kirche Santa María hervorragen. Diese gehörte zu einem in der Burg befindlichen Augustinerkloster und wurde über einer Krypta erbaut; schöne Blumenornamente zieren die Säulenkapitelle im Kirchenschiff.
Mallos de Riglos	Die N-240 überquert schließlich den Río Gállego und führt durch ein schluchtartiges Tal; rechts erkennt man die mächtigen Felsen Mallos de Riglos und später den Stausee Embalse de la Peña.
*Puerto de Santa Bárbara	Es geht weiter zum Straßenknotenpunkt Santa María de la Peña (542 m ü.d.M.), wo nach rechts die N-330 über den Puerto de Oroel (1080 m ü.d.M.) nach → Jaca abzweigt. Die N-240 hingegen folgt dem Tal des Río Asabón an der Sierra de la Peña entlang. Über den aussichtsreichen Puerto de Santa Bárbara (864 m ü.d.M.) fährt man in das Tal des Río Aragón und kommt nach Puente de la Reina. In diesem Ort vereinigten sich einst nach der Überquerung der Pyrenäen die verschiedenen Strecken des → Jakobswegs.

Castillo de Loarre

Richtung Lérida

Man verläßt Huesca auf der nach Südosten strebenden N-240. Nach weni- | Monte Aragón
gen Kilometern liegen links bei Quicena die Ruinen des Klosters Monte
Aragón, das im Jahre 1085 gegründet wurde und im 19. Jh. niederbrannte.

Bei der Weiterfahrt auf der N-240 kommt man zu einer nach Norden füh- | Loporizano
renden Abzweigung zu dem Dorf Loporizano, wo man in der Kirche San
Salvador den Tabernakel des Klosters Monte Aragón aufbewahrt; weiter
nördlich liegt Santa Eulalia la Mayor mit den Ruinen des Klosters San
Martín de la Val de Onsera (12. Jh.).

Ein weiterer nach Norden führender Abstecher von der Hauptstraße führt | Ibieca
über Liesa, wo in der Kirche Santa María del Monte beachtenswerte Fresken aus dem 13. Jh. besichtigt werden können, zu der bei Ibieca hübsch
gelegenen Kirche San Miguel de Foces (13. Jh.), die ebenfalls Wandmalereien und eine Marienstatue des 12. Jh.s besitzt.

Über Angüés erreicht die N-240 schließlich die am Río Vero gelegene alte | Barbastro
Bischofsstadt Barbastro (215 m ü.d.M.). Durch die Heirat Ramón Berenguer IV. und Petronila, der Tochter des aragonischen Königs Ramírez II.,
wurde hier in Barbastro die Vereinigung Aragoniens mit Katalonien besiegelt. Sehenswert ist die spätgotische Kathedrale (16. Jh.), die einen
Retablo von Damián Forment (1588), kunstvolle Chorgitter und ein schönes Sterngewölbe aufweisen kann.

Von Barbastro führt ein lohnender Ausflug in die östlichen aragonischen
Pyrenäen (Beschreibung siehe unten).

Auf der N-240 setzt man die Fahrt in südöstlicher Richtung fort nach Mon- | Monzón
zón (276 m ü.d.M.), einem von zwei Burgen überragten Städtchen, das

Monzón (Fortsetzung)	einst Versammlungsort der aragonischen und katalanischen Cortes war. Sie tagten in dem 'Juego de Pelota' benannten Gebäude.

Die Straße überquert den Canal de Zaidín und führt über Binéfar (286 m ü.d.M.) und Almacellas, das schon jenseits der Grenze zwischen den Landschaften Aragonien und Katalonien liegt, nach → Lérida.

Von Barbastro in die Pyrenäen

Zum Nationalpark	Man folgt der oben beschriebenen Route auf der N-240 bis Barbastro (51 km von Huesca). Ab hier wählt man die nordöstlich führende windungsreiche C-138, die als schmale Landstraße dem Tal des aufgestauten Río Cinca aufwärts folgt. Die Fahrt geht über El Grado und Naval (Burgruine) hinauf zur Paßhöhe Alto del Pino (857 m ü.d.M.); rechts unterhalb sieht man den Stausee Embalse de Mediano.
Ainsa	Man erreicht das reizvolle Ainsa, einst Hauptstadt eines kleinen Königreiches, wo die Kollegiatskirche (12. Jh.), die stattliche Burgruine und die Reste eines Klosters aus dem 9. Jh. einen Halt wert sind.
Boltaña	In Ainsa wendet man sich auf der C-138 nach Westen und kommt nach Boltaña, ein im Tal des Río Ara gelegenes hübsches Städtchen. In diesem Tal geht es weiter aufwärts mit der Sierra de Bolave zur Rechten. Hinter Brotó erreicht die C-138 die von Biescas kommende Straße und folgt dieser weiter nach Norden zum Parque Nacional de Ordesa (→ S. 374).
Ins Benasque-Tal	Eine Variante zu oben beschriebener Strecke ist eine Fahrt ins Tal von Benasque. Man verläßt kurz vor El Grado die C-138 und faährt auf der C-139 nach Graus am Zusammenfluß von Río Esera und Río Isábena. Von hier folgt man dem Lauf des Río Esena und gelangt durch eine wunderschöne Landschaft nach 70 km in das Tal von Benasque, wo sich Wander- und Bergtouren anbieten oder im Winter im wenige Kilometer entfernten Cerler auf 24 Pisten Ski gefahren werden kann.

Nach Fraga

Santuario de Nuestra Señora de Salas	Bereits 2 km hinter Huesca findet man an der nach Südosten strebenden Straße C-1310 das Santuario de Nuestra Señora de Salas, im 12. Jh. von der Ehefrau Alfons' II., Doña Sancha, gegründet. Auf diese Zeit geht noch die romanische Kirche zurück; große Teile des Gebäudes wurden jedoch im 18. Jh. erneuert.
Cartuja de Monegros	Die C-1310 führt über Albero Alto und durch das Tal des Río Guatizaiema abwärts nach Sariñena, einem auf einem Hügel gelegenen Städtchen in einer fruchtbaren Vega. 9 km südlich davon kommt man zur Cartuja de Monegros (1731) mit ihrer großen Barockkirche; in den Zellen sind noch Fresken von Francisco Bayeu zu sehen.
Monasterio de Sigena	Die C-1310 verläßt Sariñena in südöstlicher Richtung und erreicht Villanueva de Sigena. Bei diesem Ort liegt das Monasterio de Sigena, einst eines der reichsten Klöster des Königreiches Aragón. Die romanische Kirche wurde 1188 geweiht; im Inneren befinden sich ein plateresker Alabasteraltar (16. Jh.) und Grabmäler. Mehrere Räume, einer davon mit einer Mudéjar-Decke (13. Jh.) ausgestattet, wurden im 13. Jh. mit sehenswerten Fresken ausgemalt.
*Fraga	Auf der C-1310 erreicht man das Tal des Río Cinca; die Straße mündet schließlich in die N-II, die → Zaragoza mit → Lérida verbindet. Auf dieser geht es links ab nach Fraga (120 m ü.d.M.), in malerischer Lage über dem linken Ufer des Río Cinca in die Uferfelsen gebaut. Adelshäuser und die ursprünglich romanische Kirche San Pedro (12. Jh.), über einer Moschee errichtet und später umgebaut, sind die Sehenswürdigkeiten der Stadt.

Jaca K 3

Provinz: Huesca (HU)
Telefonvorwahl: 974
Höhe: 820 m ü.d.M.
Einwohnerzahl: 15 000

Die auf einem Hügel über dem Río Aragón gelegene Stadt war die erste Hauptstadt des 1035 gegründeten Königreiches Aragón. Heute ist Jaca Sitz eines Bischofs und im Sommer Veranstaltungsort für Sprachkurse der Universität Zaragoza. Alljährlich im Mai wird mit einem 'Moros y Cristianos'-Fest der Schlacht gegen den maurischen Statthalter von Huesca im Jahr 760 gedacht, bei der die Invasoren besiegt wurden. Auch als wichtige Pilgerstation am → Jakobsweg war Jaca im Mittelalter von Bedeutung, wovon u.a. noch der Puente San Miguel am Ortsrand zeugt.

Lage und Allgemeines

Sehenswertes

Von den Befestigungsanlagen sind noch Reste der alten Stadtmauer aus dem 10. Jh. und das 1571 begonnene Castillo erhalten.

Befestigungsanlagen

Das Ayuntamiento (Rathaus) aus dem 16. Jh. besitzt eine schöne platereske Fassade mit schmiedeeisernen Fenstergittern.

Ayuntamiento

Das bedeutendste Bauwerk Jacas ist die romanische Kathedrale (1040–1076), die in den späteren Jahrhunderten umgestaltet und platteresk ausgeschmückt wurde. Der quadratische Turm, das Haupt- und das Südportal sowie die Außenmauern sind noch aus romanischer Zeit. Große Schönheit zeigt der Figurenschmuck am Südportal und in dessen Vorhalle,

*Kathedrale

Apsis der Kathedrale von Jaca

Krypta von San Juan de la Peña

Kathedrale (Fortsetzung)	hier insbesondere in den Säulenkapitellen, wo Abrahams Opfer und der lautespielende David zu erkennen sind. Im Inneren des Gotteshauses im Chor und in der Kuppel der zentralen Apsis sieht man Fresken von Bayeu (1792); unter dem Hochaltar die Gebeine der Santa Orosia, ferner das Grabmal eines Bischofs (16. Jh.).
*Museo Diocesano	Im Kreuzgang der Kathedrale ist das Museo Diocesano (Diözesanmuseum) eingerichtet, das außer religiösen Kunstgegenständen eine hervorragende Sammlung der romanischen Kirchenmalerei in den aragonischen Pyrenäen enthält; nur im Museo de Arte de Cataluña in → Barcelona findet man eine noch größere Sammlung dieser Art.

Umgebung von Jaca

In die Sierra de la Peña

Puerto de Oroel	Nach Süden führt die N-330 über den am Westhang der Peña de Oroel (1769 m ü.d.M.; lohnender Aufstieg von Jaca in 3 Std.) gelegenen Puerto de Oroel (1080 m ü.d.M.), von dessen Höhe sich eine reizvolle Aussicht bietet, nach Bernués.
*San Juan de la Peña	Von Bernués geht eine Bergstraße 11 km nach Westen zum Kloster San Juan de la Peña (1115 m ü.d.M.), das in waldreicher Gegend einzigartig unter Felsvorsprüngen liegt. Das recht kleine Kloster wurde im 9. Jh. gegründet; die heute noch zu sehenden wesentlichen Bauteile stammen aus dem 10. bis 12. Jahrhundert. Zu ihnen zählen der Kapitelsaal aus dem 10. Jh., die mozarabische Krypta (ursprünglich 'Untere Kirche'; teilweise 9. Jh.) und die 1094 geweihte Obere Kirche. In der Sakristei dieser Kirche befindet sich die Grablege der Könige von Aragón, die ihre heutige Gestalt im 18. Jh. erhielt. Hier sind u.a. die Könige Ramiro I. und Sancho Ramírez begraben, angeblich auch Doña Jimena, die Ehefrau des Cid. Vor der Kirche öffnet sich ein kleiner Hof mit Grabnischen für den aragonischen Adel auf der linken Seite. Vom in den Felsen gebauten Kreuzgang stehen nur noch zwei Flügel, doch auch diese zeigen die Meisterschaft des Steinmetzen bei der Ausführung der Säulenkapitelle.
Santa Cruz de la Serós	Vom Kloster führt das Bergsträßchen weiter nach Santa Cruz de la Serós, in dem im 11. Jh. ein reiches Kloster stand. Von diesem ist nur noch die romanische Kirche mit ihrem oktagonalen Glockenturm übriggeblieben. Im Inneren dieser Kirche fällt ein eigenartiges Weihwasserbecken aus kleinen Säulen des Kreuzgangs auf.

*Pyrenäentäler

Die C-134 folgt in westlicher Richtung dem Río Aragón. Seine Zuflüsse aus dem Gebirge durchströmen außerordentlich schöne, wenig besiedelte Täler, die man auf kleinen Straßen entlang des Wasserlaufs erforschen kann. Es sind dies das Valle del Hecho, das Valle del Ansó mit der engen Schlucht Hoz de Biniés und das Valle del Roncal. Letzteres wird vom Río Esca gebildet; die an ihm entlang ziehende Straße führt über den Collado de la Piedra San Martín nach Frankreich.

Ins Wintersportgebiet

Canfranc	Von Jaca strebt die N-330 nach Norden in die Pyrenäen und erreicht den Luftkurort Canfranc, der von einem Schloß aus dem 16. Jh. überragt wird. Etwas weiter oberhalb des Internationalen Bahnhofes beginnt der 7875 m lange Somport-Eisenbahntunnel.

Candanchú, wenige Kilometer nördlich von Canfranc, war einer der ersten Wintersportorte in den aragonischen Pyrenäen. Drei Sessel- und 16 Schlepplifte führen zu den 20 verschieden schwierigen Pisten.

Umgebung von Jaca (Fortsetzung) Candanchú

Astún ist die jüngste Skistation und bietet ebenfalls 20 Pisten mit 11 Sessel- bzw. Schleppliften.

Astún

Die Paßhöhe Puerto de Somport (1631 m ü.d.M.) unweit der spanisch-französischen Grenze war im Mittelalter für die Jakobspilger neben dem Paß von Roncevalles der Übergang über die Pyrenäen.

Puerto de Somport

⟶ dort

Huesca

Jaén G 8

Provinz: Jaén (J)
Telefonvorwahl: 953
Höhe: 573 m ü.d.M.
Einwohnerzahl: 100 000

Die Provinzhauptstadt Jaén, ein alter Bischofssitz, liegt am Fuße der sich südlich der Stadt ausbreitenden Sierra Jabalcuz und Sierra de la Pandera, deren Abhänge von Olivenbaumplantagen bedeckt sind. Die Provinz Jaén ist eines der größten Olivenanbaugebiete der Welt.

Lage und Allgemeines

Die Römer eroberten den von den Karthagern befestigten Ort und nannten ihn 'Auringis'; sie unterhielten hier Silberminen, und so wird die Stadt noch heute das 'silberne Jaén' genannt. Während der Maurenzeit war sie Hauptstadt des Königreiches Dschaiján und bildete nach der Rückerobe-

Geschichte

Blick auf Jaén

Geschichte (Fortsetzung)	rung durch Ferdinand den Heiligen (1246) einen Vorposten der Reconquista. 1492 sammelten sich hier die Heere zur Eroberung Granadas, der letzten arabischen Bastion auf der Iberischen Halbinsel.

Sehenswertes

*Castillo de Santa Catalina	Westlich vom Stadtzentrum erhebt sich der Bergrücken mit dem 1246 von Ferdinand III. eroberten Castillo de Santa Catalina, das heute als Parador Nacional genutzt wird. Es geht auf eine arabische Festung zurück. Zur Burg gelangt man am besten mit dem Auto auf der 5 km langen, mit 'Parador' gekennzeichneten Strecke. Von der Altstadt kommend sieht man noch Teile der alten Befestigungsmauern; von der wie ein Schiffsbug hinausragenden Höhe bietet sich vom mit einem großen Kreuz markierten Aussichtspunkt (nur für Schwindelfreie) ein hervorragender Blick auf die Stadt und die sie umgebenden Olivenplantagen.
*Kathedrale	Auf erhobenem Platze in der Altstadt sieht man inmitten enger Gassen die mächtige Kathedrale (16.–19. Jh.) emporragen, ein gutes Beispiel der spanischen Renaissance; sie entstand an der Stelle einer Moschee. Mit ihrem Bau wurde um 1500 unter Andrés de Vandelvira begonnen. Die Hauptfassade wird von zwei Türmen flankiert und trägt ein Marienbild von Pedro Roldán sowie zahlreiche Herrscher- und Heiligenfiguren. Unter der Innenausstattung ragt ein vortrefflich geschnitztes Chorgestühl (15. Jh.) hervor; in der Capilla del Santo Rostro hinter dem Hauptaltar wird das 'Schweißtuch der hl. Veronika' aufbewahrt, mit dem die Heilige Christus auf dem Weg nach Golgatha das Gesicht abgewischt haben soll. In der Kapelle links daneben ein fast schon kitschig wirkender kreuztragender Christus, rechts der Zugang zum Kapitelsaal mit Retablogemälden von Pedro Machuca. Das Kathedralmuseum in der Sakristei zeigt Gemälde und religiöse Gerätschaften, darunter eine große silberne Kustodia.
La Magdalena	Von der Kathedrale gelangt man nordwestlich zu der am Fuß des Berges liegenden, einst maurischen Altstadt La Magdalena.
Baños Árabes	Man kommt zunächst zum Palacio Villardompardo, unter dem ausgedehnte arabische Badeanlagen (span. 'Baños Árabes) aus dem 11. Jh. gefunden wurden. Im Palast sind ein Volkskunde- sowie ein Kunstmuseum untergebracht.
Capilla de San Andrés	Wenig östlich hiervon stiftete 1515 Gutiérrez González Doncel, der Schatzmeister der Päpste Leo X. und Clemens VII., die Capilla de San Andrés, vermutlich an der Stelle einer Synagoge. In der Capilla la Purísima sieht man eine Marienstatue aus der andalusischen Schule sowie ein Tafelbild der Virgen del Pópulo; höchst beeindruckend aber ist das prächtige Chorgitter von dem aus Jaén stammenden Meister Bartolomé.
Iglesia de la Magdalena	Vorbei am Convento de Santo Domingo erreicht man die Kirche La Magdalena, über einer arabischen Moschee errichtet und wohl das älteste Gotteshaus der Stadt, das ein spätgotisches Portal und einen wertvollen Retablo, vor allem aber einen sehr stimmungsvollen Patio besitzt. Der Kirche gegenüber erkennt man den 'Raudal de la Magdalena', einen schon von den Römern benutzten Brunnen.
Monasterio de Santa Clara	Bei der Plaza de los Caños nördlich der Kathedrale liegt das Monasterio de Santa Clara (13. Jh.), das älteste Kloster der Stadt, das einen schönen Kreuzgang und die wertvolle Christusfigur 'Cristo de Bambú' besitzt.
Neustadt	Die betriebsame Neustadt von Jaén beginnt nördlich der Kathedrale bei der Plaza de la Constitución mit der Hauptachse Paseo de la Estación.
Museo Provincial	An dieser Straße ist in einem 1920 errichteten Gebäude das Museo Provincial eingerichtet. Es teilt sich in eine Gemäldesammlung im ersten Stock und die archäologische Abteilung im Erdgeschoß. Ein römisches Mosaik und iberische Plastiken sind hier die interessantesten Stücke.

An vielen Plätzen der Stadt trifft man auf Paläste und Stammhäuser bedeutender Familien.

Umgebung von Jaén

Reste römischer Bauten verweisen auf den Ursprung des Städtchens La
Guardia de Jaén (11 km südöstlich auf einer Nebenstraße); außerdem gibt
es hier die Ruinen einer alten Burg, eine sehenswerte Pfarrkirche sowie
einen von Vandelvira geschaffenen Klosterhof, einziges Überbleibsel eines
im 16. Jh. gegründeten Dominikanerklosters.

La Guardia
de Jaén

Ruta de la Renacentista

Die Ruta de la Renacentista ('Route der Renaissance') entspricht der Fahrt
nach ⟶ Albacete, und so folgt man der nach Nordosten führenden N-321,
die bei Puente del Obispo den Río Guadalquivir überquert und zum 48 km
entfernten ⟶ Baeza führt sowie nach weiteren 9 km auf einer Umgehungsstraße ⟶ Úbeda erreicht.

In Úbeda mündet die N-321 in die von Bailén kommende N-322, auf der
man weiter in nordöstlicher Richtung die Fahrt fortsetzt nach Villacarillo
(810 m ü.d.M.), dessen stattliche Kirche La Asunción (16. Jh.) von Vandelvira eines der bedeutendsten Renaissancewerke der Provinz ist.

Villacarillo

Auf der Weiterfahrt erreicht man auf kurzer Bergstraße nach links das
Bergdorf Iznatoraf (1032 m ü.d.M.). Seine Pfarrkirche von 1602 ist ein
schönes Beispiel für eine ländliche Renaissancekirche. Vom Ort hat man
eine grandiose Aussicht auf zahlreiche Dörfer und Berge.

Iznatoraf

Es folgt das hübsche Städtchen Villanueva del Arrobispo, wo Juan de la
Cruz lebte.

Villanueva
del Arrobispo

In Beas de Segura gründete die hl. Teresa von Ávila ein Kloster der Unbeschuhten Karmelitinnen.

Beas de
Segura

Die N-322 läuft weiter in nordöstlicher Richtung durch die Sierra de Alcaraz
und schließlich über Alcaraz und den Puerto de los Picicos (2058 m ü.d.M.)
nach ⟶ Albacete (267 km von Jaén).

Ruta de las Batallas

Die Ruta de las Batallas (Route der Schlachten) verläßt Jaén in nördlicher
Richtung auf der N-323 und führt zunächst in Windungen über dem Tal des
Río Guadalbuilón zum 24 km entfernten Mengibar (323 m ü.d.M.), dem
alten 'Ossigi', von dessen arabischer Feste nur noch der Turm steht.

Mengibar

Über den Río Guadalquivir gelangt man nach Bailén (349 m ü.d.M.), ein
ansehnlicher Ort, wo im Jahre 208 v. Chr. der römische Konsul Scipio d.Ä.
den karthagischen Feldherrn Hasdrubal besiegte; hier schlugen 1808 spanische Truppen unter General Castaños erstmals eine Armee Napoleons.
Der General ist in der Kirche La Encarnación (16. Jh.) begraben, in der auch
eine Skulptur von Alonso Cano steht.

Bailén

Nur 15 km östlich von Bailén liegt die Bergwerksstadt Linares (418 m
ü.d.M.). Das Museo Arqueológico stellt iberische, karthagische und römische Funde aus dem 5 km nördlich gelegenen alten 'Cástulo' aus, der
bedeutendsten altiberischen Niederlassung im Blei- und Silberminen-
gebiet am oberen Río Guadalquivir. In Linares sind noch die Kirche Santa

Linares

Olivenplantagen bei Jaén

Linares (Fortsetzung)	María la Mayor (12./13. Jh.) und der schöne Retablo aus dem 16. Jh. in der Kirche San Francisco von einigem Interesse.
Andújar	Von Bailén westwärts kommt man auf der N-IV zum 30 km entfernten Andújar (212 m ü.d.M.) am rechten Ufer des Río Guadalquivir, der hier von einer auf die Römer zurückgehenden Brücke überspannt wird. Die Stadt, unweit des altiberischen 'Illiturgi' (los Villares) gelegen, ist ein Zentrum der Olivenölproduktion und auch bekannt durch ihre schönen Tonwaren ('al-carrazas', 'jarras'); schöne alte Häuser und Kirchenbauten säumen die Straßen. In der gotischen Kirche Santa María findet man das Gemälde "Christus im Olivengarten" von El Greco in einer mit einem kunstvollen Gitter abgetrennten Kapelle. Die Kirche San Miguel weist schöne Schnitzereien auf.
*Virgen de la Cabeza	Eine vor Andújar nach Norden abgehende kurvige Bergstraße führt zum Santuario de la Virgen de la Cabeza, eine im 13. Jh. gegründete, im Bürgerkrieg völlig zerstörte und danach wieder aufgebaute Kapelle, von der man einen überwältigenden Panoramablick genießt.
La Carolina	Auf der Route der Schlachten geht es weiter nordwärts (links Zubringerstraße nach dem von einer Burg überragten Baños de la Encina). Auf der N-IV erreicht man über Guarromán (349 m ü.d.M.) das Städtchen La Carolina (605 m ü.d.M.), wie andere Orte in der Gegend auch von deutschen und französischen Kolonisten angelegt, die Karl III. 1767 bis 1769 in die Sierra Morena geholt hatte. Die ehemals reichen Bleierzbergwerke der Umgebung liegen heute in Trümmern; der Ort selbst bietet einige schöne Adelshäuser.
Navas de Tolosa	In unmittelbarer Nachbarschaft, 2¹/₂ km rechts der N-IV, liegt Navas de Tolosa (694 m ü.d.M.), ebenfalls ein freundliches ehemaliges Kolonistendorf, wo am 16. Juli 1212 das vereinigte Heer der Könige von Kastilien,

Aragón und Navarra die Almohaden vernichtend schlug; ein Denkmal vor dem Ort erinnert an die Schlacht.

Umgebung von Jaén (Fortsetzung)

Auf der N-IV fährt man allmählich aufwärts nach Santa Elena (742 m ü.d.M.), ein auf aussichtsreicher Höhe gelegener sehr hübscher Ort in der Nähe der Grenze zwischen Andalusien und Neukastilien.

*Santa Elena

Ruta de la Reconquista

Die Ruta de la Reconquista ('Route der Reconquista') verläuft von Jaén nach → Córdoba. Auf der nach Westen führenden N-321 gelangt man zunächst zu der Straßengabelung in Torredonjimeno. Man folgt weiter der N-321 nach Martos (747 m ü.d.M.). Die aus dem iberischen 'Tucci' hervorgegangene Stadt gruppiert sich um den Burgberg des Castillo de la Peña. Die Kirche Santa María aus dem 15. Jh. diente auch als Gefängnis; sie enthält das sehenswerte Grabmal der Gebrüder Carvajal.

*Martos

Weiter geht es auf der N-321 südwestlich nach Alcaudete mit einer arabischen Burg und dem Adelspalast Casa del Almirante, wo die eigentliche Ruta de la Reconquista nach Westen abzweigt.

Alcaudete

Von Alcaudete führt ein Abstecher auf der N-432 zum südöstlich gelegenen Alcalá la Real (900 m ü.d.M.). Von der Stärke des alten 'Al-Kalaat Be Zayde' künden etwas außerhalb noch heute die Türme und Befestigungswerke des Castillo de la Mota, an dem von 13. bis 15. Jh. gebaut wurde. Im Ort selbst sind nur noch Reste einer maurischen Festung zu sehen; interessant sind noch die Kirche Santa María mit ihrem stattlichen Turm, der plataeske Brunnen (16. Jh.) am Hauptplatz und einige Adelshäuser.

Alcalá la Real

Jakobsweg / Camino de Santiago / Camino Francés   B – I 3

Der traditionsreiche Jakobsweg war im Mittelalter die Route der Wallfahrer aus Mitteleuropa zum Grabe des Apostels Jakob (Apóstol Santiago) in → Santiago de Compostela, gesäumt von romanischen Klöstern, Stiften und Andachtsstätten sowie von Hospitälern und Rasthäusern, die zu einem guten Teil heute noch erhalten sind und auf einzigartige Weise Zeugnis ablegen von einem der bedeutendsten Pilgerwege der Christenheit.

**Mittelalterlicher Pilgerweg

Geschichte

Der Ursprung des Pilgerwegs geht zurück auf die Entdeckung des Apostelgrabes im westlichen Teil Galiciens um das Jahr 813. Der kirchlichen Überlieferung nach soll Jakobus den Auftrag erhalten haben, Hispanien zu missionieren, wo er an der galicischen Küste bei Ulla gelandet sein soll. Nach mehrjährigem Aufenthalt kehrte er nach Palästina zurück, wo ihn Kaiser Herodes Agrippa 44 n.Chr. ermorden ließ. Seine Anhänger entführten den Leichnam und brachten ihn auf ein Schiff, das, von einem Engel geleitet, wiederum in Galicien landete. Dort wurde der Apostel begraben, sein Grab geriet in Vergessenheit. Ein Einsiedler, geleitet von einem Stern, entdeckte das Grab wieder, woraufhin Alfons II. an dieser Stelle eine Kirche errichten ließ, um die schließlich das heutige Santiago de Compostela entstand. In der Schlacht von Clavijo im Jahr 844, so die Legende, tauchte der Apostel zu Pferde auf und führte die christlichen Heere zum Sieg gegen die Mauren. Seither trägt er den Beinamen 'matamoros', der Maurentöter, und wird als Ritter zu Pferde dargestellt.
Die ersten Pilger aus Mitteleuropa wanderten in der Mitte des 10. Jh.s von Frankreich über die Pyrenäen nach Santiago de Compostela, unter ihnen sehr viele Franzosen, weshalb der Weg auch 'Camino Francés' ('Französi-

Legende

Gräber von Santiago-Rittern in Vilar de Doñas

Geschichte (Fortsetzung)

scher Weg') genannt wird. Die Blütezeit der Wallfahrt fiel in die Zeit zwischen Anfang des 11. Jh.s und des 12. Jh.s, als die heiligen Stätten in Jerusalem wegen der türkischen Herrschaft dort nicht zugänglich waren. Danach versiegte der Pilgerstrom mehr und mehr, und die im späten Mittelalter entlang der Wege ihr Unwesen treibenden Räuberbanden, die oft als Pilger verkleidet die echten Pilger ausraubten, taten ein übriges, um die Wallfahrt zum Apostelgrab zu einem nicht mehr eingehbaren Wagnis zu machen. Als 1589 eine englische Flotte unter Sir Francis Drake vor der galicischen Küste auftauchte, brachte man die Reliquien aus Santiago de Compostela an einen Ort, der so sicher war, daß man sie nicht mehr wiederfand. Damit war das Ende der Pilgerzüge gekommen. Erst 1879 wurden die Reliquien wiederentdeckt, und nachdem sie Papst Leo XIII. gebilligt hatte, wurde erneut zu Wallfahrten aufgerufen.

Die Pilger

Jakobsmuschel

Aus aller Herren Länder pilgerten die Gläubigen nach Santiago de Compostela, die meisten von ihnen wohl aus tiefer Frömmigkeit, nicht wenige aber auch, um Buße zu tun für ein von ihnen begangenes Verbrechen oder eine Beleidigung; schließlich gab es auch solche wie den französischen Dichter François Villon (1431–1463), der sich dem lukrativen Geschäft des Pilgerausraubens hingab.

Die Pilger waren leicht zu erkennen: Sie wanderten aus Sicherheitsgründen meistens in Gruppen, trugen Überrock, Umhang, Pilgerstock, einen ledernen Beutel, eine Kürbisflasche und auf dem Kopf gleichsam als Erkennungszeichen einen breitkrempigen, vorne hochgeschlagenen Hut, an dem ihr Wahrzeichen, die Jakobsmuschel (span. vieira) befestigt war. Entlang der Wegstrecke fanden sie Kirchen und eigens für sie eingerichtete, von Mönchen, überwiegend Kluniazenser und Benediktiner, unterhal-

Pilgerbrücke in Puente de la Reina

tene Spitäler und Rasthäuser, um die herum sich im Laufe der Zeit Wirts-
häuser, Werkstätten und Läden ansiedelten und in der Folge schließlich
Städte wie Puente de la Reina und Santiago de Calzada entstanden. Für
die Sicherheit der Pilger und die Instandhaltung der Wegmarkierungen
sorgten Tempelritter und Santiagoritter. Den Streckenverlauf, die Einkehr-
möglichkeiten, die Sehenswürdigkeiten, die Gefahren und auch die hals-
abschneiderischen Wirte beschrieb der französische Mönch Aimerico
Picaud in der ersten Hälfte des 12. Jh.s im "Liber Sancti Jacobi" (Buch vom
hl. Jakob; auch als Calixtinischer Kodex bekannt), in dem er sämtliche
Geschichten über den Heiligen zusammentrug und auch allerlei praktische
Ratschläge gab, mithin einen echten Reiseführer schrieb. Am Ziel ange-
kommen, berührten die Pilger zuerst mit der Stirn die Säule des hl. Jakobus an der Pórtico de la Gloria in der Kathedrale von Santiago de Compostela als Zeichen des Dankes.

Heutzutage ist die Wallfahrt kein Abenteuer mehr, man kann sogar mit dem
Flugzeug Santiago de Compostela erreichen, und auch weite Strecken mit
dem Auto führen am Pilgerweg entlang. Besonders erstrebenswert für die
Gläubigen ist eine Pilgerfahrt im Heiligen Jahr, das immer dann ausgerufen
wird, wenn der 25. Juli, der Jakobstag, auf einen Sonntag fällt.

Pilger
(Fortsetzung)

Verlauf

Der Jakobsweg ist nicht so eng, wie es die dargestellte Route vermuten
ließe; vielmehr zog er sich praktisch wie ein weites Wegegeflecht von Ost
nach West.
Die Pilger mußten zunächst Frankreich durchqueren, wo es vier Hauptstrecken gab: Drei Wege führten von Paris, Vézelay und Le Puy nach Osta-
bat am Fuße der Pyrenäen, die über den Paß von Roncevalles bewältigt
wurden; ein vierter Weg begann in Arles und ging über den Somport-Paß

Jakobsweg
Camino de Santiago
Camino Francés

| Verlauf des Jakobswegs (Fortsetzung) | nach Puente de la Reina bei → Pamplona, wo er sich mit der von Roncevalles kommenden Strecke vereinigte. Von hier wurde die Wallfahrt auf der nun noch fast 740 km langen Route des 'Camino de Santiago' über → Estella, → Logroño, → Santo Domingo de la Calzada, → Burgos, → León, → Astorga, → Ponferrada und an → Lugo vorbei nach → Santiago de Compostela fortgesetzt.

Eine zweite, gefährlichere Variante führte entlang der baskischen, asturischen und galicischen Küste durch Irún, → San Sebastián, → Bilbao, → Oviedo, → Betanzos und → La Coruña nach Santiago. |

Játiva / Xátiva

K 7

	Provinz: Valencia (V) Telefonvorwahl: 96 Höhe: 110 m ü.d.M. Einwohnerzahl: 24 000
Lage und Allgemeines	Die reizvolle alte Stadt Játiva (katal. Xátiva), das schon im Altertum durch seine Gewebe berühmte römische 'Saetabis' und das maurische 'Xateba', liegt 56 km südlich von Valencia prächtig am Nordfuß des doppelgipfligen Monte Bernisa, den zwei Burgen krönen. Um die Stadt dehnen sich weite Wein- und Orangenhaine aus. Játiva ist die Geburtsstadt des Malers Jusepe de Ribera (1591–1652) und war Sitz der Familie Borja (Borgia), aus der die Päpste Calixtus III. und der berüchtigte Alexander VI. hervorgingen. Da die Stadt im Spanischen Erbfolgekrieg auf der Seite der Österreicher stand, ließ nach seinem Sieg Philipp V. die Stadt niederbrennen.

Sehenswertes

La Colegiata	Die durch ihren 60 m hohen Glockenturm deutlich gekennzeichnete Stiftskirche La Colegiata (16./18. Jh.), auf den Fundamenten einer Moschee errichtet, birgt im Inneren neben wertvollen Altarbildern, darunter am Hochaltar die Nuestra Señora de la Seo, die Schutzpatronin der Stadt, auch die Kapelle des Kardinals Alfonso Borja, später Papst Calixtus III.
Hospital	Gegenüber der Kirche fällt die gotisch-platereske Fassade des Städtischen Krankenhauses auf.
Calle de Moncada	Die malerischste Straße der Stadt ist die Calle de Moncada mit zahlreichen alten Palästen und Brunnen.

Das Museo Municipal (Städtisches Museum) im Gebäude der ehemaligen Getreidebörse (16. Jh.) in der Calle José Carchano widmet sich vor allem der Sammlung römischer und mittelalterlicher Gegenstände. Prunkstück ist ein reich gearbeitetes maurisches Marmorbecken aus dem 11. Jh., verziert mit feinen Reliefarbeiten.

Játiva
(Fortsetzung)
Museo
Municipal

In der am Hang liegenden romanisch-gotischen Einsiedelei finden sich schöne Retablos des 15. Jh.s aus der Valencianer Schule. Zudem genießt man eine hervorragende Aussicht auf die Stadt.

Ermita San Feliú

Das auf iberische und römische Anlagen zurückgehende Castillo Mayor krönt den Monte Bernisa. Viele berühmte Persönlichkeiten der spanischen Geschichte lernten die Burg als Gefängnis kennen; heute ist sie Nationaldenkmal und der Besucher kann von der Höhe die Stadt und die Landschaft weit überblicken.

✳Castillo Mayor

Umgebung von Játiva

Südwestlich von Játiva, auf einer Nebenstraße (8 km) zu erreichen, liegt das Dorf Canals, in dessen Schloß 1378 Alfonso Borja, der Gründer des italienischen Geschlechts der Borgia und spätere Papst Calixtus III., geboren wurde.

Canals

Jerez de la Frontera   **D 9**

Provinz: Cádiz (CA)
Telefonvorwahl: 956
Höhe: 55 m ü.d.M.
Einwohnerzahl: 200 000

In fruchtbarer Hügellandschaft am Südrand der Andalusischen Tiefebene, nicht weit von Cádiz, liegt Jerez de la Frontera. Die Stadt ist weltberühmt als Herkunftsort des Jerez-Weines, in unseren Breiten besser bekannt als Sherry, der auch gebrannt als spanischer Brandy seine Liebhaber hat. Ebenso große Bedeutung hat die hier betriebene Zucht von Rassepferden, Inbegriff der feurigen andalusischen Pferde; schließlich ist Jerez de la Frontera ein Zentrum des Flamenco und des 'cante jondo'. Dies alles findet sich vereint in zwei großen, alljährlich stattfindenden Festen: der Feria del Caballo in der ersten Maihälfte mit Turnierprüfungen und der Fiesta del Vendímia in der ersten Septemberhälfte mit einem Flamencofestival.

Lage und
Allgemeines

Der Raum zwischen Jerez und dem Cabo de Trafalgar war 711 der Schauplatz des großen Entscheidungskampfes zwischen Westgoten und Mauren, in dem das christliche Spanien für viele Jahrhunderte den orientalischen Völkern unterlag. Hier verhinderte 1340 eine weitere große Schlacht mit einem Sieg der christlichen Truppen die letzte Invasion aus Nordafrika. Den Beinamen 'de la Frontera' ('an der Grenze') führt diese Stadt ebenso wie andere nach dem maurischen Osten zu gelegene Grenzstädte seit 1379.

Geschichte

In erster Linie wird Jerez de la Frontera dem Besucher als das Zentrum der Sherry-Produktion in Erinnerung bleiben. Sage und schreibe 36 Bodegas (Weinlager) widmen sich der Herstellung und Expedition des Weines von Jerez. Die Herstellung von Sherry ist ein langwieriges Verfahren. Hat der junge Wein seine Fermentation abgeschlossen, wird er seinem Charakter gemäß in die Kategorien 'fino', 'amontillado' und 'oloroso' klassifiziert, auf Fässer gezogen und in die Faßreihen, die 'soleras', eingereiht, in der Weine gleichen Charakters, aber unterschiedlichen Jahrgangs stehen. Am Beginn der Reihe steht der junge Wein, am Ende der älteste Jahrgang. Von

✳Hauptstadt
des Sherry

Sherry
(Fortsetzung)

den jüngeren Weinen nimmt man nun immer wieder krügeweise Wein heraus und verschneidet sie mit den älteren, bis der Kellermeister schließlich den Sherry für genügend reif erklärt. Die besten Jerez-Weine sind also diejenigen aus einer einzigen Reihe; meistens allerdings werden die Soleras auch untereinander verschnitten und teilweise gesüßt. Ein Fino ist ein hellgelber, sehr trockener, lebendiger und kaum verschnittener oder gesüßter Wein, mithin der typischste Sherry (Alkoholgehalt 15,5–17%); der Amontillado ist amberfarben und weicher, jedoch immer noch trocken, ein alter Fino gilt als der beste Amontillado (Alkoholgehalt 16–18%); ein Oloroso schließlich ist von dunkelgoldener Farbe und süßer (Alkoholgehalt 18–20%). Weitere Verschnittsorten sind der gesüßte Dulce, dunkel und schwer, und der noch schwerere, sahnige Cream. Aus dem benachbarten Sanlúcar de Barrameda stammt der Manzanilla, ein heller, sehr trockener und leicht salzig anmutender Wein.

Bodegas

Die Besichtigung einer Bodega ist ein Muß bei einem Besuch in Jerez de la Frontera. Zu den bekanntesten zählen Garvey S.A., Guadalete 14; González Byass, Manuel María González 12; Pedro Domecq, San Ildefonso 3; John Harvey & Sons, Alvar Nuñez 53; Sandeman, Pizarro 10; Williams & Humbert Ltd., Nuño de Cañas 2. In aller Regel kann man sie von 10.00 bis 13.00 Uhr im Rahmen einer Führung (mit Kostproben) besuchen; es empfiehlt sich aber eine vorherige Anmeldung.

Sehenswertes

Alcázar

Im südlichen Teil der Stadt befindet sich die Alameda Fortún de Torres. An ihrer Südseite erhebt sich der Alcázar, ein bis in das 11. Jh. zurückreichender mächtiger Bau der Almohaden. In seinen Mauern findet man eine gotische Kapelle, arabische Bäder und den im Stil der Renaissance umgebauten Palast; vom Bergfried genießt man eine schöne Aussicht.

Flamenco-
Museum

Südlich vom Alcázar kann in der Calle Quintos 1 ein Flamenco-Museum besucht werden, in dem Instrumente und Kostüme ausgestellt sind.

San Miguel

Östlich des Flamenco-Zentrums erkennt man den blaugekachelten Turm der Kirche San Miguel (1430–1512), deren reich gearbeitete Westfassade von 1672 stammt; im harmonischen Inneren befindet sich am Hochaltar ein Retablo mit Reliefs von Martínez Montañés und Juan de Arce (1625).

**Jerez
de la Frontera**

1 San Dionisio
2 Casa del Cabildo
3 San Juan de
   los Caballeros
4 Flamenco-Museum
5 Museo Arqueológico

Bodegas (Weinlager)

300 m

© Baedeker

Beim Verschneiden der Soleras

Unweit nordwestlich der Festungsanlage befindet sich die seit 1695 im Barockstil erbaute Kirche La Colegiata (San Salvador), die auf den Grundmauern einer Moschee entstanden ist; vom freistehenden Glockenturm hat man ebenfalls eine vortreffliche Aussicht. Bemerkenswert sind die barocke Freitreppe und ein Zurbarán-Gemälde im Inneren. — La Colegiata

Nordöstlich von Kirche und Alcázar kommt man an der Plaza de la Asunción zum 1575 erbauten, plateresken Casa del Cabildo, dem ehemaligen Rathaus. — Casa del Cabildo

Am selben Platz erhebt sich die Kirche San Dionisio, 1430 im Mudéjarstil erbaut, die einen künstlerisch wertvollen Barock-Retablo besitzt. — San Dionisio

Im Nordwesten von Jerez findet sich bei der Iglesia de San Mateo das Archäologische Museum. — Museo Arqueológico

Wiederum wenig nordöstlich hiervon wurde im Palacio de Pemartin an der Plaza San Juan die Fundación Andaluza de Flamenco eingerichtet. Hier sieht und erfährt man in Ausstellungen, Videofilmen, Vorführungen und in der Bibliothek alles Wissenswerte über den Flamenco. — *Fundación Andaluza de Flamenco

Im Norden der Stadt, in der Av. Duque de Abrantes, lohnt sich ein Besuch der Real Escuela Andaluza del Arte Ecuestre (Königliche Andalusische Schule der Reitkunst). Jeden Donnerstag um 12.00 Uhr wird hier die Schau 'Cómo bailan los Caballos Andaluces' ('Wie andalusische Pferde tanzen') vorgeführt. An den übrigen Werktagen kann man von 11.00 bis 13.00 Uhr beim Training zuschauen und die Stallungen besichtigen. — *Real Escuela Andaluza del Arte Ecuestre

In einer der schönsten Bodegas von Jerez im Nordwesten der Stadt ist das Uhrenmuseum 'La Atalaya' eingerichtet, das über 300 teilweise äußerst wertvolle antike Uhren aus ganz Europa zeigt. — Museo de Relojes 'La Atalaya'

Jerez (Forts.)
Parque Zoológico

Im Westen der Stadt liegt der zoologische Garten, der größte Andalusiens, zu dem auch ein sehenswerter botanischer Garten gehört.

Umgebung von Jerez de la Frontera

Circuito de Jerez

Auf der N-342 in nordöstlicher Richtung kommt man zum 10 km außerhalb der Stadt liegenden Hochgeschwindigkeitskurs von Jerez, auf dem u.a. der große Preis von Spanien in der Formel I und Rennen zur Motorradweltmeisterschaft ausgetragen werden.
Unweit des Rennkurses soll 1990 der 63 ha große Freizeit- und Vergnügungspark 'Sherryworld' eröffnet werden.

La Cartuja

Wenige Kilometer südöstlich von Jerez liegt das 1477 gestiftete ehemalige Kartäuserkloster La Cartuja, in dem im 16. Jh. erstmals deutsche, italienische und andalusische Rassepferde zur 'Kartäuserrasse' gekreuzt wurden. Karl III. schenkte Mitte des 18. Jh.s der österreichischen Kaiserin Maria Theresia mehrere Cartuja-Hengste, die den Stamm der Lipizzaner bildeten. Das Bauwerk selbst besitzt ein prächtiges Renaissancetor (1571) und eine gotische Kirche mit reicher Fassade von 1667.

Kanarische Inseln (Islas Canarias)

Autonome Region
Regierungsorgan: Junta de Canarias
Provinzen: Las Palmas de Gran Canaria, Santa Cruz de Tenerife
Telefonvorwahl für die Provinz Las Palmas de Gran Canaria: 928
Telefonvorwahl für die Provinz Santa Cruz de Tenerife: 922
Gesamteinwohnerzahl: 1,5 Mio.

Hinweis

Die Darstellung der Kanaren in diesem Reiseführer ist bewußt knapp gehalten, da in der Reihe 'Baedekers Allianz-Reiseführer' bereits zwei ausführliche Inselführer "Gran Canaria" und "Teneriffa" vorliegen.

Lage und
Allgemeines

Die Kanarischen Inseln (span. Islas Canarias) sind eine Gruppe von sieben Inseln und sechs kleineren Eilanden im Atlantik, ca. 100–300 km von der Nordwestküste Afrikas (Marokko/Westsahara) und etwa 1100 km vom spanischen Festland (Cádiz) entfernt. Sie erstrecken sich zwischen 27° 38' und 29° 35' nördlicher Breite sowie 13° 20' und 18° 14' westlicher Länge. Der Archipel dehnt sich 500 km von Osten nach Westen und 200 km von Norden nach Süden aus. Das gesamte Areal umfaßt etwa 7550 km². Die östlichen Inseln Gran Canaria (1532 km²), Fuerteventura (1731 km²), Lanzarote (795 km²), Graciosa (27 km²), Alegranza (10 km²), Lobos (6 km²), Montaña Clara (1 km²) sowie die Felsenriffe Roque del Oeste und Roque del Este bilden die Provinz Las Palmas de Gran Canaria (Hauptstadt Las Palmas). Die Provinz Santa Cruz de Tenerife (Hauptstadt Santa Cruz) umfaßt die westlichen Inseln Teneriffa (span. Tenerife; 2057 km²), La Palma (728 km²), Gomera (378 km²) und Hierro (277 km²).

Namensherkunft

Bis heute ist nicht sicher belegt, wie der Kanarische Archipel zu seinem Namen kam. Auf einer spanischen Seekarte erscheint erstmals 1339 die Bezeichnung 'Isla Canaria'. Die antike Literatur kennt die Inselgruppe als die Seligen bzw. Glücklichen Inseln, doch taucht schon bei Plinius d. Ä. (23–79 n. Chr.) für eine von ihnen der Name Canaria (heute Gran Canaria) auf. Plinius führt ihre Benennung auf die großen Hunde (lat. canis = Hund) zurück, die auf der Insel leben. Hunde gab es schon damals auf den Kanaren, von außergewöhnlicher Größe waren sie jedoch nicht. Die Römer brachten die Inseln immer mit dem Totenreich im Westen in Verbindung. Denkbar wäre, daß diese Tatsache bei der Namensgebung eine Rolle spielte. Ist der Hund doch gemäß alter mythologischer Vorstellungen der

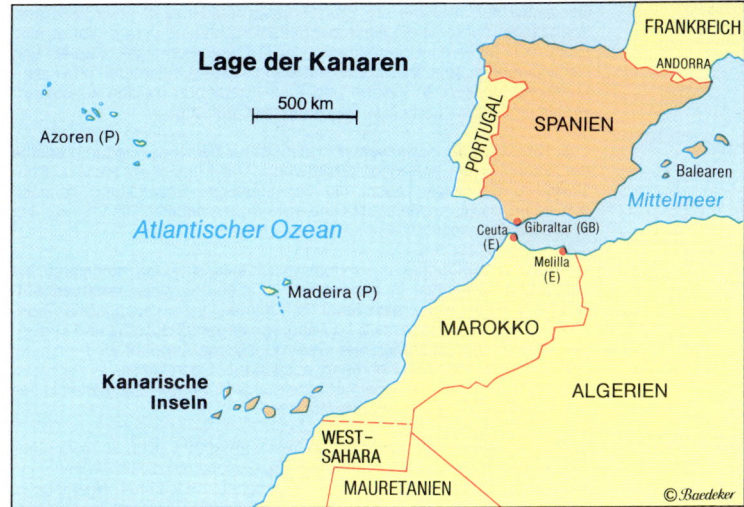

Führer in die Totenwelt. Eine andere Erklärungsvariante weist darauf hin, daß es auf den Inseln den Vogel Canora (von lat. canere = singen) gegeben haben soll. Möglicherweise rührt der Name auch von dem an der afrikanischen Küste gelegenen Cabo Caunaria (vermutlich das heutige Cap Bojador) her.

Namensherkunft (Fortsetzung)

Die Flora auf den Kanarischen Inseln ist in zweierlei Hinsicht einzigartig. Einerseits kommen in einem relativ begrenzten Gebiet Pflanzen vor, die fast allen Vegetationszonen der Erde angehören, andererseits ist der hohe Prozentsatz endemischer Arten (nur hier vorkommender Pflanzen) auffallend. Insgesamt umfaßt die Kanarische Flora fast 2000 Arten, von denen gut 30% endemisch sind.
Bedeutend artenärmer als die Pflanzenwelt ist die Fauna, allerdings sind ebenfalls verhältnismäßig viele endemische Arten vorhanden. Größere wildlebende Säugetiere fehlen bis auf Kaninchen, Igel und Fledermaus ganz. Beruhigend ist die Tatsache, daß es weder Skorpione noch giftige Schlangen gibt.

Flora und Fauna

Aus dem Landschaftsbild der Kanaren nicht wegzudenken, sind ausgedehnte Bananenplantagen. Vorwiegend auf den Inselnordhälften wird in Höhen bis 400 m Bananenkultivierung betrieben. In höheren Lagen und auf den Inselsüdseiten werden vorrangig Tomaten und Kartoffeln angebaut, darüber hinaus für den Eigenbedarf Getreide, Mais, Obst, Gemüse und Futterpflanzen. Von untergeordneter Bedeutung ist der Anbau der Weinrebe. Da die Niederschlagsmengen auf den Kanaren relativ gering sind, kann eine effektive Landwirtschaft nur mit umgangreichen Bewässerungssystemen und speziellen Trockenfeldbaumethoden betrieben werden.
Die Viehwirtschaft spielt eine zweitrangige Rolle. Vielerorts werden Ziegen gehalten; die Rinder- und Schweinezucht deckt nur einen Teil des lokalen Bedarfs. Mehr Gewicht hat die Ziegenzucht. Fischfang (vor allem Thunfisch) wird im Umkreis aller Inseln betrieben.
Insgesamt verliert die Landwirtschaft, der einstige Haupternährungszweig, zunehmend an Bedeutung. Sie hat nur noch zu knapp 10% Anteil am Bruttosozialprodukt. Die Lebensmittelerzeugung deckt mittlerweile lediglich 25% des eigenen Bedarfes.

Landwirtschaft

Kanarische Inseln

Industrie

Der Anteil der Industrie am Bruttosozialprodukt macht etwa 25% aus. Wichtigster Zweig ist die Nahrungsmittelverarbeitung, ferner gibt es eine Reihe von mittleren Unternehmen der Holzverarbeitungs-, Papier- und Kartonagenindustrie, Baustoff-Herstellung sowie Düngemittel- und Fischkonservenfabriken. In kleinen und Kleinstbetrieben werden kunsthandwerkliche Gegenstände (z.B. Sickereiartikel) gefertigt.

Handel

Seit 1852 sind die Kanarischen Inseln Freihandelszone. Dadurch erlebte der Handel einen enormen Aufschwung. Der Mangel an Wasser, Rohstoffen und Energie macht die wirtschaftliche Entwicklung dennoch schwierig. So ist die Handelsbilanz seit langem negativ. Die Importe, vor allem aus dem spanischen Mutterland, steigen.

Tourismus

Während Landwirtschaft und Industrie rückläufig sind bzw. stagnieren, hat der Sektor Tourismus in den letzten Jahrzehnten einen enormen Aufschwung erlebt. Allein nach Teneriffa kommen jährlich etwa 2 Mio. Touristen (nach Gran Canaria etwa 1,5 Mio.), vorwiegend Deutsche und Engländer, aber auch Festlandspanier. Das touristische Angebot wird auch auf den kleineren Inseln zunehmend ausgebaut. Doch dieser Wirtschaftszweig läßt sich nicht ins Unermeßliche steigern: Schon jetzt stehen in den Sommermonaten etliche Hotels fast leer.

Geschichte

Vermutlich wurden die Kanarischen Inseln ab 3000 v. Chr. in mindestens zwei Einwanderungswellen besiedelt. Die Geschichte dieser Ureinwohner (Altkanarier; vielfach werden sie als 'Guanchen' bezeichnet, eigentlich ist der Begriff jedoch auf die Bewohner von Teneriffa begrenzt) liegt weitgehend im dunkeln, sie lebten von der übrigen Welt fast völlig isoliert. Schrift-

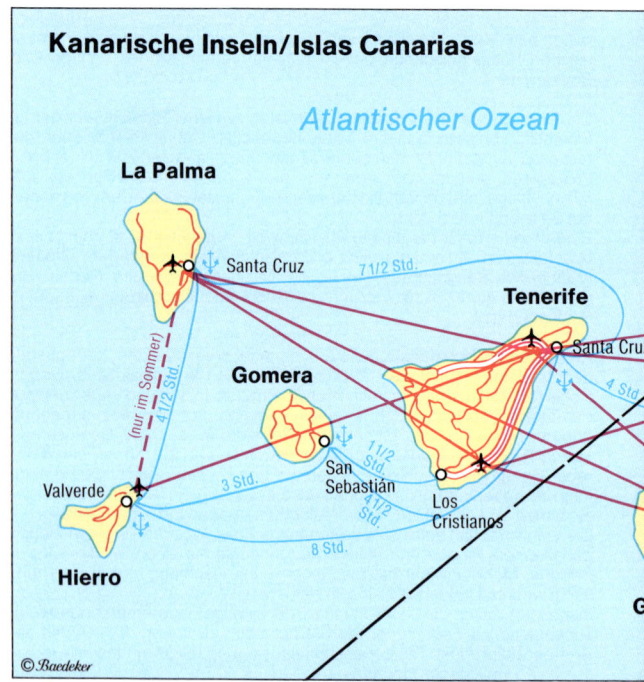

liche Überlieferungen fehlen (abgesehen von einigen noch nicht entschlüsselten Felsinschriften) bis zur Zeit der spanischen Eroberungen.
Seit 1402 unternahm Kastilien ernsthafte Versuche, sich die Inseln einzuverleiben. Abgeschlossen war dieser Prozeß 1496 mit der Einnahme von Teneriffa. Sofern sie nicht in die Sklaverei verkauft wurden, assimilierten sich die Altkanarier und gingen allmählich in der Schicht der spanischen Eroberer auf.
Seit dem 19. Jh. entwickelte sich auf den Kanaren die Wirtschaft durch die Schaffung von Freihäfen und seit Mitte des 20. Jh.s ergriff der Tourismus Besitz vom Archipel.

Einmal wöchentlich verkehren Fährschiffe der spanischen Schiffahrtsgesellschaft Trasmediterránea auf der Route Genua – Palma de Mallorca – Málaga – Cádiz – Santa Cruz de Tenerife – Las Palmas de Gran Canaria – Arrecife (Lanzarote). Die Überfahrt von Genua nach Gran Canaria dauert sechs Tage. Zwischen den einzelnen Inseln gibt es einen regelmäßigen Fährdienst.

Linienflug-Direktverbindungen nach Teneriffa und Gran Canaria bestehen mehrmals wöchentlich von Frankfurt am Main und Zürich. Darüber hinaus kann man von allen großen europäischen Flughäfen mit Zwischenstop in Madrid oder Barcelona mehrmals täglich nach Teneriffa oder Gran Canaria fliegen. Preisgünstiger und schneller gelangt man mit Chartermaschinen von allen großen europäischen Flughäfen aus nach Teneriffa, Gran Canaria, Lanzarote, Fuerteventura und La Palma.
Abgesehen von Gomera, das keinen Flughafen besitzt, sind alle Inseln durch einen regelmäßigen Liniendienst miteinander verbunden.

Gran Canaria

Fläche: 1532 km²
Einwohnerzahl: 660 000

Allgemeines

In der Gunst deutscher Besucher steht Gran Canaria an erster Stelle von allen Inseln des Kanarischen Archipels. Mögen die Landschaftseindrücke auch weniger spektakulär sein als auf Teneriffa, so locken doch die wunderschönen Sandstrände im Süden der Insel. Zudem kann Gran Canaria mit einem umfangreichen Sport- und Vergnügungsangebot aufwarten.

Landschaftliche Gliederung

Das Zentrum der annähernd kreisförmigen Insel Gran Canaria nimmt ein Bergmassiv ein, das im Pozo de las Nieves (1949 m ü.d.M.) seine höchste Erhebung hat. Dieses auch Cumbre genannte Gebirgsmassiv teilt die Insel in zwei völlig unterschiedliche Landschaftszonen ein. Während die Berghänge im Norden üppig bewachsen sind, präsentiert sich der Süden (mit Ausnahme einiger fruchtbarer Täler) als wüstenähnliche Region.

Das Bergland fällt im Westen steil zur Küste ab, im Norden geht es in ein mittelhohes Hügelland über, das von einer Kliff- und Brandungsküste gesäumt wird. Lediglich im Mündungsbereich von Kerbtälern gibt es schmale Sand- und Geröllstrände. Im Osten und Süden sind dem Bergland Küstenebenen mit zum Teil größeren Sandstränden vorgelagert. Die schönsten und längsten Sandstrände befinden sich bei Maspalomas/Playa del Inglés.

Charakteristisch für Gran Canaria sind tiefe Kerbtäler (Barrancos), die von der Cumbre radial zu den Küsten verlaufen. Die größten Schluchten befinden sich im Westen und Süden Gran Canarias, besonders eindrucksvoll sind die Barrancos von Agaete, Aldea, Mogán und Fataga.

Las Palmas und die vorgelagerte Isleta

Las Palmas de Gran Canaria

Provinz: Las Palmas de Gran Canaria
Höhe: 0 – 210 m ü.d.M.
Einwohnerzahl: 366 000

Las Palmas de Gran Canaria, die Hauptstadt der gleichnamigen spanischen Provinz und der Insel Gran Canaria, nimmt die Nordostspitze Gran
Canarias ein. Die Stadt erstreckt sich von Norden nach Süden über etwa
14 km entlang der Küste.

Lage und
Allgemeines

Mit ihren 366 000 Einwohnern ist Las Palmas mit Abstand die größte Stadt
des Kanarischen Archipels und die achtgrößte ganz Spaniens. Schon von
jeher ist sie ein bedeutendes Wirtschafts-, Verkehrs- und Handelszentrum
gewesen, wobei sie ein Großteil ihrer wirtschaftlichen Bedeutung dem
Hafen (Puerto de la Luz) verdankt. Seine günstige Lage im Schnittpunkt
der Schiffahrtslinien zwischen Europa, Afrika und Südamerika ließen ihn zu
einem der größten Atlantikhäfen der Welt werden.
Die vielen tausend Besucher aus aller Herren Länder – seien es nun Seeleute oder Touristen – verleihen Las Palmas ein internationales Flair. Die
Stadt verfügt über 200 Hotels. Viele ausländische Gäste halten sich jedoch
nur für einen Tagesausflug in der etwas lauten und hektischen Großstadt
auf, ihren Urlaub verbringen sie lieber im zudem sonnensicheren Süden
Gran Canarias.

Sehenswertes

Die Sehenswürdigkeiten von Las Palmas werden im folgenden von Norden
nach Süden beschrieben. Obgleich die Entfernung vom Castillo de la Luz

Las Palmas (Fortsetzung)	beim Hafen bis zur Plaza de Santa Ana ca. 5,5 km beträgt, empfiehlt es sich, wegen des ständigen Verkehrschaos die Stadt zu Fuß zu erkunden.
Puerto de la Luz	In bezug auf den Warenumschlag (6,9 Mio. t) ist der Puerto de la Luz der sechstgrößte Hafen Spaniens, hinsichtlich des Verkehrsaufkommens liegt er in der Statistik erheblich weiter vorn: Etwa 14 000 Schiffe gehen hier jährlich vor Anker.
Castillo de la Luz	Westlich des Hafens erhebt sich das Castillo de la Luz. Es wurde im 16. Jh. erbaut, um die Stadt vor Piratenangriffen zu schützen.
Playa de las Canteras	Die Playa de las Canteras, die als einer der längsten Großstadt-Sandstrände der Welt gilt, dehnt sich über 2600 m lang im Nordwesten von Las Palmas aus. An die Playa de las Canteras grenzt der Paseo de las Canteras, eine Strandpromenade mit unzähligen Hotels, Cafés und Restaurants.
Parque Doramas	Weiter südlich liegt inmitten des Stadtviertels Ciudad Jardin der Parque Doramas. Typisch kanarische Flora wächst hier, dazu gehören auch einige besonders schöne Drachenbaumexemplare. Als Beispiel für kanarische Architektur wurde am Rande des Parks das Pueblo Canario (Kanarisches Dorf) angelegt. Zu dem Komplex gehört das Museo Néstor. Es enthält neben Werken des kanarischen Malers Néstor Martín Fernández de la Torre (1887–1938) auch verschiedene Möbelstücke und persönlichen Besitz des Künstlers.
Catedral de Santa Ana	Im ältesten Stadtviertel von Las Palmas, in Vegueta, ragt die Catedral de Santa Ana auf. Mit der Errichtung des Gotteshauses begann man 1497, 1570 wurden die Arbeiten unterbrochen. Erst Ende des 18. bzw. Anfang des 19. Jh.s wurde die neoklassizistische Hauptfassade fertiggestellt. In einem der Seitenschiffe der Kathedrale wurde das Museo Diocesano de Arte Sacro eingerichtet. Zu den Schätzen des Kirchenmuseums gehören Heiligenstatuen und eine kleine Gemäldegalerie mit Werken flämischer Maler und kanarischer Künstler.
Casa de Colón	Nahe der Rückfront der Kathedrale prunkt die Casa de Colón. Das Gebäude, das 1777 wieder neu im typisch kanarischen Stil aufgebaut wurde, war einst Sitz der Inselstatthalter. Seinen Namen verdankt es der Tatsache, daß Kolumbus bei einem kurzen Aufenthalt auf Gran Canaria hier gewohnt haben soll. Heute beherbergt das Gebäude ein Museum mit Exponaten zum Thema 'Kolumbus und seine Zeit' sowie eine Gemäldesammlung.
✳Museo Canario	Südwestlich der Kathedrale hat in der Calle Dr. Verneau 2 das Museo Canario seinen Sitz, das als das bedeutendste Museum des Archipels gilt. Wichtigste Abteilung ist die Sammlung von Funden aus vorspanischer Zeit. Neben Mumien, Skeletten und Schädeln der Urbevölkerung sind Funde ausgestellt, die einen Einblick in die altkanarische Kultur vermitteln.

Inselfahrten

Da die zusammengewachsenen Hotelstädte Playa del Inglés und Maspalomas im Süden Gran Canarias mit Abstand das größte Touristenzentrum der Insel bilden, nehmen die Inselfahrten hier ihren Ausgang.

Inselrundfahrt

Puerto Rico	Man verläßt Playa del Inglés auf der Küstenstraße in westlicher Richtung. Nach ca. 17 km wird Puerto Rico mit seinem künstlich aufgeschütteten kleinen Sandstrand erreicht.

Duñas de Maspalomas

Den westlichsten Außenposten der großen Touristikzentren im Süden Gran Canarias bildet Puerto de Mogán. Es lohnt sich, die exklusive, erst 1986 fertiggestellte Apartmentanlage samt des dazugehörigen Jachthafens zu begutachten.
In Puerto de Mogán endet die Küstenstraße, weiter geht es in nördlicher Richtung auf der C 810 durch den fruchtbaren Barranco de Mogán. Hinter der Ortschaft Mogán verläuft die Hauptstraße weiter in nordwestlicher Richtung und erreicht kurz hinter San Nicolás de Tolentino wieder die Küste. In diesem Küstenstrich Gran Canarias fallen die Felsen steil zum Meer hin ab, so müssen unzählige Kurven zurückgelegt werden, bis man nach 40 km (von San Nicolás de Tolentino) Agaete erreicht.

Puerto de Mogán

Das freundliche Städtchen liegt im Mündungsbereich des Barranco de Agaete. Er gilt als das fruchtbarste Tal der Insel. Wer bis zu dem früheren Heilbad Los Berrazales fährt, erlebt eine üppige tropische und subtropische Vegetation (einfache Strecke 8 km).

Barranco de Agaete

Im Ortskern von Agaete zweigt eine Straße zu dem 1 km westlich gelegenen Puerto de las Nieves ab; von hier hat man eine hervorragende Sicht auf den bizarren Felsen 'Dedo de Dios' und kann in einem der zahlreichen Fischlokale fangfrische Meeresfrüchte probieren.

Puerto de las Nieves

Man verläßt Agaete auf der C 810 in nordöstlicher Richtung, nach gut 10 km ist Gáldar erreicht. Bei einem Stadtrundgang lernt man einen typisch kanarischen Ort kennen. Eine Besichtigung lohnt die Cueva Pintada (Bemalte Höhle), deren Innenwände mit farbigen geometrischen Zeichnungen bedeckt sind. In keiner anderen Höhle auf den Kanaren fand man etwas Vergleichbares.

Gáldar

Ca. 4 km hinter Gáldar verläßt man die C 810 und setzt die Inselrundfahrt auf der alten kurvenreichen Küstenstraße fort. Man folgt der Beschilderung

*Cenobio de Valerón

Cenóbia de Valerón (Fortsetzung)	zum Cenobio de Valerón, eine der interessantesten Sehenswürdigkeiten aus der Zeit der Altkanarier. Es handelt sich um einen Komplex von 298 Höhlen, die unter einem natürlichen Basaltbogen liegen. Welche Funktion dieser 'Höhlenpalast' hatte, ist bis heute nicht endgültig geklärt.
Arucas	Die alte Küstenstraße schlängelt sich an den Berghängen entlang und stößt bei San Felipe wieder auf die neue, gut ausgebaute Schnellstraße. Bei Bañaderos zweigt von dieser eine Straße rechts in Richtung Arucas ab. Schon von weitem fällt die riesige, aus dunklem Lavagestein erbaute neugotische Kirche, die Iglesia de San Juan Bautista, ins Auge. Man begann mit dem Bau 1909, der letzte der vier Türme wurde jedoch erst Ende der siebziger Jahre fertiggestellt.
Tafira/ ✳Jardín Canario	Über Tamaraceite und San Lorenzo gelangt man zum Jardín Canario bei der Ortschaft Tafira. In dem Kanarischen Garten wurden ausschließlich Gewächse angepflanzt, die nur auf den Kanarischen bzw. Makaronesischen Inseln beheimatet sind. Von Tafira aus folgt man der Straße nach Marzagán, von dort geht es über die Autobahn schnell zurück in den Inselsüden.

Fahrt ins Inselinnere

San Bartolomé de Tirajana	Von Playa del Inglés folgt man der Beschilderung in nördlicher Richtung nach San Bartolomé de Tirajana. Schon bald bleiben die letzten Häuser zurück, und die Gebirgswelt nimmt einen gefangen. Immer wieder ergeben sich grandiose Ausblicke über die karge, doch sehr bizarre Landschaft. Nach ca. 24 km wird San Bartolomé de Tirajana erreicht, es ist der Verwaltungshauptort vom Süden Gran Canarias.
✳Pozo de las Nieves	Knapp 10 km hinter San Bartolomé de Tirajana zweigt in der Ortschaft Ayacata eine Straße zum Pozo de las Nieves ab. Vom höchsten Berg der Insel hat man bei klaren Sichtverhältnissen einen phantastischen Blick über ganz Gran Canaria.
✳Roque Nublo	Aber auch die weiter in Richtung Tejeda verlaufende Route eröffnet interessante Ausblicke. Imposant ist der Roque Nublo (Wolkenfels), der sich rechts der Straße kurz hinter Ayacata erhebt. Er gilt wegen seiner bizarren Form als das Wahrzeichen der Insel.
Cruz de Tejeda	Zahlreiche Kurven und Kehren müssen noch zurückgelegt werden, bis man ca. 7 km hinter dem Bergdorf Tejeda beim Cruz de Tejeda den höchsten Punkt der Paßstraße (1490 m ü.d.M.) passiert. Bei dem Kreuz und dem in unmittelbarer Nähe gelegenen Parador herrscht fast immer ein hektisches Treiben.
Abstecher nach Artenara	In eine wunderschöne, noch weitgehend unberührte Landschaft gelangt man, wenn man kurz hinter dem Cruz de Tejeda nach Artenara abbiegt. In dem Ort gibt es eine Höhlenkirche und verschiedene Wohnhöhlen zu sehen. Zu Wanderungen oder Pausen lädt der Pinar de Tamadaba ein (vom Cruz de Tejeda bis zum Pinar de Tamadaba und zurück gut 50 km).
Telde	Die Hauptroute verläuft vom Cruz de Tejeda in östlicher Richtung nach Vega de San Mateo, wo man nun der C 814 nach Valsequillo folgt. Besonders schön ist es hier im Dezember und Januar, wenn die Mandelbäume blühen. Die 11 km von Valsequillo nach Telde, der zweitgrößten Stadt der Insel, sind schnell zurückgelegt. Einen Besuch lohnt die Iglesia de San Juan Bautista. Wer weniger kunstinteressiert ist, läßt das laute Städtchen schnell hinter sich.
Ingenio	Für die Weiterfahrt benutzt man die südliche Ausfallstraße C 812. Über Ingenio, wo man im Museo de Piedras y Artesanía Canaria eine Steine-

sammlung und eine Ausstellung kanarischen Kunsthandwerks begutachten kann, und Agüimes geht es zur Autobahnauffahrt Vecindario/Arinaga. Von hier sind noch 20 km bis zur Playa del Inglés zurückzulegen.

Gran Canaria, Ingenio (Fortsetzung)

Fahrt durch den Inselnorden

Um schnell in den Norden Gran Canarias zu gelangen, benutzt man von Playa del Inglés aus die Autobahn in Richtung Las Palmas. Man verläßt sie bei dem Ort Marzagán und fährt von hier in nordwestlicher Richtung nach Tafira Alta. Man sollte es nicht versäumen, den unterhalb von Tafira Alta gelegenen Jardín Canario (vgl. Inselrundfahrt) zu besuchen.

Tafira

Danach geht es ein Stück weiter in westlicher Richtung auf der C 811. In Monte Coello zweigt links eine Straße zum Pico de Bandama ab. Vom Aussichtspunkt auf dem Berggipfel hat man hervorragenden Blick bis nach Las Palmas und hinab in die Caldera de Bandama.

* Pico de Bandama

Am Fuß des Pico de Bandama führt eine Straße in südlicher Richtung nach La Atalaya, das bei fast jeder organisierten Inselrundfahrt besucht wird. Hier werden Töpferwaren nach althergebrachter Art ohne Töpferscheibe geformt (derweil Massenproduktion!).

La Atalaya

Von La Atalaya in nördlicher Richtung stößt man nach 3 km wieder auf die Hauptstraße, die C 811. Auf ihr sind noch 2 km bis Santa Brígida, einer attraktiven Villenstadt, zurückzulegen. Als nächster größerer Ort wird Vega de San Mateo passiert, das insbesondere sonntags, wenn hier Viehmarkt abgehalten wird, zahlreiche Besucher anzieht.

In Vega de San Mateo biegt man auf die C 814 in Richtung Teror ab. Für viele ist Teror der hübscheste Ort Gran Canarias. Bei einem Rundgang sieht man hier noch viele schöne alte Häuser mit kunstvoll geschnitzten Balkonen.

* Teror

Nächstes Ziel ist das nördlich von Teror gelegene Arucas (siehe Inselrundfahrt), von hier weiter in westlicher Richtung nach Firgas (Mineralquelle). Interessanter als der Ort selbst ist die Vegetation in dieser Region, dank des Wasserreichtums grünt und blüht es überall.

Firgas

Von Firgas aus ein Stück zurück auf gleicher Strecke bis nach Buenlugar, von dort wird die Fahrt in westlicher Richtung über Moya nach Santa María de Guía fortgesetzt. Es ist der Geburtsort von Luján Pérez, dessen Heiligenstandbilder in allen bedeutenden Kirchen des Archipels zu finden sind. Hat man das Cenobio de Valerón noch nicht besichtigt, sollte man von hier einen Abstecher dorthin unternehmen (siehe Inselrundfahrt).

Santa María de Guía

Der Rückweg erfolgt über die neue, gut ausgebaute Küstenstraße nach Las Palmas. Eine Umgehungsstraße gibt es nicht, so muß man, um auf die Autobahn in Richtung Süden zu gelangen, die Inselhauptstadt durchfahren.

Rückfahrt

* Lanzarote

Inselfläche: 795 km^2
Einwohnerzahl: 54 000

Lanzarote ist die östlichste der Kanareninseln. Von Afrika trennt die Insel ein etwa 115 km breiter Meeresstreifen. Die winzigen Eilande Graciosa, Montaña Clara und Alegranza sind Lanzarote vorgelagert.
Auch Lanzarote hat sich in den letzten Jahren zu einem Massenreiseziel entwickelt. Dennoch geht es hier ein wenig individueller zu als auf Gran

Allgemeines

Lanzarote,
Allgemeines
(Fortsetzung)

Canaria. Die Feriensiedlungen sind kleiner und geschmackvoller, zudem üben die fremdartige Lavalandschaft und die strahlend weißen Ortschaften einen starken ästhetischen Reiz aus.

Landschaftliche
Gliederung

Von der Nord- zur Südküste beträgt die größte Entfernung gut 60 km, von der Ost- zur Westküste etwa 20 km. Stärker noch als auf den anderen Kanarischen Inseln wird auf Lanzarote der Vulkanismus spürbar. Etwa 300 größere und kleinere Vulkankegel sitzen der Insel auf. Sie sind meist zwischen 400 und 600 m hoch und lassen das Inselinnere wie eine Mondlandschaft wirken. Im Norden bricht das Bergland steil zur Meeresstraße El Rio ab, im Süden geht es in die Küstenebene El Rubicón über.

Sehenswertes

Arrecife

Die Inselhaupt- und Hafenstadt an der Ostküste Lanzarotes verdankt ihren Namen (Arrecife = Riff) den vielen kleinen vorgelagerten Felsbänken. Arrecife ist nicht nur wichtiger Stützpunkt der kanarischen Hochseefischerei, sondern auch Sitz mehrerer Konservenfabriken und Zentrum des Geschäftslebens von Lanzarote. Vom Tourismus blieb die Stadt bisher weitgehend verschont.

Auf einer winzigen vorgelagerten Insel liegt das 1590 erbaute Castillo de San Gabriel, es beherbergt heute ein Historisches Museum. Das Castillo de San José am nördlichen Ortsausgang wurde auf Anordnung des spanischen Königs Carlos III. 1779 erbaut. Das Bauwerk beherbergt das Museo Internacional de Arte Contemporáneo (Museum für Zeitgenössische Kunst).

**Parque Nacio-
nal de Timanfaya

Die im Westen von Lanzarote gelegenen Montañas del Fuego (Feuerberge) bilden das Zentrum des Parque Nacional de Timanfaya. Der 5107 ha große Nationalpark wurde 1974 gegründet. Die in das Gebiet der 'Feuerberge' hineinführende Straße endet am Islote de Hilario, einem Krater, an dem die höchsten Bodentemperaturen der gesamten Region zu verzeichnen sind (wenige Meter unter der Erdoberfläche bis zu 400° C).
Die interessantesten Naturphänomene des Nationalparks erschließt die 14 km lange Ruta de los Volcanes (Vulkanroute; im Eintrittspreis ist eine Busrundfahrt ab dem Autoparkplatz inbegriffen).

Weitere Sehens-
würdigkeiten

Nicht auslassen auf einer Inselrundfahrt sollte man ferner die Hochebene La Geria, hier bekommt man am besten einen Eindruck von der für Lanzarote typischen Form des Trockenfeldbaus. Bei El Golfo an der Inselwestküste handelt es sich um einen halbkreisförmigen Krater, in dessen Innerem sich ein See gebildet hat. Teguise, die alte Hauptstadt von Lanzarote, kann mit einigen interessanten Bauten aufwarten. Besondere Touristenattraktionen sind ferner die Cueva de los Verdes, ein etwa 6100 km langes Höhlensystem, sowie Jameos del Agua, eine Schauhöhle, an deren Gestaltung der auf Lanzarote lebende Künstler und Architekt César Manrique entscheidenden Anteil hatte.

Fuerteventura

Fläche: 1731 km^2
Einwohnerzahl: 30 000

Allgemeines

In einer Hinsicht übertrifft Fuerteventura alle anderen Inseln des Kanarischen Archipels: An kilometerlangen, vielfach noch recht einsamen Sandstränden lassen sich ungetrübte Badefreuden genießen. Eine Reise nach Fuerteventura ist für den empfehlenswert, der einige Wochen nahezu aus-

Mit dem Dromedar in die Vulkanberge von Lanzarote ▶

Fuerteventura,
Allgemeines
(Fortsetzung)

schließlich am Strand verbringen möchte und dem diverse Wassersport-möglichkeiten und das Animationsprogramm der Hotelanlagen aus-reichen.

Landschaftliche
Gliederung

Nach Teneriffa ist Fuerteventura die zweitgrößte Insel des Archipels. Von Südwesten nach Nordosten erstreckt sie sich über ca. 110 km, die größte Breite beträgt etwa 30 km. Das Zentrum der langgestreckten Insel bildet ein durchschnittlich 300 m hohes Plateau, es wird zur Ost- und Westküste hin von kleineren Gebirgszügen begrenzt. Die Landschaft macht einen kahlen, geradezu öden Eindruck, für etwas Abwechslung sorgt lediglich das in diversen Rot- und Brauntönen schimmernde Gestein. Wohl kaum ein Reisender würde sich hierhin verirren, gäbe es da nicht die außer-gewöhnlich schönen und langen Sandstrände im Norden und Süden der Insel. Der Mittelteil weist hauptsächlich kleinere schwarze Sandstrände auf.

Sehenswertes

Der schönste Ort der Insel ist zweifellos Betancuria, benannt nach Jean de Béthencourt, der die Ortschaft 1405 gründete. Lokale Bedeutung haben zwei kleine Museen und die Pfarrkirche.

Puerto del Rosario, der Hauptort von Fuerteventura, hat seinen Namen erst seit 1957, bis dahin nannte man ihn sehr viel prosaischer 'Puerto de Cabras' (Ziegenhafen). Für Touristen bietet er nichts Interessantes, sie bevorzugen Corralejo im Norden von Fuerteventura und Morro del Jable bzw. Jandia im Süden als Aufenthaltsorte.

❊Teneriffa (Tenerife)

Fläche: 2057 km²
Einwohnerzahl: 600 000

Allgemeines

Teneriffa, das mit dem 3718 m hohen Pico de Teide die höchste aller Inseln im Atlantik ist, wird häufig als die schönste der Kanaren gepriesen. Keine der anderen Inseln verfügt über eine derart überwältigende Landschaft. Einerseits fasziniert die bizarre Gesteinswüste der Caldera de las Caña-das, andererseits die ausgedehnten Kiefernwälder sowie die fruchtbaren Täler, wo Bougainvillea, Weihnachtssterne und Hibiskus im Überfluß wach-sen. Einen Nachteil hat Teneriffa allerdings: Weite Sandstrände fehlen. Lediglich im Süden gibt es einige kleinere Badebuchten, im Norden sind Sonnen- und Badehungrige fast ausschließlich auf hübsch angelegte 'Pool-Landschaften' angewiesen.

Landschaftliche
Gliederung

Die größte der Kanarischen Inseln, Teneriffa, gleicht in ihrem Umriß einem nordostwärts gerichteten gleichschenkligen Dreieck, in dessen Zentrum der Pico de Teide (3718 m ü.d.M.) aufragt. Ihn umgibt die Caldera de las Cañadas, ein ehemaliger Riesenkrater. Nach Nordosten schließt die Cumbre Dorsal an, die allmählich von 2200 m auf 1700 m abflacht und schließlich zur Hochfläche von La Laguna (500–600 m ü.d.M.) abbricht.

Den äußersten Nordostzipfel der Insel nimmt das zerklüftete Anaga-Gebirge ein. Die genannten Gebirgszüge teilen die Insel in zwei völlig unterschiedliche Landschaftszonen ein. Während die Berghänge im Nor-den üppig bewachsen sind, präsentiert sich der Süden als wüstenähnliche Region.

Unterbrochen werden die Gebirgszüge von Barrancos (Schluchten). Diese tiefen Täler werden heute mit einer Ausnahme (Barranco del Infierno) nicht mehr von Wasserläufen durchzogen. Dennoch liefern sie in ihrem unteren Bereich vielfach günstige Bedingungen für die Landwirtschaft. Die Flanken der Gebirgszüge säumen einige breite fruchtbare Täler, wie das Valle de la Orotava im Norden und das Valle de Güimar im Süden.

Santa Cruz de Tenerife

Provinz: Santa Cruz de Tenerife
Höhe: 0–200 m ü.d.M.
Einwohnerzahl: 210 000

Santa Cruz de Tenerife, die Hauptstadt der gleinamigen spanischen Provinz und der Insel Teneriffa, liegt in einer geschützten Bucht am Fuße des Anaga-Gebirges im Nordosten von Teneriffa. Ihre wirtschaftliche Bedeutung verdankt die Stadt dem konsequenten Ausbau des Hafens seit Mitte des 18. Jh.s. Neben dem Hafenverkehr bestimmen eine Erdölraffinerie, chemische Industrie, Fischkonserven- und Zigarrenindustrie das Wirtschaftsleben.

Lage und Allgemeines

Touristen zieht es in erster Linie nach Santa Cruz wegen der zahllosen Einkaufsmöglichkeiten; hier findet man mit Abstand das größte Warenangebot der Insel.

Sehenswertes

Die blumengeschmückte nahe des Hafens gelegene Plaza de España ist Ausgangspunkt jeglicher Unternehmungen in Santa Cruz. Den Mittelpunkt des Platzes nimmt das Monumento de los Caídos ein. Es soll an die im Spanischen Bürgerkrieg Gefallenen erinnern.

Plaza de España

An der Südseite der Plaza de España befindet sich der riesige Gebäudekomplex, in dem die Inselverwaltung, das Staatliche Fremdenverkehrsamt und das Archäologische Museum (Museo Arqueológico) ihren Sitz haben. Letzteres besitzt neben dem Museo Canario in Las Palmas auf Gran Canaria die umfangreichste Sammlung über Geschichte und Kultur der Ureinwohner.

Museo Arqueológico

Nordwestlich der Plaza de España ist in den Räumlichkeiten eines ehemaligen Franziskanerklosters das Städtische Museum der Schönen Künste (Museo Municipal de Bellas Artes) untergebracht. Neben zahlreichen Gemälden und Skulpturen zeitgenössischer kanarischer Künstler sind auch Werke holländischer und italienischer Meister ausgestellt.

Museo Municipal de Bellas Artes

Die älteste und bedeutendste Kirche der Stadt erhebt sich ca. 300 m südlich der Plaza de España. Sie wurde 1502 errichtet, erfuhr jedoch im 17. und 18. Jh. nach einem Brand erhebliche bauliche Veränderungen. Das Innere birgt wertvolle Barockkunstwerke.

Iglesia de Nuestra Señora de la Concepción

Noch weiter im Süden des Stadtzentrums erreicht man über die Puente Serrador den Hauptmarkt von Santa Cruz (Mercado de Nuestra Señora de África). Hinter dem Torbogen erwarten den Besucher unzählige Stände, an denen Obst, Gemüse, Fleisch und Fisch, aber auch Blumen und sogar lebende Tiere gehandelt werden.

Mercado de Nuestra Señora de África

✳✳Parque Nacional del Teide

Der Pico de Teide (3718 m ü.d.M.), kurz Teide, bildet zusammen mit der Caldera de las Cañadas, einem riesigen ehemaligen Kraterkessel, den das Zentrum der Insel einnehmenden Parque Nacional del Teide (Teide-Nationalpark). Er wurde 1954 als dritter Nationalpark auf spanischem Gebiet eingerichtet. Das gesamte Gelände liegt über 2000 m ü.d.M. und erstreckt sich auf einer Fläche von 14 500 ha.

Lage und Allgemeines

Weitere Informationen über den Parque Nacional del Teide bekommt man in dem Besucherzentrum (Centro de Visitantes) bei El Portillo.

© Baedeker

Teide

Fast überall auf Teneriffa befindet man sich im Bannkreis des Teide, vorausgesetzt er ist nicht von Passatwolken eingenebelt. Während die Nordseite des Teide steil zur Küste abfällt, erkennt man an seinen südwestlichen und östlichen Hängen zwei schafte Vorsprünge, ehemalige Seitenkrater. An der Südwestflanke ist es der Pico Viejo (3135 m ü.d.M.). Die

Santa Cruz de Tenerife (Kartenausschnitt): Avenida de Anaga, Castillo de Paso Alto, Club Náutico, Muelle Norte, 200 m

Montaña Blanca im Osten verdankt ihren Namen dem hellen Lapilli-Gestein.

Der letzte Vulkanausbruch in dieser Region ereignete sich 1798, heute befindet sich der Teide im Solfatarenstadium, d.h. es sind vulkanische Restaktivitäten zu beobachten: Aus verschiedenen Öffnungen strömt mit einer Temperatur von 86° C Schwefelgas aus.

Über vier gut ausgebaute Zufahrtsstraßen gelangt man schnell von allen Teilen der Insel zu der Seilbahnstation am Fuß des Teide. Etwa 8 Minuten benötigt man für die Fahrt bis zur 'Rambleta', ein alter Krater in 3555 m Höhe. Von hier erreicht man den Gipfel in ca. 25 Minuten.

Zu Fuß kann man den Teide auch ohne bergsteigerische Erfahrung von der Montaña Blanca aus erklimmen. Dort ist auf einer großen Schautafel der Weg zum Gipfel eingezeichnet. Die Tour läßt sich in einem Tag bewältigen, man kann jedoch auch in der Schutzhütte Altavista übernachten.

Der Durchmesser der Caldera de las Cañadas beträgt 16 km, der Umfang etwa 45 km. Im Norden wird die Caldera vom Teide begrenzt, im Osten, Süden und Westen erheben sich bis zu 500 m hohe Felswände über die Ebene. Auf ihr erstrecken sich ausgedehnte Schlackenfelder, andere Schlackenmassen türmen sich über kleineren Vulkanen auf oder überdecken ältere ausgeflossene Lavaströme. Die Gesteinsschichten präsentieren sich in den unterschiedlichsten Farbtönen: Die Skala reicht von fast schwarzem bis zu rötlichem Gestein.

Bizarre Felsformationen wie die Los Roques verleihen dem grandiosen Landschaftsbild darüber hinaus einen beinahe unwirklichen Charakter.

Inselrundfahrt

Puerto de la Cruz liegt im Norden Teneriffas, am Ausgang des berühmten Orotava-Tals. Innerhalb weniger Jahrzehnte machte der Ort eine rasante Entwicklung durch. Aus dem kleinen Fischerort wurde das größte, international bekannte Touristenzentrum von Teneriffa.

Hauptattraktion von Puerto de la Cruz ist zweifelsohne das erst 1977 nach einem Entwurf des Lanzarotiner Architekten und Künstlers César Manrique fertiggestellte Badezentrum samt Strandpromenade an der Avenida de Colón. Unbedingt einplanen sollte man in Puerto de la Cruz einen Bummel durch den Jardín Botánico. Auf nur 25 000 m² findet der Besucher über 200 Pflanzen und Bäume aus aller Welt. Nicht minder sehenswert ist der Loro Parque (Papageienpark) am westlichen Stadtrand von Puerto de la Cruz, wo es von den 335 bekannten Papageienarten der Welt über 200 zu sehen gibt.

(Marginalien: Teide (Fortsetzung); Caldera de las Cañadas; Puerto de la Cruz)

405

Der Drachenbaum von Icod

*La Orotava

Man verläßt Puerto de la Cruz ist östlicher Richtung, nach 4 km kreuzt die N 820, auf ihr 1 km westwärts bis zur Abzweigung nach La Orotava. Das Städtchen, eines der schönsten und typischsten der Kanarischen Inselwelt, profitiert schon von jeher von den günstigen klimatischen Gegebenheiten, die eine ertragreiche Landwirtschaft zulassen. Den Stadtmittelpunkt bildet die blumengeschmückte Plaza de la Constitución, die wegen ihres beeindruckenden Ausblicks über die Dächer von La Orotava hinweg bis zur Küste häufig als 'Balkon von La Orotava' bezeichnet wird. Ca. 300 m westlich des Platzes ragt die Iglesia de Nuestra Señora de la Concepción auf. Der in den Jahren 1768–1788 entstandene Sakralbau ist mit der großen freitragenden Kuppel und den beiden kleinen Türmen ein Meisterwerk des Barock mit einzelnen Stilelementen des Rokoko. Unweit südlich der Kirche stehen die Casas de los Balcones, ihren Namen verdanken die beiden Häuser den außergewöhnlich kunstvollen alten kanarischen Balkonen.

Icod

Vom Ortskern in La Orotava führt ein Sträßchen durch die Ortschaft La Perdoma nach Los Realejos. Man durchfährt den langgestreckten Ort und stößt im Ortsteil Realejo Bajo wieder auf die parallel zur Küste verlaufende N 820. In westlicher Richtung geht es nun weiter vorbei an San Juan de la Rambla nach Icod. Zum Programm wohl fast jeder Inselrundfahrt gehört hier die Besichtigung des ältesten und schönsten Drachenbaums von Teneriffa.
Nur 3 km nördlich liegt der kleine Fischerhafen San Marcos, der einen schwarzen Sandstrand bietet.

Garachico

Danach folgt man der Küstenstraße weitere 6 km bis Garachico mit seinem hübschen Ortskern. Eindrucksvollster Bau ist das Castillo de San Miguel nahe des Hafens. Die aus dem 16. Jh. stammende Verteidigungsanlage befand sich einstmals im Besitz der Grafen von Gomera; sie überstand unbeschadet einen Vulkanausbruch im Jahr 1700.

Am Ortsende von Garachico windet sich eine Straße aufwärts nach Tanque, kurz hinter dieser Siedlung trifft sie wieder auf die N 820. Für den folgenden Streckenabschnitt muß viel Zeit eingeplant werden. In unzähligen Kurven und Kehren schlängelt sich die Straße durch die einsame Gebirgslandschaft. Der nächste größere Ort ist Santiago del Teide. Von hier werden bevorzugt Wanderungen in das westlich gelegene wildzerklüftete Teno-Gebirge unternommen (meistbesuchter Ort ist das Bergdorf Masca).

Teno-Gebirge

Etwa 5 km hinter Santiago del Teide teilt sich bei Tamaimo die Straße. Man sollte hier in südlicher Richtung nach Puerto de Santiago weiterfahren. Schon bald bietet sich ein ausgezeichneter Blick auf die imposante Steilküste von Los Gigantes.

Los Gigantes

Die Route verläuft weiter an der Küste entlang über die Ortschaften Alcalá und San Juan nach Adeje (bis hier von Tamaimo aus 30 km). Unmittelbar nordöstlich der Ortschaft erstreckt sich der Barranco del Infierno (Höllenschlucht). Durch die cañonartige Schlucht führt parallel zu einem Bach ein schmaler Pfad. Er endet vor über 1000 m hohen Felswänden, von denen über ca. 80 m ein Wasserfall hinabstürzt.

Adeje

Von dem noch relativ ursprünglichen Städtchen Adeje sind über die N-822 die großen Touristikzentren des Südens, Playa de las Américas und Los Cristianos, schnell erreicht. Während Playa de las Américas ein künstlich angelegter Touristikort ist, besitzt Los Cristianos noch einen kleinen recht ursprünglichen Ortskern. Zwar stehen hier keine bedeutenden Bauwerke, doch vermittelt die kleine Fußgängerzone mit ihren Geschäften und Restaurants sowie die Plaza beim Hafen eine eigene Atmosphäre.

Playa de las Américas, Los Cristianos

Kurz hinter Los Cristianos beginnt die vierspurige Autopista del Sur, ihr folgt man knapp 60 km bis zur Ausfahrt nach Candelaria. Hauptsehenswürdigkeit ist die Basílica de Nuestra Señora de la Candelaria. Sie beher-

Candelaria

Los Cristianos

Teneriffa,
Candelaria
(Fortsetzung)

bergt das am meisten verehrte Heiligtum der Kanarischen Inseln, die Virgen de Candelaria.

✳Las Montañas
de Anaga

Von Candelaria sind noch ca. 18 km bis nach Santa Cruz (s. S. 403) zurückzulegen. Man verläßt die Inselhauptstadt in nordöstlicher Richtung und gelangt vorbei an großen Hafenanlagen zum Fischerort San Andrés mit dem Palmenstrand Las Teresitas. Im Ort biegt eine Straße links nach El Bailadero ab. In zahlreichen Kurven schlängelt sich die Straße bergauf. Je mehr man an Höhe gewinnt, desto grüner wird die Landschaft. Endlich ist der Gebirgskamm und mit ihm der Aussichtspunkt El Bailadero (11 km von San Andrés) erreicht. Die Route verläuft nunmehr weiter in westlicher Richtung, den Kamm des Anaga-Gebirges entlang. Es geht durch den dichten Mercedeswald, der dennoch wiederholt Ausblicke über das imposante Bergmassiv zuläßt. Den besten Rundblick offenbart der Mirador Pico del Inglés. Bis zu der Ortschaft Las Mercedes zieht sich der Lorbeerwald hinunter.

✳La Laguna

Von Las Mercedes führen zwei Straßen nach La Laguna, der nach Santa Cruz zweitgrößten Stadt der Insel und Sitz der einzigen Universität des Kanarischen Archipels. Nach wie vor wird die 'spanischste Stadt' der Kanaren durch eine schachbrettartige Grundrißanlage und zahlreiche prächtige Bürgerhäuser und Adelspaläste sowie einige interessante Kirchenbauten geprägt. Sehenswert sind insbesondere die Santa Iglesia Catedral (1515 gegründet, zu Beginn des 20. Jh.s vollständig umgebaut) sowie die Iglesia de Nuestra Señora de la Concepción, die als älteste Kirche der Stadt gilt.

✳Gomera

Fläche: 378 km²
Einwohnerzahl: 20 000

Allgemeines

Das etwa 30 km westlich von Teneriffa gelegene Gomera ist nach Hierro die zweitkleinste Kanareninsel. Besonders unter Alternativtouristen gilt Gomera schon lange als Geheimtip. Aber auch zahlreiche Teneriffa-Urlauber kommen auf die Insel, um sie in einem Tagesausflug zu erkunden.

Landschaftliche
Gliederung

Steile, bis zu 900 m hohe kahle Felswände umgeben die Insel. Nur wenige Buchten und (schwarzsandige) Strände lockern die Szenerie auf. Das vegetationsreiche Inselinnere beherrschen tief eingeschnittene Schluchten (Barrancos), die sich in ihrem Unterlauf vielfach zu größeren Talsohlen verbreitern. Hier und in den höheren Regionen der Insel, die sich im Garajonay bis auf 1487 m ü.d.M. erhebt, findet man überall kleinere Dörfer und Streusiedlungen.

Sehenswertes

San Sebastián de
la Gomera

Die Haupt- und Hafenstadt San Sebastián de la Gomera ist für die meisten Touristen nur Durchgangsstation. Das liegt zum einen an dem vergleichsweise nüchternen Stadtbild, aber auch daran, daß die Bademöglichkeiten wenig einladend wirken.

Wichtigstes historisches Bauwerk ist nahe des Hafens die Torre del Conde. Der 'Turm des Grafen' wurde 1447 im kastilischen Stil als Teil der Stadtbefestigung erbaut. Heute fungiert der Bau als Museum.

Hermigua

Der zweitgrößte Ort der Insel, Hermigua, ist von terrassierten Bananenfeldern umgeben. Die Häuser ziehen sich entlang des Barranco bis hinunter zur Playa de Hermigua. Sehenswert im Ort sind die Klosterkirche aus dem 16. Jh. sowie ein kleines ethnologisches Museum.

Torre del Conde in San Sebastián   *Playa de Hermigua*

Bei den Los Órganos (Orgelpfeifen) handelt es sich um eine 200 m breite und über 80 m hohe Felswand, die aus einer großen Anzahl von Basaltsäulen besteht. Zu besichtigen ist diese Naturerscheinung nur vom Meer aus.

Gomera (Fortsetzung) Los Órganos

Das Valle Gran Rey (Tal des großen Königs) bietet samt seiner überwältigenden Fülle von Palmen, den ausgedehnten Bananenplantagen und vielen verstreut liegenden Häuschen einen geradezu exotischen Anblick. Viele 'Aussteiger' haben sich in den letzten Jahrzehnten hier niedergelassen.

*Valle Gran Rey

Das zentrale Bergmassiv Gomeras wurde zum Nationalpark (Parque Nacional de Garajonay) erklärt. Hier wachsen Heide- und Lorbeerbäume, von denen einzelne Exemplare bis zu 20 m hoch sind. Sie sind zum Teil mit meterlangen Flechten behangen, die dem Gebiet einen urwaldartigen Eindruck geben.

*Parque Nacional de Garajonay

*La Palma

Fläche: 728 km²
Einwohner: 72 000

Ein internationales Gremium hat La Palma als eine der drei schönsten Inseln der Erde bezeichnet – und das zu Recht: Die beeindruckende Landschaft und die faszinierende Vegetation werden jeden begeistern, der sie zu Fuß oder mit dem Auto durchstreift.
Daß die Insel vom Massentourismus dennoch weitgehend unberührt geblieben ist, verdankt sie der Tatsache, daß sie nur über bescheidene Badestrände verfügt.

Allgemeines

Caldera de Taburiente

Landschaftliche
Gliederung

Die herzförmige Insel erstreckt sich von Norden nach Süden über etwa
47 km, von Osten nach Westen beträgt die Entfernung an der breitesten
Stelle nur knapp 30 km. Ein Gebirgszug zieht sich ringförmig um die Insel.
Er fällt zu den Küsten hin steil ab, nur wenige Buchten mit schwarzem Sand
unterbrechen die schroffe Küstenlinie. Das Zentrum von La Palma bildet
die Caldera de Taburiente mit dem höchsten Gipfel, dem Roque de los
Muchachos (2426 m ü.d.M.).

Sehenswertes

Santa Cruz de
la Palma

Die Hauptstadt von La Palma liegt an der Ostküste der Insel am Rande des
Kraters La Caldereta. Das tägliche Leben spielt sich in Santa Cruz auf den
beiden parallel zur Küste verlaufenden Straßen ab, der Avenida Marítima
und der Calle O' Daly (bzw. Calle Real). Hier sieht man neben neuen repräsentativen Gebäuden auch einige alte Häuser, die kunstvoll verzierte Holz-
balkone aufweisen.
Die Calle O' Daly mündet auf die Plaza de España, wo neben einigen
Adelshäusern aus dem 18. Jh. auch das Rathaus steht. Es stammt aus der
Mitte des 16. Jh.s. Oberhalb der Paza de España erhebt sich die Iglesia de
El Salvador aus der zweiten Hälfte des 16. Jh.s. Im Innern des dreischiffigen Baus überzeugen vor allem die hölzerne Kassettendecke im Mudejar-
stil und das gotische Gewölbe in der Sakristei.
Folgt man der Calle O' Daly und ihrer Verlängerung in nördlicher Richtung,
so gelangt man zum Schiffahrtsmuseum. Es ist in einer Nachbildung der
"Santa Maria", des Schiffes, mit dem Kolumbus 1493 erstmals Amerika
erreichte, untergebracht.

✳✳Caldera de
Taburiente

Die im Zentrum der Insel gelegene Caldera de Taburiente wurde 1954 zum
Nationalpark erklärt. Mit einem Umfang von 28 km und einem maximalen
Durchmesser von annähernd 9 km ist die Caldera de Taburiente einer der

größten vulkanischen Krater der Erde. Einen ausgezeichneten Blick auf den Kraterkessel erhält man vom Aussichtspunkt 'La Cumbrecita' (1833 m ü.d.M.), den man auf einem asphaltierten Sträßchen auch mit dem Auto mühelos erreicht.
Eine ebenfalls gute Sicht offenbart der Mirador de las Chozas, zu dem von La Cumbrecita aus ein befahrbarer Waldweg hinführt.

La Palma, Caldera de Taburiente (Fortsetzung)

Das an der Westküste von La Palma gelegene Puerto Naos hat sich zum bedeutendsten Touristenzentrum entwickelt, weil sich hier der längste Strand der Insel erstreckt (er ist aber auch nur einige hundert Meter lang). Inzwischen gibt es jedoch eine große Hotelanlage und andere touristische Einrichtungen, eine Strandpromenade und Restaurants.

Puerto Naos

In der Südspitze der Insel kam es nach anhaltenden seismischen Bewegungen 1971 zu einem Vulkanausbruch, dem bisher letzten auf den Kanaren. Die herausgeschleuderten Asche- und Lavamassen bildeten einen Kegel, den Vulkan Teneguia (Volcán de Teneguia; 439 m ü.d.M.). Er ist heute nicht mehr aktiv, aber immer noch steigen aus seinen Spalten am Kraterboden Dämpfe auf.

Volcán de Teneguia

Hierro

Fläche: 277 km^2
Einwohnerzahl: 6000

Hierro, die etwa 130 km von Teneriffa entfernt gelegene westlichste der Kanarischen Inseln ist (noch) ein Reiseziel von wenigen Individualisten.

Allgemeines

Die auf den ersten Blick unwirtlich erscheinende Insel umgeben bis zu 1000 m hoch aufragende Felswände, dementsprechend gibt es nur wenige kleinere Strände. Das Zentrum nimmt ein Hochland ein, dessen höchste Erhebung der Malpaso (1500 m ü.d.M.) ist. Dieses Hochland bietet neben den tieferen Lagen im Norden die besten Siedlungs- und Wirtschaftsmöglichkeiten.

Landschaftliche Gliederung

Sehenswertes

Valverde, der Hauptort Hierros, verdient seinen Namen (Valverde = grünes Tal) auch heute noch zu Recht. Er ist von vielen kleinen Obst-, Gemüse- und Blumengärten umgeben. Regionale Bedeutung haben die Kirche des Ortes sowie zwei kleine Museen.

Valverde

Vom Mirador de la Peña öffnet sich dem Betrachter ein weiter Blick über die Bucht von El Golfo im Norden Hierros. Den steilen Felswänden ist eine fruchtbare Ebene vorgelagert.

*El Golfo

Wenige Kilometer südöstlich von Valverde liegt Puerto Estaca, der Hafen von Hierro. Bis zu Beginn des 20. Jh.s konnte man hier nur durch Ausbooten an Land gelangen, was dem Ort auch seinen Namen gab, denn die Boote wurden an einem Pfahl ('estaca') festgemacht. Erst nachdem bei dieser Aktion der spanische König Alfons XIII. ein unfreiwilliges Bad nehmen mußte, beschloß man 1906 den Bau einer Hafenmole. Auf dem Weg nach Valverde zweigt eine Zufahrt zum Parador Nacional 'El Hierro' ab.

Puerto Estaca

La Coruña

⟶ S. 296

411

León   E 3

Provinz: León (LE)
Telefonvorwahl: 987
Höhe: 837 m ü.d.M.
Einwohnerzahl: 131 000

Lage und Allgemeines

Am Südfuß des Kantabrischen Gebirges im nordwestlichen Teil des inner-spanischen Hochlandes, der Meseta, liegt am Zusammenfluß von Río Torío und Río Bernesga die Provinzhauptstadt León, zugleich Bischofssitz. León ist Zentrum eines Eisenerz- und Kohlereviers und wichtiger Handelsplatz für das in der Umgebung gezüchtete Vieh.

Geschichte

Die Stadt verdankt ihren Namen der VII. römischen Legion, aus deren Lager sie im 1. Jh. n. Chr. entstand. Maurische Heere unter Almansur zerstörten sie Ende des 10. Jh.s, doch wurde sie während der Regentschaft Alfons' V. (999 – 1027) wieder aufgebaut. Seine Glanzzeit hatte León im 10. bis 12 Jh. als zeitweilige Hauptstadt des gleichnamigen Königreichs, das vom Atlantischen Ozean bis zur Rhône reichte, bis dann im Jahre 1230 die Königreiche León und Kastilien wieder vereinigt wurden und die Stadt an Bedeutung verlor. Im Mittelalter war die Stadt zudem eine wichtige Station am → Jakobsweg für die nach → Santiago de Compostela wallfahrenden Pilger.

**Kathedrale Santa María de Regla

Die Hauptstraße der Stadt, die Calle del Generalíssimo Franco, führt auf die Plaza de Regla. Hier erhebt sich die im 13./14. Jh. von mehreren Baumeistern erbaute Kathedrale Santa María de Regla. Das eindrucksvolle Gotteshaus ist 91 m lang und eines der hervorragendsten Werke der Frühgotik auf spanischem Boden, eng verwandt mit den Kathedralen von Reims und Amiens in Frankreich.

Westfassade

Besonders beeindruckend ist die Westfassade (Hauptfassade) mit ihren beiden stattlichen Glockentürmen, dem 65 m hohen Torre de las Campañas (links) und dem 68 m hohen Torre del Reloj, die das Mittelschiff mit der mächtigen Fensterrose und den drei reich mit Skulpturen geschmückten Portalen flankieren. Unter diesen wiederum sticht das Mittelportal, die Puerta de Nuestra Señora la Blanca, hervor, deren Mittelsäule eine Skulptur der Santa María la Blanca trägt. Im Tympanon, im Fries und in den Archivolten erkennt man die Darstellung des Jüngsten Gerichts. Die Puerta de San Francisco rechts davon zeigt neben Propheten die Krönung Marías; in der Puerta de la Regla links des Mittelportals sind Geburt und Kindheit Jesu dargestellt.

Südfassade

Ebenfalls beachtenswert ist die mit dreiteiligem Portal und großer Fensterrose ähnlich gegliederte Südfassade.

Innenraum

Das harmonische Innere der Kathedrale ist besonders durch die überraschende Lichtwirkung der bis zu 12 m hohen Maßwerkfenster von unvergleichlicher Schönheit. Von des im 13. bis 20. Jh. stammenden

Glasfenster

Glasgemälden, die eine Fläche von ca. 1800 m² einnehmen, sind die ältesten die der mittleren Chorkapellen und jene in den Rosenfenstern der West- und Nordseite.

Chorgestühl

Das prachtvolle Gestühl wurde im 15. und 16. Jh. von flämischen Künstlern geschnitzt.

Trascoro

Der alabasterne und reich vergoldete Trascoro wurde 1575 von Esteban Jordán ausgeführt und so konstruiert, daß man durch eine Öffnung in der Mitte zum Mittelschiff hinaufblicken kann.

Südfassade der Kathedrale

Im Mittelpunkt der Capilla Mayor steht ein neuzeitlicher Retablo, in den die vom ursprünglichen Flügelaltar stammenden Gemälde von Nicolás Francés aus dem 15. Jh. integriert sind. Unter diesen verdient die "Grablegung" links besondere Aufmerksamkeit. Reliquien des Schutzpatrons der Stadt, des hl. Froilán, 900 bis 905 Bischof von León, werden in einem Silberschrein von Enrique de Arfe vor dem Hochaltar aufbewahrt. Weiterhin beachtenswert sind eine Pietà von Rogier van der Weyden (links) und der reich gearbeitete Bischofsstuhl.

Capilla Mayor

In den Kapellen des Chorumganges befinden sich zahlreiche schöne Grabmäler, hervorzuheben sind an der Rückwand der Capilla Mayor das reiche Grabmal des Königs Ordono II. (gest. 924) aus dem Anfang des 14. Jh.s und die Capilla de Santiago mit überaus schönen Glasfenstern aus der Renaissance.

Chorkapellen

Nördlich an die Kathedrale schließt der große platereske Kreuzgang an, der im 14. Jh. erbaut und im 16. Jh. umgebaut wurde. Die Fresken stammen von Nicolás Francés.

*Kreuzgang

In den angrenzenden Räumen ist heute das Kathedralmuseum (Museo Catedralico) untergebracht. Man erreicht es, indem man die Kathedrale durch das Hauptportal verläßt und nach rechts um sie herumgeht (Hinweisschild). Das Museum stellt eine Vielzahl teilweise äußerst wertvoller sakraler Gegenstände aus, an erster Stelle die "Lex Romana Wisigothorum" aus dem 11. Jh., ein Palimpsest aus dem 6. Jh., eine westgotische Bibel (10. Jh.), ein 1576 gefertigtes Kruzifix von Juan de Juní, darüber hinaus Skulpturen und Gemälde.

Museo Catedralico

Eine sinnvolle Ergänzung zum Kathedralmuseum ist ein Besuch im Museo Diocesano (Diözesanmuseum) im Seminario Mayor gegenüber der Südfassade der Kathedrale.

Museo Diocesano

*Altstadt

Plaza Mayor

Vom Diözesanmuseum gelangt man durch kleine Sträßchen zur südlich gelegenen, rings von Arkaden eingefaßten Plaza Mayor; an deren Westseite erhebt sich das stattliche zweitürmige Alte Rathaus (Consistorio Viejo; 1677). Der Platz hat, besonders wenn Markt abgehalten wird, einen einnehmenden Charme und eine Lebendigkeit, die sich in den zur Plaza San Martín (Kirche San Martín aus dem 13. Jh.) und zur Plazuela de San Marcelo führenden Gassen der Altstadt fortsetzt. Einen abendlichen Bummel durch die Altstadt sollte man unbedingt mit dem Besuch einiger Tapa-Bars verbinden, die jede für sich eine Fülle von kleinen, hervorragend zubereiteten Gaumenfreuden bereithalten.

Um die Plazuela de San Marcelo

San Marcelo

An der Plazuela de San Marcelo, dem Verkehrsmittelpunkt der Stadt, erheben sich einige bedeutende Bauwerke. Seinen Namen hat der Platz von der Kirche San Marcelo, erbaut 1588 bis 1627, die ein Reliquiar des Heiligen ihr eigen nennt. Gegenüber der Kirche das aus der Renaissance stammende Rathaus.

Casa de Botines

Auffälligstes Gebäude des Platzes ist jedoch die an der Nordseite stehende Casa de Botines des katalanischen Architekten Antoni Gaudí, das er 1894 im neogotischen Stil fertigstellte. Heute ist eine Pfandleihe im Haus untergekommen.

Palacio de los Guzmanes

An der Nordostseite des Platzes befindet sich im an italienische Paläste erinnernden Palacio de los Guzmanes (1560) die Diputación Provincial; das Gebäude hat schmiedeeiserne Balkone und eine eindrucksvolle Fassade mit Rundbögen und großen Ecktürmen.

Markt auf der Plaza Mayor vor dem Alten Rathaus

*Colegiata de San Isidoro

In wenigen Minuten gelangt man zu Fuß hinter dem Palacio de los Guzmanes am Jardín Romántico vorbei oder vom Chor der Kathedrale nördlich der wohlerhaltenen Ringmauer (Muralla) folgend und sich dann nach links wendend zum Colegiata de San Isidoro.

Geht man an der Mauer entlang, die z.T. aus dem 3. Jh. n.Chr. stammt und zahlreiche Rundtürme (span. cubos) besitzt, kommt man zunächst am mächtigen Puerta del Castillo, einem Stadttor von 1759, vorbei und von hier südwestlich über die Plaza del Castillo zur Plaza de San Isidoro.

Hier dominiert die Colegiata de San Isidoro, die auf einen Kirchenbau des 10. Jh.s zurückgeht, in ihrer heutigen Form jedoch im wesentlichen 1149 vollendet wurde. Die Kirche ist als Grablege des hl. Isidoro, Bischof von Sevilla und wichtigster westgotischer Kirchenlehrer, dessen Gebeine Ferdinand I. 1063 aus Sevilla hierher überführen ließ, von großer Bedeutung für die spanischen Katholiken. Der mächtige Turm strebt an der Westseite in die Höhe. Schönster Teil der Außenfassade sind die beiden romanischen Südportale an der Plaza: links die Puerta del Cordero, das Hauptportal, mit Skulpturen der hl. Isidoro und Pelayo und der Darstellung des Gotteslamms; rechts die Puerta del Perdón mit Kreuzigungsrelief.

Im etwas düsteren Inneren gilt es vor allem die im 16. Jh. angefügte Capilla Mayor zu beachten. Im linken Querschiff folgt auf die Capilla de San Martín die Capilla de Quiñones, die mit romanischen Fresken ausgemalt ist.

Schatzkammer und Bibliothek vor dem Panteón besitzen wervolle Gegenstände, darunter in der Bibliothek eine Bibel von 960, ein von Nicolás Francés mit Miniaturen ausgemaltes Brevier aus dem 15. Jh. und das gestickte 'Banner von Baeza'. Prunkstücke der Schatzkammer (Tesoro) sind der Reliquienschrein des hl. Isidoro (11. Jh.), der Achatkelch der Doña Urraca (11. Jh.), ein mit Emailarbeiten aus Limoges verziertes Kästchen und ein Prozessionskreuz von Juan de Arfe.

Höhepunkt der Besichtigung ist jedoch das Panteón, die Grablege der Könige, Prinzen und Edlen von León, in den Jahren 1054 bis 1066 errichtet. Zwei Marmorsäulen, deren Kapitelle wie die der Wandpfeiler mit Pflanzen- und Tiermotiven skulptiert sind, stützen ein Kreuzgratgewölbe. Die Decken des Gewölbes der Ost- und Südwand sind bemalt mit einzigartigen Fresken, die in der Regierungszeit Fer-

*Panteón

415

León

Portal der Kathedrale *Turm von San Isidoro*

<table><tr><td>Panteón von
San Isidoro
(Fortsetzung)</td><td>dinands II. (1157–1188) angebracht wurden. Die Farbenpracht der Male-reien, die biblische Szenen, Jagdszenen und Darstellungen der Feldarbeit mit Tier- und Pflanzenornamenten verbinden, trugen dem Panteón den Beinamen 'Sixtinische Kapelle der Romanik' ein.</td></tr></table>

*Monasterio de San Marcos

Am Nordwestrand der Stadt liegt am Ufer des Río Bernesga das ehemalige Kloster San Marcos, in dem heute ein luxuriöser Parador Nacional einge-richtet ist. Seine nach Süden gewandte, über 100 m lange Hauptfassade, deren Osthälfte 1533 bis 1541 und die Westhälfte mit Portal und Uhrturm 1708 bis 1716 erbaut wurden, ist an Reichtum und Feinheit der plateres-ken Dekoration unübertroffen. Über dem Hauptportal erblickt man eine barocke Darstellung des hl. Santiago in seiner legendären Gestalt als Mau-rentöter.

An dieser Stelle stand seit dem 12. Jh. das Stammhaus der Santiagoritter, deren Orden die Pilger auf dem Jakobsweg beschützte. Als Dank für ihre Taten veranlaßten die Katholischen Könige den Bau eines neuen Klosters für den Orden.

Iglesia de San Marcos

Östlich neben dem Kloster steht die 1541 geweihte Kirche San Marcos mit einem schönen Chorgestühl von 1543 und Skulpturen von Juan de Juni und Juan de Horozco.

Museo Arqueológico Provincial

In der Sakristei, 1549 von Juan de Badajoz geschaffen, dem Kreuzgang und den angrenzenden Kapitelsälen ist das reichhaltige Museo Arqueoló-gico Provincial untergebracht, dessen wertvollstes Ausstellungsstück ein Elfenbein-Christus des 11. Jh.s ist; weiterhin ein Diana-Altar, römische und keltische Ausgrabungsfunde, Skulpturen, Elfenbeinschnitzereien und Gemälde.

416

Umgebung von León

Eine Fahrt auf der N-630 nach Norden führt durch das Kantabrische Gebirge nach ⟶ Oviedo. Die Straße folgt dem Flußlauf des Río Bernesga und klettert schließlich zur Höhe des Alto del Rabizo (1160 m ü.d.M.) hinauf; nach insgesamt 59 km von León erreicht man die Paßhöhe Puerto de Pajares (1364 m ü.d.M.), wo sich prächtige Ausblicke bieten und man zugleich auf der Grenze zwischen León und Asturien steht.

Puerto de Pajares

Über die LE-311, die León in nördlicher Richtung fast parallel zur N-630 verläßt, oder über die N-630 selbst, von der man dann bei La Vid nach Vegacervera abbiegt, gelangt man zu den im Südhang des Kantabrischen Gebirges liegenden Cuevas de Valporquero, prächtigen Tropfsteinhöhlen, die von Mai bis November für Besucher zugänglich sind.

Cuevas de Valporquero

Die N-601 verläßt León auf der Avenida de Madrid und führt in südöstlicher Richtung über die Meseta zum 13 km entfernten Río Porma, wo bei Villarente links eine Straße nach Mellanzos abzweigt; von hier sind es noch 4 km bis zu dem kunstgeschichtlich bedeutenden, einsam gelegenen Kloster San Miguel de Escalada, das 913 von Mönchen aus Córdoba gegründet wurde und eines der schönsten Beispiele für mozarabische Kirchenarchitektur in Spanien ist. Dies kommt besonders in den Hufeisenbögen des südlichen Seitenschiffs (um 1050) und den westgotischen und maurischen Reliefs in den Apsiden zum Ausdruck.

*San Miguel de Escalada

Fährt man auf der N-601 weiter, überquert man vor Mansilla de las Mulas, einem Ort mit alter Ummauerung, den Río Esla; nach 22 km folgt eine Abzweigung nach links zu der 28 km entfernten alten Stadt Sahagún (836 m ü.d.M.), wo man die romanischen Backsteinkirchen San Tirso, San Lorenzo, La Trinidad und San Juan de Sahagún (alle 12./13. Jh.) besichtigen kann. Vom einst großen Benediktinerkloster San Benito aus dem

Sahagún

Burg von Valencia de Don Juan

Umgebung von León, Sahagún (Fortsetzung)	13. Jh. sind nur noch wenige Teile erhalten. Im Inneren das Grabmal von Alfons VI. und seiner Gemahlin; angeschlossen ist ein kleines Museum.
Valencia de Don Juan	Die nach Süden strebende N-630 folgt dem Tal des Río Bernesga, später dem des Río Esla, zum etwa 32 km entfernten Villamañán; hier führt eine Abzweigung der C-621 zum abseits liegenden Valencia de Don Juan am Río Esla, wo sich die Grafen von Oñate im 15. Jh. ein Castillo über dem Fluß errichten ließen. Die Burg macht von weitem einen nach wie vor mächtigen Eindruck; beim Betreten wird man jedoch feststellen, daß im wesentlichen nur die Mauern und Türme stehen geblieben sind, von der Innenbebauung jedoch kaum mehr etwas erhalten ist.
Virgen del Camino	An der nach ⟶ Astorga führenden N-120 erreicht man 5 km von León die 1960 an der Stelle einer alten Jakobspilgerkirche gebaute Wallfahrtskirche Virgen del Camino, deren Fassade mit modernen Plastiken des katalanischen Künstlers Subirach geschmückt ist.
Puente de Orbigo	Weiter der N-120 folgend überquert man den Canal del Páramo, später den Río Orbigo, und erreicht Hospital de Orbigo, wo eine nach Süden gehende Abzweigung (2,5 km) zu der 20bogigen Brücke bei Veguellina de Orbigo führt, auf der 1434 der Ritter Suero de Ouiñones mit neun Gefährten vielbesungene Kämpfe ausfocht.

Lérida/Lleida   L 4

Provinz: Lérida (L)
Telefonvorwahl: 973
Höhe: 154 m ü.d.M.
Einwohnerzahl: 110 000

Lage und Allgemeines	Lérida (katal. Lleida) ist die größte Stadt des westlichen Katalonien ('Terres de Ponent') und Provinzhauptstadt. Sie liegt am Río Segre zwischen Barcelona und Zaragoza in einer durch Bewässerung fruchtbar gemachten Landschaft, die eines der wichtigsten Agrargebiete Spaniens ist. Lérida ist seit 1149 Bischofssitz; die erste Universität Kataloniens wurde im Jahr 1300 von Jaime II. hier gegründet und bestand bis 1717. Heute ist die Stadt Handelszentrum für Agrarprodukte.
Geschichte	Lérida ist eine iberische Gründung, die im 2. Jh. v.Chr. unter dem Namen 'Ilerda' römisch wurde. Im Römischen Bürgerkrieg standen sich bei der Siedlung die Heere Caesars und Pompejus' gegenüber. In den Jahren zwischen 713 und 1117 war Lérida meist unter maurischer Herrschaft, bis es 1149 von Ramón Berenguer IV. erobert wurde. In den späteren Jahrhunderten erlitt die Stadt immer wieder schwere Zerstörungen durch Kriegseinwirkungen: 1707 im Spanischen Erbfolgekrieg, 1810 bei der Belagerung durch die Franzosen und 1936 im Bürgerkrieg.

In der Unterstadt

Puente Vieja / Pont Vell	Von der Segre-Brücke Puente Vieja (katal. Pont Vell) hat man einen guten Überblick über den Burgberg und die Unterstadt.
Diputación / Diputaciò	Östlich kommt man über den Hauptplatz Plaza de San Juan (katal. Plaça de Sant Joan) durch die Straße gleichen Namens zum Gebäude der Provinzregierung (Diputación; katal. Diputaciò), in dem eine Münz- und Waffensammlung besichtigt werden kann.
La Pahería / La Paeria	Westlich der Brücke kommt man zur arkadenumsäumten Plaza de la Pahería (katal. Plaça de la Paeria), wo die Calle Mayor (katal.

Kreuzgang der Kathedrale von Lérida

Carrer Major) beginnt. Gleich links steht die Pahería, das heutige Ayunta-miento (Rathaus). Es war im Mittelalter Sitz des Paer, der für Recht und Ordnung in der Stadt zu sorgen hatte. Es wurde mehrmals erneuert und besitzt eine hübsche Fassade mit romanischen Bogenfenstern. Im Haus ist ein stadtgeschichtliches Museum eingerichtet.

La Pahería
(Fortsetzung)

Am Ende der Hauptstraße liegt rechts die 1781 vollendete klassizistische Catedral Nueva (katal. Catedral Nova; 'Neue Kathedrale'), die einen korin-thischen Portikus besitzt.
Im Museum im Kapitelsaal kann man u.a. wertvolle Kirchengeräte und flä-mische Teppiche besichtigen.

Catedral Nueva /
Catedral Nova

Gegenüber dem Portikus steht das ehemalige Hospital de Santa María, ein Bauwerk aus dem 15./16. Jh. zur Aufnahme der Armen und Kranken. Die Fassade in katalanischer Gotik zeigt sich recht schlicht, der Innenhof mit seiner Freitreppe aus dem 18. Jh. jedoch ist eindrucksvoll. Das Gebäude ist heute Sitz des Archäologischen Museums, das Funde aus der Stadt und ihrer Umgebung ausstellt.

Hospital de
Santa María

Unweit nordwestlich der Neuen Kathedrale liegt beim modernen Bischöf-lichen Palast die kleine Kirche San Lorenzo. Sie wurde angeblich über einem in eine Moschee verwandelten römischen Tempel in den Jahren 1270 bis 1300 erbaut und in den folgenden Jahrhunderten verändert. Bemerkenswert sind neben dem achteckigen Glockenturm wertvolle Retablos aus dem 14./15. Jh., darunter ein feines, die Geschichte des hl. Lorenzo illustrierendes Stück.

San Lorenzo /
Sant Llorenç

Westlich vom Bischofspalast liegt an der Rambla de Aragón (katal. Rambla d'Aragó) im alten Seminargebäude das Museo Diocesano (katal. Museu Diocesà; Diözesanmuseum), das mittelalterliche Malerei und Kirchen-gerätschaften zeigt.

Museo Dioce-
sano / Museu
Diocesà

El Roser

Östlich der Neuen Kathedrale ist im barocken Klostergebäude El Roser ein Museum für moderne Kunst (Museu d'Art Jaume Morera) untergebracht, in dem man Werke zeitgenössischer katalanischer Künstler findet.

Auf dem Burgberg

Castell La Suda

Vom Bischofspalast kommt man auf der Calle de la Tallada (katal. Carrer de la Tallada) treppauf zum Castell La Suda (12. Jh.). Eine bequemere Alternative ist ein Aufzug, der von der Plaza de San Juan abfährt. Der mächtige Festungsbau maurischen Ursprungs besitzt vier Türme und diente den Königen von Aragón auch als Palast. Von den die Burg umgebenden Parkanlagen hat man eine gute Aussicht auf die Stadt.

*Seo Antigua /
La Seu Vella

Die Burganlage umschließt die aus dem 13. Jh. stammende und erst im 16. Jh. vollendete Alte Kathedrale (Seo Antigua; katal. La Seu Vella), die von 1707 bis 1949 Kaserne war und seitdem allmählich restauriert wird. Die Kirche ist auf einer Moschee erbaut worden, was erklärt, daß der Kreuzgang wie der Vorhof einer Moschee vor der Hauptfassade der Kirche liegt. Der Kreuzgang ist auch der beeindruckendste Teil der Anlage: Hohe Maßwerkfenster geben den Blick frei auf die Stadt; die außerordentlich fein gearbeiteten Säulenkapitelle zeigen Fabelwesen, verschlungene Pflanzen und Alltagsszenen; schließlich ist auch der hohe achteckige Glockenturm von 1416 in der Nordwestecke eine Besonderheit. Die kunstvolle Ausführung der Kapitelle wiederholt sich in der Kirche und im Schmuck der schönen Portale, insbesondere die Puerta dels Fillols am südlichen Seitenschiff ist ein hervorragendes Beispiel für die Bildhauerkunst der Schule von Lérida; hier zeigt sich auch mozarabischer Einfluß.

*Pyrenäen

Lérida ist ein idealer Ausgangsort für Ausflüge in die Täler der Pyrenäen und nach ⟶ Andorra.

Nach Tremp

Balaguer

Man fährt zunächst zu der 27 km entfernten Straßenkreuzung der C-1313 mit der C-148. Hier biegt man nach links ab und erreicht den jenseits des Río Segre gelegenen Ort Balaguer, Hauptort der Landschaft Noguera. Er besitzt mit dem Kloster Santo Domingo (katal. Sant Domenec) ein anschauliches Beispiel für die Bauweise der katalanischen Gotik. Sehenswert sind auch die große Plaça del Mercadal und Reste der Stadtmauern.

Castellón de
Farfaña/Castelló
de Farfanya

8 km westlich von Balaguer liegt Castellón de Farfaña (katal. Castelló Farfanya) mit einer maurischen Schloßruine und der sehenswerten gotischen Kirche San Miguel (katal. Sant Miquel).

Avellanes

Nach Tremp folgt man von Balaguer entweder einer lohnenden Nebenstraße über Avellanes und den aussichtsreichen Puerto de Ager, die oberhalb des Stausees Embalse de Camarasa in die C-147 einmündet, oder man benutzt gleich die nördlich am linken Ufer des Río Segre an Stauseen verlaufende C-147. Die erwähnte Nebenstraße verläßt Balaguer in nordwestlicher Richtung und führt durch die Sierra de Montroig nach Avellanes; dort liegt rechts auf der Höhe das 1166 gegründete Prämonstratenserkloster Bellpuig de les Avellanes, das einen romanischen Kreuzgang besitzt und einst Grabstätte der Grafen von Urgel war.

Ager / Áger

Die Straße klettert hinter Font de Pou (katal. Fontdepou) zum Puerto de Ager (912 m ü.d.M.) hinauf und führt dann in das Tal von Ager (katal. Áger).

In der alten Stadt gibt es noch Reste römischer Mauern und die Trümmer der im 12. Jh. gegründeten Kollegiatskirche San Pedro (katal. Sant Pere) zu sehen.

Die Straße verläuft nun am Hang der Sierra de Montsech (1677 m ü.d.M.) hinab in das Tal des Río Noguera Pallaresa, der flußabwärts durch eine 151 m lange und 92 m hohe Sperrmauer zum Embalse de Camarasa aufgestaut ist, der ein Kraftwerk mit 700 000 kW Leistung versorgt.

Jenseits des Flusses mündet von rechts die direkt von Balaguer kommende C-147 ein; auf der Fortsetzung dieser Straße fährt man durch die Tunnels des Portell dels Terradets zwischen den Höhen der Sierra de Montsech hindurch und am Stausee Embalse de Terradets entlang nach Tremp (507 m ü.d.M.), das auf einem Hügel über dem rechten Ufer des Río Noguera Pallaresa liegt. Man sieht noch Reste der ehemaligen Stadtbefestigung. Nördlich des Ortes beginnt der von einer 206 m langen und 82 m hohen Mauer gesicherte Stausee Embalse des Talarn, bei dem ein 300 000 kW-Kraftwerk steht.

Über den mittelalterlichen Ort Talarn erreicht man die Straßengabelung bei Pobla de Segur (540 m ü.d.M.), wo der Río Flamisell in den Río Noguera Pallaresa mündet; der Ort, in dem Holz- und Milchwirtschaft betrieben wird, ist Ausgangspunkt für Bergtouren und Fahrten in die Pyrenäen hinein. Die umliegenden Flüsse und Bäche sind wegen ihres Fischreichtums ein Paradies für Sportfischer.

Über Pont de Suert in das Tal von Arán

Von Pobla de Segur kann man auf zwei verschiedenen Strecken die einzigartig schöne Bergwelt der Pyrenäen erkunden.

Skistation Baqueira-Beret in den Pyrenäen

Puerto de Perves	Ab Pobla de Segur wählt man den linken Zweig der Straßengabelung und folgt der C-144 über Senterada auf kurvenreicher Strecke zum Puerto de Perves (1350 m ü.d.M.); zur Linken reckt sich der Gipfel der Sierra de San Gervás (1839 m ü.d.M.).
Pont de Suert	Anschließend geht es über den Puerto de Viu (1325 m ü.d.M.) hinunter zu dem im 8 km langen Embalse de Escalas aufgestauten Río Noguera Ribagorzana und in den modernen Ort Pont de Suert, wo die C-144 in die aus Lérida kommende N-230 einmündet.
*Maladeta	Auf der N-230 fährt man talaufwärts über Vilaller am Ostfuß der Maladeta (Pico de Aneto; 3404 m ü.d.M.), dem höchsten Gipfel der Pyrenäen, vorbei.
Viella / Vielha	Durch den Tunel de Viella erreicht man Viella (katal. Vielha; 975 m ü.d.M.), den Hauptort des Tales am Río. Die Kirche San Miguel (katal. Sant Miquel) stammt aus dem 13. Jh. mit einem Glockenturm aus dem 16. Jh. und besitzt die romanische Christusfigur "Crist del Mig Arań".
*Valle de Arán / Vall d'Arán	Das Tal von Arán, in dem die Quellbäche der Garonne (span. Garona) entspringen, ist von besonderer Schönheit. Der Erholungsuchende findet Wanderwege und Bergtouren in herrlicher Landschaft und Angelmöglichkeiten in den Gebirgsbächen; zum Tal gehören auch die Skistationen Vaqueira-Beret und Tuca-Betrén. Im Tal wird noch Aranesisch gesprochen, ein romanischer Dialekt, dem Gascognischen verwandt. Daran zeigt sich einerseits die ethnisch-geographische Zugehörigkeit zu Frankreich, andererseits die jahrhundertelange Isolierung des Tales, die erst mit dem Bau einer Paßstraße 1925 und des Viella-Tunnels 1948 beendet wurde. Das Tal kam 1308 zu Spanien.
Güells de Joeu	Ein Abstecher von Viella führt zunächst auf der N-230 und ab Les Bordes auf einer Nebenstraße ins bewaldete Quellgebiet Güells de Joeu, wo die Garona de Joeu entspringt.
Bosost/Bossost	Von Viella geht es auf der N-230 im Garonatal aufwärts nach Bosost (katal. Bossost; 765 m ü.d.M.). An der guterhaltenen romanischen Kirche (12. Jh.) sind die schwarzen Marmorfiguren des Nordportals sehenswert.
Nach Frankreich	Von Bosost fährt man an dem kleinen Thermalbad Lés (635 m ü.d.M.) vorbei (spanische Grenzkontrolle) zu dem über den Garona gespannten Pont de Rey (580 m), der die spanisch-französische Grenze bildet.

Durch das Tal von Bohí

*Tahull/Taüll	Kurz hinter Pont de Suert biegt eine Nebenstraße in das Tal des Río Noguera de Tor (Tal von Bohí) ein, auf der man an einigen der schönsten romanischen Kirchen der Pyrenäen vorbeikommt. Über den Ort Bohí (katal. Boí) erreicht man das Dorf Tahull (katal. Taüll). Hier stehen die Kirchen Sant Climent und Santa María (12. Jh.) , geradezu klassische Beispiele für romanischen Kirchenbau in den Pyrenäen: ein großes Hauptschiff mit drei Apsiden und ein freistehender Glockenturm. Beide Kirchen besaßen einzigartige Wandmalereien, deren Originale heute im Museum für katalanische Kunst in → Barcelona zu sehen sind. Für Taüll blieben nur Kopien.
Caldes de Bohí	Am Ende des Tales liegt in herrlicher Landschaft der Thermalbadeort Caldes de Bohí, westlicher Zugang zum Nationalpark Aigües Tortes.

Über den Puerto de la Bonaigua in das Tal von Arán

*Desfiladero de Collegats	Auf dieser Strecke wählt man ab Pobla de Segur den rechten Zweig der Straßengabelung und folgt der C-147 durch das Tal des Río Noguera Palla-

Romanik der Pyrenäen: Sant Climent in Tahull

resa, dem unterwegs zahlreiche Bäche mit Wasserfällen zufließen. Es geht talaufwärts zu der wilden Kalksteinschlucht Desfiladero de Collegats mit dem 2082 m hohen Bou Mort zur Rechten.

Desfiladero de Collegats (Fortsetzung)

Man erreicht Gerrí de la Sal, das seinen Namen den am Fluß liegenden Salinen verdankt; dort befindet sich auch das ehemalige Benediktiner-kloster aus dem 12. Jahrhundert.

Gerrí de la Sal

Nach Gerrí de la Sal durchquert man wieder eine große Schlucht, an deren Ende Sort (692 m ü.d.M.) liegt, ein Dorf mit einer Schloßruine. 12 km nord-westlich des Dorfes der Wintersportort Llesuí (1400 m ü.d.M.).

Sort/Llesuí

Nach einem Engpaß mündet von rechts der Río Cardós ein, dem eine schmale Straße ins liebliche grüne Tal des Cardós folgt.

Cardós-Tal

Auf der C-147 fährt man weiter nach Escaló, wo in den Ruinen des Klosters Sant Pere del Burgal (10. Jh.) romanische Wandmalereien erhalten geblie-ben sind.

Escaló

6 km links abseits liegt der Wintersportort Espot (1340 m ü.d.M.), von dem Sesselbahn und Skilifte zur Skistation Super Espot führen.

Espot

Espot ist der östliche Zugang zum Parque Nacional de Aigües Tortes (katal. Parc Nacional d'Aigüestortes), der vor allem mit seinen zahlreichen Gletscherseen, darunter der Llac de Sant Maurici, zum Wandern lockt. Im Nationalpark leben noch Steinböcke. In Espot und Caldes de Boí kann man sich über die Wandermöglichkeiten informieren.

*Nationalpark

Die C-147 führt hinter Esterrí de Aneu (1000 m ü.d.M.) in das Tal des Río Bonaigua, dann wieder bergauf am Parador Farga de los Abetos und am Santuario de los Ares (1728 m ü.d.M.) vorbei hinauf zum Puerto de la

Puerto de la Bonaigua

Bonaigua
(Fortsetzung)

Bonaigua (2072 m ü.d.M.), der Paßhöhe auf der Wasserscheide zwischen Mittelmeer und Atlantik.

Tredós

Windungen und Kehren führen wieder abwärts in das Tal von Arán nach Tredós (1295 m ü.d.M.), einem links abseits liegenden Dorf, in dem eine ehemalige Templerkirche des 12. Jh.s mit einem gotischen Altarbild im Inneren steht.

Über Salardú (1265 m ü.d.M.), wo man das Tal des Río Garona erreicht, geht es talabwärts am links liegenden Schwefelheilbad Artiés vorbei zum Wintersportort Betrén. Ein Sessellift fährt zur Skistation 'La Tuca' (1560 m ü.d.M.).
Die C-147 mündet schließlich in Viella in die von Lérida kommende N-230.

Über Benabarre in die Pyrenäen

Die von Lérida in nördlicher Richtung größtenteils am Río Noguera Ribagorzana entlang führende N-230 ist zwar kürzer als die oben beschriebene Route via Tremp, jedoch weniger interessant und abwechslungsreich.

Tamarite
de Litera

Schon jenseits der Provinzgrenze liegt links der Nationalstraße der Ort Tamarite de Litera (357 m ü.d.M.), der einige sehenswerte Gotteshäuser besitzt, darunter die Kollegiatskirche San Nicolás aus dem 12. Jh. mit einem barocken Westportal und einer alabasternen Marienstatue aus dem Jahr 1504; ferner die im 13. Jh. begonnene romanische Kirche San Miguel, die gute Altarbilder bewahrt.

Benabarre

Durch die Sierra de Coscollá führt die N-230 nach Benabarre (701 m ü.d.M.). Das Bergstädtchen östlich der Sierra de Carrodilla wird überragt vom Castillo der Grafen Ribagorza; in der sehenswerten modernen Hospitalkirche findet man auch ein gotisches Altarbild.

Die Straße überquert den Río Cagigar und erreicht abermals den Río Noguera Ribagorzana, an dessen Westufer sie nach Norden vorbei an den beiden Stauseen Embalse de Sopeira und Embalse de Escalas nach Pont de Suert zieht, wo die C-144 von Pobla de Segur einmündet.

Richtung Barcelona

Bellpuig

Die in östlicher Richtung die Stadt Lérida verlassende N-II führt zunächst über den Río Segre und dann durch steppenartiges Hügelland via Mollerusa zu dem rechts liegenden Bellpuig (373 m ü.d.M.). In der Kirche von Sant Nicolau fand Don Ramón de Cardona, der Vizekönig von Neapel, in einem prächtigen Renaissance-Grabmal seine letzte Ruhe. Das Grabmal schuf Giovanni da Nola 1525 aus weißem Carrara-Marmor. Am südlichen Ortsende steht ein ehemaliges Franziskanerkloster, dessen dreigeschossiger Kreuzgang in den verschiedenen Stilrichtungen des 16. und 17. Jh.s errichtet wurde.

Tárrega

Bei der Weiterfahrt überquert die N-II den Canal de Urgel und führt nach Tárrega (358 m ü.d.M.), einem alten Städtchen mit einigen beachtenswerten Bauten wie dem Palacio Sobies aus dem 13. Jh. und der Burg.

Cervera

Ab Tárrega folgt die N-II dem Río Cervera, der die künstlich bewässerte Ebene Llano de Urgel durchfließt, nach Cervera (565 m ü.d.M.). Das Städtchen war von 1718 bis 1842 Sitz einer Universität, für die ein großes klassizistisches Gebäude erstellt wurde. Cervera liegt auf einem von der Kirche Santa Maria (12./13. Jh.) beherrschten Hügel, den die Straße durchtunnelt; beachtenswert ist auch das am Fluß gelegene Rathaus aus dem 17. Jahrhundert. Im Hospiz der Ritter vom Heiligen Grab sind drei kleine

Museen eingerichtet, die Keramiken, Gemälde und religiöse Gegenstände ausstellen.

Umgebung von
Lérida, Cervera
(Fortsetzung)

Die N-II erreicht hinter Cervera den Puerto de Panadella (702 m ü.d.M.), bei dem die Grenze zwischen den Provinzen Lérida und Barcelona überschritten wird.

Les Garrigues

Die nach Südosten strebende N-240 zweigt unmittelbar hinter dem Río Segre von der N-II ab und führt zunächst weiter durch die trockene, nur durch Bewässerung fruchtbar gemachte Landschaft Les Garrigues, in der überwiegend Oliven und Mandeln geerntet werden.

Streckenweise am Canal de Urgel entlang kommt man nach Borjas Blancas (katal. Les Borgues Blanques; 296 m ü.d.M.). Das Städtchen hieß im Altertum 'Borgiarum Albarum'; hübsche Parkanlagen und typische, arkadengeschmückte Gassen bestimmen das Stadtbild. Der Ort ist ein Zentrum der Olivenölfertigung, deren Geschichte in einem kleinen Museum präsentiert wird.

Borjas Blancas /
Les Borgues
Blanques

Logroño H 3

Provinz: La Rioja (LO)
Telefonvorwahl: 941
Höhe: 384 m ü.d.M.
Einwohnerzahl: 120 000

Das am Ufer des Río Ebro gelegene Logroño geht auf die römische Siedlung 'Varea Lucrosus' zurück. Es ist Hauptstadt der Provinz La Rioja und bietet als Industriestadt wenig sehenswerte Bauten; Hauptproduktionszweig ist die Textil- und Metallindustrie. Daneben spielt der Handel mit dem Wein aus der Umgebung eine wichtige Rolle.

Lage und
Allgemeines

Die Landschaft La Rioja ist berühmt für ihren kräftigen Rotwein, aber auch Weißwein wird produziert. Sie teilt sich in die Gebiete der bergigen Rioja Alta (Obere Rioja) westlich des Río Leza und den Städten → Haro und → Santo Domingo de la Calzada und in die flachere Rioja Baja (Untere Rioja) östlich des Flusses. Der Weinbau findet die günstigsten Bedingungen im Tal des Ebro; die Rioja Baja ist überdies ein wichtiges Gemüseanbaugebiet, aus dem u.a. fast die gesamte Spargelproduktion Spaniens kommt.

Weinbaugebiet
La Rioja

Sehenswertes

Die Kirche Santa María del Palacio am Ufer des Ebro ist, wenn auch im 16. Jh. stark verändert, der Überrest des Palastes von Alfons VII., den dieser 1130 den Rittern vom Heiligen Grab schenkte. Wahrzeichen der Kirche ist der 45 m hohe, spitz zulaufende Vierungsturm Aguja de Palacio. Der schön ausgeführte Hochaltar wurde von Schülern Berruguetes geschaffen.

Santa María
del Palacio

Unweit von Santa María del Palacio erhebt sich die Kirche San Bartolomé (12. Jh.), deren romanisch-gotisches Portal eines der besten Beispiele seiner Art in der Rioja ist.

San Bartolomé

Die Kathedrale Santa María la Redonda (15. / 18. Jh.), deren Name noch an die frühere runde Grundrißform erinnert, besitzt eine schöne zweitürmige

Santa María
la Redonda

La Redonda (Fortsetzung)	Barockfassade; im Inneren findet man gut gearbeitete Schnitzaltäre und ein kunstvolles Chorgestühl.
Santiago el Real	Ein monumentales Reiterstandbild des hl. Jakobus von 1662 beherrscht die Fassade der Kirche Santiago el Real.

Umgebung von Logroño

✳Valle de Iregua	Die N-111 folgt in südlicher Richtung dem Lauf des Río Iregua, dessen Tal sich mehr und mehr verengt und der schließlich zwischen steil aufragenden Felswänden dahinfließt.
Viana	Auf der N-111 nach Westen erreicht man nach 9 km Viana (469 m ü.d.M.), ein altes Städtchen, wo Cesare Borgia (geb. 1475 als Sohn des späteren Papstes Alexander VI.), der gewalttätigste des spanisch-italienischen Nepotengeschlechtes der Borgia (span. Borja), im Jahr 1507 im Dienst des Königs von Navarra fiel und in der Kirche Santa Maria bestattet wurde; im Ort stehen ein Denkmal für Cesare Borgia und zahlreiche schmucke befestigte Adelshäuser.
Clavijo	Logroño und einige Orte seiner Provinz waren Stationen am ⟶ Jakobsweg. Mit diesem bedeutenden Pilgerweg bringt man auch den kleinen Ort Clavijo in Verbindung, den man auf einer Nebenstraße 16 km südlich der Stadt über Alberite erreicht. In Clavijo entstand die Legende vom Apostel Jakobus als Maurentöter (span. 'Matamoros'). Auf einem Felsen erblickt man das Castillo de Clavijo; hier schlug nach der Überlieferung Ramiro I. im Jahre 844 die Mauren, wobei der Apostel Jakobus als Ritter erschienen sein soll, zahlreiche Mauren tötete und die Schlacht zugunsten der Christen wendete. In der Basílica del Monte Laturce stellt ein großes Gemälde diese Schlacht dar.

Auf dem Jakobsweg

Nájera	Den Spuren der Wallfahrer folgt man ab Logroño in westlicher Richtung auf der N-120 über Navarrete nach Nájera (481 m ü.d.M.). Das Städtchen am Río Najerilla war einst königliche Residenz. König García Sanchez soll hier im 11. Jh. während einer Jagd eine versteckte Grotte mit einem Altar für die Jungfrau Maria entdeckt haben. Er veranlaßte den Bau des Klosters Santa María la Real. Dessen Kirche stammt aus dem 15. Jh. und besitzt ein schönes Chorgestühl; weitaus bedeutender ist jedoch das Panteón de los Reyes, Grablege der Könige und Prinzen von Navarra und León. Bemerkenswertestes Grabmal ist der Steinsarg von Doña Blanca de Navarra aus dem 12. Jh.; die übrigen Sarkophage stammen meist aus dem 15. und 16. Jahrhundert. Eine kleine Marienfigur aus dem 13. Jh. markiert die Stelle, an der García Sanchez den Marienaltar gefunden haben will. Den Kreuzgang von 1522, wo im Juni historische Theateraufführungen stattfinden, zeichnen fein gearbeitete Maßwerkbogen aus.
San Millán de la Cogolla	Rund 16 km südlich von Nájera kommt man zur am Nordhang der Sierra de la Demanda gelegenen Pilgerstation San Millán de la Cogolla (738 m ü.d.M.). Sie verdankt ihren Namen dem Wirken des hl. Millán, eines Einsiedlers, der 574 hier in der Zurückgezogenheit starb. Der Ort ist berühmt wegen seiner beiden zu Nationaldenkmälern erklärten Klöster.
Monasterio de Yuso	Das im Tal gelegene Kloster Yuso ist eine Gründung aus dem Jahre 1053, zu dem auch ein Hospiz für die Pilger gehörte. Der heutige Gebäudekomplex, der als 'Escorial der Rioja' bezeichnet wird, wurde im 16. bis 18. Jh. erbaut. Bis 1835 war er im Besitz der Benediktiner, danach stand er leer, bis 1878 die Augustiner einzogen. Die aus dem 16. Jh. stammende Kirche enthält einen Retablo mit Gemälden von Juan Rizzi; in der Sakristei werden

Monasterio de Yuso

die künstlerisch wertvollen, elfenbeinverzierten Schreine (11. Jh.) mit den Reliquien von San Millán und San Felice verwahrt. Zum Kloster gehören auch mehrere Kreuzgänge, von denen der Claustro de San Agustín von 1572 der schönste ist. Schließlich ist noch die Bibliothek zu erwähnen, die wertvolle Inkunabeln und Handschriften besitzt.

Monasterio de Yuso (Fortsetzung)

Das zweite der Klöster ist das auf der Höhe in den Fels gebaute Monasterio de Suso. Es ist älter als dasjenige von Yuso. Die kleine mozarabische Kirche, durch Hufeisenbögen in zwei Hälften geteilt, wurde 984 geweiht; in ihr wurde bis 1053 der Sarkophag des hl. Millán aufbewahrt. Heute sieht man noch die Grabmäler von sieben Infanten von Lara und ein Grabbild des San Millán. Vom Kloster hat man einen schönen Blick ins Tal des Río Cárdenas.

Monasterio de Suso

Durch das malerische Tal des Río Najerilla kann man von Nájera aus auch ins 30 km entfernte Monasterio de Valvanera am Rande des Naturschutzgebietes der Sierra de la Demanda fahren. Das Kloster wurde im 11. Jh. gegründet.

Monasterio de Valvanera

Zurück auf der N-120 erreicht man nach 19 km von Nájera in westlicher Richtung die Stadt ⟶ Santo Domingo de la Calzada.

Richtung Zaragoza

Diese Route führt auf der N-232 durch das Ebrotal zum 49 km entfernten Calahorra (322 m ü.d.M.), dem über dem Río Cidacos gelegenen Hauptort der Rioja Baja. Er war schon zur Römerzeit besiedelt, wovon die Reste eines Circus und eines Aquädukts zeugen. In der ursprünglich westgotischen Kathedrale (1485 erneuert) erblickt man auf dem Hochaltar zwei Urnen mit den Gebeinen der hier enthaupteten Heiligen Emeterius und Celedonius; der Kirchenschatz besitzt einige wertvolle Stücke. In der Kirche San Andres (14./15. Jh.) findet man einen churriguQuesken Retablo.

Calahorra

Lorca

Umgebung von
Logroño
(Fortsetzung)
Alfaro

In südöstlicher Richtung setzt man die Fahrt auf der N-232 fort; jenseits des Río Ebro sieht man links die Schloßruine von Milagro und erreicht dann das inmitten von Weingärten und Getreidefeldern gelegene alte Städtchen Alfaro, dessen bedeutendstes Kirchenbauwerk die monumentale Kollegiatskirche San Miguel Arcángel aus dem 17. Jh. ist, die mit zahlreichen Skulpturen ausgestattet ist.

Von Alfaro sind es noch 20 km bis → Tudela.

Lorca   I 8

Provinz: Murcia (MU)
Telefonvorwahl: 968
Höhe: 327 m ü.d.M
Einwohnerzahl: 67 000

Lage und
Allgemeines

Die zu beiden Seiten des Río Guadalantín gelegene Stadt Lorca, überragt von einem Castillo aus dem 13. Jh., ist das 'Illurco' der Römer und das 'Lurka' der Mauren. Schon zu westgotischer Zeit Bischofssitz, ist die Stadt heute vor allem bekannt für die prächtigen Prozessionen während der Karwoche.

*Semana Santa

Auf eine lange Tradition können die Feierlichkeiten der Karwoche (span. Semana Santa) in Lorca zurückblicken, die zu den schönsten in Spanien gehören. Zwei Brüderschaften, die 'Blauen' (span. Azules) und die 'Weißen' (span. Blancos), wetteifern Jahr für Jahr darum, wer seine 'pasos' (Kreuze, Statuen und andere religiöse Gegenstände) am prächtigsten mit wertvollen Stoffen, Stickereien und anderen edlen Materialien schmückt und wer bei der Prozession durch die Straßen den größten Aufwand treibt,

San Patricio in Lorca

um das Mysterienspiel mit römischen Soldaten, gaffendem Volk und dem leidenden Jesus am besten darzustellen.

Sehenswertes

Um die Plaza Mayor (Plaza de España), Zentrum der Stadt, stehen mehrere schöne Barockhäuser, darunter das Gerichtsgebäude und das Rathaus (Casa Consistorial) aus dem 17./18. Jh., in dem Miguel Muñoz 1723 große Schlachtengemälde anbrachte und arabische Fahnen ausgestellt sind. Vom Hauptplatz kann man zum Castillo hinaufsteigen.

Plaza Mayor

An der Plaza erhebt sich auch die stattliche Stiftskirche San Patricio (16./ 17. Jh.), deren Turm erst 1772 fertiggestellt wurde. Über dem schönen Barockportal erkennt man die Statue des Namensgebers der Kirche; im Inneren beeindruckt der prächtige Hauptaltar mit einem Gemälde von Camacho.

San Patricio

Südlich vom Hauptplatz gelangt man in der C. Lope Gisbert zur Casa de los Guevara (17. Jh.), das heute das Fremdenverkehrsbüro beherbergt. Das Haus zeichnet sich aus durch ein äußerst prachtvolles Barockportal mit vier gedrechselten Säulen und reichem Wappenschmuck, flankiert von schmiedeeisernen Balkonen.

∗Casa de los Guevara

Bei einem Spaziergang auf der Straße La Corredera nördlich vom Palast der Guevara wird man weitere schöne Barockbauten entdecken.

La Corredera

Lugo   C 2 / 3

Provinz: Lugo (LU)
Telefonvorwahl: 982
Höhe: 465 m ü.d.M.
Einwohnerzahl: 75 000

Das im Nordwesten von Spanien in der Mitte des Berglandes von Galicien am oberen Río Miño (galic. Minho) gelegene Lugo ist Hauptstadt der gleichnamigen Provinz und Bischofssitz. Die Geschichte Lugos reicht weit zurück; schon die Kelten siedelten an diesem Ort. Die Römer bauten ihn als 'Lucus Augusti' zu einer bedeutenden Stadt und zu einem Heerlager aus, wovon heute noch die größtenteils erhaltene turmreiche Ringmauer zeugt. Auch die Mauren unter ihrem Heerführer Muza konnten im Jahr 714 die Wälle nicht zerstören und steckten daher die Stadt in Brand; nur wenige Jahre später erfolgte der Aufbau. Nachdem normannische Invasoren, die im 10. Jh. Lugo einnahmen, wieder vertrieben wurden, durchlebte die Stadt bis ins 19. Jh., als napoleonische Truppen vordrangen, eine relativ friedliche Zeit.
Lugo ist heute das Zentrum einer weitgehend landwirtschaftlich genutzten, idyllischen Gegend. Nähert man sich der Stadt, durchquert man zunächst trostlose und wenig ansehnliche Hochhaussiedlungen, doch innerhalb des alten Mauerrings zeigt sich Lugo als lebhafte und zugleich beschauliche Ecken bietende Stadt mit schönen historischen Bauten.

Lage und Allgemeines

∗∗Stadtmauer

Der Stadtkern von Lugo wird vollständig umschlossen von der Stadtmauer, die die Römer im 2. bis 3. Jh. n. Chr. erbauten und die dann im 14. Jh. teilweise erneuert wurde. Sie ist 2131 m lang, durchschnittlich 11 m hoch und 4,5 m dick. Von den einst 85 Türmen haben 50 die verschiedenen Belagerungen überstanden. Zehn Tore bieten Einlaß in die Stadt; die

Lugo

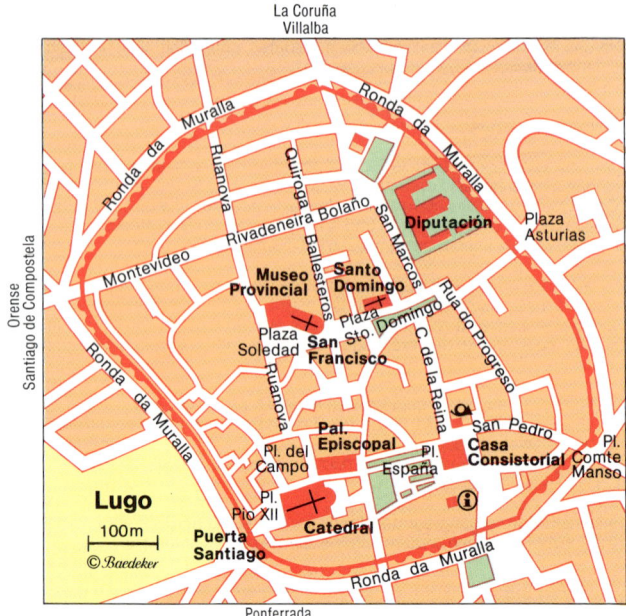

Stadtmauer (Fortsetzung)

ältesten sind die Puerta de Miñá, Puerta de Falsa und Puerta de Nova. Die Puerta de Santiago, die sich gegenüber der Kathedrale öffnet, wurde im 18. Jh. eingebaut und trägt eine Skulptur des hl. Jakob als Maurentöter. Bei den Toren gibt es jeweils Aufgänge auf den Wehrgang, auf dem man die gesamte Altstadt in einem halbstündigen Spaziergang umwandern kann, wobei sich immer wieder interessante Einblicke in die Stadt und auch ihre Hinterhöfe und Aussichten auf die Hügel ringsum ergeben.

*Stadtkern

Plaza de España

Lebhaftes Zentrum Lugos ist die Plaza de España (Plaza Mayor), ein sich weit öffnender Platz mit Parkanlage (Alameda), Allee, Musikpavillon und einem breiten Boulevard an der Nordseite, wo die langen Tischreihen der Straßencafés zum Verweilen und zum Beobachten der Flanierenden einladen. Die Ostseite des Platzes dominiert das um 1735 erbaute Ayuntamiento (Rathaus) mit seiner schönen barocken Fassade.

Palacio Episcopal

Einige Stufen führen westlich der Baumreihen der Alameda hinunter zur Plaza de Santa María, wo rechter Hand der einfache, wappengeschmückte Quaderbau des Palacio Episcopal (Bischöfliches Palais) aus dem 18. Jh. steht.

Santa María

Gegenüber vom Bischofspalast erhebt sich der Glockenturm der Nordfassade der Kathedrale Santa María. Portal und Vorhalle, wo ein sehr schöner 'Segnender Christus' den Blick auf sich zieht, gehören zu den ältesten Teilen der in einem Stilkonglomerat erbauten Kirche aus Granit, die 1129 von Raimundo de Monforte begonnen und erst im 18. Jh. abgeschlossen wurde. Durch ein Gäßchen an der Nordseite vorbei gelangt man zur zwar großen, doch stillen Plaza Pio XII., wo als Abschluß der Bauarbeiten 1768 die barocke Hauptfassade mit ihren zwei Türmen erstellt wurde. Rechts schließt der ebenfalls aus dem 18. Jh. stammende Kreuzgang an; jenseits

430

Zwei von 85 Türmen der Stadtmauer

Spazierweg auf der Stadtmauer

Santa María

Plaza del Campo

Santa María (Fortsetzung) Innenraum	des Platzes öffnet sich das Stadttor Puerta de Santiago, das auch einen breiten Aufgang auf die Stadtmauer besitzt.

Man betritt die Kirche entweder durch das Nordportal oder durch das Hauptportal. Auch die Kircheneinrichtung ist stilistisch sehr vielfältig. Das reichhaltige Chorgestühl wurde 1625 von Francisco Mouro geschaffen. In beiden Querschiffen bemerkt man Altäre mit geschnitzten Retablos, wobei dasjenige im linken Querschiff ein Werk des Holländers Cornelis de Holanda aus dem 16. Jh. ist. In der Capilla Mayor werden ständig Sakramentalien ausgestellt. Hinter der Capilla Mayor befindet sich die Capilla de Nuestra Señora de los Ojos Grandes ('Unsere Liebe Frau mit den großen Augen'), eines der schönsten Beispiele für den galicischen Barock, das von Fernando Casas y Nóvoa, dem Architekten der Fassade der Kathedrale in → Santiago de Compostela, geschaffen wurde. In der Kapelle wird eine bemalte Marienstatue (12. Jh.) aus Alabaster verehrt.

*Plaza del Campo

Nördlich der Kathedrale, hinter dem Bischofspalast, dehnt sich die hübsche und verwinkelte Altstadt von Lugo aus, deren schönster Platz die kleine Plaza del Campo ist, von schiefen Arkadenhäusern umgeben und mit einem Brunnen in der Mitte.

Santo Domingo

Von der Plaza de España gelangt man durch die Calle de la Reina zur langgestreckten Plaza de Santo Domingo, in deren Mitte sich eine hohe Adlersäule erhebt. An der Plaza steht die 1280 begonnene Klosterkirche Santo Domingo, die ein schönes romanisches Portal und im Inneren churriguereske Retablos besitzt.

Museo Provincial

In der Verlängerung des Platzes in westlicher Richtung schließt sich das Museo Provincial an, das römische Funde, galicisches Kunsthandwerk, Gemälde, Stiche, Münzen und Keramiken zeigt. Besondere Attraktion ist eine vollständig eingerichtete Küche, wie sie einst in galicischen Bauernhäusern benutzt wurde.

Im Dorf Bóveda

An der Calle San Marcos im nördlichen, neueren Teil des Stadtkerns, erstreckt sich das 1886 in neoklassizistischem Stil errichtete Gebäude der Diputación Provincial, dem Sitz der Provinzverwaltung.

Diputación Provincial

Umgebung von Lugo

Man verläßt Lugo auf der N-640 in südlicher Richtung und biegt nach 4 km nach rechts Richtung Friol ab. Die bis Bóveda ausgeschilderte schmale Straße führt durch eine grüne Wald- und Wiesenlandschaft, vorbei an von Granitmauern eingefaßten Weiden und kleinen Äckern. Der sehr kleine Ort Bóveda ist für sich schon sehenswert: Niedrige schiefergedeckte Granithäuser, von Mauern eingefaßt, und Horreos formen das Bild eines in früheren Zeiten typischen galicischen Dorfes.

*Santa Eulalia de Bóveda

Am Ortseingang liegt links im Untergeschoß eines Hauses die eigentliche Sehenswürdigkeit Bóvedas, die zum Nationaldenkmal erklärte Kirche Santa Eulalia de Bóveda (Mo. geschlossen). Das Kirchlein war vermutlich schon ein römisches Nymphäum, bevor es zum christlichen Gotteshaus wurde; in der vorchristlichen Katakombe erkennt man noch das Quellbecken in der Mitte und Wandmalereien, die Vögel, andere Tiere und christliche Symbole darstellen.

Auf dem Jakobsweg nach Santiago de Compostela

Auch auf dieser Strecke wendet man sich zunächst auf der N-640 nach Süden. Kurz hinter Guntín de Pallares (18 km von Lugo) zweigt die C-547 nach Westen ab und führt durch eine angenehme Landschaft nach → Santiago de Compostela, wobei sie einige Stationen des Jakobsweges berührt.

Puertomarín / Portomarín	Zunächst jedoch kann man von Guntín einen Abstecher auf der N-540 und C-535 nach Puertomarín (galic. Portomarín) machen, das 21 km südöstlich von der Abzweigung der C-547 liegt. Das ursprüngliche Dorf verschwand in den Fluten des Stausees Embalse de Belesa, doch wurde der Ort unmittelbar bei seinem alten Standort mit den kunsthistorisch wertvollen Bauten neu aufgebaut. Besondere Beachtung verdienen die wuchtige Wehrkirche San Juan (12. Jh.) mit ihrem von einer Fensterrosette gekrönten Westportal und die ebenfalls im 12. Jh. erbaute Kirche San Pedro.
* Vilar de Doñas / Vilar de Donas	Erste sehenswerte Pilgerstation an der Straße nach Santiago de Compostela ist das Dorf Vilar de Doñas (galic. Vilar de Donas), zu dem eine sehr schmale Straße ca. 12 km nach der Abzweigung bei Guntín nach rechts abbiegt. Das Sträßchen führt unmittelbar zur rechts am Ortseingang liegenden, sehr einfachen Granitkirche aus dem 13. Jahrhundert. Durch ein schlichtes romanisches Portal betritt man das dunkle und etwas feuchte Innere der Kirche, in deren Apsis man verblaßte Wandmalereien aus dem 15. Jh. entdeckt; ihnen verdankt die Kirche ihren Namen, da neben Christus, umgeben von Paulus, Lukas, Petrus und Markus, auch verschiedene weibliche Figuren (galic. donas) dargestellt sind. An der nördlichen Wand des Kirchenschiffes sind mehrere Grabplatten von Santiagorittern aufgestellt, oft mit Wappen geschmückt; besonders interessant ist eine Platte mit dem vollplastischen Bild eines Ritters (→ Abb. S. 384).
Palas de Rey / Palas de Rei	Wenige Kilometer weiter erreicht man den Ort Palas de Rey (galic. Palas de Rei; schon Vilar de Doñas gehört zu dieser Gemeinde), wo eine romanische Kirche den Pilgern ebenfalls Unterschlupf bot.
Arzúa	Eine der letzten Stationen vor Erreichen des Wallfahrtzieles war Arzúa, wo man eine weitere Pilgerkirche besichtigen kann.

Über Monforte de Lemos nach Orense

Sarría	Man verläßt Lugo auf der nach Südosten strebenden N-VI und biegt bei der Ortschaft Nadela auf die C-546. Nach insgesamt 31 km erreicht man das moderne Städtchen Sarría, vermutlich das römische 'Flavia Lambrio', im Mittelalter wichtige Pilgerstation, wovon einige Pilgerhospitäler noch zeugen; bemerkenswerteste Kirche ist San Salvador (13. Jh.).
Monasterio de Samos	Weitere 12 km südöstlich erreicht man auf der Nebenstraße LU-633 das weitläufige Monasterio de San Julián bei Samos, das im 7. Jh. gegründet wurde und später ebenfalls zur Pilgerstation wurde. Die Klosteranlage erfuhr im Laufe der Jahrhunderte mehrere Umbauten, so daß aus der Anfangszeit nichts geblieben ist. Beachtenswert ist die Kirche des 17. Jh.s und der barocke Brunnen im älteren der beiden Kreuzgänge.
Monforte de Lemos	Die C-546 führt in südlicher Richtung über die Paßhöhe des Gural (412 m ü.d.M.) nach Monforte de Lemos (384 m ü.d.M.), einem alten Städtchen auf einer Anhöhe über dem Río Cabe, teilweise noch von Mauern umgeben, überragt von dem Turm (15. Jh.) des Castillo der Herren von Lemos und dem ehemaligen Benediktinerkloster San Vicente del Pino mit schönen Renaissanceportalen des 16. Jahrhunderts. In der unteren Stadt nahe am Fluß liegt das ehemalige Jesuitenstift (Colegio de la Compañía), dessen Kirche einen prächtigen Retablo von Francisco Mouro (17. Jh.) sowie drei Bilder von El Greco enthält. Im Convento de Clarisas am rechten Ufer des Río Cabe ist ein sehenswertes Museum für sakrale Kunst eingerichtet.
Chantada	Von Monforte de Lemos kann man einen Abstecher ins 33 km entfernte Chantada machen (von Lugo auch direkt auf der N-640 bzw. N-540 zu erreichen), einer kleinen alten Stadt, in deren unmittelbarer Nachbarschaft einige bemerkenswerte alte Kirchen zu finden sind, darunter San Salvador de Asma (2 km) mit romanischem Portal und San Esteban de Ribas de

Plaza de España in Mondoñedo

Miño (7 km), die Kirche eines ehemaligen Benediktinerklosters; schließlich sind noch die Sepulturas Célticas (6 km), keltische Gräber, sowie eine römische Brücke (6 km) über den Río Miño erwähnenswert.
Von Chantada sind es noch 37 km bis → Orense (galic. Ourense).

Chantada
(Fortsetzung)

Über Villalba zum Meer

Bei Rabadé verläßt man die nach → La Coruña führende N-VI und folgt der nach Norden strebenden C-641 nach Villalba (480 m ü.d.M.), dem Hauptort der Hochfläche von 'Terra Cha' ('flaches Land'), auf der vor allem Viehzucht betrieben wird. Alljährlich im Dezember findet in Villalba ein weitbekannter Kapaunenmarkt statt. Mitten im Ort erhebt sich der düstere achteckige Turm des Castillo der Condes de Villalba, in dem heute ein kleiner Parador Nacional eingerichtet ist.

Villalba

Aufwärts durch Wiesen und Felder geht es nun auf der N-634 über den Puerto de la Xesta (590 m ü.d.M.) und dann bergab nach Mondoñedo (200 m ü.d.M.), das man schon von der Höhe malerisch im Tal liegend erblickt. Im Zentrum des alten Bischofsstädtchens steht die sehenswerte Kathedrale La Asunción, deren Baubeginn auf das 13. Jh. zurückgeht. Die beiden Türme wurden im 18. Jh. um das gotische Portal errichtet. Im Inneren ist außer dem plateresken Chor und den beiden Orgeln, unter denen Fresken aus dem 14. Jh. zu sehen sind, die Skulptur der Nuestra Señora la Inglesa zu beachten, die von englischen Katholiken vor den Verfolgungen durch Heinrich VIII. aus der St. Paul's Cathedral in London nach Galicien in Sicherheit gebracht wurde.

*Mondoñedo

La Asunción

Der Kathedrale angegliedert ist das Museo Diocesano, das liturgische Gegenstände, Gemälde, Skulpturen, Gewänder und Möbel zeigt.
Die Kathedrale steht an der sehr schönen, leicht ansteigenden Plaza de España, die von typischen galicischen Häusern, deren obere hervorsprin-

Museo Diocesano

Plaza de España

Umgebung von
Lugo, Mondoñedo
(Fortsetzung)

gende Stockwerke auf Holzsäulen stehen, gesäumt wird. Beim Gang durch die Gassen zeigen Wappen an den Fassaden noch manches Adelshaus an.

Ribadeo

Über Lorenzana mit seiner stattlichen Klosterkirche San Salvador und durch schön bewaldetes Hügelland geht es schließlich in das fruchtbare Tal des Río Masma zur Einmündung der Küstenstraße C-642. Dort bleibt man auf der N-634 und kommt nach weiteren 16 km nach Ribadeo (150 m ü.d.M.), einem hübschen Hafenstädtchen an der Mündung des Río Eo in die Ría de Ribadeo.

Die N-634 überquert die Ría de Ribadeo auf der Brücke 'Puente de los Santos', die nach Figueras führt; von hier geht es weiter nach → Oviedo.

La Mariña / A Mariña

Foz

Die C-642 führt am zur Provinz Lugo gehörenden Küstenabschnitt der Rías Altas (Umgebung von → La Coruña) entlang, der La Mariña (galic. A Mariña) genannt wird. Erster Ort an der Strecke ist der Fischerhafen Foz, wo es auch schöne Sandstrände gibt.

San Martín
de Mondoñedo

Westlich von Foz, über eine Abzweigung von der C-642 zwischen Barreiros und Foz zu erreichen, liegen die immer noch eindrucksvollen Reste des im 8. Jh. gegründeten Klosters San Martín de Mondoñedo. Restauriert wurde die romanische Kirche, in deren Innenraum man die Säulenkapitelle bei den Apsiden und die Wandmalereien beachten sollte.

Vivero/Viveiro

Auf der Küstenstraße geht es weiter über den Río Oro nach Vivero (galic. Viveiro) an der gleichnamigen Ría. Von der Stadtmauer ist die noch von Türmchen gekrönte Puerta de Carlos V. erhalten. Das Wappen des deutschen Kaisers und spanischen Königs ist über der Durchfahrt angebracht. Ebenfalls sehenswert sind die zum Nationaldenkmal erklärte Kirche San Francisco und das malerische Stadtviertel Malecón.

Die Weiterfahrt auf einer Eisenbahnbrücke über die Ría del Barquero (galic. Barqueiro), die die Grenze zwischen den Provinzen Lugo und La Coruña ist, führt nach Ortiguera (galic. Ortigueira; Umgebung von → La Coruña).

Madrid   G 5

Autonome Region
Provinz: Madrid (M)
Telefonvorwahl: 91
Höhe: 655 m ü.d.M
Einwohnerzahl: 3 500 000

Hinweis

Die Beschreibung Madrids in diesem Reiseführer ist bewußt knapp gehalten, da in der Reihe "Baedekers Allianz-Reiseführer" ein ausführlicher Stadtführer "Madrid" vorliegt.

✳✳ Landeshauptstadt

Lage und
Allgemeines

Die spanische Hauptstadt Madrid, mit ihren rund 3,2 Mio. Einwohnern auf 531 km² auch die größte Stadt des Landes, liegt im Herzen Spaniens auf einer Hochfläche am Südfuß der Sierra de Guadarrama über dem wasserarmen und z.T. kanalisierten Flüßchen Río Manzanares.
Madrid ist eine politische Schöpfung der spanischen Könige, der alle natürlichen Voraussetzungen für eine schnelle Entwicklung fehlten. Erst

Das Herz von Madrid: Puerta del Sol

Landeshauptstadt, Lage und Allgemeines (Fortsetzung)

der Bau der Eisenbahnen und modernen Straßen, der Madrid zum Verkehrszentrum des Landes machte, ermöglichte im 19./20. Jh. den sprunghaften Aufstieg der Stadt, die heute nächst Barcelona der zweitgrößte Industrieplatz Spaniens ist. Vom Flughafen Madrid-Barajas, 14 km östlich gelegen, ist die Stadt mit allen Metropolen der Erde verbunden und besonders eine Drehscheibe für den Flugverkehr zwischen Europa und Südamerika.

Klima

Die hohe Lage der Stadt verursacht starke Temperaturschwankungen, die täglich bis 17° C betragen können – gegen Erkältungen sollte man sich daher in den Übergangsjahreszeiten wappnen. Die Sommer sind heiß (bis 43° C), die Winter ziemlich kalt (bis -12° C). Die ehedem als klar, wenn auch schneidend gerühmte Luft Madrids wird durch den nicht zu bändigenden Verkehr und Industrieemissionen mehr und mehr verschmutzt.

Europäische Kulturhauptstadt 1992

Madrid ist das geistige und kulturelle Zentrum Spaniens, auch wenn Barcelona große Anstrengungen unternimmt. In Madrid sind zwei Universitäten beheimatet; die Stadt ist mit dem Nationalen Dramatischen Zentrum, dem Nationalballett, dem Nationalorchester, dem 1988 eröffneten neuen Konzerthaus und über 30 Theatern Mittelpunkt des spanischen Theater- und Musikgeschehens. In keiner anderen spanischen Stadt findet man eine solche Fülle von Museen, die teilweise Weltruf genießen; allen voran das Museo del Prado, das Archäologische Nationalmuseum und das 1986 eröffnete Centro de Arte de Reina Sofía. Durch den leihweisen Erwerb eines Großteils der Kunstsammlung Thyssen-Bornemisza, die wohl ab 1991 ausgestellt wird, hat Madrid eine hervorragende Ergänzung seines kulturellen Angebotes gewonnen, die den ihr für das Jahr 1992 verliehenen Titel der 'Kulturhauptstadt Europas' rechtfertigen.

Wirtschaftsmetropole Madrid

Madrid ist längst nicht mehr nur Verwaltungs- und Finanzzentrum Spaniens. In der im geographischen Mittelpunkt der Iberischen Halbinsel liegenden Metropole sind 70 % der in Spanien tätigen multinationalen Unter-

Madrid

Wirtschafts-
metropole
(Fortsetzung)

nehmen, über die Hälfte der Forschungsinstitute mit 5000 Wissenschaft-
lern und die führenden High-tech-Hersteller vertreten. 40% der technischen Hochschulen befinden sich in Madrid, insgesamt werden ca. 25%
aller spanischen Studenten an Universitäten der Hauptstadt ausgebildet.
Für die Wirtschaft sind daher dort relativ gute Chancen, hochqualifizierte
Arbeitskräfte zu finden. Der Großraum Madrid, der ca. 5 Mio. Einwohner
zählt, profitiert naturgemäß nicht von den staatlichen Fördermitteln für
strukturschwache Räume. Ausländische Investoren werden aber von der
Landesregierung mit subventionierten Grundstücken bedacht, die mit 160
DM pro erschlossenem Quadratmeter Industriegebiet nur 25% des Markt-

preises ausmachen. In den südlichen und nordöstlichen Außengebieten Madrids entstehen derzeit Industriezonen von insgesamt ca. 450 Hektar. Innerhalb von 3 Jahren soll im Zuge des 'Entwicklungsplanes Süd' über eine Milliarde DM in ein neues Industrieparkkonzept gesteckt werden. Der Infrastrukturausbau konnte mit dieser rasanten Entwicklung bisher in keinster Weise Schritt halten. Das Telefonsystem ist hoffnungslos überlastet. Der Bau digitaler Schaltzentren macht zwar Fortschritte, eine merkliche Entlastung wird jedoch erst in Jahren erwartet. Ähnliches gilt für die katastrophalen Verkehrsprobleme Madrids. Auch hier soll 1990 der erste Autobahnring vollendet sein, ein zweiter befindet sich im Bau, ein dritter in

Wirtschafts-
metropole
(Fortsetzung)

Kommunikations-
und Verkehrs-
probleme

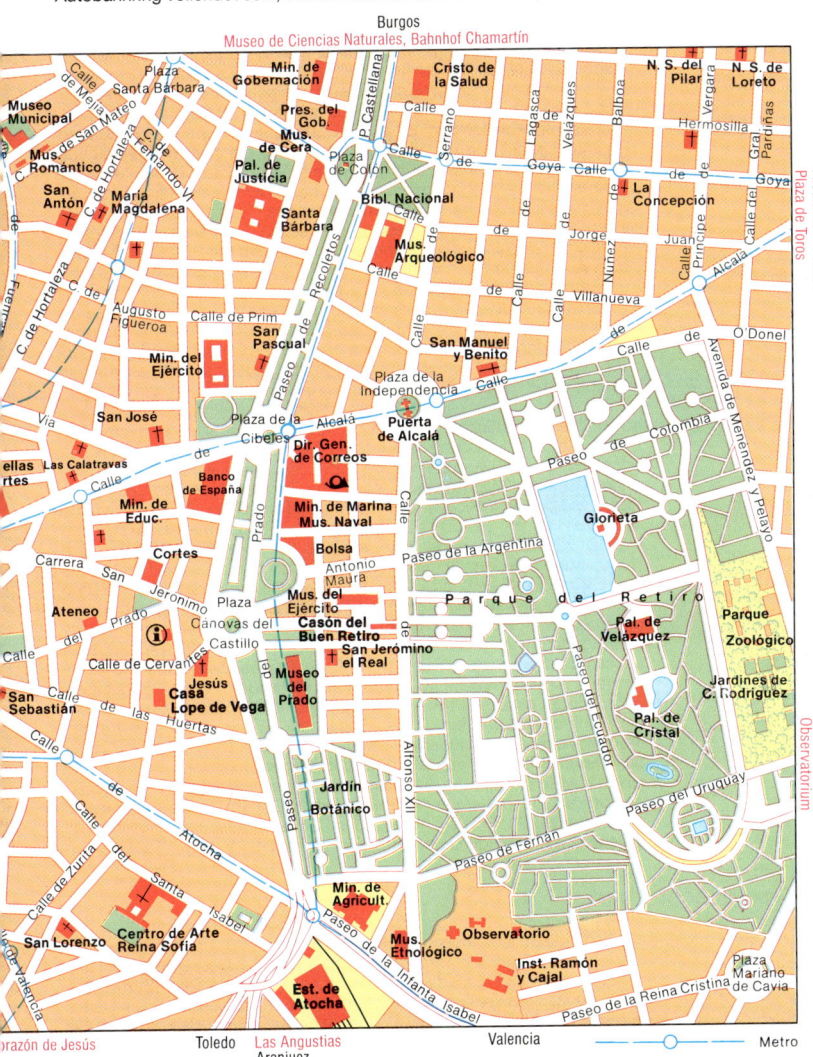

Verkehrsprobleme (Fortsetzung)	der Planungsphase. Auch ist geplant, den Flughafen Barajas bis 1993 durch eine Schnellbahn mit der Innenstadt zu verbinden. Bislang ist dieser nur über eine Straße erreichbar.
Katastrophaler Wohnungsmarkt	Der Aufstieg der spanischen Hauptstadt von einem provinziellen Verwaltungszentrum zu einer internationalen Metropole hat auf dem Wohnungsmarkt schlimme Auswirkungen gezeitigt. Ein enormer Immobilienboom trieb die Wohnungspreise massiv in die Höhe. In den Stadtrandsiedlungen ist heute ein anhaltender Bauboom festzustellen. Die Immobilienpreise für Wohnungen haben sich in den letzten Jahren verdoppelt. Ähnliches gilt für Mieten. Ein einfaches Reihenhaus am Stadtrand kostet über eine Mllion DM, eine Etagenwohnung mit Blick auf den Retiro-Park das Doppelte. Für eine Dreizimmerwohnung im Stadtzentrum werden nicht selten über 3000 DM Monatsmiete verlangt. In der weltweiten Mietrangliste steht Madrid neuerdings auf Platz 13, noch vor Städten wie Amsterdam und Frankfurt. Bei einem entsprechenden Einkommensvergleich schneiden die Madrider jedoch schlechter ab. Hier erlangen sie nur den 27. Rang.

Durch die Spekulation bedingt, stehen derzeit viele Wohnungen in Madrid leer. Man spricht von ca. 200000 Wohnungen, die einer Minderheit von 14 % der Immobilienbesitzer in Madrid gehören. Circa 170000 Madrider haben wegen der Wohnungsnot und der hohen Preise die Hauptstadt verlassen; sie sind in das ländliche Umland gezogen. Von dort aus nehmen sie täglich lange Pendelwege in Kauf, was – bedingt durch die hohe Kraftfahrzeugdichte – zu einer zunehmenden Luftbelastung des Madrider Raumes durch Abgase führt. Die wohlhabenderen Bevölkerungsschichten ziehen in den Nordwesten der Stadt, wo an den Berghängen die Luft noch besser ist. Die ärmeren Stadtbewohner drängen sich jedoch auf engstem Raum in den verbauten Hochhauswohngebieten des Madrider Südens. Entsprechend unterschiedlich fällt die Einkommensstruktur Madrids aus: Im Nordwesten ist das Durchschnittseinkommen der Haushalte mehr als fünfmal so hoch wie im Süden der Stadt.

Geschichte	Im 10. Jh. befand sich an der Stelle des jetzigen Schlosses die kleine maurische Stadt und Festung 'Madschrît', die im Jahre 1103 durch König Alfons VI. erobert wurde. Im Jahre 1239 versammelte Ferdinand IV. die ersten Cortes in 'Madrit', das seitdem öfter Residenz war. Aber erst Kaiser Karl V. ließ den alten Alcázar zum Stadtschloß umbauen. Philipp II. verlegte 1561 den Hof von Toledo endgültig nach Madrid, das damals 30 000 Einwohner zählte. In jene Zeit fällt die Blüte der spanischen Literatur und Kunst: Miguel de Cervantes Saavedra schrieb hier den zweiten Teil des Don Quijote, Lope de Vega, Diego Velázquez und Pedro de la Barca hielten sich mehr oder weniger lange in der Hauptstadt auf. Unter der Herrschaft der Bourbonen wurde im 18. Jh. nach dem Brand des aus dem Alcázar hervorgegangenen Schlosses der Palacio Real errichtet. Die französischen Besatzer ließen zu Beginn des 19. Jh.s zahlreiche Klöster und ganze Stadtviertel niederreißen, um in der Stadt Platz zu schaffen. Der Aufstand der Madrider am 2. Mai 1808 gegen die Franzosen leitete weitere Erhebungen im ganzen Land ein. Gegen Ende des 19. Jh.s schließlich begann Madrids Aufstieg zur modernen Stadt. Am 14. April 1931 wurde in Madrid die Republik proklamiert. Während des Bürgerkrieges erlebte die Stadt eine schwere Belagerung durch Franco-Truppen, die mit einer zweiwöchigen Schlacht im November 1936 vor allem im Gebiet der Universitätsstadt eingeleitet wurde. Trotz schwerster Bombardierungen durch deutsche und italienische Flugzeuge kapitulierte Madrid erst am 28. März 1939.

Stadtbeschreibung

Die folgende Beschreibung Madrids ist in kleinere Sektionen aufgeteilt, die wiederum drei großen räumlichen Abschnitten zugeordnet sind: zum ersten das Zentrum mit der Altstadt und dem Palacio Real (Stadtbezirk Centro) zwischen der Gran Vía im Norden, dem Paseo del Prado im Osten, der Ronda de Toledo bzw. der Ronda de Valencia im Süden und dem Río

Hier spielen die 'Königlichen': Estadio Santiago Bernabéu

Manzanares im Westen; zum zweiten der Nordosten der Stadt (Stadtbe- Stadtbeschreibung
zirke Retiro und Salamanca) entlang der Nord-Süd-Achse Paseo del Pra- (Fortsetzung)
do/Paseo de Recoletos/Paseo de la Castellana; schließlich der Nordwesten der Stadt (Stadtbezirke Chamberi und Moncloa) von der Gran Vía
zur Ciudad Universitaria.

Wer nur einen Tag zur Verfügung hat, sollte in einem Rundgang durch das Besichtigungs-
Zentrum die wichtigsten Sehenswürdigkeiten der Stadt kennenlernen und programm
dabei vielleicht schon, wenn auch kurz, in das Museo del Prado schauen.
Dieses erreicht man am besten über die Metro-Station Plaza de la Cibeles,
an der auch die sehenswerte Hauptpost steht. Von dort geht man auf dem
Paseo del Prado hinunter zum Museo del Prado. Vom Prado gelangt man
auf der Calle de San Jerónimo zur Puerta del Sol, dem Verkehrsmittelpunkt
der Stadt, von der die Calle Mayor zur Plaza Mayor, dem historischen Zentrum Madrids, führt. Weiter nach Westen liegt die Calle de Bailén, die an
der Plaza de Oriente mit dem Teatro Real und dem Palacio Real vorbeiführt. In östlicher Richtung zurück kommt man zum Kloster Descalzas
Reales und wieder zur Puerta del Sol. Nördlich davon verläuft die Gran Vía,
die Hauptgeschäftsstraße Madrids. Für den Abend empfiehlt sich eines
der zahlreichen Restaurants, besser noch ein Bummel durch die Tasca-
Bars in der Altstadt um die Plaza Mayor.
An einem zweiten Tag kann man seine Museumseindrücke vertiefen,
wobei wiederum der Prado-Museum an erster Stelle steht; je nach Interesse sollte man sich eine Besichtigung des Palacio Real, des Centro de
Arte Reina Sofía, des Museo Arqueológico, des Klosters Descalzas Reales
oder anderer der vielen Museen vornehmen. Zur anschließenden Entspan-
nung empfiehlt sich ein Spaziergang im Parque del Retiro.
Der dritte Tag eines Madrid-Aufenthaltes sollte dem Kennenlernen der
äußeren Bezirke und der Umgebung Madrids gewidmet werden, wobei es
zwischen dem Escorial, Segovia, Aranjuez und Toledo zu entscheiden gilt.
Wer allerdings seinen Kulturbedarf schon gedeckt hat, kann auch zum Ein-

Besichtigungs-programm (Fortsetzung)	kaufsbummel durch die Geschäfte der Altstadt sowie der Gran Vía und ihrer Seitenstraßen oder in die exklusiven Läden in der Calle Serrano und der Calle Velázquez im Stadtteil Salamanca aufbrechen.
Fußball	Fußballfans kommen am Wochenende auf ihre Kosten. In Madrid sind zwei Fußballklubs der ersten spanischen Liga zu Hause: die ruhmreichen 'Königlichen' von Real Madrid, die ihre Heimspiele im großen Estadio Bernabéu im Nordosten der Stadt bestreiten, und die etwas im Schatten von Real stehende Mannschaft von Atlético Madrid, die im Estadio Vicente Calderón am Río Manzanares im Südwesten des Zentrums antritt.
Verkehr	Die Fahrt mit dem Auto ins Zentrum von Madrid sollte man nach Möglichkeit meiden. Abgesehen vom Parkplatzproblem ist das Fahren in den oft verstopften Straßen kein Vergnügen.
Metro	Madrids Metro ist das schnellste Verkehrsmittel. Mit ihren zehn Linien gelangt man reibungslos direkt oder zumindest in die Nähe aller wichtigen Sehenswürdigkeiten. Sie verkehrt zwischen 6.00 und 1.30 Uhr; die Hauptverkehrszeiten zwischen 7.30 und 9.30, 13.30 und 14.30 sowie 19.30 und 21.00 Uhr sollte man meiden.
Bus	75 Buslinien verkehren von 6.00 bis 24.00 Uhr; von 0.00 bis 6.00 Uhr sind elf Nachtlinien unterwegs, die sich alle an der Plaza de la Cibeles kreuzen (0.00 – 2.00 Uhr alle 30 Min.; 2.00 – 6.00 Uhr alle 60 Min.).
Taxi	Die allerorts in Madrid anzutreffenden Taxis sind weiß und tragen einen roten Querbalken sowie den Madrider Bären auf den Hintertüren. Freie Wagen zeigen dies mit dem Schild 'libre' an. Der Preis setzt sich aus einer Grundgebühr und der Kilometergebühr zusammen. Für Nachtfahrten von 23.00 bis 6.00 Uhr wird ein Zuschlag erhoben.

Centro

Um die Puerta del Sol

Metro-Station Puerta del Sol (Linien 1,2,3)	Die Puerta del Sol ('Sonnentor') ist Kilometer null für die in alle Landesteile führenden Straßen und Knotenpunkt des Madrider Lebens. Hier treffen sich die Hauptverkehrsstraßen Madrids und die wichtigsten Bus- und Metrolinien; sie ist somit der beste Ausgangspunkt für ein Kennenlernen der Stadt. Das Tor, das dem Platz seinen Namen gab, war ein einfacher Backsteinbau mit sechs Türmen und ist heute nicht mehr vorhanden. Um den ständig belebten Platz haben sich zahlreiche Geschäfte, Bars, Café-häuser und Restaurants angesiedelt. Das schönste Gebäude am Platz ist die 1786 an der Nordseite von dem Franzosen Jacques Marquet errichtete Post, heute Sitz der Regionalregierung.
Real Academía de Bellas Artes de San Fernando	Von der Puerta del Sol führt die Calle de Alcalá, die breiteste Straße der inneren Stadt, nach Nordosten zur Plaza de la Cibeles. Man kommt linker Hand zum Gebäude Nr. 13, einem barocken Palast, der Sitz der Madrider Kunstakademie ist. Sie verfügt über eine Sammlung von Zeichnungen (u.a. Tizian und Raffael) und Gemälden u.a. von Veronese, Correggio, Rubens, van Dyck, Mengs, Fragonard, Zurbarán, Murillo; Werke von Goya sind besonders zahlreich vertreten.
	Der weitere Weg zur Plaza de la Cibeles führt an der links liegenden Iglesia de las Calatravas (17. Jh.), der Ordenskirche der Calatrava-Ritter, und am rechts liegenden, von einem Turm gekrönten Monumentalbau Círculo de Bellas Artes (1926) vorbei, der für Kunstausstellungen benutzt wird.

*Real Monasterio de las Descalzas Reales

Von der Puerta del Sol sind es nur wenige Schritte zur nordwestlich gelegenen Plaza de las Descalzas Reales, an der in einem im 16. Jh. auf Geheiß

von Johanna von Österreich umgebauten Renaissancepalast das Königliche Kloster Descalzas Reales untergebracht ist. Es war für die Damen des
Herrscherhauses und des Hochadels gedacht, denen letztendlich die Ausstattung mit überaus wertvollen und bedeutenden Kunstwerken zu verdanken ist.
Schon die barocke Treppe beeindruckt mit ihrem Prunk und ihrem Freskenschmuck, der von Claudio Coello (Decke), Colonna, Mitelli und Antonio
de Pereda ("Kalvarienberg") stammt.

In den Sälen, Kammern und Gängen begegnen immer wieder Porträts der
habsburgischen Herrscher. In der Gran Sala de Tapices sieht man die einzigartige Brüsseler Wandteppichserie "Triumph der Eucharistie" nach Kartons von Rubens.

Die hervorragende Gemäldesammlung im ehemaligen Schlafsaal umfaßt
Werke von Hans Memling, Adriaen Isenbrant, Dierik Bouts, Rogier van der
Weyden, Zurbarán, Murillo, Ribera, Brueghel d.Ä. ("Anbetung der Hl. Drei
Könige") und Tizian ("Der Zinsgroschen").

Von den verschiedenen, wertvoll ausgestatteten Kapellen ist besonders
die Capilla de la Dormición mit einem Deckengemälde von Luca Giordano
zu erwähnen.

Metro-Station
Puerta del Sol
(Linien 1, 2)

Öffnungszeiten
tgl. 10.30 – 12.30
u. 16.00 – 17.15;
geschl.: Mo. u. Fr.
nachmittags

Säle

Pinakothek

Kapellen

*Gran Vía

Die Gran Vía, Hauptgeschäftsstraße und Inbegriff des großstädtischen
Geistes Madrids, verläuft nördlich der Puerta del Sol von der Einmündung
in die Calle de Alcalá im Osten bis zur Plaza de España im Westen. Sie
wurde nach umfangreichen Abbrucharbeiten in der engen Altstadt im Jahr
1910 begonnen und zeigt in ihrem ersten Abschnitt von der Calle de Alcalá

Metro-Stationen
Gran Vía
(Linien 1, 5)
Callao (Linien 3, 5)
Plaza de España
(Linien 3, 10)

Bankgebäude an der Gran Vía

Gran Vía (Fortsetzung)	bis zur Red de San Luis noch den Charakter des 19. Jh.s in Gebäuden wie 'La Gran Peña' (Nr. 2) oder dem 'Ybarra'-Haus (Nr. 8). Von der Red de San Luis über die Plaza de Callao bis zur Plaza de España wird die Gran Vía entschieden amreikanisch – mit Gebäuden wie der 1929 fertiggestellten 'Telefónica' an der Red de San Luis, dem Palacio de la Prensa (1924) und dem sich wie ein Schiffsbug vorschiebenden 'Capitol' an der Plaza de Callao; schließlich mit weiteren Kinopalästen im Broadway-Stil hin zur Plaza de España.
Museo Municipal	Von der Red de San Luis führt in nördlicher Richtung die Calle de Fuencarral weg. Im Gebäude Nr. 78, unweit der Metro-Station Tribunal (Linie 2) ist im ehemaligen Hospicio de San Fernando das Museo Municipal (Städtisches Museum) untergebracht, das eine stadtgeschichtliche Sammlung zeigt, darunter den ersten Stadtplan Madrids von 1656 und ein Modell der Stadt von 1830. Beachtenswert ist auch das prachtvolle Barockportal von Pedro Ribera (Di.–Sa. 10.00–14.00 u. 17.00–21.00 Uhr; So. 10.00–14.30 Uhr).
Museo Romántico	Von der Calle de Fuencarral geht bei der Metro-Station die Calle de San Mateo ab, auf der man zum links liegenden Museo Romántico kommt. Architektur, Möbel und Kunstwerke – darunter Gemälde von Zurbarán, Mengs, Murillo und Goya – beschwören die Atmosphäre aristokratischen und großbürgerlichen Lebens im Madrid zur Zeit Isabellas II. (Di.–So. 10.00–15.00 Uhr; Fei. u. August geschlossen).

Um die Plaza Mayor

*Plaza Mayor	Von der Puerta del Sol gelangt man auf der Calle Mayor in südlicher Richtung und nach links durch einen Durchgang zur Plaza Mayor, die vom Autoverkehr befreit ist. Der 1619 auf Plänen von Herrera basierend durch Juan Gómez de Mora vollendete große Platz von bemerkenswerter architektonischer Geschlossenheit wurde vielfach zu Festlichkeiten, Turnieren, Pferderennen und Stierkämpfen, aber auch zu Hinrichtungen benutzt. Heute ist der Platz von Arkadencafés und -bars umgeben und beliebter Treffpunkt der Madrider. Die Mitte nimmt ein Reiterstandbild Philipps III. ein, von Giovanni Bologna modelliert und 1613 von seinem Schüler Pietro Tacca in Florenz gegossen. An der Nordseite des Platzes erhebt sich die freskengeschmückte Casa Panadería (1672), ursprünglich Verkaufsstelle für Brot, jetzt Sitz städtischer Behörden. Gegenüber an der Südseite der Plaza Mayor die Casa Consistorial. Von der Südwestecke der Plaza Mayor führt die steile Treppe des Arco de los Cuchilleros hinab in einen engbebauten Altstadtbereich, wo sich allerlei Läden, Bars und Restaurants aneinanderreihen.
San Isidro	Vom Arco de los Cuchilleros gelangt man geradeaus auf der Calle de Toledo zur Kathedrale San Isidro. Dieser 1622–1651 errichtete stattliche Granitbau diente bis zur Fertigstellung der Kathedrale Nuestra Señora de la Almudena als Hauptkirche der Stadt. Sie wurde 1769 dem Schutzpatron von Madrid, dem hl. Isidor 'dem Ackersmann' (San Isidro Labrador) geweiht, dessen Gebeine im Chor aufbewahrt werden.
El Rastro	300 m südlich beginnt an der Plaza de Cascorro der Floh- und Trödlermarkt Madrids, El Rastro, der sich über mehrere Straßen und Gäßchen erstreckt und in dessen Läden und Ständen Möbel, Kunsthandwerk, Schmuck und allerlei Altes und nicht mehr ganz Neues angeboten wird.
Puerta de Toledo	Die Calle de Toledo endet im Süden bei der Puerta de Toledo, eines der beiden noch erhaltenen Stadttore Madrids, das unter der Regierung Josephs I. Bonaparte begonnen und 1813 nach der Vertreibung der Franzosen als Siegessymbol eingeweiht wurde.

Plaza de la Villa

Um die Plaza de la Villa

Weiter westlich der Plaza Mayor findet man an der Calle Mayor die Plaza de la Villa, einen der schönsten Plätze der Altstadt. Der Bau des mehrtürmigen Rathauses (Casa del Ayuntamiento) verzögerte sich von 1586 bis 1696. Die Innenräume sind mit schönen Gobelins und Gemälden von Goya ausgestattet.

Casa del Ayuntamiento

Durch eine gedeckte Brücke ist die Casa de Cisneros mit dem Rathaus verbunden. Ihre Hauptfassade ist eine der wenigen plateresken Fassaden Madrids. Das Gebäude ist Sitz des Bürgermeisters und bewahrt ebenfalls wertvolle Wandteppiche.

Casa de Cisneros

Gegenüber vom Rathaus erhebt sich der Torre de los Lujanes, zusammen mit dem Städtischen Zeitungsarchiv der älteste Teil der Plaza de la Villa. In diesem wurde Franz I. von Frankreich gefangengehalten; er genoß dennoch beträchtliche Freiheiten.

Torre de los Lujanes

Wenig nördlich der Plaza de la Villa liegt an der Plaza gleichen Namens die Kirche San Nicolás. Es ist die älteste Kirche Madrids und eines der wenigen Beispiele mudéjarer Architektur in der Stadt; allerdings ist nur noch der Backsteinturm in diesem Stil erhalten. Der Retablo im Inneren stammt von Juan de Herrera, dem Erbauer des Escorial.

San Nicolás

Südlich der Plaza de la Villa kommt man zur Capilla del Obispo, die im 16. Jh. zur Aufnahme des San-Isidro-Schreins errichtet wurde. Der platereske Retablo von 1547 ist ein Werk von Francisco Giralte, der in der Kapelle begraben ist.

Capilla del Obispo

Neben der Kapelle die Kirche San Andrés, die im 17. Jh. erbaut wurde, um den San-Isidro-Schrein aus der Capilla del Obispo aufzunehmen.

San Andrés

San Francisco
el Grande

Etwas weiter südwestlich kommt man zur Kirche San Francisco el Grande, einem 1761–1770 errichteten Kuppelbau am Ort eines alten Franziskanerklosters. In der ersten Seitenkapelle links sieht man den "Hl. Bernhardin" von Goya; weitere Gemälde stammen von Bayeu, Maella und González Velázquez.

✳✳Palacio Real

Metro-Station
Opera (Linie 2)

Öffnungszeiten
tgl.
9.30–12.45 u.
15.30–17.15;
So. u. Fei.
9.30–13.30

Führungen

Westlich von der Puerta del Sol erhebt sich über dem Río Manzanares der imponierende Palacio Real, das Königliche Schloß. Nach dem Brand des aus dem alten Alcázar hervorgegangenen Habsburgerschlosses Weihnachten 1734 beauftragte Philipp V. die italienischen Architekten Juvara und Sacchetti mit den Plänen für einen Neubau. Sacchetti schließlich erbaute ein geschlossenes Quadrat aus Granit mit Innenhof und vorgeschobenen Ecken, dessen Fassade an den Louvre in Paris erinnert. Diese zeigt auf die Plaza de Armería und trägt das königliche Wappen. Im Innenhof sind die Statuen der vier in Spanien geborenen römischen Kaiser Trajan, Hadrian, Theodosius und Honorius aufgestellt.

Hauptgeschoß

Der Haupteingang führt über ein imposantes Treppenhaus, das mit dem Fresko "Triumph der Religion und der Kirche" von Giaquinto ausgemalt ist, ins Hauptgeschoß, wo man zuerst den Salón de Alarbarderos (Saal der Hellebardiere) betritt, der mit dem Deckengemälde "Apotheose des Äneas" von Tiepolo ausgestattet ist.

✳✳Räume
Karls III.

Die sich anschließenden Räume Karls III. sind der Höhepunkt der Schloßbesichtigung. Sie bestehen aus zunächst zwei kleinen Sälen mit Deckenfresken von Mengs; es folgt der Salón de Gasparini, mit seinen Chinoiserien und Möbeln ein Prunkstück des Rokoko. Im Salón Carlos III starb der Monarch; es schließen sich an die mit Porzellanplatten der Buen-Retiro-Manufaktur ausgelegte Sala de Porcelana, die mit gelber Seide ausgekleidete Sala Amarilla und der Gala-Speisesaal, der mit Fresken von Mengs,

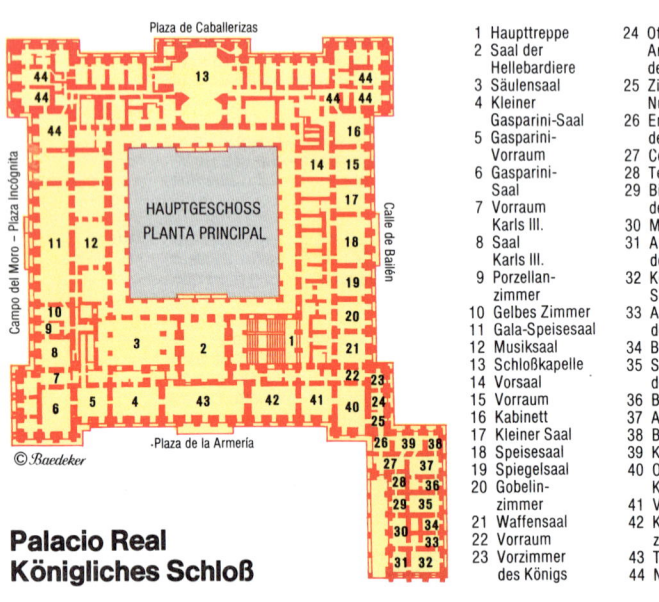

Palacio Real
Königliches Schloß

1 Haupttreppe	24 Offizielles
2 Saal der	Arbeitszimmer
Hellebardiere	des Königs
3 Säulensaal	25 Zimmer des
4 Kleiner	Nuntius
Gasparini-Saal	26 Empfangsraum
5 Gasparini-	der Königin
Vorraum	27 Corbella
6 Gasparini-	28 Teesalon
Saal	29 Bibliothek
7 Vorraum	der Königin
Karls III.	30 Musikzimmer
8 Saal	31 Arbeitszimmer
Karls III.	der Königin
9 Porzellan-	32 Königliches
zimmer	Schlafgemach
10 Gelbes Zimmer	33 Ankleideraum
11 Gala-Speisesaal	der Königin
12 Musiksaal	34 Bad
13 Schloßkapelle	35 Schlafgemach
14 Vorsaal	des Königs
15 Vorraum	36 Bad
16 Kabinett	37 Arbeitszimmer
17 Kleiner Saal	38 Bibliothek
18 Speisesaal	39 Konferenzraum
19 Spiegelsaal	40 Offizielle
20 Gobelin-	Kammer
zimmer	41 Vorraum
21 Waffensaal	42 Kleiner offi-
22 Vorraum	zieller Saal
23 Vorzimmer	43 Thronsaal
des Königs	44 Neue Museen

Palacio Real

Bayeu und González Velázquez ausgemalt ist; die übrige Einrichtung besteht aus Brüsseler Gobelins, Sèvres-Vasen und chinesischem Porzellan. Nach rechts geht es schließlich ins Musikzimmer mit einer kostbaren Uhrensammlung.

Palacio Real (Fortsetzung)

Die Schloßkapelle im Nordflügel ist ein Werk von Sacchetti und Ventura Rodriguez aus den Jahren 1749 bis 1757.

Kapelle

Die Räume, die von Isabella II. bis Alfons XIII. als königliche Wohnräume genutzt wurden, nehmen den Ostflügel und Teile des Südflügels ein. Sie sind in verschiedenen Stilrichtungen möbliert und enthalten zahlreiche persönliche Erinnerungsstücke. Prächtigster Raum ist der mit rotem Samt ausgeschlagene Salón de Trono (Thronsaal) über dem Haupteingang, dessen Deckenfresko ein Werk Tiepolos ist. Der Saal ist auch heute noch Schauplatz von Staatsakten.

Bourbonen-Räume

Die einzigartige Gobelinsammlung wird in eigens eingerichteten Museumsräumen ausgestellt. Zu den ältesten Stücken gehören die Serie "Triumph der Muttergottes" nach Kartons von Metsys (um 1490) und Brüsseler Teppiche aus dem 16. Jh.; daneben sieht man flämische, französische und Stücke der Madrider und der Buen-Retiro-Manufaktur.

Gobelinsammlung

In den Neuen Museen sind viele der vordem im ganzen Schloß verstreuten Gemälde zusammengefaßt; ein guter Teil befindet sich jetzt allerdings im Museo del Prado. Im Schloß kann man noch Werke u.a. von Hieronymus Bosch, Rogier van der Weyden, Carravaggio, Velázquez, El Greco und Goya besichtigen. Die Räume sind zudem mit Stickereien und Dekorationsgegenständen aus Glas, Porzellan, Edelmetall, wertvollen Hölzern u.a. ausgestattet.

Neue Museen

Die Königliche Bibliothek wurde von Philipp V. angelegt. Sie enthält 300 000 Bücher sowie zahlreiche Manuskripte, Graphiken, Notenblätter und Landkarten.

Erdgeschoß

Bibliothek

Im Erdgeschoß befindet sich auch die Real Farmacía, die Königliche Apotheke, mit ihren alten Instrumenten und Gefäßen.

Real Farmacía

∗Armería

In einem Vorbau auf der linken Seite der Hauptfassade ist auf zwei Stockwerken die Armería eingerichtet, eine Waffensammlung mit über 3000 Stücken, deren wertvollste die Paraderüstungen Karls V. und Philipps II. sowie die Schwerter des Cid, von Boabdil, Cortés und Pizarro sind.

Museo de Carruajes

I Schloßgarten Campo de Moro ist im ehemaligen Wintergarten das Museo de Carruajes untergebracht. Hier werden die Kutschen der Könige gezeigt. Bemerkenswert ist die Sänfte, in der Karl V. zum Monasterio de Yuste getragen wurde.

Um den Palacio Real

Casa del Campo

Metro-Stationen
Lago, Batán
(Linie 10)

Jenseits des Schloßgartens, am anderen Ufer des Río Manzanares, beginnt der Erholungs- und Vergnügungspark Casa del Campo, der einstige königliche Wald, in dem man einen Vergnügungspark, den Zoologischen Garten, ein Schwimmbad und andere Einrichtungen findet. Der an Wochenenden von Besuchern überschwemmte Park wird immer mehr von der wachsenden Stadt zurückgedrängt. Vom Paseo del Pintor Rosales nördlich des Palastes fährt eine Kabinenseilbahn in den Park.

Nuestra Señora de la Almudena

Südlich der Plaza de Armería wird nach wie vor an der Kathedrale Nuestra Señora de Almudena gebaut, der Hauptkirche Madrids. Der heutige Bau wurde 1883 begonnen, 1940 unterbrochen und mittlerweile aufs Neue in Angriff genommen.

Plaza de Oriente

Gegenüber dem Ostflügel des Palacio Real öffnet sich jenseits der Calle de Bailén die Plaza de Oriente, die unter Joseph I. Bonaparte begonnen wurde. In ihrer Mitte erhebt sich das Reiterstandbild Philipps IV., von dem Florentiner Tacca nach Modellen von Montañés gegossen. Um den Platz stehen 44 Standbilder westgotischer und spanischer Könige.

Convento de la Encarnación

Die Bauarbeiten für das Teatro Real an der Ostseite der Plaza de Oriente begannen im Jahre 1818 am Ort des alten 'Caños del Peral'-Theaters. Das heutige Theater wurde im April des Jahres 1850 mit Donizettis "La Favorita" eröffnet.

Centro,
Teatro Real
(Fortsetzung)

Der Herrera-Schüler Juan Gómez de Mora baute das Kloster der Augustinerinnen nördlich der Plaza de Oriente, das heute ein Museum mit einer beachtenswerten Gemäldesammlung ist. In den historisch eingerichteten Sälen hängen u.a. Bilder von Ribera, Juan Carreño, Bartolomé Román, Carducho und Antonio de Pereda. Peter van der Meulen malte "Entrega en el Bidasoa", die Vermählung Ludwigs XIII. von Frankreich mit Anna von Österreich auf der Bidasoa-Insel. Auch sehenswerte Skulpturen, so von Gregorio Fernández und Pedro de Mena, sind ausgestellt. Im Reliquiensaal werden 1500 Reliquien aufbewahrt.

*Convento de
la Encarnación

Im Osten und Norden

*Plaza de la Cibeles

Die Plaza de la Cibeles ist der Schnittpunkt der Nord-Süd- und Ost-West-Verkehrsachsen Madrids. Inmitten des brandenden Verkehrs thront die griechische Göttin Kybele auf einem von Löwen gezogenen Wagen im Cibeles-Brunnen (18. Jh.), ein Entwurf von José Hermosilla und Ventura Rodríguez.

Metro-Station
Banco
(Linie 2)

An der Einmündung der Calle de Alcalá erhebt sich der Banco de España, das Gebäude der Spanischen Staatsbank, 1884 erbaut. Für ein Bankgebäude etwas ungewöhnlich ist die wertvolle Ausstattung der Räume mit Werken berühmter Meister wie Bartolomé Esteban Murillo, Anton Raphael Mengs und Francisco de Goya.

Banco de
España

Brunnen auf der Plaza de la Cibeles

Dirección General de Correos	Auf der gegenüberliegenden östlichen Straßenseite erblickt man ein äußerst eigenwilliges Bauwerk, das in einem phantastischen Zuckerbäckerstil mit Jugendstilelementen erbaute Gebäude der Dirección General de Correos (Hauptpost), 1905 bis 1918 nach Plänen des dafür heftig gescholtenen Architekten Joaquin Otamendi erbaut. Man sollte auch unbedingt die palastartige Schalterhalle betreten.
Palacio de Buenavista	An der Nordwestecke des Platzes ersteckt sich der weitläufige Palacio de Buenavista, mit dessen Bau 1777 für die Herzogin von Alba begonnen wurde. 1802 erwarb die Stadt den Palast und schenkte ihn Manuel Godoy, dem Minister Karls IV. Heute ist er Sitz des Verteidigungsministeriums.

✳Paseo del Prado

Von der Plaza de la Cibeles führt der Paseo del Prado nach Süden zur Plaza del Emperador Carlos V. 'Prado' bedeutet 'Wiese', und so ist der Paseo del Prado auch heute noch eine zwischen den Fahrspuren verlaufende, mit schattigen Bäumen bestandene grüne Flanierpromenade. Sie wurde im 18. Jh. im Auftrag Karls III. angelegt.

Museo Naval	Beim Gang den Paseo hinab begegnet zunächst links das Museo Naval (Schiffahrtsmuseum) im Marineministerium, das Schiffsmodelle, Navigationsinstrumente und -karten, darunter die berühmte Karte von Juan de la Cosa von 1500, ausstellt (Di. – So. 10.30 – 13.30 Uhr).
Museo de Artes Decorativas	In der beim Schiffahrtsmuseum abgehenden Calle de Montalbán findet man das Museo de Artes Decorativas, in dem Keramiken, Möbel und kunsthandwerkliche Gegenstände zu sehen sind (Mo. – Fr. 9.30 – 14.30 Uhr; Sa. u. So. 10.00 – 14.00 Uhr).
Plaza de la Lealtad	Am Paseo folgt die schöne Plaza de la Lealtad, die an das repräsentative Hotel Ritz grenzt. In der Mitte der Plaza erhebt sich ein Gedenkobelisk für die Opfer des 2. Mai 1808.
Palacio de Villahermosa Sammlung Thyssen-Bornemisza	Auf der rechten Seite des Paseo, an der Plaza de Cánovas del Castillo mit dem Neptunbrunnen in ihrer Mitte, steht der Palacio de Villahermosa. Er soll zukünftig ca. 700 Gemälde der bekannten Sammlung Thyssen-Bornemisza aufnehmen, zu der u. a. das Porträt Heinrichs VIII. von Hans Holbein, Werke von Dürer, Caravaggio, Rubens sowie einmalige Gemälde von Impressionisten und Expressionisten gehören, die in Madrid bislang wenig vertreten waren.
Cortes	Am Palacio Villahermosa geht nach rechts die Calle de San Jerónimo ab, auf der man zum spanischen Parlament, den Cortes, gelangt. Der Eingang des klassizistischen Gebäudes (1843 – 1850) wird von zwei bronzenen Löwen bewacht, die aus geschmolzenen Kanonen aus dem Marokkokrieg von 1860 gegossen sind (⟶ Abb. S. 37).
Casa de Lope de Vega	Vom Parlament kommt man südlich in der Altstadt in die Calle de Cervantes, wo das Haus Nr. 11 als Nachbildung des Wohnhauses des Dichters Lope de Vega erbaut wurde. Das Gebäude ist als Museum eingerichtet (Di. u. Do. 10.00 – 14.00 Uhr).
✳Casón del Buen Retiro	Geht man von der Plaza de Cánovas nach links Richtung Retiro-Park, stößt man auf den Casón del Buen Retiro ('El Casón'), eine Dependance des Prado-Museums in der einstigen königlichen Residenz Real Sitio del Buen Retiro aus dem 17. Jh.; hier werden heute die Sammlungen spanischer Meister des 19. und 20. Jh.s ausgestellt. Die Abteilungen gliedern sich in die Historienmalerei des 19. Jh.s (Gisbert: "Erschießung von Torrijos"; Degrain: "Die Liebenden von Teruel"), spanischen Realismus (Madrazo, Vicente López), spanische Impressionisten (Fortuny, Rosales) und

Madrids schönste Flaniermeile: Paseo del Prado

katalanische Künstler. Glanzstück der Sammlung ist Pablo Picassos welt-
berühmtes Gemälde "Guernica" (→ Abb. S. 367), das erst 1981 endgültig
vom New Yorker Museum of Modern Art zurückkam; es soll zukünftig
jedoch im Centro de Arte Reina Sofía (s. u.) ausgestellt werden (Di. – Sa.
9.00 – 19.00 Uhr, So. u. Fei. 9.00 – 14.00 Uhr).

Cason del
Buen Retiro
(Fortsetzung)

Vom Platz vor El Casón gelangt man nach links zum Museo del Ejército
(Heeresmuseum). Es ist im einzigen erhaltenen Teil des Palacio del Buen
Retiro untergebracht und zeigt Waffen und anderes Kriegsgerät. Das Heeresmuseum soll zukünftig dem Prado zugeschlagen werden und Kunstwerke von dort aufnehmen (Di. – So. 10.00 – 14.00 Uhr).

Museo del
Ejército

Vom selben Platz rechts liegt die Kirche San Jerónimo, 1528 – 1833 Ver-
sammlungsraum der Cortes und noch heute Vereidigungsstätte des Kron-
prinzen, des 'Príncipe de Asturias'.

San Jerónimo

Nach dem Museo del Prado (s. u.) folgt auf dem Paseo links der Jardín
Botánico, der von Juan de Villanueva entworfene und 1781 eröffnete Botanische Garten, von Gittern umgeben und mit zwei klassizistischen Ein-
gangstoren versehen. Er ist berühmt geworden durch seine aus Amerika
und von den Philippinen importierten Pflanzen.

*Jardín
Botánico

Der Paseo del Prado endet an der Plaza del Emperador Carlos V. Hier er-
blickt man den Bahnhof Atocha und ihm gegenüber das Centro de Arte
Reina Sofía, Madrids 1986 eröffneter neuer Mittelpukt für zeitgenössische
Kunst. Es ist eingerichtet im massigen, aus dem 18. Jh. stammenden
Hospital San Carlos, das von 1965 bis 1977 leerstand und danach zum
Kunstzentrum ausgebaut wurde. Es besitzt u.a. Werke von Eduardo Chi-
lida, Richard Serra, Antoni Tapiès, Georg Baselitz und Cy Twombly; Haupt-
attraktion ist die Sammlung spanischer Avantgardisten des 20. Jh.s wie
Picasso, Dalí, Juan Miró und Juan Gris. Zug um Zug sollen auch die

***Centro de Arte
Reina Sofía**

Öffnungszeiten
tgl. außer Di.
10.00 – 21.00

Centro de Arte
(Fortsetzung)

Bestände des Museo Nacional de Arte Contemporáneo (s.S. 458) hierher verlagert werden.

**Paseo de la
Infanta Isabel**

Vom Bahnhof Atocha zieht der Paseo de la Infanta Isabel nach Südosten zum Museo Nacional de Etnología y Antropología (Ethnologisches und Anthropologisches Nationalmuseum). In der engeren Umgebung des Paseo findet man noch das Observatorio Astronómico (am Südrand des Retiro-Parkes), das Panteón de los Hombres Illustres (Gedenkstätte für berühmte Männer) und die Real Fábrica de Tapices, die alte Madrider Teppichmanufaktur.

✳✳Museo del Prado

Öffnungszeiten
Di.–Sa.
9.00–19.00;
So. u. Fei.
9.00–14.00

Das Museo del Prado enthält eine der ältesten und berühmtesten Gemäldegalerien der Erde und ist ohne Zweifel einer der Höhepunkte eines Aufenthaltes in Madrid. In seinen Ursprüngen ist der Prado eine von den Habsburgern begonnene und von den Bourbonen fortgeführte königliche Sammlung. Unter Karl III. entstanden die Pläne, ein Gebäude für die Pinakothek zu erbauen. Architekt war Juan de Villanueva, und 1819 wurde das neue Bauwerk als 'Museum der Königlichen Gemäldesammlung' eröffnet.

Besichtigung

Der Prado besitzt über 5000 Gemälde, von denen rund 2300 in 120 Sälen auf drei Stockwerken ausgestellt werden. Hinzu kommt eine bedeutende Skulpturensammlung. Die verwirrende Vielzahl der Kunstwerke macht eine eingehendere Beschreibung unmöglich; außerdem werden durch schon seit Jahren andauernde Bauarbeiten Säle zeitweise geschlossen und Bilder umgehängt. Im Prado selbst ist ein Plan, anhand dessen man

Museo del Prado

Wegen des Einbaus
einer Klimaanlage
sind verschiedene
Räume des Museums
nicht zugänglich.

N ◄—
© *Baedeker*

Direktion

Bibliothek

ZWEITER STOCK   PLANTA SEGUNDA

HAUPTGESCHOSS   PLANTA PRINCIPAL

Goya-Tür

Wechselaus-
stellungen

Wechselaus-
stellungen

ERDGESCHOSS   Velázquez-Tür   PLANTA BAJA

Murillo-Tür

Velázquez-Tür des Prado-Museums

einzelne Kunstwerke lokalisieren könnte, nicht erhältlich; es gibt lediglich ein Gesamtverzeichnis der Bestände und einen 'Schlüssel zum Prado', der die wichtigsten Kunstwerke in ihrer Zuordnung zu den Malschulen und nach Nummern geordnet aufführt. Es empfiehlt sich, das Museum durch die Murillo-Tür zu betreten, da sich dort bei den Kassen ein großer Verkaufsstand befindet, wo man auch einen Führer erwerben kann. An dieser Stelle seien nur einige der Hauptwerke der wichtigsten im Prado vertretenen Künstler angeführt (Veränderungen möglich):

Museo del Prado (Fortsetzung)

Bis zum Abschluß der Bauarbeiten sind derzeit in den Räumen 53–55 im Erdgeschoß frühe Niederländer ausgestellt, darunter Hieronymus Bosch (span. 'El Bosco') mit "Der Garten der Lüste" und "Der Heuwagen", Pieter Brueghel d.Ä. ("Triumph des Todes"), Rogier van der Weyden ("Kreuzabnahme"), Hans Memling und Gerard David; von Albrecht Dürer sieht man ein Selbstbildnis und "Adam und Eva".

Frühe Niederländer und Dürer

Ebenfalls im Erdgeschoß findet man in den Räumen 59–65 überwiegend niederländische Malerei des 17. Jh.s, darunter Rubens mit "Die Drei Grazien", "Das Urteil des Paris" und "Bauerntanz"; ferner van Dyck ("Karl I. von England"), Jordaens ("Die Familie Jordaens im Garten") und Rembrandt mit einem Selbstbildnis. Einige der Räume sind französischen Malern vorbehalten (Watteau: "Hochzeit und Tanz im Wald"; Poussin und Lorrain), ein ganzer Raum widmet sich Tiepolo.

Niederländer des 17. Jh.s

Der größte Teil der italienischen Malerei hängt im Obergeschoß in den Räumen 16B, 28 und 29. Zu nennen sind Fra Angelico, Botticelli, Raffael, Correggio, Giorgione, Tizian und Tintoretto.

Italienische Malerei

Die Mehrzahl der übrigen Räume des Obergeschosses sind den spanischen Meistern vorbehalten. Im Zentralbau (Raum 12) findet man hervorragende Werke von Velázquez wie "Triumph des Bacchus", "Die Schmiede

Spanische Malerei

Denkmal für Alfons XII. im Retiro-Park

Museo del Prado (Fortsetzung)	des Vulkan", "Die Übergabe von Breda" ("Las Lanzas"), die berühmten Bildnisse der Zwerge des spanischen Hofes, "Die Spinnerinnen" und eines seiner bekanntesten Bilder, "Die Hofdamen" ("Las Meniñas"). Im anschließenden Raum 26 ist Murillo vertreten u.a. mit "Der gute Hirte" und "Heilige Familie mit dem Vogel"; es folgt El Greco (Raum 25) mit "Der Edelmann mit der Hand auf der Brust", "Auferstehung" und "Pfingstfest". Weitere ausgestellte spanische Meister sind Ribera ("Der Traum Jakobs"), Zurbarán ("Die hl. Casilda"), Ribalta und Olivares.
Goya	Das Werk Francisco de Goyas nimmt auch räumlich eine Sonderstellung ein. Es verteilt sich auf die beiden Stockwerke des rechten Gebäudeflügels. Man sieht außer vielen der frühen in Öl ausgeführten Entwürfen für die Madrider Teppichmanufaktur u.a. die Werke "Die Familie Karls IV.", "Die nackte Maya", "Die bekleidete Maya", "Der Koloß", "Die Erschießungen des 2. Mai", "Die San-Isidro-Wiese", "Saturn frißt seine Kinder", zahlreiche der sog. 'Schwarzen Bilder' und in einem Seitenkabinett im Erdgeschoß Zeichnungen zu seinen Radierzyklen, die in wechselnder Folge gezeigt werden.

∗Parque del Retiro

Metro-Station Retiro (Linie 2)	Hinter dem Museo del Prado erstreckt sich längs der Calle de Alfonso XII der Parque del Retiro, der 1632 vom Herzog von Olivares an Philipp IV. übergeben wurde als königlicher Park und Schauplatz glanzvoller Feste. Im 18. Jh. wurden Teile des Parkes für das Publikum geöffnet, und erst 1869 ging er vollständig in den Besitz der Stadt über. Seither ist er ein sehr beliebtes Erholungsgebiet für die Madrider, die hier Caféterrassen, Brunnen, Denkmäler, einen Kristallpalast und als Mittelpunkt des Parks einen großen Bootsteich finden, an dem sich ein eindrucksvolles Reiterdenkmal für Alfons XII. erhebt.

Der Haupteingang zum Park befindet sich an der Nordwestecke an der Plaza de Independencia, in deren Mitte die Puerta de Alcalá steht, eines der Wahrzeichen Madrids, 1769–1778 nach Plänen Sabatinis errichtet.

Puerta de Alcalá

Von der Puerta de Alcalá zieht die Calle de Serrano, eine elegante Einkaufs- und Geschäftsstraße, nach Norden in den Stadtteil Salamanca.

Calle de Serrano

Weiter nach Osten läuft von der Puerta de Alcalá die Calle de Alcalá und stößt nach ca. 2 km auf 'Las Ventas' (Plaza de Toros), für die Aficionados der Nabel der Stierkampfwelt. Der Arena ist ein Stierkampfmuseum (Museo Taurino) angegliedert.

Las Ventas

✳✳Museo Arqueológico Nacional

Der Paseo de Recoletos setzt den Paseo del Prado von der Plaza de la Cibeles zur Plaza de Colón fort. An deren Südostecke befindet sich das Museo Arquelógico Nacional (Archäologisches Nationalmuseum), nach dem Prado-Museum Madrids wichtigstes Museum. Es wurde 1867 gegründet und 1895 im Gebäude der Nationalbibliothek eingerichtet.
Der Rundgang sollte im Museumsgarten beginnen, wo in einer unterirdische Galerie eine Reproduktion der Höhlengemälde von → Altamira zu sehen ist.

Metro-Station
Colón (Linie 4)

Öffnungszeiten
Di.–So.
9.15–13.45;
geschlossen:
Mo. u. Fei.

In den Sälen 1–16 im zweiten Stockwerk werden Funde aus Spanien, Nordafrika, Ägypten, dem Nahen Osten, aus Italien sowie eine hervorragende Sammlung griechischer Vasen gezeigt.

Vorgeschichte

Im dritten Stock widmet sich Saal 20 der iberischen Kunst, unter denen die berühmten Frauenplastiken 'Dama de Elche' (Abb. S. 84), 'Dama de Baza' und 'Dama de los Cerros Santos' herausragen.

Iberische Kunst

Die Säle 21–26 sind der römischen Kunst vorbehalten; besondere Aufmerksamkeit verdient die schöne Mosaikensammlung.

Römische Kunst

Museo Arqueológico

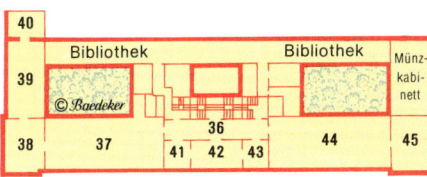

VIERTER STOCK
PLANTA CUARTA

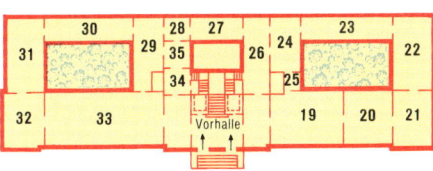

DRITTER STOCK
PLANTA TERCERA

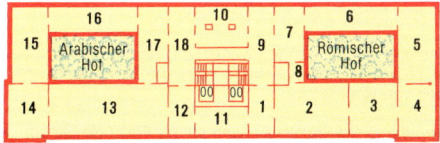

ZWEITER STOCK
PLANTA SEGUNDA

Museo Arqueológico (Fortsetzung) Westgotische und islamische Kunst	Die Kunst der Westgoten nimmt die Säle 27–29 ein; im Mittelpunkt des Saales 29 steht der Schatz von Guarrazar (Toledo) mit gold- und edelstein- geschmückten Votivkronen. Die beiden folgenden Säle zeigen islamische Keramik, Metallarbeiten und Stuckfragmente.
Christliches Mittelalter	Schließlich findet man in den Sälen 32 und 33 hervorragende Beispiele romanischer religiöser Kunst in Spanien.
Gotik, Renais- sance, Neuzeit	Im vierten Stock zeigen in den Sälen 34–36 Grabmäler, Skulpturen, Meß- kelche, Altaraufsätze u.a. die Meisterschaft der spanischen Gotik; Saal 37 birgt die königliche Sammlung italienischer Renaissancebronzen und Tala- vera-Keramik. Die drei letzten Säle stellen Glas, Keramik, Silber und Por- zellan aus dem 17.–19. Jh. aus.
Plaza de Colón	Die heutige Plaza de Colón ist ein Produkt der siebziger Jahre. Außer dem Archäologischen Museum gruppieren sich um sie herum die Jardínes del Descubrimiento mit einem Kolumbusdenkmal und gegenüber das Museo de Cera, in dem mit über 300 Wachsfiguren die spanische Geschichte nachgestellt wird (tgl. 10.30–13.30 u. 16.00–20.30 Uhr).
Salesas Reales	Etwas weiter südlich geht nach links die Calle de Braganza ab, an der der Justizpalast und die Kirche Salesas Reales liegen, in der Ferdinand VI. begraben ist.

Paseo de la Castellana

Von der Plaza de Colón führt der breite Paseo de la Castellana weiter in den Norden der Stadt. Er ist in den vergangenen Jahren mit seinen Bars und Restaurants, auch auf den Grünstreifen zwischen den Fahrspuren, ein beliebter Treffpunkt für die betuchte Jugend Madrids geworden. Unterhalb der Glorieta de Emilio Castelar bilden in der Fußgängerunterführung von der Calle de Juan Bravo zur Calle de Eduardo Dato verschiedene Skulptu- ren ein Freilichtmuseum.

Museo Sorolla	Von der Glorieta geht nach Westen die Calle General Martínez Campos ab und führt zum Museo Sorolla. Es ist die Villa dieses spanischen Impressio- nisten und zeigt über hundert seiner Werke aus den Jahren 1890 bis 1920 (Di.–So. 10.00–15.00 Uhr; Fei. geschlossen).
Museo Lázaro Galdiano	Nordwestlich der Glorieta kommt man zum Museo Lázaro Galdiano in der Calle Serrano. Hier kann man die reiche Kunstsammlung des Finanzman- nes Lázaro Galdiano besichtigen, der u.a Werke von Velázquez, Zurbáran, Murillo, Ribalta, Bosch, van Dyck, Metsys, Jordaens, Reynolds und Con- stable sein eigen nannte. Hinzu kommt eine umfangreiche Kollektion von Waffen, Münzen, Elfenbein, Gobelins, Juwelen und vieles mehr (Di.–So. 10.00–14.00 Uhr; Fei. und August geschlossen).
Museo de Ciencias Naturales	Der weitere Verlauf des Paseo de la Castellana führt zum rechts liegenden Museo de Ciencias Naturales (Naturwissenschaftliches Museum) mit sei- nen zoologischen, geologischen, paläontologischen und entomologi- schen Sammlungen (tgl. 9.00–14.00 u. 15.00–18.00 Uhr).
Nuevos Ministerios	Wenig weiter nördlich erstreckt sich der große Gebäudekomplex 'Nuevos Ministerios', in dem drei Ministerien ihren Sitz haben.
Estadio Bernabéu	Der Paseo de la Castellana führt danach weiter zum Bahnhof Chamartín, wobei er vorher am rechts liegenden Estadio Santiago Bernabéu vorbei- kommt, dem Stadion von Real Madrid.

Cervantes-Denkmal und Edificio de España an der Plaza de España ▶

Im Nordwesten

Um die Plaza de España

*Plaza de España

Metro-Station
Plaza de España
(Linien 3, 10)

Am Nordwestende der Gran Vía öffnet sich die Plaza de España, der Schnittpunkt des habsburgischen und bourbonischen mit dem modernen Madrid. Im 18. und 19. Jh. war der Platz noch von Kasernen geprägt, doch begann in den zwanziger Jahren unseres Jahrhunderts die Modernisierung. Heute wird der Platz dominiert vom 1948 errichteten, 107 m hohen Edificio de España, das im 96 m Höhe sogar ein Schwimmbad bietet, und dem 124 m hohen Wohn- und Geschäftshaus Torre de Madrid von 1957. In der Mitte des Platzes ein großes Denkmal für Miguel de Cervantes mit den Figuren seiner Romanhelden Don Quijote und Sancho Pansa davor.

Museo Cerralbo

Unweit westlich des Platzes befindet sich an der Calle de Ferraz das Museo Cerralbo, in dem eine Privatsammlung archäologischer Stücke, Porzellane aus Meißen und Sèvres, Waffen, Möbel und Gemälde u.a. von El Greco, Ribera, Alonso Cano und Goya zu sehen sind (Di.–So. 10.00–15.00 Uhr; Fei. u. August geschlossen).

Templo de
Debod

Gegenüber vom Museo Cerralbo erhebt sich der Montaña del Príncipe Pío, von dem man einen sehr guten Überblick über den Palacio Real und die umliegenden Viertel hat. Inmitten eines Teichs trifft man auf ein in Madrid nicht erwartetes Monument, den Templo de Debod, ein dem Gott Amun geweihter ägyptischer Tempel aus dem 4. Jh. v.Chr., den die ägyptische Regierung Spanien schenkte. Die Parkanlagen setzen sich im Parque del Oeste nach Nordwesten hin fort.

San Antonio
de la Florida

Von der Höhe übersieht man auch die zum Nordbahnhof führenden Bahngleise. Jenseits der Bahnlinie liegt die Ermita de San Antonio de la Florida. In ihr ist Francisco de Goya begraben, der von August bis Dezember 1798 die Kuppel des schlichten klassizistischen Bauwerks ausmalte.

Palacio
de Liria

An der von der Plaza de España nach Nordwesten führenden Calle de la Princesa liegt der Palacio de Liria, die Residenz der Herzöge von Alba, im 18. Jh. erbaut. Aus dem Besitz der Herzöge ist die reiche Kunstsammlung mit Werken von Tizian, Veronese, Rembrandt, Ruisdael, Rubens, El Greco, Velázquez, Goya u.a. geblieben, die allerdings nur nach Voranmeldung besichtigt werden können (Tel. 24753 02).

*Ciudad Universitaria

Metro-Stationen
Moncloa,
Ciudad
Universitaria
(Linie 3)

Im Nordwesten Madrids erstreckt sich um die Ausfallstraße Richtung La Coruña die Ciudad Universitaria, die 1927 von König Alfons XIII. gegründet wurde. Während des Bürgerkrieges war die Universitätsstadt Schauplatz heftiger Abwehrkämpfe der Verteidiger der Republik gegen die Franco-Truppen.
Die Institutsgebäude haben sich in den letzten Jahren immer weiter vermehrt. Inmitten des Gewirres liegt der große Moncloa-Palast, der Sitz des spanischen Ministerpräsidenten.

Museo Español
de Arte
Contemporáneo

Westlich des Verkehrskreisels Plaza Cardinal Cisneros reckt sich der Hochbau des Museo Español de Arte Contemporáneo (Museum für Zeitgenössische Kunst) empor, dessen Bestände mit Werken von Dalí, Miró, Picasso, Gris und weniger bekannten Künstlern jedoch nach und nach in das Centro de Arte Reina Sofía verlegt werden. Nach Abschluß des Umzugs sollen hier volkskundliche Objekte ausgestellt werden (tgl. 10.00–18.00 Uhr; So. 10.00–15.00 Uhr).

Museo de
América

Am Südrand der Universitätsstadt befindet sich in der Avenida Reyes Católicos das Museo de América. Es enthält Zeugnisse aus der Ge-

schichte Amerikas vor und nach der Entdeckung durch Kolumbus. Beson-   Nordwesten,
dere Erwähnung verdienen der 'Schatz der Quimbayas', ein kolumbiani-   Museo de América
scher Goldschatz, der 'Maya-Codex' und Gegenstände der Azteken,   (Fortsetzung)
Maya und Inka (z. Zt. geschlossen).

Im selben Gebäude ist auch das Museo de Reproducciones eingerichtet,   Museo de
in dem Gips- und Bronzeabgüsse v.a. griechischer und römischer Plasti-   Reproducciones
ken zu sehen sind (Mo.–Sa. 9.30–15.00 Uhr).

Weitere sehenswerte Museen und Sammlungen

Calle San Roque 9   Convento de
Mo.–Fr. 10.00–12.30 u. 16.00–18.00 Uhr,   San Plácido
Sa. u. So. nach Voranmeldung
Klostermuseum mit Gemäldesammlung

Paseo Delicias 61   Museo Nacional
Di.–Sa. 10.00–17.30 Uhr, So. u. Fei. 10.00–14.00 Uhr   Ferroviario
Eisenbahnmuseum in einem alten Bahnhof

Instituto Geológico y Minero, Calle Ríos Rosas 44   Museo de la
Mo.–Fr. 9.00–14.00 Uhr, Sa. 9.30–13.30 Uhr   Escuela de Minas
Mineralien- und Bergbaumuseum

Universidad Cantoblanco, Departamento Geología   Collección de
Geöffnet nach Vereinbarung; Juli u. August geschlossen   Mineralogía
Mineraliensammlung

Calle Doctor Esquerdo 36   Fábrica Nacional
Mo.–Fr. 10.00–14.00 Uhr nach Vereinbarung   de Moneda
Münzen, Prägestöcke, Prägestempel u.a.   y Timbre

Palacio Communicaciones, Calle Montalbán   Museo Postal
Mo.–Fr. 10.00–14.00 u. 17.00–19.00 Uhr, Sa. 10.00–14.00 Uhr   y Tele-
Post- und Fernmeldemuseum   communicación

Universidad Autónoma, Departamento Arqueología   Museo de Artes
Mo.–Fr. 11.00–14.00 Uhr, Di. u. Do. auch 17.00–20.00 Uhr   y Tradiciones
Volksbräuche und Volkskunst   Populares

Paseo de Extremadura km 10,4   Museo del Aire
Di.–So. 10.00–14.00 Uhr
Luftwaffenmuseum in einem Flugzeughangar

Calle Sebastian Herrera 2   Museo de la
So.–Fr. 11.00–14.00 Uhr nach Vereinbarung;   Farmacia Militar
Fei. u. August geschlossen
Geschichte des Militärapothekenwesens

Calle Imperial 8, 4. Stock links   Collección de
Mo.–Fr. 8.30–14.30 u. 15.30–21.30 Uhr, Sa. 8.30–13.00 Uhr;   la Biblioteca
Fei. u. August geschlossen   Musical
Musikinstrumentensammlung, Partituren, musikgeschichtliche Fotos

Calle Juan Bravo 4   Collección
Geöffnet nach Vereinbarung   Benedito
Werke des Künstlers Manuel Benedito

Calle Velázquez 144   Museo Ramón
Mo.–Fr. 10.00–13.00 nach Vereinbarung   y Cajal
Nachlaß des Wissenschaftlers Ramón y Cajal

Umgebung von Madrid

El Pardo

Man wählt die Ausfahrt in nordwestlicher Richtung auf der N-VI und biegt an der Puerta de Hierro rechts ab auf die C-601. Durch den wegen seiner Steineichen berühmten ehemaligen königlichen Wildpark kommt man nach El Pardo, einem inmitten des Parks gelegenen Städtchen.

Palacio

Der 1543 erbaute und 1772 vergrößerte Palacio war lange Zeit Sommerresidenz der spanischen Könige; bis zu seinem Tod bewohnte Franco das Gebäude. Heute kann der äußerlich schlichte Palast besichtigt werden und überrascht außer durch seine wertvolle Möblierung mit einer Sammlung von Gobelins, die nach Entwürfen von Goya, Bayeu und González Ruiz gefertigt wurden.

Casita del Príncipe

Die Casita del Príncipe ist ein im 18. Jh. für die Gemahlin Karls III., María Luísa, erbautes Lustschlößchen. Es ist kostbar im Geschmack der Zeit ausgestattet, u.a. mit feinen Seidenstickereien und Gemälden von Luca Giordano.

Convento del Santo Cristo

Westlich des Schlosses liegt der Convento del Santo Cristo, dessen Kirche eine polychrom bemalte Holzfigur Christi des Künstlers Gregorio Fernández enthält.

In die Sierra de Guadarrama

Colmenar Viejo

Auf der nach Norden strebenden N-I verläßt man Madrid, um kurz hinter dem 9 km entfernten Fuencarral links auf die C-607 abzubiegen. Man

Schloß von Manzanares el Real

gelangt nach Colmenar Viejo (885 m ü.d.M.), einer wenig ansehnlichen Stadt, deren Pfarrkirche aus dem 14. Jh. jedoch einen beachtenswerten plateresken Retablo von 1579 birgt.

Colmenar Viejo (Fortsetzung)

Im weiteren Verlauf der C-607 erreicht man Cerceda, wo eine Nebenstraße zum rechts liegenden Manzanares el Real (908 m ü.d.M.) führt. Das prächtige Schloß in gotisch-mudéjarem Stil stammt aus dem 15. Jh. und präsentiert sich in frisch restauriertem Zusrand.

＊Manzanares el Real

Von Manzanares el Real läuft eine Nebenstraße zunächst am Embalse de Santillana entlang und über Soto el Real nach Miraflores de la Sierra (1150 m ü.d.M.), ein als Sommeraufenthalt bei den Einwohnern Madrids beliebtes Städtchen in schöner Lage am Südfuß der Sierra de Guadarrama.

Miraflores de la Sierra

Über den Puerto de la Morcuera (1796 m ü.d.M.) und durch das schöne Tal des Río Lozoya erreicht man das Monasterio del Paular (1153 m ü.d.M.), 1390 als Kartäuserkloster gegründet. Die Gebäude um den schönen Kreuzgang sind heute Hotel. In der nach dem Erdbeben von 1755 barock wiederaufgebauten Kirche findet man die reich ausgestattete Capilla del Tabernáculo von 1724 sowie einen prachtvollen niederländischen Marmorhochaltar des 15. Jahrhunderts.

＊Monasterio del Paular

Vom Kloster fährt man auf der aussichtsreichen C-604 hinauf zum Puerto de Navacerrada (1860 m ü.d.M.), von dem man einen schönen Blick auf die Berglandschaft hat. Auf der Paßhöhe steht eine Skistation mit Lift. Auf der N-601 geht es nun hinunter ins hübsche Navacerrada und weiter auf der C–600 nach Guadarrama, von wo sich ein Abstecher zum Klosterschloß → El Escorial anbietet.

＊Puerto de Navacerrada

Zu den Montes Carpetanos

Die Madrid Richtung Norden verlassende N-I ist die Hauptroute über → Burgos nach → San Sebastián. Sie führt durch den Madrider Vorort Chamartín via San Sebastián de los Reyes und den Ort San Agustín de Guadalix an der Autorennstrecke Jarama vorbei, neben demjenigen von → Jerez de la Frontera der bekannteste Rennkurs Spaniens für Autos und Motorräder.

Circuito de Jarama

Im folgenden Thermalbadeort El Molar (817 m ü.d.M.) führt eine Nebenstraße (15 km) nach rechts zu dem am Südfuß der Sierra de Guadarrama gelegenen, mauerumgebenen alten Städtchen Torrelaguna (774 m ü.d.M.). Man kann hier die gotische Pfarrkirche aus dem 13./15. Jh. mit ihrem schönen Barockretablo und das Geburtshaus des Kardinals Jiménez besichtigen.

Torrelaguna

Auf der C-100 fährt man entlang der weltabgeschiedenen, malerischen Sierra Pobre zurück auf die N-I, die über einen kleinen Paß (1140 m ü.d.M.) nach Buitrago del Lozoya (977 m ü.d.M.) führt. Das am Westufer des vielverzweigten Lozoya-Stausees gelegene alte Städtchen besitzt noch arabische Mauern und Türme, ein Schloß aus dem 14./15. Jh. und eine gotische Kirche.
In einem kleinen Museum werden einige Werke Picassos ausgestellt, die dieser seinem Friseur schenkte.

Buitrago del Lozoya

Hinter dem Dorf Somosierra klettert die Straße hinauf zum Puerto de Somosierra (1404 m ü.d.M.), wo im Jahre 1808 Napoleon den Übergang über die Sierra de Somosierra erkämpfte; dieses Gebirge ist Teil der Montes Carpetanos (Guadarrama-Gebirge) und zugleich die Grenze zwischen Neu- und Altkastilien. Der schöne Ausblick geht rechts zur Sierra de Ayllón und im Süden über die weite Hochfläche von Neukastilien.

Puerto de Somosierra

Im Südosten Madrids

Arganda del Rey

Auf der nach Südosten Richtung → Cuenca führenden Hauptroute N-III erreicht man nach 27 km Arganda del Rey (618 m ü.d.M.) mit der hübschen Renaissancekirche San Juan Bautista (1525), dem Castillo von 1400 und der von Gartenanlagen umgebenen Casa del Rey, einst Besitz des spanischen Königshauses.

*Chinchón

Von Arganda gelangt man auf der Nebenstraße C-300 in das südlich gelegene Chinchón (753 m ü.d.M.). Zentrum des Dorfes ist die außerordentlich schöne Plaza Mayor, die von Häusern mit bis zu dreistöckigen offenen Galeriegängen umschlossen ist. Auf dem Platz finden nach wie vor Aufführungen und Stierkämpfe statt.

Weitere Reiseziele

→ Alcalá de Henares
→ Aranjuez
→ Arévalo
→ Ávila
→ Guadalajara
→ Segovia
→ Sierra de Gredos
→ Toledo

Málaga   F 9

Provinz: Málaga (MA)
Telefonvorwahl: 952
Höhe: 8 m ü.d.M.
Einwohnerzahl: 503 000

Lage und Allgemeines

Das an der spanischen Südküste am Fuß der Montes de Málaga malerisch und inmitten von üppiger subtropischer Vegetation gelegene Málaga ist einer der ältesten Mittelmeerhäfen. Die weite Bucht der Bahía de Málaga wird östlich von der Punta de los Cántales und westlich von der Torre de Pimentel geschlossen, in der Mitte erhebt sich der burggekrönte Gibralfaro. Im Westen Málagas erstreckt sich die üppige Vega oder Hoya de Málaga, in der Orangen, Feigen, Bananen, Zuckerrohr, Baumwolle u.a. gedeihen. Besonders berühmt ist die Stadt wegen ihrer Rosinen ('pasas') und ihrer vortrefflichen, schon von den Mauren gepriesenen Weine, unter denen vor allem der süße 'Pedro Ximenes' sowie die Muskateller 'Dulce' und 'Lágrimas' bekannt sind. Das sprichwörtliche milde Klima der Stadt mit über 300 Sonnentagen hat Málaga zum Mittelpunkt der Costa del Sol gemacht. Über den internationalen Flughafen kommen jährlich knapp fünf Millionen Menschen an die Sonnenküste; er soll auf eine Kapazität von zehn Millionen Passagieren ausgebaut werden. In Málaga lebte und starb der Bildhauer Pedro de Mena (1628–1688); der berühmteste Sohn der Stadt ist Pablo Picasso.

Geschichte

Málaga ist eine Gründung der Phönizier, die hier einen Handelsplatz für gesalzene Fische besaßen; vermutlich stammt daher auch der Name der heutigen Stadt, denn aus Malaca (phön. malac = salzen) wurde schließlich Málaga. Die Karthager bauten die Stadt zur Festung aus, bis sie die Römer eroberten und zur Kolonie machten. Danach kamen die Westgoten, die 711 von den Mauren verdrängt wurden. Lange Zeit war die Stadt nun ein kleines maurisches Königreich, das sich nicht den Emiren von Córdoba fügte. Im Jahre 1487 eroberten die Truppen der Katholischen Könige Málaga zurück. In diese Zeit fällt der Bau vieler Gotteshäuser, von denen im Mai 1931 nach der Ausrufung der Republik über 40 angezündet und zerstört wurden; auch im Bürgerkrieg hat die Stadt stark gelitten.

Sehenswertes

Hauptverkehrsader von Málaga ist die 420 m lange und 42 m breite Alameda Principal; sie erstreckt sich von der Plaza de la Marina in die Altstadt bis zum Stadtfluß, dem Río Guadalmedina, wo die breite Straße jenseits des Puente de Tetuán in die westlichen Vororte hinein ihre moderne Fortsetzung findet. Von der Alameda führen Nebenstraßen nördlich zu der nahen Markthalle (Mercado), wo besonders morgens der Fischmarkt sehenswert ist.

Alameda Principal

Wenig nördlich des Marktes, im Pasillo de Santa Isabel, wurde in dem aus dem 17. Jh. stammenden Gasthof 'Mesón de Victoria' das Museo de Artes Populares (Volkskundemuseum) eröffnet. Man sieht hier u.a. Kutschen, Weinpressen, eine Backstube, Möbel und eine Sammlung kleiner Figuren mit Trachten des 18. und 19. Jahrhunderts.

Museo de
Artes Populares

Östlich der Plaza de la Marina erstreckt sich am Hafen entlang der von Palmen- und Platanen-Promenaden gesäumte Paseo del Parque. An seiner Nordseite steht das ehemalige Zollamt, die Aduana, in dem heute die Provinzregierung (Gobierno Civil) ihren Sitz hat, und das 1912–1919 erbaute Ayuntamiento (Rathaus), dessen Inneres reich ausgestattet ist. Von den Brunnen am Paseo verdient der gegenüber dem Rathaus liegende Fuente de Neptuno von 1560 besondere Erwähnung.

Paseo del Parque

Málaga

Plaza de Toros

Auf dem den Paseo del Parque fortsetzenden Paseo de Reding gelangt man zur Plaza de Toros (Stierkampfarena) von 1874.

Kathedrale

Von der Plaza de la Marina erreicht man durch die Calle Molina Larios die Altstadt, die von der Kathedrale dominiert wird. Der mächtige Kalksteinbau wurde an der Stelle einer Moschee 1538 nach Plänen von Diego de Siloë begonnen, 1680 durch ein Erdbeben teilweise zerstört und seit 1719 weitergeführt. Vom 86 m hohen Nordturm der zweitürmigen Westfassade hat man eine weite Rundsicht.

Innenraum

*Chorgestühl

In dem 115 m langen dreischiffigen Inneren, das sich durch großartige Proportionen auszeichnet, fällt besonders der Chor (1592–1631) mit seinem schönen Gestühl von 1658 auf, dessen 40 holzgeschnitzte Heiligenstatuen und andere Figuren von Pedro de Mena und José Micael geschaffen wurden. In der Capilla del Rosario (dritte Kapelle im rechten Seitenschiff) findet man das Gemälde "Madonna mit Heiligen" von Alonso Cano; an der linken Wand der Capilla de los Reyes (erste Chorkapelle rechts) die knienden Statuen der Katholischen Könige, ein Werk von Pedro de Mena, und eine Marienstatuette, die die Könige angeblich auf ihren Kriegszügen stets mit sich führten. Der moderne Altar in der Capilla Mayor trägt Passionsbilder von 1580.

Palacio Episcopal

Im Palacio Episcopal (Bischofspalais) aus dem 18. Jh. gegenüber der Kathedrale ist das Diözesanmuseum eingerichtet, das religiöse Gegenstände ausstellt.

Sagrario

An der Nordflanke der Kathedrale sollte man die kleine Kapelle mit ihrem sehr schönen isabellinischen Portal beachten.

Museo de Bellas Artes

Unweit nördlich der Kathedrale steht in der Calle San Agustín der Renaissancepalast Palacio de Bellavista, in dem das Museo Provincial de Bellas Artes (Museum der Schönen Künste) eingerichtet ist. Es stellt im Erdgeschoß Werke spanischer Maler des 16. bis 20. Jh.s aus, darunter Alonso Cano, Ribera, Murillo, Luis de Morales, Zurbarán und Skulpturen von Pedro de Mena; im Obergeschoß finden sich Werke von Künstlern aus Málaga, darunter Picasso, der jedoch nur mit zwei frühen Gemälden, Radierungen und bemalter Keramik vertreten ist. Auch Werke seines ersten Lehrmeisters Muñoz Degrain werden gezeigt.

Picasso-Geburtshaus

Vom Museum kommt man auf der Calle San Agustín an der rechts liegenden, 1490 erbauten Kirche Santiago el Mayor vorbei zur großen Plaza de la Merced, wo im Haus Nr. 15 Pablo Picasso geboren wurde.

Nuestra Señora de la Victoria

Noch weiter nördlich, auf der Calle de la Victoria zu erreichen, befindet sich die Kirche Nuestra Señora de la Victoria, an der Stelle errichtet, an der die Katholischen Könige ihr Feldlager aufschlugen; die Kirche birgt die 'Virgen de la Victoria' (15. Jh.), die Schutzpatronin der Stadt, und zwei Bildwerke von Pedro de Mena.

Alcazaba

*Gärten

Südöstlich von der Plaza de la Merced steigt die Calle del Mundo Nuevo hinauf zu der am Ort der ältesten Siedlung im 9. Jh. begonnenen, vielfach restaurierten Alcazaba, dem Sitz der maurischen Könige. Drei Mauerringe umlaufen den Burgberg. Von der Anlage sind u.a. der Torre de la Vela und der Arco de Cristo erhalten; in der Burg selbst ist das Museo Arqueológico einen Besuch wert, das römische Fundstücke und eine Sammlung spanisch-arabischer Keramik sowie Modelle der Burg zeigt. Den großen Reiz der Alcazaba machen jedoch die prächtigen Gartenanlagen in den Höfen der Burg aus.

Gibralfaro

Von der Alcazaba sieht man hinüber zum Gibralfaro (170 m ü.d.M.; von arab. 'Jabal-Faruk' = 'Berg des Leuchtturms'), dessen Befestigung bis ins 13. Jh. zurückgeht. Von der alten Ringmauer hat man eine gute Aussicht auf Stadt, Hafen und Umgebung.

Römisches Theater und Burg

Am Westhang des Burgbergs entdeckte man die Reste eines römischen Theaters, das zur Zeit des Kaisers Augustus erbaut wurde. Es wird zeitweise für Theateraufführungen benutzt.

Teatro Romano

Umgebung von Málaga

Málaga besitzt einen großen Sporthafen; in unmittelbarer Nachbarschaft liegen die Strände Baños del Carmen, El Palo, Acacias, Pedregalejo, El Chanquete und San Andrés.
Golf (mehrere Plätze), Tennis, Reitsport und Schwimmbäder bieten sportlichen Naturen vielfältige Möglichkeiten.

Sport und Freizeit

Nach Granada

Man verläßt Málaga auf dem Paseo del Parque und dem sich anschließenden Paseo de Reding und fährt auf der N-340 durch Zuckerrohrpflanzungen zum 10 km entfernten Rincón de la Victoria, einem hübsch gelegenen Badeort. Über dem Ort liegt in einem Park eine große Höhle, einst Zufluchtsort für Christen und Mauren, die noch jungsteinzeitliche Felszeichnungen aufweist.

Rincón de la Victoria

Nach weiteren 21 km Küstenfahrt erreicht man den Hafen- und Badeort Torre del Mar, in dessen Nähe die Reste des antiken 'Mainake', eine von den Karthagern zerstörte griechische Kolonie, gefunden wurden.

Torre del Mar

Von hier verläuft die kurvenreiche Bergstraße C-335 über die alte Maurenstadt Vélez-Málaga (116 m ü.d.M.), wo noch die Burg steht, und durch die Sierra Tejada nach Ventas de Zafarraya (907 m ü.d.M.) an der Grenze zur

Marbella

Umgebung von
Málaga
(Fortsetzung)

Provinz Granada; die Route führt weiter über Alhama de Granada nach
→ Granada.

Weitere Reiseziele

Marbella F 9

Provinz: Málaga (MA)
Telefonvorwahl: 952
Höhe: 14 m ü.d.M.
Einwohnerzahl: 85 000

Lage und
Allgemeines

Das von den Phöniziern gegründete Marbella, zwischen → Málaga und
→ Algeciras gelegen, ist heute der mondäne Mittelpunkt der Costa del Sol
und ein Zentrum der spanischen Mittelmeertouristik mit weiten Badestränden und ausgedehnten Geschäfts- und Vergnügungsvierteln.
Marbellas Eintritt in die touristische Welt geschah Mitte der fünfziger Jahre,
als Prinz Alfonso von Hohenlohe den 'Marbella-Club' gründete, noch
heute Mittelpunkt der Jet-Set-Gesellschaft. Ihm folgten fortan Mitglieder
des europäischen Adels, Industrielle, Playboys und alle, die dazugehören
wollten, und machten das kleine Marbella zu einem Ort der ständigen Par-

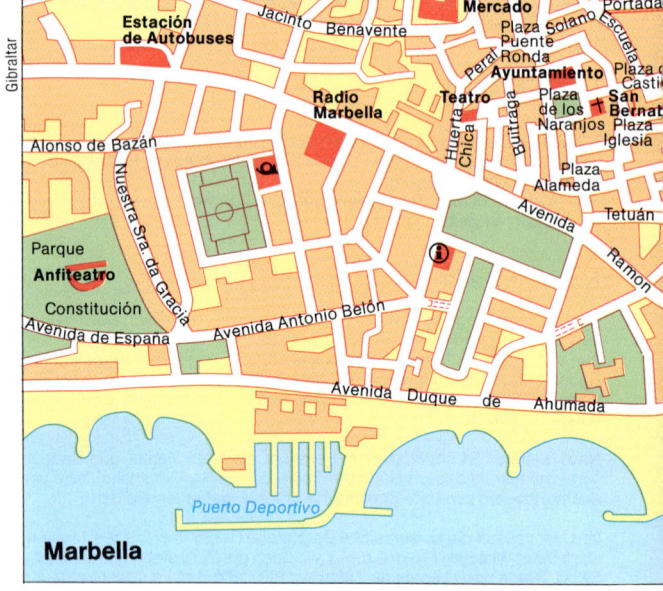

Marbella

ties und des Luxus. Doch erst zu Beginn der siebziger Jahre kamen die wirklich Reichen: Arabische Potentaten, darunter der König von Saudi-Arabien und die Emire von Abu Dhabi und Qatar, erkoren Marbella zu ihrem Sommerrefugium und ließen sich wahre Paläste errichten, in denen sie ein vom übrigen Rummel relativ abgeschiedenes Leben führen, aber dennoch durch ihre immense Finanzkraft die Prosperität Marbellas gewaltig vergrößerten – nicht immer zur Freude der Einheimischen. Komplettiert wird die Marbella-Gesellschaft von Zeitgenossen, denen Fragen nach der Herkunft ihres Reichtums nicht immer angenehm sein dürften: berühmt-berüchtigte Waffenhändler und eine Kolonie britischer Staatsbürger, die auf Grund eines erst 1986 zwischen Großbritannien und Spanien geschlossenen Auslieferungsabkommens, das alle vor diesem Zeitpunkt schon in Spanien Ansässigen ausnimmt, ein geruhsames Dasein an der Costa del Sol führen.

Lage und Allgemeines (Fortsetzung)

Sehenswertes

Der Ortskern mit seinen weißen Häusern besitzt noch Überreste der mittelalterlichen Wehrmauer mit zwei zinnenbewehrten Türmen.

Ortskern

Oberhalb des Ortes findet man die guterhaltenen Reste eines maurischen Kastells mit Mauern, Burghof und Bergfried.

Castillo

Die neue, weißgekalkte Moschee von Marbella ließ Prinz Salman, der Gouverneur der saudi-arabischen Hauptstadt Riad, errichten. Um der Prominenz zu Gebet zu erleichtern, wurden auch gleich ein Pferdestall und ein Hubschrauberlandeplatz mitgebaut.

Moschee

Marbella besitzt eine Vielzahl exklusiver Restaurants, Nachtklubs, Diskotheken, Bars, ein Casino und sonstige Vergnügungsstätten, deren Preise in

Sport und Freizeit

Hafen von Marbella

Marbella
(Fortsetzung)

direkter Beziehung zur Zahl der davor abgestellten Rolls-Royces, Jaguars und Ferraris stehen.

Lange Strände bieten alle Möglichkeiten zum Wassersport; daneben findet man sieben Golfplätze, eine große Anzahl Tennisanlagen, Reiterhöfe, drei Sporthäfen und Segelclubs.

Umgebung von Marbella

Tivoli

Wenige Kilometer nordöstlich von Marbella liegt etwas landeinwärts der große moderne Vergnügungspark Tivoli.

Puerto Banús

Westlich von Marbella wurde bei der Feriensiedlung Nueva Andalucia der hochmodern ausgestattete Sporthafen Puerto Banús mit über 900 Liege-plätzen erbaut.

San Pedro
de Alcántara

→ dort

Medinaceli   H 4

Provinz: Soria (SO)
Telefonvorwahl: 975
Höhe: 1160 m ü.d.M.
Einwohnerzahl: 1100

Lage und
Allgemeines

Der malerische Ort Medinaceli ist das 'Ocilis' der Römer und das 'Medina Selim' der Araber; es besitzt noch aus der Römerzeit (1./3. Jh. n.Chr.)

Römischer Triumphbogen in Medinaceli

stammende Reste. Die Stadt war im Mittelalter eine wichtige maurische Grenzfestung gegen die Christen sowie Stammsitz der Herzogsfamilie der Medinaceli.

Allgemeines (Fortsetzung)

Sehenswertes

Der römische Triumphbogen mit zwei kleinen Seiten- und einem großen Mittelbogen wurde im 2. oder 3. Jh. erbaut.

Römischer Triumphbogen

Im Norden der Stadt stehen die Überreste einer alten arabischen Burgfeste.

Castillo

Bedeutendstes Kirchenbauwerk ist die Stiftskirche Santa María (16. Jh.) mit den Grabmälern der herzoglichen Familie.

Santa María

In der Stadt finden sich besonders um die Plaza Mayor mehrere Herrenhäuser, darunter der Palacio de los Duques de Medinaceli aus dem 18. Jahrhundert.

Herrenhäuser

Umgebung von Medinaceli

Etwa 11 km westlich liegt die prähistorische Siedlung Ambrona mit einem interessanten Museum, in dem die am Ausgrabungsort gemachten Funde gezeigt werden.

Ambrona

27 km nordöstlich auf der N-II gelangt man in das vom Cerro de la Cruz überragte Santa María de Huerta. Das Real Monasterio, dessen Bau 1179 begann, ist ein von Mauern umgebenes Zisterzienserkloster von festungsartigem Aussehen.

***Monasterio de Santa María de Huerta**

Medina del Campo

Santa María de Huerta (Forts.) Klosterkirche	Die dreischiffige Klosterkirche besitzt ein Nußbaumchorgestühl des 16. Jh.s und eine überreich churrigueresk ausgestattete Capilla Mayor, in der sich auch ein Fresko der Schlacht von Navas de Tolosa findet.
Claustro de los Caballeros	Der Claustro de los Caballeros ('Kreuzgang der Ritter') verdankt seinen Namen dem Umstand, daß in ihm zahlreiche Ritter begraben wurden, die im Kampf gegen die Mauren gefallen waren. Er stammt aus dem 13. Jh. und wurde im 16. Jh., in dem man die obere Etage aufsetzte, plateresk ausgeschmückt.
Refektorium	Schönster Raum des Klosters ist der große gotische Refektoriumssaal, wo die Mönche ihre Mahlzeiten einnahmen, während ihnen von einem Pult herab vorgelesen wurde. An das Refektorium schließt die sehenswerte Küche an.
Ortsbild	Im Ort Santa María de Huerta gibt es einige schöne kirchliche Bauten und Adelspaläste.

Medina del Campo F 4

Provinz: Valladolid (VA)
Telefonvorwahl: 983
Höhe: 721 m ü.d.M.
Einwohnerzahl: 20 000

Lage und Allgemeines	Das am Río Zapardiel gelegene Städtchen Medina del Campo ist ein wichtiger Eisenbahn- und Straßenknotenpunkt an der N-VI, die Madrid mit La Coruña verbindet.

Bis zum 16. Jh. war der Ort einer der wichtigsten Handelsplätze Europas; die Katholischen Könige erhoben ihn zur Residenz. Im Jahre 1504 starb Isabella die Katholische in Medina del Campo.

Castillo de la Mota

Kirche Santa María in Olmedo

Sehenswertes

Der Ort wird überragt vom Castillo de la Mota (15.Jh.), einer der schönsten Burgen in Spanien. Die 1440 von Fernando Carreño erbaute Backsteinburg war Lieblingssitz der Königin Isabella der Katholischen, die hier starb; auch ihre Tochter Johanna die Wahnsinnige war oft auf der Burg. Im Turm war von 1504 bis 1506 Cesare Borgia eingekerkert.

*Castillo de la Mota

In der Kollegiatskirche San Antolín (1503) beeindruckt der große Retablo, an dem neben anderen Künstlern auch Juan Rodríguez und Cornelis de Holanda mitwirkten. Für die Capilla de los Quiñones schuf Juan de Juni ein Relief.

San Antolín

Der Kaufmann und Bankier Simón Ruiz ließ im 16. Jh. das Hospital der Stadt errichten, in dem noch heute die Krankensäle zu sehen sind. In der angeschlossenen Kirche findet man wiederum einen sehr schönen Retablo von Juan de Ávila mit Skulpturen von Pedro de la Cuadra.

Hospital

Der Palacio de las Dueñas in der Calle Santa Teresa ist ein prächtiges, wappengeschmücktes Adelshaus mit Renaissancegalerie und schönem Innenhof.

Palacio de las Dueñas

Umgebung von Medina del Campo

Das Städtchen Olmedo liegt 20 km östlich von Medina del Campo. Von seiner einstigen Bedeutung zeugen die Reste der weitläufigen Stadtbefestigung. Sehenswert sind am Hauptplatz die Kirchen Santa María (13. Jh.) mit einem barocken Retablo und an der Nordwestecke des Platzes San Pedro, an deren Westseite in einem schönen weiten Hof romanische Bogengänge stehen.

Olmedo

Melilla   H 10

Provinz: Málaga (MA)
Status: Plaza de Soberanía
Telefonvorwahl: 952
Höhe: 0 – 30 m ü.d.M.
Einwohnerzahl: 60 000

Flugverbindungen

Regelmäßige Flugverbindungen zum spanischen Festland bestehen nach Almería, Barcelona, Madrid und Málaga. Das Büro der Iberia liegt an der Av. Juan Carlos I.

Fährverkehr

Die Fähren der Trasmediterranea verkehren wöchentlich einmal nach Almería und täglich einmal nach Málaga (Fahrzeit je ca. 8 St.). Die Anlegestelle befindet sich im Hafen (Marina 1) und ist über den Paseo del General Macias zu erreichen.

Lage und Bedeutung

Die arabisch Mlilya oder Ras El-Querk, berberisch Tamlilt genannte Hafen- und Garnisonsstadt Melilla an der marokkanischen Mittelmeerküste ist eine 12,3 km² große spanische Enklave (Plaza de Soberanía) und Freihandelszone. Sie liegt strategisch günstig an der Ostseite einer kleinen Bucht der Halbinsel Beni Sicar oder Gelaia, 25 km südlich vom Cabo Tres Forcas (Cap des Trois Fourches) und 14 km nördlich vom marokkanischen Nador. Melilla gehört verwaltungsmäßig zur Provinz Málaga; die Mehrzahl seiner Bewohner sind spanischer Nationalität, ca. 10% sind Mohammedaner.

Die Stadt ist rein andalusischen Charakters; ihr alter, von starken Festungsmauern umgebener Kern liegt 30 m hoch auf einer kleinen Landzunge und ist seit dem 16. Jh. beinahe unverändert geblieben. Vor rund 70 Jahren entstand die Neustadt mit ihren schönen Parkanlagen und ihren breiten, geraden Straßen.

Melilla ist heute fast völlig von der Versorgung aus Spanien abhängig. Die meisten Warenlieferungen erreichen die Stadt auf dem Seeweg. Dagegen spielt der Luftverkehr trotz des neuen Flughafens nur eine vergleichsweise geringe Rolle. Der Hafen, über den zur Zeit des spanischen Protektorats der Export von Eisen- und Bleierzen aus den östlichen Ausläufern des Rifatlas abgewickelt wurde, ist heute wieder Umschlagplatz für Eisenerz und Stahl, die von und über Nador mit der Eisenbahn geliefert werden. Wichtiger für den Hafen von Melilla ist die Sardinenfischerei. Ein Großteil der Fänge wird an Ort und Stelle in Konservenfabriken weiterverarbeitet. Eine gewisse wirtschaftliche Bedeutung besitzt außerdem der Fährverkehr nach Málaga, Ceuta und Almería. Erwähnenswert ist auch die hochentwickelte Handwerksstruktur der Stadt, die sich durch ein besonders breitgefächertes Branchenspektrum auszeichnet.

Geschichte

Das heutige Melilla entstand aus der phönizischen Gründung 'Rusadir' (Russadir), neben Lixius die älteste Siedlung der Phönizier in Marokko. Sie erlitt dasselbe Schicksal wie alle phönizischen Siedlungen, wurde also zunächst karthagisch, dann römisch, vandalisch, byzantinisch und schließlich arabisch. Die Araber zerstörten sie bei ihrem zweiten Eroberungszug 705 völlig, bauten sie aber im 10. Jh. wieder auf und machten sie um den 13. Jh. unter der Herrschaft der Meriniden zu einem der wichtigsten Häfen der nordafrikanischen Küste.

1497 eroberten die Spanier Melilla. In der Folgezeit war es zwar immer wieder, letztmals 1921 unter Abd-el Krim, hart umkämpft, blieb aber stets in spanischen Händen und wurde zu einem wichtigen, von einer starken Festung geschützten Hafen ausgebaut.

Nach der Erhebung zur zollfreien Zone 1887 erreichte Melilla schließlich in der Protektoratszeit zwischen 1914 und 1956 seinen zweiten wirtschaftlichen Höhepunkt. Als mit der Unabhängigkeit Marokkos das Hinterland verlorenging und 1962 mit der Unabhängigkeit Algeriens auch die Käufer zollfreier Waren aus diesem Land ausblieben, verlor Melilla wieder an

Bedeutung. Der Rückgang der Einwohnerzahl von 100 000 auf ca. 60 000 weist dies deutlich nach.

Sehenswertes

Die Stadt erstreckt sich halbkreisförmig um den Hafen und die Küste. Sie zeigt ein typisch spanisches Gesicht mit breiten, sich rechtwinkelig kreuzenden Straßen, großen Plätzen und Parks. Bislang war sie fast ausschließlich von Spaniern bewohnt, mittlerweile siedeln sich jedoch an den Stadträndern und in den Außenbezirken legal und illegal eingewanderte Marokkaner an.

Ausgangspunkt der Besichtigung ist die Plaza de España. Westlich von ihr liegt die Neustadt (Ciudad Nuevo) und östlich von ihr auf einer kleinen, etwas höher gelegenen Halbinsel mit steil zum Meer abfallenden Felsen die Altstadt. Diese wird Medina Sidonia oder auch 'Pueblo' genannt und ist von europäischen Befestigungsmauern und Bastionen aus dem 16. Jh. umgeben. Die gesamte Altstadt ist zum historischen Nationalmonument erklärt worden. Man gelangt zu ihr über die östlich von der Plaza de España wegführende Straße Paseo del General Macias. Am Ende des Paseos führen Treppen direkt auf die mächtigen, aus dem 16. Jh. stammenden Festungsmauern. Nach links, an den Festungsanlagen entlanggehend, kommt man zum schönsten Tor der Befestigung, zur Puerta de Santiago, über deren Außenseite das Wappen von Karl V. zu sehen ist. Durch das Tor gelangt man von der Plaza de Armas zu einer kleinen, dem hl. Jakob geweihten Kapelle.
Von der Stadtmauer hat man verschiedene schöne Ausblicke auf die Stadt und die Küste.

Altstadt
(Medina Sidonia,
Ciudad Viejo)

Sehenswert ist die Kirche La Purísima Concepción aus dem 16. Jh., die einige schöne Barockaltäre enthält. Die Marienstatue (17. Jh.) im Retablo ist die Schutzpatronin der Stadt, die Virgen de Victoria; gegenüber die schöne Christusfigur Cristo de Socorro aus dem 16. Jh., die besonders verehrt wird.

La Purísima
Concepción

Nördlich der Kirche liegt das Stadtmuseum (Museo Municipal), das Funde aus prähistorischer und neolithischer Zeit (Steinwerkzeuge) sowie Keramiken, Münzen und Eisenteile aus römisch-punischer Zeit zeigt. Daneben sind Waffen, Fahnen und Pläne aus der jüngeren Stadtgeschichte ausgestellt.

Museo
Municipal

Die von Nordwesten in die Plaza de España einmündende Straße ist die Hauptgeschäftsstraße der Neustadt, die Av. de Juan Carlos I. Die nördlich zu ihr parallel laufende Straße Calle del Ejército Español/Calle Lopez Moreno sowie einige dazu quer laufende Seitenstraßen sind ebenfalls Einkaufsstraßen.

Neustadt
(Ciudad Nuevo)

Im Westen der Plaza de España liegt der Parque Hernández, der mit den verschiedensten Palmenarten reich bestückt ist.

Parque Hernández

Am südlichen Ausgang der Stadt lädt ein schöner, 2 km langer Sandstrand zum Baden im Mittelmeer ein.

Strand

Cabo Tres Forcas

Über eine schlechte Straße kann ein Ausflug zum nördlichen, 25 km entfernten Ende der Halbinsel, dem Cabo Tres Forcas (Cap des Trois Fourches), unternommen werden. Dieser weit in das Mittelmeer hineinragende Vorposten der marokkanischen Küste fällt mit 400 m hohen Felsklippen senkrecht ins Meer ab. Vom Leuchtturm aus bietet sich eine präch-

Melilla, Cabo Tres Forcas (Fortsetzung)

tige Aussicht. Auf dem Rückweg empfiehlt sich ein kurzer Abstecher an den schönen Sandstrand Playa Charranes an der Nordwestküste der Halbinsel Beni Sicar (Gelaia).
Das gesamte Gebiet gehört zu Marokko, so daß bei diesem Ausflug die Grenze überquert werden muß.

Mérida   D 7

Provinz: Badajoz (BA)
Telefonvorwahl: 924
Höhe: 196 m ü.d.M.
Einwohnerzahl: 41 000

Lage und Allgemeines
*Römerstadt

Die Stadt Mérida liegt in der an Portugal grenzenden, dünn besiedelten Hochfläche der Estremadura auf einem flachen Hügelrücken am rechten Ufer des Río Guadiana. Mérida ist die an römischen Bauwerken reichste Stadt Spaniens.

Geschichte

Die Römer gründeten 'Augusta Emerita' um 25 v.Chr. als Kolonie für die Veteranen der V. und X. Legion. Sie entwickelte sich rasch zu großer Blüte und wurde die Hauptstadt Lusitaniens; mit 50 000 Einwohnern war 'Augusta Emerita' die größte römische Stadt in Iberien und politisches und kulturelles Zentrum der römisch besetzten Halbinsel. Nach der Einführung des Christentums als Staatsreligion im Römischen Reich wurde die Stadt als eine der ersten römischen Städte Sitz eines Erzbischofs. Nach der Eroberung durch die Westgoten im 5. Jh. hielt ihre Bedeutung noch an, doch mit dem Einzug der Mauren im Jahre 713 unterlag Mérida den Mauren und es begann der Niedergang, der auch nach der Rückeroberung durch Alfons IX. von León, der die Stadt im Jahre 1229 dem Santiago-Orden überließ, nicht aufgehalten wurde.

Sehenswertes

Santa María la Mayor

Mittelpunkt des Verkehrs ist die arkadenumgebene Plaza de España (auch Plaza Mayor) mit der Kirche Santa María la Mayor (13./15. Jh.) in ihrer Nordwestecke. Ihr Gründer Alonso de Cárdenas, Großmeister des Santiago-Ordens, liegt zusammen mit seiner Ehefrau in der Kirche begraben.

Arco de Trajano

Wenig nördlich des Platzes steht an einer Straßenecke der Arco de Trajano (auch Arco de Santiago), ein fast 13 m hoher römischer Triumphbogen mit vierfacher Säulenreihe, der das Nordtor der römischen Stadt war.

Templo de Diana

Westlich des Hauptplatzes, an der Ecke der Calle Romero Leal Sagasta, kommt man zum Templo de Diana, in dem jedoch nicht die Jagdgöttin Diana verehrt, sondern ein anderer, nicht bekannter Kult gepflegt wurde. Im 16. Jh. baute man den Tempel zu einem Adelshaus um.

Alcazaba

Südlich der Plaza de España erweiterten die Mauren am Ufer des Río Guadiana im Jahre 855 ein ursprünglich römisches, dann westgotisches Bauwerk zur einer Festung, der Alcazaba. Die Santiago-Ritter wiederum wandelten sie in ein Kloster um. Die Mauren setzten die römische Zisterne im Keller der Festung wieder instand und bauten unter Verwendung römischer und westgotischer Bauteile eine Treppe zu ihr hinunter.

*Puente Romano

An der Westseite der Alcazaba steht eine Hauptsehenswürdigkeit der Stadt: Hier beginnt der wahrscheinlich unter Augustus erbaute, jedoch mehrmals erneuerte Puente Romano (Römerbrücke) über den Río Guadiana. Mit 64 Bogen aus Granit bringt er es auf eine Länge von 792 m; er wurde im Laufe der Zeit mehrmals restauriert.

Im Nationalmuseum für römische Kunst

Auf der von der Alcazaba wegführenden Calle de Oviedo kommt man zur etwas abseits liegenden Plaza de Toros, hinter der die Casa del Mithraeo steht. Das Haus hat seinen Namen von einer hier gefundenen Stätte des Mithras-Kultes. Man entdeckte außerordentlich schöne Mosaiken, die die Entstehung der Welt darstellen.

Casa del Mithraeo

Im Ostteil des Stadtzentrums liegen die wichtigsten römischen Baudenkmäler Méridas. Vom Diana-Tempel kommend gelangt man zunächst jedoch zum 1986 eröffneten modernen Museo Nacional de Arte Romano (Nationalmuseum für römische Kunst). Das Museum ist in seiner Gestaltung an die Maße des Arco de Trajano angelegt. In diesem Bereich zeigt es eine beachtliche Münzsammlung mit vielen in 'Augusta Emerita' geschlagenen Münzen, Skulpturen wie einen Augustus-Kopf aus Carrara-Marmor, eine Glassammlung und im Theater entdeckte Malereien. Das Museumsgebäude überdeckt Teile der alten römischen Stadt. Nach Voranmeldung kann man im Untergeschoß die Fundamente und andere Überreste der römischen Siedlung besichtigen.

*Museo Nacional de Arte Romano

Gegenüber vom Museumsneubau dehnt sich das Gelände mit den größten römischen Architekturresten aus. Rechts erkennt man das Teatro Romano (Theater), das von dem römischen Feldherrn Agrippa im Jahre 16 v.Chr. erbaut und nach einer Feuersbrunst unter Hadrian im 2. Jh. n.Chr. erneuert wurde.. Die gut erhaltenen, halbkreisförmig angeordneten Sitzreihen konnten 6000 Zuschauer aufnehmen. Das Bühnenhaus litt unter dem Brand am stärksten; aus der Zeit des Wiederaufbaus stammt der Figurenschmuck an der Rückfront, wo ein Garten als Foyer diente. Für die jeden Sommer stattfindenden Theaterfestspiele wurde die Bühne in jüngerer Zeit teilweise restauriert.

*Teatro Romano

Neben dem Theater erkennt man die freigelegten Überreste des aus dem Jahre 8 v.Chr. stammenden Anfiteatro Romano (Amphitheater), in dem

Anfiteatro Romano

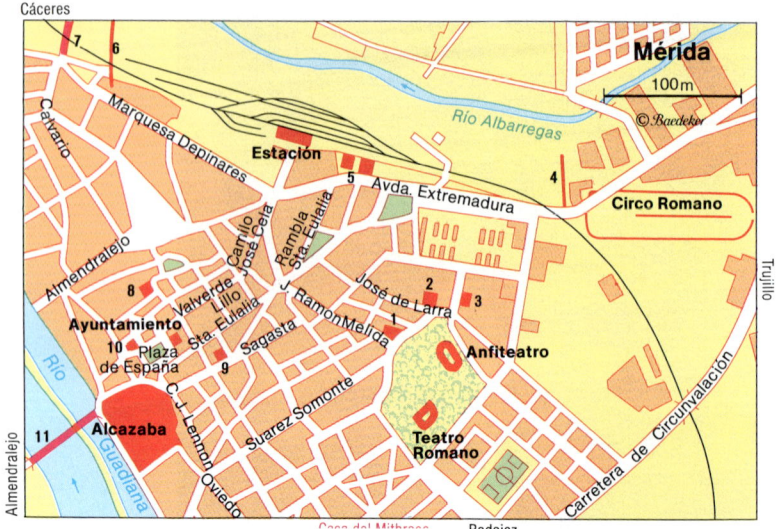

Mérida

100 m

© Baedeker

1 Museo Nacional de Arte Romano	4 Acueducto Moderno	8 Arco de Trajano
2 Termas (Thermen)	5 Santa Eulalia	9 Templo de Diana
3 Casa Romana	6 Acueducto Los Milagros	10 Santa María
	7 Puente de Albarregas	11 Puente Romano

Anfiteatro (Fortsetzung)	15 000 Zuschauer die Gladiatorenkämpfe verfolgen konnten. Das Amphitheater konnte geflutet werden, so daß auch Schiffe einfahren und Seeschlachten ausgetragen werden konnten. Nach dem Verbot der Gladiatorenkämpfe wurden die Baumaterialien z.T. für die Reparatur der Brücke über den Guadiana verwendet.
Termas	An der dem Amphitheater gegenüberliegenden Straßenseite legte man die Reste römischer Thermen frei.
Casa Romana	Wenig rechts davon liegt die Casa Romana, ein römisches Bürgerhaus aus dem 1. Jh. n.Chr., in dem Reste von Wandbemalung und sehr schöne Fußbodenmosaiken die Zeit überstanden haben.
Circo Romano	Nordwestlich vom Amphitheater fand man jenseits der Bahnlinie die Reste eines Hippodroms, das einzige seiner Art in Spanien. Das Gelände ist heute überwuchert.
Acueducto Moderno	Beim Circus sieht man an der vorbeiführenden Calle Teniente Coronel Yagüe die 140 Bogen des Acueducto Moderno (Neue Wasserleitung) aus maurischer Zeit.
Santa Eulalia	An der Bahnlinie entlang erreicht man die beim Bahnhof liegende Kirche Santa Eulalia. Sie wurde im 4. Jh. über einer römischen Kultstätte gegründet und im 13. Jh. völlig neu erbaut.
*Acueducto de los Milagros	Weiter an der Bahnlinie entlang kommt man zum mächtigen Acueducto de los Milagros ('der Wunderbau'), von dem 37 Pfeiler mit zehn Bogen bis zu drei Stockwerken erhalten sind. Mit dem aus Granit und Ziegelsteinen konstruierten Bauwerk wurde das Wasser aus dem 10 km entfernten Stausee Prosérpina nach Mérida geholt.

Römisches Theater

Unweit westlich vom römischen Aquädukt überquert die Puente de Albarregas, eine zweite Römerbrücke von 125 m Länge, das Flüßchen Albarregas.

Puente de Albarregas

Umgebung von Mérida

Auch in der unmittelbaren Nachbarschaft von Mérida stößt man auf Römisches, so z.B. auf die römischen Stauseen Pantano Cornalvo (10 km nordöstlich) und Pantano de Prosérpina (10 km nordwestlich); letzterer war ein großes römisches Wasserreservoir für die Versorgung Méridas: Man sieht heute noch die 426 m lange Sperrmauer und zwei Treppentürme des 17. Jh.s, in denen man zum Wasser hinabsteigen kann.

Römische Stauseen

Die nach Süden strebende N-630 führt über die fast baumlose Hochfläche Tierra de los Barros und erreicht nach 29 km Almendralejo (336 m ü.d.M.), eine malerische Stadt in andalusischem Stil; im Palacio Marqués de Monsalud ist eine weithin bekannte Sammlung römischer Altertümer zu besichtigen.

Almendralejo

Über Villafranca de los Barros erreicht die N-630 eine Abzweigung zu der rechts der Straße liegenden Ortschaft Los Santos de Maimona (545 m ü.d.M.), in der Römerzeit als 'Segeda-Angurina' bekannt, wo man noch die Reste eines Castillos aus der Zeit Trajans findet.

Los Santos de Maimona

Auf der Richtung Madrid strebenden N-V erreicht man nach 20 km eine Abzweigung nach rechts, die nach Medellín (8 km) führt. Medellín, das römische Metellium, ist der Geburtsort von Hernan Cortés, des Eroberers von Mexiko und Zerstörer des Aztekenreiches. Sein Denkmal steht auf dem Hauptplatz. Über der Stadt thront eine mächtige Festung aus dem 14. Jahrhundert.

Medellín

Montserrat   M 4

Provinz: Barcelona (B)
Höhe: bis 1241 m ü.d.M.

Lage und
Zufahrt

Der Montserrat, berühmt durch sein Kloster, erhebt sich rund 50 km nordwestlich von ⟶ Barcelona.

Man erreicht den Montserrat von Barcelona über die Autobahn A-2 bis Martorell und fährt dort auf der C-1411 über Olesa Richtung Monistrol weiter. Kurz hinter Olesa führt eine Brücke über das Tal und zur Schwebebahn (großes Hinweisschild 'Aeri', offiziell Funicular Aeri del Montserrat), deren Bergstation direkt beim Kloster auf dem Berg liegt. Von Monistrol führt auch eine kurvenreiche, aber landschaftlich lohnende Straße auf den Montserrat.
Von Barcelona zur Schwebebahn gibt es auch eine direkte Eisenbahnverbindung ab dem Verkehrsknotenpunkt unter der Plaza de España (katal. Plaça de Espanya).

Kommt man aus der Gegend nördlich der katalanischen Hauptstadt, so ist man gut beraten, den Ballungsraum Barcelona zu umgehen. Man wählt die in einiger Entfernung parallel zur Küste verlaufende Autobahn A 7 bis Cerdanyola, folgt dann dem Zweig nach Terrasa und schließlich der Straße nach Monistrol, wo man die oben genannte Abzweigung der Straße auf den Montserrat erreicht.

Geschichte

Früher hat man den Montserrat fälschlicherweise für den Monsalvatsch in Wolfram von Eschenbachs Gralssage gehalten (dieser ist mit größerer Wahrscheinlichkeit bei dem kleinen Wallfahrtsort Salvatierra an der Pyrenäensüdflanke zu suchen). Nach der Legende wurde das Kloster im Jahre 880 zu Ehren eines als wundertätig geltenden Marienbildes gegründet; die erste urkundliche Erwähnung stammt von 888. Im Jahre 976 wurde es dem Benediktinerorden übergeben, 1025 von Mönchen aus den katalanischen Orten Ripoll und Vich erheblich erweitert. Papst Benedikt XIII. erhob es 1409 zur unabhängigen Abtei; gegen Ende des Jahrhunderts wurde die Klosterdruckerei eingerichtet. 1522 weilte Ignatius von Loyola, der spätere Gründer des Jesuitenordens, im Kloster. Die Truppen Napoleons drangen zu Beginn des 19. Jh.s nach Spanien ein; die ungeheuren Reichtümer des Klosters gingen während der Befreiungskriege (seit 1808) verloren, und der Konvent wurde 1811 von den Franzosen zerstört. Weitere empfindliche Einbußen brachte die Schließung während der Karlistenkriege (1835–1860). Noch heute besteht die dem Kloster angeschlossene Schule ('Escolanía') für geistliche Musik, die im 15. Jh. gegründet worden ist und deren jugendliche Mitglieder zur Zeit des Ave Maria (13.00 Uhr) das Salve sowie bei der Vesper zu singen pflegen.

✳✳Landschaftsbild

Der Montserrat ('gesägter Berg'), der Montsagrat ('heiliger Berg') der Katalanen, ist sowohl landschaftlich als auch wegen seines berühmten Klosters eine der größten Sehenswürdigkeiten von ganz Spanien. Er ist ein mächtiger Konglomeratstock von 10 km Länge und 5 km Breite, der sich über dem rechten Ufer des Riu Llobregat fast isoliert und nach allen Seiten steil abfallend aus der katalanischen Hügelebene erhebt und mit seinen durch Auswaschungen entstandenen phantastischen Felsbildungen von fern wie eine ungeheure Burg erscheint Der höchste Gipfel des Massivs ist der 1241 m hohe San Jerónimo (katal. Sant Jeroni). Von Südosten her durchschneidet den Berg ein Valle Malo (katal. Vall Malalt = 'böses Tal')

Man hielt ihn für die Gralsburg: Montserrat ▶

genannter gewaltiger Spalt, an dessen Anfang auf einem Felsvorsprung in einer Höhe von 725 m ü.d.M. das Kloster liegt. Den Nordostabhang bedecken Kiefernwälder, die Flanken und die Höhe immergrünes Buschwerk; die berühmte Flora des Berges (hier kommen rund 1500 Pflanzenarten vor) ist im Jahre 1986 durch Brände großenteils zerstört worden.

✳Kloster

Das Kloster mit der Basilika und den Nebengebäuden bildet eine kleine, in sich geschlossene Stadt. Die Straße endet bei den großen Parkplätzen. Hier gelangt man zu einer großen Aussichtsterrasse, auf welcher ein modernes Denkmal für den in Palma de Mallorca geborenen katalanischen Dichter und Mystiker Ramón Llull steht (→ Berühmte Persönlichkeiten). Die acht Stufen des wendeltreppenartigen Monumentes bezeichnen die Erkenntnisstufen (Stein, Flamme, Pflanze, Tier, Mensch, Himmel, Engel, Gott).

Man erreicht das Innere des eigentlichen Klosterkomplexes bei der Plaza de la Cruz (katal. Plaça de la Creu), der von Restaurant, Andenkengeschäften, Postamt, Münzfernsprechern und Wechselstube flankiert wird.

Museo de
Montserrat/
Museu de
Montserrat

Man betritt einen weiten Platz, die Plaza de Santa María (katal. Plaça de Santa Maria). Rechts des breiten, zur Basilika führenden Mittelstreifens befindet sich der Eingang zu der unter dem Platz gelegenen modernen Abteilung des Museums. Sie enthält Werke katalanischer Maler aus dem 19. und 20. Jh. und ist insgesamt eher von regionaler Bedeutung. Die alte Abteilung befindet sich schräg links vor der Hauptfassade des Kirchenbereiches; sie umfaßt eine kleine ägyptologische Sammlung, Funde aus dem Neolithikum, römische und byzantinische Keramik und Schmuck, Münzen, antike Gläser und jüdische Kultgegenstände.

Basilika

Am Ende des Platzes erhebt sich ein im unteren Teil fünf-, im oberen Teil dreibogiger Torbau aus den Jahren 1942 bis 1968, welcher den Kirchenbezirk begrenzt. Die Reliefs in den oberen drei Rundbogen stellen (von links) den hl. Benedikt, die Himmelfahrt Mariä (nach der Dogmatisierung durch Papst Pius XII.) und den hl. Georg, Schutzpatron von Katalonien, dar. Links von der Fassade befinden sich Reste des einstigen gotischen Kreuzganges (15. Jh.).
Zwischen dem Torbau und der eigentlichen Kirche liegt ein ziemlich enger Innenhof mit dem Standbild (1927) des hl. Benedikt, bei dem die Pforte zum (unzugänglichen) Kloster liegt. Zum Innenhof öffnet sich auch die im Torgebäude befindliche Taufkapelle, deren Eingang rings mit Reliefs aus dem 20. Jh. geschmückt ist.

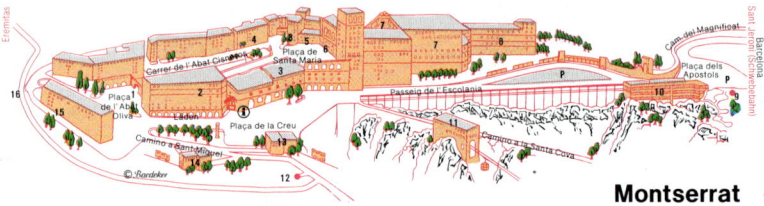

Montserrat

Die Basilika, in der sich das hochverehrte Madonnenbild befindet, stammt aus dem 16. Jh., wurde aber im 19. und 20. Jh. großenteils verändert und erneuert. Die Fassade zeigt Formen der Renaissance, aber die Figuren Christi und der Apostel wurden erst 1900 aufgestellt.

Basilika (Fortsetzung)

In das Kircheninnere führen zwei Eingänge: Durch die Hauptportale gelangt man in das Kirchenschiff, während das rechte Seitenportal den direkten Zugang zum Madonnenbild darstellt (Einbahnverkehr). Das Kirchenschiff ist innen 68 m lang, 21 m breit und 33 m hoch; es wird von zahlreichen als Votivgaben aufgestellten Kerzen schwach erhellt. Die Innenausstattung ist neuzeitlich.

Innenraum

Das Madonnenbild von Montserrat, von den Katalanen Santa Imatge, von den Spaniern Santa Imagen genannt, ist eines der bedeutendsten Wallfahrtsziele in ganz Spanien. Es befindet sich erhöht hinter dem Hauptaltar und ist über Treppen in den Querhausarmen zu erreichen; hier sind die Treppenaufgänge mit getriebenen Silberbeschlägen umrahmt. Die farbig gefaßte hölzerne Skulptur ist im 12. oder 13. Jh. entstanden; Gesicht und Hände sind vom Alter schwärzlich, weshalb sie von den Katalanen auch 'la Moreneta' genannt wird. Die Legende berichtet, sie sei ein Werk des hl. Lukas, der durch den hl. Petrus nach Spanien kam.

*Madonnenstatue

Durch den linken Querhausarm verläßt man die Kirche wieder; draußen an der Felswand viele Votivgaben (u.a. wächserne Gliedmaßen zum Dank für Heilungen) und Opferkerzen sowie die heilige Quelle (katal. Mistica Font del Aigua de la Vida), dabei ein farbiges Majolikabild der Muttergottes.

An der Plaça de l'Abat Oliva beginnt die Via Crucis (Kreuzweg), deren vierzehn große Statuengruppen zwischen 1904 und 1919 entstanden sind und nach dem Bürgerkrieg erneuert wurden.
Am Ende des Stationenweges kommt man zu einer Kapelle (Virgen de la Soledad); bei der vierzehnten Station geht ein Weg zur Ermita San Miguel (katal. Sant Miquel; 19. Jh.), deren Vorgängerbau bereits im 10. Jh. bestanden hat.

Kreuzweg

Von der Plaça de la Creu an der Bergstation der von der Talstraße bei Olesa kommenden Seilbahn vorbei führt der Weg zur Cueva Santa (katal. Cova Santa = heilige Höhle) mit einer im 17. Jh. erbauten Kapelle. In der Grotte soll das zur Maurenzeit hier verborgen gehaltene Marienbild vom Montserrat durch Hirten wiederentdeckt worden sein.

Cueva Santa/ Cova Santa

Bei der Plaça de la Creu befindet sich auch die Talstation der nach San Juan (katal. Sant Joan) führenden Seilbahn; nahebei am Weg ein Denkmal für den katalanischen Cellisten Pablo (katal. Pau) Casals (→ Berühmte Persönlichkeiten).
San Juan ist eine der einst dreizehn Einsiedeleien im Gebiet des Montserrat; von der Bergstation bietet sich ein schöner Blick auf das Kloster. Lohnend ist der Fußweg nach San Jerónimo (katal. Sant Jeroni).

San Juan/ Sant Joan

Eine 680 m lange Seilschwebebahn mit 535 m Höhenunterschied (die älteste ihrer Art in Spanien) führt von der Straße nach Manresa hinauf zur Capilla de Sant Jeroni, von wo man in fünfminütigem Fußmarsch zum Gipfel des Sant Jeroni, der mit 1241 m ü.d.M. höchsten Erhebung des Massivs, gelangt.

**San Jerónimo/ Sant Jeroni

Morella K 5

Provinz: Castellón (CS)
Telefonvorwahl: 964
Höhe: 1004 m ü.d.M.
Einwohnerzahl: 3400

Lage und Allgemeines

Die alte Grenzfeste Morella liegt hoch im Gebirge des Gebietes El Maestrazgo auf einem Kegel inmitten eines Bergkessels an der Grenze zwischen Aragonien und Valencia. Das Maestrazgo-Gebiet war einst im Besitz der Ritter des Montesa-Ordens, der im Laufe der Zeit zahlreiche Befestigungen anlegte. Der alte Kern Morellas ist umgeben von einer gut erhaltenen Mauer aus dem 14. Jh.; über den Häusern thront das beeindruckende Castillo.

Sehenswertes

Santa María la Mayor

Die gotische Kirche Santa María la Mayor (13.Jh.) besitzt ein schönes Portal mit den Figuren der Jungfrau und der Apostel, einen bemerkenswerten Chor des 15. Jh.s, eine churriguereske Capilla Mayor und ein beachtenswertes Gemälde von Ribalta.

Kirchenmuseum

Im Museum finden sich sakrale Gegenstände und weitere sehenswerte Gemälde.

Castillo

Von der Schloßruine bietet sich ein herrlicher Rundblick.

Aquädukt

In unmittelbarer Umgebung der Stadt haben sich noch Reste eines Aquädukts aus dem 14./15. Jh. erhalten.

Beherrschend: Burg von Morella

Murcia

Provinz: Murcia (MU)
Telefonvorwahl: 968
Höhe: 43 m ü.d.M.
Einwohnerzahl: 305 000

Das in der heißen Küstenebene Südostspaniens gelegene Murcia ist die Hauptstadt der gleichnamigen Provinz und Sitz einer Universität. Die überaus fruchtbare Huerta von Murcia, in der Obst und Gemüse gedeihen, versorgt eine große Konservenindustrie.
Murcia ist der Geburtsort des Holzbildhauers Francisco Salzillo (Zarcillo; 1707–1783), dessen Kunstwerke zahlreiche Kirchen schmücken.

Lage und Allgemeines

Die Semana Santa (Karwoche) ist eines der berühmtesten religiösen Feste in Spanien, bei der in eindrucksvollen nächtlichen Prozessionen die 'Pasos' von Francisco Salzillo herumgetragen werden. Besonders ergreifend ist auch die Prozession am Karfreitagmorgen.

*Semana Santa

Abd ar-Rahman II. gründete um 830 das maurische 'Mursiya'. Seit 1224 bildeten die Stadt und ihre Umgebung ein selbständiges maurisches Königreich, eine 'Taifa', die jedoch schon 1243 an Kastilien fiel. Im Spanischen Erbfolgekrieg wurde die Huerta zur Verteidigung der Stadt gegen die Österreicher unter Wasser gesetzt und der Vormarsch der Truppen so gestoppt. Im Bürgerkriegsjahr 1936 wurden sehr viele Kirchen in Brand gesteckt oder auf andere Weise zerstört.

Geschichte

*Kathedrale

Die Hauptsehenswürdigkeit Murcias ist die Kathedrale Santa María, die sich nördlich des Palacio Episcopal (Bischöflicher Palast) erhebt. Der stattliche gotische Bau wurde 1358 an der Stelle einer Moschee begonnen, im

Außenansicht

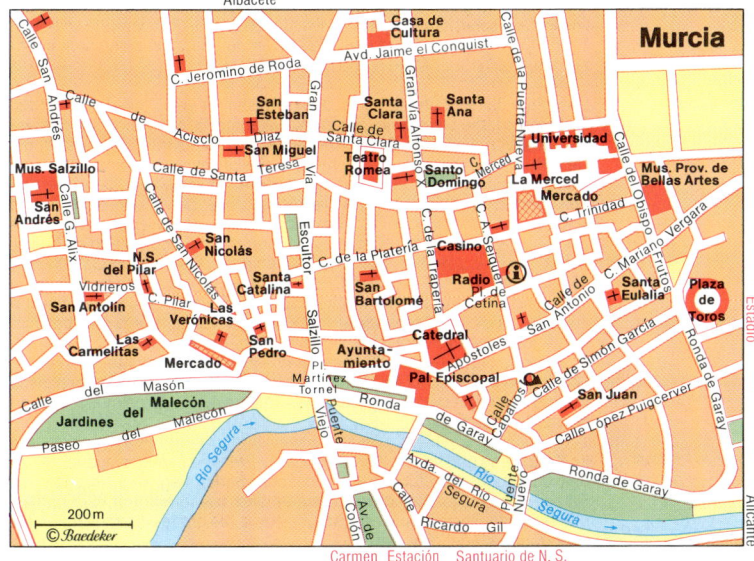

Hauptfassade und Turm der Kathedrale

Kathedrale (Fortsetzung)

16. Jh. z.T. erneuert und erfuhr ab 1748 eine wesentliche Umgestaltung, als die überschwengliche barocke Westfassade errichtet wurde. Ein Gang um die Kathedrale offenbart den Reichtum der Seitenportale: am rechten Querschiff die gotische Portada de los Apóstoles von Antonio Gil und am linken Querschiff die Portada de las Cadenas (16. Jh.). Vom 92 m hohen Turm, 1521 begonnen und erst 1792 vollendet, hat man einen sehr schönen Rundblick über Murcia und die Huerta.

Innenraum

Die schönste der Seitenkapellen des Gotteshauses ist die vierte im rechten Seitenschiff, die Capilla de Junterón, die ab 1525 in vollendetem Renaissancestil von Jerónimo Quijano erbaut wurde. Der zentrale Altar stellt die "Anbetung der Hirten dar" und ist wohl eine italienische Arbeit.
Die mit einer Reja von 1497 abgeschlossene Capilla Mayor, deren vergoldeter Retablo erst im 19. Jh. angebracht wurde, bewahrt in einer Nische links eine Urne mit den Eingeweiden Alfons' des Weisen, rechts die Gebeine des hl. Fulgentius und der hl. Florentina. Im Chor, durch ein kunstvolles Gitter abgetrennt, sieht man ein schönes platereskes Gestühl von 1571. Unter den Kapellen des Chorumganges ist vor allem die Capilla de los Vélez, die vierte auf der rechten Seite, hervorzuheben. Sie wurde von 1491 bis 1507 als Grabkapelle der Familie Vélez angelegt und besticht durch das außerordentliche isabellinische Portal, die feine, arabisch anmutende Figuren-und Pflanzenornamentik sowie die lichte Kuppel.
Vom linken Seitenschiff kommt man durch die Portada de la Antesacristía in die Sakristei, in der ein sehr schönes Täfelwerk von Jerónimo Quijano zu bewundern ist.

Museo Diocesano

Im Kreuzgang und im Kapitelsaal ist das Diözesanmuseum eingerichtet, zu dessen schönsten Stücken ein römischer Sarkophag, drei Arbeiten von Salzillo, ein blattgoldbelegter Hostienbehälter aus Toledo von 1678 und ein ebensolcher silberner aus dem 18. Jh. sowie die große silberne 'Truhe des Gründonnerstags' gehören.

In diesem Behälter liegen die Eingeweide Alfons' X.

Um die Kathedrale

Von der Kathedrale führt die Calle de Trapería, die frühere Hauptstraße Murcias, nördlich durch die Altstadt. Zusammen mit der von ihr links abzweigenden Calle Platería bildet sie den Kern der geschäftigen, ladenreichen Fußgängerzone.
Eines der auffälligsten Gebäude in der Trapería ist das auf der rechten Straßenseite liegende Casino, ein im 19. und 20. Jh. gebauter Herrenklub mit arabischem Patio, Restaurant, verglaster Galerie, Billardsaal, Ballsaal und Bibliothek.

Calle de Trapería

Die Calle de Trapería endet an der Plaza de Santo Domingo mit der stattlichen zweitürmigen Kirche Santo Domingo (17./18. Jh.) und dem westlich dahinter liegenden Theater

Plaza de Santo Domingo

Etwas weiter nördlich der Plaza de Santo Domingo befindet sich in der Casa de Cultura das Museo Arqueológico mit prähistorischen, griechischen, iberischen und römischen Sammlungen sowie Keramiken, insbesondere maurische Stücke.

Museo Arqueológico

Von der Plaza de Santo Domingo gelangt man östlich durch die Calle de la Merced zur Universität und von dort in wenigen Minuten zur Calle Obispo Frutos mit dem Museo de Bellas Artes, das u.a. Fresken und Gemälde des in Murcia geborenen Velázquez-Schülers Nicolá Villacís (1616–1694) enthält; außerdem findet man Werke zahlreicher Künstler der Region sowie einige von Ribera, Degrain und Picasso.

Museo de Bellas Artes

An der Plaza Santa Eulalia südlich des Museo de Bellas Artes wurden maurische und mittelalterliche Befestigungen freigelegt. Die gefundenen Gegenstände sollen im kurz vor der Eröffnung stehenden Museo de la Muralla Árabe (Museum der arabischen Stadtmauer) ausgestellt werden.

Museo de la Muralla Árabe

Am Río Segura

Wenig südlich der Kathedrale fließt der Río Segura, an dessen Uferstraße links vom Bischofspalast die hübsche Anlage Glorieta de España mit dem Ayuntamiento (Rathaus) liegt. Sie endet an der Plaza de Martínez Tornel, von der die Gran Vía Escultor Salzillo, die Hauptverkehrsader Murcias, nach Norden führt. Westlich anschließend an die Plaza de Martínez Tornel der Plano de San Francisco und dahinter der Paseo del Malecón, eine schattenlose Promenade auf dem Uferdamm.

Im westlichen Stadtteil

Kirchen

Von den zahlreichen Kirchen der westlichen Stadtteile sind erwähnenswert die barock ausgestattete Kirche San Nicolás an der Plaza Mayor mit Bildwerken von Alonso Cano, Pedro de Mena und Salzillo, sowie die Kirche San Miguel beim Jardín de San Esteban mit mehreren Altarfiguren von Salzillo und seiner Familienwerkstatt.

*Museo Salzillo

Im äußeren Westen der Stadt steht an der Plaza de San Agustín der barocke Rundbau der Ermita de Jesús (1777). Er beherbergt das Museo Salzillo, das sich den Skulpturen des Holzbildhauers Francisco Salzillo widmet. Es zeigt u.a. die berühmten Prozessionsfiguren ('Pasos') des Meisters, darunter eine eindrucksvolle Abendmahlszene, Tonentwürfe und eine einzigartige Weihnachtskrippe, deren über 500 Figuren die Trachten Murcias im 18. Jh. tragen.

Museo del Traje Folklórico

Noch nicht geklärt ist der neue Standort des Museo Internacional del Traje Folklórico, das u.a. Volkstrachten aus allen Provinzen Spaniens besitzt.

Umgebung von Murcia

San Jerónimo

Etwa 5 km westlich der Stadt liegt das 1578 gegründete, im 18. Jh. erneuerte barocke Kloster San Jerónimo, dessen Kirche einen vorzüglichen hl. Hieronymus von Salzillo (1755) besitzt.

Monteagudo

Etwa 5 km nördlich findet man bei Monteagudo die Reste einer römischen Festung; den Gipfel, von dem man eine sehr gute Aussicht hat, krönt eine 15 m hohe Statue des Sagrado Corazón.

La Fuensanta

Nur 6 km südlich steht das Kloster La Fuensanta aus dem 17. Jh., eine Wallfahrtsstätte mit einem Brunnen von 1577.

Rundfahrt im Nordwesten

Mula

Über Alcantarilla erreicht man auf der C-415 das rund 33 km entfernte Mula, einen Ort der Huerta am Fuße der Sierra del Castillo.In dem von einer Burg überragten Städtchen sind die Kirche San Miguel (1618), der Convento de las Descalzas Reales mit Skulpturen von Salzillo und die etwas südlich gelegene Ermita del Niño sehenswert. Ein kleines Museum für iberische Kunst zeigt Funde aus der Nekropole Cigarralejo.

Cehegín

Nach weiteren 35 km in westlicher Richtung erreicht man Cehegín, den einstigen westgotischen Bischofssitz 'Begastri'. Zu beachten sind die Kirche Santa María Magdalena (16. Jh.) mit einer Sammlung religiöser Kunst, ein kleines archäologisches Museum sowie La Concepción mit einem mudéjaren Täfelwerk. Vom Paseo de la Concepción hat man einen weiten Blick auf die Umgegend.

Caravaca de la Cruz

Wenige Kilometer von Cehegín liegt Caravaca de la Cruz, das seinen Namen einer angeblich 1232 stattgefundenen Kreuzeserscheinung verdankt. Die Stadt besitzt drei sehenswerte Museen: das Museo de la Soledad, ein archäologisches Museum mit vorgeschichtlichen, römischen und maurischen Stücken; das Museo Etnológico, das vor allem landwirtschaftliche und Handwerkergeräte wie eine Hanfschuhmacherbank zeigt; schließlich im Karmelitinnenkonvent ein Museum für religiöse Kunst.

Umgebung von Murcia, Caravaca de la Cruz (Fortsetzung)

Von Caravaca fährt man zurück Richtung Cehegín und nimmt die nach links abzweigende C-3314, auf der man Calasparra erreicht, mit den Resten einer mittelalterlichen Burg schön gelegen in einem Reisanbaugebiet. Vom Santuario de la Esperanza am Río Segura überblickt man die Gegend und den Stausee Embalse del Cenajo.

Calasparra

Auf der C-3314 und später der N-301 kommt man nach Cieza. Auch hier findet man die Ruinen einer alten Burg und der Stadtbefestigung; die Kirche La Asunción kann mit einer Skulptur von Salzillo aufwarten.

Cieza

Rechts abseits der N-301 liegt das Schwefelheilbad Archena, das schon in der Antike besucht wurde.
Über die Industriestadt Molina de Segura kommt man zurück nach Murcia.

Archena

Nach Lorca

Auf der N-340 verläßt man in fast westlicher Richtung die Stadt. Die Straße überquert den Río Segura und erreicht die Umgehungsstraße von Alcantarilla (66 m ü.d.M.), der industriereichen Vorstadt von Murcia am Eingang in die üppige Huerta. Hier lohnt ein Besuch des in einem schönen Garten gelegenen Museo de la Huerta, das mit Ackergeräten, Möbeln und Hausrat die Geschichte der fruchtbaren Huerta de Murcia illustriert.

Alcantarilla

Auf der N-340 kommt man über Librilla, wo Orangen und Zitronen angebaut werden, nach Alhama de Murcia (176 m ü.d.M.), einem Städtchen mit warmen Schwefelquellen, die am Fuß des von einem maurischen Burgturm gekrönten Burgfelsens entspringen.

Alhama de Murcia

Rechts auf der Höhe liegt das Städtchen Aledo (604 m ü.d.M.), dessen Burg im 11. Jh. ein Hauptstützpunkt der Kastilier gegen die Mauren war.

Aledo

Über das alte maurische Totana (233 m ü.d.M.) erreicht man die Huerta de Lorca, deren Fruchtbarkeit auf der Bewässerung aus dem 14 km westlich gelegenen großen Stausee Embalse de Puentes (3 Mio. m^3) beruht. Die Staumauer wurde 1789 erbaut und nach einem Dammbruch 1802 im Jahre 1884 wiederhergestellt.
Die Straße führt nun fast schnurgerade weiter nach → Lorca.

Huerta de Lorca

→ dort

Cartagena

Nerja   **G 9**

Provinz: Málaga (MA)
Telefonvorwahl: 952
Höhe: 21 m ü.d.M.
Einwohnerzahl: 12 000

Nerja ist ein vielbesuchter Badeort an der Mündung des Río Chillar und an der Küstenstraße N-340 der Costa del Sol. Es liegt auf einem steil abfallenden Gelände der Sierra de Mijara. Unter den Arabern war es als 'Narixa' ('wasserreiche Quelle') bekannt. Auch Nerja ist vom Tourismusboom nicht verschont geblieben, wie die Neubauviertel und auch manch trister Strand bezeugen.

Lage und Allgemeines

Balcón de Europa an der Costa del Sol

*Balcón de Europa in Nerja

Der 'Balcón de Europa' ist eine nahe der Ortsmitte auf einem Vorsprung hoch über dem Meer gelegene Aussichtsterrasse, von der man einen herrlichen Blick auf die abwechslungsreiche Küste hat.

Umgebung von Nerja

Cuevas de Nerja

Die 1959 entdeckten Cuevas de Nerja liegen nur wenige Kilometer nordöstlich der Stadt. Sie sind ein aus vier Sälen bestehendes System von Tropfsteinhöhlen mit bizarren Stalaktiten- und Stalagmitenbildungen und vorgeschichtlichen Felsmalereien.
Die Sala de la Cascada ist im Sommer Schauplatz der Spanien-Festspiele; beim Eingang befinden sich ein Restaurant und ein kleines archäologisches Museum.

Olite   I 3

Provinz: Navarra (NA)
Telefonvorwahl: 948
Höhe: 380 m ü.d.M.
Einwohnerzahl: 3000

Lage und
Allgemeines

Das altertümliche Städtchen Olite liegt am Río Cidacos südlich von Pamplona. Es war schon zu römischer Zeit besiedelt, erlebte seine Blüte aber im 15. Jh., als die Könige von Navarra es zu ihrer Residenz machten und ihre ausgedehnte Burganlage erbauen ließen, die fast an ein Labyrinth aus Wehrgängen und Palastteilen erinnert.

Palacio de los Reyes de Navarra

Sehenswertes in Olite

Französische Baumeister begannen im Jahre 1406 im Auftrag Karls III. von Navarra mit dem Um- und Ausbau der ursprünglichen Burganlage zu einer Mischung aus Festung und Palast. Obwohl im 19. Jh. teilweise zerstört, bietet die Burg auch heute noch einen überwältigenden Anblick mit ihren 15 schlanken Türmen und den zinnenbewehrten Mauern. Innerhalb der Burg waren einst großzügige Gärten angelegt; hier ragt der Bergfried (span. Torre de Homenaje) empor. Die Räume waren mit Azulejos und kunstvollen Holzdecken ausgestattet.

*Palacio de los Reyes de Navarra

Die unterhalb des Palastes gelegene Kirche Santa María la Real aus dem 14. Jh. besitzt ein sehr schönes gotisches Portal, in dessen Zentrum die von den Aposteln umgebene Jungfrau Maria zu erkennen ist. Im Inneren ein Retablo aus dem 16. Jh. und eine gotische Christusfigur.

Santa María la Real

Die Kirche San Pedro (12./13. Jh.) fällt durch ihre beiden ungleichen Türme auf. Das Portal, das Szenen aus dem Leben des hl. Petrus zeigt, wird von zwei Adlern flankiert, die Kraft und Güte symbolisieren.

San Pedro

Oña

Provinz: Burgos (BU)
Telefonvorwahl: 947
Höhe: 559 m ü.d.M.
Einwohnerzahl: 1800

Der kleine Ort Oña liegt in hügeliger Umgebung im Norden der Provinz Burgos an der N-232, die Santander mit Logroño verbindet.

Lage und Allgemeines

Sehenswertes in Oña

Monasterio de San Salvador

Das groß angelegte Benediktinerkloster Monasterio de San Salvador wurde im 11. Jh. gegründet. Beachtenswert ist die reiche Innenausstattung der weiträumigen Kirche: ein schön geschnitztes Chorgestühl aus dem 15. Jh., eine romanische Christusfigur links im Hauptschiff, acht Königs- und Edlengräber aus dem 15. Jh. in der ausgemalten Capilla Panteón und weitere Gräber auf der rechten Seite des Hauptschiffes. In der Sakristei ist ein Museum eingerichtet, in dem u.a. eine bemerkenswerte Madonna aus dem 18. Jh. zu sehen ist. Der weitläufige Kreuzgang stammt aus dem 15. Jahrhundert.

Orense/Ourense   C 3

Provinz: Orense (OR)
Telefonvorwahl: 988
Höhe: 125 m ü.d.M.
Einwohnerzahl: 96 000

Lage und Allgemeines

Die Provinzhauptstadt Orense (galic. Ourense) liegt im Süden von Galicien und ist schon im Altertum durch ihre Schwefelthermen (Las Burgas) bekannt geworden. Ihr Name leitet sich vermutlich von dem sagenhaften Gold (span. oro) des Río Miño her, weshalb die Stadt von den Römern 'Aurium' genannt wurde. Sie ist Bischofssitz und war im 6. und 7. Jh. Residenz der suebischen Könige; nach der Vertreibung der Mauren sah sich Orense lange Zeit Überfällen von Normannen und Arabern ausgesetzt.

*Kathedrale

Unweit der Plaza Mayor erhebt sich die Kathedrale San Martín, nach derjenigen von → Santiago de Compostela wohl die schönste Galiciens. Sie wurde im 12. bis 13. Jh. erbaut und nach schweren Schäden durch Erdbeben und Krieg im 16./17.Jh. erneuert. Beide Seitenportale zeigen reichen Skulpturenschmuck. Herausragend ist die reiche romanische Bauplastik des Pórtico del Paradiso ('Paradiespforte') in der nur vom Kircheninneren zugänglichen westlichen Vorhalle. Stilistisch angelehnt an die Pórtico de la Gloria in Santiago stellen die bemalten Figuren im mittleren Bogen die 24 Alten der Apokalypse dar; im Mittelpfeiler erkennt man die hl. Jungfrau und den Apostel Jakobus; auf den Seiten rechts die vier Evangelisten und links vier Propheten.

Innenraum

Im Inneren der Kathedrale teilt ein sehenswertes platereskes Gitter das Presbyterium mit dem Reiterbild des San Martín ab; im linken Querschiff befindet sich das Grabmal des Bischofs Vasco Mariño. Hinter dem Altar erhebt sich ein großer gotischer Retablo aus dem 14. Jahrhundert. Ein Meisterwerk des galicischen Barock ist die Capilla del Cristo, an der von 1567 bis 1574 gearbeitet wurde. Sie enthält neben einem baldachingekrönten Altar eine sehr alte Christusfigur mit natürlichem Haar, die nach der Überlieferung beim Cabo Finisterra an die Küste Galiciens geschwemmt worden sein soll.

Museo Diocesano

Das Diözesanmuseum im Kapitelsaal enthält außer wertvollen Emailarbeiten, die im 13. Jh. geschaffen worden sind, auch acht im 10. Jh. gefertigte Schachfiguren aus Bergkristall.

Um die Plaza Mayor

Museo Arqueológico

Wenige Schritte von der Kathedrale entfernt öffnet sich die arkadenumgebene Plaza Mayor, der Mittelpunkt der Altstadt. An ihrem Südende kommt

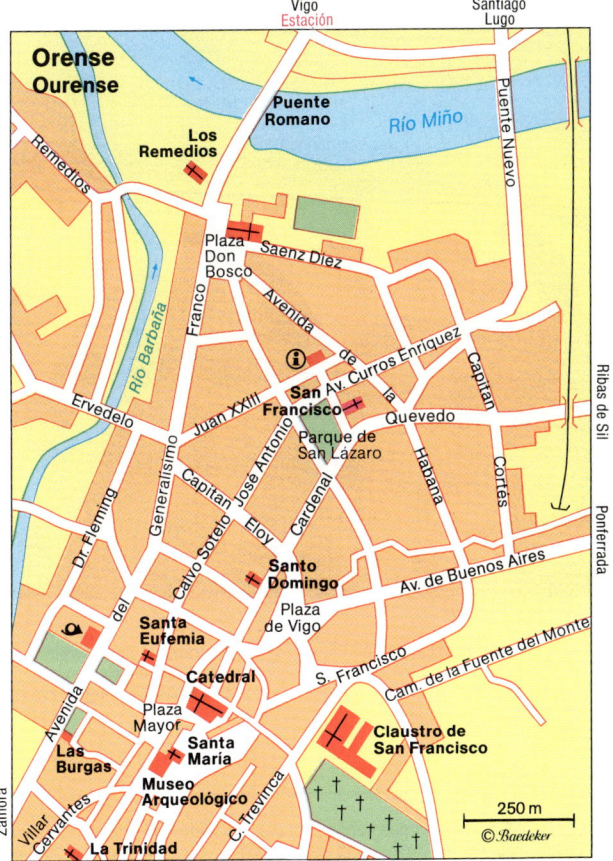

man zum Palacio Episcopal (Bischöflicher Palast), einem unter Denkmalschutz stehenden romanischen Bau mit schönem Arkadenhof. Im Gebäude sind das Museo Arqueológico und das Provinzarchiv untergebracht. Das Museum besteht aus einer archäologischen Abteilung mit prähistorischen Stücken und einer Abteilung mit religiösen Gemälden und Skulpturen.

Im südlichen Teil der Stadt liegt die romanische Kirche La Trinidad aus dem 13. Jh., die man an zwei Rundtürmen und dem gotischen Portal erkennt.

Südwestlich der Plaza Mayor befinden sich in einem Park am Südfuß des Stadthügels die schon im Altertum bekannten drei heißen Quellen Las Burgas (66–68° C).

Nördlich der Plaza Mayor, gegen den Bahnhof zu, überspannt der 1230 erbaute, aber wiederholt erneuerte Puente Romano (Römische Brücke) den Río Miño (galic. Minho); der mittlere Bogen hat eine Höhe von 38 m und eine Spannweite von 43 m. Der Puente Mayor überquert den Fluß weiter stromaufwärts.

Museo Arqueológico (Fortsetzung)

La Trinidad

Las Burgas

Puente Romano

Römische Brücke über den Río Miño

Campo de los Remedios

Am zur Altstadt hin gelegenen Ende des Puente Romano erstreckt sich am Ufer des Río Miño der Campo de los Remedios mit der gleichnamigen Wallfahrtskirche; im Inneren findet man das Gnadenbild der Virgen de los Remedios.

Umgebung von Orense

*San Esteban de Ribas de Sil

Die C-546 läuft durch das schöne Tal des Río Miño und erreicht nach ca. 17 km eine kleine Abzweigung nach rechts, die zum einzigartig auf der Höhe liegenden verlassenen Kloster San Esteban de Ribas de Sil führt, das noch eine Friedhofskapelle des 10. Jh.s, eine gotische Kirche und zwei hübsche Kreuzgänge besitzt.

*Gargantas de Sil

Unterhalb des Klosters bahnt sich der Río Miño in einer wilden und engen Schlucht, den Gargantas de Sil, seinen Weg.

*Monasterio de Osera

Man verläßt Orense auf der N-525 in nordwestlicher Richtung und erreicht nach ca. 20 km eine schmale Nebenstraße nach rechts, die über die Dörfer Cea und Coletas zum Kloster Santa María la Real de Osera (galic. Oseira) führt. Diese imposante Klosteranlage wurde von den Zisterziensern begründet; aus dieser Zeit ist noch das einfache Innere der Klosterkirche mit Wandfresken aus dem 17. Jh. erhalten, während der übrige Teil der Kirche ebenso wie die Klostergebäude im barocken Stil nach einem Brand wieder aufgebaut wurden. Insbesondere die Fassaden von Kirche und Kloster sind in überschwenglichem Barock gehalten. Schönster Raum innerhalb der Kirche ist die Sakristei mit einem Kreuzgewölbe und fächerartigen Säulen aus dem 16. Jahrhundert. Das Kloster besitzt zwei Kreuzgänge aus dem 18. bzw. 16. Jh., wovon in letzterem noch romanische Reste geblieben sind.

Nach Ponferrada

Die nach Osten führende N-120 erreicht nach rund 19 km den Ort Esgos; auf der Höhe liegt die Felskirche San Pedro de Rocas, angeblich auf einem alten Druidenplatz errichtet. Im Inneren sieht man noch Reste romanischer Wandmalereien und einen Taufstein aus dem 10. Jahrhundert.

Esgos

Hinter La Iglesia geht es über den Río Arnoya und in zahlreichen Windungen hinauf zur Paßhöhe Alto de Rodicio (949 m ü.d.M.), von wo man eine weite Aussicht über die grünen galicischen Berge genießt. Von hier zweigt eine schmale Straße zum 5 km entfernten Maceda ab, das noch eine alte Burg besitzt.

Maceda

Nach der Paßhöhe zweigt in Leboreiro eine Nebenstraße zum 7 km entfernten Montederramo ab. Hier findet man eine sehr große, vom 12. bis 17. Jh. errichtete Klosteranlage mit einem Renaissance-Kreuzgang, einem barocken Retablo von Mateo del Padro in der Capilla Mayor und einem prachtvollen Chor.

Montederramo

Das kleine Schwefelheilbad Castro-Caldelas (890 m ü.d.M.) wird von der Burg der Grafen von Lemos aus dem 14. Jh. überragt.

Castro-Caldelas

Nach der Paßhöhe Alto de Cerdeira (890 m ü.d.M.) erreicht man Puebla de Trives (746 m ü.d.M.), einen als Sommerfrische besuchten Ort inmitten mehrerer Stauseen und in hübscher Lage, im Süden vom 1778 m hohen waldreichen Cabeza de Manzaneda überragt.

Puebla de Trives

In zahlreichen Kurven geht es hinter Puebla de Trives hinab in die Codos de Laroco, wo die N-120 einer Römerstraße folgt; in der Ortschaft Petín wird der hier aufgestaute Río Sil auf einer einst römischen Brücke passiert. Über die Bergwerksstadt El Barco de Valdeorras (324 m ü.d.M.), auch durch ihren Wein bekannt, erreicht man schließlich → Ponferrada im Hochtal von Río Sil und Río Boeza.

Zum Portillo de la Canda

Die nach Südosten strebende N-525 ist die Route nach → Zamora. Nachdem man hinter Orense die Eisenbahn passiert hat, geht es in Windungen über das Tal des Río Barbaña und durch ein z.T. bewaldetes Hügelland dem Gebirge entgegen. Man erreicht Allariz (470 m ü.d.M.), die Hauptstadt Galiciens während der Reconquista des Landes. Der Stadtkern ist noch heute von mächtigen, über 1 km langen Mauern umgeben. Vielfach säumen stattliche Adelshäuser die Straßen; besonders auffällig ist die Casa de Armoeiro, deren beide Teile über die Straße hinweg durch einen Bogenübergang verbunden sind. Von den Kirchenbauten sind besonders interessant die 1205 begonnene romanische Santiago mit einem Bildnis der Jungfrau von Juan de Juni sowie das Monasterio de Santa Clara, das einen riesigen barocken Kreuzgang besitzt und in seiner Kirche die Gräber der Kinder von Alfons X. bewahrt.

Allariz

Über Ginzo (galic. Xinzo) de Limia (620 m ü.d.M.) und durch das Tal des Río Támega gelangt man nach Verín (612 m ü.d.M.), einem hübsch an der Vereinigung mehrerer Täler gelegenen Städtchen mit Thermalquellen.

Verín

Wenig westlich Veríns erhebt sich das mächtige Castillo de Monterrey, Grenzfeste im nahen Portugal, dann Gefängnis und heute Parador Nacional. Die Burg entwickelte sich im Laufe der Jahrhunderte zu einer wahren befestigten Stadt, die von drei Mauerringen umgeben ist. Innerhalb der Mauern findet man die im 13. Jh. erbaute Kirche mit einem sehr feinen Portal und einem schönen Retablo, ein Jesuitenkolleg, ein Pilgerhospital aus dem 13. Jh. und den Torre de las Damas (14. Jh.).

*Castillo de Monterrey

Die N-525 führt weiter bergauf und bergab ostwärts durch die Gebirgslandschaft und schließlich hinauf zum Portillo de la Canda (1262 m ü.d.M.),
über den die Grenze zwischen Galicien (Provinz Orense) und Kastilien
(Provinz Zamora) verläuft.

Richtung Portugal

*Celanova

Man verläßt Orense auf der nach Süden führenden N-540 zum etwa 26 km
entfernten Celanova (645 m ü.d.M.). Im Ort steht an der Plaza Mayor das
936 gegründete, berühmte Benediktinerkloster San Rosendo, das sich
heute in überwiegend barocker Form zeigt. Die Kirche besitzt eine herrliche Fassade von Melchor de Velasco. In ihrem Inneren ist man überwäl-
tigt von der barocken Prachtfülle der Retablos, insbesondere desjenigen
der Capilla Mayor; auch der schöne Kreuzgang von 1550 und die holzgetä-
felten Treppenhäuser fügen sich in das Bild barocker Kunstfertigkeit. Vom
ursprünglichen Kloster ist noch die Kirche San Miguel (10. Jh.) im Kloster-
garten erhalten.

Bande

Die N-540 überschreitet mit dem Alto de Vieiro (850 m ü.d.M.) die Montes
de Bande und erreicht gleich darauf den Ort Bande, in römischer Zeit
'Aquis Querquinnis" genannt. Südlich von Bande in Baños am Embalse de
Las Conchas findet man eine sehenswerte westgotische Kirche des
7. Jh.s, die Santa Comba de Bande.

Nach Vigo

Caballino

Zunächst führt die N-120/N-541 in westlicher Richtung zur 13 km entfernten Straßengabelung, wo die N-541 nach Nordwesten abzweigt, auf der
man das von Wäldern umgebene Thermalbad Caballino erreicht.

Ribadavia

Verbleibt man auf der weiter nach Westen führenden N-120, geht es über
Razamonde durch das prächtige Miñotal nach Ribadavia (180 m ü.d.M.),
einem altertümlichen Städtchen mit beachtenswerten Kirchen, darunter
die romanische Kirche San Juan (13. Jh.) und die frühgotische Kirche Santiago; sehenswert ist auch die gotische Klosterkirche Santo Domingo mit
interessanten Grabmälern.
Hinter Ribadavia verläßt die N-120 den Río Miño, überschreitet schließlich
die Grenze zur Provinz Pontevedra und erreicht ⟶ Vigo.

Orihuela   I 7

Provinz: Alicante (A)
Telefonvorwahl: 965
Höhe: 24 m ü.d.M.
Einwohnerzahl: 50 000

Lage und
Allgemeines

Die alte Bischofsstadt Orihuela liegt am Fuß des Cerro de Oro am linken
Ufer des Río Segura, der über schon zu Zeiten Alfons' X. angelegte Bewäs-
serungsgräben die herrlichen Zitronen- und Orangenplantagen bewässert,
die die Stadt umgeben. Die Römer nannten den Ort 'Aurariola', unter den
Mauren hieß er 'Origüela'. Orihuela war vom 16. bis zum 18. Jh. Sitz einer
Universität.

Sehenswertes

El Salvador

Die Kathedrale El Salvador aus dem 14. und 15. Jh. besitzt ein schönes
Nordportal mit einer Verkündigungsszene; im Inneren, dessen Gewölbe-

rippen teilweise Seildekor tragen, findet man einige beachtenswerte Retablos aus dem 16. Jh., darunter jener der Santa Catalina.

Orihuela, El Salvador (Fortsetzung) Museo Diocesano

Das Museo Diocesano (Diözesanmuseum) ist in der Sakristei untergebracht. Es zeigt vor allem Retablotafeln und Gemälde, unter denen die "Versuchung des hl. Thomas von Aquin" von Diego Velázquez und je ein Werk von Morales bzw. Ribera herausragen.

Die spätgotische, im isabellinischen Stil errichtete Kirche Santiago (15. Jh.) liegt unterhalb des Bergrückens im Norden der Stadt. Sie wurde auf Veranlassung der Katholischen Könige für die Ritter des Santiagoordens erbaut, was an der eindrucksvollen Puerta de Santiago durch das Königswappen und die Statue des hl. Santiago am Mittelpfeiler zum Ausdruck kommt. Im Inneren beeindruckt besonders die Skulptur der hl. Familie von Francisco Salzillo in der Capilla de San José. Der Kirchenschatz enthält überwiegend Silbergegenstände.

Santiago

Im Osten der Stadt, ebenfalls unterhalb des Hügels, erstreckt sich die 110 m lange Fassade der einstigen Universität (16. Jh.), das Colegio de Santo Domingo. Das Universitätsgebäude umschließt einen großen Patio und zwei Kreuzgänge; der kleinere, der Claustro de la Universidad im herrerianischen Stil, geht über zwei Etagen.

Colegio de Santo Domingo

Auf einer Höhe über der Stadt wurde im 18. Jh. das Priesterseminar erbaut, von dem man eine schöne Aussicht auf die Stadt und die Huerta hat.

Seminario

Oviedo

E 2

Provinz: Asturias (O)
Telefonvorwahl: 985
Höhe: 228 m ü.d.M.
Einwohnerzahl: 200 000

Oviedo liegt etwa 30 km von der spanischen Nordküste entfernt auf einem Hügelabhang von den Ausläufern des Kantabrischen Gebirges umschlossenen fruchtbaren Hochebene. Es ist als Hauptstadt geistiges Zentrum der Provinz Asturias, Bischofssitz und Universitätsstadt. Oviedo lebt von Bergbau und Industrie (Waffen); das Stadtbild ist wenig ansprechend, obgleich es um die Kathedrale herum noch hübsche Plätze gibt.

Lage und Allgemeines

An der Stelle des antiken 'Ovetum' entwickelte sich im 8. Jh. aus einem Mönchskloster die Stadt. Alfons II. verlegte den asturischen Hof nach Oviedo, das dann von 810 bis 924 Hauptstadt des den Mauren Widerstand leistenden Königreichs war, bis dieses mit León und Kastilien vereinigt wurde. Als man im 18. Jh. mit der Ausbeutung der Kohlevorkommen begann und die Königliche Waffenfabrik errichtet wurde, war der Anfang für den Aufstieg Oviedos zur Industriestadt gemacht. Aus dieser Zeit stammt auch der wesentliche Teil der Stadtanlage. Bei dem im Jahre 1934 ausgebrochenen Aufstand der asturischen Bergarbeiter sowie bei der fast zweijährigen Belagerung durch Truppen der Republik im Spanischen Bürgerkrieg (1936/37) wurden zahlreiche Gebäude, darunter die Cámara Santa, die Kathedrale und die Universität, schwer beschädigt. Im Südwesten von Oviedo ist seitdem ein neuer Stadtteil entstanden.

Geschichte

Vom Parque de San Francisco zur Plaza Mayor

Mittelpunkt der Stadt ist der 6 ha große Parque de San Francisco, an dessen Nordostecke die Plaza de la Escandalera und das Gebäude des Consejo Regional de Asturias liegen. Unweit nördlich von der Plaza befindet sich an der anschließenden Plaza del Progreso das Theater. Von der Plaza

Plaza de la Escandalera

Blick von Naranco auf Oviedo

Plaza de la Escandalera (Fortsetzung)	de la Escandalera führt die Calle de Uría, der besonders nachmittags und abends belebte Hauptstraßenzug der Stadt, zu dem am Nordwestende der Straße gelegenen Nordbahnhof (Estación del Norte).
Plaza Mayor	Die von der Plaza de Escandalera nach Südosten führende belebte Calle de Fruela mündet auf die von Arkaden umgebene Plaza Mayor, an der sich an der Südwestecke die 1578 erbaute ehemalige Jesuitenkirche San Isidoro und an der Nordseite das Ayuntamiento (Rathaus) erheben, ein Bau von Juan de Naveda aus dem Jahr 1662.
Plaza Daoiz y Velarde	Unweit südwestlich der Plaza Mayor öffnet sich die lauschige Plaza de Daoiz y Velarde, von barocken Häusern umstanden.

*Kathedrale

Von der Plaza Mayor gelangt man durch das Rathaustor auf die Calle la Rúa und auf dieser zu der im nördlichen Teil der Altstadt gelegenen Kathedrale (Basílica del Salvador), die anstelle einer von König Fruela I. im 8. Jh. errichteten Kirche gebaut wurde. Der 1388 begonnene und im Inneren 1498 fertiggestellte gotische Bau besitzt zum Domplatz hin drei ungleiche Portale, von denen das Mittelportal ein barockes Relief der Verklärung Christi trägt. Der 82 m hohe, 1539 vollendete Turm gilt als einer der schönsten Kirchtürme Spaniens. Von seiner Spitze hat man einen lohnenden Rundblick.

Innenraum *Retablo	Im harmonischen Inneren der Kathedrale fällt zunächst der übergroße, prächtige Retablo in der Capilla Mayor auf, ein Werk von Gerald von Brüssel und Juan de Balmaseda aus dem Jahr 1520. In den vielen Bildfeldern ist das Leben Jesu dargestellt. Weiterhin findet man in der Capilla Mayor das gotische Grabmal für Erzbischof Arias de Villar (um 1500).

Plaza de la Escandalera

Im linken Seitenschiff befindet sich die barocke Capilla de Santa Eulalia, die eine vergoldete Silberkassette des 11. Jh.s mit den Gebeinen der hl. Eulalia enthält. An das nördliche Querschiff schließt die Capilla del Rey Casto ('Kapelle des keuschen Königs') an, die Alfons II. zum 'Panteón de los Reyes', der Grabstätte der asturischen Könige, machte. Allerdings ist in ihr nur ein Königssarkophag aus dem 8. Jh. zu sehen.

Innenraum der Kathedrale (Fortsetzung)

Vom südlichen Querschiff gelangt man über Treppen in die Cámara Santa, in der die Heilige Truhe (span. Àrca Santa) aufbewahrt wird, ein äußerst wertvoller Reliquienschatz, der nach dem Fall des westgotischen Reiches von Toledo vor den Mauren nach Asturien in Sicherheit gebracht wurde. Die Pilger nach Santiago de Compostela (→ Jakobsweg) verbanden daher ihre Wallfahrt oft mit einem Besuch in Oviedo.
Man betritt zunächst die im 12. Jh. erweiterte Vorhalle, die zu dieser Zeit mit je sechs herrlich gearbeiteten Apostelpaaren an den Säulen und einem Christuskopf über der Tür ausgestattet wurde. Im sich anschließenden Raum steht die silberbeschlagene, mit Reliefs verzierte Heilige Truhe, die aus dem Heiligen Land stammende Reliquien enthält. Zu den weiteren Prunkstücken des Kirchenschatzes zählen das Kreuz der Engel (span. Cruz de los Ángeles) aus edelsteinverziertem und goldbeschlagenem Zedernholz (9. Jh.); das Siegeskreuz (span. Cruz de la Victoria), das angeblich Pelayo in der Schlacht von Covadonga (→ Picos de Europa) begleitete und welches Alfons III. 908 aufarbeiten ließ; eine Achattruhe aus derselben Zeit; ein byzantinisches Diptychon aus dem 6. Jh. und zwei aus dem 13. Jh. stammende Diptychen aus Silber bzw. Elfenbein.
Unter der Cámara Santa liegt die Capilla de Leocadia mit Gräbern aus dem 12. Jahrhundert.

**Cámara Santa

An das südliche Querschiff schließt sich ein stimmungsvoller Kreuzgang (9./15. Jh.) an, in dem sich ebenfalls mehrere Grabmäler und Pilgergrabsteine befinden.

Kreuzgang

Oviedo

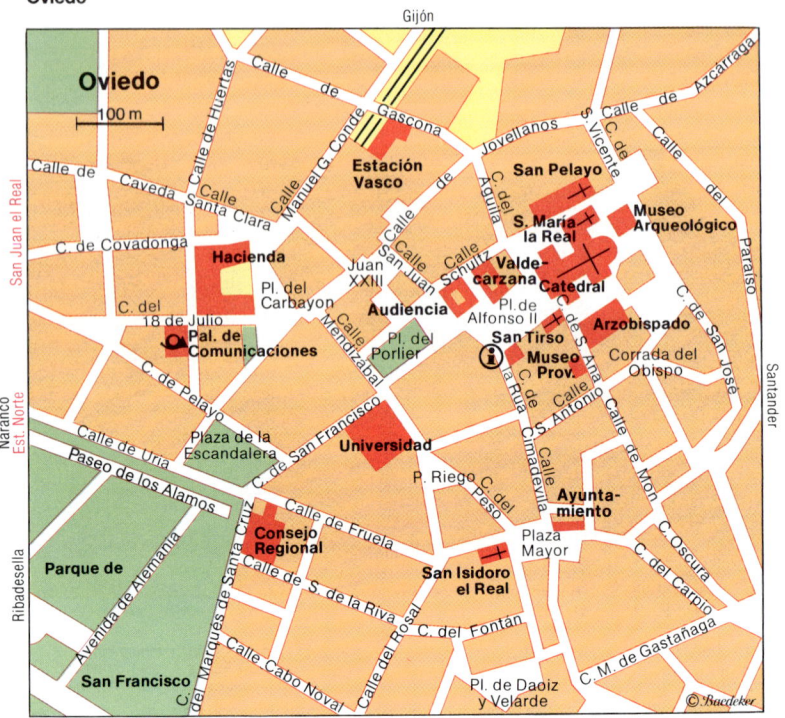

Um die Kathedrale

Plaza de Alfonso II

Vor der Kathedrale öffnet sich die weite Plaza de Alfonso II, an der einige bemerkenswerte Gebäude stehen: an der Westecke der Palacio de Valde-carzana aus dem 17. Jh. und etwas weiter zur kleinen Plaza Porlier hin der Palacio de Camposagrado (Audiencia; 18. Jh.); schräg gegenüber an den Straßenecken der Palacio de Toreno (17. Jh.) und das einfache Universi-tätsgebäude, im Jahre 1608 von Erzbischof Fernando Valdés Sala gegrün-det, dessen Bronzestatue im Hof steht; an der Südostseite des Domplat-zes erkennt man in der Mitte das älteste profane Gebäude Oviedos, die Casa de la Rúa (15. Jh.) und daneben die Kirche San Tirso, die auf das 9. Jh. zurückgeht, im 18. Jh. jedoch ihre heutige Gestalt erhielt.

Museo Provincial de Bellas Artes

An die Kirche San Tirso schließt in der Calle de Santa Ana der barocke Palacio de Velarde an, in dem sich das Museo Provincial de Bellas Artes befindet, das Werke aus Renaissance und Barock sowie Bilder zeitgenös-sischer Maler Asturiens zeigt.

Palacio Episcopal

Geht man um die Kathedrale herum, erblickt man zunächst rechts den Palacio Episcopal (Bischofspalast; 16.–18. Jh.).

Museo Arqueológico

Hinter der Kathedrale wurde im Kreuzgang des ehemaligen Convento de San Vicente (im 8. Jh. gegründet und im 15. Jh. umgebaut) das Museo Arqueológico eingerichtet. Es zeigt im zweiten Stock steinzeitliche Funde aus der Umgebung; im ersten Stock römische Münzen, Skulpturen,

Mosaiken und weitere Zeugnisse der römischen Herrschaft in Iberien; schließlich im Erdgeschoß präromanische und romanische Kunst vor allem aus Asturien, darunter der Altarstein von Santa María de Naranco.

Museo Arqueológico (Fortsetzung)

Durch einen Tordurchgang gelangt man vom Museum auf die Plaza Feijido, wo links der Spätrenaissancebau (1592) der Kirche Santa María la Real steht, in deren Innerem sich Grabstätten bedeutender Persönlichkeiten befinden.

Santa María la Real

An den Gebäudekomplex von Kathedrale, Museum und Santa María la Real schließt sich der große Convento de San Pelayo an, an dem vom 11. bis ins 18. Jh. gebaut wurde.

Convento de San Pelayo

Etwas außerhalb des Zentrums, im Vorort Santullano (zu erreichen über die Calle G. Conde Richtung Avilés/Gijón) liegt die größte präromanische Kirche Spaniens, die 25 × 30 m messende San Julián de los Prados. Bemerkenswert ist die zweigeteilte Apsis: unten der Altar, darüber eine versteckte Kammer.

Santullano

Umgebung von Oviedo

✳Naranco

2 km nordwestlich der Stadt liegt am Abhang der Sierra de Naranco (1233 m) der kleine Ort Naranco, wo sich zwei sowohl historisch als auch kunstgeschichtlich äußerst bedeutende Kirchenbauten befinden. Man erreicht Naranco von Oviedo, indem man auf der Calle de Uría in Richtung Nordbahnhof (Estación del Norte) fährt, kurz zuvor jedoch nach links in die Calle Independencia und gleich wieder rechts auf den Viaducto Ingeniero

Santa María del Naranco

Treppenvorbau an Santa María   *San Miguel de Lillo*

Marquina abbiegt, auf dem man die Bahnlinie überquert. Hier wendet man sich nach rechts und folgt der nun ausgeschilderten Straße bergauf.

*Santa María del Naranco

Die Kirche Santa María del Naranco liegt links unterhalb der Straße auf einem von Bäumen umgebenen Rasenstück, von dem man einen weiten Blick auf Oviedo hat. Das Kirchlein war ursprünglich Empfangshalle im Palast des asturischen Königs Ramiro I. (um 850) und wurde im 10. und 11. Jh. in ein Gotteshaus umgewandelt. Das als langestrecktes Rechteck angelegte Gebäude besitzt an beiden Stirnseiten dreibogige offene Vorräume und an der der Straße zugewandten Längsseite einen Treppenaufgang zur Kirchentür. Sowohl hier als auch im Inneren fallen die mit dem asturischen Kordelmuster gearbeiteten Säulen auf, die außen korinthische, innen trapezförmige Kapitelle tragen. Zwischen den Bögen erkennt man skulptierte Medaillons.

*San Miguel de Lillo

Nur wenig oberhalb von Santa María kommt man zur Kirche San Miguel de Lillo, die einstige Kapelle des Königspalastes aus dem 9. Jh., die jedoch im 15. Jh. Erneuerungen erfuhr. Auffallend ist das gedrungene Äußere der dreischiffigen Kirche, an der wiederum außen wie innen das Kordelmotiv begegnet. Zu beiden Seiten des Eingangs erblickt man gleiche, in byzantinischer Tradition gearbeitete Flachreliefs: ein von Würdenträgern begleiteter Konsul. Die feinen Steinmetzarbeiten der Fenster werden neuerdings durch vorgeschraubte Glasscheiben vor Zerstörung geschützt.

Zu den Picos de Europa

Pola de Siero

Man verläßt die Stadt auf der Calle de Azcárraga und der nach Osten strebenden N-634 und erreicht nach 13 km das von vielen Kohlengruben umgebene Pola de Siero, bekannt wegen der an den Ostertagen veranstalteten Fiesta de Huevos Pintos ('Fest der bemalten Eier').

Der Río Sella kommt aus den Picos de Europa

Es folgt das alte Städtchen Nava, wo man die romanische Kirche San Bar-   Nava
tolomé, Teil eines ehemaligen Benediktinerklosters, und zwei Adelspaläste
besichtigen kann.

In Nava zweigt die C-6310 zum 13 km entfernten Ort Valdediós ab, wo sich   Monasterio de
das Kloster San Salvador befindet, bei dem die 893 geweihte Kirche glei-   Valdediós
chen Namens steht. Sie ist ein weiteres schönes Beispiel der präromani-
schen asturischen Kirchenbauweise mit Kordelmotiv, mozarabischen
Einflüssen und Resten von Wandmalereien im Inneren. Zum Kloster gehört
ein Kreuzgang aus dem 15. bis 17. Jahrhundert.

Wenig zur Rechten (1,5 km) von Nava liegt der stille kleine Badeort Baños   Baños de
de Fuensanta mit heißen Schwefelquellen.   Fuensanta

Über die Kleinstadt Infiesto, wo sich die Wallfahrtskirche Santuario Virgen   Arriondas
de la Cueva befindet, gelangt man nach 65 km von Oviedo nach Arriondas,
einem Städtchen an der Mündung des Río Piloña in den Sella, wo Salme,
Forellen und Aale geangelt werden können. Arriondas bietet sich als Ausgangspunkt für eine nähere Erkundung der herrlichen Bergwelt der
⟶ Picos de Europa an.

Zwischen teilweise bewaldeten Höhenzügen führt die N-634 von Arrion-   Zur Costa Verde
das durch das hübsche Tal des Río Seila nach Llovio, wo die Küstenstraße
N-632 von ⟶ Gijón und Ribadesella einmündet.

Über den Puerto de Pajares

Die Fahrt auf der nach Süden führenden N-630 führt durch das Kantabri-   Mieres
sche Gebirge (span. Cordillera Cantábrica) nach ⟶ León. Die Straße
erreicht zunächst eine Höhe, von der man einen schönen Rückblick auf

Mieres (Fortsetzung)	Oviedo hat, geht dann stark bergab (12%) nach Olloniego, wo man den Río Nalón überquert, und erreicht die Industriestadt Mieres (207 m ü.d.M.) im Mittelpunkt der asturischen Montanindustrie, mit Eisen-, Schwefel- und anderen Gruben sowie vielen Hochöfen, Stahl- und Zinkwerken.
Pola de Lena	Die N-630 führt weiter in Richtung des Kantabrischen Gebirges und gelangt nach Pola de Lena, dem Geburtsort von Gonzalo Bayón, dem Eroberer von Florida. 4 km hinter der in einem weiten schönen Tal liegenden Stadt befindet sich links auf einem Hügel die westgotische Ermita de Santa Cristína de Lena aus dem 9. Jh., die wie San Miguel de Lillo und Santa María de Naranco dem Baumeister Ramiros I. zugeschrieben wird. Die einschiffige Kirche weist zahlreiche Stützpfeiler auf.
Puerto de Pajares	Mit einer bis zu 15prozentigen Steigung geht es hinauf zur Paßhöhe Puerto de Pajares (1364 m ü.d.M.) auf der Hauptkette des Kantabrischen Gebirges, wo in prächtiger Aussichtslage ein Parador Nacional zum Verweilen und zum Wintersport (Skilift) einlädt. Die Höhe markiert die Grenze zwischen Asturien und León.
	Am Südhang des Gebirges führt die N-630 nun bergab und über La Pola de Gordón nach León (insgesamt 120 km von Oviedo).

Zur westlichen Cordillera Cantábrica

	Von der N-634 aus, die in Richtung Westen auf der Avenida de Galicia die Stadt verläßt, bietet sich zunächst nach rechts ein Blick auf Naranco mit seinen beiden westgotischen Kirchen. In Windungen geht es durch ein hübsches Hügelland, vorbei an den Höhen des Puerto del Aramo (1715 m ü.d.M.) und an der Abzweigung zu dem abseits am Río Nalón gelegenen Thermalbad Caldas de Oviedo.
Grado	Die N-634 überquert den Río Nalón und führt flußabwärts über Peñaflor nach Grado, wo man das kleine, aber interessante Museo Etnológico besuchen kann.
Cueva de Candamo	12 km nördlich von Grado liegt inmitten eines Obstbaugebietes die Höhle von Candamo, in der man 1913 vorgeschichtliche Malereien und Gravuren entdeckte.
Cornellana	Ab Grado geht die Straße stark bergauf (10 %) und wieder hinab, dann über den Río Narcea nach Cornellana. Die ehemalige Klosterkirche San Juan Bautista wurde im 12. Jh. erbaut und im 17. Jh. renoviert; der größte Teil des übrigen Klostergebäudes ist barock.
Salas	Bedeutendste Sehenswürdigkeit des Städtchens Salas ist die Kollegiatskirche Santa María (16. Jh.), die das weiße Marmorgrabmal des Großinquisitors Fernando de Valdés enthält, das Pompeo Leoni 1568 schuf. Weiterhin beachtenswert im Ort sind ein Castillo und einige Herrenhäuser.
Ins Gebirge	Hinter Salas führt die Straße weiter nach La Espina, wo links kurvenreiche Bergstraßen über die Cordillera Cantábrica nach ⟶ Lugo (153 km) bzw. nach ⟶ Ponferrada (151 km) abzweigen. Auf beiden Routen durchfährt man eine herrliche Bergwelt und kommt immer wieder in den Genuß überwältigender Aussichten. Auf der C-631 nach Ponferrada kommt man durch Cangas de Narcea, ein Zentrum für Bergwanderer und Forellenangler. Die C-630 nach Lugo durchquert das Tal des Río Navia, der mehrmals gestaut ist und wo ebenfalls hervorragende Angelmöglichkeiten bestehen.
Zur Costa Verde	Bleibt man in La Espina auf der N-634, gelangt man bergab in das reizvolle Tal des Río Ore, dem man bis Canero zur Costa Verde (Umgebung von ⟶ Gijón) folgt.

Palencia

Provinz: Palencia (P)
Telefonvorwahl: 988
Höhe: 700 m ü.d.M.
Einwohnerzahl: 75 000

Die alte Stadt Palencia, das 'Pallatia' der Vakkäer, liegt am linken Ufer des Río Carrión zwischen → Burgos und → Valladolid auf der Meseta von Altkastilien. Die sie umgebende Landschaft ist die 'Tierra de Campos', eine dank der Bewässerung durch den Canal de Castilla fruchtbare Getreideebene. Seinen industriellen Aufschwung verdankt Palencia der Textil- und der Automobilindustrie. Palencia ist heute eine quirlige Mittelstadt mit nur noch wenigen Relikten aus seiner langen Geschichte.

Lage und Allgemeines

Palencia wurde im Laufe der Zeit dreimal zerstört: zuerst durch die Römer, dann von den Westgoten und schließlich von den Mauren. Nach dieser letzten Heimsuchung wurde die Stadt erst im 11. Jh. wieder aufgebaut. Sie erlebte ihre Blütezeit im 12. Jh., als die kastilischen Könige und die Cortes hier ihren Sitz nahmen. Im 13. Jh. gründete König Alfons VIII. von Kastilien in Palencia die erste Universität Spaniens.

Geschichte

*Catedral San Antolín

Westlich von der Plaza Mayor, unweit des Río Carrión, erhebt sich an der Plaza de San Antolín die beeindruckende Kathedrale. Sie umschließt die Reste einer aus dem 7. Jh. stammenden westgotischen Kapelle, die nach ihrem Wiederaufbau im 11. Jh. durch Sancho von Navarra zur Krypta geworden ist. Das heutige Äußere der 1321 bis 1516 gebauten Kathedrale

San Antolín

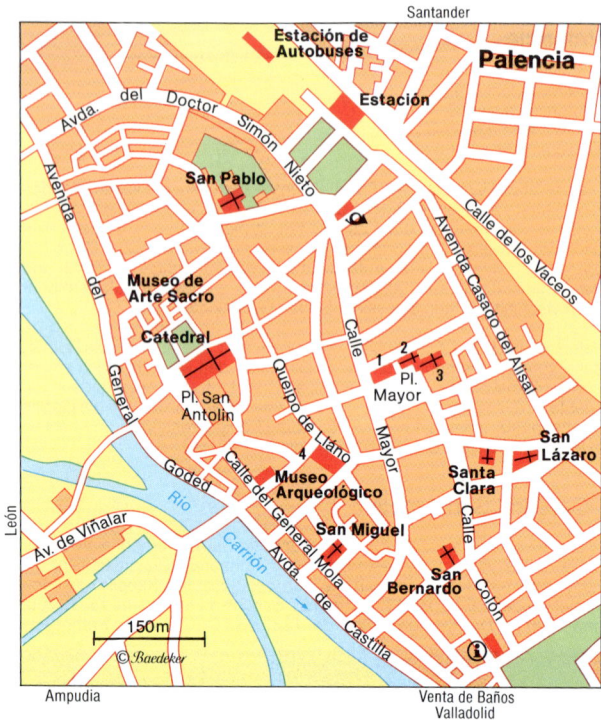

1 Ayuntamiento
2 La Soledad
3 San Francisco
4 Nuestra Señora de la Calle

Kathedrale (Fortsetzung)

ist geprägt von ihrem unvollendeten Südturm und den beachtenswerten Portalen: die Puerta del Obispo (15. Jh.; links) mit der Statue des hl. Antolín in der Bogenspitze, ein Werk von Diego Hurtado de Mendoza; die Puerta de los Novios (16. Jh.; rechts); ferner am linken Querschiff die platereske Puerta de los Reyes mit Skulpturenschmuck.

Innenraum

Im Inneren der 130 m langen und 28 m hohen Kathedrale beeindruckt der wertvolle Skulpturenschmuck von Simon von Köln und Gil de Siloë am Trascoro, an dessen Rückwand eine platereske Treppe hinab zur Krypta führt, der ursprünglichen Kirche aus dem 7. bzw. 11. Jh., in der Reliquien des Stadtheiligen Antolín verwahrt werden. Das Altarbild am Trascoro malte Juan de Holanda im Jahre 1505.

Die mit einem schönen Gitter (span. reja) von Cristóbal Andino versehene Capilla Mayor von 1520 besitzt einen prachtvollen plateresken Retablo, dessen Skulpturen hauptsächlich von Felipe Vigarny, die Kreuzigungsszene von Juan de Valmaseda und die zwölf Gemälde von Juan de Flandes stammen. In der Capilla Mayor Vieja, hinter der heutigen Hauptkapelle, befinden sich die Grabstätten der Inés de Osorio (15. Jh.) und der Königin Urraca von Navarra (12. Jh.).

Auch der Chor hat eine reiche Reja von 1555; das geschnitzte Chorgestühl wurde 1519 angefertigt.

Von den allesamt mit außerordentlich schönen Gittern verschlossenen Seitenkapellen sind die Capilla del Sagrario und die Capilla de San Ildefonso mit ihren Retablos von besonderem Interesse, wobei das letztere von Juan de Valmaseda stammt. Im südlichen Querschiff findet man ein interessantes Uhrwerk.

Im Kreuzgang und im Kapitelsaal ist ein Museum eingerichtet, das außer vier flämischen Gobelins aus dem 15. Jh. Gemälde von El Greco, Zurbarán und Cerezo sowie Skulpturen und Grabmäler zeigt. Zum Museum gehört auch die Schatzkammer, wo u.a. eine silberne Custodia von Juan de Benavente (16. Jh.) sowie ein Bild von Lucas Cranach, Karl V. darstellend, zu sehen sind.

Weitere Sehenswürdigkeiten

Das Museo de Arte Sacro (Museum für religiöse Kunst) im Palacio Episcopal unweit nördlich der Kathedrale ergänzt die Sammlung des Kathedralmuseums.

Von der Plaza San Antolín gelangt man zur Plaza Cordón, wo man im Museo Arqueológico wertvolle iberische und römische Sammlungen besichtigen kann.

Unweit vom Museo Arqueológico findet man an der kleinen Plaza Isabel la Católica die bescheidene Kirche Nuestra Señora de la Calle (16. Jh.); im Innern die Virgen de la Calle, Schutzpatronin der Stadt, und barocke Altäre.

Weiter südlich erkennt man die gotische Pfarrkirche San Miguel (13./14. Jh.) an ihrem mächtigen zinnengekrönten Turm; in diesem Gotteshaus wurde der spanische Nationalheld El Cid (⟶ Berühmte Persönlichkeiten) mit Doña Jímena getraut.

Plaza Mayor mit Berruguete-Denkmal und Rathaus

Plaza Mayor	Die Plaza Mayor westlich der Kathedrale ist der schöne Mittelpunkt der Stadt mit Bars und Cafés. An ihr stehen das Rathaus und die Kirche San Francisco; in ihrer Mitte erhebt sich ein modernes Denkmal zu Ehren des im nahe gelegenen Paredes de Nava geborenen Bildhauers Alonso Berruguete. An der Plaza Mayor führt die belebte Hauptgeschäftsstraße der Stadt, die Calle Mayor, vorbei.
San Bernardo	Am südlichen Ende der Calle Mayor entdeckt man in der Calle San Bernardo die Capilla San Bernardo, deren eindrucksvolle Fassade als historisch-künstlerisches Monument unter Denkmalschutz steht.
Convento de Santa Clara	In der weiter nordöstlich liegenden Calle de Burgos findet man das Convento de Santa Clara des späten 14. Jh.s, das ein schönes Kirchenportal und im Inneren einen eindrucksvollen liegenden Christus besitzt.
San Pablo	Im nördlichen Teil der Stadt erhebt sich nahe dem Bahnhof die Kirche San Pablo (15. Jh.), deren Fassade aus dem 17. Jh. stammt; in der Capilla Mayor ein großer platéresker Retablo sowie Grabmäler der Familie Rojas (16. Jh.), ferner im Chor ein spätgotischer Schnitzaltar.

Umgebung von Palencia

Ermita Cristo de Otero	Nördlich der Stadt steht auf einer Erhebung die kleine Ermita Cristo de Otero, Ziel einer alljährlich im April stattfindenden Wallfahrt von Palencia aus. Das Gotteshaus ist ein Werk des Kanonikus Juan de Tordesillas und wird überragt von einer 20 m hohen Statue des Santo Cristo Rey von Victorio Macho.
Monzón de Campos	Auf der nach Norden Richtung ⟶ Santander strebenden N-611, vorbei an der Burg von Fuentes de Valdepero, kommt man nach 13,5 km nach Monzón de Campos, dessen mittelalterliches Castillo heute ein Parador Nacional ist. In unmittelbarer Nachbarschaft liegt der Königspalast Altamira.
*Frómista	Die N-611 führt weiter nördlich zu dem jenseits des Canal de Castilla liegenden Frómista, einer ehemaligen Pilgerstation am ⟶ Jakobsweg; von dem einstigen Benediktinerkloster (11. Jh.) steht noch die Backsteinkirche San Martín (1066), ein bedeutendes Denkmal des romanischen Stils in Spanien mit einem achteckigen Vierungsturm und zwei Rundtürmen an der einfachen Hauptfassade. In der Kirche Santa María findet man einen großen Retablo des 15. Jahrhunderts.
Santillana de Campos	Weiter nördlich, vorbei an Marcilla de Campos erreicht man nach 45 km auf der N-611 von Palencia Santillana de Campos, wo noch ein 40 m hoher mittelalterlicher Wachtturm steht.
*Baños de Cerrato	Nach Südosten führt die N-611 Richtung Valladolid und mündet schon bald in die von ⟶ Burgos kommende N-620, die weiter dem Lauf des Río Pisuerga folgt. In unmittelbarer Nähe dieser Straßengabelung liegt der Eisenbahnknotenpunkt Venta de Baños (731 m ü.d.M.), eine industriereiche Ortschaft; 2¹/₂ km östlich befindet sich das Bad Baños de Cerrato, dessen Quelle schon den Westgotenkönig Recceswinth von einem Steinleiden befreite. Hier besichtige man die kleine Basilika San Juan Bautista, die 661 von Recceswinth als Dank für seine Heilung gestiftet und im 9. Jh. erneuert wurde. Sie ist wohl eine der ältesten Kirchen der Iberischen Halbinsel. Im Inneren tragen Hufeisenbögen auf einfachen Säulen mit Blattkapitellen die drei Schiffe; die Jahreszahl der Gründung erkennt man auf dem großen Bogen, der sich zur Apsis öffnet. In dieser eine Alabasterfigur Johannes' des Täufers.
Dueñas	Weiter in südlicher Richtung liegt an der N-620 beim Ort Dueñas das im 10. Jh. gegründete Trappistenkloster San Isidro de Dueñas, dessen statt-

Über 1000 Jahre alt: Kirchlein in Baños de Cerrato

liche romanische Kuppelkirche einen geschnitzten Retablo des 16. Jh.s besitzt; anstoßend eine 1963 ausgebrannte römische Villa mit sehenswertem Mosaik. Dueñas selbst ist ein sehr malerischer Ort, in dem sich Isabella von Kastilien und Ferdinand von Aragón das erste Mal begegneten. In der aus dem 13. Jh. stammenden romanisch-gotischen Kirche Santa Maria (13. Jh.) ist ein flämischer Retablo des 15. Jh.s von Interesse.

Dueñas
(Fortsetzung)

Auf der nach Nordwesten führenden C-613 erreicht man nach 22 km Paredes de Nava, das zur Zeit Juans II. Sitz eines Grafen war. Der Dichter Jorge Manrique, der Maler Pedro Berruguete und dessen Sohn Alonso, der als Bildhauer Berühmtheit erlangte, wurden in Paredes de Nava geboren. Bedeutendstes Baudenkmal ist der romanische Turm der Kirche Santa Eulalia, deren Pfarrmuseum eine sehr beachtenswerte Kunstsammlung mit Werken der beiden Berruguetes, Gil de Siloë, Juan de Flandes und Juan de Valmaseda besitzt.

Paredes
de Nava

Nach 40 km auf der C-615 durch das Tal des Rio Carrión gelangt man nach Carrión de los Condes, einer ehemaligen Pilgerstation am Jakobsweg. Das Städtchen war Heimat der Grafen von Carrión, die, von der Aussicht auf reiche Mitgift getrieben, die Töchter des Nationalhelden Cid freiten, diese dann aber auf dem Heimweg erbärmlich prügelten und zurückließen. Ihr Vater schickte den ehrlosen Schwiegersöhnen einige seiner Ritter hinterher und ließ sie umbringen.

**Carrión de
los Condes**

Das Benediktinerkloster San Zoilo (11. Jh.) besitzt einen sehenswerten Kreuzgang in platereskem Stil; die Kirche Santa María del Camino (11. Jh.) fällt durch Stierkopfskulpturen an der Fassade auf. Das Portal der Kirche Santiago (12. Jh.) trägt einen schönen romanischen Figurenfries.

Sehenswertes

7 km südöstlich von Carrión de los Condes liegt Villalcázar de Sirga, dessen Kirche Santa María la Blanca (12. Jh.) von den Tempelrittern gegründet wurde. Die drei gotischen Grabmäler im Inneren erinnern an den Thronfol-

Villalcázar
de Sirga

Umgebung von Palencia, Villalcázar (Forts.)	ger Felipe, der 1271 von Alfons X. ermordet wurde, an seine Gattin Doña Leonor de Castro und einen Ritter ihres Gefolges.
Pedrosa de la Vega	Verfolgt man die C-615 weiter in nordwestlicher Richtung, kommt man nach 21 km zum links liegenden Pedrosa de la Vega. Hier wurden 1968 die Reste einer römischen Stadt entdeckt. In der sog. Villa Olmeda fand man dabei Mosaiken, die zu den schönsten aus der römischen Zeit erhalten gebliebenen zählen.
Quintanilla de la Cueza	Im 15 km westlich von Carríon de los Condes liegenden Quintanilla de la Cueza kann man ebenfalls sehr schöne römische Mosaiken besichtigen.

Pamplona / Iruñea   I 2

Provinz: Navarra (NA)
Telefonvorwahl: 948
Höhe: 449 m ü.d.M.
Einwohnerzahl: 200 000

Lage und Allgemeines	Das geschichtsträchtige Pamplona (bask. Iruñea), Hauptstadt der Provinz Navarra und wichtigster Ort der spanischen Pyrenäen, liegt am Westrand des Gebirges auf einem Hügel über dem linken Ufer des Río Arga. Pamplona ist weltbekannt für seine alljährlich vom 6. bis 14. Juli stattfindende
*Fiesta de San Fermín	Fiesta de San Fermín, die mit eigenartigen Umzügen der 'Gigantes' (Riesen) und 'Cabezudos' (Großköpfe), einer Prozession zu Ehren des hl. Firmian am 7. Juli, begangen wird. Die gesamte Festwoche über finden Stierkämpfe statt. Jeden Morgen werden die Kampfstiere durch die abgesperrten Straßen der Stadt zur Plaza de Toros getrieben, wobei zahlreiche wagemutige Männer und seit wenigen Jahren auch Frauen sich ihnen in

Hier heißt es schnell sein: Fiesta de San Fermín

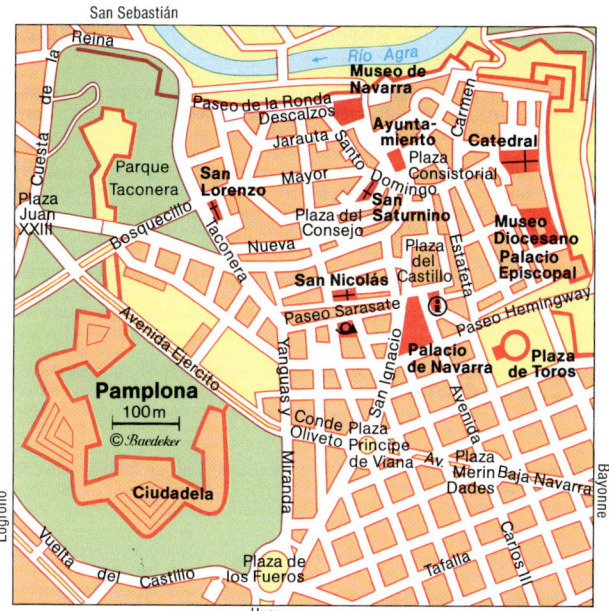

den Weg stellen und unter den Anfeuerungsrufen der Zuschauer durch die Straßen jagen lassen. Diesen 'encierro' genannten Brauch beschrieb Ernest Hemingway, der sich regelmäßig selbst von den Stieren hetzen ließ, eindringlich in seinem Roman "Fiesta" ("The Sun also Rises").

Angeblich gründete der römische Feldherr Gnaeus Pompeius Magnus im Winter 75 v. Chr. während seines Feldzuges gegen Sertorius die Siedlung 'Pompaelo'. Die Goten, die im 5. Jh. die Stadt eroberten, wurden ihrerseits von den Mauren vertrieben, mit denen die Einwohner Pamplonas einen Pakt schlossen. Hier sammelte sich das arabische Heer, das 732 bei Tours und Poitiers besiegt wurde. Karl der Große ließ 778 die Festung schleifen, und Pamplona versank für mehrere Jahrhunderte in der Bedeutungslosigkeit. Erst die Pilger des → Jakobsweges belebten die Stadt wieder, und es entstanden drei Stadtkerne, die 'Navarrería' der Alteingesessenen, das neue San Cernin, wo hauptsächlich französische Kaufleute und Handwerker wohnten und das ebenfalls neue San Nicolás. Der Gegensatz zwischen diesen Stadtvierteln entlud sich im 13. bis 15. Jh., als die Könige von Aragón bzw. Kastilien mit den französischen Königen von Navarra um die Herrschaft über Pamplona stritten und dabei in den Bewohnern der einzelnen Stadtteile ihre Verbündeten suchten, die sich in wechselnden Koalitionen gegenseitig bekriegten. Erst mit dem 1423 verkündeten 'Privileg der Vereinigung' kam der Streit allmählich zum Erliegen, doch wehrten sich die Bewohner von Pamplona auch später vehement gegen Eroberer, was 1512 die Kastilier und die Franzosen 1808 zu spüren bekamen.

Altstadt

Den Mittelpunkt der teilweise noch von alten Festungsmauern umgebenen Stadt bildet die große Plaza del Castillo. In der Südwestecke dieses Platzes erkennt man die Diputación Foral (Palacio de Navarra), das Haus des

Pamplona

Diputación Foral (Fortsetzung)	Provinziallandtages, 1847 erbaut und 1932 erweitert. Im prächtigen Thronsaal hängt ein Porträt Ferdinands VII. von Goya.
Archivo General	An die Diputación Foral stößt südlich das sehenswerte Archivo General de Navarra an, das u.a. eine äußerst wertvolle mittelalterliche Handschriftensammlung besitzt.
San Ignacio	An das Archivgebäude anschließend wurde 1694 die Kirche San Ignacio erbaut, angeblich an der Stelle, an der Ignacio de Loyola, der spätere Gründer des Jesuitenordens, als kastilischer Hauptmann 1521 bei einer Schlacht gegen die französischen Navarrenser verwundet wurde.
Paseo de Sarasate	Von der Plaza del Castillo führt der Paseo de Sarasate als Hauptpromenade der Stadt in südwestlicher Richtung. An seinem Beginn steht das Monumento de los Fueros, eine Allegorie auf die der Stadt zugestandenen Sonderrechte.
San Nicolás	Auf halber Höhe des Paseo liegt rechts die festungsartige Kirche San Nicolás. Der ursprünglich romanische Bau diente auch als Wehrkirche für den Stadtteil San Nicolás; beim Einzug der Kastilier wurden jedoch große Teile zerstört.
Parque Taconera	Auf dem Paseo gelangt man in den romantischen Parque Taconera, in den das 1666 erbaute Stadttor Puerta de San Nicolás versetzt wurde. Südlich schließt die Zitadelle (Ciudadela) an, die heute ebenfalls als schöner Park genutzt wird.
Ayuntamiento	Unweit nordwestlich von der Plaza del Castillo erhebt sich an der kleinen Plaza Consistorial das im 17. Jh. erbaute und 1953 erneuerte Ayuntamiento (Rathaus). Es besitzt eine schöne, dunkle Barockfassade, die von wappentragenden Löwen und einem posauneblasenden Engel gekrönt wird. Das Rathaus wurde an der Stelle errichtet, an der die drei verfeindeten Stadtteile zusammenstießen.
San Saturnino	Westlich von hier steht die mit zwei romanischen Türmen versehene gotische Kirche San Saturnino (13./14. Jh.), das älteste Gotteshaus der Stadt; beachtenswert sind das Nordportal und ein Retablo in der Taufkapelle.
Museo de Navarra *Goya-Gemälde	Nordwestlich vom Rathaus ist am Platz des alten Spitals Nuestra Señora de la Misericordia, von dem noch die platereske Fassade von 1556 stammt, das sehenswerte Museo de Navarra eingerichtet. In 34 Sälen sieht man u.a. römische Skulpturen und Bodenmosaiken, romanische Kapitelle aus dem Kathedralkreuzgang, gotische Wandmalereien, Gemälde u.a. von Morales, Becerra und von Goya das hervorragende Porträt des Marquese de San Adrián. Ein besonderes Kleinod ist ein um die Jahre 1004/1005 gefertigtes maurisches Elfenbeinkästchen aus Córdoba, das man im Kloster von Leyre fand.

*Kathedrale

Nordöstlich von der Plaza del Castillo erhebt sich an der Stadtmauer die mächtige Kathedrale, die größtenteils aus dem 15. Jh. stammt; die klassizistische Fassade mit den Türmen ist in ihrer heutigen Gestalt von 1780. Im Mittelschiff befinden sich vor dem Chor die Sarkophage Carlos III. 'El Noble' und seiner Gemahlin Leonora de Trastámara, ein Werk (um 1420) des flämischen Meisters Janin Lomme, der das navarresische Königspaar in Alabaster verewigte. Im Chor ein prächtiges Gestühl von Miguel de Ancheta (1530) und in der Capilla Mayor ein Retablo von 1507.

*Claustro   Aus dem rechten Seitenschiff führt ein reich vergoldetes Portal mit einem schönen Tympanon (14. Jh.) mit dem "Tod Mariens" in den Kreuzgang

Pamplona von oben: Plaza del Castillo und Arena

(Claustro) aus dem 14. Jh., mit seinen hohen Bögen einer der schönsten Spaniens. An der Ostseite des Kreuzgangs liegt die Capilla Barbazana, die das Grabmal ihres Stifters, des Kardinals Arnaldo de Barbazán (1318–1355) enthält; an der Südseite führt die aus dem 14. Jh. stammende Puerta Preciosa zur Sala Preciosa, dem ehemaligen Sitzungssaal der Cortes von Navarra.

Kreuzgang der Kathedrale (Fortsetzung)

In den vom Kreuzgang zu erreichenden Räumen ist das Museo Diocesano (Diözesanmuseum) eingerichtet. Höchst eindrucksvoll sind das reich geschmückte Refektorium, wo man auf dem Pult des Vorlesers eine geschnitzte Einhorn-Szene erkennt, und die sich anschließende riesige Küche mit einem 27 m hohen Kamin über der Kochstelle. Der reiche Kirchenschatz findet sich in den übrigen Gemächern, darunter ein Evangelienbuch aus dem 13. Jh., ein französischer Reliquienschrein vom Heiligen Grab, die Reliquie 'Lignum Crucis', angeblich ein Stück des Kreuzes, sowie Gemälde und Skulpturen.

Museo Diocesano

Im Osten und Süden

Östlich der Plaza del Castillo liegt an der Calle de Amaya die Plaza de Toros, die Stierkampfarena; davor steht ein Denkmal für den amerikanischen Schriftsteller, Spanienfreund und Stierkampfaficionado Ernest Hemingway (1899–1961).

Plaza de Toros

Von der Südseite der Plaza del Castillo zieht die von modernen Gebäuden eingefaßte Avenida de Carlos III südöstlich über die breite Avenida de la Baja Navarra hinweg zu der großen Plaza del Conde de Rodezno, wo das tempelartige Monumento de los Caídos (Mahnmal für die Gefallenen) zum Gedenken an die auf nationalistischer Seite Gefallenen des Bürgerkrieges errichtet wurde.

Plaza del Conde de Rodezno

Umgebung von Pamplona

Puente la Reina

In Puente la Reina (347 m ü.d.M.), 25 km südwestlich von Pamplona, trafen sich die verschiedenen Routen des → Jakobsweges nach der Überquerung der Pyrenäen. Die Pilger setzten hier ihren Weg über eine fünfbogige Brücke über den Río Arga fort (→ Abb. S. 385). Von der Brücke weg führt die Calle Mayor mit schönen Häusern und der Kirche Santiago, die dem hl. Jakobus geweiht ist und ein sehr schönes Portal besitzt. In der Iglesia del Crucifijo, einer ehemaligen Templerkirche aus dem 11. Jh., wird ein berühmtes, angeblich deutsches Kruzifix von 1400 aufbewahrt.

＊Valle de Baztán

Puerto de Velate

Die N-121 führt zunächst nach Villava, verläuft im Tal des Río Ulzama aufwärts und über den Puerto de Matacola (662 m ü.d.M.) schließlich hinauf zum Puerto de Velate (847 m ü.d.M.), der eine schöne Aussicht bietet. Von hier fährt man in vielen aussichtsreichen Windungen hinab in das Tal des Flüßchens Bidasoa nach Mugaire.

Valle de Baztán

Von Mugaire wendet man sich auf der N-121 nordöstlich talaufwärts in das malerische Valle de Baztán. Dieses abgeschlossene Tal in den baskischen Pyrenäen besteht aus vierzehn Gemeinden, die sich seit dem Mittelalter selbst verwalteten und auch eine eigene Gerichtsbarkeit besaßen; in Sprache, Kleidung, Musik und Tanz hat sich noch einiges der Traditionen des Tales erhalten. Auf den grünen Hängen von Baztán wird Viehzucht und auf Terrassenfeldern Maisanbau betrieben.

Elizondo

Hauptort des Tales ist das altertümliche Städtchen Elizondo (196 m ü.d.M.), von dessen wappengeschmückten Häusern und Palästen an der Plaza de los Fueros der barocke Palacio de Arizcunenea und das Ayuntamiento aus dem 18. Jh. die schönsten sind.

Die weitere Fahrt durch das Tal führt auf der kurvenreichen N-121 über den Puerto de Otsondo (602 m ü.d.M.) zur spanisch-französischen Grenze am Puente de Dancharinea.

Valle de Bidasoa

Santesteban

Ab Mugaire folgt man der C-133 nordwestlich durch das schöne Valle de Bidasoa, ein Paradies für Forellenangler und auch gutes Wandergebiet; besonders Santesteban am Beginn des Tales eignet sich gut als Standquartier für Wanderfreudige.

'Cincos Villas'

Die fünf allesamt sehr hübschen baskischen Dörfer Aranaz, Yanci, Echalar, Lesaca und Vera de Bidasoa schlossen sich schon im Mittelalter zu den 'Cincos Villas' zusammen. Echalar, wenige Kilometer rechts abseits der Durchgangsstraße, liegt sehr reizvoll in einer Schlucht; in Lesaca kann man den Torre de Zabaleta bewundern, der dem Herzog von Wellington als Hauptquartier diente, als er hier die Franzosen aus Spanien zurücktrieb. In einem besonders schönen Talabschnitt liegt Vera de Bidasoa (56 m ü.d.M.), der einstige Hauptort der 'Cinco Villas'.
Hinter Vera verengt sich das Tal zu einer wilden Schlucht, in der die spanisch-französische Grenze verläuft.

＊Roncesvalles

Von Pamplona folgt man in nordöstlicher Richtung der C-135 und dem Río Arga talaufwärts und erreicht hinter Zubiri den Puerto Erro (801 m ü.d.M.).

Real Colegiata: Außenansicht, ...   *... in der Krypta*

Über Burguete (910 m ü.d.M.) geht es weiter talaufwärts nach Ronces-valles (981 m ü.d.M.) am Eingang des im Mittelalter wichtigsten und durch das Rolandslied berühmten Pyrenäenpasses. Hier entstand eine Herberge für die Pilger auf dem → Jakobsweg, die sich bald zu einer weit gerühmten Erholungsstation entwickelte, wo die Pilger verpflegt und von einem Arzt versorgt wurden.

Roncesvalles (Fortsetzung)

1130 wurde die Augustinerabtei gegründet. Die Kirche (13. Jh.) ist mit prächtigen vergoldeten Retablos ausgestattet; den Hochaltar ziert die holzgeschnitzte Virgen de Roncesvalles, reich mit Silber und Gold verklei-det. Im an den Kreuzgang anschließenden Kapitelsaal findet man das Grabmal von Sancho VII. 'El Fuerte', in dessen Regierungszeit die Kirche 1219 geweiht wurde.

Real Colegiata de Roncesvalles

In einigen Nebengebäuden der Abtei wurde ein Museum eingerichtet, in dem man u.a. das Evangeliar der Könige von Navarra, mehrere Reliquien-kästchen aus verschiedenen wertvollen Materialien, eine Sammlung über-großer Waffen, die angeblich dem 2,25 m großen Sancho VII. gehörten, einen Edelstein vom Turban des arabischen Heerführers in der Schlacht von Navas de Tolosa, wo die Araber eine entscheidende Niederlage erlit-ten, und wertvolle Gemälde sieht. Ein flämisches Triptychon wird Hierony-mus Bosch zugeschrieben.

Museum

Unweit von der Klosterkirche liegt die vielbesuchte gotische Wallfahrtskir-che Sancti Spiritus, die nach der Überlieferung von Karl dem Großen als Grab für Roland erbaut worden sein soll.

Capilla Sancti Spiritus

Die Fortsetzung der Straße führt auf den Puerto de Roncesvalles (1057 m ü.d.M.), dem Einfallstor der nordeuropäischen Völker im frühen Mittelalter. Es war der Legende nach im Jahre 778 Schauplatz der Niederlage der Nachhut des von Zaragoza zurückmarschierenden Heeres Karls des Gro-

*Puerto de Roncesvalles

Puerto de
Roncesvalles
(Fortsetzung)

ßen. Sie wurde von dem kaiserlichen Paladin Roland befehligt, der zusammen mit elf anderen Paladinen getötet wurde. Tatsächlich fand in diesem Jahr eine Schlacht zwischen den Franken und einem aus Basken, Asturiern und Navarresen zusammengestellten Heer statt, die Rache nahmen für die Zerstörung Pamplonas beim Rückzug der kaiserlichen Armee. Die Mauren hatten wohl nichts mit diesem Kampf zu tun. Dennoch lieferte dieses Ereignis den Stoff für das im 12. Jh. entstandene französische Rolandslied, das "Chanson de Roland", in dem der Heldenmut Rolands hervorgehoben und Karl der Große zum Retter der Christenheit vor dem Antichrist stilisiert wird.

Von der Paßhöhe genießt man eine schöne Aussicht; eine Säule erinnert an Karl den Großen und seine Paladine.

Zum Monasterio de Leyre

*Sangüesa

Dieser empfehlenswerte Ausflug über die N-240, die Pamplona mit ⟶ Huesca verbindet, führt zunächst in das 43 km entfernte alte Städtchen Sangüesa (404 m ü.d.M.), das Alfonso el Batallador im 12. Jh. befestigen ließ. Im 15. und 16. Jh. ließen sich viele Adlige schöne Paläste in der Stadt erbauen; die auffälligsten sind das Castillo del Principe de Viana, das heutige Rathaus, und vor allem der Palacio Vallesantoro mit seinem kunstvollen Portal und Schnitzereien am Vordach.

Santa María
la Real

Das Südportal der romanischen Kirche Santa María La Real (11./13. Jh.) trägt einzigartige romanische Skulpturen. Im Tympanon ist das Jüngste Gericht dargestellt; die Bogenläufe zeigen Tiere, Fabelwesen und menschliche Figuren; darüber erkennt man Jesus, die Apostel und Propheten, selbst die Zwischenräume sind mit Fabeltieren ausgefüllt. Weitere interessante Kirchen sind Virgen del Carmen und San Francisco mit einem gotischen Kreuzgang.

Embalse
de Yesa

Die Straße führt weiter über eine Hochfläche nach Yesa (492 m ü.d.M.) am westlichen Abfluß des Stausees Embalse de Yesa, der Wassersportmöglichkeiten wie Segeln und Windsurfen bietet.

Castillo
de Javier

Südlich von Yesa (4 km) liegt der Ort Javier (476 m ü.d.M.), dessen mittelalterliches Castillo aus dem 14. Jh. die Geburtsstätte des hl. Franz Xaver (San Francisco Javier, 1506 – 1552) ist, Schutzpatron Navarras und Missionar in Japan, Indien und China, wo er in der Nähe von Kanton starb. Das Schloß wurde restauriert; man sieht heute einige Räume, darunter den Waffensaal und das Zimmer des Heiligen.

*Monasterio
de Leyre

Auf der N-240 zweigt kurz vor Yesa eine Zufahrt zum nordöstlich auf einer aussichtsreichen Höhe am Südfuß der Sierra de Leyre gelegenen Monasterio de Leyre ab. Der Klosterbau stammt größtenteils aus dem 17. und 18. Jh., er geht jedoch auf eine im 11. Jh. gegründete Abtei zurück, die die Könige von Navarra zu ihrer Grablege erkoren. Aus dieser Zeit stammt noch die Apsis, während das Kirchenschiff gotisch ist (14. Jh.); in einer Kapelle im linken Seitenschiff werden die sterblichen Überreste der Könige von Navarra aufbewahrt. Die einfache, fast primitiv wirkende Krypta ist der älteste Teil der Kirche. Die Puerta Speciosa, das Westportal, trägt reichen romanischen Figurenschmuck.

Weitere Reiseziele

⟶ Bilbao
⟶ Olite
⟶ San Sebastián
⟶ Tafalla
⟶ Tudela
⟶ Vitoria-Gasteiz

Picos de Europa

Provinzen: Asturias (O), Cantabria (S), León (LE)

❋❋Landschaftsbild

Im Norden Spaniens bilden die Picos de Europa ein zwischen den Flüssen Deva und Sella aufragendes wildes und majestätisches Gebirgsmassiv mit tiefeingeschnittenen Tälern und steilwandigen Gipfeln, das in seiner Gesamtheit unter Naturschutz steht. Reißende, fischreiche Gebirgsflüsse gliedern das Massiv (span. macizo) in drei Teile. Im Westen erhebt sich zwischen dem Río Sella und dem Río Cares das Macizo de las Peñas Santas (Macizo de Occidente) mit den 2596 m hohen Peñas Santas de Castilla als höchster Erhebung; hier liegt auch der Parque Nacional de Covadonga (⟶ Praktische Informationen, Nationalparks). Der Río Cares und der Río Duje begrenzen das Macizo de Urrieles (Macizo Central), das in der Torre de Cerredo (2645 m ü.d.M.) seine höchste Erhebung erreicht und der wildromantischste Abschnitt der Picos de Europa ist. Im Osten dehnt sich zwischen Río Duje und Río Deva das Macizo de Andarra (Macizo de Oriente) aus; der höchste Gipfel ist hier der 2470 m hohe Pico Cortés. Die fast 40 km lange, zur Küste parallel laufende Felsenschranke der Picos de Europa wird durch die niedrigere Sierra de Cuera vom Meer getrennt; die kürzeste Entfernung zum Golfo de Vizcaya beträgt 20 km.

In der Berglandschaft wird überwiegend Landwirtschaft und Viehzucht betrieben; berühmt ist der aus Kuh-, Schafs- und Ziegenmilch hergestellte 'cabrales', ein dem Roquefort ähnelnder Schimmelkäse. Die Umgebung des Städtchens Potes, die Liébana, liegt windgeschützt, so daß im milden Klima Kirschen und Nüsse gedeihen.

Bergwanderungen

Die Picos de Europa sind ein hervorragendes Gebiet für Bergwanderungen bis hin zum alpinen Bergsteigen. Wie in jedem Berggebiet sollte man die nötigen Vorsichtsmaßregeln beachten, angefangen bei der angemessenen Ausrüstung und der Kenntnis der eigenen Kräfte. Für schwierige Touren sollte man unbedingt einen Bergführer nehmen. Schutzhütten des Bergsteigerverbandes oder der Gemeinden stehen für jedermann offen und sind günstige Ausgangspunkte für weitere Erkundungen. Auskünfte über die Belegung der Hütten und über die verschiedenen Bergtouren erhält man in den örtlichen Tourismusbüros oder in den Rathäusern. Auch die Vermittlung von Bergführern geschieht über diese Stellen oder über den Bergsteigerverband (⟶ Praktische Informationen, Sport).

Hinweis

Im folgenden wird, ausgehend von Cangas de Onis, eine Rundfahrt um die Picos de Europa beschrieben, bei der die angeführten Orte auch als Ausgangspunkte für Wanderungen, Bergtouren oder auch für Fahrten mit geländegängigen Wagen, die man in den Ortschaften mieten kann, angesehen werden können. Die gewählten Straßen sind in der Streckenführung zwar teilweise anspruchsvoll, jedoch in gutem Zustand (asphaltiert). Wer sich für diese Fahrt zwei Tage Zeit läßt, hat genügend Gelegenheit, die Schönheiten der Berge kennenzulernen und auch auf Spaziergängen zu erkunden. Zwar ist die Strecke auch an einem Tag zu schaffen, dann allerdings muß man auf verschiedene Abstecher verzichten.

Rundfahrt um die Picos de Europa

❋Covadonga

Vor dem Beginn der eigentlichen Rundfahrt sollte man einen Ausflug nach Covadonga und in den Nationalpark machen. Nach 4 km von Cangas de

Covadonga: Pelayo-Denkmal ...   *... Santa Cueva*

Covadonga (Fortsetzung)	Onis in östlicher Richtung (C-6312) wählt man die bei Soto de Cangas nach rechts abgehende, landschaftlich sehr schöne O-220. Durch ein Gebirgstal geht es bergan zu dem auf einem Bergsporn gelegenen, vielbesuchten Wallfahrtsort Covadonga (8 km ab Cangas de Onis), eines der zentralen spanischen Heiligtümer, aber auch eine etwas merkwürdige Mischung aus echter Frömmigkeit und Wallfahrtsrummel.
Die Wiege Spaniens	Covadonga ist die Wiege Spaniens. Nach dem Einfall der Mauren und der Zerstörung des Westgotenreiches zog sich eine Handvoll christlicher Krieger unter der Führung von Pelayo in diese unwegsamen Berge zurück, um den Eindringlingen zu trotzen. Im Jahre 722 schlugen sie die ihnen vom Emir von Córdoba nachgeschickten Soldaten in die Flucht und besiegten somit zum ersten Mal die Mauren. Pelayo und seine Männer schrieben ihren Erfolg der Unterstützung der hl. Jungfrau zu und errichteten ihr zu Ehren in einer Grotte, der heutigen Santa Cueva, einen Altar. Aus der Bezeichnung 'Covadominica' für diese Stelle wurde im Laufe der Zeit 'Covadonga'. Vom nun neugegründeten Königreich Asturien mit der Hauptstadt Cangas de Onis nahm die Reconquista, die Wiedereroberung, ihren Ausgang. Der spanische Thronfolger trägt daher den Titel 'Prinz von Asturien'.
Basilika

Kirchenschatz | Schon von unten sieht man die 1891 errichtete Basilika, zu der es in steilen Spitzkehren hinaufgeht. Links neben der Kirche erhebt sich das Standbild des Fürsten Pelayo, über dessen Haupt das asturische Kreuz schwebt. Die Basilika selbst ist von geringem Interesse; im Museum gegenüber jedoch wird der Kirchenschatz mit wertvollen Reliquien und Gaben aufbewahrt, darunter die brillantenbesetzte Krone der Jungfrau. |
| Santa Cueva | Von der Basilika überquert man den Platz und wendet sich nach links, wo ein Tunnel zur Grotte Santa Cueva ('Heilige Höhle') führt, die hoch über einem Teich, in den ein Wasserfall stürzt, in der Felswand klebt. Vor einer |

winzigen Kapelle steht der Altar mit der Figur der Virgen de Covadonga (18. Jh.), ständig von Gläubigen umlagert. In einer Nische rechts erkennt man einen Sarkophag, in dem die sterblichen Reste von Pelayo, seiner Frau Gaudiosa und seiner Schwester Hemisinda liegen sollen.

Covadonga, Santa Cueva (Fortsetzung)

Vom beim Heiligtum liegenden Hotel Pelayo führt eine sehr lohnende, aber steile Straße (bis 18% Steigung) in Windungen weiter südöstlich bergan und erreicht nach 8 km den Mirador de la Reina, von wo sich bei schönem Wetter eine prächtige Aussicht auf das Gebirge und das Meer bietet.

*Mirador de la Reina

Nach weiteren 3,5 km kommt man abwärts zum Lago Enol; noch 1,5 km weiter auf Schotter folgt der Lago de la Ercina, beide inmitten der herrlichen Bergwelt des Parque Nacional de Covadonga gelegen und Startpunkt für verschiedene, teilweise markierte Wanderrouten. Der Lago de la Ercina ist alljährlich am 25. Juli Ort eines farbenprächtigen Hirtenfestes.

Lago Enol / Lago de la Ercina

Durch das Tal des Río Cares

Cangas de Onis (195 m ü.d.M.), im 8. Jh. die erste Residenz der asturischen Könige, ist Ausgangspunkt der Fahrt durch die Picos de Europa. Die Stadt ist heute ein Zentrum für Bergwanderer und Angler. Am Ortseingang überspannt eine bemerkenswerte dreibogige Brücke aus dem 13. Jh. den Río Sella; von ihrer Mitte hängt eine übergroße Nachbildung des asturischen Siegeskreuzes herab, das Pelayo in der Schlacht beim nahen Covadonga getragen haben soll. Das Originalkreuz ist in der Camara Santa der Kathedrale von → Oviedo zu sehen. Bei der modernen Ermita de la Santa Cruz, die an der Stelle einer aus dem 5. Jh. stammenden und im 8. Jh. erneuerten Kapelle steht, kann man auf einem prähistorischen Dolmen noch Gravuren erkennen. Sehenswert ist auch der im 16. Jh. erbaute Palacio de Cortés.

Cangas de Onis

Mittelalterliche Brücke in Cangas de Onis

Cueva del Buxu	Man verläßt Cangas de Onis auf der C-6312 in östlicher Richtung. Schon nach 2 km zweigt ein Nebenweg nach links zur Cueva del Buxu ab, wo Malereien aus der frühen Steinzeit (25 000–30 000 v. Chr.) entdeckt wurden.
Arenas de Cabrales	Zurück auf der C-6312 und vorbei an der Abzweigung nach Covadonga, erreicht man nach 27 km schließlich das Tal des Río Cares; diesem folgt man abwärts nach Arenas de Cabrales (120 m ü.d.M.), wo der bekannte Käse hergestellt wird.
*Oberes Cares-Tal	Im Ort zweigt eine schmale und steile Bergstraße (Tunnel) durch das obere Cares-Tal zu dem 6 km südlich am Fuß des Gebirges gelegenen Ort Poncebos ab. Von hier kann man eine längere, aber weniger schwere Bergwanderung (ca. 3¹/₂ St. einfacher Weg) nach Caín entlang der herrlichen Schlucht des Río Cares unternehmen. Geübte Alpinisten können von Poncebos mit einem Führer über das Bergdorf Buinés auf schwierigen Bergpfaden über das Refugio de Camburero (1375 m ü.d.M.) in etwa 10 St. den Torre de Cerredo ersteigen.
Panes de Peñamellera	Die C-6312 folgt weiter dem Flußlauf des Río Cares und erreicht Panes de Peñamellera, wo der Cares mit dem Río Deva zusammentrifft.

Durch das Tal des Río Deva

*Desfiladero de la Hermida	In Panes wählt man die von → Santander kommende C-621 und fährt in südlicher Richtung durch das enge, immer wieder wunderschöne Anblicke bietende Tal des Río Deva, den Desfiladero de la Hermida, benannt nach dem kleinen Thermalbad La Hermida.
Nuestra Señora de Lebeña	Wenige Kilometer von La Hermida kommt man nach Lebeña, wo mit der kleinen, dreischiffigen Kirche Nuestra Señora de Lebeña (10. Jh.) ein sehenswertes Beispiel mozarabischer Kirchenbaukunst in Kantabrien steht.
Potes	Potes (27 km von Panes) ist ein malerischer kleiner Ort in herrlicher Lage und Mittelpunkt des Obst- und Weinbaugebietes der Liébana. Er wird gern als Stützpunkt für Ausflüge zu den südöstlichen Picos de Europa gewählt. Sehenswert ist der zum Rathaus umgewandelte Torre del Infantado aus dem 15. Jahrhundert.
*Santo Toribio de Liébana	Eine ausgeschilderte Nebenstraße führt in östlicher Richtung nach 3 km zum Kloster Santo Toribio de Liébana, das auf das 7. Jh. zurückgeht, sich in seiner heutigen Form jedoch spätromanisch-gotisch und barock präsentiert. In der Capilla de la Santísima Cruz wird das angeblich größte Stück des Golgatha-Kreuzes aufbewahrt, das Bischof Toribio im 5. Jh. aus Jerusalem mitgebracht haben soll. Das Kloster ist berühmt durch den Mönch Beatus, der hier im 8. Jh. einen gegen den Arianismus gewandten Apokalypsekommentar schrieb, der vielfach in herrlichen Handschriften kopiert wurde. Eine dieser Kopien wird in → Seo de Urgel aufbewahrt.
*Fuente Dé	Von Potes führt ein 25 km langer Abstecher westlich über Espinama (Fonda), dem letzten Pfarrdorf im Tal, nach dem 1000 m hoch gelegenen Fuente Dé. Beim Parador Nacional liegt die Talstation der Schwebebahn (span. Teleférico), die über 800 m steil hinauf zur Aussichtsplattform Balcón del Cable (1840 m ü.d.M.) fährt, wo sich ein überwältigender Ausblick auf die Bergwelt bietet. Die Bergstation ist sowohl Ausgangsstation eines 1¹/₂ St. in Anspruch nehmenden Pfades östlich nach Áliva (1780 m ü.d.M.) als auch für Hochtouren auf die umliegenden Gipfel, die man jedoch keinesfalls ohne Führer unternehmen sollte.

Bergsee in den Picos de Europa

Über den Puerto de San Glorio

Ab Potes führt die C-621 in einem Nebental des Río Deva weiter aufwärts und über La Vega de Liébana in Windungen und Kehren ziemlich bergauf zum Puerto de San Glorio (1609 m ü.d.M.), von wo man auf einem Fußweg (rechts) in einer halben Stunde den Aussichtspunkt Mirador de Llesba erreicht.

Mirador de Llesba

Von der Paßhöhe geht es bergab und durch das Tal des Río Lechada nach Portilla de la Reina am Río Yuso. Hier zweigt eine Nebenstraße nach Norden ab, auf der man zum Puerto de Pandetrave (1562 m ü.d.M.) im Herzen der Picos de Europa kommt. Auch hier empfangen den Besucher herrliche Ausblicke auf die Gipfel.

*Puerto de Pandetrave

Weiter durch das Tal des Río Yuso kommt man zu dem in der Provinz León liegenden Riaño (1040 m ü.d.M.; 56 km von Potes), einem kleinen Städtchen im oberen Eslatal.

Riaño

Durch das Tal des Río Sella

Man folgt von Riaño der C-637, die bei Vegacerneja den Río Sella erreicht, bis zu einer kurz vor dem Puerto del Pontón abzweigenden Nebenstraße, die in steilen Windungen zum Puerto de Panderruedas in herrlicher Höhenlage führt. Von dieser Paßhöhe kann man in 20 Minuten zum Aussichtspunkt Mirador de Piedrafitas wandern.

*Puerto de Panderruedas

Über den Puerto del Pontón erreicht man Oseja de Sajambre, wo wiederum ein Seitenweg zum Aussichtspunkt Mirador de Oseja de Sajambre geht. Von dort kann man in die enge, tiefe Schlucht des Río Sella hinabblicken.

Oseja de Sajambre

Picos de Europa (Fortsetzung) Desfiladero de los Beyos	Die C-637 windet sich nun durch die malerische Schlucht des Río Sella, den Desfiladero de los Beyos. Schließlich gelangt man wieder in Cangas de Onis an, dem Ausgangspunkt der Rundfahrt.

Plasencia   D 5

	Provinz: Cáceres (CC) Telefonvorwahl: 927 Höhe: 316 m ü.d.M. Einwohnerzahl: 36 000
Lage und Allgemeines	Die im Jahr 1159 unter dem Motto 'Ut Deo placeat '('Möge es Gott gefallen') von Alfons VIII. gegründete altertümliche Bischofsstadt Plasencia liegt auf einer vom Río Jerte in tiefer Schlucht umzogenen Bergkuppe an den Ausläufern der Sierra de Gredos.

Kathedrale

Catedral Nueva	Das weitaus bedeutendste Bauwerk der Stadt ist die Kathedrale, die im Grunde aus zwei Teilen besteht. Der romanische Erstbau wurde im 13. und 14. Jh. erbaut; ein neuer Teil im gotischen Stil wurde 1498 fortgesetzt und bis ins 16. Jh. plateresk fortgeführt, aber nie vollendet. An ihm arbeiteten mit Franz von Köln, Gil de Hontañón u.a. einige der bedeutendsten Meister dieser Zeit. Herausragend sind die platereske Nordfassade mit ihrem feinen Säulenschmuck und die schöne Puerta del Enlosado am nördlichen Querschiff; im Inneren die Capilla Mayor von Juan de Álava, Diego de Siloë und Alonso de Covarrubias, die prächtige Reja von 1604, das Chorgestühl von 1520 mit biblischen und ländlichen Szenen sowie schließlich der

Catedral Vieja

Bel Patio im Palacio de Mirabel

Retablo mit einem Relief der "Himmelfahrt Mariae" von Gregorio Fernández (1629).

Durch eine Tür betritt man den älteren Teil der Kathedrale, die Pfarrkirche Santa María. Hier findet man das romanische Portal Puerta del Perdón und eine polychrome Marienstatue aus dem 13. Jh.; im kleinen Museum im Kapitelsaal sind die wertvollsten Stücke Gemälde von Ribera und Morales. Vom Kreuzgang aus dem 14. und 15. Jh. führt eine Treppe von Gil de Hontañón auf eine Terrasse, von der man gut die Kuppel der Sakristei sieht.

An der Ecke gegenüber der Kathedrale steht der Palacio de los Marqueses de Mirabel, die seit dem 15. Jh. den Titel der Condes de Plasencia trugen. Das Gebäude umschließt einen Patio und einen Garten mit archäologischen Fundstücken; der schönste Innenraum ist der Salón de Carlos V mit einer Büste Karls V. von Pompeo Leoni.

Zwischen Domplatz, Plaza de San Nicolás und Plaza Mayor dehnt sich der sehenswerteste Teil der Altstadt mit schönen Kirchen, Adelspalästen und gekalkten Häusern mit galerieartigen Vorbauten aus.

Die Stadt ist umgeben von einer aus der Gründungszeit stammenden doppelten Stadtmauer mit 68 Türmen, auf der eine aussichtsreiche Promenade, namentlich auf der Nordostseite, entlangführt.

Umgebung von Plasencia

*Monasterio de Yuste

Nordöstlich von Plasencia erreicht man nach 46 km auf der C-501 das Hieronymitenkloster San Jerónimo de Yuste. Es wurde 1404 gegründet, 1809

Im Atrium des Klosters Yuste

Umgebung von Plasencia, Monasterio de Yuste (Fortsetzung)	von den Franzosen verwüstet und später z.t. wiederhergestellt. Das Kloster erlangte Berühmtheit als letzter Aufenthalt Kaiser Karls V., der 1556 zugunsten seines Sohnes Philipp II. der Krone entsagte, sich nach Yuste zurückzog und 1558 hier starb. Die kaiserlichen Räume können besichtigt werden. Man kommt u.a. in das Speisezimmer, das Arbeitszimmer und das Schlaf- und Sterbezimmer des Herrschers, welches direkt neben der Klosterkirche (1508) liegt. Der Hauptaltar trägt die Kopie eines Tizian-Gemäldes, auf dem man Karl V. mit seiner Frau Isabella von Portugal sowie Philipp II. und Maria von Ungarn erkennt. An die Kirche schließt ein platereraker Kreuzgang an. Von der gedeckten Terrasse bietet sich ein schöner Blick über die fruchtbare Landschaft bis hin zur Sierra de Guadalupe.
Jarandilla de la Vera	Im nahe beim Kloster gelegenen Ort Jarandilla de la Vera ist im Schloß der Grafen von Oropesa (15. Jh.) heute ein Parador Nacional eingerichtet.

Ponferrada   D 3

Provinz: León (LE)
Telefonvorwahl: 987
Höhe: 543 m ü.d.M.
Einwohnerzahl: 52 000

Lage und Allgemeines	Ponferrada, vielleicht das römische 'Interamnium Flavium', liegt im eisenerzreichen Hochtal der Flüsse Río Sil und Río Boeza zwischen den Montes de León und dem galicischen Bergland. Der Name der Stadt am →̶ Jakobsweg rührt von einer hier im 11. Jh. erbauten Brücke für die Pilger nach →̶ Santiago de Compostela her. Heute ist Ponferrada eine wenig ansehnliche Industriestadt, die vor allem von den Erzminen und der Hochofenindustrie in der Umgebung lebt.

Sehenswertes

Castillo de los Templarios	Die Ruine des Castillo de los Templarios, des ehemaligen Sitzes des Templerordens, steht nächst der Plaza Mayor. Die 1178 gegründete Festung ist eine der bedeutendsten Burganlagen Spaniens.
Santa María de la Encina	Die gotische Kirche Santa María de la Encina an der Plaza de la Encina besitzt einen Retablo aus dem 17. Jh. und eine Magdalenenstatue von Gregorio Fernández.

Umgebung von Ponferrada

Santo Tomás de las Ollas	Fährt man auf der N-VI Richtung Madrid und biegt nach 1 km nach links ab, erreicht man das mozarabische Kirchlein Santo Tomás de las Ollas. Das um 930 errichtete Gotteshaus zeigt neben mozarabischen wie den neun Hufeisenbögen auch westgotische Stilmerkmale. Bemerkenswert ist der ovale Grundriß des Altarraums. Im Innern finden sich noch Reste von Wandmalereien aus dem 16. Jahrhundert.
Peñalba de Santiago	Über eine landschaftlich schöne Nebenstrecke gelangt man zum 21 km südlich von Ponferrada liegenden Peñalba de Santiago, dessen rein mozarabische Kirche um 930 erbaut wurde. Als Besonderheit sind die beiden über Eck angebauten Apsiden zu betrachten.
Bembibre	Ein typisches Bergarbeiterstädtchen und Station des Jakobsweges ist das 18 km östlich gelegene Bembibre. Ein Denkmal am Ortseingang ehrt die Bergleute der Region. Im Städtchen selbst lohnt sich ein Gang um die Kir-

Steiles Gäßchen in Bembibre

Über den Cebreiro-Paß zogen die Pilger nach Galicien

Bembibre (Fortsetzung)	che San Pedro, die einst Synagoge war, und durch die den Hang hinauf- führenden Gassen mit ihren windschiefen Häuschen.
Villafranca del Bierzo	Auch Villafranca del Bierzo, das römische 'Berdigum Flavium', liegt am Jakobsweg, 20 km westlich von Ponferrada. Über der Nationalstraße erhebt sich das mit vier Rundtürmen bestückte mächtige Castillo Marqués de Villafranca aus dem 15./16. Jahrhundert. Vor dem Schloß öffnet sich ein weiter, baumbestandener Platz, von dem man hangaufwärts zur roma- nischen Kirche Santiago gelangt, die Ablaßkirche für die Santiago-Pilger, die hier ihre Wallfahrt aufgaben. Sie besitzt ein außerordentlich schönes Portal. Im Ort finden sich weitere sehenswerte Kirchen, darunter die große barocke Jesuitenkirche Santa María; daneben schöne Adelshäuser und die beschauliche Plaza Mayor.
Corullón	Das 4 km südlich von Villafranca del Bierzo gelegene Corullón besitzt eine Festungsruine und die aus dem 12. Jh. stammende Kirche San Esteban.
Piedrafita de Cebreiro	Kurz vor Piedrafita de Cebreiro, 36 km nordwestlich von Ponferrada an der N-VI, liegt die Puerta de Piedrafita, der erste Paß (1109 m ü.d.M.) über die galicischen Berge, den die Jakobspilger auf ihrem Weg nach Santiago de Compostela zu überqueren hatten. Auf den stürmischen Höhen oberhalb des Dorfes können in Cebreiro 'pallozas' besichtigt werden, runde, stroh- gedeckte Steinhäuser keltischen Ursprungs, in denen heute ein kleines Museum eingerichtet ist. Eine frühromanische Kirche im Ort verweist auf eine Legende, in deren Mittelpunkt ein Kelch, der 'Heilige Gral Galiciens', steht, der in der Kirche aufbewahrt wird.

Weitere Reiseziele

⟶ Astorga
⟶ Lugo

Pontevedra   B 3

	Provinz: Pontevedra (PO) Telefonvorwahl: 986 Höhe: 19 m ü.d.M. Einwohnerzahl: 66 000
Lage und Allgemeines	Die lebhafte Stadt Pontevedra, reizvoll im Delta der Flüsse Río Lérez, Río Alba und Río Tomeza an der Ría de Pontevedra gelegen, ist die Hauptstadt der gleichnamigen Provinz und war im Mittelalter unter dem Namen 'Pontis Veteris' ('Alte Brücke') ein bedeutender Hafenplatz; aus dieser Zeit stam- men noch die Reste der alten Stadtumwallung. Die Legende berichtet, daß Teukros, Bruder des griechischen Helden Ajax, nach der Rückkehr von Troja an dieser Stelle gelandet sein soll.

Sehenswertes

Museo Provincial	Das Museo Provincial in den beiden aus dem 18. Jh. stammenden Adels- häusern Casa de los Monteaguedos und Casa de los García Flórez ver- dient durch seine umfangreichen Sammlungen besondere Aufmerksam- keit. Im ersten Gebäude ist eine Abteilung frühzeitlicher Funde, darunter ein keltiberischer Goldschatz, und die Gemäldeabteilung mit Werken u.a. von Zurbarán, Murillo, Ribera, Giordano und Veronese untergebracht. Im zweiten Haus ist die Skulpturenabteilung eingerichtet, zu der auch eine Sammlung von Prozessionskreuzen des 13. bis 19. Jh.s gehört. Eine andere Abteilung ist der spanischen Marine gewidmet; hier sieht man u.a.

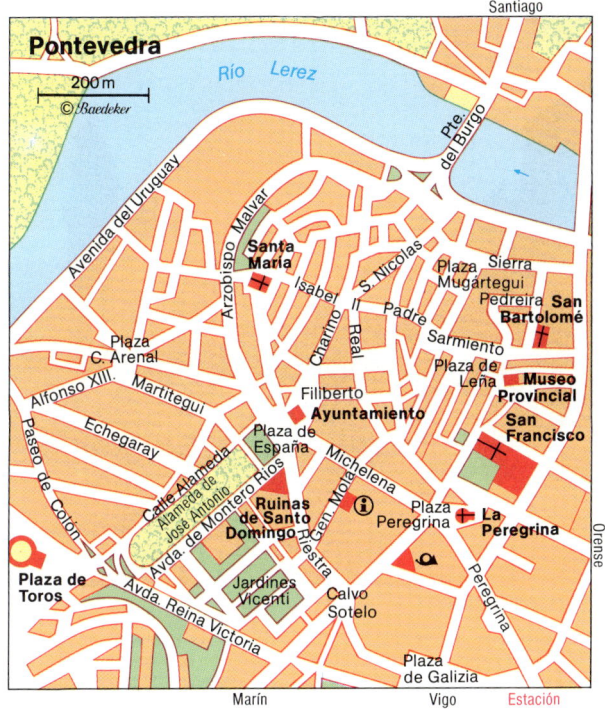

die Nachbildung der Admiralskajüte der "Numancia", im Jahr 1866 Flaggschiff der spanischen Flotte unter Admiral Mendez Nuñez im Krieg gegen die ehemaligen Kolonien Chile und Peru.

Museo Provincial (Fortsetzung)

Die Straßenzüge im Viertel nördlich bis zum Fluß und westlich des Museums zeigen mit den großen verglasten Hausfronten ein für Galicien typisches Gesicht.

Altstadt

Südlich des Museums erhebt sich die Kirche San Francisco aus dem 14. Jh., ursprünglich Kirche des Bettelmönchordens, deren Portal aus dem 13. Jh. stammt; im Inneren trifft man auf gotische Grabmäler, darunter dasjenige von Don Payo Gómez Chariño, der 1248 an der Eroberung Sevillas teilnahm.

*San Francisco

Wenig weiter südlich erkennt man die Kapelle La Peregrina an ihrer eigenartigen Form: Sie ist ein 1776 von Fernando Souto geschaffener Rundbau mit konvexer Fassade und schlanken Türmen, eines der schönsten Bauwerke des galicischen Barocks. In ihr wird die Schutzpatronin der Stadt, die Virgen de la Peregrina, verehrt.

La Peregrina

Von der Kapelle kommt man auf der Ringstraße zur Plaza de España, an deren Südseite die Ruinen der Kirche Santo Domingo stehen. Von der Kirche sind fünf hohe Apsiden aus dem 14. Jh. erhalten geblieben; sie bewahren einige gotische Grabmäler. Diese und andere römische und mittelalterliche Steinmetzarbeiten gehören heute zum Lapidarium des Museo Provincial.

Santo Domingo

Kirchen San Francisco und La Peregrina in Pontevedra

Pontevedra (Fortsetzung) Santa María la Mayor

Von der Plaza de España geht man nördlich zur Kirche Santa María la Mayor am Westrand der Innenstadt. Die gotische Basilika aus dem 16. Jh. besitzt eine prachtvolle Hauptfassade von Cornelius de Holanda in Form eines Retablos; beim Seitenportal rechts sollte man die Christusfigur "Cristo del Buen Viaje" beachten. Das Kircheninnere weist wiederum mehrere gotische Grabstätten auf.

Umgebung von Pontevedra

San Salvador de Lérez

Das Kloster San Salvador de Lérez, 2 km nördlich der Stadt, wurde im 9. Jh. gegründet, zeigt heute jedoch weitgehend barocke Stilelemente.

*Mirador de Coto Redondo

Vom Aussichtspunkt Mirador de Coto Redondo, auf einer Nebenstraße 16 km südlich zu erreichen, hat man einen herrlichen Ausblick auf die Rías von Vigo und Pontevedra.

Rías Bajas

Die Küstenlandschaft um Pontevedra gehört zu den Rías Bajas, die in der Umgebung von → Vigo beschrieben werden.

Reus M 4

Provinz: Tarragona (T)
Telefonvorwahl: 977
Höhe: 120 m ü.d.M.
Einwohnerzahl: 83 000

Lage und Allgemeines

Die Industrie- und Handelsstadt Reus liegt am Fuße der Sierra de la Musara. Sie ist ein bedeutender Markt für Trockenfrüchte; außerdem wird

Geflügelzucht betrieben. Reus ist der Geburtsort des Architekten Antoni Gaudí, dem Wegbereiter des katalanischen Jugendstils; manches Gebäude der Stadt zeugt von dieser Architekturrichtung.

Reus (Fortsetzung)

Sehenswertes

Die Kirche San Pedro besitzt einen 63 m hohen, achteckigen Turm, von dem man eine schöne Aussicht bis zum Meer hat.

San Pedro

In der Raval Santa Ana unweit des Hauptplatzes befindet sich das nach dem aus Reus stammenden Altertumsforscher Salvador Vilaseca benannte Museum mit archäologischen Funden.

Museo Salvador Vilaseca

Das Museo Comarcal an der Plaza de la Libertad zeigt Gegenstände aus iberischer, römischer, mittelalterlicher und der Renaissancezeit und Gemälde; von besonderem Interesse sind die den Malern Marià Fortuny und Joan Prim vorbehaltenen Säle sowie die Abteilung, die sich mit der in Reus im 17. Jh. erfundenen Kunst der Herstellung von Emaille mit metallischem Effekt beschäftigt.

Museo Comarcal

Ripoll N 3

Provinz: Gerona (GE)
Telefonvorwahl: 972
Höhe: 682 m ü.d.M.
Einwohnerzahl: 12 000

Ripoll liegt weit im katalanischen Landesinneren, an der Südrampe des Collado de Ares, über den die Staatsgrenze verläuft, und an der Mündung des Río Freser in den Río Ter. Die Stadt ist durch mittelständische Industrie geprägt; in der Umgebung gibt es einige Kohlegruben.

Lage und Allgemeines

Monasterio de Santa María

Am Hauptplatz der Innenstadt steht der große Gebäudekomplex des Benediktinerklosters Santa María (Monasterio de Santa María de Ripoll), einer Gründung des Westgotenkönigs Recared I. (6. Jh.). Schon im 9. Jh. wurde die erste Klosterkirche geweiht, mußte aber im 11. Jh. vergrößert werden, wobei eine fünfschiffige Basilika entstand. Das Kloster war Brennpunkt reichen kulturellen Lebens, und auch der Ordensmann Gerbert von Aurillac (um 940 bis 1003), der spätere Papst Silvester II., studierte einige Zeit in Ripoll.
Von der großen romanischen Kirche hat der Brand im Jahre 1835 kaum etwas übriggelassen, und so ist die heutige Kirche (1883) ein zwar an dem alten Vorbild orientierter, aber sichtlich neuer Bau, der allerdings den romanischen Raumeindruck recht gut wiedergibt.

Der bedeutendste Rest der romanischen Kirche ist das insgesamt gut erhaltene Hauptportal aus dem 12. Jh., das heute durch eine verglaste Vorhalle gegen die zerstörerischen Einflüsse der Umwelt notdürftig gesichert ist. Es beeindruckt durch die überreiche Fülle bildlicher Darstellungen zu Themen des Alten und Neuen Testamentes.
Im obersten Teil finden sich Szenen aus der Offenbarung des Johannes (der thronende Christus, flankiert von Engeln und den Evangelistensymbolen); darunter links vom Portal Szenen aus dem Buch der Könige, rechts aus dem Buch Exodus (Auszug des Volkes Israel aus Ägypten); im untersten Teil König David, von Musikanten umgeben, und Fabelwesen. Die Figuren im Portal stellen die Heiligen Petrus und Paulus dar; im Portal-

*Portal

Detail des Portals von Santa María

Santa María (Fortsetzung)	bogen die Martyriengeschichte der beiden Heiligen, ferner die Historie von Jonas und dem Wal sowie im innersten Bogen die Geschichte von Kain und Abel.
Inneres	Das fünfschiffige Innere der Kirche ist von düsterer Majestät. Direkt beim Eingang im Fußboden eine Grabplatte aus dem Jahre 1909, von einem Mosaik eingefaßt. Das mächtige Chorhaupt besitzt je drei Nebenapsiden beiderseits der großen Hauptapsis. Im rechten Querhausarm befindet sich das Grabmal von Berengar III. (gest. 1131).
Kreuzgang	Rechts vom Portal liegt – einige Stufen tiefer – der Kreuzgang (12.–15. Jh.). Sein Figurenschmuck ist später entstanden als jener der Hauptfassade und auch kunsthistorisch nicht ganz so bedeutend.
Museum	Links neben der Klosterkirche ist in der einstigen Kirche San Pedro (Sant Pere) das Museum zu finden; es enthält Exponate zur Geschichte und Volkskunde der Region, u.a. Waffen, Keramik, Kunstgewerbe und Textilien.

Umgebung von Ripoll

San Juan de los Abadesas	Das Städtchen San Juan de los Abadesas (katal. Sant Joan de les Abadesses) liegt 10 km nordöstlich von Ripoll an der C-151. In seinem Zentrum steht die große Kirche San Juan (Sant Joan), die dritte an dieser Stelle und im Jahre 1150 geweiht, als der Konvent auf den Augustinerorden übergegangen war.
Kircheninneres *Kreuzabnahme-gruppe	Das ansonsten schmucklose Innere der Kirche birgt ein bedeutendes romanisches Kunstwerk: die geschnitzte Kreuzabnahmegruppe (um 1250), genannt 'el santissim misteri de Sant Joan de les Abadesses'. Sie entstand in der späten Romanik und verrät bereits Anklänge der Gotik. Die

Die Kreuzabnahmegruppe in San Juan de los Abadesas

Gruppe besteht aus Christus, Maria, den beiden Schächern (das Original des Guten Schächers wurde 1936 zerstört und durch eine Kopie ersetzt), den Heiligen Johannes und Nikodemus sowie Joseph von Arimathia.

San Juan de los Abadesas (Fortsetzung)

Im rechten Querhaus befindet sich der aus Alabaster gearbeitete gotische Marienaltar aus dem Jahr 1423. Im Kircheninneren steht auch der im 14. Jh. geschaffene Sarkophag des seligen Miró, Kanoniker von Sant Joan, mit dessen liegender Figur.

Marienaltar

Links neben der Hauptfassade der Kirche öffnet sich in einem Torgebäude die Pforte, welche zum Michaelskreuzgang mit seinen zierlichen gotischen Säulenarkaden und Kassettendecken führt.

Michaels-kreuzgang

Das Museum zeigt Exponate fast ausschließlich aus dem einstigen Kloster und anderen Kirchen des Ortes.

Museum

Nach rund 25 km auf der C-151 in nordwestlicher Richtung ist das Städtchen Campodrón erreicht, das mit seinem schattigen Hauptplatz, den engen Gassen und dichtgedrängten Häusern zum Spaziergang einlädt. Hinter der Pfarrkirche am Hauptplatz steht etwas erhöht die im 11. Jh. auf den Fundamenten eines anderen Gotteshauses aus dem 10. Jh. errichtete einstige Klosterkirche.

Campodrón

Die Industriestadt Olot, 36 km östlich von Ripoll an der C-150, bietet wenig Sehenswertes, beherbergt jedoch einige Museen: das Regionalmuseum, das Museum für Moderne Kunst, ein kirchliches Museum im Pfarrhaus und ein im Stil des 17. bis 19. Jh.s eingerichtetes Haus.

Olot

Eindrucksvoller ist jedoch ein Ausflug in das uralte, um die Stadt gelegene Vulkanland der Garrotxa. Der größte Trichter ist mit 350 m Durchmesser der Crater de Santa Margarida nordwestlich von Olot.

*Zona Volcano

In den Dörfern der Umgebung findet man immer wieder romanische Kirchen vor.

Ronda

Provinz: Málaga (MA)
Telefonvorwahl: 952
Höhe: 850 m ü.d.M.
Einwohnerzahl: 31 000

✶✶Lage und Allgemeines

Die mitten im Andalusischen Gebirge gelegene Stadt Ronda gehört durch ihre einzigartige Lage zu den besuchenswertesten Orten in Südspanien. Aus einer fruchtbaren Vega am Fuß der Serranía de Ronda (höchste Erhebung der Torrecilla mit 1919 m) steigt ein nach Süden zugespitztes Plateau auf, das durch die 40–90 m breite, bis 150 m tiefe Schlucht des Río Guadalevín ('Tajo') in zwei Teile geschieden wird und nach Westen in fast senkrechten Felswänden abstürzt. Auf der Südspitze des Plateaus steht die an der Stelle des römischen 'Arunda' erbaute Altstadt (La Ciudad); südlich unterhalb die Vorstadt San Francisco. Den nördlichen Teil des Plateaus nimmt die Neustadt (Mercadillo) ein, eine Gründung der Katholischen Könige, die Ronda 1485 von den Mauren zurückeroberten. Drei Brücken verbinden die Alt- und die Neustadt über die Schlucht hinweg.

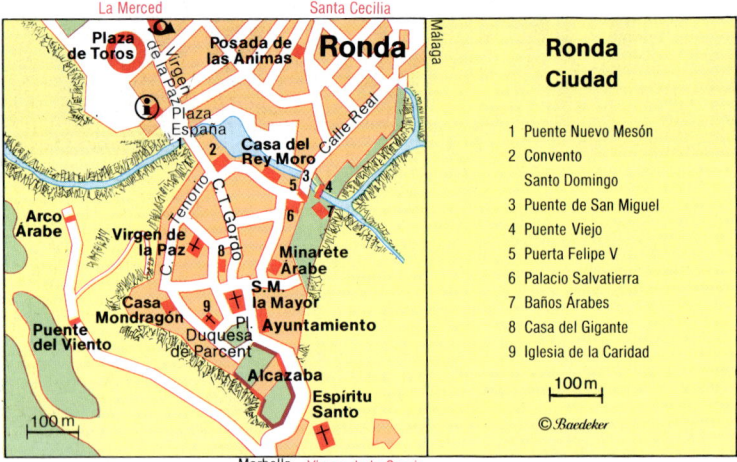

Ronda Ciudad

1 Puente Nuevo Mesón
2 Convento Santo Domingo
3 Puente de San Miguel
4 Puente Viejo
5 Puerta Felipe V
6 Palacio Salvatierra
7 Baños Árabes
8 Casa del Gigante
9 Iglesia de la Caridad

100 m

© Baedeker

Mercadillo (Neustadt)

Carrera de Espinel

In der Neustadt sind die Geschäfte und Dienstleistungsbetriebe Rondas angesiedelt. Hauptgeschäftsstraße ist die zur Fußgängerzone umgewandelte Carrera de Espinel, die in die Calle Virgen de la Paz mündet.

✶Plaza de Toros

Nahe bei dieser Einmündung befindet sich die 1785 erbaute Plaza de Toros, die zweitälteste Stierkampfarena Spaniens, die sich durch ihr zweigeschossiges Arkadenrund der Zuschauerränge auszeichnet. Ronda war Heimat der Stierkämpferdynastie Francisco, José, Juan und Pedro Romero, die im 18. und 19. Jh. die Regeln des Stierkampfes erarbeiteten.

Alameda del Tajo

Auf der Calle Virgen de la Paz gelangt man linker Hand zur Alameda del Tajo, einer hübschen Anlage, von deren vergitterten Vorsprüngen man

Blick in die Guadalevín-Schlucht ▶

Plaza de Toros: Hier wurde der Stierkampf 'erfunden'

＊Ausblick von der Alameda

einen herrlichen Blick auf das fast 200 m tief eingeschnittene Flußtal und über die Vega auf das Gebirge hat.

Hotel Reina Victoria

An der Kirche La Merced vorbei kommt man zum Hotel Reina Victoria, in dem Rainer Maria Rilke 1912 bis 1913 das Zimmer 208 bewohnte, das heute Erinnerungen an den Lyriker enthält; im Hotelgarten steht eine Bronzestatue Rilkes (1966) von dem Bildhauer N. Díaz Piquero.

Plaza de España

In entgegengesetzter Richtung führt die Calle Virgen de la Paz von der Arena zur Plaza España mit dem Informationsbüro.

＊Puente Nuevo

Man geht weiter zum 1788 erbauten Puente Nuevo, der die über 100 m tiefe Schlucht des Río Guadalevín an ihrer schmalsten Stelle in einer Länge von 70 m überspannt. Der Blick hinab raubt wahrlich den Atem.

＊La Ciudad (Altstadt)

Santa María la Mayor

Auf der Höhe über der Schlucht liegt die Altstadt (La Ciudad). Jenseits der Brücke kommt man durch die Calle del Teniente Gordo zur malerischen Plaza de la Duquesa de Parcent mit dem Ayuntamiento und der Kirche Santa María la Mayor. Sie war ursprünglich eine Moschee und wird noch von vier maurischen Kuppeln überwölbt; in christlicher Zeit wurde sie um die gotischen Seitenschiffe und die hochragende Capilla Mayor im plateresken Stil erweitert. Der Innenraum birgt ein kunstfertiges Renaissance-Stuhlwerk sowie einen maurischen Mihrâb.

Alcazaba

Unweit der Kirche steht die 1808 von den Franzosen zerstörte Alcazaba auf der Spitze des Felsens. Von dieser Burg der maurischen Könige führt der Paseo de San Francisco durch das maurische Tor Puerto de Almocávar hinunter zur Vorstadt San Francisco.

Die Casa de Mondragón, westlich der Kirche am Abgrund erbaut, ist ein Renaissancehaus mit interessantem Portal; in diesem Haus residierten auch die Katholischen Könige.

Wenig rechts von der Casa de Mondragón führt von der Plaza del Campanillo beim Abhang des Stadtfelsens ein Fußweg zu den verfallenen Mühlen in der Schlucht des Río Guadalevín. Man kann entweder auf dem Hauptweg in Kehren hinab zu den unteren Mühlen (1/2 St.) oder auf einem nach rechts abzweigenden Weg durch das kleine maurische Tor Arco Árabe (Arco del Cristo) am Abhang hin zum Elektrizitätswerk (20 Min.) und weiter zu den oberen Mühlen gehen. Der Weg wird auf alle Fälle belohnt mit prächtigen Aussichten auf die Wasserfälle und den Puente Nuevo.

Vom Puente Nuevo gelangt man nach links durch die Calle del Comandante Linares zur Casa del Rey Moro, ein Adelshaus mit einem aussichtsreichen Terrassengarten; eine unterirdische Felsentreppe mit 365 Stufen geht hinab zum Fluß.

Die Calle del Comandante Linares senkt sich weiter und führt durch einen Torbogen zu den unteren Flußbrücken Puente Viejo (oder Puente de la Mina; 1616) und der möglicherweise von den Römern schon angelegten Brücke Puente de San Miguel.

Rechts der Puente Viejo ließen sich die maurischen Herrscher im 13. und 14. Jh. eine große, von Hufeisenbögen unterteilte Badeanstalt bauen.

Umgebung von Ronda

Südöstlich von Ronda ersteckt sich das karge Felsengebirge der Serranía de Ronda; in einem unter Naturschutz gestellten Teil des Gebietes, der

Setenil

Serranía de Ronda (Forts.)	Coto de la Serranía de Ronda, leben noch Steinböcke und andere Wildtiere.
*Cuevas de la Pileta	Auf der Richtung ⟶ Jerez de la Frontera führenden landschaftlich sehr ansprechenden C-339 fährt man nordwestlich über den Fluß und erreicht nach 12 km eine Abzweigung nach links. An Montejaque vorbei kommt man auf ihr nach Benaoján (11 km), wo nahebei die sehenswerten Tropfsteinhöhlen Cuevas de la Pileta liegen. Hier wurden realistische Tiermalereien aus der Steinzeit (ca. 10 000 bis 25 000 v.Chr.) gefunden, ähnlich denen von ⟶ Altamira, jedoch älter als diese.
Setenil	Setenil, 19 km nördlich, ist auf einer Nebenstraße zu erreichen. Es wird von einem großen gotischen Kirchenbau beherrscht; wesentlich interessanter jedoch sind die zahlreichen in den Fels hineingebauten Wohnhäuser.

Sagunto   K 6

	Provinz: Valencia (V) Telefonvorwahl: 96 Höhe: 46 m ü.d.M. Einwohnerzahl: 55 000
Lage und Allgemeines	Etwa 25 km nördlich von Valencia, nahe der spanischen Mittelmeerküste und am rechten Ufer des Río Palancia, liegt inmitten ausgedehnter landwirtschaftlicher Gebiete die Stadt Sagunto. Sie wird überragt von einem nach allen Seiten steil abfallenden Bergrücken (170 m hoch) mit den
*Antike Stätte	mächtigen Ruinen der berühmten antiken, von den Iberern gegründeten Festung 'Saguntum'.
Geschichte	Die Zerstörung von Sagunto durch den 28jährigen punischen Feldherrn Hannibal löste im Jahre 219 v.Chr. den Zweiten Punischen Krieg aus. Die Bewohner von Sagunto verbündeten sich 221 v.Chr. mit Rom, obwohl die Stadt südlich des Ebro lag, in einem Gebiet also, das 226 v.Chr. in einem zwischen Karthagern und Römern geschlossenen Vertrag den Karthagern als Einflußsphäre zugesichert wurde. Daraufhin belagerte Hannibal monatelang die Stadt, bis die Sagunter in ihrer Verzweiflung die Stadt anzündeten und sich selbst verbrannten – denn von Rom erhielten sie keine tätige Hilfe. Erst als Hannibal den Ebro überschritt und zu seinem berühmten Zug über die Alpen ansetzte, griffen die Römer militärisch ein. Von der Bedeutung der 214 v.Chr. durch die Römer eroberten Stadt Sagunto zeugen noch das Theater und andere Reste. Bei den Mauren, die schon 1099 durch den Cid vorübergehend vertrieben wurden, hieß die Stadt 'Murbiter' ('muri veteres', altes Gemäuer), dann bis 1877 'Muviedro'. Im Jahre 1874 wurde Alfons XII. in Sagunto zum König proklamiert.

Sehenswertes

Santa María	An der Plaza Mayor, dem Mittelpunkt der Stadt, erhebt sich die gotische Pfarrkirche Santa María (1334 begonnen); im Inneren sieht man Alabasterfenster und einen vergoldeten Hochaltar des 18. Jahrhunderts.
Judería	In Sagunto hat sich wie selten in Spanien das ehemalige jüdische Viertel (Judería) erhalten. Es dehnt sich um das mittelalterliche Tor zum Judenviertel an der Calle Sang Vella und am Aufgang zur Burg aus.
*Teatro Romano	Von der bogengeschmückten Plaza Mayor führt die Calle del Teatro Romano südöstlich bergan zu dem gut erhaltenen Teatro Romano auf halber Höhe des Burgfelsens. Die 50 m durchmessenden Zuschauerränge blicken aufs Meer und boten 6000 Menschen Platz.

Theater und Burg von Sagunto

Vom Römischen Theater gelangt man auf einer aussichtsreichen Fahrstraße in Windungen hinauf zum Castillo de Sagunto, das sich in einer Länge von 800 m auf dem Burgberg hinzieht. Iberer, Karthager, Römer, Mauren und auch die Franzosen, die die Stadt 1811 belagerten, hinterließen auf dem Berg die Spuren ihrer Bauten und Veränderungen an der Feste. Die ausgedehnten Mauern, die hübsche Blicke auf die Stadt und die Küste bieten, stammen im wesentlichen aus arabischer Zeit und von den Franzosen.

Sagunto
(Fortsetzung)
*Castillo de
Sagunto

Nahe beim Eingang befindet sich das kleine Museo Arqueológico, das Fundstücke aus dem römischen und karthagischen Sagunto zeigt.

Museo
Arqueológico

Umgebung von Sagunto

Der Hafen der Stadt, Grao de Sagunto, liegt 6 km östlich. Er dient der Verschiffung der Früchte aus den umliegenden Orangenhainen und der Anlandung von Kohle, mit der ein großes Hüttenwerk versorgt wird.

Grao de Sagunto

Salamanca   E 5

Provinz: Salamanca (SA)
Telefonvorwahl: 923
Höhe: 802 m ü.d.M.
Einwohnerzahl: 168 000

Die altberühmte spanische Universitätsstadt Salamanca, Hauptstadt der gleichnamigen Provinz und Sitz eines Bischofs, liegt im südwestlichen Teil der Landschaft León am rechten Ufer des Río Tormes. Das Klima der fast

Lage und
Allgemeines

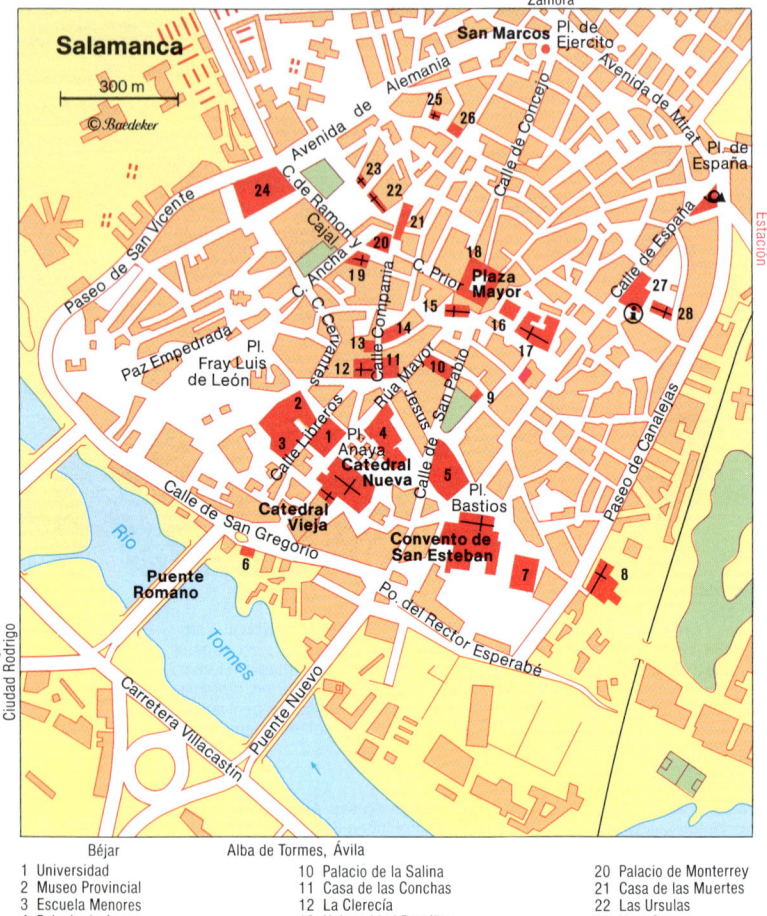

Valladolid,
Zamora

Béjar

Alba de Tormes, Ávila

1 Universidad
2 Museo Provincial
3 Escuela Menores
4 Palacio de Anaya
5 Convento de
  Dueñas
6 Santiago
7 Calatrava
8 Las Bernardas
9 Torre del Clavero

10 Palacio de la Salina
11 Casa de las Conchas
12 La Clerecía
13 Universidad Pontífica
14 San Benito
15 San Martín
16 Mercado
17 San Julián
18 Ayuntamiento
19 La Purísima

20 Palacio de Monterrey
21 Casa de las Muertes
22 Las Ursulas
23 Vera Cruz
24 Colegio Arzobispo
   Fonseca
25 San Juan de Barbalos
26 Casa de Santa Teresa
27 Torre del Aire
28 Sancti Spiritus

baumlosen Hochebene weist scharfe Gegensätze auf: Der Winter ist rauh
und oft bitter kalt; der Sommer zuweilen fast unerträglich heiß.

**Stadtbild
Salamanca ist eines der ersten Reiseziele in Spanien. Die Stadt wurde
wegen der Fülle ihrer alten Bauten, darunter besonders schöne Beispiele
des platereksen Stils, der hier einen Höhepunkt erreicht hat, in ihrer
Gesamtheit zum Nationaldenkmal erklärt und von der UNESCO in die Liste
des Kulturerbes der Menschheit aufgenommen. Die ausnahmslos aus
goldgelbem Stein aus Villamayor errichteten Bauten verleihen der Altstadt

im klaren Licht der Meseta einen überwältigenden Anblick. Den schönsten Blick auf die Stadt genießt man von der von ⟶ Ávila kommenden National- straße am linken Ufer des Río Tormes. In den engen Gassen um die Univer- sität und um die Plaza Mayor, die heute wieder von zahlreichen Studenten bevölkert werden, kann man noch etwas vom Geist der einst großen Uni- versität von Salamanca verspüren.

Salamanca ist das römische 'Salmantica', das im Jahre 217 v.Chr. von Hannibal, im 8. Jh. n.Chr. von den Mauren erobert wurde. Während der anhaltenden Kämpfe zwischen Christen und Mauren wurde die Stadt fast vollständig zerstört und gelangte erst um 1100 unter der Herrschaft des Königs Alfons VI. von Kastilien zu neuer Bedeutung. Den Weltruf Salaman- cas begründete jedoch die von Alfons IX. von León geschaffene Universi- tät, die mit den Hochschulen von Bologna, Paris und Oxford wetteiferte und dem übrigen Europa die arabische Wissenschaft vermittelte. Im 16. Jh. zählte die Universität Salamanca über 7000 Studenten. Mit der Errich- tung eines Bistums in Valladolid (1593), das bis dahin Salamanca unterge- ordnet war, sowie der Austreibung der Moriscos (1610), begann Salaman- cas Niedergang, von dem sich die Stadt erst in neuerer Zeit wieder erholte. Während der Besetzung Spaniens durch napoleonische Truppen war Salamanca mehrmals Quartier der Franzosen. Im Jahre 1811 schlugen englische Truppen im wenig südlich gelegenen Tal von Arapiles das franzö- sische Heer und leiteten damit den Rückzug Napoleons von der Iberischen Halbinsel ein.

✳✳Plaza Mayor

Mittelpunkt von Salamanca ist die von einheitlichen, dreistöckigen Häu- sern mit Arkaden umgebene quadratisch anmutende, jedoch leicht trapez- förmige Plaza Mayor. Sie wurde 1729 nach Plänen von Alberto de Churri-

Plaza Mayor

Plaza Mayor (Fortsetzung)	guera begonnen und 1755 vollendet. Als 'städtischer Festsaal' ist sie in ihrer Geschlossenheit einer der großartigsten Plätze Spaniens, auf dem bis ins 19. Jh. hinein auch Stierkämpfe abgehalten wurden. Am Abend sprüht in den zahlreichen Arkadencafés und -bars das Leben.
Ayuntamiento	An der Nordseite erhebt sich das Ayuntamiento (Rathaus), im Stil des José de Churriguera von Andrés García de Quiñones erbaut und 1852 mit einem Glockenstuhl komplettiert.
Pabellón Real	Dem Rathaus gegenüber steht der Pabellón Real von Alberto de Churriguera mit einer Büste Philipps V., der den Platz anlegen ließ.

Zwischen Plaza Mayor und Universität

San Martín	An die Südwestecke der Plaza Mayor schließt sich die kleine Plaza Corillo an. Hier erhebt sich die Kirche San Martín (12. Jh.), ein spätromanischer Bau mit einem Relief des San Martín (13. Jh.) am Nordportal und platereskem Dekor am südwestlichen Portal; im Innern sieht man mehrere gotische Grabmäler und einen Retablo von Alberto de Churriguera (1731).
*Casa de las Conchas	Von der Plaza Corillo führt die Rúa Mayor weiter südwestlich und erreicht einen kleinen Platz, an dessen Ecke rechts leicht bergauf das 1514 erbaute Casa de las Conchas ('Haus der Muscheln') steht. Es war der Stadtpalast des Talavera Maldonado, der als Ritter des Santiago-Ordens sein Haus mit Jakobsmuscheln verzieren ließ, die je nach Sonnenstand ein reizvolles Schattenspiel werfen. Bemerkenswert sind auch die schön gearbeiteten Fenstergitter. Die Besichtigung führt in den sehr schönen zweistöckigen Patio und durch das Treppenhaus mit herrlicher Kassettendecke.
La Clerecía	Gegenüber erhebt sich La Clerecía (1617), eine weiträumige kuppelgekrönte Barockkirche mit wirkungsvoller zweitürmiger Fassade von Quiñones. Im Inneren findet man einen prächtigen churrigueresken Hauptaltar.
Universidad Pontífica	Direkt an die Kirche angebaut ist die Universidad Pontífica, an der Theologie, Philosophie und kanonisches Recht gelehrt werden. Über einen Treppenaufgang gelangt man in den im ersten Stock liegenden Umgang des außerordentlich schönen Barockhofes.

**Universität

Öffnungszeiten Mo.–Fr. 9.30–13.30 u. 16.30–18.30; Sa. u. Fei. 10.00–13.00	Von La Clerecía sind es in südwestlicher Richtung auf der Calle Libreros nur wenige Schritte zu den linker Hand liegenden Gebäuden der einst weltberühmten Universität von Salamanca. An ihr unterrichteten u.a der Humanist Fray Luis de León (1527–1591), der Mystiker Juan de la Cruz (1542–1591) und der Philosoph Miguel de Unamuno (1864–1936), der auch Rektor der Universität war. Auch Cervantes studierte hier, und zu Zeiten, als dies noch für hochgradige Ketzerei galt, erkannte man in Salamanca schon das Kopernikanische Weltsystem an.
**Hauptfassade	Der Bau wurde in den Jahren 1415 bis 1433 in einfachen Formen errichtet. Erst 1534 fügte man die Hauptfassade mit ihrer verschwenderischen Fülle plateresken Schmucks an, das unübertroffene Meisterwerk dieses Kunststils in Spanien. Über den beiden Türen reihen sich auf drei Feldern aufs feinste ausgeführte Steinmetzarbeiten aneinander, unterbrochen von Pilastern. In der Mitte der ersten Etage erkennt man ein Medaillon mit dem Bildnis der Katholischen Könige; darüber das Wappenschild Karls V. und der kaiserliche Doppeladler; wiederum darüber der Papst, von seinen Kardinälen umgeben, rechts davon Venus, Priamos und Bacchus sowie links Herkules, Juno und Jupiter. Am rechten Pilaster im ersten Feld erkennt man über einem Totenkopf einen Frosch, Glücksbringer der Studenten.

Türme von La Clerecía und Casa de las Conchas

Das Universitätsgebäude umschließt einen großen zweistöckigen Patio, um dessen unteren Gang sich die Hörsäle gruppieren. Links, nach Durchschreiten zweier Hörsäle, betritt man den theologischen Saal, in dem Fray Luis de León lehrte, ausgestattet mit einer Kanzel für den Lehrenden und rohen Holzbänken. Es folgt der für Abschlußfeste und andere Feierlichkeiten genutzte Paraninfo (Aula Magna), ehemaliger Lehrsaal für kanonisches Recht, wo ein Brüsseler Wandteppich mit einem Porträt Karls IV. nach einem Karton von Goya hängt. Durch weitere Hörsäle gelangt man in den rechten Flügel zur Capilla de San Jerónimo, der einstigen Bibliothek, deren Deckenfresken heute teilweise in den Escuelas Menores zu sehen sind. Die Kapelle wurde 1767 in Marmor umgestaltet. Zu sehen ist u.a. das Ehrendoktordiplom für die hl. Teresa von Ávila. Durch die Sakristei und den Rektoratssaal führt der Rundgang in den Musiksaal, ausgestattet mit wertvollen Wandteppichen und zwei Gemälden von Juan de Flandes.

Die ins Obergeschoß führende Treppe (16. Jh.) ist prächtig mit Turnier-, Morisken- und Jagdszenen beschnitzt und trägt am Schlußstein das Wappen der Universität. Über den mit einer bemerkenswerten Artesonadodecke versehenen Umgang erreicht man das isabellinische Portal der Bibliothek, die 1254 gegründet wurde. Der ursprünglich gotische Bibliotheksssaal wurde 1749 umgestaltet; aus dieser Zeit stammen auch die Bücherschränke, die ca. 50 000 Bücher und 3500 Manuskripte enthalten. In einem gesonderten Raum werden die wertvollsten Stücke – Inkunabeln, Manuskripte und Miniaturen – aufbewahrt.

Besichtigung

Erdgeschoß

Obergeschoß

*Patio de las Escuelas

Gegenüber der Universitätsfassade öffnet sich der Patio de las Escuelas. Seine Mitte ziert ein Denkmal für Fray Luis de León aus dem Jahr 1869. Um ihn herum gruppieren sich – zusammen mit dem Universitätsgebäude –

Portal der Universität

Nordportal der Neuen Kathedrale

Patio de las Escuelas (Fortsetzung)	Bauten im reinsten plateresken Stil, die ihm eine einzigartige Atmosphäre verleihen.
Hospital del Estudio	Die südwestliche Seite des Platzes nimmt eine lange, von durchbrochenen Zierzinnen gekrönte Gebäudefront ein, deren linkes Portal ins Hospital del Estudio führt, das 1533 vollendete Studentenhospiz, heute Rektorat.
Escuelas Menores	Die rechte Hälfte der Gebäudefront gehört zu den Escuelas Menores, deren einstöckigen Patio man durch ein doppelbogiges, mit prächtigen Wappenfeldern geschmücktes Portal und durch ein Vestibül betritt. In die Sala Calderón de la Barca wurde die Ausstattung der ehemaligen Universitätsbibliothek verbracht, allem voran das einmalige Deckenfresko "Cielo de Salamanca" (um 1480) von Fernando Gallego, das den Stand der Himmelskunde im ausgehenden 15. Jh. darzustellen versuchte. Nicht alle Bilder sind erhalten geblieben, man erkennt u.a jedoch noch Tierkreiszeichen, einige Sternbilder und die vier Winde. Weiterhin sehenswert sind Skulpturen von Felipe de Vigarny und Gemälde von Juan de Vigarny.
✳"Cielo de Salamanca"	
Museo Provincial de Bellas Artes	An der Stirnseite des Platzes liegt der Eingang zum Museo Provincial de Bellas Artes. Es ist im Palacio de los Abarca Alcaraz untergebracht, den sich der Leibarzt von Isabella der Katholischen Ende des 15. Jh.s erbauen ließ. Seine Hauptfassade wendet sich allerdings der Plaza Fray Luis de León zu. In insgesamt neun Sälen sind vor allem Gemälde vom 16. bis zum 20. Jh. ausgestellt.

✳Catedral Nueva

Durch eine kleine Gasse um das Universitätsgebäude herum gelangt man zur Kathedrale, deren Turm man schon vom Patio de las Escuelas aufragen sieht. Die Neue Kathedrale (span. Catedral Nueva) ist ein 1513 von Juan Gil

Die beiden Kathedralen dominieren das Stadtbild von Salamanca

de Hontañón begonnener, aber erst 1733 vollendeter stattlicher Bau mit spätgotischen, platataresken und barocken Formenelementen; besonders reich sind die platatresken Portale, darunter das dreiteilige Westportal sowie das Nordportal (Puerta de Ramos) mit dem Relief "Christi Einzug in Jerusalem".

Catedral Nueva (Fortsetzung)

Der 110 m hohe Turm, dessen reizvolle Kuppel vermutlich von Joaquín Churriguera stammt, wurde 1755 zum Schutz gegen Erdbeben in den unteren Geschossen ummauert.

Turm

Das reich ausgestattete, 104 m lange und 48 m breite Innere der Kirche ist trotz des Choreinbaus durch seine Weiträumigkeit und Höhe (38 m ü.d.M.) von großer Wirkung. Im Chor befinden sich ein schön geschnitztes barokkes Gestühl und barocke Skulpturen von Alberto de Churriguera. Die Kapellen bewahren zahlreiche Kunstwerke, darunter in der Capilla Dorada das Grabmal des Stifters Sanchez de Palenzuela sowie in der Capilla del Mariscal die Virgen de la Cueva, die Schutzheilige Salamancas. Im Scheitel des Chorumganges wird in der Capilla del Cristo de los Batallas ein aus dem 11. Jh. stammendes Kruzifix gezeigt, das El Cid seinem Kampfgefährten Jerónimo, dem späteren Bischof von Salamanca, geschenkt haben soll. Beachtenswert sind auch die Rokoko-Dekorationen der Sakristei und das Relicario.

Innenraum

*Catedral Vieja

Unmittelbar südlich an die Neue Kathedrale stößt die romanische Alte Kathedrale (Catedral Vieja oder Santa María de la Sede) an, in die man durch einen Zugang vom rechten Seitenschiff der Neuen Kathedrale aus gelangt. Der Komplex der Alten und der Neuen Kathedrale ist von außen etwas schwer zu überschauen; das Äußere der Alten Kathedrale erkennt

Catedral Vieja (Fortsetzung)	man am besten vom Patio Chico aus, auf den ein Ausgang im rechten Seitenschiff der Neuen Kathedrale führt.

Die Alte Kathedrale wurde um 1100 gegründet und wohl noch vor 1200 vollendet; sie ist eine der glänzendsten Schöpfungen dieser Zeit in Spanien. Vom Patio Chico blickt man auf die Chorpartie mit der prachtvollen turmartigen Vierungskuppel, die nach dem Hahn auf der Spitze Torre del Gallo genannt wird.

Innenraum

Im Inneren beeindruckt in der Hauptapsis ein monumentaler Retablo mit 53 Darstellungen aus der Geschichte Christi und dem Leben Mariae; es ist ebenso wie das große Fresko des Jüngsten Gerichts im Gewölbe ein Werk von Nicolás Florentino, der ab 1445 daran arbeitete. Im Zentrum des Retablos steht die bronzeverkleidete und mit Edelsteinen geschmückte Statue der Virgen de la Vega aus dem 12. Jahrhundert.

In der Turmkapelle San Martín erkennt man Wandmalereien, die ebenso wie diejenigen in den Seitenschiffen französisch beeinflußt sind.

*Claustro / Museo Diocesano

Der Claustro (Kreuzgang) aus dem 12. Jh. wurde 1755 beim Erdbeben von Lissabon stark beschädigt und ab 1785 ausgebaut, so daß aus romanischer Zeit nur noch wenig erhalten ist. Dazu gehören die mudéjare Capilla de Talavera mit Skulpturen von Alonso Berruguete und dem Grabmal des Stifters, der auch die Casa de las Conchas erbauen ließ, sowie die Capilla de Santa Bárbara aus dem 14. Jh., in der die Doktoranden die Nacht vor der Prüfung verbringen mußten und auch ihre Prüfung ablegten.

In den Kapitelsälen ist das Museo Diocesano untergebracht, das hervorragende Werke von Fernando Gallego besitzt ("Triptychon der Jungfrau mit der Rose", "Krönung der Jungfrau"); außerdem u.a. ein Triptychon von Juan de Flandes, eine elfenbeinerne Marienfigur aus dem 13. Jh. und eine Renaissanceorgel aus der Universität.

Umgebung der Kathedralen

Plaza de Anaya

Vor der Neuen Kathedrale öffnet sich die Plaza de Anaya, die 1811 angelegt wurde.

Museo Municipal

Im ehemaligen Palacio Episcopal gegenüber der Westfassade der Neuen Kathedrale ist das Museo Municipal mit seiner stadtgeschichtlichen Sammlung eingerichtet.

Puente Romano

Geht man von der Catedral Viejo hinunter zum Río Tormes, kommt man zur Plaza del Puente, von wo der Puente Romano den Río Tormes überspannt. Von den 27 Bogen der Römerbrücke sind die 15 auf der Stadtseite tatsächlich noch aus römischer Zeit. Unweit der Brücke steht die einfache romanische Kirche Santiago, die allerdings ein 1980 erstellter Nachbau der ursprünglichen Kirche ist.

*Convento de San Esteban

Wenig flußaufwärts folgt der Puente Nuevo (Neue Brücke), von dessen Südwestende die Straßen nach ⟶ Ávila, ⟶ Plasencia und ⟶ Ciudad Rodrigo ausgehen. Auf der Stadtseite gelangt man auf der Av. de los Reyes zum rechts etwas erhöht stehenden Dominikanerkloster San Esteban, dessen Kirche von 1524 bis 1610 erbaut wurde. Auch hier ist die Fassade mit überreichem platereskem Dekor überzogen. Im Innern findet man mit dem vergoldeten Hauptaltar von José de Churriguera (1693) eines der Meisterwerke dieses Künstlers; drei Nebenaltäre wurden von seinen Schülern gefertigt. Links vom Hochaltar sieht man das Grabmal des Herzogs von Alba, Statthalter der Spanischen Niederlande. An der Westwand über dem Hochchor brachte Antonio Palomino im Jahre 1705 das große Fresko "Triumph der Kirche" an.

Kreuzgang

An die Kirche stößt der zweigeschossige Kreuzgang mit sehr schönen Medaillons, Figurenschmuck und einer Treppe von Gil de Hontañón an.

Nördlich gegenüber von San Esteban, nach Überqueren der Avenida de los Reyes, kommt man zum Convento de las Dueñas, dessen platereske Fassade aus dem Jahr 1533 stammt. Für Besucher zugänglich ist der zweigeschossige schöne Renaissance-Kreuzgang mit Fabeltieren und Gestalten in den Säulenkapitellen, möglicherweise nach Vorbildern aus Dantes "Commedia Divina".

Convento de las Dueñas
*Claustro

Am Convento de las Dueñas geht entlang der Plaza de Colón leicht bergan die Calle Juan de la Fuente zur Calle San Pablo, die nach rechts zur Plaza Mayor führt. Nach wenigen Schritten stößt man auf der linken Straßenseite auf den Palacio de la Salina, 1516 für den Erzbischof Fonseca erbaut. Große Arkadenbögen mit skulptierten Medaillons prägen die Fassade, hinter der sich ein hübscher Patio verbirgt.

Palacio de la Salina

Blickt man die gegenüber vom Palacio abgehende Seitenstraße hinunter, erkennt man den klotzigen, acht angebaute Ecktürmchen tragenden Torre del Clavero (15. Jh.), Rest des festungsartigen Palais von Francisco de Sotomayor.

Torre del Clavero

Nördlich und östlich der Plaza Mayor

Etwas weiter im Osten der Plaza Mayor liegt die Kirche Sancti Spiritus (Espíritu Santo) des 16. Jh.s, ebenfalls mit einem platteresken Portal. Im Inneren befinden sich ein besonders beachtenswerter Hochaltar von 1659 und die sehenswerte Sakramentskapelle; der Kreuzgang stammt aus dem 13. Jahrhundert.

Sancti Spiritus

Weit nördlich der Plaza Mayor kommt man zur Kirche San Marcos. Die im 12. Jh. erbaute kreisrunde Kirche ist in zwei Absiden mit gotischen Wandmalereien ausgestattet.

San Marcos

Calle de las Ursulas

Westlich der Plaza Mayor

Palacio de Monterrey	Von der Südwestecke der Plaza Mayor führt die Calle del Prior westlich zu dem stattlichen Palacio de Monterrey (um 1540 erbaut), dessen lange Galerie an der Südseite von zwei reich ausgebildeten kurzen Türmen flankiert wird.
Convento de las Agustinas	Gegenüber steht der Convento de las Agustinas (1598–1636), dessen Kirche La Purísima gute Bilder von Ribera enthält, darunter am Hauptaltar "La Concepción", eines seiner Hauptwerke (1635).
Colegio Mayor Arzobispado Fonseca	Weiter westlich kommt man zum ehemaligen Colegio Mayor Arzobispado Fonseca (1527–1578), auch Colegio de los Irlandeses genannt, da es für die irischen Studenten in Salamanca erbaut wurde. Das Portal ist wiederum plateresk; in der Kirche findet man einen schönen Retablo von Alonso de Berruguete und Gemälde von seinen Schülern. Der zweistöckige Hof mit reizvollen Säulenkapitellen und Medaillonbüsten ist ein Werk von Diego de Siloë.
Convento de las Úrsulas	Unweit nordöstlich des Colegio Fonseca liegt in der sehr schönen, von Bäumen bestandenen Calle de las Úrsulas das Ursulinerinnenkloster, in dem Erzbischof Alonso Fonseca in einem prächtigen Alabastergrabmal von Diego de Siloë begraben ist. Zum Kloster gehört ein kleines Museum, in dem Werke u.a. von Michelangelo, Morales und Juan de Borgoña ausgestellt sind.
Casa de los Muertes	Am Ende der Calle de las Úrsulinas öffnet sich ein kleiner Platz, auf dem ein modernes Denkmal des ehemaligen Universitätsrektors Miguel de Unamuno steht. Gegenüber die Casa de las Muertes, ein plateresker Palast des 15. Jh.s, der seinen Namen den Totenköpfen im oberen Teil der Fassade verdankt. Im Medaillon über dem Portal erkennt man den Erzbischof Alonso Fonseca.

Umgebung von Salamanca

Castillo de Buen Amor	Auf der nach Norden Richtung ⟶ Zamora führenden N-630 erreicht man das 28 km von Salamanca etwas abseits der Straße liegende Städtchen Villanueva de Cañedo, wo sich die mächtigen Rundtürme des Castillo de Buen Amor erheben. Die im 13. Jh. von Alfons VII. von León errichtete Burg diente den Katholischen Königen als Stützpunkt im Kampf gegen Isabellas Halbschwester Juana 'La Beltraneja' um die Krone von Kastilien. Sehenswert sind der Innenhof und die prachtvolle Ausstattung der Räume, insbesondere die Deckentäfelung im Mudéjarstil im großen Saal.
Ledesma	Die Nebenstraße SA-300 folgt nordwestlich dem Río Tormes und erreicht nach 34 km Ledesma, einen vielbesuchten Badeort am Rio Tormes. In dem mauerumwehrten alten Städtchen ist die Kirche Santa María (13./16. Jh.) mit gotischen Grabmälern sehenswert.
La Fortaleza	In der Nähe von Ledesma liegt die ehemalige Festung La Fortaleza, die Beltrán de la Cueva errichten ließ.
Peñaranda de Bracamonte	Die nach ⟶ Ávila führende N-501 kommt nach 42 km durch das hübsche Städtchen Peñaranda de Bracamonte (900 m ü.d.M.), dessen stattliche Kirche San Miguel einen beachtenswerten Hochaltar besitzt. An der kleinen Plaza findet man unter den Arkaden links vom Rathaus aus gesehen eine Apotheke mit schöner alter Einrichtung. Kurz hinter dem Ort folgt die Grenze zwischen den Landschaften León (Provinz Salamanca) und Altkastilien (Provinz Ávila).

San Miguel in Peñaranda de Bracamonte

Route der Stauseen

Dieser Ausflug – auch die Route der 'Arribes del Duero' genannt – führt zum westlichen Teil der Provinz Salamanca.

Auf der nach Westen strebenden C-517 gelangt man über Vitigudino zu dem nordwestlich hiervon gelegenen Aldeadávila de la Ribera. Die Stadt liegt am Río Duero, der hier in großen Schleifen, den 'arribes', fließt. Im Ort findet man zwei alte Kirchen und den Palacio Marqués de Caballeros (18. Jh.), der eine wappengeschmückte Fassade aufweist.
In der Nähe liegt der Stausee Embalse oder Pantano de Aldeadávila.

Aldeadávila de la Ribera

Auf Nebenstraßen unweit des Rio Duero kommt man über Saucelle und dem inmitten von Zitrusfrucht- und Mandelhainen liegenden La Fregeneda weiter nach Lumbrales; von hier zum südlich gelegenen San Felices de los Gallegos, einem kleinen Städtchen, das in seiner Gesamtheit unter Denkmalschutz steht. Es besitzt eine Wehrmauer, Reste einer alten Burg und einige Herrenhäuser.

San Felices de los Gallegos

Unweit des Rio Duero zieht die Nebenstraße weiter Richtung Südosten nach ⟶ Ciudad Rodrigo. Die Rückkehr nach Salamanca erfolgt auf der nach Nordosten führenden N-620 durch die Montañas de Caraza.

Weitere Reiseziele

⟶ Ávila
⟶ Alba de Tormes
⟶ Béjar
⟶ Sierra de Gredos
⟶ Zamora

San Pedro de Alcántara **F 9**

Provinz: Málaga (MA)
Telefonvorwahl: 952
Höhe: 20 m ü.d.M.
Einwohnerzahl: 4000

Lage und Allgemeines
San Pedro de Alcántara an der Costa del Sol gehört zum Gemeindebereich von Marbella. Es liegt an den landschaftlich reizvollen Ausläufern der Sierra Bermeja und der Sierra de Tolox.

Sehenswertes

Im Ort, der nach dem heiligen Petrus von Alcántara (1499–1562) benannt ist, findet man Überreste einer römischen Siedlung mit einem fünfbogigen Rundbau; beachtenswert ist ferner eine frühchristliche Basilika mit einem Taufbecken, das die Form eines Fisches hat.

Nueva Andalucia
Zwischen San Pedro de Alcántara und → Marbella liegt das Touristenzentrum Nueva Andalucia mit Villen, Appartementhäusern, Tennis- und Golfplätzen und Schwimmbädern.

Estepona
→ dort

San Sebastián/Donostia **I 2**

Provinz: Guipúzcoa (SS)
Telefonvorwahl: 94
Meereshöhe
Einwohnerzahl: 175 000

**Lage und Allgemeines
Die am Golf von Biscaya nahe der französischen Grenze gelegene Stadt San Sebastián (bask. Donostia) ist die Hauptstadt der baskischen Provinz Guipúzcoa und das vornehmste Seebad Spaniens. Die Stadt liegt äußerst reizvoll auf dem Schwemmland zwischen dem kanalisierten Río Urumea und der muschelförmigen Meeresbucht La Concha, der die Insel Santa Clara vorgelagert ist. Im Osten wird die Bucht vom Monte Urgull, im Westen vom Monte Igueldo begrenzt.

**Seebad
Der Aufstieg San Sebastiáns zum Seebad mit Weltruf begann im 19. Jh., als Königin María Cristina es zu ihrem Sommersitz erkor. Seither hat sich die Stadt zu einem internationalen Seebad entwickelt, das auch heute noch mit seinen Boulevards, Restaurants, Cafés und dem Casino einiges von der mondänen Atmosphäre des 19. Jh.s bewahrt hat und dank seiner bedeutenden Sommerveranstaltungen wie dem Internationalen Filmfestival, dem Jazzfestival und im August der Semana Grande ein Anziehungspunkt für Besucher aus aller Welt ist. Von den alten Gebäuden San Sebastiáns ist so gut wie nichts mehr geblieben, da ein Großbrand im Jahre 1813 die Stadt weitgehend zerstörte.

Sehenswertes

Alameda del Boulevard
Mittelpunkt des städtischen Lebens ist die mit Tamarisken bepflanzte Alameda del Boulevard, umrahmt von Geschäftshäusern, Restaurants und Cafés. Am Westende der Allee liegen der Fischerhafen, der Club Nautico und das Rathaus im ehemaligen Gran Casino, dessen Westfassade der weiten Bahía mit der Playa de la Concha zugekehrt ist.

San Sebastián
Donostia

300m

Biscaya

Bahía

Paseo Nuevo

© Baedeker

Südlich vom Rathaus erstreckt sich der Garten Alderdi-Eder ('Schöner Platz'), an den südwestlich der Paseo de la Concha anschließt. Die Promenade umschließt die Bahía halb und zieht zum großen Strandbad La Perla und dem königlichen Badehaus Caseta Real hin.

Paseo de la Concha

Neustadt

Östlich vom Paseo de la Concha und südlich der Alameda liegt die Neustadt mit der Avenida de la Libertad als Hauptstraße und der Plaza de Guipúzcoa, an deren Westseite sich der stattliche Palacio de la Diputación von 1885 erhebt. Büsten bedeutender Persönlichkeiten schmücken seine Fassade. Die Innenräume sind u.a. mit Gemälden von Ignacio Zuloaga ausgestattet; die Bibliothek hat große Bestände zur baskischen Literatur und Geschichte.

Palacio de la Diputación

Im südlichen Teil der Neustadt erhebt sich jenseits der verkehrsreichen Calle de San Martín die 1880 von Manuel de Echave begonnene und 1897 vollendete neugotische Kathedrale Buen Pastor, deren 75 m hoher Turm die Stadt beherrscht.

Catedral Buen Pastor

Westlich der Kathedrale steht am Paseo de la Concha das 1922 eröffnete Gran Casino del Kursaal, dessen Spielbetrieb – wie im übrigen Spanien auch – schon 1924 wieder verboten und erst 1978 wieder aufgenommen wurde.

Gran Casino del Kursaal

Altstadt

Nördlich der Alameda erstreckt sich bis zum Monte Urgull die besonders abends lebendige Altstadt, deren Mittelpunkt die von Arkaden umgebene Plaza de la Constitución ist, früher Schauplatz für Stierkämpfe. Östlich vom Platz der Fischmarkt ('Pescadería').

Plaza de la Constitución

San Sebastián

Hafen

San Vicente

Nordöstlich des Platzes kommt man zur 1507 erbauten gotischen Kirche San Vicente. Dieses älteste Gotteshaus der Stadt besitzt einen figurenreichen geschnitzten Retablo von 1584.

Museo Municipal San Telmo

Nordwestlich hinter San Vicente ist im ehemaligen Kloster San Telmo, ein Renaissancebau des 16. Jh.s, das Museo Municipal eingerichtet. Im Erdgeschoß in den Räumen des Kreuzganges sind Grabsteine, Stelen, Mühlräder u.a. aus dem Baskenland ausgestellt; hinzu kommen eine ethnographische Sammlung mit Handwerksgeräten, Keramik und Porzellan sowie eine vorgeschichtliche Abteilung.

Gemälde-sammlung

Von einiger Bedeutung ist die Gemäldesammlung älterer und neuerer spanischer Meister im ersten Stock mit Werken u.a. von El Greco, Morán, Ribera und Coello; an baskischen Künstlern sind vertreten Ugarte, Zubiaurre, Echagüe, Salaberría, Arteta, Amarica, Zuloaga u.a.
Die Kirche ist mit Motiven aus der Geschichte des Baskenlandes von José María Sert ausgemalt.

Santa María

Südwestlich von San Telmo befindet sich die 1764 vollendete Kirche Santa María del Coro, ein Barockbau mit reicher churrigueresker Fassade; im Inneren ein Flügelaltar mit Gemälden von Robert Michel.

Monte Urgull

Von der Kirche Santa María führt ein Stufenweg hinauf zum 135 m hohen Monte Urgull, einer landfest gewordenen Sandsteininsel. Oben thront das ehemalige Castillo de la Mota, das heute als Museum für Geschichte des Militärwesens dient; die Herz-Jesu-Kapelle wird von einer 12 m hohen Christusstatue gekrönt.

Aquarium / Museo Oceanográfico

Am Südfuß des Monte Urgull liegt an der Westseite der Altstadt der Hafen, von dem man nach der Insel Santa Clara übersetzen kann. Unweit westlich vom Hafen steht am Ausgang der Concha das Aquarium, zu dem auch das

Bucht von San Sebastián vom Monte Igueldo aus

interessante Museo Oceanográfico gehört, das u.a. ein großes Walskelett, Schiffsmodelle, Navigationsinstrumente und Urkunden zeigt.

Museo Oceano-
gráfico (Forts.)

Am Aquarium beginnt der aussichtsreiche Paseo Nuevo, der den Monte Urgull über dem felsigen Ufer bis zur Mündung des Río Urumea umzieht und diesen unweit südlich vom Puente Zurriola überbrückt wird. Jenseits des Flusses beginnt eine ostwärts bis dicht an den Monte Ulia führende Strandpromenade.

*Paseo Nuevo

Zum Monte Igueldo

Vom Westende des Paseo de la Concha führt die Miraconcha als Fortsetzung der Straße westlich in einem Tunnel unter dem Palacio de Miramar, der früheren Sommerresidenz der spanischen Könige, hindurch zur Vorstadt Antiguo mit der schönen Playa de Ondarreta.

Palacio
de Miramar

Am Ende des Ondarreta-Strandes liegt der königliche Tennisklub, von wo eine Standseilbahn (Funicular) oder auch eine windungsreiche Straße hinauf den 184 m hohen Monte Igueldo führen, wo den Besucher ein Terrassenrestaurant, ein Vergnügungspark, ein Observatorium und ein Aussichtsturm erwarten; letzterer bietet einen prachtvollen Blick auf die Stadt, das Meer und das baskische Bergland.

*Monte Igueldo

*Monte Ulía

Östlich von der Stadtmitte (7 km) erhebt sich über der Vorstadt Gros der über eine kurvenreiche Auffahrt erreichbare 230 m hohe Monte Ulía, auf dessen Höhe ein Gartenrestaurant und drei Aussichtsterrassen zum Verweilen einladen.

Umgebung von San Sebastián

Zur französischen Grenze

Pasajes / Pasaia
: Autobahn und N-I führen in östlicher Richtung über den Río Urumea zur Industriestadt Rentería am Río Oyarzun. Nördlich dieser Stadt greift die Bucht von Pasajes (bask. Pasaia) ins Land, um die sich die Hafenstadt gleichen Namens ausdehnt.

Sie besteht aus drei Ortsteilen: San Pedro, dem Handelshafen Ancho (bask. Antxo) und dem an einer sehr hübschen Bucht liegenden alten Hafenstädtchen Pasajes de San Juan (bask. Pasaia Donibane), das nur aus einer malerischen Straße besteht. Von hier segelte 1777 Lafayette nach Amerika, um die Unabhängigkeitsbewegung zu unterstützen; 1843 wohnte Victor Hugo im Dorf.

Irún
: Die Straße führt durch das baskische Hügelland und erreicht die Grenzstadt Irún, in der die Kirche Nuestra Señora del Juncal (16. Jh.) mit einer romanischen Marienstatue und das Ayuntamiento (Rathaus) aus dem 17. Jh. an der Plaza de San Juan zu beachten sind.

*Fuenterrabía / Hondarribia
: Wenig nördlich von Irún liegt an der Mündungsbucht des Río Bidasoa das Seebad und Fischerstädtchen Fuenterrabía (bask. Hondarribia), einst eine wichtige und oft umkämpfte Festung gegen Frankreich. Bei einem Spaziergang durch die malerischen Gassen der Altstadt, die man durch die Puerta de Santa María (15. Jh.) betritt, trifft man auf alte, wappengeschmückte Häuser. Die Kirche Nuestra Señora de la Asunción ist gotisch, wurde aber im 18. Jh. erweitert. In ihr wurde die Ehe zwischen der Infantin María Teresa und Ludwig XIV. von Frankreich geschlossen – der sich allerdings durch einen spanischen Minister vertreten ließ. Von der Terrasse des Palacio del Rey Carlos V (12. Jh.) an der Plaza de Armas, heute Parador Nacional, hat man eine lohnende Aussicht auf die Flußmündung und den nördlich liegenden Leuchtturm des Cabo Higuer, wahrscheinlich die Stelle eines antiken Venusheiligtums.

*Straße zum Jaizquibel
: Von Fuenterrabía führt eine sehr lohnende Straße auf den kahlen Sandsteinrücken des Jaizquibel (bask. Jaizkíbel; 584 m ü.d.M.) mit der Wallfahrtskirche Nuestra Señora de Guadalupe und dem aussichtsreichen Hostal Provincial de Jaizquibel (448 m ü.d.M.).

Über den Puerto de Echegárate

Hernani
: Die Nebenstraße SS-413 verläßt San Sebastián in südlicher Richtung und erreicht nach 10 km den hoch über dem rechten Ufer des Río Urumea gelegenen Industrieort Hernani mit seinen balkongeschmückten Häusern und dem Rathaus von 1874 an der schönen Plaza Mayor; in der großen Pfarrkirche sieht man berühmte Holzschnitzereien und das Grabmal des Juan de Urbieta.

Sierra de Aralar
: Von Hernani fährt man auf der SS-413 weiter zur nach Süden strebenden N-I und über Andoaín und Irura nach → Tolosa. Die N-I führt weiter durch das Tal des Río Oria aufwärts; zur Linken die Sierra de Aralar mit dem Felskegel des Aralar (1427 m ü.d.M.), einer der höchsten Erhebungen des Baskenlandes.

*Auffahrt zum Puerto de Echegárate
: Nach Besasain führt eine besonders reizvolle Strecke mit prächtigen Rückblicken auf das baskische Bergland hinauf zum Puerto de Echegárate (658 m ü.d.M.), der den wichtigen Paß über das östliche Kantabrische Gebirge bildet. Hier findet man ein kleines Restaurant und hat einen überwältigenden Vorausblick auf die Hochebene von Navarra.

✳✳Kantabrische Küstenstraße

Nach der Vorstadt Antiguo verläßt man die nach Süden strebende N-I und folgt nun der N-634 nach Westen weiter durch das Baskische Bergland. Man erreicht Usúrbil (45 m ü.d.M.) mit seiner stattlichen Kirche und dem alten Stammhaus des Geschlechtes der Soroa.

Usúrbil

Durch die Talsohle des nun ziemlich breiten Río Oria geht es nach Orio (34 m ü.d.M.), ein Fischer- und Schifferstädtchen am rechten Ufer des hier fjordartigen Flusses mit Badestrand an der Flußmündung.

Orio

Nach dem Col d'Orio führt die Straße abwärts nach Zarauz (bask. Zarautz). Das Städtchen liegt an der hier flachen und sandigen Küste am Westende einer hügelumkränzten Ebene und war im 19. Jh. Sommeraufenthalt der Königin Isabella II. Auch heute wird es seines schönen großen Strandes wegen als Seebad besucht. Zarauz war im 16. Jh. berühmt durch seine Werft, auf der u.a. die "Victoria" erbaut wurde, mit der Juan Sebastián Elcano, der Fahrtgenosse Magellans, 1519–1522 die erste Erdumsegelung ausführte. In den malerischen Gassen sieht man beachtenswerte Häuser, darunter die Casa Consistorial (18. Jh.), den Palacio del Marqués de Narros (15. Jh.) mit schönem Park sowie den wuchtigen Torre Lucea (15. Jh.).

Zarauz / Zarautz

In Zarauz beginnt die prächtige Kantabrische Küstenstraße (Cornisa Cantábrica), auf der man nun hart an der felsigen Küste entlangfährt. Sehr malerisch auf einer Landzunge liegt der Fischerhafen Guetaria (bask. Getaria). Die mit dem Ort durch einen Damm verbundene befestigte Insel San Antonio schützt den Hafen; vom Leuchtturm auf der Spitze hat man eine prächtige Aussicht. An der Hauptstraße des Ortes steht ein 1922 errichtetes, hochragendes Denkmal für den hier geborenen Juan Sebastián Elcano (1487–1526), der seine Weltumsegelung in seiner Heimat-

✳Guetaria / Getaria

Zarauz

Guetaria (Fortsetzung)	stadt beendete. Im Rathaus hat Zuolaga 1922 die Erdumsegelung dargestellt. Unterhalb der gotischen Kirche San Salvador (13. Jh.) gelangt man zum Hafen, wo der Besuch eines der Fischrestaurants lohnt.
Zumaya / Zumaia	Die Küstenstraße führt weiter in das Seebad Zumaya (bask. Zumaia) am Fuß des Berges Santa Clara. Am Ortseingang liegt die Villa Zuloaga, von dem Maler Ignacio Zuolaga (1870–1945) bei den Ruinen des ehemaligen Klosters Santiago Echea (12. Jh.) erbaut. Sein Wohnhaus ist heute Museum und zeigt heute die Sammlung des Künstlers, darunter Werke von El Greco, Zurbarán und Goya; weiterhin werden auch Werke von Zuloaga selbst ausgestellt. Die gotische Kirche San Pedro besitzt einen Retablo des Basken Juan de Anchieta.
Deva / Deba	Nach windungsreicher Strecke erreicht die N-634 den als Seebad besuchten Ort Deva (bask. Deba) an der Mündung des gleichnamigen Flusses. Die hübsche Kirche Nuestra Señora de la Asunción aus dem 14. Jh. wurde im 17. Jh. restauriert und besitzt ein kunstvolles Portal des 13. Jh.s; im Inneren findet man romanische Basreliefs (13. Jh.).
Eibar	Landeinwärts kommt man auf der N-634 über das 1346 gegründete Elgóibar nach Eibar (120 m ü. d.M.), wo 1931 die Spanische Republik ausgerufen wurde. Eibar wurde im Bürgerkrieg stark zerstört. Die Stadt ist zusammen mit Elgóibar ein Zentrum für die Herstellung von Waffen und Munition in Spanien.

Nach Arantzazu

Azpeitia	Man folgt der Kantabrischen Küstenstraße bis Zumaya; kurz dahinter wählt man die nach Süden strebende Lokalstraße C-6317 und erreicht durch das von hohen bewaldeten Bergen umrahmte Urolatal Azpeitia (85 m ü.d.M.), ein industriereiches Städtchen mit hübschen Herrenhäusern. In der gotischen Kirche San Sebastián wurde Ignatius von Loyola getauft; Beachtung verdient der Portikus von Ventura Rodriguez (1767).
*Monasterio de San Ignacio de Loyola	Die Fortsetzung der C-6317 zieht im Urolatal weiter aufwärts zum links abseits liegenden Kloster San Ignacio de Loyola (115 m ü.d.M.). Das weitläufige Jesuitenkolleg wurde von 1689 bis 1888 nach Plänen des Berninischülers Carlo Fontana auf dem Stammsitz der Familie Loyola errichtet.
Basilika	Die Basilika mit ihrer 65 m hohen Kuppel von Joaquín de Churriguera ist eines der bedeutendsten Bauwerke dieser Art in Spanien; sie wurde erst um die Mitte des 18. Jh.s vollendet. Das Innere ist reich mit Marmor und Schmucksteinen ausgestattet; am prächtigen barocken Hauptaltar steht zwischen gedrehten Säulen eine Silberstatue des hl. Ignatius von Loyola (→ Berühmte Persönlichkeiten).
Santa Casa	Der linke Flügel des Klosters umschließt die Santa Casa, das Geburtshaus des Ordensgründers. Im äußerlich mudéjaren Gebäude kann man das Geburtszimmer des Heiligen und sein Krankenzimmer besuchen, in dem er sich zur Abkehr vom Kriegshandwerk entschloß.
Zumárraga	Über Azcoitia (130 m ü.d.M.), einem alten Marktflecken in hübscher Lage, erreicht die Straße nach windungsreicher Fahrt Zumárraga (357 m ü.d.M.). Der am rechten Ufer des Río Urola gelegene Straßen- und Eisenbahnknotenpunkt ist Geburtsort von Miguel López de Legazpi, des Eroberers der Philippinen (Denkmal von 1897).
Vergara / Bergara	Von Zumárraga klettert die C-6322 nun in Windungen hinauf zum Puerto de Descarga (487 m ü.d.M.), wo sich eine schöne Aussicht bietet; die Fahrt führt bergab weiter nach Vergara (bask. Bergara; 145 m ü.d.M.) einer an der Mündung des Anzuola in den Río Deva gelegenen kleinen Stadt. In der Kirche San Pedro findet man eine Christusstatue von Montañés (1657); sehenswert auch die eigenwillige Fassade des Palacio Jaúregui (16. Jh.).

In südlicher Richtung folgt man nun der C-6213 Richtung Mondragon (bask. Arrasate), biegt jedoch schon vorher bei San Prudencio nach links auf die schöne Strecke nach Oñate (bask. Oñati) ab. Der Ort besitzt ein Universitätsgebäude aus dem 16. Jh. mit einer von zahlreichen Skulpturen geschmückten plateresken Fassade sowie das Kloster Bidauerreta mit einer Renaissancefassade. Von der Kirche San Miguel (15. Jh.) ist besonders der Kreuzgang hervorzuheben, durch den der Ubao-Bach fließt.

Umgebung von San Sebastián (Fortsetzung) Oñate / Oñati

Von Oñate führt eine schmale Straße hinauf zum Heiligtum von Arantzazu in 800 m Höhe. Hier soll 1469 ein Schäfer eine Marienstatue gefunden haben; das im 16. Jh. erbaute Heiligtum wurde 1950 von einem modernen Kirchenbau abgelöst, der von zeitgenössischen Künstlern ausgeschmückt wurde. Von der Basilika hat man einen einzigartigen Blick über die grandiose Bergwelt.

*Arantzazu

Weitere Reiseziele

→ Bilbao
→ Pamplona
→ Vitoria-Gasteiz

Santander

G 2

Provinz: Cantabria (S)
Telefonvorwahl: 942
Höhe: 15 m ü.d.M.
Einwohnerzahl: 184 000

Die altkastilische Hafenstadt Santander ist Hauptstadt der Provinz Cantabria und Bischofssitz. Sie liegt an einer von Hügeln umkränzten, malerischen Bucht der spanischen Nordküste, unweit der höchsten Erhebungen des Kantabrischen Gebirges, den Picos de Europa.
Der schon in römischer Zeit bekannte Hafen ist einer der wichtigsten Aus- und Einfuhrplätze des spanischen Nordens; waren es im Mittelalter die

Lage und Allgemeines

Lage und Allgemeines (Fortsetzung)	Agrarprodukte Kastiliens und vom 16. bis 19. Jh. der Amerikahandel, insbesondere der Mehlexport, die den Hafen belebten, so sind es heute die Erz- und Kohleausfuhr und die vom Hafen angelockte Industrie, die Santanders Wirtschaft in Schwung halten. Doch auch wegen seines prächtigen Strandes und seines milden Klimas wird Santander als Seebad viel besucht, eine Tradition, die im 19. Jh. ihren Anfang nahm, als die Stadt mondäner Badeort und Sommeraufenthalt der spanischen Könige wurde. Santander ist dank seiner Sommeruniversität und der internationalen Theater- und Musikfestspiele eine der Kulturmetropolen Spaniens.

Sehenswertes

Stadtanlage	In der Nacht vom 15. zum 16. Februar 1941 brach in der Innenstadt Santanders ein Feuer aus, das 40 Straßenzüge zerstörte. Die Innenstadt wurde danach wieder planmäßig aufgebaut mit breiten Straßen und höchstens fünfstöckigen Gebäuden. Mittelpunkt von Santander ist seither die platzartige Avenida de Alfonso XIII, die vom Hafen weg zur Hauptstraße Avenida de Calvo Sotelo/Paseo de Pereda und der jenseits der Magistrale liegenden Plaza Porticada führt.
Kathedrale	Unweit westlich der Avenida de Alfonso XIII liegt am Ostrand der ehemaligen Altstadt die ursprünglich aus dem 13. Jh. stammende gotische Kathedrale, die nach dem Brand wiederhergestellt wurde. Im Inneren birgt die große Krypta Iglesia del Cristo (um 1200) die Gebeine der beiden Märtyrer Celedonis und Emeterius; im nicht mehr originalen Kreuzgang liegt die Ruhestätte des in Santander geborenen Schriftstellers und Gelehrten Marcelino Menéndez y Pelayo (1856–1912).
Hafen	Östlich und besonders südwestlich der Avenida de Alfonso XIII erstreckt sich z.T. längs des Muelle de Maliaño und weiter südwestlich der Hafen mit

Fischerboote im Hafen von Santander

Markt in Santander

dem Zollamt und der Fährschiffstation. Ein eigens zu diesem Zweck angelegter Kanal ermöglicht es auch großen Schiffen, in den im Süden der Bucht liegenden Industriehafen El Astillero einzulaufen.

Hafen
(Fortsetzung)

Von der Avenida de Alfonso XIII geht man nach Westen durch die Avenida de Calvo Sotelo und von hier weiter westlich zur Calle Rubio, wo das Museo Municipal de Bellas Artes steht. Es enthält unter anderem ein Bildnis Ferdinands VII. von Francisco de Goya und mehrere Radierungen dieses Künstlers, ferner eine reiche Sammlung von Werken regionaler Künstler sowie italienische, flämische und spanische Maler des 17. und 18. Jahrhunderts.

Museo Municipal
de Bellas Artes

Im selben Gebäude ist auch die Biblioteca Menéndez y Pelayo untergebracht, die die 40 000 Bände umfassende Privatbibliothek und das vollständig erhaltene Studierzimmer des Gelehrten zeigt; durch einen Garten getrennt liegt das Haus (Casa Museo), in dem Menéndez y Pelayo arbeitete und starb.

Biblioteca
Menéndez
y Pelayo

Vom Westende der Calle de Calvo Sotelo führt ein Tunnel unter dem Altstadthügel hindurch zu den Bahnhöfen.

Östlich von der Avenida de Alfonso XIII ziehen sich die schönen Anlagen des aussichtsreichen Paseo de Pereda bis zum Puerto Chico ('Kleiner Hafen') hin. An seinem Ostende liegt das Museo Marítimo del Cantábrico, ein interessantes Museum und Aquarium, das neben präparierten Meerestieren Dokumente und Gegenstände zum Leben der Fischer sowie Schiffsmodelle zeigt.

Museo Marítimo
del Cantábrico

Unweit nördlich vom Kleinen Hafen steht das Gebäude der Diputación Provincial (Provinzverwaltung). In ihm ist das Museo Regional de Prehistoria y Arqueología eingerichtet. Es stellt zahlreiche Höhlenfunde (u.a. aus

*Museo Regional
de Prehistoria
y Arqueología

Museo Regional (Fortsetzung)	→ Altamira) aus, darunter sog. 'Kommandostäbe' aus Hirschknochen, deren Sinn bis heute nicht geklärt ist. Daneben sieht man römische Funde und höchst interessante Grabstelen der vorrömischen keltischen Bevölkerung der Gegend.
La Magdalena	Die den Paseo de Pereda fortsetzende Calle Castelar und die anschließende aussichtsreiche Avenida de la Reina Victoria führen zur im Osten der Stadt ins Meer vorstoßenden Halbinsel La Magdalena, auf der sich der 1912 erbaute Sommerpalast Alfons' XIII. erhebt. Er beherbergt heute Institute der Sommeruniversität.
*El Sardinero	Nördlich der Halbinsel erstreckt sich der prächtige Badestrand El Sardinero, mit seinen Strandterrassen, dem Gran Casino, Restaurants und zahlreichen Hotels noch heute etwas von der Atmosphäre der Belle Epoque ausströmend.

Umgebung von Santander

Cabo Mayor	3 km nördlich von El Sardinero gelangt man zum Cabo Mayor, das einen Leuchtturm trägt. Ein Naturdenkmal besonderer Art ist der Puente forado, eine natürliche Kalkfelsbrücke von beträchtlicher Höhe und Spannung.

An der Kantabrischen Küste

Santillana del Mar/ Altamira	Man folgt der N-611 landeinwärts nach Barreda, wo man die nach Westen führende C-6316 erreicht. Dieser folgt man nach → Santillana del Mar, von wo man einen Abstecher zu den Höhlen und dem Museum von → Altamira machen kann.
*Comillas	Die C-6316 führt über Oreña und schließlich in zahlreichen Windungen zu dem malerischen Städtchen Comillas, zu Zeiten Alfons' XII. vielbesuchtes Seebad der Gesellschaft. Mittelpunkt ist die gepflasterte Plaza Mayor mit der Parroquialkirche. Westlich davon erstreckt sich ein Park mit dem Palast der Marqueses de Comillas, für die Antoni Gaudí einen Pavillon in den Park baute. Jenseits der Durchgangsstraße erhebt sich auf einer Anhöhe, die die Stadt vom Meer trennt, das mächtige Backsteingebäude der ehemaligen Universidad Pontífica. Von ihrem Vorplatz hat man einen prächtigen Blick auf die Stadt und den Park; von der Rückfront überschaut man das Meer, an dem schöne Strände zum Baden einladen.
San Vicente de la Barquera	Die Straße mündet schließlich in die N-634, auf der man über La Revilla die Fahrt fortsetzen kann nach San Vicente de la Barquera, einem altertümlichen Hafenstädtchen, das wegen seines großen Strandes auch als Seebad besucht wird. Es liegt an der Mündung des Río Escudo, die auf einer langen Brücke überquert wird. In San Vicente sieht man noch eine z.T. erhaltene Zinnenmauer, überragt von einer Burgruine, und die festungsartige Kirche Santa Maria de los Ángeles (13./16. Jh.) mit einem romanischen Portal und gotischen Grabmälern im Inneren.

Richtung Bilbao

Solares	Die N-634 führt zunächst in südlicher Richtung und schließlich in weitem Bogen um die Bahía de Santander herum nach Solares, einem Thermalbad in freundlicher Lage am Río Miera, das auch bekannt ist für sein bekömmliches Tafelwasser.
Santoña	Auf gut ausgebauter Straße geht es durch Hügelland über Praves zur Abzweigung der Lokalstraße C-629 zum 5 km abseits liegenden Santoña,

Comillas: Hauptplatz ...   *... und Auffahrt zur Universität*

einem auf einer kleinen Halbinsel angesiedelten ehemals befestigten Hafenstädtchen, das Napoleon zu einem Gibraltar des Nordens machen wollte, wovon noch mehrere Festungsanlagen zeugen. Die romanische Kollegiatskirche (12./13. Jh.) birgt einen Retablo aus dem 16. Jh.; im Kloster San Sebastián de Anó werden die Gebeine der 1597 in Colindres gestorbenen Regensburger Bürgerstochter Barbara Blomberg aufbewahrt, der Mätresse Karls V. und Mutter von Don Juan d'Austria, einem der Söhne des Kaisers und Sieger von Lepanto 1571. Wenig nördlich liegt der Strand Playa Berria.

Santoña (Fortsetzung)

Die N-634 führt durch das fruchtbare Delta des Río Asón und erreicht Colindres, von wo rechts eine Straße (7 km) im Asóntal aufwärts zu dem Wallfahrtsort Limpias führt; in der Pfarrkirche wird das Christusbild Santo Cristo de la Agonia (17. Jh.) verehrt, das 1919 blutige Tränen geweint haben soll.

Limpias

Auf der N-634 folgt Laredo, das reizvoll an der Bucht von Santoña liegt. Es hat sich zu einem der wichtigsten Seebäder an der Kantabrischen Küste entwickelt; neben der engen und verwinkelten Altstadt wächst beständig ein moderner Stadtteil. Die Kirche Nuestra Señora de la Asunción (13. Jh.), deren Portal aus dem 16. Jh. stammt, besitzt einige sehenswerte Skulpturen und Gemälde.
In Laredo begeht man am 24. Juni die 'Nacht von San Juan', in der sich die jungen Männer des Ortes als feine Damen verkleiden und ihre Füße im Meer waschen.

Laredo

Hinter Laredo steigt die Straße bergan; man hat einen herrlichen Rückblick auf die Stadt und die weite Bucht von Santoña. In Windungen kommt man zum Kap der Punta de Sonabia und auf prächtiger Strecke über dem Meer entlang der felsigen Küste schließlich nach Castro-Urdiales (Umgebung von → Bilbao).

Castro-Urdiales

Im Kantabrischen Gebirge bei Reinosa

Richtung Burgos

Muriedas

Auf der nach Süden führenden N-623 erreicht man nach wenigen Kilometern Muriedas, wo in der Casa Pedro Velarde das Museo Etnográfico Cantábrica eingerichtet ist, das kantabrische Möbel und Gerätschaften zeigt.

Puente Viesgo

Man folgt von Muriedas der N-623 durch Hügelland; halblinks die Peña
Gabarga, halbrechts die Höhe des Monte Garona. Bei Renedo geht es in
das Tal des Río Pas und an diesem talaufwärts durch Vargas weiter nach
Puente Viesgo (62 m ü.d.M.), einem hübsch gelegenen kleinen Thermalbad. In der Nähe findet man mehrere Höhlen mit prähistorischen, 10 000
bis 15 000 Jahre alten Felsmalereien, darunter die Cueva del Castillo (1903
entdeckt) und die Cueva de la Pasiega (1911 entdeckt). Beide zeigen überwiegend Tiere, man sieht aber auch geometrische Muster und Darstellungen von Händen.

**Puerto del
Escudo**

Im Tal des Río Pas fährt man weiter aufwärts und über Ontaneda (170 m
ü.d.M.) nach Entrambasmestas (192 m ü.d.M.), wo man den Río Pas verläßt. Die N-623 klettert hinauf zum Puerto del Escudo (1011 m ü.d.M.) auf
den mit Weiden bedeckten Kamm des Kantabrischen Gebirges, wo man
die Grenze zwischen den Provinzen Santander und ⟶ Burgos erreicht.

Richtung Palencia

Torrelavega

Zunächst führt die N-611 in südwestlicher Richtung und erreicht über Bar-
reda die wenig ansehnliche Industriestadt Torrelavega, Zentrum der Eisen-
und Stahlproduktion Kantabriens.

**Las Caldas
de Besaya**

Die N-611 läuft nun südlich durch das Tal des Río Besaya aufwärts in das
meist bewaldete prächtige Kantabrische Gebirge; zunächst nach Las Cal-

das de Besaya (65 m ü.d.M.), einem malerisch in den Bergen gelegenen Thermalbadeort.

Es folgt der Ort Bárcena del Pie de Concha (287 m ü.d.M.); dahinter geht es durch die wilde Schlucht Hoces de Bárcena weiter in Windungen stark bergauf nach Reinosa (847 m ü.d.M.), einem alten Städtchen, das dem Besucher aber wenig bietet. Es ist jedoch günstiger Standort für Bergwanderungen im Kantabrischen Gebirge, insbesondere zum westlich gelegenen Pico de Tres Mares, und für Ausflüge ins Skigebiet Alto Campoó.

Bei Fontibre, 4 km westlich von Reinosa, entspringt in einem kleinen waldigen Tal der Ebro, der schon nach wenigen Kilometern seines Laufs östlich von Reinosa zum Embalse de Ebro aufgestaut ist; die von Reinosa abgehende C-6318 führt am Nordufer des Stausees entlang nach Corconte und zur N-623 nach Burgos.

Auf der N-611 gelangt man weiter in südlicher Richtung nach Cervatos, wo rechts oberhalb der Straße die ihrer feinen Skulpturen wegen bedeutende romanische Kollegiatskirche (12. Jh.) steht. Insbesondere der Schmuck des Portals zeigt die Kunstfertigkeit der Steinmetze (⟶ Abb. S. 88).

Danach überquert man den Kamm des Gebirges (987 m ü.d.M.) und fährt dann abwärts zur innerspanischen Hochfläche der Meseta und zur Grenze der Provinz Palencia. Über ⟶ Aguilar de Campóo und Frómista erreicht man ⟶ Palencia.

Santiago de Compostela B 3

Provinz: La Coruña (C)
Telefonvorwahl: 981
Höhe: 260 m ü.d.M.
Einwohnerzahl: 94 000

Die einstige Hauptstadt des Königreiches Galicia, Santiago de Compostela, Sitz eines Metropolitanerzbischofs und einer alten Universität, liegt im Nordwesten Spaniens etwa 35 km von der atlantischen Küste entfernt. Nordwestlich über der Stadt, die zu den regenreichsten in Spanien gehört, erhebt sich der Monte Pedros (735 m ü.d.M.).

Santiago de Compostela ist der berühmteste spanische Wallfahrtsort und wegen seiner großartigen Kathedrale eine der besuchenswertesten Städte des Landes. Nach der Legende wirkte hier der Apostel Jakobus der Ältere (span. Santiago), der Bruder des Evangelisten Johannes und Schutzpatron der Spanier, dessen Gebeine nach seinem Märtyrertod (44 n. Chr.) aus Palästina nach Spanien zurückgebracht und im Jahre 813 an der Stelle der heutigen Kathedrale wieder aufgefunden sein sollen. Seither strömten die Pilger auf dem ⟶ Jakobsweg aus ganz Europa zum – nach Jerusalem und Rom – an dritter Stelle stehenden Wallfahrtsziel der Christenheit.

Auf Grund eines besonderen Privilegs von Papst Calixtus II. gelten als Heiliges Jahr alle diejenigen Jahre, in denen das Namensfest des Apostels Jakob (25. Juli) auf einen Sonntag fällt. Das nächste Heilige Jahr ist 1993 und beginnt traditionsgemäß mit der Öffnung der Puerta Santa am Abend des Silvestertages 1992.
Der Namenstag des Apostels (Fiesta de Santiago Apóstol) wird mit einer großen Prozession und dem Schwenken des großen Räucherfasses 'Botafumeiro' in der Kathedrale begangen.

Die Altstadt von Santiago und die Umgebung der Kathedrale sind für den Autoverkehr weitgehend gesperrt. Es empfiehlt sich, sein Fahrzeug in dem

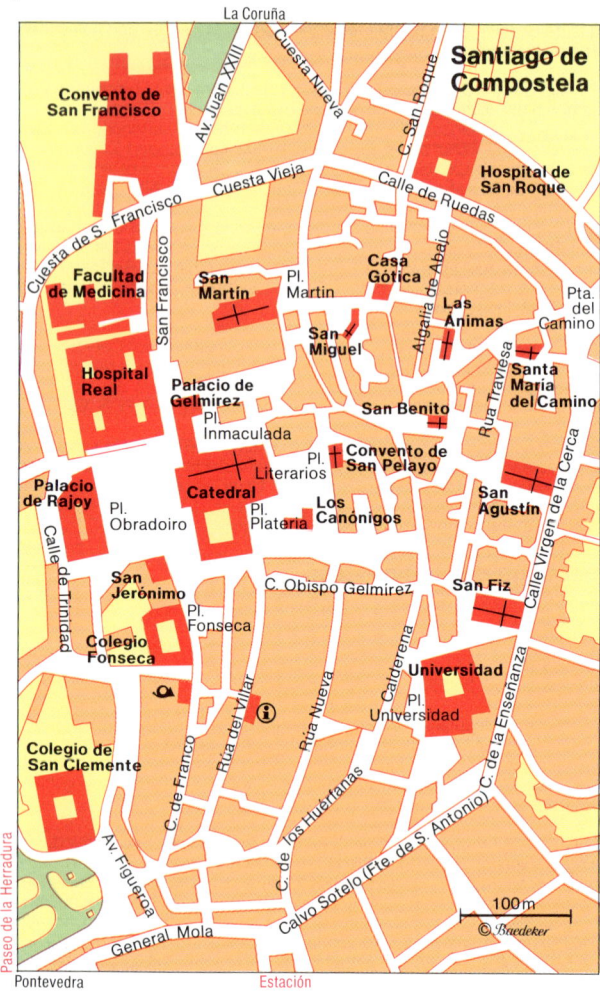

La Coruña

Santiago de Compostela

Convento de San Francisco

Av. Juan XXIII

Cuesta Nueva

C. San Roque

Hospital de San Roque

Cuesta Vieja

Calle de Ruedas

Cuesta de S. Francisco

San Francisco

Facultad de Medicina

San Martín

Pl. Martín

Casa Gótica

Algalia de Abajo

Las Ánimas

Pta. del Camino

San Miguel

Rúa Travesía

Santa Maria del Camino

Hospital Real

Palacio de Gelmírez

Pl. Inmaculada

San Benito

Pl. Literarios

Convento de San Pelayo

Palacio de Rajoy

Catedral

Pl. Obradoiro

Pl. Platería

Los Canónigos

Calle Virgen de la Cerca

San Agustín

San Jerónimo

Pl. Fonseca

C. Obispo Gelmírez

San Fiz

Colegio Fonseca

Calle de Trinidad

Calderería

Universidad

Pl. Universidad

C. de la Enseñanza

Colegio de San Clemente

C. de Franco

Rúa del Villar

Rúa Nueva

C. de los Huérfanas

Calvo Sotelo (Fte. de S. Antonio)

Av Figueroa

Paseo de la Herradura

General Mola

Pontevedra

Estación

100 m

© Baedeker

Hinweis (Fortsetzung)

wenig nördlich der Plaza del Obradoiro gelegenen Parkhaus am Eingang der Calle San Francisco abzustellen.

*Plaza del Obradoiro

Ziel aller Besucher von Santiago de Compostela ist die von stattlichen Gebäuden umgebene Plaza del Obradoiro (Plaza de España), an deren Ostseite sich die Kathedrale erhebt. Die Plaza liegt im westlichen Teil der an Kirchen und Klöstern reichen Altstadt mit ihren arkadenumsäumten altertümlichen Straßen und ist einer der eindrucksvollsten und besterhaltenen Plätze Spaniens.

Palacio de Rajoy und Hospital Real an der Plaza del Obradoiro

Direkt beim oben erwähnten Parkhaus liegt rechter Hand zunächst das Kloster San Francisco (13. Jh.; 1613–1783 erneuert). Franz von Assisi gründete es bei seiner Pilgerfahrt nach Santiago de Compostela; sein Denkmal steht vor dem Portal der zweitürmigen Kirche. Vom gotischen Kreuzgang sind noch Reste erhalten.

Convento de San Francisco

Durch die Calle San Francisco, vorbei an der langgezogenen Fassade der Medizinischen Fakultät, betritt man den Platz an seiner Nordostecke.

Rechts, an der Nordseite der Plaza, erstreckt sich das 1489 von den Katholischen Königen gegründete Hospital Real, das heutige Hotel de los Reyes Católicos. Ein herrliches platereskes Portal mit Wappenschmuck wendet sich dem Platz zu. Das Gebäude umschließt vier Höfe aus dem 16. bis 18. Jh.; im Schnittpunkt der Innentrakte befindet sich die gotische Kapelle mit schön skulptierten Vierungspfeilern und einem Gitter von 1556.

*Hospital Real

An der Ostseite des Platzes, links neben der Kathedrale, befindet sich der schlichte Palacio del Arzobispo (Erzbischöflicher Palast), der über dem wiederhergestellten Palacio de Gelmírez des 12./13. Jh.s errichtet wurde, eines der bedeutendsten romanischen Bauwerke in Spanien. Im Inneren besticht im Obergeschoß der über 30 m lange Salón de Fiestas mit einem hervorragenden Kreuzrippengewölbe, dessen skulptierte Konsolen das Hochzeitsbankett Alfons' IX. darstellen. Im Untergeschoß ein weiterer sehr großer Saal, durch den man in eine mittelalterliche Küche gelangt. Zur Kathedrale hin liegt die offene Säulengalerie des Kreuzgangs.

Palacio de Gelmírez

Die Westseite des Platzes beherrscht der 1777 erbaute mächtige Palacio de Rajoy, in dem heute sowohl das Rathaus der Stadt als auch die Regierung der Autonomen Gemeinschaft von Galicien untergebracht sind.

Palacio de Rajoy

An der Südseite des Platzes erblickt man das ehemalige Colegio de San Jerónimo, heute Institut für galicische Studien. Es ist das kleinste und

Colegio de San Jerónimo

San Jerónimo (Fortsetzung)	vergleichsweise schlichteste Gebäude am Platz. Das schöne Figurenportal stammt von 1490.
Colegio de Fonseca	Südlich dahinter liegt das 1544 errichtete Colegio Fonseca, jetzt u.a. pharmazeutische Fakultät und Hauptstelle der Universitätsbibliothek. Hier versammelt sich auch das galicische Parlament. Das Gebäude umschließt einen zweigeschossigen Patio.

✳✳Kathedrale

Baugeschichte	Die Kathedrale, eines der hervorragendsten Denkmäler frühromanischer Baukunst, wurde in den Jahren 1060 bis 1211 an der Stelle einer Kirche des 9. Jh.s erbaut. Diese frühe Basilika wurde 997 von den Mauren unter Almansur zerstört, doch achtete er die Religion seiner Feinde dahingehend, daß er die Reliquien nicht antastete. Unter Alfons VI. wurde der Neubau begonnen; nach Abschluß der wesentlichen Arbeiten kamen immer wieder neue Bauelemente hinzu, bis schließlich im 16. und 17. Jh. die entscheidende barocke Umgestaltung der Außenseiten erfolgte. Im Innenraum der Kathedrale jedoch herrscht reinste Frühromanik vor.
✳✳Westfassade	Die der Plaza del Obradoiro zugekehrte Westfassade (Obradoirofassade) ist eine der eindrucksvollsten Kirchenfassaden Spaniens. Sie wurde 1738 bis 1747 von Fernando Casas y Novoa in verschwenderischem Barockstil ausgeführt. Über dem Mittelgiebel, der von zwei 76 m hohen reich gegliederten Türmen flankiert wird, erhebt sich das Standbild des hl. Jakobus. Eine große, 1606 angelegte Freitreppe führt zum Portal.
Portale	Auf die Plaza de la Inmaculada blickt das 1769 erbaute Nordportal (Puerta de la Azabachería). An der Plaza de los Literários befindet sich das nur in Jubiläumsjahren geöffnete Ostportal (Puerta Santa), das im 17. Jh. gebaut, jedoch mit Skulpturen aus dem 12. Jh. geschmückt ist, die Propheten, Apostel und Kirchenväter darstellen. Die über dem Tor stehenden Skulpturen des hl. Jakobus und seiner Schüler Athanasius und Theodorus wurden
✳Puerta de las Platerías	1694 gefertigt. Mit zahllosen romanischen Bildwerken (12./13. Jh.) versehen ist das Südportal (Puerta de las Platerías), das älteste noch erhaltene Kirchenportal. Der Figurenschmuck stammt teilweise vom 1117 zerstörten Nordportal. Man erkennt u.a. im Tympanon die Geburt Christi, die Anbetung der Könige und die Versuchung Christi; im Gewände die Erschaffung Adams und die Vertreibung aus dem Paradies; darüber den Segnenden Christus mit Jakobus und Moses zu seinen Seiten; schließlich den aus dem Grab aufstehenden Abraham.
Catedral Vieja	Bevor man an der Westfassade die Kathedrale betritt, sollte man kurz in das unter der Freitreppe liegende romanische Gewölbe der Catedral Vieja schauen. Es handelt sich hierbei um den ältesten noch erhaltenen Teil (11. Jh.) der Kathedrale.
✳✳Pórtico de la Gloria	Bevor man ins eigentliche Innere der Kathedrale eintritt, steht man unmittelbar hinter dem Westportal vor der Pórtico de la Gloria, der alten Fassade, die durch die barocke Umgestaltung von außen verborgen bleibt. Diese dreiteilige Vorhalle mit überaus reichem, ehemals bemaltem Skulpturenschmuck ist einer der umfangreichsten und herausragendsten Zyklen romanischer Plastik, der erhalten geblieben ist. Er wurde zwischen 1166 und 1188 von Meister Mateo ausgeführt. Überwältigend ist der Figurenschmuck des mittleren Bogens, der als einziger ein Tympanon aufweist. In dessen Zentrum thront Christus als Erlöser der Welt, umgeben von den vier Evangelisten, zwei weihrauchspendenden Engeln und acht Engeln mit den Werkzeugen der Passion Christi in Händen. In der Archivolte die 24 Ältesten der Apokalypse.

Außen barock, innen romanisch: Kathedrale ▶

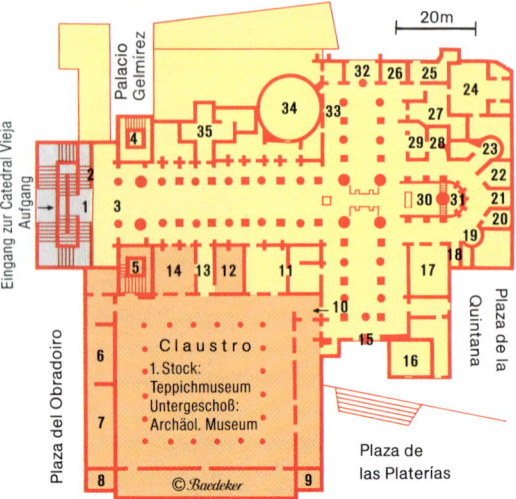

Catedral de Santiago de Compostela

1 Freitreppe
2 Obradoirofassade
3 Pórtico de la Gloria
4 Torre de la Carraca
5 Torre de las Campanas
6 Biblioteca
7 Sala Capitular
8 Torre de la Corona
9 Torre del Tesoro
10 Museumseingang
11 Sacristía
12 Tesoro
13 Vestíbulo
14 Capilla de las Reliquias
15 Puerta de las Platerías
16 Torre del Reloj
17 Capilla del Pilar
18 Capilla de Mondragon
19 Capilla de San Pedro
20 Puerta Santa
21 Capilla del Salvador
22 Capilla de N. Sra. Blanca
23 Capilla de San Juan
24 Capilla de la Corticella

25 Capilla de San Andrés	29 Capilla de la Concepción
26 Capila de San Fructuoso	30 Capilla Mayor
27 Capilla del Espíritu Santo	31 Apostelfigur mit Aufgang,
28 Capilla de San Bartolomé	darunter Krypta

32 Puerta de la Parroquia
33 Capilla de Santa Catalina
34 Capilla del Corazón
35 Capilla del Cristo de Burgos

Kathedrale, Pórtico de la Gloria (Fortsetzung)

Die Mittelsäule ist noch heute das erste Ziel der Pilger. Der abgeschliffene Stein und die Vertiefungen an der Basis der Säule, die die Wurzel Jesse darstellen, zeugen von dem jahrhundertealten Brauch, zum Zeichen des Endes der Wallfahrt die Säule zu berühren oder sie gar zu küssen. In der Mitte der Säule steht frei eine eindrucksvolle Statue des Apostels; das Kapitell zeigt die hl. Dreifaltigkeit.
Die gebündelten seitlichen Säulen tragen links Skulpturen von Moses, Jesaja, Daniel und Jeremias; rechts erkennt man Petrus, Paulus, Jakobus und Johannes.
In den Archivolten des linken Bogens sind Christus und die Juden, in denen des rechten Bogens Christus und die Heiden dargestellt.

Innenraum

✶✶Capilla Mayor

Das romanische Innere der Kathedrale (94 m lang, Mittelschiff 24 m, Kuppel 33 m hoch), wird beherrscht von der über dem Grab des Apostels Jakobus errichteten, verschwenderisch gearbeiteten Capilla Mayor. Der Hauptaltar besteht aus einem figurenreichen Aufbau aus Jaspis, Alabaster und Silber (1665–1669) und dem 1715 von Figuera fertiggestellten eigentlichen Altar. Dessen Mitte nimmt die Holzfigur des Apostels ein, die aus dem 13. Jh. stammt; der reiche Silber-, Gold- und Edelsteinschmuck, der die Gestalt bedeckt, wurde um 1700 angebracht. Zu beiden Seiten des Hochaltars führen schmale Treppchen hinauf und in den Altar hinein, so daß die Gläubigen hinter die Figur treten und den Mantel des Apostels küssen können – erst damit ist die Wallfahrt erfolgreich abgeschlossen.

Krypta

Unter den Altar führen die Stufen zur Krypta, die die Gräber des Apostels und seiner beiden Schüler Theodorus und Athanasius enthält; die silberne Kassette mit den Gebeinen des Apostels wurde im 19. Jh. gefertigt.

'El Botafumeiro'

In der 1445 vollendeten Vierungskuppel erkennt man eine 1604 angebrachte Vorrichtung zum Schwingen des nebst Zubehör 2 m hohen Räucherfasses 'Botafumeiro', das an hohen Festtagen von acht Männern hin- und hergeschwungen wird. Das Faß wird in der Bibliothek aufbewahrt.

Endpunkt der Pilgerfahrt: *Pórtico de la Gloria*

Von den allesamt prächtigen Kapellen in den Seiten- und Querschiffen und im Chorumgang seien nur einige hervorgehoben: die Capilla del Sagrado Corazón, eine hohe, runde Marmorkapelle im linken Seitenschiff mit Bischofsgräbern; die Capilla del Espiritu Santo im linken Querschiff, ebenfalls mit sehenswerten Gräbern; daneben die Capilla de la Concepción mit dem Grabmal des Chorherrn Rodriguez von Cornelisz de Holanda; schließlich die Capilla de Mondragón im rechten Chorumgang mit einer herrlich gearbeiteten Decke.

In der Capilla de las Reliquias (Relicario), der ersten Kapelle des rechten Seitenschiffs, sieht man Grabmäler von Königen und Königinnen des 12. bis 15. Jahrhunderts.

In der Capilla de San Fernando im rechten Seitenschiff ist der Kirchenschatz (Tesoro) untergebracht. Unter den Ausstellungsstücken (v.a. Prunkgewänder und Silberarbeiten) ragt eine silberne Custodia von Antonio de Arfe (1545) hervor.

Aus dem südlichen Querschiff der Kathedrale gelangt man rechts von der Puerta de las Platerías zum in den Jahren 1521 bis 1586 in platereskem Stil erbauten Kreuzgang (Claustro), einem der größten und schönsten in Spanien mit einer Flügellänge von 35 m und einer Breite von 5,8 m.

In der Nordwestecke des Kreuzgangs betritt man die Innenräume. Man gelangt im Erdgeschoß zunächst in die Bibliothek, in der sehr schöne große Gesangbücher, Handschriften und zwei Exemplare des Räucherfasses 'Botafumeiro' zu sehen sind.

In der anschließenden Sala Capitular sind die Wände mit Gobelins von Juan Raés (17. Jh.) und solchen aus Madrider Manufakturen behängt.

Im Obergeschoß des Kreuzganges ist in vier Räumen ein Teppichmuseum eingerichtet. Es zeigt flandrische und in der Real Fábrica de Madrid nach Entwürfen von Teniers, Rubens, Goya, Bayeu u.a. angefertigte Wandteppiche, meist mit ländlichen Motiven und Szenen aus der adligen Gesellschaft. Vom letzten Saal führt ein Gang hinaus auf die Außengalerie, von

Kathedrale
(Fortsetzung)
Kapellen

Tesoro

*Claustro

Bibliothek

Sala Capitular

Teppichmuseum

Kathedrale
(Fortsetzung)

der man eine hervorragende Übersicht über die gesamte Plaza del Obradoiro hat.

Archäologisches
Museum

Im Untergeschoß verteilt sich auf drei Räume ein kleines archäologisches Museum, das die Bauphasen der Kathedrale darzustellen versucht. Im ersten Raum sieht man Steinmetzarbeiten (Skulpturen und Architekturteile), im zweiten Raum Schnitzereien (Skulpturen und Retablofragmente), im dritten Raum schließlich Pläne und Zeichnungen der Kathedrale aus dem 17./18. Jh. und sehr schöne Beispiele für Buchmalereien.

Plaza de las Platerías

Verläßt man die Kathedrale durch die Puerta de las Platerías (Südportal), öffnet sich unterhalb der Freitreppe die malerische Plaza de las Platerías. In ihrer Mitte steht ein hübscher Brunnen; jenseits davon die barocke Casa del Cabildo mit ihrem geometrischen Fassadenschmuck. Wendet man sich zur Kathedrale zurück, sieht man zu beiden Seiten des Portals zwei bemerkenswerte Türme: links der altmexikanisch anmutende Torre del Tesoro ('Turm des Kirchenschatzes'; sein Pendant an der Plaza del Obradoiro ist der Torre de la Corona), rechts der gotische Torre del Reloj (Uhrturm) aus dem 14. Jh., der eine 2,5 m durchmessende Glocke trägt. Wiederum links des Portals der äußere Abschluß des Kreuzgangs, ein Werk von Gil de Hontañón .

*Plaza de los Literários / Plaza de Quintana

Casa de
los Canónigos

Vor der Ostflanke der Kathedrale mit der Puerta Santa breitet sich die majestätische Plaza de los Literários (Plaza de Quintana) aus, einer der beliebtesten Treffpunkte der Stadt. An ihrer Südseite erstreckt sich die lange Säulenhalle der Casa de los Canónigos (17./18. Jh.), einst Wohnhaus der Chorherren.

Convento de
San Pelayo

Die gesamte Ostflanke des Platzes nimmt die nüchterne, fast abweisende Fassade des Convento de San Pelayo ein. Das Gebäude erhielt im 18. Jh. sein heutiges Aussehen.

Im Norden schließt eine großzügige Freitreppe den Platz ab, die zur nördlich der Kathedrale gelegenen Plaza de la Inmaculada führt.

Nördlich der Kathedrale

Monasterio de
San Martín Pinario

Die Plaza de la Inmaculada wird vom im Jahre 899 gegründeten ehemaligen Benediktinerkloster San Martín Pinario, jetzt Seminar, dominiert. Das Gebäude besitzt ein mächtiges Säulenportal (1590 begonnen) und einen stattlichen Hof.

San Martín

Zum Seminarkomplex gehört auch die Kirche San Martín. Ihre Fassade liegt zur Plaza San Martín, die man entlang der Ostseite des Seminars erreicht. Die Kirche wurde 1590 von Mateo López vollendet. Im Inneren schufen Casas y Novoa und Miguel de Romay einen äußerst prächtigen Retablo; das nicht minder schöne Chorgestühl stammt von 1644.

Altstadt

Südlich der Kathedrale und der Plaza de las Platerías erstreckt sich um die parallel laufenden Straßen Rúa del Villar (an ihrem Beginn links die Casa de Deán) und Rúa Nueva die Altstadt von Santiago de Compostela. Diese beiden arkadengesäumten Straßen sind die Lebensadern der Altstadt, wo sich Bars, Restaurants und allerlei Souvenirgeschäfte aneinanderreihen.

Plaza de las Platerías

Etwa in der Mitte der Rúa Nova steht die romanische Kirche Santa María Salomé aus dem 12. Jahrhundert.

Santa María Salomé

Weiter östlich kommt man an der Plaza del Instituto zum zu Ende des 18. Jh.s erbauten Universitätsgebäude; im Inneren ist die wertvolle Bibliothek mit Werken des 16. Jh.s sehenswert. Die Universität wurde schon 1532 gegründet.

Universität

Am Südwestrand der Altstadt erstreckt sich rechts von der breiten Alameda der mit Anlagen geschmückte Paseo de la Herradura, von dem man eine schöne Aussicht auf die Kathedrale und die Stadt hat. In der Mitte des Parks liegt die 1105 begonnene Kirche Santa Susana; südlich vom Park beginnt die Universitätsstadt.

Paseo de la Herradura

Außerhalb des Zentrums

Im Osten der Stadt, jenseits des Platzes Puerta del Camino, liegt das Monasterio de Santo Domingo aus dem 18. Jh., in dem in einem Seitenflügel das Museo de Pobo Gallego (Museum des Galicischen Volkes) und das Städtische Museum eingerichtet sind.

Monasterio de Santo Domingo

In der südöstlichen Vorstadt Barrio de Sar (1 km) befindet sich die im 12. Jh. erbaute Kirche Santa María de Sar, deren Säulen und Wände wahrscheinlich infolge des schlechten Baugrundes beträchtlich schief stehen; beachtenswert ist der teilweise erhaltene Kreuzgang (13. Jh.) mit reichen Ornamenten des Meisters Mateo.

Santa María de Sar

Westlich der Stadt steht in San Lorenzo (2 km) die Kirche San Lorenzo de Transouto aus dem frühen 13. Jh.; der Marmoraltar von 1525 und die Steinfiguren stammen von Montañés.

San Lorenzo de Transouto

Umgebung von Santiago de Compostela

Noya/Noia

37 km westlich von Santiago de Compostela liegt Noya (galic. Noia), einst von Mauern umgeben, heute eine hübsche Stadt mit mittelalterlichem Gepräge. Die Kirche Santa María a Nova besitzt einen bemerkenswerten Friedhof mit über 200 Grabsteinen, von denen die ältesten aus dem 10. Jh. stammen.

Cabo de Finisterre

Von Noya kann man entlang der Rías zum Cabo de Finisterre weiterfahren (⟶ La Coruña, Costa de Muerte).

Sobrado de los Monjes/ Sobrado dos Monxes

Auf der bergauf nach Osten führenden C-547 kommt man am Flughafen vorbei nach Arzúa, einer ehemaligen Pilgerstation am Jakobsweg; von hier geht es in nordöstlicher Richtung auf der LC-234 und ab Corredoiras auf der LC-232 nach Sobrado de los Monjes (galic. Sobrado dos Monxes), einem unter Denkmalschutz stehenden, ursprünglich romanischen Kloster. Es besitzt mehrere Kreuzgänge aus dem 17./18. Jh., eine Sakristei im Renaissancestil und eine elegante Barockfassade; auch die Küche des Klosters ist noch erhalten.

Padrón

Die N-550 Richtung ⟶ Pontevedra verläuft nach Süden auf der Alameda, später durch anmutiges Hügelland und erreicht nach ungefähr 16 km die Wallfahrtskirche Nuestra Señora de la Esclavitud. Auf einem langen Damm geht es über die Niederung des Río Ulla nach Padrón, dem römischen 'Iria Flavia' an der Mündung des Río Sar in den Ulla. Hier soll das Schiff mit den Gebeinen des hl. Jakobus angelandet sein. Sehenswert sind die alten Adelshäuser und die schon im 11. Jh. gegründete Kirche La Colegiata Santa María, die zahlreiche Bischofsgräber enthält.

Santillana del Mar   F 2

Provinz: Cantabria (S)
Telefonvorwahl: 942
Höhe: 100 m ü.d.M.
Einwohnerzahl: 4000

Lage und Allgemeines

Santillana del Mar, wenig einwärts von der Kantabrischen Küste gelegen, ist ein reizvolles Städtchen mit historischem Ambiente, das heute in seiner Gesamtheit unter Denkmalschutz steht. Der inzwischen vom Tourismus stark heimgesuchte und sehr herausgeputzte Ort zeigt dennoch mit seinen wappengeschmückten alten Herrenhäusern ein einzigartiges Bild vom Leben des alten spanischen Landadels; viele der Häuser sind jedoch von Souvenir- und Kunsthandwerksläden in Beschlag genommen. Das Städtchen entstand schon im 5. Jh. um das Monasterio de Santa Juliana und erhielt im 13. Jh. das Stadtrecht; zwei Jahrhunderte später wurde es Herrensitz. Zahlreiche Adlige zogen nun hierher und bauten sich die noch heute zu sehenden Paläste und Häuser.

Santillana ist der Geburtsort des Dichters Lope de Vega (1398–1458), der sich den Titel eines 'Marques de Santillana' im Kampf gegen die Mauren erwarb. Der Franzose Alain René Le Sage (1668–1747) ließ den Titelhelden seines Schelmenromanes "Gil Blas" in Santillana del Mar zur Welt kommen.

*Stadtbild

Convento Regina Coëli

Etwas außerhalb des historischen Kerns liegt in der Nähe des großen Parkplatzes der Convento Regina Coëli, in dem ein Museum für religiöse Kunst eingerichtet ist.

Casa de los Velarde

Ein Rundgang auf den gepflasterten Straßen und Gassen der Stadt führt an den äußerlich schlichten, meist jedoch mit prächtigen Wappen versehenen Herrenhäusern vorbei. In der warmen Jahreszeit tragen die meisten Balkone Blumenschmuck und geben so ein buntes Straßenbild.

Rundgang durch die Stadt

Man betritt den Ort auf der Calle de Santo Domingo, wo auf der linken Seite der Balkon der aus dem 18. Jh. stammenden Casa de la Villa, heute ein Hotel, auffällt. An der Gabelung hält man sich links und kommt auf die Plaza de Ramón Pelayo, an der rechts der Palacio Barreda-Bracho (17. Jh.) steht, heute 'Parador Nacional Gil Blas'. Links der große, mit Spitzbogentor versehene Torre Borja-Barreda (15. Jh.). Weiter durch die Calle de las Lindas kommt man auf die Calle del Cantón. An der Ecke die Casa de los Valdivieso. In der Calle del Cantón sind die interessantesten Gebäude der Palacio del Marques de Santillana, Geburtshaus von Lope de Vega, und die Casa de los Hombrones mit einem von zwei Kriegsleuten flankierten Wappenschild. Man wendet sich nach links an einem kleinen Wasserlauf entlang, der auf dem Kirchenvorplatz (Plaza de la Colegiata) eine Viehtränke speist. Auffallendste Häuser hier sind die Casa de los Quevedos im Renaissancestil und die leicht barocke Casa de los Cossio. Rechts an der Stiftskirche vorbei kommt man auf die Plaza de las Arenas, wo sich rechts die dreistöckige, zinnenbewehrte Casa de los Velarde erhebt, ein für Santillana etwas ungewöhnlich klotziger Bau.

Wappenschild in Santillana

La Colegiata

Die Kollegiatskirche von Santillana del Mar ist die bedeutendste ihrer Art in Kantabrien. Sie nimmt die gesamte Nordseite der Plaza de la Colegiata ein. Im 12. Jh. über einer älteren Kirche erbaut, die die Gebeine der hl. Juliana bewahrte, zeigt sie über dem Hauptportal ein Bildnis der Heiligen. Im mit Kreuzrippengewölben gotisch umgestalteten Inneren sieht man den Sarkophag der hl. Juliana (15. Jh.), einen Retablo mit Gemälden von Jorge

La Colegiata

Santillana, La Colegiata (Forts.)	Inglés (1453) und eine silberne mexikanische Altarblende sowie romanische Skulpturen am Hauptaltar.
*Claustro	Besonders sehenswert ist die Nordseite der Kirche mit einem prächtigen romanischen Kreuzgang, der aus dem Ende des 12. Jh.s stammt. Die drei erhaltenen Gänge werden von Doppelsäulen mit fein skulptierten Kapitellen getragen.

Umgebung von Santillana del Mar

Altamira	In unmittelbarer Nachbarschaft kommt man zu den berühmten Höhlen von → Altamira.
Suances	Nördlich von Santillana (10 km) kann man sich an den piniengesäumten Badestränden von Suances erholen.

Santo Domingo de la Calzada — H 3

Provinz: La Rioja (LO)
Telefonvorwahl: 941
Höhe: 638 ü.d.M.
Einwohnerzahl: 5500

Lage und Allgemeines	Das kleine Städtchen Santo Domingo de la Calzada liegt am Río Oja und war eine der bedeutendsten Pilgerstationen am → Jakobsweg. Die alte Steinbrücke mit 24 Bogen erinnert noch heute an den Straßenbauer und Eremiten Domingo de Viloria, der diese Brücke, eine Kirche, ein Hospiz und einen befestigten Weg (span. calzada) für die Pilger baute.

Sehenswertes in Santo Domingo de la Calzada

Die romanisch-gotische Kathedrale (1180) steht an der Stelle der von Domingo de Viloria errichteten Kirche. Der barocke Glockenturm wurde 1767, das Portal 1769 angebaut. Im Inneren beeindruckt der großartige Hochaltar mit dem Retablo von Damián Forment. Vor dem Altar erhebt sich ein gotischer Baldachin über der aus dem 12. Jh. stammenden Grabstätte des heiliggesprochenen Domingo de Viloria.

*Kathedrale

Gegenüber erkennt man ein für eine Kirche ungewöhnliches Ausstattungsstück: einen Hühnerkäfig in gotischem Stil. Er erinnert an eine merkwürdige Legende um den hl. Domingo: Ein unschuldig verurteilter junger Mann wurde erhängt. Als nach einigen Wochen seine Eltern zum Galgen kamen, lebte der Sohn noch. Sofort eilten sie zum Richter, der gerade beim Essen saß und ein gebratenes Huhn und einen Hahn vor sich hatte. Als er die Geschichte der Eltern gehört hatte, erklärte er, daß dies genauso unmöglich wäre, wie wenn plötzlich sein gebratenes Geflügel aufstünde und loskrähte – und siehe da, Huhn und Hahn erhoben sich vom Teller und krähten nach Leibeskräften. Zum Gedenken an dieses Wunder werden seither im Hühnerstall ein Huhn und ein Hahn gehalten.

Von den Seitenkapellen sind von Interesse die Capilla de Santa Teresa mit dem Sarkophag eines Ritters; die Capilla de Santa Verónica mit der Statue der Heiligen aus dem 15. Jh.; schließlich die Capilla de San Juan Bautista, die ein prächtiges spätgotisches Retablo enthält.

Die ehemalige Pilgerunterkunft Hospital del Santo gegenüber der Kathedrale ist heute zum Parador Nacional umfunktioniert.

Hospital del Santo

Die Kirche (16. Jh.) des Klosters San Francisco enthält einen skulpturengeschmückten Retablo (16. Jh.) von Bernardo de Fresneda.

Convento de San Francisco

Der alte Stadtteil von Santo Domingo ist von einer im 14. Jh. von Pedro el Cruel ('der Grausame') errichteten Mauer umschlossen und besitzt verschiedene schöne alte Häuser.

Altstadt

Umgebung von Santo Domingo de la Calzada

Etwa 14 km südlich des Ortes liegt inmitten ausgedehnter Pinienwälder die einstige Pilgerstation Ezcaray, heute ein malerischer Sommerferienort in der Nähe des Monte San Lorenzo (2262 m ü.d.M.). Ezcaray genoß einst einen weiten Ruf als Stätte der Textilverarbeitung. Die Stadt verdankt ihre Atmosphäre vor allem den auf Holzsäulen stehenden, verandaartigen Vorbauten der Häuser und Adelspaläste des 17. und 18. Jh.s; die festungsähnliche Kirche wurde im 16. Jh. erbaut.

Ezcaray

Segovia   F 5

Provinz: Segovia (SG)
Telefonvorwahl: 911
Höhe: 1000 m ü.d.M.
Einwohnerzahl: 53 000

Am Nordhang der Sierra de Guadarrama auf einem von den Flüßchen Eresma und Clamores umflossenen, fast 100 m hohen Felshügel erhebt sich Segovia, Provinzhauptstadt und Bischofssitz. Die Stadt bietet mit dem einzigartigen römischen Aquädukt und der Fülle mittelalterlicher Bauwerke ein überaus malerisches Stadtbild, das sie zu einem der bevorzugten Reiseziele Spaniens macht.

**Lage und Allgemeines

**Stadtbild

Segovia

Geschichte

Das von den Iberern gegründete Segovia, Zentrum des Widerstandes gegen die Römer, erlangte durch mehrere Jahrhunderte hindurch oftmals große Bedeutung. Unter den Römern, die die Stadt 80 v.Chr. eroberten, war Segovia Schnittpunkt zweier Heerstraßen. Nach der Herrschaft der Westgoten und der Araber begann unter den kastilischen Grafen eine Neubesiedlung, und Segovia wurde für lange Zeit bevorzugte Residenz der kastilischen Könige, unter ihnen Alfons X. der Weise. Hier wurde 1474 Isabella die Katholische zur Königin von Kastilien ausgerufen; Juan Bravo,

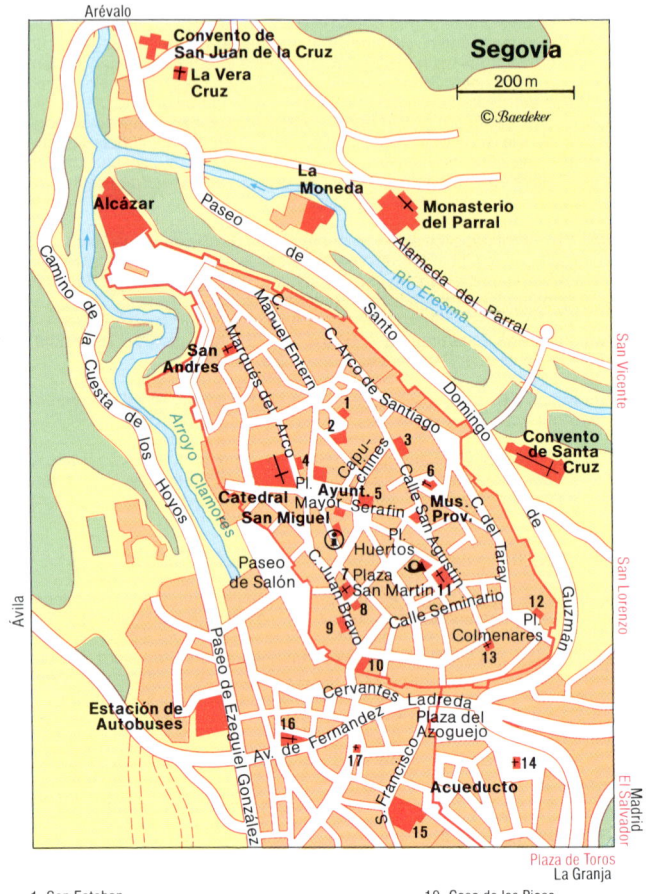

1 San Esteban	10 Casa de los Picos
2 Palacio Episcopal	11 San Agustín
3 Torre de Hercules	12 San Juan de los Caballeros
4 Palacio del Marqués del Arco	(Museo Zuloaga)
5 La Trinidad	13 San Sebastián
6 San Nicolás	14 San Justo
7 San Martín	15 Academia de Artillería
8 Torreon de los Lozoya	16 San Millán
9 Palacio de los Condes de Alpuente	17 San Clemente

Römischer Aquädukt

Plazuela San Martín

Geschichte
(Fortsetzung)

einer der Anführer des Aufstandes der 'Comuneros' gegen Karl V. kam in Segovia zur Welt – und wurde in seiner Geburtsstadt auch geköpft. Es folgten weitere Glanzzeiten unter dem Geschlecht der Trastamara, und nach einer Periode der Vergessenheit kam mit den Bourbonen im 18. Jh. neuer Glanz in diese Stadt, von dem man heute noch, wo Segovia in erster Linie Touristenziel ist, einiges verspürt.

✳✳Acueducto Romano

Mittelpunkt des Verkehrs ist die unterhalb der Altstadt in einer Senke gelegene Plaza del Azoguejo. Hier treffen sich alle nach Segovia führenden Straßen.

Plaza del Azoguejo

Den Platz überquert der Acueducto Romano, der Römische Aquädukt. Das eindrucksvolle Bauwerk wurde vermutlich unter Kaiser Trajan im späten 1. Jh. n. Chr. errichtet; es ist neben den Mauern von → Tarragona das größte erhaltene Römerdenkmal in Spanien. Eine noch heute aus der Sierra de Fuenfría kommende 17 km lange Wasserleitung überschreitet mit 118 aus Granitquadern ohne Mörtel und Klammern erbauten Bogen (7 – 28,5 m Höhe) und 818 m Gesamtlänge (davon nach einem Knick in der südlichen Vorstadt 276 m mit 43 zweistöckigen Bogen über dem Platz) das von den Vorstädten eingenommene tiefe Tal und führt bis zur Oberstadt, wo sie unterirdisch beim Alcázar endet.

Wenig östlich des Aquädukts, etwas bergauf, befindet sich die Kirche San Justo, deren Apsis mit farbintensiven romanischen Fresken ausgemalt ist.

San Justo

Am Südrand der Stadt, beim Ende des Aquädukts, liegt das Kloster San Antonio El Real, eine Gründung Heinrichs IV. (15. Jh.). Die Kirche ist mit einer schönen Artesonadodecke und mehreren flämischen Retablos ausgestattet.

San Antonio
el Real

Östliche Altstadt

San Juan de los Caballeros	Von der Plaza del Azoguejo steigt man auf einer Treppe direkt am Aquädukt zur Altstadt hinauf; man wendet sich hier nach rechts in den äußersten Osten der Altstadt und kommt zur Plaza Colmenares, wo die ehemalige Kirche San Juan de los Caballeros steht, einst Begräbnisstätte der vornehmen Familien Segovias. Heute beherbergt sie das Museo Zuloaga, das Werke des Malers Ignacio Zuloaga und des Keramikers Daniel Zuloaga zeigt.
Plaza de San Pablo	Man geht zurück zur Plaza de San Pablo, wo mit der Casa de Lozoya (14. Jh.) und dem Palacio del Conde de Villares, einst Sitz der Inquisition, zwei sehenswerte Adelshäuser stehen.
Museo Provincial de Bellas Artes	Von der Plaza de San Pablo führt die Calle San Agustín zum Museo Provincial de Bellas Artes in der Casa del Hidalgo, in dem Gemälde und Drucke ausgestellt sind.

Westliche Altstadt

Casa de los Picos	Die Calle Cervantes führt rampenartig links vom Aquädukt hinauf in die westliche Altstadt (oder sich nach der oben erwähnten Treppe links wenden), wo man zunächst an der Casa de los Picos anlangt. Dieser ehemalige Palast des Pedro López de Ayala (15. Jh.) verdankt seinen Namen den facettierten Quadern, die die Fassade schmücken.
*Plazuela San Martín	Man geht weiter durch die von Läden, Bars und Restaurants gesäumte Calle Juan Bravo zur rechterhand erhöht gelegenen malerischen Plazuela de San Martín, in deren Mitte ein Brunnen mit zwei Meerjungfrauen steht. Wendet man sich auf der Treppe zurück, erkennt man gegenüber ein zwischen zwei größeren Häusern eingeklemmtes Haus mit einer vierbogigen Galerie. Es ist das Geburtshaus von Juan Bravo, einem der Anführer des Aufstandes der 'Comuneros'. Links erhebt sich der mächtige Torreón de los Lozoya (16. Jh.).
*San Martín	Der Platz trägt den Namen der Kirche San Martín. Dieses romanische Gotteshaus aus dem 12. Jh. wird an der Nord-, Süd- und Westseite von einer ebenfalls romanischen Säulenhalle umgeben, deren Kapitelle reich skulptiert sind mit floralen Mustern und vorwiegend biblischen Szenen. Im Inneren findet man die gotische Capilla de Herrera mit den Gräbern der Familie Herrera und in der Capilla Mayor einen "Liegenden Christus" von Gregorio Fernández; auch der Kirchenschatz ist sehenswert. An die Kirche anschließend das ehemalige Gefängnis.
Plaza Mayor	Nordwestlich von San Martín kommt man zur Plaza Mayor, dem lebhaften Mittelpunkt der Altstadt mit Straßencafés und einem Musikpavillon in der Mitte. An seiner Nordseite steht das schlichte Ayuntamiento (Rathaus; 17. Jh.), an der Südostseite die 1558 vollendete gotische Kirche San Miguel von Gil de Hontañón, die einen beachtenswerten Hauptaltar von 1572 und Grabmäler birgt. In dieser Kirche wurde Isabella die Katholische zur Königin ausgerufen.
*San Esteban	Unweit nördlich der Plaza Mayor strebt an der leicht abschüssigen Plaza de San Esteban der hohe Turm der Kirche San Esteban in die Höhe. Er besteht aus sechs durch Bogen aufgelockerten Segmenten und wird von einem Helm mit Wetterhahn abgeschlossen. Wie die meisten romanischen Kirchen Segovias besitzt auch San Esteban eine Säulenloggia, in der Versammlungen der Zünfte stattfanden.
Palacio Episcopal	Der Palacio Episcopal (Bischöflicher Palast) am selben Platz wurde vom 16.–18. Jh. erbaut.

Turm von San Esteban

Calle Velarde

In unmittelbarer Nachbarschaft liegt die Plaza de la Trinidad mit dem Torre de Hércules und der Kirche La Trinidad.

Plaza de la Trinidad

✳ Kathedrale

Die sich auf dem höchsten Punkt der Altstadt erhebende, aus gelbem Gestein erbaute Kathedrale ist eine spätgotische Basilika, die 1525–1593 von Juan und Rodrigo Gil de Hontañón errichtet wurde. Ihr lebhaft gegliedertes Äußeres mit dem 100 m hohen Glockenturm mit kuppelförmigem Helm von 1558 übt eine starke Wirkung auf den Betrachter aus.

Der helle, 105 m lange und sehr hohe Innenraum ist geprägt von einem reichen Sterngewölbe, farbenprächtigen Glasgemälden und beachtenswerten Bildwerken und Altären in den mit Gittern abgetrennten Kapellen. Besonders beeindruckend ist ein Blick hoch in die Vierung. Der marmorne Hochaltar trägt die Elfenbein-Madonna 'Virgen de la Paz' (14. Jh.). Rechts vom Chorumgang sieht man in der Capilla del Santísimo Sacramento einen kostbaren Altar. Im linken Seitenschiff, rechts vom Eingangsportal liegt die Capilla de la Piedad mit einer farbigen Holzgruppe der "Beweinung Christi" von Juan de Juni (1571) und einem Triptychon des Flamen Ambrosius Benson. Jenseits des Chores, gegenüber der Capilla de la Piedad, zeichnet sich die Capilla del San Cristo del Consuelo durch ihr reiches Portal und die Grabmäler der Bischöfe Raimundo de Losana und Diego de Covarrubias aus.

Innenraum

Von dieser Kapelle kommt man zum Kreuzgang (Claustro), der 1524–1530 größtenteils mit dem Material des beim Alcázar gelegenen Kreuzgangs der im 16. Jh. zerstörten alten Kathedrale erbaut wurde. In den an den Kreuzgang anstoßenden Räumen sowie eine Treppe höher im Archiv ist das sehenswerte Museo Catedralico eingerichtet. Zu den wertvollen Ausstat-

Claustro

Kathedrale vor dem Hintergrund der Sierra de Guadarrama

Blick vom Tal des Clamores hinauf zur Kathedrale

tungsstücken gehören Gemälde, u.a. von Ribera, vor allem aber sehr schöne Brüsseler Gobelins aus dem 16. und 17. Jh., darunter eine Serie mit der Geschichte der Königin Zenobia von Palmyra; in der Sala Capitular eine hübsche Artesonadodecke.

Kathedrale (Fortsetzung)

*Alcázar

Man folgt von der Plaza Catedral nordwestlich der Calle Marqués del Arco und kommt an der romanischen, innen barocken Kirche San Andrés (12. Jh.) vorbei.

San Andrés

Durch die Calle de Daoiz erreicht man die Plaza del Alcázar, von der man gute Aussichten vor allem auf die östlich im Tal liegenden Kirchen hat.

Plaza del Alcázar

Der auf einem steilen Felsvorsprung zwischen den sich vereinigenden Tälern des Eresma und Clamores aufragende Alcázar, ein vortreffliches Beispiel altkastilischer Burganlagen, geht auf das 11. Jh. zurück. Er wurde im 13. Jh. von Alfons dem Weisen neu erbaut und im 15. und 16. Jh. durch prachtvolle Ausgestaltung erweitert. In dieser Burg ehelichte Philipp II. Anna von Österreich. Ein Brand im Jahr 1862 richtete große Verwüstungen an, die jedoch behoben wurden.

Geschichte

Der von zehn halbrunden Türmen ('cubos') umkränzte Torre de Juan II, durch den man die Burg betritt, sowie der runde, spitzhelmbekrönte Torre del Homenaje am entgegengesetzten Ende der Burg stammen aus dem 14. Jahrhundert. Der mühevolle, weil sehr enge Aufstieg auf den Torre de Juan II wird durch eine überragende Aussicht auf die Stadt, die Sierra de Guadarrama und die Hochebene belohnt.

Besichtigung

Beim Gang durch die Burg lernt man den Lebensstil des Hochadels im 15. und 16. Jh. kennen. Man sieht elf Säle, die sich um zwei Innenhöfe gruppieren. Der Rundgang beginnt rechts und kommt u.a. durch die Sala del Trono (Thronsaal) mit seiner prächtigen vergoldeten Sternendecke. An diesen schließt die Sala del Galería an, deren Bogenfenster schöne Ausblicke auf das Flußtal freigeben. Darauf folgen mehrere historisch ausgestaltete Säle mit Möbeln, Gobelins, Waffen und Rüstungen sowie die Kapelle. Vom kleinen Burghof unterhalb des Torre de Homenaje kehrt man um in drei weitere Säle, die einem militärhistorischen Museum vorbehalten sind.

Rundfahrt außerhalb der Stadtmauer

Um den Altstadthügel von Segovia läuft eine Straße, von der sich immer wieder überwältigende Ausblicke auf die ummauerte Stadt ergeben und die an einigen sehenswerten kirchlichen Bauten vorbeiführt.

Von der Plaza del Azoguejo führt die Avenida de Fernández Ladreda südwestlich zur romanischen Kirche San Clemente (13. Jh.) mit einer interessanten Apsis. Im Inneren sieht man rechts der Capilla Mayor auch Wandmalereien aus dem 13. Jahrhundert.

San Clemente

Ebenfalls romanisch ist die wenig entfernt gelegene Kirche San Millán, zwischen 1111 und 1124 erbaut und somit eine der ältesten Kirchen der Stadt. Der überwiegend barocke Innenraum ist mit Fresken ausgemalt; im Altarraum sind noch Reste romanischer Fresken zu erkennen.

San Millán

Von San Millán kommt man auf das um den Stadthügel führende Umgehungssträßchen. Rings um den Hügel ziehen sich fast lückenlos die alten Stadtmauern, die in ihren Fundamenten iberisch sind, von den Römern ausgebaut und im 11./12. Jh. wiederhergestellt wurden; sie sind bestückt mit 86 halbrunden Cubos und drei stattlichen Toren.

Stadtmauer

Alcázar: Innenhof ...   *... und Blick vom Río Eresma*

*Blick auf
den Alcázar

Die Straße macht einen Bogen um die Nordostspitze der Stadt und überquert den Río Eresma, wo man sich wieder nach rechts wendet. Von hier
zeigt sich der aufragende Alcázar in seiner ganzen Majestät.

Convento de San
Juan de la Cruz

Kurz nach der Brücke geht ein Sträßchen zu drei kirchlichen Bauten.
Zunächst links in einer Bruchsenke die etwas klobige Wallfahrtskirche Virgen de la Fuencisla aus dem 17. Jh.; dicht dabei der Convento San Juan
de la Cruz, ein 1576 von Juan de la Cruz gegründeter Konvent der Barfüßi-
gen Karmeliter, dem der Heilige und Weggefährte der hl. Teresa von Ávila
(→ Berühmte Persönlichkeiten) zeitweise als Prior vorstand und das
heute ein Altersheim ist.

Vera Cruz

Auf der gegenüberliegenden Straßenseite steht isoliert die rund angelegte
Kirche Vera Cruz, eine nach dem Vorbild der Grabeskirche von Jerusalem
1208–1217 erbaute ehemalige Templerkirche mit Wandmalereien des
13. Jh.s im Inneren.

Monasterio
El Parral

Nach wenigen hundert Metern auf der Umgehung führt wiederum eine
Nebenstraße über den Eresma zu dem links am Hang gelegenen Monasterio El Parral. Das 1447 von Heinrich IV. gegründete Hieronymitenkloster
wurde vom Marqués de Villena finanziert; die isabellinische Kirche besitzt
einen mächtigen Retablo (16. Jh.) und zwei Alabaster-Grabmäler von
1528, darunter auch jenes des Klosterstifters.

Moneda

Westlich gegenüber am linken Eresma-Ufer (bei der Brücke) wurde bis
1730 in der alten Münze (span. Moneda) das Geld des Spanischen Königreiches geprägt.

Convento de
Santa Cruz

Unterhalb der Stadtmauer nähert man sich allmählich wieder der Plaza del
Azoguejo. Links sieht man den 1217 gegründeten Convento de Santa Cruz
mit seinem isabellinischen Portal.

Beim Konvent geht eine Straße zur Kirche San Lorenzo in der Vorstadt gleichen Namens ab. Der Turm ist wie die dreiteilige Apsis ein hervorragendes
Beispiel des Mudéjarstils.

San Lorenzo

Umgebung von Segovia

Die C-605 verläßt in nordwestlicher Richtung Segovia und erreicht den
28 km entfernten Ort Santa María la Real de Nieva, dessen Kirche einen
besonders schönen Kreuzgang besitzt.

Santa María la
Real de Nieva

Man folgt der nach Südwesten strebenden N-110 zur großen Straßenkreuzung mit der N-VI; kurz dahinter liegt Villacastín (1040 m ü.d.M.). In der Ortschaft am Westhang der Sierra de Guadarrama trifft man auf einige Adelshäuser und eine beachtenswerte Pfarrkirche (15./17. Jh.) mit zwei stattlichen Retablos und Grabmälern.

Villacastín

Eine noch im Stadtgebiet Segovias von der N-603 nach Südwesten abgehende Nebenstraße führt zum Schloß von Riofrío, das die Gemahlin Phil-
lipps V. nach dessen Tod erbauen ließ, da sie nicht mehr nach La Granja
zurückkehren wollte. Das Schloß beherbergt heute ein Jagdmuseum.

*Riofrío

**La Granja de San Ildefonso

Auf der südöstlich in die Sierra de Guadarrama führenden N-601 erreicht
man durch ein vor allem am Wochenende von den Madridern heimgesuch-
tes Picknickgebiet das Städtchen San Ildefonso (1156 m ü.d.M.), reizvoll
am Fuß der gewaltigen Peñalara gelegen. Der Ort entwickelte sich aus
einem von Mönchen betriebenen Bauernhof mit Herberge ('Granja').

Rokoko in seiner verspieltesten Form: Gärten von La Granja

579

La Granja (Fortsetzung)	Im frühen 18. Jh. erkor Philipp V. wegen der guten Luft San Ildefonso zum Standort eines Schlosses, das an Versailles erinnern sollte und an dem von 1721 bis 1739 gebaut wurde.
Schloß	Man nähert sich dem Schloß von der Rückseite, die vom stattlichen Bau der Schloßkirche beherrscht wird. Auf einer Führung durch das Schloß kommt man in den Thronsaal und andere Räume mit hervorragenden flämischen, spanischen und französischen Wandteppichen. Die Schloßkirche enthält das rotmarmorne Grabmal Philipps V. und seiner Gemahlin Isabella Farnese.
Gärten	Einzigartig sind die Gärten an der Schauseite des Schlosses, auf die die prächtige Große Kaskade zuführt. Die Gärten mit ihren alten Baumbeständen sind ein Werk der Franzosen Etienne Boutelou und René Carlier. Man ist überwältigt von der Formenvielfalt der Brunnenfiguren und Gartenplastiken, die in der Mehrzahl der Phantasie von René Fremin und Jean Fermy entsprungen sind. Fast nach jeder Ecke, um die man tritt, überrascht eine neue allegorische Figurengruppe mit der Lebendigkeit ihrer Gestaltung.
Wasserspiele	Die grandiosen Wasserspiele werden nur zu Ostern, am 30. Mai, am 25. Juli und am 25. August um 17.30 Uhr angestellt.
Puerto de Navarraceda	Hinter San Ildefonso steigt die N-601 hinauf auf die bewaldeten Höhen der Sierra de Guadarrama, auf deren Paßhöhe, dem Puerto de Navarraceda (1860 m ü.d.M.), eine aus dem Großraum Madrid besuchte Skistation liegt.

Burgenrundfahrt

Turégano	In nordöstlicher Richtung verläßt man die nach Norden strebende N-601 und folgt der C-603 zum 34 km entfernten Turégano (936 m ü.d.M.), einem

Castillo de Turégano

Bischofsstädtchen mit laubenumgebener Plaza Mayor, das am Fuß der teilweise verfallenen Kirchenburg des 13./15. Jh. liegt; der zinnenbewehrte Mauerring mit dem Bergfried schließt die romanische Kirche San Miguel mit ihrem auffallenden Glockengiebel ein.

Umgebung von Segovia, Turégano (Fortsetzung)

Zunächst weiter der C-603 folgend, erreicht man nach weiteren 15 km den Ort Cantalejo; 24 km nördlich davon liegt Fuentidueña mit den Resten zweier romanischer Kirchen und einer mächtigen Burg.

Fuentidueña

Von Cantalejo geht es auf einer Nebenstraße 15 km nordöstlich zu dem malerischen Städtchen Sepúlveda (1032 m ü.d.M.), das hoch über einer Schlinge des Duratón liegt und als ehemaliges 'Septem Portale' ('Sieben Tore') noch wohlerhaltene römische Befestigungen und mehrere romanische Kirchen besitzt; darunter in beherrschender Lage El Salvador (11. Jh.) mit Arkadengang und freistehendem Glockenturm, von dem man einen überwältigenden Panoramablick genießt. Das Castillo ist eine Gründung von Fernán González.

Sepúlveda

Von Sepúlveda folgt man der SG-233 Richtung Pedraza; bei der Straßenteilung 'Las Cuatro Carreteras' kann man nach links zum ursprünglich maurischen Schloß Castilnovo (12.–15. Jh.) abbiegen.

Castilnovo

Pedraza gilt als der Geburtsort des Kaisers Trajan. Die mächtige Burg thront auf einem riesigen Felsblock. Um die hübsche, für Kastilien typische Plaza Mayor liegen der romanische Torre San Juan und eine Hosteria in der Casa de la Inquisición.

Pedraza

Nach weiteren 10 km erreicht man die N-110, auf der man über Collado Hermosa nach Segovia zurückkehrt.

Weitere Reiseziele

⟶ Ávila
⟶ Arévalo
⟶ Coca
⟶ El Escorial
⟶ Madrid

Seo de Urgel/La Seu d'Urgell **M 3**

Provinz: Lérida (L)
Telefonvorwahl: 973
Höhe: 700 m ü.d.M.
Einwohnerzahl: 10 000

Inmitten des weiten Talbeckens des Río Segre, umrahmt von den Pyrenäen, liegt die Bischofsstadt Seo de Urgel (katal. La Seu d'Urgell, kurz 'La Seu'), die heute von Milchwirtschaft, Textilverarbeitung und in zunehmendem Maße vom Tourismus lebt. Der Bischof der Stadt ist zusammen mit dem französischen Staatspräsidenten gleichberechtigter Ko-Regent des Kleinstaates Andorra.

Lage und Allgemeines

Sehenswertes

Die der hl. Jungfrau geweihte Kathedrale 'La Seu' von Seo de Urgel steht an der Stelle einer schon 839 geweihten Kirche. Der Bau der heutigen Kathedrale wurde auf Veranlassung des hl. Hermengol 1116 begonnen; sie verdankt ihre Gestalt im wesentlichen dem aus Italien stammenden Bau-

Catedral La Seu

Kreuzgang der Kathedrale

La Seu (Fortsetzung)	meister Ramón Llombard, der von 1175 bis 1183 an ihr arbeitete und italienische Stileinflüsse einbrachte, so z.B. vier Nebenapsiden in den Seitenschiffen und die Fassadengestaltung. Im 18. Jh. umgebaut, wurde die Kathedrale Anfang unseres Jahrhunderts wieder in ihren romanischen Zustand zurückversetzt. Im Inneren sieht man einen gotischen Hochaltar und mehrere Reliquienschreine. Glanzpunkt des Bauwerks ist jedoch der Kreuzgang, der im 13. Jh. von aus dem Roussillon kommenden Meistern geschaffen wurde, wie die skulptierten Säulenkapitelle erkennen lassen. Der Ostflügel wurde Anfang des 17. Jh.s restauriert.
Museo Diocesano / Museu Diocesà	Wertvollstes Stück des Museo Diocesano (Diözesanmuseum; katal. Museu Diocesà) ist eine im 11. Jh. gefertigte Kopie der Apokalypse des Beatus von Liébana mit schönen Buchmalereien. Auch eine Papyrus-Bulle von Papst Sylvester II. aus dem Jahr 1001 und der silberne, im 18. Jh. von Pedro Llopart gearbeitete Sarkophag des Hl. Hermengol ragen unter den übrigen Ausstellungsobjekten hervor.
San Miguel / Sant Miquel	Neben dem Kreuzgang, von diesem aus zugänglich, erhebt sich die Kirche San Miguel (katal. Sant Miquel, auch Sant Père) aus dem 11. Jh., deren Innenraum mit sehenswerten romanischen Malereien ausgemalt ist.
Barrio Medieval	Um die Kathedrale erstreckt sich das Barrio Medieval, das mittelalterliche Stadtviertel, mit dem Bischofspalast (katal. Palau Episcopal) und weiteren alten Häusern, vor allem in den Straßen Carrer Major und Carrer dels Canonges.

Umgebung von Seo de Urgel

Wintersport	Seo de Urgel ist der Hauptort des Gebietes Alt Urgell, das ideale Bedingungen für Skilanglauf bietet. In unmittelbarer Umgebung von 'La Seu' fin-

det man um die Skistationen Sant Joan de l'Erm und Tuixént-La Vansa gespurte Loipen unterschiedlicher Länge und für alle Ansprüche vor, die durch die herrlichen Wälder der Pyrenäen führen. Auch in der östlich anschließenden Landschaft Cerdanya sind bei Núria, La Molina, Lles und Aránser Möglichkeiten zum Langlauf gegeben.

Wintersport um Seo de Urgel (Fortsetzung)

Im Sommer sind die beiden Hauptflüsse von Alt Urgell, der Río Segre und der Río Valira, ein beliebtes Revier für Anhänger des Wildwasserfahrens. Die Kanu- und Kajak-Wildwasserwettbewerbe der Olympischen Sommerspiele 1992 (⟶ Barcelona) finden in Seo de Urgel statt.
Die Hänge der Pyrenäen sind schließlich ein einzigartiges Wandergebiet; in den Flüssen und Bächen kommen die Angler auf ihre Kosten.

Sommersport

Seo de Urgel ist das südliche Eingangstor zur Pyrenäenrepublik ⟶ Andorra und bietet sich daher als Ausgangspunkt für einen Besuch dieses Kleinstaates von spanischer Seite aus an.

Andorra

Sevilla   E 8

Provinz: Sevilla (SE)
Telefonvorwahl: 954
Höhe: 10 m ü.d.M.
Einwohnerzahl: 678 000

**Hauptstadt Andalusiens

Sevilla, die Hauptstadt Andalusiens und der gleichnamigen Provinz, ist nach Madrid, Barcelona und Valencia die viertgrößte Stadt Spaniens, Sitz einer Universität und eines Erzbischofs. Sie liegt in einer fruchtbaren Ebene am linken Ufer des Río Guadalquivir. Der Fluß erreicht hier das andalusische Tiefland und gestattet bei Flut, die sich über 100 km flußaufwärts bemerkbar macht, selbst größeren Seeschiffen die Zufahrt zum 87 km vom Meer entfernten Hafen von Sevilla, zuletzt durch einen die Krümmung des Flusses abschneidenden Kanal. In den Jahren 1948/49 wurde der Hauptarm des Guadalquivir westlich um die Stadt geleitet, wobei jedoch die Hafenanlagen im alten Flußbett verblieben. Die bedeutende Industrie Sevillas produziert heute Nahrungsmittel und Textilien, auch die Metallverarbeitung ist ein wichtiger Erwerbszweig.
Eine Fülle eindrucksvoller Kunstdenkmäler aus allen Epochen der lebendigen Geschichte dieser Stadt sowie das in Sevilla besonders stark ausgeprägte südländische Volksleben, verbunden mit der Eigenart einer Hafenstadt, rechtfertigen den alten Spruch "Quien no ha visto Sevilla, no ha visto maravilla" ("Wer Sevilla nicht gesehen hat, hat noch kein Wunder gesehen"). Sevilla ist die Geburtsstadt der berühmten Maler Diego Velázquez (1599–1660) und Bartolomé Esteban Murillo (1617–1682). Zahlreiche Gedenktafeln in den Straßen erinnern an Szenen aus Dichtungen von Cervantes. Bekannt ist Sevilla als Schauplatz berühmter Opern: Mozarts "Don Juan" und "Figaros Hochzeit" sowie Bizets "Carmen" spielen hier; um den Laden von Rossinis "Barbier von Sevilla" streiten sich mehrere Straßen.

Lage und Allgemeines

Das Klima von Sevilla gehört zu den heißesten des europäischen Festlandes (bis 48°C). Wie im antiken oder orientalischen Haus dient deshalb als Aufenthalt meist der mit Springbrunnen und Pflanzen geschmückte Patio (Innenhof), den man oft von der Straße aus einsehen kann.

Klima

Als die Römer gegen 205 v.Chr. kamen, bestand schon 'Hispalis', vielleicht eine Gründung der Iberer oder Phönizier. Unter Caesar wurde Sevilla eine bedeutende Hafenstadt, die den Namen 'Colonia Iulia Romula' erhielt. Nacheinander wurde sie Hauptstadt der Vandalen (411) und der West-

Geschichte

goten (441); dann kamen die Mauren (712) und nannten die Stadt 'Ichbilîja', die dann ab 913 von den Omaijaden, nach 1091 von den Almoraviden und seit 1147 von den Almohaden beherrscht wurde. Unter Jûsuf Abu Ja'kub (1163–1184) und Ja'kub Ibn Jûsuf (1184–1198) war Sevilla Schauplatz glänzender Bautätigkeit und übertraf selbst Córdoba zeitweise an Einwohnerzahl. Ferdinand III. von Kastilien eroberte die Stadt 1248 und wählte sie zur Residenz. Der volkstümlichste König in Sevilla war trotz seines Namens Pedro I. der Grausame (1350–1369). Am 3. August 1492 brach Christoph Kolumbus von Palos, einem Ort an der Südwestküste Spaniens, mit seinen Karavellen auf und entdeckte u. a. Kuba und Haiti. Bei seiner Rückkehr am 31. März 1493 wurde er in Sevilla festlich empfangen. In Sevilla wurde auch die Reise von Amerigo Vespucci vorbereitet, und Magellan brach von hier zur Weltumsegelung auf. In der folgenden Zeit brachte es Sevilla zur Monopolstellung im Überseehandel und entwickelte sich zum Haupthafen Spaniens. Nachdem die Bedeutung der Stadt später zurückgegangen war, zog die Regulierung des Río Guadalquivir den Seehandel erneut nach Sevilla.

Das Jahr 1992

Im Jahr 1992 wird Sevilla wohl die heimliche Hauptstadt Spaniens sein, wenn die 500-Jahr-Feier zum Gedenken an die Entdeckung Amerikas begangen und parallel dazu die Weltausstellung 1992 in der Stadt abgehalten wird.

**Feste

Semana Santa

Die Semana Santa in Sevilla ist eines der eindrucksvollsten Feste Spaniens, besonders die am Palmsonntag beginnenden Aufzüge der Bruderschaften ('cofradias' oder 'hermandades') der einzelnen Stadtviertel in Büßergewändern, bei denen reichgeschmückte Heiligenstatuen ('pasos') mitgeführt werden, und die Hauptprozession in der Nacht zum Karfreitag sowie am Karfreitagmorgen. Auch die Feierlichkeiten in der Kathedrale sind in dieser Woche außergewöhnlich.

Fería de Abril

Die Fería de Abril ist das sechstägige weltliche Hauptfest Sevillas, bei dem in den Straßen 'Sevillanas' gesungen und getanzt werden.

Romería de Rocío

Schließlich ist die Romeria de Rocío in der Pfingstwoche eine der berühmtesten Wallfahrten in Spanien, an der Wallfahrtsgruppen aus Sevilla, Huelva, Cádiz, Jerez und anderen Orten zu Pferde, mit Maulesel und Ochsenkarren im Ort an der Coto de Doñana aufbrechen, um im Beisein des Erzbischofs von Sevilla der Virgen de Rocio in ihrer keramikgeschmückten Kirche zu huldigen (→ Abb. S. 107).

**Kathedrale

Eingang
Puerta de
San Cristóbal
(südl. Querschiff)

An der Stelle der maurischen Hauptmoschee wurde in den Jahren 1402 bis 1506 die Kathedrale von Sevilla erbaut, einer der größten und reichsten gotischen Dome der Christenheit, unübertroffen in der Raumwirkung und in der Fülle der Kunstschätze.

**Giralda

Zwischen der Puerta de los Palos und der in den Orangenhof führenden Puerta de Oriente erhebt sich an der Nordseite der Kathedrale die Giralda ('Wetterfahne'), daß 93 m hohe und weithin sichtbare, berühmte Wahrzeichen Sevillas. Der Turm wurde als Minarett der maurischen Hauptmoschee von 1184–1196 errichtet; 1568 setzte man eine Glockenstube auf, deren Spitze die 4 m hohe Windfahne, den Giraldillo trägt, eine den Glauben darstellende weibliche Figur mit dem Banner Konstantins. Von der ersten Galerie mit 24 Glocken hat man aus 70 m Höhe eine weite Aussicht über

Die Giralda, das Wahrzeichen Sevillas ▶

Sevilla

EXPO 92

Convento de
San Clemente

Muralla

Convento de
Santa Clara

Río Guadalquivir

Telecabina

Expo, La Cartuja

32

Torneo

Vicente

San

Gran

Poder

Calatrava

Feria

Resolana

Relator

Feria

San Luis

Ronda de Capuchinos

1

2

3

4

5

Alameda
de
Hércules

San Lorenzo

Juan Rabadán

Amor de Dios

Castellar

LA MACARENA

7 6

8

9

Córdoba

María Auxiliadora

Sol

Jesús

de

Baños

Alfonso XII

10

Estación
de Córdoba

Marqués de Paradas

Av. Cristo de la
Expiación

Canalejas

Palacio
Lebrija

11

Plaza de la
Encarnación

Imagen

12

13

Pt. Cristo
de Burgos

16

17 18

Recaredo

Santiago

Sol

Reyes Católicos

Ariona

Sierpes

CENTRO

Francos

15

Plaza
Nueva

Pl. S.
Francisco

14

19

Argote de Molina

Cabeza del Rey Alfonsingo

20

21

Zaragoza

Puente
de Isabel II

Canal de Alfonso XIII

Betis

Paseo de Cristóbal Colón

Plaza
de Toros

Dos de Mayo

Avenida de Constitución

22

Catedral

Pl.
Triunfo

SANTA
CRUZ

Menéndez y Pelayo

Granada

Málaga

Santa Ana

Pages

Betis

23

25 26

EL ARENAL

27

24

Alcázar

Jardines de los
R. R. Alcazares

Estación
de San
Bernardo

29

Triana

Corro

Juan

Puente
San Telmo

Pl. Cuba

28

Universidad

San Fernando

Palos
de la Frontera

Pl. de
D. Juan
de Austria

Av. Carlos V

Argentina

Asunción

Turia

Sebastián

30

Glorieta
S. Diego

Av. de las Delicias

Av. de María Luisa

Av. Rdguez. de Caso

Avenida Isabel la Católica

Plaza
España

Av. de Portugal

Dr. Pedro
de Castro

República

Turia

Virgen de Luján

Asunción

Eleano

Parque de
María Luisa

Sevilla

200 m

© Baedeker

31

© Baedeker

Huelva, Itálica

Expo

Huelva, Itálica

die Stadt und ihre Umgebung. Über der Galerie liegt die 'Matraca', ein hohes Holzgehäuse mit den in der Karwoche statt der Glocken benutzten Klappern. Die Originalfigur der Giralda, 1566 bis 1568 gegossen, steht heute in der Nordwestecke der Kathedrale in der Nähe des Hauptportals.

Giralda (Fortsetzung)

An der Nordseite der Kathedrale gewährt die noch aus der Maurenzeit stammende stattliche Puerta del Perdón Zugang in den Patio de los Naranjos ('Orangenhof'), den ehemaligen Hof der Moschee. Der achteckige westgotische Brunnen in der Mitte ist der Rest der islamischen Midhâ, des Brunnens für die religiösen Waschungen. In der Südostecke des Hofes liegt als Rest der alten Moschee die Capilla de la Granada, die noch einen schönen Hufeisenbogen besitzt. In den Räumen des Ostflügels ist die im 13. Jh. gegründete, durch eine Stiftung von Fernando Colón vermehrte Biblioteca Colombina eingerichtet, die wertvolle Werke über die Entdeckung Amerikas sowie kostbare Handschriften besitzt, darunter von Kolumbus selbst. Die den Orangenhof umschließenden Gebäude werden derzeit renoviert, so daß sie nicht zugänglich sind.

*Patio de los Naranjos

Von den reich mit Statuen und Reliefs geschmückten Portalen der Kathedrale sind besonders beachtenswert die Puerta del Bautismo ('Portal der Taufe') und die Puerta del Nacimiento ('Portal der Geburt') links bzw. rechts der Puerta Mayor an der Westfassade; der Figurenschmuck dieser beiden Portale stammt von Lornezo Mercadante und Pedro Millán. Die neuzeitliche Puerta de San Cristóbal (Eingang), auch Puerta de la Lonja genannt, öffnet sich am südlichen Querschiff; die Puerta de las Campanillas ('Portal der Glöckchen') und die Puerta de los Palos liegen an der Ostseite.

Portale

Das Innere der fünfschiffigen Kathedrale (117 m lang, 76 m breit, 40 m hoch) gehört zu den eindrucksvollsten gotischen Kirchenräumen Spaniens und zeichnet sich besonders durch die Klarheit seiner Proportionen und die Schönheit der Linienführung sowie durch die Fülle der Kunstwerke aus, von denen nur eine Auswahl genannt werden kann. Von den 75 Glasgemälden (16.–19. Jh.) seien die ältesten von Cristóbal Alemán (1504) und Arnao de Flandes (1525–1557) hervorgehoben.

Innenraum

Die Kathedrale besitzt in den Seitenkapellen zahlreiche Grabmäler und Altargemälde; besonders beachtenswert sind bei der Puerta Mayor rechts das Schutzengelbild von Murillo sowie von demselben Maler in der zweiten Kapelle des linken Seitenschiffs (Capilla de San Antonio) die "Taufe Christi" und "Das Christkind erscheint dem heiligen Antonius von Padua"; in dieser Kapelle auch ein Gemälde von Jordaens. Von den Grabmälern verdienen besondere Erwähnung das gotische Grabmal von Juan de Cervantes in der Capilla de San Hermenegildo und das platereske Grab des Erzbischofs Mendoza in der Capilla de la Antigua.

Seitenkapellen

Der Chor wird von einem schönen Gitter (Reja) von 1519 abgeschlossen; im Chor ein gotisches Chorgestühl (Sillería), von 1475–1479 entstanden.

Chor

In der sich anschließenden Capilla Mayor, ebenfalls mit reicher großer Reja (16. Jh.), dominiert der mächtige Retablo, ein Hauptwerk gotischer Holz-

*Capilla Mayor

Catedral de Sevilla

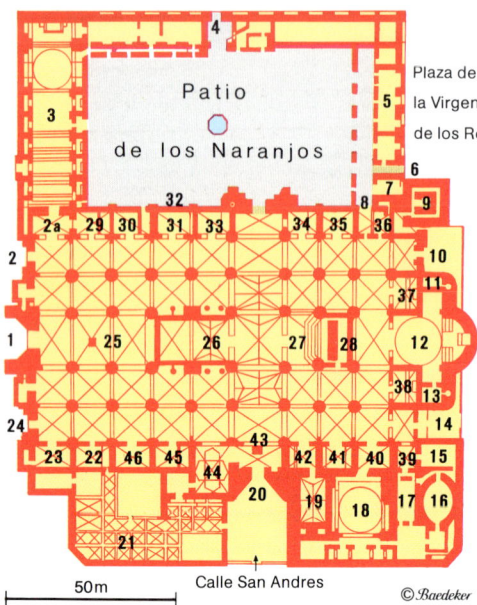

Plaza de
la Virgen
de los Reyes

1 Puerta Mayor
2 Puerta del Bautismo
2a Giralda
3 Sagrario
4 Puerta del Perdón
5 Biblioteca Colombina
6 Puerta de Oriente
7 Capilla de la Granada
   (Granatapfelkapelle)
8 Puerta del Lagarto
   (Eidechsenpforte)
9 Giralda
10 Puerta de los Palos
11 Sala Capitular
12 Capilla Real
13 Sakristei
14 Puerta de las Campanillas
   (Portal der Glöckchen)
15 Contaduría Mayor
16 Sala Capitular
17 Antecabildo
18 Sacristía Mayor
19 Sacristía de los Cálices
   (Sakristei der Kelche)
20 Puerta de San Cristóbal
   (Puerta de la Lonja)
21 Dependencias de la Hermandad
   Sacramental
22 Capilla de Santa Ana
23 Capilla de San Laureano
24 Puerta del Nacimiento
25 Grabplatte des Fernando
   Colón

Calle San Andres
© Baedeker
50m

26 Coro
27 Capilla Mayor
28 Sacristía Alta
29 Capilla de San Antonio
30 Capilla de Escalas
31 Capilla de Santiago
32 Capilla Sacramental

33 Capilla de San Francisco
34 Capilla de las Doncellas
35 Capilla de los Evangelistas
36 Capilla del Pilar
37 Capilla de San Pedro
38 Capilla de la Concepcíon Grande
39 Capilla del Mariscal

40 Antesala (Vorraum)
41 Capilla de San Andrés
42 Capilla de Dolores
43 Grabdenkmal des Kolumbus
44 Capilla de la Antigua
45 Capilla de San Hermenegildo
46 Capilla de San José

Kathedrale, Capilla Mayor (Fortsetzung)	skulptur in Spanien, an dem mehrere Meister von 1482 bis 1564 arbeiteten. Die Mitte nimmt das aus Silber getriebene Bild der Virgen de la Sede ein, umgeben von 45 holzgeschnitzten Darstellungen aus dem Leben Christi und Mariä.
Kolumbus-Grab	Im südlichen Querschiff steht bei der Puerta de San Cristóbal das von Arturo Mélida geschaffene Grabdenkmal des Entdeckers und Seefahrers Christoph Kolumbus (→ Berühmte Persönlichkeiten), das zunächst 1892 in der Kathedrale zu Habana errichtet und nach dem Verlust Kubas im Spanisch-Amerikanischen Krieg 1898, bei dem auch die Philippinen verloren gingen, hierher überführt.
*Capilla Real	Hinter der Capilla Mayor erstreckt sich an der Ostwand der Kathedrale die Capilla Real, ein 38 m langer Renaissancebau mit hoher Kuppel, der 1551 bis 1575 an Stelle der alten königlichen Grabkapelle erbaut wurde. Hinter dem Gitter von 1773 liegen die Gräber des Königs Alfons des Weisen und seiner Mutter Beatrix von Schwaben. In der Apsis vorn ein Altar mit dem 1729 verfertigten silbernen Reliquienschrein des hl. Ferdinand; hinten ein weiterer Altar mit der Virgen de los Reyes (13. Jh.), der Schutzpatronin der Stadt. Neben dem vorderen Altar führen Stufen hinauf in das Panteón mit den Gräbern Pedros des Grausamen, seiner Gemahlin María de Padilla und mehrerer Infanten. Links von der Capilla Real öffnet sich die Puerta de los Palos.

In der Sacristía de los Cálices rechts der Capilla Mayor hängt ein berühmtes Kruzifix von Montañés; ferner sieht man hier zahlreiche Gemälde, u.a. von Goya, Zurbarán, Morales und Murillo.

Die von einem Vorraum (Antesala) aus gegen Gebühr zugängliche Sacristía Mayor ist ein im 16. Jh. erbauter Prachtbau mit schöner Kuppeldecke. Sie enthält neben einigen beachtenswerten Bildern einen großen Kandelaber und ein Kruzifix von Pieter de Kempeneer; weiterhin ist hier der reiche Kirchenschatz untergebracht, zu dem u.a. der Schlüssel von Sevilla (1248) und die mit Edelsteinen übersäte Krone der Virgen de los Reyes gehören.

In der Südostecke der Kathedrale findet man in der plateresken Sala Capitular (1530–1592) das Gemälde "Unbefleckte Empfängnis" von Murillo.

An der Nordseite der Kathedrale erreicht man durch die Puerta de Sagrario links das als Pfarrkirche dienende Sagrario (1618–1662), ein schöner Barockbau mit einem Retablo, der eine "Kreuzabnahme" von Pedro Roldán trägt.

Zwischen Kathedrale und Alcázar

Südlich vor der Kathedrale erstreckt sich die Plaza del Triunfo, an deren Südwestseite die Casa Lonja (ehem. Börse) steht, 1583–1598 nach den Plänen von Juan de Herrera im Hochrenaissancestil erbaut. Im ersten Stock ist seit 1781 das Archivo General de Indias (Generalarchiv von Indien) eingerichtet, das die spanischen Urkunden enthält, die sich auf die Entdeckung und Eroberung Amerikas und der Philippinen beziehen. Zu den Stücken gehören u.a. Autographen von Magellan, Pizarro und Cortés, das Tagebuch von Kolumbus und Stadtpläne der spanischen Gründungen in der Neuen Welt.

Blick von der Giralda über die Dächer Sevillas

Museo de Arte
Contemporáneo

In der an der Lonja südlich verlaufenden Calle Santo Tomas befindet sich im Palast des Domkapitels das Museo de Arte Contemporáneo (Museum für zeitgenössische Kunst).

*Barrio de
Santa Cruz

Östlich vom Alcázar dehnt sich der malerische Stadtteil Santa Cruz aus, in arabischer Zeit das Judenviertel (Judería), das heute mit blumengeschmückten Plätzen, Gassen und zahlreichen Patios zum Bummel lädt.

Asilo de
Venerables

Hier befindet sich das Asilo de Venerables, das wertvolle Kunstwerke vorweisen kann; darunter in der Kapelle Fresken von Valdés Leal, einen Elfenbeinchristus von Alonso Cano und Werke von Roelas sowie Rubens.

Casa Murillo

Etwas weiter östlich glaubt man in der Calle Santa Teresa 8 das Wohnhaus des Malers Bartolomé Esteban Murillo gefunden zu haben.

Santa María
la Blanca

Schließlich kommt man zur Kirche Santa María la Blanca, bis 1391 Synagoge; im Inneren Kuppelmalereien von 1659.

*Alcázar

Der an der Südostseite der Plaza del Triunfo gelegene Alcázar war ursprünglich das Schloß der maurischen, später der christlichen Könige und wurde in seiner jetzigen Gestalt, die noch mittelalterlichen Burgencharakter hat, in der zweiten Hälfte des 14. Jh.s unter Pedro dem Grausamen durch maurische Architekten errichtet. Von der Südostseite des Platzes gelangt man in den mit Orangen bepflanzten Patio del León und weiter durch einen Torbogen in den Patio de la Montería, den Hof der königlichen Leibgarde. An dessen Südseite erstreckt sich die reich gegliederte Hauptfassade des inneren Alcázar, das eigentlichen Palastes Pedros des Grausamen. Im Gebäudeteil rechts der Hauptfassade führt eine prachtvolle Treppe ins Obergeschoß mit den Gemächern der Katholischen Könige; rechts neben der Treppe der Saal der Admiralität.

Besichtigung

*Patio de
las Doncellas

Zunächst betritt man einen Vorraum, wo man sich nach links wendet und durch einen engen Gang in den Patio de las Doncellas ('Mädchenhof') kommt, den bezaubernden Mittelpunkt des Palastes. Von 1369 bis 1379 erbaut, zeigt der Hof prachtvolle Zackenbogen und durchbrochene Oberwände, getragen von 52 Marmorsäulen; die Verspieltheit der maurischen Dekore und Formen läßt an die Alhambra in Granada denken.

Gemächer

Steht man in der Mitte des Hofes und blickt auf die Ostwand, liegt linker Hand der Salón de Carlos V, der mit einer prachtvollen Kasettendecke ausgestattet ist; rechts sieht man das herrlich gekachelte Dormitorio de los Reyes moros, das Schlafgemach der maurischen Könige.

*Salón de
Embajadores

Geradeaus betritt man den Salón de Embajadores (Gesandtensaal). Dieser älteste und schönste Saal des Alcázar, mit arabischen Schriftzeichen und Schmuckfriesen übersät, besitzt eine prachtvolle Stalaktitenkuppel von 1420 aus Zedernholz. Rechts und links dieses Saales richtete Pedro der Grausame seiner Favoritin Maria de Padilla Wohnräume ein; geht man nach rechts weiter, gelangt man in den kleinen maurischen Patio de las Muñecas ('Puppenhof'), den Innenhof der Privatgemächer. An ihn schließt sich links das Dormitorio de Isabel la Católica (Schlafzimmer der Königin) an; voraus liegt der Salón del Príncipe. Der den Salón de Embajadores abschließende langgestreckte Saal ist der Comedór, der Speisesaal Philipps II.

Gemächer
Karls V.

Links vom Patio de la Montería erreicht man über den Patio del Crucero die Gemächer Karls V. Die Hauskapelle ist reich mit Kacheln ausgekleidet, während die übrigen Räume mit flämischen Wandteppichen aus dem 16. bis 18. Jh. behängt sind, von denen diejenigen mit der Darstellung der Eroberung von Tunis die interessantesten sind.

Salón de Embajadores

Die von Karl V. angelegten Gärten des Alcázar sind durch eine Grotten-
wand in zwei Hälften geteilt und enthalten u.a. unterirdische Badeanlagen
sowie den Pabellón de Carlos V aus dem Jahre 1540.

※Alcázargärten

Nördlich der Kathedrale

Mittelpunkt der Stadt ist die unweit nördlich der Kathedrale gelegene Plaza
de San Francisco, auf der einst Hinrichtungen, Turniere und Stierkämpfe
stattfanden.

Plaza
San Francisco

An der Westseite des Platzes erhebt sich das Ayuntamiento (Rathaus), ein
stattlicher Renaissancebau (1527 – 1564), dessen reichverzierter östlicher
Teil als eine der reizvollsten Schöpfungen des platereksen Stils gilt. Es wird
derzeit vollständig restauriert.

※Ayuntamiento

Vor der Westfront des Rathauses liegt die weite Plaza Nueva, die mit Palmen bepflanzt und von Bank- und Bürohäusern umgeben ist.

Plaza Nueva

An der Nordseite der Plaza San Francisco beginnt die enge Calle de las
Sierpes ('Schlangenstraße'), die Hauptgeschäftsstraße der Stadt, eine
Fußgängerzone mit Läden, Cafés und Restaurants.

Calle de
las Sierpes

Auf der nach rechts abgehenden Calle Jovellanos Gállegos kommt man
zur Kirche San Salvador aus dem 16. Jh., die Ende des 18. Jh.s im Stile
Churrigueras umfassend erneuert wurde. Im Inneren findet man Werke von
Montañés ("Ecce homo") und ein Gemälde von Murillo.

San Salvador

An der von der Plaza San Salvador nach Norden verlaufenden Calle de la
Cuna liegt der Palacio Lebrija, ein schönes Beispiel für ein Sevillaner
Adelshaus mit großer Freitreppe und Artesonado-Decke.

Palacio
Lebrija

Universidad
Vieja

In der Kirche der 1502 gegründeten Alten Universität (Universidad Vieja), wenig rechts des Palacio Lebrija, sieht man einen überschwenglichen großen Retablo und Gemälde u.a von Roelas, Alonso Cano und Pacheco.

*Casa de Pilatos

Ungefähr 500 m östlich von San Salvador, auf der Calle de Aguilas zu erreichen, erhebt sich an der Plaza de Pilatos die im 16. Jh. von christlich-maurischen Baumeistern errichtete Casa de Pilatos, im Volksmund als eine Nachahmung des Hauses des Pilatus in Jerusalem bezeichnet. Der Mudéjarstil des Gebäudes hat Abwandlungen durch Bauelemente der Gotik und der Renaissance erfahren. Das Haus ist um einen einzigartigen Patio angelegt, der aufs schönste mit Azulejos und antiken Skulpturen geschmückt ist. Auch die Innenräume sind im Mudéjarstil gehalten; besonders schön sind der Goldene Saal mit Fayenceschmuck und Kassettendecke, die herrliche Treppe ins Obergeschoß und die Hauskapelle. In einigen Räumen ist ein Museum für römische Skulpturen eingerichtet.

San Pedro

Von der Plaza de Pilatos kommt man durch die Calle de Caballerizas vorbei an der zweitürmigen Barockkirche San Ildefonso, um danach durch die Calle de los Descalzos die lange Plaza del Cristo de Burgos zu erreichen; an ihrer Nordwestseite steht die gotische Kirche San Pedro (14. Jh.) mit ihrem schönen Glockenturm im Mudéjarstil. In dieser Kirche wurde Velázquez getauft.

Santa Catalina

Unweit östlich von San Pedro sieht man die Kirche Santa Catalina, deren Glockenturm das Minarett einer einst hier befindlichen Moschee war.

*Palacio de
las Dueñas

Von Santa Catalina führt die Calle Gerona nach Nordwesten zum Palacio de Dueñas (15. Jh.), der einen schönen Patio im Mudéjarstil umschließt.

Um die Alameda de Hércules

Alameda de
Hércules

Die nördliche Fortsetzung der Calle de las Sierpes führt an der Plaza del Duque vorbei zur Alameda de Hércules, einer stattlichen Promenadenanlage, an deren Südseite seit 1574 zwei von einem römischen Tempel stammende hohe Granitsäulen mit den Statuen des Herkules und Julius Caesars stehen.

San Lorenzo

Westlich davon befindet sich die Kirche San Lorenzo, deren schöner Hochaltar ein Werk von Montañés ist; die vielverehrte Christusstatue 'Nuestro Señor de Gran Poder' in einer Seitenkapelle stammt von Juan de Mesa.

Stadtmauer

Am Nordrand der Altstadt ist zwischen der Puerta de Córdoba und der Puerta Macarena ein ansehnliches Stück der alten, noch auf römische Anlagen zurückgehenden Stadtmauer erhalten.

Basílica
Macarena

Links der Puerta Macarena wird in der Basilika gleichen Namens das Madonnenbild der Virgen de la Macarena verehrt. In einem angefügten Museum kann man die zahlreichen Schmuckgegenstände für das Gnadenbild und Kostüme berühmter Toreros besichtigen.

**Museo de Bellas Artes

Öffnungszeiten
Di.–So.
9.30–14.30

Im westlichen Teil der Altstadt, auf der Calle de Alfonso XII von der Plaza del Duque zu erreichen, ist im ehemaligen Convento de la Merced (17. Jh.) das Museo de Bellas Artes untergebracht, das nach dem Prado in Madrid wohl die bedeutendste Gemäldesammlung Spaniens besitzt und vorwiegend spanische Maler des 17. Jh.s ausstellt. Das Museum wird derzeit allerdings einer grundlegenden Renovierung unterzogen, so daß nur zwei Säle zugänglich sind, in denen die wichtigsten Gemälde der Sammlung gezeigt werden. Im kleineren der beiden Säle sind spanische Maler des 18.–20. Jh.s vertreten; im prächtigen Hauptsaal sind Werke des 15.–17. Jh.s versammelt, darunter:

Museo de Bellas Artes (Forts.)

"Hl. Hieronymus", "Der hl. Bruno besucht Papst Urban II.", "Apotheose des Thomas von Aquin" sowie "Jesus am Kreuz".

Zurbarán

"Der hl. Thomas von Villanueva verteilt Almosen", "Unbefleckte Empfängnis", "Die hll. Justa und Rufina" und "Vision des hl. Franziskus".

Murillo

"Bildnis seines Sohnes Jorge Manuel"

El Greco

"Porträt des Ehepaares Orantes", "Vermählung der hl. Ines".

Pacheco

"Heilige Familie"

Uceda

"Verklärung des hl. Hermengildus"

Uceda/Vazquez

"Kalvarienberg"

Cranach

"Jüngstes Gericht"

de Vos

Am Ufer des Río Guadalquivir

Im Südwesten der Altstadt erstreckt sich am linken Ufer des hier kanalisierten Río Guadalquivir (Canal de Alfonso XIII) der beim Puente de Isabel II beginnende Paseo de Cristóbal Colón mit den sich bis zum Paseo de las

Paseo de Cristóbal Colón

An der Plaza de España

Paseo Colón (Fortsetzung)	Delicias erstreckenden Hafenanlagen. Bei der Brücke liegt die Plaza de Toros (Stierkampfarena).
Hospital de la Caridad	Ungefähr auf der Hälfte des Paseo zwischen dem Puente Isabel II und dem Puente San Telmo steht etwas zurückversetzt das Hospital de la Caridad (1661–1664), eine Stiftung des Miguel de Mañara, der als Urbild der Figur des 'Don Juan' gilt. Vom Säulenhof betritt man die Kirche, deren Fassade mit fünf Azulejosgemälden geschmückt ist; im Inneren hängen am Eingang Bilder von Valdés und in den Seitenschiffen sechs Gemälde von Murillo.
Torre del Oro / Museo Marítimo	Unweit südlich erkennt man am Fluß den sechseckigen Torre del Oro (1220, z.T. 1760), ursprünglich ein mit Goldazulejos geschmückter maurischer Befestigungsturm, der später unter Pedro dem Grausamen als Schatzhaus und Gefängnis benutzt wurde. Er ist heute Marinemuseum.
Palacio de San Telmo	Im Süden der Stadt erhebt sich unweit des Puente de San Telmo an dem sich lang hinziehenden Paseo de las Delicias der Palacio de San Telmo, der 1743 als Seemannsschule erbaut wurde und heute Priesterseminar (Universidad Pontífica) ist. Sehenswert ist sein hohes Barockportal.
Fábrica de Tabacos	Östlich davon liegt an der Calle de San Fernando die ehemalige Tabakfabrik (Fábrica de Tabacos), ein 1757 errichteter Barockbau, der heute Hörsäle der Universität beherbergt.

*Parque de María Luisa

Plaza de España	Südlich der Tabakfabrik gelangt man zum Haupteingang des Parque de María Luisa, einer ausgedehnten Gartenanlage, Stiftung der Infantin von Spanien, María Luisa Fernanda de Bourbón. Von den Bauten der hier 1929/30 abgehaltenen Ibero-Amerikanischen Ausstellung sind noch die halbkreisförmige Plaza de España mit dem Palacio Central (zwei 82 m hohe Ecktürme) sowie an der Plaza de América der Pabellón Mudéjar, der Pabellón Real und der Palacio del Renacimiento erhalten.
Museo de Artes y Costumbres Populares	Im Pabellón Mudéjar ist das Museo de Artes y Costumbres Populares eingerichtet, das auf zwei Stockwerken Trachten aus dem 19. Jh., Kunsthandwerk, Möbel, Gerätschaften u.a. zeigt.
*Museo Arqueológico	Das Museo Arqueológico stellt in 27 Sälen prähistorische, phönizische, griechische und römische Altertümer aus, u.a. eine hervorragende Dianastatue, Goldschmuck und Funde aus Itálica.

Barrio de Triana

	Auf dem rechten Ufer des Río Guadalquivir liegt die Vorstadt (Barrio) Triana, eines der volkstümlichsten Viertel Sevillas, seit altersher Wohnsitz der Töpfer, von denen die besten Azulejos Sevillas gefertigt werden. In der Nähe des Puente San Telmo legte auf dieser Flußseite Magellan zur Weltumsegelung ab.
Santa Ana	Links vom Puente de Isabel II steht die Kirche Santa Ana, die Alfons der Weise im Mudéjarstil errichten ließ; im Inneren findet man die Virgen de la Rosa von Alejo Fernández, einen Retablo und den Kirchenschatz.

Weltausstellungsgelände

	In Sevilla wird am 20. April 1992 die Weltausstellung EXPO '92 eröffnet, die mit dem Hauptthema 'Zeitalter der Entdeckungen' ganz im Zeichen der 500-Jahr-Feier der Entdeckungsfahrt des Kolumbus im Jahr 1492 steht.

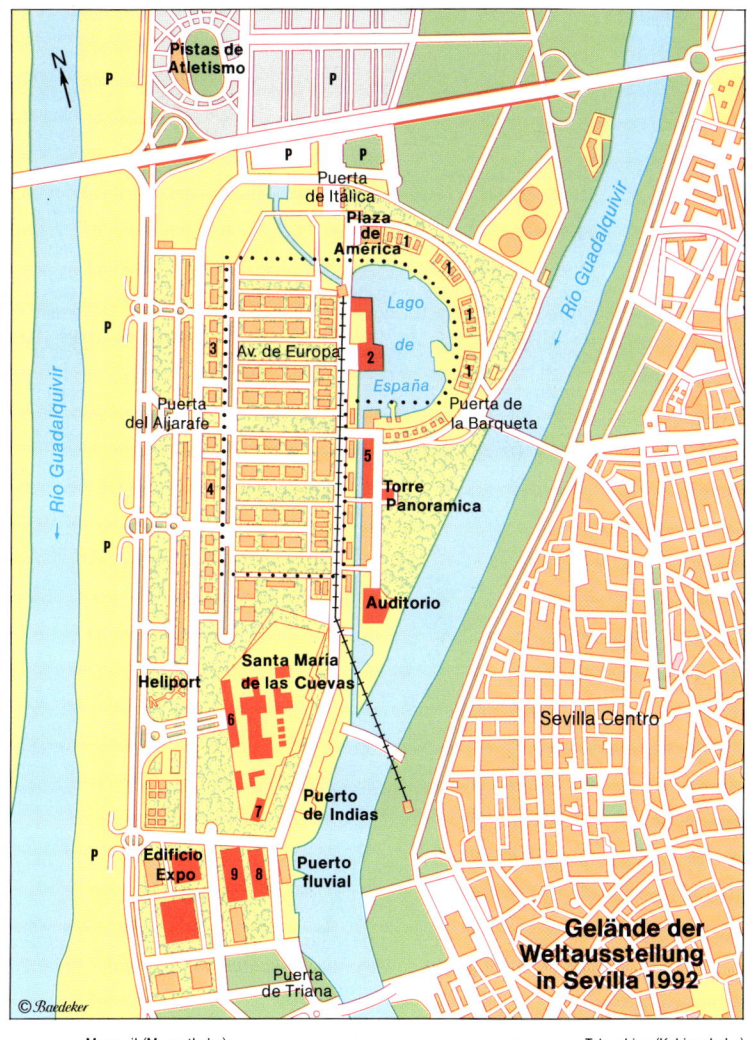

N

Pistas de Atletismo

P · P

P · P

Puerta de Itálica

Plaza de América

Río Guadalquivir

Lago de España

P

3 Av. de Europa

2

1

Puerta del Aljarafe

Puerta de la Barqueta

P

5

4

Torre Panoramica

P

Auditorio

Santa María de las Cuevas

Heliport

6

Sevilla Centro

7

Puerto de Indias

P

Edificio Expo

9 8

Puerto fluvial

Puerta de Triana

Geländer der Weltausstellung in Sevilla 1992

© Baedeker

Río Guadalquivir

Río Guadalquivir

· · · · · · Monorail (Magnetbahn)   +++++ Telecabina (Kabinenbahn)

1 Pavillons der
  Autonomen Gemeinschaften
2 Spanischer Pavillon
3 Pavillon der USA

4 Sowjetischer Pavillon
5 Pavillon der Gegenwart
  und der Zukunft
6 Königlicher Pavillon

7 Pavillon des
  15. Jahrhunderts
8 Pavillon der Navigation
9 Pavillon der Entdeckungen

Als Ausstellungsgelände wurde die Guadalquivir-Insel La Cartuja nördlich des Stadtteils Triana gewählt. Eine Magnetschwebebahn (Monorail), eine Kabinenbahn (Telecabina) und Boote transportieren die Besucher.

Weltausstellungs-gelände (Fortsetzung)	An der Weltausstellung beteiligen sich 109 Staaten, 21 internationale Organisationen, die 17 Autonomen Gemeinschaften Spaniens sowie mehrere bedeutende Industrieunternehmen.
	Auf dem 215 ha großen Gelände werden annähernd 100 Ausstellungspavillons modernster Architektur mit einer bebauten Fläche von 500 000 m^2 erstellt, denen eine ebenso große Grünlandschaft gegenübersteht. 96 Restaurants sowie 51 Bars und Cafés warten auf die Besucher.
Santa María de las Cuevas	Das Zentrum der Ausstellung ist das ehemalige, 1401 gegründete Kartäuserkloster Santa María de las Cuevas, in dem Kolumbus seine Fahrt über den Atlantik plante. Hier hat auch der Königliche Pavillon (Pabellón real) seinen Platz.
Themen-pavillons	Neben den Pavillons der einzelnen Nationen, der Autonomen Gemeinschaften und der Firmen widmen sich vier große Gebäude dem Generalthema der Weltausstellung. Im Pavillon des 15. Jahrhunderts werden die Kulturen der Erde zur Zeit des Kolumbus dargestellt; der Pavillon der Navigation erläutert die Fortschritte in den Navigationstechniken, die die Seereisen sicherer machten; der Pavillon der Entdeckungen schlägt einen Bogen vom 16. Jh. bis in die Gegenwart, indem die großen Entdeckungen dieses Zeitraumes dargestellt werden; im Pavillon der Gegenwart und der Zukunft schließlich werden die jüngsten Entwicklungen in Naturwissenschaften und Technik gezeigt.
Lago de España	Um den künstlichen Lago de España werden die Pavillons der Regierung und der 17 Autonomen Gemeinschaften Spaniens stehen.
Avenida de Europa	Entlang der Avenida de Europa präsentieren sich die zwölf EG-Länder.

Umgebung von Sevilla

*Ruinen von Itálica

Santiponce	Von Sevilla fährt man zunächst in westlicher Richtung über das alte Guadalquivir-Becken; dann nach Norden auf der N-630 zum 8 km entfernten Santiponce, einem Dorf mit dem 1298 von Guzmán el Bueno gegründeten, heute verfallenen Kloster San Isidoro del Campo. Dessen Kirche besitzt einen schönen gotischen Schnitzaltar sowie die Grabmäler des Gründers und seiner Gemahlin.
Itálica	Etwa 1 km weiter erblickt man links der Straße die Ruinen von Itálica, der um 205 v.Chr. von Scipio Africanus d.Ä. gegründeten römischen Stadt, Geburtsort der Kaiser Trajan und Hadrian.
	Von den archäologisch interessanten Überresten verdienen Erwähnung das Amphitheater, das 25 000 Besucher fassen konnte, und Spuren von Häusern und Brunnen. Die wertvollen hier gefundenen Mosaiken befinden sich zum größten Teil im Archäologischen Museum von Sevilla, nur wenige sind vor Ort geblieben.

Nach Sanlúcar la Mayor

Castileja de la Cuesta	Ebenfalls in westlicher Richtung und dann auf der N-431 Richtung ⟶ Huelva erreicht man zunächst Castilleja de la Cuesta, den Sterbeort des Hernán Cortés (1485–1547), des Eroberers von Mexiko.
Sanlúcar la Mayor	Nach etwa 20 km von Sevilla sieht man das auf einem Hügel gelegene Städtchen Sanlúcar la Mayor. Die einstige maurische Siedlung besitzt noch eine verfallene Burg; von den drei Kirchen ist die gotische Santa María von 1214 mit einem alten Minarett als Glockenturm die wichtigste.

Carmona

*Carmona

Auf der Autobahn und am Flughafen vorbei folgt man der nach Nordosten strebenden N-IV durch fruchtbares Hügelland zum fast 30 km entfernten Carmona (215 m ü.d.M.), das römische 'Carmo' und maurische 'Karmuna'. Das Landstädtchen liegt über der reichen Vega de Corbones auf einem kahlen Hügelrücken, ist von römischen Mauern umringt und wird beherrscht von seinem Alcázar. An der Durchgangstraße rechts liegt die Kirche San Pedro, deren Turm der Sevillaner Giralda ähnelt. Weiterhin sehenswert sind die Kirche Santa María (15. / 16. Jh.) mit einem hohen wei-ßen Innenraum, die von schönen Häusern umgebene Plaza Mayor und ver-schiedene Herrenhäuser in den pittoresken Gassen.

Am Ortsende Richtung Sevilla sieht man einen Wegweiser 'Necrópolis Romano', dem man zur nahegelegenen römischen Nekropole folgt, wo über 900 Gräber, z.T. mit Vorhöfen und Triklinen (Ruhebänke) für die Lei-chenmahle gefunden wurden. Besonders interessante Gräber sind das aus drei Räumen bestehende Triclinio del Elefante, das seinen Namen von einer Elefantenskulptur hat, und die Große Tumba de Sevilia, ein Familien-grab in Gestalt eines Bienenkorbes.

*Römische Nekropole

Nach Antequera

Auf der autobahnähnlichen N-334 fährt man in südöstlicher Richtung durch die andalusische Tiefebene zum 16 km entfernten Alcalá de Gua-daira (37 m ü.d.M.). Die am rechten Ufer des Río Guadaira gelegene Stadt wird überragt von den umfangreichen Ruinen eines maurischen Kastells mit unterirdischen Getreidekammern; es ist die größte almohadische Burg in Spanien. Die angebaute, heute in Ruinen liegende Kirche San Miguel war einst Moschee; in der Umgebung alte maurische Mühlen.

Alcalá de Guadaira

Umgebung von Sevilla (Fortsetzung) Marchena	Durch die Getreideebene geht es weiter über das alte Städtchen El Arahal, wo eine Abzweigung (7 km) zu der auf einer Anhöhe gelegenen Stadt Marchena (103 m ü.d.M.) abgeht. Marchena zeigt noch alte Mauern, den Palast der Herzöge von Arcos und die beachtenswerte Kirche San Juan mit einem Retablo von 1500.
*Osuna	Auf der N-334 gelangt man nach Osuna (450 m ü.d.M.), den Römern als 'Urso' bekannt, von den Mauren 'Oxuna' genannt; hier sollte man einen Gang durch die historische Altstadt machen. Man kommt an den Resten des Palastes der Herzöge von Osuna und an der hochgelegenen Kollegiatskirche (1534) vorbei, die im Inneren einen "Christus am Kreuz" von Ribera und die Familiengruft der Osuna birgt. In der im "Don Quijote" erwähnten viertürmigen ehemaligen Universität (1549–1824) ist heute eine Schule untergekommen.
Estepa	Kurz vor Aguedulce überquert die N-334 den Río Blanco und erreicht Estepa (604 m ü.d.M.), ein kleines, am Fuß der gleichnamigen Sierra gelegenes altes Städtchen mit mehreren sehenswerten Kirchen und Adelshäusern.
Antequera	Schließlich gelangt man nach Antequera (510 m ü.d.M.) in der Provinz Málaga. Die Stadt liegt im fruchtbaren Tal des Rió Guadalhorce am Fuß der Sierra del Torcal und wird überragt von den Trümmern einer Maurenburg. Die Kirche Santa María la Mayor hat eine interessante geometrische Fassade; am kleinen Arco de Santa María entdeckt man römische Inschriften und im Palacio Nájera ist das stadtgeschichtliche Museum eingerichtet. In der Umgebung liegen die Dolmen von Menga, Vera und El Romeral, megalithische Steinbauten aus der Jungsteinzeit.

Richtung Cádiz

Dos Hermanas	Auf der N-IV in südlicher Richtung kommt man zu dem links etwas abseits gelegenen Dos Hermanas, einem wegen seiner Wallfahrt am dritten Oktobersonntag bekannten Ort, der Zentrum eines Olivenanbaugebietes ist.
Utrera	In Los Palacios zweigt man nach Utrera ab. In diesem Städtchen findet man mehrere gotische Kirchen, darunter Santa María de la Asunción aus dem 14. Jahrhundert; alljährlich im September wird eine große Wallfahrt zur Wallfahrtskirche Nuestra Señora de la Consolación am Stadttrand abgehalten.

Weitere Reiseziele

⟶ Cádiz
⟶ Córdoba
⟶ Gibraltar
⟶ Huelva
⟶ Jerez de la Frontera
⟶ Málaga

Sierra de Gredos E / F 5

Provinzen: Ávila (AV), Salamanca (SA), Cáceres (CC)

Lage und Allgemeines	Gleich einer mächtigen Felsmauer schiebt sich die Sierra de Gredos zwischen die beiden kastilischen Hochebenen. Mit den niedrigeren Gebirgszügen der benachbarten Sierra de Guadarrama und Sierra de Béjar bildet die Sierra de Gredos einen Teil der mittelspanischen Gebirgskette.

❋Landschaftsbild

Das Zentralmassiv der Sierra mit seinen stets schneebedeckten Gipfeln bietet eine großartige Landschaft und gehört zu den beliebtesten Bergsteigergebieten. Im Almanzor (2592 m ü.d.M.) besitzt es seine höchste Erhebung. Am Nordfuß des Almanzor liegt die Laguna de Gredos, die man vom Refugio des Club Alpino auf einem schönen, gut markierten Wanderweg erreicht. Von der Laguna de Gredos führen markierte Wege (Vorsicht!) zu den malerischen fünf Bergseen, den Cinco Lagunas, sowie zu dem südlich über ihnen aufragenden Almanzor.

Bergtouren

Informationen über Bergtouren erhält man in den Tourismusbüros von ⟶ Ávila, Arenas de San Pedro, El Barco de Ávila und im Parador Nacional.

Hinweis

Über den Puerto del Pico

Die Sierra de Gredos liegt vorwiegend im Süden der Provinz Ávila und ist von der Provinzhauptstadt auf der C-502 über den Puerto de Menga (1570 m ü.d.M.) auf der Sierra de la Paramera und den Ort Venta del Obispo zu erreichen.

Hinter Venta del Obispo steigt die Straße hinauf zur Paßhöhe Puerto del Pico (1352 m ü.d.M.), wo sich eine hervorragende Rundsicht auf die Bergwelt bietet.

Puerto del Pico

Man erreicht das Städtchen Mombeltrán, wo sich das Castillo der Herzöge von Alburquerque aus dem 15. Jh. gut erhalten hat.

Mombeltrán

Der von Wäldern umgebene Luftkurort Arenas de San Pedro (510 m ü.d.M.) ist ein guter Ausgangspunkt für Bergtouren. Zum Ort gehören eine

Arenas de San Pedro

El Barco de Ávila

Sierra de Gredos, Arena de San Pedro (Forts.)	gotische Pfarrkirche (14. Jh.), das Kloster San Pedro de Alcántara (17. Jh.) mit der Grabkapelle des Kirchenreformers und das Castillo de la Triste Condesa ('Burg der traurigen Gräfin'), das seinen Namen von Doña Juana de Pimentel hat, die sich nach der Hinrichtung ihres Mannes Alvaro de Luna hierher zurückzog.
Cuevas del Águila	Bei der Weiterfahrt nach ⟶ Talavera de la Reina kommt man zu den bei Ramacastañas liegenden Tropfsteinhöhlen Cuevas del Águila.

Im Tal des Río Tormes

*Parador Nacional de Gredos	Wie oben beschrieben fährt man von Ávila auf der C-502 in die Sierra de Gredos. Bei Venta Rasquilla biegt die C-500, vom Hochtal des Río Albeche kommend, rechts ab und läuft parallel zum Gebirgskamm zum Parador Nacional de Gredos (1650 m ü.d.M.; 62 km von Ávila), großartig gelegen in dem hier waldreichen Vorgelände der Sierra. Der Parador wird als Luftkurort und zum Wintersport viel besucht. Ein Großteil der wildreichen Landschaft, in der noch Steinböcke und Gemsen leben, wurde zum Nationalpark erklärt.
Hoyos del Espino	Wenig nach dem Parador folgt Hoyos del Espino, von wo man einen hervorragenden Ausblick in das Tal des Río Tormes genießt.
El Barco de Ávila	Am Fluß entlang geht es hinunter nach El Barco de Ávila (1014 m ü.d.M.), wo das quadratische Castillo de Valdecorneja mit seinen vier Türmen vor dem Panorama der Berge einen schönen Anblick bietet. Die gotische Pfarrkirche im Ort besitzt wertvolle Gemälde und Altaraufsätze.

Sierra Nevada G / H 8

	Provinz: Granada (GR)
**Gebirgs-landschaft	Als eine gewaltige Gebirgskette von fast 110 km Länge erstreckt sich die Sierra Nevada zwischen dem Río Almería und dem Valle de Lecrín. Aus ihrem Massiv ragen die höchsten Berggipfel der Iberischen Halbinsel empor: der Cerro de Mulhacén (3481 m ü.d.M.) und der Pico de Veleta (3428 m ü.d.M.).

*Wintersportgebiet

Vom November bis in den Juni hinein ist die Sierra Nevada ein hervorragendes Wintersportgebiet; dieses liegt, da es das südlichste Europas ist, meist unter blauem Himmel mit strahlender Sonne. Im gesamten Bereich der Sierra werden die Maßnahmen zur Förderung des Wintersports vorangetrieben. Es gibt Skilifte und Skischulen; die vorhandenen Skipisten werden ständig überwacht und weiterentwickelt. Neben den Hotels gibt es viele Schutzhütten der verschiedenen spanischen Ski- und Bergsteigerorganisationen.

**Fahrt zum Pico de Veleta

Dieser einzigartige Ausflug in die grandiose Bergwelt der Sierra Nevada (auch mit dem Autobus möglich) führt über eine gut asphaltierte Landstraße, die von 640 m ü.d.M. auf eine Höhe von 3392 m ü.d.M. klettert und somit die höchste Bergstraße Europas ist. Auf fast 35 km ununterbrochener Steigung klettert man von der Hitze der Vega hinauf in die oft sturmgepeitschten Höhen; man sollte daher für die höheren Lagen warme

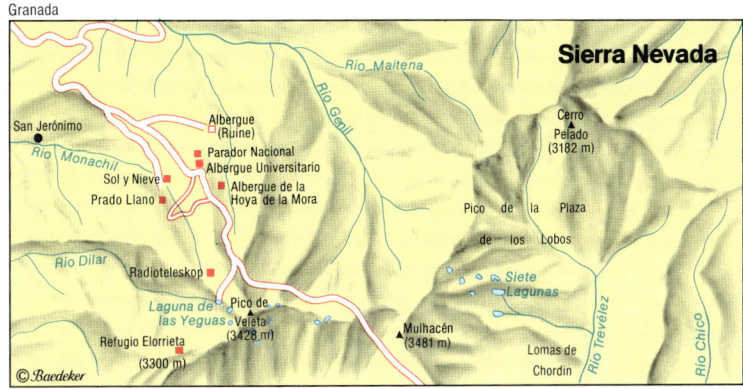

Granada

Sierra Nevada

Río Maitena

Río Genil

San Jerónimo

Albergue (Ruine)

Cerro Pelado (3182 m)

Río Monachil

Parador Nacional
Albergue Universitario

Sol y Nieve
Prado Llano

Albergue de la Hoya de la Mora

Pico de la Plaza de los Lobos

Río Dílar

Radioteleskop

Siete Lagunas

Laguna de las Yeguas

Pico de Veleta (3428 m)

Mulhacén (3481 m)

Río Trevélez

Río Chico

Refugio Elorrieta (3300 m)

Lomas de Chordín

© Baedeker

Capileira

Kleidung gegen Kälte und Wind mitnehmen. Besonders eindrucksvoll ist der Übergang von der südlichen Landschaft der grünen Vega von Granada zu der schneebedeckten Gipfelregion des Gebirges.

Zum Pico de Veleta (Fortsetzung)

Von → Granada fährt man zunächst in östlicher Richtung am Hang über dem rechten Ufer des Río Genil talaufwärts und erreicht nach 6 km den Ort Cenes de la Vega (737 m ü.d.M.). Weiter talaufwärts überquert man den Río Genil, passiert zur Linken die Abzweigung nach Pinos Genil und steigt dann in vielen Windungen mit mittlerer Steigung (8–12%) an dem anfangs noch mit Olivenbäumen bestandenen Hang bergan; dabei bietet sich ein prächtiger Rückblick ins Tal, bei klarer Sicht bis Granada. Nach etwa

Auf der Paßhöhe

Sierra Nevada (Fortsetzung)	20 km Fahrt wird die 1500-m-Grenze überschritten; wenig später hört der Baumwuchs auf.
Solynieve	Nach weiteren 8 km ist die 2000-m-Grenze erreicht. Hier beginnt das Wintersportgebiet Solynieve (von span. 'Sol y Nieve' = Sonne und Schnee; 2000–2600 m ü.d.M.), wo Hotels, Bungalow-Siedlungen und Appartementhäuser, Schutzhütten, Skilifte und Bergbahnen alle touristischen Möglichkeiten bieten.
Pradollano	Von Solynieve geht eine 4 km lange Zubringerstraße zur reichlich phantasielosen Retortensiedlung Pradollano (2100 m ü.d.M.); von diesem fährt u.a. eine Sesselbahn östlich zum Parador Nacional (2500 m ü.d.M.) sowie eine Kabinenbahn südlich zur Hotelsiedlung Borreguiles (2600 m ü.d.M.); von dort wiederum gehen mehrere Sessel- und Schlepplifte zu höher gelegenen Pisten ab, darunter einer zum Pico de Veleta.
*Pico de Veleta	Man kann das Gebiet von Solynieve auch umfahren, bleibt auf der Hauptstraße und erreicht zur Linken den Parador Nacional Sierra Nevada und kurz dahinter links abseits die Residencia Universitaria (2550 m ü.d.M.). Die Straße zum Veleta zieht weiter durch die kahle Hochgebirgslandschaft und erreicht schließlich rechts die Abzweigung (2 km) zu dem schönen Bergsee Laguna de las Yeguas (2970 m ü.d.M.; Schutzhütte). Nach weiteren 5 km endet die Fahrstraße in einer Höhe von 3392 m ü.d.M. auf einer Felsplatte wenig unterhalb vom Pico de Veleta (3428 m ü.d.M.), dem zweithöchsten Berg der Sierra Nevada, an dessen Flanke in 2850 m Höhe das deutsch-französische Institut für Radioastronomie im Millimeterwellenbereich (IRAM) ein 30-Meter-Radioteleskop zur Erforschung des Weltraums aufgestellt hat.
Las Alpujarras	Vom Pico de Veleta führt eine schmale und nicht asphaltierte Straße zunächst weiter aufwärts um den Veleta und dann in Serpentinen südlich unterhalb des Mulhacén-Gipfels abwärts zu dem malerischen Dorf Capileira (1436 m ü.d.M.; 37 km vom Veleta) im Bereich der wilden Berglandschaft Las Alpujarras. Von hier geht es auf guter Straße zum 20 km entfernten, in reizvoller Lage befindlichen Órgiva (417 m ü.d.M.; Palacio de los Condes de Sástago). Über Lanjarón (687 m ü.d.M.) hat man wieder Anschluß an die N-323 nach Granada.

Sigüenza   H 4

Provinz: Guadalajara (GU)
Telefonvorwahl: 911
Höhe: 982 m ü.d.M.
Einwohnerzahl: 6500

| Lage und Allgemeines | Das über dem linken Ufer des Río Henares gelegene Bischofsstädtchen Sigüenza kann auf eine lange Geschichte zurückblicken. Im Kampf gegen die Römer war 'Segontia' 195 v.Chr. Stützpunkt der Keltiberer; der Ort wurde unter den Westgoten Sitz eines Bischofs. |

*Kathedrale

Die Kathedrale (12./14.Jh.) von Sigüenza gehört zu den bedeutendsten spätromanischen Bauten Spaniens; mit ihren zwei zinnengekrönten Türmen hat sie das Aussehen einer Festung und läßt sowohl romanische als auch gotisch-platereske Elemente erkennen.

| Capilla de Santa Librada | Die Capilla de Santa Librada im linken Seitenschiff ist ein Entwurf von Alonso de Covarrubias. Sie enthält das Grab der Stadtheiligen; rechts |

'El Doncel'

daneben wurde das gotische Grabmal von Dom Fanrique de Portugal aufgestellt.

Capilla (Fortsetzung)

Der Retablo in der Capilla Mayor stammt von Giraldo de Merlo (1619); beachtenswert sind auch die Gräber von Kardinal Carillo de Albornoz und zweier Bischöfe sowie die Chorgitter.

Capilla Mayor

In der Capilla del Doncel findet man eine der schönsten spätgotischen Skulpturen Spaniens. Sie zeigt Martín Vázquez de Arce, den Knappen Isabellas der Katholischen, der 1486 vor Granada im Kampf gegen die Mauren fiel und in Sigüenza begraben wurde.

*Capilla del Doncel

Die Sakristei besticht durch ihre einzigartige Kassettendecke von Alonso de Covarrubias.

Sacristía

In den gotischen Kreuzgang gelangt man vom linken Seitenschiff aus durch ein schönes Portal von 1503.

Claustro

Das Museo de Arte Antiguo (Museum Alter Kunst) gegenüber der Kathedrale zeigt in mehreren Sälen vor allem religiöse Kunst von der Romanik bis zum Barock. Herausragend sind Grabfiguren von Pompeo Leoni und unter den Gemälden eine "Verkündigung" von El Greco.

Museo de Arte Antiguo

Die sehenswerte Altstadt von Sigüenza erkundet man am besten bei einem Spaziergang, der an schönen Adels- und Bürgerhäusern vorbeiführt. Im Süden der Kathedrale kommt man zur Plaza Mayor mit dem Ayuntamiento (Rathaus) von 1511.

Altstadt

Von der Plaza geht man an der Kirche San Vicente und dem Arco de San Juan vorbei und erreicht das Castillo (12. Jh.), das heute zum Parador Nacional umgewandelt ist; von der Burg hat man eine schöne Aussicht.

Sitges   M 4

Provinz: Barcelona (B)
Telefonvorwahl: 93
Meereshöhe
Einwohnerzahl: 12 000

Lage und
Allgemeines

Sitges, an der Costa Dorada zwischen Barcelona und Tarragona gelegen, ist einer der ältesten Badeorte an der spanischen Mittelmeerküste. Auch heute noch wird der Ort weniger vom Massentourismus heimgesucht, vielmehr versammelt sich hier jeden Sommer ein eher distinguiertes, betuchtes Publikum, das auch kulturell angesprochen werden will. Viele wohlhabende Barceloneser besitzen eine Zweitwohnung in Sitges. Auch der britische Kriminalschriftsteller G.K. Chesterton bevorzugte den Ort und erfand hier seinen berühmten "Pater Brown".

Sehenswertes

Museu Cau Ferrat

Der Maler und Kunstsammler Santiago Rusiñol bezog 1891 zwei Häuser in Sitges und scharte alsbald ein Volk von Künstlern und Verehrern um sich, die den Ruf von Sitges als Kultur- und Badeort begründeten. Sein Wohnhaus 'Cau Ferrat' unweit der barocken Kirche Santa María dient heute als Museum, in dem eine umfangreiche Sammlung katalanischen Jugendstils, Gemälde (darunter Picasso und El Greco) und Zeichnungen aus dem Besitz des Künstlers zu sehen sind.

Museu Maricel
de Mar

An das Museu Cau Ferrat angebaut ist das Museu Maricel de Mar, in dem seit 1970 die Sammlung Jesús Pérez Rosales untergebracht ist, ein Sammelsurium von Möbeln, Glas, Porzellan und anderen Gegenständen vom

Sitges

Mittelalter bis zur Gegenwart. Herausragend sind Wandgemälde des Katalanen Josep María Sert.

Das Museu Romàntic befindet sich im Patrizierhaus Casa Llopis, das Ende
des 18. Jh.s erbaut wurde. Es zeigt Möbel und andere Gegenstände aus
dieser Zeit sowie als Besonderheit im oberen Stockwerk die Puppen-
sammlung von Lola Anglada mit Puppen vom 17. bis 19. Jh. aus allen
erdenklichen Materialien.

Museu Romàntic

Zur Gemeinde Sitges zählen die drei Sporthäfen Aiguadolç, Garraf und
Port Ginesta sowie ein Segelclub, wo alle Möglichkeiten des Wassersports
geboten werden. Zum Baden laden insgesamt vier Kilometer gepflegte
Strände ein, für sportliche Aktivitäten gibt es u.a. einen Golfclub und Tennisplätze.

Sport und
Freizeit

Alljährlich Anfang Oktober wird in Sitges ein Internationales Festival des
phantastischen Films abgehalten.

Filmfestival

Soria   H 4

Provinz: Soria (SO)
Telefonvorwahl: 975
Höhe: 1063 m ü.d.M.
Einwohnerzahl: 32 000

Am rechten Ufer des Río Duero liegt in einem rauhen Hochtal die altertümliche Stadt Soria, im Mittelalter wichtige Grenzstadt an der Duero-Linie, die
das christliche vom maurischen Spanien trennte. Soria, die Hauptstadt der
gleichnamigen Provinz, ist noch heute eine relativ wenig entwickelte Kleinstadt; ihr Reichtum an romanischen Baudenkmälern macht sie jedoch zu
einem lohnenden Reiseziel.

Lage und
Allgemeines

*Stadtbild

Über die Ursprünge der Stadt ist nichts bekannt. Alfonso el Batallador,
König von Aragón, entriß sie den Arabern; kurze Zeit später ging Soria in
den Besitz des Königreiches Kastilien über und spielte danach keine
wesentliche Rolle mehr in der Geschichte. In dieser Stadt lebten und wirkten bedeutende Schriftsteller wie Gustavo Becquer, der Essayist Miguel
de Unamuno (→ Berühmte Persönlichkeiten) und vor allem der große
Lyriker Antonio Machado (1875 – 1939).

Geschichte

Sehenswertes

Von den zahlreichen Sakralbauten, die die Stadt besitzt, ist das Kloster
San Juan de Duero (13. Jh.), das außerhalb des Ortes am linken Flußufer
steht, besonders beachtenswert. Es ist das ehemalige Kloster des
Templerordens, um dessen Ruinen herum ein kleines archäologisches
Freilandmuseum entstanden ist. Der romanisch-gotische Kreuzgang zeigt
eine erstaunliche Vielfalt von Bogenformen, von denen verschlungene
Spitzbögen die ungewöhnlichsten sind.

San Juan
de Duero

Ebenfalls am linken Ufer, jenseits der Bahnlinie, erhebt sich über dem Fluß
die achteckige Kapelle San Saturio, die im 18. Jh. erbaut wurde.

San Saturio

Von der Höhe mit den Ruinen des Castillos am rechten Duero-Ufer hat man
einen schöne Aussicht auf die Stadt und die Landschaft. Auf dem Hügel
wurde ein moderner Parador Nacional erbaut.

Castillo

An der Zufahrtsstraße in die Stadt hinein liegt kurz nach der Brücke rechter
Hand die Nebenkathedrale San Pedro (12./16. Jh.) Sie besitzt ein schönes

San Pedro

Soria

San Pedro (Fortsetzung)	platereskes Portal und einen romanischen Kreuzgang (12. Jh.) mit Zwillingssäulen und figurenreichen Kapitellen. Ein flämisches Triptychon von 1559 in der Capilla San Saturio ist das sehenswerteste Stück im Kircheninneren.
Palacio Condes de Gómara	Auf dem weiteren Gang in die Stadt hinein kommt man in der Calle de Aguirre zu dem großartigen Palacio Condes de Gómera, einem Renaissancebau des 16. Jh.s mit elegantem viereckigem Turm. Er ist das prächtigste Gebäude aus der Glanzzeit der 'Mesta', der Vereinigung der wohlhabenden Schafzüchter, die vom 13. bis zum 19. Jh. die sommerliche Wanderung der Herden von der Estremadura in die gemäßigteren Gebiete des östlichen Spanien überwachte und eine beträchtliche politische und wirtschaftliche Macht ausübte.
San Juan de Rabanera	Schräg links gegenüber vom Palast führt die Calle San Juan zur Apsis der Kirche San Juan de Rabanera, im 12. Jh. in byzantinisch-romanischem Stil errichtet. Das figurengeschmückte Tympanon wurde von der Kirche San Nicolás an seinen heutigen Platz gebracht; im Inneren ein Retablo von Juan de Baltanás und Francisco de Ágreda.
Santo Domingo	Nördlich dieser Kirche zeigt in der Calle Aduana Vieja die Kirche Santo Domingo aus der zweiten Hälfte des 12. Jh.s die schönste romanische Kirchenfassade Sorias. Der Figurenschmuck des Portals gibt Szenen aus der Schöpfungs- und Heilsgeschichte wieder; zu beiden Seiten des Portals laufen zwei Blindbogenreihen mit die Schöpfungsgeschichte darstellenden Säulenkapitellen. Im Inneren findet man einen stattlichen Retablo und sehenswerte Skulpturen.
Museo Numantino	Bei der Plaza General Yagüe widmet sich das Museo Numantino der Erforschung und Sammlung iberischer und römischer Funde aus der nahen iberischen Siedlung Numantia.

Umgebung von Soria

Die Umgebung von Soria birgt zahlreiche archäologische Funde der keltiberischen und römischen Kultur. 8 km nördlich der Stadt liegen auf einem
steilen Hügel in strategisch günstiger Lage die Ruinen von Numantia, einer
alten befestigten Stadt der Keltiberer. Numantia leistete langjährigen hel-
denmütigen Widerstand gegen die Römer, der erst mit der Zerstörung der
Stadt durch den Konsul P. Cornelius Scipio Aemilianus ('Numantinus') im
Jahr 134 v. Chr. ein Ende nahm. Die Bewohner steckten ihre Stadt in Brand
und entzogen sich durch Selbstmord der sicheren Sklaverei. An dieses
Ereignis erinnert ein 17 m hoher Obelisk. Die Ruinenstätte selbst bietet
wenig Interessantes, wesentlich informativer sind die Exponate im Museo
Numantino.

Numantia

Man folgt der nach Osten führenden Straße, die sich nach 5 km gabelt.
Danach zieht die N-122 nordöstlich über den Puerto del Madero (1140 m
ü.d.M.) nach dem auf einem Felsen gelegenen Ágreda (950 m ü.d.M.),
einem alten Grenzstädtchen zwischen Kastilien und Aragón, überragt vom
alten Castillo la Muela. Sehenswert sind drei kirchliche Bauten. In der Kirche Nuestra Señora de la Peña (12. Jh.) ist der Retablo mit gotischen Bildtafeln versehen; die Kirche San Miguel mit ihrem zinnengekrönten romanischen Glockenturm besitzt Gemälde aus der Renaissance. Etwas außerhalb befindet sich das Kloster La Concepción, wo die Beraterin Philipps IV., María Jesús de Ágreda, begraben sind.

Ágreda

Die N-111 folgt zunächst dem Río Duero und zieht dann über die ziemlich
einförmige Hochfläche der Pinares de Almazán und auf einer 163 m langen
dreizehnbogigen Brücke nach Almazán (950 m ü.d.M.), einem über dem
linken Ufer des Río Duero gelegenen Städtchen, das noch Reste seiner
alten Mauern und Tore und mehrere, ursprünglich romanische Kirchen
besitzt. Unter diesen ist die Kirche San Miguel an der Plaza Mayor wohl die
interessanteste. Sie zeigt an der Altarfront Steinreliefs mit Motiven des
Martyriums des hl. Thomas von Canterbury. Am anderen Ufer des Duero
verdient die Galerienfront des Palacio Hurtado de Mendoza aus dem
16. Jh. Beachtung. Nach Süden erreicht man → Medinaceli.

Almazán

Die N-122 verläßt in westlicher Richtung Soria, zweigt nach Südwesten ab,
klettert über die Paßhöhe Altos de Villaciervos (1200 m ü.d.M.) und erreicht
das mittelalterliche Städtchen Calatañazor. Alte Mauern umziehen den
Stadthügel mit den Resten eines Castillos, zu dessen Füßen sich die reizvollen Fachwerkbauten des Ortes ausdehnen.
Die N-122 führt weiter zum südwestlich gelegenen → El Burgo de Osma.

Calatañazor

Tafalla ▌3

Provinz: Navarra (NA)
Telefonvorwahl: 948
Höhe: 426 m ü.d.M.
Einwohnerzahl: 9800

Die Stadt Tafalla liegt am Westufer des Río Cidacos, überragt von den Ruinen eines königlichen Castillo aus dem 15. Jh., einst Sitz des Königs von
Navarra. Heute ist Tafalla Mittelpunkt eines Obst- und Getreideanbauge-
bietes.

Lage und
Allgemeines

Sehenswertes

In der romanischen Kirche Santa María, rechts vom Ortsausgang Richtung
→ Estella gelegen, findet man einen hervorragenden Retablo aus dem

Santa María

Tafalla, Santa María (Forts.)	16. Jh., ausgeführt von dem baskischen Künstler Juan de Anchieta (1540–1588) und seinem Schüler Pedro González de San Pedro. Auch die Orgel verdient Beachtung.
Convento de Concepcionistas Recoletas	Hauptsehenswürdigkeit des Klosters ist der prächtige Retablo in der Klosterkirche. Er wurde ursprünglich für das rund 40 km südöstlich gelegene Monasterio de la Oliva von den beiden Flamen Roland de Mois und Paul Ezchepers in den Jahren 1571 bis 1579 angefertigt.
	Außer diesen beiden kirchlichen Bauten bietet Tafalla einige schöne Adelshäuser, die man bei einem Spaziergang durch die alten Gassen besichtigen kann.

Umgebung von Tafalla

San Martín de Unx	Die stattliche Wehrkirche aus dem 12. Jh. lohnt einen Besuch in dem 10 km östlich von Tafalla gelegenen Städtchen San Martín de Unx.
Artajona	Artajona, 11 km nordwestlich von Tafalla, ist eine der am besten erhaltenen befestigten Orte Navarras. Die Cerco de Artajona genannten Verteidigungsmauern mit ihren zwölf Türmen (14. Jh.) sind schon von weitem zu erkennen. Die Wehrkirche San Saturnino (13. Jh.) besitzt ein schönes Westportal, auf dem die Geschichte des Heiligen dargestellt ist. Der im 14. Jh. hochgezogene Glockenturm diente auch als Wachturm und Gefängnis. In der Kirche San Pedro wird ein angeblich vom Kreuze Jesu stammender Splitter aufbewahrt. Außerhalb des Ortes liegt die Einsiedelei Nuestra Señora de Jerusalem, die ihren Namen von der hier bewahrten bronzenen und emaillierten Marienstatue hat, die Gottfried von Bouillon angeblich dem Kreuzritter Saturnino Lasterra für seinen Mut bei der Eroberung Jerusalems 1099 geschenkt haben soll. Die Figur ist jedoch wohl erst um 1200 entstanden.
Olite	⟶ dort

Talavera de la Reina   **F 6**

Provinz: Toledo (TO)
Telefonvorwahl: 925
Höhe: 351 m ü.d.M.
Einwohnerzahl: 66 000

Lage und Allgemeines	Das schon zur Römerzeit als 'Caesarobriga' bekannte Städtchen Talavera de la Reina liegt südlich der ⟶ Sierra de Gredos am Río Tajo, den eine Brücke mit 35 Bogen überspannt. Es ist berühmt durch seine Stickereien und die Herstellung von Keramik, insbesondere der Kacheln (span. azulejos), die heute jedoch der Produktion von Haushaltsware gewichen sind.

Sehenswertes

Torres Aberranas	Aus dem dreifachen Mauersystem der Araber und den Resten der römischen Befestigung ragen die quadratischen Torres Aberranas aus maurischer Zeit hervor.
Santa María la Mayor	Die gotische Kollegiatskirche Santa María la Mayor wurde im 13. Jh. im Mudéjar-Stil begonnen und im 15. Jh. fertiggestellt. Der Glockenturm und Teile der Fassade sind im 18. Jh. angefügt worden. Beachtenswert ist die gotische Fensterrose.

Die Kirche des Klosters Santo Domingo aus dem 14. Jh. fällt durch die interessante Fassadengestaltung auf. Im Inneren findet man einige Grabmäler aus der Renaissance.

Am Ortsausgang Richtung Madrid liegt die Ermita de la Virgen del Prado. Sie ist herrlich ausgekleidet mit gelben und blauen Talaverakacheln aus allen Epochen ihrer Produktion in der Stadt. Die ältesten findet man in der Sakristei.

Das Museo Ruiz de Luna an der Plaza del Pan unweit des Flußufers trägt den Namen eines bekannten Keramikmeisters. Es zeigt einen Querschnitt der Manufakturen für Talavera-Kacheln vom 16. Jh. bis in die Gegenwart.

Für den Liebhaber von Sakralbauten lohnen sich auch Besuche der Kirchen Santiago, San Salvador de los Caballeros, San Ildefonso, San Clemente und des Convento de Santa Catalina.

Tarazona   I 4

Provinz: Zaragoza (Z)
Telefonvorwahl: 976
Höhe: 475 m ü.d.M.
Einwohnerzahl: 12 000

Das Bischofsstädtchen Tarazona, hervorgegangen aus der iberischen Siedlung 'Turiasso', liegt malerisch am Río Queiles im Norden der über 2300 m hohen Sierra de Moncayo, in der schon zu Zeiten der Römer Eisenerz abgebaut wurde. Die aragonischen Könige erkoren Tarazona vorübergehend zu ihrer Residenz.

Figurenschmuck an der Kathedrale von Tarazona

Sehenswertes in Tarazona

*Kathedrale

Die Kathedrale von Tarazona stammt aus dem 12./13. Jh., weist aber zahlreiche Stilmerkmale aus den Veränderungen im 16. und 18. Jh. auf. Der Uhrturm aus Backstein (1588) ist ein typisches Beispiel der mudéjaren Bauweise. Die Skulpturen und Reliefs am schönen Nordportal schuf Juan de Talavera. Im Inneren verdient die Capillo de los Calvillo in der linken Hälfte des Chorumgangs besondere Beachtung. In ihr sind der Kardinal Calvillo und sein Bruder, Bischof Pedro, in kostbaren Alabastersarkophagen begraben. Das hervorragende Altarbild stammt von dem sephardischen Maler Yojanan Leví, der sich zum Christentum bekehrte. Die übrigen Kapellen bergen ebenfalls schöne Retablos und Grabmäler. Der große Kreuzgang im Mudéjarstil stammt aus dem 16. Jahrhundert.

Palacio Episcopal

Der Palacio Episcopal (Bischöflicher Palast) aus dem 14./15. Jh. war einst der Palast der aragonischen Könige; im Inneren ist eine kunstvolle Artesonado-Decke besonders beachtenswert.
Hinter dem Palast lag einst das jüdische Viertel; die Straßenführung entspricht noch heute der damaligen Situation.

*Casa Consistorial

Die Casa Consistorial (Rathaus) wurde im 16. Jh. erbaut. Ihre Fassade schmücken äußerst prächtige Reliefs der Herkulessage und Wappenfelder. Eine Bogengalerie im oberen Stockwerk verleiht dem Gebäude einen zusätzlichen Reiz.

Sakralbauten

Beim Gang durch Tarazona kann man noch mehrere alte Kirchen besichtigen, darunter San Francisco (16. Jh.), La Magdalena, die älteste Kirche der Stadt mit Glockenturm im Mudéjarstil, und La Merced (17. Jh.).

Umgebung von Tarazona

*Monasterio de Veruela

Man verläßt Tarazona auf der N-122 in südöstlicher Richtung und biegt bei Vera de Moncayo rechts zum Monasterio de Veruela ab. Dieses imposante, von einer zinnengekrönten Mauer umschlossene Kloster wurde im 12. Jh. von den Zisterziensern begonnen und im 15. Jh. vollendet. Es ist heute Jesuitenkolleg. Der Dichter Gustavo Adolfo Becquér (1836–1870) lebte mehrere Jahre im Kloster, während der er die "Briefe aus meiner Zelle" schrieb, eine poetische Reise durch die aragonische Landschaft. Der Übergang vom romanischen zum gotischen Baustil kommt in der Klosterkirche besonders zum Ausdruck. Der gotische Kreuzgang wiederum ist ein gutes Beispiel für den Stil der Zisterzienser. In ihm finden sich Grabmäler der Äbte und im Kapitelsaal ein kleines Museum für moderne Kunst.

Borja

Fährt man weiter auf der N-122, erreicht man nach 26 km von Tarazona das Städtchen Borja, Mittelpunkt eines Weinbaugebietes. Das alte 'Bursao' der Iberer war Stammsitz des Geschlechtes der Borja, das italienische Papstgeschlecht der Borgia, deren Burg heute in Ruinen liegt.

Tarragona   **M 4**

Provinz Tarragona (T)
Telefonvorwahl: 977
Höhe: 60 m ü.d.M.
Einwohnerzahl: 109 000

Lage und Allgemeines

Die alte Hafenstadt Tarragona ist Hauptstadt der gleichnamigen katalanischen Provinz und Sitz eines Erzbischofs. Sie liegt malerisch etwa 100 km südwestlich von Barcelona auf einem bis 160 m über dem Mittelmeer ansteigenden Hügel, dessen höchsten Punkt an Stelle der im Altertum hier gelegenen Burg die Kathedrale krönt. Außer → Mérida findet man in Spanien keine andere Stadt, die ähnlich viele architektonische Zeugnisse der römischen Herrschaft auf der Iberischen Halbinsel besitzt wie Tarragona. Dem für diese Region wichtigen Handel mit Wein aus dem Campo de Tarragona, der Campiña von Reus und dem Priorato dienen große oberirdische Speicher ('bodegas'). Die aus der Grande Chartreuse bei Grenoble vertriebenen Mönche fabrizierten hier 1903–1929 ihren berühmten Kartäuserlikör.

Lage und Allgemeines (Fortsetzung) ✽Römische Ruinen

Die Ursprünge der Felsenfeste 'Tarraco' gehen bis ins 3. Jahrtausend v. Chr. zurück. Die ersten Stadtmauern stammen von den iberischen Kessetanern. Nach der Eroberung durch die Römer im Zweiten Punischen Krieg (218 v. Chr.) wurde die Stadt Hauptstützpunkt der römischen Macht in Spanien und seit Augustus Hauptstadt der ganzen spanischen Provinz. Noch heute zeugen Reste vieler Prachtbauten vom Reichtum des alten Tarraco. Später wurde die Stadt mehrfach zerstört, so von den Westgoten (475), den Mauren (713), die bis zu Beginn des 9. Jh.s hier herrschten, und zuletzt 1811 von den Franzosen.

Geschichte

Ibero-römische Mauer
Antike Reste (z. T. unterirdisch)

A Zirkusgewölbe
B Antike Gebäudereste

C Amphitheater
D Forum

Um die Rambla Nova

*Balcón del Mediterráneo / Balcó del Mediterrani

Hauptverkehrsstraße Tarragonas ist die breite baumbestandene Rambla Nova. Am Südende dieser Straße bietet der Balcón del Mediterráneo (katal. Balcó del Mediterraní) eine weite Aussicht auf das Meer und die Küste.

Hafen

Vom Balcón gelangt man nach rechts über Stufen hinab zum Bahnhof und weiter zum Hafen (Puerto), der durch einen 1700 m langen Damm (Dique de Levante) mit Leuchtturm geschützt ist.

Anfiteatro / Amfiteatre

Unterhalb links des Balcón erstreckt sich der Parque del Milagro (katal. Parc del Milagre), in dem die 1952 ausgegrabenen Ruinen des römischen Amphitheaters (span. Anfiteatro romano; katal. Amfiteatre romà) aus der Zeit des Augustus zu sehen sind. Es konnte 12 000 Zuschauer fassen; 259 n. Chr. starben hier Bischof Fructuoso und die Diakone Augurio und Eulogio den Märtyrertod.

Playa del Milagro

Jenseits der Bahnlinie liegt der Badestrand Playa del Milagro (katal. Platja del Miracle).

Rambla Vella

Östlich des Aussichtspunkts verläuft der prachtvolle, in Terrassen angelegte Paseo de las Palmeres. An seinem Ende mündet links die Rambla Vella, die zweite Hauptstraße der Stadt, an der die stattliche Barockkirche San Agustín und die Kirche San Francisco liegen.

Plaza de la Fuente / Plaça de la Font

Von der Mitte der Rambla Vella gelangt man östlich zu der langgestreckten Plaza de la Fuente (katal. Plaça de la Font), wo der römische Circus angelegt war, von dem noch Fundamente und Gewölbe in den angrenzenden Häusern erhalten sind.

An der Nordseite des Platzes steht das am Anfang des 19. Jh.s erbaute Rathaus (Casa Consistorial).

Museo Castellarnau

Unweit östlich des Rathauses liegt in der Calle (katal. Carrer) Ferrers das im 15. Jh. erbaute Patrizierhaus der Familie Castellarnau, das heute mit seiner gesamten Inneneinrichtung in ein Museum umgewandelt ist und auch Keramik, Glas, Metall, Münzen und stadtgeschichtliche Gegenstände ausstellt.

*Kathedrale

Von der Südseite der Plaza de la Fuente führen die Bajada de la Misericordia (katal. Baixada Misericòrda) und die anschließende Calle Mayor (Carrer Major), im Altertum die Hauptstraße der Stadt, bergan zur Kathedrale.

Außenansicht

Die an der Stelle eines römischen Jupitertempels und einer Moschee im wesentlichen im 12./13. Jh. erbaute Kathedrale ist eines der glänzendsten Werke des Übergangsstils an der Wende von der romanischen zur gotischen Bauweise in Spanien. An der 1278 begonnenen, oben unvollendeten Westfassade gewährt ein von mächtigen Strebepfeilern eingefaßtes tiefes gotisches Giebelportal mit reichem Skulpturenschmuck Einlaß; darüber sieht man eine prachtvolle Fensterrose. Auch die romanischen Seitenportale sind beachtenswert. Die festungsartige Apsis ist der älteste Teil der Kathedrale.

Innenraum

Das Innere der Kathedrale macht einen überaus ernsten Eindruck. Im Querschiff, dessen Vierung von einer achteckigen Kuppel überwölbt wird, zeigen die beiden Fensterrosen prächtige Glasmalereien von 1574. Den Chor (14. Jh.) nehmen ein 1478–1493 gearbeitetes Gestühl sowie eine Orgel von 1563 ein. In der Capilla Mayor dominiert der Retablo mit Statuen der hl. Jungfrau mit dem Kinde sowie der Heiligen Thekla und des Paulus,

*Retablo

Römisches Amphitheater

ein Werk von Pere Joan um 1430; rechts vom Hauptaltar befindet sich das Grabmal des mit 33 Jahren gestorbenen Erzbischofs Juan de Aragón. Am Ende des linken Seitenschiffs öffnet sich die von Wandmalereien geschmückte, fünfeckige Capilla de los Sastres (14. Jh.) mit einem frühgotischen Marienaltar. Die Capilla de Montserrat im linken Seitenschiff birgt einen hervorragenden Retablo von Lluis Borrasà. Die übrigen reich ausgestatteten Seitenkapellen stammen aus verschiedenen Stilepochen.

Innenraum der Kathedrale (Fortsetzung)

Links der Capilla de los Sastres tritt man durch ein fein gearbeitetes romanisches Portal in den im 13. Jh. begonnenen Kreuzgang (Claustro), einen der schönsten in Spanien. Der großzügig angelegte, baumbestandene Hof ist umgeben von gotischen Bögen, die jeweils drei Rundbögen vereinen. Erstaunlicherweise findet man im westlichen Flügel einen 'Mihrâb', eine arabische Gebetsnische, die von der einst hier stehenden Moschee stammt.

*Claustro

In der Nordostecke ist das Diözesanmuseum (span. Museo Diocesano; katal. Museu Diocesà) eingerichtet, das Meßgewänder, 52 Wandteppiche des 15. – 17. Jh.s sowie antike und mittelalterliche Bildwerke zeigt.

Museo Diocesano / Museu Diocesà

In der an den Kreuzgang anstoßenden kleinen Kirche Santa Tecla (12. Jh.) befindet sich die Grabstein- und Skulpturensammlung des Museo Diocesano.

Santa Tecla

Unweit nördlich von der Kathedrale steht an der Plaza del Palacio (katal. Plaça del Palau) der Erzbischöfliche Palast (span. Palacio Arzobispal; katal. Palau Arquebispal) aus dem Anfang des 19. Jh.s; am Palast erhebt sich der alte Festungsturm Torre del Arzobispo, der auf dem höchsten Punkt der Stadt an der Stelle des römischen Castrums errichtet ist und eine schöne Aussicht bietet. Im Hof des Palastes findet man einige Grabsteine.

Palacio Arzobispal / Palau Arquebispal

Paseo Arqueológico / Passeig Arqueològic

✳✳Zyklopenmauer

Vom Nordende der Rambla Vella gelangt man auf der Via del Imperio östlich zur Puerta del Rosario (katal. Portal de Roser) aus dem 6. oder 5.
vorchristlichen Jahrhundert. Von hier zieht der Paseo Arqueológico entlang der gewaltigen antiken Mauern (Murallas Ciclópeas = 'Zyklopen-
mauern'), die den höchsten Teil der Stadt umgeben und fast ohne Unterbrechung in einer Länge von 1000 m mit 3–10 m Höhe erhalten sind. Die
unterste Schicht, der Rest der etwa aus dem 6. Jh.v.Chr. stammenden
iberischen Stadtmauer, besteht aus mächtigen unregelmäßigen Werkstük-
ken (bis 4 m lang). Darüber liegt die nach 218 v.Chr. unter den Scipionen
durch einheimische Werkleute ausgeführte römische Mauer; zahlreiche
Quader tragen iberische Steinmetzzeichen. Über dieser erhebt sich der
Festungsbau aus der Zeit des Augustus, während die sechs erhaltenen
Tore aus der ältesten Zeit stammen.

Westlich der Puerta del Rosario bezeugen die Blöcke in Stampferde die
Zeit der maurischen Herrschaft.

Der von Zypressen gesäumte und am Anfang sowie am Ende eine weite
Aussicht bietende Paseo Arqueológico führt an einer 1934 von Italien
gestifteten Bronzestatue des Kaisers Augustus, am Torre del Arzobispo
sowie am Priesterseminar vorbei zum Ostende des Stadthügels.

✳Museo Arqueológico / Museu Arqueològic

Man geht weiter auf dem Paseo de Torroja (katal. Passeig de Torroja) und
dem Paseo de San Antonio (katal. Passeig de Sant Antoni) an der 1757
erbauten Puerta de San Antonio (katal. Portal i Creu de Sant Antoni) vor-
über zum Archäologischen Museum (span. Museo Arqueológico; katal.
Museu Arqueològic). Es enthält eine der bedeutendsten Sammlungen
Spaniens römischer Kunst. Herausragend sind verschiedene Mosaiken,
darunter ein beeindruckendes Medusenhaupt und eine Bacchusszene;
außerdem zeigt das Museum Architekturteile aus Tarragona, römische
Skulpturen und Keramik sowie als Besonderheit eine 23 cm große Elfen-

Zyklopenmauer und Torre del Arzobispo

beinpuppe des 4. Jh.s n. Chr., die einem Kindergrab beigegeben war. Im Untergeschoß wurden Fundamente der Mauer freigelegt.

An das moderne Museumsgebäude stößt der klotzige Prätorenpalast (Pretorio Romano) an, auch Torreón de Pilatos genannt, da in ihm angeblich Pontius Pilatus geboren worden sein soll. Es handelt sich hierbei nicht um einen Palast, sondern um einen der Türme, die das dahinterliegende Forum begrenzten. Der Turm beherbergt heute das stadtgeschichtliche Museum.

Nordöstlich des Museums befindet sich in der Calle (katal. Carrer) Santa Ana das Museum für Moderne Kunst (span. Museo de Arte Moderno; katal. Museu d'Art Modern). Südlich davon erstreckt sich das ehemalige jüdische Viertel.

Vom Archäologischen Museum erreicht man auf dem letzten Stück des Rundganges das Südende der Rambla Vella.

Im Westen der Stadt

Westlich von der Rambla Nova kommt man zur Plaza (katal. Plaça) Corsini, in deren Nähe noch Reste eines römischen Forums (Zugang Calle Lérida/ Carrer Lleida) und zahlreicher römischer Wohnhäuser zu sehen sind. Sie stammen aus der Zeit, als Tarragona die Hauptstadt der Provinz war.

Ein gutes Stück weiter im Westen der Stadt, jenseits der Stierkampfarena (Plaza de Toros) am Ufer des Río Francolí, entdeckte man beim Bau einer Tabakfabrik eine altchristliche Nekropole aus dem 3. bis 6. Jh.; die sehenswertesten Funde wie Blei- und Marmorsärge, Urnen, Mosaiken, Schmuckgegenstände u.a. werden im Museo Paleocristiano (katal. Museu Paleocristià) ausgestellt.

Umgebung von Tarragona

Vom Balcón del Mediterráneo ziehen sich aussichtsreiche Promenaden hoch über dem Meer hin zu den östlich gelegenen Badestränden über Rabasada und Sabinosa bis zur Punta de la Mora; in südöstlicher Richtung gibt es Bademöglichkeiten an der Playa de la Pineda und in Salou.

Nur 1¹/₂ km nordöstlich von der Puerta del Rosario erhebt sich das zerstörte Fort Alto del Olivo, von dem man eine prächtige Aussicht auf die Stadt und die Küste hat.

6 km nordwestlich vom Stadtzentrum in Richtung des Vorortes Constantí befindet sich das spätantike Mausoleum von Centcelles, ursprünglich wohl Constans, dem Sohn Kaiser Konstantins, gewidmet. Das römisch-frühchristliche Bauwerk aus dem 4. nachchristlichen Jahrhundert enthält eine gut erhaltene Mosaikkuppel, die christliche Szenen wie "Daniel in der Löwengrube" zeigen.

Richtung Barcelona

Man verläßt Tarragona in östlicher Richtung auf der Küstenstraße N-340, die nach 6 km zum links der Straße gelegenen sogenannten Grabmal der Scipionen (Torre de los Escipiones) führt. Der 8 m hohe viereckige Bau stammt aus dem 1. Jh. n. Chr.; die Bezugnahme auf die bei Amtorgis gefallenen römischen Feldherren und Brüder Gnaeus und P. Cornelius Scipio ist unbegründet. Die beiden Statuen zeigen die phrygische Gottheit Atis.

Torre de los Escipiones *Aquädukt*

Cantera del Medol	Nach weiteren 2 km führt links eine Abzweigung zu dem römischen Steinbruch (Cantera Romana) von El Medol, in dessen Zentrum ein Monolith steht, der die ursprüngliche Höhe des Gesteins anzeigt.
Tamarit	Durch eine schöne Allee geht es an Zitronengärten entlang nach Tamarit. Die Stadtmauer aus dem 14. Jh. ist noch teilweise erhalten; das Castillo Tamarit direkt am Meer ist heute Museum.
*Arco de Bara	Hinter dem Ort Torrembara führt die Straße um den Arco de Bará, ein 12 m hohes Triumphtor aus dem 2. Jh. n.Chr., das dem reichen Lucius Licinius Sura, einem Freund des römischen Kaisers Trajan, gewidmet war.
Vendrell	Die N-340 verläßt die Küste und erreicht Vendrell (50 m ü.d.M.). Das hübsch auf einer Anhöhe in einer berühmten Weingegend gelegene Städtchen ist der Geburtsort des Cellisten Pau (Pablo) Casals (⟶ Berühmte Persönlichkeiten). Im Ort ein prähistorisches Museum.

Richtung Lérida

*Acueducto de las Ferreras	In nördlicher Richtung passiert die N-240 zunächst die Autobahn; 4 km hinter Tarragona führt ein Fußweg zum römischen Aquädukt Acueducto de las Ferreras (katal. Ferreres), im Volksmund Puente del Diablo, d.h. 'Teufelsbrücke' genannt. Er leitete das dem Río Gayá entnommene Wasser über ein Seitental des Río Francolí. Der wahrscheinlich zu Anfang der Kaiserzeit errichtete zweistöckige Bau mit 25 Bogen (unten 73 m, oben 217 m lang) ist eines der stattlichsten römischen Bauwerke in Spanien. Die ganze Länge der Leitung beträgt 35 km.
Valls	Die Straße folgt weiter dem Tal des Río Francolí nach Valls (215 m ü.d.M.), in dessen Pfarrkirche San Juan Bautista die vielverehrte Madonna 'Nue-

stra Señora de la Candela' zu sehen ist. Bemerkenswert ist auch die teilweise Ausstattung mit Azulejos.

Valls (Forts.)

In Valls zweigt eine Nebenstraße zum 18 km nördlich gelegenen Zisterzienserkloster Santes Creus ab. Der 1157 gegründete Konvent ist neben Poblet der bedeutendste Klosterbau Kataloniens. In der 1254 vollendeten romanischen Kirche mit festungsartiger Fassade und achteckiger Vierungskuppel sind einige Könige von Aragón in schönen Grabmälern bestattet, darunter Pedro III. und Jaime II. sowie dessen Gemahlin Blanca von Anjou.

* **Monasterio de Santes Creus**

Im Klosterkomplex gibt es zwei Kreuzgänge: den gotischen Neuen Kreuzgang mit kunstvollen Säulenkapitellen und einem einfachen Brunnenhaus und den romanischen Alten Kreuzgang, den man von der Nordwestecke des Neuen Kreuzganges erreicht; hier auch ein alter Weinkeller. Weitere sehenswerte Räume sind der Kapitelsaal mit in den Boden eingelassenen Grabplatten von Domherren, das Dormitorium und der Palacio Real, in dem die aragonischen Könige die Osterwoche verbrachten.

* Kreuzgänge

Von Valls geht es in Windungen über die Sierra de Cogulla und den Puerto de Lilla (581 m ü.d.M.) nach Montblanch (katal. Montblanc; 310 m ü.d.M.). Das malerische alte Städtchen, von turmbewehrten Mauern umgürtet, wird überragt von der großen Kirche Santa María aus dem 14. Jh., die ein schönes barockes Portal besitzt. In der Casa Josa-Andreu bei der Kirche ist ein kleines Museum mit Keramik, frühgeschichtlichen Funden und Kunsthandwerk der Region untergebracht.

* Montblanch / Montblanc

Die N-240 wendet sich nun nach Westen; links abseits der Straße liegt der kleine Heilbadeort Espluga de Francoli. Von hier lohnt ein Abstecher zu dem 3 km südwestlich gelegenen Kloster Santa María de Poblet. Ramón Berenguer IV. gründete 1151 das Kloster, das von Zisterziensern bewohnt und im wesentlichen bis zum Ende des 14. Jh.s vollendet war, Anfang des

* **Monasterio de Poblet**

Altar und Grabmäler in Poblet

Monasterio de Poblet (Forts.)	19. Jh.s jedoch z.T. zerstört wurde und seit 1940 wieder von Zisterziensern bewohnt wird. Das Kloster ist berühmt als Gruftstätte der aragonischen Könige und noch heute von größter Wirkung: Die gesamte Anlage ist von Mauern umgeben, die die Nebengebäude und die innen gelegenen eigentlichen Klostergebäude schützt.
Nebengebäude	Nach Durchschreiten des Eingangstores betritt man durch das 'Goldene Tor' (katal. Porta Daurada) den Komplex der Nebengebäude mit dem Hospital links und der Herberge rechts; es schließt sich der Hauptplatz an, der von der barocken Kirchenfassade dominiert wird.
Klosterkirche	In der romanischen Kirche fällt zunächst der meisterhafte alabasterne Hochaltar (1527) von Damián Forment auf. Überragend jedoch sind rechts und links davon die auf flachen Bögen angeordneten, gotischen Grabmäler der Könige von Aragón und ihrer Ehefrauen, die jeweils als Liegefiguren dargestellt sind. Von der Kirche erreicht man über eine Treppe den Schlafsaal der Novizen und den Königlichen Palast.
Klostergebäude	Vom Hauptplatz gelangt man durch das von zwei großen Türmen flankierte 'Königstor' (katal. Porta Reial) in die Klostergebäude, die von einer hohen Mauer umringt sind. Vorbei am rechts gelegenen großen Sprechsaal und links am Weinkeller, der Küche und dem Refektorium kommt man zum frühgotischen Kreuzgang, der allein durch seine Größe beeindruckt. Der der Kirche zugewandte Flügel wurde noch in romanischem Stil begonnen. Am gegenüberliegenden Flügel legte man ein Brunnenhaus mit 30 kleinen Fontänen an. An den Kreuzgang schließt sich der prächtige Kapitelsaal mit den Grabmälern zahlreicher Äbte an, weiterhin links davon die Bibliothek, das einstige Scriptorium. Das Dormitorium über dem Weinkeller ist heute als Museum für den Kirchenschatz eingerichtet.

Südliche Costa Dorada

	Für die Küstenfahrt zum südlichen Teil der Costa Dorada (katal. Costa Daurada = 'Goldene Küste') stehen dem Reisenden ab Tarragona zunächst zwei Ausfallstraßen zur Verfügung. Man folgt entweder direkt der N-340 in westlicher Richtung oder der kurzen Autobahn, die die Stadt südwestwärts verläßt.
Salóu	Jenseits des Río Francoli erreicht man Salóu, Hafenort und vielbesuchtes Seebad an der vom Cabo Salóu geschützten Bucht. Das Ortsbild ist geprägt von Bungalows, Hotel- und Appartement-Hochhäusern; für das Vergnügen gibt es Strände und einen Sporthafen. Von Salóu aus segelte im Jahre 1229 König Jaime I. zur Eroberung Mallorcas los.
Cambrils	Man folgt der Küstenstraße von Salóu nach Cambrils, das wie viele Ortschaften der Mittelmeerküste vom Fischerdorf zum Sporthafen geworden ist. Vom alten Ortsteil ist der festungsartige Kirchturm eine Erwähnung wert; Badefreudige finden den Badestrand Cambrils Playa.
Hospitalet del Infante	Nun in geringer Entfernung vom Meer und an mehreren Campingplätzen vorbei, später durch Miami Playa und vorüber an weiteren Stränden geht es nach Hospitalet del Infante, das seinen Namen einem am Meer liegenden Pilgerhospital verdankt. Wenig entfernt sieht man das Atomkraftwerk Vandellós, das durch einen noch glimpflich ausgegangenen Unfall im Oktober 1989 von sich reden machte.
*Ebro-Delta	Vorbei an den Fischerdörfern La Atmella de Mar und Ampolla, die sich ebenfalls beide zu Badeorten wandeln, folgt die Straße nun dem Westrand des Ebro-Deltas. Bei Amposta-Aldea geht rechts eine Abzweigung der C–235 zum 14 km westlich liegenden ⟶ Tortosa. Wenig später erreicht die N-340 jenseits des Río Ebro den Ort Amposta, ein Städtchen, das durch seinen Reis bekannt ist; der Ort liegt an dem zum Reisanbau genutzten sumpfigen Ebro-Delta mit seinen unzähligen Kanä-

len und Teichen, an dessen Spitze der Ebro in zwei Mündungen, der 'Gola del Norte' und der 'Gola del Sur', zwischen denen die Insel Buda liegt, das Meer erreicht. Das gesamte Flußdelta ist ein artenreiches Vogelparadies (⟶ Praktische Informationen, Naturparks).

Umgebung von Tarragona, Ebro-Delta (Forts.)

Weitere Reiseziele

⟶ Barcelona
⟶ Lérida
⟶ Reus
⟶ Sitges
⟶ Villanueva y Geltrú

Tarrasa / Terrassa　　　　　　　　　　　　　　　　M 4

Provinz: Barcelona (B)
Telefonvorwahl: 93
Höhe: 277 m ü.d.M.
Einwohnerzahl: 160 000

Die Industriestadt Tarrasa (katal. Terrassa) liegt in der fruchtbaren Landschaft Vallés am rechten Ufer des Río Palau; große Bedeutung hat die Textilproduktion, insbesondere die Herstellung und Verarbeitung von Seidenstoffen. Tarrasa war bis zur Eroberung durch die Mauren als 'Egara' westgotischer Bischofssitz (gegr. 450) und hat sich drei frühchristliche Kirchen erhalten, die alle südöstlich vom heutigen Bahnhof liegen.

Lage und Allgemeines

Sehenswertes

Die Kirche Santa María ist eine ehemalige westgotische Basilika, die im 12. Jh. katalanisch-romanisch erweitert wurde. Die Reste eines Mosaiks aus dem 4. Jh. sieht man vor der Kirche; im Inneren findet man hochinteressante Wandmalereien, die die Geschichte des 1170 ermordeten Thomas Becket, Erzbischof von Canterbury, darstellen. Die prächtigen gotischen Retablos wurden von Jaume Huguet, Lluis Borrassà, Jaume Cirera und Guillerm Talarn gemalt.

*Santa María

Die Kirche San Miguel (katal. Sant Miquel) wurde ursprünglich im 6. Jh. als Taufkapelle erbaut und zeigt byzantinischen und westgotischen Einfluß. Besonders sehenswert sind das achteckige, von Säulen umgebene Baptisterium und die Ausmalungen des 7. Jh.s in der Krypta.

*San Miguel / Sant Miquel

San Pedro (katal. Sant Pere) war ursprünglich Begräbniskapelle. In der byzantinischen Apsis sieht man noch Reste eines Mosaiks; das Hauptschiff ist romanisch. Auch diese Kirche weist Wandmalereien auf.

*San Pedro / Sant Pere

Das Museo Municipal befindet sich in der Cartuja de Vallparadis und zeigt katalanische Keramik, Gemälde und Skulpturen.

Museo Municipal

Im Textilmuseum kann man eine Sammlung alter Webstühle und zahlreiche alte Stoffe und Gewebe aus aller Welt sehen.

Museo de Textil

Umgebung von Tarrasa

In nordöstlicher Richtung gelangt man auf der C-1415 zum 23 km entfernten Caldas de Montbuy (katal. Caldes de Montbui), einem Thermalbadeort mit wiederhergestelltem römischen Bad.

Caldas de Montbuy / Caldes de Montbuy

Teruel I 5

Provinz: Teruel (TE)
Telefonvorwahl: 974
Höhe: 915 m ü.d.M.
Einwohnerzahl: 28 000

Lage und Allgemeines

Die am Río Turia auf einer von Schluchten umgebenen Höhe gelegene Provinzhauptstadt Teruel ist iberischen Ursprungs ('Turba') und wurde 215 v.Chr. von den Römern verwüstet. Sie war noch lange nach der 'Reconquista' von Mauren bewohnt, die hier Sonderrechte genossen und sich frei entfalten konnten; sie verloren erst 1502 ihre letzte Moschee. Der langen Anwesenheit der Mauren verdankt die Stadt einmalige Beispiele mudéjarer Bauweise, insbesondere prächtige, über den Straßen erbaute Türme sind erhalten geblieben. Teruel beherbergte auch eine große jüdische Gemeinde, die mit Christen und Mauren friedlich zusammenlebte, bis 1486 ein Pogrom stattfand, das das Einvernehmen der Religionen zerstörte und den Niedergang der Stadt einleitete. Im Spanischen Bürgerkrieg war Teruel vom Dezember 1937 bis Februar 1938 Schauplatz einer entscheidenden Schlacht, die zu großen Zerstörungen in der Stadt führte.

*Mudéjar-Türme

Sehenswertes

San Salvador

Über der Calle El Salvador im südlichen Stadtteil reckt sich der Turm der Kirche San Salvador in die Höhe, mit seinen schachbrettartig angeordneten Fliesen, den Ziegelsteinmustern und den Zinnen einer der schönsten Mudéjar-Türme der Stadt. An ihm wurde von 1277 bis 1315 gebaut.

San Pedro

Die Calle El Salvador mündet nördlich in die Plaza de Carlos Castell, den Mittelpunkt der Stadt, in dessen Mitte der Fuente del Torico steht. Von hier gelangt man rechts zur Kirche San Pedro, die einen Turm (14. Jh.) besitzt, der in Dekor und Ausführung dem Turm der Kathedrale ähnelt. Das Chorhaupt ist ebenfalls mudéjar, andere Teile der Kirche wurden im 18. Jh. umgebaut. Der aus dem 16. stammende Retablo des Hauptaltars wird Gabriel Joly zugesprochen.

'Los Amantes de Teruel'

Verläßt man die Kirche und geht unter dem Turm hindurch, kommt man zu einer Kapelle, die ein recht schauriges Schaustück enthält: In Glassarkophagen liegen zwei menschliche Skelette. Es sollen die Überreste der 'Liebenden von Teruel' (span. 'Los Amantes de Teruel') sein, eine von mehreren Dichtern vielbesungene Liebesgeschichte. Im 13. Jh. wollte Diego García de Marcilla Isabella de Segura heiraten, doch verweigerte deren Vater die Zustimmung, da er seine Tochter reich verheiraten wollte. Diego zog in die Fremde und kehrte reich und anerkannt nach fünf Jahren zurück – am Tag der Hochzeit Isabellas mit einem anderen. Sein Herz zerbrach und er starb, tags darauf folgte ihm die Geliebte ins Grab.

Kathedrale

An der Nordseite der Plaza General Mola erhebt sich der Turm der Kathedrale. Er wurde im 13. Jh. begonnen und im 16. Jh. in seine heutige Form gebracht. Typisch für den Mudéjar-Stil sind die Verzierungen mit grünen und schwarzen Azulejos sowie die Verwendung glasierter Ziegel. Auch der Vierungsturm ist mudéjar. Die Kirche selbst geht auf das 12. und 13. Jh. zurück, doch erst im 16. Jh. wurde sie zur Kathedrale erhoben. Für die Capilla Mayor schnitzte der aus der Picardie stammende Gabriel Joly den prächtigen Retablo (1535) auf dem Hauptaltar; das meisterliche Chorgitter wurde in Teruel gefertigt. Im linken Seitenschiff findet man in der Capilla de la Coronación einen sehenswerten Retablo flämischen Stils. Das schönste Kunstwerk in der Kathedrale ist jedoch die Artesonado-Decke. Sie wurde

*Artesonado-Decke

Mudéjar-Turm von San Salvador ▶

'Los Amantes' – Liebe bis in den Tod

Kathedrale (Fortsetzung)	im 13. und 14. Jh. mit herrlichen Szenen aus dem damaligen Leben bemalt, darunter Jagdszenen, Berufe und höfische Szenen, umrahmt von maurischen Blumenmustern, geometrischen Mustern und arabischen Schriftzeichen. Die Sakristei schließlich bewahrt zwei kunstvoll gestaltete, 3 m hohe Silbermonstranzen, ein romanisches Prozessionskreuz und andere wertvolle Gegenstände.
Palacio Episcopal	Unter dem Bogen des Kathedralturms hindurch gelangt man auf einen Platz, an dem der im 16. Jh. erbaute Palacio Episcopal (Bischofspalast) steht. Er beherbergt die kleine Sammlung des Diözesanmuseums.
San Martín	Westlich der Kathedrale erkennt man den letzten der Mudéjar-Türme Teruels, den Glockenturm der Kirche San Martín, errichtet 1315/16, der an Schönheit mit dem von San Salvador konkurrieren kann.
Los Arcos	Im Norden der Stadt überspannt der 1558 nach römischem Muster erbaute Aquädukt Los Arcos eine Schlucht. Sein unterer Bogengang ist zugleich Fußgängerbrücke.

Umgebung von Teruel

*Albarracín	Rund 40 km westlich von Teruel liegt die Stadt Albarracín (1182 m ü.d.M.) inmitten der Sierra Albarracín. Das Städtchen war im 11. Jh. ein maurisches Taifa-Königreich, später selbständiger Besitz der Azagra, bis es schließlich zu Beginn des 14. Jh.s Aragón einverleibt wurde. In die Hänge am Ufer des Río Guadalavir gebaut, noch von Mauern umgeben und mit engen, malerischen Gassen ist die gesamte Stadtanlage von Albarracín heute unter Denkmalschutz gestellt. Besonders um die Plaza Mayor herum verspürt der Besucher noch die mittelalterliche Vergangenheit. Die beach-

Die Mauern von Albarracín

tenswerte Kathedrale (13./16. Jh.) beherbergt in der Sakristei und im Kapitelsaal ein Museum, dessen wertvollste Stücke Brüsseler Wandteppiche aus dem 16. Jh. sind.

Albarracín (Fortsetzung)

Südlich von Albarracín (4 bzw. 6 km) kann man in den Höhlen El Callejón de Plou und Cueva del Navazo interessante vorgeschichtliche Malereien, u.a. Jagdszenen, besichtigen.

Höhlen

Von Teruel strebt die N-234 in nordwestlicher Richtung über Torrelacárcel nach Monreal del Campo (940 m ü.d.M.) am Ostfuß der Sierra Menera, in der die reichen Eisenminen Ojos Negros liegen. Zur Stadt gehört die Kirche Santa Eulalia del Campo, die ein platereskes Portal besitzt.

Monreal del Campo

Nach Valencia

Die N-234 führt in südöstlicher Richtung über den Puerto Escandón (1242 m ü.d.M.) nach La Puebla de Valverde, ein von arabischen Mauern umgebener Ort mit mittelalterlichem Gepräge.

La Puebla de Valverde

Auf dem Hochplateau von Barracas kommt das Meer in Sicht und man fährt nun bergab durch das fruchtbare Tal des Río Palacia nach Jérica (490 m ü.d.M.). Das alte Städtchen befindet sich in malerischer Lage am Abhang eines steilen Kalkhügels und bietet dem Reisenden die Ruinen einer Maurenburg und zwei beachtenswerte Kirchen.

Jérica

Nach weiteren 11 km kommt man südlich des Stausees Embalse del Regajo nach Segorbe (362 m ü.d.M.), dem iberischen bzw. römischen 'Segobriga'. Das Bischofsstädtchen liegt prächtig zwischen zwei von Burgen gekrönten Hügeln und besitzt eine mehrfach umgebaute Kathedrale aus dem 15./16. Jh. mit einem aus dem 13. Jh. stammenden Kreuzgang. In der Kathedrale und im Museo Municipal findet man eine feine Sammlung mit

Segorbe

Bildern von Vicente Macip, Francisco Ribalta, Juan de Juanes und El Greco; ferner im Museum eine Marienskulptur von Donatello. Die Kirche San Martin de las Monjas (17. Jh.) birgt eines der besten Bilder von Ribalta ("Christus in der Vorhölle").

Die N-234 überschreitet nun die Provinzgrenze von Valencia und mündet südlich von ⟶ Sagunto in die Küstenstraße N-340 der Costa del Azahar nach ⟶ Valencia.

Toledo   F 6

Provinz: Toledo (TO)
Telefonvorwahl: 925
Höhe: 529 m ü.d.M.
Einwohnerzahl: 58 000

****Lage und
Allgemeines**

Die über dem Río Tajo gelegene neukastilische Provinzhauptstadt Toledo, Sitz des Erzbischof-Primas von Spanien, sollte man wegen ihrer einzigartigen Lage, ihres malerischen Stadtbildes und ihrer großartigen Bauwerke auf einer Spanienreise unbedingt besuchen.
Berühmt sind die Toledaner Stahlklingen und Einlegearbeiten in Gold und Silber, eine handwerkliche Tradition, die die Mauren eingeführt haben.

Geschichte

Toledo, eine der ältesten Städte Spaniens, war einst die Hauptstadt der iberischen Carpetaner und wurde 192 v. Chr. von den Römern erobert, die es 'Toletum' nannten. Unter den Westgoten war die Stadt von 534 bis 712 erneut Hauptstadt und Stätte zahlreicher Konzile. Der Westgotenkönig Reccared trat auf dem Konzil von Toledo im Jahr 589 zum katholischen Glauben über. In maurischer Zeit (712–1085) erhielt die Stadt den Namen 'Tolaitola' und war bis 1035 Sitz eines Emirs unter der Oberherrschaft des Kalifen von Córdoba; anschließend selbständiges Königreich, gelangte sie durch Waffenfabrikation, Seiden- und Wollindustrie zu hohem Wohlstand; auch die Wissenschaften fanden eifrige Pflege. Die christlichen Einwohner, Mozaraber genannt (= 'Araberknechte' oder auch 'unechte Araber'), nahmen die arabische Sprache an, die auch späterhin lange Zeit neben dem Spanischen in Gebrauch war und erst 1580 verboten wurde.
Im Jahre 1087 wurde die Stadt Residenz der Könige von Kastilien und zugleich religiöser Mittelpunkt von ganz Spanien. Mit dem Namen der Kardinalerzbischöfe Mendoza, Jiménez, Albornoz u. a. sind die bedeutendsten Ereignisse der damaligen spanischen Geschichte verknüpft. Unter Ferdinand III. und Alfons X. stieg Toledo zu einem Zentrum des Geistes und der Wissenschaften auf, geprägt durch die Toleranz zwischen den drei großen Religionen. Die jüdische Gemeinde von Toledo war die größte auf der Iberischen Halbinsel. In der Mitte des 14. Jh.s kam es zu ersten Pogromen, die sich in den folgenden Jahrzehnten wiederholten; mit dem Einzug der Inquisition 1485 und der Vertreibung der Juden war die glanzvolle Zeit des Judentums in Spanien endgültig zu Ende.
Im 16. Jh. ging von Toledo auch der Kampf der Comuneros aus. Erst mit der Verlegung der Residenz nach Madrid durch Philipp II., der 1559–1561 wieder in Toledo residierte, verlor die Stadt ihre politische Bedeutung. Im Spanischen Bürgerkrieg belagerten republikanische Truppen den Alcázar, der dabei vollständig zerstört wurde (⟶ Abb. S. 61).

**Stadtbild

Die Stadt liegt auf einer an drei Seiten vom Río Tajo in tiefer Schlucht umflossenen Granithöhe und bietet mit ihrem Kranz gotisch-maurischer Befestigungen, dem hochgelegenen Alcázar und der Kathedrale ein Bild von unvergleichlicher Wirkung. Der Grundriß Toledos mit den regellosen

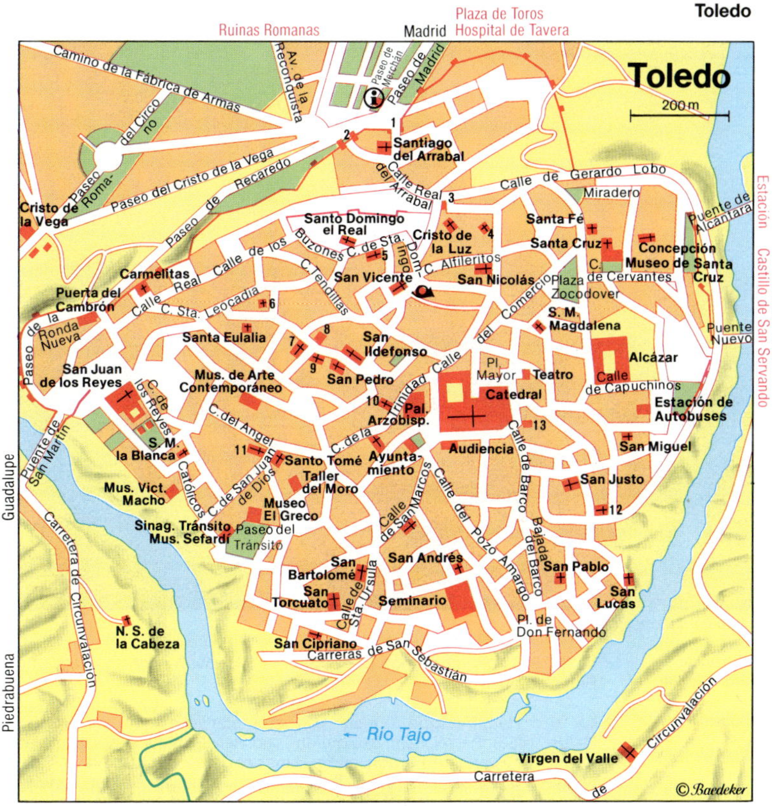

Map labels (Toledo):

Plaza de Toros
Hospital de Tavera
Ruinas Romanas
Madrid

Toledo
200 m

Camino de la Fábrica de Armas
Av. de la Reconquista
Paseo de Merchán
Paseo de Madrid
Paseo del Circo Romano
Calle del Circo Romano
Paseo Roma
Paseo del Cristo de la Vega
Paseo de Recaredo
Calle Real del Arrabal
Calle de Gerardo Lobo
Miradero
Estación
Castillo de San Servando
Ciudad Real

1 Santiago del Arrabal
2
3
Cristo de la Vega
Puerta del Cambrón
Carmelitas
Santo Domingo el Real
Cristo de la Luz
Santa Fé
Santa Cruz
Concepción
Museo de Santa Cruz
C. Buzones
C. de Sta. Inés
C. Alfileritos
C. Tendillas
Calle de los
San Vicente
San Nicolás
Plaza de Cervantes
Zocodover
Puente de Alcántara
Paseo de la Ronda Nueva
C. Sta. Leocadia
Santa Eulalia
San Ildefonso
S. M. Magdalena
Puente Nuevo
San Juan de los Reyes
Mus. de Arte Contemporáneo
San Pedro
Pl. Mayor
Teatro
Alcázar
Paseo de San Martín
C. de Reyes Católicos
C. del Ángel
Pal. Arzobisp.
Catedral
Calle de Capuchinos
Estación de Autobuses
Guadalupe
S. M. la Blanca
Santo Tomé
Taller del Moro
Ayuntamiento
Audiencia
San Miguel
Mus. Vict. Macho
C. de San Juan de Dios
Museo El Greco
Sinag. Tránsito
Mus. Sefardí
Paseo del Tránsito
C. de la Trinidad
Calle de San Marcos
Calle de Barco
San Justo
12
San Andrés
San Bartolomé
C. de Sta. Úrsula
Calle del Pozo Amargo
Bajada del Barco
San Pablo
N. S. de la Cabeza
San Torcuato
Seminario
San Lucas
San Cipriano
Carreras de San Sebastián
Pl. de Don Fernando
Piedrabuena
Carretera de Circunvalación
← Río Tajo
Circunvalación
Virgen del Valle
Carretera de
© Baedeker

1 Puerta Nueva de Bisagra	6 Santa Domingo el Antiguo	10 Jesús y María
2 Puerta Vieja de Bisagra	7 San Clemente	11 San Antonio de Padua
3 Puerta del Sol	8 Casa de Mesa	12 San Juan de la Penitencia
4 San José	9 San Román	13 Posada de la Hermandad
5 Santa Clara		

engen Straßen und den zahlreichen Sackgassen weist auf die maurische Grundlage zurück. Auch die Häuser mit ihrer geringen Zahl von Fenstern, den vergitterten Erkern und den offenen Innenhöfen lassen den orientalischen Einfluß erkennen, während in christlicher Zeit zahlreiche Kirchen, Klöster und Hospitäler entstanden. So bildet die Stadt im ganzen auf engstem Raum ein einzigartiges Freilichtmuseum altspanischer Geschichte, das die UNESCO in der Liste des Kulturerbes der Menschheit führt.

Stadtbild
(Fortsetzung)

✳✳Kathedrale

An der Ostseite der Plaza del Ayuntamiento erhebt sich die Kathedrale, das Wahrzeichen der Stadt und die 'Catedral Primada' Spaniens. Sie wurde in den Jahren 1227–1493 an Stelle der maurischen Hauptmoschee erbaut, die wiederum den Platz einer westgotischen Kirche einnahm, und ist nächst derjenigen von → Burgos die bedeutendste gotische Kathedrale des Landes. Im 90 m hohen Nordturm (1380–1440), der eine gute Aussicht bietet, ist die 1753 gegossene berühmte Glocke 'Campana gor-

Außenansicht

Das königliche Toledo

Kathedrale (Fortsetzung)	da' (17515 kg) aufgehängt. Der Südturm blieb unvollendet und trägt eine Barockkuppel.

Portale

An der Hauptfassade öffnen sich drei stattliche gotische Portale (1418–1450) mit reichem Skulpturen- und Reliefschmuck; am mittleren Portal, der Puerta del Perdón, stellte Hans der Deutsche (Juan Alemán) die Jungfrau Maria dar, die dem hl. Ildefonso ein Meßgewand reicht. Von den schönen Seitenportalen ist besonders beachtenswert am Ende des südlichen Querschiffs die 1458–1466 in reichstem gotischen Stil erbaute Puerta de los Leones. An der Nordseite liegt zwischen Kreuzgang und Sakristeibau die Puerta de la Chapinería (13. Jh.), das älteste Kirchenportal; vom Kreuzgang führt die Puerta de Santa Catalina ins Kircheninnere.

Innenraum

Man betritt die Kathedrale durch die links des Hauptportals liegende Puerta de Mollete ('Milchbrottor'), an der die Armen gespeist wurden. Das Innere der Kathedrale, ohne die Capilla de San Ildefonso 110 m lang, ist mit seinen 88 reichgegliederten Bündelpfeilern überaus wirkungsvoll. Die prächtigen Glasgemälde stammen aus dem 16. Jahrhundert.

Coro

*Chorgestühl

Der von einer platteresken Reja von 1548 umschlossene Chor (Coro) birgt ein aus Walnußholz gefertigtes Gestühl (Sillería), ein Meisterwerk der Schnitzkunst der Renaissance. Im unteren Teil, der 'Sillería baja', schuf 1495 Rodrigo Alemán 54 historische Reliefs mit Szenen von der Eroberung Granadas. Am oberen Teil, der 1543 vollendeten, reich geschnitzten 'Sillería alta', arbeitete die linke Seite Alonso Berruguete mit biblischen Szenen einschließlich der alabasternen "Verklärung Christi", die rechte Seite ist ein Werk von Felipe Vigarny. Auf dem im Chor freistehenden Altar sieht man die romanische Steinfigur der Virgen Blanca (um 1300).

*Capilla Mayor

Die reich vergoldete Capilla Mayor wird durch eine prächtig verzierte platteresque Reja von 1548 abgeschlossen. Der 1504 vollendete riesige Retablo aus vergoldetem und bemaltem Lärchenholz stellt in vier Abteilungen übereinander in lebensgroßen Figuren Szenen aus dem Neuen Testament dar; in der Mitte steht eine prachtvolle pyramidenförmige Custodia. Zu beiden Seiten des Hauptaltars befinden sich die Königsgräber (Sepulcros Reales) von Sancho II. und seinem Sohn (rechts) und von Alfons VII. (links). Links in der Capilla Mayor sieht man das Grabmal des Kardinals González de Mendoza.

An der Rückseite der Capilla Mayor, deren Wände mit zahlreichen Heiligenfiguren und Reliefs geschmückt sind, befinden sich das Grab des Kardinals Diego de Astorga und der Transparente, ein mächtiger marmorner Muttergottesaltar in churriguereskem Stil, der in eine bemalte und durchbrochene Kuppel übergeht (1722).

Kathedrale,
Capilla Mayor
(Fortsetzung)

Die Kapellen im Chorumgang enthalten allesamt wertvoll gearbeitete Grabmäler. In der Capilla de San Ildefonso, der mittleren Chorkapelle, sieht man u.a. das Grab des Kardinals Albornoz; links daneben die Capilla de Santiago, in reichem gotischem Stil, mit den prachtvollen gotischen Marmorgrabmälern des Condestable Álvaro de Luna und seiner Gemahlin aus dem Jahr 1488.

Chorumgang

*Capilla de
Santiago

Gleich neben dieser Kapelle hat man Zugang zur Capilla de Reyes Nuevos, die prachtvoll in platereskem Stil ausgestattet ist und u.a das Grab Enriques II. de Trastamara enthält.

Capilla de
Reyes Nuevos

Retablo in der Capilla Mayor

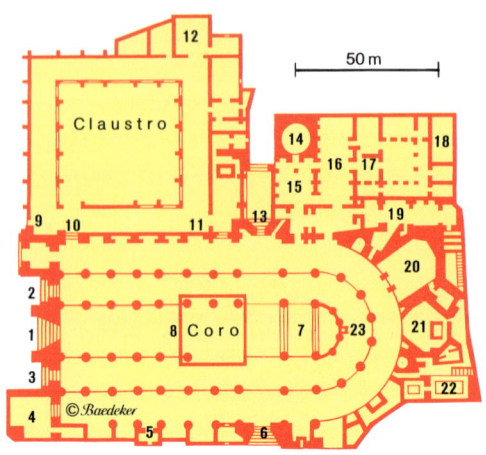

Catedral de Toledo

1 Puerta del Perdón
2 Puerta de la Torre
3 Puerto de los Escribanos
4 Capilla Mozárabe
5 Puerta Llana
6 Puerta de los Leones
7 Capilla Mayor
8 Trascoro
9 Puerta del Mollete
10 Puerta de la Presentación
11 Puerta de Santa Catalina
12 Capilla de San Blas
13 Puerta de la Chapinería
  (Puerta del Reloj)
14 Ochavo
15 Capilla del Virgen del Sagrario
16 Sacristía
17 Vestuario (Ankleideraum)
18 Ropería (Kleiderkammer)
19 Capilla de Reyes Nuevos
20 Capilla de Santiago
21 Capilla de San Ildefonso
22 Sala Capitular
23 Transparente

Kathedrale (Fortsetzung) *Sala Capitular	Vom Chorumgang erreicht man durch ein prächtiges Portal die Sala Capitular von 1512, die von einer wundervollen Artesonado-Decke abgeschlossen wird. Die dreizehn Wandgemälde mit Bildnissen der Toledaner Erzbischöfe stammen größtenteils von Juan de Borgoña, zwei davon malte Francisco de Goya.
Sacristía	Links vom Chorumgang liegt der Zugang zur 1592–1616 erbauten Sacristía, die heute eine kleine Gemäldegalerie ist: auf dem Altar die "Entkleidung Christi" ("El Expolio", 1579) von El Greco; rechts vom Altar die "Gefangennahme Christi" (1788) von Francisco de Goya; an den Wänden ferner ein Zyklus von 16 Apostelbildern von El Greco. Des weiteren sieht man Werke von Morales, van Dyck, Raffael, Tizian, Mengs und eine Skulptur des hl. Franziskus von Pedro de Mena. Die Gemäldeausstellung erstreckt sich bis in das anschließende Vestuario (Ankleideraum) und weiter in die 'Salas Nuevos', den neu eingerichteten Sälen des Dommuseums.
Ochavo	Westlich grenzt an die Sakristei das Ochavo, ein Achteckraum mit hoher, 1670 von Ricci und Carreño ausgemalter Kuppel. Der Raum hat heute annähernd 400 Reliquien aufgenommen. Die anschließende Capilla Virgen del Sagrario enthält ein kostbar bekleidetes und hochverehrtes Standbild der thronenden Jungfrau (um 1200).
*Tesoro	In der Capilla de San Juan unter dem Nordturm ist der Domschatz (Tesoro mayor) zu besichtigen. Hauptstück des Schatzes ist die berühmte Custodia von Enrique de Arfe (1524), fast 3 m hoch und 172 kg schwer, mit 260 Statuetten aus vergoldetem Silber.
Capilla Mozarabe	Gleich rechts vom Haupteingang liegt im Südturm die Capilla Mozarabe (1504), wo täglich gegen 9.45 Uhr Gottesdienst nach westgotischem (mozarabischem) Ritus stattfindet. Im rechten Seitenschiff kommt man zur Innenseite der Puerta de los Leones, die mit kostbaren Holzreliefs des 16. Jh.s geschmückt ist; darüber die 'Kaiserorgel' von 1594 mit einem steinernen Resonanzboden.
Claustro	An der Nordseite der Kathedrale erstreckt sich der 1389 begonnene Kreuzgang (Claustro). Im 'Claustro bajo' ('unterer Kreuzgang') an der Süd- und Ostseite Fresken von Francisco Bayeu und Maella (1776). In der Nordostecke liegt die Capilla de San Blas (unzugänglich) mit florentinischen Gewölbemalereien des frühen 15. Jh.s; in einem Nebenraum des 'Claustro

alto' (oberer Kreuzgang), mit Zugang von der Calle Hombre de Palo, werden die 'Gigantones', etwa 6 m hohe, mit Gewändern des 18. Jh.s bekleidete Prozessionsfiguren, aufbewahrt.

Kathedrale, Claustro (Fortsetzung)

Um die Kathedrale

Vor der Hauptfassade der Kathedrale öffnet sich die Plaza del Ayuntamiento. Hier stehen der Palacio Arzobispal (Erzbischöfliches Palais) an der Nordwestseite und an der Südwestseite das 1618 erbaute Ayuntamiento (Rathaus) mit zwei stattlichen Ecktürmen und einem schönen Kachelfries von 1595 im Kapitelsaal. Es ist ein Entwurf von Jorge Manuel Theotocopuli, dem Sohn El Grecos.

Plaza del Ayuntamiento

Nordwestlich der Kathedrale findet man einige beachtenswerte Kirchen der Stadt. Durch die Calle del Nuncio Viejo kommt man zur Calle Alfonso X; an einem Platz links sieht man die stattliche Barockfassade der zweitürmigen Kirche San Ildefonso. Sie besitzt zwei Werke von El Greco.

San Ildefonso

Unweit westlich sieht man den maurischen Turm der ehemaligen Kirche San Román (13. Jh.), in der heute das Museo de los Concilios y de Cultura Visigoda eingerichtet ist. Es zeigt die zum Kirchenschmuck gehörenden Fresken und eine Sammlung westgotischer Altertümer, darunter Kronen, Skulpturen und Schmuck.

San Román

Noch weiter nordwestlich gelangt man zum Kloster Santo Domingo el Antiguo, in dessen Kirche El Greco begraben ist.

Santo Domingo el Antiguo

Alcázar

Über dem Ostabhang der Stadt thront am höchsten Punkt Toledos der Alcázar, zu dem man von der Plaza de Zocodover hinaufsteigt. An der Stelle eines römischen Kastells auf viereckigem Grundriß mit Ecktürmen erbaut, gaben ihm Covarrubias und Herrera im 16. Jh. seine strenge Fassade. Die Franzosen brannten die Zitadelle 1810 nieder, und nach dem Wiederaufbau diente sie seit 1882 als Kriegsschule. Zu Beginn des Spanischen Bürgerkrieges wurde der Alcázar 68 Tage lang von republikanischen Truppen belagert und beschossen, bis er regelrecht in die Luft flog; erst dann ergaben sich die Franco-Truppen. Nach seinem Wiederaufbau sind heute in ihm Schauräume zum Spanischen Bürgerkrieg eingerichtet; für die Anhänger Francos ist der Alcázar heute noch ein Symbol für das Heldentum seiner Verteidiger.

Der wiederaufgebaute Alcázar

✳✳Museo de Santa Cruz

Im Osten der Plaza de Zocodover gelangt man durch den maurischen Arco de la Sangre zum ehemaligen Hospital de Santa Cruz. Dieses Gebäude

✳Hospital de Santa Cruz

Museo de Santa Cruz (Fortsetzung)	wurde im 15./16. Jh. auf Veranlassung des Kardinals Mendoza, dem Beichtvater der Königin Isabella, von Enrique de Egas im Renaissancestil erbaut und mit einem frühplateresken Portal versehen. Dieses zeigt den Kardinal zwischen den hl. Petrus, Paul und Helena vor dem Kreuze kniend.
Museums- rundgang	Das Hospitalsgebäude beherbergt das Museo de Santa Cruz, das mehrere einst in der Stadt verstreute Sammlungen, darunter diejenige des Pfarr-museums von San Vicente, in sich vereinigt. In der archäologischen Abteilung in den Räumen um den Patio sieht man prähistorische, römische und westgotische Ausgrabungsfunde. Die Gemäldesammlung beginnt in den drei Sälen des Erdgeschosses, wo vor allem die flandrischen Wandteppiche aus dem 15./16. Jh. und ein für die Kathedrale angefertigter Tierkreiszeichenteppich beeindrucken. Unter den ausgestellten Werken alter Meister ragen ein flämisches Porträt Phili-berts II. von Savoyen und ein "Gefesselter Christus" von Morales hervor; hier sieht man auch die Standarte des Schiffes von Don Juan d'Austria in der Seeschlacht von Lepanto 1571. Im Obergeschoß sind die bedeutend-sten Gemälde und Skulpturen ausgestellt: u.a. ein Marienretablo mit Figu-ren von Alonso Berruguete, Werke des Greco-Schülers Luis Tristán, von Ribera und vom Meister von Sigena, eine Kreuzigungsszene von Goya und vor allem eine hervorragende Sammlung von El-Greco-Gemälden, darun-ter das Spätwerk "Mariä Himmelfahrt". Im Obergeschoß hat auch die Abteilung für Kunsthandwerk mit Glas, Kera-mik u.a. ihren Platz gefunden.
*Puente de Alcántara	Unweit östlich unterhalb des Hospitals überbrückt der für Kfz gesperrte Puente de Alcántara den tiefeingeschnittenen Río Tajo. Die Brücke, ursprünglich ein römischer Bau, wurde von den Mauren 866 vollständig erneuert und erhielt seine jetzige Gestalt im wesentlichen im 13. und 14. Jh.; am Westende der 1484 erbaute Torturm Puerta de Alcántara, am Ostende ein Barocktor von 1721. Von der Brücke hat man einen prächtigen Blick auf die steil aufsteigende Stadt mit dem Alcázar.
Castillo de San Servando	Flußabwärts sieht man den 1933 erbauten Puente Nuevo und Reste des Acueducto Romano. Hoch über dem linken Flußufer thront das im 11. Jh. erbaute Castillo de San Servando.

Um die Plaza de Zocodover

Plaza de Zocodover	Die dreieckige, von Arkadenhäusern gesäumte Plaza de Zocodover ist der eigentliche Mittelpunkt der Stadt.
Paseo del Miradero	Von der Plaza geht man durch die Calle de Armas bergab zum Paseo del Miradero, einer Promenade mit hochgelegener Aussichtsterrasse, von der man bei klarem Wetter bis zur ⟶ Sierra de Gredos sehen kann.
*Puerta del Sol	Der Paseo führt nach links zu dem mächtigen zweitürmigen Torbau Puerta del Sol (14. Jh.) im Mudéjarstil.
Santo Cristo de la Luz	Nach Durchschreiten des Tores wendet man sich nach links und geht unter der Puerta Cristo de la Luz zur Ermita Santo Cristo de la Luz. Diese kleine ehemalige Moschee aus dem 10. Jh. besitzt neun maurische Kuppeln und Säulen aus einer westgotischen Kirche; der Chor wurde in christlicher Zeit hinzugefügt und zeigt noch Reste romanischer Wandmalereien.

Zum Hospital de Tavera

Santiago del Arrabal	Von der Puerta del Sol führt die Calle Real del Arrabal in nordwestlicher Richtung hinab in die Vorstadt ('arrabal') Santiago zu der im 13. Jh. im Mudéjarstil erbauten Kirche Santiago del Arrabal.

Unweit der Kirche in der Stadtmauer erkennt man das maurische Stadttor Puerta Vieja de Bisagra (9. Jh.) an dem einfachen Durchgang in Form eines Hufeisenbogens; durch dieses Tor zog 1085 angeblich Alfons VI. in die Stadt ein.

*Puerta Vieja de Bisagra

An der Stadtmauer rechts entlang kommt man zum Doppeltor Puerta Nueva de Bisagra, ein 1550 erneuertes glänzendes Beispiel der Festungsbaukunst. Von der Stadtseite betritt man durch einen von zwei Türmen gekrönten Vorbau den Hof, in dem eine Statue Karls V. steht; die der Stadt abgewandte Fassade trägt ein großes kaiserliches Wappen.

Puerta Nueva de Bisagra

Von der Puerta Nueva gelangt man auf dem hier beginnenden parkartigen Paseo de Merchán zur Vorstadt Las Covachuelas. Hier sich erstreckt der große Gebäudekomplex des Hospital de Tavera, an dem von 1541 bis 1599 gebaut wurde. In der Kirche (1561), die eine Marmorfassade von Alonso Berruguete trägt, ist unter dem Grabmal in einem schönen Grabmal desselben Künstlers – sein letztes Werk – Kardinal Tavera, der Stifter des Hospitals, begraben. Der Retablo ist ein Entwurf El Grecos.

Hospital de Tavera

Einige der im Stil des 17. Jh.s eingerichteten Wohnräume im Hospital können besichtigt werden und sind insbesondere ihrer wertvollen Gemälde wegen von Bedeutung, darunter Tizian, Claudio Coello ("Bildnis der Infantin Clara Eugenia"), El Greco (u.a. sein letztes Werk "Taufe Christi"), Tintoretto ("Geburt des Messias") und Zurbarán. Die originalgetreu rekonstruierte Apotheke aus dem 16. Jh. ist leider nicht zugänglich, Bibliothek und Archiv (mit El Grecos "Heiliger Familie") können jedoch besucht werden.

*Museo Tavera

Judería

Westlich der Kathedrale liegt an der Plaza Santo Tomé am Rande des einstigen jüdischen Viertels ('Judería') die Kirche Santo Tomé. Sie war ursprünglich eine Moschee, wurde jedoch im 14. Jh. auf Veranlassung des Grafen von Orgaz in gotischem Stil umgebaut und mit einem schönen Turm im Mudéjarstil versehen. In einem Anbau wird eines der Hauptwerke El Grecos ausgestellt, das "Begräbnis des Grafen von Orgaz", gemalt im Jahr 1586. Es stellt die Legende dar, nach der die Heiligen Stephanus und Augustinus den Toten ins Paradies holten.

Santo Tomé

**"Begräbnis des Grafen von Orgaz"

Nördlich von Santo Tomé findet man in der Calle de las Bulas das Museo de Arte Contemporáneo, das figurative Kunst des 20. Jh.s zeigt.

Museo de Arte Contemporáneo

In dem etwas südlich der Kirche liegenden Gebäude Taller del Moro ('Maurenwerkstatt'), eigentlich ein Palast aus dem 15. Jh., ist heute das kleine Museo de Arte Mudéjar eingerichtet, das Beispiele mudéjarer Steinmetzkunst zeigt.

Taller del Moro

Am selben Platz steht auch der Palacio de Fuensalida, in dem 1539 Isabella die Katholische starb.

Palacio de Fuensalida

Durch die Calle de los Alamillos kommt man in der Calle Samuel Leví zur Casa El Greco. Es ist allerdings nicht gesichert, ob El Greco gerade in diesem Haus wohnte und 1614 auch starb; zumindest ist es jedoch das einzige gebliebene der an die Synagoge El Transito angrenzenden Häuser des Marquese de Villena, in denen El Greco verbürgt lebte. 1906 wurde das Gebäude renoviert und mit Möbeln und Bildwerken von El Greco eingerichtet.

**Casa y Museo El Greco

Im Nebengebäude wurde 1910 das Museo El Greco eröffnet. Es zeigt in drei Sälen im ersten Stock über 20 Originalgemälde des aus Kreta stammenden Meisters, darunter die berühmte "Ansicht von Toledo", "Christus mit den Aposteln", "Dornenkrönung" und "San Bernardino" in der Kapelle. Neben El Greco sind in den anderen Räumen weitere namhafte spanische Künstler (u.a. Zurbarán und Miranda) vertreten.

In der El-Transito-Synagoge

**Sinagoga del Tránsito / Museo Sefardí

Wenige Schritte sind es vom El Greco-Haus zur 1366 von Samuel ha-Levi, Schatzmeister Pedros I. von Kastilien, erbauten mudéjaren Sinagoga del Tránsito, die nach der Vertreibung der Juden 1492 dem Calatrava-Ritterorden übergeben wurde. Der einschiffige Innenraum ist dekoriert mit umlaufenden hebräischen Schriftzeichen mit Preisungen Jahwes, Samuel ha-Levis und Pedros I. ober- und unterhalb der prächtigen Zackenbogenfenster; ebenso sehenswert die Schmuckfriese und die Holzdecke. In den anschließenden Räumen ist das Museo Sefardí eingerichtet, das die Geschichte und Kultur der Juden in Spanien ('Sephardim') darstellt; u.a. wird der Sarcófago de Tarragona mit dreisprachiger Inschrift in Hebräisch, Latein und Griechisch gezeigt.

*Santa María la Blanca

Die heutige Kirche Santa María la Blanca ist die zweite der noch erhaltenen Synagogen Toledos. Im 12./13. Jh. im Mudéjarstil erbaut, wurde sie dem Calatrava-Orden übergeben und ist seit 1405 christliche Kirche; im Inneren sieht man eine prächtige Artesonado-Decke und Kapitelle in Pinienzapfenform an den 28 Hufeisenbogen.

*San Juan de los Reyes

Nordwestlich der Judería liegt das Franziskanerkloster San Juan de los Reyes, das 1476 nach dem Sieg über die Portugiesen bei Toro als Gruftstätte für die Katholischen Könige und ihre Nachkommen gegründet, aber erst im 17. Jh. vollendet wurde. An den Außenwänden der 1553 begonnenen Kirche mit einem isabellinischen Hauptportal von Covarrubias sieht man Ketten von aus maurischer Gefangenschaft befreiten Christen.

Im von Juan Guas prächtig gearbeiteten Inneren sind besonders sehenswert die Friese mit von Adlern gehaltenen Wappen der Katholischen Könige im Querschiff, das Gewölbe der Chorgalerie und der Retablo von Felipe Vigarny und Francisco de Comontes.

Puente de San Martín

Der südöstlich anstoßende Kreuzgang (1504) ist eine der glänzendsten Schöpfungen des spätgotischen Stils in Spanien; er besitzt in der oberen Galerie eine kunstvolle Artesonado-Decke.

San Juan de los Reyes (Forts.)

Nordwestlich der Kirche führt ein Weg hinab zu dem 1102 erbauten stattlichen Doppeltor Puerta del Cambrón ('Dornbuschtor'), das auf die Westgoten zurückgeht und von den Mauren im 11. Jh. sowie noch einmal im 16. Jh. umgebaut wurde.

Puerta del Cambrón

Durch dieses Tor gelangt man unter der Umgehungsstraße hindurch zur außerhalb der Stadtmauern gelegenen Ermita del Cristo de la Vega. Hier stand schon im 4. Jh. ein Kirchlein, das nach 660 neu gebaut wurde, nachdem der hl. Leokadius hier dem hl. Ildefonso, Erzbischof von Toledo, erschienen sein soll. Von dieser Kirche ist noch die Apsis erhalten.

Ermita del Cristo de la Vega

Südwestlich von der Kirche San Juan und der Puerta del Cambrón gelangt man auf der aussichtsreichen Stadtmauer zum 30 m hohen Puente de San Martín (1212; im Jahre 1390 erneuert), der einen großartigen Blick in die Schlucht des Río Tajo bietet.

Puente de San Martín

**Rundfahrt um Toledo

Außerordentlich lohnend ist eine Rundfahrt um die Stadt, die von der Puerta Nueva de Bisagra auf dem Paseo de Recaredo an der Puerta Vieja de Bisagra und der Puerta del Cambrón vorbei zum Puente de San Martín führt; auf diesem überquert man den Río Tajo und fährt hinauf zur Höhe unweit westlich der Ermita Nuestra Señora de la Cabeza, von wo man eine prächtige Aussicht auf die Stadt hat. Entlang der Carretera de Circunvalación geht es auf der aussichtsreichen Höhe südlich über dem Tajotal und der Stadt hin zur Ermita de la Virgen del Valle, um dann nördlich in einer

Windung hinab zum Puente Nuevo (Neue Brücke) und noch etwas weiter am östlichen Flußufer zum Puente de Alcántara und zum Castillo San Servando zu kommen; von hier weiter auf die moderne Brücke Puente de Azarquiel zurück zum Ausgangspunkt.

Umgebung von Toledo

Durch die Mancha von Toledo

Illescas

Man verläßt Toledo durch die Vorstadt Las Covachuelas und folgt der Richtung Madrid führenden N-401 zum 34 km entfernten Illescas (588 m ü.d.M.), ein sehenswerter historischer Ort, in dem Karl V. mit dem nach der Schlacht von Pavia gefangengenommenen französischen König Franz I. zusammentraf. In der Kirche des Hospitals La Caridad kann man fünf Bilder von El Greco bewundern: "Verkündigung", "Christi Geburt", "Marienkrönung", "Nächstenliebe" und "San Ildefonso". Die Pfarrkirche besitzt einen sehr schönen mudéjaren Glockenturm.

Esquivias

Etwas nördlich des Ortes verläßt man die N-401 und folgt der nach rechts abzweigenden Nebenstraße zum nahen Esquivias, in dessen Kirche Santa María die Heiratsurkunde von Cervantes aufbewahrt wird.

Ocaña

Von Esquivias gelangt man auf die N-IV und über → Aranjuez erreicht man schließlich Ocaña (730 m ü.d.M.). Das alte Städtchen ist z.T. noch von verfallenen Mauern umgeben; außer der schmucken Plaza Mayor aus dem 18. Jh. besitzt der Ort mehrere beachtenswerte Kirchen, darunter San Juan, San Martín und Santa María aus der Renaissance sowie den isabellinischen Palast der Herzöge von Frias.

Quintanar de
la Orden

Von Ocaña erreicht man auf der nach Südosten strebenden N-301 über Villatobas und den Río Cígüela den Ort Quintanar de la Orden (691 m ü.d.M.), Das Städtchen des Santiago-Ordens liegt inmitten der getreide- und weinreichen Landschaft, in der Miguel de Cervantes die Handlung seines Romans "Don Quijote" angesiedelt hat.

El Toboso

Auf einer Nebenstraße zu erreichen ist das 9 km südlich gelegene Dorf El Toboso, die Heimat von Don Ouijotes Herzensdame Dulcinea; im Rathaus werden verschiedensprachige Ausgaben des Romans ausgestellt.

*Tembleque

Von Quintanar de la Orden kommt man auf der C-402 ins westlich gelegene Tembleque (oder von Ocaña auf der N-IV). Dieser typische Ort der Mancha kann eine hübsche Plaza Mayor (17. Jh.) mit dreifacher Arkadengalerie vorweisen, die über dem Eingang zur Plaza offen ist; beachtenswert sind auch der barocke Palacio de los Torres und die Pfarrkirche.

*Consuegra

Vorbei an typischen Windmühlen gelangt man nun auf der N-IV über Madridejos (674 m ü.d.M.) und von dort auf der nach Westen führenden C-400 zum 8 km entfernten Consuegra (704 m ü.d.M.), einst Mittelpunkt des Gebietes des Johanniter-Ordens, überragt von einer Burgruine und Höhen mit dreizehn Windmühlen, von wo man einen sehr schönen Blick auf die Mancha hat.

Mora

Die C-400 schlägt nun die Nordwest-Richtung ein und zieht an den Montes de Consuegra vorbei nach Mora (717 m ü.d.M.), ein Städtchen mit beachtenswerter gotischer Kirche und interessanten römischen Überresten.

Orgaz

Von hier aus erreicht man auf der C-402 das 10 km südwestlich gelegene Orgaz (744 m ü.d.M.). Schon von weitem sieht man die wuchtige Burg aus dem 14. Jh.; sehenswert auch eine römische Brücke und die typische Plaza Mayor.

Mühlen und Burg von Consuegra

Auf der C-401 fährt man nun von Mora zurück nach Toledo. Links abseits liegt das Castillo de Guadamur, eine sehr gut erhaltene, beeindruckende Burg aus dem 15. Jh., deren im Stil dieser Zeit eingerichtete Innenräume besichtigt werden können. ❋Castillo de Guadamur

Burgenroute

Auf der von Toledo nach Nordwesten ziehenden N-403 überquert man den Río Guadarrama und erreicht das malerische Torrijos (526 m ü.d.M.), in dem außer der spätgotischen Kirche mit einem schönen platteresken Portal noch der Palacio de Altamira sehenswert ist. Torrijos

In der Nähe führt von der Straße nach Toledo eine Nebenstraße nach Barcience. Die besonders hohe gotische Burg wurde im Laufe des 15. Jh.s errichtet. Barcience

Die N-403 erreicht das Straßenkreuz mit der N-V; jenseits hiervon liegt Maqueda (483 m ü.d.M.). In dem altertümlichen Städtchen kann man die Kirche Santa María (15./16. Jh.) mit einem Schnitzretablo von 1554 und das auf einem arabischen Vorgängerbau errichtete Castillo mit fünf Rundtürmen besuchen. Maqueda

Wenige Kilometer nördlich von Maqueda liegt der Ort Escalona, wo noch die Ruinen eines Alcázar aus dem 15. Jh. zu sehen sind. Escalona

Man folgt ab Maqueda der nach Südwesten strebenden N-V und gelangt über → Talavera de la Reina nach Oropesa (420 m ü.d.M.). Die kleine Stadt hat noch etwas mittelalterliche Atmosphäre und ist bekannt wegen ihrer Stickereien; das prächtige Castillo Duques de Frías (14. Jh.) ist heute Parador Nacional. Oropesa

Tolosa   H 2

Provinz: Guipúzcoa (SS)
Telefonvorwahl: 943
Höhe: 79 m ü.d.M.
Einwohnerzahl: 20 000

Lage und
Allgemeines

Die Stadt Tolosa, in schöner Lage im grünen Talkessel des Río Oria, in den
hier der Río Azpiroz mündet, war von 1844 bis 1854 Hauptstadt der Provinz Guipúzcoa (bask. Gipuzkoa). Sie ist heute ein Zentrum der Papierindustrie.

Sehenswertes

Santa María

Die Hauptfront der Kirche Santa María (16/17. Jh.) krönt eine Kolossalsta-
tue Johannes' des Täufers; der Glockenturm ist eine freistehende barocke
Mauer, in der die Glocken aufgehängt sind.

San Francisco

An der Straße nach Madrid steht die Kirche San Francisco (16. Jh.) die
einen Retablo von Bengoechea enthält.

Armería

In der Armería (Rüstkammer) aus dem 16. Jh. sieht man eine Sammlung
von Waffen.

Tordesillas   E 4

Provinz: Valladolid (VA)
Telefonvorwahl: 983
Höhe: 702 m ü.d.M.
Einwohnerzahl: 7500

Lage und
Allgemeines

Der auf einer Anhöhe über dem Río Duero gelegene alte kastilische Markt
Tordesillas ist ein bedeutender Straßenknotenpunkt und war einst häufig
Aufenthalt der spanischen Könige. 1494 einigten sich im Kloster Santa
Clara nach einem Schiedsspruch Papst Alexanders VI. die Kolonialmächte
Spanien und Portugal auf den Vertrag von Tordesillas, der die damals
bekannte Neue Welt und noch zu entdeckende Gebiete unter beiden Ländern aufteilte: Östlich einer Linie, die 370 Meilen westlich der Kapverdi-
schen Inseln von Pol zu Pol lief, sollten alle Ländereien an Portugal fallen,
alles westlich dieser Linie mit Ausnahme Brasiliens wurde Spanien zugeschlagen (—→ Geschichte, Karte S. 56).
Johanna die Wahnsinnige lebte nach dem Tod ihres Mannes bis zu ihrem
eigenen Ende im Kloster von Tordesillas. Die Stadt war auch Sitz der 'Heiligen Junta' der Comuneros im Aufstand gegen die spanische Zentral-
macht.

Sehenswertes

San Antolín

Die Kirche San Antolín aus dem 16. Jh., von einem anmutigen Turm überragt, ist heute ein Museum. Im Inneren befinden sich in der Capilla de Alderete ein beachtenswerter Retablo und das Grabmal des Stifters Pedro
González de Alderete, beides Werke von Gaspar de Tordesillas (1550).

*Real Monasterio
de Santa Clara

Das heutige Klarissenkloster war einst das Schloß von Alfons XI., der es im
14. Jh. erbauen ließ. Pedro el Cruel ('der Grausame') wählte es zum Wohnsitz der in illegaler Zweitehe mit ihm verheirateten María de Padilla und
gestaltete es in maurischem Stil um, wobei er sich vom Alcázar von

Patio Árabe im Real Monasterio

Santa Clara
(Fortsetzung)

⟶ Sevilla inspirieren ließ. Nach dem Tode Pedros bezogen die Klarissinnen das Gebäude.

Der maurische Einfluß zeigt sich besonders in den Hufeisen- und Zackenbögen im Patio Árabe und in der Kuppelkonstruktion der sich anschließenden Capilla Dorada, deren Freskenschmuck aus dem 16. Jh. stammt. In dieser sind auch verschiedene Gegenstände ausgestellt, darunter das Harmonium Johannas der Wahnsinnigen und ein flämisches Klavicord, auf dem auch Philipp II. und Karl V. gespielt haben sollen. Am prächtigsten ausgestattet ist die Capilla Mayor der gotischen Kirche, deren einzigartige Artesonado-Decke aus dem Thronsaal Alfons' XI. stammt. In der Capilla del Contador Saldaña befindet sich ein flämischer Retabel mit Malereien von Nicolás Francés.

*Artesonado-
Decke

Umgebung von Tordesillas

Villalar de
los Comuneros

Als Karl V. 1520 einen Flamen zum Gouverneur von Kastilien ernannte und übermäßig hohe Abgaben forderte, erhoben sich die kastilischen Städte unter Führung von Segovia und Toledo gegen diese Entscheidung. Bei dem 14 km nordwestlich von Tordesillas liegenden Städtchen Villalar de los Comuneros wurde am 23. April 1521 die entscheidende und für die Comuneros verhängnisvolle Schlacht geschlagen.

Toro   E 4

Provinz: Zamora (ZA)
Telefonvorwahl: 988
Höhe: 754 m ü.d.M.
Einwohnerzahl: 9800

Lage und
Allgemeines

Toro, auf einem steil zum Río Duero abfallenden Plateau gelegen, umgeben von Getreide- und Weinfeldern, bietet dem Besucher einige interessante Kirchenbauwerke. In der Nähe der Stadt verlor Juan de Beltranejo im Jahr 1476 die entscheidende Schlacht gegen das Heer von Ferdinand und Isabella und verlor damit auch seine Ansprüche auf die spanische Krone.

Sehenswertes

Santa María
la Mayor

Die Stiftskirche Santa María la Mayor ist das bedeutendste Kirchenbauwerk der Stadt. Die Arbeiten an der dreischiffigen Kirche zogen sich von ca. 1160 bis 1240 hin. Besondere Beachtung verdient das Westportal, der Pórtico de la Gloria, mit seinem überaus schönen Figurenschmuck aus dem 13. Jh., darunter auf der Mittelsäule die Jungfrau Maria, die himmlischen Heerscharen in den Bogenläufen, das Jüngste Gericht auf der äußersten Archivolte und die Marienkrönung im Tympanon. Die Bemalung wurde im 18. Jh. ausgeführt. Im Inneren der Kirche, das sein Licht durch zwei Fensterreihen in der Vierungskuppel erhält, ist in der Sakristei das Gemälde "La Virgen de la Mosca" von Fernando Gallego zu sehen, das als eines der besten Porträts von Isabella der Katholischen gilt. Ebenfalls in diesem Raum wird ein italienischer Kalvarienberg aus Elfenbein gezeigt. In der Capilla Mayor gotische Grabmäler.

San Lorenzo

Die einschiffige Backsteinkirche San Lorenzo ist ein sehr gut erhaltenes romanisches Bauwerk mit deutlichen Mudéjar-Elementen wie dem Sägezahnfries in den Blendarkaden. Der Retablo aus dem 15. Jh. stammt von Fernando Gallego.

Sancti
Spiritus

Im zu Beginn des 14. Jh.s gegründeten Kloster Sancti Spiritus mit einem Kreuzgang aus dem 16. Jh. ist in einem prächtigen Alabastergrabmal Beatriz von Portugal bestattet, die Witwe von Juan I. von Kastilien.

Profanbauten

Unter den Profanbauten der Stadt sind zu nennen der Palacio de las Leyes (de las Cortes), wo 1505 die Cortes, die spanische Ständeversammlung, zusammentrat, sowie die Stadttore und das 1778 erbaute Rathaus.

Torremolinos   F 9

Provinz: Málaga (MA)
Telefonvorwahl: 952
Höhe: 40 m ü.d.M.
Einwohnerzahl: 40 000

Badeort

Torremolinos ist ein vielbesuchtes, besonders vom organisierten Massentourismus bevorzugtes Seebad an der Küstenstraße N-340, die → Málaga mit → Algeciras verbindet. Das ausgezeichnete Klima verdankt dieser Badeort mit seinem fast 9 km langen Strand inmitten einer weiten Bucht dem Schutz der Sierra Tejada im Norden und der im Westen aufragenden Sierra Nevada.

Am Strand von Torremolinos ist man selten allein

Eine kilometerlange Reihe von Betonburgen der zahlreichen Hotels, Appartement-Hochhäuser und Vergnügungsstätten bestimmen heute das Bild dieses Ortes an der Costa del Sol, der im 19. Jh. aus einer neben den Türmen und Mühlen gegründeten Siedlung hervorging, die Torremolinos den Namen gaben. Das Zentrum des Ortes wird durch das Leben um die alte Straße San Miguel bestimmt, und aus den beiden früheren Fischervierteln La Carihuela und El Bajondilla wurden inzwischen Siedlungsgebiete und Ferienzentren.
In der näheren Umgebung von Torremolinos befinden sich zahlreiche Urbanisationen mit Ferienwohnungen, die das Gebiet zusammen mit → Fuengirola und dem sich nördlich anschließenden → Málaga zu einem der größten Tourismuskomplexe Europas gemacht haben – auch wenn eine Kläranlage bis heute fehlt.

Torremolinos (Fortsetzung)

Alle Arten des Wassersports, Sport- und Unterwasserfischerei (Verleih von Booten und Ausrüstungen), Segeln, ein Weinmuseum, ein Wachsfiguren-Kabinett, ferner Stierkampf, Golf, Tennis und Reiten werden als Zeitvertreib angeboten.

Sport und Freizeit

Tortosa   L 5

Provinz: Tarragona (T)
Telefonvorwahl: 977
Höhe: 10 m ü.d.M.
Einwohnerzahl: 31 000

Der Ort Tortosa ist eine alte Bischofsstadt am Río Ebro, zwischen hohen Bergen vor dem Delta des Ebro gelegen und von den Ruinen einer arabischen Festung überragt. Er ist vermutlich das römische 'Derosa', eine

Lage und Allgemeines

Tortosa am Río Ebro

Lage und Allgemeines (Fortsetzung)	Gründung von Scipio Africanus auf den Trümmern des iberischen Hibera. Nach der Eroberung durch die Mauren wurde Tortosa 1148 von Ramón Berenguer wieder zurückgewonnen. In der Umgebung der Stadt tobte 1938 vier Monate lang die Ebro-Schlacht, eine der blutigsten Auseinandersetzungen des Bürgerkrieges, bei der 150 000 Menschen ihr Leben verloren. Die Stadt lebt heute von Landwirtschaft (Oliven, Reis, Zitrusfrüchte) und auch vom Tourismus.

Sehenswertes

Kathedrale	Die Kathedrale, 1347 bis 1557 erbaut, besitzt einen maurischen Turm und eine klassizistische Fassade, dennoch ist ihr Inneres überraschend einheitlich gotisch gestaltet. Das Chorgestühl wurde 1588 gefertigt; der Retablo am Hauptaltar ist ein Werk von Jaime (katal. Jaume) Huguet. Weiterhin auffallend sind zwei Steinkanzeln mit Reliefs der Evangelisten bzw. Kirchenväter sowie ein Taufbecken, das das Wappen des Gegenpapstes Benedikt XIII. trägt und dessen Relief das Kirchenschisma symbolisch darstellt (Umgebung → Castellón de la Plana, Peñiscola). Links des Taufsteins die mit Marmor und Jaspis ausgestattete Capilla de Nuestra Señora de la Cinta (katal. Mare Déu de la Cinta) aus dem 18. Jh., in der als Reliquie der angebliche Gürtel Marias verwahrt wird. Durch eine barocke Seitentür kommt man in den aus dem 13. Jh. stammenden Kreuzgang.
Palacio Episcopal	Der 1316 erbaute Palacio Episcopal (Bischofspalast) besitzt einen Patio in typischer katalanischer Gotik mit zwei Galerieetagen und einer schönen Hauskapelle im oberen Umgang.
Colegio de San Luis	Karl V. veranlaßte 1544 den Bau des Colegio San Luis, in dem junge Morisken (zum Christentum konvertierte Mohammedaner) erzogen werden soll-

ten. Es besitzt einen schönen Innenhof mit drei Umgängen, an denen man die Büsten der Könige von Aragón erkennt.

In der aus dem 16. Jh. stammenden Kirche Santo Domingo sind heute das Archiv der Stadt und das Museo Municipal eingerichtet.

Santo Domingo

Trujillo   E 6

Provinz: Cáceres (CC)
Telefonvorwahl: 927
Höhe: 485 m ü.d.M.
Einwohnerzahl: 11 000

Aus dem römischen 'Turgalium' hervorgegangen, von den Mauren fünf Jahrhunderte lang beherrscht, wurde Trujillo im 13. Jh. von den Christen wieder zurückerobert. Die Stadt nennt sich heute die 'Wiege der Konquistadoren', denn aus ihr stammen zahlreiche Männer, die in der Neuen Welt ihr Glück suchten und Spanien riesige Landstriche eroberten. Allen voran zu nennen ist Francisco Pizarro, der 1475 in der Stadt geborene berüchtigte Eroberer von Peru; auch Francisco de Orellana, der als erster den Amazonas befuhr, der bärenstarke 'Simson der Estremadura' Diego García Paredes, Offizier Karls V., der die Stadt Trujillo in Venezuela gründete, und Nuflo de Chaves, Gründer des bolivianischen Santa Cruz, kamen in Trujillo zur Welt. Sie selbst und ihre Nachfahren brachten Teile ihres Reichtums in ihre Heimatstadt zurück und ließen große Paläste bauen, die das Bild der Stadt nachhaltig prägen.

Lage und
Allgemeines

*Stadtbild

Um die Plaza Mayor

Mittelpunkt der Altstadt ist die Plaza Mayor, in deren Mitte sich ein neuzeitliches (1927) Reiterstandbild Pizarros erhebt. Der Platz ist umgeben von mehreren Palästen der Konquistadorenfamilien.

Plaza Mayor

Die Südostecke des Platzes nimmt der Palacio de Piedras Albas ein, ein gotischer Bau mit Renaissancegalerie.

Palacio de
Piedras Albas

Es folgt in der Nordostecke der Palacio de San Carlos, der heute ein Nonnenkloster ist. Hervorstechend an dem Renaissancebau mit zweistöckigem Patio ist über einem Eckbalkon der doppelköpfige Adler, das Wappen der Familie Vargas-Carvajal.

Palacio de
San Carlos

Daneben steht etwas erhöht die mit zwei ungleichen Türmen ausgestattete Kirche San Martín (15./16. Jh.), in der die Gräber der Konquistadoren Orellana und Vargas-Carvajal zu sehen sind.

San Martín

Am erhöht liegenden Teil der Plaza befindet sich die Casa de la Cadena ('Haus der Ketten'), Sitz der Familie Chaves-Orellana; in der Gasse dahinter erhebt sich der Torre de Alfiler ('Nadelturm').

Casa de
la Cadena

Über die Freitreppe gelangt man wieder hinunter auf die Plaza und erkennt in deren Südwestecke den plataresken Palacio de la Conquista, der prächtigste der Paläste um den Platz. Zwölf die Monate symbolisierende Statuen zieren den Dachsims, die Fenster sind kunstvoll vergittert. Hernán Pizarro, Bruder und zugleich Schwiegersohn von Francisco Pizarro, ließ den Palast errichten. Zu beiden Seiten des Eckfensters erkennt man die Büsten Francisco Pizarros und seiner Frau, der Inkaprinzessin Yupanqui, ihrer Tochter Juana und schließlich das Porträt von Hernán Pizarro, der seine eigene Nichte heiratete. Über dem Fenster das prächtige Familienwappen.

Palacio de
la Conquista

Palacio de la Conquista

Pizzaro-Denkmal

Palacio
Orellana-Pizarro

Am Palacio de la Conquista vorbei in westlicher Richtung erreicht man den Palacio Orellana-Pizarro, dessen Renaissancefassade von zwei Türmen flankiert wird.

Innerhalb der Stadtmauer

Palacio de
Escobar

Vom Palast der Orellana-Pizarro gelangt man zur gotischen Puerta de San Andrés, durch die man den von der Stadtmauer umschlossenen Teil der Altstadt betritt, in dem sich wiederum zahlreiche Paläste finden. Gleich rechts vom Tor an einer kleinen Plaza der Palacio de Escobar aus dem 15. Jahrhundert.

Alberca

Schräg gegenüber des Palastes entdeckte man die Reste einer römischen Badeanstalt aus der Zeit des Augustus. Zu sehen ist noch die 11 m tiefe Zisterne.

Santa María
la Mayor

Weiter nördlich kommt man links zur gotischen Hauptkirche Santa María la Mayor (13. Jh.), die die Grabmäler des 1466 in Trujillo geborenen Diego García de Paredes und von Juana Yupanqui, der Tochter Francisco Pizarros und gleichzeitig seine Schwägerin, bergen. Die Gemälde des Retablo stammen von Fernando Gallego. Am Kirchenplatz steht auch das Geburtshaus von Francisco de Orellana.

Santiago

In der Kirche Santiago (12. Jh.) findet man eine Statue des hl. Jakobus, des Schutzheiligen der Stadt, und einen gotischen Retablo. Bei der Kirche öffnet sich das Stadttor Arco de Santiago.

Castillo

Von der Kirche kann man zum Castillo aufsteigen, in maurischer Zeit auf römischen Resten errichtet und im 15. und 16. Jh. zu seiner heutigen Gestalt ausgebaut.

Tudela

Provinz: Navarra (NA)
Telefonvorwahl: 948
Höhe: 275 m ü.d.M.
Einwohnerzahl: 26 000

Das am rechten Ufer des Río Ebro gelegene Tudela ist die zweitgrößte Stadt der Provinz Navarra und Hauptort der Region Ribera. Die Stadt ist eine maurische Gründung des Lehnsmannes Amrús des Kalifen von Córdoba aus dem Jahr 802. Nach der Eroberung durch Alfons I. im Jahr 1119 war Tudela bis zum 16. Jh. ein glänzendes Beispiel für das friedliche Nebeneinander von Christen, Mohammedanern und Juden, die in teilweise heute noch zu erkennenden eigenen Vierteln lebten. Aus der jüdischen Gemeinde gingen so berühmte Männer wie der Rabbiner und Geograph Benjamin von Tudela, der Dichter Abraham ben Ezra und der Philosoph Jehuda Halevi hervor. Erst 1512 gab Tudela den Widerstand gegen die Eingliederung ins kastilische Reich auf.

Lage und Allgemeines

Sehenswertes

Bedeutendstes Bauwerk der Stadt ist die Kathedrale, im 12. und 13. Jh. im Übergang von der Romanik zur Gotik anstelle einer Moschee erbaut. Sie wird überragt von einem achteckigen Glockenturm und einem zweiten Turm mit Spitzhaube. Das Westportal trägt in den acht Archivolten eine großartige Figurengruppe, die das Jüngste Gericht darstellt. Im Inneren sind besonders zu nennen der von Diego Díaz de Oviedo 1489 bis 1494 gemalte Retablo, Reste romanischer Wandmalereien, die romanische Figur der Santa María la Blanca, das prächtige Chorgestühl und die in überschwenglichem Barock ausgestattete Capilla Santa Ana. In der Capilla de Nuestra Señora de la Esperanza sind in meisterlichen Sarkophagen des 15. Jh.s der navarresische Kanzler Francisco Villaespesa und seine Frau Isabel de Ujué begraben. Im romanischen Kreuzgang sind an den Säulenkapitellen schöne Skulpturen zu bewundern.

Kathedrale

Sehenswert ist auch die Kirche La Magdalena (13./16.Jh.) mit einem sehr schönen Portal des 12. Jh.s und einem bemerkenswerten Retablo des 16. Jh.s im Inneren.

La Magdalena

Die Kirche San Nicolás ist ein Backsteinbau mit romanischem Portal, sie zeigt weitgehend das Gesicht des Umbaus im 18. Jh.; im Inneren befand sich das Grab des Königs Sancho el Fuerte (gest. 1234), bevor es nach Roncesvalles (Umgebung von ⟶ Pamplona) gebracht wurde.

San Nicolás

Unweit der Kathedrale verdient in den engen Gassen die bemalte Fassade der Casa del Almirante (16. Jh.) Beachtung, wo atlantenähnliche menschliche Figuren zwei Balkone tragen.

Casa del Almirante

Die Plaza de los Fueros, mit einem Musikpavillon in ihrer Mitte, ist das Zentrum der Stadt. An ihr erhebt sich als schönstes Gebäude die Casa del Reloj mit ihrem kleinen Uhrturm.

Plaza de los Fueros

Túy / Tui

Provinz: Pontevedra (PO)
Telefonvorwahl: 986
Höhe: 45 m ü.d.M.
Einwohnerzahl: 16 000

Túy wird von seiner Kathedrale überragt

Lage und Allgemeines	Die malerisch auf einem Hügel über dem rechten Ufer des Río Miño (galic. Minho) gelegene alte spanische Grenzstadt Túy (galic. Tui) hat ihren Ursprung in der iberischen Siedlung 'Tude', die nach langem Widerstand schließlich doch von den Römern kolonisiert wurde. Die Westgoten machten sie im 8. Jh. zur Residenz des galicischen Königreiches. Im 11. Jh. geriet die Stadt vorübergehend unter die Herrschaft des Wikingers Olof, bis sie unter Alfons V. dem spanischen Reich einverleibt wurde. Túy ist bedeutend als Grenzstelle nach Portugal. Die Grenze bildet der Río Miño, der von einer 333 m langen Eisengitterbrücke überspannt wird.

Sehenswertes

Kathedrale	Die Stadt wird überragt von einer zweitürmigen, festungsartigen Kathedrale aus dem 11./13.Jh., die romanisch begonnen und später mehrmals verändert wurde. Die an der Westseite liegende Vorhalle weist ein spitzbogiges gotisches Hauptportal (14.Jh.) auf, in dessen Tympanon die Anbetung der Hirten und der Hl. Drei Könige zu sehen ist. Die Seitenwände tragen schön skulptierte Figuren. Im Innern befinden sich mehrere Grabmäler der Gotik und der Renaissance und das Chorgestühl mit interessanten Schnitzarbeiten, die das Leben des hl. Telmo, Schutzpatron der Stadt, darstellen. Der Kreuzgang ist ebenfalls gotisch. Man kann den Wehrgang der Kirche besteigen.
San Telmo	San Telmo war ein portugiesischer Dominikaner, der 1240 in Túy starb. Die ihm geweihte Kirche liegt unweit des Nordportals der Kathedrale und stammt vom Ende des 16. Jh.s; die Überreste des Heiligen werden in der Kirche als Reliquie verehrt.
San Bartolomé	Etwas außerhalb des Zentrums kommt man zur dreischiffigen Kirche San Bartolomé aus dem 10. Jh., somit eine der ältesten Kirchen Galiciens.

Úbeda G 7

Provinz: Jaén (J)
Telefonvorwahl: 953
Höhe: 757 m ü.d.M.
Einwohnerzahl: 29 000

Von ausgedehnten Olivenpflanzungen umgeben liegt die Stadt Úbeda, das maurische 'Obdah', unweit des oberen Río Guadalquivir. Ihrer zahlreichen Baudenkmäler aus der Renaissance wegen, die ein außergewöhnlich geschlossenes Stadtbild formen, wird sie auch das 'andalusische Salamanca' genannt. Nach der Rückeroberung durch christliche Heere 1234 war Úbeda einer der Hauptstützpunkte im Kampf um Andalusien gegen die Mauren.

Lage und
Allgemeines

*Stadtbild

Sehenswertes

Die Plaza de Vázquez Molina ist der langgestreckte, prächtige Hauptplatz am Rand der Altstadt, den schöne Renaissancebauten umstehen.

***Plaza de
Vázquez Molina**

Herausragendstes Gebäude ist an der Nordostseite die einschiffige Renaissancekirche El Salvador, die in der ersten Hälfte des 16. Jh.s nach Plänen von Diego de Siloë von Andrés de Vandelvira erbaut wurde. Die figurengeschmückte Hauptfassade flankieren zwei niedrige Rundtürme. Die große, halbrunde Capilla Mayor, auch von außen beeindruckend groß, birgt unter ihrer hohen Kuppel hinter einem prächtigen Chorgitter einen Retablo, dessen Schnitzfigur "Verklärung Christi" von Alonso de Berruguete gearbeitet wurde. Nicht minder prachtvoll gestaltete Vandelvira die Sakristei.

*El Salvador

El Salvador   *Parador in der Sierra de Cazorla*

Úbeda

Casa de las Cadenas	Vorbei an dem rechts liegenden, in einem alten Adelspalast eingerichteten Parador Nacional 'Condestable Dávalos', erreicht man ebenfalls an der rechten Platzseite die Casa de las Cadenas, das heutige Rathaus. Auch dieses Gebäude wurde von Vandelvira errichtet; zwei einen Wappenschild haltende Löwen bewachen den Eingang.
Palacio Marqués de Mancera	Schräg gegenüber vom Rathaus, an der linken Seite des sich nach Südosten öffnenden Platzteils, ließ sich der Marqués de Mancera, Vizekönig von Peru, im 16. Jh. einen Stadtpalast bauen.
Santa María de los Reales Alcázares	An der Stirnseite dieses Teils des Platzes sieht man die zwei schmalen Glockentürme der Kirche Santa María de los Reales Alcázares. Die mehrfach umgebaute Kirche enthält reiche gotische Kapellen und Renaissance-Chorgitter von Maestro Bartolomé aus Jaén.
Carcel	Links neben der Kirche das ehemalige Gefängnis Cárcel del Obispo.
San Pablo	Nördlich der Plaza de Vázquez Molina erhebt sich auf der Plaza 1 de Mayo die Kirche San Pablo, ein Bauwerk aus der Zeit der Reconquista mit einer Apsis von 1380. Das Hauptportal zeigt noch romanische Anklänge, während das Südportal isabellinisch ist. An der Außenwand ist ein Brunnen von 1559 in die Wand eingelassen. Im Inneren verdient die platereske Capilla del Camarero Vago besondere Beachtung.
Hospital de Santiago	Etwas außerhalb des Zentrums, im Westen der Stadt, findet man in der Calle Obispo Cobos das Hospital de Santiago, einen langgestreckten schlichten Bau, den Vandelvira 1587 schuf.
	Bei einem Spaziergang durch die Gassen der Stadt wird man noch weitere, meist das Wappen der Familien tragende Paläste entdecken.

Umgebung von Úbeda

Canena	10 km westlich von Úbeda liegt das Städtchen Canena, dessen arabisches Castillo im 16. Jh. von Vandelvira zu einem Palast mit einem schönen Hof umgebaut wurde.
Sabote	Sabote, 9 km nordöstlich am Rand einer Hochebene gelegen, besitzt ein großes arabisches Castillo, eine von Vandelvira gestaltete Kirche aus dem 16. Jh. und ein Karmelitinnenkloster.
Toya	Auf der C-325 und später auf der C-328 erreicht man 40 km südöstlich von Úbeda den Ort Peal de Becerro. Von dort führt eine Nebenstraße wenige Kilometer südlich nach Toya, wo ein iberisches Gräberfeld aus dem 7. bis 5. Jh. v. Chr. besichtigt werden kann.
Quesada	Die C-323 erreicht nach 12 km in südöstlicher Richtung Quesada, ein typisches andalusisches Dorf, das mit dem Museo Zabaleta über die vollständigste Sammlung von Werken dieses Malers verfügt.
*Sierra de Cazorla	Von Peal de Becerro sind es auf der C-328 noch 15 km bis zu dem malerischen, von steilen Gipfeln überragten Cazorla, Hauptort des Gebirgszuges Sierra de Cazorla, in der der Guadalquivir entspringt. Cazorla eignet sich hervorragend als Ausgangspunkt für Bergtouren in die Sierra und in den Naturpark Coto Nacional de Cazorla. Auch eine schmale Straße führt über den 1290 m hohen Puerto de las Palomas durch die herrliche Bergwelt (Übernachtungsmöglichkeit im Parador Nacional 'El Adelantado') und die Schlucht des Guadalquivir nach Villacarillo, von wo es noch 35 km zurück nach Úbeda sind.
Baeza	→ dort

Valencia

Provinz: Valencia (V)
Telefonvorwahl: 96
Meereshöhe
Einwohnerzahl: 752 000

Unweit vom Mittelmeer in der fruchtbaren Huerta de Valencia liegt am rechten Ufer und auf dem Schwemmland des Río Turia, des Guadalaviar ('weißer Fluß') der Araber, Valencia, die alte Hauptstadt des Königreichs Valencia und heute Hauptstadt der Provinz. Die drittgrößte Stadt Spaniens ist Sitz eines Erzbischofs und einer Universität. Valencia bietet mit seinen belebten, von den bunten Azulejoskuppeln vieler Kirchen überragten Straßen ein typisches Bild südlichen Lebens, das schon im Altertum als 'ein auf die Erde gefallenes Stück Himmel' bezeichnet wurde. Das Klima ist ungemein mild und vorherrschend trocken.

Der 4 km östlich von der Stadtmitte gelegene Hafen El Grao dient vor allem der bedeutenden Ausfuhr landwirtschaftlicher Produkte (Orangen, Wein, Rosinen, Öl und Reis), welche die Huerta liefert. In dieser Zone hat sich auch eine vielfältige Industrie mit Metallverarbeitung, Werften, Chemie- und Textilfabriken angesiedelt.

Alljährlich im März findet ein Fest zu Ehren von San José statt, zugleich Frühlingsfest, an dem große Aufbauten ('fallas') mit Stoff- und Pappfiguren ('ninots') in den Straßen errichtet und am letzten Tag um Mitternacht verbrannt werden.
Der Brauch stammt aus dem Mittelalter, als die Zimmerleute und andere Handwerker jedes Jahr am Josephstag ihre Holzabfälle und Lampenständer verbrannten.

Nur Pappe: Figuren der Fallas

Valencia

Eine griechische Gründung, wurde Valencia später karthagisch und im 2. Jh. v. Chr. als 'Valentia' römische Kolonie, die unter Augustus zu hoher Blüte gelangte. Im Jahre 413 n. Chr. kam die Stadt an die Westgoten, 714 an die Mauren, die sie 'Medina-bû-tarab' ('Stadt der Freude') nannten. Nach dem Verfall des Kalifats von Córdoba wurde Valencia 1021 mit dem ganzen Küstenland ein selbständiges Königreich, das 1092 den Almoraviden zufiel. Unter El Cid eroberten die Christen die Stadt 1094, doch kam sie 1102 erneut in die Hände der Mauren und wurde unter Muhammed Ibn Said Hauptstadt eines maurischen Reiches, bis sie 1238 Jaime I. von Aragón ('Jaime el Conquistador') zurückeroberte. Im 18. Jh. schlug sich Valencia auf die Seite des Erzherzogs von Österreich, 1808 erhob sich die Stadt gegen die Franzosen. Während des Bürgerkriegs war Valencia von 1936 bis 1937 Sitz der Regierung der Republik; als letzte Bastion der Republik fiel es am 30. März 1939, zwei Tage nach Madrid.

Um die Plaza del Ayuntamiento

Mittelpunkt des Verkehrs und des öffentlichen Lebens ist die langgestreckte Plaza del Ayuntamiento mit ihrer bewundernswerten Brunnen-

1 N. Sra. de los Desamparados
2 San Esteban

3 Palacio del Marqués
Dos Aguas

4 Corpus Christi

5 Colegio del Patriarca

Blick auf Valencia

anlage, umgeben von verschiedenen Hotels, Cafés und Geschäftshäusern. Hier wird regelmäßig ein schöner Blumenmarkt abgehalten.

Plaza del Ayuntamiento (Forts.)

An der Westseite erhebt sich das Ayuntamiento (Palacio Consistorial; Rathaus). Es enthält die Stadtbibliothek und das Museo Histórico Municipal, das Gemälde, Waffen, Schmuckgegenstände und eine wertvolle Büchersammlung besitzt.

Ayuntamiento

Unweit südlich liegt an der breiten Ringstraße neben der Estación del Norte die Plaza de Toros, mit 18 000 Plätzen eine der größten Stierkampfarenen Spaniens, der das interessante Museo Taurino (Stierkampfmuseum) angeschlossen ist.

Plaza de Toros

An der Nordspitze der Plaza del Ayuntamiento kreuzt man bei einem hohen Geschäftshaus die Calle San Vicente, die besonders in ihrem nördlichen Teil sehr belebte Hauptstraße der Stadt.

Calle San Vicente

*Kathedrale

Die Calle San Vicente mündet nördlich auf die Plaza de la Reina, den Mittelpunkt der Altstadt.

Nördlich des Platzes wurde in den Jahren 1252 bis 1482 an Stelle einer Moschee die Kathedrale (La Seo) errichtet, ein äußerlich überwiegend gotischer, stattlicher Kirchenbau mit barocker Fassade. An der Südwestecke der Kirche erhebt sich der 68 m hohe, unvollendet gebliebene Glockenturm Torre del Miguelete ('Micalet'), mit der gleichnamigen, am Michaelstag getauften Wasserglocke, deren Klang früher die Bewässerung der Huerta regelte; von der Aussichtsplattform in 50 m Höhe (Zugang vom linken Seitenschiff der Kathedrale) bietet sich ein prächtiger Blick auf die

*Torre del Miguelete

Kathedrale (Fortsetzung)	Stadt. Am östlichen Querschiff öffnet sich die romanische Puerta del Palau, am westlichen die mit Skulpturen geschmückte gotische Puerta de los Apóstoles, über der eine Fensterrose des 14. Jh.s schwebt. Jeden Donnerstagmorgen trifft sich vor diesem Tor das Wassergericht ('Tribunal de las Aguas'), um über Streitigkeiten um die Wasserrechte in der Huerta zu entscheiden.
Innenraum	Das Innere der Kathedrale (98 m lang), im 18. Jh. vollständig erneuert, enthält zahlreiche kostbare Gemälde, so u.a. von Goya in der zweiten Kapelle im rechten Seitenschiff und von Palomino. Im Chor ein schönes Gestühl (16. Jh.); über der Vierung beachte man die mächtige achteckige Kuppel (Cimborio). In der Capilla Mayor steht ein prachtvoller Hochaltar des 15. Jh.s mit beachtenswerten, 1509 von dem Leonardo-Schüler Fernando de Llanos und von Fernando Yáñez de la Almedina gemalten Flügelbildern. Hinter der Capilla Mayor sollte man das Kruzifix von Alonso Cano in der Capilla de la Buen Muerte und daneben einen Alabasteraltar betrachten, zu dem auch als Reliquie ein Unterarm von San Vicente Mártir gehört.
*Capilla del Santo Cáliz	Vom rechten Seitenschiff betritt man die Capilla del Santo Cáliz, den 1369 erbauten alten Kapitelsaal, den ein sehr schönes gotisches Sterngewölbe abschließt. Die Kapelle birgt den mit Rubinen und Perlen besetzten Santo Cáliz ('Heiliger Kelch'), der als Kelch des letzten Abendmahls gilt und von manchen auch als der sagenhafte Gral angesehen wird, mit dem das Blut Christi aufgefangen wurde. Das Gefäß war bis zum 15. Jh. in dem Pyrenäenkloster San Juan de la Peña (Umgebung von → Jaca) aufbewahrt. Im Kathedralmuseum sieht man u.a. Gemälde von Juan de Juanes und anderen Künstlern der Valencianer Schule sowie von Zurbarán.

Westlich der Kathedrale

Santa Catalina	An der Westseite der Plaza de la Reina sieht man die Kirche Santa Catalina, einen gotischen Bau mit reich verziertem sechseckigem Glockenturm.
*Lonja de la Seda	Weiter westlich steht an der langgestreckten Plaza del Mercado (früher Schauplatz von Turnieren und Festen) die Lonja de la Seda ('Lonja de las Mercaderes'), die Seidenbörse, an der die weit in Europa verkaufte Valencianer Seide gehandelt wurde. Der 1498 an Stelle eines maurischen Alcázar fertiggestellte, prächtige spätgotische Bau ist mit besonders reichen Portalen und Fensterdekorationen sowie schönen Wasserspeiern ('gárgolas') ausgestattet. Der sehenswerte Börsensaal besitzt ein reiches Sterngewölbe, das von spiralartig gewundenen Säulen getragen wird; vom Saal kann man auf 144 Stufen den Turm besteigen.
Mercado Central	Am selben Platz sollte man den 1928 vollendeten Mercado Central (Zentralmarkt) besuchen. Die Markthalle ist reich mit Azulejos ausgestattet und bietet an etwa 1300 Verkaufsständen alle Köstlichkeiten Spaniens.
Los Santos Juanes	Direkt bei der Markthalle steht die Kirche Los Santos Juanes (1368) mit schöner Fassade und einem Deckengemälde von A. Palomino, beides um 1700 entstanden.
San Nicolás	Nördlich der Plaza del Mercado wurde an der Stelle einer Moschee die Kirche San Nicolás erbaut, die in der Taufkapelle von Rodrigo de Osona eine Darstellung der Kreuzigung und in einer Seitenkapelle links einen Retablo von Juan de Juanes besitzt.

Südöstlich der Kathedrale

San Martín	Südlich der Plaza de la Reina liegt an der Calle San Vicente die gotische Kirche San Martín (1372), deren Barockportal eine bronzene Reiterstatue des hl. Martin krönt, ein niederländisches Werk aus dem 15. Jahrhundert.

Kathedrale

Lonja

Unweit östlich der Kirche San Martín kommt man zum im 18. Jh. erbauten stattlichen Palacio del Marqués de Dos Aguas, den man durch ein figurenreiches Alabasterportal von Ignacio Vergara betritt. Der Palast ist Heimstatt des Museo Nacional de Cerámica, des ersten Keramikmuseum Spaniens. Es wurde 1947 auf dem Grundstock der Sammlung González Martí gegründet und besitzt über 5000 Stücke der traditionellen volkstümlichen Töpferkunst: aus Valencia und Umgebung (Alcora, Paterna, Manises), Azulejos aus Teruel, Fayencen aus Toledo und Sevilla, griechische, römische und arabische Stücke, auch chinesisches und japanisches Porzellan, moderne Arbeiten von Mariano Benlliure und Picasso. Das Glanzstück des Museums ist eine vollständig mit Fliesen verkleidete und komplett mit allen Geräten ausgestattete Valencianer Küche vom Anfang des 19. Jahrhunderts.

*Museo Nacional de Cerámica

Südlich vom Museum sieht man in der Kirche San Andrés, 1686 an Stelle einer Moschee erbaut, zahlreiche Gemälde valencianischer Meister sowie handgemalte Azulejos aus Manises.

San Andrés

Von der Kirche gelangt man östlich zu dem nahen Colegio del Patriarca. Es wurde von 1586 bis 1610 als Seminargebäude für das von Juan de Ribera, Erzbischof und Vizekönig von Valencia, gegründete Priesterseminar im Stil der Renaissance mit arkadenumgebenem Hof erbaut. In der Capilla de la Concepción werden wertvolle flandrische Wandteppiche des 16. Jh.s ausgestellt; im ersten Stock sind in der Wohnung des Rektors eine beachtliche Sammlung alter Meister (u.a. Dierick Bouts, van der Weyden, Juanes, Ribalta, Morales, El Greco) und ferner prachtvolle Brüsseler Teppiche zu besichtigen.

*Colegio del Patriarca**

Die Südecke des Gebäudes nimmt die Kirche Corpus Cristi (1586) ein, an deren Hochaltar ein hervorragendes Abendmahlgemälde von Ribalta (1606) angebracht ist. Sehr eindrucksvoll ist das jeden Freitag gegen 10 Uhr stattfindende Miserere, bei dem das Hochaltarbild Ribaltas ver-

Corpus Cristi

Plaza del Ayuntamiento

Corpus Cristi
(Fortsetzung)

schwindet und hinter einem Vorhang, der plötzlich zerreißt, ein hölzernes Kruzifix erscheint; dieses ist angeblich eine deutsche Arbeit des 16. Jahrhunderts.

Universidad

Dem Colegio südlich gegenüber liegt die Universität, an Stelle älterer Bauten 1830 errichtet, mit wertvoller Bibliothek, etwa 87 000 Bände umfassend, darunter zahlreiche Inkunabeln und Handschriften.

Convento de
Santo Domingo

Von der Universität gelangt man östlich Richtung Flußbett zur um einen Triumphbogen angelegten Plaza Porta de la Mar und von dort zum nördlich liegenden Kloster Santo Domingo, dessen Kirche (oder auch Capilla San Vicente Ferrer), Ende des 18. Jh. erneuert, man durch das beachtenswerte Portal neben dem unvollendeten Turm betritt; im Inneren rechts enthält die Capilla de los Reyes (15. Jh.) das Grabmal des Marschalls Rodrigo Mendoza. Ein Teil des Klosters gehört heute zu einer Kaserne, so auch der Kreuzgang.

Nördlich der Kathedrale

Capilla de
Nuestra Señora de
los Desamparados

Mit der Nordseite der Kathedrale ist mit einem Bogen verbunden die Capilla de Nuestra Señora de los Desamparados, 1667 erbaut. Das geschnitzte Marienbild von 1416 am Hauptaltar ist die 'Beschützerin der Obdachlosen', Schutzpatronin Valencias. Den Freskenschmuck schuf Palomino.

Almudín

Nordöstlich der Kapelle ist in dem ehemaligen Kornhaus Almudín das Museo Paleontológico (Paläontologisches Museum) eingerichtet, das eine Sammlung urweltlicher Tierreste aus Südamerika zeigt.

*Palacio de
la Generalidad

Unweit nordwestlich der Kathedrale liegt in der Calle de Caballeros der Palacio de la Generalidad (Audiencia), das 1510–1579 errichtete ehemalige Abgeordnetenhaus des Königreiches Valencia, heute Diputación Provincial. Herausragend sind die prunkvollen Räume, besonders im ersten Stock der Salón de Cortes (Sitzungssaal) mit Kassettendecke und gekacheltem Fries sowie die Sala Dorada mit einer prächtigen Artesonado-Holzdecke. Palacio de la Generalidad (Fortsetzung)

Am Nordrand der Innenstadt erheben sich die Torres de Serranos, das alte nördliche Stadttor, 1398 auf römischen Grundmauern erbaut und 1930 wiederhergestellt; von den mächtigen Türmen hat man einen guten Blick auf die Stadt. In den Türmen ist vorläufig das Museo Marítimo eingerichtet, das im Meer gefundene antike Objekte ausstellt. *Torres de Serranos

*Museo Provincial de Bellas Artes

Nördlich der Türme überquert man den meist trockenen Río Turia auf dem Puente de Serranos und kommt am jenseitigen Ufer zur Plaza de Santa Mónica mit der gleichnamigen Kirche. Man wendet sich nach links und erreicht nahe dem linken Flußufer das im Gebäude eines Seminars (1683) untergebrachte Museo Provincial de Bellas Artes, auch Museo de Valencia genannt.

Der Name deutet schon darauf hin, das hier vor allem Meister der Schule von Valencia ausgestellt werden. Im Erdgeschoß sieht man archäologische Funde und Skulpturen; der erste Stock enthält die Gemäldesammlung, darunter das anonyme Altarbild des Fray Bonifacio Ferrer (14. Jh.), ein Passionstriptychon von Hieronymus Bosch, Werke der frühen Valencianer Schule von Rodrigo de Osona ("Pietà"), Nicolás Falcó, Jacomart u.a.; aus der eigentlichen Valencianer Schule Ribalta ("Abendmahl", "Hl. Bruno"), Ribera ("San Gerónimo"), Macip, Espinosa sowie andere Spanier wie Velázquez, Murillo, El Greco, Goya, Morales und die Italiener Pinturicchio und Andrea del Sarto.
Im zweiten Stock sind Bilder valencianischer Meister des 19. und 20. Jh.s ausgestellt; der dritte Stock widmet sich der Historienmalerei.

An das Museum schließen sich die mit zahlreichen neueren Denkmälern geschmückten Jardines del Real ('Viveros Municipales') an sowie das Gebäude der Internationalen Mustermesse ('Fería de Muestras'). Gegenüber des Messegeländes der 1598 erbaute Puente del Real mit den Standbildern der beiden Heiligen San Vicente Mártir und Vicente Ferrer (17. Jh.). Flußabwärts zieht der Paseo de la Alameda, der am Puente de Aragón endet. Jardines del Real

Weitere Sehenswürdigkeiten

Die Calle de Caballeros führt vom Palacio de la Generalidad mit ihrer Fortsetzung, der Calle de Cuarte, westlich zu den Torres de Cuarte (auch 'Puerta de Cuarte' genannt), einer 1440–1490 errichteten Anlage ähnlich jener des Serranotores. Torres de Cuarte

Von hier kommt man weiter über die Ringstraße zum nahen Jardín Botánico, dem Botanischen Garten, der Tausende von Pflanzenarten enthält. Jardín Botánico

Nordwestlich davon befindet sich an der Calle de la Corona das Museo de Etnología y Prehistoria, dessen vorgeschichtliche Abteilung derzeit aufgebaut wird und dessen ethnologische Sammlung bäuerliche Geräte, Möbel, Kücheneinrichtungen u.a. zeigt. Museo de Etnología y Prehistoria

Das Museo Etnográfico de las Fallas, weit im Südosten des Zentrums an der Avenida de la Plata, widmet sich der Geschichte und Erforschung der 'Fallas', des berühmten Festes in Valencia. Museo Etnográfico de las Fallas

Umgebung von Valencia

Burjasot

Nach Nordwesten kommt man über den Puente San José in die Vorstadt Burjasot, wo es noch alte Höhlenwohnungen und unterirdische, von den Mauren angelegte Getreidespeicher gibt, die im 16./18. Jh. umgebaut wurden.

Cartuja de
Porta Coeli

Über das Städtchen Bétera erreicht man die reizvoll gelegene Cartuja de Porta Coeli, die mit drei Kreuzgängen und einer stattlichen Kirche, die schöne Seitenkapellen und Deckengemälde aufweisen kann, erbaut wurde. Sehenswert auch das Refektorium und der Kapitelsaal mit Azulejosverzierungen. Von den Bergen oberhalb der Kartause bieten sich prächtige Ausblicke.

Manises

8 km westlich von Valencia, über die Avenida del Cid zu erreichen, liegt das einstige Töpferdorf Manises, heute Vorstadt von Valencia. Dennoch werden noch Keramikwerkstätten betrieben; ein kleines Museum zeigt die Geschichte der örtlichen Töpferkunst.

Richtung Gandía

El Grao

Östlich, über den Puente de Aragón zu erreichen, liegt El Grao, der schon im Mittelalter bekannte Hafen von Valencia und einer der bedeutendsten Seehäfen Spaniens. Vom östlichen Hafendamm hat man einen hübschen Blick auf den Golf; im Süden sieht man die Sierra de Cullera und im Norden das Castillo de Sagunto (⟶ Sagunto). An den Hafen schließen sich die vielbesuchten Badestrände an.

El Saler

Südlich von El Grao liegt auf der Nehrung zwischen dem Meer und der vogelreichen Lagune Albufera das Seebad El Saler mit Hotels, Golfplatz und langgestrecktem Strand.

Cullera

Die Küstenstraße führt von El Saler weiter nach Cullera, einem alten Städtchen am Hang des Monte del Oro zu Füßen von Castillo und Kirche, in der die Virgen del Castillo, Schutzpatronin des Ortes, verehrt wird.

Über den Purto de Almansa

Alberique

Man verläßt Valencia in südlicher Richtung auf der N-340 und erreicht zunächst das etwas links abseits liegende Alberique (30 m ü.d.M.), dessen Barockkirche einen beachtenswerten Retablo zu bieten hat.

Montesa

Vorbei an der Abzweigung nach ⟶ Játiva geht es in südwestlicher Richtung zum rechts liegenden Montesa, überragt von einem 1748 durch ein Erdbeben zerstörten Schloß, nach dem der 1318 an Stelle des Tempelritterordens gestiftete Orden von Montesa benannt ist.

Mogente

Weiter über Mogente (358 m ü.d.M.), einem von den Mauren gegründeten Städtchen, geht es hinauf zum Puerto de Almansa (692 m ü.d.M.), wo die Provinzgrenze verläuft; von dort kann man nach ⟶ Albacete weiterfahren.

Über den Puerto de Contreras

Chiva

Die N-III führt in westlicher Richtung durch die reich bebaute Huerta de Valencia zunächst zu dem rechts abseits liegenden Städtchen Chiva (282 m ü.d.M.). Es besitzt eine 1733–1781 erbaute Pfarrkirche und wird überragt von der Ruine einer maurischen Burg; südlich der Straße, in einem reizvollen fruchtbaren Tal ('Valencianische Schweiz'), liegt das kleine

Thermalbad Buñol (300 m ü.d.M.), das ebenfalls noch Reste einer maurischen Zitadelle vorweisen kann.

Durch das Hochland der Sierra de las Cabrillas erreicht die N-III Requena (292 m ü.d.M.), einen hübsch auf zwei Hügeln über dem Río Magro gelegenen Ort. Außer der Schloßruine sind mehrere gotische Kirchen von Interesse, darunter Santa María mit ihrem prachtvollen spätgotischen Portal und San Salvador mit einem ebenfalls schönen Portal sowie Azulejos im Innenraum. In der Stadt ein regionalgeschichtliches Museum; im Schloß das Museo del Vino mit über 2000 Flaschen gekelterter Weine, die bis zu 400 Jahre alt sind.

Requena

Die N-III führt in das fruchtbare Tal des Río Magro und erreicht Utiel (700 m ü.d.M.). Im altertümlichen Städtchen trifft man auf eine im 16. Jh. erbaute Kirche mit Tonnengewölbe.

Utiel

Nach dem Ort Villagordo del Cabriel (855 m ü.d.M.) überquert die N-III in zwei Tunnels die Höhe; man kann von Villagordo auch die alte Straße hinauf zum Puerto de Contreras (890 m ü.d.M.) wählen, wo eine Brücke über den Río Cabril geht. Man überblickt den Stausee Embalse de Contreras.

Weitere Reiseziele

- ⟶ Alcoy
- ⟶ Alicante
- ⟶ Benidorm
- ⟶ Castellón de la Plana
- ⟶ Deniá
- ⟶ Elche
- ⟶ Gandía

Valladolid   F 4

Provinz: Valladolid (VA)
Telefonvorwahl: 983
Höhe : 694 m ü.d.M.
Einwohnerzahl: 330 000

Die auf der fruchtbaren Hochebene von Altkastilien am Río Pisuerga kurz vor dessen Einmündung in den Río Duero gelegene Stadt Valladolid ist Hauptstadt der gleichnamigen Provinz sowie Sitz einer Universität und eines Erzbischofs. Die Stadt hat in den vergangenen Jahrzehnten durch eine rasch fortschreitende Industrialisierung, allen voran die Automobilproduktion, einen großen Aufschwung erlebt. So kommt man auf der Fahrt ins Zentrum durch mehr oder weniger triste Vorstädte; und auch das Stadtzentrum selbst ist in seiner Gesamtheit wenig anziehend. Doch aus der großen Vergangenheit Valladolids als Residenz der spanischen Könige und Wirkungsstätte bedeutender Künstler des isabellinischen Stils, der Renaissance und des herreranischen Stils sind hervorragende Gebäude und Kunstwerke geblieben.

Lage und
Allgemeines

*Kunststadt

Schon zur Zeit der Araber gab es hier eine Siedlung, der man vermutlich den Namen 'Velad-Olid' (= Stadt des Statthalters) oder 'Balad-Walîd' (= Stadt des Walîd) gab. Im Jahre 1469 feierten hier die Katholischen Könige Ferdinand und Isabella ihre Hochzeit. In den Jahren 1504 bis 1506 verbrachte Kolumbus in Valladolid kränklich und enttäuscht seine beiden letzten Lebensjahre. Valladolid war im 16./17.Jh. unter Philipp II. und Philipp III. vorübergehend königliche Residenz; Napoleon machte es 1809 zu seinem Hauptquartier.

Geschichte

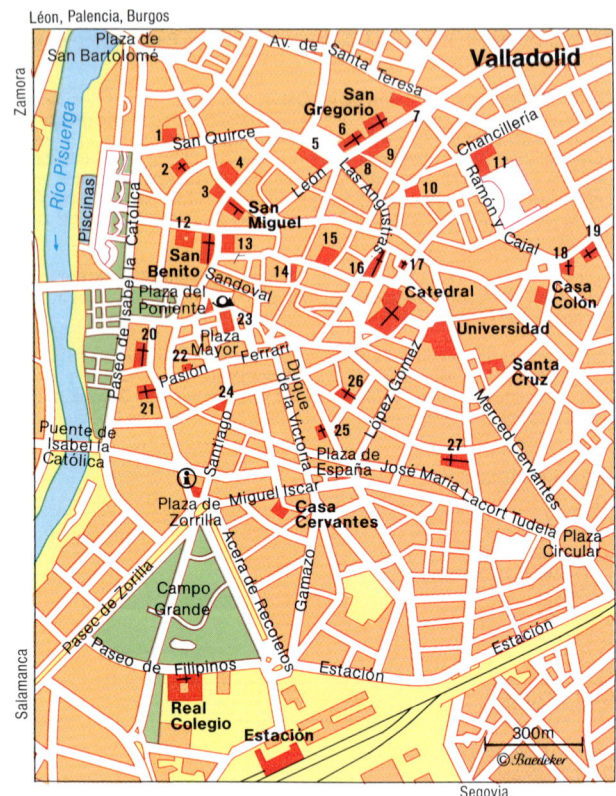

1 Palacio de los Condes
  de Benavente
2 Santa Catalina
3 Palacio de los
  Marqueses de Valverde
4 Museo Arqueológico
5 Palacio Real
6 San Pablo
7 Casa del Sol
8 Palacio de los Pimentel

9 Casa del Marques de Villena
10 San Martín
11 Palacio de los Vivero
12 Patio Herreriano
13 Casa de Berruguete
14 La Cruz
15 Palacio Arzobispal
16 Las Angustias
17 Santa María la Antigua
18 La Magdalena

19 Las Huelgas
20 San Lorenzo
21 Santa Ana
22 La Pasión
  (Museo de Pintura)
23 Ayuntamiento
24 Santiago
25 Porta Coeli
26 El Salvador
27 La Promesa

Plaza Mayor und Umgebung

Ayuntamiento

Mittelpunkt von Valladolid ist die weite, von Arkaden eingefaßte Plaza Mayor; an ihrer Nordseite erhebt sich das 1908 errichtete Ayuntamiento.

San Benito

Unweit nordwestlich hinter dem Rathaus wurde 1499 bis 1504 die Kirche San Benito mit einer mächtigen offenen Turmvorhalle erbaut; schöne schmiedeeiserne Gitter von 1571 umschließen den Chor.

Museo Arqueo-lógico Provincial

Weiter nördlich, schräg gegenüber der Kirche San Miguel (Retablo von Adrián Alvarez), erreicht man den Palacio de Fabio Nelli. In ihm ist das

Museo Arqueológico Provincial (Archäologisches Provinzmuseum) einge-richtet. Es zeigt vorgeschichtliche Funde, Stücke aus der Römerzeit, dar-unter Mosaiken und Büsten, sowie gotische Fresken, Skulpturen und kunsthandwerkliche Gegenstände.

Museo Arqueológico (Fortsetzung)

Der gegenüber dem Museum liegende Palast der Familie Valverde ist ein typisches Beispiel für ein Adelshaus der Renaissance.

Palacio de los Valverde

Westlich der Plaza Mayor ist in der Calle Pasión in der ehemaligen Kirche La Pasión eine Gemäldegalerie mit Werken spanischer Meister des 16. und 17. Jh.s eingerichtet. Die herausragendsten Künstler sind Vicente Cardu-cho (1578 – 1638) und Gregorio Martínez (1547 – 1597), der in Valladolid geboren wurde.

Museo de Pinturas

Die nahegelegene Kirche des Klosters Santa Ana enthält Gemälde von Goya und Bayeu.

Santa Ana

Von der Plaza Mayor gelangt man südlich durch die Calle de Santiago zunächst zur Kirche Santiago, in der ein sehenswerter Retablo von Alonso Berruguete sowie ein Christus von Francisco de la Mata in einer der Sei-tenkapellen zu beachten sind.

Santiago

Plaza de Zorrilla und Umgebung

Von der Kirche Santiago erreicht man weiter südlich die Plaza de Zorrilla, den Verkehrsmittelpunkt der Stadt. An sie schließt sich die Parkanlage Campo Grande an, an deren Westflanke die breite Promenade Paseo del Campo Grande zur Plaza de Colón mit einem großen Denkmal des Chri-stoph Kolumbus (1905) führt.

Campo Grande

Von der Plaza de Colón zweigt die Avenida de los Filipinos zum Augusti-nerkloster Convento de los Filipinos ab. Das Klostergebäude beherbergt das Museo Oriental, in dem Kunstgegenstände aus China und von den Philippinen ausgestellt sind, die die Augustiner im Laufe ihrer Missions-tätigkeit gesammelt haben. Aus China kommen bronzene Gegenstände aus der Zeit von 1600 bis 200 v.Chr., Porzellan aus der Sung- und Ming-zeit, Jade- und Lackarbeiten sowie Tuschemalereien. In der den Philippi-nen gewidmeten Abteilung sieht man Waffen und Musikinstrumente sowie christliche Skulpturen.

*Museo Oriental

Ein wahres Kleinod im sonst eher tristen Häusermeer von Valladolid ist die Casa de Cervantes unweit östlich der Plaza de Zorrilla in der kurzen Calle del Rosario. Geht man von der Plaza die Calle Miguel Iscar entlang, erblickt man rechts durch einen hohen schmiedeeisernen Zaun einen kleinen Gar-ten mit einem Brunnen in der Mitte. Dahinter steht das völlig von Efeu und wildem Wein überwachsene Haus, in dem Miguel de Cervantes Saavedra in den Jahren 1603 bis 1606 wohnte und wahrscheinlich den ersten Teil des "Don Quijote" geschrieben hat. Vor dem Haus floß einst der Río Esgu-eva, der hier eine kleine Brücke überspannte; die heutige großstädtische Umgebung läßt nichts mehr davon ahnen. Eine Führung (nur auf Spanisch) durch das Haus zeigt die Lebensverhältnisse in einem besser gestellten Haushalt des 16. Jh.s in Spanien. Man sieht u.a das Speisezimmer, den Schreibtisch Cervantes', den Alkoven und die Küche.

**Casa de Cervantes

Kathedrale und Umgebung

Etwa 500 m östlich der Plaza Mayor erhebt sich die Kathedrale, 1580 von Juan de Herrera in gewaltigen Ausmaßen begonnen, seit 1730 von Alberto Churriguera fortgeführt, aber nicht vollendet. Mit den Plänen zu dieser Kathedrale wirkte Herrera stilbildend für zahlreiche Kirchenbauten in Spa-

Kathedrale

Casa de Cervantes

Kathedrale (Fortsetzung)

nien und in den südamerikanischen Kolonien; die wuchtige, einfache Bauweise setzt sich deutlich ab von der vorangegangenen Pracht des platteresken Stils. Von den vier geplanten Ecktürmen wurde nur der Südturm erbaut, der nach dem 1841 erfolgten Einsturz 1885 wiederhergestellt wurde. Im Mittelpunkt des weiträumigen Inneren (122 m lang, 62 m breit) steht ein aus der Kirche Santa María la Antigua stammender Hochaltar von Juan de Juni (1561); ferner sind ein schönes Renaissancegestühl und ein Gemälde "Mariae Himmelfahrt" von Velázquez zu beachten.

Museo Diocesano

In der sich anschließenden ehemaligen Stiftskirche zeigt das Museo Diocesano (Diözesanmuseum) u.a. eine 2 m hohe silberne Custodia in Tempelform (1590), das Hauptwerk des genialen Silberschmiedes Juan de Arfe, Skulpturen ("Ecce homo" von Gregorio Fernández) und Gemälde (Annenretablo, 15. Jh.).

Universität

Östlich hinter der Kathedrale liegt an der Plaza de la Universidad die 1346 gegründete Universität, deren stattliche Barockfassade von 1715 ein Werk der Brüder Diego und Narciso Tomé ist.

Colegio de Santa Cruz

Südöstlich von der Universität kommt man zum 1492 als eines der ersten Renaissancegebäude Spaniens von Lorenzo Vázquez erbauten ehemaligen Colegio de Santa Cruz. Die skulpturengeschmückte Außenfront zeigt den Kardinal Pedro González de Mendoza, den Gründer des Kollegs. Das Gebäude umschließt einen schönen dreistöckigen Patio und beherbergt heute mehrere Universitätsinstitute sowie eine wertvolle Bibliothek mit 52 000 Bänden.

Casa de Colón

Vom Colegio de Santa Cruz gelangt man weiter nordöstlich durch die Calle del Cardenal Mendoza zur Calle de Colón. Hier steht die Casa de Colón, in der Kolumbus am 31. Mai 1506 starb; ein kleines Museum im Nebenhaus erinnert an den großen Entdecker.

Santa María la Antigua

San Pablo

Östlich schließt die Kirche La Magdalena (16. Jh.) an, die schöne Wappenmedaillons an der Fassade trägt.

La Magdalena

Gleich daneben steht der Convento de las Huelgas mit einer Kirche aus dem 16. Jahrhundert. Das Innere ist mit Skulpturen von Gregorio Fernández ("Anbetung der Hirten") und Juan de Juni ausgestattet.

Convento de las Huelgas

Unweit nordwestlich vom Universitätsplatz erhebt sich der romanische Glockenturm der Kirche Santa María la Antigua (12./14. Jh.). Sie ist das älteste Gotteshaus der Stadt; ihr dreischiffiges Inneres strahlt ruhige Eleganz aus.

Santa María la Antigua

Die nahe Kirche Las Angustias (1597–1604) bewahrt in einer Seitenkapelle ein Meisterwerk Juan de Junis von 1560, die vielbesuchte 'Virgen de los Siete Cuchillos' ('Jungfrau mit den sieben Dolchen').

Las Angustias

Durch die Calle de las Angustias erreicht man die nördlich der Kathedrale gelegene Plaza de San Pablo. An ihr erhebt sich rechts die 1276 gegründete Kirche San Pablo. Ihre zwischen den schlichten Ecktürmen emporsteigende Fassade (1492) ist ein Werk von Simon von Köln, das an dekorativem Reichtum mit derjenigen des Colegio de San Gregorio wetteifert; dargestellt ist die Marienkrönung. Im Inneren schließen schöne platereske Portale das Querschiff ab; die Statue des Santo Domingo stammt von Gregorio Fernández.

San Pablo

*Fassade

Gegenüber der Fassade von San Pablo ist im Renaissancebau des Palacio Real (Palacio de Felipe II.) heute die Capitanía General (Militärbehörde) untergebracht.

Palacio Real

An der Einmündung der Calle de las Angustias in die Plaza de San Pablo steht der Palacio de los Pimentel, in dem 1527 Philipp II. geboren wurde.

Palacio de los Pimentel

Im Patio von San Gregorio

*Colegio de San Gregorio / **Museo Nacional de Escultura

*Fassade

Hinter der Kirche San Pablo liegt das 1488 bis 1496 erbaute ehemalige Colegio de San Gregorio, Höhepunkt der Besichtigung Valladolids. Es wurde auf Geheiß des Beichtvaters Isabellas der Katholischen, Alonso de Burgos, Bischof von Palencia, errichtet. Einzigartig in ihrer Pracht ist die Gil de Siloë zugeschriebene isabellinische Fassade mit ihren Statuen, Wappen und naturalistischen Ornamenten.

*Patio

Nicht minder prachtvoll ist der zweite Patio, den man nach Durchschreiten eines ersten, bescheideneren Hofes erreicht. Über einer mit einfachen gedrehten Säulen ausgestatteten Bogengalerie zu ebener Erde verläuft eine zweite Galerie mit Doppelbögen, die aufs reichste skulptiert sind. Darüber ein Wappenfries und als Abschluß zum Dach hin in größeren Abständen gesetzte Wasserspeier in Form von Fabelwesen.

**Skulpturen-museum

Das Kollegium beherbergt heute das Museo Nacional de Escultura (Nationales Skulpturenmuseum), das bedeutendste Museum für religiöse Holzbildhauerei (und Gemälde) in Spanien und eines der wichtigsten dieser Art in Europa. Die Sammlung umfaßt Werke der namhaftesten Künstler des 16. und 17. Jahrhunderts. Die Zahl der in 30 Sälen (mit schönen Holzdecken) gezeigten polychromen und vergoldeten Kunstwerke ist so groß, daß im folgenden nur die wichtigsten Erwähnung finden sollen.

Säle I – III

Im Erdgeschoß sind die Säle I, II und III ausschließlich den Werken Alonso Berruguetes (1489–1561) vorbehalten. Herausragend sind im zweiten Saal der für die Kirche San Benito in Valladolid geschaffene Retablo und im dritten Saal das "Martyrium des hl. Sebastian".

Saal X

Vom Saal III steigt man hinauf in den ersten Stock. Dort ist der Saal X besonders sehenswert: Der fünfteilige Retablo eines unbekannten flämischen Künstlers des 15. Jh.s zeigt die Heilsgeschichte mit der Kreuzab-

Fassade des Colegio de San Gregorio ▶

Skulturenmuseum (Forts.)	nahme im Zentrum; ebenfalls in diesem Saal eine "Heilige Familie" von Diego de Siloë und eine wohl deutsche Pietà.
Saal XI	Überwältigend ist der große Saal XI. Ihn nimmt fast vollständig das prächtige Chorgestühl der Kirche San Benito ein, das in den Jahren 1525 bis 1529 entstand.
Saal XV	Im Mittelpunkt des Saales XV steht ein Hauptwerk der spanischen religiösen Bildhauerei, die 1544 von Juan de Juni (1507–1577) geschaffene "Grablegung Christi" (⟶ Abb. S. 92).
Saal XXI	Werken von Pedro de Mena (1628–1688) ist überwiegend Saal XXI vorbehalten, darunter eine Figur der Maria Magdalena von 1664.
Säle IV und V	Zu den Sälen IV und V kommt man erst am Ende des Rundgangs. Sie enthalten Werke von Gregorio Fernández (1566–1636), unter denen eine Pietà herausragt. Im Saal V hängt auch ein Gemälde von Francisco de Zurbarán ("Santa Faz", 1658).
Casa del Sol	Gegenüber des Kollegiums sieht man die platereske Fassade des Casa del Sol (16. Jh.).

Umgebung von Valladolid

Burgen	Valladolid wurde durch seine Bedeutung in der spanischen Geschichte zu einem Land der Burgen, und so stößt man bei Ausflügen in die nähere und weitere Umgebung von Valladolid stets auf stattliche mittelalterliche Festungsanlagen.
Simancas	Nur 11 km südwestlich von Valladolid ragt über dem Städtchen Simancas (725 m ü.d.M.) am Río Pisuerga das stark ummauerte Castillo de Simancas empor. Karl V. ließ in ihr das Generalarchiv des Königreichs einrichten, das über 30 Mio. Dokumente in 52 Sälen bewahrt.
	Von Simancas sind es noch 19 km bis ⟶ Tordesillas.

Entlang des Río Duero

Valbuena de Duero	Die N-122 folgt in östlicher Richtung dem Lauf des Río Duero und erreicht Quintanilla de Onésimo; hier lohnt sich der Abstecher zum nördlich des Río Duero gelegenen Valbuena de Duero. Im Ort befindet sich das äußerst sehenswerte Kloster Santa María mit den Ruinen der Zisterzienserkirche aus dem 12. Jh. und einem beachtlichen spätgotischen Kreuzgang.
*Peñafiel	Man kehrt zurück zur N-122 oder fährt auf der nördlich des Río Duero verlaufenden Nebenstraße über das typische kastilische Städtchen Pesquera de Duero in den Ort Peñafiel. Das 211 m lange, im 10. Jh. von den Grafen von Kastilien gegründete großartige Castillo weist 12 runde Türme und einen 24 m hohen Bergfried auf. Im Ort findet man den Convento de San Pablo (14. Jh.) im Mudéjarstil und die große Plaza del Corso, auf der einst Stierkämpfe stattfanden.

Richtung Segovia

Portillo	Man wählt die Richtung Südosten führende N-601, die den Kanal von Kastilien überquert und zunächst Arrabal del Portillo erreicht; links abseits liegt der Ort Portillo, dessen mauerumwehrtes Castillo als Staatsgefängnis für politisch Mißliebige diente.
*Cuéllar	Die N-601 überquert die Grenze zur Provinz Segovia und erreicht nach 50 km von Valladolid den Ort Cuéllar (775 m ü.d.M.). Die Römer eroberten es 96 v.Chr. und nannten es 'Colenda'; es war wiederholt Residenz der

Burg von Simancas

Katholischen Könige. Auch in Cuéllar findet man eine gut erhaltene Burg aus dem 15. Jh. mit einer gotischen Kapelle und einem schönen Renaissancehof. Das mauerumgebene Städtchen selbst besitzt zahlreiche alte Paläste und romanische Backsteinkirchen, die mit zu den ältesten in Spanien zählen.

Cuéllar
(Fortsetzung)

Richtung León

Die N-601 verläßt Valladolid in nordwestlicher Richtung und führt durch das breite Tal des Río Duero aufwärts zu dem links abseits liegenden Villanubla (843 m ü.d.M.), wo sich der Flughafen von Valladolid befindet.

Villanubla

Eine Nebenstraße führt nach dem Ort Wamba, dessen Kirche Santa María Teile eines mozarabischen Bauwerkes des 12. Jh.s enthält; in Wamba starb 672 der Westgotenkönig Rekkeswinth.

Wamba

Von Wamba geht die Nebenstraße weiter nach Torrelobatón, das von einem gut erhaltenen Castillo aus dem 13. Jh. überragt wird. Wuchtige Rundtürme und ein stattlicher Torre del Homenaje kennzeichnen die Festung.

Torrelobatón

Wählt man in Villanubla die von der N-601 nach rechts abgehende Nebenstraße, gelangt man in das Dorf Fuensaldaña, wo das im 15. Jh. errichtete Castillo de Vivero steht. Sein mächtiger quadratischer Turm trägt sechs weitere Wehrtürmchen.

Fuensaldaña

Die N-601 durchquert das Hügelland der Montes de Torozos und erreicht Medina de Rioseco (735 m ü.d.M.), ein altertümliches Städtchen mit sechs bedeutenden Kirchen aus dem 15. bis 17. Jh.; darunter Santa María de Mediavilla, die zwei Rejas von 1532 und 1554, einen Altar des Esteban Jor-

*Medina de
Rioseco

Umgebung von
Valladolid (Forts.)

dán von 1590 und die platereske Capilla de los Benavente von 1546 besitzt. In der Kirche Santiago steht ein hervorragender churrigueresker Altar; die Hauptstraße ist gesäumt von typischen kastilischen Häusern.

Weitere Reiseziele

⟶ Arévalo
⟶ Coca
⟶ Medina del Campo
⟶ Palencia

Vich / Vic

Provinz: Barcelona (B)
Telefonvorwahl: 93
Höhe: 494 m ü.d.M.
Einwohnerzahl: 28 000

Lage und
Allgemeines

Vich (katal. Vic) liegt in einer Talweitung knapp 60 km nördlich von Barcelona. Die alte Stadt Vic, das Ausa der Römer und schon seit 616 Bischofssitz, ist den Spaniern nicht zuletzt als Heimat des Philosophen, Mathematikers und Publizisten Jaume Balmes (1810–1848) bekannt, der als bedeutendster spanischer Scholastiker des 19. Jh.s gilt.

Kathedrale

Die am Rande der Altstadt stehende Kathedrale wurde ursprünglich im Jahre 1040 gegründet, aber 1803 bis 1821 grundlegend erneuert und nach schwerer Beschädigung im Bürgerkrieg (1936) wiederhergestellt. An die linke Langhauswand ist der schöne romanische Glockenturm angefügt.

Innenraum

Man betritt die Kathedrale durch eine kleine Pforte in der linken Langhauswand. Sie bildet eine dreischiffige Halle in schwersten, wuchtigen barockisierenden Formen. Die Wände über den Seitenkapellen sowie die Innenwand der Hauptfassade und die Apsis sind über und über mit monumentalen Gemälden (1926–1930) des Malers José (katal. Josep) Maria Sert bedeckt, die ihre barocken Vorbilder gleichfalls nicht verleugnen können. Nahe beim Eingang, in einer vergitterten Kapelle des linken Seitenschiffes, der berühmte barocke Silbersarkophag (18. Jh.) mit den sterblichen Überresten des hl. Bernardo Calvo (katal. Bernat Calbó), eines Lokalheiligen.

*Alabasteraltar

Äußerst bemerkenswert ist im Chorumgang ein farbig gefaßter und reich vergoldeter gotischer Alabasteraltar (von Pere Oller; 15. Jh.), der einst als Hauptaltar diente und wie durch ein Wunder die Zerstörung der Kirche im Bürgerkrieg unversehrt überstanden hat. Zentrale Figuren sind Maria mit dem Kinde und der an seinen Attributen (Papstkrone und Schlüssel) kenntliche hl. Petrus; zu beiden Seiten zeigen zwölf Reliefs Szenen aus dem Leben Jesu und des hl. Petrus; an der Predella Apostel und Evangelisten, in der Mitte Christus als Schmerzensmann.

Sala Capitular

Kapitelsaal (Sala Capitular), Krypta und Kreuzgang sind nur in Begleitung des Küsters zugänglich. Im gotischen Kapitelsaal ein farbig gefaßter Gewölbeschlußstein, der den hl. Petrus zeigt.

*Kreuzgang

Dann betritt man den gotischen Teil (14. Jh.) des in drei Ebenen (romanisch, gotisch, Renaissance) angelegten Kreuzganges. In seiner Mitte das bombastische Grabmonument des Jaume Balmes, der zeitweise Berater von Papst Pius IX. (dessen Porträtbüste im Kreuzgang) war. Dieser Teil des

Christus als Weltherrscher ...   *... und Hl. Martin im Museo Episcopal*

Kreuzganges zeichnet sich durch Leichtigkeit und Transparenz aus; in den Säulenarkaden reicher Maßwerkschmuck.

Kathedrale (Fortsetzung)

Die Krypta stammt aus dem frühen 11. Jh. und enthält z.T. Bauglieder westgotischen und arabischen Ursprungs. Bemerkenswert sind die Kapitelle und die Alabasterscheiben der Apsisfenster.

Krypta

*Museo Episcopal / Museu Episcopal

Direkt gegenüber dem linken Seitenschiff der Kathedrale steht das Bischöfliche Museum (Museo Episcopal). Weitaus am eindrucksvollsten ist die Abteilung romanischer Kunst; im ersten Saal eine weitberühmte geschnitzte Kreuzabnahme-Gruppe (um 1123). Ferner Wandgemälde aus romanischen Kirchen der näheren und weiteren Umgebung, darunter eine komplette Kirchenapsis aus dem 12. Jh., welche die Erschaffung des Menschen und den Sündenfall zeigt; eine große Zahl vorzüglicher Tafelbilder und weitere Kirchenapsiden.

Der zweite Saal leitet über zur Gotik; hier bemerkenswert ein großes Altarblatt aus Alabaster mit der Passion Christi. Zu nennen ist auch eine große Figurengruppe (um 1467), welche zu einem Heiligen Grab in der Kathedrale gehörte. Es folgt eine Anzahl gotischer Altarbilder.

Die folgenden sieben Säle widmen sich der gotischen Malerei des 14. und 15. Jh.s und stellen einzelne Meister vor, darunter Pedro Serra, Ramón de Mur, Jaume Ferrer I. und II., den Meister von Preixana, Lluis Borrassà, Bernard Martorell und Jaime Hughet.

Die Barockabteilung befindet sich eine Treppe höher; in diesen Räumen ferner vor- und frühgeschichtliche Funde, römische Amphoren, Terra Sigillata und Gläser; eine umfangreiche Sammlung bestickter Paramente und Meßgewänder. Eine große Sammlung bemalter Keramik sowie volkskundliche Exponate.

Vich (Forts.) Römischer Tempel	Unmittelbar neben der Barockfassade der Kirche Nuestra Señora de la Piedad steht im östlichen Teil des Altstadtkernes der Rest eines römischen Tempels aus dem 2. Jh. n.Chr., erheblich restauriert; an seiner rechten Flanke mittelalterliche Mauer- und Gewölbereste.
Plaza Mayor/ Plaça Major	Eigentlicher Brennpunkt in der von einer Ringstraße umzogenen Altstadt ist der Hauptplatz (Plaça Major) in deren nördlichem Teil. An seiner Süd-ostecke führt eine schmale Gasse zur Casa Consistorial (Rathaus), die ursprünglich aus der Gotik stammt und im 16. bzw. 17. Jh. erweitert wurde. Im Inneren eine Galerie berühmter Söhne der Stadt sowie ein Teil des städtischen Archivs.

Umgebung von Vich

Estany / L'Estany *Kreuzgang	In dem kleinen Dorf Estany (katal. L'Estany), 22 km südöstlich von Vich gelegen, lohnt ein Besuch der 1133 geweihten Kirche des Augustiner-klosters Santa María. Der Glockenturm der einschiffigen Kirche stürzte nach einem Erdbeben im Jahre 1448 in sich zusammen und wurde in einfa-cher Form restauriert. Herausragend ist der Kreuzgang, dessen Säulen-kapitelle äußerst prächtig ausgeführt sind: am Nordflügel Szenen des Alten und des Neuen Testaments, am Ostflügel neben religiösen Motiven höfi-sche Szenen wie Musikanten und Liebespaare, am Südflügel geometri-sche Ornamente und stilisierte Tiere und am Westflügel Fabelwesen, Jagd- und Kriegsszenen.
Embalse de Sau	Bei der Aufstauung des Flusses Sau 15 km nordöstlich von Vich ging das Dorf San Martín de Sau (katal. Sant Martí de Sau) in den Fluten unter. Sein Kirchturm ragt jedoch noch immer aus dem Wasser empor.

Vigo B 3

	Provinz: Pontevedra (PO) Telefonvorwahl: 986 Höhe: 28 m ü.d.M. Einwohnerzahl: 300 000
*Lage und Allgemeines	Im äußersten Westen von Spanien liegt am Südufer der von der Atlantik-küste etwa 30 km ins Land einschneidenden Ría de Vigo der Kriegs- und Handelshafen Vigo, einer der bedeutendsten Sardinenfangplätze Europas. Vigo ist die größte Stadt Galiciens und lebt neben Fischfang und -verarbei-tung von der Automobil- und Werftindustrie. Als moderne Stadt bietet Vigo wenig sehenswerte Bauten; jedoch macht die schöne Küstenlandschaft der Ría de Vigo mit ihrem milden Klima, in dem selbst Orangen gedeihen, die Stadt zu einem lohnenswerten Reiseziel.
Geschichte	Nach der Zerstörung durch Almansur im Jahr 997 wurde Vigo erst im 12. Jh. wieder besiedelt. Im 16. Jh. blühte die Stadt durch den Amerika-handel auf, doch war sie dadurch auch begehrtes Ziel von Piraten, darun-ter 1588 auch Francis Drake. Zu Beginn des Spanischen Erbfolgekrieges (1702) griff im Hafen von Vigo eine englisch-holländische Flotte die spani-sche 'Silberflotte' erfolgreich an, wobei sie sich eines Teils der Schätze bemächtigte, während andere mit den Schiffen in der tiefen Bucht versan-ken und bis heute nicht wieder gehoben wurden.

Sehenswertes

Castillos	Vigo zieht sich am Abhang eines von Bergen umkränzten Hügels hin, den die alten Befestigungen Castillo de San Sebastián (55 m ü.d.M.) und

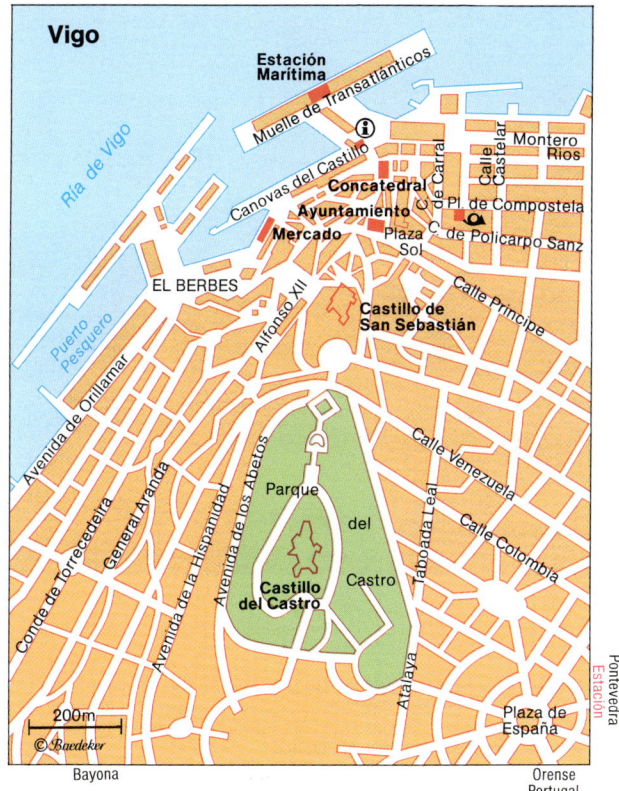

Castillo del Castro (125 m ü.d.M.) krönen; bei klarem Wetter hat man eine gute Fernsicht von der Höhe.

*Fernsicht

Im Osten des Burghügels erstreckt sich die Neustadt mit modernen Hochhäusern, breiten Alleen und Parkanlagen. Hauptverkehrsadern sind die auf halber Höhe verlaufende Avenida de García Barbón mit ihrer Fortsetzung Calle de Policarpo Sanz, ferner die den Hang hinaufziehende Calle Urzaiz sowie besonders die sie gegen die Altstadt fortsetzende Calle del Príncipe, die Hauptgeschäftsstraße der Stadt.

Neustadt

Rechts unterhalb der Calle de Policarpo Sanz dehnt sich die mit Denkmälern geschmückte Plaza de Compostela (Alameda) aus; östlich schließt die Avenida de Felipe Sánchez an, die am Puerto Comercial (Handelshafen) entlangführt.

Nordwestlich der Neustadt liegt zwischen dem Burghügel und dem Meer die Altstadt mit ihren engen, meist steilen und gewundenen Gassen. In ihrer Mitte erhebt sich die klassizistische Colegiata Santa María, die Anfang des 19. Jh.s erbaute Hauptkirche Vigos.

Altstadt

Unweit unterhalb der Mole (span. Muelle) kommt man zum Fischmarkt (span. Pescadería), wo zur Zeit des Verkaufs und Versands ein reges Trei-

Pescadería

Vigo und seine Ría

Pescadería (Fortsetzung)	ben herrscht. Auf der in die Ría hinausgebauten Muelle de Transatlánticos legen die Schiffe des Überseeverkehrs ab.
El Berbés	Südwestlich von der Mole liegt das altertümliche Fischerviertel El Berbés mit dem stets belebten Fischerhafen Dársena del Berbés. Oberhalb des Fischerhafens zieht sich am Hang der Paseo de Alfonso XIII hin, der lohnende Ausblicke über Stadt, Hafen und Bucht bietet.
Parque Quiñones de León	Der Parque Quiñones de León ersteckt sich am südwestlichen Stadtrand. Außer einem groß angelegten Freilichttheater findet man das im 17. Jh. errichtete Gebäude Pazo de Castelos, das zwei große Zinnentürme flankieren. In diesem Haus ist das Museo Provincial untergebracht, dessen Gemäldesammlung sich vornehmlich galicischen Künstlern widmet. Die historische Abteilung zeigt vorgeschichtliche Funde und Gegenstände zur Stadtgeschichte.
Strände	Die Strände Alcabre, Samil, Coruxo, O Bao, Canido und Saians bieten Bademöglichkeiten und sind von der Stadt aus gut zu erreichen.

Umgebung von Vigo

Mirador de la Guía	Unmittelbar bei der Stadt (1 km nordöstlich) bietet sich vom Mirador de la Guía ein schöner Ausblick über die Ría und die vorgelagerten Inseln.
*Islas Cíes	Die Islas Cíes in der Ría von Vigo waren schon zu Zeiten der Kelten besiedelt. Sie halten die Wellen und Winde des Atlantiks von der Bucht ab und verhelfen dieser so zu ihrem milden Klima. Die Inseln San Martín und Monteagudo sind wegen ihrer Pflanzen- und Tierwelt zum Naturschutzgebiet erklärt worden; eine Bootsfahrt von Vigo dauert 45 Minuten.

*Rias Bajas / Rías Baixas

Die tief eingeschnittene Küste nördlich und südlich von Vigo wird 'Rías Bajas' (galic. Rías Baixas; 'Untere Rías') genannt. Die Küstenlandschaft ist nicht so schroff wie die der Rías Altas (Umgebung von → La Coruña). Die Bevölkerung lebt überwiegend vom Fisch- und Meeresfrüchtefang; auch der Sommerferienverkehr in die Seebäder spielt zunehmend eine Rolle.

Im Norden

Die Küstenstraße C-550 führt um die Ría von Vigo herum nach Cangas gegenüber von Vigo. Cangas hat sich vom Fischerdorf zum Badeort entwickelt; mit Vigo besteht eine Fährverbindung.

Cangas

Nördlich von Cangas erreicht die Küstenstraße die Ría von Pontevedra; an ihr entlang kommt man durch den Marinestützpunkt und Werfthafen Marín, der ein schönes Fischerviertel besitzt.

Marín

Über → Pontevedra wird die Ría umfahren und über den Badeort Sangenjo (galic. Sanxenxo) kann man einen Abstecher zum herrlich auf einer Landspitze gelegenen ehemaligen Kurbad La Toja (galic. A Toxa) machen, einem der schönsten Plätze an der nordspanischen Atlantikküste.

*La Toja / A Toxa

La Toja liegt schon an der Ría von Arosa (galic. Arousa). Deren sehenswertester Ort ist Cambados, dessen Stadtmittelpunkt die außerordentlich schöne Plaza de Fefiñanes von einem über Eck gebauten Palast des 17. Jh.s, der Kirche San Benito und Arkadenhäusern begrenzt wird. Die Kirche Santa Mariña liegt in Ruinen. In der Umgebung von Cambados wachsen die Trauben für den fruchtigen Albariño-Wein.

Cambados

Die Weiterfahrt führt nach Padrón an der Mündung des Río Ulla. Der Legende nach ist dies der Ort, an dem das Schiff mit den Gebeinen des Apostels Jakob gelandet sein soll. In der Kirche Santiago de Padrón, über einem romanischen und einem gotischen Vorgängerbau errichtet, wird am Hauptaltar ein Stein gezeigt, an dem das Schiff angeblich festmachte.

Padrón

Die C-550 läuft von Padrón an der Ría entlang auf die Landzunge mit dem Aussichtspunkt Mirador de la Curota, von dem man die gesamten Rías Bajas überblicken kann.

*Mirador de la Curota

Man kann in Padrón auch abkürzen und wählt die nach Noya (galic. Noia) führende Nebenstraße. Der Hafen war schon in der Antike als Noega bekannt; im 12. Jh. wurde die Stadt mit einer mächtigen Mauer umgeben, die heute jedoch weitgehend zerstört ist. Dennoch hat sie einiges aus ihrer mittelalterlichen Vergangenheit bewahren können, wie man bei einem Gang durch die Gassen feststellen wird. Man entdeckt viele schöne Adelshäuser wie die Casa de los Churruachos oder den Palacio Peña de Oro; zu den interessantesten Kirchen gehören San Martín aus dem 15. Jh. mit ihrer bemerkenswerten Fensterrose und der figurengeschmückten Fassade sowie Santa María Nova, wo vor allem der Friedhof mit über 200 teilweise sehr alten Gräbern sehenswert ist.

Noya / Noia

Um die Ría von Muros und Noya herum endet die Fahrt im Fischerhafen Muros, wo vor allem Sardinen angelandet werden. Dort laden die reizvollen Viertel A Cerca und A Xesta zum Spaziergang durch Gassen mit den für Galicien typischen verglasten Veranden ein.
Von Noya kann man die Fahrt auch ins 37 km entfernte → Santiago de Compostela fortsetzen.

Muros

Im Süden

Die C-550 führt in südlicher Richtung am Fischereihafen Bouzas vorbei und verläuft weiter südwestlich unweit vom Ufer der Ría de Vigo; unterwegs geht nach rechts ein Sträßchen zum Strandbad Panjón (galic. Panxón) ab, wo auf einem kleinen Vorgebirge ein Denkmal für die Toten der spanischen Handelsmarine steht.

Panjón/Panxón

Blick nach Portugal: Mündung des Río Miño

Rías Bajas (Fortsetzung) Bayona / Baiona	Eine Brücke überspannt die Mündungsbucht des Rio Muiño (galic. Muinho) nach Bayona (galic. Baiona). Das Hafenstädtchen in sehr schöner Lage ist heute ein vielbesuchtes Seebad. Bayona war die erste Stadt, die von der Entdeckung Amerikas erfuhr, als 1493 die "Pinta" hier nach der Überquerung des Atlantiks wieder anlegte. Auf den Mauern des im 16. Jh. erbauten Castillo Monte Real, heute Parador Nacional, sollte man einen Rundgang machen, um die überwältigenden Ausblicke auf das Meer zu genießen. In der Nähe der romanisch-gotischen Kollegiatskirche (12. bis 13. Jh.) wurde um eine Granitfigur der Jungfrau Maria ein schöner Park angelegt.
Oya / Oia	Im weiter südlich an felsiger Küste gelegenen Oya (galic. Oia) findet man das Benediktinerkloster Santa María la Real, das im romanisch-gotischen Übergangsstil gebaut ist. Es besitzt einen interessanten Kreuzgang des 16. Jh.s und eine Fassade von 1740.
La Guardia	Weiter am Meer entlang erreicht man La Guardia, einen kleinen Hafenplatz nahe der Mündung des Rio Miño (galic. Minho), der die Grenze nach Portugal bildet.
*Monte Santa Tecla	Südlich von La Guardia kommt man zum auf der Landspitze liegenden Monte Santa Tecla. Hier entdeckte man an einem bewaldeten Hang 1913 die Reste einer einst sehr großen Siedlung, die von 500 v.Chr. bis ins erste nachchristliche Jahrhundert von Kelten bewohnt war und dann von den Römern kolonisiert wurde. Man vermutet, daß über 1000 steinerne, strohgedeckte Rundhütten an dieser Stelle standen, von denen zwei rekonstruiert worden sind. Ein kleines Museum zeigt Funde aus den verschiedenen Siedlungsepochen.
	Von La Guardia sind es in nordöstlicher Richtung am Nordufer der langen Mündungsbucht des Rio Miño entlang noch 28 km bis → Túy.

Keltisches Haus auf dem Monte Santa Tecla

Von Vigo nach Orense

Man verläßt Vigo auf der Calle Urzaiz und fährt weiter in südöstlicher Richtung auf der N-120, die in Windungen und Kehren über den z.T. bewaldeteten Höhenzug des Monte Ferreira hinweg in das Tal des Río Louro und in das Industriestädtchen Porriño führt, das bekannt für sein schmackhaftes Brot ist.

Porriño

Auf der N-120 geht es weiter kurvenreich bergauf und bergab durch ein bewaldetes Bergland nach Puenteáreas Río Tea, durch dessen Tal eine landschaftlich schöne Nebenstraße nach links zu dem vielbesuchten Kur- und Thermalbadeort Mondariz-Balneano (121 m ü.d.M.) führt. Die bewaldeten Höhen des Flußtales laden zum Wandern ein; der Fluß selbst ist fischreich.

Valle del Tea

Die N-120 zieht weiter nach Osten und überquert schließlich den Höhenzug Alto de Fuentefría; links der Faro de Avión (1155 m ü.d.M.). Von hier geht es wieder bergab nach La Cañiza (570 m ü.d.M.) und über eine weitere bewaldete Höhe, wo man auch die Grenze zur Provinz Orense überschreitet; nach 106 km von Vigo ist man in ⟶ Orense angelangt.

Villanueva y Geltrú / Vilanova i La Geltrú   M 4

Provinz: Barcelona (B)
Telefonvorwahl: 93
Höhe: 23 m ü.d.M.
Einwohnerzahl: 43 500

Die gewerbereiche Stadt Villanueva y Geltrú (katal. Vilanova i La Geltrú) liegt an der Costa Dorada unweit der Provinzgrenze nach Tarragona.

Lage und Allgemeines

671

Villanueva y Geltrú
(Fortsetzung)

Hauptindustrie ist die Baumwollverarbeitung; auch Wein und hochprozentige Alkoholika (Gin) werden produziert. Im Sommer ist Villanueva y Geltrú ein gern besuchtes Seebad mit sehr ruhigem Meer.

Sehenswertes

Castillo

Im Castillo aus dem 13. Jh., das einen quadratischen Innenhof besitzt, ist ein Museum eingerichtet. Gezeigt werden Gemälde, Skulpturen, katalanische Keramik und einige Einrichtungsgegenstände der Burg.

Museo
Romántco/
Museu Romàntic

Die Casa Papiol in der Calle Mayor (katal. Carrer Major) wurde Ende des 18. Jh.s errichtet und ist heute mit ihrer gesamten Möblierung als Museum zugänglich, das anschaulich den Lebensstil des wohlhabenden katalanischen Bürgertums zu dieser Zeit vorführt.

Museo Balaguer

Nahe beim Bahnhof liegt das von dem katalanischen Dichter und Minister Victor Balaguer (gest. 1901) gegründete Museo Balaguer, in dem Altertümer und Gemälde vom 17.– 20. Jh. (u.a "Verkündigung" von El Greco) ausgestellt sind. Außerdem enthält es eine ethnographische Sammlung.

Roig Toques

In Hafennähe in der Calle Almirante Cervera (katal. Carrer Almirall Cervera) findet man das originelle Museo de Curiosidades Marineras Roig Toques (katal. Museu Curiositats Marinères), wo man allerlei Merkwürdiges aus dem und um das Meer und sogar einen dressierten Karpfen sieht.

Vitoria-Gasteiz   **H 3**

Provinz: Álava (VI)
Telefonvorwahl: 945
Höhe: 525 m ü.d.M.
Einwohnerzahl: 193 000

Lage und
Allgemeines

Das südlich des Kantabrischen Gebirges in einer Ebene am Nordfuß der Montes de Vitoria gelegene Vitoria-Gasteiz ist die Hauptstadt der baskischen Provinz Álava und Verwaltungssitz der Autonomen Gemeinschaft des Baskenlandes. Erst in den letzten Jahrzehnten hat sich um Vitoria-Gasteiz eine lebhafte Industrie, vor allem Maschinenbau und Nahrungsmittel, angesiedelt; nach wie vor jedoch ist die Landwirtschaft ein wichtiger Erwerbszweig.

Geschichte

Vermutlich geht die Stadt auf das westgotische Gasteiz zurück, daher auch der Doppelname. In Erinnerung an den Sieg der navarresischen Truppen erhielt diese unter König Sancho dem Weisen im 12. Jh. den Namen Vitoria ('Sieg'), womit auch der Aufstieg zur Stadt begann. Am 21. Juni 1813 schlugen die Truppen des Herzogs von Wellington wenig südlich der Stadt die französische Armee unter Marschall Jourdan und zwangen sie zum endgültigen Rückzug aus Spanien.

Altstadt

Plaza de la
Virgen Blanca

Im Mittelpunkt von Vitoria-Gasteiz liegt am Südrand der Altstadt die Plaza de la Virgen Blanca, umgeben von mehrgeschossigen Häusern mit Glasveranden. In der Mitte des Platzes erinnert ein Denkmal an die 'Batalla de Vitoria' von 1813. Alljährlich im August sieht der Platz den Höhepunkt der Fiesta de la Virgen Blanca, wenn vom Turm der Kirche San Miguel ein Seil diagonal über den Platz gespannt und eine an Rollen aufgehängte Figur mit Regenschirm über die Köpfe der Zuschauer gezogen wird. Sobald die Puppe losfährt, zündet man sich eine dicke Zigarre an.

Bilbao

Museo Arqueológico

8 Santa María

Pal. Bendaña

San Pedro

San Miguel

San Vicente

Pl. Diputación

Catedral Nueva

La Florida

Madrid

Seminario Mendoza

Irún

Museo Prov.　Estación　Plaza de Toros

Logroño

Vitoria-Gasteiz

1 Palacio Escoriaza-Esquivel

2 Casa del Cordón

3 Palacio de los Álava-Esquivel

4 Ayuntamiento

5 Los Arquillos

6 Gorbierno Civil

7 Estación de Autobuses

8 El Portalón

150 m

© Baedeker

Plaza de España

Die Plaza de la Virgen Blanca ist durch einen Durchgang mit der Plaza de España verbunden, die 1791 nach dem Vorbild der Plaza Mayor in → Salamanca angelegt wurde. An ihrer Nordseite steht die Casa Consistorial (Rathaus).

San Miguel

Die Nordseite der Plaza de la Virgen Blanca nimmt die etwas erhöht gelegene gotische Kirche San Miguel (14. Jh.) ein, die die Figur der 'Virgen Blanca', der Schutzheiligen der Stadt, an der Fassade trägt. Durch ein skulpturengeschmücktes Portal betritt man den Innenraum mit einem Retablo von Juan de Velázquez und Gregorio Fernández am Hochaltar. An der Plaza de Machete zugewandten Apsis erkennt man außen eine Nische, in der die 'Machete', ein Beil, aufbewahrt wurde, auf das der königliche Verwaltungsbeamte schwören mußte, zum Wohle der Stadt zu arbeiten, andernfalls er mit dem Beil geköpft werden würde.

San Pedro

Nordwestlich des Platzes kommt man zur gotischen Kirche San Pedro (14. Jh.), die ein sehenswertes Portal und in der Capilla Mayor die Gräber der Familie Álava besitzt.

Catedral Viejo

Auf der Calle Correría geht man zum nördlichen, auf einem niedrigen Hügelrücken gelegenen Teil der Altstadt. Dort steht die alte Kathedrale (Catedral Viejo) Santa María (14./15. Jh.). Ihr hervorragendes dreibogiges Statuenportal in der Vorhalle zeigt in der Mitte Szenen aus dem Leben der Jungfrau Maria, rechts das Jüngste Gericht und links die Legende des hl. Ägidius. Erst 1962 wurde am rechten Seitenschiff die gotische Puerta de Santa Ana freigelegt. Im Inneren sind besonders die verschiedenen Seitenkapellen beachtenswert, die teilweise mit wertvollen Bildern ausgestattet sind, darunter im linken Seitenschiff eine Pietà im Stile van Dycks und im rechten Seitenschiff Carreños "Unbefleckte Empfängnis".

El Portalón

Wenig links der Kathedrale endet die Calle Correría in einer Reihe sehr schöner alter Backsteinhäuser, darunter ein Handelshaus aus dem 15. Jh., 'El Portalón' genannt, in dem heute ein Restaurant eingerichtet ist.

Museo de Arqueología

Gegenüber von 'El Portalón' ist in der Casa Armera de los Gobeo-Guevara-San Juan das archäologische Museum untergebracht, das keltiberische und römische Funde u.a. aus dem nahen Iruña ausstellt.

Palacio de Escoriaza-Esquivel	Von der Kathedrale geht man auf der Calle de Fray Zacharias zurück zum südlichen Rand der Altstadt. Dabei kommt man am Palacio de Escoriaza-Esquivel (16. Jh.) vorbei, der ein platereskes Portal und einen schönen Innenhof besitzt.
Los Arquillos	Die Straße endet bei einer Reihe von 'Los Arquillos' genannten Gebäuden, die im 18. Jh. zum architektonischen Ausgleich des Niveauunterschiedes zwischen Alt- und Neustadt erbaut wurden. Bei der Häuserreihe erhebt sich die Kirche San Vicente.

Neustadt

Catedral Nueva	Den südlichen Teil von Vitoria bildet die weitläufig gebaute Neustadt, an deren Westrand neben dem Park La Florida die 1907 begonnene, 1969 geweihte Neue Kathedrale (Catedral Nueva) steht.
Parlamento Vasco	Östlich der Neuen Kathedrale tagt das baskische Parlament (Parlamento Vasco) in einem klassizistischen Gebäude.
Museen	Südwestlich der Neuen Kathedrale findet man am Paseo de Fray Francisco de Vitoria vier interessante Museen: das Museo Provincial de Bellas Artes mit vor allem religiöser Kunst aus dem ehemaligen Diözesanmuseum (Gemälde u.a. von Ribera und Alonso Cano); im selben Gebäude das Museo del Naipe, das eine sehr interessante, bis ins 15. Jh. zurückreichende Spielkartensammlung der Firma Fournier zeigt; die Casa Museo de Arte Vasco, in dem zeitgenössische baskische Künstler ausgestellt sind; schließlich das Museo de Armería, in dem Waffen und Rüstungen zu sehen sind.

Umgebung von Vitoria-Gasteiz

Über den Puerto de Azáceta

Estibaliz	Diese Route führt in südöstlicher Richtung auf der landschaftlich sehr schönen C-132 nach 9 km in das Dorf Argandoña; von hier kann man in 20 Min. zur gut erhaltenen romanischen Basilika von Estibaliz (12. Jh.) aufsteigen, in der die Schutzpatronin von Álava verehrt wird. Die Südfront der Kirche ist mit Flechtornamentik verziert, im Inneren sieht man ein beachtenswertes Taufbecken. Von Estibaliz hat man eine weite Fernsicht.
Azáceta	Die C-132 klettert hinauf zum Puerto Azáceta (890 m ü.d.M.); dahinter liegt der Ort Azáceta, wo im Sommer die baskischen Wettspiele stattfinden.
	Die Straße erreicht schließlich die Provinzgrenze und führt über → Estella zur N-111 und auf dieser nach → Pamplona.

Richtung Pamplona

Alegría	Verläßt man Vitoria-Gasteiz auf der nach Osten stehenden N-I, sieht man rechts auf der Höhe die Basilika von Estibaliz. Von der N-I zweigt eine Nebenstraße nach Alegría ab, wo außerhalb des Ortes die Capílla de Nuestra Señora de Ayala an einem Übergang des → Jakobsweges liegt.
*Gaceo	Auf der N-I kommt man weiter nach Gaceo. Die kleine Pfarrkirche kann außerordentlich interessante Wandmalereien aus dem 13. Jh. vorweisen, die den gesamten Innenraum bedecken.

Durch das fruchtbare Hochplateau von Álava führt die N-I nach Salvatierra (542 m ü.d.M.), einem größtenteils links abseits von der Straße gelegenen malerischen alten Städtchen, dessen Hauptstraße von stattlichen Herrenhäusern gesäumt ist. Die beiden gotischen Kirchen San Juan und Santa María haben deutlich wehrhaften Charakter.

Umgebung von Vitoria-Gasteiz (Fortsetzung) Salvatierra

In der Pfarrkirche San Miguel des 3 km südöstlich liegenden Dorfes Ocáriz werden römische Grabsteine aufbewahrt.

Ocáriz

Kurz vor Eguilaz befinden sich links der Straße die Dolmen von Eguilaz, frühgeschichtliche Steingräber mit mächtigen Felsplatten. Im archäologischen Museum von Vitoria-Gasteiz werden die hier gefundenen Gegenstände ausgestellt.

Eguilaz

Die Straße erreicht schließlich die Grenze zwischen den Provinzen Álava und Navarra und führt über Alsasua nach → Pamplona.

Richtung Burgos

Man folgt der autobahnähnlichen N-I in südwestlicher Richtung zu dem unweit der Stadtgrenze liegenden Armentia, das nach der Überlieferung der Geburtsort des hl. Prudencio, des Schutzheiligen Álavas, sein soll; die romanische Kirche San Prudencio stammt aus dem 12. Jh., wurde jedoch im 18. Jh. stark verändert.

Armentia

Es folgt das rechts abseits bei Trespuentes liegende Iruña, eine ehemalige Römersiedlung, deren wichtigste Fundstücke ins archäologische Museum von Vitoria-Gasteiz gebracht wurden. Man sieht noch die Reste römischer Brücken und Häuserfundamente.

Iruña

Nach dem ummauerten alten Städtchen La Puebla de Arganzón zweigt die N-232 über → Haro nach → Logroño ab; die N-I führt über Miranda de Ebro weiter nach → Burgos.

Zamora   E 4

Provinz: Zamora (ZA)
Telefonvorwahl: 988
Höhe: 649 m ü.d.M.
Einwohnerzahl: 59 000

Die altertümlich gebliebene Provinzhauptstadt Zamora liegt im südlichen Teil des ehemaligen Königreichs León auf einem Felshügel über dem Río Duero, der etwa 50 km flußabwärts die portugiesische Grenze erreicht. Die Stadt besitzt noch zahlreiche romanische Kirchen des 12./13. Jh.s und wird daher auch als 'Museum der Romanik' bezeichnet.

*'Museum der Romanik'

Zamora ist eine Gründung der Mauren; bevor sie jedoch von Heinrich IV. auf ewige Zeiten den Titel einer 'sehr edlen und sehr treuen Stadt' (span. 'ciudad muy noble y muy leal') verliehen bekam, war sie Schauplatz manch kriegerischer Auseinandersetzung, die im spanischen Nationalepos 'Cantar de mio Cid' ihren Niederschlag gefunden haben.
Ferdinand I. nannte die Stadt 'das wohlbefestigte Zamora' und vermachte sie seiner Tochter Doña Urraca. Bei der Belagerung der Stadt durch ihren Bruder Sancho II. starb dieser eines gewaltsamen Todes, und noch heute erinnert der 'Portillo de la Traición' (Verräterpforte) an diesen Meuchelmord.
Auch während des Krieges der Beltraneja im 15. Jh. war Zamora heftig umkämpft.

Geschichte

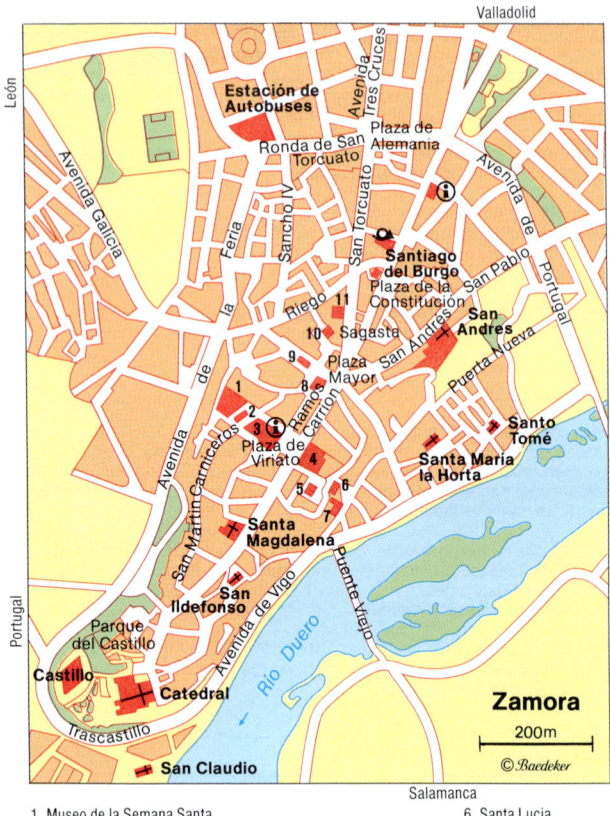

Zamora

200m

© Baedeker

1 Museo de la Semana Santa
2 Santa María la Nueva
3 Diputación Provincial
4 Palacio de los Condes
   Alba y Aliste
5 San Cipriano

6 Santa Lucia
7 Museo Provincial
8 San Juan
9 Ayuntamiento
10 San Vicente
11 Palacio de los Momos

Sehenswertes

*Kathedrale

Im südlichen, etwas erhöht gelegenen Teil der Altstadt, die von alten Befestigungen mit Stadttoren umgeben ist, erhebt sich nahe am rechten Ufer des Río Duero die größtenteils romanische Kathedrale (1151–1174). Recht schlicht ist der viereckige Turm, die mit Ecktürmen versehene Kuppel jedoch fällt durch ihr mit schuppenartigen Steinplatten gedecktes Dach auf. Nach Süden zum Bischofspalast hin öffnet sich die skulpturengeschmückte Puerta del Obispo. Das Innere, wo man einen Blick in das fein gearbeitete Kuppelgewölbe werfen sollte, birgt ein beachtenswertes Chorgestühl (1480) von Rodrigo Alemán, der in seinen Schnitzereien neben Heiligen auch Figuren der Antike und derbe, lebensfrohe ländliche Szenen darstellte. Die Capilla Mayor trägt einen schönen Marmorretablo; zu beiden Seiten des Hauptaltars sieht man zwei mudéjare Kanzeln. Gaspar Bercerra schuf die große Christusfigur in der Capilla del Cristo de las Injuras rechts vom Südportal. Von den Grabmälern ist die filigrane

Steinmetzarbeit des Grabes des Doctor Grado in der Capilla San Juan an der Ostwand besonders bemerkenswert; der Altar der Capilla del Cardenal an gleicher Stelle stammt von Ferdinand Gallego.

Im Kreuzgang aus dem 17. Jh. ist das Museum der Kathedrale eingerichtet, das u.a. eine spätgotische Custodia von 1515, vor allem jedoch kostbare flämische Wandteppiche des 15. bis 17. Jh.s besitzt, die die Eroberung Trojas, Hannibals Kriegszug nach Italien und das etruskische Tarquinii zum Thema haben.

Nordwestlich hinter der Kathedrale liegt das Castillo, von dessen Turm man einen wundervollen Blick auf Stadt und Fluß hat.

Südlich der Kathedrale befindet sich schon außerhalb der Stadtmauer die einschiffige Kirche San Claudio de Olivares (11. Jh.) am Ufer des Río Duero.

Von der Kathedrale gelangt man durch die Calle de los Notarios zunächst zur rechts liegenden Kirche San Ildefonso (13. Jh.; später erneuert), in deren Capilla Mayor Reliquien der beiden Schutzheiligen der Stadt, San Atilano und San Ildefonso, aufbewahrt werden.

Auf der Calle Ramos Carrión geht man weiter zu der kleinen romanischen Templerkirche Santa Magdalena aus dem 12. Jh.; sie wendet der Straße ein prächtiges Bogenportal mit Löwen- und Drachenköpfen und einer Rosette darüber zu.
Das Innere weist kunstvolle Säulenkapitelle und Reliefs sowie zwei reich gearbeitete Grabmäler aus dem 13. Jh. auf.

Die Calle Ramos Carrión führt weiter zur kleinen Plaza de Claudio Moyano, an deren Südseite die außen eindrucksvolle Reliefs tragende romanische

Brücke über den Duero

San Cipriano
(Fortsetzung)

Kirche San Cipriano (12. Jh.) steht. Das Gitterwerk in der Apsis ist vermutlich das älteste in Spanien.

Plaza Mayor

Vorbei am Palacio de los Condes Alba y Aliste, heute Parador Nacional an der Plaza de Cánovas, kommt man zur Plaza Mayor mit dem Rathaus von 1622 und der spätgotischen Kirche San Juan.

Santa María
la Nueva

Westlich der Plaza Mayor steht die Kirche Santa María la Nueva, die auf das 7. Jh. zurückgeht. In der Apsis sind noch Reste romanischer Wandmalereien erhalten geblieben.

Museo de la
Semana Santa

Gegenüber der Kirche liegt das Museo de la Semana Santa (Museum der Karwoche), das sich dem Brauch der in Zamora besonders feierlich begangenen und weit bekannten Prozessionen in der Karwoche widmet. Ausgestellt sind die zahlreichen, prachtvoll gearbeiteten Prozessionsfiguren, die 'Pasos', die von den Bruderschaften durch die Straßen getragen werden.

Puerta de
Doña Urraca

Unweit nördlich des Museums steht das von mächtigen Türmen flankierte Stadttor Puerta de Doña Urraca.

Santa María
de la Horta

Südöstlich der Plaza Mayor findet man in der Nähe des Flußufers die Kirche Santa María de la Horta (12. Jh.), die einen stattlichen Turm, ein schönes Portal und einen gotischen Retablo im Inneren vorweisen kann.

Palacio de
los Momos

Im Osten der Plaza Mayor liegt an der Plaza de Sagasta der Palacio de los Momos aus dem 16. Jh., jetzt Audiencia (Gericht). Das Haus verdankt seinen Namen seiner Renaissancefassade, an der Figuren von 'momos' ('Wilde') die Wappenkartusche halten.

Puente Viejo

Von der alten Duerobrücke Puente Viejo, die auf römischen Fundamenten steht, bietet sich ein reizvoller Ausblick auf die Stadt.

Umgebung von Zamora

٭San Pedro
de la Nave

Man verläßt Zamora auf der N-122 und begibt sich nach 12 km hinter Venta del Puerto auf eine Nebenstraße nach El Campillo am Stausee des Río Esla. Hier befindet sich die 1931 bei der Anlage des Esla-Stausees um mehrere Kilometer versetzte westgotische Kirche San Pedro de la Nave, vermutlich um 681 erbaut; sie ist bedeutend durch die Skulpturen an den Säulenkapitellen, die wohl eine der größten und wichtigsten bildhauerischen Leistungen des christlichen Spaniens vor der Maurenzeit sind.

Zum Valle de Sanabria

Auf schnurgerader Strecke folgt man zunächst der Richtung Nordwesten führenden N-630 über einen Zipfel des Esla-Stausees bis zur Straßengabelung, wo die N-525 nach links abzweigt. Man folgt dieser, und vorbei an den Resten der im 13. Jh. erbauten großen Brücke Puente de la Estrella erreicht man Tábara, das eine interessante Kirche von 1132 besitzt. Anschließend geht es hinauf zum Portillo de Sazadón (820 m ü.d.M.) an einem Ausläufer der Sierra de Culebra.

Unweit der kleinen Ortschaft Rionegro del Puente mündet die von Benavente kommende C-620 in die nun nach Westen strebende N-525 ein. Über Mombuey (Festungsturm des 13. Jh.s) erreicht man Puebla de Sanabria inmitten des Valle de Sanabria. Hier findet der Reisende weniger kulturelle Sehenswürdigkeiten als vielmehr die weitgehend unberührte Natur eines Berg- und Seengebietes.

Zaragoza

Provinz: Zaragoza (Z)
Telefonvorwahl: 976
Höhe: 200 m ü.d.M.
Einwohnerzahl: 591 000

Die alte aragonische Königsresidenz Zaragoza (Saragossa) liegt am rechten Ufer des Río Ebro im Mittelpunkt des Ebrobeckens und ist von alters her dessen wichtigste Brückenstadt für den Verkehr aus den Pyrenäen nach Kastilien. Zaragoza ist die Hauptstadt der gleichnamigen Provinz und Sitz einer berühmten Universität. Die Huerta de Zaragoza ist infolge ihrer Bewässerung durch den Canal Imperial und die Flüsse Ebro, Huerva und Gallego überaus fruchtbar. Zaragoza ist daher ein bedeutendes landwirtschaftliches Zentrum, hat aber auch beachtliche Industrie, vor allem Metallverarbeitung und Maschinenbau.

Lage und Allgemeines

Die alte iberische Siedlung 'Salduba' erhielt von Kaiser Augustus den Namen 'Colonia Caesaraugusta', aus dem später die spanische Bezeichnung entstand. Im Jahr 452 wurde die Stadt von den Sueben, 476 von den Westgoten, 712 von den Mauren erobert, die sie über 400 Jahre lang beherrschten. Nach der Einnahme durch Alfons I. von Aragón im Jahre 1118 wurde Zaragoza die Residenz der aragonischen Könige und gewann große Bedeutung, das es jedoch durch die Verlegung des Hofes nach Kastilien (15. Jh.) teilweise verlor. Berühmt geworden ist die heroische Verteidigung der Stadt im Spanischen Befreiungskrieg (1808/09) gegen die Franzosen, wobei bis zur ehrenvollen Kapitulation die Hälfte der Einwohner den Tod fand. Seit der Vertreibung der Karlisten, die im März 1838 durch Überrumpelung eingedrungen waren, darf sich Zaragoza 'siempre heróica y inmortal' ('stets heldenhaft und unsterblich') nennen.

Geschichte

*Kathedrale La Seo

Am Ostende der breiten und z.T. mit Anlagen geschmückten Plaza del Pilar erhebt sich an der kleinen Plaza de la Seo die fünfschiffige gotische

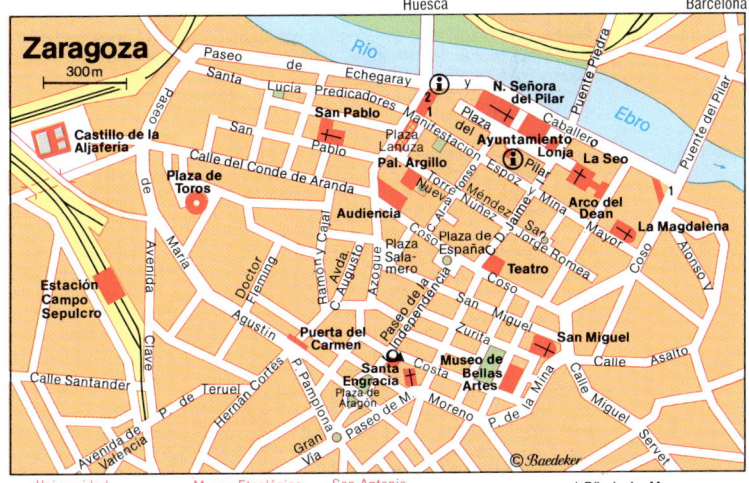

Kathedrale (Fortsetzung)	Kathedrale La Seo (San Salvador), 1119–1520 an der Stelle der maurischen Hauptmoschee errichtet. Das Hauptportal stammt von 1795, die Vierungskuppel von 1520 und der schlanke Glockenturm von 1686. In schönem mudéjarem Stil ist das Chorhaupt erhalten geblieben.
Innenraum	Das Innere der Kathedrale enthält im Chor ein prachtvolles Gitter und spätgotisches Gestühl. Der Trascoro mit dem Christusaltar ist ein Meisterwerk der Renaissance. In der Capilla Mayor erhebt sich hinter dem Altar ein großer alabasterner Retablo, dessen drei große Bildtafeln Meister Hans aus Schwäbisch Gmünd (Juan de Suabia) von 1473 bis 1477 schuf; zu beiden Seiten der Capilla Mayor Grabmäler aragonischer Adliger.
	Von den zahlreichen Seitenkapellen seien besonders hervorgehoben die Capilla de San Bernardo (links vom Südwesteingang) mit den plateresken Grabmälern des Erzbischofs Fernando und seiner Mutter Ana Gurrea (1552), beide von Diego Morlanes; die als Pfarrkirche dienende Capilla de San Martín (links neben dem Haupteingang) mit dem gotischen Grabmal des 1382 gestorbenen Erzbischofs Lope Fernández de Luna; schließlich die Capilla de San Pedro Arbués mit dem Grab des 1485 in der Kathedrale ermordeten und 1867 heiliggesprochenen Inquisitors Pedro Arbués.
Museen	In der Sakristei zeigt das Museo Diocesano den reichen Kirchenschatz, der vor allem aus einer Vielzahl von Gold- und Silbergeräten besteht, darunter eine große Silbermonstranz aus 24 000 Teilen (1541); im ersten Stock ein Gobelinmuseum, das 60 wertvolle gotische und Renaissance-Wandteppiche besitzt, die in Brüssel und in Nordfrankreich gefertigt wurden (nur ein Teil wird gezeigt).

*Basílica de Nuestra Señora del Pilar

Legende	Zwischen der Plaza del Pilar und dem Ebroufer liegt die zweite Kathedrale Zaragozas, die Wallfahrtskirche Nuestra Señora del Pilar, auch Virgen del Pilar genannt, das Wahrzeichen der Stadt, auf das man vom gegenüberliegenden Ufer des Río Ebro den klassischen Blick hat. Die Kirche wurde am Ort eines Marienwunders erbaut, bei dem die Muttergottes am 2. Januar des Jahres 40 dem nach Compostela ziehenden Apostel Jakobus erschienen sein soll. Dabei hat sie eine Säule (span. pilar) hinterlassen, um die nacheinander mehrere Kapellen errichtet wurden.
Außenansicht	Die heutige Basilika ist ein rechteckiger Bau von 132 m Länge und 67 m Breite mit großer Mittelkuppel, zehn kleineren Azulejoskuppeln und vier hohen Ecktürmen. Sie wurde 1681 von Francisco Herrera d.J. begonnen und 1753 von Ventura Rodriguez fortgeführt, aber erst gegen das Ende des 19. Jh.s ausgebaut.
Innenraum	In dem klassizistisch ausgestatteten Inneren zeigt der Chor ein schönes Gitter von 1574 und ein prächtiges platereskes Gestühl von 1548. Am gotischen Retablo aus z.T. farbigem Alabaster (1484–1515) in der Capilla Mayor arbeitete auch Damián Forment.
Capilla de Nuestra Señora del Pilar	Im Ostteil des Kirchenraums befindet sich die Capilla de Nuestra Señora del Pilar, das bedeutendste Heiligtum der Kirche. Es ist mit prachtvollen Deckengemälden von Alejandro González Velázquez ausgemalt; weitere Kuppeln tragen Deckenfresken von Bayeu (1781) und Francisco de Goya (1771). An der Westwand der Kapelle steht über drei kerzenbeladenen Altären die aus dem frühen 15. Jh. stammende kleine Alabasterfigur der Jungfrau auf dem mit Silber beschlagenen marmornen 'Pilar' (Säule), die täglich mit einem neuen Umhang bekleidet wird.
	Zwischen der Kapelle und dem Hauptaltar im nördlichen Seitenschiff küssen viele Gläubige einen Stein mit dem angeblichen Fußabdruck der Jungfrau. Das Museo Pilarista stellt Geschenke an die Jungfrau und Gegenstände aus, mit denen die Statue an ihrem Festtag geschmückt

Nuestra Señora del Pilar am Ebro-Ufer

wird; außerdem sieht man hier die Entwürfe von Velázquez, Goya und Bayeu für die Deckenfresken.

Basílica (Forts.)

In der Sacristía Mayor im südlichen Querschiff werden liturgische Geräte und Silberarbeiten sowie zahlreiche Brokatumhänge der Marienstatue gezeigt.

Sacristía Mayor

Altstadt

Zwischen den beiden Kathedralen liegt an der Plaza del Pilar die ehemalige Börse, die äußerlich schlichte Lonja, ein 1551 vollendeter stattlicher Renaissancebau mit einem einzigen großen Saal, der schönen Wappenschmuck und ein beachtliches Gewölbe aufweist. Die Lonja wird nur zu besonderen Anlässen geöffnet.

*Lonja

Am selben Platz befindet sich das Ayuntamiento (Rathaus), dessen sehenswerte Räume u.a. mit einer antiken Augustusstatue aufwarten können.

Ayuntamiento

Zwischen der Kathedrale und dem Ebro-Ufer steht der Palacio Arzobispal (Erzbischöfliches Palais) aus dem 18. Jahrhundert.

Palacio Arzobispal

Südöstlich der Kathedrale erhebt sich der schöne mudéjare Turm der ansonsten im wesentlichen im 18. Jh. umgebauten Kirche La Magdalena.

La Magdalena

Von der Westseite der Plaza del Pilar kommt man zur kleinen Plaza de César Augusto, an dem sich der Torreón de la Zuda, ein Turm im Mudéjarstil aus dem 14. Jh., sowie die Kirche San Juan de los Panetes (18. Jh.) mit einem schiefen Turm erheben. Südlich anschließend an den Torreón sieht man noch bedeutende Reste der römischen Stadtmauer.

Plaza de César Augusto

Turm der Kirche La Magdalena

Audiencia

Südlich der Plaza de César Augusto liegt am Anfang der Calle del Coso die 1537 erbaute Audiencia (Gericht), die nach den beiden riesigen Türhütern auch Casa de los Gigantes genannt wird.

San Pablo

Im westlichen Teil der Altstadt steht die um 1259 erbaute romanisch-gotische Kirche San Pablo mit einem interessanten achteckigen Turm im Mudéjarstil (14. Jh.); im sehenswerten Inneren besticht ein prachtvoller Hauptaltar von Damián Forment (1511).

*La Aljafería

Am heutigen Westrand der Stadt erbauten sich die Mauren im 11. Jh. das Castillo de la Aljafería, das später dann als Schloß der Könige von Aragón genutzt und 1809 größtenteils zerstört wurde. Auch die Katholischen Könige und schließlich die Inquisition residierten hier. Die Aljafería ist das einzige erhaltene maurische Bauwerk in Zaragoza.

Außerordentlich sind die Innenräume, von denen im Erdgeschoß die prachtvolle kleine Moschee hervorzuheben ist. Über eine einzigartige gotische Treppe mit Kassettendecke erreicht man die oberen Räume, den Palast der Katholischen Könige. Dessen Mittelpunkt ist der Thronsaal, der eine überreich gearbeitete und bemalte Artesonado-Decke besitzt. In der Sala de Santa Isabel wurde 1271 die hl. Elisabeth von Portugal geboren. Der Torre del Trovador war zu Zeiten der Inquisition Gefängnis; hier spielt ein Teil des "Troubadours" von Verdi.

Um den Paseo de la Independencia

Santa Engracia

Der in der Mitte der Calle del Coso an der Plaza de España beginnende und nach Süden führende Paseo de la Independencia ist eine prächtige Promenade mit Arkaden an der Westseite. Unweit vom Ende dieser Straße kommt man links hinter dem Postamt zum ehemaligen Kloster Santa Engracia, im 15./16. Jh. in reichstem platereskem Stil erbaut. Es wurde 1809 fast ganz zerstört und 1898 wiederhergestellt; nur das Alabasterportal ist aus der Gründungszeit. In der Krypta findet man zwei frühchristliche Marmorsarkophage.

Santa Engracia
(Fortsetzung)

Weiter östlich liegt an der Plaza de José Antonio das Museo Provincial de Bellas Artes. Es zeigt römische Funde, darunter ein Orpheus-Mosaik, maurische Stücke sowie romanische und gotische Skulpturen. Die Gemäldegalerie widmet sich vorwiegend älteren und neueren spanischen Meistern, unter denen Ribera, Goya und Bayeu sehr gut vertreten sind, doch auch italienische und flämische Werke sind zu sehen.

Museo Provincial
de Bellas Artes

Der Paseo de la Independencia mündet südlich auf die ovale Plaza de Aragón; etwa 2 km südlich liegt rechts abseits vom Paseo de Fernando el Católico die Ciudad Universitaria (Universitätsstadt); noch etwas weiter befindet sich am Paseo de Isabel la Católica der Messepalast, in dem alljährlich die Nationale Mustermesse (Oktober) abgehalten wird.

Ciudad
Universitaria

Östlich schließt sich der schöne Primo-de-Rivera-Park an, in dem das Völkerkunde- und Naturwissenschaftliche Museum liegen.

Parque Primo
de Rivera

Umgebung von Zaragoza

Von Zaragoza kann man auf der Regionalstraße Z-800, die nach Norden am linken Ufer des Río Gallego entlangführt, nach 12 km die Cartuja de Aula Dei erreichen, ein 1564 von Ferdinand II. gegründetes Kloster. Den Kreuzgang schmücken Bilder aus dem Leben des hl. Bruno von Antonio Martínez; in der Klosterkirche mit ihrem schönem Rokokoportal findet man Fresken von Goya aus dem Leben der hl. Jungfrau (1772). Eine schöne Aussicht bietet der Mirador.

Cartuja de
Aula Dei

Auf der nach nach Osten strebenden N-II fährt man durch das Ebrobecken und gelangt nach 20 km nach Alfajarín, wo auf einer benachbarten Höhe ein maurisches Castillo steht.

Alfajarín

Richtung Tarragona

Die in südöstlicher Richtung am Rande des grünen Ebrobeckens verlaufende N-232 zieht entlang des Canal Imperial de Aragón (Kaiserkanal), einem 1528 unter der Regierung Karls V. begonnenen 90 km langen Schifffahrtskanal, der jetzt jedoch nur noch gewerblichen Betrieben und der Bewässerung dient.

Canal Imperial

Die Straße führt über El Burgo de Ebro (185 m ü.d.M.) mit der dahinter links am Río Ebro liegenden Ermita Nuestra Señora de Zaragoza la Vieja weiter nach Fuentes de Ebro (196 m ü.d.M.), einem am Ende des Kaiserkanals gelegenen Städtchen mit dem Palacio der Grafen von Fuentes.

Fuentes
de Ebro

Nach dem Städtchen Ouinto gelangt man auf einer Nebenstraße am Ebro entlang und diesen dann überquerend nach Escatrón. Unweit dieses Ortes liegt das Kloster Rueda, das im 13. Jh. begonnen wurde. Es besitzt neben der sehenswerten dreischiffigen Kirche noch einen gotisch-byzantinischen Kapitelsaal, einen romanisch-gotischen Speisesaal, eine Bibliothek und eine Küche.

Monasterio
de Rueda

Von dem schon jenseits der Provinzgrenze liegenden Azaila, bei dem eine iberische Ruinenstadt ausgegraben wurde, erreicht man auf der nach

Caspe

Caspe
(Fortsetzung)

Osten strebenden C-221 den Ort Caspe, unweit der großen Ebro-Stauseen Embalse de Caspe und Embalse de Moros gelegen. Im Ort sind die Stiftskirche im Zisterzienserstil des 13. Jh.s. und die rund angelegte Plaza Mayor sehenswert.

Nach Daroca

Muel

Die N-330 verläßt Zaragoza und erreicht das Dörfchen Muel, das die Tradition des Töpferhandwerks bewahrt hat, die aus der Fertigung von Azulejo-Kacheln hervorging. Die Ermita de la Virgen de la Fuente ist mit Fresken von Goya ausgemalt.

Cariñena

Die Fahrt geht weiter über Longares, dessen schöne Pfarrkirche einen eindrucksvollen "Ecce Homo" besitzt, nach Cariñena (410 m ü.d.M.). Das Städtchen, berühmt für seinen Wein, hat von seinen alten Stadtmauern noch einen Turm übrig behalten. Die barocke Stiftskirche, über den Fundamenten einer gotische Kirche errichtet, besitzt einen Altar mit einem schönen Baldachin.

Fuentetodos

Ein Abstecher von Cariñena führt zum 24 km östlich gelegenen Dorf Fuentetodos, Geburtsort des Malers Francisco de Goya. An seinem wiederhergestellten Geburtshaus, als Museum zugänglich, wurden eine Erinnerungsstele und eine Büste angebracht.

Ab Cariñena klettert die N-330 hinauf zum aussichtsreichen Puerto de Paniza (925 m ü.d.M.). und erreicht → Daroca.

In den Norden der Provinz

Pedrola

Von der Richtung → Tudela führenden N-232 geht kurz nach der Überquerung des Río Jalón eine Nebenstraße nach Pedrola ab, Sitz der Familie der Villahermosa, deren Palast aus dem 16./17. Jh. sehenswert eingerichtet ist. Einige der Fresken der Stiftskirche des Orts stammen von Francisco Bayeu.

Tauste

Von Pedrola fährt man einige Kilometer auf schlechter Straße am Río Aragón entlang nach Gallur, wo die C-127 zum nördlich gelegenen Tauste abbiegt. Diese kleine Gemeinde am Río Arba besitzt eine sehenswerte im Mudéjarstil erbaute Pfarrkirche (1243 begonnen) mit schönem Turm und wertvollem Retablo am Hochaltar, der ein Schnitzwerk des 16. Jh.s ist.

Ejea de los
Caballeros

Auf der C-127 erreicht man am Zusammenfluß von Arba de Luesia und Arba de Biel den Ort Ejea de los Caballeros, dessen romanische Festungskirche (13. Jh.) einen stattlichen Wehrturm aufweist. Die Kirche Nuestra Señora de la Oliva ist der Schutzheiligen des Städtchens geweiht, die in einer Skulptur des 13. Jh.s verehrt wird.

Sádaba

Auf der C-127 setzt man nun in nordwestlicher Richtung die Fahrt fort und kommt nach Sádaba, dessen Kirche Santa María außer zwei Retablos des 16. Jh.s ein schönes Chorgestühl besitzt. Beim Ort eine große mittelalterliche Burg.

*Sos del Rey
Católico

Über den Puerto de Sos (856 m ü.d.M.) geht es nach Sos del Rey Católico. Dieses Festungsstädtchen hat sich sein mittelalterliches Stadtbild weitgehend bewahrt. Hier wurde 1452 im Palacio de Sada (12. Jh.) der spätere König Ferdinand von Aragón, genannt 'el Rey Católico', geboren. An der Plaza Mayor stehen das Renaissancerathaus und die Lonja; vom Platz kommt man zur romanischen Pfarrkirche San Esteban (11./12. Jh.) mit einem Figurenportal und vor allem sehr gut erhaltenen Wandmalereien aus dem 14. Jahrhundert.

Sos del Rey Católico

Südöstlich von Sos (24 km), auch direkt von Sádaba (16 km) zu erreichen, Uncastillo
liegt in ansprechender Landschaft die Ortschaft Uncastillo ('eine Burg'),
die ihren Namen einer einst mächtigen Festung aus dem 12. Jh. verdankt,
von der sich nur noch ein einsamer Turm auf dem Felsenhang erhebt; von
den Kirchen ist Santa María mit ihrem sehr schönen Südportal und dem
plateresken Kreuzgang besonders zu erwähnen. Die Casa Consistorial
zeigt eine reich gearbeitete Fassade.

Weitere Reiseziele

⟶ Alcañiz
⟶ Calatayud
⟶ Huesca
⟶ Lérida
⟶ Tarazona

Praktische Informationen von A bis Z

Andenken

⟶ Einkäufe, Souvenirs

Anreise

Mit dem Flugzeug

Spanien ist durch eine ganze Reihe von ⟶ Flughäfen mit dem internationalen Liniennetz verbunden, deren wichtigste Madrid-Barajas, Barcelona-El Prat und Palma de Mallorca sind, wobei letzterer vor allem von Chartergesellschaften angeflogen wird.

Allgemeines

Neben der staatlichen spanischen Luftfahrtgesellschaft Iberia (⟶ Fluggesellschaften), die sowohl internationale als auch innerspanische Routen (weitere Informationen⟶ Flugverkehr) befliegt, bieten Flüge nach Spanien u.a. die Deutsche Lufthansa, das Schweizer Luftfahrtunternehmen Swissair (auch Flüge ab EuroAirport Basel–Mulhouse–Freiburg mit Alsavia, an der Crossair beteiligt ist, nach Barcelona möglich) und die österreiche Fluggesellschaft Austrian Airlines an. Direktverbindungen (z.T. mit Zwischenlandungen):
von Frankfurt am Main nach Alicante, Almería, Barcelona, Bilbao, Granada, Ibiza, Las Palmas de Gran Canaria, Madrid, Málaga, Palma de Mallorca, Santiago de Compostela, Sevilla, Tenerife (Reina Sofia) und Valencia; von Düsseldorf nach Alicante, Barcelona, Granada, Las Palmas de Gran Canaria, Madrid, Málaga, Palma de Mallorca, Sevilla und Tenerife (Reina Sofia); von Hamburg nach Alicante, Barcelona, Las Palmas de Gran Canaria, Madrid, Málaga, Palma de Mallorca, Santiago de Compostela, Sevilla, Tenerife (Reina Sofia), Valencia und Vigo; von Köln/Bonn nach Madrid; von München nach Barcelona, Las Palmas de Gran Canaria, Madrid, Málaga, Palma de Mallorca, Sevilla, Tenerife (Reina Sofia) und Vigo; von Stuttgart nach Barcelona und Madrid;
von Wien nach Alicante, Barcelona, Las Palmas de Gran Canaria, Madrid, Málaga, Palma de Mallorca, Sevilla, Tenerife (Reina Sofia) und Valencia; von Zürich nach Alicante, Barcelona, Bilbao, Ibiza, Las Palmas de Gran Canaria, Madrid, Málaga, Palma de Mallorca, Santiago de Compostela, Sevilla, Tenerife (Reina Sofia), Valencia und Vigo sowie von Genf nach Alicante, Almería, Barcelona, Las Palmas de Gran Canaria, Madrid, Málaga, Palma de Mallorca, Santiago de Compostela, Sevilla, Tenerife (Reina Sofia) und Valencia.

Linienflüge

Auskünfte (u.a. Informationen über Sondertarife, wie flieg & spar-Preise für Hin- und Rückflüge in der Economy Klasse, bei Iberia; Sondertarife für Kinder und Jugendliche oder First Class mit Lufthansa u.v.a.) sowie Buchungen in IATA-Reisebüros und in allen Büros der Iberia (⟶ Fluggesellschaften) sowie der Deutschen Lufthansa, der Swissair und der Austrian Airlines.

Auskunft
Sondertarife
Buchung

Daneben bringen zahlreiche Charterfluggesellschaften Fluggäste mit Chartermaschinen nach Spanien, z.B. existieren Verbindungen mit VIVA air (Gründung von Iberia + Condor) oder der LTE (Gründung von spani-

Charterflüge

◀ *Sporthafen Motril an der Costa del Sol*

Charterflüge
(Fortsetzung)

schem Partner und LTU; (von den Kanarischen Inseln aus operieren im übrigen die Lineas Aéreas Canarias, die u.a. Touristen in die Schweiz fliegen). Informationen erteilen die örtlichen Reisebüros.

Mit dem Pkw

Anreise aus
dem Norden der
Bundesrepublik

Für Reisende aus Norddeutschland und dem Ruhrgebiet empfiehlt sich u.a. die westliche Route über das belgische Autobahnnetz nach Paris, von dort durch West- und Südwestfrankreich nach Biarritz (französ.-span. Grenzübergang Hendaye–Irún).

Anreise aus
der Mitte
Deutschlands

Reisende aus der Mitte Deutschlands können über Frankfurt am Main – Mannheim / Ludwigshafen – Saarbrücken – Reims – Paris Anschluß an die zuvor genannte Strecke finden.

Anreise aus
Österreich
und der
Bundesrepublik

Für Reisende aus Österreich bietet sich die Anfahrt auf der Autobahn über München, Stuttgart ebenso wie für Anreisende aus dem Süden der Bundesrepublik Deutschland, bis Kehl / Strasbourg bzw. über Freiburg im Breisgau bis zum Autobahnkreuz Neuenburg, dann weiter über Mulhouse, Besançon und Beaune auf die südwärts im Rhône-Tal verlaufende Autobahn (Autoroute du Soleil). Unweit südlich von Orange teilt sich die Autobahn, und man folgt nun ihrem nach Südwesten ziehenden Zweig; Grenzübergang: Cerbère–Port-Bou.

Anreise
aus der
Schweiz

Für Reisende aus der Nordschweiz empfiehlt sich die Route über Basel und Mulhouse zur französischen Autobahn, der man wie oben beschrieben weiter folgt. Wer aus der Südschweiz kommt, wählt die Strecke über Genf und weiter über Grenoble und Valence, wo das Rhône-Tal und die Südautobahn erreicht werden.

Grenzübergänge   → dort

Autofähren   → dort

Autoreisezüge   s. Anreise mit der Eisenbahn, nachfolgend

Straßenverkehr
in Spanien

→ Straßenverkehr

Touring und Europabus-Linienverkehr

Allgemeines

Touringbusse (Europabusse) der Deutschen Touring Gesellschaft (Anschrift nachfolgend) verkehren zwischen mehreren Städten der Bundesrepublik Deutschland und Barcelona, Madrid, Murcia, Málaga (Costa del Sol), Orense und Sevilla in Spanien.

Auskunft
Fahrplan u.a.

Detaillierte Informationen über Ankunfts- und Abfahrtszeiten, Fahrtdauer, Ausstiege, Preise und Ermäßigungen entnehme man den jährlich zweimal erscheinenden Broschüren des Unternehmens

Deutsche Touring Gesellschaft
Am Römerhof 17 / Postf. 90 02 44
D-6000 Frankfurt am Main 90
Tel. (0 69) 7 90 30
(auch Reservierungsstelle)

Fahrkarten

Fahrkarten sind bei der zuvor genannten Adresse, in allen DER-Reisebüros sowie an den Schaltern der Deutschen Bundesbahn erhältlich.

Autobusse
in Spanien

→ dort

Anreise mit der Eisenbahn

Wer mit der Eisenbahn anreist, muß wegen der unterschiedlichen Spurweite der Schienen den Zug an der französisch-spanischen Grenze wechseln (weitere Informationen → Eisenbahn); bis zum Jahr 2000 will Spanien u.a. für die Umstellung der wichtigsten Linien auf europäische Spurbreite sorgen.

Aus dem Norden Frankreichs erreicht man Spanien mit der Eisenbahn beispielsweise über Paris–Hendaye / Irún (französisch-spanischer Grenzübergang); über Genf und Südfrankreich führt die südliche Route nach Cerbère–Port-Bou (französisch-spanischer Grenzübergang).

Zahlreiche Sondertarife gelten u.a. im DB- und im Bereich der Französischen Staatsbahnen SNCF.
Fahrpreis-ermäßigungen

Nähere Informationen und Prospekte sind bei den Fahrkartenausgaben der Deutschen Bundesbahn, in DER-Reisebüros, bei den Österreichischen Bundesbahnen (ÖBB), den Schweizerischen Bundesbahnen (SBB) sowie bei den Französischen Eisenbahnen SNCF erhältlich. Generalvertretung der Spanischen Eisenbahngesellschaft RENFE in Paris (Adr. → Eisenbahn.
Auskunft

Autoreisezüge verkehren von diversen Orten der Bundesrepublik Deutschland bis in die Nähe der französisch-spanischen Grenze – beispielsweise von Hamburg über Neu-Isenburg (Frankfurt am Main) nach Avignon oder Düsseldorf nach Narbonne. Direkte Autoreisezüge nach Spanien gibt es wegen der unterschiedlichen Spurweite der Eisenbahnschienen (→ Eisenbahn) in Frankreich und Spanien derzeit noch nicht. Auskünfte und Prospekte an allen Schaltern der Deutschen Bundesbahn und in örtlichen Reisebüros (innerhalb Spaniens verkehren ebenfalls Autoreisezüge, die 'Auto-Expresos' der Staatlichen Spanischen Eisenbahngesellschaft RENFE; → Eisenbahn).
Autoreisezüge

Apotheken (farmacias)

Apotheken erkennt man an einem roten oder auch einem grünen Kreuz.
Hinweisschild

Die Festlegung der Öffnungszeiten (→ auch Geschäftszeiten) der Apotheken erfolgt durch die jeweiligen Stadtverwaltungen. In der Regel sind die Apotheken geöffnet von 9.30–14.00 und 16.30–20.00 Uhr.
Öffnungszeiten

Eine Reihe von Apotheken übernimmt Bereitschaftsdienst nach Geschäftsschluß bzw. auch Sonderdienst an Sonn- und Feiertagen. Die Anschrift der jeweils diensthabenden Apotheke entnehme man dem in jeder Apotheke aushängenden Anschlag 'Farmacia de Guardia'; auch in den Tageszeitungen finden sich Hinweise über Apotheken mit Nacht- und Sonntagsdienst.

Weitere Informationen:
→ Ärztliche Hilfe
→ Notdienste

Ärztliche Hilfe (asistencia médica)

In jedem Falle empfiehlt es sich, vor Reiseantritt die neuesten Bestimmungen bei seiner Krankenkasse einzuholen. Nach dem deutsch-spanischen Abkommen über soziale Sicherheit (ähnliche Vereinbarungen bestehen
Vor Reiseantritt

Ärztliche Hilfe
(Fortsetzung)

auch zwischen Österreich und Spanien, nicht aber zwischen der Schweiz und Spanien) haben Versicherte deutscher Krankenkassen das Recht, die ärztliche Versorgung in Spanien direkt durch die Vorlage des Anspruchsausweises E 111 bei einem medizinischen Zentrum der spanischen Sozialversicherung in Anspruch zu nehmen. Für die spätere Kostenabrechnung wird die Kopie des Anspruchsausweises einbehalten, das Original erhält der Versicherte zurück.

Versicherungen

Für manche Fälle – beispielsweise für Krankenrückholdienste, die unter Umständen sehr teuer werden können – ist der gesonderte Abschluß einer Kurzzeit-Zusatz- und Unfallversicherung (⟶ Sicherheit) ratsam.

Ärztliche
Versorgung

In den Fremdenverkehrsgebieten und in den größeren Städten Spaniens ist die ärztliche Versorgung sehr gut. In Städten und in ländlichen Gegenden gibt es öffentliche Krankenhäuser, in den wichtigeren Ferienorten Privatkliniken. Ansonsten wende man sich zunächst an die Hotelrezeptionen, den nächsten Polizeiposten oder bei kleineren Unpäßlichkeiten an die örtliche Unfallstation (casa de socorro).

Luft-
Rettungsdienste

Deutsche Rettungsflugwacht (DRF)
Flughafen
D-7000 Stuttgart 23 (Echterdingen)
Tel. aus Spanien: (07 49 / 7 11) 70 07-0
Alarmzentrale: 70 10 70

DRK-Flugdienst / Deutsches Rotes Kreuz
Friedrich-Ebert-Allee 71
D-5300 Bonn
Tel. aus Spanien: (07 49 / 2 28) 54 11

ADAC-Notruf

Tel. aus Spanien (rund um die Uhr):
(07 49 / 89) 22 22 22.

ADAC-Ambulanz-
Dienst München /
Telefonarzt

täglich 8.00-20.00 Uhr
Tel. aus Spanien: (0749 / 89) 76 76-22 44
(in der Hauptreisezeit bereits ab 7.00 Uhr bis 23.00 Uhr)

Der Telefonarzt hilft weiter mit Adressen deutschsprachiger Ärzte, gibt Medikamentenempfehlungen bei leichteren Beschwerden und kann in ernsten Fällen den Rücktransport in ein Krankenhaus des Heimatortes veranlassen.

Auskunft (información turística)

In der Bundesrepublik Deutschland

Düsseldorf

Spanisches Fremdenverkehrsamt
Graf-Adolf-Str. 81
D-4000 Düsseldorf
Tel. (02 11) 37 04 67

Frankfurt
am Main

Spanisches Fremdenverkehrsamt
Myliusstr. 14 (4. Stock)
D-6000 Frankfurt am Main 1
Tel. (0 69) 72 50 33/8

München

Spanisches Fremdenverkehrsamt
Postfach 15 19 40
D-8000 München 15
Tel. (0 89) 53 01 58

Da derzeit kein Mallorca- / Balearen-Informationsbüro in der Bundesrepublik Deutschland existiert, wende man sich entweder an die zuvor
erwähnten Fremdenverkehrsämter oder direkt an die zuständige Touris-
musbehörde für die Balearen (Conselleria de Turisme de Balears; s. Auskunftsstellen: Baleares, nachfolgend), die ihren Sitz in Palma de Mallorca
hat.

In Österreich

Spanisches Fremdenverkehrsamt   Wien
Rotenturmstr. 27
A-1010 Wien
Tel. (01) 5 35 31 91 und 5 33 14 25

In der Schweiz

Office national espagnol du tourisme   Genf
40, bd. Helvétique / rue du Rhône
CH-1207 Genève
Tel. (0 22) 35 95 94-95

Spanisches Fremdenverkehrsamt   Zürich
Seefeldstr. 19
CH-8008 Zürich
Tel. (01) 2 52 79 30-31

Auskunftsstellen in Spanien

Übergeordnete Stellen

Ministerio de Transportes, Turismo y Comunicaciones   Tourismus-
Plaza San Juan de la Cruz   ministerium
E-28000 Madrid
Tel. (01) 4 11 40 19

Inprotur – Secretaria General de Turismo   General-
Calle de Maria de Molina 50   sekretariat
E-28006 Madrid   für Tourismus
Tel. (01) 4 11 40 14

Ministerio de Cultura   Kultus-
Plaza del Rey 1   ministerium
E-28004 Madrid
Tel. (01) 4 29 24 44

Auskunftsstellen in Städten, Orten, Gemeinden und auf den Inseln

Innerhalb Spaniens werden touristische Auskünfte in den Städten vor   Allgemeines
allem durch die Oficinas (de Información) de Turismo und die Oficinas
Municipal de Turismo (Städt. Touristenbüros, die ihren Sitz meist im
Rathaus, dem 'Ayuntamiento' haben) oder durch die Patronatos Provinciales de Turismo erteilt; außerdem sind Informationen durch die Direccio-
nes Provinciales de Turismo (auch Delegaciones Provinciales u.a.), die
ihren Sitz in den jeweiligen Provinzhauptstädten haben, erhältlich.

Centro de Iniciativas Turisticas, Plaza de España 32   **Aguilar**
E-34800 Aguilar de Campóo, Tel. (9 88) 12 20 24   **de Campóo**

Albacete
Oficina de Turismo, Virrey Morcillo 1
E-02000 Albacete, Tel. (9 67) 21 56 11

Alba de Tormes
s. Salamanca

Alcalá de Henares
Oficina de Turismo, Callejón de Santa María 1
E-28800 Alcalá de Henares, Tel. (91) 8 89 26 94

Alcántara
Oficina de Turismo, Avenida de Mérida 21
E-10004 Alcántara, Tel. (9 27) 39 00 02

Alcañiz
Ayuntamiento, Plaza de España 1
E-44600 Alcañiz, Tel. (9 74) 13 11 31

Alcoy
Centro de Iniciativas Turisticas, Puente de San Jorge 1
E-03803 Alcoy, Tel. (9 65) 33 28 57

Algeciras
Oficina de Turismo, Juan de la Cierva
E-11200 Algeciras, Tel. (9 56) 60 09 11

Alicante
Oficina de Turismo, Explanada de España 2
E-03002 Alicante, Tel. (96) 5 21 22 85
Centro de Iniciativas Turisticas, Portugal 17
E-03003 Alicante, Tel. (96) 5 22 38 02
Servicio Territorial de Turismo de la Generalidad de la Comunidad
Valenciana, Artilleros 4, E-03000 Alicante
Dirección Provincial del Ministerio de Transportes,
Turismo y Comunicaciones, Arzobispo Loaces 26
E-03000 Alicante

Almería
Oficina de Turismo, Hermanos Machado, Edificio Múltiple
E-04000 Almería, Tel. (9 51) 23 08 58
Mancomunidad Turistica de Almería, (Touristische Verwaltungsgemein-
schaft Almería), Carretera de Málaga
E-04000 Almería, Tel. (0 51) 23 48 59
Delegación Provincial de Fomento y Turismo de la, Junta de Andalucia,
Hermanos Machado –, Edificio Múltiple
E-04000 Almería, Tel. (0 51) 23 92 23

Altamira
s. Santander

Andorra
Sindicat d'Iniciativa, de les Valls d'Andorra /, Oficina de Turisme, Carrer Dr.
Vilanova, Andorra la Vella, Principat d'Andorra, Tel. 2 02 14, (Vorwahl von
der Bundesrepublik Deutschland, Österreich und der Schweiz, über das
französische Telefonnetz: 00 33 / 62)

Aranda de Duero
Ayuntamiento, Plaza Mayor 1
E-09400 Aranda de Duero, Tel. (9 47) 50 00 75

Aranjuez
Oficina de Turismo, Plaza Santiago Rusiñol
E-28300 Aranjuez, Tel. (91) 8 91 04 27

Arévalo
s. Ávila

Astorga
Oficina de Turismo, Plaza de España
E-24700 Astorga, Tel. (9 87) 61 68 38

Ávila
Oficina de Turismo, Plaza Catedral 4
E-05001 Ávila, Tel. (9 18) 21 13 87 und
Delegación Territorial de Transportes, Turismo y Comercio de la Junta de
Castilla y León, Avenida de Madrid
E-09001 Ávila, Tel. (9 18) 22 76 00

Praktische Informationen

Auskunft

Oficina de Turismo, Ruiz Gómez 21
E-33400 Avilés, Tel. (9 85) 54 43 25

Oficina de Turismo, Pasaje de San Juan 1
E-06002 Badajoz, Tel. (9 24) 22 27 63 98

Oficina de Turismo, Casa del Pópulo
E-23440 Baeza, Tel. (9 53) 74 04 44

Übergeordnete Stelle für die Balearen (Mallorca, Menorca und Cabrera
sowie Ibiza und Formentera):
Conselleria de Turisme de Balears, Avenida Jaime III 8, pral.
E-07012 Palma de Mallorca, Tel. (9 71) 71 20 22
Auskunftsstelle spez. für die Insel Mallorca:
Consell Insular de Mallorca, Palau Reial 1
E-Palma de Mallorca, Tel. (9 71) 72 15 05
Für Menorca:
Consell Insular de Menorca, Camí del Castell 28
E-Mahón, Tel. (9 71) 36 49 08
Für Ibiza:
Consell Insular de Ibiza, Bes, s / n
E-07800 Ciudad de Ibiza / Eivissa (Ibiza-Stadt), Tel. (9 71) 30 43 04
Für Formentera:
Oficina de Información, Turistica Municipal, Port de la Sabina
E-07860 San Francisco Javier, Tel. (9 71) 32 08 01

Oficina de Turismo, Gran Vía de las Cortes Catalanas 658
E-08010 Barcelona, Tel. (93) 3 01 74 43
Im Kongreßpalast: Palacio de Congresos Plaza Neruda
E-08013 Barcelona, Tel. (93) 2 23 24 20

Oficina de Turismo, Paseo de Cervantes 6
E-37700 Béjar, Tel. (9 23) 40 30 05

s. Cuenca

s. Zamora

Oficina de Turismo, Avenida Martínez Alejos 16
E-03500 Benidorm, Tel. (96) 5 85 13 11

s. La Coruña

Oficina de Turismo, Alameda Mazarredo
E-48001 Bilbao, Tel. (94) 4 24 48 19

Oficina de Turismo, Plaza Catalunya
E-17300 Blanes, Tel. (9 72) 33 03 48

Oficina de Turismo, Plaza Alonso Martínez 7
E-09003 Burgos, Tel. (9 47) 20 31 25

Oficina de Turismo, Plaza de España
E-10003 Cáceres, Tel. (9 27) 24 63 47

Oficina de Turismo, Calderón de la Barca 1
E-11003 Cádiz, Tel. (9 56) 21 13 13

s. Zaragoza

Oficina de Turismo, Plaza Castellini 5
E-30290 Murcia, Tel. (9 68)

Castellón de la Plana	Oficina de Turismo, Plaza María Agustina 5 bajo E-12003 Castellón de la Plana, Tel. (9 64) 32 12 27
Ceuta	Oficina de Turismo, Muelle Cañonero Dato 1 E-11700 Ceuta, Tel. (9 56) 51 13 79
Ciudad Real	Oficina de Turismo, Alarcos 21 E-13001 Ciudad Real, Tel. (9 26) 21 29 25
Ciudad Rodrigo	Oficina de Turismo, Arco de Amayuelas 5 E-37500 Ciudad Rodrigo, Tel. (9 12) 46 05 61
Coca	s. Segovia
Córdoba	Oficina de Turismo, Palacio de Congresos, Torrijos s / n E-14003 Córdoba, Tel. (9 57) 47 12 35
Cuenca	Oficina de Turismo, Dalmacio García Izcara 8 E-16008 Cuenca, Tel. (9 66) 22 22 31
Daroca	Centro de Iniciativas Turisticas, Casa Consistorial E-Daroca (s. auch Zaragoza)
Denia	Oficina de Turismo, Patricio Ferrandiz E-03700 Denia, Tel. (96) 5 78 09 57
Écija	Oficina de Turismo, Avenida de Andalucía E-41400 Écija
El Burgo de Osma	Centro de Iniciativas Turisticas, Obispo Rubio Montiel 1-2° E-42300 El Burgo de Osma
Elche	Oficina de Turismo, Passeig de l'Estació E-03203 Elche, Tel. (96) 5 45 27 47
El Escorial	Oficina de Turismo, Floridablanca 19 E-28280 El Escorial Tel. (91) 8 90 15 54
Estella	Oficina de Turismo, Palacio de los Duques de Granada E-31200 Estella, Tel. (9 48) 55 40 11
Estepona	Oficina de Turismo, Paseo Marítimo Pedro Manrique E-29680 Estepona, Tel. (9 52) 80 09 13
Fuengirola	Oficina de Turismo, Plaza de España (parque) E-29640 Malaga, Tel. (9 52) 47 85 00
Gandía	Oficina de Turismo, Avenida Marqués de Campo E-46700 Gandía, Tel. (96) 2 87 45 44 und San José de Calasanz 7 E-46700 Gandía, Tel. (96) 2 87 35 36
Gerona	Ciutadans 12 E-1004 Gerona, Tel. (9 72) 20 16 94 und Plaza de Ví E-17004 Gerona, Tel. (9 72) 20 26 79
Gibraltar	Gibraltar Government Tourist Office, Cathedral Square GB-Gibraltar, Tel. (9 56) 7 64 00
Gijón	Oficina de Turismo, Marqués de San Estebán E-33200 Gijón, Tel. (9 85) 34 60 46

Praktische Informationen

Oficina de Turismo, Pavaneras 19 E-18009 Granada, Tel. (9 58) 22 10 22	**Granada**
Oficina de Turismo, Travesía de Beladiez 1 E-19001 Guadalajara, Tel. (9 11) 22 06 98	**Guadalajara**
s. Cáceres	**Guadalupe**
s. Bilbao	**Guernica**
s. Logroño	**Haro**
Oficina de Turismo, Vázquez López 5 E-21001 Huelva, Tel. (9 55) 25 74 03	**Huelva**
Oficina de Turismo, Coso Alto 23 bajos E-22003 Huesca, Tel. (9 74) 22 57 78	**Huesca**
Oficina de Turismo, Plaza Calvo Sotelo s / n E-22700 Jaca, Tel. (9 74) 36 00 98	**Jaca**
Oficina de Turismo, Avenida de Madrid 10 A E-23001 Jaén, Tel. (9 53) 22 27 37	**Jaén**
Oficina de Turismo, Rúa del Villar 43 E-15705 Santiago de Compostela, Tel. (9 81) 58 40 81 und ficina Municipal de Turismo, Plaza del Obradoiro s / n E-15705 Santiago de Compostela	**Jakobsweg** (Camino de Santiago)
Oficina de Turismo, Noguera 1 E-46800 Játiva, Tel. (96) 3 52 40 00	**Játiva**
Oficina de Turismo, Alameda Cristina 7 E-11400 Jerez de la Frontera, Tel. (9 56) 33 11 50	**Jerez de la Frontera**
Auf Fuerteventura: Cabildo Insular, Calle Rosario 7 E-Puerto del Rosario, Tel. (9 28) 81 18 60 Auf Gomera: Oficina de Turismo, Calle del Médio 20 E-38800 San Sebastián de la Gomera, Tel. (9 22) 87 07 52 Auf Gran Canaria: Casa del Turismo, Parque Santa Catalina E-35007 Las Palmas de Gran Canaria, Tel. (9 28) 26 23 55 und Casa del Turismo, Plaza de Ramón Franco, E-35007 Las Palmas de Gran Canaria, Tel. (9 28) 27 73 56 Auf Hierro: Flughafen von Hierro, E-38900 Valverde, Tel. (9 22) 55 08 78 Auf Lanzarote: Parque Municipal s / n E-35500 Arrecife de Lanzarote, Tel. (9 28) 81 18 60 Auf La Palma: Oficina de Turismo, Calle O'Daly 8, E-38000 Santa Cruz de la Palma, Tel. (9 22) 41 21 06 Auf Teneriffa: Oficina de Turismo, Plaza de la Iglesia 3 E-38400 Puerto de la Cruz, Tel. (9 22) 37 19 28 und Oficina de Turismo, Calle de la Marina 57, E-38001 Santa Cruz de Tenerife, Tel. (0 22) 28 38 53	**Kanarische Inseln**
Oficina de Turismo, Dársena de la Marina E-15001 La Coruña, Tel. (9 81) 22 18 22	**La Coruña**
Oficina de Turismo, Plaza de Regla 4 E-24003 León, Tel. (9 87) 23 70 82	**León** (Stadt)
Oficina de Turismo, Arc del Pont E-25007 Lérida, Tel. (9 73) 24 81 20	**Lérida**

Logroño	Oficina de Turismo, Miguel Villanueva 10 E-26001 Logroño, Tel. (9 41) 25 77 11
Lorca	Oficina de Turismo, López Gisbert E-30800 Lorca, Tel. (9 68) 46 61 57
Lugo	Oficina de Turismo, Plaza de España 27-29 E-27001 Lugo, Tel. (9 82) 23 13 61
Madrid	Dirección General de Turismo de la Comunidad de Madrid, Duque de Medinaceli 2, E-28014 Madrid, Tel. (91) 4 29 49 51 Oficina Municipal de Turismo, Plaza Mayor 3 E-28012 Madrid, Tel. (91) 2 66 48 74 und Princesa 1, Edificio Torre de Madrid E-28008 Madrid, Tel. (91) 2 41 23 25 Am Flughafen Barajas, Tel. (91) 2 05 86 56 Am Bahnhof Chamartín: Vestíbulo, Puerta 14 E-29036 D.P., Estación de Chamartín, Tel. (91) 3 15 99 76
Málaga	Oficina de Turismo, Marqués de Larios 5 E-29015 Málaga, Tel. (9 52) 21 34 45 Aeropuerto Internacional de Málaga, Tel. (9 52) 31 20 44
Marbella	Oficina de Turismo, Miguel Cano 1 E-29600 Marbella, Tel. (9 52) 77 14 42
Medinaceli	Centro de Iniciativas Turísticas, Plaza Generalísimo 1 E-42240 Medinaceli
Medina del Campo	s. Valladolid
Melilla	Oficina de Turismo, Avenida General Aizpuru 20 E-29800 Melilla, Tel. (9 52) 68 40 13
Mérida	Oficina de Turismo, Pedro María Plano E-06800 Mérida, Tel. (9 24) 31 53 53
Morella	Oficina de Turismo, Torres de San Miguel E-12300 Morella, Tel. (9 64) 16 01 25
Murcia (Stadt)	Oficina de Turismo, Alejandro Seiquier 4 E-30001 Murcia, Tel. 21 37 16
Nerja	Oficina de Turismo, Puerta del Mar 4 E-29780 Nerja, Tel. (9 52) 52 15 31
Olite	Oficina de Turismo, Castillo E-31390 Olite, Tel. (9 48) 74 00 35
Oña	s. Burgos
Orense	Oficina de Turismo, Curros Enríquez 1, Torre de Orense E-32003 Orense, Tel. (9 88) 23 47 17
Orihuela	Oficina de Turismo, Francisco Diez 25 E-03300 Orihuela, Tel. (96) 5 30 27 47
Oviedo	Oficina de Turismo, Plaza de la Catedral 6 E-33007 Oviedo, Tel. (9 85) 21 33 85
Palencia	Oficina de Turismo, Mayor 105 E-34001 Palencia, Tel. (9 88) 72 00 68

Praktische Informationen

Oficina de Turismo, Duque de Ahumada 3
E-31002 Pamplona, Tel. (9 48) 22 07 41

Federación Española de Montañismo,
(Spanischer Bergsteigerverband),
Alberto Aguilera 3,
E-28015 Madrid, Tel. (91) 4 45 13 82 und 4 45 14 38

Oficina de Información y Turismo, Trujillo 17, Casa de la Cultura
E-10600 Plasencia, Tel. (9 27) 41 27 66

Oficina de Turismo, Avenida de la Puebla 1
E-24400 León, Tel. (9 87) 41 22 50

Oficina de Turismo, General Mola 3
E-36002 Pontevedra, Tel. (9 86) 85 08 14

Oficina de Turismo, San Juan 36
E-43200 Reus, Tel. (9 77) 31 00 61

Oficina de Turismo, Plaza de l'Abat Oliba 3
E-17500 Ripoll, Tel. (9 72) 70 23 51

Oficina de Turismo, Plaza de España 1
E-29400 Ronda, Tel. (9 52) 87 12 72

Oficina de Turismo, Plaza Cronista Chabret
E-46500 Sagunto, Tel. (96) 2 46 22 13

Oficina de Turismo, Gran Vía 41
E-37001 Salamanca, Tel. (9 23) 24 37 30 und Plaza Mayor 10
E-37002 Salamanca, Tel. (0 23) 21 83 42

s. Marbella

Oficina de Turismo, Reina Regente
E-20003 San Sebastián, Tel. (9 43) 42 10 02 und
Miramar, E-20003 San Sebastián, Tel. (9 43) 42 62 82

Oficina de Turismo, Plaza Porticada 1
E-39001 Santander, Tel. (9 42) 31 07 08

Oficina de Turismo, Rúa del Villar 43
E-15705 Santiago de Compostela, Tel. (9 81) 58 40 81

Oficina de Turismo, Plaza Mayor
E-39330 Santillana del Mar, Tel. (9 42) 81 82 51

s. Logroño

Oficina de Turismo, Plaza Mayor 10
E-40001 Segovia, Tel. (9 11) 41 16 02

Oficina de Turismo, Paseo de José Antonio
E-25700 Seo de Urgel, Tel. (9 73) 35 00 10 und 35 09 91

Oficina de Turismo, Avenida de la Constitución 21
E-41004 Sevilla, Tel. (9 54) 22 14 04 und
Paseo de Las Delicias
E-41012 Sevilla, Tel. (9 54) 23 44 65

Sierra de Gredos	Federación Española de Montañismo, (Spanischer Bergsteigerverband), Alberto Aguilera 3, E-28015 Madrid, Tel. (91) 4 45 13 82 und 4 45 14 38
Sierra Nevada	s. Granada
Sigüenza	s. Guadalajara
Sitges	Oficina de Turismo, Plaza Eduardo Maristany E-08870 Barcelona, Tel. (93) 8 94 05 80
Soria	Oficina de Turismo, Plaza Ramón y Cajal E-42003 Soria, Tel. (9 75) 21 20 52
Tafalla	Ayuntamiento, Plaza Navarra 7 E-31300 Tafalla, Tel. (9 48) 70 00 92
Talavera de la Reina	Ayuntamiento, General Primo de Rivera s / n E-45600 Talavera de la Reina, Tel. (9 25) 80 53 00
Tarazona	Oficina de Turismo, Iglesias E-50500 Tarazona, Tel. (9 76) 64 00 74
Tarragona	Oficina de Turismo, Calle Fortuny 4 E-43001 Tarragona, Tel. (9 77) 20 18 59 und Oficina Municipal de Turismo, Calle Mayor 39 E-43001 Tarragona, Tel. (9 77) 23 89 22
Tarrasa	s. Barcelona
Teruel	Oficina de Turismo, Tomás Nougués 1 E-44001 Teruel, Tel. (9 74) 60 22 79
Toledo	Oficina de Turismo, Puerta de Bisagra s / n E-45003 Toledo, Tel. (9 25) 22 08 43
Tolosa	Centro de Iniciativas Turisticas, Calle San Juan s / n E-Tolosa, Tel. (9 43) 67 40 19
Tordesillas	Ayuntamiento, Plaza Mayor 1 E-47100 Tordesillas, Tel. (9 83) 77 00 61
Toro	Delegación Territorial de Transportes, Turismo y Comercio de la Junta de Castilla Leon, Avenida Requejo 25-2°-A E-49003 Zamora, Tel. (9 88) 52 15 50.
Torremolinos	Oficina de Turismo, Bajos de la Nogalera, local 517 E-29620 Torremolinos, Tel. (9 52) 38 15 78 und María Barrabino 12, E-29620 Torremolinos, Tel. (9 52) 38 00 38
Tortosa	Centro de Iniciativas Turisticas, Plaza de España 1 E-43500 Tortosa
Trujillo	Oficina de Turismo, Plaza de España 18 E-10200 Trujillo, Tel. (9 27) 32 06 53
Tudela	Oficina de Turismo, Plaza de los Fueros E-31500 Tudela, Tel. (9 48) 82 15 39
Túy	Oficina de Turismo, Puente Tripes – Avenida de Portugal E-36700 Túy, Tel. (9 86) 60 17 89

Praktische Informationen

Oficina de Turismo, Plaza del Ayuntamiento 2
E-23400 Úbeda, Tel. (9 53) 75 08 97

Oficina de Turismo, Plaza del Ayuntamiento 1
E-46002 Valencia, Tel. (96) 3 51 04 17
Calle de la Paz 46
E-46003 Valencia, Tel. (96) 3 52 28 97
Avenida Cataluña 1
E-46010 Valencia, Tel. (96) 3 70 95 00

Valencia
(Stadt)

Oficina de Turismo, Plaza de Zorrilla 3
E-47001 Valladolid, Tel. (9 83) 35 18 01

Valladolid

Oficina de Turismo, Plaza Mayor 1
E-08500 Vich, Tel. (93) 8 86 20 91

Vich

Oficina de Turismo, Jardines de las Avenidas
E-36201 Vigo, Tel. (9 86) 43 05 77

Vigo

Oficina de Turismo, Passeig de Ribes Roges
E-08800 Villanueva y Geltrú, Tel. (93) 8 93 59 57

**Villanueva
y Geltrú**

Oficina de Turismo, Parque de la Florida
E-01008 Vitoria, Tel. (9 45) 24 95 64

Vitoria

Oficina de Turismo, Santa Clara 20
E-49000 Zamora, Tel. (9 88) 51 18 45

Zamora

Oficina de Turismo, Torreón de la Zuda, Glorieta Pío XII, s / n
E-50003 Zaragoza, Tel. (9 76) 23 00 27 und
Plaza Nuestra Señora del Pilar 18
E-50003 Zaragoza, Tel. (9 76) 23 00 27

Zaragoza

Weitere Auskunftsstellen:

Camara de Comercio Alemana para España
Paseo de la Castellana 18
E-28046 Madrid
Tel. (91) 2 75 40 00

Deutsche
Handelskammern
für Spanien

Calle Corcega 301-303
E-08008 Barcelona
Tel. (93) 2 37 38 83

Oficina Nacional Alemana de Turismo
San Agustin 2, Plaza de las Cortes
E-28014 Madrid
Tel. (91) 4 29 35 51 und 4 29 58 77

Deutsche
Zentrale
für Tourismus
(DZT)

Oficina Nacional Austriaca de Turismo
Torre de Madrid, P. 11, Dcho. 8
E-28008 Madrid
Tel. (91) 2 47 89 24

Österr.
Fremden-
verkehrswerbung

Oficina Nacional Suiza de Turismo
Gran Vía 84
E-28013 Madrid
Tel. (91) 2 47 06 39

Schweizer
Verkehrsbüro

Postf. 81 02 28
D-8000 München 81
Tel. (0 89) 91 64 73 und 4 48 00 00

Deutsch-
Hispanische
Gesellschaft

Autobusverkehr

Allgemeines	Der Schienenverkehr wird u.a. ergänzt durch ein dichtes Netz von Autobuslinien der staatlichen Eisenbahngesellschaft RENFE (Anschrift ⟶ Eisenbahn); ferner bietet eine Vielzahl von privaten Transportunternehmen preiswerte Busfahrten beispielsweise zu den Sehenswürdigkeiten der Provinzen an.
Organisierte Ausflugsfahrten	Auskünfte über organisierte Ausflugsfahrten mit dem Bus erteilen u.a. die örtlichen Tourismusbüros (⟶ Auskunft), Reisebüros oder Hotelrezeptionen.

Europabus-Liniendienst ⟶ Anreise

Autofähren

Hinweis für Caravan- und Wohnmobilfahrer	Auskünfte über die maximal zulässigen Fahrzeugabmessungen auf den einzelnen Fährschiffen erteilen u.a. die vermittelnden Reisebüros, die zuständigen Reedereien (Adressen nachfolgend) oder die örtlichen ADAC-Geschäftsstellen.
Hinweis	Karte der Fährverbindungen ⟶ S. 731.

FÄHRVERBINDUNG	TURNUS	REEDEREI
Spanien – Balearen		
Barcelona – Mahón	6 x wöchentlich	Trasmediterránea
Barcelona – Palma de Mallorca	täglich	Trasmediterránea
Barcelona – Ibiza	täglich	Trasmediterránea
Valencia – Palma de Mallorca	6 x wöchentlich	Trasmediterránea
Valencia – Ibiza	3 x wöchentlich	Trasmediterránea
Denia – Ibiza	täglich	Flebasa, San Antonio
Frankreich – Balearen		
Sète – Palma de Mallorca – Ibiza	2 x wöchentlich (Juni–September)	Trasmediterránea
Balearen untereinander		
Palma de Mallorca – Ibiza	3 x wöchentlich	Trasmediterránea
Palma de Mallorca – Cabrera	1 x wöchentlich	Trasmediterránea
Palma de Mallorca – Ciudadela	1 x wöchentlich	Trasmediterránea
Ciudadela – Puerto de Alcudia	4 x wöchentlich	Trasmediterránea
Spanien – Kanarische Inseln		
Cádiz – Las Palmas (Teneriffa)	1 x wöchentlich	Trasmediterránea
Spanien – Marokko		
Algeciras – Tanger	täglich	Trasmediterránea
Algeciras – Tanger	täglich (Saison)	Limadet Ferry, Tanger
Almería – Melilla	3 x wöchentlich	Trasmediterránea
Málaga – Melilla	6 x wöchentlich	Trasmediterránea
Spanien – Span. Marokko		
Algeciras – Ceuta	täglich	Trasmediterránea
Gibraltar – Marokko		
Gibraltar – Tanger	6 x wöchentlich	Transtour, Algeciras
Gibraltar – Tanger	täglich	Gibline, Gibraltar

Fährverbindungen
Spanien – Großbritannien
Santander – Plymouth   1 bis 2 x wöchentlich   British Ferries, Roscoff

Für die Überfahrt nach Tanger ist ein Reisepaß erforderlich.

Information und Buchungen für Autofähren

Seepassage-Komitee Deutschland   Allgemeine
Esplanade 6   Auskünfte
D-2000 Hamburg 36
Tel.: (0 40) 34 21 50/8

Compañía Trasmediterránea: General-
Melia Reisebüro GmbH   vertretungen
Große Bockenheimer Straße 54   für die
D-6000 Frankfurt am Main   Bundesrepublik
Tel. (0 69) 29 53 03 und   Deutschland

Salvatorstr. 2
D-8000 München
Tel.: (01) 2 11 40 81

British Ferries:
Seetours International
Seilerstr. 23
D-6000 Frankfurt am Main
Tel. (0 69) 13 33-0

Compañía Trasmediterránea: General-
Melia Reisebüro GmbH   vertretung
Kärntnerstr. 7   für Österreich
A-1010 Wien
Tel.: (01) 53 27 76

Compañía Trasmediterránea: General-
Voyages Melia Suisse   vertretungen
Rue de Chantepoulet 13/17   für die Schweiz
CH-1201 Genève
Tel. (0 22) 31 94 91 und

Talstr. 58
CH-8001 Zürich
Tel.: (01) 2 11 40 81

Autohilfe

Unfall- (accidente) und Pannenhilfe (auxilio en carretera):   Notruf
Innerhalb der Ortschaften wird Hilfe von der Policía Municipal,
außerhalb von der Guardia Civil de Tráfico veranlaßt (s. Telefonbücher);
landesweit (auch auf den Balearen und den Kanarischen Inseln):   Polizei
Tel. 0 91

Entlang der Autobahnen stehen fast überall Notrufsäulen.   Notrufsäulen

Die spanische Rundfunkanstalt Radio Nacional übermittelt in dringenden   Reiseruf
Fällen Reiserufe.   im Radio

Weitere Notrufe ⟶ Notdienste

Automobilclubs in Spanien

R.A.C.E.	Real Automóvil Club de España (R.A.C.E.) Zentrale: José Abascal 10 E-28003 Madrid Tel. (91) 4 47 32 00

Reial Automobil Club de Catalunya (R.A.C.C.)
Santaló 8
E-08021 Barcelona
Tel. (93) 2 00 33 11

Real Automóvil Club de España (R.A.C.E.)
Marqués de Cénia 37
E-07014 Palma de Mallorca
Tel. (9 71) 23 73 46 / 47

Pannendienste	Pannenhilfsdienst (organisiert vom R.A.C.E. s. zuvor): in Madrid (ganzjährig rund um die Uhr): Tel. (91) 4 41 22 22

in Barcelona:
Tel. (93) 2 00 06 44

in Valencia:
Tel. (96) 3 33 94 05

Weitere Pannendienste an mehr als 600 Stellen in Spanien (vgl. örtliche Telefonbücher).

ADAC-Notruf-zentrale	tgl. rund um die Uhr besetzt: Tel. (0 89) 22 22 22

Badestrände

Strand-warndienst	Einige der wichtigsten Badestrände werden überwacht; die jeweils aktuelle Lage wird durch farbige Wimpel angezeigt:

grün = Baden uneingeschränkt erlaubt
gelb = Baden gefährlich
rot = Baden verboten

COSTA BRAVA

Allgemeines	Die Costa Brava ('Wilde Küste') ist der nördlichste spanische Küstenstreifen am Mittelmeer von Port Bou (französische Grenze) bis Blanes. Die Küste ist außerordentlich stark zerklüftet und häufig felsig. Dazwischen liegen kleine Buchten, z.T. auch längere Strände. Die steilen Vorgebirge sind oft nicht mit dem Kraftfahrzeug erreichbar, z.T. sogar nur mit dem Boot. An der Bahía de Rosas liegen die ersten richtigen Sandstrände.
1 Rosas	Hauptstrände: Playa Santa Margarita, Playa Rastrillo, Playa Salatá; insgesamt 2 km lang, bis 50 m breit, feinsandig, flach. Bars und Restaurants. Östlich die Playa Canyellas Petitas (300 m lang, bis 30 m breit) und die Playa Canyellas Grossas (300 m lang, ca. 10 m breit). Weiter östlich, am Cabo Norfeu, die Cala Montjoy (200 m dunkler, steiniger Strand; Restaurant) und die Cala Jonculs (150 m dunkler, steiniger Strand).

Praktische Informationen

Mehrere Kilometer Sandstrand, Dünen.

Drei 200 m lange Strände bei den Ruinen von Ampurias.

Schmaler Strand von Riells am Hafen. Südöstlich die Cala de Montgó (150 m lang, 30 m breit, feinsandig; Bars, Restaurants).

5 km langer, feiner Sandstrand, 30–60 m breit; im Bereich der Flußmündungen von Río Ter und Río Daró Dünen. Bars, Restaurants. Südlich erstreckt sich die Playa de Pals.

Ausgangspunkt für mehrere schöne Buchten: Sa Riera, 200 m feinsandiger Strand, Bars und Restaurants, schöner Ausblick. Sa Tuna, 100 m steiniger Strand. Cala Fornells (Aigua Blava), Felsbucht mit Badeterrasse und kleinem Sandstrand.

Ausgangspunkt für folgende Badeorte: Tamariú, malerischer Strand (100 m lang, bis 30 m breit); im Norden die Urbanisation Aigua Gelida. Llafranch, Bucht mit 300 m Strand. Calella de Palafrugell, sechs kleine Buchten, an der größten 50 m Strand.

2 km Strand, südlich die Urbanisation San Antonio de Calonge. Nördlich von Cabo Gros La Fosca, 400 m flacher Strand, 10–60 m breit.

Hauptstrand 2 km lang, 70 m breit, grobsandig; außerdem weitere kleine Badebuchten (Playa de Roig, Cala del Pi, Cala Sa Cova, Playa d'en Rovira).

San Pol mit 1 km Sandstrand, Cala del Pi und Strandbucht Sa Conca mit 250 m Strand.

Der Strand (300 m) ist Teil des durch eine Mole abgeschirmten Hafenbekkens. Zu beiden Seiten des Hafens malerische Felsbuchten.

Hauptstrand Playa Mayor, 500 m lang, 30–40 m breit, steil, grobkörnig; überlaufen; Duschen, WC, Kabinen. Weiter die Playa de la Palma (200 m lang, 10–30 m breit) und kleinere Badebuchten: Playa de Llorell, Cala El Llevador (beide Richtung Lloret) sowie Es Codolar (an der Punta del Faro), Cala Pola, Cala Giverola und Cala Salions (in Richtung San Felíu).

Steiler Hauptstrand (Kiesel), 1 km lang, 30–50 m breit, überlaufen. Playa de Fanals, 500 m Sandstrand, alle Serviceeinrichtungen; Playa Canyellas, 300 m langer, 20–50 m breiter feiner Sandstrand, Restaurant und Cafeterias; Cala Santa Cristina, 350 m langer, 20–30 m breiter, feiner Sandstrand, Snackbars.

Stadtstrand 300 m lang, 10–40 m breit, alle Strandeinrichtungen. Playa Sabanell, über 2 km langer, bis 80 m breiter, grober, steiler Sandstrand.

COSTA DORADA

Die Costa Dorada ('Goldene Küste') umfaßt nahezu die gesamte Küstenlandschaft der Provinzen Barcelona und Tarragona, von der Mündung des Río Tordera (Malgrat) bis zur Ebromündung (San Carlos de la Rápita). Sie zeichnet sich durch sanft abfallende Strände mit feinem, goldgelben Sand aus, die allerdings oft durch Straße und Eisenbahn vom Hinterland abgeschnitten sind. Das Klima ist besonders mild.

Allgemeines

Steiler Hauptstrand. 2 km lang, 30–80 m breit, heller grobkörniger Sand; alle Strandeinrichtungen sowie Bars und Restaurants. Beim Leuchtturm (Richtung Barcelona) schöne felsgesäumte Buchten. Insbesondere von Deutschen aufgesucht.

16 Arenys de Mar
Steile, grobkörnige Strände zu beiden Seiten des Hafens, Playa de Levante 500 m lang, bis 60 m breit, alle Strandeinrichtungen.

17 Castell-defels
Zusammen mit Gavamar ca. 7 km Strand, Breite z.T. fast 100 m, Duschen, Kabinen, WC, Süßwasserbecken. Castelldefels ist ein Villenvorort von Barcelona.

18 Sitges
Hauptstrand Playa de Oro, gut 2 km lang und bis 60 m breit: Duschen, Kabinen, WC. Überfüllt, Wasser nicht klar. Playa San Sebastián, 100 m langer, 25 m breiter Sandstrand. Kleinere Buchten im Nordosten.

19 Calafell
Zwischen San Salvador (südwestlich) und Cunit (nordöstlich) 4 km feinsandiger Strand, 40–80 m breit; alle Strandeinrichtungen, Bars und Restaurants.

20 Comarruga
4 km langer, ca. 40 m breiter, feiner goldgelber Sandstrand. Im Nordosten San Salvador mit eleganten Villen, im Südwesten die Urbanisation Bará.

21 Torre-dembarra
Playa de Torredembarra, fast 4 km langer, bis 90 m breiter, feiner heller Sandstrand, nach Nordosten in flache Dünen übergehend.

22 Tarragona
Die Strände liegen im Norden: Playa Larga, Playa de la Sabinosa, Playa de la Rabasadá und Playa del Milago (der Alstadt vorgelagert), mit den üblichen Einrichtungen.

23 Salou
Playa Central, durch den Sporthafen in Playa Poniente und Playa Levante getrennt, 4 km im Ort, 20–80 m breit, setzt sich südwestlich nach Vilafortuny fort. Alle Strandeinrichtungen. Bars und Restaurants. Playas de la Torre Alta, bestehend aus der Playa Larga (300 m lang, bis 40 m breit) und weiteren kleinen Felsbuchten. Playa de la Pineda, ca. 4 km lang, 40–60 m breit, setzt sich in Richtung Tarragona fort.

24 Cambrils
Insgesamt etwa 7 km Strand, jedoch nur östlich des Fischereihafens (Richtung Salou) von guter Qualität; Playa de Cambrils (1 km), Playa Cavet (400 m), Playa de Vilafortuny (2 km), alle 20–60 m breit.

25 Miami Playa
Reine Touristensiedlung mit den Stränden Playa Cristal (400 m lang, 30 m breit; Restaurants) und Playa de Rifá, die sich kilometerlang in Richtung Cambrils erstreckt.

26 Hospital del Infante
2 km langer, feiner, heller Sandstrand von 15 m Breite, südlich eine kleine Bucht (100 m Strand) und die 1 km lange Playa de las Barcas.

27 San Carlos de la Rápita
Schlechter Ortsstrand am Hafen. Stündlich Bootsfahrt über den haffartigen Puerto de los Alfaques zur Punta Galacho, Westspitze einer riesigen Landzunge mit insgesamt 24 km freiem Sandstrand (100 m breit, Dünen). Auf dem Landweg durch das Ebrodelta geht es über Villafranca nach Los Eucalyptus, von da auf Sandpisten über eine Nehrung (Playa del Trabucador) ebenfalls zur Punta Galacho.
Im Norden des Deltas die 6 km lange Playa de la Marquesa.

COSTA DEL AZAHAR

Allgemeines
Die Costa del Azahar ('Küste der Orangenblüte') erstreckt sich südlich der Ebromündung von Vinaroz über das Küstengebiet der Provinz Castellón und den weiten offenen Golf von Valencia bis nach Denia. Sie ist durch ausgedehnte, flache Strände und mildes Klima, leider aber auch durch häufige Verschmutzung (insbesondere Industrieabwässer) charakterisiert.

28 Vinaroz
Der 300 m lange und 10 m breite steile Ortsstrand aus grobem Kies ist nicht empfehlenswert (Abwässer). Nördlich kleine felsumrahmte Buchten.

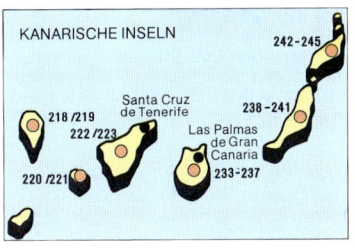

**Badestrände
an den
spanischen
Küsten**

Kurzer, unsauberer Strand, nach Süden freie Küste, anfangs mit Kiesel-, in der Nähe von Peñíscola mit Sandstrand.	**29 Benicarló**
Nach Norden liegt die Playa de Peñíscola (im Ortsbereich 2 km langer, 10 bis 40 m breiter feiner, sauberer Strand) mit allen Einrichtungen. Ein weiterer Strand (200 m lang, 30 m breit) liegt südlich beim Hafen.	**30 Peñíscola**
Schöner, flacher, feinsandiger Strand (500 m lang, 50 m breit). 1 km abseits die Urbanisation Marina las Fuentes mit flachem Sandstrand (300 m lang, 30 m breit).	**31 Alcosebre**
Flacher Strand Playa Torre del Rey (300 m lang, 20–30 m breit), in Felsküste übergehend. Alle Einrichtungen vorhanden.	**32 Oropesa**
Playa de las Villas im nördlichen Villenviertel, 2 km lang, 20 m breit, sauberer, feiner Sand. Der Hauptstrand Playa de Benicasim, 3 km lang und 10 bis 30 m breit, bietet jeden Service. Südlich, vom Ortsende bis Catellón, mehrere Kilometer weiterer Strand.	**33 Benicasim**

705

34 Valencia

Die sehr überlaufenen Strände Playa de Nazaret, Playa de Pinedo und Playa del Saler liegen 5–10 km von der Stadt entfernt. Alle Serviceeinrichtungen, Wasserverschmutzung. Südlich der kilometerlangen Playa del Saler die Playa del Recati (18 km von Valencia) mit Dünen, entlang der fischreichen Lagune La Albufera.
Noch weiter südlich (23 km von Valencia) die Playa del Perelló mit langem, flachem Sandstrand.

35 Cullera

10 km langer, fast freier Sandstreifen mit wechselnden Namen: Mareny de San Lorenzo, Dosel, El Faro, Portet, San Antonio. Im Ortsbereich 1 km langer, 50 m breiter Strand mit allen Serviceeinrichtungen. 12 km südlich die Playa de Tabernes, mit langem, 40 m breitem Sandstrand und Service.

36 Gandía

Gepflegte Strandsiedlung 3 km von der Stadt. Kilometerlanger, 50 m breiter Ortsstrand Playa Dorada, mit allen Serviceeinrichtungen.

37 Oliva

Kilometerlanger Sandstrand von 50 m Breite, trübes Wasser, Serviceeinrichtungen.

COSTA BLANCA

Allgemeines

Die Costa Blanca ('Weiße Küste') reicht von Setla (Landspitze La Almadraba) bis zum Cabo de Gata und umfaßt so die Küstenzone der Provinz Alicante und einen Teil derjenigen der Provinz Murcia. Ihre Strände sind vorwiegend flach und bestehen aus feinem, weißen Sand, die Winter sind sehr mild. Das Hinterland ist etwas eintönig.

38 Denia

Playa de las Marinas beim Ort, 500 m lang, 50 m breit, feiner, grauer Sand. z.T. naturbelassen (Gras), Algenanschwemmung. Serviceeinrichtungen. 2 km südlich die Playa de las Rotas, Algen.

39 Jávea

Zwei Ortsstrände: neben der Hafeneinfahrt 200 m Grobkies (Bitumenanschwemmungen), Wasser trübe; südlich anschließend 500 m ebensolcher Strand, etwas breiter. Am südlichen Ortsende die Playa de la Arena, 300 m lang, 80 m breit, aus sauberem, feinem Sand. Serviceeinrichtungen.

40 Moraira

Playa del Castillo, 200 m lang, 20 m breit, feinsandig. Sauberes, seichtes Wasser, hinter dem Strand Sumpfgelände (Mücken). Serviceeinrichtungen. 1 km nördlich die Villensiedlung El Portet, mit 100 m langem, feinem Sandstrand.

41 Calpe

Östlich des Peñón de Ifach die Playa de Levante mit 500 m langem, 20 bis 30 m breitem feinen Sandstrand, umrahmt von Felsen. Ausreichende Serviceeinrichtungen. Manchmal Algenanschwemmungen. Playa del Puerto beim Ortszentrum, 400 m lang, 20 m breit; teils sandig, teils kiesig oder aus flachem Fels. Serviceeinrichtungen.

42 Benidorm

Playa de Levante, knapp 3 km lang, 30–40 m breit, feiner Strand beim Ortszentrum. Westlich der Altstadt erstreckt sich die Playa de Poniente, 3 km lang, 40–50 m breit, ebenfalls aus feinem Sand. Beide Strände werden gereinigt und verfügen über alle Serviceeinrichtungen, in der Saison sind sie stets überfüllt. Südlich anschließend, bei einem Villenviertel, die Playa de la Cala, 100 m lang, 50 m breit, sauberer, feiner Strand.

43 Villa-joyosa

Malerisches Städtchen mit z.T. ungepflegten Stränden, aber guten Restaurants. Ausflugsziel.

44 Alicante

Früher ein wichtiges Seebad für die Überwinterung (vornehme Hotels, prächtige Promenade). Playa de Postiguet, beim Stadtzentrum, unter dem Castillo de Santa Bárbara, 300 m lang, 20–40 m breit, feiner Sand. Alle

Am Strand von Benidorm

Einrichtungen, überfüllt. 3 km nördlich, Richtung San Juan, die Playa de la Albufereta, 200 m lang, 20–30 m breit, feiner Sand, ordentlicher Service. Noch 4 km weiter nördlich die Playa de San Juan; 4 km langer, 20–30 m breiter, flacher Sandstrand (streckenweise Algen- und Teerablagerungen). Gute Serviceeinrichtungen. Nördlich anschließend die Playa Muchavista, 2 km langer, 10 m breiter Kieselstrand, sauberes, tiefes Wasser.

Alicante (Fortsetzung)

Noch wenig erschlossen, zwischen Dünen. Strand 1 km lang, 40 m breit, Service. Kräftiger Wellengang.

45 Los Arenales del Sol

Ideal für Nichtschwimmer, Wasser mindestens 50 m seicht. Strände insgesamt mehrere Kilometer: Hauptstrand Playa de Levante 500 m lang, 30 m breit, Wasser ruhig, seicht und trübe. Gute Serviceeinrichtungen.

46 Santa Pola

Dünen, die von Pinienhainen und Eukalyptusalleen vom Ort ferngehalten werden. Kilometerlanger Strand, 30 m breit und feinsandig, kräftige Wellen.

47 Guardamar del Segura

Salinen, Algenanschwemmungen, ödes Hinterland. In den nördlichen Urbanisationen z.T. schöne, noch menschenleere Strände mit einigen Einrichtungen. Im Ort selbst Wasserverschmutzung. An den südlichen Urbanisationen meist Felsküste.

48 Torrevieja

Strand 200 m lang, 40 m breit, feiner, heller, sauberer Sand (Algen werden entfernt). Mitunter kräftiger Wellengang. Im Hinterland Brack- wasser (Mücken).

49 Campoamor

Am Mar Menor, der größten Lagune Spaniens (180 qkm), mit stark salz- und jodhaltigem Wasser, das zunehmender Verschmutzung ausgesetzt ist. Lärmbelästigung durch Militärflughafen. Playa de la Ribera, 10 m breiter, feiner, Strand, wegen Überfüllung mit langen Holzstegen ins Wasser ver-

50 Santiago de la Ribera

Santiago
(Fortsetzung)

längert. Der schmale Sandstreifen setzt sich nördlich des Segelklubs auf etwa 1 km ähnlich fort. Serviceeinrichtungen. Südlich sind weite Gebiete militärisches Sperrgebiet. Die Strände der Dörfer Los Alcázares, Los Urrutias, Los Nietos, Mar de Cristal sind weniger empfehlenswert.

51 La Manga del Mar Menor

Auf dieser langgestreckten Nehrung, zugänglich über Cabo de Palos und Urmenor, gibt es auf beiden Seiten viele Kilometer lange, 50 m breite Sandstreifen, zum großen Teil noch unerschlossen und oft in Dünen übergehend. Im Kernbereich der Feriensiedlung Service.

52 Puerto de Mazarrón

Mehrere kleine Sandbuchten, zwischen 100 und 400 m lang, gut vor Wind und Wellen geschützt, Wasser seicht und sauber. Serviceeinrichtungen.

53 Águilas

Ortsstrand (200 m) am Hafen, Wasserverschmutzung. 7 km südwestlich die Playa de los Terreros, mehrere Kilometer lang, 30 m breit, mehliger Sand, wenig gepflegt.

54 Mojácar

Strand 2 km vom Ort, Kies und Sand, sehr sauberes Wasser.

COSTA DEL SOL

Allgemeines

Die Costa del Sol ('Sonnenküste') umfaßt nahezu die gesamte andalusische Mittelmeerküste vom Cabo de Gata bis zur Südspitze Spaniens bei Tarifa. Sie ist zum dichtbesiedelten Touristengebiet mit internationalem Publikum geworden; das Hinterland birgt viele kulturelle Sehenswürdigkeiten, vielfältige Flora und malerische andalusische Dörfer. Die nach Süden offene Küste ermöglicht eine Badesaison von März bis Oktober.

55 Aguadulce

Große Feriensiedlung, Strand 400 m lang, 10 m breit, aus grobem Kies, Algenanschwemmungen und Seeigel; ein weiterer, ähnlicher Strand 300 m lang.

56 Roquetas

Östlich und westlich vom Ort kilometerlange, körnige Sandstrände.

57 Calahonda

Strand 500 m lang, 10–30 m breit, aus feinem, dunklen Kies. Service.

58 Torrenueva

Steiler, teils kiesiger Strand von 2 km Länge und 20 m Breite.

59 Motril

Wasserverschmutzung durch Industrie und Hafen. Westlich des Ortes 1 km langer, bis 50 m breiter, unsauberer dunkler Strand; östlich ein weiterer, sehr schmaler Sandstreifen von 1 km Länge.

60 Salobreña

Playa de Salobreña 1 m vom Ort, 1 km lang, 50 m breit. Durch einen Felsen abgetrennt ein 500 m langer, schmaler Kieselstrand in hübscher Bucht.

61 Almuñécar

Playa Punta del Mar, 500 m lang, bis 30 m breit, aus feinem, sauberem Kies; Strandeinrichtungen. Östlich eine 50 m lange und 20 m breite hübsche Kiesbucht mit Service. Im westlichen Ortsbereich die Playa de San Cristóbal, 1 km lang und 40 m breit, Kies; Service. 9 km westlich der Strand von La Herradura.

62 Nerja

Direkt unter dem 'Balcón de Europa' erstreckt sich die Playa de Calahonda, die 50 m lang und 20 m breit ist; feiner Kies, Restaurant. Westlich die 50 m breite und 10 m tiefe Badebucht Playa El Salón mit körnigem Sand; Service nur für Hotelgäste.
Playa de la Torrecilla, ein 150 m langer und 30 m breiter körniger Sandstrand, relativ sauber und mit allen Serviceeinrichtungen. Im Osten die Playa de Burriana, 800 m lang, 40 m breit, kiesiger, sauberer Strand; guter Strandservice. Ein zwischen Felsen gelegener Kiesstrand (40 m lang, 10 m breit) ist die Playa de Caraveo, ohne Service aber mit sauberem Wasser.

3 km langer, 70 m breiter, sandig-kiesiger Strand, alle Serviceeinrichtungen.

63 Torre del Mar

Stadtstrände klein und überfüllt, 12 km östlich in Rincón de la Victoria 2 km langer, aber nur 10–20 m breiter Strand aus feinem, dunkelgrauem Sand; Serviceeinrichtungen. Wasserverschmutzung.

64 Málaga

Seichtes Wasser mit Brandung, mitunter Teer und Quallen. Einige km betreuter Strand, 40 m breit, in Richtung Málaga in freie Strände übergehend. Alle üblichen Strandeinrichtungen reichlich vorhanden. Durch den starken Massentourismus ist Torremolinos in der Regel überfüllt.

65 Torre-molinos

Diese Küstenzone gehört eigentlich noch zum Bereich von Torremolinos. 3 km langer, feiner grauer Sand- und Felsstreifen mit verschie nen Namen; Wasser nicht immer sauber.

66 Benalmá-dena Costa

Playa de las Gaviotas, vor den Hochhäusern, 2 km lang, 20–30 m breit, sandig-kiesig, Wasserverschmutzung. Südwestlich vom Hafen die Playa Santa Amalia, 1 km im Ortsbereich, danach 300 m freier Strand, 30 m breit, feinsandig, sauber. Alle Serviceeinrichtungen sind vorhanden (wer nicht in eintönigen Apartmenthochhäusern wohnen will, schlägt sein Quartier am besten in dem 8 km landeinwärts gelegenen, malerischen Bergort Mijas auf).

67 Fuengirola / Mijas

Ehemals bevorzugter Badeort der High Society. Ortsstrand insgesamt 1,5 km lang, 30 m breit, aus feinem, sauberen Sand, wechselnde Namen. Reiches Serviceangebot, überfüllt. Die zahlreichen Wellenbrecher werden zum Son nenbaden genutzt. Viele der großen Hotels außerhalb mit eigenen Sandstränden, z.T. in Dünen übergehend.

68 Marbella

Kilometerlanger Strand, 20–30 m breit, kiesig-sandig, nur im Zentrum betreut und gereinigt.

69 San Pedro de Alcántara

Strand 2 km lang, 30 m breit, aus feinem grauem, nicht immer sauberen Sand. Die üblichen Serviceeinrichtungen sind vorhanden.

70 Estepona

Kilometerlange, freie, einsame Strände.
Bei der Urbanisation Bahía de Casares z.T. erschlossen.

71 Buenas Noches / B.d.Casares

Wasserverschmutzung durch Industrie und Schiffsverkehr. Hauptstrand El Rinconcillo 2 km lang, künstlich aufgeschüttet. Die Playa de Getares, 500 m lang und 50 m breit, feinsandig und sauber, liegt 6 km südlich und ist relativ einsam.

72 Algeciras

Mittelmeerküste felsig und unwirtlich. Auf der Atlantikseite viele Kilometer lang, bis 200 m breite Sandstrände, die in Dünen übergehen.

73 Tarifa

COSTA DE LA LUZ

Die Costa de la Luz ('Küste des Lichts') umfaßt die südspanische Atlantikküste zwischen der Landzunge von Tarifa und der Mündung des Río Guadiana (portugiesische Grenze). Sie besitzt vorzügliche, ausgedehnte Sandstrände und relativ unberührte Dünenlandschaften, die Infrastruktur der abgelegenen Gebiete ist jedoch z.T. noch unzureichend und die Verbindung zum Hinterland manchmal schwierig.

Allgemeines

Feiner, goldgelber Sand. Playa de Barbate, 500 m lang, Ortsstrand; und Playa de los Caños de Meca, mit Grotten und Süßwasserquellen.

74 Barbate de Franco

Insgesamt 15 km feiner Sandstrand, Dünen; Playa de los Bateles und Playa Roche.

75 Conil de la Frontera

| 76 | Chiclana de la Frontera | 5 km vom Ort die Playa de la Barossa, 5 km lang, feiner Sand, Pinien. |

76 Chiclana de la Frontera — 5 km vom Ort die Playa de la Barossa, 5 km lang, feiner Sand, Pinien.

77 Cádiz — Im Ort die Playa de la Caleta. Etwas außerhalb weitere 10 km Sandstrand an der Playa de Cortadura und der Playa la Victoria.

78 El Puerto de S. María — An diesem Jerez de la Frontera vorgelagerten Hafen liegen die Strände Playa de Valdelagrana, La Puntilla, Playa Andalucía und Fuentebravía mit den üblichen Serviceeinrichtungen.

79 Rota — Ortsstrand Playa de la Costilla und im Vorort Arroyo Hondo die Playa la Almadraba.

80 Chipiona — Im Ort die Playa de Regla mit feinem goldgelbem Sand.

81 Sanlúcar de Barrameda — An der Mündung des Guadalquivir die feinen Sandstrände La Jara, Sanlúcar und Bajo de Guía.

82 Torre de la Higuera — Südlich vom Ort der kilometerlange Sandstrand Playa de Matalascañas mit Dünen. Serviceeinrichtungen in den Hotels.

83 Mazagón — Malerischer Strand aus feinem, weißem Sand.

84 Punta del Sebo — Landzunge an den Mündungen des Río Odiel und des Río Tinto; Wasserverschmutzung durch Industrie.

85 Punta Umbria — Auf einer Landzunge im Westen der Mündung des Río Odiel; feiner, weißer Sand, Pinien.

86 El Rompido — Freier Sandstrand auf einer langgestreckten Landzunge.

87 La Antilla — Belebter Sandstrand, weißer, feiner Sand. Serviceeinrichtungen.

88 Isla Cristina — Die Strände Isla Canela und El Morral haben Serviceeinrichtungen, weitere freie Strände.

NÖRDLICHE ATLANTIKKÜSTE

Allgemeines — Dieser lange Küstenstreifen, der sich vom Golf von Biskaya entlang der Kantabrischen Küste bis zum Kap Finisterre, dem westlichsten Punkt, und dann südlich bis zur Mündung des Río Miño (portugiesische Grenze) erstreckt, wird von mitteleuropäischen Touristen relativ wenig besucht. Er wäre aber durchaus einen Besuch wert, auch wenn das Klima rauher ist als am Mittelmeer. Die Strände sind meist feinsandig, von Felsen und Steilküsten umrahmt. Das Hinterland ist von frischem Grün bedeckt; die Küste Asturiens heißt zu Recht 'Costa Verde'.

In Galicien bilden die Flüsse lange, fjordähnliche Trichtermündungen, die sogenannten 'Rías'. Der Fischfang in Meer und Binnengewässern ist ausgezeichnet.

89 Fuenterrabía — Ausgedehnter Strand aus feinem, goldgelbem Sand. Alle üblichen Serviceeinrichtungen.

90 San Sebastián — Elegantes Seebad. Hauptstrand La Concha, mit feinem goldgelbem Sand, einer der schönsten Spaniens. Anschließend der Strand von Ondarreta. Gute Serviceeinrichtungen.

91 Orio — Fischerhafen, grobkörniger Sandstrand 2 km entfernt.

92 Zarauz — Ausgedehnter, feinsandiger Strand mit guten Serviceeinrichtungen.

Fischereihafen mit kleinem, feinsandigem Strand.	**93 Guetaria**
Malerischer Hafen. Westlich die Playa de San Telmo, östlich die Playa de Santiago.	**94 Zumaya**
Schöner, geldgelber Sandstrand an der Mündung des Río Deva.	**95 Deva**
Westlich die kleine, feinsandige Playa de Saturrarán.	**96 Motrico**
Fischereihafen mit kleinem, feinsandigem Strand.	**97 Ondárroa**
Ortsstrand, 2 km östlich die Playa de Carraspio, je ca. 800 m lang und feinsandig.	**98 Lequeitio**
Zu diesem Ort gehören die Strände Playa de Laida und Playa de Laga, am rechten Ufer der Ría de Guernica; sie sind je 600 m lang und ausgesprochen feinsandig.	**99 Ibarranguelua**
Am linken Ufer der Ría de Guernica, sehr malerisch, mit feinem Sandstrand.	**100 Pedernales**
Ebenfalls links an der äußeren Trichtermündung. Ortsstrand Playa de Laidachu.	**101 Mundaca**
Ausgedehnte, offene Bucht mit feinem Sandstrand.	**102 Baquio**
Ausgedehnter feinsandiger Strand in geschützter Bucht.	**103 Gorliz**
Kleiner, gut geschützter Strand aus feinem Sand.	**104 Plencia**
Zwei weite, offene Sandstrände, die Playa de Achiriribil und die Playa de Larrabasterra.	**105 Sopelana**
Zwei schöne, ausgedehnte Sandstrände: Playa de Arrigunaga und Playa de Ereaga, letztere mit allen Serviceeinrichtungen.	**106 Algorta (Guecho)**
Kleiner, gut geschützter Ortsstrand.	**107 Las Arenas**
Ausgedehnter, feinsandiger, offener Sandstrand Playa de la Arena.	**108 Abanto y Ciérvana**
In einer kleinen Bucht die 500 m lange Playa de Brazomar, feinsandig. An der Mündung des Río Agüera die 1,8 km lange Playa de Oriñón, flach und feinsandig.	**109 Castro Urdiales**
Sehr schöner, 5 km langer und 500 m breiter, feiner, flacher Sandstrand Playa de la Salve.	**110a Laredo**
2 km nordwestlich die 2 km lange, bei Flut 250 m breite Playa de Berria, flach und feinsandig.	**110b Santoña**
An der Ría de Ajo, 350 m langer Strand aus feinem Sand mit Felspartien. Langusten- und Seespinnenzucht.	**111 Isla**
Westlich der Ría de Ajo, 900 m langer, feinsandiger Strand.	**112 Ajo**
Am rechten Ufer der Ría de Cubas, 5 km langer Strand auf einer flachen, sandigen Landzunge, die die Bahía de Santander abschließt.	**113 Somo**
Playa de la Magdalena, auf der gleichnamigen Halbinsel, 700 m lang, feinsandig. Der berühmte Strand el Sardinero, 900 m lang, feiner Sand, alle Serviceeinrichtungen. Weitere Strände der Umgebung: Playa de Castañeda, Mataleñas und Puntal de la Bahía.	**114 Santander**

115 Santa Cruz de Bezana	Playa de Soto la Marina, 500 m lang, zwischen Wiesen und Steilhängen. Playa de Valdearenas, 3,5 km lang, feiner Sand, Pinien.
116 Liencres	700 m langer Strand am Fuß eines Steilhanges, Wiesen.
117 Miengo	Playa de Mogro und Playa de Usgo. Zum Meer hin Felsengruppen, im Innern der Trichtermündungen des Río Pas 1 km Sandstrand mit Dünen und Pinienbewuchs.
118 Suances	Am rechten Ufer der Ría die 800 m lange Playa de Cuchia, feinsandig mit Dünen. Am linken Ufer die Playa de la Concha, 900 m lang, flach und feinsandig, Pinienwald. Westlich der Punta del Dichoso erstreckt sich die kleine, 300 m lange Playa de los Locos, mit Felsgruppen und Pinien.
119 Cobreces	400 m langer Ortsstrand bei einer Felsgruppe, feiner, weißer Sand, Eukalyptuswäldchen.
120 Comillas	800 m langer Ortsstrand, sanft abfallend, feiner, weißer Sand.
121 San Vicente de la Barquera	Nordöstlich der Ría de San Vicente erstreckt sich bis zum Cabo Oyambre der Strand Sable de Merón, 3,4 km lang und bei Flut 100 m breit, aus feinem weißen Sand.
122 Pechón	Am linken Ufer der Ría de Tina Menor ein 500 m langer Strand, von Steilhängen umfaßt, mit sauberem Wasser.
123 Colombres	Östlich der Mündung des Río de la Cabras die schöne Playa de la Franca, mit feinem, gelben Sand.
124 Lianes	Fischereihafen mit schöner Promenade auf der Steilküste. 40 km zerklüftete Küste, mit rund 30 kleinen, felsumrandeten Sandstränden.

Strand an der asturischen Küste

Praktische Informationen

Die hufeisenförmige, feinsandige Playa de Santa Marina am rechten Ufer der schönen, fischreichen Ría de Sella, mit guten Serviceeinrichtungen.

125 Ribadesella

Eingebettet in die Hänge des Monte Sueve drei schöne Sandstrände, von Ost nach West: Playa de la Isla, Playa Colunga und Playa de Lastres.

126 Colunga

Typisches Fischerdorf an der gleichnamigen Ría. Am rechten Ufer die schöne Playa de Rodiles und die Playa del Puntal auf einer Landzunge.

127 Villa-viciosa

Schöner Ortsstrand Playa de San Lorenzo, 2 km langer feiner, gelber Sandstrand, umrahmt von Felsvorsprüngen. Gute Serviceeinrichtungen.

128 Gijón

Kleine, gut geschützte Strandbucht. Strandpromenade.

129 Luanco

Westlich von der Mündung der Ría de Alvilés. Der Ortsstrand dehnt sich zusammen mit der Playa de San Juan über mehr als 5 km aus. Pinienwald, alle Serviceeinrichtungen.

130 Salinas

Malerisches Fischerdorf, mit schönem, gelbem Sandstrand.

131 Cudillero

Strand mit Serviceeinrichtungen, grauer Sand (Steilküste aus Schiefergestein).

132 Luarca

Gelber Sandstrand, umfaßt von Steilhängen und Wiesen, westlich Flußmündung.

133 Tapia de Casariego

Schöner Fischerort am linken Ufer der Ría de Ribadeo (Río Eo). 12 km nordwestlich der Sandstrand Playa de Peñarronda, umrahmt von begrünten Steilhängen.

134 Castropol

Hafen am linken Ufer der gleichnamigen Ría. Feine weiße Sandstrände in der Umgebung: Playa de los Castros, Playa de la Rochela und Playa Xuncos.

135 Ribadeo

Am rechten Ufer der Ría de Foz. In der Umgebung schöne, weiße Sandstrände: San Miguel de Reinante, San Pedro de Benquerencia, San Cosme de Barreiros und San Bartolo.

136 Barreiros

Fischereihafen am linken Ufer der gleichnamigen Ría. Ortsstrand Playa de la Rapadoira. In der Umgebung liegen die Strände von Yas, Arealonga und Areoura; alle haben feinen, weißen Sand.

137 Foz

Im Nordosten die Playa de San Ciprián, im Südosten die Playa de Burela, beide geschützt und feinsandig.

138 Cervo

Playa de Morás, mit feinem, weißen Sandstrand.

139 Jove

An der gleichnamigen Ría. Schöner Sandstrand Playa de Covas, mit guten Serviceeinrichtungen. 4 km entfernt die Playa de Area und die Playa de Abrela; bei Cillero die Playa de Lavandeira und El Puerto; Hotelstrand Playa de Sacido.

140 Vivero

An der Mündung des Río Sor. Schöner Strand Playa de Area Longa, ferner die Playas de Formento, San Román del Valle und Xilloy.

141 Vicedo

An der gleichnamigen Ría. Schöngelegene, feinsandige Strände sind die Playa de Vilela und die Playa de Vares.

142 El Barquero

Die Playa de Morouzos hat 4 km Sandstrand, geschützt durch Dünen, Pinien und Eukalyptuswäldchen.

143 Ortigueira

Die muschelförmige Playa de Area Longa, 2 km lang, hat feinen Sand.

144 Cedeira

145 Valdoviño — Ausgedehnte Sandbucht, hinter dem Zentrum des Küstenbogens eine Lagune.

146 San Martín de Covas — Wechsel zwischen Sandstrand und Felsküste, lebhafte Brandung.

147 El Ferrol — Nordwestlich, Richtung Cabo Prior, die Playa de San Jorge, etwas weiter südlich die Playa de Doniños, vor einem schönen See gelegen.

148 Cabañas — Im Nordosten der Ría de Ares, an der Mündung des Río Eume. Schöner, fester Sandstrand, ausgedehnter Pinienwald.

149 Miño — Im Südosten der Ría de Betanzos, an der Mündung des Río Lambre. Ausgedehnter, feiner Sandstrand, Dünen.

150 Sada — Am linken Ufer der Ría de Betanzos. Feiner Sandstrand, ruhiges Wasser.

151 Mera — Kleiner Fischerhafen am Nordostufer der Bahía de La Coruña, mit 400 m Sandstrand.

152 Santa Cruz — Eine Reihe kleiner, geschützter Strände, unterteilt durch Steilhänge, im Innern der Bahía de La Coruña.

153 Santa Cristina — Ausgedehnter Strand mit sehr feinem Sand, 1 km Länge und bei Flut 100 m Breite.

154 La Coruña — In der Bahía de Orzán, umgeben vom Stadtgebiet, die Playa de Riazor mit grobkörnigem Sand.

155 Cayon — Typisches Fischerdorf auf einer kleinen Halbinsel, in der Umgebung feinsandige Strände.

156 Malpica — Playa de Area Maor, 500 m lang, feinsandig. Bootsfahrten zu den Islas Sisargas.

157 Lage — Am linken Ufer der gleichnamigen Ría. Schöner, feinsandiger Strand von 1,5 km Länge.

158 Camariñas — Am rechten Ufer der gleichnamigen Ría, südlich des Cabo Villano. Mehrere piniengesäumte Strände.

159 Finisterre — 3 km nördlich von dem gleichnamigen Kap. Zahlreiche, gutgeschützte, feinsandige Strände mit Pinien.

160 Corcubión — Kleiner Strand mit feinem, festem Sand an der gleichnamigen Ría.

161 Carnota — Schöne Küste, gegenüber dem Cabo Finisterre. Mehrere Strände mit über 10 km Gesamtlänge.

162 Muros — Typischer Ort an der gleichnamigen, großen Ría. Playa de San Francisco an der Punta de Louro.

163 Noya — Tief in der gleichnamigen Ría. 2 km entfernt die feinsandige Playa de Boa.

164 Puerto del Son — Am Südufer der Ría de Muros y Noya. Viele schöne Strände.

165 Santa Eugenia — Am Nordufer der Ría de Arosa. Schöne, 2 km lange Playa de Coroso.

166 Puebla del Caramiñal — Großartige Bucht am rechten Ufer der Ría de Arosa. Mehrere piniengesäumte Sandstrände.

In schöner Bucht nahe der Mündung des Río Ulla. Guter, 500 m langer Strand.

167 Rianjo

Am linken Ufer der Ría de Arosa. In einem Park die Playa de Compostela mit guten Serviceeinrichtungen und Restaurant.

168 Villagarcía de Arosa

Gute, über 1 km lange Playa de las Sinas mit Serviceeinrichtungen und Pinien. Weitere Strände auf der Isla de Arosa.

169 Villanueva de Arosa

Fischerdorf (Meeresfrüchte), günstiger Ausgangspunkt für Bootsfahrten zu der Halbinsel von La Toja.

170 Cambados

Auf einer Halbinsel mit den schönen Stränden Marisma del Bao, Terra do Porto, Playa del Son, Mexilloeira und Area Grande; am offenen Meer die Playa de la Lanzada.

171 El Grove

Medizinal- und Seebad, gute Serviceeinrichtungen.

172 La Toja

Sehr gute, feinsandige Strände: in Portonovo Playa de Canelas und de Caneliñas, in Sangenjo selbst die Playa de Silgar und Panadeira, 1,5 km weiter die Playa de Areas (Pinien).

173 Sangenjo

Viele schöne Strände; die bekanntesten sind die Playa de Lourido und die Playa de Campelo.

174 Poyo

Von hier aus besucht man die Strände von Poyo (s. oben), sonst nur die kleine, grobsandige Playa de Placeres.

175 Pontevedra

Mehrere feinsandige Strände, sehr ausgedehnt sind die Playa de Portocleo, die Playa Mogor und die Playa de Aguete.

176 Marín

Bueu teilt sich mit Marín die feinsandigen Playas de Lapamán; etwas gröber, aber sauber und ausgedehnt sind die Playa de Beluso und die Playa de Cela.

177 Bueu

Nordwestlich in Aldán die Playa de Menduiña. Westlich in Hío erstrecken sich die feinsandigen Strände Playa de Pitens und Area Brava. In der Ría de Vigo befindet sich der Strand Barro de Limens, in Cangas selbst die 1 km lange Playa de Rodeira.

178 Cangas de Morrazo

Am linken Ufer der Ría de Vigo liegt die feinsandige, 3 km lange Playa de Cesantes.

179 Redondela

Bedeutende Hafenstadt. Playas de Bonzas, Alcambre und Samil, der bedeutendste Strand. Ferner in Corujo die Playa del Bao und die Playa de Canido.

180 Vigo

Einer der wichtigsten Strände an den Rías Bajas ist die Playa de América, die zusammen mit der Playa de Panjón rund 3 km feinen, festen Sandstrand bietet. Weiterhin der gut gepflegte und 300 m lange Strand Playa de Patos.

181 Nigrán

Malerischer Ort mit den kleinen, feinsandigen Stränden Concheira, Playa de Barbeira und Playa del Burgo. 1,5 km entfernt die Playa de Santa Marta und die Playa de Ladeira (geschützt, Pinien).

182 Bayona

Am Nordufer der Miño-Mündung. Zwei feinsandige, weiße Strände sind die Area Grande und die Playa de Fedoreto.
Der Strand El Molino de Camposancos, gegenüber dem portugiesischen Ufer des Río Miño, ist berühmt wegen seiner Ausdehnung, wegen des feinen Sandes und des Schutzes, den ihm die Pinienwälder von Santa Tecla verleihen.

183 La Guardia

BALEAREN

Mallorca

Die Insel hat mit rund 300 km eine ebenso lange Küstenlinie wie die Costa Brava. Bei einigen Touristenzentren hat die überstarke Bebauung die Landschaft zerstört, und die Infrastruktur hat nicht überall Schritt gehalten. Es gibt aber auch noch idyllische Buchten, und das schöne Hinterland bietet reiche Ausflugsmöglichkeiten.

184 El Arenal / Ca'n Pastilla
Gut 5 km Sandstrand, von sehr schmal bis 40 m breit, beginnend beim Club Marítimo el Arenal, endend beim Club Náutico in Ca'n Pastilla (Felsküste). Alle Serviceeinrichtungen.

185 Cala Mayor / San Agustín
An der Hauptstraße von Palma nach dem Westen der Insel. Die kleine Bucht ist dem Ansturm der Touristen nicht gewachsen; viele weichen Richtung Paguera aus.

186 Illetas / Portals Nous
Ruhig gelegen mit guten Busverbindungen nach Palma de Mallorca, aber wenig Sandstrand in den kleinen Badebuchten.

187 Palma Nova / Magaluf
Die Playa de Palma Nova besteht aus zwei Stränden an einer schönen Promenade (Pinien, Palmen); nach Süden schließt sich ein 200 m langer, 25 m breiter, feiner, heller, gepflegter Sandstrand an (z.T. für Hotelgäste reserviert; Serviceeinrichtungen). Nördlich der Urbanisation Torrenova ein weiterer, gut 300 m langer Strand von unterschiedlicher Qualität und Breite. Die Playa de Magaluf besteht aus 400 m sauberem, hellem Sandstrand, bis 20 m breit.

188 Santa Ponsa
400 m langer, bis 50 m breiter, feinsandiger, flacher Strand.

189 Paguera
Östlich vom Ortszentrum zwei gute, durch Felsen voneinander getrennte Strände, insgesamt 400 m lang, bis 60 m breit, Pinien. Am Ort nur schmale Sandstreifen und Betonterrassen. 1,5 km östlich die kleine, aber schöne Cala Fornells.

190 Camp de Mar
100 m Sandstrand an einer der schönsten Landschaften Mallorcas zwischen Puerto de Andraitx und Cala Fornells (viele Urbanisationen).

191 San Telmo
Schöner, ruhiger, etwas dunkler Sandstrand, gegenüber die Isla Dragonera. Gute Serviceeinrichtungen.

192 Puerto de Sóller
Weite, fast geschlossene Bucht in der schroffen Nordwestküste. 150 m Strand am Fischerhafen, erst feiner Sand, dann Kiesel. Weitere 100 m Sand gegenüber der Einfahrt, gute Serviceeinrichtungen.

193 Cala San Vicente
Vier ruhige Badebuchten, zwischen 30 und 60 m Sand, viel Felsufer.

194 Puerto de Pollensa
Nördlich des Hafens ca. 1 km Sandstrand mit Pinien, 3–15 m breit, streckenweise von Steinufer unterbrochen. Beim Hotel Formentor die Cala Pí (Bootszubringer), ca. 300 m lang, bis 25 m breit, feiner, heller Sand. Alle Serviceeinrichtungen. Weitere kleine Badebuchten: Cala Figuera und Cala Murta in Richtung Cabo Formentor. In Richtung Alcudia 5 km ungepflegter Strand.

195 Puerto de Alcudia
Etwa 10 km Sandstrand bis nach C'an Picafort.

196 Ca'n Picafort
Direkt am Ort die sehr stark besuchte, 20–40 m breite Playa de Santa Margarita. Ruhiger ist der sich nordwestlich anschließende Abschnitt Richtung Puerto de Alcudia. Am östlichen Ortsende der kleine, ca. 100 m breite Strand Playa de Son Bauló.

1 km vom Ortszentrum die stark besuchte Bucht Cala Guyá, 400 m lang, bis 40 m breit, heller, feiner Sand, in Dünen übergehend. Im Ort der halbmondförmige Sandstrand Playa Son Moll, 100 m lang, bis 50 m breit. Südlich bei den Höhlen von Artá die Playa de Cañamel, 200 m lang, bis 50 m breit. Nördlich die schöne Cala Mezquida.

197 Cala Ratjada

Cala Bona ist der alte Fischerort, Cala Millor besitzt die Sandstrände: 1,5 km lang, bis 50 m breit.

198 Cala Bona / Cala Millor

Stadtstrand (150 m lang, bis 25 m breit) am Hafen. Zwei Strände (rund 50 m lang und breit) an der Cala Anguila (Port Cristo Novo).

199 Porto Cristo

Sechs kleine Buchten an der Ostküste, von denen nur zwei Sandstrände haben.

200 Calas de Mallorca

Badebucht Cala Marsal mit 80 m langem und breitem Strand, von Felsen eingefaßt.

201 Porto Colom

Ruhiger Badeort mit insgesamt 100 m Sandstrand. Bootsverbindung zur Cala Mondragó mit zwei Sandstränden, Pinien. Cala Ferrara mit felsiger Küste, Zentrum des Tauchsports.

202 Cala d'Or

Bei Figuera tiefe, fjordartige Bucht mit Felsküste, in Cala Santanyí gepflegter Sandstrand.

203 Cala Santanyí / Cala Figuera

Nordwestlich vom Cabo Salinas; vom Ortsrand nordwestlich kilometerlange Strände, im Südosten die einsamen Strände Els Dols und Es Carbó, nur mit dem Boot zugänglich.

204 Colonia de Sant Jordí

Menorca

Die zweitgrößte Insel der Balearen folgt in der touristischen Bedeutung der drittgrößten, Ibiza, erst in weitem Abstand. Das liegt an dem rauheren Klima und den kleineren ungeschützten Buchten und daran, daß man eine Zersiedlung der Landschaft auf der vorwiegend landwirtschaftlich genutzten Insel durch touristische Einrichtungen vermeiden will.

Im Norden der Hauptstadt liegen die schönen, ruhigen Buchten Cala Mesquida und Es Grao mit felsumrahmten Sandbuchten.

205 Um Mahón

Im Süden liegen das ruhige Seebad S'Algar (ohne Sandstrand) und Alcaufar mit einer sehr kleinen Sandbucht. An der Südostecke der Insel die Punta Prima, mit 100 m langem, bis 40 m breitem, flachem Sandstrand.

An der Südküste zunächst die Region der sogenannten 'Weißen Dörfer', deren Namen häufig mit der arabischen Vorsilbe Bini- beginnen (Biniancolla, Binisafúa, Binidali), am bekanntesten ist der geschickt der lokalen Architektur angepaßte Touristenort Binibeca, mit kleinem Sandstrand und klarem Wasser.

Sandstrand, 100 x 100 m, am Ende einer tief in den Felsen eingeschnittenen Bucht.

206 Cala'n Porter

Längster Strand Menorcas mit über 2 km, ca. 40 m breit, flach, Dünen.

207 Playa de Son Bou

Ausgedehnter Sandstrand und Hotelkolonie.

208 Santo Tomás

Weite, halbrunde Bucht mit ca. 500 m langem, bis 40 m breitem Sandstrand. Pinien, ein großer Felsen und eine Flußmündung am westlichen Ende. Ca. 1 km in östlicher bzw. westlicher Richtung von der Hauptstadt die Cala Mitjana und die Cala Macarella mit je ca. 200 m Sandstrand.

209 Cala de Santa Dana

**210 Bei
    Ciudadela**

An der Westküste, im Einzugsgebiet von Ciudadela, liegen eine Reihe in das hier flachere Felsplateau eingeschnittene Buchten, wie Playa Bosch, Cala de Santandría, Cala en Blanes, Cala Forcat und Cala Blanca. Die kurzen Sandstrände sind gerade ausreichend für die an ihnen gelegenen Hotels.

**211 Arenal
    d'en Castell**

An einer gegliederten Bucht der Nordküste, 600 m langer, 40 m breiter Strand am Fuß einer Steilküste. Westlich der malerische Fischerort (Langusten) Fornells an der gleichnamigen Bahía.

Ibiza

Die Insel, einst das Reservat der Künstler, Hippies und anderer Individualisten, ist von der Betriebsamkeit des Massentourismus erfaßt worden, bewahrt aber immer noch ein wenig von ihrem extravaganten Flair. Richtig ist nach wie vor der Name Pityusa ('von Nadelbäumen bestanden'), da das Bergland, insbesondere im Norden und Süden, noch dicht bewaldet ist. Die größeren Sandstrände liegen im Süden der Hauptstadt, wer aber wirklich große, freie Strände sucht, setze nach Formentera über.

**212 Ibiza-
    Stadt**

Vom Hafenbecken nur durch eine schmale Landzunge getrennt die halbkreisförmige Cala Talamanca von ca. 1 km Durchmesser, mit flachem Sandstrand, Bars und Restaurants. Beim Hotelviertel die Playa de ses Figueretas, Richtung Stadt in Felsküste übergehend. Das Wasser ist stark verschmutzt. 5 km vom Zentrum erstreckt sich die ca. 2 km lange, 25 m breite Playa d'en Bossa – Sandstrand, Dünengelände, nach Süden Felsküste.
11 km von Ibiza die Playa Salinas (auch Playa Sa Trincha), mit 1,5 km langem, bis 30 m breitem, feinsandigem Strand. Im Osten der Salinen die Playa Es Cavallet mit 1 km freiem Strand, südwestlich vom Flughafen die Playa Godolà mit 1,5 km freiem Sandstrand.

**213 San Anto-
    nio Abad**

Nur schmale Streifen Sandstrand an der Südseite der Bucht. 2 km vom Zentrum die Cala García, ein fjordartiger Einschnitt mit zwei winzigen Sandstränden. Bootszubringer, Bus und Auto (5 km) nach Port del Torrent, mit 200 m langem, feinem Sandstrand. Pinien, alle Serviceeinrichtungen. Bootszubringer und Straße (8 km, letzte Teilstrecke ohne Asphalt) nach Cala Bassa, mit 200 m langem, 20 m breitem, feinsandigem Strand. Pinien, alle Serviceeinrichtungen. Weitere kleine Strandbuchten: Cala Conta, Cala Tarida, Cala Molí und Cala Vadella.

214 Portinatx

Im Nordosten der Insel, mit 100 m Sandstrand und schönem Pinienwald.

**215 Cala San
    Vicente**

Schöne Bucht im äußersten Nordosten der Insel; schmaler, 300 m langer, mit Kieseln durchsetzter Strand, alle üblichen Serviceeinrichtungen.

**216 Santa
    Eulalia
    del Río**

Kein nennenswerter Sandstrand am Ort. 7 km südlich die Cala Llonga, ein ca. 200 m langer, bis 80 m breiter, gepflegter Sandstrand in tief eingeschnittener Bucht; schönes Hinterland. 4 km nordöstlich von Santa Eulalia die Cala Pada, ein dreieckiger Sandstrand von ca. 60 m Länge mit Pinienwald. 2,5 km weiter nördlich die Playa d'es Caná, eine Badebucht mit 300 m Sandstrand. 1 km weiter nördlich die Cala Nova mit 250 m Sandstrand, landeinwärts Dünen.

Formentera

In den letzten Jahren hat der Fremdenverkehr auf Formentera, der kleinsten Baleareninsel, erheblich zugenommen. Kilometerlange Strände, an deren abgelegeneren Strecken auch Nacktbaden toleriert wird, ziehen die Besucher an.

Die Playa d'es Pujols, westlich der Punta Prima, ist Ausgangspunkt für die langen Strände bei den Salinen bis zur Nordspitze.
Im Süden liegt die ausgedehnte Playa de Mitjorn.

KANARISCHE INSELN

Die Kanarischen Inseln gelten wegen ihres besonders milden Klimas zu Recht als die 'Inseln des ewigen Frühlings'.
Die Ostgruppe hat eher kontinentales Klima mit sehr geringen Niederschlägen und starken Temperaturunterschieden zwischen Tag und Nacht, insbesondere in den Höhenlagen.
Gran Canaria, Fuerteventura und Lanzarote verfügen über schöne lange Sandstrände. Gran Canarias touristisch interessante Strände liegen im Süden der Insel, jene von Lanzarote an der Süd- bzw. Südostküste; wunderschöne einsame Strände finden sich im Süden und Norden von Fuerteventura.
Auf den westlichen Kanarischen Inseln ist das Klima ozeanischer, da die Berge die Passatwinde zum Abregnen zwingen.
Die Strandabschnitte sind relativ klein. Auf Gomera, Hierro und La Palma gibt es lediglich vereinzelt Badebuchten mit grauem oder schwarzem Lavasand; sie lassen die Inseln für einen reinen Strandurlaub wenig geeignet erscheinen. Teneriffa hat immerhin auch einige helle, z.T. künstlich aufgeschüttete Sandstrände (vor allem im Süden der Insel).

La Palma

Etwa 5 km südlich von Santa Cruz de la Palma einige Buchten mit mit schmalen, schwarzsandigen Vulkanstrandstreifen, andere felsig. Gefahrloses Baden durch bizarr geformte Felsriffe, die als Wellenbrecher dienen, möglich. **218 Playa de Cancajos**

500 m langer schwarzer, feinsandiger Strand südlich von Puerto de Naos; ein weiterer Strandabschnitt schließt sich südlich bei Charco Verde an. **219 Playa del Pozo**

Gomera

Wenig einladender Strand am Hafen. Ausweichmöglichkeit: 5 km nördlich die Playa de Avalo (200 m langer schmaler Steinsandstrand; am Wochenende stark frequentiert von Einheimischen). **220 San Sebastián**

Dem Valle Gran Rey im Westen von Gomera sind einige Strandabschnitte vorgelagert. Beste Badebedingungen an der nördlich gelegenen Playa del Inglés sowie weiter südlich an der Playa Calera, an der Playa Vueltas und an der Playa de las Arenas mit zwei windgeschützten Badebuchten. **221 Valle Gran Rey**

Hierro

Die meisten Strände sind schwer zugänglich.
Im Nordwesten von Hierro der abgeschiedene Strand von El Verodal bei Pozo de la Salud, den man nur nach einem längeren Fußmarsch erreicht.

Tenerife (Teneriffa)

Schönster und längster Sandstrand Teneriffas westlich des kleinen Fischer- und Touristenortes El Médano. Vielfach stark wehender Wind (Flugsand), daher ideal für Surfer. **222 El Médano**

223	Costa del Silencio	Felsbucht mit Treppen und Badeplattform. Vor Tel Bel befindet sich ein großes Meerwasserschwimmbecken mit schmaler Sandbucht. Hinter Las Galletas zwei kleine Sandbuchten. Östlich der Landspitze erstreckt sich eine flache Felsküste.

223 Costa del Silencio
Felsbucht mit Treppen und Badeplattform. Vor Tel Bel befindet sich ein großes Meerwasserschwimmbecken mit schmaler Sandbucht. Hinter Las Galletas zwei kleine Sandbuchten. Östlich der Landspitze erstreckt sich eine flache Felsküste.

224 Los Cristianos
400 m langer, bis 100 m breiter, hellbrauner Sandstrand. Gefahrloses Baden auch für Kinder möglich. Serviceeinrichtungen.

225 Playa de las Américas
Zwischen Felsriffen drei Buchten mit braunschwarzem Sand, je ca. 100 m lang, bei Flut bis auf schmale Streifen unter Wasser.
Die Anlage eines neuen Strandes (Las Vistas) zwischen Los Cristianos und Playa de las Américas wird vorangetrieben.

226 Puerto de Santiago
Zwei schmale Buchten mit schwarzem Sandstrand. Der eine eine Strandabschnitt erstreckt sich direkt unter den Steilfelsen von Los Gigantes, der andere, die Playa de la Arena, südlich des Fischerortes.

227 San Marcos
Bucht an der Nordküste bei Icod, mit langem, dunklem Sandstrand, gesäumt von wildzerklüfteten Felsen.

228 Puerto de la Cruz
Touristenmetropole mit rauher Felsküste und starker Brandung, Baden nicht ungefährlich.
Viel besser lassen sich Badefreuden an dem von César Manrique geschaffenen Lido San Telmo mit seinem großen Meerwasserschwimmbecken genießen.

229 Mesa del Mar
Badebucht mit künstlich angelegtem, hellem Sandstrand und Meeresschwimmbecken, im offenen Meer starke Brandung. Durch einen Tunnel in der Felswand erreicht man eine Nachbarbucht mit schwarzem Sandstrand.

230 Bajamar
Meeresschwimmbecken mit allen Serviceeinrichtungen. Schönes Hinterland.

231 Punta Hidalgo
Windgeschützte Küste mit Einstieg über Felsen. Viele Hotelschwimmbecken.

232 Playa de las Teresitas
Der 9 km nordöstlich von Santa Cruz bei San Andrés gelegene Strand wurde mit Sand aus der Sahara aufgeschüttet und durch künstliche Barrieren vor der starken Meeresbrandung geschützt. An Wochenenden von Einheimischen frequentiert.

Gran Canaria

233 Las Palmas
Der 2 km lange, bis 100 m breite, helle Sandstrand Las Canteras ist relativ gut gepflegt. Starker Andrang am Wochenende. Am südlichen Ende der Playa de Las Canteras Beginn des Industriegebiets von Las Palmas.

234 Maspalomas
Ein 17 km langes Küstengebiet bis zur Südspitze der Insel mit ausgedehnter Dünenlandschaft (unter Naturschutz). An der Playa de San Agustín ist der weiße Sandstrand vor dem Sun Club am schönsten, an anderen Abschnitten nur dunkler Sand.
Die Playa del Inglés hat 7 km Sandstrand, der südlich in die hohen, tief ins Land reichenden Dünen von Maspalomas übergeht. An der Südspitze beim Leuchtturm El Oasis, mit 6 km bis zu 100 m breitem, flachem, feinem Sandstrand, landeinwärts in hohe Dünen übergehend. In den Wintermonaten insbesondere von Deutschen stark frequentiert. Zahlreiche Serviceeinrichtungen.

235 Arguineguin
Winzige, durch hohe Felsen geschützte Sandbucht; ansprechender nehmen sich die gepflegten Swimmingpool-Anlagen aus.

Insbesondere einen Vorteil hat der Strand von Puerto Rico: Die Sonne scheint hier meist noch, wenn in Maspalomas bzw. Playa del Inglés – vor allem in den Wintermonaten – bereits dicke Wolken aufgezogen sind. Daher ist der Strand meist stark besucht. Neben Badenden tummeln sich auch zahlreiche Surfer und Segler am Strand. Felsriffe halten eine allzu starke Brandung ab.

236 Puerto Rico

Der dunkle Sandstrand ist 100 m lang und etwa 25 m breit und wird überwiegend von Einheimischen besucht.

237 Puerto de las Nieves

Fuerteventura

3 km südlich beim Parador Nacional die meist von Einheimischen aufgesuchte, hellsandige Playa Blanca, die insgesamt 600 m lang und 40–80 m breit ist.

238 Puerto del Rosario

Windgeschützte Bucht mit dunkelbräunlichem Lavastrand in der Umgebung.

239 Taralejo Playa

An der östlichen Leeseite (= sotavento) der Halbinsel Jandia, von Morro del Jable bis hinauf zur Punta de los Molinillos, zieht sich der einzigartige Sandstrand fast 20 km weit.
Auf seiner gesamten Länge gibt es unzählige einsame Buchten (u.a. Nacktbadestrand) und Dünen (Flugsand).

240 Playa de Sotavento

Von der Nordostspitze der Insel nach Süden über 10 km weißer Sandstrand und Dünen.
Serviceeinrichtungen nur in unmittelbarer Ortsnähe. Bei starkem Wind muß man mit Flugsand rechnen.

241 Corralejo

Lanzarote

Ortsstrand 200 m lang, aus hellem Sand, wenig Einrichtungen. An der Costa Teguise, unweit nordwestlich von Arrecife, findet man einige der ansprechendsten Hotelanlagen der Kanaren, die jedoch nur kleine Sandabschnitte vorweisen können: Die Playa Bastián erstreckt sich nur etwa 200 m lang, der Strand bei dem Luxushotel Las Salinas ist etwa 300 m lang.

242 Arrecife

Winziger Sandstrand bei dem Ort Playa Blanca. 2 bis 5 km weiter östlich verschiedene Sandbuchten, von denen die Playa de Papagayo die schönste ist.

243 Playa Blanca

Relativ kleiner Strand westlich von La Caleta, an der Playa de San Juan. Östlich von La Caleta, an der Playa de Famara, einer der längsten Sandstrände der Insel. Nachteile: Starke Brandung, heftiger Wind und Flugsand.

244 La Caleta

Graciosa

Auf der kleinen Insel nördlich von Lanzarote gibt es herrliche einsame Sandbuchten (auch Dünen); die besten dehnen sich westlich von Caleta del Sebo aus.

245 Isla Graciosa

Banken

→ Geld

Behindertenhilfe (ayuda para minusválidos)

Auskunft in Spanien	Asociación Española des Deportes, Tiempo Libre y Ocio para Minusválidos Ronda de Toledo 16 E-28005 Madrid Tel. (91) 4 67 42 21 und 4 67 43 53
Reisehelfer-Börse	Die Vermittlung von Reisehelfern (u.a. auch Reisehelfer-Kurse, in denen hilfreiche Kenntnisse für eine Urlaubsreise mit Behinderten zu erwerben sind) bietet der Bundesverband Selbsthilfe Körperbehinderter Altkrautheimer Str. 17 D-7109 Krautheim (Jagst) Tel. (0 62 94) 6 80
Busreisen	Überdies organisiert der zuvor genannte Verband Gruppenreisen und bringt Behinderte in rollstuhlgerechten Spezialbussen an ihr Ferienziel.
Bahnreisen	Behinderten Fahrgästen, die mit der Bahn anreisen möchten, wird empfohlen, sich an die

Zentrale Verkaufsleitung der Deutschen Bundesbahn Kontaktstelle für Behindertenfragen Rhabanusstraße 3 D-6500 Mainz Tel. (0 61 31) 15-52 16

zu wenden; hier ist auch der "Reiseführer für unsere behinderten Fahrgäste" erhältlich, der u.a. Auskünfte über rollstuhlgerechte Großraumwagen in Intercity-Zügen und Fahrvergünstigungen für Behinderte (und ihre Begleitpersonen) im DB-Bereich gibt. |
| Flugreisen | Die Lufthansa-Broschüre "Reisetips für behinderte Fluggäste" ist kostenlos in allen Stadtbüros erhältlich. |

Burgen

Hinweis	Der größte Teil der nachfolgend erwähnten Burgen ist im Teil "Reiseziele von A bis Z" dieses Buches erwähnt.

1 Castillo de Moeche (14. Jh.)
2 Villalba: Castillo de Andrade (14./15. Jh.)
3 Bayona: Castillo Monte Rael (16. Jh.)
4 Castillo Monterrey (12./15. Jh.)
5 Castillo de Monforte de Lermos
6 Benavente: Castillo de los Pimentel (15. Jh.)
7 Castillo de Valencia de Don Juan (12./15. Jh.)
8 Castillo de Grajal de Campos (16. Jh.)
9 Castillo de Aguilar de Campóo (12. Jh.)
10 Fuenterrabia: Palacio del Rey Carlos (12. Jh.)
11 Castillo de Olite (13./15. Jh.)
12 Sangüesa: Castillo del Principe de Viana
13 Castillo de Javier (14. Jh.)
14 Castillo de Sádaba (13. Jh.)
15 Castillo de Uncastillo (12. Jh.)
16 Castillo de Loarre (11. Jh.)
17 Castillo de Monzón (10./12. Jh.)
18 Castillo de Cardona (10./12. Jh.)

19 Perelada: Castillo de Rocaberti (14./17. Jh.)
20 Castillo de Fuensaldaña (13./15. Jh.)
21 Zamora: Castillo und Stadtmauer (11./12. Jh.)
22 Castillo de Torrelobatón (15. Jh.)
23 Castillo de Simancas (14. Jh.)
24 Medina del Campo: Castillo de Mota (14. Jh.)
25 Castillo de Arévalo (14./15. Jh.)
26 Castillo de Coca (15. Jh.)
27 Castillo de Portillo (15. Jh.)
28 Castillo de Peña fiel (10./13. Jh.)
29 Castillo de Cuéllar (15. Jh.)
30 Castillo de Turégano (13./15. Jh.)
31 Segovia: Alcázar (12. Jh.)
32 Ávila: Stadtmauer (11./12. Jh.)
33 Castillo de Las Navas del Marqués (16. Jh.)
34 Castillo de Manzanares el Real (15. Jh.)
35 Castillo de Pedraza (14./15. Jh.)

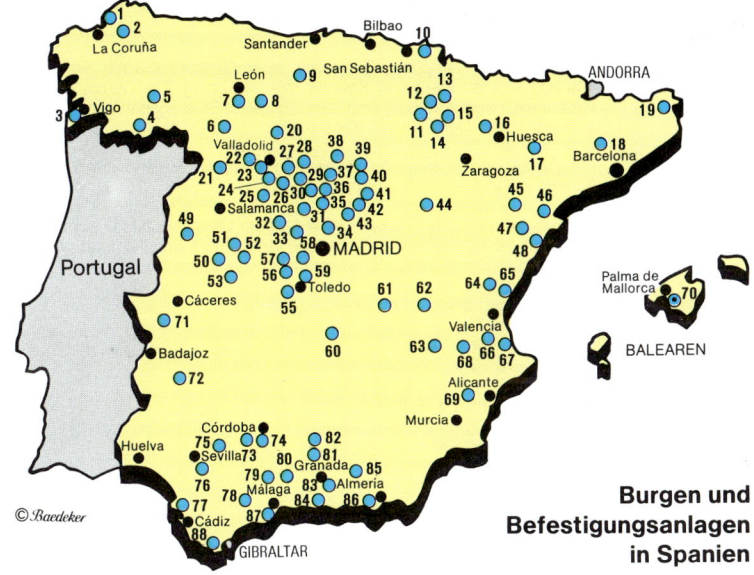

**Burgen und
Befestigungsanlagen
in Spanien**

© Baedeker

Camping und Caravaning

Allgemeines · · · Mehr als 800 Campinggelände mit einer Gesamtkapazität von über 400 000 Plätzen stehen in Spanien zur Verfügung. Die Campingplätze (campings, campamentos) sind über das ganze Staatsgebiet verteilt, mehr als zwei Drittel liegen an den Küsten.

Kategorien · · · Die Plätze sind in amtliche Kategorien eingeteilt, welche die Stufen L (Luxus) sowie 1, 2 und 3 umfassen.

Voranmeldung · · · Voranmeldung für den Aufenthalt auf einem Campingplatz während der Hauptsaison ist in jedem Falle ratsam (Anschriften und Telefonnummern der Campingplätze siehe Campingführer, nachfolgend).

Auskunft in der Bundesrepublik Deutschland · · · ADAC – Allgemeiner Deutscher Automobil-Club
Am Westpark 8
D-8000 München 70
Tel. (0 89) 76 76-0

Deutscher Camping-Club
Mandlstr. 28
D-8000 München 40
Tel. (0 89) 33 40 21

Auskunft in Österreich · · · Camping- und Caravaning-Club Austria
Mariahilfer Str. 180
A-1015 Wien
Tel. (01) 85 35 35-0

Auskunft in der Schweiz · · · Schweizerischer Camping- und Caravanning-Verband (SCCV)
Habsburgerstr. 35
CH-6000 Luzern 4
Tel. (0 41) 23 48 22

Verband Schweizer Campings
Im Sydefädeli 40
CH-8037 Zürich 10
Tel. (01) 44 57 13

Auskunft in Spanien · · · Von den staatlichen bzw. regionalen Verwaltungsbehörden in Spanien werden Verzeichnisse der offiziell anerkannten Campingplätze veröffentlicht, die über die unter → Auskunft genannten Tourismus-Informationsstellen zu beziehen sind.
Jährlich neu erscheint der 'Guía de Campings' mit Abbildungen, einer Planskizze sowie deutschen Einführungstexten bei:
Federación Española de Campings
y Ciudades de Vacaciones
Gran Vía, 88. Grupo 3, E-28013 Madrid 13
Tel. (91) 2 42 31 68

'Wildes' Campen · · · In jedem Falle sollten in Spanien Erkundigungen eingeholt werden, ob für die ausgesuchte Stelle von der Gemeinde evtl. ein Verbot für 'wildes' Campen (u.a. wegen der in der trockenen Jahreszeit ständig drohenden Gefahr von Wald- und Flächenbränden) erlassen wurde. Auch für das Campen auf privatem Gelände bitte man den Besitzer um Erlaubnis.

Devisenbestimmungen

→ Geld

Diplomatische und konsularische Vertretungen

Vertretungen Spaniens

Botschaft:
Schloßstr. 4
D-5300 Bonn 1
Tel. (02 28) 21 70 94 / 95, 21-5 27
Presseabteilung: 21 75 11

Bundes-
republik
Deutschland

Generalkonsulate:
Lichtensteinallee 1
D-1000 Berlin 30
Tel. (0 30) 2 61 60 81 / 82

Schwachhauser Ring 124
D-2800 Bremen
Tel. (04 21) 34 40 90

Homburger Str. 16
D-4000 Düsseldorf
Tel. (02 11) 43 47 77

Steinlestr. 6
D-6000 Frankfurt am Main 70
Tel. (0 69) 63 80 71 / 74

Mittelweg 37
D-2000 Hamburg 13
Tel. (0 40) 44 36 20 und 45 24 16

Wedekindstr. 32
D-3000 Hannover 1
Tel. (05 11) 31 10 85 / 86

Oberföhringer Str. 45
D-8000 München 81
Tel. (0 89) 98 50 27-29

Lenzhalde 61
D-7000 Stuttgart 10
Tel. (07 11) 22 50 91 / 92 und 2 26 20 01 / 02

Botschaft:
Reisnerstr. 45-47
A-1030 Wien
Tel. (01) 7 12 12 29

Republik
Österreich

Botschaft:
Brunnadernrain 37
CH-3006 Bern
Tel. (0 31) 44 05 66

Schweiz

Vertretungen in Spanien

Botschaft:
Calle Fortuny 8
E-28004 Madrid
Tel. (91) 4 19 91 00 und
4 19 91 50

Bundes-
republik
Deutschland

Deutsche
Botschaft
(Fortsetzung)

Außenstellen:
Franchy y Roca
E-35007 Las Palmas de Gran Canaria
Tel. (9 28) 27 57 00 und 27 57 04

Avenida de Anaga 45
E-38001 Santa Cruz de Tenerife
Tel. (9 22) 28 48 12 und 28 48 16

Generalkonsulate:
Paseo de Gracia 111
E-08008 Barcelona
Tel. (93) 2 18 47 50 und 2 17 61 62

Außenstellen:
Passeig des Born 15
E-07000 Palma de Mallorca / Baleares
Tel. (9 71) 72 29 97 und 72 23 71

Calle Gobelas 1
E-48000 Las Arenas – Bilbao
Tel. (94) 4 64 18 77 und 4 64 18 88

Avenida Ramón de Carranza 22
E-41011 Sevilla
Tel. (9 54) 45 78 11 und 45 79 76

Republik
Österreich

Botschaft:
Paseo de la Castellana 91
E-28016 Madrid
Tel. (91) 4 56 53 15 und 4 56 54 03

Generalkonsulat:
Calle Mallorca 286
E-08000 Barcelona
Tel. (93) 2 57 36 14

Konsulate:
Avenida Zugazarte 37
E-48000 Las Arenas – Bilbao
Tel. (94) 4 64 07 63

Calle Occidente s / n
E-29491 Benalmádena Costa (Málaga)
Tel. (9 52) 44 12 81 und 44 39 52

Vizekonsulat
(ohne Paß- und Visabefugnis):
Calle Barcelona 43
E-17001 Gerona
Tel. (9 72) 20 32 54

Schweiz

Botschaft:
Calle Nuñez de Balbao 35, 7°
Edificio Goya
E-28001 Madrid
Tel. (91) 4 31 34 00

Generalkonsulat: Gran Vía de Carlos III 94, 7°
Edificios Trade
E-08028 Barcelona
Tel. (93) 3 30 92 11

Konsulate:
Puerta del Mar 8, 6°
E-29005 Málaga
Tel. (9 52) 21 72 66 und 21 47 29

Paseo de Mallorca 24
E-07012 Palma de Mallorca / Baleares
Tel. (9 71) 71 25 20 und 71 49 72

Calle el Cid 38
E-35010 Las Palmas de Gran Canaria
Tel. (9 28) 27 45 44 und 26 70 41

Diplomatische Vertretungen der Schweiz (Fortsetzung)

Drogen

Insbesondere in den spanischen Hafenstädten – wie Barcelona, Málaga, Algeciras u.a. – wird mit Drogen gehandelt.

Allgemeines

Drogenbesitz wird mit einer Haftstrafe von bis zu 20 Jahren Gefängnis geahndet.

Warnung!

Einkäufe, Souvenirs

Das spanische Kunsthandwerk hat eine lange Tradition und bringt auch heute noch Erzeugnisse hervor, die nach alten Vorlagen gearbeitet sind; daneben finden sich außerdem modern gestaltete Dessins.

Allgemeines

Unbedingt lohnend ist ein Gang über die malerischen Antiquitäten- und Flohmärkte (Veranstaltungstermine geben die unter → Auskunft erwähnten Fremdenverkehrsstellen bekannt) sowie durch die Markthallen, die nahezu in jedem größeren Ort eingerichtet sind.

Antiquitäten- und Flohmärkte Markthallen

Schöne Artikel aus Espartogras werden in Murcia hergestellt.

Artikel aus Espartogras

Zahlreiche Glasfabriken, in denen man Glasbläsern bei der Arbeit zuschauen kann, finden sich u.a. auf Mallorca.

Glaswaren

Insbesondere in den kunstgewerblichen Werkstätten von Valencia entstehen die traditionellen spanischen Holzmöbel; Kastilien und León haben einen eigenen Stil entwickelt.

Holzmöbel

Keramik (Geschirr, Wandteller u.v.a.) gibt es nahezu im ganzen Lande zu kaufen. Beinahe jede spanische Region hat ihre eigene Schule: Aus der Schule von Talavera de la Reina kommen eher traditionelle Formen (u.a. Kacheln), während die Keramikschule von Sargadelos in Galicien zum wichtigsten Keramikzentrum zählt, welches um Werke im avantgardistischen Stil bemüht ist. Beliebt ist auch Majolika von der Insel Mallorca. Berühmt für ihren Metallglanz sind die glasierten Keramikgefäße aus der Schule von Manises in Valencia.

Keramik

Kunstschmiedearbeiten findet man in Kastilien, ferner in Sevilla und Logroño. Damaszenerarbeiten in Toledo (Blankwaffen) und Eibar; in Albacete floriert die Kleineisenindustrie (Messer und Dolche).

Kunstschmiedearbeiten Waffen

Kupferkrüge kommen besonders aus Guadalupe und Granada.

Kupferarbeiten

Gute moderne Lederarbeiten gibt es vor allem in Andalusien, in Katalonien und auf den Balearen (z.B. größere Leder- und Schuhfabriken in Inca auf

Leder

Holzschnitzwerkstatt in der Provinz Salamanca

Leder (Fortsetzung)	Mallorca; Schuhe besonders auf Menorca), solche traditioneller Art in Córdoba ('Korduanleder').
Schallplatten Bildbände Poster Postkarten	Schöne Souvenirs sind Schallplatten mit spanischer Volksmusik und Bildbände über Spanien. Eine wahre Fundgrube für antiquarische Bücher, Poster und Postkarten ist der Mercado San Antonio in Barcelona.
Schmuck	Internationalen Ruf genießt Schmuck aus der 'Escola Massana' (Kunstwerkstätte), Barcelonas städtischem Zentrum für Kunstübung. Als Material wird u.a. Kunststoff, Kupfer und Stahl, auch mattiertes Silber und Gold, dünner Draht u.v.a. (Kunstperlen, Kunstglas s. zuvor). Berühmt sind auch Goldeinlegearbeiten aus Toledo.
	Kaum von echten Perlen zu unterscheiden sind die fabrikmäßig hergestellten Kunstperlen aus der mallorquinischen Stadt Manacor.
Spitzen Stickereien	Zentren der Spitzenherstellung sind die Orte Camariñas (Klöppelarbeiten), Sevilla (Mantillas), Granada, Almagro sowie die Kanarischen Inseln (besonders kostbar die Spitzen aus Vilaflor). Ebenfalls auf den Kanarischen Inseln finden sich schöne mit Hohlsaumstickerei verzierte Artikel, wie beispielsweise Tischdecken, Sets und Kleidungsstücke.
Stoffe	Besondere Erwähnung verdienen die z.T. nach balearischen Volkstrachten von Designern und Couturiers der Insel Ibiza entworfenen, größtenteils von Hand gefertigten Kleidungsstücke.
Süßigkeiten	Beliebte Mitbringsel sind auch Süßigkeiten: das Schmalzgebäck 'Ensaimadas' und kandierte Früchte aus Mallorca, 'Turrón' aus Alicante, Karamellen aus Pamplona und Logroño, Schokoladentrüffel aus Vitoria und 'Yemas de Santa Teresa' aus Ávila.

Handgewobene Teppiche in schönen Farben kommen insbesondere aus   Teppiche
Cáceres, Granada und Murcia.

Von guter Qualität sind die ⟶ Weine und die Spirituosen, von denen   Weine
sowohl die spanischen Sorten als auch im Lande hergestellte Produkte   Spirituosen
internationaler Marken recht preiswert sind.

Eisenbahn (ferrocarril)

Derzeitige Situation

Das Netz der Eisenbahnen (ferrocarriles) ist in Spanien derzeit noch nicht   Allgemeines
so weit ausgebaut wie in anderen Ländern Mitteleuropas (Moderni-
sierungsprojekte s. am Schluß dieses Kapitels).
Autobuslinien (⟶ Autobusverkehr) ergänzen das Streckennetz.

Die Hauptstrecken der spanischen Eisenbahnen unterstehen dem staat-   Hauptstrecken
lichen Unternehmen RENFE (Red Nacioal de los Ferrocarriles Españoles;
Adresse nachfolgend), das in allen größeren Orten eigene Reisebüros
(Anschriften nachfolgend) unterhält. Daneben bestehen auf dem Festland
sowie auf den Inseln verschiedene Privatlinien.

Wegen der größeren Spurweite der Hauptstrecken gegenüber der in   Spurweiten
Mitteleuropa üblichen muß – mit Ausnahme auf der Fahrt in einigen internationalen Spezialzügen mit verstellbaren Fahrgestellen – an der französisch-spanischen Grenze der Zug gewechselt werden.

Sowohl in den Schlaf- und Liegewagen als auch in sämtlichen Nah-   Rauchverbot
verkehrszügen – mit Ausnahme auf den Gängen und Plattformen – von
RENFE ist Rauchen untersagt. Raucherabteile werden in den 1.- und 2.-
Klasse-Wagen auf Fernstrecken eingerichtet.
Auch in Bahnhofsbereichen sind Räume für Raucher und Nichtraucher
vorgesehen.

Red Nacional de los Ferrocarriles Españoles / RENFE   Auskunft
(Spanische Eisenbahnen)
Generalvertretung für Europa: 1-3, avenue Marceau
F-75115 Paris
Tel. (1) 47 23 52 00

Algeciras: Tel. (9 56) 65 11 55   RENFE-
Barcelona: Tel. (93) 3422 41 42   Telefon-
Madrid: Tel. (91) 4 29 05 18 und 5 52 05 18   Auskunft
Málaga: Tel. (9 52) 31 25 00   (Auswahl)
San Sebastián: Tel. (9 43) 28 30 89 und 28 35 99
Valencia: Tel. (96) 3 51 36 12
Zaragoza: Tel. (9 76) 21 11 66

Zugtypen

klimatisierter Luxus-Dieselzug;   Talgo
'Talgos' sind derzeit mit Spitzengeschwindigkeiten bis 160 km/h die
schnellsten Züge Spaniens, die auf Fernstrecken eingesetzt sind.
Projekte für Hochgeschwindigkeitszüge s. am Ende dieses Kapitels.

klimatisierter Luxus-Elektrozug   Electrotrén

Luxus-Dieselzug   Ter

Taf	Dieselzug (nur 2. Klasse)
Expreso	D-Zug
Rápido	Schnellzug
Semidirecto	Eilzug
Automotor	Eiltriebwagen
Omnibus	Personenzug
Ferrobús	Schienenbus für den Regionalverkehr
Tranvía	Nahverkehrszug

Klassen und Fahrkarten (billetes)

Klassen | Fern- und Schnellzüge führen in der Regel 1. und 2. Wagenklasse, Personenzüge meist nur die 2. Klasse.

Fahrkarten | Fahrkarten löst man am besten spätestens 24 Stunden vor Abfahrt in einem RENFE-Büro. Wenngleich im allgemeinen für die Benutzung spanischer Züge keine Platzkartenpflicht besteht, so ist es besonders während der Hauptsaison und vor hohen Feiertagen dringend angeraten, sich beim Kauf der Fahrkarte auch eine Platzkarte reservieren zu lassen (reserva de plaza). Nach Ablauf der Vorverkaufszeit erhält man die Fahr- bzw. Platzkarten (sofern noch vorhanden) nur im Bahnhof, wo die Schalter nach Linien getrennt sind und frühestens 30 Minuten oder 1 Stunde vor Abfahrt des Zuges öffnen (meist großer Andrang). Im Ausland erworbene Fahrausweise müssen jeweils vor Antritt eines neuen Teilstückes im voraus bei einem RENFE-Büro bzw. am Reisetag im Bahnhof abgestempelt werden, falls man nicht im Besitz einer Platzkarte ist. Die Bahnhofsschalter schließen üblicherweise fünf Minuten vor Abfahrt der Züge.

Fahrplan | Der jährlich zweimal (Ende Mai und Ende September) in spanischer Sprache erscheinende Fahrplan "Grandes relaciones" der spanischen Eisenbahngesellschaft RENFE ist u.a. sowohl bei der RENFE-Generalvertretung in Paris (Anschrift s. zuvor) und in RENFE-Reisebüros als auch bei nachfolgender Anschrift erhältlich
Dirección y Información y
Atención al Cliente
Madrid-Chamartín
E-28036 Madrid
Tel. (91) 7 33 62 00

Fahrpreis-ermäßigungen | Im Fahrplan enthalten sind zahlreiche Hinweise auf Bahnkarten zu ermäßigten Tarifen, z.B. jene für Fahrten an sog. 'Días Azules', den 'Blauen Tagen' (Tage, die nicht mit Festen, Vortagen von Festen oder Ferienzeiten zusammenfallen), an denen man stark verbilligte Karten erhält oder Vergünstigungen für Jugendliche, für Familien u.a.

Touristenkarte | Ein interessantes Angebot ist die RENFE-Touristenkarte für Personen, die ihren Wohnsitz außerhalb Spaniens haben: Sie gestattet Fahrten ohne Kilometerbegrenzung und ohne Aufschläge auf beliebigen Strecken der staatlichen Eisenbahn und ist auch auf internationalen Strecken – mit Ausnahme Fahrten im Talgo Paris – Madrid – gültig. Der Preis variiert je nachdem, ob die Touristenkarte für 8, 15 oder 22 Tage beantragt wurde.

Auto im Reisezug | Der zuvor erwähnte Fahrplan gibt u.a. Auskunft über Autoreisezüge (span. Auto-Expresos) in Spanien. Weitere Informationen ⟶ Anreise.

 KANARISCHE INSELN

Eisenbahn- und Fährverkehr

——————— **Hauptstrecken der RENFE**

——————— **Fähren**

Sonderzüge für Touristen

Dieser Zug ist luxuriös ausgestattet (u.a. auch Diskothek, Videothek, Bars) und fährt ab Sevilla nach Córdoba, Granada, Málaga und Jerez de la Frontera oder von Sevilla nach Jerez de la Frontera, Málaga, Granada und Córdoba. Im Fahrpreis enthalten sind Stadtbesichtigungen und Mahlzeiten in den erwähnten Städten, die Teilnahme an Festen und anderen Darbietungen sowie Abendessen und Übernachtung im Al-Andaluz. Auskünfte erteilen die RENFE-Stellen. In der Bundesrepublik Deutschland sind Buchungen bei allen DER-Reisebüros möglich, beispielsweise bei

Express Al-Andaluz

Deutsches Reisebüro (DER)
Eschersheimer Landstr. 25-27
D-6000 Frankufrt am Main 1
Tel. (0 69) 15 66-0

Ein weiterer Schmalspur-Hotelzug (ähnlicher Ausstattung wie der zuvor erwähnte Al-Andaluz), mit Namen 'El Trancantábrico' fährt in acht Tagen

Transcantábrico

Eisenbahn, El Transcantábrico (Fortsetzung)	durch Nordspanien (Abfahrten an zahlreichen Terminen u.a. ab Santiago de Compostela oder Madrid; begleitet wird der Zug von einem Bus, der für Ausflüge bzw. ausgedehntere Rundfahrten zur Verfügung steht). Informationen ebenfalls bei den RENFE-Büros; Auskünfte und Buchungen in der Bundesrepublik Deutschland beispielsweise bei Ibero International Berliner Allee 22 D-4000 Düsseldorf Tel. (02 11) 8 00 25
'Roter Blitz'	Auf Mallorca bietet sich Eisenbahnfreunden insbesondere die Fahrt im Nostalgie-Zug zwischen Palma und Sóller an; von dort kann man in einer nostalgischen Straßenbahn die Fahrt durch Orangen- und Zitronenhaine nach Puerto de Sóller fortsetzen. Informationen sind entweder im Bahnhof von Palma de Mallorca oder den unter → Auskunft erwähnten Fremdenverkehrsstellen für die Balearen erhältlich.

Modernisierung des Streckennetzes

Bis 1992	Inbesondere bis zum Jahr 1992 – zur Olympiade in Barcelona und bis zur Weltausstellung "Expo 92" in Sevilla – soll das Streckennetz zumindest z.T. bereits modernisiert sein (Frankreich wird für die Infrastruktur sorgen und Waggons des TGV, die Bundesrepublik Deutschland ICE-Loks liefern), um insbesondere größere Geschwindigkeiten im Reiseverkehr zu erreichen.
Hochgeschwindigkeitszüge	Auf bestimmten Strecken sollen bis zu 50 % Fahrzeit eingespart werden. Zunächst ist auf den Hauptstrecken zwischen Madrid, Barcelona und Valencia der Einsatz von Zügen mit Geschwindigkeiten bis 250 km/h (auf längere Frist 300 km/h) vorgesehen.
Schnelltrassen	Durch den Bau von Schnelltrassen sollen alle bedeutenden Zentren und Städte des Landes miteinander verbunden werden.
Tunnels	Investiert wird u.a. auch in zahlreiche Tunnelbauten. Gegenwärtig wird an der Linie Madrid (Brazatortas) – Córdoba (Waren- und Personenverkehr) gearbeitet; nach Beendigung wird die Strecke um 100 km kürzer sein, also 341 km betragen. Diskutiert wurde u.a. auch der Bau eines Tunnels zwischen Europa und Afrika an der Straße von Gibraltar (kürzeste Entfernung: 13,8 km).

Elektrizität

Allgemeines	In der Regel führt das spanische Stromnetz 220 Volt Wechselspannung; die Frequenz beträgt 50 Hertz. Spanien hat sich jedoch der 1983 verabschiedeten internationalen Norm ICE 38 ('Standard Voltages') angeschlossen und wird bis zum Jahre 2003 eine Nennspannung von 230 V einführen.
Gerätestecker Zwischenstecker	In den größeren Hotels sind Europa-Norm-Gerätestecker verwendbar. Ansonsten evtl. benötigte Zwischenstecker sind im Fachhandel, u.U. auch an Hotelrezeptionen gegen Kaution, erhältlich.

Essen und Trinken

Allgemeines	Da in der Regel die Hotels die Verpflegung ihrer Gäste übernehmen, wird der Tourist im allgemeinen nur in den Großstädten oder in Seebädern → Restaurants (restaurantes) besuchen.

Die Tischzeiten liegen in Spanien um eine bis zwei Stunden später als in Deutschland.

Tischzeiten

Das landläufige Frühstück ist in der Regel einfacher als in der Bundesrepublik Deutschland; auf Gäste aus Mittel- und Nordeuropa spezialisierte Hotels (namentl. der oberen Kategorien) bieten dagegen ein reichhaltiges Frühstücksbüffet mit Kaffee, Tee, Frucht- und Gemüsesäften, verschiedenen Arten von Brot und süßem Gebäck, Marmelade, Aufschnitt, Ei und oft einem kleinen warmen Gericht an.

Frühstück (desayuno)

Die Mahlzeiten sind meist reichlich (Vorspeisen, Hauptgericht, Obst, Käse). Empfohlen sei das üblicherweise aus vier oder fünf Gängen bestehende Menü (comida); Speisen à la carte sind erheblich teurer.

Mittagessen (comida) / Abendessen (cena)

Das in Spanien eingeführte Touristenmenü (drei Preisgruppen) hat drei Gänge; im Preis inbegriffen sind meist 1/4 l Wein oder Bier, Bedienung und sonstige Abgaben.

Touristenmenü

Charakteristisch für die spanische Küche ist die Zubereitung der Speisen mit Olivenöl (aceite de oliva) und die Verwendung von Knoblauch (ajo). Schmackhaft und bekömmlich sind besonders Eierspeisen, Reisgerichte und Fisch. Vielfach anzutreffen sind spezielle Restaurants für Meerestiere (marisquerías).

Charakteristisches

Eine empfehlenswerte Alternative zum Restaurantbesuch sind die Tascas, Bars, in denen allerlei kleine Appetithappen wie Oliven, eingelegtes Gemüse, Spießchen, Schinken, Meeresfrüchte, Knoblauchkartoffeln, Tortilla-Stückchen u.a. , die sog. 'tapas', oft kostenlos zum Getränk gereicht werden. Wer etwas mehr möchte, bestelle eine 'ración' der an der Theke aufgereihten Köstlichkeiten; auf diese Art, und wenn man verschiedene Bars aufsucht, kann man auf abwechslungsreiche Weise seinen Hunger stillen, zumal die Restaurants erst ab 21.00 Uhr öffnen und sich erst ab vielleicht 22.00 Uhr füllen. Abseits der großen Touristenzentren an den Küsten sind die 'tapas' eine sehr leckere und nach wie vor preiswerte Angelegenheit.

Tascas

Als Vorspeisen (entremeses) werden gereicht: Wurst (de Cantimpalos, Rioja, Burgos, Candelario, de Vich), Schinken (Jamon serrano, de Jabugo, de Trevélez, de Avilés, de Tineo), Meerestiere wie Krabben, Muscheln (sehr gut die Jakobsmuschel = vieira und die Entenmuscheln = percebes), Langusten (langostinos, cigalas) und Oliven (besonders die Manzanilla- und Gordal-Oliven).

Typisch spanische Gerichte

Unter den Suppen (sopas) sind hervorzuheben der Gazpacho, eine Kaltschale aus Brotkrumen, Tomaten, Gurken, Zwiebeln. Knoblauch und Pfefferschoten mit Essig, Öl und Gewürzen, wobei die einzelnen gehackten Gemüseeinlagen oft gesondert auf den Tisch kommen. Andere Knoblauchsuppen sind die kastilische mit Eiern und die sopa al cuarto de hora (Viertelstundensuppe), der Pote und der Caldo in Galicien und Asturien, die baskische Sopa Zarauztarra und in der Levante eine Suppe mit geröstetem Reis, ferner der Ajo blanco con uvas (Weißer Knoblauch mit Trauben).

Als erstes Hauptgericht (plato fuerte) werden oft Tortillas (Omeletts) serviert, die es in zahlreichen Varianten von scharf bis süß gibt. Sehr deftig sind bodenständige Eintopfgerichte, wie etwa der Cocido, ein in jeder Landschaft etwas anders zubereiteter Eintopf aus Kichererbsen, Kartoffeln, Gemüse, Fleisch, Speck, Wurst und Fleischknödeln, die asturische Fabada, eine Bohnensuppe mit Einlagen, oder die in Madrid besonders lecker zubereiteten Callos (Kutteln). Vorzüglich, wenn richtig zubereitet, ist die bekannte Paella, ein Reisgericht aus Huhn, Fleisch, Fisch, Meeresfrüchten, Bohnen und Erbsen, wobei die Art von Valencia die typischste ist.

Überall zu bekommen: Fische und Meeresfrüchte

Typisch spanische Gerichte (Fortsetzung)	Sehr zahlreich sind die Fischgerichte (pescados). Zarzuela de mariscos besteht aus verschiedenen gebratenen und scharf gewürzten Fischarten, Merluza a la Vasca ist Seehecht mit grüner Soße, der Bacalao wird im Baskenland entweder mit roter Soße oder langsam gegart 'al pil pil' bereitet, in Navarra werden die Forellen mit Schinkenscheiben gefüllt. Kleine Fischgerichte eignen sich auch als Tapas (Appetithappen zum Wein), besonders die in Öl mit Knoblauch und Paprika gesottenen Glasaale (Angulas). Vorzüglich ist auch jeder frische Fisch einfach in Öl fritiert.

Im Süden Navarras und in Aragón werden Geflügel, Lamm, Kaninchen und Kalb 'à la chilindrón' in einer Soße aus in Öl geschmorten Zwiebeln und Tomaten mit scharfen Gewürzen bereitet.

In Kastilien und León sind Spanferkel und Lammbraten beliebt.

Es gibt vielfältige Nachspeisen (postres). Spanien hat ausgezeichnete Käsesorten, aber auch zahlreiche Rezepte für Süßspeisen: Turrón (aus Honig und Mandeln) und Marzipan stammen aus maurischer Zeit, daneben gibt es Schmalzgebäck, insbesondere auf Mallorca (Ensaimadas), Gewürzkuchen, Eierstich, Flan (Pudding; Reispudding), süße Eierdotter und herrliche Früchte. |

Spanische Speisekarte (Lista de comidas)

Tischgerät	Gedeck, Besteck: cubierto	Teller: plato
	Löffel: cuchara	Glas: vaso
	Teelöffel: cucharita	Tasse: taza
	Messer: cuchillo	Serviette: servilleta
	Gabel: tenedor	Korkenzieher: sacacorchos

Praktische Informationen

Aceitunas: Oliven
Ensalada: Salat
Ostras: Austern
Anchoas: Sardellen
Sardinas: Sardinen

Jamón: Schinken
Rábanos: Radieschen
Mantequilla: Butter
Pan: Brot
Panecillo: Brötchen

Vorspeisen
(entremeses)

Sopa de legumbres
(de yerbas, de verduras):
Gemüsesuppe
(con guisantes:
Erbsensuppe;
de lentejas:
Linsensuppe;

con tomates:
Tomatensuppe)
Sopa de fideos: Nudelsuppe
Sopa de arroz: Reissuppe
Sopa pescado: Fischsuppe
Caldo: Fleischbrühe
Gazpacho: kalte Gemüsesuppe

Suppen
(sopas)

Huevo: Ei
(crudo: roh;
fresco: frisch;
duro: hartgekocht;
pasado por agua:
weichgekocht)
Tortilla: Omelette

Huevos revueltos: Rührei
Huevos frites
(huevos al plato):
Spiegeleier
Huevos con tomate:
Eier mit Tomaten
gebraten

Eierspeisen
(platos de
huevos)

Frito: gebacken
Asado: gebraten
Cocido: gekocht

Ahumado: geräuchert
A la Plancha:
auf heißer Eisenplatte gebraten

Fisch (pescado)
und Meeres-
früchte (mariscos)

Anguila: Aal
Arenque: Hering
Atún: Thunfisch
Bacalao: Stockfisch
Besugo: Brasse

Carpa: Karpfen
Esturión: Stör
Gado: Schellfisch
Lenguado: Seezunge
Merluza: Seehecht

In der Markthalle von Lugo

Fische
(Fortsetzung)

Robadallo: Barsch
Salmón: Lachs

Sollo: Hecht
Trucha: Forelle

Almeja: Flußmuschel
Bogavante: Hummer
Calamar: Tintenfisch
Cangrejo: Krebs

Camarón: Garnele
Gamba: Garnele
Langosta: Languste
Ostras: Austern

Fleisch
(carnes)

Asado: Braten
Carne ahumada: Rauchfleisch
Carne estofada:
Schmorbraten
Carne salada: Pökelfleisch

Chuleta: Kotelett
Fiambre: Aufschnitt
Jamón: Schinken
(serrano: geräuchert)
Salchichón: Hartwurst

Buey: Rind, Ochse
Carnero: Hammel
Cerdo: Schwein
Cochinillo, lechón: Spanferkel
Cordero: Lamm

Rosbif: Roastbeef
Tocino: Speck
Ternera: Kalb
Vaca: Rind
Bistec: Beefsteak

Geflügel
(aves)

Faisán: Fasan
Ganso: Gans
Pato: Ente

Perdiz: Rebhuhn
Pichón: Taube
Pollo: Huhn

Wild (caza)

Ciervo: Hirsch
Corzo: Reh

Jabalí: Wildschwein
Liebre: Hase

Gemüse
(verduras)

Alcachofas: Artischocken
Apio: Sellerie
Cebollas: Zwiebeln
Col de Bruselas: Rosenkohl
Coliflor: Blumenkohl
Col lombarda: Rotkohl
Ensalada, lechuga: Salat
Escarola: Endivie
Espárragos: Spargel
Espinacas: Spinat

Garbanzos: Kichererbsen
Guisantes: Erbsen
Judias: Bohnen
Patatas fritas:
Bratkartoffeln
Patatas: Kartoffeln
Pepino: Gurke
Repollo: Weißkohl
Tomates: Tomaten
Zanahorias: Karotten

Gewürze
(condimentos)

Aceite: Öl
Mostaza: Senf
Pimienta: Pfeffer

Sal: Salz
(salado: gesalzen)
Vinagre: Essig

Nachspeisen
(postres)

Barquillos: Waffeln
Bollo:
süßes Brötchen, Krapfen
Compota: Kompott
Dulces: Süßigkeiten
Flan: Pudding
Helado: Eis
(de chocolate: Schokoladen-,

de frambuesa: Himbeer-,
de vainilla: Vanilleeis,
con nata: mit Schlagsahne)
Membrillo: Quittenpaste
Pastel: Kuchen
Queso: Käse
Tarta: Torte
Torrijas: Arme Ritter

Obst
(frutas)

Cerezas: Kirschen
Chumbos: Kaktusfeigen
Dátiles: Datteln
Fresas: Erdbeeren
Higos: Feigen
Limón: Zitrone
Mandarinas: Mandarinen
Manzana: Apfel

Melocotón: Pfirsich
Melones: Melonen
Naranjas: Apfelsinen
Nueces: Nüsse
Pera: Birne
Piña: Ananas
Plátano: Banane
Uvas: Weintrauben

Spezielles

Bocadillo: belegtes Brötchen
Butifarra: katalanische Blutwurst

Chorizo: rote Paprikawurst
Torreznos: geröstete Speckscheiben

Getränke (bebidas)

Das bevorzugte einheimische Getränk ist der Wein. Der Tischwein (vino corriente oder vino de mesa) wird in Spanien gern mit Wasser oder Mineralwasser vermischt. Näheres zum Wein bzw. Weinbau → Wein.

Wein

Ein beliebtes Erfrischungsgetränk ist die 'Sangría', eine Mischung aus Rotwein, Brandy, Mineralwasser, Orangen- und Zitronensaft mit Frucht- und Eiswürfeln.

Sangría

Zunehmend gewinnt in Spanien das Bier (cerveza) an Bedeutung. In Bierrestaurants (cervecerías) erhält man neben den leichteren einheimischen Bieren auch Importbiere.

Bier

Unter den alkoholfreien Getränken sind die verschiedenen Fruchtsäfte zu nennen; viel getrunken wird auch Mineralwasser (con gas = mit Kohlensäure; sin gas = still). Das spanische Trinkwasser wird meist stark gechlort. Besser ist das Quellwasser, welches für wenig Geld in Plastikkanistern (meist 5 l Inhalt) verkauft wird.

Alholfreie Getränke

Der spanische Weinbrand (brandy; manchmal auch etwas unzutreffend als 'coñac' bezeichnet) erfreut sich großer Beliebtheit. Wer das volle Aroma auskosten möchte, bestelle ihn in angewärmtem Glas (vaso caliente). Bisweilen wird in diesem Falle geradezu ein Zeremoniell veranstaltet: Über einem Spiritusbrenner wärmt der Kellner das Glas an, gibt dann einen Schuß Brandy hinein und schwenkt das Gefäß weiter über der Flamme, bis sich die aufsteigenden Alkoholdämpfe entzünden und eine fahlblaue Flamme in das Glas eindringt. Dann wird weiter Brandy nachgegossen, dessen fruchtiger Duft sich alsbald ausbreitet.

Weinbrand

Berühmt sind die galizischen und ibizenkischen Kräuterliköre, der navarrische Pacharán (mit Blaubeeren), der levantinische Absinth, der andalusische Cazalla (Anislikör) sowie die starke Anislikör aus Chinchón (Madrid). Besonders geschätzt wird auch der in verschiedenen nordspanischen Regionen erzeugte Orujo (klarer Schnaps).

Div. Liköre Schnaps

Cafés

Cafés (oft mit Billardräumen) werden vorwiegend von Männern besucht. Beliebtes Getränk ist der 'Café solo' (schwarzer Espresso-Kaffee) oder der 'Café con leche' (Milchkaffee); letzterer wird in der Regel zum Frühstück serviert. Konditoreien (confiterías, pastelerías) findet man in der Regel nur in großen Städten.

Horchaterias

Gute Erfrischungsgetränke bekommt man im Sommer in den Horchaterias, wo 'Horchata', ein Kühltrunk aus Erdmandeln (chufas) oder aus echten Mandeln, Limonade, Eiswasser u.a. verkauft werden.

Agua mineral: Mineralwasser (con gas: mit Kohlensäure; sin gas: still)
Cerveza: Bier (dorada: helles; negra: dunkles)
Café con leche: Milchkaffee
Café helado: Eiskaffee
Café solo: schwarzer Kaffee
Jugo: Saft
Té: Tee
Vino: Wein (→ Wein; blanco: weiß, tinto: rot)
Sidra: Apfelmost

Sprachhilfe Getränke

Fähren

—→ Autofähren

Feiertage (días de fiesta, días feriados)

Gesetzliche Feiertage		
	1. Januar	Año Nuevo (Neujahr)
	6. Januar	Reyes Magos (Dreikönigsfest)
	19. März	San José (Josefstag)
	1. Mai	Día del Trabajo (Tag der Arbeit)
	24. Juni	San Juan (Namenstag des Königs)
	29. Juni	San Pedro y San Pablo (Peter und Paul)
	25. Juli	Santiago (Apostel Jakobus)
	15. August	Asunción (Mariä Himmelfahrt)
	12. Oktober	Día de la Hispanidad (Entdeckung Amerikas)
	1. November	Todos los Santos (Allerheiligen)
	8. Dezember	Inmaculada Concepción (Mariä Empfängnis)
	25. Dezember	Navidad (Weihnachten)

Bewegliche
Feiertage

Viernes Santo (Karfreitag)
Corpus Christi (Fronleichnam)

Festspiele

Allgemeines

Bedeutende, auch über die Grenzen des Landes bekannte Festspielauf-
führungen finden im Laufe des Jahres statt, unter denen insbesondere die
nachfolgend aufgeführten hervorzuheben sind. Informationen erteilen die
unter —→ Auskunft erwähnten Fremdenverkehrsstellen; ferner
Viajes Ecuador
Gran Vía 81
E-48011 Bilbao
Tel. (94) 4 41 61 50

Ende März

Semanas de Música Religiosa –
Wochen der Geistlichen Musik in Cuenca

Juni / Juli

Festival Internacional de Música y Danza –
Internationales Musik- und Tanzfestival von Granada:
Konzert- und Opernaufführungen
Zarzuelas bzw. spanische Operetten
klassisches und modernes Ballett sowie Flamenco

August

Festival Internacional de Santander –
Internationales Festival von Santander:
Musik-, Tanz- und Theateraufführungen

Nationales Klassisches Theaterfestival von Almagro:
Drei Wochen lang im September Aufführung klassischer Theaterstücke
nationaler und internationaler Autoren.

Festspiele
(Fortsetzung)
September

Internationales Filmfestival von San Sebastián

September

Festival Internacional de Música de Barcelona –
Internationales Musikfestival von Barcelona:
Solisten-, Chor- und Orchesterkonzerte
Musikkapellen

Sept. / Okt.

Oktober-Festival von Madrid:
Konzert-, Opern-, Theater- und Ballettaufführungen (klass. und modern)

Mitte Sept. /
bis Anf. Okt.

Internationale Filmwoche von Valladolid

Oktober

Weitere Informationen:
⟶ Veranstaltungen

Fluggesellschaften (líneas aéreas)

Die staatliche Fluggesellschaft Iberia (Iberia Lineas Aéreas de España; Anschriften nachfolgend) befliegt neben dem internationalen (⟶ Anreise) auch das innerspanische Streckennetz.

Iberia

Aviaco (Aviación y Comercio; Adresse in Madrid nachfolgend) führt nur Binnenflüge durch. Das bis vor kurzem in der Bundesrepublik Deutschland bestehende Büro von Aviaco wurde aufgelöst; Flugpläne sind direkt bei der Zentrale in Madrid (Anschrift nachfolgend) anzufordern.

Aviaco

Iberias im Jahre 1988 gegründete Tochtergesellschaft Binter Canarias (Anschrift nachfolgend) nahm im März 1989 den Flugverkehr zwischen den Kanarischen Inseln auf. Buchungen sind auch über Iberia-Niederlassungen möglich.

Binter
Canarias

Im 2. Trimester des Jahres 1990 soll die regionale Fluggesellschaft Binter Mediterránea (ebenfalls eine Tochter von Iberia) in den autonomen Regionen Murcia, Andalusien und Valencia sowie den Balearen operieren (eine Anschrift für den zukünftigen Sitz von Binter Mediterránea existierte zur Zeit des Redaktionsschlusses noch nicht; man wende sich bei Bedarf an eines der nachfolgend erwähnten Iberia-Büros).

Binter
Mediterránea

Geplant sind zwei weitere Regionalfluggesellschaften:
Binter Cantábrica und Binter Centro.

In der Bundesrepublik Deutschland

Westendstr. 12
D-6000 Frankfurt am Main
Tel. (0 69) 71 66-1

Iberia

Weitere Niederlassungen:
Graf-Adolf-Str. 84
D-4000 Düsseldorf 1
Tel. (02 11) 35 35 96

Große Bleichen 8
D-2000 Hamburg 36
Tel. (0 40) 34 08 15

Maschine der Iberia auf dem Flughafen von Madrid

Iberia
(Fortsetzung)

Schwanthaler Str. 16
D-8000 München 2
Tel. (0 89) 55 84 91

Königstr. 31
D-7000 Stuttgart 10
Tel. (07 11) 22 10 28

In Österreich

Iberia

Opernring 11
A-1010 Wien
Tel. (01) 56 61 80

In der Schweiz

Iberia

Talackerstr. 42
CH-8001 Zürich
Tel. (01) 2 21 14 25

In Spanien

Iberia

Hauptsitz:
Iberia Lineas Aéreas de España
Calle de Velázquez 130
E-28006 Madrid
Tel. (91) 5 85 85 85
(Vertretungen an allen Flughäfen Spaniens)

Maudres 51
Edificio Minister
E-28003 Madrid 3
Tel. (91) 2 54 36 00 und 2 34 42 00

Calle Alcalde Ramírez Bethancourt 8
E-35003 Las Palmas de Gran Canaria
Tel. (9 28) 36 48 77

Binter
Canarias

Paseo de Gracia 55, 9. Stock
E-08007 Barcelona
Tel. (93) 2 15 03 00

Deutsche
Lufthansa

Edificio Cúspide, 2a Planta
Paseo de Castellana 18
E-28046 Madrid
Tel. (91) 5 77 37 41

Calle Poeta Tous y Maroto 15
E-07000 Palma de Mallorca / Baleares
Tel. (9 71) 72 28 40–42

Paseo de Gracia 54, 8. Stock
E-08007 Barcelona
Tel. (93) 2 15 21 73

Austrian
Airlines

Calle Serrano Jover 5
(Triángolo Princesa / Corte Inglés
E-28008 Madrid
Tel. (91) 2 47 16 07/8/9/0

Paseo de Gracia 44
E-08007 Barcelona
Tel. (93) 2 15 91 50

Swissair

Edificio España
Gran Vía 84
E-28013 Madrid
Tel. (91) 2 47 92 07

Flughäfen (aeropuertos)

In den kommenden Jahren wird Spanien sowohl die Sicherheitssysteme
auf verschiedenen Flughäfen modernisieren als auch – insbesondere im
Hinblick auf die Olympiade in Barcelona und die Weltausstellung "Expo
92" in Sevilla – die Flughäfen von Barcelona und Sevilla erweitern. Um die
inzwischen alljährlich entstehenden Kapazitätsengpässe auf dem Flughafen Son Sant Joan in Palma de Mallorca künftig einzuschränken bzw. zu
meiden, sind auch dort umfangreiche Veränderungen geplant: Bis zum
Jahre 1992 sollen u.a. ein neues Abfertigungsgebäude, neue Parkplätze
und evtl. ein eigener Busbahnhof entstehen.

Allgemeines

Wichtige spanische Flughäfen

Aeropuerto de Alicante
(9 km außerhalb von Alicante)
E-03071 El Altet
Tel. (96) 5 28 50 11

Alicante

Barcelona   Aeropuerto de Barcelona
               (12 km außerhalb von Barcelona)
               E-08820 Prat de Llobregat
               Tel. (93) 3 17 10 11

Bilbao   Aeropuerto de Bilbao
               (9 km außerhalb von Bilbao)
               E-48016 Sondica
               Tel. (94) 4 53 06 40

Gran Canaria   Aeropuerto de Gran Canaria
               (23 km von Las Palmas de Gran Canaria entfernt)
               E-35230 Gando
               Tel. (9 28) 25 46 40

Ibiza   Aeropuerto de Ibiza
               (8 km außerhalb von Ibiza-Stadt)
               E-07608 San Francisco
               Tel. (9 71) 30 03 00

Madrid   Hinweis:
               Fluggäste, die beabsichtigen, auf dem Madrider Flughafen umzusteigen,
               sollten bereits bei der Buchung berücksichtigen, daß als Übergangszeit für
               innerspanische Anschlüsse mit etwa einer Stunde zu rechnen ist.

               Internationaler Flughafen:
               Aeropuerto de Madrid / Barajas
               (16 km außerhalb von Madrid;
               Zubringerbus von Plaza de Colón)
               E-28071 Madrid
               Tel. (91) 2 05 40 90

Im Abfertigungsgebäude des Flughafens von Madrid

Ein weiterer Flugplatz befindet sich 9 km außerhalb der Stadt:
Aeropuerto de Madrid Cuatro Vientos
E-28080 Madrid
Tel. (91) 2 08 30 44

Flughäfen in
Barcelona
(Fortsetzung)

Aeropuerto de Málaga
(10 km außerhalb)
E-29004 Coin
Tel. (9 52) 32 20 00

Málaga

Aeropuerto de Palma de Mallorca
(8 km außerhalb von Palma de Mallorca)
Son Sant Joan
E-07000 C'an Pastilla
Tel. (9 71) 26 42 12

Mallorca

Aeropuerto de Mahón
(5 km außerhalb von Mahón)
E-07710 San Luis
Tel. (9 71) 36 01 50

Menorca

Aeropuerto de Santiago de Compostela
(10 km außerhalb von Santiago de Compostela)
E-15820 Labacolla
Tel. (9 81) 59 75 54

Santiago
de Compostela

Aeropuerto de Sevilla
(12 km außerhalb der Stadt)
E-41000 Sevilla
Tel. (9 54) 51 06 77

Sevilla

Teneriffa verfügt über zwei Flughäfen.

Teneriffa

Die Mehrzahl der internationalen Flüge wird abgewickelt über den süd-
westlich bei El Médano gelegenen
Aeropuerto del Tenerife Sur
Reina Sofía
Granadilla de Abona
(62 km von Santa Cruz de Tenerife entfernt)
E-38610 Granadilla de Abona
Tel. (9 22) 77 12 00

Im inländischen und vor allem interinsularen Verkehr wird zum über-
wiegenden Teil der nordwestlich von Santa Cruz gelegene, nachfolgend
erwähnte Flughafen angeflogen:
Aeropuerto del Tenerife Norte
Los Rodeos
(13 km nordwestlich von Santa Cruz de Tenerife)
E-38712 La Laguna

Aeropuerto de Valencia
(8 km außerhalb der Stadt) Carretera del Aeropuerto s / n
E-46940 Manises
Tel. (96) 1 54 60 15

Valencia

Flugverkehr

Sowohl durch die einheimische Fluggesellschaft Iberia (Iberia Lineas
Aéreas de España) als auch durch zahlreiche ausländische → Fluggesellschaften ist Spanien an das internationale Liniennetz angeschlossen.

Internationale
Flüge

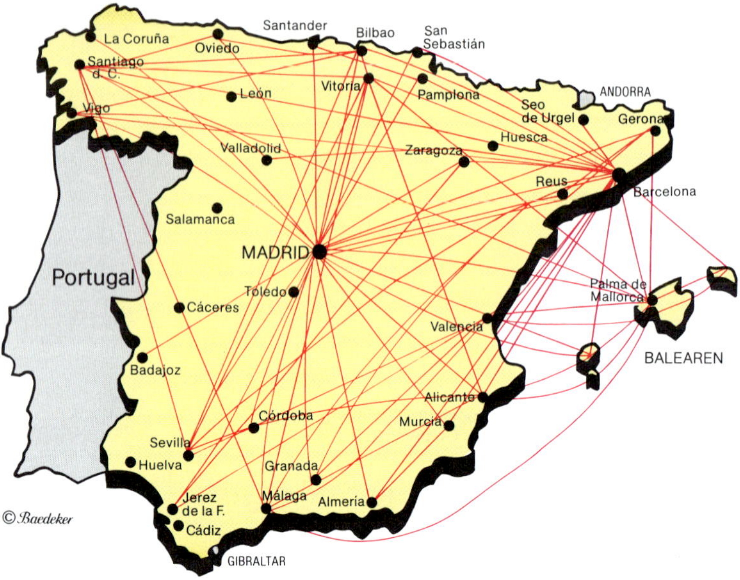

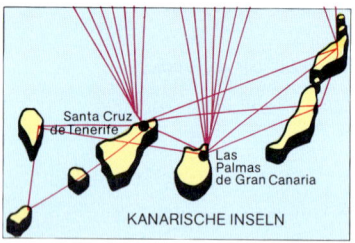

© Baedeker

Flugverkehr

Iberia und Aviaco ———

Charterflüge	Überdies bringt eine Vielzahl ausländischer Chartermaschinen (→ Anreise) Touristen auf das spanische Festland, die Kanarischen Inseln oder die Balearen.
Innerspanische Flugverbindungen	Neben dem internationalen (→ Anreise) befliegt Iberia auch das innerspanische Streckennetz (→ Flughäfen).
Aviaco	Die Fluggesellschaft Aviaco (Aviación y Comercio, Adresse in Madrid → Fluggesellschaften; ferner → Flughäfen) führt nur Binnenflüge durch.
Binter Canarias	Iberias im Jahre 1988 gegründete Tochtergesellschaft Binter Canarias (Anschrift → Fluggesellschaften) nahm im März 1989 den Flugverkehr zwischen den Kanarischen Inseln auf.
Binter Mediterránea	Im 2. Trimester des Jahres 1990 soll die regionale Fluggesellschaft Binter Mediterránea (ebenfalls eine Tochter von Iberia) in den autonomen Regionen Murcia, Andalusien und Valencia sowie den Balearen den Flugbetrieb aufnehmen.

Ferner geplant sind derzeit die nachfolgend erwähnten Regionalfluggesellschaften:
Binter Cantábrica und Binter Centro.

Flugverkehr
(Fortsetzung)

Annähernde Flugzeiten von Madrid in andere spanische Städte

nach Barcelona:	55 Min.
nach Bilbao:	50 Min.
auf die Kanaren:	2 1/2 Std.
nach Palma de Mallorca:	1 Std.
nach Sevilla:	50 Min.
nach Valencia:	30 Min.

Formalitäten

⟶ Geld
⟶ Reisedokumente
⟶ Straßenverkehr
⟶ Zollbestimmungen

Fotografieren und Filmen

Viele der bekannten Markenfilme sind in Spanien erhältlich; da sie in der
Regel jedoch teurer als in der Bundesrepublik Deutschland sind, sollte
man sich vor Antritt der Reise mit ausreichendem Vorrat (erlaubt ist die Mitnahme von bis zu 10 Filmen für je zwei Fotoapparate bzw. eine Film-
kamera) versorgen.

Filmmaterial
für Fotografen

Fotografen sollten – insbesondere während der Mittagszeit im Süden des
Landes – die extrem hellen Lichtverhältnisse bei Blendeneinstellung und
Belichtungszeit berücksichtigen.

Licht-
verhältnisse

Gastronomie

⟶ Essen und Trinken
⟶ Restaurants

Geld

Währungseinheit ist die spanische Peseta (Pta) zu je 100 Céntimos (nicht
mehr gebräuchlich).
Es gibt Banknoten zu 100, 200, 500, 1 000, 2 000, 5 000 und 10 000 Ptas
sowie Münzen zu 1, 2, 5, 10, 25, 50, 100, 200 und 500 Ptas.

Währung

100 Ptas =	1,63 DM	97,50 DM =	6 000,00 Ptas
100 Ptas =	11,35 öS	100,00 öS =	938,00 Ptas
100 Ptas =	1,41 sfr	100,00 sfr =	7 079,64 Ptas

Wechselkurse
(schwankend)

Die Einfuhr in- und ausländischer Zahlungsmittel (Bargeld und Schecks)
unterliegt keinen Beschränkungen, doch empfiehlt es sich, größere
Beträge in Fremdwährung ab dem Gegenwert von 500 000 Ptas zu de-
klarieren.

Einfuhr von
Landeswährung
und Devisen

Ausfuhr von Landeswährung und Devisen	Die Höchstmenge für die Ausfuhr von Landeswährung beträgt 100 000 Ptas. Die Ausfuhr von Fremdwährungen ist zulässig bis zum Gegenwert von 500 000 Ptas bzw. bis zur Höhe des bei der Einreise beim Zoll deklarierten Betrages.
Banken Geldwechsel	Außer zu den regulären Schalterstunden der Banken (Mo.–Fr. 9.00–14.00 und Sa. 9.00–12.30 Uhr) ist Geldwechsel u.a. in Wechselstuben, in den Büros der Reiseagenturen und an Rezeptionen großer Hotels möglich. Es wird überall zum offiziellen Kurs getauscht, doch werden z.T. erheblich voneinander abweichende Wechselgebühren erhoben.
eurocheques (ec)	Die Mitnahme von eurocheques (auch eurocheques für Postgirokunden erhältlich), Travellerschecks oder anderer Reiseschecks ist empfehlenswert.
	Eurocheques können bis zu einem Betrag von 30 000 Pesetas ausgestellt werden.
	Es kann u.U. vorkommen, daß einige Banken zögern, eurocheques anzunehmen; eine Bank, die in Madrid zuverlässig eurocheques einlöst ist die Banco Extranjero de España Carretera de San Jerónimo 36 (Metro: "Sol") Landesweit ist theoretisch auch jede Filiale von "Caja de Madrid" verpflichtet, eurocheques anzunehmen und einzulösen.
Geldautomaten	An den mehr als 4 500 in Spanien aufgestellten, an das europäische eurocheque-Geldautomatennetz angeschlossenen Geldautomaten kann der Tourist mit Hilfe seiner eurocheque-Karte (nach Eingabe der persönlichen Geheimzahl) rund um die Uhr abheben. An über 1 400 Geldausgabe-Automaten der spanischen Firma Sistema 4B können Inhaber von American-Express-Karten sich rund um die Uhr mit Bargeld versorgen.
	Ferner besteht für American-Express-Mitglieder, die am sog. Express Cash Service (Bargeldversorgung an Automaten) teilnehmen, die Möglichkeit, sich an über 150 American-Express-eigenen-Automaten außer Bargeld auch American-Express-Reiseschecks zu beschaffen.
Verlust- meldungen	Bei Verlust von eurocheques und/oder Scheckkarten alarmiere man zur sofortigen Sperrung unverzüglich den rund um die Uhr erreichbaren Zentralen Annahmedienst für Verlustmeldungen von eurocheque-Karten in Frankfurt am Main; Telefon aus Spanien: (07 49 69) 74 09 87.
Kreditkarten	Banken, eine Vielzahl von Hotels, Restaurants, größere Geschäfte u.a. akzeptieren die meisten internationalen Kreditkarten (American Express, Diner's Club, Eurocard, Visa u.a.).
Postsparkasse	Besitzer eines Postsparbuches (Ausweiskarte nicht vergessen!) können in Spanien sowohl auf dem Festland als auch auf den Balearen und den Kanarischen Inseln bei jedem Postamt (nicht jedoch bei Postagenturen in kleineren Orten) Peseten im Gegenwert bis zu 2 000 DM (immer in runden Hunderter-Beträgen: Gegenwert von 100, 200, 300 DM u.s.w.) abheben. Auch beim spanischen Postamt in Andorra wird Bargeld vom Postsparbuch ausgezahlt. Bei der Auszahlung müssen auf Verlangen Personalausweis oder Reisepaß vorgelegt werden.
	"Ich möchte Geld abheben" = "Quisiera retirar dinero"
	Weitere Informationen: → Post, Telefon

Spanisches Geld

Geschäftszeiten (horas de apertura)

In Spanien gibt es keine gesetzlichen Ladenschlußzeiten. Nur in Katalo-   Hinweis
nien ist der Abendverkauf auf 21.00 Uhr begrenzt.

→ dort   Apotheken

→ Geld   Banken

Im allgemeinen schließen die Geschäfte allwöchentlich einen ganzen und   Einzelhandel
einen halben Tag, und zwar in der Regel am Samstagnachmittag und am
Sonntag (viele werden, wie z.B. in Madrid, nur sonntags geschlossen).
Ansonsten ist geöffnet
von 9.00 / 9.30 bis 13.30 Uhr und
von 16.30 oder 17.00 bis 20.00 oder 20.30 Uhr,
im Sommer in Fremdenverkehrszonen oft bis 22.00 oder 23.00 Uhr (v. a.
Lebensmittel- und Tabakgeschäfte). Ausnahme: Katalonien (s. Hinweis,
zuvor).

→ dort   Feiertage

→ Restaurants   Gaststätten

Die Öffnungszeiten der Museen, Schlösser und Kirchen sind sehr unter-   Kirchen
schiedlich und oft wechselnd. Während der langen Mittagspausen muß   Museen
mit geschlossenen Häusern (etwa zwischen 13.00 und 16.00 Uhr) gerech-   Schlösser
net werden.

→ Post, Telegramm, Telefon   Postämter

Geschäftszeiten Restaurants	s. dort
Tavernen	Tavernen sollen um 24 Uhr schließen.
Wechselstuben	⟶ Geld

Golf

Allgemeines	Zahlreiche Golfplätze sind über das ganze Land verteilt, finden sich aber insbesondere konzentriert an der Mittelmeerküste, auf den Inseln und in der Umgebung von Madrid.
	Nahezu alle spanischen Golfplätze sind dem Königlichen Golf-Verband (Anschrift nachfolgend) angeschlossen.
Verbandslizenz	Wer Golf spielen möchte, muß im Besitz einer Verbandslizenz sein.
Auskunft	Informationen erteilen die unter ⟶ Auskunft erwähnten Fremdenverkehrsstellen; ferner

Real Federación Española de Golf
Calle Capitán Haya, 9-5°
E-28020 Madrid
Tel. (91) 4 55 26 82 und 4 55 27 57

Literatur	Der "guía de golf – españa" (Golfführer in spanischer Sprache) ist gegen Gebühr beim Secretaria General de Turismo in Madrid (vollständige Anschrift ⟶ Auskunft) erhältlich.

1 Club de Golf de La Coruña (18)
  E-15080 La Coruña

2 Real Aero Club de Santiago (9)
  General Pardiñas 34,
  E-15701 Santiago de Compostela

3 Golf La Toja (9)
  E-36991-Isla de La Toja

4 Aero Club de Vigo (9)
  Reconquista 7, E-36201 Vigo

5 Club Deportivo La Barganiza (18)
  Apartado 277, E-33080 Oviedo

6 Club de Golf de Castiello (18)
  Apartado 161, E-33080 Gijón

7 Club de Golf Severiano Ballesteros (9)
  Apartado 760, E-390890 Santander

8 Real Golf de Pedreña (18)
  Apartado 233, E-39080 Santander

9 Real Sociedad de Golf de Neguri (18)
  Apartado 9, E-48980 Algorta

10 Club de Campo La Bilbaína (18)
   E-148100-Laucariz-Munguía

11 Real Golf de Zarauz (9)
   Apartado 82, E-20080 Zarauz

12 Real Golf Club de San Sebastián (18)
   Apartado 6,
   E-20080 Fuenterrabía

13 Club de Golf de Ulzama (9)
   E-31799 Guerendiain

14 Real Club de Golf de Cerdaña (18)
   Apartado 63, E-17680 Puigcerdà

15 Club de Golf de Pals (18)
   Playa de Pals, E-17256 Pals

16 Club de Golf Costa Brava (18)
   La Masía,
   E-17246 Santa Cristina d'Aro

17 Club Golf Llavaneras (9)
   E-08392 San Andrés de Llavanares

18 Club de Golf Vallromanas (18)
   Apartado 43,
   E-08080 Montornés del Valles

19 Club de Golf de San Cugat (18)
   E-08302 Sant Cugat del Valles

20 Real Club de Golf El Prat (27)
   Apartado 10,
   E-08080 El Prat

21 Club de Golf Terramar (18)
   Apartado 6, E-08080 Sitges

22 Club de Golf Costa Dorada (9)
   Apartado 600,
   E-43080 Tarragona

23 Real Aero Club de Zaragoza (9)
   Sección de Golf Coso 34,
   E-500004 Zaragoza

24 Club de Golf la Peñaza (18)
Apartado 3039, E-50080 Zaragoza

25 Club de Golf Son Parc (9)
Plaza Bastio 11,
E-07703 Mahón (Menorca)

26 Real Club de Golf de Menorca (9)
Apartado 97, E-07780 Mahón (Menorca)

27 Club de Golf Son Servera (9)
Urbanización Costa de los Pinos
E-07550 Son Severa (Mallorca)

28 Son Vida Club de Golf (18)
Urbanización Son Vida,
E-07013 Palma de Mallorca

29 Club de Golf de Poniente (18)
E-07182 Magalluf-Calvia (Mallorca)

30 Club de Golf de Roca Llisa (9)
Apartado 200, E-07080 Ibiza

31 Club de Campo del Mediterráneo (18)
Urbanización La Coma,
E-12190 Borriol

32 Club de Golf Costa de Azahar (9)
E-12100 Grao de Castellón

33 Club de Golf Escorpion (18)
Apartado 1, E-46180 Bétera

34 Campo de Golf El Saler (18)
Parador Nacional, El Saler

35 Club Valdelaguila
Apartado 9, E-28080 Alcalá de Henares

36 Golf La Moraleja (18)
Marquesa Viuda de Aldama 50,
E-28409 La Moraleja

37 Real Automóvil Club de España (9 u. 18)
José Abascal 10, E-28003 Madrid
(San Sebastián de los Reyes)

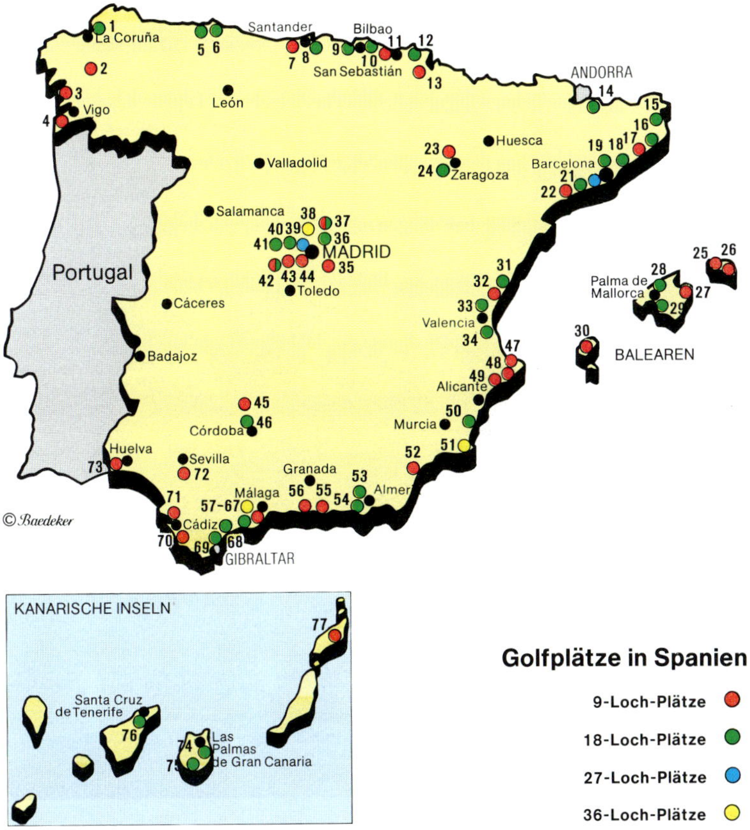

Golfplätze
(Fortsetzung)

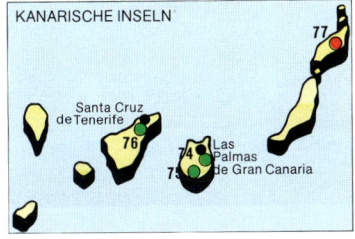

Golfplätze in Spanien

9-Loch-Plätze ●

18-Loch-Plätze ●

27-Loch-Plätze ●

36-Loch-Plätze ●

Golfplätze
(Fortsetzung)

38 Real Club Puerta de Hierro (36)
   E-28035 Madrid

39 Club de Campo Villa de Madrid (27)
   Ctra. Castilla km 2, E-28040 Madrid

40 Nuevo Club de Golf de Madrid (18)
   N-VI, E-28290 Las Matas

41 Herrería Club de Golf (18)
   E-28200 San Lorenzo de El Escorial

42 Real Club de Golf Lomas-Bosque
   (9 u. 18)
   Urbanización El Bosque Apartado 51,
   E-28080 Villaviciosa de Odón

43 Las Encinas de Boadilla (9)
   E-28660 Boadilla del Monte

44 Centro Deportivo Barberan (9)
   E-28043 Cuatro Vientos

45 Club de Golf Pozoblanco (9)
   San Gregorio 2, E-14400 Pozoblanco

46 Club de Golf Los Villares (18)
   Ronda de los Tejares,
   E-14080 Córdoba

47 Club de Golf Javea (9)
   Ctra. Javea – Benitachell km 4.5,
   E-03730 Javea

48 Club de Golf Ifach (9), Ctra.
   Moraira – Calpe km 3, E-03720 Benisa

49 Club de Golf Don Cayo (9)
   Conde de Altea 49,
   E-03590 Altea

50 Campo de Golf Villamartín (18)
   Apartado 35, E-03080 Torrevieja

51 La Manga Campo Club de Golf (36)
   La Manga Club,
   E-30385 Los Belones

52 Cortijo Grande Club de Golf (9)
   Cortijo Grande, E-04639 Turre

53 Golf Playa Serena (18)
   Urbanización Playa Serena,
   E-04740 Roquetas de Mar

54 Golf Almerimar (18)
   Golf Hotel Almerimar, E-04700 Ejido

55 Golf Playa Granada (9)
   Urbanización Playa de Granada,
   E-18006 Motril

56 Club de Golf Nerja (9)
   Apartado 154, E-29080 Nerja

57 Club El Candado (9)
   E-29018 El Palo

58 Club de Campo de Málaga (18)
   Apartado 324, E-29080 Málaga

59 Golf Torrequebrada (18)
   Apartado 67, E-29680 Benalmádena

Golfplatz Los Altos in Marbella

60 Golf Río Real (18)
    Apartado 82, E-29080 Marbella

61 Club Golf de Mijas (18)
    Apartado 138, E-29080 Fuengirola

62 Aloha Golf (18)
    Nueva Andalucía,
    E-29600 Marbella

63 Club de Golf Las Brisas (18)
    Nueva Andalucía,
    E-29660 Marbella

64 Nueva Andalucía / Los Naranjos (18)
    Apartado 2,
    E-29080 Nueva Marbella

65 Golf Guadalmina (36)
    Guadalmina Alta,
    E-29670 San Pedro de Alcántara

66 Atalaya Park (18)
    E-29680 Estepona

67 Golf El Paraíso (18)
    Crta. Cádiz – Málaga km 167
    E-29080 Estepona

68 Club de Golf Sotogrande (18)
    Apartado 14, E-11080 Sotogrande

69 Club de Golf Valderrama (18)
    Apartado 1, E-11080 Sotogrande

70 Golf San Andrés (9)
    E-11130 Chiclana

71 Vista Hermosa Club de Golf (9)
    Apartado 77,
    E-11500 Puerto de Sta. María

72 Club Pineda de Sevilla (9)
    Apartado 796, E-41080 Sevilla

73 Club de Golf Bellavista (9)
    E-21110 Aljaraque

74 Club de Golf Las Palmas (18)
    Apartado 183,
    E-35080 Las Palmas de Gran Canaria

75 Campo de Golf Maspalomas (18)
    Av. de Africa, E-35100 Playa del Inglés
    (Gran Canaria)

76 Club de Golf de Tenerife (18)
    Apartado 125, E-38080 La Laguna
    (Teneriffa)

77 Club de Golf Costa Deguise (9)
    Apartado 170,
    E-35080 Arrecife de Lanzarote

Golfplätze
(Fortsetzung)

Grenzübergänge

Das ganze Jahr über – Tag und Nacht – geöffnet sind die Grenzübergangs-
stellen von Irún, Biriatou, Seo de Urgel und La Jonquera.

Von Frankreich
nach Spanien

Folgende Zollstationen sind von Mai / Juni bis September etwa von 7.00
bis 24.00 bzw. 8.00 bis 22.00 Uhr, im Winter von 9.00 bis 21.00 Uhr offen:

Cerbère – Port-Bou (15.6.–30.9.: rund um die Uhr geöffnet)
Prats-de-Mollo Col d'Ares – Camprodón (1.6.–30.9.: 7.00–20.00, im Win-
ter: 8.00–20.00 Uhr offen)
Bourg-Madame – Puigcerdá
Melles-Pont-du-Roi – Lés (1.5.–30.9.: rund um die Uhr geöffnet)
Luchon – Bosost
Urdos – Canfranc (16.6.–30.9.: rund um die Uhr offen)
Arnéguy – Valcarlos
St-Étienne-de-Baïgorry – Errazu
Aïnhoa – Dancharinea
Sare – Echalar
Sare – Vera de Bidasao
Herboure – Vera de Bidasao
Behobie – Behobia

Währenddessen haben die nachfolgend erwähnten Zollstationen zwar im
Sommer etwa von 9.00 bis 19.00 Uhr geöffnet, sind im Winter jedoch
geschlossen:

Aragnouet – Bielsa
Les Eaux-Chaudes – Sallent-de-Gállego
Arette – Isaba
Larrau – Ochagavia
Urepel – Eugui

| Grenzübergänge von Spanien nach Portugal | Immer geöffnet sind die folgenden Grenzübergänge:
Badajoz – Caia
Formoso – Vilar und
Tuy – Valença do Minho |

| Von Spanien nach Gibraltar | Der Grenzkontrollpunkt La Línea de la Concepción – Gibraltar ist ebenfalls Tag und Nacht durchgehend geöffnet. |

| Hinweis | Wer von Algeciras nach Tanger in Nordafrika fahren möchte, beachte die dortigen Einreisebestimmungen und führe seinen Reisepaß mit sich. |

Höhlen

| Allgemeines | In Spanien gibt es etwa 10 000 bekannte Höhlen. Sie konzentrieren sich in den Gebieten mit Karstgestein im Norden, Nordosten, Osten und Süden des Landes. Eine methodische Erforschung und Erschließung steht in vielen Regionen noch aus. |

| Auswahl | Im vorliegenden Band wird nur eine sehr begrenzte Auswahl der Höhlen vorgestellt, die vom Touristen ohne größere Schwierigkeiten besucht werden können und entweder vom vorgeschichtlichen (Wandmalereien) oder vom mineralogischen (Tropfsteinhöhlen) Standpunkt aus besonderes Interesse beanspruchen. |

| Ausrüstung | Da sich die Lufttemperaturen in den Höhlen auch im Hochsommer extrem von den Außentemperaturen unterscheiden, ist wärmende bzw. Regenbekleidung, vor allem festes Schuhwerk angebracht.
Wer unbeleuchtete Höhlen besuchen möchte, sollte eine leistungsstarke (Taschen-)Lampe mit sich führen und gegebenenfalls ein Orientierungsband auslegen, um aus einem Gangsystem wieder herauszufinden. Unter keinen Umständen Fackeln benutzen! |

Schauhöhlen

| 1 Cueva de Santimamiñe (Cueva de Basondo) | Lage:
Provinz Vizcaya; im Mont Ereñusarre, 4,5 km nordöstlich von Guernica. Besonderheit:
Schöne farbige Tropfsteine. Steinzeitliche Malereien und Ritzzeichnungen in zwei kleinen, schwer zugänglichen Hallen 150 m vom Eingang. Führung. |

| 2 Cueva de Covalanas | Lage:
Provinz Cantabria; 36 km südöstlich von Santander bei Ramales. Besonderheit:
Zwei Gänge, im rechten (70 m lang) rote Wandmalereien (Hirsche. Bisons). |

| 3 Cueva del Castillo | Lage:
Provinz Cantabria; 22 km südwestlich von Santander im Pico del Castillo, bei Puerto Viesgo. Besonderheit:
Mehrere Gänge (Gesamtlänge 300 m); paläontologische Funde (im Museo Prehistórico von Santander), 750 figürliche Darstellungen. |

| 4 Cueva de la Pasiega | Lage:
Provinz Cantabria; südwestlich von Santander, im Pico del Castillo (Führer bei der Cueva del Castillo, s. Nr. 3). Besonderheit:
Ein Labyrinth von Gängen mit guterhaltenen, einfarbigen paläolithischen Malereien. |

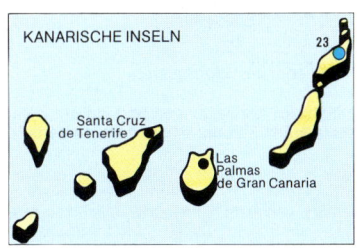

Schauhöhlen in Spanien

Höhlen mit prähistorischen Malereien 🔴

Höhlen (fast alle mit Sinterbildung) 🔵

Lage:
Provinz Cantabria; 2 km südwestlich von Santillana del Mar.
Besonderheit:
Einfacher, waagerechter Gang (Gesamtlänge 270 m); große bemalte
Decke in einer Halle nahe beim Eingang mit den berühmten, mehrfarbigen
Tierdarstellungen (Bisons, Hirsche, Pferde, Wildschweine).
(→ Reiseziele von A bis Z, Altamira)

5 Cueva de Altamira

Lage:
Provinz Asturias; 59 km südwestlich von Santander, bei Pimiango.
Besonderheit:
360 m langer, breiter Gang mit zahlreichen Tierdarstellungen in der Steilküste (Führer beim Leuchtturm San Emerito).

6 Cueva del Pindal

Lage:
Provinz Asturias am Ortsrand von Ribadesella
Besonderheit: Aufeinanderfolge mehrerer Hallen mit großartigen Tropf-
steinformierungen; mehrfarbige Wandmalereien, darunter Handabdrücke.

7 Cueva de Tito Bustillo

753

8 Cueva de Cándamo (Cueva de San Román)

Lage:
Provinz Asturias; 20 km nordwestlich von Oviedo in San Román.
Besonderheit:
Folge von Hallen bis zu einem großen Dom; ca. 60 Tierdarstellungen (Gravuren und Malereien). Außerdem bemerkenswerte Sinterbildungen.

9 Cueva de Nerja

Lage:
Provinz Málaga; 51 km östlich von Málaga bei Nerja.
Besonderheit:
Aufeinanderfolgende Hallen beachtlichen Ausmaßes. Unterer Gang (gut erschlossen) ca. 800 m, oberer Gang ca. 2 000 m lang. Zahlreiche, z.T. gewaltige Sinterbildungen (tropfsteingeschmückte Säule von 60 m Höhe und 18 m Durchmesser). Paläolithische Wandmalereien besonders im oberen Gang (Hirsche, Pferde, Ziegen, Delphine), bedeutende Ausgrabungen (Schädelfragmente).
Musik und farbige Beleuchtung; häufig finden Veranstaltungen (Konzerte, Ballett) statt.

10 Cueva de la Pileta

Lage:
Provinz Málaga; 11 km südwestlich von Ronda bei Benaojan.
Besonderheit:
Großer Hauptgang mit mehreren Hallen und Verzweigungen; weiße, glatte Stalaktiten, Wasserbecken. Gesamtlänge 1 500 m. Paläolithische Strichzeichnungen (älter als in Altamira, vgl. Nr. 5; Pferde, Bisons, Hirsche, Steinböcke, Nashorn, Fische).

11 Cueva Vieja

Lage:
Provinz Huesca; 12 km nördlich von Jaca, bei Villanua (Führer).
Besonderheit:
Große Tropfsteingebilde.

12 Cuevas de Valporquero

Lage:
Provinz León; 35 km nördlich von León, bei Valporquero.
Besonderheit:
Großer Gang (1,8 m Länge) mit vielen Verzweigungen und Hallen. Zahlreiche Sinterbildungen in verschiedenen Farben; Wasserfälle, Sinterbekken und Seen.

13 Cueva del Águila

Lage:
Provinz Ávila; ca. 60 km südwestlich von Ávila, 6 km südwestlich von Arenas de San Pedro.
Besonderheit:
Reich an Sinterbildungen aller Art; nur eine große Halle (18 900 m²) erschlossen.

14 Gruta de San José

Lage:
Provinz Castellón; 26 km südwestlich von Castellón de la Plana, bei Val de Uxo.
Besonderheit:
Langer Gang (ca. 800 m), der z. T. von einem unterirdischen Fluß durchzogen wird (Boote). Zahlreiche schöne Sinterbildungen: Sinterfahnen, Stalaktiten, Sinterdecken.
Mehrfarbige Beleuchtung, Musik.

15 Cueva de Canalobre

Lage:
Provinz Alicante; 10 km ostsüdöstlich von Jijona, 3 km nördlich von Busot, in 700 m Höhe am Nordhang der Sierra de Cabeza de Oro.
Besonderheit:
Große, abfallende Halle von 150 m Länge mit einer Fülle von Tropfsteinbildungen.
Bunte Lampen, Musik, Bühne für Folklore und Konzerte; vom Eingang schöner Blick zur Küste.

Lage:
Provinz Huelva; 75 km nordwestlich von Sevilla in Aracena, Eingang in einem Haus.
Besonderheit:
Gangsystem mit Hallen (bis 70 m hoch), Seen, vielfältige mehrfarbige Sinterbildungen, Kristalle.
Beleuchtung, Musik, Führung (1 200 m; 1 St.).

16 Gruta de las Mara-villas

Lage:
Provinz Balearen; auf Menorca, 4 km südlich von Ciudadela bei Cala Blanca.
Besonderheit:
Gesamtlänge 215 m, mit einem großen Brackwassersee (80 m lang), in dem sich die kräftig gefärbten Tropfsteine spiegeln.

17 Cueva de S'Aigu (Cova de S'Aygo)

Lage:
Provinz Balearen; auf Mallorca, 4,5 km westlich von Palma in Génova (Eingang bei einem Haus).
Besonderheit:
Eine Folge von Hallen mit sehr vielfältigen und zahlreichen feinen, gefärbten Sinterbildungen.
Führung.

18 Cueva de Génova

Lage:
Provinz Balearen; auf Mallorca. 37 km nordöstlich von Palma bei Campanet.
Besonderheit:
Große Höhle mit vielfältigen, insbesondere feinen nadelförmigen Sinterbildungen.
Führung (1 300 m), Musik.

19 Cueva de Campanet

Lage:
Provinz Balearen; auf Mallorca, ca. 70 km östlich von Palma, 9,5 km ost-südöstlich von Artá beim Cabo Vermell, Eingang am Meer.
Besonderheit:
Riesige Hallen mit eindrucksvollen Stalagmiten (bis 22 m hoch). Gesamtlänge 450 m.
Führung (1 km; 1 St.).

20 Cueva de Artá

Lage:
Provinz Balearen; auf Mallorca, ca. 60 km östlich von Palma bei Porto Cristo. Eingang an der Küste.
Besonderheit:
Eine Folge von vier großen Hallen mit mehreren Seen (einer 177 m lang und 12 m tief). Sehr zahlreiche, bunte Sinterbildungen. Gesamtlänge ca. 2 km.
Bunte Beleuchtung, Bootsfahrten; klassische Konzerte, bei denen sich das Orchester auf beleuchteten Barken befindet.
Rund zweistündige Besichtigung mit Führer (1 km).

21 Cuevas del Drach

Lage:
Provinz Balearen; auf Mallorca bei Porto Cristo, ca. 2 km nordwestlich der Cuevas del Drach (vgl. Nr. 20).
Besonderheit:
Schöne, von einem ehem. unterirdischen Fluß gebildete Hallen, mehrere Seen. Vielfältige Sinterbildungen, besonders weiße, feine Stalaktiten in Hakenform ('harms' Angelhaken, Harpunen).
Teile der Höhle für Aufführungen eingerichtet; Besichtigung mit Führer wird angeboten.

22 Cuevas dels Hams

Lage:
Provinz Las Palmas de Gran Canaria; an der Nordküste von Lanzarote, 28 km nordöstlich von Arrecife, am Fuß des Vulkans Corona.

23 Cueva de los Verdes

Höhlen, Cueva de los Verdes (Fortsetzung)	Besonderheit: Mehrere Etagen von langen Gängen in vulkanischem Gestein (daher keine Tropfsteinbildung), unterirdische Seen. Gesamtlänge 6 km. Eine große Halle beim Eingang wurde für Aufführungen ausgebaut; Besichtigung mit Führer.
24 St.Michael's Cave	Lage: Gibraltar; an der Westflanke des Felsens in 300 m Höhe. Besonderheit: Eine Folge von mehreren Hallen, die bis 76 m Tiefe hinabführen. Zahlreiche Sinterbildungen in vielfältigen Formen und Farben, kleine Wasserbecken. Beleuchtung in wechselnden Farben, Musik, Aufführungen.

Hotels

Hoteles Hostales Pensiones	Die Hotels sind in Spanien behördlich nach ihren Aufgaben und Eigenschaften in Kategorien klassifiziert: Hoteles (Einzahl Hotel; Unterbringung mit und ohne Mahlzeiten, hauseigenes Restaurant); Hoteles-Apartamentos (wie Hoteles, jedoch nur mit Apartments oder Bungalows); Hostales (Einzahl Hostal; Gasthöfe, mit und ohne Mahlzeiten; einfacher); Pensiones (Einzahl Pensión; begrenzte Zimmerzahl; nur Vollpension).
	Hotels, Apartment-Hotels und Gasthöfe können auch als Residencias (garni; Unterkunft mit Frühstück) geführt werden.
Motels	An den Landstraßen bieten Moteles (Einzahl Motel) Unterkunft von zeitlich besgrenzter Dauer.
Fondas	Am einfachsten sind die sog. Fondas bzw. Casas de Huéspedes.
Kategorien	Gemäß der amtlichen Klassifikation sind die Hotels in fünf Preisgruppen eingeteilt: Die Skala reicht vom Luxushotel mit fünf Sternen (*****; de cinco estrellas) bis zum einfachen Hotel mit 1 Stern (*; de una estrella). Die Bewertung von Gasthöfen (Hostales) und Pensionen reicht nur von drei Sternen (höchste Stufe) bis zu einem Stern.

Die in der nachstehenden Tabelle aufgeführten Preise (in Pesetas) entsprechen etwa den Angaben des offiziellen spanischen Hotelführers "Guía de Hoteles" (1988).
Aufgeführt ist der Preis für eine Übernachtung von zwei Personen; der Preis für ein Einzelzimmer schwankt zwischen 60 und 80 % des Preises für ein Doppelzimmer.

Hotels:

offiziell	in diesem Buch	Preise
*****	L(uxus)	10000–35000 Ptas
****	I	4000–20000 Ptas
***	II	3000–10000 Ptas
**	III	2200– 7500 Ptas
*	IV	1500– 5000 Ptas

Luxushotels sind in der nachstehenden Liste zusätzlich mit einem roten Stern gekennzeichnet.

Hostales
Pensionen

offiziell	in diesem Buch	
***	P I	3000–6000
**	P II	2000–3500
*	P III	1500–3000

Die Preise richten sich nicht nur nach der Kategorie, sondern auch nach Lage und Bedeutung des Ortes. Am teuersten sind die Hotels in großen Städten, Seebädern und Kurorten. Die in der nachstehenden Tabelle aufgeführten Kategorien und die sich daraus ergebenden Preise entsprechen etwa den amtlichen Angaben des spanischen Hotelverzeichnisses 'Guía de Hoteles' (Erhöhungen wahrscheinlich). **Preise**

Die Häuser der oberen Kategorie verfügen meist über den gewohnten internationalen Komfort. Die Häuser mit einem Stern, z.T. auch solche mit zwei Sternen sind einfacher als etwa die Gasthöfe in der Bundesrepublik Deutschland. Einbettzimmer sind rar, besonders in einfachen Häusern. Mehr als anderswo wird erwartet, daß der Gast die Mahlzeiten nach Möglichkeit im Hotel einnimmt. In den Übernachtungspreis darf der Preis für das Frühstück einbezogen werden, auch wenn der Gast auf dieses verzichtet. **Komfort**

In der Hauptsaison ist rechtzeitige Zimmerbuchung angeraten, vor allem für die bevorzugten Touristengebiete an den Mittelmeer- und Atlantikküsten sowie für die größeren Städte. **Zimmer-vorbestellung**

⟶ dort **Paradores**

Für Gruppenreisende gelten in vielen Unterkunftsstätten ermäßigte Preise. **Ermäßigungen für Gruppen**

Zahlreiche Hotels bieten außerhalb der Hauptsaison günstige Pauschalarrangements; in den Seebädern sind die meisten Hotels jedoch nur während der Sommersaison geöffnet. **Vor- und Nachsaisonpreise**

Z. = Zimmerzahl
Sb. = Schwimmbad **Abkürzungen**

Valentín, Avda. del Generalísimo 21, II, 50 Z.; Pórtico de Castilla, Alférez Provisional Sña, P II, 25 Z.; Comercio, Plaza de España 14, P III, 10 Z. **Hotels in Aguilar de Campóo**

Los Llanos (garni), Avda. España 9, I, 102 Z.; Gran Hotel (garni), Marqués de Molíns 1, 69 Z.; Albar (garni), Isaac Peral 3, 51 Z. **Albacete**

Benedictino, Benitas 6, III, 40 Z.; Hostal Alameda, Avda. Juan Pablo II, P II, 10 Z. **Alba de Tormes**

El Bedel (garni), San Diego 6, II, 51 Z.; Bari, Carretera N-II, km 31, P II, 48 Z.; El Torero (garni), Puerta de Madrid 18, P II, 18 Z. **Alcalá de Henares**

Cruz de Alcántara, General Franco 23, P III, 6 Z. **Alcántara**

Guadalope, Plaza de España 8, IV, 15 Z.; Senante, Carretera N-232, IV, 29 Z.; Meseguer (garni), Avda. Maestrazgo 9, P II, 30 Z. **Alcañiz**

Reconquista, Puente San Jorge 1, II, 77 Z.; San Jorge, San Juan de Ribera 11, IV, 86 Z.; Savoy, Casablanca 5, P III, 44 Z. **Alcoy**

Reina Cristina, in eigenem Park, südlich außerhalb der Stadt, auf einer Anhöhe über dem Meer, I, 135 Z., Sb., Tennis; Octavio (garni), San Bernardo 1, I, 80 Z.; Al-Mar, Avda. de la Marina 2, II, 192 Z.; Alarde (garni), Alfonso XI 4, II, 68 Z.; Las Yucas (garni), Agustín Balsamo 2, II, 33 Z.; Anglo Hispano, Avda. Villanueva 7, III, 30 Z.; Marina Victoria, Avda. Cañonero Dato 7, III, 49 Z.; Térmoni, Avda. Villanueva 6, III, 45 Z. **Algeciras**

✱Sidi San Juan Palace-Sol, Pda. Cabo la Huerta, L, 176 Z., Sb., Tennis; Adoc (garni), Finca Adoc Bloque 17-18, I, 93 Z., Sb., Tennis; Gran Sol (garni), Avda. Méndez Nuñez 3, I, 150 Z.; Colegio Oficial Farmacéuticos (garni), Gravina 9, II, 46 Z.; Covadonga (garni), Plaza de los Luceros 17, II, **Alicante**

Hotels in Alicante (Fortsetzung)

83 Z.; Cristal (garni), López Torregrosa 9, II, 54 Z.; Estudio Hotel Alicante, Poeta Vila y Blanco 4, II, 493 Z. (Apartment-Hotel); Leuka (garni), Segura 23, II, 108 Z.; Maya (garni), Canónigo Peñalva s / n, II, 198 Z.; Palas, Cervantes 5, II, 49 Z.; Bahía (garni), Gravina 14, III, 22 Z.; La Balseeta (garni), Manero Molla 9, III, 84 Z.; La Reforma (garni), Reyes Católicos 7, III, 52 Z.; El Álamo (garni), San Fernando 56, IV, 48 Z.; Alfonso el Sabio (garni), Alfonso el Sabio 18, IVV, 85 Z.; Marítimo (garni), Calle Valdés N 13, IV, 33 Z.; Navas (garni), Las Navas 26, IV, 40 Z.; San Remo (garni), Las Navas 30, IV, 28 Z.; Cervantes (garni), Pascual Pérez 19, P I, 30 Z.

Almería

Gran Hotel Almería (garni), Avda. Reina Regent 8, I, 124 Z., Sb.; La Parra, Bahía el Palmer, I, 156 Z., Sb.; Torreluz IV, Plaza Flores 5, I, 56 Z., Sb.; Club Alborán, Alquian Retamar, II, 103 Z.; Costasol (garni), Avda. de Almería 58, II, 55 Z.; Hairán (garni), Avda. Cabo de Gata 72, II, 40 Z.; Indálico (garni), Dolores R. Sopeña 4, II, 52 Z.; Torreluz II (garnni), Plaza Flores 1, II, 67 Z.; Embajador, Calzada de Castro 4, III, 67 Z.; La Perla (garni), Plaza del Carmen 7, III, 44 Z.; Torreluz (garni), Plaza de Flores 6, III, 24 Z.; Fátima (garni), San Leonardo 34, IV, 30 Z.; Guerry, Avda. de Almería 47, P II, 40 Z.

Andorra

In Andorra la Vella:
*Andorra Palace, 140 Z., Sb.; *Andorra Center, 150 Z., Sb.; Andorra Park, 382 Z., Sb.; Eden Roc, 55 Z.; President, 88 Z., Sb.; Flora, 45 Z., Sb.; Cerqueda, 75 Z., Sb.; Pyrénées, 84 Z.; Internacional, 50 Z.; Mirador, 26 Z.; Celler d'en Toni, 19 Z.; Cornellá, 90 Z.; Serola, 60 Z., Sb.; Garden, 34 Z., Sb.; Jaume I, 70 Z., Sb.; Isard, 55 Z.

In Encamp:
De França, 48 Z.; Rosaleda, 74 Z., Sb.; Univers, 40 Z.; Comtes de Foix, 70 Z.; La Mola, 45 Z.

In Les Escaldas: *Roc Blanc, 240 Z., Sb.; Delfos, 200 Z., Sb.; Comtes d'Urgell, 200 Z., Sb.; Carlemany, 54 Z., Sb.; Paris–Londres, 115 Z., Sb.; Europa, 70 Z.; Espel, 102 Z.; Muntanya, 85 Z., Sb.; Madriu, 50 Z.

In Sant Juliá de Lòria (viele Hotels im Winter geschl.):
Pol, 75 Z.; Co-Princeps, 76 Z.; Sol-Park, 40 Z.; Sant Eloi, 88 Z.; Sant Julià, 100 Z.; Coma Bella, 28 Z.; Font de Fero, 34 Z.

Aranda de Duero

Los Bronces, Carretera N-I, km 160, II, 29 Z.; Montehermoso, Carretera N-I, km 163, II, 54 Z.; Juliá, San Gregorio 2, IV, 65 Z.; Tres Condes (garni), Pol. Res. Parcela 4, P I, 35 Z.; Aranda, Plaza Doctor Costales, P I, 35 Z.; Ulloa, Plaza de Santa María 1, P II, 24 Z.

Aranjuez

Las Mercedes, Carretera N-IV, km 46, II, 37 Z.; Francisco José (garnni), Avda. del Príncipe 12, P II, 28 Z.; Infantas (garni), Calle de las Infantas 4, P II, 40 Z.; Príncipe, Avda. del Príncipe 11, P II, 11 Z.

Arévalo

Fray Juan Gil (garni), Avda. Emilio Romero, III, 30 Z.; El Comercio, Calle 18 de Julio 2, P III, 20 Z.

Astorga

Gaudí (garni), Eduardo de Castro 6, II, 35 Z.; Las Cadenas, Pio Gullón 8, P II, 12 Z.; Gallego (garni), Avda. Ponferrada 28, P II, 58 Z.; La Peseta (garni), Plaza San Bartolomé 3, P II, 22 Z.; San Narciso (garni), Carretera Madrid – La Coruña, km 325, P II, 13 Z.; Santana (garni), Plaza Portirio López 12, P II, 18 Z.; Coruña (garni), Avda. Ingeniero Ahijon 22, P III, 18 Z.

Ávila

Palacio de Valderrábanos, Plaza de la Catedral 9, I, 73 Z.; Cuatro Postes, Carretera Salamanca 23, II, 36 Z.; Don Carmelo (garni), Paseo D. Carmelo 30, III, 60 Z.; Encinar (garni), Avda. del 18 de Julio, III, 20 Z.; Rey Niño (garni), Plaza de José Tome 1, III, 24 Z.; Jardín, San Segundo 38, IV, 26 Z.; Reina Isabel, Avda. de José Antonio 17, IV, 44 Z.; Continental (garni), Plaza de la Catedral 4, P II, 54 Z.

Luzana (garni), Fruta 9, II, 73 Z.; San Félix, Avda. de Lugo 48, III, 18 Z.; **Avilés**
Rivero, Rivero 39, P II, 5 Z.
An der Playa de Salinas: Esperanza, Príncipe de Asturias 31, III, 35 Z.

Gran Hotel Zurbarán, Paseo de Castellar, I, 215 Z., Sb., Tennis; Lisboa, **Badajoz**
Avda. de Elvas 13, II, 176 Z.; Río (garni), Avda. de Elvas, II, 90 Z., Sb.;
Conde Duque (garni), Muñoz Torrero 27, III, 35 Z.; Cervantes (garni), Tercio
2, P I, 25 Z.; Victoria, Luis de Camoens 3, P III, 16 Z.

Juanito, III, 21 Z.; Comercio, P II, 31 Z. **Baeza**

Im Stadtbereich von Palma de Mallorca: **Balearen**
✳Son Vida Sheraton, L, 170 Z., Sb., Golf; ✳Valparaíso Palace, L, 138 Z., Auf Mallorca
Sb.; ✳Victoria-Sol, L, 171 Z., Sb.; Bellver-Sol, I, 393 Z., Sb.; Palas Atenea-
Sol, I, 370 Z., Sb.; Raquet Club, I, 51 Z., Sb., Golf; Uto Palma, I, 234 Z., Sb.
(Apartment-Hotel); La Almudaina (garni), II, 80 Z.; La Caleta (garni), II, 19 Z.,
Sb.; Club Nautico (garni), II, 35 Z., Sb.; Constelación, II, 42 Z., Sb.; Costa
Azul, II, 126 Z., Sb.; Festival, II, 216 Z., Sb.; Jaime III-Sol, II, 88 Z.; Majorica,
II, 153 Z., Sb.; Reina Constanza, II, 97 Z., Sb.; Rembrandt, II, 72 Z., Sb.;
San Carlos, II, 46 Z., Sb.; Saratoga, II, 123 Z., Sb.; Bonanova, III, 80 Z., Sb.;
Borenco, III, 70 Z., Sb.; Villa Río, III, 83 Z., Sb.; Terreno Center, IV, 69 Z.,
Sb.; El Valle, Joan Miró 112, IV, 79 Z.
An der Playa de Palma (El Arenal):
Delta, I, 288 Z., Sb.; Garoonda, I, 112 Z., Sb.; Playa de Palma-Sol, I, 113 Z.,
Sb.; Río Bravo, I, 200 Z., Sb.; Acapulco, II, 109 Z., Sb.; Bahía de Palma, II,
433 Z., Sb.; Bali, II, 264 Z., Sb.; Copacabana, II, 112 Z., Sb.; Flamingo, II,
100 Z., Sb.; Gran Fiesta, II, 241 Z., Sb.; Ipanema Park, II, 210 Z., Sb.; Luna
Park, II, 318 Z., Sb.; Luxor, II, 52 Z.; Pamplona, II, 105 Z., Sb.; Playa Golf,
II, 222 Z., Sb.; Riviera Sol, II, 74 Z., Sb.; Tropiccal Sol, II, 165 Z., Sb.; Con-
cordia, III, 220 Z., Sb.; Dunas Blancas, III, 167 Z., Sb.; Lancaster, III, 318 Z.,
Sb.; Playas Arenal, III, 90 Z., Sb.; Riutort, III,, 180 Z., Sb.; Sofia, III, 328 Z., Sb.;
Torre Arenal, III, 143 Z., Sb.; Don Miguel, IV, 84 Z., Sb.; Europa, IV, 134 Z.,
Sb.; Golondrina, P I, 59 Z., Sb.
An der Playa de Palma (Ca'n Pastilla):
Alexandra-Sol, I, 164 Z., Sb.; Almendros, II, 91 Z.; Ambos Mundos, II, 96 Z.,
Sb.; Calma, II, 190 Z., Sb.; Gran Hotel El Cid, II, 216 Z., Sb.; Las Arenas, II,
152 Z., Sb.; Java, II, 249 Z., Sb.; Leo, II, 285 Z., Sb.; Linda, II, 189 Z., Sb.;
Lotus Playa, II, 127 Z., Sb.; Oleander,, II, 264 Z., Sb.; Apolo, III, 151 Z., Sb.;
Caballero, III, 308 Z., Sb.; Cisne, III, 116 Z., Sb.; Helios, III, 305 Z., Sb.; Or-
léans, III, 128 Z., Sb.; Playa d'Or, III, 71 Z.; Covi, IV, 98 Z.

Im Westen der Stadt (Cala Mayor):
Nixe Palace, I, 130 Z., Sb.; Playa de Cala Mayor (garni), I, 143 Z., Sb.; Atlas,
II, 48 Z., Sb.; Belvedere Park, II, 414 Z., Sb.; Cala Mayor, II, 93 Z., Sb.; Gran
Mallorca, 112 Z., Sb.; San Agustín, II, 56 Z.; Vista Mar, II, 75 Z., Sb.;
Mimosa, P II, 27 Z., Sb.

In Alcudia:
Princesa (garni), I, 102 Z., Sb.; Condesa de la Bahía, II, 491 Z., Sb.; Golf, II,
12 Z.

In Cala Millor:
Hotel Borneo, II, 200 Z., Sb.; Flamenco, II, 220 Z., Sb.; Strand; Sumba, II,
280 Z., Sb.; Castell de Mar, III, 248 Z., Sb.

In Cala Ratjada:
Son Moll, I, Tritón 25 , 125 Z., Sb.; Aguait, II, 188 Z., Sb.; Bella Playa, II,
214 Z., Sb.; Lux, II, 236 Z., Sb.; Cala Gat, III, 44 Z., Sb.; Ses Rotges, II,
Alsedo, 24 Z.; Serrano, II, Playa Son Moll, 75 Z., Sb.

In Porto Cristo:
Castell dels Hams, II, 131 Z., Sb.; Drach, III, 70 Z., Sb.

Hotels auf
Mallorca
(Fortsetzung)

In Puerto de Pollensa:
Capri, II, 33 Z., Sb.; Daina, II, 60 Z., Sb.; Illa d'Or, II, 119 Z., Golf; Miramar, II, 69 Z., Golf; Pollensa Park, II, 316 Z., Sb., Golf.
Auf der Halbinsel Formentor: *Hotel Formentor, L, 131 Z., Sb., Golf, Strand.

In Santa Ponsa:
Pinero, II, 312 Z., Sb.; Rey Don Jaime, II, 417 Z., Sb.; Santa Ponsa Park, II, 269 Z., Sb., Golfplatz, 18 L.

In Sóller:
Eden, II, 152 Z., Sb.; Eden Park, II, 64 Z.; Esplendido, II, 104 Z.

Auf Menorca

Im Stadtbereich Mahón:
Port Mahón, I, 74 Z., Sb.; Capri (garni), II, 75 Z.; El Paso (garni), P II, 40 Z.; Jume (garni), P III, 35 Z.; Orsi (garni), P III, 16 Z.; Reynes, P III, 27 Z.; Sa Roqueta (garni), P III, 22 Z.

In Villa Carlos (3 km östl.): Agamemnón, II, 75 Z., Sb.; Rey Carlos III, II, 87 Z., Sb.; Hámilton, III, 132 Z., Sb.; Miramar, P II, 30 Z.

Im Stadtbereich Ciudadela:
Alfonso III (garni), IV, 54 Z.; Alhambra, P III, 14 Z.

In den westlichen Urbanisationen: Almirante Farragut, II, 472 Z., Sb.; Cala Blanca, II, 147 Z., Sb.; Calan Blanes, III, 103 Z.; Los Delfines, III, 96 Z., Sb.
In den südlichen Urbanisationen: Calan Bosch, II, 174 Z., Sb.; Ses Voltes, III, 40 Z.; Cala Bona (garni), IV, 16 Z.

Auf Ibiza

Im Stadtbereich Ibiza und Umgebung:
Los Molinos, in Figueretas, I, 147 Z., Sb.; Royal Plaza (garni), I, 117 Z., Sb.; Torre del Mar, I, 217 Z., Sb.; Algarb, II, 408 Z., Sb.; Argos, II, 106 Z., Sb.; Corso, II, 179 Z., Sb.; Goleta, II, 225 Z., Sb.; Ibiza Playa, II, 155 Z., Sb.; Simbad, II, 111 Z., Sb.; Tres Carabelas, II, 245 Z., Sb.; Copacabana, III, 110 Z.; Victoria, III, 140 Z., Sb.; Montesol (garni), P II, 60 Z.; Robinson Club, in Cala Vadella, 320 Z., Sb.

Auf Formentera

In San Francisco Javier:
La Mola, I, 328 Z., Sb.; Formentera Playa, II, 211 Z., Sb.; Sa Volta (garni), P I, 18 Z.; Cala Sahona, P II, 69 Z., Sb.; Casbah (garni), P II, 29 Z.

Barcelona

In der Nähe der Plaza Cataluña:
*Avenida Palace, Gran Vía de les Corts Catalanes 605, L, 211 Z.; *Diplomatic, Paul Claris 122, L, 213 Z., Sb.; *Ritz, Gran Vía de les Corts Catalanes 668, L, 195 Z.; Barcelona (garni), Caspe 1-13, I, 64 Z.; Colón, Avda. Catedral 7, I, 161 Z.; Cristal (garni), Diputación 257, I, 148 Z.; Gran Hotel Calderón (garni), Rambla de Cataluña 26, I, 244 Z.; Manila (garni), Ramblas 111, I, 210 Z.; Regente, Rambla de Cataluña 76, I, 78 Z., Sb.; Royal (garni), Ramblas 117, I, 108 Z.; Gran Vía, Gran Vía de les Corts Catalanes 642, II, 48 Z.; Habana (garni), Gran Vía de les Corts Catalanes 647, II, 65 Z.; Montecarlo (garni), Rambla de los Estudios 124, II, 73 Z.; Regina (garni), Vergara 2, II, 102 Z.; Lloret (garni), Rambla Canaletas 125, IV, 53 Z.; Principal (garni), Junta de Comercio 8, IV, 46 Z.

Zwischen Kathedrale und Puerta de la Paz:
*Princesa Sofía, Plaza Papa Pío XII 4, L, 505 Z., Sb.; Gaudí, Carrer Nou de la Rambla 12, II, 71 Z.; Oriente, Ramblas 45 / 47, II, 142 Z.; Suizo, Plaza del Angel 12, II, 50 Z.; San Agustín, Plaza de San Agustın 3, III, 71 Z.; Cosmos (garni), Escudellers 19, IV, 67 Z.; España, San Pablo 9 / 11, IV, 87 Z.; Inglés (garni), Boquería 17, IV, 29 Z.; Internacional (garni), Ramblas 78, IV, 62 Z.; Cuatro Naciones, Ramblas 40, P I, 34 Z.; Aragonés (garni), San Pablo 34, P III, 80 Z.

In den übrigen Stadtteilen:
*Gran Hotel Sarría Sol, Avda. Sarría 50, L, 314 Z.; *Presidente, Avda. de la Diagonal 570, L, 161 Z., Sb.; Barcelona Hilton, Avda. de la Diagonal 589-591, I, 290 Z.; Balmoral (garni), Vía Augusta 5, I, 94 Z.; Dante (garni), Mallorca 181, I, 81 Z.; Derby (garni), Loreto 21, I, 116 Z.; Europapark (garni), Aragón 325, I, 66 Z.; Gran Hotel Cristina (garni), Avda. de la Diagonal 458, I, 123 Z.; Majestic, Paseo de Gracia 70, I, 344 Z., Sb.; Astoria (garni), París 203, II, 114 Z.; Condado, Aribau 201, II, 89 Z.; Expo Hotel, Mallorca 1, II, 423 Z.; Tres Torres (garni), Calatrava 32 / 34, II, 56 Z.; Zenit (garni), Santalo 8, Ii, 61 Z.; Antibes (garni), Diputación 394, III, 65 Z.; Mesón Castilla, Valdoncella 5, III, 56 Z.; Park Hotel, Avda. Marqués de Argentera 11, IV, 95 Z.

Colón, Colón 42, II, 54 Z.; Comercio, Puerta de Ávila 5, IV, 13 Z.; España, Mariano Zuñiga 4, P III, 27 Z.

La Casa Manchega, Urbano Agudo 4, P III, 8 Z.

Arenas, Carretera de Madrid, km 261, IVV, 50 Z.; Martín, Carretera de Madrid, km 26, IV, 46 Z.; Benavente, Avda. Federico Silva, P II, 8 Z.

*Gran Hotel Delfín, L, 87 Z., Sb.; Avenida, I, 144 Z., Sb.; Belroy Palace, I, 102 Z., Sb.; Cimbel, I, 144 Z., Sb.; Costa Blanca-Sol, I, 190 Z., Sb.; Los Dálmatas, I, 270 Z., Sb.; Don Pancho, I, 251 Z.; Selomar, I, 246 Z., Sb.; Alameda, II, 68 Z.; Los Alamos (garni), II, 127 Z., Sb.; Bali, II, 349 Z., Sb.; Benilux Park, II, 216 Z., Sb.; Brisa, II, 70 Z., Sb.; Bristol Park, II, 77 Z., Sb.; Didac, II, 100 Z., Sb.; Les Dunes, II, 110 Z., Sb.; Madeira, II, 81 Z., Sb.; Marconi, II, 130 Z., Sb.; Tres Coronas (garni), II, 80 Z., Sb.; Voramar, II, 136 Z., Sb.; Acapulco, III, 128 Z., Sb.; Bonanza, III, 52 Z.; Calypso, III, 303 Z., Sb.; Don Rolf, III, 154 Z., Sb.; Esmeralda (garni), III, 66 Z.; Golden, III, 50 Z., Sb.; Montemar, III, 93 Z.; Mont Park, III, 112 Z., Sb.; Regente, III, 189 Z., Sb.; Torre Dorada, IV, 240 Z., Sb.
Zahlreiche Pensionen.

Los Ángeles, Los Ángeles 11, IV, 36 Z.; Barreiros, P III, 9 Z.

*Villa de Bilbao (garni), Gran Vía de López de Haro 87, L, 142 Z.; Aránzazu (garni), Rodríguez Arias 66, I, 173 Z.; Avenida (garni), Avda. Zumalacárregui 40, II, 116 Z.; Ercillla (garni), Ercilla 37, I, 350 Z.; Husa Carlton (garni), Plaza de Federico Moyúa 2, I, 142 Z.; Conde Duque (garni), Campo de Volantín 22, II, 67 Z.; Nervión (garni), Campo de Volantín 11, II, 351 Z.; Cantábrico (garni), Miravilla 8, III, 40 Z.; Excelsior (garni), Hurtado de Amézaga 6, IV, 65 Z.; San Mamés (garni), Luis Briñas 15, P I, 36 Z.; Zabálburu (garni), Plaza Martinez Artola 8, P I, 32 Z.; Arana (garni), Bidebarrieta 2, P II, 65 Z.; Maroño, Correo 21, P II, 49 Z.

Horitzo, Paseo Marítimo Sabanell 11, II, 122 Z.; Park Blanes, Playa S'Abanell, II, 131 Z., Sb.; Lyon Magestic, Villa Mas Marot 13, III, 120 Z., Sb.; Ruiz, Raval 45, III, 59 Z.; Boix Mar, Avda. Villa de Madrid s / n, IVV, 170 Z., Sb.; Costa Brava, Anselmo Clavé 48, IV, 80 Z., Sb.; Mar Ski (garni), P. Marítimo Sabanell 4, IV, 64 Z.; Rosa, San Pedro Martín 42, IV, 151 Z., Sb.; San Antonio, Paseo Marítimo 63, IV, 156 Z.; San Francisco, Paseo Marítimo 72, IV, 32 Z.; Soteras (garni), Plaza Estrella de Mar 9, IV, 33 Z.; Stella Maris, Avda. de Madrid 18, IV, 87 Z., Sb.; Clivia, Auguer 44, P II, 45 Z.; Esperanza (garni), Paseo del Mar 61, P II, 36 Z.; S'Arjau, Paseo del Mar 89, P II, 49 Z.; Burvi (garni), La Muralla 34, P III, 54 Z.

Almirante Bonifaz (garni), Vitoria 22, I, 79 Z.; Condestable, Vitoria 8, 82 Z.; Cordón (garni), La Puebla 6, II, 35 Z.; Corona de Castilla, Madrid 15, II, 52 Z.; Fernán González, Calera 17, II, 64 Z.; Mesón del Cid, Plaza Santa María 8, II, 30 Z.; Rice (garni), Reyes Católicos 30, II, 50 Z.; Conde de Miranda (garni), Miranda 4, III, 14 Z.; España, Paseo del Espolón 32, III, 69 Z.; Norte y Londres (garni), Plaza Alonso Martínez 10, III, 55 Z.; Villa Jimena, P. Piso-

Hotels in Burgos (Fortsetzung)	nes 47, IV, 23 Z.; Asubio, Carmen 6, P I, 30 Z.; Ávila (garni), Almirante Bonifaz 13, P II, 57 Z.; Lar (garni), Cardenal Benlloch 1, P II, 10 Z.; Moderno, General Queipo de Llano 2, P II, 28 Z.

Außerhalb an der Straße nach Madrid:
* Landa Palace, Carretera N-I, km 236, L, 39 Z., Sb.

Cáceres	Alcántara (garni), Avda. Virgen de Guadalupe 14, II, 67 Z.; Extremadura, Avda. Virgen de Guadalupe 5, II, 68 Z., Sb.; Álvarez, Parras 20, III, 37 Z.; Ara (garni), Juan XXIII 3, IV, 62 Z.; Iberia, Generalísimo Franco 2, IV, 41 Z.; Metropol (garni), Obispo Segura Sáez 5, IV, 22 Z.; Los Naranjos (garni), Alfonso IX 12, IV, 26 Z.
Cádiz	Atlántico, Parque Genovés 9, II, 173 Z., Sb.; Francia y Paris (garni), Plaza Calvo Sotelo 2, III, 69 Z.; Regio (garni), Ana de Viya 11, III, 40 Z.; Regio II (garni), López Pinto 79, III, 40 Z.; San Remo, Paseo Marítimo, III, 34 Z.; Imares (garni), San Francisco 9, IV, 37 Z.; San Francisco (garni), Valenzuela 1, IV, 35 Z.; Carlos (garni), Plaza de Sevilla s / n, P II, 30 Z.; Apartment-Hotel Isecotel (garni), Paseo Marítimo s / n, II, 33 Z.
Calatayud	Calatayud, Carretera Madrid – Barcelona, km 237, II, 63 Z.; Fornos, Paseo Calvo Sotelo 5, P II, 50 Z.; Marivella (garni), Carretera N-II, km 241, P II, 19 Z.; Gimeno (garni), Luis Guedea 9, P II, 15 Z.; La Perla, San Antón 17, P III, 10 Z.
Cartagena	Cartagonovoa (garni), Marcos Redondo 3, II, 126 Z.; Alfonso XIII, Paseo de Alfonso XIII 30, III, 239 Z.; Cartagenera (garni), Jara 32, IV, 46 Z.; Los Habaneros, San Diego 60, P II, 70 Z.; Manolo (garni), Muñoz Grandes 7, P II, 95 Z.; Za-Or (garni), Alcalde Zamora 1, P III, 12 Z.
Castellón de la Plana	Mindoro (garni), Moyano 4, I, 114 Z.; Del Golf, Playa del Pinar (El Grao), II, 127 Z., Sb.; Myriam (garni), Obispo Saliinas 1, II, 25 Z.; Turcosa (garni), Avda. de Buenavista 1, II, 70 Z.; Amat (garni), Temprado 15, III, 22 Z.; Doña Lola (garni), Lucena 3, III, 24 Z.; Gabiska (garni), Plaza del Real 2, III, 35 Z.; Brisamar (garni), Avda. Buenavista 26, P II, 12 Z.; Martí (garni), Herrero 19, P II, 28 Z.; Bagan, Pérez Galdos 13, P III, 24 Z.
Ceuta	La Muralla, Plaza de África 15, I, 83 Z., Sb.; Ulises (garni), Camoens 5, I, 124 Z., Sb.; África (garni), Muelle Cañonero Dato s / n, II, 39 Z.; Atlante (garni), Paseo de las Palmeras 1, P II, 40 Z.; Miramar (garni), Avda. Reyes Católicos 23, P II, 21 Z.
Ciudad Real	Castillos (garni), Avda. del Rey Santo 8, II, 131 Z.; El Molino, Carretera N-420, km 242, II, 18 Z.; Almanzor, Bernardo Balbuena s / n, III, 66 Z.; Alfonso el Sabio, Carlos Vázquez 8, P II, 57 Z.; San Millán (garni), Ronda de Granada 23, P II, 40 Z.
Ciudad Rodrigo	Conde Rodrigo, Plaza de Salvador 9, III, 35 Z.; El Cruce, Carretera de Lisboa 4, IV, 40 Z.; La Llave del Campo, Carretera de Lisboa 141, IV, 20 Z.; Tamarix, Carretera Salamanca, km 319, P II, 16 Z.; Fernando Cambronero 'el Pibe', Lisboa 10, P III, 13 Z.
Córdoba	Adarve, Magistral González Frances 15, I, 103 Z.; Husan Gran Capitán, Avda. América 3 / 5, I, 99 Z.; Meliá Córdoba, Jardines de la Victoria, I, 106 Z., Sb.; El Califa (garni), Lope de Hoces 14, II, 46 Z.; Los Gallos, Avda. de Medina Azahara 7, II, 105 Z., Sb.; Maimónides (garni), Torrijos 4, II, 61 Z.; Colón (garni), Alhaken II 4, II, 40 Z.; Marisa (garni), Cardenal Herrero 6, III, 28 Z.; Niza Sur (garni), Avda. de Cádiz 60, III, 30 Z.; Riviera (garni), Plaza de Aladreros 7, III, 29 Z.; Selu (garni), Eduardo Dato 7, III, 118 Z.; Andalucía (garni), José Zorrilla 3, IV, 40 Z.; Avenida (garni), Avda. de Generalísimo 26, IV, 35 Z.; Granada, Avda. de América, 17, IV, 27 Z.; El Oasis, Avda. de Cádiz 78, IV, 31 Z.

Llane Petit (garni), II, 35 Z., Sb.; Playa Sol (garni), II, 49 Z., Sb.; Rocamar **Costa Brava**
(garni), II, 70 Z., Sb.; Port Lligat, IV, 30 Z., Sb; Cadaqués
mehrere Hostales.
7 km außerhalb: Club Méditerranée.

Almadabra Park, I, 66 Z., Sb.; Bahía, II, 52 Z.; Canyelles Platja (garni), II, Rosas
99 Z.; Coral Playa, II, 128 Z.; Goya Park, II, 224 Z., Sb.; Marian, II, 145 Z.,
Sb.; Montecarlo, II, 126 Z., Sb.; Monterrey, II, 138 Z., Sb.; Univers, III, 207
Z.; Victoria, III, 221 Z., Sb.

Bonaire-Juvines, II, 31 Z.; Nieves Mar, II, 80 Z., Sb.; Voramar, II,, 40 Z., Sb.; La Escala
Dels Pins, III, 40 Z., Sb.; El Rem, III, 16 Z.; Riomar, IV, 26 Z.; mehrere Hostales.

Picasso, IV, 8 Z.; Vila Vella (garni), IC, 26 Z.; Can Miguel, P II, 30 Z.; Tres Del- Torroella
fines (garni), P II, 30 Z.; Las Cañas, P III, 16 Z., Sb.; Coll (garni), P III, 24 Z.; de Montgri
Xicarts, P III, 26 Z., Sb.

Bell Aire (garni), II, 78 Z.; Club de Campo Torre Grau, III, 10 Z., Sb.; Coral, Estartit
III, 59 Z., Sb.; Miramar, III, 64 Z., Sb.; Amer (garni), IV, 57 Z., Sb.; Club el
Catalán (garni), IV, 112 Z., Sb.; Flamingo, IV, 100 Z.; Las Islas, IV, 35 Z.;
Panorama, IV, 154 Z., Sb.

Aiguablava, I, 85 Z., Sb.; Bonaigua (garni), II, 47 Z., Sb.; Bagur III, 34 Z.; Bagur
Plaja, IV, 16 Z.; Rosa (garni), IV, 18 Z.
An der Playa Sa Riera: Sa Riera, III, 41 Z., Sb.

Costa Brava, IV, 30 Z.; Anfora, P III, 14 Z.; Playa, P III, 18 Z.; San Sebastián, Palafrugell
P III, 15 Z.; Tamariu Playa (garni), P III, 22 Z.

Paraíso, II, 55 Z., Sb.; Terramar, II, 56 Z.; Casamar, III, 20 Z.; Llevant, III, Llafranch
20 Z.; Marinada, IV, 12 Z.; Montecarlo, IV, 20 Z.; mehrere Hostales.

Hostalillo, II, 70 Z.; Jano, III, 49 Z.; Tamariu, IV, 24 Z.; Sol d'Or, P II, 20 Z.; Tamariu
Vora la Mar (garni), P III, 13 Z.

San Luis, II, 29 Z.; Trias, II, 81 Z., Sb.; Vostra Llar, II, 45 Z.; Ancora, III, 28 Z., Palamós
Sb.; Marina, III, 62 Z.; San Juan, III, 31 Z., Sb.; El Sosiego, IV, 40 Z.; Vostra
Llar, P I, 30 Z.; Xamary, P II, 36 Z.

Columbus, I, 110 Z., Sb.; Armoar, II, 167 Z., Sb.; Claramar (garni), II, 36 Z.; Playa de Aro
Cosmopolita, II, 89 Z.; Rosamar, II, 61 Z.; Royal Playa (garni), II, 42 Z.;
S'Agoita, II, 70 Z., Sb.; Acapulco, III, 64 Z.; Bell Repós, III, 34 Z.; Costa
Brava (garni), auf einem Felsen über dem Meer, III, 59 Z.; Japet, III, 48 Z.;
Planamar (garni), III, 86 Z.; La Terraza, III, 72 Z.; Clipper, IV, 35 Z.; mehrere
Hostales.

Reina Elisenda, I, 68 Z.; Caleta Park, II, 105 Z., Sb.; Kurhotel Hippocrates, San Feliú
II, 87 Z.; Eden Roc, II, 104 Z., Sb.; Montjoi, II, 64 Z., Sb.; Murla Park Hotel, de Guixols
II, 89 Z., Sb.; Panorama-Park, II, 69 Z.; Roca, II, 70 Z., Sb.; Avenida (garni),
III, 28 Z.; Gesoria (garni), III, 34 Z.; Jecsalis, III, 64 Z.; Montecarlo, III, 64 Z.;
Nautilus (garni), III, 22 Z.; Les Noies, III, 45 Z.; Regina, III, 53 Z.; Rex I (garni),
III, 25 Z.; Mediterráneo, IV, 36 Z.; Regente (garni), IV, 36 Z.

Gran Hotel Reymar (ruhige Lage), I, 131 Z., Sb.; Alexandra, II, 76 Z., Sb.; Tossa de Mar
Costa Brava, II, 182 Z., Sb.; Delfín, II, 63 Z.; Florida, II, 45 Z.; Mar Menuda,
II, 40 Z., Sb.; Vora Mar (garni), II, 63 Z.; Alaska (garni), III, 55 Z.; Ancora, III,
58 Z.; Avenida, III, 50 Z.; Cataluña (garni), III, 33 Z.; Continental, III, 63 Z.,
Sb.; Diana, III, 21 Z.; Flor Tossa, III, 45 Z.; Mar d'Or, III, 51 Z.

Monterrey, I, 229 Z., Sb.; Rigat-Park, I, 99 Z., Sb.; Roger de Flor, I, 98 Z., Lloret de Mar
Sb.; Santa Marta, I, 78 Z., Sb.; Tropic, I, 40 Z., Sb.; Alexis, II, 101 Z., Sb.;

Hotels

Hotels in Lloret de Mar (Fortsetzung)

Anabel, II, 230 Z., Sb.; Astoria Park, II, 126 Z., Sb.; Bahamas, II, 239 Z., Sb.; Capri, II, 155 Z., Sb.; Clúamarsol, II, 87 Z., Sb.; Gran Hotel Flamingo, II, 288 Z., Sb.; Rosamar, II, 169 Z., Sb.; Xaine Park, II, 183 Z., Sb.; María del Mar II (garni), III, 207 Z., Sb.; Oasis Park, III, 428 Z., Sb.; Rosamar Park, III, 306 Z., Sb.; Samba, III, 477 Z., Sb.

Cuenca

Torremanga, San Ignacio de Loyola 9, I, 115 Z.; Alfonso VIII (garni), Parque de San Julián 3, II, 48 Z.; Figón de Pedro (garni), Cervantes 17, III, 28 Z.; Francabel (garni), División Azul 7, III, 30 Z.; Avenida, Avda. José Antonio 39, P II, 33 Z.

Daroca

Daroca, Mayor 42, III, 20 Z.; Legido, bei km 217, an der Straße Sagunto – Burgos, P II, 30 Z.

Denia

In Denia:
Denia, Partida Suertes del Mar, II, 280 Z., Sb.; Los Ángeles, Playa de las Marinas 649, III, 59 Z., Sb.; Costa Blanca, Pintor Llorens 3, IV, 53 Z.; Las Rotas, Partida les Rotes 47, IV, 27 Z.; Rosa (garni), Partida Marines 197, P II, 19 Z., Sb.; Villa Amor, Partida Marines 752, P II, 20 Z.
In Jávea: Toscamar, Straße zum Cabo de la Nao, 5 km südlich, II, 140 Z., Sb. (Apartment-Hotel); Miramar (garni), Almirante Bastarreche 12, III, 26 Z.; Plata, Avda. Montañar 83, III, 34 Z.; Villa Naranjas, Carretera Montañar, III, 145 Z., Sb.; Jávea (garni), Pío X 5, IV, 19 Z.; Costa Mar, Caleta 4, P II, 18 Z.; Portichol, Partida Portichol 157, P II, 11 Z.

Écija

Astigi, Carretera N-IV, km 450, P II, 18 Z.; Ciudad del Sol (garni), Miguel de Cervantes 42, P II, 34 Z.; Santiago (garni), Carretera N-IV, km 455,5, P II, 24 Z.; Vega de la Hermanos (garni), Carretera N-IV, km 461, P III, 12 Z.

El Burgo de Osma

Virrey Palafox, Travesía de Acosta 1, IV, 20 Z.; Casa Agapito (garni), Universidad 1, P II, 7 Z.; La Perdiz (garni), Universidad 33, P II, 18 Z.

Elche

Huerto del Cura, García Sanchiz 14, I, 59 Z., Sb.; Cartagena (garni), Residencia Cartagena, II, 34 Z.; Don Jaime, Avda. Primo de Rivera 5, III, 64 Z.; Candilejas (garni), Dr. Ferrán 19, P II, 24 Z.; Galicia, Playa de Pinet 1, P II, 24 Z.; Quesada (garni), Pérez Galdós 2, P II, 13 Z.; Maruja, Playa del Pinet 46, P III, 30 Z.

Escorial

Victoria Palace, Juan de Toledo 4, I, 89 Z., Sb.; Miranda Suizo, Floridablanca 20, III, 47 Z.; Cristina, Juan de Toledo 6, P II, 16 Z.; Jardín, Leandro Rubio 2, P II, 22 Z.; Malagón, San Francisco 2, P II, 10 Z.; Vasco, Plaza de Santiago 11, P II, 20 Z.

Estella

San Andrés, Plaza Santiago 58, P III, 28 Z.; San Andrés (garni), José Antonio 1, P III, 10 Z.

Estepona

Atalaya Park, Carretera N-340, km 168, I, 239 Z., Golf, Sb.; Golf el Paraíso, Carretera N-340, km 167, I, 201 Z., Golf, Sb.; Santa Marta, Apardo 2, II, 37 Z., Sb.; Caracas, Avda. San Lorenzo 50, III, 27 Z.; Dobar (garni), Avda. de España 117, III, 39 Z.; Buenavista, Paseo Marítimo, P II, 38 Z.; Las Delicias (garni), Delfin 10, P II, 26 Z.

Fuengirola

Las Palmeras, Paseo Marítimo Fuengirola, I, 398 Z., Sb., Golf; Las Pirámides, Paseo Marítimo, I, 320 B., Sb.; Ángela, Paseo Príncipe de España, II, 260 Z., Sb.; Florida, Paseo Marítimo, II, 116 Z., Sb.; Mare Nostrum, Carretera N-340, km 207, II, 257 Z., Sb.; Torreblanca, Urb. Torreblanca del Sol, II, 198 Z., Sb.; El Cid (garni), Avda. del Ejército, III, 46 Z.; Mas Playa, Urb. Torreblanca del Sol, III, 108 Z., Sb.; Stella Maris, Paseo Príncipe de España, III, 196 Z., Sb.

Gandía

Bayren I, Paseo de Neptuno, I, 164 Z., Sb.; Bayren II, Mallorca 19, II, 125 Z.; Madrid, Castilla la Nueva 22, II, 108 Z., Sb.; Porto (garni), Avda.

María Angeles Suarez, II, 135 Z.; Riviera (garni), Paseo de Neptuno 29, II,
72 Z.; Los Robles, Formentera, II, 240 Z., Sb.; Safari, Legazpi 3, II, 113 Z.,
Sb.; San Luis, Paseo de Neptuno 6, II, 72 Z.; Tres Anclas, Playa, II, 333 Z.,
Sb.; Gandía Playa, Devesa 17, III, 90 Z., Sb.; Ernesto, Valencia 40, IV, 86 Z.;
Europa, Levante 12, IV, 23 Z.; Los Naranjos (garni), P II, 28 Z., Porto, II,
Foies 5, 135 Z.

Costabella (garni), Avda. Franca 61, II, 22 Z.; Immortal Gerona (garni),   **Gerona**
Avda. Jaime I 22, II, 45 Z.; Europa (garni), Carrer Juli Garreta 23, III, 26 Z.;
Condal (garni), Juan Maragall 10, IV, 39 Z.; Peninsular, Nou 3, IV, 68 Z.
In Fornells de la Selva (5 km):
Fornells Park, II, 36 Z.
In Figueras:
Ampurdán, Carretera N-11, km 763, II, 42 Z.; Durán, Lasauca 5, II, 67 Z.;
Pirineos, Ronda Barcelona 1, II, 53 Z.; President, Ronda Ferial 33, II, 75 Z.;
Rallye, Ronda Barcelona s / n, II, 15 Z.; Ronda, Ronda Barcelona 104, III,
43 Z.; Trave, Carretera Olot s / n, III, 73 Z.; Bon Retorn, Carretera N-II, km
759, P II, 53 Z.; España, La Junquera 26, P II, 36 Z.; Bon Repós, Vilallonga
43, P III, 15 Z.; San Mar, Rech Arnau 43, P III, 25 Z.
In La Junquera:
Porta Catalana (garni), II, 81 Z.; Puerta de España, II, 26 Z.; Frontera, III,
28 Z.; Goya (garni), III, 36 Z.; Junquera (garni), III, 28 Z.; mehrere Hostales.

✳Rock Hotel, 160 Z., Sb.; Holiday Inn, 120 Z., Sb.; Caleta Palace, Catalan   **Gibraltar**
Bay Road, 167 Z., Sb.; Montarik, 64 Z.; Queen's Hotel, 62 Z.; Bristol, 60 Z.,
Sb.
An der Ostküste:
Caleta Palace, 200 Z., Sb.; Gibraltar Beach Hotel, 18 Z. und über 100
Appartements.

Hernán Cortés (garni), Fernández Vallín 5, I, 109 Z.; Príncipe de Asturias,   **Gijón**
Manso 2, I, 80 Z.; Robledo (garni), Alfredo Truán 2, II, 138 Z.; León, Carretera de la Costa 45, III, 156 Z.; Pathos (garni), Contracay 5, III, 56 Z.; Asturias (garni), Plaza Mayor 11, IV, 101 Z.; Castilla (garni), Corrida 50, IV, 34 Z.;
París (garni), Marqués de Casa Valdés 65, IV, 10 Z.; América, Santa Lucia
2, P II, 26 Z.

Auf dem Alhambrahügel: Alhambra Palace, Peña Partida 2, in aussichts-   **Granada**
reicher Lage, II, 121 Z.; Guadalupe, Avda. de los Alijares, II, 43 Z.
In der Stadt: Luz Granada, Avda. de la Constitución 18, I, 174 Z., mit Blick
auf die Alhambra; Meliá Granada, Ángel Ganivet 7, I, 221 Z.; Carmen
(garni), Avda. de José Antonio 62, I, 205 Z.; Los Alixares (garni), Avda. Alixares del Generalife s / n, II, 148 Z., Sb.; Los Ángeles, Cuesta de Escoriaza
17, II, 100 Z., Sb.; Brasilia (garni), Recogidas 7, II, 68 Z.; Condor (garni),
Avda. de la Constitución 6, II, 101 Z.; Kenia, Molinos 65, II, 16 Z.; Rally,
Paseo de Ronda 107, II, 44 Z.; Victoria, Puerta Real 3, II, 69 Z.; Anacapri
(garni), Joaquín Costa 7, III, 32 Z.; Inglaterra (garni), Cetti-Marien 10, II,
40 Z.; Montecarlo (garni), Avda. de José Antonio 44, III, 63 Z.; Sacromonte
(garni), Plaza del Lino 1, III, 33 Z.; Sudán, Avda. de José Antonio 60, III,
69 Z.; Niza (garni), Navas 16, IV, 24 Z.

Pax, Carretera N-II, km 57, II, 61 Z., Sb.; España (garni), Teniente Figueroa   **Guadalajara**
3, IV, 33 Z.; Arroyo (garni), Gonzalo Herranz 2, P III, 25 Z.; El Reloj, Doctor
Mayoral 11, P III, 14 Z.; Venecia (garni), Doctor Benito Hernando 12, P III,
12 Z.

Hospedería Real Monastério, Plaza Juan Carlos I, III, 46 Z., im alten Klo-   **Guadalupe**
ster.

Bolina, Barrencalle 3, IV, 17 Z.   **Guernica**

Higinia, Vega 31, P II, 21 Z.; Iturrimurri, Carretera N-232, km 41, P II, 24 Z.   **Haro**

Huelva   Luz Huelva (garni), Alameda Sumdheim 26, I, 105 Z., Sb., Golf; Tartessos
                   (garni), Avda. Martín Alonso Pinzón 13 / 15, II, 112 Z.; Costa de la Luz
                   (garni), José María Amo 8, III, 35 Z.; Andalucía (garni), Vázquez López 22,
                   IV, 23 Z.

Huesca   Pedro I de Aragón, Del Parque 34, II, 52 Z.; Montearagón, Carretera N-240,
                   km 208, III, 27 Z., Sb.; Mirasol, Paseo Ramón y Cajal 29, P II, 13 Z.; Nia-
                   gara, Paseo Ramón y Cajal 67, P II, 18 Z.; Sancho Abarco (garni), Plaza de
                   Lizana 15, P II, 50 Z.; El Centro, Sancho Ramírez 3, P III, 24 Z.; Lizana
                   (garni), Plaza de Lizana 8, P III, 19 Z.; Muro (garni), Ricafort 2, P III, 26 Z.;
                   La Unión Chaure (garni), Zaragoza 2, P III, 14 Z.

Jaca   Gran Hotel (garni), Paseo del General Franco 1, II, 98 Z., Sb.; Conde de
                   Aznar, Paseo del General Franco 3, III, 23 Z.; La Paz (garni), Mayor 41, III,
                   34 Z.; Pradas (garni), Obispo 12, III, 39 Z.; Mur, Santa Orosia 1, IV, 68 Z.;
                   El Abeto (garni), Bellido 15, P II, 25 Z.

Jaén   Condestable Iranzo, Paseo de la Estación 32, II, 147 Z.; Xauen (garni),
                   Plaza Deán Mazas 3, II, 35 Z.; Europa (garni), Plaza de Belén 1, III, 36 Z.;
                   Rey Fernando (garni), Plaza de Coca de la Piñera 7, III, 36 Z.; Reyes Católi-
                   cos (garni), Avda. de Granada 1, P I, 28 Z.; La Yuca (garni), Carretera N-
                   323, km 340, P I, 23 Z.

Játiva   Vernisa (garni), Académico Maravall 1, III, 39 Z.; Murta, Angel Lacalle 1, IV,
                   21 Z.; Morenos, San Francisco 36, P III, 7 Z.

Jerez   *Jerez, Avda. Alcalde Álvaro Domecq 35, L, 121 Z., Sb.; Capele (garni),
de la Frontera General Franco 58, II, 30 Z.; El Coloso (garni), Pedro Alonso 13, IV, 25 Z.;
                   Garaje Centro (garni), Doña Blanca 10, IV, 23 Z.; Motel Aloha, Umgehungs-
                   straße, km 637, II, 27 Z., Sb.

Kanarische   In Las Palmas de Gran Canaria:
Inseln   *Cristina, L, 316 Z., Sb.; *Reina Isabel, L, 234 Z., Sb.; *Santa Catalina, L,
Auf   208 Z., Sb.; Los Bardinos, I, 215 Z., Sb.; Concorde, I, 127 Z., Sb.; Iberia Sol
Gran Canaria   (garni), I, 298 Z., Sb.; Imperial Playa, I, 173 Z., Sb.; Rocamar, I, 87 Z.; Sansofe,
                   I, 101 Z.; Tigaday (garni), I, 160 Z., Sb.; Astoria Club, II, 160 Z., Sb.; Atlanta
                   (garni), II, 58 Z.; Bañosol (garni), II, 40 Z.; Cantur (garni), II, 124 Z.; Fataga,
                   II, 92 Z.; Gran Canaria, II, 90 Z.; Lumi (garni), II, 61 Z.; Miraflor (garni), II, 78
                   Z.; Parque (garni), II, 110 Z.; Pinito del Oro (garni), Portugal 30, II, 73 Z.;
                   Rosalia (garni), II, 45 Z.; Sol (garni), II, 35 Z.; Trocadero, II, 82 Z.; Utica, II, 79
                   Z.; Funchal (garni), III, 35 Z.; Majorica (garni), III, 38 Z.; Pez Espada (garni),
                   III, 38 Z.; Pujol (garni), III, 48 Z.; Valencia (garni), III, 35 Z.

                   In Maspalomas: *Maspalomas Oasis, L, 342 Z., Sb.; Apolo, I, 115 Z., Sb.;
                   Corona Caserio (garni), 106 Z.; IFA Dunamar, I, 184 Z., Sb.; IFO Hotel Faro
                   de Maspalomas, I, 188 Z., Sb.; Lucana, I, 167 Z., Sb.; Las Margaritas, I, 323
                   Sb.; Maspalomas Palm Beach, I, 358 Z.; Río Palmera, I, 231 Z., Sb.; Parque
                   Tropical, II, 235 Z., Sb.; Apartment-Hotel Rey Carlos, II, 160 Z.; Inter Club
                   Atlántic (garni), III, 105 Z., Sb.

Auf Teneriffa   In Santa Cruz de Tenerife:
                   *Mencey, L, 298 Z., Sb.; Apartment-Hotel Colón Rambla (garni), II, 40 Z.;
                   Diplomático (garnni), II, 38 Z., Sb.; Apartment-Hotel Plaza (garni), II, 64 Z.;
                   Anaga, II, 126 Z.; Pelinor (garni), III, 67 Z.; Taburiente (garni), III, 90 Z.;
                   Tamaide (garni), III, 65 Z.; Horizonte, IVV, 55 Z.; San José, IV, 53 Z.; Hostal
                   Peceño (garni), P I, 49 Z.

                   In Puerto de la Cruz:
                   *Botánico, L, 282 Z., Sb.; San Felipe, L, 260 Z., Sb.; *Semiramis, L, 275 Z.,
                   Sb.; Atalya Gran Hotel, I, 183 Z., Sb.; Atlantis Playa, I, 326 Z., Sb.; Bonanza
                   Canarife, I, 411 Z., Sb.; La Chirpa, I, 276 Z.; Dania Park, I, 227 Z., Sb.; Flo-
                   rida, I, 315 Z., Sb.; Gran Hotel los Dogos Sol, I, 237 Z., Sb.; Interpalace, I,

291 Z., Sb.; Meliá Puerto de la Cruz, I, 300 Z., Sb.; Orotava Garden, I, 241
Z., Sb.; Parque San Antonio-Sol, I, 211 Z., Sb.; Puerto Playa, I, 168 Z., Sb.;
Tenerife Playa, I, 339 Z., Sb.; El Tope, I, 216 Z.; Las Vegas, I, 223 Z., Sb.; Las
Aguilas Sol, II, 500 Z., Sb.; Apartment-Hotel Guajara, II, 335 Z., Sb.; Inter-
nacional, II, 111 Z.; Magec-Park, II, 154 Z., Sb.; Miramar, II, 143 Z., Sb.;
Nopal, II, 68 Z., Sb.; Los Príncipes, II, 55 Z.; San Telmo, II, 91 Z., Sb.; Trova-
dor, II, 80 Z., Sb.; Maquesa, III, 92 Z.; Pinocho (garni), III, 29 Z., Sb.; Alfomar
(garni), IV, 25 Z.

In Bajamer (La Laguna): Nautilus, I, 268 Z., Sb.; Delfin-Laguna (garni), II, 66
Z.; Neptuno, II, 97 Z., Sb.; Tinquaro, II, 115 Z., Sb.

In Los Cristianos (Arona): Princesa Dacil, II, 366 Z., Sb.; Apartment-Hotel
Tenerife-Sur, II, 137 Z., Sb.; Andrea (garni), III, 42 Z.; mehrere Hostales.

In Puerto del Rosario: Auf
Las Gabias (garni), II, 64 Z. Feriendörfer Club Aldiana, El Castillo.   Fuerteventura

In Arrecife: Auf Lanzarote
Arrecife Gran Hotel, I, 150 Z., Sb.; Lancelot Playa (garni), II, 90 Z.; San
Ginés (garni), IV, 28 Z.; Hostal Cardona (garni), P I, 62 Z.; España, P III, 26 Z.

In Santa Cruz de la Palma: Auf La Palma
San Miguel, II, 72 Z.

In San Sebastián de la Gomera: Auf Gomera
Garajonay, Ruiz de Padrón 15.

In Valverde: Auf Hierro
Boomerang, Dr. Gost 1.

Atlántico (garni), Jardines de Méndez Nuñez 2, I, 200 Z.; Finisterre, Paseo   **La Coruña**
del Parrote, I, 127 Z., Sb.; Apartment-Hotel Ciudad de la Coruña, II, 131 Z.,
Sb.; Riazor (garni), II, 176 Z.; España (garni), Juana de Vega 7, III, 84 Z.;
Rivas (garni), Avda. Fernández Latorre 45, III, 70 Z.; Los Lagos, Polígono
Residencial de Elviña, IV, 35 Z., Sb.; Almirante (garni), Paseo de Ronda 54,
P I, 20 Z.
An der Playa de Santa Cristina (Gemeinde Perillo; 6 km östl. der Stadt):
Rias Altas, II, 103 Z.
An der Playa de Santa Cruz (etwa 6 km weiter östlich): Porto-Cobo, II, 58
Z., Sb.

*San Marcos, Plaza de San Marcos 7, L, 258 Z.; Conde Luna (garni), Inde-   **León**
pendencia 7, I, 154 Z., Sb.; Quindos (garni), Avda. José Antonio 24, III, 96   (Stadt)
Z.; Riosol (garni), Avda. de Palencia 3, III, 141 Z.

Condes de Urgel II (garni), Avda. de Barcelona 17, I, 105 Z.; Sansi Park,   **Lérida**
Alcalde Porqueres 4, II, 26 Z.; Llerda, Carretera Barcelona, im 467, III, 110
Z.; Jamaica, Carretera Madrid, km 462,5, III, 24 Z.; Principal (garni), Plaza
de la Paheria 8, III, 53 Z.; Ramón Berenguer IV (garni), Plaza Ramón Berenguer IV 3, IV, 60 Z.; Rexi (garni), Avda. Blondel 56, IV, 25 Z.; España, Ramb-
la-Ferrán 20, P II, 30 Z.; Estación Renfe, Estación Renfe, P II, 9 Z.; Goya
(garni), Alcalde Costa 9, P II, 19 Z.; Peninsular, Plaza Berenguer IV 5, P II,
20 Z.; Santiago, Alcalde Costa 15, P II, 19 Z.

2 km südwestlich, an der Straße nach Zaragoza:
Bimba, P III, 29 Z., Sb.; La Jamaica, P III, 29 Z.

Los Bracos (garni), Bretón de Los Herreros 29, I, 72 Z.; Carlton Rioja   **Logroño**
(garni), Gran Vía 5, I, 120 Z.; Gran Hotel (garni), General Vara de Rey 5, II,
69 Z.; Murrieta, Marqués de Murrieta 1, II, 113 Z.; El Cortijo, Carretera del
Cortijo, km 2, III, 40 Z., Sb.; Isasa (garni), Doctores Castroviejo 13, IV, 30 Z.;

Hotels in
La Coruña
(Fortsetzung)

La Numantina (garni), Sagasta 4, P I, 17 Z.; Marqués de Vallejo (garni), Marqués de Vallejo 8, P II, 28 Z.

Lorca

Alameda (garni), Musso Valiente 8, II, 43 Z.; La Hoya, Carretera N-340, km 280, III, 36 Z.; La Alberca (garni), Plaza de Juan Moreno 1, P II, 21 Z.; Félix (garni), Avda. Fuerzas Armadas 146, P II, 28 Z.

Lugo

Gran Hotel Lugo, Avda. Ramón Ferreiro s / n, I, 168 Z., Sb.; Méndez Núñez (garni), Reina 1, II, 94 Z.; España (garni), Villalba 2 bis, IV, 17 Z.; Buenos Aires (garni), Plaza Comandante Manso 17, P II, 15 Z.; Rivera (garni), General Sanjurjo 94, P II, 13 Z.

Madrid

Zwischen Hauptpost und Bahnhof Atocha:
*Ritz, Plaza de la Lealtad 5, L, 156 Z.; *Palace, Plaza de las Cortes 7, L, 517 Z.; Carlton, Paseo de las Delicias 26, I, 133 Z.; Inglés (garni), Echegaray 8, II, 58 Z.; Mercator (garni), Atocha 123, II, 90 Z.; Reyes Católicos (garni), Atocha 123, II, 90 Z.; Reyes Católicos (garni), Ángel 18, II, 38 Z.; Sur, Paseo de la Infanta Isabel 9, III, 49 Z.; Mediodía (garni), Plaza del Emperador Carlos V 8, IV, 161 Z.

Zwischen Hauptpost und Nordbahnhof:
*Eurobuilding, Padre Damián 23, L, 420 Z., Sb.; *Meliá Madrid, Princesa 27, L, 266 Z.; *Princesa Plaza, Serrano Jover 3, L, 406 Z.; Alcalá (garni), Alcalá 66, I, 153 Z.; Emperador (garni), Gran Vía 53, 232 Z., I, Sb.; Liabeny (garni), Salud 3, I, 158 Z.; Mayorazgo (garni), Flor Baja 3, I, 200 Z.; Menfis (garni), Gran Vía 74, I, 122 Z.; Suecia, Marqués de Casa Riera 4, I, 67 Z.; Capitol (garni), Gran Vía 41, II, 95 Z.; Carlos V (garni), Maestro Vitoria 5, II, 67 Z.; Cortezo (garni), Doctor Cortezo 3, II, 90 Z.; Gran Vía (garni), Gran Vía 25, II, 163 Z.; Moderno (garni), Arenal 2, II, 98 Z.; Opera (garni), Cuesta Santo Domingo 2, II, 81 Z.; Príncipe Pío, Cuesta de San Vicente 14, II, 157 Z.; Regente (garni), Mesonero Romanos 9, II, 124 Z.; Regina (garni), Alcalá 19, II, 142 Z.; Rex (garni), Gran Vía 43, II, 147 Z.; Victoria, Plaza del Angel 7, II, 110 Z.; Francisco I, Arenal 15, III, 58 Z.; París, Alcalá 2, III, 114 Z. Apartment-Hotel Eurobuilding, Juan Ramón Jimenez 8, I, 154 Z., Sb.

In den nördlichen Stadtteilen:
*Villa Magna, Paseo de la Castellana 22, L, 194 Z.; *Luz Palacio, Paseo de la Castellana 67, L, 182 Z.; *Meliá Castilla, Capitán Haya 43, L, 936 Z., Sb.; *Miguel Angel, Miguel Angel 31, L, 304 Z., Sb.; *Mindanao, Paseo San Francisco de Sales 15, L, 289 Z., Sb.; *Wellington, Velázquez 8, L, 261 Z., Sb.; Aitana (garni), Paseo de la Castellana 152, I, 111 Z.; Castellana Inter-Continental (garni), Paseo de la Castellana 57, I, 313 Z.; Cuzco, Paseo de la Castellana 133, I, 330 Z.; Emperatriz (garni), Lopez de Hoyos 4, I, 170 Z.; Florida Norte (garni), Paseo de la Florida 5, I, 399 Z.; Los Galgos-Sol, Claudia Coello 139, I, 359 Z.; Gran Versalles (garni), Covarrubias 4, I, 96 Z.; Sanvy (garni), Goya 3, I, 141 Z.; Velázquez, Velázquez 62, I, 130 Z.; San Antonio de la Florida (garni), Paseo de la Florida 13, II, 96 Z.

In den östlichen Stadtteilen:
Colón, Doctor Esquerdo 117, I, 389 Z., Sb.; Pintor (garni), Goya 79, I, 176 Z.; Claridge (garni), Plaza del Conde de Casal 6, II, 150 Z.

Im Universitätsviertel:
*Monte Real, Arroyo Fresno 17 (Puerta de Hierro), L, 77 Z., Sb.

In den südlichen Stadtteilen:
Puerta de Toledo (garni), Glorieta Puuerta de Toledo 4, II, 152 Z.; Finisterre (garni), Toledo 111, IV, 97 Z.

Beim Flughafen Barajas:
*Barajas, Avda. Logroño 305, L, 230 Z., Sb.; Alameda, Avda. Logroño 100, I, 145 Z., Sb.

*Málaga Palacio (garni), beim Stadtpark, L, 228 Z., Sb.; Guadalmar, Apdo. **Málaga**
de Correos 568, I, 195 Z., Sb.; Bahía Málaga (garni), Somera 8, II, 44 Z.;
Casa Curro, Sancha de Lara 7, II, 105 Z.; Husa Las Vegas, Paseo de San-
cha 22, II, 73 Z., Sb.; Los Naranjos (garni), Paseo de Sancha 35, II, 41 Z.;
California, Paseo de Sancha 19, III, 26 Z.; Lis (garni), Córdoba 7, III, 53 Z.;
Olletas (garni), Cuba 1-3, III, 66 Z.; Astoria (garni), Avda. del Comandante
Benitez 3, IV, 61 Z.; Lynda Mar, Canales 6, IV, 30 Z.

El Fuerte, Llano de San Luis, I, 146 Z., Sb.; San Cristóbal (garni), II, Ramón **Marbella**
y Cajal 18, 102 Z.; Lima (garni), Avda. Antonio Belón 2, III, 64 Z.

An der Carretera Málaga:
*Don Carlos, Urb. Elviria, 10 km östlich, L, 236 Z., Sb.; *Los Monteros, 7
km östlich, L, 171 Z., Sb.; Artola, 12 km östlich, II, 19 Z., Sb.; Bellamar, 2,5
km östlich, II, 66 Z., Sb.; Las Chapas, 10,5 km östlich, II, 117 Z., Sb.;
Estrella del Mar, 10 km östlich, II, 98 Z., Sb.
An der Carretera Cádiz:
*Meliá Don Pepe, Finca Las Merinas, 1 km westlich, L, 218 Z., Sb.; *Pu-
ente Romano, 3,5 km westlich, L, 198 Z., Sb.; Marbella Club, 3 km west-
lich, I, 76 Z., Sb.; Marbella-Dinamar-Club, 24,6 km westlich, I, 117 Z., Sb.;
Guadalpín, 1,5 km westlich, II, 103 Z., Sb. Club Méditerranée 'Don Miguel',
Sb.

Nico Hotel 70, Carretera N-II, km 151, II, 22 Z.; Duque de Medinaceli **Medinaceli**
(garni), Carretera N-II, km 150, IV, 12 Z.; Catalán, Carretera N-II, km 150, P
II, 9 Z.; Medinaceli, Del Portillo 1, P II, 7 Z.

La Mota (garni), Fernando el Católico 4, III, 40 Z.; San Roque (garni), Carre- **Medina**
tera la Coruña, km 157, III, 40 Z.; Medina, Isabel la Católica 3, IV, 14 Z.; **del Campo**
Europa, Padilla 40, P II, 33 Z.

Anfora (garni), Pablo Vallesca 8, III, 145 Z.; Rusadir San Miguel (garni), **Melilla**
Pablo Vallesca 5, III, 27 Z.

Las Lomas, Carretera N-V, km 338, I, 139 Z., Sb.; Emperatriz, Plaza de **Mérida**
España 19, II, 41 Z.; Nova Roma (garni), Suárez Somonte 42, III, 28 Z.; Zeus
(garni), Carretera N-V, km 341, III, 44 Z.

Cardenal Ram, Cuesta Súñer 1, III, 19 Z. **Morella**

Siete Coronas Meliá, Ronda de Garay 5, I, 122 Z.; Conde de Floridablanca **Murcia**
(garni), Corbalán 7, II, 60 Z.; Fontoria (garni), Madre de Dios 4, II, 120 Z.; **(Stadt)**
Hispano II, Radio Murcia 3, II, 35 Z.; Rincón de Pepe (garni), Apóstoles 34,
II, 122 Z.

Mónica, Playa Torrecilla s / n, I, 234 Z., Sb.; Balcón de Europa, Paseo Bal- **Nerja**
cón de Europa 1, II, 105 Z., Strand; Cala-Bella, Puerta del Mar 10, IV, 9 Z.;
Portofino, Puerta del Mar 2, IV, 12 Z.

Castillo, P III, Gral. Mola 16, 8 Z. **Olite**

Morales, Carretera N-232, km 99, P III, 6 Z. **Oña**

San Martin, Curros Enríques 1, I, 60 Z.; Sila, Avda. de la Habana 61, II, 64 **Orense**
Z.; Padre Feijoo (garni), Eugenio Montes 1, III, 53 Z.; Barcelona, Avda. de
Pontevedra 13, IV, 47 Z.; Parque (garni), Parque de San Lázaro 24, IV, 57
Z.; Riomar (garni), Mateo de Prado 15, P II, 39 Z.; La Confianza (garni), Juan
XXIII 4, P III, 40 Z.; Lido (garni), Juan XXIII 6, P III, 66 Z.

La Zenia, Urbanización la Zenia, I, 220 Z., Sb.; Montepiedra, Dehesa de **Orihuela**
Campoamor, II, 64 Z., Sb.; Casa Corro (garni), Avda. Teodomiro 1, P II, 16
Z.; Rey Teodomiro (garni), Avda. Teodomiro 10, P II, 30 Z.

Oviedo

✻La Reconquista, Gil de Jaz 16, L, 139 Z., Sb.; Gran Hotel España, Jovellanos 2, I, 89 Z.; La Jirafa, Pelayo 6, I, 89 Z.; Ramiro I (garni), Calvo Sotelo 13, I, 83 Z.; Regente, Jovellanos 31, I, 88 Z.; La Gruta (garni), Alto de Buenavista s / n, II, 55 Z.; Principado, San Francisco 6, II, 55 Z.; Barbón (garni), Covadonga 7, III, 40 Z.; Ramos (garni), Carta Puebla 6, IV, 40 Z.; Tropical (garni), 19 de Julio 6, IV, 44 Z.

Palencia

Castilla la Vieja (garni), Casado del Alisal 26, II, 87 Z.; Rey Sancho de Castilla (garni), Avda. Ponce de León s / n, II, 100 Z.; Colón-27, Colón 27, IV, 22 Z.; Los Jardinillos, Eduardo Dato 2, IV, 39 Z.; Monclus (garni), Menéndez Pelayo 3, P I, 40 Z.; Roma (garni), Alonso Fernández de Madrid 8, P II, 23 Z.

Pamplona

Los Tres Reyes, Jardines de la Taconera s / n, I, 168 Z., Sb.; Ciudad de Pamplona (garni), Iturrama 21, II, 117 Z.; Nuevo Hotel Maisonnave, Nueva 20, II, 160 Z.; Orhi (garni), Leyre 7, II, 55 Z.; Yoldi (garni), Avda. de San Ignacio 11, II, 48 Z.; Eslava (garni), Plaza Virgen de la O 7, III, 28 Z.; La Perla (garni), Plaza de Castillo 1, IV, 67 Z.; Sancho Ramírez, Sancho Ramírez 11, P I, 82 Z.

Picos de Europa

In Arenas de Cabrales: Fonda Picos e Europa, 6 Z.
In Cangas de Onis: Ventura, III, 22 Z.; Eladia, IV, 24 Z.
In Covadonga: Pelayo, II, 55 Z.
In Panes de Peñamellera: Covadonga, P II, 19 Z.; Lama, P III, 7 Z.
In Potes: La Cabaña (garni), 24 Z., Sb.; Picos de Valdecoro (garni), II, 24 Z.; Picos de Europa (garni), P II, 26 Z.

Plasencia

Alfonso VIII, Alfonso VIII 32, II, 56 Z.; Mi Casa (garni), Maldonado 13, P II, 49 Z.; Real, Carretera Salamanca, km 128, P II, 32 Z.; Rincón Extremeño (garni), Vodrieras 6, P II, 30 Z.

Ponferrada

Del Temple (garni), Avda. Portugal 2, II, 114 Z., Sb.; Conde Silva (garni), Avda. de Astorga 2, III, 60 Z.; Madrid, Avda. José Antonio 46, III, 54 Z.; Lisboa, Jardines 3, P II, 16 Z.; Marán (garni), Antolín López Peláez 29, P II, 24 Z.; Santa Cruz (garni), Marcelo Macías 4, P II, 32 Z.

Pontevedra

Rías Bajas (garni), Daniel de la Sota 7, II, 100 Z.; Virgen del Camino (garni), Virgen del Camino 55, II, 53 Z.; Comercio (garni), A. González Besada 3, IV, 26 Z.; México (garni), Andrés Murvais 8, IV, 28 Z.

Reus

De France, Vicaria 8, III, 39 Z., Sb.; Gaudí, Arrabal Robuster 49, P II, 71 Z.; Olle (garni), Paseo de Prim 45, P II, 32 Z.; Giralt, Carretera Tarragona, P III, 36 Z.; Simonet, Arrabal de Santa Ana 18, P III, 45 Z.

Ripoll

Monasterio, Plaza Gran 4, IV, 40 Z.; Payet (garni), Plaza Nueva 2, IV, 22 Z.; Canaulas (garni), Puente de Olot 1, P II, 15 Z.; Ripollés, Plaza Nueva 11, P III, 13 Z.
An der N-152 (2 km südl.): Solana del Ter, III, 28 Z., Sb.

Ronda

Reina Victoria, Jerez 25, in aussichtsreicher Lage, westlich vor der Stadt, I, 89 Z., Sb.; Polo (garni), Mariano Soubirón 8, II, 33 Z.; Royal (garni), Virgen de la Paz 42, P I, 25 Z.

Ruta Jacobea

bzw. Camino de Santiago s. Jakobsweg und Santiago de Compostela

Sagunto

Azahar, Avda. País Valencia 8, III, 25 Z.; Bergantín, Plaza del Sol s / n, IV, 27 Z.; Teide, Nueve Octubre 53, P II, 28 Z.; California, Buenavista 35, P III, 30 Z.

Salamanca

Gran Hotel (garni), Plaza del Poeta Iglesias 5, I, 100 Z.; Monterrey (garni), Azafranal 21, I, 89 Z.; Alfonso X (garni), Toro 64, II, 66 Z.; Castellano III (garni), San Francisco Javier 2, II, 73 Z.; Ceylán, San Teodoro 7, III, 32 Z.;

Condal (garni), Santa Eulalia 3, III, 70 Z.; Emperatriz, Compañía 4, III, 37 Z.; Pasaje, Espoz y Mina 23, III, 62 Z.; Castellano (garni), Avda. de Portugal 29, IV, 22 Z.; Clavero, Consuelo 21, IVV, 26 Z.; Las Torres, Plaza Mayor 26, IV, 33 Z.; Barcelona (garni), Paseo San Vicente 24, P II, 36 Z.
An der Carretera N-501, km 204: Regio y Mesón Lazarillo de Tormes, I, 118 Z., Sb.

Hotels in Salamanca (Fortsetzung)

Golfhotel Guadalmina, Hacienda Guadalmina, I, 80 Z., Golf, Sb.; El Pueblo Andaluz, Carretera N-340, km 172, III, 179 Z., Sb.; Alcotán, Urbanización Cortijo Blanco, km 179, IV, 84 Z., Sb.
In der Urbanización Nueva Andalucía:
*Golfhotel Nueva Andalucía (garni), Campo de Golf, L, 22 Z., Golf, Sb.; Andalucía Plaza, Carretera N-340, km 180, I, 424 Z., Golf, Sb.
Apartment-Hotel Las Fuentes del Rodeo, Carretera N-340, km 180, II, 85 Z., Sb.

San Pedro de Alcántara

*María Cristina, Paseo República Argentina s / n, L, 139 Z.; *Costa Vasca (garni), Avda. Pío Baroja 15, 203 Z., Sb.; Londres y Inglaterra, Zubieta 2, I, 120 Z.; Monte Igueldo (garni), Monte Igueldo, I, 125 Z., Sb.; Orly (garni), Plaza de Zaragoza s / n, I, 63 Z.; San Sebastián (garni), Avda. de Zumalacárregui 20, I, 94 Z., Sb.; Gudamendi, Barrio de Igueldo, II, 20 Z.; Niza, Zubieta 56, II, 41 Z.; Arana (garni), Vergara 7, III, 56 Z.; Parma (garni), General Jáuregui 11, III, 21 Z.; Codina, Avda. Zumalacárregui 21, III, 77 Z.; Pellizar (garni), Barrio de Intxaurrondo, III, 33 Z.; Isla, Miraconcha 17, IV, 38 Z.; Buena Vista (garni), Barrio de Igueldo s / n, P I, 12 Z.; José Mari, San Bartolomé 3, P I, 30 Z.; Bahía (garni), San Martin 54, P II, 60 Z.; La Estrella (garni), Plaza de Sarriegui 1, P II, 27 Z.; Lasa, Vergara 15, P II, 33 Z.; Terminus, Avda. de Francia s / n, P II, 20 Z.

San Sebastián

In der Stadt:
Bahía (garni), Avda. de Alfonso XIII 6, I, 181 Z.; Rex (garni), Avda. Calvo Sotelo 9, II, 54 Z.; México (garni), Mendez Nuñez 2, III, 35 Z.; Arenal (garni), Emilio Pino 7, P II, 63 Z.; Ignacia (garni), General Mola 5, P II, 57 Z.
Am Sardinero (die meisten Hotels im Winter geschlossen):
*Real, Paseo de Pérez Galdós 28, in erhöhter aussichtsreicher Lage (1 km vom Strand), L, 124 Z.; Santemar (garni), Avda. Joaquín Costa 28, I, 350 Z.; María Isabel (garni), Avda. de Manuel García Lago s / n, II, 63 Z.; Sardinero (garni), Plaza de Italia 1, II, 113 Z.; Roma (garni), Avda. de los Hoteles 5, III, 52 Z.; Castilla (garni), Avda. de Joaquín Costa 43, IV, 30 Z.; Colón (garni), Plaza de las Brisas 1, IV, 33 Z.; París (garni), Avda. de los Hoteles 6, P II, 71 Z.

Santander

*Los Reyes Católicos, Plaza de España 1, L, 157 Z.; *Araguaney, Alfredo Brañas 5, L, 57 Z., Sb.; Composstela (garni), Hórreo 1, I, 99 Z.; Peregrino, Avda. Rosalía de Castro s / n, I, 148 Z., Sb.; Gelmirez (garni), Hórreo 92, II, 138 Z.; Santiago Apóstol, La Grela 6, II, 91 Z.; Rey Fernando, Fernando III El Santo 30, III, 24 Z.; Universal (garni), Plaza de Galicia 2, III, 54 Z.; Windsor (garni), República de El Salvador 16, P I, 50 Z.; Alameda (garni), San Clemente 32, P II, 20 Z.

Santiago de Compostela

Los Infantes, Avda. Le Dorat 1, II, 30 Z.; Altamira, Cantón 1, III, 38 Z.; Conde-Duque (garni), Campo de Revolgo s / n, IV, 14 Z.; Los Hidalgos (garni), Campo de Revolgo s / n, IV, 18 Z.; Castillo (garni), Plaza de Ramón Pelayo 6, P III, 4 Z.

Santillana del Mar

Santa Teresita, General Mola 1, P II, 78 Z.; Río (garni), Etchegoyen 2, P III, 12 Z.

Santo Domingo de la Calzada

Acueducto, Avda. del Padre Claret 10, II, 73 Z.; Los Linajes (garni), Doctor Velasco 9, II, 55 Z.; Victoria, Plaza Mayor 5, IV, 30 Z.; Las Sirenas, Juan Bravo 30, P I, 39 Z.
An der Carretera N-110 (Richtung Soria): Puerto de Segovia, II, 118 Z., Sb.

Segovia

Seo de Urgel

El Castell, Carretera Lleida s / n, I, 39 Z., Sb.; Alto Segre, Montferrer, Carretera (C-1313 km 3, 48 Z.; Nice (garni), Avda. Pau Clarís 4, III, 50 Z.; Andría, Paseig Brudieu 24, IV, 25 Z.; Cadi, Duque de Seo de Urgel 4, IV, 42 Z.; Mundial, San Dot 2, IV, 69 Z.

Sevilla

*Alfonso XIII, San Fernando 2, L, 149 Z., Sb.; Colón, Canalejas 1, I, 262 Z.; Doña María (garni), Don Remondo 19, I, 61 Z., Sb.; Gran Hotel Lar, Plaza de Carmen Benitez 3, 137 Z.; Inglaterra, Plaza Nueva 7, I, 120 Z.; Los Lebreros, Luis Morales 2, I, 439 Z., Sb.; Macarena, San Juan Ribera 2, 305 Z., Sb.; Pasarela (garni), Avda. de la Borbolla 11, I, 82 Z.; Porta Coeli (garni), Avda. Eduardo Dato 49, I, 246 Z.; Alcázar (garni), Menendez Pelayo 10, II, 96 Z.; América (garni), Jesus del Gran Poder 2, II, 100 Z.; Bécquer (garni), Reyes Católicos 4, II, 126 Z.; Corregidor (garni), Morgado 17, II, 69 Z.; Don Paco, Plaza Jerónimo de Córdoba 4, II, 220 Z., Sb.; Fernando III (garni), San José 21, II, 156 Z.; Giralda, Sierra Nevada 3, II, 90 Z.; Monte Carmelo (garni), Turia 9, II, 68 Z.; Reyes Católicos (garni), Gravina 57, II, 26 Z.; Venecia (garni), Trajano 31, II, 24 Z.; Virgen de los Reyes, Luis Montoto 131, II, 80 Z.; Ducal (garni), Plaza de la Encarnación 19, II, 51 Z.; International (garni), Aguilas 17, III, 26 Z.; Montecarlo, Gravina 51, III, 25 Z.; Murillo (garni), Lope de Rueda 7, III, 61 Z.; Niza, Reyes Católicos 5, III, 56 Z.; La Rábida, Castellar 24, III, 87 Z.; Sevilla (garni), Daoiz 6, III, 32 Z.; Lyon, Vidrio 15, IV, 33 Z.; Simón, García de Vinuesa 19, IV, 47 Z.; Itálica (garni), Antonio de la Peña Lopez 5, P I, 27 Z.; Madrid (garni), San Pedro Martir 22, P I, 23 Z.; El Paraíso, Gravina 27, P I, 29 Z.; Sierpes, Corral del Rey 22, P I, 39 Z.; Zaida (garni), San Roque 26, P I, 27 Z.; Central (garni), Zaragoza 18, P II, 22 Z. Duque, Trajano 15, P II, 35 Z.; Jentoft (garni), Benidorm 2, P II, 58 Z.; Los Naranjos (garni), San Roque 11, P II, 25 Z.; Prado (garni), Avda. de Málaga 6, P II, 43 Z.; Zahira, San Eloy 43, P II, 19 Z.; Alvertos, Cervantes 4, P III, 20 Z.

Sierra Nevada

In Solynieve:
Meliá Sierra Nevada, I, 221 Z.; Meliá Sol y Nieve, II, 178 Z.; Nevasur (garni), III, 50 Z.

An der Straße nach Granada (km 21):
El Nogal, P I, 37 Z.

Sigüenza

El Doncel, General Mola 1, P II, 16 Z.; Elías, Alfonso VI 6, P III, 15 Z.; El Mesón, Román Pascual 14, P III, 12 Z.; Venancio, San Roque 1, P III, 17 Z.

Sitges

Calípolis (garni), Paseo Marítimo s / n, I, 163 Z.; Terramar (garni), Paseo Marítimo s / n, I, 209 Z., Sb.; Antemare, Avda. Verge Montserrat 48, II, 72 Z., Sb.; Galeón, San Francisco 44, II, 47 Z., Sb.; Los Pinos, Paseo Marítimo s / n, II, 42 Z., Sb.; Arcadia (garni), Socias 22, II, 38 Z.; Bahía, Parelladas 27, III, 37 Z.; Caramelles (garni), Francisco Guma 22, III, 28 Z.; Londres, Juan Maragall 3, III, 20 Z.; Picadilly (garni), Espalter 29, III, 20 Z.; Platjador, Paseo Ribera 35, III, 44 Z.; Sitges Park Hotel, Jésus 12, III, 87 Z., Sb.; Subur, España 1, III, 95 Z.; Alexandra (garni), Pasaje Termes 1, IV, 26 Z.; Bertrán (garni), Marqués de Montroig 11, IV, 67 Z.; Don Pancho (garni), San José 2, IV, 85 Z.; Romantic, San Isidro 23, IV, 55 Z.; San Francisco, Santiago Rusiñol 8, IV, 48 Z.; Sitges (garni), San Gaudenci 5, IV, 52 Z.; La Reserva, Paseo Marítimo 62, P I, 24 Z.; Casa Munich, Enrique Morera 16, P II, 29 Z., Sb.

Soria

Alfonso VIII, Alfonso VIII 10, II, 103 Z.; Caballeros (garni), Eduardo Saavedra 4, II, 84 Z.; Mesón Leonor, Paseo del Mirón s / n, II, 32 Z.; Las Heras, Plaza Ramón y Cajal 5, IV, 24 Z.; Cadosa, Carretera N-122, km 146, P I, 76 Z.; Comercio, Plaza de los Jurados, P II, 30 Z.; Casa Diocesana Pío XII, San Juan 5, P III, 51 Z.

Tafalla

Tafalla, Carretera Pamplona – Zaragoza, P II, 30 Z.
In Olite: Castillo, P III, 8 Z.

Beatriz, Avda. Madrid 1, II, 161 Z.; León, Carretera Extremadura, km 119, II, 30 Z.; Perales (garni), Avda. Pío XII 3, III, 65 Z.; Talavera, Avda. Gregorio Ruiz 1, III, 80 Z.; Auto-Estación, Avda. de Toledo 1, IV, 40 Z.; Edán, Avda. General Yagüe, P II, 12 Z.; Sierra (garni), Ronda del Cañillo 31, P III, 11 Z.   **Talavera de la Reina**

Brujas de Becquer (garni), Carretera N-122, km 44, III, 60 Z.; María Cristina (garni), Carretera Castilla 3, P III, 5 Z.   **Tarazona**

Imperial Tarraco, Rambla Vella 2, I, 170 Z., Sb.; Astari, Vía Augusta 95, II, 83 Z., Sb.; Lauria (garni), Lauria 4, II, 72 Z., Sb.; París (garni), Maragall 4, III, 45 Z.; Sant Jordí (garni), Vía Augusta s / n, III, 40 Z.; España (garni), Rambla Nova 49, IV, 42 Z.; Marina (garni), Vía Augusta 151, IV, 26 Z.; Nuria, Vía Augusta 217, IV, 61 Z.; Urbis (garni), Reding 20, IV, 58 Z.; El Callejón (garni), Vía Augusta 213, P III, 18 Z.   **Tarragona**

Egara (garni), Onésimo Redondo 1, P II, 22 Z.   **Tarrasa**

Reina Cristina, Paseo Generalísimo 1, II, 62 Z.; Civera (garni), Avda. Sagunto 37, III, 73 Z.; Goya (garni), Tomás Nogués 4, IV, 24 Z.; Oriente (garni), Avda. de Sagunto 5, IV, 31 Z.; Utrillas, Ronda Dámaso Torán 23, P III, 41 Z.   **Teruel**

Alfonso VI (garni), General Moscardó 2, II, 80 Z.; Cardenal (garni), Paseo de Recaredo 24, II, 27 Z.; Carlos V, Trastamara 1, II, 55 Z.; María Cristina, Marqués de Mendigorria 1, II, 43 Z.; Almazara (garni), Carretera Toledo – Arges y Guerva, km 3,4, III, 21 Z.; Maravilla, Barrio Rey 7, III, 18 Z.; Imperio (garni), Cadenas 7, IV, 21 Z.; Lino, Santa Justa 9, IV, 12 Z.   **Toledo**

Atxondo (garni), Polígono Arkante 8, P III, 5 Z.; Oyarbide, Plaza de Gorriti 1, P III, 19 Z.   **Tolosa**

El Montico, Carretera N-620, km 145, II, 34 Z., Sb.; Jambrina, Carretera N-122, km 320, IV, 15 Z.   **Tordesillas**

Juan II, Plaza del Espolón 1, II, 42 Z., Sb.; Doña Elvira, Antonio Miguelez 47, P III, 19 Z.   **Toro**

✳Meliá Torremolinos, L, 283 Z., Sb.; El Andalus, I, 164 Z., Sb.; Cervantes, I, 393 Z., Sb.; Don Pablo, I, 443 Z., Sb.; Pez Espada, I, 149 Z., Sb.; Tropicana, I, 86 Z., Sb.; Alta Vista, II, 107 Z.; Camino Real, II, 144 Z., Sb.; Lago Rojo, II, 144 Z., Sb.; Nautilus, II, 116 Z., Sb.; Las Palomas, II, 294 Z., Sb.; Príncipe-Sol, II, 577 Z., Sb.; Los Arcos, III, 51 Z., Sb.; Piscis (garni), III, 49 Z., Sb. Apartment-Hotel Aloha Puerto-Sol, I, 418 Z., Sb.; Meliá Costa del Sol, I, 540 Z., Sb.; La Barracuda, Avda. España s / n, II, 220 Z., Sb.   **Torremolinos**

Berenguer IV, Cervantes 23, III, 54 Z.; Siboni, Calle del Angel 6, P III, 35 Z.   **Tortosa**

Las Cigüeñas, Carretera N-V, 1 km nordöstlich, III, 78 Z.; Emilia, General Mola 26, P III, 29 Z.; La Estación (garni), Carretera N-V, km 252, P III, 28 Z.   **Trujillo**

Santamaría, San Marcial 14, III, 51 Z.; De Tudela, Carretera N-232, P I, 16 Z.; Navarra, Avda. Zaragoza 29, P II, 39 Z.; Remigio, Gaztambide 4, P II, 39 Z.   **Tudela**

Generosa, P III, 16 Z.   **Túy**

Consuelo (garni), III, 39 Z.; La Paz (garni), P II, 53 Z.; Casa Castillo, P III, 24 Z.   **Úbeda**

Astoria Palace, Plaza Rodrigo Botet 5, I, 208 Z.; Dimar (garni), Gran Vía Marqués del Turia 80, I, 95 Z.; Reina Victoria, Barcas 4, I, 92 Z.; Rey Don Jaime, Avda. Baleares 2, I, 314 Z., Sb.; Excelsior (garni), Barcelonina 5, II,   **Valencia** (Stadt)

Hotels in Valencia (Fortsetzung)	65 Z.; Expo Hotel, Avda. Pío XII 4, II, 396 Z., Sb.; Feria Sol, Avda. Avda. de Feria 2, II, 136 Z.; Inglés, Marqués de Dos Aguas 6, II, 62 Z.; Lehos (garni), General Urrutia s / n, II, 104 Z., Sb.; Llar (garni), Colón 46, II, 50 Z.; Metropol (garni), Játiva 23, II, 108 Z.; Oltra (garni), Plaza del País Valenciano 4, II, 93 Z.; Recati, Carretera Valencia – Oliva, km 18, II, 44 Z., Sb.; Renasa (garni), Avda. Cataluña 5, II, 73 Z.; Sorolla (garni), Convento Santa Clara 5, II, 50 Z.; Bristol (garni), Abadía San Martín 3, III, 40 Z.; Continental (garni), Correos 8, III, 43 Z.; La Marcelina (garni), Playa de Levante 72, III, 40 Z.; Patilla (garni), Pinares 10, II, 28 Z.; Alcázar, Mesón Femades 11, IVV, 18 Z.; Europa, Ribera 4, IV, 81 Z.; Internacional (garni), Avda. de Neptuno 2, IV, 53 Z.; Valencia (garni), Convento San Francisco 7, IV, 59 Z.; Hostal Florida (garni), Padilla 4, P I, 45 Z.; Londres (garni), Barcelonina 1, P I, 57 Z.; Mediterráneo, Avda. Barón de Cárcer 45, P I, 30 Z.
Valladolid	Felipe IV (garni), Gamazo 16, I, 130 Z.; Old Meliá, Plaza de San Miguel 10, I, 226 Z.; Meliá Parque, García Morato 17, II, 306 Z.; Imperial, Peso 4, III, 80 Z.; Roma, Héroes del Alcázar de Toledo 6, III, 38 Z.; Ernara (garni), Plaza de España 5, IV, 26 Z.; Burgalesa, Plaza Santa Ana 7, P II, 16 Z.; París (garni), Especeria 2, P II, 24 Z. An der Carretera nach Burgos, km 120: Covatra, P II, 18 Z.
Vich	Ausa, Plaza de Caudillo 4, III, 26 Z.; Colón, Rambla Paseig 1, IV, 38 Z.; Cal-U, Rambla Santa Teresa 7, P III, 30 Z.
Vigo	Bahía de Vigo, Avda. Cánovas del Castillo 5, I, 110 Z.; Ciudad de Vigo (garni), Concepción Arenal 4, I, 101 Z.; Coia (garni), Sangenjo s / n, I, 126 Z.; Gran Hotel Samil, Playa de Samil, I, 127 Z., Sb.; Ensenada, Alfonso XIII 35, II, 109 Z.; Ipanema (garni), Vázquez Varela 31, II, 60 Z.; Lisboa, Urzaiz 50, II, 93 Z.; México (garni), Vía Norte 10, II, 112 Z.; Niza, María Berdiales 32, II, 102 Z.; Almirante (garni), Queipo de Llano 13, III, 31 Z.; América (garni), Pablo Morillo 6, III, 56 Z.; Celta (garni), México 22, III, 45 Z.; Galicia (garni), Colón 13, III, 53 Z.; Junquera, Uruguay 27, III, 35 Z.; Nilo (garni), Marqués de Valladares 26, III, 52 Z.
Villanueva y Geltrú	César, Isaak Peral 4, II, 30 Z., Sb.; Mar del Cal Ceferino, Paseo de Ribes Roges s / n, P II, 28 Z.; Mare Nostrum, Rambla de la Pau 66, P II, 20 Z.; Solvi 70, Paseo de Ribes Roges 1, P II, 30 Z.; Burcet, Rambla Castillo 46, P III, 18 Z.; Can Gatell, Puigcerdá 12, P III, 63 Z.; Costador, Paseo Marítimo 49, P III, 22 Z.
Vitoria	Canciller Ayala (garni), Ramón y Cajal 5, I, 185 Z.; Gasteiz (garni), Avda. de Gasteiz 19, I, 150 Z.; General Alava (garni), Avda. de Gasteiz 53, II, 105 Z.; Desiderio (garni), Colegio San Prudencio 2, III, 21 Z.; Páramo (garni), General Alava 11, III, 40 Z.; Bilbaína, Prudencio María de Verástegui 2, IV, 29 Z.; Dato 28 (garni), Dato 28, IV, 14 Z.; Achuri, Rioja 11, P II, 40 Z.
Zamora	Dos Infantes (garni), Cortinas de San Miguel 3, II, 68 Z.; Cuatro Naciones, Avda. José Antonio 11, III, 40 Z.; Rey Don Sancho, Carretera Villacastín – Vigo, km 276, P I, 86 Z.; El Sayagues, Plaza Puentica 2, P II, 56 Z.; Trefacio, Alfonso de Castro 8, P II, 36 Z.; Luz (garni), Benavente 2, P III, 14 Z.
Zaragoza	*Corona de Aragón, Avda. César Augusto 13, L, 249 Z., Sb.; *Gran Hotel, Costa 5, L, 138 Z.; *Palafóx, Casa Jiménez s / n, L, 184 Z., Sb.; Don Yo, Bruil 4, I, 181 Z.; Goya, Cinco de Marzo 5, I, 150 Z.; Rey Alfonso I (garni), Coso 17, I, 117 Z.; La Romareda (garni), Asin y Palacios 11, I, 90 Z.; El Cisne (garni), Carretera N-II, km 309, 61 Z., Sb.; Conquistador, Herman Cortes 21, II, 44 Z.; Europa (garni), Alfonso I 19, III, 54 Z.; Oriente, Coso 11, II, 87 Z.; París, Pedro María Ric 14, II, 62 Z.; Ramiro I, Coso 123, II, 105 Z.; Zaragoza Royal, Arzobispo Domenech 4, II, 92 Z.; Cesraugusta II (garni), Avda. Anselmo Clave 47, P II, 24 Z.; Conde Blanco (garni), Predicadores 84, II, 83 Z.; Gran Vía (garni), Gran Vía 38, III, 41 Z.; Los Molinos (garni), San Miguel 28, III, 40 Z.; Avenida (garni), Avda. César Augusto 55, IV, 48 Z.;

Lafuente (garni), Valenzuela 7, IV, 65 Z.; Patria (garni), Hermanos Ibarra 8, IV, 41 Z.; Posada de las Almas, San Pablo 22, IV, 30 Z.; La Salle, San Juan de la Cruz 22, IV, 30 Z.

Hotels in Zaragoza (Fortsetzung)

Jugendherbergen (albergues juveniles, alberg. para la juventud)

Zahlreiche größere und mittlere Orte verfügen über Jugendherbergen, in denen jüngere Touristen preisgünstige Übernachtung finden. Mitgliedern nationaler Jugendherbergsorganisationen, die dem Internationalen Jugendherbergsverband angeschlossen sind, stehen die Herbergen in der Regel von Juli bis September zur Verfügung.

Allgemeines

Der Aufenthalt in ein und derselben Jugendherberge ist für Einzelpersonen auf drei Nächte begrenzt.

Aufenthalts-dauer

Central de Reservas de Albergues
José Ortega y Gasset 71
E-28006 Madrid
Tel. (91) 4011300

Reservierungs-zentrale in Spanien

Deutsches Jugendherbergswerk (DJH)
Hauptverband für Jugendwandern und Jugendherbergen
Bismarckstr. 8
D-4930 Detmold
Tel. (05231) 7401-0

Auskunft in der Bundesrepublik Deutschland

Das "International Youth Hostel Handbook, Vol. 1: Europe and the Mediterranean" wird von der International Youth Hostel Federation herausgegeben und ist bei der zuvor genannten Anschrift zu beziehen.
Außerdem versenden die Spanischen Fremdenverkehrsämter auf Anfrage eine Liste der Jugendherbergen in Spanien.

Österreichischer Jugendherbergsverband
Schottenring 28
A-1010 Wien
Tel. (01) 5335353 und

Auskunft in Österreich

Österreichisches Jugendherbergswerk
Helferstorferstr. 4
A-1010 Wien
Tel. (01) 5331833/4

Schweizerischer Bund für Jugendherbergen (SBJ)
Postfach
CH-3001 Bern
Tel. (031) 245503

Auskunft in der Schweiz

Voranmeldung ist in jedem Falle ratsam.

Voranmeldung

Die Jugendherbergen sind in der Regel von 7.00 bis 23.00 Uhr geöffnet.

Öffnungs-zeiten

Es kann Voll-, Halbpension oder nur die Übernachtung gebucht werden.

Buchungs-möglichkeiten

Karten (Land-, Straßen- und Reisekarten)

Neben der zu diesem Reiseführer gehörenden Übersichtskarte möchten wir empfehlen, zusätzliches Kartenmaterial mitzuführen, und geben nachstehend eine Auswahl:

Empfehlung

Karten (Fortsetzung) 1 : 1 000 000	Hallwag: Spanien, Portugal (mit Distoguide) Michelin, Blatt 990: España – Portugal (Mapa de las Principales Carreteras)
1 : 500 000	ADAC-Straßenkarten Spanien
1 : 400 000	Michelin (Mapas Regionales), Blatt 441: Galicia – Asturias – León Blatt 442: Cantabria – País Vasco / Euskadi – Navarra-La Rioja – Castilla-Madrid Blatt 443: Cataluña / Catalunya – Aragón – Baleares Blatt 444: Madrid–Castilla-la Mancha – Extremadura Blatt 445: Levante – Valencia-Murcia Blatt 446: Andalucía – Costa del Sol Blatt 448: Islas Canarias (Kanarische Inseln)
1 : 200 000	Mairs Generalkarte: Costa Brava Mairs Generalkarte: Costa Blanca Mairs Generalkarte: Costa del Sol
1 : 175 000	Mairs Generalkarte: Mallorca / Ibiza
1 : 150 000	Mairs Generalkarte: Teneriffa Mairs Generalkarte: Gran Canaria
Shell-Atlas	Empfehlenswert wegen seiner reichhaltigen Karten und Stadtpläne ist ferner "Der Neue Große Shell Atlas", erschienen in Mairs Geographischem Verlag, Ostfildern.

Kongreßwesen (congresos y jornadas)

Allgemeines	Insbesondere die nachfolgend erwähnten spanischen Städte, die das 'Spain Convention Bureau' (Spanisches Kongreß- und Tagungsbüro) initiiert haben, eignen sich für Veranstaltungen von Kongressen und Tagungen.
Ultramar Express	Neben den Handelskammern (⟶ Auskunft) ist u.a. auch Ultramar Express, mit über 60 Büros in Spanien und Hauptsitz in Barcelona, bei der Organisation von Kongressen behilflich: Ultramar Express Diputación 238-244 E-08007 Barcelona Tel. (93) 3 17 37 00
Barcelona	Räumlichkeiten stehen vor allem im nachfolgend erwähnten Palacio de Congresos (Kongreßpalast), aber auch in einer Reihe historischer Gebäude sowie in zahlreichen Hotels zur Verfügung. Auskunftsstellen: Barcelona Convention Bureau Passeig de Gràcia 35, Pral. E-08007 Barcelona Tel. (93) 2 15 44 77 Palacio de Congresos Avenida María Cristina, s / n E-08004 Barcelona Tel. (93) 2 23 31 01
Benidorm	Benidorm, in der Provinz Alicante gelegen, bietet Kongreß- und Tagungsmöglichkeiten in Hotels und anderen Gastronomiebetrieben der 5-, 4- und

Praktische Informationen

3-Sterne-Kategorie.
Auskünfte im Rathaus (ayuntamiento) von Benidorm oder beim
Oficina de Turisme
Avenida Martinez Alejos 16
E-03500 Benidorm
Tel. (965) 5851311

Córdoba verfügt über einen eigenen Kongreß- und Ausstellungspalast;
ferner bieten sich u.a. Kongreß- und Tagungsmöglichkeiten in Palästen
und Hotels.
Auskunftstellen:
Oficina Municipal de Turismo, Congresos y Exposiciones
Plaza de Judá Leví
E-14000 Córdoba
Tel. (957) 290740

Oficina de Turismo
Torrijos 10
E-14003 Córdoba
Tel. (957) 471235

Kongreßpalast ist das sogenannte 'Centro Cultural Manuel de Falla'.
Auskunft:
Oficina de Turismo
de la Junta de Andalucía
Pavaneras 19
E-18009 Granada
Tel. (958) 221022

Jaca, in der Provinz Huesca gelegen, besitzt ebenfalls einen Kongreß-
palast sowie Tagungsmöglichkeiten u.a. in der Universität, im Rathaus
oder in verschiedenen Hotels.
Auskunftsstellen:
Excmo. Ayuntamiento de Jaca
Palacio de Congresos
Avenida Juan XXIII 17
E-22700 Jaca
Tel. (974) 360500

Oficina de Turismo
Av. Regimiento de Galiicia 2
E-22700 Jaca
Tel. (974) 360098

Am Ort stehen verschiedene Säle zur Verfügung.
Auskunft:
Casa del Turismo
Parque Santa Catalina
E-35007 Las Palmas de Gran Canaria
Tel. (928) 262355

Insbesondere die Landeshauptstadt Madrid ist auf internationaler Ebene
ein bedeutendes Kongreß- und Tagungszentrum geworden. Bemerkens-
wert sind – außer der Kapazität im 'Palacio de Congresos y Exposiciones'
(Kongreß- und Ausstellungspalast) – die weiteren zahlreich zur Verfügung
stehenden Räumlichkeiten für Kongresse und Veranstaltungen aller Art.
Auskunftsstellen:
Madrid Convention Bureau
Avenida Portugal s/n
Casa de Campo
E-28011 Madrid
Tel. (91) 4636334

Auskunft in Madrid (Fortsetzung)	Palacio de Exposiciones y Congresos Paseo de la Castellana 99 E-28046 Madrid Tel. (91) 4 55 16 00
Málaga	s. Torremolinos
Palma de Mallorca	Neben Kongreß- und Tagungsmöglichkeiten in mehreren Hotels und im Pueblo Español verfügt Palma de Mallorca über einen eigenen Kongreß- und Ausstellungspalast. Auskunft: Conselleria de Turisme de Balears Avenida Jaime III 8, pral. E-07012 Palma de Mallorca Tel. (9 71) 71 20 22 Palacio de Congresos y Exposiciones Capitán Mezquida Veny 39 E-07012 Palma de Mallorca Tel. (9 71) 23 70 70 / 75
Santiago de Compostela	Mit dem Bau eines Kongreß- und Musikpalastes in Galiciens Hauptstadt Santiago de Compostela wurde ein weiteres Zentrum für Kongreß- und andere Veranstaltungen geschaffen.
Sevilla	Auch Sevilla besitzt einen ausgedehnten Kongreßpalast; überdies bieten sich Räumlichkeiten in der Universität und in Technischen Schulen. Auskunft: Oficina Municipal de Turismo Paseo de las Delicias, s / n E-41012 Sevilla Tel. (9 54) 23 44 65
Torremolinos	In Torremolinos, 10 Minuten vom internationalen Flughafen Málaga (→ Flughäfen) entfernt, befindet sich der Nationale Kongreß- und Ausstellungspalast der Costa del Sol. Auskunft: Palacio de Congresos y Exposiciones de la Costa del Sol Avenida de los Manantiales s / n E-43830 Torremolinos Tel. (9 77) 38 64 00
Valencia	In der Provinzhauptstadt Valencia stehen der Musik- und Kongreßpalast (Palacio de la Música y Congresos) sowie verschiedene andere Paläste für große Kongresse und sonstige Veranstaltungen zur Verfügung. Auskunft: Ayuntamiento de Valencia Plaza del Ayuntamiento E-46002 Valencia Tel. (96) 3 51 69 94 oder 3 51 04 17
Zaragoza	In Zaragoza bieten sich Möglichkeiten für Kongresse und Tagungen in der Kongreßhalle, im 'Centro de Exposiciones y Congresos' (Kongreß- und Ausstellungszentrum), in der Universität sowie in etlichen Hotels der oberen Kategorien. Auskunft: Ayuntamiento de Zaragoza Plaza Nuestra Señora del Pilar E-50003 Zaragoza Tel. (9 76) 23 76 83 und 23 00 27
Weitere Kongreßstädte	Außer den oben genannten sollten Alicante, Bilbao, La Coruña, Salamanca, Santander und Vigo als Kongreßstädte nicht unerwähnt bleiben.

Konsulate

→ Diplomatische und konsularische Vertretungen

Kraftstoff

→ Straßenverkehr

Krankheitsfall

→ Apotheken
→ Ärztliche Hilfe
→ Kur und Erholung

Kreditkarten

→ Geld

Küche

→ Essen und Trinken
→ Wein

Kur und Erholung

Spanien verfügt über nahezu 100 Kurorte oder Thermalbäder, von denen die Mehrzahl schon den Phöniziern, Römern und Arabern bekannt war. Neben der eigentlichen Heilbehandlung der verschiedensten Krankheiten stehen dem Kurgast und Erholungsuchenden auch Sport- und Freizeitanlagen aller Art zur Verfügung.
Allgemeines

Insbesondere einige der ganzjährig geöffneten Kurbäder genießen einen guten Ruf.
Ganzjährig geöffnete Kurbäder

Informationen erteilen die unter → Auskunft erwähnten Fremdenverkehrsstellen sowie die in Madrid ansässige Nationale Thermalbäder-Vereinigung (Tel. 91/2 59 09 66).
Auskunft

Beim Secretaría General de Turismo / Inprotur (Anschrift → Auskunft) ist ein in spanischer Sprache geschriebenes Handbuch über die Kurorte und Thermalbäder Spaniens (Guía Balnearios – Estaciones Termales) sowie eine Karte erhältlich, in der die Heilbäder eingezeichnet sind.
Literatur

Messen

Zu den Mitgliedern der Spanischen Messe-Vereinigung (AFE; Anschrift nachfolgend) zählen neben Madrid und Barcelona, die das ganze Jahr über die meisten und verschiedenartigsten Messen durchführen, über fünfzig spanische Städte, darunter Bilbao, Sevilla, Valencia und Zaragoza.
Allgemeines

Messen   Informationen erteilen u.a. die unter ⟶ Auskunft erwähnten Fremden-
(Fortsetzung)   verkehrsbüros sowie die nachfolgend aufgeführten Stellen.

Informationsstellen

Spanische   General Pardiñas 112 bis 1.°C
Messe-   E-28006 Madrid
Vereinigung   Tel. (91) 2 62 10 22
(AFE)

Deutsche   Camara de Comercio Alemana para España
Handelskammern   Paseo de la Castellana 18
für Spanien   E-28046 Madrid
                      Tel. (91) 2 75 40 00
                      (Broschüre über Importregeln ⟶ Zollbestimmungen)

                      Zweigstelle in Barcelona:
                      Calle Corcega 301-303
                      E-08008 Barcelona
                      Tel. (93) 2 37 38 83

Deutsches   Nuria 11 E
Handelszentrum   E-29034 Madrid
                      Tel. (91) 7 34 29 70

Amtliche   Schaumainkai 83
Spanische   D-6000 Frankfurt am Main 1
Handelskammer   Tel. (069) 63 80 31
für Deutschland

                      Weitere Informationen:
                      ⟶ Kongreßwesen

Mietwagen (coches de alquiler)

Allgemeines   Viele internationale Mietwagenfirmen, die u.a. auch in der Bundesrepublik
                      Deutschland vertreten sind (Anschriften siehe nachfolgend), haben Nie-
                      derlassungen in Spanien (vor allem an Flughäfen, an Bahnhöfen, an Bus-
                      bahnhöfen o.a.).

Preise   Man sollte in jedem Fall um den günstigsten Tarif bitten, denn erst dann
                      werden oftmals die besten Sonderangebote genannt.

AVIS   Zentrale:
Reservierung   AVIS Autovermietung
zum Ortstarif   Eschersheimer Landstr. 55
(Bundesrepublik   D-6000 Frankfurt am Main
Deutschland):   Tel. (069) 1 53 70
(01 30) 77 33

                      Reservierungszentralen in Spanien:
                      Barcelona: Tel. (93) 2 15 78 72 / 38
                      Bilbao: Tel. (94) 4 44 31 90
                      Madrid: Tel. (91) 4 57 97 06 / 07 / 13 / 17
                      Palma de Mallorca: Tel. (9 71) 28 62 31

Hertz   Zentrale:
Reservierung   Hertz Autovermietung
zum Ortstarif   Schwalbacher Str. 47-49
(Bundesrepublik   D-6000 Frankfurt am Main 1
Deutschland):   Tel. (069) 75 85-0
(01 30) 21 21   (Bei Hertz können auch Kleinbusse für Familien gemietet werden).

Vertretungen (Auswahl) in Spanien:
Barcelona: Tel. (93) 323 10 62
Barcelona, Estación Ferrocaril Sants: Tel. (93) 322 97 52 und Tel. (93) 217 80 76
Barcelona, Flughafen El Prat: Tel. (93) 241 13 81
Madrid: Tel. (91) 457 89 05
Madrid, Flughafen Barajas: Tel. (91) 205 84 57
Palma de Mallorca, Flughafen: Tel. (971) 260 809

Mietwagen, Hertz
(Fortsetzung)

InterRent/Europcar, die vor einiger Zeit fusionierten, bieten im allgemeinen ein großes Stationsnetz.
Zentrale InterRent:
interRent Autovermietung
Tangstedter Landstr. 81
D-2000 Hamburg 62
Tel. (040) 520 180

InterRent/
Europcar
Reservierung
zum Ortstarif
(Bundesrepublik
Deutschland):
(0130) 22 11
und 31 51

Zentrale Europcar:
Europcar Autovermietung
Frankfurter Ring 243
D-8000 München 40
Tel. (089) 323 09-0

Vertretungen (Auswahl) in Spanien:
Barcelona: Tel. (93) 317 57 03-58 76
Barcelona, Flughafen El Prat: Tel. (93) 379 90 51 und 379 91 60
Bilbao: Tel. (94) 442 28 49 und 442 22 26
Bilbao, Flughafen Sondica: Tel. (94) 453 33 39
Madrid: Tel. (91) 455 99 30
Madrid, Flughafen Barajas: Tel. (91) 205 51 63 und 205 51 84
Palma de Mallorca: Tel. (971) 454 800 und 454 400
Palma de Mallorca, Flughafen: Tel. (971) 263 811 und 490 110

Sixt / Budget Rent-a-car
Dr.-Carl-von-Linde-Str. 2
D-8023 Pullach
Tel. (089) 791 071
(Bei Sixt kann man sein Mietauto mit Hilfe einer Sixt-Kundenkarte per 'Rent-o-mat' schon für den Zielflughafen buchen).

Sixt/Budget
Reservierung
zum Ortstarif
(Bundesrepublik
Deutschland):
(0130) 33 66

Vertretungen (Auswahl) in Spanien:
Palma de Mallorca: Tel. (971) 465 015
Sevilla: Tel. (954) 650 703

Bei einigen der genannten Firmen (z.B. InterRent/Europcar) können Reisemobile, Wohnmobile oder Motorcaravans gemietet werden; Auskünfte erteilen auch die örtlichen ADAC-Geschäftsstellen und die Reisebüros.

Reisemobile
Wohnmobile
Motorcaravans

Museen

Die wichtigsten Museen in Spanien sind im Teil "Reiseziele von A bis Z" unter den jeweiligen Hauptstellen (Stadt, Ort oder Gemeinde) erwähnt.

Hinweis

Bezüglich der jeweils geltenden, aktuellen Öffnungszeiten und Eintrittsgebühren wird empfohlen, sich bei den unter ⟶ Auskunft genannten Fremdenverkehrsstellen zu erkundigen. Insbesondere die Öffnungszeiten sind sehr unterschiedlich und oft wechselnd. Während der langen Mittagspausen muß mit geschlossenen Häusern (etwa zwischen 13.00 und 16.00 Uhr) gerechnet werden. In der Regel gilt dies auch für die großen Kathedralen und die Kirchenmuseen.

Öffnungszeiten
Eintritts-
gebühren

Nachtleben

Bars,
Diskotheken

In Spanien herrscht im allgemeinen ein reges Nachtleben; Bars und Disko-theken werden in der Hochsaison oft erst frühmorgens um 3.00 oder 4.00 Uhr geschlossen.
In Großstädten wie Barcelona und Madrid sind auch im Winter viele Lokale bis zum Morgengrauen geöffnet.

Spielkasinos

Beliebt sind in Spanien alle Arten von Glücksspielen.
Spielkasinos befinden sich u.a. in Alfajarín (Zaragoza), Benalmádena Costa (Málaga), Boecillo (Valladolid), Calviá (auf der Insel Mallorca), in Ibiza (Hauptort der gleichnamigen Insel), auf der Insel La Toja (Pontevedra), in La Manga (Murcia), Lloret de Mar (Gerona), Perelada (Gerona), Playa de San Agustín (im Süden der Insel Gran Canaria), Puerto de la Cruz (auf der Insel Teneriffa), Puerto de Santa María (Cádiz), Puzol (Valencia), San Pere de Ribes (Barcelona), San Sebastián (Guipúzcoa), Santander (Kantabrien), Torrelodones (Madrid) und Villajoyosa (Alicante).

Naturparks und Nationalparks

Naturparks

Allgemeines

Naturparks sind großräumige Landschafts- und Naturschutzgebiete, die der Erholung der Bevölkerung dienen.

1 Dunas de Liencres

Provinz: Cantabria
Fläche: 194,5 ha

In der Dünenlandschaft an der Kantabrischen Küste mit Kiefern- und Euphorbienbeständen sind vor allem Seevögel wie Möwen und Kormo-rane anzutreffen.

2 Cadi-Moixeroi

Provinzen: Lérida, Gerona, Barcelona
Fläche: 41 324 ha

Die sich über drei Provinzen erstreckende Gebirgslandschaft ist geprägt von hochaufragenden Kämmen und Gipfelzacken. In den überwiegend aus Nadelbäumen gebildeten Wäldern leben Gemsen, Wildschweine und Auerhähne.

3 Montseny

Provinzen: Gerona, Barcelona
Fläche: 13 255 ha

Der Park liegt im höchsten Teil des Katalanischen Küstengebirges im Ost-teil der Sierra Montseny. In der von vielen Wasserläufen durchzogenen Berglandschaft gedeihen unterhalb 800 m Steineichen und Aleppokiefern, darüber Tannen und auch Wacholder.

4 Islas de Cíes

Provinz: Pontevedra
Fläche: 433 ha

Vor der Ría de Vigo liegen die drei Cíes-Inseln San Martín, Monte Faro und Monte Agudo, die ihre Bedeutung als Naturschutzgebiet ihrer Vogelwelt zu verdanken haben. Hier nisten Silbermöwen, Heringsmöwen, Krähenschar-ben und noch ca. 20 Paare der seltenen Trottel-Lummen.

5 Monte Alhoya

Provinz: Pontevedra
Fläche: 746 ha

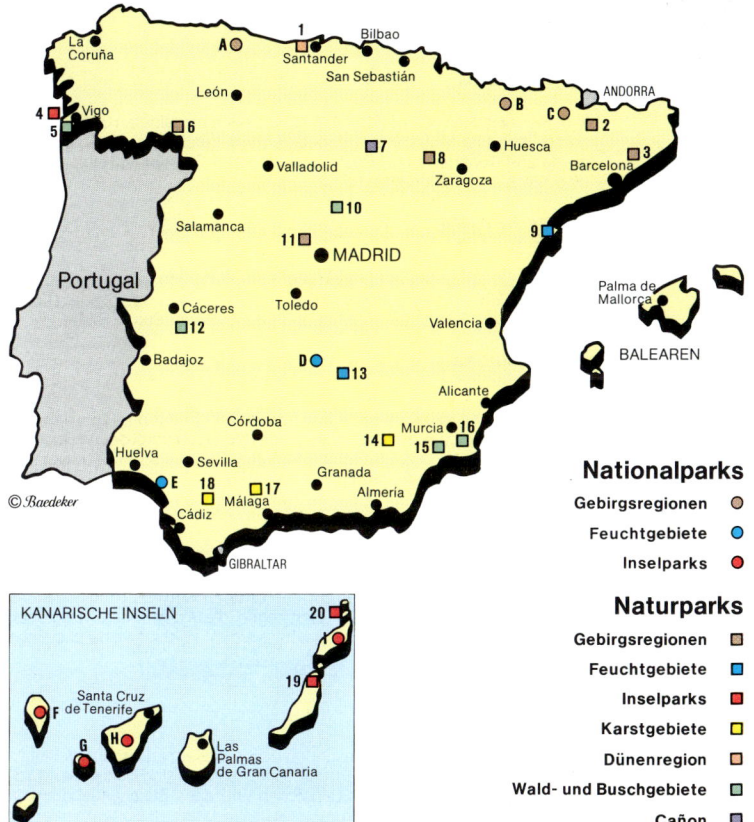

Nationalparks

Gebirgsregionen	○
Feuchtgebiete	○
Inselparks	●

Naturparks

Gebirgsregionen	■
Feuchtgebiete	■
Inselparks	■
Karstgebiete	■
Dünenregion	■
Wald- und Buschgebiete	■
Cañon	■

Der verhältnismäßig kleine Naturpark liegt in einem sanften, von einem Nebenfluß des Miño durchflossenen Hügelland. Die Wälder bestehen vor allem aus Schwarzkiefern.

Monte Alhoya
(Fortsetzung)

Provinz: Zamora
Fläche: 5 027 ha

**6 Lago de
Sanabria**

Mittelpunkt dieses zwischen 800 und 2100 m hoch gelegenen Gebietes ist der Lago de Sanabria. In der von zahlreichen Gebirgsbächen durchzogenen Landschaft wachsen Zerreichen, Kastanien und Stechpalmen. Aus der Tierwelt sind vor allem Rehe, Rebhühner und große Forellenvorkommen in den Wasserläufen zu nennen.

Provinzen: Burgos, Soria
Fläche: 9 530 ha

**7 Cañon del
Río Lobos**

Der Río Lobos hat auf seinem Weg zum Duero einen drei Kilometer langen wildromantischen Cañon in die Kalkformationen im Nordwesten der Provinz Soria gegraben. Neben Rehen, Füchsen und Wild-

Cañon del Río
Lobos (Forts.)

schweinen kann man mit einigem Glück hier Raubvögel wie Gänsegeier, Steinadler und Turmfalken beobachten.

8 Dehesa del Moncayo

Provinz: Zaragoza
Fläche: 1 388 ha

In dieser zwischen 800 und 2300 m hohen, reich bewaldeten Gebirgslandschaft lebt eine Vielzahl von Vogelarten wie Lerche, Kuckuck, Tannenmeise und Kohlmeise und Raubvögel, darunter Steinadler, Habichte und eine Kolonie von Gänsegeiern.

9 Delta del Ebro

Provinz: Tarragona
Fläche: 32 000 ha

Südlich von Tarragona dehnt sich das Ebro-Delta aus, eines der größten Feuchtgebiete Europas. Hier wird Reis angebaut; neben Zugvögeln leben ständig Enten, Reiher, Bläßhühner und Flamingos im Sumpfgebiet.

10 Tejera Negra

Provinz: Guadalajara
Fläche: 1 391 ha

Charakteristisch für diese gebirgige Landschaft, in der der Río Lillas entspringt, ist der dichte, zuweilen mit Eichen und Eiben durchsetzte Buchenwald, in dem Rehe und Wildschweine leben. Steinadler, Roter Milan und Habicht haben hier ebenfalls ihren Lebensraum.

11 Cuenca Alta del Manzanares

Provinz: Madrid
Fläche: 5 025 ha

Die Südflanke der Sierra de Guadarrama in der Nähe von Madrid nimmt das Obere Manzanares-Becken ein, ein bis zu 2380 m hoch aufsteigendes Berggebiet, in der Kiefernwälder überwiegen, die in den höheren Regionen von Busch- und Grasbestand abgelöst werden. Wildschweine und Rehe tummeln sich in den Wäldern.

12 Monfragüe

Provinz: Cáceres
Fläche: 17 852 ha

Der Tajo durchfließt in seiner gesamten Länge dieses Naturschutzgebiet, in der mediterrane Flora anzutreffen ist. Vorherrschend sind Korkeichen, Erdbeerbäume, wilde Ölbäume, Steineichen und auch Eukalyptusbäume in wiederaufgeforsteten Gebieten.
Eine ähnliche Anzahl von Raubvogelarten findet man kaum mehr in Spanien; hierher haben sich auch ca. 45 Paare des Mönchsgeiers und sechs Kaiseradlerpaare zurückgezogen. Auch Luchse leben vereinzelt in den Wäldern.

13 Lagunas de Ruidera

Provinzen: Ciudad Real, Albacete
Fläche: 3 780 ha

In den vom Río Guadiana gespeisten, terassenartigen Lagunen leben zahlreiche Süßwasserfische wie Barben und Hechte. Häufigster Raubvogel in der Sumpflandschaft ist die Rohrweihe.

14 Sierras de Cazorla y Segura

Provinz: Granada
Fläche: 214 336 ha

Dieser Park in der nördlichen Provinz Granada ist das größte Naturschutzgebiet Spaniens. Charakteristisch sind die Karstbildungen der Region, in der der Guadalquivir entspringt. Die ausgedehnten Wälder werden von Lärchen, Steineichen, Erdbeerbäumen und Schwarz- und Aleppokiefern gebildet. Auf Felsen wächst das nur hier heimische Cazorla-Veilchen.

Neben Hirschen, Rehen und Wildschweinen siedelte man auch mit Erfolg Steinböcke, Mufflonschafe und Damwild an. Der Bart- oder Lämmergeier ist der seltenste unter den über 100 hier vorkommenden Vogelarten.

Sierra de Cazorla (Fortsetzung)

Provinz: Murcia
Fläche: 9 961 ha

15 **Sierra de Espuña**

Prägend für diese bis zu 1580 m aufsteigende Region sind die Kiefernwälder und das dichte Buschwerk. Als wichtigste Tierarten sind die Arruis, eine afrikanische Mufflonart, und Mönchsgeier zu nennen.

Provnz: Murcia
Fläche: 1 900 ha

16 **Monte el Valle**

In den gemäßigt hohen Zonen (100 – 600 m) dieser Region bestehen die Wälder hauptsächlich aus Aleppokiefern und Pinien. An Tieren sind Füchse, Hasen, Kauze und Sperber anzutreffen.

Provinz: Málaga
Fläche: 1 170 ha

17 **Torcal de Antequera**

Der Name des Parks rührt von den 'torcas' genannten Vertiefungen und Dolinen her, die charakteristisch für diese Karstlandschaft sind. An Pflanzenwuchs tritt vor allem Buschwerk auf.

Provinzen: Cádiz, Málaga
Fläche: 47 120 ha

18 **Sierra de Grazalema**

Korkeichen-, Steineichen- und Traubeichenwälder bedecken weite Flächen dieser bergigen Karstlandschaft, in der auch die Pinsapo-Tanne wächst, die nur hier vorkommt.

Provinz: Las Palmas

19 **Dunas de Corralejo / Isla de Lobos**

Passatwinde formten im Nordosten der Insel Fuerteventura und der ihr vorgelagerten Insel Lobos eine Dünenlandschaft, in der Euphorbien, Ginster, Lilien- und Wolfsmilchgewächse gedeihen. Die Haria-Eidechse lebt nur auf Fuerteventura und Lanzarote; vereinzelt werden auch Fischadler beobachtet.

Provinz: Las Palmas

20 **Islotes del Norte de Lanzarote / Riscos de Famara**

Der Norden von Lanzarote und die vorgelagerten Inselchen Alegranza, Graciosa, Montaña Clara, Roque del Este und Roque delOeste bilden ein Naturschutzgebiet, dessen größte Attraktion die bis zu 600 m hoch aufsteigenden Klippen von Famara sind, wo zahlreiche Meeresvögel nisten, darunter Fischadler und eine nur hier vorkommende Falkenart.

Nationalparks

Die neun Nationalparks Spaniens haben zusammen eine Fläche von rund 160 000 ha. Nur die Parques Nacionales von Covadonga und Ordesa sowie der Coto de Doñana entsprechen in den Bestimmungen den internationalen Maßstäben, wobei es im Falle des Coto de Doñana fraglich ist, ob die Schutzvorschriften sich in der Praxis durchsetzen können. Wie vielerorts, bleibt also noch manches zu tun, um seltenen Tieren und Pflanzen angemessene Lebensräume zu gewährleisten.
Aber auch im jetzigen Zustand sind die spanischen Nationalparks höchst interessant und lohnen einen Besuch (Anmerk.: Gründungsjahr der Nationalparks in Klammern).

Nationalparks auf dem Festland

A Parque Nacional de la Montaña de Covadonga o de Peña Santa
(1918)

Provinz: Asturias
Fläche: 17 000 ha

Der Parque Nacional de Covadonga liegt in der Westregion der Picos de Europa zwischen Asturien und León. Die wichtigsten Flüsse sind der Río Cares und der Río Deje. Der Park enthält zwei der in Spanien seltenen natürlichen Seen, die malerischen Lagos de Covadonga: den Lago de Enol (1070 m ü.d.M.; 121500 m^2) und den Lago de Ercina (1108 m ü.d.M.; 121000 m^2).

In diesem Gebiet wächst noch die vom Aussterben bedrohte Stechpalme (Ilex aquifolium L.) helix L.). Es leben hier ferner u.a. der Steinadler (Aquila chrysaëtaos) und der Habichtsadler (Hieratus fasciatus), außerdem Uhu und Auerhahn (Tetrao urogallus).

B Parque Nacional del Valle de Ordesa
(1918)

Provinz: Huesca
Fläche: 16 000 ha

Das Tal von Ordesa ist ein U-förmiges Tal in den aragonesischen Pyrenäen von 3 km maximaler Breite. Ungewöhnlicherweise streicht es nicht von Nord nach Süd, sondern ostwestlich, vom Felszirkus des Cotatuero (Soaso; etwa 1000 m ü.d.M.) bis zum Puente de los Navarros am Pico de Diazas (2237 m ü.d.M.). Der Parkbereich umfaßt ungefähr 15 km vom Verlauf des Río Araza, dessen Quelle auf 1787 m ü.d.M. und dessen Mündung in den Río Ara auf 1090 m ü.d.M. liegt. Es gibt zahlreiche Wasserfälle.

An Pflanzen finden sich u.a. die Lilie (Lilium pyrenaicum Gonan.) und das Edelweiß (Leontopodium alpinum Cass.). Unter den Vögeln sind bemerkenswert der Bartgeier und das Schneerebhuhn (Lagopus mutus). Interessante Kriechtiere sind die Aspisviper (Vipera aspis) und die Geburtshelferkröte (Alytes obstetricans). In diesem Gebiet lebt ferner die einzige Gruppe von Pyrenäen-Bergziegen.

C Parque Nacional de Aigües Tortes y Lago de San Mauricio
(1957)

Provinz: Lérida
Fläche: 22 396 ha

Dieser Nationalpark liegt in der Sierra de los Encantos, südlich der Reserva Nacional de Caza de Alto Pallars-Arán (Pico Pinató 2653 m ü.d.M.), die ihn als Pufferzone schützt. Das Gebiet ist ein 'Gletschergarten' mit Moränen, die charakteristische Landschaftsform ist daher der 'Felszirkus'; zahlreiche Wasserfälle.

Hier gedeiht u.a. die Lilie (Lilium martagon L., Lilium pyrenaicum Gonan.), der Enzian in seinen Arten Gentiana nivalis L. und Gentiana burseri Lapeyr., Steinbrech (Saxifraga oppositifolia L., Saxifraga aizoides L.), Eisenhut (Aconitum anthora L., Aconitum napellus L.) und schließlich Pilze, Moose, Flechten und Algen in zahlreichen Arten. In den Flüssen findet sich u.a. der interessante Pyrenäendesman (Galemys pyrenaicus), ein seltenes maulwurfähnliches Tier, das vorzüglich schwimmt und sogar Stromschnellen überspringt. Unter den Lurchen sind u.a. interessant der Pyrenäen-Gebirgsmolch (Euproctus asper) und die gelbgrüne Zornnatter (Coluber viridiflavus). Unter den Vögeln sind hervorzuheben der Rotmilan (Milvus milvus) und das Schneerebhuhn (Lagopus mutus).

D Parque Nacional de las Tablas de Daimiel
(1973)

Provinz: Ciudad Real
Fläche: 1 975 ha

Dieser ungewöhnliche Nationalpark liegt inmitten der neukastilischen Mancha. 'Tablas' sind Verbreiterungen und dadurch Verflachungen von Flußläufen. Zwischen den so entstandenen, dicht bewachsenen flachen

Seen bildet sich ein Gewirr von Kanälen, die nur mit flachen Stechkähnen befahren werden können. Dazwischen liegen zahlreiche Inseln.
Der Grund der Gewässer ist mit einem dichten Teppich von Wasserpflanzen, 'ovas' genannt, bewachsen. Eine Besonderheit des Gebietes liegt in dem Umstand, daß der Río Cigüela aus den salzigen Parameras de Cabrejas Brackwasser, der Río Guadiana dagegen Süßwasser heranführt. Im Süßwasser gedeihen hauptsächlich Binsen (Schilfrohr, Phragmites communis Trin.), im Brackwasser die Sumpfschneide (Cladium mariscus L., größter Bestand in Westeuropa). Da durch Kanalisierung des Guadiana die Süßwasserzufuhr zurückgeht, steigt der Salzgehalt, und man befürchtet Änderungen im Ökosystem. Neuerdings soll Süßwasser zugepumpt werden. Die einzigen Baumsträucher des Gebiets sind Tamarisken (Tamarix gallica L.), die auf den Inseln wachsen. Über 200 Vogelarten, zu deren Schutz dieser Nationalpark geschaffen wurde, nisten hier. Unter den eingesessenen Arten findet sich u.a. auch der Eisvogel (Alcedo athis). Unter den Zugvögeln, die im Gebiet der Tablas Station machen, sind am bemerkenswertesten der Purpurreiher (Ardea purpurea), der Seidenreiher (Egretta garzetta), der Nachtreiher (Nycticorax nycticorax) und der Baumfalke (Falco subbuteo). An den marschigen Uferstreifen tummeln sich u.a. Säbelschnäbler (Recurvirostra avosetta) und Kampfläufer (Philomachus pugnax). Im Schilf nisten Cistensänger (Cisticola jundicis), Rohrschwirl (Locustella luscinoides) und Bartmeise (Panurus biarmicus).

Tablas de Daimiel (Fortsetzung)

Provinzen: Sevilla und Huelva
Fläche: 75 765 ha

E   Parque Nacional de Doñana (1969)

Dieser größte und wegen der z.T. schon afrikanischen Arten wohl interessanteste Nationalpark Spaniens liegt im Mündungsdelta des Guadalquivir, am Rande des europäischen Kontinents und auf der Route der Zugvögel nach Afrika.
Das Gebiet darf nur mit organisierten Touren (tgl. zwei je vierstündige Landroverfahrten) betreten werden. Anmeldung ist erforderlich:
Parque Nacional de Doñana, Centro Administrativo El Acebuche
E-21760 Matalascañas, Tel. (9 55) 43 02 11.
In drei Informationszentren entlang der Straße nach El Rocío erfährt man Wissenswertes über den Park.

Man kann das Gebiet in zwei Ökosysteme aufteilen: das Naßgebiet ('Doñana húmedo', Marisma im Flußdelta und Lagunen; nur einige 100 ha im Parkgebiet) und das Trockengebiet (Doñana seco).

Marschland (Marisma): Das Gebiet wird durch den unterirdischen Wasserstand geprägt. Während der Trockenzeit (Juli–September, Wassertiefstand im August) liegt es trocken und verlassen, Ende September erscheinen die ersten Zugvögel (Wildgänse und Wildenten). Hier wachsen u.a. Binsen, wie die Meersimse (Scirpus maritimus L.) und die Sumpfbinse (Scirpus lacustris L.), sowie der breitblättrige Rohrkolben (Typha latifolia L.). Viele Zugvögel verbringen den Winter hier oder rasten auf dem Weg nach Afrika: Pfeifente (Anas penelope), Spießente (Anas acuta), Krickente (Anas crecca), Löffelente (Anas clypeata), Tafelente (Arytha ferina) u.a. Im Frühjahr nistet hier das Bleßhuhn (Fulica atra), die Stockente (Anas platyrhynchos), die Schnatterente (Anas strepera), der Haubentaucher (Podiceps cristatus), der Zwergtaucher (Podiceps ruficollis), der Purpurreiher (Ardea pur purea), die Lachseeschwalbe (Gelochelidon nilotica), die Weißbartseeschwalbe (Chlidonias hybrida) und die Trauerseeschwalbe (Chlidonias niger). Hinzu gesellen sich zahlreiche Wattbewohner und die Rohrweihe (Circus aeruginosus).

Lagunen: Weit über das Gebiet verstreut liegen die größeren parallel zur Küste (Laguna de Santa Olalla, Laguna Dulce, Laguna del Taraje), die kleineren mehr im Inneren (Laguna del Moral, de Navazo del Toro, del Sapo, del Brezo, del Caballo, del Pino u.a.). Die Lagunen sind von Baumgruppen

Coto de Doñana
(Fortsetzung)

gesäumt: Korkeiche (Quercus suber L.), Pinie (Pinus pinea L.), Baumheide (Erica scoparia L.), Ginster (Ulex minor Roth.) und Farn (Pteridium aquilinum L.) begrünen die Ufer. Wichtigste Wasserbewohner sind u.a. Seefrosch (Rana ribunda), europäische Sumpfschildkröte (Emys orbicularis) und kaspische Wasserschildkröte (Clemmys caspica leprosa). Alle bereits erwähnten Entenarten besuchen die Lagunen, die auch den letzten europäischen Zufluchtsort des bedrohten Kammbleßhuhns (Fulica cristata) bilden. An ihre Ufer kommen Damhirsche, Rothirsche und Wildschweine; Nutrias (Lutra lutra) im Wasser.

Korkeichenwald (Alcornocal): Dieses Biotop ist in vielen Teilen des Parks selten geworden; ein Streifen trennt das Gebiet der Marisma vom Monte de Doñana. Auf diesen Korkeichen (Quercus suber) befinden sich die berühmten Nistplätze ('pajareras'), die ganze Brutkolonien bilden. Hier nisten der Graureiher (Ardea cinerea), der Seidenreiher (Egretta garzetta), der Kuhreiher (Ardeola ibis) und der Löffler (Platalea leucorodia) sowie einige Weißstörche (Ciconia ciconia). Auch Raubvögel besuchen die Brutkolonien oder nisten dort: der Mäusebussard (Buteo buteo), der Rotmilan (Milvus milvus), der Turmfalke (Falco tinnunculus) und zahlreiche Dohlen (Corvus monedu- la), die große Nesträuber sind. Das Wildschwein (Sus scrofa) kommt oft hierher; charakteristisch ist die giftige Stülpnasenotter (Vipera latastei).

Monte de Doñana: 'Monte' heißt hier nicht Berg, sondern Wäldchen oder Busch. Dieses Biotop besteht aus mittelmeerischer Macchia mit eingestreuten Korkeichen. Hier blühen Halimium halimifolium L., der Steinlinde genannte Philariastrauch (Phyllirea angustifolia L.), Calluna vulgaris L., Rosmarin (Rosmarinus officinalis L.); in den höheren Lagen Wa cholder (Juniperus phoenicea L.), Halimium commutatum Pan., der Lavendelstrauch (Lavandula stoechas L.) und der weiße Thymian (Thymus mastichina L.). An Reptilien gibt es die maurische Landschildkröte (Testudo graeca), die Treppennatter (Elaphe scalaris), die Eidechsennatter (Malpolon monspessulanus) und die kleine, aber sehr giftige Stülpnasenotter (Vipera latastei). Neben den schon erwähnten Raubvögeln finden sich die Elster (Pica pica), der Raubwürger (Lanius excubitor), der Ziegenmelker (Caprimulgus ruficollis) und zahlreiche Rothühner (Alectoris rufa). Unter den Säugetieren sind die häufigsten der Rothirsch (Cervus elaphus), der Damhirsch (Dama dama) und das Wildschwein (Sus scrofa); ferner u.a. das Wiesel (Mustela nivalis), der Iltis (Putorius putorius), die Wildkatze (Felis sylvestris), der Fuchs (Vulpes vulpes), seltener die Kleinfleckginsterkatze (Genetta genetta), dagegen sehr häufig der Dachs (Meles meles) und in großer Anzahl das Wildkaninchen (Oryctolagus cuniculus), Nahrungsgrundlage für alle Räuber.

Pinienwälder (Pinares): Dieses Biotop kommt insbesondere im südlichen Teil des Parks vor. Zwischen den Pinien (Pinus pinea L.) wächst Unterholz, das hauptsächlich aus Baumheide (g. Erica), Cistrosen (g. Cistus), Ginster (Osyris alba L.) und Pistazie (Pistacia lentiscus L.) besteht. Hier ansässig sind die Ringeltaube (Columba palumbus), die Turteltaube (Streptopelia turtur), die Amsel (Turdus merula), die Misteldrossel (Turdus viscivorus), der Mäusebussard (Buteo buteo), der Rotmilan (Milvus milvus) und der Turmfalke (Falco tinnunculus); jedes Jahr wiederkehrend der Baumfalke (Falco subbuteo) und der Schlangenadler (Circaëtus gallicus). Sehr selten ist die fast nur hier anzutreffende Blauelster (Cyanopica cyanus).

Dünen (Dunas): Entlang der Küste erstrecken sich lange Wanderdünen, die bei ihrem Vordringen ins Land Pinienwäldchen umschließen, so daß diese wie Inselchen ('corrales') im Sand stehenbleiben, bis sie erstickt werden. Die trockenen, bizarren Stämme nennt man 'campo de cruces'. Naturgemäß sehr dürftig, hauptsächlich bestehend aus Strandhafer (Ammophila arenaria L.) und einem 'Camarina' (Corema album Don.) genannten Gestrüpp, von dessen süßen Früchten sich viele Vögel ernähren. Unter den Eidechsen kommt der gewöhnliche Fransenfinger (Acanthodactilus erythrurus) vor, bei den Schlangen ist die Stülpnasenotter (Vipera latastei) und die Eidechsennatter (Malpolon monspessulanus) häufig. Von diesen Reptilien ernähren sich der Schlangenadler (Circaëtus gallicus) und die Schleiereule (Tyto alba).

Nur im Coto de Doñana kommen vor: der Pardelluchs (Lynx pardinus), kleiner als der europäische Luchs und gefleckt; und der schlangenfressende eigentliche Ichneumon (Herpestes ichneumon), einziger Vertreter dieser Familie in Europa, den man häufig in Familienverbänden im Gänsemarsch durch den Park trotten sehen kann. Sehr selten in Europa sind auch der Kaiseradler (Aquila heliaca) und der Flamingo (Phoenicopterus ruber). Hier befindet sich auch die einzige europäische Brutkolonie der Purpurralle (Porphyrio porphyrio). Geschützte seltene Entenarten sind die Moorente (Aythya nyroca) und die hier überwinternden Arten der Rostgans (Tadorna ferruginea) und der Ruderente (Oxyura leucocephala).

Coto de Doñana
(Fortsetzung)

Nationalparks auf den Kanarischen Inseln

Die Nationalparks auf den Kanarischen Inseln zeichnen sich durch interessante Vulkanformationen, vor allem aber durch eine einzigartige Vegetation aus, deren Arten sich z.T. bis auf das Tertiär zurückverfolgen lassen und hier erhalten geblieben sind, weil die Auswirkungen der Eiszeit auf diese Inseln wesentlich milder waren als auf dem europäischen Festland.

Provinz: Santa Cruz de Tenerife.
Fläche: 4690 ha

F Parque Nacional de la Caldera de Taburiente (1954)

Dieser Nationalpark auf der Kanarischen Insel La Palma umfaßt die Caldera (= Kessel) de Taburiente, mit 28 km Umfang und 19 km maximalem Durchmesser einer der größten vulkanischen Krater. Höchste Erhebung des Kraterrandes ist der Roque de los Muchachos (2426 m ü.d.M.; nahebei ein Observatorium). Der Boden des Kessels hat eine mittlere Höhe von 800 m über dem Meer. Das Gebiet ist sehr wasserreich und daher durch starke Erosion gekennzeichnet; der natürliche Abfluß des Quellwassers, das zahlreiche, bis 50 m hohe Wasserfälle bildet, ist die Schlucht Barranco de las Angustias.

Wichtigster Baum ist die Kanarische Pinie (Pinus canariensis D C.), auf höheren Abhänge u.a. Bewuchs mit der 'Kanarischen Zeder' (Juniperus cedrus Webb-Berth.), welche bizarre Formen bildet. Große Höhen erreichen auch eine Vergißmeinnichtart (Viola palmensis Webb- Berth.) und die Cistrose (Cistus vaginatus Ait.). Auf dem Grunde des Talkessels wächst u.a. die Stechpalme (Ilex canariensis Poir.). Hier gibt es auch noch Lorbeerwäldchen (Laurus cana- riensis Webb-Berth.). Häufig finden sich Sukkulenten, wie die 'Bejeques' (g. Aeonium), 'Tabaibas' (g. Euphorbia) und 'Verodes' (g. Kleinia). Hier leben u.a. die Mönchgrasmücke (Sylvia atricapilla) sowie die Kanareneidechse (Lacerta galloti).

Provinz: Santa Cruz de Tenerife
Fläche: 3974 ha

G Parque Nacional de Garajonay (1979)

Der Garajonay-Nationalpark liegt auf der zu den Kanarischen Inseln zählenden Insel Gomera; zu ihm gehört auch der Berg Garajonay, nach dem er benannt ist. Mehr als die Hälfte des Parkgeländes – Grate, Hügelketten und Schluchten – ist von Wäldern bedeckt. Eine Landstraße führt von dem Ort San Sebastián zu dem Nationalpark, in dem man auf Waldwegen wandern kann.

Stechpalmen, Heide, Lorbeergebüsch und andere Sträucher prägen das Landschaftsbild. Viele der Baumstämme und Äste sind mit Moos und Flechten bedeckt. Zahlreiche Vögel leben hier.

**H Parque
Nacional
del Teide**
(1954)

Provinz: Santa Cruz de Tenerife
Fläche: 13500 ha

Der im Zentrum Teneriffas gelegene Teide-Nationalpark (Besucherzentrum) ist eine gigantische 'Mondlandschaft'. Das gesamte Gelände liegt über 2000 m über dem Meer. Grenze im Norden bildet der Teide (3178 m ü.d.M.), im Süden, Osten und Westen die steilen Felswände der Caldera de las Cañadas. Der Gipfel des Teide ist während der Wintermonate von Schnee bedeckt, und in den Cañadas sind während dieser Jahreszeit die Felsen und Büsche am Morgen von bis zu 10 cm dicken kristallinen Eisschichten überzogen, die in der Sonne funkeln ('cencellada'). Von Santa Cruz führt eine Straße auf den Teide; ferner fährt eine Seilbahn bis fast zum Gipfel.

Trotz der Höhe und ungünstiger Boden- verhältnisse ist der Nationalpark im Frühjahr und Sommer von reicher Vegetation bedeckt, deren Blüten sich leuchtend von den vulkanischen Felsen abheben. Auf den Steilhängen wachsen 'Cedros Canarios', Wacholdergewächse (Juniperus cedrus) in bizarren Formen, und vereinzelt noch die Kanarische Pinie (Pinus canariensis D C.). Die typischste Pflanze ist jedoch der weißrosa blühende Teideginster (Spartocytisus nubigenus Webb-Berth.), das bevorzugte Bienenfutter der Region. Sehr charakteristisch sind auch die bis 2 m hohen Blütenstände des 'Tajinaste roio' (Echium wildpretii Pears.) und der 'Tajinaste azul' (Echium auberanium Webb-Berth.). Auf den Lavafeldern wächst die 'Hierba del Teide' (Nepeta teydea Webb-Berth.) und der levkojenartige 'Alhelí de las Cañadas' (Cheiranthus scoparius Bro.) und die hier endemische 'Hierba pajonera' (Descurainia bourgaeana Webb.). Die Cañada de Diego Hernández zeigt besonders viele seltene Arten, wie etwa die 'Teidemargarite' (Chrysanthemum anethifolium Brouss.), die 'Hierba de la Cumbre' ('Gipfelkraut', Scrophularia glabatra Ait.), seltene Moosarten (Polycarpea tenius Webb-Berth.) und den 'Verode barbudo' (Aeonium smithii Webb-Berth.). Nur noch ganz selten sieht man die 'Guanchenrose' (Bencomia stipulata Svent.) und das von Alexander von Humboldt entdeckte Teideveilchen (Viola cheiranthyfolia H.B. und K.). Außer verwilderten Ziegen und Katzen sowie Kaninchen sieht man fast nur Vögel: den Rotmilan (Milvus milvus), Turmfalken (Falco tinnunculus) und Sperber (Accipiter nisus), als Aasfresser den Schmutzgeier (Neophron percnopterus), weiter die Felsentaube (Columba livia), das Felsenhuhn (Alectoris barbara), Rabenvögel (Corvus tinginatus) und den endemischen blauen Kanarenbuchfinken (Fringilla teydea) und auf den Lavafeldern lebt die Kanareneidechse (Lacerta galloti).

**I Parque
Nacional de
Timanfaya**
(1974)

Provinz: Gran Canaria
Fläche: 5170 ha

Dieser spanische Nationalpark liegt im Nordwesten der Kanarischen Insel Lanzarote und ist ein Zentrum vulkanischer Tätigkeit. Der niedrigere Teil des Parks besteht aus einer ausgedehnten Lavafläche. Aus ihr erheben sich eine Anzahl von Kegeln und Kratern, z.B. die Calde- ra Roja, in deren Nähe sich die einzige Quelle des sehr trockenen und heißen Gebietes, die Fuente de los Miraderos, befindet. Die Erhebungen sind mit Asche, Lapilli und 'Bomben' bedeckt und bieten mit ihren schwarzen, gelben und roten Farbtönen un- gewöhnliche Eindrücke. Man besucht das Innere des Parkes auf dem 'Ruta de los Volcanes' genann- ten Weg (14 km).

Erst allmählich bedeckt sich das unwirtliche Vulkangebiet wieder mit einer Vegetationsschicht. Am ausdauerndsten sind dabei die Flechten, von denen es über ein Dutzend Arten gibt. Meist folgen sukkulente Pflanzen, wie Aeonium lancerotense Praeger, und die Euphorbiacee (Euphorbia balsamifera Ait., Euphorbia obtusifolia Poir.); häufig ist auch die 'Aulaga maiorera' (Zollikoferia spinosa Boiss.), die man an der Montaña de Fuego für die Touristen entzündet. Seltsam sind die an der Küste, wo die abstürzende

Lava natürliche Brücken gebildet hat, in regelmäßigen Reihen auf dem wasserspeichernden, porösen Untergrund wachsenden Binsen (Junctus acutus L.). Die einzigen wildlebenden Wirbeltiere sind Reptilien, von denen die auf den kanarischen Inseln endemische Purpurarieneidechse ('Lagarto de Haria', Lacerta atlantica) am interessantesten und häufigsten ist.

Nationalpark
Timanfaya
(Fortsetzung)

Notdienste

landesweit (auch auf den Balearen und den Kanarischen Inseln):
Tel. 091

Polizei

Entlang der Autobahnen stehen nahezu überall Notrufsäulen.

Notrufsäulen

Außerdem kann bei Pannen oder Unfällen über die Guardia Civil de Tráfico, die auf Autobahnen und Landstraßen einen Patrouillendienst unterhält, Hilfe angefordert werden; innerorts leistet die Policía Municipal Beistand. Auch das spanische Rote Kreuz (Cruz Roja) leistet Hilfe in Notfällen.

Weitere
Hilfsdienste

Ferner besteht ein vom Real Automóvil Club de España organisierter Pannenhilfsdienst in deutscher Sprache, der in Madrid und Umgebung unter der Telefonnummer (91) 4412222 zu erreichen ist.

Pannenhilfs-
dienst in
deutscher
Sprache

Außerdem hat der ADAC einen deutschsprachigen Notrufdienst in einigen spanischen Städten eingerichtet:

ADAC-Notruf-
dienst in
deutscher
Sprache

Barcelona: Tel. (93) 2008800
Anschrift:
c / o Real Automóvil Club de Catalunya (R.A.C.C.)
Santaló 8
E-08021 Barcelona
Dienstzeit von Anfang November bis Ende April:
Mo.–Fr. 9.00–15.00 Uhr
Dienstzeit von Anfang Mai bis Ende Oktober:
Mo.–Sa. 9.00–17.00 Uhr
sowie an Sonn- und Feiertagen:
von 9.00 bis 13.00 Uhr;

Valencia: Tel. (96) 3600504
Anschrift:
c / o Firma Götz-Auto
Calle Dr. Rodriguez Fornos 5
E-46010 Valencia
Dienstzeit: Anfang Juni bis Ende September
Mo.–Sa. 9.00–17.00 Uhr (außer So. und Fei.)

Alicante: Tel. (965) 221046
Anschrift:
c / o Automóvil Club de Alicante
Orense 3
E-03003 Alicante
Dienstzeiten s. Valencia.

Tel. aus Spanien: (0749 / 711) 5303111

ACE-Notruf-
zentrale Stgt.

tgl. rund um die Uhr besetzt:
Tel. aus Spanien: (0749 / 89) 222222

ADAC-Notruf-
zentrale

täglich 8.00-20.00 Uhr
Tel. aus Spanien: (0749 / 89) 7676-2244
(in der Hauptreisezeit bereits ab 7.00 Uhr bis 23.00 Uhr)

ADAC-Ambulanz-
Dienst München/
Telefonarzt

Notdienste, Telefonarzt (Fortsetzung)	Der Telefonarzt gibt Medikamentenempfehlungen bei leichteren Beschwerden und kann in ernsten Fällen den Rücktransport in ein Krankenhaus des Heimatortes veranlassen.

Luftrettungsdienste

ADAC (München)	Allgemeiner Deutscher Automobil-Club Am Westpark 8 D-8000 München 70 Tel. aus Spanien: (07 49 / 89) 76 76-0 (s. auch zuvor)
Deutsche Flug-Ambulanz (Düsseldorf)	Deutsche Flug-Ambulanz Flughafen Halle 3 D-4000 Düsseldorf 30 (Lohausen) Tel. aus Spanien: (07 49 / 2 11) 45 06 51-53 bzw. 24-Stunden-Notruf: Tel. aus Spanien (07 49 / 2 11) 43 17 17
Deutsche Rettungs-flugwacht (DRF; Stuttgart)	Flughafen Stuttgart-Echterdingen Postf. 23 01 27 D-7000 Stuttgart 23 Tel. aus Spanien: (07 49 / 7 11) 70 07-0 Alarmzentrale: Tel. aus Spanien: (07 49 /7 11) 70 10 70
DRK-Flugdienst (Bonn)	Deutsches Rotes Kreuz Friedrich-Ebert-Allee 71 D-5300 Bonn Tel. (02 28) 54 11 und 23 00 23
	Weitere Informationen: ⟶ Ärztliche Hilfe ⟶ Autohilfe

Öffnungszeiten

⟶ Geschäftszeiten

Pannenhilfe

⟶ Autohilfe

Paradores

Allgemeines	Eine Besonderheit in Spanien sind die 'Paradores Nacionales de Turismo' (Sing. Parador) genannten staatlichen Gasthäuser, komfortabel und ansprechend ausgestattete sowie vorbildlich geführte, überwiegend aus historischen Burgen, alten Schlössern und Höfen, Adelshäusern und Klöstern entstandene größere und kleinere Hotels (einige wenige Rast-häuser auch in Neubauten); sie befinden sich größtenteils in den schön-sten Gegenden Spaniens bzw. liegen an touristisch wichtigen Punkten.
Kategorie Preise Küche	In der Regel handelt es sich bei den Paradores um Drei- oder Vier-Sterne-Hotels, die meistens preislich günstiger sind als Hotels der entsprechen-den Kategorien, aber u.a. auch wegen ihrer guten Küche durchaus emp-fohlen werden können.

Praktische Informationen

Zimmervorbestellung ist in jedem Falle ratsam.

Paradores Nacionales de Turismo
Calle Velázquez 18
E-28001 Madrid
Tel. (91) 4 35 97 00 und 4 35 97 44.

Offizielle Vertretung
Paradores España
Berliner Allee 22
D-4000 Düsseldorf 1
Tel. (02 11) 8 00 25

San Telmo, B, 43 B., Tel. (986) 60 0309

Conde de Gondomar, Ctra. de Bayona km 16, A, 236 B.,
Tel. (986) 35 5000

Casa del Baron, Calle Maceda s/n, B, 91 B., Tel. (986) 85 5800

El Albariño, Paseo de Cervantes s/n, B, 294 B.,
Tel. (986) 54 2250

Reyes Católicos, Plaza de España 1, L, 308 B.,
Tel. (981) 58 2200

Parador de Ferrol, Almirante Vierna s/n, B, 67 B.
Tel. (981) 37 6720

Condes de Villalba, Valeriano Valdesuso s/n, B, 12 B.
Tel. (982) 51 0011

Parador de Robadeo, Amador Fernández s/n, B, 88 B.
Tel. (982) 11 0825

Parador de Villafranca del Bierzo, Av. de Calvo Sotelo s/n,
B, 70 B., Tel. (987) 54 0175

Monterrey, B, 45 B., Tel. (988) 41 0075

Parador de Puebla de Sanabria, B, 83 B., Tel. (988) 62 0001

Molino Viejo, Parque de Isabel la Católica s/n,
A, 79 B., Tel. (985) 37 0511

San Marcos, Plaza San Marcos 7, L, 506 B., Tel. (987) 23 7300

Rey Fernando II de León, A, 58 B., Tel. (988) 63 0300

Río Deva, B, 150 B., Tel. (942) 73 0001

Fuentes Carrionas, B., 160 B., Tel (988) 78 0075

Gil Blas, Plaza Ramón Pelayo 8, B, 108 B., Tel. (942) 81 8000

Parador de Argomaniz, B, 108 B., Tel (945) 28 2200

Parador de Santo Domingo de la Calzada, Plaza del Santo 3, B,
52 B. Tel. (941) 34 0300

Paradores

Empfehlung

Auskunft
in Spanien

Vertretung
in der Bundes-
republik
Deutschland

1 Tuy

2 Bayona

3 Pontevedra

4 Cambados

**5 Santiago de
Compostela**

6 El Ferrol

7 Villalba

8 Ribadeo

**9 Villafranca
del Bierzo**

10 Verín

**11 Puebla de
Sanabria**

12 Gijón

13 León

14 Benavente

15 Fuente De

**16 Cervera de
Pisuerga**

**17 Santillana
del Mar**

18 Argomaniz

**19 Sto. Domingo
de la Calzada**

Paradores

Burg, Kloster, Palast 🔴

modern 🔵

landestypisch 🟢

20 Calahorra Marco Fabio Quintillano, Era Alta s/n, B, 120 B.,
Tel. (941) 13 0368

21 Olite Príncipe de Viana, Plaza de San Francisco s/n, B, 77 B.
Tel. (948) 74 0000

22 Fuenterrabia El Emperador, Plaza de Armas del Castillo, B, 30 B.
Tel. (943) 64 2140

23 Sos del Fernando de Aragón, B, 126 B., Tel. (948) 88 8011
Rey Católico

24 Bielsa Monte Perdido, Valle de Pineta, B, 48 B., Tel. (974) 50 1011

25 Arties D. Gaspar de Portolá, A, 80 B., Tel. (973) 64 0801

26 Viella Valle de Arán, B, 251 B., Tel. (973) 64 0100

27 Seo de Urgel Parador de Seo de Urgel, B, 146 B., Tel. (973) 35 2000

Duques de Cardona, A, 123 B., Tel. (93) 869 1275	**28 Cardona**
Parador de Vich, A, 66 B., Tel. (93) 888 7211	**29 Vich**
Costa Brava, A, 156 B., Tel. (972) 62 2162	**30 Aiguablava**
Castillo de la Zuda, A, 155 B., Tel. (977) 44 4450	**31 Tortosa**
La Concordia, Castillo, de Calatravos, B, 22 B., Tel. (974) 83 0400	**32 Alcañiz**
Costa del Azahar, Av. Papa Luna 3, B, 201 B., Tel. (964) 47 0100	**33 Benicarló**
Parador de Santa María de Huerta, B, 78 B., Tel. (975) 32 7011	**34 Santa María de Huerta**
Antonio Machado, Parque del Castillo, B, 64 B., Tel. (975) 21 3445	**35 Soria**
Castillo de Sigüenza, A, 151 B., Tel. (911) 39 0100	**36 Sigüenza**
Parador de Segovia, A, 155 B., Tel. (911) 43 0462	**37 Segovia**
Parador de Tordesillas, BG, 138 B., Tel. (983) 77 0051	**38 Tordesillas**
Condes de Alba y Aliste, Plaza de Viriato 5, A, 54 B., Tel. (988) 51 4497	**39 Zamora**
Parador de Salamanca, Teso de la Feria 2, B, 206 B., Tel. (923) 22 8700	**40 Salamanca**
Enrique II, Plaza del Castillo 1, B, 54 B., Tel. (923) 46 0150	**41 Ciudad Rodrigo**
Carlos V, B, 102 B., Tel. (927) 56 0117	**42 Jarandilla de la Vera**
Parador de Gredos, Navarredonda de Gredos, B, 150 B., Tel. (918) 34 8048	**43 Gredos**
Raimundo de Borgoña, Marques de Canales y Chozas, B, 121 B., Tel. (918) 21 1340	**44 Ávila**
Parador de Teruel, B, 124 B., Tel. (974) 60 2553	**45 Teruel**
Luis Vives, A, 116 B., Tel. (96) 161 1186	**46 El Saler**
Costa Blanca, A, 130 B., Tel. (965) 79 0200)	**47 Jávea**
La Mancha, CN-301 km 251, B, 137 B., Tel. (967) 22 9450	**48 Albacete**
Marques de Villena, Av. Amigos del Castillo s/n, B, 25 B. Tel. (966) 33 1350	**49 Alarcón**
Parador de Almagro, A, 104 B., (926) 86 0100	**50 Almagro**
Parador de Manzanares, B, 100 B., Tel. (926) 61 0400	**51 Manzanares**
Conde de Orgaz, Pasa de los Cigarrales, A, 148 B., Tel. (925) 22 1850	**52 Toledo**

53 Oropesa   Virrey Toledo, Plaza del Palacio 1, A, 86 B.,
Tel. (925) 43 000

54 Trujillo   Parador de Trujillo, Plaza de Santa Clara, A, 92 B.,
Tel. (927) 32 1350

55 Guadalupe   Zurbarán, Marques de la Romana 10, B, 80 B., Tel. (927 36 7075

56 Mérida   Vía de la Plata, Plaza de la Constitución 3, A, 99 B.
Tel. (924) 31 3800

57 Zafra   Hernán Cortés, Plaza Corazón de María 7, B, 50 B.,
Tel. (924 55 0200

58 Puerto Lumbreras   Parador de Puerto Lumbreras, Av. de Juan Carlos I 77, B,
112 B., Tel. (968) 40 2025

59 Mojacar   Reyes Católicos, A, 187 B., Tel. (951) 47 8250

60 Sierra Nevada   Parador de Sierra Nevada, Monachil, B, 82 B., Tel. (958) 48 0200

61 Granada   San Francisco, Alhambra, A, 74 B., Tel. (958) 22 1440

62 Cazorla   El Adelantado, B, 66 B., Tel. (953) 72 1075

63 Ubeda   Condestable Dávalos, Plaza de Vázquez Molina s/n, B,
52 B., Tel. (953) 75 0345

64 Bailén   Parador de Bailén, Av. de Málaga s/n, B, 168 B.,
Tel. (953 67 0100

65 Jaén   Castillo de Santa Catalina, A, 80 B., Tel. (953) 26 4411

66 Córdoba   La Arruzafa, Av. de la Arruzafa, A, 163 B.,
Tel. (957) 27 5900

67 Antequera   Parador de Antequera, B, 110 B., Tel. (952) 84 0261

68 Málaga   Gibralfaro, B, 23 B., Tel. (952) 22 1903

69 Nerja   Parador de Nerja, A, 146 B., Tel. (952) 52 0050

70 Torremolinos   Del Golf, A, 116 B., Tel. (952) 38 1255

71 Arcos de la Frontera   Casa del Corregidor, Plaza de España, B, 44 B.,
Tel. (956) 70 0500

72 Cádiz   Atlántico, Duque de Najéra 9, B, 306 B.,
Tel. (956) 22 6905

73 Mazagón   Cristóbal Colón, B, 46 B., Tel. (955) 37 6000

74 Ayamonte   Costa de la Luz, El Castillito, B, 40 B., Tel. (955) 32 0700

In Nordafrika

75 Ceuta   La Murallla, Plaza Virgen de Africa 15, A, 162 B.,
Tel. (956) 51 4940

76 Melilla   D. Pedro de Estopiñán, Av. de Cándido Lobera s/n, B,
52 B., Tel. (952) 68 4940

Paradores auf den Kanarischen Inseln

Parador Santa Cruz de la Palma, Av. Maritima 34, Santa Cruz de la Palma, **77 La Palma**
B, 62 B., Tel. (922) 41 2340

Parador de las Cañadas del Teide, La Orotava, C, 44 B.,   **78 Teneriffa**
Tel. (922) 33 2304

Conde de la Gomera, San Sebastián de la Gomera, A, 80 B.,   **79 Gomera**
Tel. (922) 87 1100

Parador de El Hierro, B, 94 B., Tel. (922) 55 8036   **80 Hierro**

Parador de Fuerteventura, Playa Blanca, Puerto del Rosario, B,   **81 Fuerteventura**
100 B., Tel. (928) 85 1150

Post, Telegramm, Telefon

Post (correos), Telegramm (telégrafos)

Über 6000 Postämter (darunter Einrichtungen auch in Bahnhöfen, auf   Allgemeines
Flughäfen, an Seehäfen) sind über das ganze Staatsgebiet verteilt. Die
Post ist zuständig für die verschiedenen Postsendungen, Postanweisun-
gen und telegraphischen Verbindungen (im übrigen bieten auch große
Hotels diese Dienstleistungen).

 Briefmarken bekommt man sowohl in den Postäm-   Briefmarken
tern als auch in den bis spät in die Abendstunden   (sellos)
geöffneten Tabakgeschäften (estancos), die man
an einem Schild mit einem stilisierten gelben
Tabaksblatt und einem "T" erkennt. Im übrigen verkaufen diese Geschäfte auch Busfahrkarten. Post-
kartenläden verkaufen keine Briefmarken.

Auslandspost gehört in Postkästen mit der Aufschrift 'extranjero' (Aus-   Postkästen
land).
Sowohl die Hauptpostämter in Barcelona, Bilbao und Madrid als auch die   Öffnungszeiten
Postschalter in den internationalen → Flughäfen sind ganztägig geöffnet.

Postkarte: 45 Ptas.   Postgebühren
Standardbrief (bis 20 g): in EG-Länder 45 Ptas., in andere Länder 50 Ptas.

In allen Postämtern können Briefe, Pakete oder Anweisungen postlagernd   Postlagernde
empfangen werden. Sie müssen den Vermerk "Lista de Correos" tragen   Sendungen
(der Interessent muß sich in die betreffende Liste eintragen). Postlagernde
Sendungen werden gegen Vorlage des Personalausweises oder Reise-
passes ausgehändigt.

Telefon (teléfono)

von der Bundesrepublik Deutschland, Österreich und der Schweiz   Telefon-
nach Spanien: 0034   ländernetz-
                                                                         kennzahlen

Wird u.a. aus den zuvor erwähnten Ländern nach Spanien angerufen, entfällt die 9 der Provinzkennzahl!
Vorwahl von der Bundesrepublik Deutschland z.B. nach Madrid: (0034 1).

Wird innerhalb Spaniens angerufen, so ist den Vorwahlnummern der Provinzen eine 9 voranzustellen, z.B. nach Madrid: (91).

Ländernetz-
kennzahlen
(Fortsetzung)

von Spanien in die Bundesrepublik Deutschland: 07 49

von Spanien nach Österreich: 07 43

von Spanien in die Schweiz: 07 41

von Spanien in die DDR: 07 37

Bei Anrufen in die Bundesrepublik Deutschland, nach Österreich, in die Schweiz und in andere Länder entfällt die Null der jeweiligen Ortskennzahl.

In Spanien sind noch nicht alle Ortsnetze an den Selbstwählverkehr angeschlossen (z.T. Handvermittlung).

Telefon-
zellen

In nahezu allen Orten Spaniens sind öffentliche Telefonzellen mit Münzfernsprechern aufgestellt. Die Benutzungsanweisungen (in mehreren Sprachen) sind angeschlagen. Es werden Münzen von 5 (für Gespräche innerhalb Spaniens), 25, 50 und 100 Peseten benötigt; man versorge sich daher mit ausreichend Kleingeld.

Telefongebühren

Telefongespräche von der Bundesrepublik
nach Spanien

Normaltarif (8.00–20.00 Uhr): 1,15 DM / Minute

Billigtarif: 0,92 DM / Minute

Telefongespräche aus Spanien
in die Bundesrepublik Deutschland

Normaltarif: 165 Ptas. / Minute

Telefonzelle und Briefkasten

Die Post kommt mit der Vespa

Billigtarif: 125 Ptas. / Minute
(nach den Zeiten für die entsprechenden Tarife erkundige man sich vor Ort)

Tel.: 008

Auskunft
für Europa

Tel.: 009

Auskunft
für Spanien

Tel.: 003

Auskunft
für Madrid

Reisedokumente

Zur Einreise nach Spanien genügt für Reisende aus der Bundesrepublik Deutschland (einschließlich Westberlin) ein gültiger Personalausweis, sofern der Aufenthalt nicht länger als drei Monate dauert und keine Arbeit aufgenommen wird. Überschreitet die Aufenthaltsdauer drei Monate, so ist ein gültiger Reisepaß erforderlich, darüber hinaus muß ein verlängerter Aufenthalt von der spanischen Polizei genehmigt werden. Kinder unter 16 Jahren benötigen einen Kinderausweis oder müssen im Elternpaß eingetragen sein.

Personalpapiere

Der deutsche Führerschein und Kraftfahrzeugschein werden für private Fahrten anerkannt und sind mitzuführen; für gewerbliche Fahrten ist der Internationale Führerschein erforderlich. Kraftfahrzeuge müssen das ovale Nationalitätskennzeichen tragen.
Die Internationale Grüne Versicherungskarte ist vorgeschrieben. Der Haftpflichtversicherungszwang erstreckt sich in Spanien nur auf Personenschäden, eine zusätzliche Kurzkaskoversicherung ist aus diesem Grund dringend zu empfehlen.

Fahrzeugpapiere

Eine Reihe spanischer Hotels gestattet unter bestimmten Bedingungen den Aufenthalt von Hunden und Katzen (in Restaurants und in vielen Geschäften sind sie in der Regel nicht zugelassen). Wer seine Haustiere nach Spanien mitnehmen will, benötigt für diese ein amtstierärztliches Gesundheitszeugnis mit Bestätigung der Tollwutimpfung in deutscher und in spanischer Sprache. Die Impfung muß mindestens 30 Tage zurückliegen, darf aber nicht länger als 12 Monate vor der Einreise vorgenommen worden sein. Das Gesundheitszeugnis darf am Tag der Einreise höchstens zwei Wochen alt sein.

Haustiere

Reisezeit

Als geeignetste Reisezeit empfehlen sich für Spanien das Frühjahr und der Herbst, etwa von Mitte März bis Anfang Juni sowie von Anfang September bis Anfang November (in Nordspanien evtl. bis Anfang Oktober).

Empfehlung

Der Sommer ist die beste Reisezeit für das nahe dem Atlantik gelegene nördliche und nordwestliche Spanien. In der übrigen Zeit kann es hier u.U. zu reichlichen Niederschlägen kommen. Auch die Seebäder an der Südostküste Spaniens sowie auf den Balearen und die Gebirgssommerfrischen der Pyrenäen, der Sierra de Guadarrama und der Sierra Nevada werden im Sommer, dessen Hitze am Meer durch Seewinde gemildert wird, stark besucht und sind dann auch wegen der Schulferien (Juli/August) meist voll besetzt. Im Binnenland wird es in den Monaten Juli und August fast unerträglich heiß.

Sommer

Im Innern der Iberischen Halbinsel ist der Herbst in der Regel wetterbeständig; doch erscheinen weite Landstriche nach der glühenden Sommerhitze wie ausgedörrt.

Herbst

Reisezeit Winter	Im Winter kommen die Monate Dezember, Januar und Februar vor allem für den Wintersport sowie für einen Kuraufenthalt an der Süd- und an der Südostküste Spaniens in Betracht. Auf den Balearen und an den Mittelmeerküsten hat sich im Laufe der letzten Jahre der winterliche Langzeiturlaub eingebürgert.
Preisermäßigungen in Vor- und Nachsaison	Zahlreiche → Hotels bieten außerhalb der Hauptsaison günstige Pauschalarrangements an.
Vorsichtsmaßnahmen	Auch im Sommer empfiehlt es sich, für Wanderungen im Gebirge sowie am Atlantik festes Schuhwerk, Regenschutz, Sportpullover oder andere wärmende Wollsachen mitzunehmen.
Ganzjährig	Die Kanarischen Inseln können zu jeder Jahreszeit besucht werden, da dort ein ausgesprochen gleichmäßiges mildes Klima herrscht.
Klima	→ Zahlen und Fakten, Klima

Restaurants

Allgemeines	Restaurants servieren Mittagessen etwa zwischen 13.30 und 15.30 Uhr sowie Abendessen in aller Regel erst ab 21.00 bis 23.00 / 23.30 Uhr. In Cafeterías sind schnelle Mahlzeiten durchgehend bis etwa 1 Uhr morgens erhältlich. Als Alternative für diejenigen, die so spät nicht mehr üppig essen wollen, bieten sich auch die Tascas an, Bars, in denen es oft eine Vielzahl von Appetithappen gibt (→ Essen und Trinken).
Paradores	s. dort
Hotelrestaurants	→ Hotels
Restaurants in Albacete	*Nuestro Bar, Alcalde Conangla 102; Las Rejas, Dionisio Guardiola 9.
Alba de Tormes	La Villa, Carretera de Peñaranda 49.
Alcalá de Henares	*Hostería del Estudiante, Colegios 3; Oliver's, paseo de la Estación 15; Nuevo Oliver's Gallegos 15; La Cúpula, Santiago 18.
Alcañiz	Calpe, Comunidad General de Aragón 1.
Alcoy	Lolo, Castalla 5; La Venta del Pilar, an der Straße Alcoy – Valencia.
Algeciras	Marea Baja, Trafalgar 2.
Alicante	*Delfín, explanada de España 12 (1. Stock); *Curricán, Canalejas 1; Nou Manolín, Villegas 3; Dársena, muelle del Puerto; Jumillano, César Elguezábal 62; Machichaco, Belando 30; Quo Vadis, Plaza Santísima Faz 3; China, Avda. Dr. Gadea 11. 5 km außerhalb an der Playa de la Albufereta: Auberge de France, Finca Las Palmeras.
Almería	Ánfora, González Garbín 25; Club de Mar, Muelle 1; Mesón La Reja, Gerona 8; Rincón de Juan Pedro, Federico de Castro 2.
Andorra	Andorra la Vella: La Truita, Av. Meritxell 58; Molí dels Fanals, Borda Casadet - Calle Dr. Vilanova.

Praktische Informationen

Arinsal:
Jan, Carretera General.
Cercle des Pessons:
Els Pessons, Circuit dels Pessons.
Encamp:
Cava Bernat, Carretera General; Shangri-la, Carretera Principal.
Grau Roig:
Snack Tito's.
La Massana:
El Tast, Centre Esportiu d'Anyós; Xopluc, Carretera General – Sispony Les
Escaldes:
Gufo, Av. de les Escoles 16; Pizzeria Roma, Av. Carlemany 95.
Ordino:
Les Truites, El Serrat.
Pas de la Casa:
Les Truites, Carrer Major 21.
Sant Julià de Lòria:
La Guingeta, Carretera de la Rabassa.
Soldeu:
Espiolets, Pistes d'Esqui; El Duc, Carretera General.

Mesón de la Villa, Alejandro Rodríguez de Valcárcel 3; Casa Florencio, Arias de Miranda 14; El Ciprés, Plaza Primo de Rivera 1; Mesón El Roble, Plaza Primo de Rivera 7; Chef Fermín, Avda. Castilla 69. **Aranda de Duero**

Casa Pablo, Almibar 42; Chirón, Real 10; El Faisán, Capitán Angosto 21. **Aranjuez**

El Tostón de Oro, Avenida de los Deportes 2; La Pinilla, Teniente García Fanjul 1; Donis, Plaza El Salvador 2 (1. Stock). **Arévalo**

La Peseta, Plaza San Bartolomé 3. **Astorga**

Copacabana, San Millán 9; Mesón El Sol, Avda. 18 de Julio 25; El Rastro, Plaza del Rastro 1. **Ávila**

Cantina RENFE, Avda. de los Telares 14; Mantido, Avda. de los Telares 11. An der Playa de Salinas: Las Conchas, Pablo Laloux (Edificio Espartal); Piemonte, Príncipe de Asturias 71. **Avilés**

El Caballo Blanco, Avda. de Europa 7-A; El Sótano, Virgen de la Soledad 6; El Tronco, Muñoz Torrero 16. **Badajoz**

Salí, Pasaje Cardenal Benavides 15. **Baeza**

In Palma de Mallorca:
*Bahía Mediterráneo, Paseo Marítimo 33 (5. Stock); Zarzagán, Paseo Marítimo 13; Mediterráneo 1930, Paseo Marítimo 33; Le Relais del Club de Mar, Muelle Pelaires; Honoris, Camino Viejo de Bunyola 76; Le Bistrot, Teodoro Llorente 4. **Balearen** Auf Mallorca

In Mahón:
Jágaro, Mrtires del Atlante 80; Club Marítimo, Mártires del Atlante 27; Chez Gaston, Conde de Cifuentes 13.
1 km östlich: Rocamar, Fonduco 32. Auf Menorca

In Ciudadela:
Casa Manolo, Marin 117; El Comilón, Plaza Colón 47.
3 km südlich: Grill Es Caliu, an der Straße zum Cabo d'Artruix.

Ibiza-Stadt:
La Masía d'En Sord, 6,5 km außerhalb,
an der Carretera de San Miguel. Auf Ibiza

Restaurants auf Ibiza (Fortsetzung)	San Antonio Abad: Sa Capella, 1 km außerhalb, an der Carretera de Santa Inés. In Santa Eulalia del Río: Sa Punta, Isidoro Macabich 36; Doña Margarita, Paseo Marítimo; La Posada, Camino Puig de Missa. An der Straße nach Ibiza (5,5 km südwestlich außerhalb): El Gordo.
Auf Formentera	In Es Pujols: Capri, Miramar. In Ses Illetas: Es Moli de Sal.
Barcelona	Sur Diagonal: *Beltxenea, Mallorca 275; Finisterre, Avda. Diagonal 423; La Dama, Avda. Diagonal 423; Jaume de Provença, Provença 88; Lagunak, Berlín 19; Alt Berlin (deutsches Rest.), Avda. Diagonal 633; El Pescador, Mallorca 314 (Fisch und Meeresfrüchte). Norte Diagonal: *Reno, Tuset 27; *Vía Veneto, Ganduxer 10; Botafumeiro, Gran de Gràcia 81 (Fisch und Meeresfrüchte); El Túnel de Muntaner, Sant Màrius 22; Eldorado Petit, Dolors Monserdá 51; Azulete, Vía Augusta 281; Buffet Grill de Barcelona – La Creu, Passeig Manuel Girona 7; Racó d'En Freixa, Sant Elíes 22; Café de París, Mestre Nicolau 16 (französ. Küche); La Masía, cumbre del Tibidabo (schöner Blick über Stadt, Meer und Berge) Café: La Venta, Plaza Dr. Andreu.
Béjar	Argentino, Carretera de Salamanca 22; Tres Coronas, Carretera de Salamanca 1.
Benavente	Benavente (auch Zimmer), 1,3 km südöstlich außerhalb.
Benidorm	Tiffany's, Avda. del Mediterráneo 11; Don Luis, Avda. Dr. Orts Llorca (Edif. Zeus); I Fratelli, Avda. Dr. Orts Llorca 21; El Vesubio, Avda. del Mediterráneo (Edif. Playmon Bacana); La Trattoria, Avda. Bilbao 3; Pampa Grill, Ricardo 18; La Parrilla, Avda. L'Ametlla de Mar 22 – Rincón de Loix.
Betanzos	Casanova, Plaza García Hermanos 15.
Bilbao	*Guría, Gran Vía de López de Haro 66; *Bermeo, Ercilla 37; Casa Vasca, Avda. del Ejército 13; Goizeko Kabi, particular de Estraunza 4; Gorrotxa, Alameda Urquijo 30 (Galería); Iturriaga, Alameda Mazarredo 20; Albatros, San Vicente 5; Serantes, Licenciado Poza 16 (Fisch und Meeresfrüchte).
Blanes	Mont-Ferrant, Abad Oliva 3; Port Blau, Explanada del Puerto 18 (Fisch und Meeresfrüchte); Casa Patacano, Paseo del Mar 12 (Fisch und Meeresfrüchte; Can Flores II, Explanada del Puerto 3 (Fisch und Meeresfrüchte); Unic Parrilla, Puerta Nueva 7 (Fisch und Meeresfrüchte).
Burgos	Fernán González, Calera 19; Los Chapiteles, General Santocildes 7; Casa Ojeda, Vitoria 5; Rincón de España, Nuño Rasura 11; Mesón de los Infantes, Avda. Generalísimo 2.
Cáceres	Atrio, Avda. de España 30; El Figón de Eustaquio, Plaza San Juan 12; Álvarez, Carretera Salamanca, km 208.
Cádiz	El Faro, San Félix 15; 1800, Paseo Marítimo 3; Mesón del Duque, Paseo Marítimo 12.
Cartagena	Art's, Plaza José María Artés 9; Tino's Escorial 13 (italien. Gerichte).

Praktische Informationen

Nina y Angelo, Paseo Buenavista 32 (Meeresfrüchte); Club Náutico, Escollera Poniente (2. Stock); Rafael, Churruca 26 (Fisch und Meeresfrüchte). — **Castellón de la Plana**

El Asador, Polígono Virgen de África 18; La Terraza, Plaza Vieja 25. — **Ceuta**

Miami Park, Ronda Ciruela 48; Casablanca, Ronda de Granada 23. — **Ciudad Real**

Mayton, La Colada 9; Estoril, Travesía Talavera 1; Casa Antonio, Gigantes 8. — **Ciudad Rodrigo**

Almudaina, Jardines de los Santos Mártires 1; El Blasón, José Zorrilla 11; El Caballo Rojo, Cardenal Herrero 28; Bandolero, Torrijos 6; El Churrasco, Romero 16. — **Córdoba**

An der Carretera N I (2 km südwestlich): Hispania, Real 54. — **Costa Brava** Arenys de Mar

Obiols, Prim 172. An der Carretera de Montcada (3,5 km nordwestlich): Palmira, La Escala 2. — Badalona

s. dort — Barcelona

Mas Comangau, Carretera de Fornells. — Begur

Pont Vell, Pont Vell 28. — Besalú

Mont-Ferrant, Abad Olive 3; Port Blau, Explanada del Puerto 18; Can Flores II, Explanada del Puerto 3 (Fisch und Meeresfrüchte) — Blanes

La Galiota, Narciso Monturiol 9; Don Quijote, Avda. Caridad Seriñana 5. — Cadaqués

An der Straße N II, 5 km nordwestlich: Can Geli. — Caldes de Malavella

Can Muni, Mayor 5. — Calonge

Sayola, Josep Morer 4. — Camprodón

El Bruel, Edificio Bahía II-17. — Empùria Brava

Els Taxcons, Roca Maura, Edificio Medas Park II; Eden, Victor Concas 2; La Gaviota, Passeig Maritim. — L'Estartit

Viarnés, Pujada del Castell 23. An der Carretera de Olot (5 km südwestlich): Mas Pau (auch Zimmer). — Figueres

s. dort — Gerona

L'Amperi, Pl. de la Font Verde; L'Ancora, Aureli Font 3. — Granollers

Can Agustí, an der N II. — La Jonquera

La Brasa, Pl. de Catalunya; Can Manel, Pl. del Port. — Llançà

Can Bolet, Sant Mateu 12 (Fisch und Meeresfrüchte); La Bodega Vella, Na Marina 14; Taverna del Mar, Carrer Pescadors 5; Ca l'Svi, Avda. de Vidreres 30. — Lloret de Mar

Gumer's, Nou de les Caputxines 10; El Nou Cents, Carrer del Torrent 21. An der Carretera N II, 2,5 km nordöstlich: El Celler, Vecindario Mata 59. — Mataró

Restaurants	**Praktische Informationen**

Olot
Purgatori, Carrer Bisbe Serra 58.

Palafrugell
Am Strand von Calella, 3,5 km südöstlich:
Rems, Carrer del Pintor Serra 5; Can Pep, Carrer Lladó 22.

Palamós
La Cuineta, Carrer Adrià Álvarez 111; La Gamba, Pl. Sant Pere 1 (Fisch und Meeresfrüchte).
An der Straße nach Palafrugell (3,5 km): Mas dels Arcs.

Pals
*Sa Punta, 6 km östlich, an der Platja de Pals.

La Platja
d'Aro
(Playa de Aro)
El Refugi, Miramar; La Grillade, Pinar de Mar 14.
An der Straße nach Masnou, 1,5 km westlich : Carles Camós – Big Rock.
In Mas Nou, 4 km nordwestlich: Mas Nou.

Portbou
L'Ancora, Passeig de la Sardana 3.

El Port
de la Selva
Ca l'Herminda, Carrer Isla 7;
Comercio, Moll d'en Balleu 3.

Ripoll
s. dort

Roses
L'Antull, Pl. de Sant Pere 7.
An der Cala Montjoí, 7 km südöstlich: *El Bulli.
An der Straße nach Figueres, 4,5 km westlich: *La Llar.

S'Agaró
Alicia – Can Joan, Carretera de Castell d'Aro 47 (Fisch und Meeresfrüchte);
Sant Jordi, an der Straße nach Palamós.

Santa Coloma
de Farmers
Mas Sola und La Palmera,
an der Straße nach Sils.

Sant Cugat
del Vallès
Can Ametller,
nahe der Autobahn A 7.

Sant Feliu
de Guixols
Eldorado Petit, Rambla Vidal 23; S'Adolitx, Major 13;
Can Toni, Sant Martiriá 29.

Torroella de
Montgrí
Elías,
Major 24.

Tossa de
Mar
Es Moli, Carrer Tarull 5; Castell Vell, Pl. Roig i Soler 2;
Can Tonet, Pl. de l'Eglesia 2.

Vic
s. Vich

Cuenca
Casas Colgadas, Canónigos; Figón de Pedro, Cervantes 13; Plaza Mayor,
Plaza Pío XII 5; Togar, Avda. Rep. Argentina 3.

Denia
El Raset, Bellaviste 7; Drassanes, Puerto 15.
An der Carretera de Las Marinas:
Bodegón La Felicidad; Las Nereidas (Fisch und Meeresfrüchte).

**El Burgo
de Osma**
Virrey Palafox,
Universidad 7.

Elche
El Granaino, José María Buck 40; Casa Puri, Avda. de la Libertad; La Gran
Mariscada, Martín de Torres 13.

Escorial
In San Lorenzo de El Escorial:
Mesón la Cueva, San Antón 4; El Doblón de Oro, Plaza de la Constitución
5; Parque, Plaza Virgen de Gracia 1 (Gartenlokal).

Der Blick in eine 'Tasca' verspricht ungeahnte Gaumenfreuden

Navarra, Gustavo de Maeztu 16; La Cepa, Plaza de los Fueros 18 (1. **Estella**
Stock).

Robbies, Jubrique 11; Costa del Sol, San Roque 23 (französ. Küche). **Estepona**
Am Sporthafen (Puerte Deportivo):
Halomon (chines. Restaurant); El Cenachero (Gartenlokal); Antonio
(Gartenlokal).
An der Straße nach Málaga:
Le Soufflé, Urb. El Pilar (12 km nordöstlich); El Vagabundo, Urb. Monte
Biarritz (12,5 km nordöstlich); El Presidente, Urb. El Presidente Green
Village (13 km nordöstlich).

Ceferino, Rotonda de la Luna 1; Misono, General Yagüe (Ed. Las Pirá- **Fuengirola**
mides; jap. Küche); Portofino, Paseo Marítimo (Ed. Perla 1).
In Los Boliches:
Don Bigote, Francisco Cano 39.
In Mijas Costa:
Los Claveles, Carretera de Cádiz – Urb. Los Claveles.

A Taula, Vallier 4. **Gandía**
Am Hafen (Grao):
Mesón de la Guitarra, Partida Foyas (Fisch und Meeresfrüchte).
Am Strand (Grao de Gandía):
Gamba, Carretera de Nazaret – Oliva (Fisch und Meeresfrüchte); Mesón de
los Reyes, Mallorca 39.

Cipresaia, General Fournàs 2; Rosaleda, Passeig de la Devesa; Selva Mar, **Gerona**
Santa Eugenia 81.

Winston's, **Gibraltar**
Cornwall's Parade 4.

Gijón

Piñera, Paseo de Begoña 30; Zagal, Trinidad 6; Bella Vista, Avda. García Bernardo 8 (Blick auf die Bucht); El Faro del Piles, Avda. García Bernardo 11; El Trole, Álvarez Garaya 6.

Granada

In der Stadt:
Horno de Santiago, Plaza de los Campos 8; Baroca, Pedro Antonio de Alarcón 34; Posada del Duende, Duende 3; Mesón Andaluz, Elvira 10; Cunini, Pescadería 9 (Fische und Meeresfrüchte); China, Pedro Antonio de Alarcón 23 (chines. Küche).
In der Alhambra:
Carmen de San Miguel, Plaza de Torres Bermejas 3; Colombia, Antequeruela Baja 1.

Guadalajara

El Ventorrero, Alfonso López de Haro 4; Mesón Hernando, Carretera de Circunvalación.

Guadalupe

Cerezo (auch Zimmer), Gregorio López 20.

Guernica
y Luno

El Faisán d'Oro, Adolfo Urioste 4; Zallo Barri, Señorío de Vizcaya 79.

Haro

Beethoven II, Santo Tomás 3; Terete, Lucrecia Arana 17 (mit Bodega).

Huelva

La Muralla, San Salvador 17; Las Meigas, Plaza América.

Huesca

Navas, San Lorenzo 15;
Casa Vicente, Plaza de Lérida 2.

Jaca

La Cocina Aragonesa, Cervantes 5; Gaston, Avda. Primo de Rivera 14 (Gartenlokal); El Rancho Grande, Del Arco 5.

Jaén

Jockey Club, Paseo de la Estación 20; Los Mariscos, Nueva 2.
An der Carretera N-323, 2 km nördlich: Ruta del Sol.

Játiva

Casa La Abuela, Reina 17.

Jerez
de la Frontera

El Bosque, Avda. Alcalde Álvaro Domecq 26; El Buen Comer, Zaragoza 38; Gaitán, Gaitán 3.

Kanarische
Inseln
Auf
Gran Canaria

In Las Palmas de Gran Canaria:
Acuario, Plaza de la Victoria 3; Julio, La Naval 132 (Fisch und Meeresfrüchte); Nanking, Francy Roca 11 (China-Restaurant); Samoa, Valencia 46; El Pote, Pasaje José María Durán 4; Mesón La Paella, José María Durán 47; El Novillo Precoz, Portugal 9; Hamburg, General Orgaz 54.

Auf Teneriffa

In Santa Cruz de Tenerife:
La Riviera, Rambla General Franco 155; La Fragua, General Antequera 17; Pizzería Bella Napoli, San Martín 6.
In Puerto de la Cruz:
Magnolia, Carretera del Botánico 5; Castillo de San Felipe, Avda. Luis Lavaggi; Marina, San Juan 2.
7 km von La Laguna entfernt:
Bodegón Campestre, Carretera Cañadas.

Auf Fuerte-
ventura

In Corralejo:
Oscar, Calle de la Iglesia 9.

Auf Lanzarote

In der Urbanización Costa Teguise, Arrecife:
La Chimenea, Playa de Las Cucharas; La Tabaiba, Pueblo Comercial – Avda. Islas Canarias.

Auf La Palma

In Santa Cruz de la Palma:
El Parral, Castillete 7.

In San Sebastián de la Gomera:
Casa del Mar, Fred Olsen 2 (1. Stock).

Duna 2, Estrella 2; Coral, Estrella 5; El Rápido, Estrella 7 (Fisch und Meeresfrüchte); Naveiro, San Andrés 129.

Independencia, Independencia 4; El Mesón, Independencia 7 (im Hotel Conde Luna); Patricio, Condesa de Sagasta 24, ferner Patricio, Arco de Ánimas 1 (1. Stock).

Sheyton Pub, Avda. Prat de la Riba 37 (1. Stock); La Mercé, Avda. Navarra 1; Forn del Nastasi, Salmerón 10; Xalet Suis, Alcalde Rovira Roure 9.
In Vilanova de la Barca, an der Carretera C-1313, km 10:
Molí de la Nora (Fisch und Meeresfrüchte).

*La Merced, Marqués de San Nicolás 109; Machado, Portales 49; Cachetero, Laurel 3; El Fogón, Del Peso 6.

Calderón, Plaza Calderón de la Barca; Los Naranjos, Jerónimo Santa Fé; El Teatro, Plaza Colón 12; Cándido, Santo Domingo 13.

La Barra, San Marcos 27; Mesón de Alberto, Cruz 4; Verruga, Cruz 12.
An der Carretera N VI, 2 km südlich:
Mesón O'Muiño.

Im Zentrum:
El Cenador del Prado, Prado 4; Café de Oriente, Plaza de Oriente 2 (baskische und französische Küche); Jaun de Alzate, Princesa 18; Posada de la Villa, Cava Baja 9; Da Nicola, Plaza de los Mostenses 11 (italien. Küche); A Priori, Argensola 7 (französ. Küche); Café de Chinitas, Torija 7 (u.a. Flamencodarbietungen); Il Boccalino, Gran Vía 86 (italien. Küche); El Buda Feliz, Tudescos 5 (chines. Küche); Le Châteaubriand, Virgen de los Peligros 1 (Bistro); La Opera de Madrid, Amnistia 5; Las Cuevas de Luis Candelas, Cuchilleros 1; Viejo Madrid, Cava Baja 32.
In den Bezirken Retiro – Salamanca – Ciudad Lineal:
*Horcher, Alfonso XII 6; Bidasao, Claudio Coello 24; El Amparo, Puigcerdá 8 (baskische und französ. Küche); El Pescador, José Ortega y Gasset 75 (Fisch und Meeresfrüchte).
Bezirk Chamberí:
*Fortuny, Fortuny 34 (auch Terrasse); Lúculo, Génova 19; Las Cuatro Estaciones, General Ibañez Ibero 5; L'Alsace, Doménico Scarlatti 5; El Timbal, Andrés Mellado 69.
Bezirke Chamartín, Tetuan:
*Zalacaín, Álvarez de Baena 4; Príincipe de Viana, Manuel de Fall 5 (bask. Küche); Cora 13, Estación de Chamartín; Rheinfall, Padre Damián 44 (deutsche Küche).

El Chinitas, Moreno Monroy 4; Antonio Martín, Paseo Marítimo 4; Nuevo Bistrot, Maestranza 16.

La Fonda, Plaza Santo Cristo 10; Santiago, Avda. Duque de Ahumada 5 (Fische und Meeresfrüchte); Los Naranjos, Plaza de Los Naranjos.
An der Straße nach Málaga:
La Hacienda, 13 km östlich.
An der Straße nach Cádiz:
La Meridiana, 5 km westlich; Le Restaurant, Rodeo Beach Club, 8 km westlich.

Medinaceli und Restaurant Mesón del Arco Romano, Portillo 1.

El Paso, Claudio Moyano 1;
Madrid, Fernando El Católico 1.

Melilla
Los Salazones, Conde Alcaudete 15 (Fisch und Meeresfrüchte);
La Montillana, O'Donnell 9.

Mérida
Nicolás, Félix Valverde Lillo 11.

Morella
Mesón del Pastor, Cuesta Jovani 5.

Murcia
(Stadt)
Rincón de Pepe, Plaza Apóstoles 34; Hispano, Radio Murcia 7;
Taberna del Conde, Princesa 18.

Nerja
Rey Alfonso, Paseo Balcón de Europa;
Verano Azul, Almirante Ferrándiz 31.

Olite
Castillo Casa Zanito, Mayor 16 (1. Stock).

Orense
Sanmiguel, San Miguel 12.

Orihuela
Los Barriles, Sal 1.

Oviedo
Casa Fermín, San Francisco 8; Pelayo, Pelayo 15; Marchica, Dr. Casal 10;
La Goleta, Covadonga 32; La Campana, San Bernabé 7.

Palencia
Gran San Bernardo, Avda. República Argentina 14; Mesón del Concejo,
Martínez de Azcoitia 5 (kastilischer Stil); Lorenzo, Avda. Casado del Alisal
10; Casa Damián, Martínez de Azcoitia 9; Braulio, Alonso Fernández del
Pulgar 6.

Pamplona
Josetxo, Plaza Príincipe de Viana 1; Grill Don Pablo, Navas de Tolosa 19;
Rodero, Arrieta 3; Vista Bella, Jardines de la Taconera s / n.

Plasencia
Florida 2, Avda. de España 22.

Ponferrada
Gaucho, Vía Nueva 1.
An der Carretera N-VI: Azul Montearenas.

Pontevedra
Doña Antonia, Soportales de la Herrería 9 (1. Stock);
Chipen, Peregrina 3.

Reus
Owen's, Bertrán de Castellet 8.
An der Carretera de Tarragona, 1 km südöstlich:
Masía Típica Crusells.

Ripoll
An der Carretera N 152, 3 km nordwestlich: Grill El Gall.

Ronda
Don Miguel, Plaza de España 3; Pedro Romero, Virgen de la Paz 18; Polo,
Mariano Souviron 8.

Sagunto
Am Hafen von Sagunto, 6 km östlich:
Violeta, Avda. 9 de Octubre 40.

Salamanca
Chez Victor, Espoz y Mina 26; Candil Nuevo, Plaza de la Reina 1; La
Posada, Aire 1; Río de la Plata, Plaza del Peso 1; El Mesón, Plaza Poeta
Iglesias 10.
An der Carretera N-620: El Quinto Pino (2,5 km).

San Pedro
de Alcántara
An der Carretera de Ronda C-339, 6 km nördlich: Venta de Alcuzcuz.

San Sebastián
Casa Nicolasa, Aldamar 4 (1. Stock).
3 km östlich außerhalb: Arzak, Alto de Miracruz 21.
5 km nordöstlich außerhalb: Mirador de Ulía, auf dem Monte Ulía.
Im Westen: Monte Igueldo, in eindrucksvoller Lage auf dem Monte Igueldo.
Akelarre, 7,5 km westlich (im Barrio de Igueldo).

Praktische Informationen

Restaurants

Puerto, Hernán Cortes 63 (Fisch und Meeresfrüchte); Cañadío, Gomez Oreña 15; Casa Valentín, Isabel II 19; Iris, Castelar 5; Posada del Mar, Juan de la Cosa 3.
In El Sardinero, 3,5 km nordöstlich:
Chiqui, Avda. García Lago; La Concha, Avda. Reina Victoria.

Santander

Retablo, Nueva 13; Don Gaiferos, Nueva 23; Anexo Vilas, Avda. Villagarcía 21; Don Quijote, Galeras 20.
In Labacolla (9 km nordöstl. außerhalb von Santiago de Compostela, an der Carretera del Aeropuerto gelegen):
Restaurant Ruta Jacobea.

Santiago de Compostela

La Robleda, Revolgo;
Los Blasones, Plaza de Gándara.

Santillana del Mar

Mesón El Peregrino,
Zumalacárregui 18 (rustikal).

Santo Domingo de la Calzada

Mesón de Cándido, Plaza Azoguejo 5; Casa Duque, Cervantes 12; La Oficina, Cronista Lecea 10; Solaire 2, Carretera de Palazuelos 7; El Cordero, Carmen 4; La Taurina, Plaza Mayor 8.
In Sepúlveda: Cristóbal, Conde Sepúlveda 9.
In San Ildefonso: Mesón Mariben, Cuartel Nuevo 2.

Segovia

Mesón Teo, Avda. Pau Claris 38.

Seo de Urgel

Maîtres, Avda. República Argentina 54; El Burladero, Canalejas 1; Río Grande, Betis; Rincón de Curro, Virgen de Lujń 45; El Figón del Cabildo, Plaza del Cabildo; Jamaica, Jamaica 16; Hostería del Laurel, Plaza de los Venerables 5.

Sevilla

Las Sabinas, Edificio Bulgaria; ferner s. Granada, zuvor

Sierra Nevada

El Motor, Calvo Sotelo 12.

Sigüenza

El Greco, Passeig de la Ribera 72; Fragata, Passeig de la Ribera 1; Mare Nostrum, Passeig de la Ribera 60; Vivero, Passeig Balmins.

Sitges

Maroto, Paseo del Espolón 20; Casa Garrido, Vicente Tutor 8; Mesón Castellano, Plaza Mayor 2.
An der Straße N-122: Cadosa (6 km östlich).

Soria

Tubal, Plaza de Navarra 1 (1. Stock).

Tafalla

El Galeón, Avda. La Paz 1.

Tarazona

Lauria 2, Rambla Nova 20 (1. Stock); Trabadoira, Apodaca 7 (Fisch und Meeresfrüchte); La Galería, Rambla Nova 16;
An der Carretera de Barcelona: Sol Ric, Vía August 227 (1,9 km).
An der Carretera N-240: Les Fonts de Can Sala (2 km).

Tarragona

Burrull − Hostal del Fum, Carretera de Moncada 19.

Tarrasa

Kalanchoe, Avda. de Sagunto 39.
An der Carretera N-234, 6 km östlich: Mesón Teruel.

Teruel

Chirón, Paseo Recaredo 1; Adolfo, La Granada 6; Santa Cruz, Plaza de Santiago de los Caballeros 3; Aurelia, Plaza del Ayuntamiento; Casa Aurelio, Sinagoga 6; Plácido, Santo Tomé 6; Emperador, Carretera del Valle 1; Los Gavilanes, Carretera de Madrid (5 km).

Toledo

Julian, Santa Clara 6; Burruntxi, San Francisco 3.

Tolosa

Tordesillas   Mesón Valderrey, Carretera N VI, 2 km südlich.

Torremolinos

El Molino de la Torre, Cuesta del Tajo (schöner Blick); El Bodegón, Cauce 4 (französ. Küche); El Candil, Vía Imperia 42; Los Pampas, Guetaria 13 – La Nogalera B 14.
Im Barrio La Carihuela:
Casa Prudencio, Carmen 43 (Fisch und Meeresfrüchte).
In der Urbanización Los Alamos: Frutos, Carretera Cádiz, km 235.

Tortosa   Racó de Mig-Camí, Carretera Simpática, 2,4 km nordöstlich.

Trujillo   Mesón Pillete, Plaza Mayor 28; Pizarro, Plaza Mayor 13.

Tudela   Morase, Paseo de Invierno 2; El Choko, Plaza de los Fueros.
In Fontellas, 3 km südöstlich: Beethoven, Carretera Zaragoza N-232.

Túy   Galicia, Avda. González Besada 8.

Úbeda   Cusco, Parque Vandelvira 8.

Valencia   La Hacienda, Navarro Reverter 12; Eladio, Chiva 40; El Cachirulo, Cronista
(Stadt)   Almea y Vives; La Reserva, Juan de Austria 30; Ma Cuina, Gran Vía Germanías 49; El Condestable, Artes Gráficas 7; El Timonel, Felix Pizcueta 13; Marísquería Civera, Lérida 11; El Plat, Conde de Altea 41.
An der Playa de Levante: La Marcelina, Avda. de Neptuno 8.

Valladolid   Mesón La Fragua, Paseo de Zorrilla 10; Mesón de Cervantes, El Rastro 6; El Rincón de la Marquesina, Dos de Mayo 16; Mesón Panero, Marina Escobar 1; Portobello, Marina Escobar 5 (Fisch und Meeresfrüchte).

Vich   L'Anec Blau, Verdaguer 21; Mamma Meva, Rambla del Passeig 61.

Vigo   Puesto Piloto Alcabre, Avda. Atlántico 194; El Castillo, Monte del Castro; Real Club Náutico, Jardines de las Avenidas; El Mosquito, Plaza J. Villavicencio 4. 4 km außerhalb: Mendi-Ikea, Avda. del Aeropuerto 151 (baskische Küche).

Villanueva   Xenius, Passeig Maritim 61; Peixerot, Passeig Maritim 56; Chez Bernard et
y Geltrú   Marguerite, Ramón Llull 4.

Vitoria   El Portalón, Correría 151; Dos Hermanas, Madre Vedruna 10; Zaldiarán, Avda. Gasteiz 21; Ikea, Paraguay 8; Mesón Nacional, Ortiz de Zárate 5; Zabala, Mateo B. de Moraza 9.

Zamora   Rey Don Sancho II, Plaza de la Marina Española; Paris, Avda. de Portugal 14; Serafín, Plaza de Maestro Haedo 2; Pozo, Ramón Álvarez 3.

Zaragoza   Costa Vasca, Coronel Valenzuela 13; Goyesco, Manuel Lasala 44; La Mar, Plaza Aragón 12; La Aldaba, Santa Teresa 26; Txingudi, Agustín de Quinto 4 (bask. Küche).
An der Carretera N-232: El Cachirulo (4,5 km östlich).
An der Carretera del Aeropuerto: Gayarre (8 km westlich).

Rundfunk und Fernsehen

Staatliche   Dirección del Ente Publico RTVE
Rundfunk- und   (Radio Televisión Española)
Fernsehanstalt   Prado del Rey
E-28023 Madrid
Tel. (91) 7 11 04 00 und 7 11 65 66

Rundfunk (radio)

Deutsche Sender in Spanien

In Spanien können u.u. während der Nachtstunden Programme einiger deutscher Sender mit einem normalen Auto- oder Kofferradio empfangen werden, so z.B. der Bayerische Rundfunk, der Deutschlandfunk, Köln, SR1 Europawelle Saar, der Südwestfunk Baden-Baden und der Westdeutsche Rundfunk.

Auf Wunsch erhält man von der Deutschen Welle kostenlos das jeweils aktuelle Programm mit genauen Sendezeiten und gültigen Frequenzangaben: Deutsche Welle (DW)

Deutsche Welle
Hörerpost
Postfach 10 04 44
D-5000 Köln 1

Deutschsprachige Feriensender

Radio Antena Alemán sowie
Radio Balear international (Studio Alemán), beide auf Mallorca:
Diverse Informationen für Touristen

Radio Benidorm International:
"Hier in Spanien präsentiert"

Radio Cadena Española, Las Palmas de Gran Canaria:
"Kanarisches Touristenradio":
Nachrichten, aktuelle regionale Meldungen,
Veranstaltungshinweise, Wetterbericht u.a.

Radio Canaria Sur, Gran Canaria:
Touristenprogramm, Nachrichten

Radio Maspalomas, Gran Canaria:
Touristensendung (auch Nachrichten)
in mehreren Sprachen (u.a. auch auf deutsch)

Radio Tourist, Lanzarote:
Touristenprogramm

Fernsehen (televisión)

Das spanische Fernsehen (Televisión Española, TVE; Anschrift s. RTVE zuvor) bietet zwei Programme (primer canal, segundo canal).   Allgemeines

Von Anfang Juli bis Mitte September wird im zweiten Programm täglich für Touristen ein halbstündiges Fernsehprogramm ('Tele-Europa') mit internationalen Nachrichten und Informationen in deutscher, englischer und französischer Sprache ausgestrahlt.   Fremdsprachige Programme

Mittlerweile haben auch private Kabel- und Satellitenprogramme in Spanien Einzug gehalten. Ein besonders erfolgreicher Sender ist "Antena 3", das Fernsehunternehmen der katalanischen Tageszeitung "La Vanguardia". Daneben gibt es die übliche Kabelkost von Videoclips über 24 Stunden Sport bis hin zu den deutschen Programmen SAT 1 und RTL plus.   Kabel und Satellit

Schiffsverkehr

Allgemeines

Linienverbindungen auf dem Wasserweg (vgl. auch → Autofähren und Karte S. 731) zwischen dem spanischen Festland und den Balearen (bzw. auch den Balearen untereinander) sowie dem Festland mit den Kanarischen Inseln oder mit Marokko bietet insbesondere die staatliche spanische Schiffahrtsgesellschaft Trasmediterránea, mit Hauptsitz in Madrid, an (Anschrift in Spanien: nachfolgend; Vertretungen der Gesellschaft s. auch → Autofähren).
Daneben existieren private Reedereien, die Fahrtziele auf kürzeren Strecken anbieten.

Trasmediterránea (Madrid)

Cía. Trasmediterránea
Pedro Muñoz Seca 2
E-28001 Madrid
Tel. (91) 4 31 07 00

Ausgangs- bzw. Anschlußhäfen

Wichtigste Häfen sind v.a. Barcelona, Valencia, Málaga, Cádiz, Palma de Mallorca, Las Palmas de Gran Canaria und Santa Cruz de Tenerife.

Kreuzfahrten

Kreuzfahrten nach Spanien bzw. den Balearen oder den Kanarischen Inseln mit unterschiedlichen Programmen bieten in der Bundesrepublik Deutschland verschiedene Fachagenturen für Seereisen an. Eine Liste ist erhältlich bei

Seepassage-Komitee Deutschland
Esplanade 6
D-2000 Hamburg 36
Tel. (0 40) 34 21 50 und 34 27 58

Sicherheit

Zu Ihrer Sicherheit am Steuer

Gurte

Gurten Sie sich immer richtig an und achten Sie darauf, daß Ihre Mitfahrer es – sowohl auf dem Vordersitz als auch auf den Rücksitzen – ebenfalls tun. Die Bänder sollen straff und nicht verdreht am Körper anliegen. Wer seinen Gurt nur lose umhängt, um in einer Kontrolle die Strafe zu sparen, gefährdet sich: Bei einem Unfall kann der Gurt dann sogar zusätzliche Verletzungen verursachen.

Kopfstützen

Nur zusammen mit richtig eingestellten Kopfstützen am Autositz erfüllen Gurte optimal ihren Zweck. Die Oberkante der Kopfstützen muß in Augen- und Ohrenhöhe oder darüber liegen; nur dann schützen sie die Halswirbelsäule.

Obligatorisches Zubehör

Gesetzlich vorgeschriebenes Zubehör sind Verbandkasten (Vollständigkeit prüfen!), Warndreieck, Nationalitätskennzeichen (D-Schild auf Auslandsreisen), bei zugepacktem Heckfenster und für Caravan-Fahrer ein zweiter Außenspiegel.

Verhindern Sie durch sichere Unterbringung, daß Verbandkasten oder Warndreieck beim Bremsen als gefährliche Geschosse durch das Fahrzeuginnere fliegen.

Einzelne Reiseländer schreiben eventuell zusätzliches Zubehör vor; bitte erkundigen Sie sich danach.

Mitführen sollten Sie außerdem: Abschleppseil, Reserv_eglühlampen, -sicherungen, -keilriemen, Werkzeug, Starthilfekabel, Wolldecke, Handschuhe, Taschenlampe.

Feuerlöscher mit mindestens 2 kg Inhalt (am besten Halon) zur Bekämpfung kleinerer Brände.

Übrigens bleibt bei Fahrzeugbränden meist genügend Zeit zur Rettung von Insassen und Gepäck; bei Versuchen vergingen zwischen einem Brandbeginn am Vergaser und dem Übergreifen des Feuers auf den Innenraum des Fahrzeuges fünf bis zehn Minuten. Größte Vorsicht ist jedoch bei Tankbeschädigungen und auslaufendem Kraftstoff geboten! Dann kann ein Brand blitzschnell das ganze Fahrzeug erfassen.

Kamera mit Blitzlicht, um nach kleineren Unfällen Spuren zu sichern. Nicht die Beschädigungen der Fahrzeuge sind das Wichtigste, sondern die Gesamtsituation am Unfallort: Auf jeden Fall je ein Foto genau in Fahrtrichtung der Unfallbeteiligten aus größerem Abstand machen.

Verbundglas-Frontscheibe ggf. als Zusatzausstattung ab Werk oder nach einem Glasbruch. Die zwei Glasschichten, die mittels einer zähen, elastischen Kunststofffolie verbunden sind, bekommen bei Steinschlag nur an der Aufschlagseite einen Bruch; man kann noch hindurchsehen, und die Splitter bleiben an der Folie hängen, so daß sie niemanden verletzen.

Reservekanister mit Kraftstoff. Energie sparen Sie übrigens, wenn Sie auf der Autobahn nur bis höchstens 2 cm vor der Vollgasstellung aufs Gaspedal drücken. Mit dem 'Gasfuß' in Sparstellung sinkt die Reisegeschwindigkeit kaum, während sich der Kraftstoffverbrauch erheblich verringert.

Gerade vor Reisen empfiehlt sich eine gründliche Überholung des gesamten Bremssystems. Im Urlaub müssen die Bremsen besonders viel leisten, wenn das Auto voll beladen ist und die Reise über Bergstrecken führt.

Die Bremsflüssigkeit sollte spätestens alle zwei Jahre erneuert werden. Durch Kondenswasser, Staub und chemische Zersetzung verliert sie im Laufe der Zeit ihre Wirksamkeit.

Reifen brauchen mindestens 2 mm Profiltiefe, um griffig zu sein und den Wagen auch bei Nässe auf der Straße zu halten. Bei sportlich breiten Reifen sind wegen der längeren Wasserwege sogar 3 mm Profiltiefe zu empfehlen, für Winterreifen wenigstens 4 mm.
Richtiger Luftdruck verbessert die Straßenlage des Wagens und hilft Kraftstoff sparen. Der Luftdruck wird am kalten Reifen kontrolliert, nicht am heißgefahrenen.
Laut Vorschrift müssen alle Reifen am Auto die gleiche Bauart aufweisen, also nur Gürtelreifen oder nur Diagonalreifen sein. Noch sicherer fahren Sie, wenn alle Reifen auch das gleiche Profil haben.
Wer zwischen Sommerreifen und Winterreifen abwechselt, sollte die nicht benötigten Reifen auf den Felgen lagern. Das verlängert die Lebensdauer der Räder und spart beim Montieren Zeit und Geld.

Lampen und Scheinwerfer sollten Sie regelmäßig überprüfen. Wenn die Fahrzeugbeleuchtung in Ordnung ist, sehen Sie nicht nur besser, Sie werden auch besser gesehen.

Rückleuchten und Bremslichter kontrollieren Sie leicht selbst, wenn Sie an einer Verkehrsampel vor einem Autobus oder Lieferwagen halten. Die große Frontfläche solcher Fahrzeuge reflektiert das Licht wie ein Spiegel. In Ihrer Garage oder beim Parken vor einer Schaufensterscheibe erkennen Sie abends, ob Scheinwerfer und vordere Blinkleuchten einwandfrei funktionieren.

Lichtausbeute

Bei Nachtfahrten auf nassen Straßen alle 50 bis 100 km Scheinwerfer und Rückleuchten reinigen: Bereits eine hauchdünne Schmutzschicht auf den Scheinwerfergläsern vermindert die Lichtausbeute um die Hälfte; bei stärkerer Verschmutzung können sogar bis zu 90% Licht verlorengehen.

Wenn die Glühlampen altern, nimmt ihre Leistungsfähigkeit deutlich ab, weil sich Wolfram von der Glühwendel im Glaskolben niederschlägt.

Dunkel gewordene und defekte Glühlampen sollten Sie paarweise auswechseln, damit sie auf beiden Seiten gleich hell leuchten.

Sicht für Brillenträger

Brillenträger fahren nachts sicherer mit spezialentspiegelten Gläsern. Bei Dämmerung oder Dunkelheit muß von einer getönten Brille abgeraten werden. Da jede Glasscheibe einen Teil des hindurchfallenden Lichtes reflektiert, erreichen selbst durch eine klare Windschutzscheibe nur 90% des auf der Straße vorhandenen Lichtes die Augen des Autofahrers. Brillenträgern entsteht ein zusätzlicher Verlust von 10%. Durch getönte Autoscheiben und getönte Brillengläser gelangt nur noch etwa die Hälfte der auf der Straße vorhandenen Lichtmenge bis ans Auge; sicheres Fahren ist dann nicht mehr möglich.

Nebelbeleuchtung

Der beste Platz für Nebellampen ist an der vorderen Stoßstange. Das ergibt eine besonders günstige Reichweite ohne Blendwirkung. Die Leuchten dürfen nur paarweise symmetrisch und auf gleicher Höhe, aber nicht höher als das Abblendlicht montiert sein. Wenn weder Nebel noch Regen oder Schneefall die Sicht erheblich beeinträchtigen, kann die Benutzung der Nebelscheinwerfer Strafe kosten.

Nebelbeleuchtung

Bis zu zwei Nebelschlußleuchten dürfen am Heck des Fahrzeuges montiert sein, mindestens 10 cm vom Bremslicht entfernt und nicht höher als 100 cm über der Fahrbahn. Benutzen darf man die Nebelschlußleuchte(n) sowohl inner- als auch außerorts nur bei einer Sichtweite unter 50 m.

Fahrt bei Nebel

Bei Nebelfahrten beachten Sie bitte:

Rücksichtsvolles Abblenden gilt nicht nur für die Fernscheinwerfer, sondern auch für die Nebelschlußleuchten. Schalten Sie diese aus, wenn Sie in Ihrem Rückspiegel die Konturen eines nachfolgenden Fahrzeuges vollständig erkennen.

Rechnen Sie bei Tag mit Nebel, wenn Ihnen Fahrzeuge mit eingeschalteter Beleuchtung entgegenkommen, und schalten Sie selbst Ihre Scheinwerfer ein.

Passen Sie Ihre Geschwindigkeit der geringen Sichtweite an.

Achten Sie auf ausreichenden Abstand zum vorausfahrenden Fahrzeug. Überholen sie nicht.

Betätigen Sie den Scheibenwischer; starker Nebel schlägt sich als Wasserfilm auf der Windschutzscheibe nieder.

Reise-Organisation

Vorbereitung

Gute Organisation ist schon vor der Reise wichtig. Die Gewißheit, daß zu Hause alles in Ordnung ist und daß man nichts vergessen hat, trägt zur Gelassenheit am Steuer bei.

Ein erprobtes Hilfsmittel bei den Vorbereitungen sind Checklisten, auf denen Sie notieren, an was Sie noch denken müssen, und auf denen Sie abhaken, was Sie erledigt haben.

Klären Sie rechtzeitig, wer Ihre Blumen gießt, Haustiere versorgt und den Briefkasten vor verdächtigem Überquellen bewahrt. Hinterlassen Sie Wertsachen, Fotokopien Ihrer Papiere und Ihre Urlaubsanschrift bei einer Vertrauensperson oder Ihrer Bank.

Wichtige Unterlagen

Gültiger Personalausweis bzw. Reisepaß (ggf. samt Visa-Unterlagen)
Führerschein und Fahrzeugschein (ggf. internationale Papiere)
Grüne Versicherungskarte
Auto-Schutzbrief

Automobilclub-Ausweis
Reiseversicherungen
Auslandskrankenschein
Benzingutscheine
Fahrkarten, Schiffs- oder Flugtickets, Buchungsbestätigungen
Impfzeugnisse (auch für Tiere)
Fotokopien aller wichtigen Papiere (im Gepäck)
Reiseschecks, Kreditkarten, Bargeld
Straßenkarten

Wichtige
Unterlagen
(Fortsetzung)

Ihre Reiseapotheke sollte neben den notwendigen Dingen gegen leichte
Verletzungen und Unpäßlichkeiten auch einen Vorrat jener Medikamente
enthalten, die Sie regelmäßig einnehmen. Beachten Sie bitte, daß Medikamente die Reaktionsfähigkeit und damit die Fahrtüchtigkeit beeinträchtigen können. – Ersatzbrille nicht vergessen!

Reiseapotheke

Kostenloser Allianz-Service

Alle Autofahrer, die Kunden der Allianz-Autoversicherung sind, können
ihre Fahrzeuge kostenlos im Allianz-Zentrum für Technik in Ismaning bei
München nach Voranmeldung (mindestens sechs Wochen vorher; Telefon
089/9601276) überprüfen lassen. Der Test dauert knapp eineinhalb Stunden und betrifft Bremsen, Bremsflüssigkeit, Unterbodengruppe und Rahmen, Radaufhängung, Stoßdämpfer, Reifen, Scheinwerfer und Beleuchtung, Achseinstelldaten und Motor (Einstellung, Funktion, Leistung,
Abgas).

Fahrzeugtest

Jeder-Allianz Fachmann hält für seine Kunden kostenlos bereit:
"Mit dem Auto ins Ausland", eine Broschüre mit zahlreichen Tips, Adressen und Ratschlägen für den Schadensfall in 24 europäischen und außereuropäischen Ländern.
Servicetasche für Ihr Auto mit Parkscheibe sowie wichtigen Unterlagen
und Formularen für den Fahrzeugwechsel oder einen Schadensfall.

Hilfe vom
Fachmann

Zentralruf der Autoversicherer

Wenden Sie sich an den Zentralruf der Autoversicherer, wenn Sie in der
Bundesrepublik Deutschland oder Berlin (West) einen Unfall hatten, und
wenn zwischen den Beteiligten die versicherungstechnischen Einzelheiten
nicht an Ort und Stelle zu klären sind. Dann wird die Schadenregulierung
über den Zentralruf eingeleitet.

Bei Unklarheiten

Alle Zentralrufstationen haben die einheitliche Rufnummer 1 92 13, die Sie
mit entsprechender Vorwahl anrufen können, und zwar in Aachen (02 41),
Berlin (0 30), Dortmund (02 31), Essen (02 01), Frankfurt am Main (0 69),
Hamburg (0 40), Hannover (05 11), Köln (02 21), Mannheim (06 21), München (0 89), Nürnberg (09 11), Saarbrücken (06 81) und Stuttgart (07 11).

Telefonnummer

Sichere Reise!

Die Versicherungen, die zur üblichen 'Grundausstattung' gehören, bieten
während einer Reise weitgehenden Schutz: Lebensversicherung, Unfallversicherung und Privat-Haftpflichtversicherung gelten auf der ganzen
Erde, die Rechtsschutzversicherung in Europa und in den außereuropäischen Mittelmeerstaaten.

Grundvorsorge

Gerade auf Reisen gibt es immer wieder ungewohnte Situationen. In der
fremden Umgebung genügt eine Sekunde Unaufmerksamkeit, zum Beispiel beim Überqueren der Straße: Sie zwingen einen Wagen zum Auswei-

Haftpflicht-
versicherung

**Haftpflicht-
versicherung
(Fortsetzung)**

chen, und schon ist es passiert. Da brauchen Sie eine gute Rückendek-
kung; eine Haftpflichtversicherung zahlt nicht nur bei berechtigten An-
sprüchen, sondern wehrt auch unberechtigte Forderungen ab.

**Rechtsschutz-
versicherung**

Hat hingegen Ihnen jemand einen Schaden zugefügt, bezahlt die Rechtsschutzversicherung Ihren Anwalt. Sie kommt auch für die Verteidigungs-
kosten in einem Strafverfahren auf.

Unfallversicherung

Wenn Sie bisher keine Unfallversicherung haben, wäre Ihr Urlaub ein guter
Anlaß, eine solche abzuschließen. Sie gilt rund um die Uhr, im Beruf, im
Haushalt, auf Reisen und in der Freizeit. Sie läßt sich in Leistungen und
Beitrag der Einkommensentwicklung anpassen; bei einer besonderen
Form erhalten Sie sogar alle Beiträge mit Gewinnbeteiligung zurück.

**Reise-Kranken-
versicherung**

Sie sollten an eine Reise-Krankenversicherung denken. Sie kostet nicht
viel, gibt Ihnen und Ihrer Familie aber Sicherheit bei jedem Auslandsurlaub.

**Reise-
Rücktrittskosten-
Versicherung**

Für den Fall, daß Sie vor Reiseantritt krank werden, oder daß andere
gewichtige Gründe Sie von der Reise abhalten, ist eine Reise-Rücktritts-
kosten-Versicherung nützlich. Sie kommt für Schadenersatzforderungen
von Reisebüros, Hotels und Fluggesellschaften auf.

**Reisegepäck-
versicherung**

Folgen von Verlusten oder Schäden beim Gepäck mildert eine Reisege-
päckversicherung, die übrigens während des ganzen Jahres für alle Reisen und Ausflüge gilt.

**Hausrat-
versicherung**

Während Ihrer Abwesenheit bewahrt Sie zwar die Hausratversicherung
nicht vor Brand, Blitzschlag, Explosion, Einbruchdiebstahl, ausströmen-
dem Leitungswasser, Sturm oder Hagel, aber vor den finanziellen Folgen
solcher Schäden. Wenn Ihre Wohnung allerdings länger als 60 Tage unbe-
wohnt bleibt und auch nicht beaufsichtigt wird, müssen Sie das Ihrer Versicherung mitteilen.

Kraftfahrzeugversicherungen

**Andere Rechtslage
im Ausland**

Wer mit dem Auto verreist, sollte rechtzeitig seine Kraftfahrzeugversiche-
rungen überprüfen.
Im Ausland gelten für Schadenregulierung und in den rechtlichen Fragen
bei einem Unfall vielfach andere Regeln als im Heimatland. Recht wird
grundsätzlich nach den Rechtsvorschriften des betreffenden Staates
gesprochen, und die Bearbeitung eines Schadensfalles dauert meist länger als daheim; oft bekommt man nicht alles ersetzt.

**Haftpflicht-
versicherung**

Reichen die Deckungssumme und der Geltungsbereich (s. nachstehender
Absatz 'Grüne Versicherungskarte') Ihrer Kraftfahrzeug-Haftpflichtversicherung aus?

**Kasko-
versicherung**

Anstatt zu einer schon bestehenden Teilkaskoversicherung noch eine
kurzfristige Vollkaskoversicherung für die Reise abzuschließen, sollten Sie
einen ganzjährigen Vollkaskoschutz erwerben. Er kostet nur wenig mehr,
da Sie in der Vollkaskoversicherung denselben Schadenfreiheitsrabatt
erhalten wie für Ihre Auto-Haftpflichtversicherung.

**Insassen-
Unfallversicherung**

Sich selbst und Ihre Mitfahrer können Sie durch eine Insassen-Unfallver-
sicherung schützen. Sie zahlt, ohne daß die Frage des Verschuldens
geprüft wird.

**Allianz
Auto-Schutzbrief**

Zusätzlichen Schutz auf Autofahrten im In- und Ausland bietet der Allianz
Auto-Schutzbrief mit einem ganzen Paket von Leistungen. Die Allianz
ersetzt Kosten für Pannenhilfe, für Bergen und Abschleppen Ihres Fahrzeuges, für Übernachtungen, Eisenbahnfahrt oder Mietwagen, für Krankenrücktransport, Heimholen von Kindern und Fahrzeugrückholung, im

Ausland auch für Ersatzteilversand, Fahrzeugrücktransport, Verzollung oder Verschrottung nach Totalschaden. Sie brauchen nicht Mitglied eines Automobilclubs zu sein, um einen Allianz Auto-Schutzbrief zu erwerben.

Allianz-Autoschutzbrief (Fortsetzung)

Ihre Auto-Versicherung gilt in Europa, mit der Grünen Karte haben Sie zusätzlich Versicherungsschutz in den dort (Länderleiste auf Seite 1) genannten weiteren Ländern.

Grüne Versicherungskarte

Im Geltungsbereich der Grünen Karte erhöhen sich Ihre vertraglich vereinbarten Versicherungssummen auf die im Besuchsland vorgeschriebenen Pflichtversicherungssummen, wenn diese über den von Ihnen versicherten Beträgen liegen.

Im außereuropäischen Geltungsbereich der Grünen Karte können allerdings auch die Leistungen deutscher Kraftfahrzeug-Haftpflichtversicherer auf die – oft sehr niedrigen – landesüblichen Pflichtversicherungssummen begrenzt sein. Wer einen höheren Schaden verursacht, muß dann den Unterschied selbst bezahlen.

Allianz-Kunden jedoch genießen auch für Israel, Marokko, Tunesien, Malta sowie die außereuropäischen Teile der Türkei, Spaniens (Kanarische Inseln) und Portugals (Madeira und Nebeninseln) den vertraglich vereinbarten Haftpflichtversicherungsschutz. Dies gilt ohne zusätzliche Vereinbarung und ohne Beitragszuschlag, auch in der Kasko- und Unfallversicherung.

Besorgen Sie sich eine Grüne Versicherungskarte, auch wenn Ihr Reiseland sie nicht vorschreibt. Sie können sich an die darin aufgeführten Versicherungsunternehmen wenden, falls Sie im Ausland wegen eines Unfalls in die Pflicht genommen werden. Als Allianz-Kunde halten Sie sich am besten an die Anschriften in der Allianz-Broschüre "Mit dem Auto ins Ausland". In diesem Heft, das jedes Jahr neu herauskommt, finden Sie auch den 'Europäischen Unfallbericht', der die Aufnahme eines Unfalls sehr erleichtert.

In diesen und allen anderen Versicherungsfragen berät Sie jeder Allianz-Fachmann gern.

Allianz-Beratung

Verkehrsunfall in Spanien: Was tun?

Sie können am Steuer noch so vorsichtig sein – es kann trotzdem einmal etwas passieren. Auch wenn der Ärger groß ist: Bitte bewahren Sie Ruhe und bleiben Sie höflich. Behalten Sie einen klaren Kopf und treffen Sie nacheinander folgende Maßnahmen:

Sofortmaß-nahmen

1. Sichern Sie die Unfallstelle ab. Das heißt: Warnblinkanlage einschalten, Warndreieck und Blinklampe in ausreichendem Abstand aufstellen.

Absichern

2. Kümmern Sie sich um Verletzte. Hinweise für Erste Hilfe finden Sie in der Broschüre "Sofortmaßnahmen am Unfallort" in Ihrer Autoapotheke. Sorgen Sie nötigenfalls für einen Krankenwagen.

Verletzte

3. Wenn es Verletzte gegeben hat, bei größeren Blechschäden oder wenn Sie mit ihrem Unfallgegner nicht einig werden, verständigen Sie bitte die Polizei, die Guardia Nacional Republicana, in Spanien allgemein auch 'Polícia de Trânsito' genannt. Ist bei einem Unfall nur Sachschaden entstanden, weigern sich die Polizisten allerdings meist, ein Protokoll aufzunehmen.

Polizei

4. Notieren Sie Namen und Anschrift anderer Unfallbeteiligter, außerdem Kennzeichen und Fabrikat der anderen Fahrzeuge sowie Namen und Nummern der Haftpflichtversicherungen.

Notizen

Wichtig sind auch Ort und Zeit des Unfalles sowie die Anschrift der eingeschalteten Polizeidienststelle. In Spanien kann die Versicherungsgesellschaft nicht anhand des Kraftfahrzeugkennzeichens festgestellt werden.

Beweismittel

5. Sichern Sie Beweismittel: Schreiben Sie Namen und Adressen von – wenn möglich unbeteiligten – Zeugen auf; fertigen Sie Skizzen von der Situation an Unfallort an. Besser noch, Sie haben einen kleinen Fotoapparat im Handschuhfach und machen mehrere Aufnahmen aus verschiedenen Richtungen.

Europäischer
Unfallbericht

6. Bitte verwenden Sie möglichst den (bei Ihrem Versicherungsfachmann erhältlichen) Europäischen Unfallbericht und lassen Sie ihn vom Unfallgegner gegenzeichnen.
Unterschreiben Sie kein Schuldanerkenntnis und vor allem kein Schriftstück, dessen Sprache Sie nicht verstehen!

Schadenersatz

Nach einem Unfall soll die Schadenbearbeitung möglichst reibungslos klappen. Beachten Sie deshalb folgende Hinweise:

Ansprüche an Sie

1. Wenn an Sie Ansprüche gestellt werden, melden Sie den Schaden Ihrer eigenen Kraftfahrzeug-Haftpflichtversicherung. Außerdem können Sie sich an die spanische Versicherungsgesellschaft wenden, die in Ihrer Grünen Versicherungskarte angegeben ist.

Eigene
Ersatzansprüche

2. Machen Sie Ihre eigenen Ersatzansprüche gegen den Schadenstifter und gegen seine Haftpflichtversicherung selbst geltend: Die Grüne Karte hilft hier nicht!
Es ist dringend zu empfehlen, den Schaden durch einen Sachverständigen der spanischen Versicherung begutachten zu lassen. Lassen Sie Ihren Wagen möglichst in Spanien reparieren, weil deutsche Reparaturrechnungen auf das Niveau der spanischen Preise gekürzt werden.

Deutscher
Unfallgegner

3. Sind Sie mit jemandem mit deutschem Fahrzeugkennzeichen in einen Verkehrsunfall verwickelt, so können Sie sich direkt an die deutsche Versicherung des Schadenstifters wenden.

Schwerer
Unfall

4. Nach einem schweren Verkehrsunfall müssen Urlauber in Spanien mit der Beschlagnahme des Fahrzeugs oder der Fahrzeugpapiere und manchmal sogar mit Haft rechnen. Für die Freilassung oder Freigabe werden dann Kautionen verlangt.
In solchen Fällen muß sofort die in Ihrer Grünen Karte angegebene spanische Gesellschaft eingeschaltet werden, damit für die Zivilkaution – wenn Sie eine Rechtsschutzversicherung haben, auch für die strafrechtliche Kaution – gesorgt wird.

Rechtsanwalt

6. Ihre Rechtsschutzversicherung nennt Ihnen einen deutsch sprechenden spanischen Rechtsanwalt, dessen Bezahlung dann von der Versicherung geregelt wird.
Allianz-Versicherte finden alle notwendigen Angaben und Adressen in ihrer Broschüre "Mit dem Auto ins Ausland".

Totalschaden

Nach einem Totalschaden müssen Sie sich mit der zuständigen Zollbehörde in Verbindung setzen.

Ersatzleistungen

7. In Spanien sind Schadensregulierungen ohne Eeinschaltung eines spanischen Rechtsanwaltes schwierig, langwierig und im Ergebnis unbefriedigend. Wertminderung und Anwaltsgebühren werden nicht erstattet. Mietwagen- und Gutachterkosten sind kaum durchzusetzen. Schmerzensgeld wird nur bei schweren verletzungen anerkannt. Das spanische Gericht spricht meist einen Pauschalbetrag zu, ohne die einzelnen Schadenersatzpositionen aufzuschlüsseln. Die zugesprochenen Beträge sind niedriger als in der Bundesrepublik Deutschland.

Allianz-
Auto-Schutzbrief

8. Mit einem Auto-Schutzbrief der Allianz-Gesellschaften sind Sie gegen eine Reihe von Kosten versichert, die Ihnen durch einen Unfall entstehen können, z.B. für Bergen und Abschleppen Ihres Fahrzeuges, für Übernachtungen, Bahnfahrt oder Mietwagen, für Krankenrücktransport, Heim-

holen von Kindern, Fahrzeugrückholung oder -rücktransport, ggf. für Ver- Sicherheit (Forts.)
schrottung und Verzollung.   Schutzbrief

Ihre schnelle Schadenmeldung beschleunigt die Regulierung.   Schadenmeldung

Sport

In Spanien bieten sich zahlreiche Möglichkeiten zum Ausüben verschie- Allgemeines
denster Sportarten. Informationen erteilen die unter → Auskunft Fremdenverkehrsstellen, örtliche Reisebüros sowie die entsprechenden, nachfolgend erwähnten spanischen Verbände.

Sportarten

Wer in Spanien dem Angelsport bzw. der Sportfischerei nachgehen Angeln
möchte, muß im Besitz eines Angelscheins sein. Sportfischerei
Es besteht die Möglichkeit, Fische im Fluß, im Meer bzw. unter Wasser zu
fangen (je nach Art des beabsichtigten Fischfangs muß der Angelschein
ausgefüllt sein).
Auskunft:

Federación Española de Pesca
Navas de Tolosa 3
E-28013 Madrid
Tel. (91) 2 32 83 53

Größter Beliebtheit erfreut sich der Fischfang in Flüssen. Eine nützliche
Karte mit einer Übersicht über die in spanischen Flüssen vorkommenden
Fische (u.a. Lachs und Forelle) und mit vielen weiteren Informationen ist
beim Secretaría General de Turismo (→ Auskunft) erhältlich.

Kontaktadressen → Behindertenhilfe Behinderten-
sport

s. Wandern, nachfolgend Bergsteigen

s. Wandern: Radwandern Fahrradfahren

s. Angeln, Sportfischerei, zuvor Fischen

Der Königliche Fliegerklub in Madrid (Tel. 91 / 4 29 85 34) informiert über Flugsport
die mehr als 50 in ihm zusammengeschlossenen Klubs, deren Niederlassungen sich meist in nationalen bzw. internationalen → Flughäfen befinden.
Daneben gibt es zahlreiche Fliegerklubs, die über private kleine Flugplätze
verfügen.
Die einzige Behörde, die in Spanien Sportflugtitel (Segelflug, Ultraleicht-
flug, Motorflug, Ballonflug und Fallschirmspringen) ausstellen kann, ist die
Generaldirektion für Zivilluftfahrt, die dem Verkehrsministerium untersteht.
Wer einen der oben erwähnten Sportflugtitel erwerben will, muß im Besitz
der Verbandslizenz sein, die vergeben wird von der

Federación del Deporte Aereo
Ferraz 16
E-28008 Madrid
Tel. (91) 2 47 59 22 und 2 48 97 01

→ dort Golf

s.Wandern, nachfolgend Radwandern

Reiten

Möglichkeiten zum Reiten finden sich in Spanien (gegen eine geringe Besuchergebühr oder die Bezahlung eines gewissen Monatsbetrag) in den Reiterclubs. Wer an Wettkämpfen teilnehmen möchte, benötigt eine Verbandslizenz (es gibt speziell eine Touristenverbandslizenz, die – je nach Verein – ein bis drei Monate gültig ist). Informationen erteilen beispielsweise die unter → Auskunft erwähnten Fremdenverkehrsstellen; ferner die
Federación Hipica Española
Monte Esquinza 8
E-28010 Madrid
Tel. (91) 4 19 02 32 und 4 19 20 03

Schwimmen

s. Wassersport, nachfolgend

Tauchen

s. Wassersport, nachfolgend

Tennis

Tennisplätze finden sich in nahezu allen größeren Fremdenverkehrsorten bzw. -zentren. Viele Hotels bieten Tennisferien in großzügigen Anlagen mit zahlreichen Plätzen an, wie Iberotel Atalaya Park in Estepona, an der Costa del Sol, Puente Romano in Marbella, Don Pablo in Torremolinos oder die Ferienclubs La Manga Club an der Costa Calida, der luxuriöse Club Méditerrannée Don Miguel u.v.a. Daneben existieren zahlreiche Tennisschulen, beispielsweise die Faßbender-Tennisschule in Marbella. Informationen erteilen u.a. die örtlichen Reisebüros oder die unter → Auskunft erwähnten Fremdenverkehrsstellen; ferner die
Real Federación Española de Tenis
Avda. Diagonal 618
E-08028 Barcelona
Tel. (93) 2 01 08 44

Wandern, Radwandern, Bergsteigen

Wandern

Allgemeines

Spanien wird inzwischen auch zunehmend von Wanderfreunden besucht; insbesondere die Balearen und die Kanaren werden als Wanderreiseziel immer beliebter. Verschiedene Anbieter (Touropa, NUR, Jahn, Walz, Baumeler) haben sich auf diese Wünsche eingestellt und bieten interessante Programme (auch kombinierte Bade- und Wanderreisen) an; Auskünfte erteilen neben den Spanischen Fremdenverkehrsämtern, die örtlichen Reisebüros, die Alpinschule Innsbruck und die nachfolgende Vereinigung.

Europäische Wandervereinigung

Auskünfte über Wandern in Europa erteilt u.a. in der Bundesrepublik Deutschland die
Europäische Wandervereinigung
Reichsstr. 4
D-6600 Saarbrücken
Tel. (06 81) 39 00 70

Literatur

Zahlreiche detaillierte Karten und Wanderführer sind im Buchhandel und in Fachabteilungen großer Warenhäuser erhältlich, so beispielsweise die Reihe "Wandern in Europa": Kanarische Inseln aus dem Deutschen Wanderverlag Dr. Mair & Schnabel & Co. (Ostfildern-Kemnat bei Stuttgart).

Naturparks und Nationalparks

→ dort

Radwandern

Auskunft

Verschiedene Radtouren durch Spanien bietet u.a. der Spezialreiseveranstalter Wein-Radel, Bonn.

Informationen über eine speziell ausgearbeitete Radtour durch Andalusien (809 km; 17 Etappen) ist bei den Spanischen Fremdenverkehrsämtern (Anschriften → Auskunft) erhältlich.

Radwandern
(Fortsetzung)

Bergsteigen

Federación Española de Montañismo
(Spanischer Bergsteigerverband)
Alberto Aguilera 3
E-28015 Madrid
Tel. (91) 445 13 82 und 445 13 82

Auskunft

Wassersport

Außer den unzähligen → Badestränden am Meer finden sich Swimming-pools in vielen Hotels. Informationen erteilen u.a. die örtlichen Reisebüros und die unter → Auskunft erwähnten Fremdenverkehrsstellen.

Allgemeines
Schwimmen

Auskunft:
Federación Española de Vela
Calle Juan Vigón 23
E-28003 Madrid
Tel. (91) 233 53 05
(weitere Informationen s. Sporthäfen, nachfolgend)

Segeln

Windsurfschulen und Geräteverleih findet man in zahlreichen Touristen-regionen. Ein Mekka, allerdings nur für ausgesprochene Windsurfspezia-listen, befindet sich insbesondere vor Tarifa, dem südlichsten Ort Europas, wo auch Wettbewerbe stattfinden. Anfängern seien eher die Küstenstriche der Balearen, der Costa Brava, das Mar Menor in der Provinz Murcia oder die Bucht von Cádiz empfohlen; auch in El Médano auf Teneriffa finden Surfer ideale Bedingungen (u.a. Surfschule); weitere Informationen erteilen u.a. die örtlichen Reisebüros und die unter → Auskunft erwähnten Frem-denverkehrsstellen.

Surfen

Wer sich in Spanien als Sporttaucher betätigen möchte, benötigt in jedem Falle eine Tauchgenehmigung. Sie ist bei der zuständigen örtlichen Marinekommandantur zu beantragen oder wird von den Tauchbasen für ihre Gäste besorgt.

Tauchen

Sporthäfen

Über 250 Anlegeplätze, darunter etliche für Sportboote, stehen in Spanien zur Verfügung.

Allgemeines

Ein berühmter Vergnügungshafen (auch Bootsplätze für Großjachten zum Überwintern) ist die der exklusiven Touristensiedlung "Andalúcia La Nueva" vorgelagerte Marina Puerto Banús (genannt nach dem Bauherrn José Banús), zwischen Marbella und San Pedro de Alcántara gelegen, 50 km vom Internationalen Flughafen Málaga entfernt.

Bescheidenere Bootsliegeplätze befinden sich u.a. in den an der Costa Brava, am Golf von Rosas, gelegenen Wassersport-Ferienzentren "Cana-les de Santa Margarita" (200 ha) und "Ampuriabrava".

Ein Sportbinnenhafen, der durch einen 120 m langen Kanal mit dem Meer verbunden wird und rund 4000 Personen Platz bieten soll, ist im Norden der Provinz Valencia im Entstehen.

Sporthäfen (Fortsetzung) Auskunft	Federación Española de Motonautica Avda. de América 33 E-28002 Madrid Tel. (91) 4 15 93 27

Vermietung

Die meisten der im Arbeitskreis Charterboot (AKC) zusammengefaßten Firmen verchartern Segeljachten für Selbstfahrer (oder auch mit Skipper und Crew) im westlichen Mittelmeer.
Auskunft:
Arbeitskreis Charterboot (AKC)
Postf. 25 03 70
D-5000 Köln 1
Tel. (02 21) 31 30 79
(bei der zuvor erwähnten Anschrift ist u.a. die Übersicht "Der sichere Kurs zum guten Charterboot" erhältlich mit Angaben über die Mitgliedsfirmen bzw. wo welche Boote verchartert werden).

Ersatzteile

Viele internationale Sportboothersteller sind in Spanien vertreten, so daß Ersatzteile aus dem Herstellerland ohne größere Schwierigkeiten erworben werden könnnen.

Wintersport

Allgemeines

Überraschenderweise gibt es in Spanien auch gute Möglichkeiten für verschiedene Wintersportaktivitäten.

Saison

Die Saison dauert in der Regel von November bis Mai; in höchsten Lagen auch Sommerskilauf möglich.

Wintersportplätze

Pyrenäen

Gleich hinter der Costa Brava beginnen die fast 3 000 m hohen Berge der katalonischen Pyrenäen, deren Skizentren vor allem von Skiläufern aus den Provinzen Gerona, Lérida und Barcelona frequentiert werden.
Zu den wichtigsten Wintersportplätzen in den Pyrenäen zählen:
Rasos de Peguera / Ensija (bis 1700 m), Valle de la Molina (1436–2537 m) mit 'La Molina' und 'Super-Molina', Masella (ab 1600 m), Nuria (1964 bis 2983 m), Baqueira / Beret (1500–2500 m) im Valle de Arán (Garonne-Quelle), Sant Joan de l'Erm (1950–2150 m), Espot mit 'Super-Espot' (ab 1500 m), Llesuy (1280–2900 m), Candanchú (1500–2240 m), Cerler / Benasque (1505–2858 m), Sallent de Gállego mit 'El Formigal' (1500 bis 2350 m), Panticosa (1165–1865 m) und Burguete (ab 1050 m); ferner Campodrón (920–2300 m), Valle de Farreras (unter der Pica d'Estax; 3141 m), Port del Comte y del Vert (ab 2000 m), Tossa de Das (um 1500 m) und Isaba (um 1500 m).

Kantabrisches Gebirge

Weiter westlich erstreckt sich die Cordillera Cantábrica, wo u.a. die folgenden Wintersportplätze liegen: Pajares (1366–2100 m), Alto Campoo / Reinosa (1600 bis 2222 m) und San Isidro (1520–2155 m); ferner Riaño / Maraña, San Emiliano und Leitariegos.

Kastilisches Scheidegebirge

In Zentralspanien, nördlich bis westlich von Madrid, erhebt sich die Gebirgsgruppe des Kastilischen Scheidegebirges. Hier bieten die Sierra de Guadarrama und die Sierra de Gredos Lifte und Pisten vor allem für die Gäste aus der Landeshauptstadt.
Zu den bekannten Wintersportplätzen in der Sierra de Guadarrama gehören: Navacerrada (1700–2230 m) und Valcotos (1774–2275 m); ferner Valdesqui und La Pinilla (1500–2273 m).
Die Sierra de Gredos (Almanzor, 2592 m) ist vor allem ein Tourengebiet.

Das bekannteste und auch von ausländischen Wintersportlern am meisten besuchte Wintersportgebiet ist die weit im Süden des Landes, bei Granada gelegene Sierra Nevada. Dieses südlichste Skigebiet Europas (1900–3428 m) bietet trotz seiner Lage in den höheren Regionen bis in das Frühjahr ausgezeichnete Sportmöglichkeiten. Wichtigste Station ist das Gebiet Solynieve (= Sonne und Schnee).

Wintersportplätze in der Sierra Nevada

Auch in der Sierra de Gúdar (nördl. von Valencia) bestehen Wintersportmöglichkeiten (1600–2024 m).

Sierra de Gúdar

In den meisten der genannten Wintersportzentren gibt es Skischulen der Escuela Española des Esquí
(im Rahmen der Federación Española de Deportes de Invierno,
dem Spanischen Wintersportverband)

Skischulen

Zentrale:
Calle de Claudio Coello 32
E-28001 Madrid
Tel. (91) 4 35 49 64 und 2 75 05 76

Über Wintersport in Spanien informiert u.a. der jährlich aktualisierte ADAC Ski Atlas (ADAC Verlag GmbH, München – Mairs Geographischer Verlag GmbH, Ostfildern), erhältlich in ADAC-Geschäftsstellen, in Buchhandlungen oder Fachabteilungen von Warenhäusern.

Literatur

Informationen über Wintersporteinrichtungen erteilen u.a. auch die Fremdenverkehrsstellen bzw. die örtlichen Informationsbüros (→ Auskunft).

Auskunft

Sprache

Die spanische Sprache ist als Muttersprache von über 220 Millionen Menschen die wichtigste romanische Sprache und nach Englisch die bedeutendste Handelssprache der Erde.

Bedeutung

Landes- und Amtssprache ist in erster Linie Spanisch (Kastilisch, castellano); ferner in Katalonien Katalanisch (català), im Baskenland Baskisch (vasco bzw. euskara) und in Galicien Galicisch (gallego).
(→ Zahlen und Fakten, Sprache)

Landes- und Amtssprache Dialekte

Da Spanisch (español) aus der kastilischen Mundart hervorgegangen ist, wird die Sprache auch als 'lengua castellana' bezeichnet.
Zahlreich sind die Wörter arabischen Ursprungs.

Ursprünge

Ausgehend von der Tatsache, daß deutschsprachige Touristen inzwischen einen erheblichen Prozentsatz der gesamten ausländischen Feriengäste in Spanien ausmachen, wird man sich in den vorzugsweise von Deutschen aufgesuchten Touristenzentren bei den Informationsstellen, Hotels und Restaurants in deutscher Sprache (alemán) verständigen können. Daneben sind Französisch (francés) und Englisch (inglés) in den größeren Städten verbreitet.

Verständigung

Grundregeln

Wer abseits der Hauptfremdenverkehrsrouten das Land bereist, sollte wenigstens die Aussprache, die Grundregeln der Grammatik und eine Anzahl spanischer Redewendungen beherrschen. Schon ein geringes Vertrautsein mit der Landessprache wird von den Einheimischen mit besonderer Freundlichkeit honoriert.

Allgemeines

Aussprache

ch	tsch
j	guttural wie deutsches ch in ach (auch am Wortanfang, z.B. Jalisco)
y	deutsches j (nur am Wortende i)
ll	lj
ñ	nj
z	gelispeltes s, ähnlich dem scharfen englischen th
c	vor e und i wie spanisch z, sonst k
g	vor e und i wie spanisch j
v	ungefähr wie w, am Wortanfang span. b
h	stumm
gue, gui, que, qui	ge, gi, ke, ki; mit Trema wird in gue und gui das u gesprochen (vergüenza)
b	sehr weich, zwischen Vokalen fast w
d	am Wortende schwach (stimmhaftes englisches th in the) oder ganz stumm
r	Zungenlaut, am Wortbeginn und rr (= 1 Buchstabe) stark rollend
s	immer scharf
x	vor Konsonanten wie s; sonst wie im Deutschen

Betonung

Die Betonung wird durch den Akzent nur bezeichnet, wenn sie von der Regel abweicht. Als Regel gilt: Mehrsilbige Wörter, die auf einen Vokal oder n oder s enden, haben den Ton auf der vorletzten, solche, die auf einen der übrigen Konsonanten enden, auf der letzten Silbe (ist also die drittletzte Silbe betont, so steht stets der Akzent). Daher ohne Akzent: Granada, Esteban (mit dem Ton auf der vorletzten Silbe) und Santander, Jerez (mit dem Ton auf der letzten Silbe); mit Akzent: Málaga, Alcalá, Sebastián, Alcázar, Cádiz usw. Dabei gelten für die Akzentsetzung die Vokalverbindungen ae, ao, ea, eo, oa, oe als zweisilbig, alle übrigen als einsilbig; also hat paseo den Ton auf e, patio den Ton auf a, beide ohne Akzent. Dagegen muß der Akzent gesetzt werden, wenn in den Doppelvokalen ia, ie, io, iu, ua, ue, ui, uo, uy der erste Vokal den Ton haben soll, also sillería, río usw., und wenn in ai (ay), au, ei (ey), eu, oi (oy), ou der zweite Vokal den Ton hat, also paraíso, baúl.

Kurzgrammatik

Der Artikel ist el = der, la = die, lo = das, in der Mehrzahl los, las, los. Die Deklination geschieht mit Benutzung der Präposition de für den Genitiv und a für den Dativ, die im Singular des Maskulinums mit den Artikeln zu del und al zusammengezogen werden. Der Akkusativ ist gleich dem Nominativ; nur bei den Hauptwörtern, die Personen oder personengleiche Dinge bezeichnen, wird er wie der Dativ durch die Präposition a ausgedrückt.

Zahlen

Grundzahlen

0	cero	11	once
1	uno (una)	12	doce
2	dos	13	trece
3	tres	14	catorce
4	cuatro	15	quince
5	cinco	16	dieciseis
6	seis	17	diecisiete
7	siete	18	dieciocho
8	ocho	19	diecinueve
9	nueve	20	veinte
10	diez	21	veintiuno
		22	veintidos

30	treinta	2.	segundo
31	treinta y uno	3.	tercero
40	cuarenta	4.	cuarto
50	cincuenta	5.	quinto
60	sesenta	6.	sexto
70	setenta	7.	sétimo
80	ochenta	8.	octavo
90	noventa	9.	nono/noveno
100	ciento (cien)	10.	décimo
101	ciento uno	20.	vigésimo
153	ciento cincuenta y tres	100.	centésimo
2200	doscientos		
1000	mil		
1 Mio.	un millón		

Zahlen
(Fortsetzung)

Bruchzahlen

$1/2$	medio (media)
$1/3$	un tercio
$1/4$	un cuarto
$1/10$	un décimo

Ordnungszahlen

| 1. | primero |

Monate

Januar	enero
Februar	febrero
März	marzo
April	abril
Mai	mayo
Juni	junio
Juli	julio
August	agosto
September	setiembre
Oktober	octubre
November	noviembre
Dezember	diciembre

Wochentage

Montag	lunes
Dienstag	martes
Mittwoch	miércoles
Donnerstag	jueves
Freitag	viernes
Samstag	sábado
Sonntag	domingo

Tageszeiten

Morgen	mañana
Mittag	mediodía
Abend	tarde
Nacht	noche

Wichtige Redewendungen in Spanien

Guten Morgen, guten Tag!	¡Buenos días!
Guten Tag (nachmittags)!	¡Buenas tardes!
Guten Tag, gute Nacht!	¡Buenas noches!
Auf Wiedersehen!	¡Adiós!
	¡Hasta luego!

Redewendungen (Fortsetzung)	Ja, nein (mein Herr)!	¡Si, no (señor)!
	Entschuldigen Sie!	¡Perdón!
	Bitte (nach Entschul-	¡De nada!
	digung oder Dank)!	¡No hay de qué!
	Bitte (um Gefälligkeit)!	¡Por favor!
	Bitte (bedienen Sie sich)!	¡Sírvase (Vd)!
	Danke (sehr)!	¡(Muchas) gracias!
	Gestatten Sie, bitte!	¡Con permiso!
	Sprechen Sie deutsch?	¿Habla Usted alemán?
	Ein wenig, nicht viel	Un poco, no mucho
	Ich verstehe nicht(s).	No entiendo (nada).
	Wie heißt auf spanisch?	¿Como se dice en español?
	Wie heißt diese Kirche?	¿Como se llama esta iglesia?
	Der Dom (St. Johannes)	La catedral (San Juan)
	Wo ist die Straße X?	¿Donde está la calle X?
	die Autostraße nach...?	¿el camino para...?
	Rechts, links	A la derecha, izquierda
	Immer geradeaus	Siempre derecho
	Oben, unten	Arriba, abajo
	Wann ist geöffnet?	¿A qué horas está abierto?
	Wie weit?	¿Qué distancia?
	Heute	Hoy
	Gestern	Ayer
	Vorgestern	Anteayer
	Morgen	Mañana
	Sind Zimmer frei?	¿Hay habitaciones libres?
	Ich möchte gern...	Quisiera...
	Ein Zimmer mit Bad	Una habitación con baño
	Mit Vollpension	Con pensión completa
	Was kostet es?	¿Quánto vale?
	Alles inbegriffen	Todo incluído
	Das ist zu teuer.	Es demasiado caro.
	Kellner, zahlen bitte!	¡Camarero, la cuenta (nota) por favor!
	Wo ist die Toilette?	¿Dónde está el retrete?
	Wecken Sie mich um sechs!	¡Llámeme Vd. a las seis! besser: ¡Despiertame Vd. a las seis!
	Wo gibt es einen Arzt?	¿Donde hay un médico?
	einen Zahnarzt?	¿Dónde hay un dentista?
	eine Apotheke?	¿Dónde hay una farmacia?
	Habe hier Schmerzen.	Siento dolores aquí.
	Ich leide an...	Padezco de...
	Ich brauche ein Mittel	Necesito un medicamento
	gegen...	contra...
	Wie oft muß ich das einnehmen?	¿Cuántas veces tengo que tomar esta medicina?

Verkehrsaufschriften

	Aduana	Zoll
	¡Alto!	Halt!

¡Atención!	Achtung!	Verkehrs-aufschriften (Fortsetzung)
Aparcamiento	Parkplatz	
Autopista	Autobahn	
Bifurcación	Abzweigung	
Cañada	Viehtrieb	
¡Ceda al paso!	Vorfahrt achten!	
¡Cuidado!	Vorsicht!	
Desvío	Umleitung	
Dirección único	Vorgeschriebene Fahrtrichtung	
Sentido único	Einbahnstraße	
Grua	Abschleppdienst	
¡Llevar la derecha (la izquierda)!	Rechts (links) fahren!	
Niebla	Nebel	
¡Obras!	Baustelle!	
¡Al Paso!	Schritt fahren!	
Paso a nivel	Niveaugleicher Schienenübergang	
Paso prohibido	Durchfahrt verboten	
Peaje	Benutzungsgebühr	
Peatones	Fußgänger	
¡Peligro!	Gefahr!	
Playa	Badestrand	
Prohibido el adelantamiento	Überholverbot	
Prohibido aparcar	Parkverbot	
Viraje peligroso	Gefährliche Kurve	

Für den Bahnreisenden

Abfahrt	salida
Ankunft	llegada
Aufenthalt	parada
Bahnhof	estación
Bahnsteig	andén
Einsteigen!	¡Viajeros al tren!
Fahrkarte	billete
Fahrplan	horario de trenes
Fahrpreis	precio, importe
Gepäck	equipaje
Haltestelle	apeadero, parada
Knotenpunkt	empalme
Nichtraucher	no fumadores
Raucher	fumadores
Schaffner	revisor
Schalter	taquilla de billetes
Umsteigen!	Cambiar de tren!
Wartesaal	sala de espera

Auf der Post

Adresse	dirección
Brief	carta
Briefkasten	buzón
Briefmarken	sellos
Briefträger	cartero
Drucksache	impreso
Eilboten	por correo urgente
Einschreibebrief	carta certificada

Auf der Post	Luftpost	por avión
(Fortsetzung)	Porto	porte, franqueo
	Post	correo
	Postkarte	tarjeta postal
	Postlagernd	lista de correos
	Telefon	teléfono
	Telegramm	telegrama

Kunstgeschichtliche und andere Ausdrücke

Alcázar (arab. a-kasr),	Maurenburg,
Alcazaba	Schloß
Arrabal (arab. ar-râbad)	Vorstadt
Artesonado	Kassetten- oder
	Felderdecke
Audiencia	Appellationsgericht
Avenida (Avda.)	Allee
Ayuntamiento	Rathaus
Azulejos	glasierte, urspr.
	blau (azul) be-
	malte Tonfliesen
Barrio	Vorstadt, Stadtviertel
Calina	Hitzedunst (in Süd-
	spanien)
Campiña	bebautes ebenes
	Land
Capilla Mayor	Hauptkapelle mit
	dem Hochaltar
Cartuja	Kartause
Casa Consistorial	Rathaus
Cementerio	Friedhof
Cimborio	Vierungskuppel
Claustro	Kreuzgang
Colegio	Konvikt, Erziehungs-
	anstalt
Concepción	Empfängnis
Coro	Chor, die Sitze
	der Geistlichkeit
Cueva	Höhle
Custodia	Sakramentshäuschen,
	Monstranz
Diputación provincial	Landtag (Provinz)
Embalse	Stausee
Ermita	kleine Landkirche,
	Wallfahrtskapelle
Estrella	Fensterrose
Fuente	Brunnen
Huerta	bewässerters und
	gartenartig be-
	bautes Ackerland
Lonja	Börse
Mantilla	Kopftuch aus
	Spitzen und Tüll
Mezquita (arab.	Moschee
mesdschid)	
Mihrâb	Gebetsnische in
	den Moscheen
Mirador	Söller, Dachterrasse
Estilo mudejar (arab.	Mudejarstil
'mudejalat' = unter-	(Stil der unter-
worfen)	worfenen Mauren)

Kunstgeschichte
(Fortsetzung)

Palacio Arzobispal	erzbischöflicher Palast
Palacio Episcopal (Obispal)	bischöflicher Palast
Pantano	Talsperre
Parador	Gasthaus, Rasthaus
Parroquia	Pfarrkirche
Paso	Prozessionsgruppe mit Heiligenfiguren
Patio	Hof
Picota	Pranger, Schandpfahl
Plateresker Stil ('platero' = Silberschmied)	filigraner Ornamentstil
Playa	Strand
Puerta del Perdón	Name des Haupttors vieler Kathedralen, weil den Eintretenden Ablaß zugesichert war
Puerto	Hafen, Gebirgspaß
Quinta	Landhaus
Rambla (arab. ramla = Sandplatz)	ein außer der Regenzeit trockenes Flußbett; Boulevard
Reja	Gitter
Retablo	Altaraufsatz
Ría	Flußmündung, die der Ebbe und Flut unterworfen ist
Río	Fluß
Riera	Bach, Wildbach
Sagrario	Sakristei, Sakramentsbehälter, Kapelle
Sala Capitular	Kapitelsaal
Seo	Kathedrale
Sierra	Kettengebirge
Sillería	Chorgestühl
Taberna	Weinstube, Bar
Torrente	Gießbach, Schlucht
Trascoro	äußere Westwand des Coro
Trassagrario	Rückseite des Hochaltars
Vega (arab. wakî'a)	bewässerte Aue, Flur
Venta	Schenke

Lexika, Sprachführer, Sprachkurse

Für detailliertere Informationen sei auf die Wörterbücher des Verlages Langenscheidt KG, Berlin und München, hingewiesen.

Wörterbücher

Wer in Spanien die spanische Sprache erlernen möchte, kann sich einen Überblick verschaffen über die Angebote von knapp 100 Reiseveranstaltern, die Sprachferien – beispielsweise in Barcelona, Madrid oder an anderen Orten – im Programm haben; gegen Gebühr (V-Scheck) erhältlich ist die Broschüre "Spanien – Sprache lernen (Tips für den Alltag)" bei der

Sprachkurse

Sprache,
Sprachkurse
(Fortsetzung)

Verbraucherschutzorganisation
Aktion Bildungsinformation (ABI)
Alte Poststr. 5, D-7000 Stuttgart 10
Tel. (07 11) 22 59 59

Kombinierte
Kurse

Jedes Jahr im Juli und August veranstaltet beispielsweise die Universität
von Zaragoza Sommerkurse für die spanische Sprache und Kultur, z.T. mit
Busausflügen in die Umgebung verbunden.

Deutsch-
Hispanische
Gesellschaft

Wer sich eingehender mit der Sprache und Kultur Spaniens befassen
möchte, sei auch verwiesen an die
Deutsch-Hispanische Gesellschaft
Postf. 81 02 28
D-8000 München 81
Tel. (0 89) 91 64 73 und 4 48 00 00

Straßenverkehr

Straßennetz

Allgemeines

Spaniens Wegenetz umfaßt mehr als 317 000 km, wovon über 2 000 km auf
Autobahnen entfallen. Der spanische Staat forciert den Ausbau des Stra-
ßennetzes, insbesondere in strukturschwachen Gebieten. Wichtigste Neu-
baustrecken sind die Verbindungen Madrid – Alicante, Alicante – Murcia
und Málaga – Algeciras.

Autobahnen

Die Autobahnen ('Autopistas') sind gebührenpflichtig ('peaje'). Autobahn-
ähnliche Straßen sind die 'Autovias', die jedoch kostenlos befahren werden können.

Notrufsäulen

An den Autobahnen stehen Notrufsäulen, über die Hilfe angefordert werden kann (weitere Informationen → Autohilfe; → Notdienste).
In jedem Falle sollte zuvor das Fahrzeug mit einem Warndreieck (möglichst
auch Warnblinklicht einschalten) gesichert sein. Zur zusätzlichen Warnung
Kofferraumdeckel hochklappen.

National-
straßen

Die numerierten Nationalstraßen (Carreteras Nacionales; N-...), die etwa
den deutschen Bundesstraßen entsprechen, sind vielfach modern ausgebaut. An Steigungen sind Kriechspuren für Lkw eingerichtet, so daß
überholt werden kann. Besonders gut sind die von Madrid ausgehenden
sechs Radialstraßen, die auf rotweißen Kilometersteinen römische Ziffern
tragen:
N-I San Sebastián, N-II Barcelona, N-III Valencia, N-IV Cádiz, N-V Badajoz,
N-VI La Coruña.

Landstraßen

Die ebenfalls numerierten Landstraßen (Carreteras comarcales; C-...) sind,
soweit es sich um wichtigere Verbindungen handelt, ebenfalls in der Regel
ordentlich. Nicht numerierte Nebenstraßen können sich in schlechtem
Zustand befinden.

Straßenzustand

Verbesserungen sind laufend im Gang, wobei allerdings auf Baustellen
(obras) und Umleitungen (desvios) oft erst sehr spät hingewiesen wird.
Auch schlechtere Streckenabschnitte oder Schlaglöcher werden meist
nicht angekündigt, so daß stets Vorsicht am Platze ist, vor allem bei Nacht.

Innenstadtverkehr

Wenn nicht unbedingt nötig, sollte man Fahrten in die Innenstädte vermeiden, insbesondere in Altstadtkerne hinein, wo es oft so eng zugeht, daß
auch mit Wagen der unteren Mittelklasse aufwärts kaum ein Durchkommen ist. Die Einbahnstraßenregelung tut ein übriges, um Fahrten in
Innenstädte länger als gedacht werden zu lassen.

Fahrvorschriften

In Spanien herrscht – wie im übrigen kontinentalen Europa – Rechtsfahrordnung, wobei links überholt wird.

Rechtsverkehr

Vorfahrt auf den Straßen hat grundsätzlich das von rechts kommende Fahrzeug (z. B. auch bei Nebenstraßen in Städten; Ausnahmen sind ausgeschildert), auch im Kreisverkehr.

Beim Linksabbiegen außerhalb der Ortschaften gibt es auf größeren Straßen eigene Fahrspuren, die zunächst nach rechts ausweichen und dann die Hauptstraße kreuzen.

Abbiegen

Beim Überholen muß in Spanien während des gesamten Vorganges der Fahrtrichtungsanzeiger sowohl zuerst nach links und dann nach rechts betätigt werden.

Überholen

Auf gut beleuchteten Straßen (außer auf Schnellstraßen oder Autobahnen) darf in Spanien nur mit Standlicht gefahren werden; Vorsicht vor unbeleuchteten Fahrzeugen!
Es besteht die Pflicht, ein Ersatzlampenset im Auto mitzuführen.

Licht

In den meisten Städten ist Parken auf blau gekennzeichneten Plätzen gebührenpflichtig, an gelb bezeichneten Stellen verboten. Bezahlung erfolgt bei Parkwächtern oder am Parkscheinautomaten. Der Parkschein muß im Auto sichtbar deponiert werden.
Ansonsten gilt jedoch: Nichts im Auto zurücklassen!

Parken

In den vor allem in den Abendstunden sehr belebten Städten teilen sich die Fußgänger meist die engen Straßen mit den Autos.

Fußgänger

Höchste Aufmerksamkeit sollte man den zahlreichen Zweiradfahrern – ob Mofa, Moped oder Motorrad – widmen, die in wildem Fahrstil, atemberaubender Geschwindigkeit und großer Lautstärke die Straßen, vor allem in den Städten, bevölkern.
Spanische Zweiradfahrer zeigen den beabsichtigten Richtungswechsel oft durch Senken oder Heben eines Armes an, wobei nicht immer klar ist, welche Bewegung 'links' oder 'rechts' bedeuten soll. So kann z.B. mit dem rechten Arm ein Abbiegen nach links angezeigt werden!

Zweiradfahrer

Zudem machen Tiere die Straßen vielfach unsicher. In Estremadura, aber auch anderorts, verläuft oft neben der Straße (auch Kreuzungen!) ein für wandernde Viehherden bestimmter Weidelandstreifen (cañada).

Tiere

Strenge Fahrdisziplin ist im Ausland schon im Interesse des eigenen nationalen Ansehens ganz besonders erforderlich. Den Weisungen der Policía Municipal in den Städten bzw. der Guardia Civil de Tráfico (Verkehrspolizei) ist unbedingt Folge zu leisten. Bei Nichtbeachtung von Haltezeichen muß damit gerechnet werden, daß die Polizei von der Schußwaffe Gebrauch macht (nicht selten finden Razzien statt mit dem Ziel, Terroristen zu ergreifen)! Bei Übertretung der Verkehrsvorschriften sind die unverzüglich an Ort und Stelle zu bezahlenden Bußgelder empfindlich hoch.

Fahrdisziplin

Polizei: Tel. 091
(landesweit, auch auf den Balearen und auf den Kanarischen Inseln; weitere Informationen ⟶ Autohilfe, ⟶ Notdienste).
Die Folgen von Unglücks- und Schadenfällen im Ausland sind meist unabsehbar. Bei Unfällen, gleichgültig, ob man sie verschuldet hat oder nicht, muß der Kraftfahrer gewärtig sein, daß sein Fahrzeug beschlagnahmt wird (Freigabe meist erst nach etwa erforderlicher Gerichtsverhandlung); in schweren Fällen kann der Fahrzeuglenker sogar inhaftiert werden. Man benachrichtigt bei jedem Unfall unverzüglich die auf der 'Grünen Karte'

Unglücks- und Schadensfall

Straßenverkehr (Fortsetzung)	aufgeführte spanische Versicherungsgesellschaft, damit für eine eventuell geforderte Kautionsstellung gesorgt werden kann.
Abschleppverbot	Abschleppen durch Privatfahrzeuge ist verboten!
Höchstgeschwindigkeit	Innerorts:60 km/h außerhalb 90 km/h auf Straßen mit mindestens 2 Fahrstreifen in jeder Richtung: 100 km/h auf Autobahnen 120 km/h. Pkw mit Wohnanhängern 70 km/h, auf Autobahnen 80 km/h.
Überholverbot	Überholverbot gilt generell 100 m vor Kuppen sowie auf Straßen, die weniger als 200 m weit zu überblicken sind.
Sicherheitsgurte	Das Anlegen der Sicherheitsgurte (auf Vorder- und Rücksitzen) ist obligatorisch.
Promillegrenze	Die Höchstgrenze für den Blutalkoholgehalt beträgt 0,8 Promille.
Kraftstoff	Normalbenzin: 92 Oktan (wenig empfehlenswert) Superbenzin: 97 Oktan Bleifrei: 95 Oktan (Bleifrei-Tankstellen gibt es derzeit in knapp ausreichendem Maße an der Mittelmeerküste; das Innere des Landes gilt gemäß den Angaben verschiedener Automobilclubs nach wie vor als "Bleifrei-Wüste"; Broschüren mit Adressen von Bleifrei-Tankstellen in Europa sind u.a. beim ADAC, beim TCS und beim ÖAMTC erhältlich; ferner existiert in Spanien u.a. ein Verzeichnis der Campsa-Tankstellen mit bleifreiem Benzin) Diesel (gasoleo "A"). 10 l Reservekraftstoff sind zollfrei.

Weitere Informationen:
⟶ Ärztliche Hilfe
⟶ Autohilfe
⟶ Notrufe
⟶ Reisedokumente
⟶ Sicherheit

Taxi

Allgemeines	Wer ein Taxi benötigt, hält dieses entweder durch Handzeichen an oder geht zu einem Taxistandplatz.
Preise	Taxifahren ist etwa halb so teuer wie in der Bundesrepublik Deutschland. Die Preise variieren von Ort zu Ort. Die Mehrzahl der Taxis ist mit Taxameter ausgestattet. Falls dies nicht der Fall sein sollte, erkundige man sich nach dem Festpreis für eine bestimmte Strecke (Preislisten z.T. auch in den Tourismusbüros) bzw. handle – insbesondere bei Überlandfahrten – den Preis vor Antritt der Fahrt aus.
Zuschläge	Zuschlag wird u.a. verlangt für Wartezeit, Zubringerdienst zwischen Innenstadt und Flug- oder Seehafen bzw. Bahnhof, Gepäck- und Haustierbeförderung (Quittung ausstellen lassen).

Trinkgeld (propina)

Obwohl das Bedienungsgeld (Servicio) beispielsweise in der Hotel- oder Restaurantrechnung im Preis inbegriffen ist, ist es üblich, dem Kellner

Fiesta Santa María Pilar in Zaragoza

(camarero), Zimmermädchen (camarera oder muchacha), Gepäckträger bzw. Hausdiener (beide span. mozo) ein Trinkgeld zu geben.

Trinkgeld
(Fortsetzung)

Auch Fremdenführer, Platzanweiser in Kinos, Theatern, Stierkampfarenen und Taxifahrer erwarten ein kleines Trinkgeld.

Unterkunft

⟶ Camping
⟶ Hotels
⟶ Jugendherbergen
⟶ Paradores

Veranstaltungen

Vielerorts gibt es vor allem in der Sommersaison – Feste, Unterhaltungsveranstaltungen, Sportwettbewerbe und religiöse Veranstaltungen in solch großer Zahl, daß ein kalendarischer Überblick den Rahmen dieses Bandes sprengen würde. Über die Landesgrenzen hinaus bekannte Feste sind bei der jeweiligen Ortsbeschreibung (⟶ Reiseziele von A-Z) erwähnt. Informationen über die jeweils vor Ort stattfindenden Veranstaltungen erfrage man zu gegebener Zeit beispielsweise bei den unter ⟶ Auskunft angegebenen Fremdenverkehrsstellen oder an Hotelrezeptionen.

Hinweis

⟶ Feiertage
⟶ Festspiele
⟶ Zahlen und Fakten, Folklore

Weitere
Informationen

Verkehrsvorschriften

→ Straßenverkehr

Wein

Allgemeines

Obschon die Rebfläche Spaniens die größte überhaupt ist, spielt der Weinbau Spaniens bislang im internationalen Vergleich eine geringere Rolle als z.B. in Frankreich oder Italien. Immerhin verzeichnen die Exportmengen erhebliche Zuwachsraten, und die Nomenklatur wurde nach Spaniens Beitritt zur EG den europäischen Normen angepaßt.

Schaumwein

Die größten Schaumweinkelleren befinden sich in Katalonien.

Die Sprache des Weinetiketts

Blanco	Weiß
Bodega	Keller, in dem Wein gelagert, gekeltert oder auch getrunken wird
Bodega cooperativa	Winzergenossenschaft
Cepa	Reb- oder Traubensorte
Clarete	Weißherbst
Cosecha	Ernte, Lese; mit Jahreszahl: Jahrgang
Criado y embottelado por	Erzeugt und abgefüllt von
Dulce	Süß
Elaborado y añejado por	Erzeugt und gelagert bei
Embottelado / Engarrafado de origen	Weingutabfüllung
Espumoso	Schäumend
Fino	Gut (besonders für den trockensten Sherry gebräuchlich)
Reserva	Ausgebauter Qualitätswein
Rosado	Rosé
Seco	Trocken
Tinto	Rot
Vendimia	Weinlese; mit Jahreszahl: Jahrgang
Viña, viñedo	Weinberg
Vino corriente	Einfacher Wein, meist nicht abgefüllt
Vino de cosecha propria	Vom Weingut bereitete Weine
Vino de mesa	Tischwein

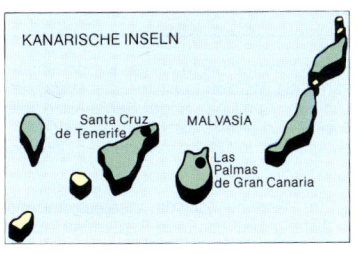

La Coruña
Santander Bilbao
San Sebastián
PONTEVEDRA
Vigo León
LEÓN RIOJA SOMONTANO ANDORRA
EL RIBEIRO ALTA BAJA Huesca ALELLA
ROA PEÑAFIEL PANADÉS
TORO Valladolid Zaragoza Barcelona
LA NAVA CARIÑENA TARRAGONA
Salamanca PRIORATO
MADRID SAN MATEO
CEBREROS VALENCIA Palma de Mallorca
Portugal Cáceres Toledo Valencia
LA MANCHA UTIEL BALEAREN
MANZANARES REQUENA
VALDEPEÑAS ALBAIDA
JUMILLA MONOVAR
ALMENDRALEJO Alicante
Córdoba Murcia
EL CONDADO MONTILLA
Huelva Sevilla Granada
SAN LUCAR MÁLAGA Almería
JEREZ Málaga
Cádiz
GIBRALTAR
© Baedeker

Die spanischen Weinbaugebiete

KANARISCHE INSELN
Santa Cruz de Tenerife MALVASÍA
Las Palmas de Gran Canaria

Die spanischen Weinbaugebiete

La Nava, Roa, Peñafiel (weiß und rot, mäßig stark); Toro (rot, schwer).	Altkastilien
Jerez de la Frontera (Qualitätswein; bester Sherry): Carrascal, Macharnudo, Anina (weiß, vollmundig, schwer); Balbaina, Manzanilla (bekannte Marken: Pedro Domecq, Sandeman, Gonzalez Byass, Tio Pepe); Huelva (nur weiß; beste Sorten als Sherry); Sanlúcar de Barrameda, Miraflores (guter Sherry); Montilla, Moriles (Qualitätswein; weiß, binnenländliches Pendant zum Sherry); Málaga (vorwiegend weiß, Dessertwein).	Andalusien
Cariñera (weiß und rot, süß); Somontano (weiß und rot).	Aragón
Almendralejo (weiß, einfacher).	Estremadura

Wein (Fortsetzung) Galicien	Pontevedra (weiß und rot); Ribeiro (überwiegend weiß); Albariño / Valle de Rosal (beste Qualität).
Katalonien	Qualitätsweine: Panadés, Marfil (weiß, trocken; viel Schaumwein); Sitges (weiß, Malvasía, Muskateller), Tarragona (weiß und rot, süß; gespritet); Priorato (rot, trocken, stark).
León	León (weiß und rot).
Navarra	Rioja (Qualitätswein, der spanische 'Burgunder', rot und weiß): Rioja Alta (der beste, leicht); Rioja Alavesa (kräftig; 'Clarete', heller Rotwein); Rioja Baja (schwer).
Neukastilien	La Mancha (größtes Weinbaugebiet): Valdepeñas (überwiegend rot, stark); Cebreros (weiß und rot).
Teneriffa	Malvasía (weiß, kräftig, ziemlich süß).
Valencia	Utiel, Requena; Albaida, Jumilla, Monova (überwiegend rot, schwer und süß).
	Weitere Informationen: ⟶ Essen und Trinken

Zeit (tiempo)

Halbinsel und Balearen	Während des Winterhalbjahres (von Oktober bis März) gilt auf der spanischen Halbinsel und den Balearen die Mitteleuropäische Zeit (MEZ), im Sommerhalbjahr (etwa von Anfang April bis Ende September) die Sommerzeit (MEZ + 1 Std.). Es sind also jeweils dieselben Uhrzeiten wie u.a. in der Bundesrepublik Deutschland, in Österreich und der Schweiz gültig.
Kanarische Inseln	Auf den Kanarischen Inseln gilt im Winterhalbjahr die Westeuropäische Zeit (WEZ = MEZ − 1 Std.). Von Anfang April bis Ende September wurde hier ebenfalls die Sommerzeit eingeführt (WEZ = MEZ), d.h. der aus Mitteleuropa anreisende Tourist muß sowohl im Winter- als auch im Sommerhalbjahr bei der Ankunft seine Uhr um eine Stunde zurückstellen.
Veröffentlichung der Termine	Die exakten Termine werden rechtzeitig in den Tageszeitungen veröffentlicht.

Zeitungen, Zeitschriften (periódicos, revistas)

Ausländische Zeitungen, Magazine u.a.	Die führenden deutschen Tageszeitungen und Magazine sowie deutschsprachige Zeitschriften aus Österreich und der Schweiz sind in der Regel während der Saison in touristischen Zentren am Abend des Erscheinungstages oder am nächsten Tag erhältlich.
Landesweite Tageszeitungen (Auswahl)	ABC Serrano 61 E-28006 Madrid Tel. (91) 4 35 84 45, 4 35 60 25 und 4 35 31 00 (Büro auch in Sevilla)

Diario 16
San Romualdo 26
E-28037 Madrid
Tel. (91) 7 54 40 66

El País
Miguel Yuste 40
E-28037 Madrid
Tel. (91) 7 54 38 00 und

La Vanguardia
Pelayo 28
E-08001 Barcelona
Tel. (93) 3 01 54 54

Zu den bekannten Zeitschriften, die in Madrid (in spanischer Sprache)
publiziert werden und landesweit erhältlich sind, zählen u.a. El Globo, El
Tiempo und Epoca.

Zeitschriften

Zollbestimmungen

Nach Spanien können zollfrei die für den persönlichen Gebrauch bestimmten Gegenstände eingeführt werden, dazu gehören auch (für Personen
über 15 Jahre) 1000 g Kaffee oder 400 g Pulverkaffee und 200 g Tee oder
80 g Teeauszüge, ferner (für Personen über 17 Jahre) 1,5 l Spirituosen über
22% oder 3 l Spirituosen unter 22% oder 3 l Schaumwein und 5 l Wein
sowie 300 Zigaretten oder 150 Zigarillos oder 75 Zigarren oder 400 g
Tabak, Personen über 15 Jahre dürfen zudem Waren und Geschenke im
Wert von 48 000 Pesetas einführen.
Für hochwertige Geräte wie Videogeräte, tragbare Radios und Fernseher
kann der Gegenwert als Zollgarantie verlangt werden. Auskunft über Vor-
schriften bei der Mitnahme von Jagdgewehren und Munition erteilen die
spanischen Konsulate (→ Diplomatische und konsularische Vertretungen).

Einreise
(aus EG-Ländern)

Detaillierte Informationen über die Einfuhr von Bootsmotoren, Sport-
booten und Drachen u.a. enthält eine Broschüre der deutschen Handels-
kammer für Spanien in Madrid:
Camara de Comercio Alemana para España
Paseo de la Castellana 18
E-28046 Madrid
Tel. (91) 275 4000

Neben dem persönlichen Reisegepäck dürfen aus Nicht-EG-Ländern
lediglich 200 Zigaretten oder 100 Zigarillos oder 50 Zigarren oder 250 g
Rauchtabak sowie 2 l Wein und 1 l Spirituosen mit einem Alkoholgehalt von
mehr als 22% oder 2 l Spirituosen mit einem Alkoholgehalt von weniger als
22% eingeführt werden.

Einreise
(aus Nicht-EG-
Ländern)

Bei der Wiedereinreise in die Bundesrepublik Deutschland sind aus Spanien stammende Waren bis zu einem Gesamtwert von 810 DM zollfrei. Ein-
fuhrmengen für Spirituosen und Tabakwaren siehe Einreise (aus EG-
Ländern). Für auf den Kanarischen Inseln (zollfreies Gebiet) und in Duty-
Free-Shops erworbene Waren gelten geringere Höchstmengen (s. Einreise
aus Nicht-EG-Ländern).

Wiedereinreise
in die
Bundesrepublik
Deutschland

Register

Register

Kartenverzeichnis

Verzeichnis der Karten, Pläne und graphischen Darstellungen im Reiseführer